中国新文化与年通史

中国新文化百年史丛书

学术顾问

贾平凹	金铁霖	卢新华	马秋华
莫　言	温儒敏	吴为山	杨　义

编撰委员会

陈跃红	丁亚平	方　宁	郜元宝
郝雨凡	胡志毅	李继凯	林　岗
栾梅健	马相武	彭志斌	王　宁
王兆胜	汪应果	许　明	杨剑龙
张福贵	赵毅衡	朱寿桐	朱栋霖
朱晓进			

国家出版基金项目
NATIONAL PUBLICATION FOUNDATION

国家"十二五"重点图书出版规划项目
NATIONAL TWELFTH-FIVE-YEAR-PLAN KEY BOOK PUBLISHING PROJECT

中国新文化百年通史

上卷

朱寿桐　主编

南京师范大学出版社
NANJING NORMAL UNIVERSITY PRESS

图书在版编目（CIP）数据

中国新文化百年通史：全 2 册 / 朱寿桐主编. 一南京：南京师范大学出版社，2017.12

中国新文化百年史丛书

ISBN 978-7-5651-3629-0

Ⅰ.①中⋯　Ⅱ.①朱⋯　Ⅲ.①文化史－中国－近现代　Ⅳ.①K250.3

中国版本图书馆 CIP 数据核字（2017）第 318989 号

丛 书 名	中国新文化百年史丛书
书　　名	中国新文化百年通史（上、下卷）
主　　编	朱寿桐
责任编辑	王欲祥
出版发行	南京师范大学出版社
地　　址	江苏省南京市玄武区后宰门西村 9 号（邮编：210016）
电　　话	(025)83598919（总编办）　83598412（营销部）　83598297（邮购部）
网　　址	http://www.njnup.com
电子信箱	nspzbb@163.com
照　　排	南京理工大学资产经营有限公司
印　　刷	南京爱德印刷有限公司
开　　本	710 毫米×1000 毫米　1/16
印　　张	65.75
字　　数	946 千
版　　次	2017 年 12 月第 1 版　2017 年 12 月第 1 次印刷
书　　号	ISBN 978-7-5651-3629-0
定　　价	280.00 元（上、下）

出 版 人　彭志斌

目　录

绪　论

中国新文化萌发于近代启蒙主义政治、社会、文化思潮，到五四新文化运动时期形成巨大气候并进入实质性运作，在以罕见的强势和决绝姿态"告别"了源远流长的中国传统文化之后，历尽时代的风狂和雨暴，饱经岁月的辉煌与沧桑，伴随着中国人民乃至全世界华人跨越一个世纪的艰辛与卓绝，光荣与梦想，成为一百年来几代中国人关系模式、人生方式、思维程式、行为范式和言论体式的品质与风格的呈现。中国新文化充分接受了西方文化的精神营养，同时也承传了传统文化的丰富资源，因应着时代的节拍，体现着中华民族多元文明的质地，在当代世界文明的总体框架下独特而精彩地生息并发展，艰辛而顽强，青葱而壮硕，根深而叶茂。

百年的沧桑需要总结与回望，百年的辉煌值得讴歌与阐扬。汉语学术界从来就不缺少治史的热忱与传统，但这样的热忱常常被某种价值忌惮和畏难情绪疏隔在中国新文化史的编修之外。关于中国古代文化，各种版本的文化史专著精彩纷呈，但关于中国新文化史的学术撰述却相对冷落。在中国新文化历史范畴内，许多时代的纷争和意识形态的现实差异无疑将限制历史述说的深刻精准和理论阐述的畅快淋漓，而文化内涵的无所不包以及外延的难以捉摸更会让审慎的研究者望而却步。

但学术的延宕终究不能抵挡甚至销蚀百年文明的历史魅力。为这样的学术魅力所吸引，我们可以不揣冒昧，无所忌惮，不畏艰辛，写下中国新文化百年的史迹与节奏，伴之而起的是我们的观察与思考。

一、文化及其学术结构

中国新文化是人类文化史上杰出而富有生命力的存在。它植根于中华传统文化的深厚土壤,吸纳外来文化的营养与资源,体现着亿万中国人在特定时空条件下的价值选择和人生倾向,以其特定的演进轨迹和发展成果丰富了现代世界文明。

文化是一个异常复杂的概念。在相对保守的学术记录中,有关文化的定义有 170 多种,而宽泛一些的统计则多达 400 种。一种学术概念,如果存有多种定义,就足以表明关于其学术内涵的理解已经陷入了某种混乱,其所引起的概念之辩足以引起旷日持久的争讼。在这样的意义上,关于文化的定义到底是 170 多种还是 400 种的论辩往往说明不了别的情形,仅仅能够说明,每一个严肃的学者都可以而且应该对文化的学术概括作出自己的思考和判断。

显然,几乎所有自然、社会、人文现象都可以用文化加以概括,或者加以描绘,甚至连自然的地质记录都已经用文化概念加以表述。通常意义上人们比较习惯于将文学艺术算作基本的和典型的文化现象,类似于许多政府文化管理部门所司职责的范围。但毫无疑问,人类的思想和学术无疑属于文化的重要内涵,属于人类文明结果的所有社会典章制度、宗教信仰、经济运作等,以及社会习俗、民风民俗的积淀,都是文化必然属性的体现。这些文化现象都是人类文明形成或创造的结果。文化,如果从汉语语词的构成进行解析,当表述为人类文明与开化的所有痕迹的总和。

用钱穆所阐述的文化概念,"文化只是'人生',只是人类的'生活'",不过是"集体的"、"大群的人类生活"而已[1]。文化与人的活动相关,因而可以从人类文明和社会行为开化的意义上理解文化。

然而立即需要面对的问题是,许多自然现象都被纳入文化表述的范

---

[1] 钱穆:《文化学大义》,第 4 页,北京:九州出版社,2011 年。

畴。既然远在人类尚未产生之前宇宙间就存在我们称之为文化的东西,这是否意味着,文化并不完全属于人类文明,它可以是自然的现象?可能的答案是,只有那些被人类的文明所认知、所理解并经过人类文明表述的自然现象才是文化的。宇宙空间尚有许多未被认知的天文现象,地质构造中也留有不少未解之谜,这些都不能纳入文化的表述之内。自然现象须带着与之相适应的文化表述才属于文化范畴。在这一意义上,钱穆的观点值得借鉴。钱穆认为,人类的文化即便是在物质和社会生活层面的,也仍然包含着精神的因素,而且精神要素才是文化的本质:"若使人类没有欲望,没有智慧,没有趣味爱好,没有内心精神方面种种的工作活动参加,也将不会有衣、食、住、行之一切物质创造与活动。"[1]

如果说人类文明可以被认为分别体现在自然、社会和狭义的文化这三个方面,那么,文化注定是人类文明的异称,是人类对自然现象的认知理解,对各种社会现象的观念表述,以及在思想、学术、文化、艺术及其承载传播等方面的创意性结果。

这样,文化被自然地分为三个层次。首先是文化的核心层次,也就是通常所说的纯文化层次,在思想、学术、文化、艺术及其承载传播层面的创造性继承与发展的文明形态。其次是结构层次,也就是社会法律制度、道德规范和宗教信仰等等,它们都体现为一种法规,一种约束,一种要求人们遵守的制度,虽然它们本身也许并不都以制度的状态出现。这种社会制度在重要性上远远超过一般意义上的文化,但作为观念概述又体现为文化的基本内涵。再次是物质文化,包括被理解的自然文化,以及各种人类物质创造的时代性理解。文化的本质是观念文明的痕迹与开化的结果。

钱穆在《文化学大义》中同样阐述了文化的三个层次,分别是物质的(自然的),社会的,精神的,也就是物世界、人世界和心世界[2]。这大致是准确的。但社会层面的文化也可能是物质的,如各种社会法律宗教设施等

[1]　钱穆:《文化学大义》,第8页,北京:九州出版社,2011年。
[2]　钱穆:《文化学大义》,第9页,北京:九州出版社,2011年。

等,特别是社会经济生活的方方面面。从这个意义上说,斯特恩(H. H. Stern)将文化分类为物质文化、制度文化和精神文化这三个方面,更能够行得通。不过中文的翻译将斯特恩的第三层次文化表述为心理文化,显然缩小了这一分层的文化范围,应该作为精神文化进行理解和阐述。

文化代表着人类文明积累的结果,自身的构成非常复杂,物质文化必然包含且呈现出某种精神的内涵,才能够成为人们文化认知的对象,这便是如前所说的,自然文化中没有被人们文明认知的部分,就不能算是文化,也不能进入文化的表述。同样地,即便是精神文化的类型,也必须通过一定的物质文化加以承载。精神文化和物质文化都是在相对意义上形成的某种分别。

但之所以作物质的、精神的和制度的三种类型的划分,是因为在对文化进行学术把握的时候,需要进行分门别类的研究,需要在诉诸人们文明思维的方法和途径方面进行类型学的概括。明确了此三种类型,便可以对一个民族某个时代的文化种类进行基本的结构阐析。之所以将钱穆所提出的社会文化修订为制度文化,是因为社会文化中既包含精神文化,也包含物质文化,精神与物质相对,但"社会的"类型在逻辑上无法与之并列。社会文化中包含着许多精神文化内容,也包含许多物质文化内容。从物质到精神类型,中间应该有一个介乎于其中的制度文化类型,它确实立足于社会层面,但既不偏重于物质也不纯然体现于精神,而体现为一种文化方法——调节和制约人类社会行为和价值规范的文化方法,包括政治、道德、宗教、法律、教育、习惯等等。

钱穆倾向于将物质文化或自然文化当作广义文化,而将社会文化和精神文化视为文化研究的主要对象,由此,他将文化分为七个类别:经济、政治、科学、宗教、道德、文学、艺术[1]。这样的分类兼顾了他所阐述的社会文化和精神文化两大类型,但其间仍然有许多疏漏,也有一些混乱。例如,在精神文化类型中,思想文化、学术文化无疑是重要的文化现象,钱穆的概括中却忽略了这两方面的内容,而一般理论都倾向于将文学纳入艺术范

---

[1] 钱穆:《文化学大义》,第32页,北京:九州出版社,2011年。

畴,这里却主张将两者在类型上截然分开。

但钱穆作出了重要的理论开创,认为文化研究的重心,文化史研究的基点,应在社会文化和精神文化两大类型,而诉诸精神层面的文化现象才是文化研究的当然内容。在这样的意义上,他应该较少地涉及他所谓的"社会文化",而更关注精神文化的多个方面。但在他的框架设计中,社会文化如经济、政治、科学、宗教、道德等占据了文化类型的主要地位,精神文化方面仅仅涉及文学与艺术,未能充分反映这种类型中更广阔的文化内涵。按照我们的类型分析,文化分为物质文化、制度文化和精神文化。在每一种文化类型之中,又可以分为若干个文化种类。物质文化类型中,可分为自然文化、山水文化、天文文化、社会物质文化等。制度文化类型中,可分为政治文化、法制文化、道德文化、宗教文化、教育文化、科技文化等。精神文化比较复杂,又可分为三种类别的若干形态。第一种类别是思想、学术文化类,可包括思想文化、学术文化,这些文化都是创造性思考的结果,因而从文化建设方法上可以概括为创思文化。第二种类别为创作文化,是文学艺术文化,包括文学(当然文学可以归类为艺术,但在艺术创作中又占有突出地位)、音乐、美术、雕塑、戏剧、舞蹈、电影、建筑等。第三种类别为设计、传媒文化,这是一种创意性工作的结果,又可概括为创意文化,包括社会生活各个方面体现的设计文化,以及不断发展和更新的传媒文化等等。为了较为清晰地反映这样的文化结构,特制下表:

文化类型	物质文化				制度文化	精神文化		
次类型	自然文化	天文文化	山水文化	社会物质文化	政治文化 法律文化 道德文化 宗教文化 教育文化 民俗文化	思想/学术文化: 创思文化	文学/艺术文化: 创作文化	设计/传媒文化: 创意文化
形态					思想 学术 科技		文学 音乐 美术 雕塑 建筑 戏剧 舞蹈 电影	设计 传媒 娱乐

二、新文化及其历史把握

所谓中国新文化,是指中国近百年来形成的融入西方因素的文化潮流和文化成果。新文化以近代启蒙主义思潮为基础,与现代政治、思想、文化革命密切相联系,经过不同时期的运作、发展与调整,反映着现代中国人与传统相异的思维方式、语言方式及其支配下的生活习惯,生动地体现了从物质文明到价值观念、制度文化再到精神文明的世界化与现代性的文化轨迹。

由此可见,百年新文化的历史总结,必须紧扣新文化的性质。并非在现当代历史时期出现和活跃的所有文化现象都属于新文化范畴。新文化必须体现新的价值观,体现近代以来的西方化和世界化因素,体现现代性的文化理念和文化形态。这是新文化的主体形态。与此同时,必须充分认识新文化的附庸形态,一定的传统文化传承到现代历史阶段,在现代生活中获得了时代性的赋形,它自然以其特有的方式和形态参与到新文化运作之中。

任何一个民族的文化,都与这个民族的传统有着密切的关系,中国新文化从这个意义上说,也割不断与传统文化的联系。事实上,如何处理与传统文化的关系,一直是新文化运作和运动的重要课题。但另一方面,鉴于新文化的发动以否定传统文化为价值前提,新文化的当然品质包含着相当浓厚的世界化、现代化的价值内涵,因而我们的新文化史研究应该立足于新质文化,尽管我们不可能完全认同全盘接受新文化倡导时期文化精英们的价值理念。这样的新文化品质认定,使得我们将传统文化史学所必然包含其中的民俗文化等等,从新文化史学系统中分离出去。民俗文化与传统文化的联系更为紧密,是长期形成并且在一定时间内难以真正改变的文化形态和文化方式,它的现代形态即使参与到新文化之中也只是一种时代赋形,并不体现新文化的本质内容。

我们对文化作出了如下的基本价值定位:文化是一定历史条件下人类

文明与开化的结果,这样的文明与开化包含着鲜明强烈的观念和价值成分,因而其主要内涵在于精神层面。于是,新文化的历史研究和规律性研究主要以精神文化为主,部分涉及体现现代中国人社会价值理念的制度文化,但基本上不涉及物质文化,尽管新文化中的物质文化也包含着许多新质成分,特别是社会物质生产的结果(现代产品,主要是工业产品)。

新文化的历史研究还必须从新文化发展的实际出发,而不是从概念出发。新文化百年的发展并不是在文化的所有方面都有同等的效果和成就,为了准确反映新文化的发展成就,突出新文化成就的主导方面,对于滞后发展的一些新文化类别与形态理应采取学术兼顾的办法。具体地说,传统"八大艺术"中,美术与雕塑是并列关系,但新文化在中国的发展实际显示,雕塑的成就及发展线索在新文化总体格局中尚不足以独立成一个构成部分,因而可以将其与书法并入美术类属之中。同样的道理,舞蹈也可以从新文化发展的实际出发并入戏剧类属。中国新文化发展过程中,建筑艺术从文化创作的意义上来评判,属于颇为积弱的艺术文化部门,中国现当代建筑如果有值得进行历史研究的价值,则可能体现在它的某种创意性方面。于是,宜将新文化的建筑艺术部分从艺术文化的类型中抽绎出来,置于"创意文化"中的设计门类之中。

需要从中国百年来的新文化发展实际出发,对政治文化加以审慎对待。中国特殊的国情决定了,我们的政治带着一种时代的刚性,它渗透到社会生活和物质文化的方方面面,一般不体现为一种文化形态(尽管文化内涵非常丰富),而是体现为决定人们价值观和意志力的意识形态和制度形态。这种刚性政治不宜单纯从文化层面加以阐述。从文化层面进行阐述的政治文化大多与社会法制建设紧密相连,因而所清晰呈现的是社会政法文化现象。

同样是从百年新文化发展的实际出发,当我们的历史叙述以中国大陆为本位(文化的空间属性决定了我们必须以大陆作为新文化的核心地带进行学术阐述)的时候,有些必然的文化现象会以偶然的文化样态出现,譬如宗教文化。在叙述中国现代文化史的时候,宗教文化明显地呈断裂状态。

于是,从新文化百年历史的实际出发,我们论述的重点是:

制度文化类型:政法文化

宗教文化

教育文化

精神文化类型:

思想、学术文化次类型:思想文化

学术文化(含科学文化)

文学、艺术文化次类型:文学文化

美术文化(含雕塑、书法)

音乐文化

戏剧文化(含舞蹈)

电影文化

设计、传媒文化次类型:设计文化(含建筑、广告等商业设计、

工业设计等)

出版文化(杂志编辑、新闻出版)

传媒文化(含电视、网络、游戏等娱乐

文化)

三、学术理念与学术结构

新文化的历史形态包含各个时期的新文化运动,包括一定历史条件下的新文化运作,以及这种运作的结果,新文化在各领域的成果。新文化史的各个领域、各个课题的各个阶段,都应该从相应的文化运动(文化思潮)或者相应的文化运作(文化团体性的作为)展开历史的陈述,在此基础上,突出本阶段在本领域最具标志性的文化成果,重点介绍本领域在本阶段最

具代表性的文化人。对于代表性人物和标志性作品,当然需要充分揭示其文化内涵,阐明其文化意义。

新文化百年在不同的历史时段,呈现出不同的时代主题,这些时代主题可以说是那个时代新文化的主旋律,也可以说是推动新文化不断发展的核心动力。从新文化运动开始正式掀起的 1915 年,到北伐战争兴起之际,这是新文化发展的第一个历史阶段。此阶段以中国文化的世界化和现代化为基本指向,突出的主题便是陈独秀概括的"民主与科学"。这时期的民主更多地体现为现代价值理念,而不是政制设计。科学在这里代表着实事求是的求实精神,以及破除迷信的现代人生态度和社会伦理。围绕着科学民主的时代文化主题,对新文化持保留甚至反对态度的文化思潮同样应该得到关注,并尽可能揭示它们的合理性,因为即便是反对新文化思潮的群体,往往在民主价值观和科学世界观方面也并非完全持反对的态度。学衡派虽然反对新文化倡导者的某些观念和做派,但他们标举的新人文主义同样包含有一定的民主思想和价值理念。各个门类的文化建设和文化倡导都以民主与科学的突出主题展示其自身的时代特性。

可以将 1926 年至 1936 年的新文化运作,概括为反思及内部调整时期,这时期的文化主题可用"革命与自由"来概括。从北伐战争到左翼运动,新文化的时代主题便是革命。这既是政治和战争意义上的革命,也是意识形态、文化艺术领域的革命。这场连续性革命的目标是争自由,其中包括工农群众的自由诉求,以及知识分子的自由意志。革命的倡导者祭起的法宝便是"争自由",对于"革命"持质疑态度的"自由人"同样标榜自由。对于许多知识分子、文化人而言,这是中国现代史上最为自由的时代,特别是在文化上的展开,都充分显示出自由的力量。

1931 年,以"九一八"事件为标志,中国进入了旷日持久的抗日战争历史,而 1937 年的"七七事变"标志着全面抗日的展开,由此开始直到中华人民共和国成立之前,中华民族被拖进深重的、全面的、灾难性的战争岁月。日本帝国主义的侵略无疑是一场民族的灾难,而民族战争之后的内战使中华民族和广大民众面临的战争灾难未能即时结束。灾难中的呻吟,有民族反抗和自卫的呼声,有争取民主与捍卫和平的呐喊,新文化的时代取向是服务于现实,服务于危难之际的中华民族,此时代的新文化核心价值是民族与民主。共产党领导的延安等革命根据地,在那个时代显示出政治的独立性和独特性,但文化核心仍然是民族与民主。内战时期在民不聊生的情形下文化界对当局的抗争与谏议,也都集中在民主话题和民族自救的内容。只是,这个时代的民主要求,较之于1910—1920年代的"德先生",明显多了一些政治体制方面的改革要求。

以中国大陆为主导空间,1950年以后的新文化呈现出党派文化的特性,在共产主义理想的引领、激励和阶级斗争主题的促动下进行运作。理想与斗争,是这个时代文化运作的突出主题。"文化大革命"不过是这种文化发展到极致的一种爆发。这一阶段的端点以"文化大革命"的结束为标志,其间逐步形成了非常有时代特色的文化面貌。

毫无疑问,1978年至1992年,是中国改革开放的历史阶段,制度文化和社会文化方面的拨乱反正,思想文化和价值观念上的正本清源,改革被赋予时代伦理的正当性,开放成为锐不可当的时代潮流,其间经历的种种历史浪潮的回旋,终究不能阻遏历史最初向着四个现代化,后来向着小康社会不断努力的脚步。

1992年以后,历史进入到类似于后现代文化发展的时期,多元价值观念的形成,伴随着多媒体时代来临,这个一直延续到当下的时代文化以"多元和发展"为主题,持续地演绎着新文化的活力与精彩,当然也同时演绎着新文化的尴尬与无奈。各种各样的文化在继承新文化传统的意义上呈现出自身的多元与开放,不断地调整和制抑的呼声终究无法影响这种多元文化的发展。多元文化包含着许多劣质,但能够包容这样的多元就有足够的定力克服这样的劣质。拥有这样的定力是我们这个时代新文化的风采与胸襟,拥有这样的胸襟意味着新文化历经百年的成熟。

中国新文化的运作以1915年创刊的《青年杂志》(后改为《新青年》)为正式起点,2015年纪念新文化运动一百周年便成为文化热点。自4月份开始,全国各地包括北京、上海、济南等重要城市都相继举行了各种规格、各

种专题的学术研讨会,隆重纪念、深入研讨新文化和新文化运动。9 月 14
日,由澳门大学中文系和澳门大学南国人文研究中心主办的"中国新文化
百年纪念学术研讨会",引起了海内外媒体和文化界的普遍关注。中新社
对外发了通稿,全球一百多家媒体予以报道。此会议之所以有如此反响,
一是汇聚了海峡两岸暨香港、澳门有代表性的文史专家和文化学者[1],而
且是非常集中地从海峡两岸暨香港、澳门的历史、现实出发进行研讨,从不
同的社会、学术、文化背景对于影响了一百年的新文化进行了深入、理性的
探究,这样的交流能够体现出对中华新文化或汉语新文化的较为真切、全
面的认知与反思;二是改变了一般学术会议议而不决的状况,达成了对于
新文化认知的某种共识,作为会议的重要成果,发表了《新文化的重释与新
倡》[2],俗称"澳门共识",对中华新文化作出重新阐释并提出了新的倡导
性意见,其中的关键词是:理性民主,科学发展,文明进步,多元和谐。

　　这四组词,可以说每组是并列关系,也可以说成是修饰关系。"民主"
是新文化运动举为先导的一面鲜亮的旗帜,当时有一个高雅而十分富有美
誉度的名字"德先生",几乎所有积极的现代理念,如自由与平等,正义与公
平等等,都可以在"民主"的理论框架内进行定位。但必须承认,民主的实
践在不同的区域,不同的文化语境中有着千差万别的形态与体态,它们即
便处在相互矛盾甚至相互对立的状态下,也可能都以"民主"的面目出现。
五四时代的"民主"精神,应该是一种时代的理性精神,用陈独秀在《敬告青
年》中的话说,是"诉之主观理性"的精神,它所吁求的是一种"自崇所信"的
主体理性,是一种"自主的而非奴隶的"精神。即便是在现代民主体制已经
基本建立的社会秩序中,这样的理性精神仍然是值得尊崇和倡导的。科学
发展是一种当代文明的发展观,历史要前进,时代要发展,但这样的前进与

---

〔1〕　参加本次会议并达成《澳门共识》的,有来自内地、港澳台以及海外的著名人文学者有许
　　　明、汪荣祖、杨义、林岗、龚显宗、张福贵、李继凯、朱寿桐、胡志毅、汤哲声、栾梅健、孔庆
　　　东、王性初、白杨、徐晋如、张志庆、崔明芬、周仁政、曾一果、龚刚等。
〔2〕　分别见:香港《文汇报》,2015 年 11 月 23 日;《澳门日报》,2015 年 11 月 18 日;《社会科
　　　学辑刊》,2015 年第 6 期。

发展不应该像陈独秀所痛心疾首指出的"恶流奔进",而应该是带着科学精神和科学态度的良性发展。于是,即便是在历史的理念展开中,"科学发展观"也是对于中华新文化作出的一个重大的时代性贡献。文明进步的关键是要文明地对待各种文化传统和思想资源。我们今天常用的一个词是"与时俱进",在新文化倡导者那里所用的一个词是"日新求进",不进则退,事关民族的生死存亡。但我们的进步必须是有传承、有秩序的文明的进步,必须是在继承和发扬优秀文化传统的前提下所取得的时代性进步。那种以偏激的态度否定和背叛传统而硬性推进的进步,实践证明有碍于文明的提升。文明的态度既然是以克服偏激为前提,则在对待异族文明和他国文化的意义上也同样应取尊重和科学的精神,实事求是的精神,吸取其优良精华,剔除其恶俗糟粕。多元和谐是指新文化的活力在于它的多元性,在于它拥有开放、包容的文明范式,并通向和谐、协同发展的内在机制。不同背景、不同基质、不同资源和不同地区的文化,都能够在中华新文化的时代平台上协调发展,从而构成了中华文明新的发展秩序[1]。

有关中华新文化的"澳门共识"体现出一种敢于对历史和现实负责的文化精神。从历史维度而言,"澳门共识"当然是以"民主"、"科学"为核心的五四新文化精神,这是新文化的理性类型的表达。在这样的理念基调下,结合新文化百年来在不同地区的实践经验和教训,从正反两方面总结、提炼、补缀而形成了四个概念,八个关键词,十六个字。从空间维度而言,"澳门共识"的现实文化基础,就是不同区域的中华文明在新文化语境下的发展态势所构成的趋势。不同的政治区块,经过新文化的淘洗、炼冶,都能够在理性民主、科学发展、文明进步、多元和谐的意义上趋于和洽,这是民族之幸,文化之幸。从现实层面而言,各地区的社会发展都取得了相当的成就,也都面临着这样那样的一些问题,而"澳门共识"都能对这些突出的社会发展问题有所回应。

---

〔1〕 参见朱寿桐:《新文化的反思与前瞻——新文化"澳门共识"略解》,《明报月刊》,2015 年第 11 期。

新文化发展拥有一个辉煌壮丽的开端，以《新青年》为核心叫喊出了时代的绝响。在它完成了百年历史的流转之后，应该具有本着时代立场发出的对于先贤哲言与功业的某种回声，尽管这回声可能非常微弱，但只要符合时代的理念，只要能得到不同地域不同背景的文化研究者的共鸣，就应该被理解为是新文化倡导之声在历史另一端的一种回声。历史也许会记录这样的回声，哪怕是作为对新文化倡导做出正面响应的一种努力与尝试，都应该为文化史研究者所关注。毕竟，这是一种有意义的努力，毕竟，这样的回声具有这个时代跨越地域、跨越政治的代表性价值，更重要的是，它已成为海内外纪念新文化百年活动的一个绝响，因而其对于中国新文化发展史应具有一定的标识性。

简约列之，新文化百年的历史可分为六大阶段，每个阶段都有突出的时代主题：

　　　　阶段　　　大致时段　　　主题
第一阶段：1915—1926，民主与科学
第二阶段：1927—1936，革命与自由
第三阶段：1937—1949，民族与民主
第四阶段：1950—1977，理想与斗争
第五阶段：1978—1992，改革与开放
第六阶段：1992—现在，多元与和谐

文化的发展是非常复杂的历史过程。一种文化主流并不能取代甚至有时都无法掩盖这一时段同时存在的文化支脉。有时候，处在文化支脉上的文化运作可能比文化主流更具活力和影响力。另一方面，也需要克服那种僵硬的思维方法：以为与文化发展主流相对立的就一定是逆历史潮流而动的"反动"思潮。文化需要更多的理解与宽容，新文化的宽容姿态和海纳百川的气概须经过相当长的历史历练才能形成，而一旦形成往往就是其健康、成熟的标志。有关新文化的学术研究也需要带着这样的姿态与气概。

总之,声势浩大的五四新文化运动催生了五四新文学,催生了中国百年前整个社会走向全面改革、开放的新局面,并且直接导致了中国共产党的成立和共产主义思潮的中国化。新文化的百年发展,使得中国社会从思想上、文化上、政治上和生活上走出了古老的中国传统,并在西方"民主与科学"的现代价值观的引领下,特别是在马克思主义的指引下,建构了自己的新文化传统。蔡元培等认为五四新文化运动就是中国的文艺复兴,毛泽东等革命领袖充分评价五四新文化运动对于现当代中国的巨大意义。值此新文化运动一百周年纪念之际,我们的研究便能凸显出以下的意义:

全面总结新文化运动的成功经验,以便在今天社会主义建设新常态的情势下,尊崇新文化的伟大传统,分析和开发新文化的伟大传统,加深对社会主义核心价值观的理解与认识;对于新文化运动中的某些偏颇及其所遗留的问题,进行学理的解释和理性的检讨,使得新形势下的社会主义核心价值观的建构更加科学。特别是如何面对优良的文化传统,如何理解西方价值观念的现代性与中国社会实际的适应性,我们须有清醒的认知。

合理地开发优秀的历史文化资源,建构新的文化品牌。以民主、科学为核心的新文化运动为中国现代、当代历史积累了优秀的文化资源,这种资源在不同时期的开发利用,体现着中国文化现代化历程的重要规律。对这一规律的把握和描述,足以建立一种新的文化出版品牌。科学地整合现当代文化研究的优秀成果,打造当代文化最优范本。我们将广泛吸收新世纪以来文化研究的优秀成果,力图在文化的理解以及现代中国文化的历史认知及其当代意义的认知方面有所成就。

将中国现代的政法、思想、学术、教育、传播、文学艺术等等置于文化分析的学术框架之下,有助于认清现代中国和当代中国的发展节奏与规律,为更好地建设社会主义当代文化提供足资借鉴的学术成果。文化是人类文明与开化的所有痕迹的总和。文化的核心层次,是在思想学术文化艺术及其承载传播层面的创造性继承与发展的文明形态。中国新文化是在与传统文化的复杂联系与挣脱中显现的历史形态,分别在思想学术的创造文化类,艺术文学的创作文化类,以及设计、传媒等创意文化类呈现出时代的风采。新文化的百年历程经过了"民主与科学"、"革命与自由"、"民族与民主"、"理想与斗争"、"改革与开放"、"多元与和谐"等六大阶段的时代主题。本书将从上述三大门类,以及纵向的六个阶段总结中国新文化百年的成就与局限,以及历史节奏与规律。

新文化序述

第一章
中国新文化资源及其价值构成

轰轰烈烈的五四新文化运动,酝酿并铸成了决定中国百年社会政治风貌、道德风尚、文艺风范和人文体式、生活方式、语言范式的中国现代文化。这场新文化运动尽管因《青年杂志》的创刊,文学革命的倡导为显著标志,被学术界习惯性地标示为"五四新文化运动",但从其充足的理论准备和精审的社会运作,以及巨大的声势和影响力看,新文化的形成、新文化运动的成功并非一朝一夕。应该说,晚清以降的西学运动,维新思维和革命造势,都分别构成了新文化的思想基础、思维方式和心理定式,新文化的基本价值构成,实际上乃基于晚近文化丰富的历史资源。当然,新文化运动与中国新文化联系更为直接,而这场运动对新文化品质与内涵的决定作用不容低估,这种决定作用的关键是对晚近文化启蒙的历史资源进行了赋有时代性的锁定、开发与转换。

一、西学基质

所谓新文化,其内涵自然主要包括并且特别凸显不同于传统的文化基质。构成新文化基质的当然是以西方近代文化为主体的外来文化。古老的中华文化具有无比厚重的传统力量,能够抵御任何外来文化之强势侵入,或能够对异质文化施以有效的同化,如佛教文化、景教文化进入中国以

3

后,就迅速为中华传统文化所同化并转化为中华文化的一部分。后来的基督教、天主教文化看似能在老大帝国传统深厚的文化势力范围内昂然进入并逐渐发展,但它们都没有真正融入中国传统文化,没有形成足以左右中国人思维与行为的人生价值观和社会文明观。这些外来文明都不足以成为新文化的精神基质,而只能部分地、方面性地充任新文化的思想因素。

文化是一定社会生活的精魂。它的历史呈现以及外摄影响必须借助于社会生活的刚性内涵。西方文化如需在东方文明的胚胎中着床,萌发,形成自身的生长力量,就必须借助于文化以外的物质形态及其存在、运作方式。这种外来文化真正获得叩开中华古老帝国之门的力量,其标志不是西方文明的精神形态,而是伴随着坚船利炮强势而入的西方科学技术。西方科学技术以蛮横的武力敲开了长期闭锁的中国门户,其所自然携带的科学文化作为一种新文明形态对中国新文化的形成起到了激发与召唤作用。显然,作为中国新文化精神母题的"赛先生"便形成于这样的运行机制。

西方科学文化的最初进入始自于西方传教士的传教活动,自明代末年,西方传教士在带来上帝的"福音"的同时,也带来了西方医学和西方科学教育,当然也带来了诸如自鸣钟之类能够体现一定科学技术含量的新奇物件。这些西方文明成果一定程度上受到了上至皇室成员下至平民信众的有限欢迎,但并未形成广泛的社会影响,更未形成深刻的文化思潮。真正将西方科学文明带入中国并且形成强烈的文化冲击力和影响力的社会运作,应该是鸦片战争前后兴起的以"师夷制夷"肇其始的深刻的"西学"运动。这一"西学"运动影响深远,它应该被视为半个世纪以后轰轰烈烈的中国新文化运动的基本精神资源。

"师夷制夷"的思想其成熟形态应归于魏源的《海国图志》。此书的编撰与"西学"运动的主倡者林则徐的促动有关。林则徐将英国人慕瑞所编著的《世界地理大全》之《四海志》等书收集起来,交付魏源编译,魏源不仅在此基础上编撰了《海国图志》,还系统地形成了"师夷制夷"、译悉"夷情"的观念,成为后来大规模引入西方科学文化、广泛深入地开展"西学"运动的思想基础。魏源的基本逻辑是:"善师四夷者,能制四夷;不善师外夷者,

外夷制之。"[1]这应该是"师夷制夷"论的基本内涵和学理阐述。当然,魏源这时候认为诸"夷"值得"师"之的乃是科学技术,也就是说"有用之物,即奇技而非淫巧"[2],实际上是从科学的角度强调了西学的重要性。因此,有研究者称魏源"是19世纪这个科学世纪降临时期,第一个著书立论科学技术在社会进步中的重要性和经济意义的中国人"[3]。

其实,林则徐、魏源作为西学运动最初的身体力行者和理论建构者,并不单是关注西方科学技术对于中国的现实意义,他们同时也关注到西学的其他资源对于"制夷"的重要性,用魏源的话说,所有西方科技、文化、社会、政治等等信息都是"制夷"者所必先了解的"夷情":"欲制外夷者,必先悉夷情始;欲悉夷情者,必先立译馆缮夷书始。"[4]这实际上正是林则徐的基本思路。林则徐重视英国人慕瑞的《世界地理大全》特别是其中的《四海志》,将这些书收集起来交由魏源编集,同时组织人员设立机构积极翻译外国书刊,并依据《广州周报》、《广州纪事报》、《中华丛报》以及新加坡(新奇坡)的《自由报》、《孟买新闻纸》等,译辑近代史上重要的信息载体《澳门新闻纸》(后改为《澳门月报》),成为近代中国窥望西方文化与科技、政治与社会的

〔1〕 魏源:《海国图志》第37卷《大西洋欧罗巴洲各国总叙》,《海国图志》,长沙:岳麓书社,1998年。
〔2〕 《海国图志》之《筹海篇三,议战》,卷二。
〔3〕 沈福伟:《西方文化与中国(1793—2000)》,第29页,上海:上海教育出版社,2003年。
〔4〕 魏源:《魏源集》(下),第868页,北京:中华书局,1976年。

开创性的重要媒体。

林则徐、魏源等人从官方视野,本"制夷"目标,大量引进西方科技、文化、学术成果,有效地促成了中国历史上第一波西学运动,为声势浩大的新文化运动奠定了科学基础、思想基础和社会文化基础。

伴随着西方列强坚船利炮的侵入,"师夷"思潮的首要内容便是对西方科学技术的植入与引进。在此过程中,经历了科技翻译、学术演绎和教育普及的三个重要环节。1852 年科学家李善兰组织上海墨海书馆,翻译《代数学》、《植物学》、《代微积拾级》等科学书籍,开启了对西方科学技术的较大规模和较有系统性的引进。1868 年成立江南制造局翻译馆,翻译的范畴延伸到西医学、法律学等等专业领域。中国科学家在翻译西方科学书籍的同时,深知理解与研求的重要性。数学家戴煦 1851 年发表《外切密率》,顾观光精研代数学和微积分,出版系列著述《算剩初编》及其"续编"、"余稿"等等,华蘅芳 1859 年发表《抛物线说》,徐寿则引进了西方博物学,编成《博物新编》。当时的科学家甚至曾发起与西方人士切磋数理科学的活动,并且在西学科技的基础上独立研究与国防密切相关的工程技术,例如丁拱辰的《演炮图说》便是典型的吸收西学的技术书籍,魏源在《海国图志》第 86卷曾引用丁拱辰的《铸造洋炮图样》。其他如丁守存钻研用西方化学物如洋锡水等制造火药,郑复光写作《镜镜詅痴》以研究几何光学。为了使得西方科学的研求能够惠及少年,普及社会,著名教育家容闳倡导组织小留学生留学西方,并于 1871 年成功实现。1874 年,致力于科学教育的格致书院正式成立。1887 年,有外国人组成的同文书会也致力于进行科学知识的普及工作,成立了普及基督教及常识学会[1]。这个学会后于 1894 年改为广学会,意在"广西国之学"。

西方科学技术的译介、研求与普及,使得中国知识界形成了重视科学、重视实学的西学时尚,并深入影响到中国的教育、文化乃至社会生活。与此同时,"西学为用"的思想逐渐成为当时中国较为新潮并具有领导意义的

---

〔1〕 英文为"Society for Diffusion of Christian and General Knowledge among the Chinese"。

基础观念,这样的文化理念和时代潮流真正打开了中国一直关闭的意识形态门户。事实上,西学挟持着时代风潮总是在这种引进、介绍中不断发酵,进而形成向文化思想甚至社会价值体系之"体"的方面趋近的趋势。梁启超的近代启蒙学说集中而全面地阐述了"西学"对于中国人现代生活及未来道德的建构作用,他通过《新民丛报》等特定时代特定形态的"个人媒体"介绍、鼓吹甚至勾划西方的文明形态、文化思想及相应的故事与传奇,以一种改良者所罕见的极端态度(至少他的同道中人和精神导师康有为不会持有如此态度)将西学思潮推向文化倡导的主体地位,以实际行动和实际态度颠覆了"中体西用"的审慎理念。

　　显然,西学思潮作为科学技术形态进入中国,乃是基于一种类似于"中体西用"的价值理念,但标志着西方思潮进入中国文化、思想和观念之"正体"范畴的现象,便是其越出了科学技术范畴而大规模地伴随着民主、自由的思想理念和政治价值观。19 世纪末,由广学会出版的每月一期的《万国公报》,除了宣传教义,介绍西方科技,并开始载有介绍美国民主政治体制的文章,作者有美国传教士林乐知等。而在此之前,严复译介赫胥黎转述的达尔文"进化论",虽然未脱科学范畴,而以"天演"进化为内涵的科学理念早已完成了人文性乃至政治性的转化,使得包括鲁迅在内的一代中国知识分子从社会、政治、文化方面领悟到"天演"的必然法则,激发起认同和向往改革、进步、维新、发展的时代情绪。与梁启超等人的"新民"理论相呼应,相伴随,西方政治社会文化及其相关学说大规模进入,西学东渐的热点由此形成了由科学西学向民主西学的转变。本来是从科学方面致力于文化普及的广学会这时将撰述兴趣转为介绍美国的民主政治,西学,或者说西方之学,在越来越普遍的意义上逐渐被理解为民主之学。由民主之学主导的西方之学,在 1880 年之际,早已成为盛极一时的显学:黄遵宪在与同道者进行的相关讨论中提供了这样的资料:"明治十二三年时,民权之说极盛,初闻颇惊怪,既而取卢梭、孟德斯鸠之说读之,心志为之一变,以谓太平世必在民主。"于是,"近年以来,民权自由之说,遍海内外,其势长驱直进,不可遏止"。这成了他的时代记忆,以至于他感受到由此造成政治历史的必然趋势:"二十世纪中国之政体,其必法英之君民共主乎?"[1]

明确"德先生"、"赛先生"为新文化的两大支柱或者两大主题,是陈独秀代表《新青年》写于1918年的《本志罪案之答辩书》,其实,这种新文化主题的基础运作早在六七十年之前就已开始。科学思潮的引进以1850—1870年代为盛,民主思潮的流行则从1880年代趋热。通过引入西学,通过与传统文化势力的不断抗争,新文化以科学、民主两两呼应、比翼双飞的形态在相对漫长的历史时段积淀为相对突出的基因。虽然,这两种相互联系的文化基因在理论处理方面从来没有鲜明地、成功地完成与本国文化传统的对接,但由于运作的历史相对漫长,引进的频度相对密集,其作为新文化的基础不可谓不深厚,这也是以此为核心内涵的新文化的爆发力特别炽盛的重要原因。

二、维新其法

新文化主要借取的是西方科学文化资源;近代中国知识分子和开明官僚之所以积极借取西方科技文化资源,是由于他们紧张地、急切地认识到鸦片战争失败所显示的"百事不如人"的严峻现实,为了提高自己的国力,不得不转而向敌对的西方学习科学技术,其基本思维逻辑是"师夷制夷";而西方科学技术所传达的新知识以"新学"的权威性夹带着西方的社会文明价值观,特别是以民主为核心内容的西方人权理念、自由观念、博爱学说、进化与进步思想,它们成为"新学"的基本内容,构成新文化方法论基础的"维新"思维。

"中体西用"是维新方法论的经典形态和代表理性,这样的理性形态将西学的一切纳入现实中国的合理秩序和基本框架中进行使用,在保障和维护中国现有体制的前提下引进各种"新"观念、"新思维"以促进社会改革和

---

[1] 黄遵宪:《致梁启超书》,《黄遵宪文集》,郑海麟、张伟雄编校,第195页,京都:中文出版社,1991年。

国力提升,同时力图保证新文化维新之法在较少干扰和反对的情形下得以推行。这样的维新思路尽管长期以来被视为改良派"软弱性"的体现,可在中国近代以来以西方文化为主导的新文化运作的漫长历史中,"中体西用"的改良思路一直占据着主要的思想文化舞台。这样的事实表明,在大多数历史情形下,维新的思维方法和文化原则在中国最能行得通。

正因为有了维护现实政治体制的维新思路,即便是在文化上充斥着颠覆性的西方主导思想言论,也不可能损害现行的社会生活秩序,新文化的运作便有了某种政治、社会的安全感,便可能步步深入,形成风气。钱穆1961年在《中国历史研究法》中指出:"这六十年来的中国人,一番崇拜西方之狂热,任何历史上所表现的宗教信仰,也都难相比。"他是从否定的、不认同的立场批评这种西化思潮和文化倾向的,对于西化程度和深度的观察未免有些夸张,不过还是反映了中国社会西化思潮的普遍性。在中国这样一个传统深厚、历史悠久的文化社会,西方化的新思潮所以能够成为时代文化的主潮,虽经过不时的责疑甚至不断的反对而历久弥坚,很重要的原因就在于它的运作的恒常状态并不以颠覆中国文化传统和各种现实体制为指归,而是在"西学为用"的意义上被用于加强和丰富中国文化传统并捍卫和提升各种现实体制。这种典型的维新思路和社会文化策略,为西方文化的迅速登陆并长期在中国的思想文化运作中稳处于优势地位争取了巨大的政治可能和社会伦理空间。

极端地主张以西方文化思潮颠覆中国文化传统的思想文化的革命性运作,在西潮涌进且主导中国新文化的一百多年的蹉跎岁月,只占不多的历史阶段和不长的时代场域,绝大多数情况下,西方文化对于中国新文化的渗透、浸染,都带有维新的成分和"为用"的色彩,在"西学为用"或"洋为中用"的意义上施展自己的魅力与话语权。这样的文化性质和文化角色定位使得西方思潮既处于优势地位又处于相对安全的状态,这正是西方思潮屡遭排斥、批判但总能发挥主导性文化影响的深层原因。

西方文化思潮之所以能够在思想文化壁垒森严的中国登堂入室并且长期发挥主导性作用,就在于它的进入方式和大多数情形下的推进策略沿袭着维新思路,这样的思路为作为异质文明的西方文化在中国的流行并且在一定程度上引领风骚争取了社会空间,争取到了传统乃至政治的让步与宽容。除非是在革命思潮占据主导地位的特定历史时期,西方文化思潮在由来已久的维新思路掩护下,一般都能避开意识形态等敏感话题的纠结而在文化生活的层面施展自己的影响力。

早在近代改良主义思潮风行之先,一种以知识民粹主义为主导的观念倾向正从各方面甚至是各领域油然而生。这种观念倾向围绕着西方科学技术,在"西学为用"甚至是"以夷治夷"的维新思路支配下,在科学技术普及方面发展积之既久的民粹意识,引进和推广西方科技知识,同时裹挟着与科学思潮联袂而行的民主思潮,在一定文化深度上植入中国社会,一定意义上充任了走向和链接中国民众生活的民粹工具。近代启蒙知识分子充分意识到民众掌握科学技术,稔熟人文新学,通用现代语言文字之重要性。现代科技可以用来破除迷信,其对传统迷信如巫术、扶乩、占卜、打卦等活动的批判与清算可谓对症下药,何况还可以富国强兵,振兴国力。这种科学批判的热忱一直延续到五四新文化的倡导,其思想文化方面的价值指向便是让现代科技走入民众生活,以奏移风易俗之效。这样的知识民粹主义意识比起单纯的科学技术西学热更加深入,也更有时代影响力,因而更接近于新文化的基本资源。至于包括民主、自由等现代人文主义价值理念在内的各种新学,以及新式学堂、新政新法的倡导,更是"新民"类维新学说的重要体现。知识民粹主义者还注重语言习惯的改革和文字的现代运用,推行天下工农商贾皆通文字之用的价值理念,这样的价值理念的实现结果,便是黄遵宪的"我手写我口"的时代性倡导,梁启超的"新文体"实践,这一切都诠释了那个活跃的维新时代围绕着民粹理想所展开的文化运作和社会运作的价值内涵与意义。

带着维新的方法与思路,本着知识民粹主义的观念,西方文化思潮成为维新之学的基本内容,在近代中国社会不仅得以登堂入室,而且成为一时之尚。史料学家阿英十分关注《文明小史》这样的作品,书中充满着对西方文化渐入中国的"文明"记忆。当时的"文明"内涵其实就是西学与西方文化,

"文明戏"实际上就是西洋戏剧在中国的移植。阿英在《文明小史〈叙引〉》中概括这本书："集中的反映当时官场对新政、新学的态度,并在一定程度上刻划了新旧思想的冲突。"[1]认为这部书反映了那个维新时代中国社会面对西方文明的普遍心理,"是当时最富有典型意义的人物思想状态"[2]。

或许,通过《文明小史》这部特定时代的"时事小说"可以窥见维新时代西学渗入中国社会的普遍性和深层次。小说第三十一回显示,各个地方都想开办洋学堂,以用于"开开风气"。当冯主事与孔制台说起办洋学堂的事,孔制台皱眉道:"说是洋学堂进去了,好便好,不好就跟着外国人学上,连父母都不管,父母也管他不来的。"虽然这样的议论带有对西方文化和学堂文明的误解,但说明那时候办学堂已经相当普遍,冯主事之所以主张办学堂,也是迫于"开化"亦即"文明"的压力:"论理,我们山东要算是开化极早的了。自从义和拳乱后,便也大家知道害怕,不敢得罪洋人,不然,德国人那样强横,竟也相安无事,这就是进化的凭据。"这充分体现出当时社会文化体制中西学文明作为时尚的巨大影响力。在维新和"文明"的时代气氛中,从留学生群体到青年群体和各种媒体,倡导和标举西方民主文化的风气已经相当普遍。《文明小史》第三十七回,钦差这样教训彭仲翔等留日学生:

> 你们这班小孩子懂得什么?跑来胡闹!我晓得现在我们中国不幸,出了这些少年,开口就要讲革命,什么自由,什么民权,拿个卢梭当做祖师看待,我有什么不知道的?那法国我也到过,合他们士大夫谈论起这话来,都派卢梭的不是。

第四十二回康太尊传达了这样的社会"文明"信息:"一班维新党,天天讲平等,讲自由,……然而我看见上海报上,还刻着许多的新书名目,无非

---

[1]　阿英:《叙引》,《文明小史》,第1页,上海:上海古籍出版社1982年。
[2]　阿英:《叙引》,《文明小史》,第5页,上海:上海古籍出版社1982年。

是劝人家自由平等的一派话头。"这些话多是通过保守者的口中说出,带有明显的讽刺与不认同情绪,但又从反面体现了维新时代西方文明新潮的普遍与一定层次的深入。

维新风潮不可避免地涉及社会整体的改革。作为戊戌维新的思想文化背景或结果,诸多政治概念如"立宪"等等成为那个时代最为敏感也最有内涵的话题。从西方民主政治理论和文化观念中抽取出来的此类话题,其批判指向甚至带有革命性、颠覆性的意味。仍然是《文明小史》中,人们这样议论戊戌维新:

> 话说北京政府,近日百度维新,差不多的事都举办了。有些心地明白的督抚,一个个都上条陈,目下有桩至要至紧之事,是什么呢?就是"立宪"。"立宪"这两个字,要在十年前把他说出来,人家还当他是外国人的名字呢。于今却好了,士大夫也肯浏览新书,新书里面讲政治的,开宗明义,必说是某国是专制政体,某国是共和政体,某国是立宪政体。

这番议论至少提供了两条重要信息:其一,包括士大夫阶层在内的读书人都普遍读西方文明的"新书",甚至讨论到"专制政体";其二,"立宪"这样的话题即便是在戊戌变法的"十年前"也仍然可以言说,只不过懂的人不多而已,但看来不会引起多大的麻烦。在"专制政体"的国度为什么可以自由地言说"立宪"之类的话题呢?那显然是因为这样的话题连同其政治诉求和文化意图,都立足于维新、改良的立场与思路,这使得正在破毁而前后失据的"专制政体"暂时放弃了紧张情绪、敌对态度和极端手段,也为这种新思潮的流行争取到了相对宽裕的空间和相对宽容的环境。这样的空间和环境鼓励了西方文化以"新学"名目甚至是"进化"态势,通过黄遵宪、王韬、梁启超、郑观应等先哲的笔墨,一旦进入古老的中国便气宇轩昂,高视阔步。除了戊戌变法的诸位君子为变法中的权力角斗付出死亡和逃亡的代价外,从维新的立场鼓吹新学或西学,一般不会获致人生的惨祸,这也是五四新文化兴起之前,西方民主、科学观念已经成为中国读书界和文化界一时之尚的重要缘由。

正是由于维新理念占据着近代西方化思潮的主脉,西方思潮才可能在与摇摇欲坠的皇权与君主制度的博弈、妥协之中施展自己的巨大影响力。据黄遵宪等开明的当事人所忆,在1880年前后,也就是"明治十二三年时",在中国已经"民权之说极盛",因而有"近年以来,民权自由之说,遍海内外,其势长驱直进,不可遏止"[1]之谓。但黄遵宪关于"民权"的思维方式同样是典型的维新式的,他批判当时的"当道"

黄遵宪

者和"嚣嚣然以识时务自命者":"绝不知为国民、由国民之为何义,天赋人权之为何物,民约之为何语,谬以为唱民权必废君主,唱民权必改民主。"[2]显然,在他看来,倡导民权未必"废君主",完全可以"合天下而戴一共主"[3]。正是在这样的维新思路上,郑观应在引进各种西方学说的同时,特撰《原君》篇阐扬"共主"之论,认为社会需仰仗的君主"自能上合天心,下合民心,天下之人惟恐其不克为千秋万世之共主"[4]。有了"共主"之议,甚至有了"共主"之立,则一切"民权"之说都消解了剑拔弩张之危,各种"民主"之论都减缓了对现行皇权秩序的直接威胁,于是它们至少不会作为敌对之论受到现行秩序的激烈排斥与无情打压。这是维新思想固有的精神品质,但从社会思潮运作方法论上考察,未尝不可以视为是一种时代智慧的体现。

〔1〕《黄遵宪文集》,第195页,郑海麟、张伟雄编校,京都:中文出版社,1991年。
〔2〕《黄遵宪文集》,第215页,郑海麟、张伟雄编校,京都:中文出版社,1991年。
〔3〕《黄遵宪文集》,第211页,郑海麟、张伟雄编校,京都:中文出版社,1991年。
〔4〕 郑观应:《郑观应文选》,第191页,澳门历史学会编,澳门历史文物关注协会,2002年。

三、革命取势

一种新的文化思潮,之所以能在异质文明占据主流的社会发展而成新的文明潮流,除了在运作策略上秉持维新思路,以争取最大的生存和发展空间而外,还必须在态度上体现出革命性的决绝,从而营造出锐不可当的时代气势。中国新文化之所以能够在一时之间气势如虹,全赖新文化倡导者以某种偏激乃至决绝的革命态度推行新文化理念,捍卫新文化原则,彰显新文化精神。

从政治学意义上而论,维新与革命属于两种截然不同的政治运作方式,有时候甚至处于相互排斥的敌对状态。不过在新文化运作中,维新与革命之间的联系往往多于排斥,常常体现为可以转换的近义词。这样的情形在胡适那里最为明显。胡适首先提出了"文学革命"的口号,早在1915年给梅光迪的诗中胡适即宣布:"神州文学久枯馁,百年未有健者起。新潮之来不可止,文学革命其时矣。"[1]而到了1917年1月发表的那篇被称为"文学革命发难篇"的《文学改良刍议》,他又沿袭了新文化倡导的维新思路,将"文学革命"之倡表述为"文学改良"。由此可知,在胡适的心目中,尤其是在新文学倡导的话题上,"革命"与"改良"是可以互换的近义词。即便是到了陈独秀那里,"革命"与"改良"同样并不具有明显的区别。他旗帜鲜明地大书"文学革命论",但在斩钉截铁地宣布倡导文学革命的决绝态度之际,又以"改良"替代了"革命":"改良中国文学,当以白话为文学正宗之说,其是非甚明,必不容反对者有讨论之余地,必以吾辈所主张者为绝对之是,而不容他人之匡正也。"[2]其态度之激烈非常"革命",但他仍然自由地使用了"改良"作为置换。可见那时候,"革命"与"改良",在词语使用上处于可以置换的近义关系。

---

〔1〕 胡适:《送梅觐庄往哈佛大学》,1915年9月17日,《胡适文集》(1),第124页,北京:人民文学出版社,1998年。

〔2〕 陈独秀:《再答胡适之》,《新青年》第3卷第3期。

　　"革命"与"改良"的近义关系的词语使用,当然并不是自胡适、陈独秀开始。早在梁启超等倡导新文化和新文体的时候,这个以"改良主义"闻名的维新派人士就已经在文章中大肆倡言"革命"。他掀起了一系列的"文界革命"的热潮。他似乎注意到政治上的"改良"与文化和文学上的革命可以并举,而且一定条件下构成必然的因果联系,因而在《论小说与群治之关系》一文中断言:"今日欲改良群治,必自小说界革命始!"[1]"改良"成为他所倡言的文化目标,而"革命"则似乎是实现此一目标的基本手段。因此,他认为工具意义上、手段意义上的"革命"必不可免:"过渡时代,必有革命……吾党近好言诗界革命。虽然,若以堆积满纸新名词为革命,是又满洲政府变法维新之类也。"[2]这番话既阐明"诗界革命"口号之由来,同时也说明,在他所处的那个"过渡时代",非常流行的"新名词"就是"革命",但这样的"革命"乃用于"维新"的目的。较为宏大的目标可以表述为"维新"与"改良",而其工具和手段则是"革命"。文化运作的大目标由于并不包含颠覆性、叛逆性的"革命"要旨,而只是革故鼎新的改良与维新,其执行工具和实现手段便可以大张旗鼓地直面这样的颠覆性和叛逆性,于是梁启超不仅大力提倡"诗界革命",谓"支那非有诗界革命,则诗运殆将绝"[3],而且又高调地倡言"文界革命",说这"文界革命"来自日本鼓吹平民主义的思想家德富苏峰《将来之日本》的榜样:德富苏峰"善以欧西文思入日本文,实为文界别开一生面者",而"中国若有文界革命,当亦不可不起点于是也"[4]。

　　"革命"不仅是"维新"和"改良"的工具与手段,而且也是"维新"和"改良"的动力。"维新"和"改良"因其不具有颠覆性和叛逆性,相对处在安全

---

〔1〕　梁启超:《论小说与群治之关系》,李华兴、吴嘉勋编:《梁启超选集》,第353页,上海:上海人民出版社,1984年。

〔2〕　梁启超:《饮冰室诗话》,第51页,北京:人民文学出版社,1982年。

〔3〕　梁启超:《夏威夷游记》,《新大陆游记节录》,《饮冰室专集》(七),第155页,台北:中华书局,1978年。

〔4〕　梁启超:《夏威夷游记》,《新大陆游记节录》,《饮冰室专集》(七),第155页,台北:中华书局,1978年。

的文化状态和精神境界,但这样的态度难以形成巨大的时代冲击力,难以形成摧枯拉朽的文化气势,而在传统文化积淀相对深厚的文学界和文化界,不具有足够的冲击力和相应的气势就难以推进哪怕是细微温和的"维新"与"改良",于是,即便是在"维新"和"改良"意义上的新文化倡导也需要借助于"革命"的动力和气势,这就是梁启超、胡适始倡文学改良而间或祭起文学革命之旗的历史逻辑。

具有颠覆性的"革命"一词之所以能够为本质上带有"改良"倾向的梁启超、胡适等人所频繁使用,所乐意借助,除了需借"革命"的气势作新文化的推动力而外,还因为"革命"在那一时代人们的心目中常常消解其政治含义,而衍化为最为激烈、最为有效的社会文明关键词。邹容在《革命军》的《绪论》中指出:"革命者,天演之公例也。革命者,世界之公理也。革命者,争存争亡过渡时代之要义也。革命者,顺乎天而应乎人者也。革命者,去腐败而存良善者也。革命者,由野蛮而进文明者也。革命者,除奴隶而为主人者也。"[1]这里的"革命"已经成为社会文明进化的"公理",而不再局限于政治意义上的改朝换代,于是一切关乎于社会文化积极的、正面的、进步的甚至善的、美的因素都可以在宽泛的"革命"话语之中得以寄植。循着这样的思路,在这样的语境下,即便是持有改良主义甚至保皇立场的有识之士也不会再讳言"革命",并且会在"革命"思潮的鼓励下大胆引进诸如"民主"、"民权"、"自由"等文明概念,从而汇集为汹涌澎湃的新文化运动的核心理念和精神价值。这些关键词以黄遵宪与梁启超的书信讨论最为集中而热烈。黄遵宪在致梁启超书中讨论道:"二十世纪中国之政体,其必法英之君民共主乎?""初闻颇惊怪,既而取卢梭、孟德斯鸠之说读之,心志为之一变,以谓太平世必在民主。"因而早在光绪二十八年前后,他就观察到:"近年以来,民权自由之说,遍海内外,其势长驱直进,不可遏止……"[2]显然,梁启超此时也大谈民主与自由,黄遵宪对此类言论深表认同:"公之所

---

[1] 邹容:《革命军》,第 22 页,北京:华夏出版社,2002 年。
[2] 《黄遵宪文集》,郑海麟、张伟雄编校,第 195 页,京都:中文出版社,1991 年。

唱民权、自由之说,皆是也。"梁启超甚至讨论到"中国政体"的改革"必以英吉利为师",黄遵宪也加以认同[1]。梁启超与黄遵宪都倾向于祛除"革命"的政治颠覆之本义,对于废除君主的"革命"之道表现出警惕和不屑:"今之二三当道,嚣嚣然以识时务自命者,绝不知为国民、由国民之为何义,天赋人权之为何物,民约之为何语,谬以为唱民权必废君主,唱民权必改民主。"[2]这样的议论稀释甚至消解了"民主"、"自由"之说的政治革命必然内容,从而使得"革命"以及随之而来的"民主"、"自由"观念更能在社会文化乃至政治文明意义上得到更为自由的运用。

与此同时,"革命"的精神价值和文化意念对于近代文化启蒙主义者也确实起到了思想激励的作用,他们的文化倡导于是获得了前所未有的自由甚至任意的气魄,梁启超的"新文体"正是在这样的"革命"气势的鼓舞和激励下形成的;没有"革命"的锐气及其所带来的自由意识,梁启超《少年中国说》中这样的排比及所形成的"思想流"显然难以想象:

> 少年智则国智,少年富则国富,少年强则国强,少年独立则国独立,少年自由则国自由,少年进步则国进步,少年胜于欧洲则国胜于欧洲,少年雄于地球则国雄于地球。[3]

这样的"思想流"往往气势磅礴但缺少逻辑的缜密,言语刺激但缺少论证的严谨,而这正是启蒙文体的风格与特征。严复的《论世变之亟》同样有这种追求气势而疏于论证的特性:"尝谓中西事理,其最不同而断乎不可合者,莫大于中之人好古而忽今,西之人力今以胜古;中之人以一治一乱、一盛一衰为天行人事之自然,西之人以日进无疆,既盛不可复衰,既治不可复

---

〔1〕《黄遵宪文集》,郑海麟、张伟雄编校,第211页,京都:中文出版社,1991年。

〔2〕《黄遵宪文集》,郑海麟、张伟雄编校,第215页,京都:中文出版社,1991年。

〔3〕《康有为、梁启超散文选》,第220页,香港:三联书店香港有限公司,上海:上海古籍出版社,1994年。

梁启超

乱，为学术政化之极则。"[1]"其于学也，中国多夸识，而西人尊新知。其于灾祸也，中国委天数，而西人恃人力。"[2]他显然已经习惯于用这种自由气势的判断比较中西文化："中国最重三纲，而西人首明平等；中国亲亲，而西人尚贤；中国以孝治天下，而西人以公治天下；中国尊主，西人隆民。"这种多少有些简单和武断的中西比较论，实际上是在"革命"性的自由阐述中进入了"思想流"的表述套路。他的中西文化比较论对后来陈独秀的名文《东西民族根本思想之差异》具有明显的影响，而他在《论世变之亟》中关于西方国家"自由"之论，谓"彼西人之言曰，惟天生民，各具赋畀，得自由者乃为全受。故人人各得自由，国国各得自由……"[3]，对胡适《介绍我自己的思想》中关于"争你们个人的自由，便是为国家争自由"[4]的著名言论也构成了直接的影响。

总之，"革命"的精神价值是近代启蒙主义者和新文化运动倡导者共同的文化资源；"革命"的语境下，"民主"、"自由"等新思想、新文化命题得到了空前的鼓励并逐渐取得时代性的话语权。近代启蒙主义者对于"革命"一词的政治颠覆性含义有所规避，新文化倡导者除了胡适等温和派而外都倾向于强化其政治颠覆性的含义，但有关新文化倡导的思想甚至言辞方式都与近代启蒙主义者有着不可分割的历史联系和精神联系。

〔1〕《严复集》(1)，第 1 页，北京：中华书局，1986 年。

〔2〕《严复集》(1)，第 3 页，北京：中华书局，1986 年。

〔3〕《严复集》(1)，第 3 页，北京：中华书局，1986 年。

〔4〕《胡适全集》(4)，第 663 页，合肥：安徽教育出版社，2003 年。

第二章
文明戏与中国新文化运动的预演

一般将 1906 年—1907 年之交的上海开明演剧会和成立于日本的春柳社的新剧活动算作是中国文明戏的起点[1]。早期文明戏运作虽然非常稚拙却充满时代气息,引进并传达西方先进的文化信息和文学内容,鼓吹社会改良与移风易俗,成为辛亥革命前后社会沉闷空气中一道亮丽的文化风景线,并在一定的广度和深度上成为五四新文化运动的精彩预演,其文化思潮意义不容低估。

一、新文化运动的精彩预演

早期话剧因其西洋背景被称为"文明新戏",反映了当时文化界和戏剧界对文明的理解。经过洋务运动、戊戌变法等重大历史运作,在梁启超等

---

[1] 关于中国话剧发生的起点有多种说法,有人将这起点追溯到 1899 年上海圣约翰书院庆祝圣诞活动中的西洋式演剧,也有人将一年后南洋公学演出朱双云的剧作算作起点,还有人将 1905 年汪优游在民生中学组织文友社作为中国话剧发生的起点。上述三说各有道理,1899 年的圣约翰书院演剧是迄今最早演出西洋式剧目的纪录,1900 年南洋公学开启了演出剧作家编剧剧目的历史,1905 年民生中学文友社的演出开辟了创立新剧团体的历史。不过这些演剧活动还都是学生演剧,未造成相当的社会影响,只能说是在某一方面为中国话剧的诞生做准备。1906 年与 1907 年之交,开明演剧会开始了售票公演新剧的历史,春柳社的演出赢得了艺术评论界的关注,从演出方式、演出规模、社会影响和经济效益等方面综合分析,这应该算是中国话剧历史的真正开端。

人的开放和改良理论的陶冶下，文化界和戏剧界已普遍认同西洋文明，并希望借重西洋文明的力量改良中国的文化艺术，包括中国戏剧，进而使得古老的中国挣脱传统的羁绊，走向民族的新生。

学术界很少将早期话剧运动纳入中国新文化运动的范畴之内，一般都倾向于认为影响中国现当代历史的新文化运动兴起于"五四"时期，即使有人较为"宽泛地"理解"广义的"新文化运动，则宁愿将"萌发于鸦片战争前后"的魏源、冯桂芬、王韬、郭嵩焘、郑观应等人通过《循环日报》和《万国公报》对海外新文化的提倡，以及梁启超、严复等人的新民、改良思潮的运作核计在内，接着便介入五四新文化运动，完全漠视早期话剧运动的存在及其新文化品质的彰显[1]。早在 1934 年，伍启元在所著《中国新文化运动概观》一书中，将 1895 年—1915 年这 20 年间算作"新文化运动的启蒙时期"，其重点仍在于强调新文化运动的重要组成部分文学革命与发源于戊戌维新前后的国语运动的关联，对于早期话剧运动的新文化品质依旧有所忽略[2]。幸好，对早期话剧运动的新文化品质的漠视与忽略，并不能直接构成对这种品质的否定；相反，人们不得不在有关论述中间接肯定早期话剧运动在一定意义上的新文化品质，将这场运动涵盖在"新文化运动的启蒙时期"或"广义的"新文化运动范畴之内。

判断早期话剧运动是否初步具备新文化品质，当然须弄清"新文化运动"的基本内蕴，而关于后者，五四新文化运动的缔造者陈独秀的解说应属可靠。陈独秀在《新文化运动是什么》一文中指出，新文化运动"是觉得旧的文化还有不足的地方，更加上新的科学、宗教、道德、文学、美术、音乐等运动"[3]。这显然是就"新文化"的基本范畴而言的，在这样的范畴中，戏剧虽未被明确点出，却早已包含其中——他认为中国社会和家庭的"音乐、美术"活动就自然含有"皮黄戏曲"，虽然他不无偏激地认定"吾国之

---

〔1〕 袁伟时：《〈新青年〉：推动中国融入现代文明》，原载《新京报》（2005 年 9 月 14 日）、《南方都市报》（2005 年 9 月 27 日）。
〔2〕 参见罗厚立：《历史记忆中抹去的五四新文化研究》，《读书》，1999 年第 5 期。
〔3〕 陈独秀：《新文化运动是什么》，《新青年》，第 7 卷第 5 号。

剧"——当然就是指这类"皮黄戏曲"——"在文学上,美术上,科学上"没有"丝毫价值"[1],可这恰好说明戏剧改良是新文化运动的应有之义。可惜,仍是囿于五四新文化运动倡导者的偏见和某种狭隘,他与胡适等人一样没有提到早期话剧运动,当然也没有提及"吾国之剧"已经发生的某种变化。其实,文明戏运动已经初步具备了陈独秀所界定的新文化运动的基本要素:"要注重团体的活动";"要注重创造的精神";"要影响到别的运动上面"[2]。陈独秀的论述并不是对五四新文化运动的总结,而是对一般意义上的新文化运动应有特征的理解和概括。"团体的活动"可以理解为新文化运动的形式特征;"创造的精神"体现出新文化运之"新"的本质,可视为新文化运动精神特征的概括;"影响到别的运动上面"反映出"运动"应有的内涵及其辐射力,可谓是新文化运动的内涵特征的表达。

如果说"团体的活动"是陈独秀意念中的新文化运动的形式特征,则文明戏运动肇端于春柳社等戏剧团体的成立和卓有成效的运行,1907 年以后的几年间前后数十个戏剧演出团体,包括此前创立的《二十世纪大舞台》在内的若干个戏剧文化改革研究团体交相呼应,彼此推动,使得这场运动从一开始就显示出"团体的活动"的新文化运动特征。

从历史运作内涵特征来看,以陈独秀"要影响到别的运动上面"的理论设定作参照,早期话剧运动从来就不是局限于戏剧领域的内向型艺术运作,而是外摄于政治、社会、文化各个方面的思想文化艺术运动。陈独秀这样理解一场新文化运动的基本内涵:它须超越于自身的领域,外摄到军事、社会、政治等方面——"新文化运动影响到军事上,最好能令战争止住,其次也要叫他做新文化运动的朋友不是敌人。新文化运动影响到产业上,应该令劳动者觉悟到他们自己的地位,令资本家要把劳动者当做同类的'人'

---

[1]　陈独秀:《答张鎏子》,《独秀文存》,第 747 页,合肥:安徽人民出版社,1996 年。不过在《新文化运动是什么》一文中,陈独秀对中国传统戏曲的评价却并不是如此糟糕,他说:"表现人类最高心情底美术、音乐,到了郑曼陀底时女画、十番锣鼓、皮簧戏曲这步田地,我们固然应该为西洋人也要来倾向的东方文化一哭;但是倘若并这几样也没有,我们民族的文化里连美术、音乐底种子都绝了,岂不更加可悲!"见《新青年》第 7 卷第 5 号。
[2]　陈独秀:《新文化运动是什么》,《新青年》,第 7 卷第 5 号。

《二十世纪大舞台》发刊词

看待，不要当做机器、牛马、奴隶看待。新文化运动影响到政治上，是要创造新的政治理想，不要受现实政治底羁绊。"[1]这是对新文化运动内涵及其外摄性特征的较为具体的列举，其中包含着一些不切实际的夸大——事实上，包括五四新文化运动在内的任何文化运动都不可能"令战争止住"。不过，在外摄于政治、经济、社会的意义上理解新文化运动的内涵，应该被视为中国新文化运动倡导者的共识。从早期话剧运动的内涵及其同样具有的外摄性来分析，早期话剧运动的倡导者与五四新文化运动倡导者具有同样的共识。这是早期话剧运动具备新文化运动内容与性质的基本保证。

文明戏运动作为一种时代性的新文化预运作，其价值指归往往超出戏剧本身，而在于国家的富强和民族的复兴。在这一点上新剧倡导者们比早期的改良主义者更加坚定而充满危机感，可以说站到了足以与五四新文化运动倡导者相类似的历史高度。梁启超等人倡导的"新民"与改良固然也曾从大处着眼呼唤国家和民族的新生，但基于温和的改良思想，其民族危亡的危机感和呼唤中华复兴的迫切感远远没有五四时代热烈，陈独秀在《青年杂志》创刊号推出的《敬告青年》中就表明了对"吾国之社会，其隆盛耶？抑将亡耶？"的深刻忧虑，后来在蔡元培的概括中新文化运动与欧洲伟大的文艺复兴得以相提并论，然后又颇富意味地模糊了文艺复兴的具体内涵，甚至在概念运用上抽取了"文艺"的限定词，简称为"欧洲复兴时期"以及"我国的复兴"，以此点明了五四新文化运动的一个重大主题[2]。文明戏运动明显涉及了这样一个"宏大"的"复兴"主题，只是比五四新文化运动

---

〔1〕 陈独秀：《新文化运动是什么》，《新青年》，第7卷第5号。
〔2〕 蔡元培：《中国新文学大系·总序》（建设理论集），上海：上海良友图书印刷公司，1935年。

倡导者更加具体、更加务实地从戏剧艺术形态切入这样的主题。他们之所以那么重视戏剧和戏剧改良，匆忙于搭建"二十世纪大舞台"，是因为他们意识到欧美"开化之时"，戏剧起了很大作用[1]，甚至认为戏剧在欧洲有过促进"新政"，强大"国势"的神奇威力[2]。而且，当时从事新剧活动的知识界人士从"日本新派优伶，泰半学者"[3]的现实情形中感受到自身的使命。这种通过新剧启蒙民众、移风易俗乃至改造社会、振兴国家的使命感，使得新剧最初的身体力行者轻而易举地革除了旧时代倡优戏子不名誉的阴影，理直气壮地担负起了"天下人之教师"的责任。

他们上承梁启超之辈改良主义思潮之精神，下启五四新文化运动之端绪，从来就没有将话剧仅仅当作艺术建设的项目加以把握，而是要通过新剧的倡导改良社会，训导民众，开通民智，移风易俗。在他们看来，"戏剧之于社会，为施教育之天然机关"[4]。这同梁启超当年倡导政治小说以求施教育于民众的思维如出一辙，也同陈独秀后来在《论戏曲》中倡言的戏剧便是学校一说十分契合，所表现的皆是通过思想文化和文学艺术形态达到社会改造和民众教育的文化题旨。其实早在新剧运作刚刚启动之际，新剧家们就将社会各个方面各个层次的改良列为自己从事戏剧运动的基本目标。1906 年 12 月，朱双云、汪优游等在上海成立开明演剧会，通过新剧写作和演出，使得改良主义思潮兴起以来的诸多"改良"倡导落实到了戏剧艺术的运作之中，这个演剧会排演了一批"改良"标牌的戏剧界目，包括《军事改良》、《家庭改良》、《教育改良》、《僧道改良》、《社会改良》、《官吏改良》等等。

---

〔1〕 严复：《〈国闻报〉附印说部缘起》，《国闻报》，1897 年 11 月 18 日。

〔2〕 欧榘甲在《观剧记》云："昔法国之败于德也，议和赔款，割地丧兵，其哀惨艰难之状，不下于我国今时。欲举新政，费无所出，议会乃为筹款，并激起国人愤心之计，先于巴黎建一大戏台，官为收费，专演德法争战之事，……故改行新政，众志成城，易于反掌，捷于流水，不三年而国基立焉，国势复焉，故今仍为欧洲一大强国。"文见阿英：《晚清文学丛钞·小说戏曲研究卷》，第 68 页，北京：中华书局，1960 年。

〔3〕 李叔同：《春柳社演艺部专章》序言，见阿英：《晚清文学丛钞·小说戏曲研究卷》，第 634 页，北京：中华书局，1960 年。

〔4〕 佚名：《易俗伶学社缘起》，此乃写于 1912 年的易俗社章程，见《中国近代文学大系》文学理论集(2)，第 597 页，上海：上海书店，1995 年。

春柳社的成立和活动乃得力于日本早稻田大学文艺协会的启发,该协会的宗旨就不仅局限于文艺,而是"适应国势振兴文运,提高社会风尚";于是春柳社演艺宗旨也就不仅仅在于"艺界改良",而在于"开通智识、鼓舞精神"[1]。如果说梁启超的改良主义思潮已经认定小说等文学类型对于"群治"以及"新民"的重要性,那么早期话剧运动的倡导者们则确信戏剧在"提高社会风尚"、"开通智识"方面的巨大效用。他们认为,"戏剧之效力,影响于社会较小说尤大"[2]。虽未参与早期话剧运动但对新文化运动早有准备的陈独秀对这样的观点显然乐于认同,他后来分析说:"编小说,开报馆,然不能开通不识字人,益亦罕矣。惟戏曲改良,则可感动全社会,虽聋得见,虽盲可闻,诚改良社会之不二法门也。"[3]正是本着这样的认识,早期话剧运动者所选择或所创作的剧目都以社会改良甚至国家思想为第一要务,包括春柳社最初演出的《茶花女》和《黑奴吁天录》。

如同梁启超在鼓吹小说界革命时夸张小说的巨大社会功能,文明戏倡导者和戏剧改良者都认为,戏剧之所以能够改良社会、唤起民众,是因为它有同梁启超概念中的小说相类似的神奇的社会感动力。陈去病指出:"闻当清人入关时,北方贩夫走卒,类多有投河而死者,未始非由戏剧感人之故。"[4]他进一步分析说,

> 综而论之:专制国中,其民党往往有两大计划,一曰:暴动,一曰:秘密,二者相为表里,而事皆鲜成。独兹戏剧性质,颇含两大计划于其中。苟有大侠,独能慨然舍其身为社会用,不惜垢污以善为组织名班,或编《明季稗史》而演《汉族灭亡记》,或采欧美近事而演《维新活历史》,随俗嗜好,徐为转移,而潜以尚武精神、民

［1］ 有关材料参见黄爱华:《中国早期话剧与日本》,第31页,长沙:岳麓书社,2001年。
［2］ 铁:《铁翁烬余》,《小说林》,第12期。
［3］ 陈独秀:《论戏曲》,《新小说》,第2卷第2期。
［4］ 陈去病:《论戏剧之有益》,《中国近代文学大系》文学理论集(2),第504页,上海:上海书店,1995年。

族主义，——振起而发挥之，以表厥目的。夫如是而谓民情不感动，士气不奋发者，吾不信也。[1]

为了感动民情，振奋士气，以达到改良社会乃至振兴国家的目的，文明戏运动者和戏剧改良者独具慧眼地注意到了西方悲剧概念，借助于拿破仑的悲剧"学校"说，认为"悲剧者，君主及人民高等之学校也"，然后不无偏执地推崇悲剧而贬斥喜剧，说是"夫剧界多悲剧，故能为社会造福，社会所以有庆剧也；剧界多喜剧，故能为社会种孽，社会所以有惨剧也"[2]。这样的观点自然大可商榷，但从社会改良的角度看却更能体现先驱者期冀于社会改良的拳拳之心与殷殷之意。

柳亚子等人虽未粉墨登场实施戏剧改革，但通过其所创办的《二十世纪大舞台》，同样致力于有新文化运动之实的戏剧活动。与当时的早期话剧实践者相呼应，同时也与梁启超的改良主义文化观念相衔接，他们在戏剧功能和戏剧意义上强调的仍然是社会改良的时代主题："今兹《二十世纪大舞台》，乃为优伶社会之机关，而实行改良之政策。"因为他们目睹到的情形往往是"民族大义，不能普及，亡国之仇，迁延未复"，需要从革命的意义上运用戏剧"开通民智"，直至实现光复，这便是戏剧运动的理想目标："他日民智大开，河山还我，建独立之阁，撞自由之钟，以演光复旧物推倒虏朝之壮剧、快剧……"[3]这样的话在政治上体现出了革命者常具有的狂欢情绪，在文化上也显露出梁启超等改良主义者理想化的价值心态。在一般人的印象中，将革命的情绪与改良的心态相提并论颇有些不可思议，似乎两者从概念到内涵都始终处于相互排斥的状态，其实在鼓吹革命与改良的当事人自己似乎从未意识到这期间的分野会是那么刚性与生硬。胡适等人

[1]　陈去病：《论戏剧之有益》，《中国近代文学大系》文学理论集(2)，第504页，上海：上海书店，1995年。
[2]　蒋智由：《中国之演剧界》，《新民丛报》，1904年第17期，《中国近代文学大系》文学理论集(2)，第573页，上海：上海书店，1995年。
[3]　柳亚子：《二十世纪大舞台发刊词》，《中国近代文学大系》文学理论集(2)，第560页，上海：上海书店，1995年。

倡导的文学革命一开始就将"革命"与"改良"含混起来交替使用[1]，梁启超当初则认为，"革命"和"改良"都体现为"革"的意思，其间更多的是共同之点而不是相异之点[2]。具体到戏剧、文学方面而言，他对"革命"和"改良"的概念更是明确地采取模糊策略，以"小说界革命"、"文界革命"之类的"革命"姿态推涌政治改良的思潮。其实，即使承认"革命"与"改良"在基本概念和政治倾向上的差异性，也不能否认它们在文化运作意义上旨在唤起民众、开通民智方面的共通性。

改良主义思潮的当事人对于"革命"和"改良"概念及其立场观念的模糊把握，为我们确认文明戏运作的新文化运动意义克服了颇为关键的理论障碍。一般认为，中国的新文化运动与革命思潮紧密相连，似乎温和的改良思潮并不足以牵动一场新文化运动。其实，一场新文化运动并不一定需要革命思潮以显示其激烈和彻底，如果说文艺复兴是一场规模浩大、影响深远的新文化运动，这场运动的思想根柢与其说是革命的还不如说是改良的，而且是带着复古意味的改良。五四新文化运动的巨大感召力，按照其领导者之一的蔡元培的观点，并非体现在思想文化领域的颠覆性的革命意义上，而是体现在倡导民族复兴的宏大目标上。蔡元培在总结五四新文化运动时不无骄傲地将这场运动称为"文艺复兴"，后来又屡次模糊"文艺复兴"的限制词，将"复兴"当成这场新文化运动的精神核心和价值指归[3]。"复兴"虽然可以被理解为隐含着"革命"的意志和手段，但在观念色彩上显然比后者温和得多，而且毋庸置疑地包含着改良的应有之义。

毋庸讳言，文明戏运动的核心内容是在戏剧领域，具体地说是旧剧的批判和话剧的倡导。话剧因其西洋背景被称为"文明新戏"，反映了当时文化界和戏剧界对文明的理解，同样也表明了这场戏剧运动的超戏剧的内

---

[1] 胡适在 1916 年与陈独秀的通信中明确使用了"文学革命"，但 1917 年发表那篇著名的《文学改良刍议》时又用"改良"置换了"革命"，陈独秀等以更加坚定的口吻标举"文学革命"，胡适才又跟着置换回去。

[2] 梁启超就曾努力模糊"改良"与"革命"的词语差异，他在《释革》一文中指出："'革'也者，含有英语之 Reform 与 Revolution 之二义。"

[3] 蔡元培：《中国新文学大系·总序》(建设理论集)，上海：上海良友图书印刷公司，1935 年。

涵:经过洋务运动、戊戌变法等重大历史运作,在梁启超等人的开放和改良理论的陶冶下,文化界和戏剧界已普遍认同西洋文明,并希望借重西洋文明的力量改良中国的文化艺术,包括中国戏剧,进而改良社会,使得古老的中国挣脱传统的羁绊,走向民族的新生。显然,这意味着对源远流长的中国古典戏剧传统的颠覆,对传统戏剧形式和戏剧欣赏习惯的严重挑战,而进行这种颠覆和挑战的内在依据便是现代社会的文明要求,以及近代以来愈演愈烈的改革良知。从19世纪末到20世纪初,黄遵宪、梁启超等人在倡导文化改良主义思潮中提出了一系列革命性口号,诸如"诗界革命"、"文界革命"、"小说界革命"等。这些"革命"也曾由于倡导者的身体力行积累了一定的成果,诸如黄遵宪《以莲菊桃杂供一瓶作歌》之类的诗歌,以及梁启超等人的政治小说,不过这些革命性的文学实践早已作为文明的碎屑被委弃在历史的尘埃之中,其真正拥有经典性意义的业绩的呈现则须待五四新文化疾风骤雨冲洗过之后。"戏剧界革命"的口号即使出现过,但并不如上述诗界、文界和小说界的革命口号那么响亮[1]。然而,这番革命通过文明戏运动却比任何其他领域的革命都更加富有声势,参加者众多而社会影响甚巨,其所开辟的新剧传统,其所拥有的经典性成果,都实实在在地酿成了一场轰轰烈烈的新文化运动的声势。这场以戏剧改革为核心的新文化运动以其一定规模和影响成为五四新文化运动的精彩预演。

二、充满创造的新文化精神的酝酿

文明戏运动的内涵特征体现着新文化运动之于社会改良和革命的外摄性,其精神特征则体现出陈独秀所概括的"创造"性。

---

[1] 梁启超在1899年的《夏威夷日记》中基于黄遵宪以及他自己的有关文学改革成就,提出了"诗界革命"、"文界革命"的口号,后又有大规模的"小说界革命"的实践,而"曲界革命"虽然在1902年《释革》中提及,但只是与"文界革命"、"诗界革命"、"小说界革命"、"音乐界革命"、"文字革命"等"种种名词"排比并举的结果,没有较为严密的理论阐解,也很少实际的文字实验,更谈不上任何演艺实验。

创造意味着革故鼎新。文明戏运动在社会改革的价值指向上与五四新文化运动相吻合，同时在向西方文化开放、激烈地反对中国文化传统等方面与后者有明显的同构关系。无论是文明戏的倡导者还是后来关注文明戏运动的评论者，都毫不含糊地确认并肯定了文明戏在文化理念和艺术形式上的舶来品质，这种借西方文化之力革故鼎新的思路大大拓展和深化了改良主义思潮的思维框架，取得了与后起的五四新文化运动相类似的精神素质。文明戏倡导者之所以特别重视戏剧之于民众的训导和教育作用，并不完全是出于梁启超的改良主义文化观的领悟，而主要是出于对外国戏剧"经验"的借鉴。他们循着梁启超等人的思维方法，从西洋各国对戏剧教育作用特别倚重的"事实"中得到启示，以不无夸张的口吻强调剧院、演员之于社会改革和民众启蒙的作用。他们普遍注意到西方各国在国家振兴的关键时刻往往对戏剧高度倚重，始终认为"自由戏院是要拿艺术化的戏剧表现人类高尚的理想"，促进社会的改革，于是他们言之凿凿地描述说："我们翻开各国的近代戏剧史，到处都见有这种的自由戏院运动。"他们由此看到并领悟到："戏院……是推动社会使之前进的一个轮子。"〔1〕春柳社的早期话剧倡导和实践便是受到西方戏剧的如此启发与激励："欧美优伶，靡不学博洽多闻，大儒愧弗及……"〔2〕只有这样的学者型优伶，才可能成为开通民智的启蒙教师，而这些人或许并不能掌握传统戏曲的表演技艺，于是理所当然地须引进"新派演艺"，也就是"以言语动作感人为主，即今欧美所流行者"的话剧。由此看来，引进西方流行的话剧艺术，乃是改良社会、开通民智的现实需要，而不仅仅是艺术革新或文学革命的特别要求。这就是说，话剧艺术的舶进与其说体现着"戏剧界革命"的内在要求不如说体现着社会文化运动的时代要求，以话剧引进为中心的新剧运动实际上是一场旨在促进社会改革和开通民智的文明运作，是为后来声势浩大的新文化运动作一预演。

---

〔1〕 肖伯纳：《戏场是宣传主义的地方》，《戏剧》，第 1 卷第 1 期，1921 年 5 月。
〔2〕 《春柳社演艺部专章》，《中国近代文学大系》文学理论集(2)，第 578 页，上海：上海书店，1995 年。

春柳社演出场刊

为了倡导以现代文明为内涵的新文化，基于对文明戏的思考，陈独秀提出了戏剧须"采用西法"的观点，说是西方的话剧形式"戏中有演说，最可长人之见识，或演光学、电学各种戏法，则又可练习格致之学"[1]。这样的观点正可以说是对早期话剧运动倡导的改革精神的一种阐扬，其中甚至涉及了对现代科学文明的普及。陈独秀提到的话剧中的"演说"或许是早期话剧倡导者片面地理解话剧"宣教"功能的"附属产品"——其实西洋话剧并不必然带有外乎于剧情的"演说"，是中国的话剧倡导者偏执地看中了话剧可以摒弃传统戏曲繁复的表演程式，而质直地表达对于社会改造的思想，于是想当然地将"演说"这一外在环节引入了话剧演出之中。但这样的认知正好说明，话剧倡导者确实是在新文化运动的意义上而不是仅仅在戏剧改革的意义上理解话剧并倡导话剧。改良社会的动因决定了早期话剧的演出形式和特色。被后来的研究者称为所谓"幕外戏"的附属"演说"，体现着文明戏运动向社会文化运动提升的鲜明的社会功利色彩和社会文化

---

〔1〕 类似还有不可演神仙鬼怪之戏，不可演淫戏，除富贵功名之俗套共五个方面的改良。陈独秀《论戏曲》，《新小说》，1905 年第 2 卷第 2 期，《中国近代文学大系》文学理论集（2），第 619 页，上海：上海书店，1995 年。

运作的痕迹——这样的戏剧演出面对的从来就不是观众,而是话剧倡导者要唤起要启蒙的民众。早期话剧《黄金赤血》较为鲜活地展演了那时候"幕外戏"出笼的契机和情形。剧中主人公调梅的女儿爱儿,在经历一阵离乱后被戏班收留,戏班进行赈灾演出之时与已经成了革命者的父亲相遇,爱儿便向戏班建议说:"家父在戏剧上,不知费了多少脑筋,按我意见,不如开场的时候,也照寻常开会的样子,请一位将家父的心愿代表一番,然后再让家父上场演说一回,我们接着演戏,叫台下的看客先听了家父的演说,再看我们演戏,发出热忱,或可多捐些钱出来,岂不两得其便?"她的建议为戏班欣然采纳,于是演出之前主持人向观众宣布,由调梅先生"先演说一回,然后跟着演戏",还询问"列位"是否赞成——结果自然是"杂然相许"。

曾有现代戏剧家如此不屑地描述文明戏的这种演出形式,说是这样的戏剧往往"台幕外不布一点景,也可以演一幕戏",常常会有"一个不疯不癫的人跑上台去念一长篇说白",甚至,"天天扮'激烈派'的,扭转身子,把头去凑上手腕擦眼泪,去正经角色的开口就是'四万万同胞','手枪','炸弹','革命','流血'。说几句肤浅的时髦新名词与爱国话,包管得一个'满堂彩'"[1]。在这种不屑的语气中我们仍然能够捕捉到这样的信息:当时的文明戏很有市场,虽然早期话剧的演出方式较为稚拙,作为幕外戏的讲演内容或许真的失之于简单和浅显,但它在那个时候是得到社会鼓励和民众认可的艺术形式,或者说是一种文化运作方式,演出者的水平、戏剧内涵的深刻程度根本不在观众的考量之中,人们要求的就是这样一种戏剧形式和文化运作气氛,人们需要通过这样的形势以及营造这样的气氛表明自己的文明态度和对文明戏的态度。既然能够得到"满堂彩",就是得到了观众乃至民众的认可与欢迎,这是戏剧从业者最完美的收获,这一点作为现代剧作家的发言者不可能不清楚。相比之下,现代话剧的奠基人洪深对早期话剧的这种超越于戏剧的文化意义乃至社会意义有着更为准确的把握,他

---

〔1〕 陈大悲:《戏剧指导社会与社会指导戏剧》,《戏剧》,第 1 卷第 2 期,1921 年 6 月。

认为,"及至辛亥革命成功以后,在日本的春柳社回来了。在上海出演,大为观众称道。于是新组织的表演文明戏的团体,乃如风起云涌"。这时正好处"在一个政治和社会大变动之后,人民正是极愿听指导,极愿受训练的时候",早期话剧团体演出的鼓吹改良、攻击官僚的戏,正投合着广大民众的心情,而且,"那时人民兴高望奢,正欲与世界大国,较长争强,凡是叙说外国的情形,如《不如归》《空谷兰》等戏,也是人们所要看的。在看戏的人,正热诚的希望着文明戏成功"[1]。于是,这种文明戏的演出,从本质上说就不是单纯的戏剧活动,而是调动着整个社会的一种特殊形式的文化运动,无论是演戏者还是借助戏剧演出之机实施讲演者,抑或是"热诚的希望着文明戏的成功"的观赏者,他们都不是普通意义上的演员和观众,而是一起参与这场社会运作和文化运动的同志,他们共同的努力构成了文明戏的新文化先期格局。

文明戏运动向西方文化开放仍然建立在比较激烈地反传统的文化基础之上,体现出明显、强烈的改革和创造精神。文明戏倡导者毅然取消旧剧的唱腔,毅然摘下代表旧剧的脸谱,在影响深远的戏剧领域发动了一场较为深刻的革命。一般为了突出"五四"以后现代话剧的历史地位和艺术功绩,人们并不愿意给予早期话剧运动以革命性评价,倒是堪称现代戏剧行家的洪深论断颇为公允,称赞早期话剧倡导者,特别是春柳社,表现出了"那勇敢而毫不顾虑地,去革旧有戏剧的命"的精神与气魄[2]。有时候他们不一定直接使用"革命"这一词,但却毫不含糊地包含着革命的意绪。倡导新剧的进化团,其"进化"在他们的理解上就几乎与"革命"相当,正像英文中的两个词语本来就十分相当一样[3]。进化团演出的早期话剧《黄鹤楼》中,黎元洪与刘宗耀讨论武昌起义,黎元洪提到瑞征、铁良在准备大规

〔1〕 洪深:《从中国的新戏说到话剧》,见《中国新文学大系·导言》(戏剧集),第14页,上海:上海良友图书印刷公司,1935年。
〔2〕 洪深:《从中国的新戏说到话剧》,见《中国新文学大系·导言》(戏剧集),第13页,上海:上海良友图书印刷公司,1935年。
〔3〕 英文中的"进化"为"evolution",与"革命"的词形"revolution"非常接近,其内涵也相当接近。

模迫害新军,刘宗耀议论道:"现在时势,越凑越紧。天意到了这个时候,促成我们的进化,因此失败而收大功,也未可定。"这里的"进化",显然就是"革命"的意思。当然,在早期话剧运动中还有直接、自觉地为辛亥革命张目并作宣传的组织运作和艺术运作。1904 年汪笑侬编演的《党人碑》在当时就被公认为切合时事的悲剧,对于未来的革命起到了舆论呼吁的作用;王钟声所写的《春阳社意见书》,载天津《大公报》1907 年 10 月 15 日,即号召以演剧手段"唤起沉沉之睡狮",正是从演剧的角度呼应日益逼近的革命宣传热潮的言论。

　　以戏剧和文艺推动社会改良和社会进步,这是近代改良主义思潮以来广为中国进步知识界所确认的西方价值理念,虽然很可能是经过日本这个文化中介贩卖性的夸张被改造和变异了的价值理念,但它至少与西方近代文化有着最紧密的亲缘关系,体现着近代以来中国进步知识界向西方开放、从西方文化的勃郁生机中寻求精神滋养的成果,从改良主义思潮到五四新文化运动,这样的价值理念一直以强劲的力道在中国知识界和文化界起越来越明显的支配作用,文明戏运动的兴起典型地体现了这样的作用。作为这种价值理念的伴随,西方戏剧的演出形式甚至西方戏剧的相关剧目都对文明戏运动产生了决定性的影响。西方话剧在早期话剧倡导者看来摒弃了脸谱的做作和唱腔的装饰,能够更直接地表述思想和宣传理念,因而更容易被认同与接受,于是直到"五四"时代,新文化倡导者一直坚持认为西洋式的演剧是"真戏",同中国传统式的"'脸谱'派的戏"截然不同,它属于"自然派"的戏剧[1]。胡适也认为西洋的戏剧形式比较"自然":"中国戏剧一千年来力求脱离乐曲一方面的种种束缚,但因守旧性太大,未能完全达到自由与自然的地位。"[2]他们的自然概念其实就是真切而不做作。既然认同了西方戏剧的价值理念,又认同了西方戏剧的演出方式,他们有理由觉得西方的戏剧作品承载这样的价值理念最为有力,体现这样的演出

---

〔1〕 钱玄同:《随感录》,《新青年》,第 5 卷第 1 号。
〔2〕 胡适:《文学进化观念与戏剧改良》,《新青年》,第 5 卷第 4 号《戏剧改良专号》。

方式最为到位,于是一开始就热衷于演出《茶花女》和《黑奴吁天录》等西方剧目,并以此为中国话剧创作的模本。早期话剧剧本的创作常常就是以西方剧目或西方文学作品作模本,如南开学校新剧团编演的《一念差》,实际上可以视为莎士比亚戏剧《麦克白》的中国版。有时甚至将日本改编演出的西洋戏剧当作模本,如春柳社演出的《热泪》,就是以日本新剧作家田口菊町的同名剧作为模本创作的,而田口菊町的剧本又改编自法国萨特的剧作《杜司克》。总之,文明戏运动从价值理念、演出形式乃至具体剧目都突出地展示出向西方文化获取精神资源,向西方文化开放,并以此克服传统艺术文化束缚的本质特征,体现出锐意革新的精神特征,这其实也正是中国新文化运动预演的凭证。

如果说借鉴西方文化、创造新文化是中国新文化运动的基本精神特征,则作为新文化运动的策动者,陈独秀对这种创造精神有着深刻的理解,他认为:"创造就是进化,世界上不断的进化只是不断的创造,离开创造便没有进化了。我们不但对于旧文化不满足,对新文化也要不满足才好;不但对于东方文化不满足,对于西洋文化也要不满足才好;不满足才有创造的余地。"[1]这样一番精湛的新文化"创造"论同样适于文明戏运动。如前所述,文明戏固然是引进西方戏剧的成果,但在引进过程中丝毫没有放弃中国文化艺术界自身的创造精神,例如"幕外戏"——在演出过程中别出心裁地添加节外生枝的演说,尽管招来了经久不息的非议,但毕竟是中国文明戏实践者不惟洋是从的创造精神的展示。陈独秀在《论戏曲》中曾将这种"幕外戏"猜度为是早期话剧家误解了外国戏剧的演出方式,误以为没有唱的戏剧就是有演说。这也就是猜度而已,最初倡导文明戏的人士虽然不皆是学贯中西,但"泰半学者"并不十分夸张,应该说对于西方戏剧如此大的"误解"不可能如此普遍地发生在他们身上,这实际上更应该是一种自主性创造。

总之,文明戏在全面地向西方文化开放、趋近的意义上,在激烈地、具

---

[1] 陈独秀:《新文化运动是什么》,《新青年》,第7卷第5号。

体地叛逆传统的意义上,在相当的广度和深度上实现了改良主义思潮与新文化运动的实际勾连,是近代改良主义思潮通过戏剧在文化领域的具体实践,是标志着中国现代文化崛起的新文化运动不可或缺的准备与预演,或者甚至可以说是新文化运动的前奏。这场运动虽以戏剧改革为出发点,但其精神指归则是在中国的文化与社会改革,在新道德与新观念的倡导,各种新思想的主张几乎触及五四新文化运动所有的革新主题,因而可以在一定意义上将其视为新文化运动的前奏。

三、对于新文化运动的前摄和预演

文明戏运动可以视为中国新文化运动的预演,需承认它之于五四新文化运动的前摄性意义。所谓前摄性意义是指前一个事物及其运作过程对后一个事物及其运作过程客观上所起到的建构、启迪并使之更加趋于充实的作用。五四新文化运动以彻底地反传统和无比坚定地向西方开放的姿态致力于中国政治理念、社会道德和文化形态的全方位改革,其所体现的文化特征属于典型的新文化运作。文明戏运动渗透于社会改革和文化重建的精神特征,立足于思想、观念革命的文化策略,旨在道德意义上改变国人精神面貌的价值目标,这一切都实实在在地显示出其作为一场新文化运动预演与前摄的品性。文明戏运动作为中国新文化运动的前摄性运作,所提出的许多时代命题以及其表现出的精神原创性,远远未能为后来更加轰轰烈烈的新文化运动所覆盖,因而成为中国新文化史上特异而有价值的历史现象。

在人们普遍的印象中,轰轰烈烈的五四新文化运动改变了中国的历史,造就了一个新的时代;但对于传统文化的巨大冲击力难免染上了某种民族文化虚无主义的色彩,对西方文化的热情推介、引进又无可奈何地背上了"全盘西化"的恶谥。没有人能够轻易否定五四新文化运动的伟大历史功绩,它为中华民族现代发展开辟了新的文化传统,使得绵延五千年的传统文明面临着从未有过的巨大的和深刻的断裂,不过它在拥有如此巨大的冲击力和历史深度的同时,却最大限度地忽略了与近代以来改良主义思潮的啮合,忽略了与辛亥革命以后中国的政治、社会、文化现实的啮合。相比之下,文明戏运动并没有能够给历史留下类似于此的气势磅礴而兀然奇崛的印象,甚至在人们有意的抹煞或无意的忽略中早已淡漠了其历史痕迹,这是因为它既承改良主义思潮之波澜,又与辛亥革命相接力,后为五四新文化运动所掩映,终未能凸现其特立独行的价值风采。五四新文化运动所体现出的过于兀然奇崛的反叛和革命姿态既给中国文化的现代发展注入了足够的活力,也造成了相当鲜明的历史粗疏和文化隐疾,包括与源远流长的传统文化之间所构成的断然截然的历史罅隙,包括与当时已有的各派改良和革命文化思潮之间所形成的疏隔,包括与各体文化形态的进化、改革之间所存在的距离。这些罅隙、疏隔和距离影响了新文化发展的后劲和潜力,造成了新文化发展过程中的许多粗疏与偏颇,引起了越来越多的学术反思乃至价值重估。在这种学术反思和价值重估的现实语境下,人们更应该重视文明戏运动的经验,它以一定的历史现实啮合度克服了五四新文化运动所体现出来的历史粗疏和文化隐疾,客观上为中国新文化的发轫与发展提供了更加合理和更加科学的模式,为人们全面、科学地总结五四新文化运动提供了有价值的借鉴。

文明戏运动对于传统文化实施了彻底的批判,不过由于侧重于对传统戏曲的否定和抨击,这种批判的广度当然难以与五四新文化运动相比,但仍有其值得借鉴的方面。五四新文化运动及其所派生的文学革命在思想观念和语言工具两方面革了传统文学的命,而早期话剧运动除了这两方面而外,更彰明显著地对旧剧传统作了更加深刻更加彻底的艺术体制革命,用西洋话剧的演出体制否定并取代了传统戏曲的唱做念打等"行当"体制,并且涉及对戏剧本质认知的革命性变化。文明戏运动并没有以彻底地割裂与传统的联系来作为其反抗传统的代价。任何文化革新运动都要以比较激烈的态度反抗传统,一场信誓旦旦的文化革新往往特别在意于全面摆开反抗传统的架势,从而造成在割裂传统的简单意义上重建传统。成熟而稳健的新文化运动则往往特别强调与传统的某种啮合与对接,正如文艺复兴运动的倡导者所理解的那样,他们的运动不过是与传统文化的既有辉煌相对接与相啮合的一种运作。文明戏运动虽然并没有将自己的倡导与某种传统的"复兴"联系起来,但在反抗传统的同时又注重维持与传统的某些方面的天然联系,从而构成了这场运动及其产品与传统戏剧及其所代表的传统文化之间的啮合关系。

文明戏的倡导者深受中国传统戏曲的熏陶,他们在引进和建设西洋话剧的时候虽然对传统戏曲从思想内容到演出形式作了较为彻底的反思与批判,但在戏剧的结构理念方面却保持着许多传统的认知,在戏剧的情节处理、人物把握乃至于剧本写法等一些具体的操作习惯上都沿袭了传统戏曲的原有模态。文明戏继承和发扬了传统戏曲注重选材的传奇性的艺术传统,往往对那些富于传奇色彩或是反映个人命运之间强烈反差的题材特别感兴趣,在具体的情节刻画中又不避天缘巧合之类的因素,从而与现代话剧追求戏剧的日常人生化以及尽量淡化"戏"的特征[1]的美学趋向拉开了很大距离。《黄金赤血》、《恨海》等早期话剧都围绕着突如其来的乱离导致一家人星散漂流,然后又由于各种奇特的机缘聚合团圆这样的模式来建构戏剧情境,其中的传奇性自然非常突出,故事性也非常丰富。其他如《一圆钱》等剧,也都分别从命运突变、造化弄人的角度展开了一个个悲欢离合的故事,其中又包含着恩仇相报的内容,这些都是中国传统戏曲情节模式的自然套用或批判继承,剧中宣传的虽然是新思想新观念,但通过这种结构方式所传达出来的构思理念以及对于戏剧的理解却是传统戏曲的旧有套路。对此,文明戏运动的提倡者并不讳言,春柳社演出《孝女臧儿》时在《申报》上所刊载的广告就明确承认:"新剧能离奇曲折,观之方有趣味。"在这一前提下推荐《孝女臧儿》"剧离奇之至,曲折之至,文情并茂,庄谐杂出"[2]。这虽然是广告中所包含的不无炫耀和虚夸之词,却反映着文明戏的一般特色,而且也是很可以理解的特色:一方面

---

[1] 曹禺就曾不满意自己的《雷雨》,认为它"太像戏了"。《曹禺全集》第 1 卷,第 387 页,石家庄:花山文艺出版社,1996 年。
[2] 黄爱华:《中国早期话剧与日本》,第 167 页,长沙:岳麓书社,2001 年。

是因为需要调动观众的观赏热忱，为话剧这一新生事物在中国或汉语世界的生存发展创造出令人接受的条件，另一方面是新剧家毕竟非常稔熟于传统戏曲的套路，在仓促倡导话剧之初沿用原有套路才能驾轻就熟地进入状态。

文明戏虽然在演出体制上颠覆了以唱做念打为支配形式的中国戏曲传统，但在剧本操作和说白安排上却又延续着传统戏曲的习惯策略，在艺术形式上终究取得了与传统戏曲相啮合的特征。文明戏一度沿用了非常古老的旦（末）本戏套路，国语说白体现的是主角的角色与特权，配角丑角只能讲各地方言；虽然古代地方戏曲常常相反，让丑角说国语，主角倒是说方言，但这种分角色安排语言，以语言划分角色等次的做法无论如何都是传统戏曲的延续。相应地，文明戏剧本也一度直接继承了传统戏曲剧本的写法，其场景的安排，念白与动作的提示，常常一依古制。例如在任天知创作的剧本《黄金赤血》中，凡是动作提示都采用"介"这样的古式后缀，诸如"惊介"、"阻止介"之类比比皆是。甚至在话剧语言普遍白话化了的文化背景下，剧作者还是未能彻底斩断与旧剧语言习惯的某种关联，出现了类似于"女儿何事这样惊惶"之类的戏曲腔。这是一出宣传革命的戏，也是一出彻底革除了唱做念打等传统戏曲要素的话剧，不过它在文字表现的形式上却显示出向传统戏曲趋近的意向，这正是那时候的话剧运动注意与传统啮合的一种表征。

早期话剧所显露的与传统文化形态相啮合的表征，可以被用来说明其所属的这场文化运动的"不彻底性"，不过更可以也更应该用来说明它在反抗传统的同时又善于借重传统之力，体现着与传统的某种因子相克相生的理性精神和科学态度。传统文化包括传统戏曲在长期的陈陈相因的运作中沉积了大量腐朽的成分，然而它既然能够如此长时期地起作用，又必然包含着一些合理的因素，一个新起的文化运动能够在涤除其腐朽成分的基础上发挥传统文化的合理因素，从而对传统文化采取既反抗又借重的态度，这既符合历史理性也符合价值理性，而且也是在深层次上体现出了真正的文艺复兴理念。对中外文化历史运作深有心得的陈寅恪认为，一种外来文化如果不注意与中国文化的底蕴和框架相结合,很可能在中国的文化土壤上趋于枯萎[1]。西方话剧也是如此,如果不与中国传统戏曲的文化底蕴和艺术框架相啮合,也可能会迅速枯萎。于是,文明戏运动倡导者注重在与传统戏曲相啮合的意义上推介西方话剧,正体现着难能可贵的"文艺复兴式的"理性精神。

如果五四新文化运动能够旗帜鲜明地竭诚吸收改良主义的思想成果,则诸如文学救国、教育救国等新文化思想就可能在"新民"理论的基础上有着更加深刻的阐述,革命文学时期的政治化文学也就可能在接受梁启超政治小说经验和教训的基础上较多地克服其浅显、幼稚性;如果"五四"文学革命勇于承认改良主义"新文体",特别是文明戏运动的艺术成果,则至少在白话文的倡导方面不会从头来过,有关白话文规范的探索也不会像现在看到的这样缓慢,令白话文倡导者倍觉汗颜的"新文艺腔"也不会困扰新文学几乎长达十年之久。其实,文明戏已经在不声不响之间基本上普及了白话文,除了刘半农的《战后》等少量剧作仍是以文言写作剧本而外,大多数剧作其对话都使用白话,而且往往是相当纯熟的白话。天津南开学校新剧团演出的《一圆钱》《一念差》《新村正》等虽然由于剧本整理者的原因,坚持使用第一人称代词"吾",出现了诸如《一圆钱》中的"姑爷见了吾们老爷,直说了半天,吾们老爷才给一圆钱"之类的别扭台词,但这别扭只属于书面记录,其实在演出中完全是白话。《新村正》中的洋奴魏经理在催交房租时这样威吓村民:"吾告诉你,今天要是短一个大子,回去吾就告诉吾们外国人,管叫你卖人也得给钱。"将书面的"吾"替换成白话的"我",正是非常纯熟、流利而饱含幽默的白话文。五四新文学在倡导白话文的时候,完全忽略了白话文在文明戏中已经有了如此成功的经验,如此成熟的果实,竟然

---

[1] 陈寅恪以佛教学说的输入为例,说明文化的引进必须与中国本民族的思想相啮合。说是,如果所输入的学说"不改本来面目",像玄奘的唯识之学一样,"虽震动一时之人心,而卒归于消沉歇绝";因此,"能于吾国思想史上,发生重大久远之影响者,皆经国人吸收改造之过程"。见陈寅恪《冯友兰中国哲学史下册审查报告》,《金明馆丛稿二编》,第251页,上海:上海古籍出版社,1980年。

煞有介事地认为："现在的社会里，居然有人相信的白话，肯用白话，真所谓难能可贵。"[1]于是他们在将自己视为白话文倡导者的同时也视作白话文写作领域筚路蓝缕的开拓者，在荣膺了开拓者的光耀的同时也人为地承受了开拓者的艰辛，他们是那样努力地将白话文写得有模有样，有声有色，其实不知道在他们之前，在早期话剧乃至通俗小说的操作中，白话早已登堂入室并有着丰富的实践成就和经验积累。

---

[1]　傅斯年：《白话文学与心理的改革》，《中国新文学大系·建设理论集》，第203页，上海：上海良友图书印刷公司，1935年。原文"居然有人相信的白话"中的"的"显系误植。

第三章
乐歌与新音乐文化

"新音乐"是中国新文化的重要组成,也是引领中国新文化不断前进和发展的先锋力量。它的出现与中国认识和了解西方世界紧密相关,是西方文化走进中国和中国人走出去看世界合力的必然结果。古老的中国在具有数千年的封闭文化传统中自给自足。尽管早在康熙年间,西方音乐就已经进入宫廷,"宫廷还延请西洋传教士讲授欧洲乐理。在清圣祖玄烨直接主持下编写的《律吕正义续编》(1713)中已有关于五线谱的介绍",但"因中国人习惯于用工尺谱,五线谱并未能推行开来"[1]。这些早期的音乐交流也未曾与中国传统音乐发生融合,更未在民间产生过影响。1840 年,鸦片战争的惨败让封闭的中国人不得不睁开眼看世界。封闭的中国大门被迫打开,西洋音乐才在西学之风的吹拂下逐步传入中国社会。中国人也因此开始有机会接触和系统地学习西洋音乐。

一、学堂乐歌与 20 世纪新音乐启蒙

19 世纪中后期到 20 世纪早期,是中国开始觉醒的一个重要时期。中国的大门打开后,西方传教士为了培养中国本土的传教势力,开始在中国

---

〔1〕 夏野:《中国古代音乐史简编》,第 217 页,上海:上海音乐出版社,1989 年。

兴办西式学校。音乐教育成为其中很重要的教学内容。1864 年,美国传教士狄考文到山东蓬莱(古称登州)开办"登州文会馆",并开设乐歌课程。"登州文会馆"的学生因此成为当时较早有机会学习和掌握西方乐理知识、唱歌知识和填词谱曲知识的中国人[1]。"文会馆唱歌选抄"的歌曲作品正是中国人进行早期学堂乐歌创作尝试的成果。之后,"上海的爱国女学(1903)、震旦学院(1903)、湖南公立第一女学校(1904)、湖北诸小学堂和师范学堂、北洋师范学堂、北洋女子师范、天津高等女学堂、艺徒学堂、江苏师范(1907)"[2]等学校先后开设音乐和乐歌课程。

为了拯救中国贫弱的局势,中国的文化精英开始率先接受和学习西方文化,反思中国的封建与落后,试图以外来的新文化改变中国国势衰弱的局面,开始社会变革的重要探索。19 世纪中后期,以曾国藩、张之洞为代表的军歌创作;20 世纪初期,以廖恩焘、李伯元为代表的新粤讴、时调创作;以及 20 世纪初,以沈心工、曾志忞、李叔同为代表的学堂乐歌创作,都是早期文化精英们以新音乐建构新文化的重要实践。其中以学堂乐歌的创作影响力最大。

清末,中国亦有大批的留学生走出国门去日本和欧美等地学习。他们也是较早接触西方音乐文化的一批中国人。他们"初步把东、西洋的音乐文化比较系统地介绍到国内来"[3]。正如 1902 年赴日本留学的学堂乐歌之父——沈心工,他看到乐歌活动在明治维新以后的日本发挥着巨大的作用,因此受到鼓舞和启发,认为"这种朝气蓬勃、热情向上的学校唱歌,对积贫积弱、民心涣散的中国来说,不啻为一剂救世良方。于是沈心工组织中国留学生成立了'音乐讲习会',研究中国乐歌的创作问题"[4]。之后,学堂乐歌创作率先成为精英文化在中国社会传播的先导力量,并形成了一股以精英文化为核心的社会时潮。

有理由相信 20 世纪的中国新音乐文化是从新的一代教育家开始的。

〔1〕 孙继南:《我国近代早期"乐歌"的重要发现——山东登州〈文会馆志〉'文会馆歌唱选抄'的发现经过》,第 74 页,《音乐研究》,2006 年第 2 期。
〔2〕 刘靖之:《中国新音乐史论》,第 28 页,香港:中文大学出版社,2009 年。
〔3〕 夏野:《中国古代音乐史简编》,第 217 页,上海:上海音乐出版社,1989 年。
〔4〕 沧浪云、李烁:《教我如何不想他:民国音乐人》,第 20 页,北京:团结出版社,2010 年。

作为晚清维新思潮一个部分,最早兴起的学堂乐歌是"新式教育"的重要一环,并不是满足青年学生天然歌唱之需要。而且,新歌曲如同新诗、新小说、话剧等其他文化形态一样,都不是中国文化的传统延续,而是外来的种子,被有意采集种植。然而这外来种子,如此迅速长成大树,证明这土地上已经有养分在"等待"。

晚清民初,中国音乐传统依然强大,但形态已经守旧从俗。唱歌的都是田间农夫农妇、江峡纤夫和草原牧民。城市里也有唱曲的,大部分依托戏曲,唱的是京剧、昆剧或地方戏的选曲。正如梁启超在1905年《新民丛报》第五期上文章《中国诗乐之变迁与戏剧发展之关系》所描述:"本朝则自雍正七年改教坊之名,除乐户之籍,无复所谓官妓。而私家自蓄乐户,且为令甲所禁。士夫之文采风流者,仅能为'目的诗',至若'耳的诗',虽欲从事,其道末由。而音一科,遂全委诸俗伶之手,是此学所以衰落之原因是也。综此诸原因,故其退化之程度,每下愈况。然乐也者,人情所不能免,人道所不能废也。士夫不支持焉,遂为市井无赖所握。故今社会改良者,则雅乐、俗剧两方面,其不可偏废也。"当时的文化人,很热切地盼望有一种新的"雅乐"能适合"改良"后的中国社会,尤其是教育界。

中国现代音乐的草创初期的先驱人物已经在酝酿一种"新音乐"。这些我们可以在一些晚清小说中感受到它的端倪。晚清小说中有大量故意或无意的"歌"描写[1],"歌"仿佛成了这个时代小说中不可忽略的一笔,它们大

---

[1] 比如,晚清小说运动的开山之作,是梁启超的《新中国未来记》,其中有类似这样的描写,人物投宿客栈,听到隔壁有人引吭高歌一曲,叹为壮士,于是相识……这恐怕全是小说陈套,如《红楼梦》的大量无词之曲一样,并不是现实描写。陈天华的《狮子吼》描写了一个乌托邦岛屿的历史,其中有许多歌,当然,小说中的记述只剩下歌词。还有一些奇特的段落:"文明种……又做了一首爱国歌,每日使学生同声唱和。歌云:(歌文原稿已遗,故中缺)。"(参见阿英《晚清文学丛钞,小说卷》,中华书局1960年版,第597页)另一处更奇怪:"忽然来了一个樵夫……口里唱歌而来(歌词原略)。"(参见阿英《晚清文学丛钞,小说卷》,同上)小说中的括弧显然是现代编者阿英所加,但不管有无括弧,这两个"声明"依然很难解释。作者不想写,无时间或无耐心写? 我们也可以理解为小说本来大可以不写。既然陈天华在此书里已写了不少歌词,为什么这一两首明显没有来得及写出歌词,要说"遗"或"略"? 也许他正是要说明,这个乌托邦世界里是充满歌声的,而歌是这个未来之国历史之重要文件。如果遗失,应当郑重声明。

量出现于作者们的幻想中的未来中国，这些成了中国新音乐到来的预言。

最早正式提出音乐教育的是康有为。1898 年，戊戌变法万事急如星火之时，他在呈交光绪皇帝的《请开学校折》上书中介绍德国学制，建议以德国为楷模，仿效日本制立学制，小学设"歌乐"，梁启超则语："今日不从事教育则已，苟从事教育，则唱歌一科，实为学校中万万不可阙者。"[1]无论是洋务派的代表人物还是维新派的人士，都急于期盼一种能鼓舞士气，能唤起民众的爱国热情，以达到"富国强民"目的的"新音乐"的出现。

《新民丛报》

进入 20 世纪，在废除科举、学习西方科学文化成为不可阻挡的社会潮流下，全国各地建立了很多"新式学堂"。1902 年，清朝学部大臣张之洞在《重定学堂章程》中把音乐列为示范学堂学生的必修课，其他学堂选修。学堂乐歌真正被接受，是中国有识之士为改造中国、变法自强而进行主动选择的结果。他们认识到新生事物要能生存，要能发展，很大程度上还取决于新事物自身的精神作用。

早期的音乐活动家曾志忞译出铃木米太郎的《音乐理论》，梁启超为之作序，在《饮冰室诗话》中，他对中国在日学生学音乐极为兴奋，因为他曾说"举国无一人能谱新乐，实为社会之羞也"，现在他看到了希望。

"新音乐"、"二十世纪之新中国歌"，这些标志着中国音乐文化开端的字眼最早出现在 1904 年曾志忞《乐典教科书》的自序中。他的长文《音乐

---

[1]　梁启超：《饮冰室诗话》，转引自张静蔚选编：《中国近代音乐史料汇编》，第 112 页，北京：人民音乐出版社，1998 年。

教育论》，分别刊登在《新民丛报》1904 年第 14 号、第 20 号上。全文分五章：绪言、音乐之定义、音乐之功用、音乐之实践和音乐之于诗歌，较为全面地介绍了音乐的教育意图，采用新音乐，目的是"社会改良"："知音乐之为物，乃可言改革音乐，为中国造一新音乐。然则音乐有利于国也何如？ 曰：音乐之于学校改良儿童性质尚小，音乐之于社会改良一般人民性更大……今日之所谓改良歌曲，非用《十送郎》《五更调》等改头换面，即用乐府曲牌名，摹仿填砌。作者于此或别有存意，然泥古、自恃恐不能免，况更因陋就简乎？ 欲改良中国社会者，盍特造一种二十世纪之新中国歌？"〔1〕

二、融合西方音乐文化

最早的一批"学堂乐歌"，便是"二十世纪之新中国歌"。这些歌出自以沈心工为代表的留学生，他们把日本以及欧洲、美国的流行歌曲曲调，填上新词，编成歌曲在国内各"新式学堂"中教唱。学堂乐歌伴随着新式教育而诞生，成为中国新文化启蒙的重要部分。学堂乐歌最早的音乐家也是最早的教育家。学堂乐歌的代表人物沈心工，早年留学日本，对日本的学堂歌曲印象极深。他在留学期间就组织留学生成立"音乐讲习会"，并请日本教育家铃木米次郎〔2〕教"唱歌"的创作方法。1902 年，沈心工作词的《体操歌》(辛亥革命后改名为《男儿第一志气高》)，也是最早的一首学堂乐歌。1903 年，沈心工作为一名上海小学教师，把音乐的七个唱名编成一句诗，"独览梅花扫腊雪"，教给中国历史上第一批学习现代音乐的小学生。他也因此被誉为"学堂乐歌之父"。

---

〔1〕 曾志忞：《乐典教科书·自序》，[英]爱爱辩耳著，铃木米次郎校订，曹志忞译。转引自张静蔚选编：《中国近代音乐史料汇编》，第 210—211 页，北京：人民音乐出版社，1998 年。

〔2〕 铃木米次郎，日本音乐教育家。1888 年，毕业于东京音乐学校，曾任东京高等师范学校副教授。他致力于音乐教育事业，编写了很多唱歌集和音乐教科书，介绍西洋音乐乐谱。1907 年他创办了东洋音乐学校(现东京音乐学校前身)，亲自授课，培养了不少乐人。1906 年，他曾为学堂乐歌的早期音乐家辛汉的《唱歌教科书》作序，称赞其新歌"感情之教育，此编当无逊色也"。

在 1904 年—1907 年期间,沈心工编写了《学校唱歌集》三集,这是我国最早出版的学堂歌集之一,其中所收入的大多是日本歌调的填词歌曲,用简谱记录[1],用手风琴伴奏。1906 年,李叔同在《昨非小录》译文中描摹了《男儿第一志气高》的流行盛况:"学唱歌者音阶半通,即高唱《男儿第一志气高》之歌;学风琴者手法未谙,即手挥'5566553'。"此歌传出后,不胫而走,几近家喻户晓。

学堂乐歌多数都采用外国歌调,"选曲填词"成了学堂乐歌时期的主要创作手法,"洋为中用"成为学堂乐歌时期的主导理念。这些填词的学堂乐歌,起初借用日本曲调,继而用欧美曲调填词,后来开始用民歌,甚至有人用戏剧曲调填上新词。在这一时期,中国音乐家自己作曲的微乎其微[2]。

民国元年(1912)教育部公布新学制(史称"壬子学制"),将"学堂"改称"学校";到了民国十一年(1922),教育部公布"壬戌学制",又将"乐歌"改为"音乐"。某种意义上,音乐文化就成了一种文化新体制,文化体制将文化与体制统一起来,当体制体现为规则时,它相对固定了文化的价值、文化的精神和文化的理念。

1912 年 10 月,沈心工编撰《重编学校唱歌集》六集,收歌 90 首,由上海文明书局出版,其中除了他自己的歌外,还有西洋歌曲和中国其他作曲家的歌[3],选用了不少德、法、英、美的民歌和学校歌曲的曲调,丰富了学堂

---

[1] 19 世纪末叶,简谱传到日本,再传入中国。1904 年沈心工编著出版的《学校唱歌集》是中国最早自编的一本简谱歌集;之后逐步普及到各地的学校,30 年代随着救亡歌咏运动的开展,简谱得以在群众中广泛流传。由于简谱的记法与中国的工尺谱(流行在中国的一种记谱法)相当接近,在中国,简谱得到了空前的发展,就世界范围而言,中国是把简谱吸收得最好、最发扬光大的国家。而五线谱,通过教育体制,以西方为中心的音乐教育,已基本流行于各个国家,在院校里也是必修项目之一,它为世界音乐统一于一谱提供了基础。

[2] 钱仁康从 1981 年开始研究学堂乐歌,历经 18 年,到 1999 年写出《乐歌考源》100 篇。又在 2001 年,在 87 岁高龄时结集出版《学堂乐歌考源》一书,收录学堂乐歌 392 首。其中用 10 章的篇幅从歌调上对学堂乐歌进行了考证。这些歌曲分别采用了中国歌调、日本歌调、德国歌调、法国歌调、英国歌调、美国歌调、意大利和西班牙歌调、东欧和北欧歌调以及赞美诗调来填词。这些歌曲中,采用中国歌调的只有 14 首,其余的都是采用外国歌调。

[3] 孙蕤:《中国流行音乐简史 1917—1970》,第 22 页,北京:中国文联出版公司,2004 年。

沈心工

乐歌。他在《编辑大意》中说道："余初学作歌时都选日本曲,近年则厌之而多选西洋曲;以日本曲之音节一推一板,虽然动听,终不脱小家气派,若西洋曲之音节,则浑融浏亮者多,甚或挺坚硬转,别有一种高尚之风度也。"[1]

面对晚清政治、经济落后的局面,"养人才以强国"是当时有识之士的共同观点。因此文化精英们纷纷提出要废科举,建立新式学堂,培养适应世界发展的新型人才。新式学堂的课程设置,则主要是依照西方的现代教育体系。1898 年,康有为在《请开学校折》中介绍德国学制"教以文史、美术、舆地、物理、歌乐",并提出建立新学"远法德国,近采日本,以定学制"[2]。这是乐歌课程首次在中国被公开提出列入新式教育。

学堂乐歌产生与发展的直接原因是中国人学习西方教育模式的结果。乐歌课程之所以能够在中国的新式教育中得到确立和认可,完全是中国文化精英们照搬西方教育体系,试图用西方教育体系培养中国人才的结果。维新运动前后,中国的文化精英们已经开始主动介绍西方的音乐教育情况,特别是对邻国日本的音乐教育尤为关注,并逐步提出在中国开展乐歌教育的要求。

早在 1887 年,傅云龙就曾在他的《历游日本余记》中提到日本高等女校的课程设置,"其学不外汉文、国语、英语、伦理、地理、数学、史学、理学、家事、图书、音乐、体操"[3]。1902 年,康有为在《大同书》中首先提出了在育婴院、小学院和大学中开展音乐教育的设想。戊戌变法失败后,梁启超也开始大力提倡乐歌教育:"今日不从事教育则已,苟从事教育,则唱歌一

〔1〕 沈心工:《编辑大意》,《重编学校唱歌集》(1),上海文明书局,1912 年。另外,沈心工尚编有《学校唱歌集》《民国唱歌集》《心工唱歌集》等。
〔2〕 张静蔚选编:《中国近代音乐史料汇编》,第 99 页,北京:人民音乐出版社,1998 年。
〔3〕 张静蔚选编:《中国近代音乐史料汇编》,第 84 页,北京:人民音乐出版社,1998 年。

科,实为学校中万万不可阙者。"[1]1902 年,项文瑞在《东游日记》中也曾记载他在日本看到幼儿园和小学校的孩子们在音乐课上学唱歌曲的情况,并且深为其乐歌教育而感到震动:"歌声十分雄壮,十分齐一,其气远吞洲洋,令人生畏。余心大为感动,毛骨悚然。不料海外鼓铸人才乃至若此。"[2]1903 年,匪石在《中国音乐改良说》一文中也直接提出了"以音乐教育为普通教育之一科目"的建议[3]。

在这些革新教育、重视乐歌课程的思潮影响下,清政府不得不在《重订学堂章程初级师范学堂课程规定》中将音乐列为必设课之一[4]。1907 年,又在《奏订女子小学堂章程》中规定女子初、高两级小学堂开设音乐课。1909 年,清政府在新颁布的《修正初等小学课程》中规定初等小学开设"乐歌"课。中华民国成立后,民国政府也曾正式颁文规定中、小学必设音乐课,即小学称"唱歌",中学、师范称"乐歌"[5]。正是由于西方教育体系在中国的逐步确立,中国新式学堂采取了西方教育体系的学科设置,才使得"乐歌"这一课程在中国教育体系中得到了确立和发展。乐歌课程教学的需要最直接地促成了学堂乐歌歌词创作在中国的产生与发展。当时,"音调虽仍其旧,而歌词务求其新"[6]。为了满足乐歌教学的需要,从 1903 年到 1907 年,仅仅四年时间全国就编撰出唱歌集 23 册,收录歌曲近 500首[7]。从 20 世纪初到 20 年代末,在不到 20 年间全国共出版了约 40 种中小学音乐教科书,收录学堂乐歌约 1 300 余首[8]。这些都足以说明学堂乐

〔1〕　张静蔚选编:《中国近代音乐史料汇编》,第 112 页,北京:人民音乐出版社,1998 年。
〔2〕　张静蔚选编:《中国近代音乐史料汇编》,第 87 页,北京:人民音乐出版社,1998 年。
〔3〕　匪石:《中国音乐改良说》,《浙江潮》第 6 期,留日学生浙江同乡会编,1903 年 6 月出版于日本东京。
〔4〕　尽管授课对象仅限于女子师范学堂的学生。
〔5〕　余甲方:《中国近代音乐史》,第 212 页,上海:上海人民出版社,2006 年。
〔6〕　华航琛:《共和国民唱歌集·编辑缘起》,转引自张静蔚选编:《中国近代音乐史料汇编》,第 161 页,北京:人民音乐出版社,1998 年。
〔7〕　张静蔚选编:《中国近代学堂乐歌》,油印本,转引自陈净野:《李叔同学堂乐歌研究》,第 25 页,北京:中华书局,2007 年。
〔8〕　张静蔚选编:《学堂乐歌曲目索引》,转引自陈净野:《李叔同学堂乐歌研究》,第 25 页,北京:中华书局,2007 年。

歌的歌词创作与乐歌课程教学的需要有着最为直接的关系。

学堂乐歌产生与发展的根本原因是文化精英实践社会启蒙的需要。学堂乐歌的诞生从表面上看,是西方教育体制在中国确立的一个结果。但进一步观察就会发现,当时以康有为、梁启超等为代表的中国文化精英们,虽然大力提倡西方的音乐教育,多次重申音乐教育的好处,但在中国,近代教育改革的结果却是音乐教育并未全面地在基础教学中发展起来。比如器乐教育就未得到重视和关注,乐谱知识也未能真正得到普及。

当时,中国的音乐教育只有学堂乐歌得到了如火如荼的发展。事实上,文化精英们在言论中提倡音乐教育,但在操作上却只大力发展了乐歌教育。这不得不说是早期知识分子进行社会思想文化变革的一种策略选择。文化精英们之所以大力支持音乐教育,特别推崇乐歌在教育中的重要性,是因为他们注意到乐歌的歌词可以成为其传播新思想和新文化的重要载体。换言之,文化精英们更为看重的是乐歌可以自由、方便地帮助他们传播社会启蒙所需要的各种思想与文化。

匪石就曾指出音乐与国民的性质有直接关系,并以此提出"应该依照日本明治维新的榜样,用输入西洋音乐来鼓吹其国民的进取精神"[1],"造国民合同一致之志意"[2]。竹庄也曾提出:"欲改良今日中国之人心风俗,舍乐歌末由。学校为风俗人心起原之地,则改良之著手,舍学堂速设唱歌科末由。"[3]曾志忞也曾提出相似的观点:"欲改良中国社会者,盍特造一种二十世纪之新中国歌。"[4]"声音之道与政通焉;乐者,通伦理者也。"[5]梁启超更是在《饮冰室诗话》中直言:"盖欲改造国民之品质,则诗歌音乐为

〔1〕 汪毓和:《中国近现代音乐史》,第 14 页,北京:人民音乐出版社,1984 年。
〔2〕 张静蔚选编:《中国近代音乐史料汇编(1984—1919)》,第 192 页,北京:人民音乐出版社,1998 年。
〔3〕 张静蔚选编:《中国近代音乐史料汇编(1984—1919)》,第 214 页,北京:人民音乐出版社,1998 年。
〔4〕 张静蔚选编:《中国近代音乐史料汇编(1984—1919)》,第 211 页,北京:人民音乐出版社,1998 年。
〔5〕 张静蔚:《搜索历史——中国近现代音乐文论选编》,第 41 页,上海:上海音乐出版社,2004 年。

精神教育之一要件。"〔1〕

梁启超非常推崇黄遵宪的《军歌》二十四章，称："一言以蔽之曰，读此诗而不起舞者必非男子。"〔2〕当时，此诗歌还未被谱曲，梁启超看中的正是《军歌》二十四章所承载的内容，不但体现出了中华男儿保家卫国的雄心壮志，同时还能够让青年人激发出巨大的爱国热情。另外，黄遵宪的《幼儿园上学歌》《小学校学生相和歌十九章》也同样得到了梁启超的赏识，认为这些作品"苟能谱之，以实施于学校，则我国学校唱歌一科，其可以不阙矣"〔3〕。事实上，黄遵宪所写的歌词篇幅都很长，语言也多为文言，词义艰涩，并不适合少儿学习和歌唱。以《小学校学生相和歌十九章》为例，该歌词一共 19 段，每段 55 个字，共计 1 045 个汉字。歌词中还有很多典故和生僻词汇。试想这样的歌词即便可以谱成曲调，也很难被小学生记住和理解。从教育的接受角度来看，这样的歌词并不适合小学生学习。作为文化精英的梁启超，却恰恰对这一点视而不见，极力建议把黄遵宪的诗歌谱成歌曲，认为其可以作为教学使用。这足以说明当时以梁启超为代表的文化精英们，推崇乐歌教育的真正出发点是想通过乐歌的歌词进行文化启蒙，以激发青年人的爱国热情。正如当时一首学堂乐歌歌词中所写到的："开放了胸襟，解除了烦恼，我有堂堂七尺身。奋起奋起，迈步前进，准备双肩担重任。放开了胸襟，解除了烦恼，从今努力作新民。"〔4〕

学堂乐歌作为当时新音乐的代表无疑直接承担了重要的社会启蒙作用。藉助学校教育，把启蒙思想传播给儿童和青年，是文化精英们实践社会启蒙理想的重要途径和手段。丰子恺曾回忆过儿时在学校学唱《勉学》

---

〔1〕　张静蔚选编：《中国近代音乐史料汇编(1984—1919)》，第 106 页，北京：人民音乐出版社，1998 年。

〔2〕　张静蔚选编：《中国近代音乐史料汇编(1984—1919)》，第 102 页，北京：人民音乐出版社，1998 年。

〔3〕　张静蔚选编：《中国近代音乐史料汇编(1984—1919)》，第 110 页，北京：人民音乐出版社，1998 年。

〔4〕　朱稣典、吕伯攸、邱望湘、徐小涛编：《初中音乐唱歌(修正课程标准适用)》(第三册第三学年用)，上海：中华书局，1937 年。

一歌时的情景：

> 我们学唱歌，正是清朝末年，四方多难，人心动乱的时候，先生费了半个小时来和我们解说歌词的意义。慷慨激昂地说，中国的政治何等腐败，人民何等愚弱，你们倘不再努力用功，不久一定要同黑奴红种一样。先生讲时，声色俱厉，眼睛里几乎掉下眼泪来，我听了十分感动，方知道自己何等不幸，生在这样危殆的祖国里。我唱到"亚东大陆将沉没"一句，惊心跳胆，觉得脚底下这块土地真个要沉下去似的。所以我现在每逢唱到这歌，无论在何等逸乐，何等放荡，何等昏迷，何等冥顽的时候，也会警惕起来，振作起来，体验到儿时的纯正热烈的爱国的心情。[1]

这虽然只是一个学堂乐歌教学个案，但也可以从侧面说明当时以学堂乐歌进行思想启蒙和爱国主义教育的确行之有效。正如文化精英们所期待的，青年人通过学堂乐歌教学直接获得了最为直接的文化启蒙教育和思想启蒙宣传。因此，通过学堂乐歌的歌词培养新的国民，宣扬新的文化主张，改变中国积弱的民风与积贫的国情，让中国走向独立与富强才是文化精英们推崇学堂乐歌创作的最根本原因。

另外，学堂乐歌的产生和发展也与早期文化精英的积极参与密不可分。如果说以康有为、梁启超为代表的文化精英们，在追求文化与思想启蒙的理念下推崇和建构了想象中的学堂乐歌，那么以沈心工、曾志忞、李叔同等为代表的文化精英们，则在启蒙理念的感召下，在创作上实现了对学堂乐歌的建构，并以学堂乐歌的歌词创作引领了当时的文化时潮，成为当时社会救亡和思想文化启蒙的先锋。目前，学界发现最早的学堂乐歌为19世纪末登州"文学馆歌唱选抄"中的乐歌作品，但大规模的学堂乐歌歌词创作还是始于1902年沈心工在日本东京组织"音乐讲习所"之后。以

---

〔1〕 金重编：《逝去的真赏：丰子恺品音乐》，第44页，上海：华东师范大学出版社，2010年。

沈心工和曾志忞为代表的留学生们深受日本学堂乐歌的影响，在"救国"和"启蒙"理念的感召下，纷纷以实际行动开始宣传、学习和参与学堂乐歌创作。

沈心工于1903年开始在上海南洋公学附小创设唱歌课，"根据民国政府教育部第一次中国教育年鉴的记载，这是我国小学最早有'唱歌'课的一年"[1]。之后，沈心工又在务本女塾、龙门师范和"沪学会"等机构进行乐歌教学，培养了一批学堂乐歌教学与创作的人才。他与从日本回国的曾志忞、李叔同等人一同构成了学堂乐歌创作的中坚力量，成为学堂乐歌迅猛发展的重要动力。从1904年到1937年，沈心工创作的学堂乐歌作品，共收入14本学校唱歌集，有180余首，"其中绝大部分是1902年至1927年间的创作"[2]。可以说，沈心工的创作无论是在数量上，还是在质量上都为学堂乐歌的产生与发展奠定了一个坚实的基础。与此同时，黄遵宪、杨度、秋瑾、卢保衡、华振、锺宪鬯、辛汉（石更）、王渐逵、汪翔、俞粲、桂轩、胡君复、樊耀南、王良弼、华倩叔、曾志忞、赵铭船、夏颂莱、王引才、高旭、李叔同、华航琛、叶中泠、李燮义（剑虹）、侯鸿鉴（保三）、冯凉、周玲荪、王汉、吴怀疚、沈秉廉、苏钟正、王元振、权国恒、杜庭修、吴梦非、韦瀚章等人以及很多佚名的作者都在积极地从事学堂乐歌的歌词创作，努力编辑不同时代、不同版本的学校唱歌集，不断地充实着学堂乐歌的歌词创作成果。这些作者一般都有留学海外或者在新式学堂接受教育的经历，他们以当时精英文化所倡导的"救亡"、"启蒙"理念为指导，身体力行地为中国的乐歌教育创作歌词。其中沈心工的《男儿第一志气高》、杨度的《黄河》、曾志忞的《扬子江》、李叔同的《送别》《春游》等作品都曾流传广泛，影响深远，已经成为不朽的经典歌词作品。

---

[1] 许常惠、沈洽编注：《学堂乐歌之父——沈心工之生平与作品》，第37页，台北：台北作曲家协会，1990年。

[2] 许常惠、沈洽编注：《学堂乐歌之父——沈心工之生平与作品》，第38页，台北：台北作曲家协会，1990年。

三、自铸伟词的音乐文化

中国音乐家对音乐风格的选择和接受,既是早期音乐教育家对艺术的自觉尝试,也与时代的要求不无关系。日本歌曲曲调柔美,最终被西方"挺接硬转"和"高尚之风度"所代替,更多的是时代的要求,它符合传统的音乐社会教育功能,高昂的音乐美学风格,与后来的北伐战争与抗战歌曲的主导美学追求一致。

从历史背景上看,西方音乐的传入,同世纪初的志士仁人为图强而学习西方文化的大背景分不开,让中国人在听觉习惯、审美心理上接受、消化西方音乐,是一种求新的过程,需要变革者的努力。《中国音乐导览》一书指出:"不少人,认为中国传统音乐都是萎靡不振的旧乐,缺乏振奋人心的力量。也难怪,中国戏曲或器乐取的曲调虽然具有曲缓悠长的线性之美,但它们那像'橡皮筋'一般的弹性音高和节奏明确不大适于步调一致的集体歌唱,因此,那些节奏明确,结构工整,尤其像雄壮有力的进行曲调题材那样的外国曲调普遍受到中小学生和广大市民的喜爱,并不奇怪,说到底是这样的音乐适应了中国近代变革时期人民的精神状态。"[1]

学堂乐歌的兴起,虽然是受晚清和民国政府教育体制变革的推动,但从缘起上看,既受维新派的影响,又是当时中国人民自发的要求。学堂乐歌之所以被迅速而普遍地接受,是因为从音乐上能够表达人民的这种呼声。

作为新式教育的学堂乐歌,它的教育对象本该是学生儿童,但意图指归却是学校之外更大的社会范围。这一点上,在为数不多的创作歌曲中,尤为明显。这些创作歌曲,旋律较为简单,歌词却并不是专门为儿童所作。比如这首被誉为沈心工学堂乐歌代表作的《黄河》,作者采用西洋方法,自

---

〔1〕 靳学东:《中国音乐导览》,第 143 页,北京:人民音乐出版社,2001 年。

己作曲[1]，杨度(杨皙之)作词，1905 年始广泛流传："黄河，黄河，出自昆仑山/远从蒙古地，流入长城关//古来圣贤，生此河干。/独立堤上，心思旷然。"歌词言简意明，曲调古朴无华，一字一音，充分显示了歌词内涵气势，歌一传出，就受到很高的赞赏。歌词曾被梁启超录入他的《饮冰室诗话》卷二(1910)。词作者杨度也曾留学日本，后来投身政治，并没有继续创作。黄自也在收录这首歌的《心工唱歌集》序中赞言："我最爱《黄河》一首，这个调子非常的雄沉慷慨，恰切歌词的精神。国人自制学校唱歌有此气魄，实不多见。"

1992 年 11 月 16 日，学堂歌曲《黄河》被评选为"20 世纪华人音乐经典"的第一首歌，并得到了很高的评价："今天的人们唱起它，一定会从'雄沉慷慨'的气势中，体味出本世纪初国人的凝重的呼吸。"[2]

此时的音乐家已经明确地意识到"引进"只是过渡，最终必须落实到创作上。1904 年，曾志忞曾在《音乐教育论》一文中指出："际此新旧交代时期，患不能输入文明，而尤患输入而不能用……输入文明，而不制造文明，此文明仍非我家物……有识者于是以洋曲填国歌，明知背离不合，然过渡时代，不得以借材以用之。"

此时的"新音乐"创作，既非纯粹西方音乐，更非中国旧乐，而是在"输入文明"后，又"制造文明"的产物，这种"音调虽仍其旧，而歌词务求其新"[3]的音乐形式，反映新的思想内容，具有新风格和新气质。沈心工、曾志忞等的远见卓识，难能可贵，在西乐初进、旧乐不振的 20 世纪初敢于畅想未来中国之"新音乐"，直接导向了"五四"之后音乐的进一步发展。

学堂乐歌另一位代表人物李叔同，他作的歌起先也是学堂歌，旋律并不复杂，歌词也很古典，后来在社会上广泛流传，越出了学堂范围。1902 年

---

[1]　在近音乐史上，第一次用西洋技法作曲的是朱云望。1912 年，文明书局出版的沈心工《重编学校唱歌集》的编辑大意中写道："《美哉中华》的歌谱系朱云望所作。国人用西洋技法作曲者，当以此书为最早。"

[2]　《音乐周报》，1993 年 6 月 11 日第 2 版。

[3]　华航琛：《共和国民歌》。

还在留学日本的他,写了一首《祖国歌》[1],歌词气势轩昂,远远超过了儿童接受范围,1996 年 12 月文联六代会闭幕,歌唱家们合唱了重新填词的《祖国颂》[2]。《送别》是李叔同歌词作品中最广为流传的一首,作于 1914 年,取调于犬童球溪的《旅愁》。《旅愁》在日本传唱不衰,而《送别》在中国则已成骊歌中的不二经典。

李叔同

李叔同自己作词和作曲的三部合唱歌曲《春游》,是中国作曲家创作的第一首合唱歌曲。最初发表在 1913 年 5 月浙江一师校友会出版的《白阳》诞生号上。歌曲淳朴自然,意境清丽优雅,而旋律、和声十分工整,长期以来一直作为学校合唱歌曲的典范。此歌将"和声"概念带入中国音乐。正如有学者评论:"如果人们不具备自然科学的观念,就谈不上和声意识形成。"[3]和声意识,给中国旧音乐体系带来冲击。乐音由单音变成多音组合,它们之间相互依存,形成空间序列,在编排和声时,既要考虑到时间顺序,而且要考虑到空间的对位。

事实上,作为中国音乐课教材的西方《和声学》,在 1914 年就由商务印书馆出版,由留学日本的高寿田译述、曾志忞校订,作者在编者前言中写道:"这本教材是参照外国音乐学校师范科和声教程编写,叙述和声学之大

---

[1] 关于这首歌的名称,至今还有争议,黄炎培在他的《我也来谈谈李叔同先生》一文(此文刊登在 1957 年 3 月 7 日《文汇报》上),说李叔同可能"把《国民歌》的歌词配上了《老八板》的曲调,改名为《祖国歌》的",而钱仁康认为"歌题有误,应为《放学歌》,而非《祖国歌》"(于林青《中国优秀歌曲百首赏析》,第 10 页,北京:人民音乐出版社,2000 年)。但从歌词内容上来说,此歌确为一首"祖国歌"。

[2] 孙蕤:《中国流行音乐简史 1917—1970》,第 23 页,北京:中国文联出版公司,2004 年。

[3] [德]保罗·贝克:《西方音乐的历史》,陈小菊译,第 46 页,西安:陕西师范大学出版社,2009 年。

要的教科书。"全书共二十四章,百余节,涵盖了和声学的基本内容:音程、音阶、和弦、调式调性等等。尽管没有具体的谱例分析,但西方的乐理知识及相关的作曲技法,已经通过书本进入了中国学堂教育。

中国传统音乐主要以口传心授、师徒传承的方式来传承,传统的记谱方式,多使用工尺谱、减字谱等,不太适合记录和声。在新式学堂中,学堂乐歌的简谱和后来推广的五线谱,西洋乐理及和声学的输入,孕育了我国近代音乐的创作体系。这种有别于中国传统音乐的审美观念和实践,对后世音乐创作理念、创作技法的体系化产生了巨大影响。

李叔同的创作歌曲,从歌词到整个曲调,更多注重艺术之美,它打开了一种音乐美学之维。这种审美之维,我们在 20 年代艺术歌曲中依稀可见,只不过歌词以白话代替了文白兼用。

学堂乐歌富国强民的社会意图明确,集中体现在作词这个环节上,企图在歌词内容的灌输和教育下,培养新一代国民,所以学堂乐歌的宗旨,并不注重音乐美感的培养,更偏于一种道德思想教育。作为一种教育方式,学堂歌曲过多过早地让儿童迎合了成人心理和成人世界。

对于学堂乐歌这种成人语言和思维,早年的曾志忞就提出了批评:"今吾国之所谓学校唱歌,其文之高深,十倍于读本;甚有一字一句。即用数十行讲义,而幼稚仍不知者。以是教幼稚,其何能达唱歌之目的?"于是他强调:"通用俗语……浅而有味","以最浅之文字存以深意,发为文章。与其文也宁俗,与其曲也宁直,与其填砌也宁自然,与其高古也宁流利",以达"辞欲严而义欲正,气欲旺而神欲流,语欲短而心欲长,品欲高而行欲洁"[1]。

虽然他的批评意图是为了让歌曲达到"唱歌之目的",但指出的却是音乐艺术实质问题。在这一点上,王国维的对学堂乐歌的评论更为明确。他在《论小学校唱歌之教材》中指出:"提倡音乐、研究音乐之大半,于此科之

---

[1] 见曾志忞编印《教育唱歌集》的卷首序《告诗人》,1904 年。此文被梁启超收入他的《饮冰室诗话》。

价值,实尚未尽晓也。"音乐除了"形而上学的意义"以外,还有三大作用:一为"调和其感情",二为"陶冶其意志",三为"练习聪明官及发生器",其中第一与第三条是"唱歌科自己之事业",而第二条则是"修身课的事业"。作为唱歌科"不必用修身科之材料为唱歌科之教材","故选择歌词之标准"宁本于"艺术",也不本于"修身"。"若徒于干燥拙劣之辞,述道德上之教训,恐第二目的未达,而已失其第一目的矣。"王国维的最后结论为,唱歌科"不致为修身科之奴隶"[1],实为强调唱歌的目的不应该只是传播思想。

新式教育的兴起,学堂乐歌作为教育最重要的部分,它的影响巨大。在学校,甚至学校之外,学堂乐歌实际上成为有识之士的主流歌曲。"学堂乐歌"是中国近代音乐史上出现的新生事物,深刻而持久地影响了20世纪上半叶乃至整个20世纪中国音乐文化的发展,至少在以下五个方面改变了中国音乐的发展面貌,预示着中国开始进入新的音乐文化转型期:

一是日本、欧洲的各种歌曲体裁,比如"进行曲"、"少年儿童歌曲"、"舞蹈游戏歌曲"、"摇篮曲"等,为中国所接受并成为后来中国近代音乐的重要体裁,并成为中国"新音乐"启蒙的开端。尽管学堂乐歌只是一种简单的、以单声部为主的学生歌曲体裁,但其中包含的某些特点与形式,冲击了几千年来的民歌、说唱、歌舞、庙堂之乐、文人琴乐、戏曲等传统音乐,在现代化的发展中,最终成为20世纪中国音乐的主流。二是群众集体式的歌咏方式,独唱、重唱、齐唱和简单的合唱等深刻地影响了中国人的音乐生活和文化心理,并成为20世纪极其重要的音乐活动方式。三是学堂乐歌的广泛传唱改变了传统的音乐审美听觉习惯,新的音乐节奏、旋律、和声配器对歌词语言的改造、分解和重组,带来了新的音乐感受。四是"学堂乐歌"对"五四"运动以后中国现代群众歌曲创作和专业创作产生了不容忽视的影响,在后来的各种革命中发挥着重要作用。五是关于学堂乐歌引发的思想与艺术教育关系问题,成为长期以来音乐文化的重要议题。

音乐史家钱仁康认为:"我们对待'学堂乐歌',尽可不必拘泥于'学堂'

---

[1] 王国维:《论小学校唱歌之材料》,载《教育世界》1907年10月第148号。

和'乐歌'二词,不妨把它的时限扩大为20世纪初到30年代。"〔1〕"20世纪30年代由安娥作词,任光谱曲的《落叶》、《小鸟思亲》也是学堂乐歌风格的歌曲。"〔2〕30年代最流行的救亡歌《毕业歌》,是学堂乐歌风格的继续。陶行知为学生写的歌,例如《锄头舞歌》,无论从情趣,歌词风格,还是从作曲目的而言,都是学堂乐歌的余绪。此曲到五十年代初,依然是学生合唱的曲目。

新文化必须体现新的价值观,体现近代以来的西方化和世界化因素,体现现代性的文化理念和文化形态。

---

〔1〕 钱仁康:《学堂乐歌考源》,第3页,上海:上海音乐出版社,2001年。
〔2〕 孙蕤:《中国流行音乐简史1917—1970》,第23页,北京:中国文联出版公司,2004年。

第四章
作为新文化运动基础的新教育

　　教育的目的是培养和改变人的素质,包括知识、思想、见解、品格、行为、价值体系,包括知识的积累,行为的文明,品格的高尚等等,都是教育的基本目标,其终极意义是发展人性,进而发展社会,中庸所谓"天命之谓性,率性之谓道,修道之谓教",就是这种修人道、顺天命的教育过程。所以,真正的教育不仅仅只是学堂上知识性的教学,也不仅仅是科学研究,更应该包括创造性的文化生活。社会思想的转变对教育起着本质性的推动作用,教育的发展又对社会文化产生着持久长效的影响作用。育教于文化,文也化于教育之中。

　　在整个中国社会近代化的过程中,在整个新文化的形成发展过程中,教育都是极为重要甚至可以说是最为关键的一环,因为"没有近代化的人,就难以建成近代化的社会。所谓近代化的人,指的是具有适合近代化需要的素质(首先是文化教育的素质)的人。中国的传统教育培养不出这样的人,所以才需要改革,于是提出教育近代化的伟大指令"[1]。在一个思想文化政治经济急速改变的时代,教育的重要性更加突出。近代与现代转换的历史环节中,中国教育发挥了巨大作用,扮演了重要角色。近代中国跌跌撞撞而又风风火火地走近现代教育的世界,并且最终为中国社会带来了

---

〔1〕 章开沅:《中国教育近代化研究丛书·总序》,广州:广东教育出版社,1996年。

板块运动式的现代文化转型,而其中最重要的造山运动显然就是人们最为熟知的"新文化运动"。从这个角度说,要想一窥新文化运动堂奥,最根本的办法恐怕还是要回到晚清民初的社会看看当时的教育变革与社会文化发展。

新文化运动是指以 1915 年陈独秀创办《新青年》为起点标志的,以民主、科学及相应的人文主义等为主要内容的思想启蒙运动。这场运动真正的发蒙与起源应该数晚清至民国初年开始的各类教育变革与文化运作。

晚清至民初,整个中国社会犹如在一个激流漩涡之中,政治、经济、思想、文化,所谓三千年未遇之大变局。人们习惯于以 1840 年为重要的分界点来讨论中国近代社会,从第一次鸦片战争中国开始了被迫纳入世界秩序的世界潮流中,中国的教育变革则从洋务运动时期始。最初从物质层面引进西方声光电学,发展工业化、实业化;1895 年甲午战争爆发,败于日本真正成为对中国社会产生巨大刺激与影响的事件,使中国智识阶层集体震动,清王朝统治者也痛下决心,依靠康有为等改革派为核心开始戊戌变法。戊戌变法虽然短时间内即告失败,但是在文教方面的许多改革转向已经不可逆转地向前推进,尤其是在文化教育价值层面开始的变革,发展迅猛。教育改革最先从改科举、兴学堂开始,清政府于 1902 年、1904 年相继颁布壬寅学制和癸卯学制,1905 年又下令取消科举制,成立学部。在这期间,1904 年日俄战争爆发,黄种人国家日本打败白种人国家俄罗斯,又一次震动中国学界,中国人开始清晰认识到重要的不是人种之分,而是国家体制之分。此后,革命之声日壮,虽然新政最终失败,最终却迎来轰轰烈烈的辛亥革命与崭新的中华民国。在这历史的激流漩涡之中,教育一直在最前线承受社会文化变革的冲击,不管是官办还是私塾,蒙学还是高等教育,出洋留学还是本土学习,种种教育形式都在积极推进,传统文化与西方知识、格物致知与天演进化、民主与科学、实业与经济、技术与制度等等也都在教育内容的讨论与变革中。教育,成为在晚清至民初的社会大变革中极为重要的一环,而教育在此时此地所进行的变革将直接催生"新文化运动",并最终对 1915 年后的中国产生深入骨髓的变革影响,给中国文化带来了一个全新的世界。

　　新文化运动的核心人物几乎都受惠于晚清至民初的教育变革,不管是出洋留学还是本土教育,这些人物在新文化运动至 1919 年五四运动,乃至整个现代文坛、现代社会文化中都起着重要的作用。新文化运动极为重要的组成部分"白话文运动"在晚清至民初已经有极大成就,大量的报纸报刊、通俗小说、文明戏使用白话,尤其是学堂教育、蒙学教育中白话文的占有率大大提高,使得这一时期成长起来的年轻人对于白话文有了"天足"〔1〕的接受程度,在白话文运动中自然而然地响应了文化精英的要求,白话文运动的大纛一展,接受白话文教育,使用白话文已成习惯的人们立刻响应。此外,在晚清民初的教育变革中所产生的女子教育、科学教育、实业教育、技术教育等日后都成为新文化运动中的题中之意。在现代社会的整体转型中,这些在早年教育变革中涉及的问题终于从教室走向生活走向社会,终于从个别学生老师走向整体民众社会,进而发生推动社会变革的力量。在当年的教育变革中,思想活跃、积极运作的严复、康有为、梁启超、孙中山、蔡元培等人的思想也都慢慢成为新文化运动的理论基石或者思想基础,他们的思想教育了一代人,这些人中的佼佼者成为日后新文化运动的领袖与中坚力量。

　　总之,晚清至民初的教育变革与 1915 年之后的新文化运动之间有着极为紧密的逻辑关系,这种关系在人员储备、思想影响、制度变革等各方面都有或明或暗的体现。可以说是晚清至民初的教育变革直接催生了新文化运动,而新文化运动也将在她正式到来之后反过来对教育产生更加深远的影响。

---

〔1〕 "天足",指胡适 1922 年在《尝试集》四版序言中所说:"我现在回头看我这五年来的诗,很像一个缠过脚后来放大了的妇人回头看他一年一年的放脚鞋样,虽然一年放大一年,年年的鞋样上总还带着缠脚时代的血腥气。我现在看这些少年诗人的新诗,也很像那缠过脚的妇人,眼里看着一班天足的女孩子们跳上跳下,心里好不妒羡!"

一、晚清民初教育变革

晚清教育发生变革有许多可以考虑的起点,具体事件上有洋务运动初期在早期留美生容闳的努力下,带领 30 名幼童官费留美;也有洋务运动中期近百人的船政留学生;在思想风气的转变上,有南海康有为在万木草堂收徒授课,形成了一种全新的教育思想与教育理念等等。这些事件或多或少,或深或浅地都对中国社会文化产生了影响,但真正使得中国社会猛然觉醒,社会风气大为扭转进而影响到日后新文化运动之产生,恐怕还要数1895 年甲午战争的败绩。1895 年甲午战败,中国输给曾经汲汲求学于我的"蕞尔小国"日本,这使得大批中国人尤其是智识阶层遭遇强烈打击,此后社会变革如同刹车失灵在下坡路上高速前进的车辆,公车上书、戊戌变法、庚子事变、预备立宪、各地起义直至武昌首义、民国初建、袁氏当国,从1895 年至 1915 年新文化运动正式开始之前,这二十年风起云涌,形成中国近代史上最为壮丽的一幕。

尽管这二十年间经历了 1912 年民国建立,结束封建王朝这样一个以政治标准来看非常重要的划分年代,但是从思想文化来考虑,民国初建、袁氏当国不到四年的时间里,整体社会思想文化依然处于封建王朝思想文化的巨大惯性之中,尤其是在袁世凯这位旧式军阀的统治下,社会文化风气依然与 1911 年之前有着极为紧密的融合度。以制定教育方针为例,1906年清政府学部曾制定五项教育宗旨:忠君、尊孔、尚公、尚武、尚实。其中前两项为本、为纲,"尚公、尚武、尚实"为目,分属德育、体育、智育。这个教育宗旨中的后三项在 1911 年前后并没有很大分歧,"忠君"这一项显然是封建统治时期的政治需求,不符合 1911 年之后"民主共和"的国家性质,因此被取消。而"尊孔"这一项的境遇却很微妙,先是 1912 年在蔡元培任教育总长期间被取消,接着又在袁世凯意欲复辟时期被提到极为重要的位置,袁氏祭天祭孔成为其"复辟"的标志性动作。由此可见,尽管 1912 年民国成立,社会政治格局上有所转变,但是从社会文化角度考察,发生本质转变依然有一定的滞后性。1912年民国建立之后,教育方面的变革成绩卓著,尤其是蔡元培任教育总长,之后任北京大学校长等事件直接促成了新文化运动的成长与爆发,其教育改革不仅体现为一系列的政策、举措和格局设置,更体现为一种文化理念和文化时尚。

1. 教育理念、宗旨、制度之转变

晚清民初的教育变革范围深广,"涉及教育观念、教育理论、教育制度、教育内容和教育方法各个层面的深刻变革"[1]。教育理念、教育宗旨与教育制度的转变是从根本上调整整个教育,因此,对于教育理念、宗旨、制度的考察最能说明此一时期教育变革的状况。"学校在野,为学统道统之养育发源地。"[2]学校教育当然是教育变革最直接的对象。

蔡元培

晚清教育变革的先声是18世纪60年代就出现的洋务学堂,包括有外国语学堂、军事学堂与技术学堂。但仅停留在有目的地引进特殊的西方知识,解决技术问题,尚未涉及文教的价值层面;真正的文化教育价值转变出现在1880年代以后,此时有几大维新学堂的先后出现展现了社会文化的变革:万木草堂、通艺学堂与时务学堂,并直接催生了戊戌变法。戊戌政变之后诸多政治文化变革小有尝试即告终结,真正从根本上进行社会文化、制度、价值调整还是清政府自己的"新政"。尽管在"新政"之前,民间的启蒙运动早已如火如荼,政府似乎是在民间的反作用力下被迫运作,但政府一旦开始行动,其作用力、影响力都是民间运动所无法比拟的。新政关于教育的关键举措是1902年制订的《钦定学堂章程》与1904年制订的《奏定学堂章程》,这两个章程由管理京师大学堂事务大臣制订,是一个由中央政府

---

〔1〕 章开沅:《中国教育近代化研究丛书·总序》,广州:广东教育出版社,1996年。
〔2〕 钱穆:《文化学大义》,第161页,北京:九州出版社,2012年。

颁行的中国第一个从蒙养学堂(即幼儿园)到大学的系统的学制章程。"从此,中国的学校才有了可资遵循的统一标准,课程中西并重,分科学习,循级而升,中国教育走上了体系化的轨道。"[1]

在晚清教育变革中,不仅仅是大的宗旨、方针的调整,具体到学习科目的变化也都能说明社会文化的转变。比如物理、化学、外国文、地理、体操等科目都是"舶来品",直接从西方引进,长久以来处于核心位置的读经、词章等科目也面临改革。以"语文"一科为例,在中国传统教育中,知识体系由经史子集构成,读经是最重要的学习内容,而文学包含在集部中,是一种"杂文学教育",今天以体裁划分的诗词、小说、戏剧等文学赏析与审美内容是知识分子基本素质中的雅趣,是生活闲情。1902年的《钦定学堂章程》以"修身、读经、算学、词章……"的顺序来制定。1904年,清政府《奏定学堂章程》所开设的12门课程中正式出现了"中国文学"一门,"读经"一门则改为"读经讲经",并且要求学生"能为中国各体文辞"。由此可见,现代科目的清晰分类并固定下来也有一个变革过程。1904年之后,中国语文才正式走上现代教育舞台,从此其重要性渐渐加强,并最终代替原本的读经成为中国文化学习最重要的科目之一。

晚清最大的教育变革举措当属1905年成立学部后全面废除科举。所谓"政府用人之本在考试,而考试之本则在学校"[2]。社会人才选拔制度是教育的指挥棒,科举废除意味着整个社会的人才选拔制度换血,因此,废除科举对于中国传统教育的影响无异于釜底抽薪。但仅仅取消科举制只是终结一种考试制度,不足以为社会的教育提供新的方向参考。孙中山后来在《五权宪法》中又特设有考试权,但是考试的内容方式全部由民主共和的性质来决定。

在晚清政府的教育新政中,最为悖论的逻辑是清政府姗姗来迟的新政只是寄希望于在最后的紧要关头挽救自己,尽管不情不愿也层层展开,二

---

〔1〕 方增泉:《近代中国大学(1898—1937)与社会现代化》,第50页,北京:北京师范大学出版社,2006年。

〔2〕 钱穆:《文化学大义》,第161页,北京:九州出版社,2012年。

者从上至下、从外至内的教育改革,不管是蒙学教育、女子教育、高等教育还是留学政策,最终培养出来的是一批又一批爱国"革命者"。于是,清政府的最后十年在前所未有的教育变革与社会变革中,为新文化运动带来了一批领袖与中坚力量。

1912年2月,民国政府教育部在教育总长蔡元培的领导下开始了民初教育改革工作,从教育方针到教育法规、教育制度体系全面开创了一个新纪元。1912年到1913年间颁布了"壬子癸丑学制",保持了清政府制定的从小学到大学教育的秩序,同时缩短了学制,提出男女平等,提倡师范教育与实业教育。教育部还对从小学到大学的学校性质、学校科目、课程设置、教学目标等都有明确规定,从国家政策层面开始了民主制度下的教育变革。这无疑是培养"新文化"运动最有利的文化环境。

2. 初创大学教育

如果说教育理念、方针与制度的转变是教育最根本的调整,那么创办大学则是中国近现代教育对中国文化影响最巨最深的举措之一。清末政府创办大学,有直属于清政府先后创办的京师大学堂、北洋大学堂、山西大学堂,也有各省省办的大学,但此时的大学与日后真正的现代大学尚有差距,正如傅斯年所说清末政府"以为大学不过是教育之一阶级。当时的教育既要'中学为体,西学为用',更以富强之目前功利主义为主宰,对于西洋学术全无自身之兴趣,更不了解他的如何由来、培养,与发展"[1]。所以清末大学虽有西洋大学之建制,整体却显得不伦不类,然而即使是在如此不伦不类的基础上,比如京师大学堂的功课里就有高等算学、农学、矿学、工程学、商学、兵学、卫生学等诸多内容丰富的学科,这里面的许多学科对于当时的中国社会来说都是全新的内容。其中一个相当重要的共同点就是都基于科学,这样,中国社会的高级知识分子群中对于科学的理解慢慢渗透,及至1915年新文化运动打出"科学"旗帜便丝毫无须惊讶了。

1912年10月,民国教育部颁布的《大学令》中公布中华民国的大学设

---

〔1〕 傅斯年:《改革高等教育中几个问题》,《独立评论》,第14期,1932年8月。

置标准,其中包括"大学分为文科、理科、法科、商科、医科、农科、工科",这奠定了中国现代大学的基本样貌,中国大学,从京师大学堂草创到北京大学、清华大学堂成立,开始了中国高等教育的历程,在日后的新文化运动、五四运动以及一系列社会变革中,这些大学将扛起重要的知识文化界旗帜,成为中国现代文化的扛鼎之军。

重要的是,废除科举以后,大学和相应的西学学堂代表了中国教育的新兴文化。这种大学文化以西学为基础,与经世致用的传统教育观念相吻合,趋向于全科学和实用性,显示出近代开放思潮下求全求实的教育文化理念。以西式大学堂为标志的新教育之议最初由刑部左侍郎李端棻和山西巡抚胡聘之提出,他们提倡"广开学校",而且以西方实学为主,避免"空谈讲学"、"溺志词章"[1]。传教士李佳白在关于京师大学堂的建议书中,列举了如此全面的学问格局:

　　总学堂应有之各等学问,如中西文法文理、中西史鉴、政事学、律法学、富国策、地理学、地势学、算学、格致学、化学、天文学以及机器学、矿学、金石学、工程学、农政学、身体学、医学,并中西各等性理学、性灵学,必须并蓄兼收。[2]

显然,求全、求实为大学堂初兴之时主导的教育文化,与启蒙主义时代讲求科学、与时俱进的文化风尚正相吻合。

3. 留学教育之影响

几十年来学界习惯用"开眼看世界"来形容第一代正式接触西洋文化的知识分子,比如林则徐、王韬、郑观应等人,在晚清时期,从容闳有组织、计划地带领中国幼童留学美国开始,就不再仅仅局限于"开眼看",而是真

---

〔1〕　参见陈平原:《作为学科的文学史》,第3—4页,北京:北京大学出版社,2016年。

〔2〕　李佳白(Gilbert Reid):《拟请京师创设大学堂议》,《北京大学史料》(1),第13页,北京:北京大学出版社,1993年。

正踏上欧美的土地,身体力行从知到行地学习、体验欧美世界。留学生在国外普遍形成了心态开放、视野开阔、意识创新的群体性格,他们将是影响中国现代文化最重要的一批人,新文化运动中的领袖人物如陈独秀、胡适,核心人物如鲁迅、周作人、郁达夫、郭沫若,以及此后在现代文化、思想、教育界,在现代文坛上叱咤风云的文化领袖们绝大多数都有留学背景。

　　1847年,容闳等三人留学美国。当1854年容闳毕业于美国耶鲁大学时,就对西方教育有了深刻认识:"予意以为予之一身,既受此文明之教育,则当使后予之人,亦享此同等之利益。以西方之学术,灌输于中国,使中国日趋于文明富强之境。予后来之事业,盖皆以此为标准,专心致志以为之。"[1]

容闳

　　此后,容闳成为正式推动中国留学的第一人,在他的努力下,清政府开始有计划地选派儿童赴美留学,其中就有中国家喻户晓的詹天佑。但是中国真正的留学热潮还是要到1900年以后,其中日本曾一度成为最热门的目的地,尤其是1905年甲午战败刺激之后,1905至1906年之间就有八千到一万人,于是郭沫若有言:中国文坛大半是日本留学生建筑成的。这句话放在中国现代文坛一点不夸张,留日作家群中就有新文化运动的核心人物鲁迅、周作人、陈独秀等。如果扩展到军政界来看留日人物,秋瑾、黄兴、蔡松坡、李大钊、汪精卫、蒋中正都赫然在列。当时留学欧美具有相对稳定的资助渠道,如庚子赔款退款培养计划等,由此形成了中国现代文化史上重要的文化景观,如果延伸至1915年之后乃至整个现代文坛来观察,将是一份极其惊人的

---

〔1〕 容闳:《西学东渐记》,第23页,长沙:湖南人民出版社,1981年。

名单。在 1919 年五四运动前后,欧美留学生会就曾经在国家主权、外交事务上尽量做出有益工作,当年的《北京新报》连续刊登欧美留学生会的启事,他们紧急召开会议,其中的重要人物纷纷发表演说,这里包括有许多政府要员、各界名流:他们中先后担任过内阁总理的有唐绍仪、熊希龄、汪大燮、颜惠庆、王宠惠、顾维钧,还有担任过北京大学校长的蔡元培、胡适以及担任过清华大学校长的梅贻琦等人。

1914 年,胡适在《非留学篇》中说:"当吾沉酣好梦之时,彼西方诸国,已探赜索隐,登峰造极,为世界造一新文明,开一新天地。此新文明之势力,方挟风鼓浪,蔽天而来,叩吾关而窥吾室。"胡适在这篇文章中指出中国人留学有五大要害,比如学生学成归国亦无所用之或者留学费时伤财等等,但其最核心的思想是要中国发展自己的大学,只有中国发展自己的大学才能保全中国文明,进而创造新文明,与西方平等对话。而这种能立于中国与世界对话,中国文明与世界文明交流,且意欲创造新文明的视野、胸怀与抱负正受惠于胡适的留学教育。从 1914 年开始,胡适关于中国教育与创造新文明与新文化的关系的思考就再未停止,在整个中国现代教育文化史上,胡适成为重要的开山之父。

以上三个方面,不管是教育理念、教育方针、教育制度的制定,还是初创大学教育,又或者留洋教育,从根本上说都是国家力量导入的教育变革。社会文化风气的转变往往最初是民间智识阶层的推动,从下层启蒙到政策转变需要一定的时间,但只要国家力量介入,推动新教育,举国上下顿成新教育讨论之热潮,不论是守旧派,还是改革派,在"教育"这一点上绝无分歧,即"教育是救国根本出路"。而具体到教育的内容,是否要全盘学习西方,只学习西方器物不学习西方制度,只学习西方经济不学习西方政治,只学习西方科学不学习西方文学等等这样的讨论日趋白热化,但基于"师范教育"要发展教育这一点却也是毫无争议的。1904 年,《时报》刊登一篇言论:今日中国之言革新者,不论保守党、进步党、急激党,莫不公认教育为当今唯一之问题矣。即就教育而论,不论官立学堂、民立学堂,莫不公认师范为当今唯一之急务矣[1]。因此后来者看到,从晚清"新政"到民国初建,教育都是统治者最为看重的社会文化核心组成部分。对于教育的把握就是对于社会未来文化风气的掌握,历史也是这样印证的,不管统治者是出于何种目的,教育最终会固执地往文明、先进的方向靠拢、发展,并最终为社会带来具备变革力量的新文化运动。

二、晚清民初精英阶层教育思想与新文化运动

从民间到政府的教育变革直接作用于教育事件本身,晚清民初的许多精英智识阶层对教育与文化的思考则带来了更为深远的影响。从某种意义上说,民间也好,政府也好,其教育变革最初的动力往往来自于精英阶层的讨论与意见,而晚清民初,现代传播在中国社会的生根发芽又使得精英阶层的声音前所未有地惠及整个社会。其中如舆论界之骄子梁启超、民国缔造者孙中山,民国第一任教育总长蔡元培等,他们的思想、言论、见解绝不仅仅在政策层面影响教育,更多的是从文化传播的角度对整个国家的文化产生了极深影响。他们的言论影响甚至直接操控着教育的走向,教育改革又直接对社会文化风气起作用,最终新文化运动的催生都是导源于这一时代影响久远的教育改革。

1884年,郑观应就在《盛世危言》中指出:"学校者造就人才之地,治天下之大本也。"要发展教育的思想已经成为知识阶层甚至官僚阶层的一种共识,比如"第一通晓学务之人"张之洞,就曾认真思考中国与世界列强的优劣,认为新学育才是中国自强求富的根本出路,立国之本应是培养人才。当年张之洞的《劝学篇》在全国影响极大。他的中体西用论显然是意识到了中西学的某些共通共融之处,且企图以教育来弥合融会推动中国发展。张之洞的教育思想是从根本上帮助了中国人认清楚教育的力量,尽管中国

〔1〕 朱有瓛:《中国近代学制史料》,(第二辑·下),第275页,上海:华东师范大学出版社,1989年。

千百年来尊师重教是传统,但是在晚清社会变革时期,对传统教育进行根本反思进而变革成为首要的任务,张之洞的教育思想固然距带来了新文化运动的新教育思想有很大距离,但毕竟从根本上引起了人们尤其是统治阶层对教育的重视与思考。

张之洞的"中学为体,西学为用"更多的还是停留在晚清清流的水准上,早年在英国格林威治海军学院留学归来的严复就犀利地指出这种"中体西用"论的不伦不类,他认为:"中学有中学的体用,西学有西学的体用,分之则并立,合之则两止。"实际上严复是看到了这背后的社会体制的问题所在,他身体力行翻译西方现代思想、文化、政治、经济方面的论著,鲜明地提出教育乃立国之本:"是以今日要政,统一三端:一曰鼓民力,二曰开民智,三曰新民德。"[1]这三项其实统一起来都是教育的宗旨问题,是符合中国教育近代化的需求的,"鼓民力、开民智、新民德"实际上就是一种启蒙需求。"天心欲启大同世,国以民德分劣优。我曹爱国起求学,德体智育须交修。"[2]

此后,中国出现了一批极为重要的思想家,他们的想法或者实践或深或浅地触及到了中国教育的本质问题,为新文化运动的诞生开始了板块运动、造山运动。康有为1895年上书光绪帝:"泰西之所以富强,不在炮械军兵,而在穷理劝学。""夫才智之民多则国强,才智之士少则国弱。"从许多言论来看,康有为是呼唤教育变革,呼唤人才的,但是从本质上来说,康有为的教育变革更多的是其变法的辅助手段,即国家须变法,首先要变人,所以他的一系列教育理想教育思想教育实践,包括万木草堂、桂林讲学等等都是为了这个目的而存在。但不可否认的是,康有为的思想与教育实践以及在戊戌变法时期提出的废科举、兴学堂等等都从实际意义上推动了中国近代教育的变革。

如果说康有为更多地是从政治需要出发考虑教育变革,他最卓越的学生梁启超则青出于蓝。梁启超在海外学习、生活、考察之后,思想发生转

---

[1] 严复:《原强》,王栻主编:《严复集》(第一册),第15页,北京:中华书局,1986年。
[2] 严复:《与熊纯如书》(第七十二则),王栻主编:《严复集》(第三册),第189页,北京:中华书局,1986年。

变,从1901年书写《过渡时代论》起,他的思考就已经涉及整个中国文化的层面。梁启超的"新民"思想可说是五四"立人"思想的先声,救国先救民,陶冶国民独立之精神成为此后梁启超最重要的文化指向。

康有为书法

孙中山先生很早就在各种言论中谈及对教育的重视:"世界上文明的发达,是在近来二百多年,最快的是近来五六十年。以后人类知识越发多,文明的进步便越发快。"[1]对于整个社会秩序而言,"故教养有道,则天无枉生之才;鼓励以方,则野无郁抑之士;任使得法,则朝无倖进之徒。斯三者不失其序,则人能尽其才矣;人既尽其才,则百事俱举;百事举矣,则富强不足谋也"[2]。民国初建,教育就成为孙中山眼中最重要的施政内容。1912年2月,孙中山就给教育部命令:"民国新造,凡有教育,应予提倡,乃足以启文明而速进化。"同年3月,将"普及义务教育"列为同盟会政纲,并且明确指出:"共和政体,以教育为根基。"[3]在他的建国方略蓝图中,有一个完整的国民教育体系,其中全民普及教育、女子教育、蒙学教育、师范教育、职业教育等等都有具体的指导意见,甚至包括少数民族教育都已经进入他的视野当中。

蔡元培掌北京大学校长期间,为中国现代史上开创了一个五四时代;而在任职北大校长之前,蔡元培作为民国第一任教育部教育总长,就为整

---

〔1〕 孙中山:《在桂林学界欢迎会的演说》,《孙中山全集》第六卷,第68页,北京:中华书局,1981年。

〔2〕 孙中山:《上李鸿章书》,《孙中山全集》第一卷,第10页,中华书局,1981年

〔3〕 孙中山:《在上海圣约翰大学毕业典礼上的致词》,陈旭麓、郝盛潮主编:《孙中山集外集》,第76页,上海:上海人民出版社,1990年。

个民国教育定了基调,这是他对现代教育现代文化所做出的重要贡献。1906年,清政府学部提出"忠君、尊孔、尚公、尚武、尚实"的教育宗旨,蔡元培针对此一宗旨在《东方杂志》上发表《对于教育方针之意见》进行讨论,明确指出"忠君与共和政体不符","尊孔与信教自由相违",因此,民国教育方针确定为:注重道德教育,以实利教育、军国民教育辅之,更以美感教育完成其道德。其中,"美感教育"是蔡元培最注重的内容,他认为:"教育家欲由现象世界而引以到达实体世界之观念,不可不用美感之教育。"更为重要的是,在蔡元培的教育思想里,明确提出教育自由、教育独立的思想:"共和时代,教育家得立于人民之地位以定标准,乃得有超轶政治之教育……"[1]所谓"十年树木,百年树人",指的是教育是一个长效的社会职能,其性质与社会文明文化直接挂钩,而不应该让政治或者宗教来干扰,否则教育的目的与性质都会变得牵强,教育的效果也会受到严重干扰。蔡元培此时所提出的教育独立思想是符合民主共和的社会性质与文化追求的,也是一个文明社会、民主社会的教育的基本属性要求。在很短的一段时间里,蔡元培就废止读经、提倡美育、男女同校,建立起一套以西方现代教育理念为模板的民主教育制度。二次革命失败后,蔡元培再度携眷赴法,国内在袁氏复辟的文化阴影下,许多民主教育无法继续推进,尊孔运动亦卷土重来,但是作为一种教育方针与教育思想,蔡元培的思想影响已经进入民国文化血液中。

任何一项文化运动或者文学运作,当它影响教育并成为教育变革的内容之后,其对社会文化将产生持续性的、潜移默化的深刻影响,产生效能持久的从量变到质变的真正变革力量。"这是一个启蒙的时代,虽然并不是一个民智大开的时代。"[2]康德形容欧洲启蒙运动时曾经说的这句话,用来形容晚清民初的中国社会同样合适。晚清中国政治僵化、经济不发展、

---

[1] 蔡元培:《对于教育方针之意见》,载《东方杂志》第8卷第10号,1912年。
[2] 康德:《什么是启蒙》,《启蒙运动与现代性:18世纪与20世纪的对话》,[美]詹姆斯·施米特编,徐向东、卢华萍译,第256页,上海:上海人民出版社,2005年。

文化教育落后的局面让无数仁人志士痛心疾首,他们无一例外地把目光投到教育的层面上,当龚自珍仰天长呼"我劝天公重抖擞,不拘一格降人才"的声音过去近五十年后,中国社会终于在洋务运动中真正开始了近代教育的转型。国家教育方针、教育理念的制定意味着这个国家需要的人才标准,从上至下的教育理念的推广,教育方针的制定,教育政策的执行,体现的是一个社会当下的文化精神,更是一个社会未来的文化精神的语言。

谁把握住了教育的当下,谁就把握了整个社会的未来。然而,从教育理念、方针、政策、构想到实际的教育效果之间恐怕还留有极大的裂缝,尤其当教育面对的是中国这种幅员辽阔、五湖四海的复杂国情,正值大转型大变革的社会拐点,其"初衷"到"结果"甚至有可能背道而驰。教育,从来都不仅仅是教育政策、方针、制度的问题,教育是与整个社会文化血脉相连的重要部分。因此,变革教育其收获的果实一定是变革的社会文化。晚清从戊戌变法到新政到皇族内阁,最终迎来辛亥革命,教育一直在风口浪尖中寻求自己的前进方向。清政府推行"新政",目的是为保留封建政治体制,维护清朝统治,但已经与世界先进文化开始对话的教育所带来的,必然是西方先进的思想、民主的浪潮。这种矛盾最终会以革命的形势来解决,新政直接培养出了辛亥革命运动中的革命者,新文化运动的健将。

革命,表面上看是暴力冲突,本质上是一种文化抉择,在社会转型期,教育,起到了最根本的推动作用。"教育使社会进步",才是最根本的逻辑,才是教育的本质,不管是在何等恶劣的社会环境中,教育总会挣扎着要往进步、文明、先进的方向发展,并最终对社会文化产生重要影响。

第一卷

民主与科学

1915 年 9 月 15 日,陈独秀在上海创办《青年杂志》(第 2 卷起改为《新青年》),创刊号发表《敬告青年》一文,提出"六义":"自主的而非奴隶的","进步的而非保守的","进取的而非退隐的","世界的而非锁国的","实利的而非虚文的","科学的而非想象的"。后来明确概括为"民主"与"科学"。

1916 年易白沙的《孔子平议》在《青年杂志》第 1 卷第 6 号上开始连续发表。后由陈独秀、李大钊、吴虞等人的跟进,掀起对孔子及儒学批判的文化浪潮。

1917 年 1 月,在《新青年》第 2 卷第 5 号,胡适发表《文学改良刍议》,2 月,在《新青年》第 2 卷第 6 号,陈独秀发表《文学革命论》,正式启动了"文学革命"的"发难",对此前已有热烈讨论的"文学革命"倡导和"新文学"建设问题进行理论化、系统化的阐述。

1918 年初,鲁迅参加《新青年》的编辑工作,并于 5 月出版的《新青年》第 4 卷第 5 号发表白话小说《狂人日记》,此小说一般被视为中国新文学小说的开篇之作。

1919 年 1 月 1 日,北京大学新潮社主办的《新潮》杂志创刊。

1919 年 5 月 4 日,北京三所高校的三千多名学生代表冲破军警阻挠,云集天安门,打出"誓死力争,还我青岛"、"收回山东权利"、"拒绝在巴黎和会上签字"、"废除二十一条"、"抵制日货"、"宁肯玉碎,勿为瓦全"、"外争主权,内除国贼"等口号,并痛打章宗祥,火烧赵家楼。这就是影响深远的五四运动。

1921 年 1 月 10 日,《小说月报》第 12 卷第 1 号出版,宣布该志自此号起改版,刊载《小说月报》的《改革宣言》,附录还刊载《文学研究会宣言》和《文学研究会简章》。

1922 年 1 月,吴宓等人创办《学衡》杂志,对新文化运动和新文学建设采取批评立场,与章士钊的《甲寅》等被理解成新文化的制衡力量。

1922 年 5 月,郭沫若、郁达夫、成仿吾等人主导的《创造季刊》正式刊行。

1922 年 7 月,《新青年》出版第 9 卷第 6 期后停刊。

1923 年 6 月 15 日《新青年》改为季刊,由瞿秋白主持出版,成为共产党领导的杂志。中共第四次代表大会以后改为月刊,由彭述之主持。

《新青年》创造了一个时代,这个时代属于一代文化精英,他们围绕着"民主"与"科学",展开了艰苦卓绝的文化批判和文化创造,缔造并发展了新文学和新文艺;与此同时,他们阐扬并坚持新思想、新道德,以开放的理念对待外国文化与外国文学,使得那个时代成为中国新文化历史的伟大开端。

新文化运动开启了一个属于中华民族的大时代,一个足以与数千年文明史相对应的新文明时代。

第五章
新文化运动与新文学文化的思想传统

　　五四新文学是汉语新文学的前导与基础，汉语新文学所发扬的各种传统都来自于五四新文学的直接传承；而五四新文学直接导源于五四新文化运动，因而汉语新文学的发展及成就实际上应理解为五四新文化运动的历史馈赠。

　　汉语新文学的审美传统处在不断的时代变异和美学修正之中，但其思想传统则主要来自于五四新文化运作的坚实基础和传统根柢。汉语新文学乃由习惯意义上的中国现当代文学、台港澳文学以及海外华文文学组构而成，它避开了一般意义上的国家、地域、政体归属等复杂问题，以统一的语言形态和思维特性向世界文坛呈献出当代文学与文化的中国作风与中国气派[1]，是汉语新文学时空演进的必然结果。在公认的学术表述中，直接导源于五四文学革命的汉语新文学，又是五四新文化运动的直接产物乃至核心内容。不过，随着新文学运动研究的深入，随着中国近现代文学一体化学术思维的逐渐普遍化，新文学与新文化运动的内在链接关系正不断遭遇质疑与挑战，新文学常常在与五四新文化运动的断裂状态下被阐析与

---

[1]　参见朱寿桐：《"汉语新文学"概念建构的理论意义与实践价值》，《学术研究》，2009 年 1 期。此文系统地论述了汉语新文学概念建构的实践价值，便是将中国现当代文学、台港澳文学和海外华文文学整合为一。然而这个整一的文学形态并未脱离中国而去，其文化归宿仍然是在汉语文化的故乡——中国。详见朱寿桐：《论汉语新文学的文化归宿感》，《学术研究》，2010 年第 8 期。

讨论。研究的深入和观点的出新固然比墨守公认陈说可贵，但如果这种深入旨在生硬地剥离新文学与新文化运动之间历史联系的内在必然性，这种出新只是在脱离必然律的关系链接状态下无源之水般地言说和阐解新文学的生成机制，极有可能陷入为创新而创新的被动的学术境地。至少对于新文学与新文化之内在关系这一重大话题而言，由于其历史联系相当复杂，文化关联非常广泛，现实影响仍然重要，片面的学术创新会带来诸多学术风险。

一、新文学的起点理应回到"五四"

中国新文学或者在更大范围上的汉语新文学，乃是从源远流长的"中国文学"厚重的文化传统中挣脱而出，在西方文化和文学的浸染、熏陶之下浴火重生的新形态。这一新文学形态的形成，应该是一个不太漫长但却纷繁复杂的过程，这样的复杂性使得新文学的产生与形成这样一个看似简单的问题常常横生枝节并聚讼纷纭。几乎所有新文学的倡导者和最初建设者都愿意将新文学的正式形成和实际起点归结为五四新文化运动和文学革命的发动，因而鲁迅在为《中国新文学大系》小说二集写导言的时候，确信"凡是关心现代中国文学的人"，"谁都知道"《新青年》对"文学改良"的提倡和对"文学革命"的号召[1]，他代表着这批人将此理解为新文学的"发难"的肇端，其实也就是新文学产生的肇端。新文化运动的掌舵人蔡元培同样认为新文学的产生直接导源于文学革命运动，而"文学革命的风潮，托始于《新青年》"[2]，与鲁迅的历史记忆和学术认知完全一致。

固然，如此强烈而深刻的文学革命，如此规模浩大且影响深远的新文学倡导，当然并非一朝一夕之功；在《新青年》"发难"之前，围绕着白话文写

---

〔1〕 鲁迅：《〈中国新文学大系〉小说二集序》，《鲁迅全集》第 6 卷，第 246 页，北京：人民文学出版社，2005 年。

〔2〕 蔡元培：《新文学概述》，《蔡元培文集》第 8 卷，第 669 页，台北：锦绣出版事业股份有限公司，1995 年。

作和世界性观照的各种文化倡导和文学实践,以及其间纠集的各种论争和相关事件,实际上都以一定的能量参与到新文学形态的构成及其运作之中。但新文学的正式形成并独立运行,应是五四新文化运动和五四文学革命的直接成果。只有强烈而深刻的文学革命运动才能够最终催生出规模浩大而影响深远的新文学形态,而此前各种零散的新文学倡导与实践,包括各种论争与相关事件,都不过是文学革命运动和新文学倡导所需要甚至有时相当倚重的"文明的碎片"[1],文化的准备和文学的积累而已,它们是新文学产生并形态化发展的条件,而不是决定性的因素。新文学的产生以及新文学形态的最终构成无疑应如蔡元培所说的"托始于"《新青年》及其所"发难"的文学革命。

五四文学革命运动及其统属下的新文学倡导,是新文学形态和传统建构的真正"托始",这是声势浩大而声誉卓著的新文化运动最为骄人的成果之一,也是新文学传统一开始就形成巨大的历史定力并得到迅速壮大与发展的重要条件。毫无疑问,那种多方求索多方论证新文学"文明碎片"的研究应该鼓励,因为这样的研究有利于进一步认清新文学的来路,过细地分析新文学构成中的文明基因。但如果将这种种"文明的碎片"全都当作新文学主体形态的发生标志,便借此将新文学发生的"起点"前移到离五四新文化运动越来越远的时间点,那就可能犯了以偏概全、以碎片当主体的错误。

新文学文化一般认为具有三大要素:一是其主体由新式白话文所构成,而非由文言所主宰;二是具有鲜明的现代性,并且这种现代性是与深厚

---

〔1〕 "文明的碎片",在汉语中与"历史的碎片"可以互通,是指构成某种文明和历史的零散的累积物,其具备这种文明及相关历史表述的某种或某一方面的特质,但尚不足以用来指代这种文明和历史本身。作为一种理论范畴至少在 20 世纪 90 年代初已经普遍使用,如美国克林伯格(Kleinberg, Patrice Greenwood)所著的《文明的碎片》(*Pieces of civilization：the Wailuku Female Seminary samplers*, San Francisco State University,1990)一书便很能说明问题。当然,"文明的碎片"(pieces of civilization)还远远没有专名化,有人表述为"文明的碎片基质"(civilizations on a piecemeal basis)似乎更加明确。参见 Timur Kuran："Explaining the Economic Trajectories of Civilizations：The Systemic Approach", *Journal of Economic Behavior & Organization*,2009(03).

的民族性相交融的;三是大背景上与"世界的文学"相互交流、相互参照〔1〕。不过,在新文化运动和文学革命运动之前,能够满足这三要素条件的文学作品,能够体现这三要素的文学倡导,并不仅仅是1890年出版的《黄衫客传奇》及其已形成"世界的文学"观念的作者陈季同,从而将新文学的起点放在甲午前夕〔2〕。不少人观察到新文学起点应在20世纪初年〔3〕,也有人提出文明戏运动是"一场被忽略了的新文化运作",可以视为新文化和新文学的起点〔4〕。有些学者认为新文学的诞生期应该更早,是在戊戌维新时期〔5〕或者辛亥革命时期〔6〕,也不乏有人将黄遵宪的"我手写我口"的倡导乃至魏源的改革思想表述都追溯为新文学的起点〔7〕。这些学说各有相当的理由加以支撑,由此引发的"没有晚清,何来五四"的学术讨论更有声威。然而这样的学术讨论并未将五四新文化溯源至更广阔的晚清时期,发难者仍然承认"五四运动以石破天惊之姿,批判古典,迎向未来,无疑可视为'现代'文学的绝佳起点"〔8〕。这样,既将新文学运作的远因回溯到更加远离五四的晚清,同时又审慎地承认新文学的"绝佳起点"仍在五四,在大胆的突破中显露出理论的严密与精审。

围绕着汉语新文学起点所形成的这种众声喧哗局面,生动地说明了学术界对于新文学"文明的碎片"时有发现的多角度和多收获。研究者从不同的学术背景析理出各自认为具有新文化和新文学充足信息的文学现

---

〔1〕 严家炎:《中国现代文学的"起点"问题》,《文学评论》,2014 年第 2 期。
〔2〕 严家炎认为:"中国现代文学的开辟和建立,是经历了一个过程。它的最初的起点,根据我们现在掌握的史料,是在 19 世纪 80 年代末、90 年代初,也就是甲午的前夕。"严家炎:《中国现代文学的"起点"问题》,《文学评论》,2014 年第 2 期。
〔3〕 在尽量免除刻板印象的意义上倡导此一起点,黄子平、陈平原、钱理群等人的《论"二十世纪中国文学"》最具代表性,《文学评论》,1985 年第 5 期。
〔4〕 朱寿桐:《论文明戏在新文化运动中的历史价值》,《广东社会科学》,2007 年第 5 期。
〔5〕 范伯群:《论中国现代文学史起点的"向前移"问题》,《江苏大学学报》,2006 年第 6 期。
〔6〕 侯敏:《关于中国现代文学起点问题的再思考》,《辽宁师范大学学报》,2014 年第 2 期。
〔7〕 郑子瑜:《新文化运动的先驱黄遵宪》,《郑子瑜学术论著自选集》,北京:首都师范大学出版社,1994 年。
〔8〕 [美]王德威:《没有晚清,何来五四?》,《被压抑的现代性:晚清小说新论》,宋伟杰译,北京:北京大学出版社,2005 年。

象,便各自认定汉语新文学的起点应以此为标志。这是学术界在理论视野调整以后的一种可喜现象:人们从文学的和文化的历史认知中体悟到关于新文学起点的多种可能性,体现了学术思维多元化的积极成果。关于新文学起点如此杂多的可能性论定,也说明了在五四新文化运动之前的相当一段时间内,从晚清到民国初年,体现新文学品质和特性的相关"文明的碎片"已呈较为密集的散落状态,从那些散落在时代尘埃和历史地壳上的"文明的碎片"中,很容易找寻到可以与新文学的起点相联系的某些文化和文学现象。史学界曾有过对碎片化的历史研究进行深刻反思的学术运作[1],认为以"碎片"研究冲击乃至否定历史必然性和宏观规律性的研究体现为一种学术的严重错位。关于新文学起点的种种"文明的碎片"论毕竟都没有产生直接冲击和否定五四新文化运动及其文学革命的学术效果,因而也未构成类似的学术错位。在这样的学术背景下,更多的"文明的碎片"的揭示对于凸显五四新文化运动之于汉语新文学的必然性意义反而更为突出。五四新文化运动之前,那些带有新文学素质和信息源的"文明的碎片"其实都是新文化和新文学历史因素的有效积累,它们被揭示得越多、越密集,就更能说明这场新文化运动对于汉语新文学产生的社会势能越大,历史必然性越强烈。或许可以借助天体形成的一般理论加以譬喻:新文学形态犹如是在中国文学的历史和世界文学的空间相交织的文化宇宙中具有自身运行轨道的一个独立星体,在其正式聚合成型之前,经过了碎片式的星系际弥漫物质逐渐集聚的过程,然后终于形成星系云,并逐渐聚合成中国新文学乃至汉语新文学这样的星系集团。上述各路研究者所揭示的各种"文明的碎片",譬如展示了新文化和新文学聚合成星系集团之前所呈现的星系际弥漫物质,也集体展现了这些弥漫物质聚合成新文化的星际云并最终聚合成新文学星系集团的丰富而生动的过程。

---

[1]　例如近代史研究界展开过"中国近代史研究中的'碎片化'问题笔谈",见《近代史研究》,2012 年第 5 期。

这就意味着,关于汉语新文学"文明的碎片"的种种论述,不仅没有对新文学之于五四新文化的学理联系构成冲击与否定,而且在一定意义上强化了这种联系的内在必然性。几乎所有关于新文学"文明的碎片"的揭示,包括严家炎关于新文学三要素的提炼以及在清末流寓海外的文学中的投射,其实都以五四新文化和文学革命的重要命题和精神内涵作为学术皈依的目标和学术参照的范本,所有关于新文学"文明的碎片"之所以被屡屡发现并得到不同程度的重视,乃是因为五四新文化精神价值照亮了这些"文明的碎片"或历史碎片。至少在新文学起点的研究方面,"文明的碎片"或历史碎片之积累并没有真正冲击和否定新文学之于五四新文化运动内在必然性的学术揭示。

二、历史必然性与能量动员及积聚

对于鲁迅、胡适、蔡元培等新文化倡导者和新文学建设者而言,新文学的起点不言而喻地寓含于五四新文化运动之中,或者说"托始于"《新青年》为主要阵地的新文化运作。他们之间文化和教育背景不同,观点和倾向各异,唯独在关于新文学起点的问题上认识高度一致,这本身就说明,汉语新文学与五四新文化的内在必然联系,与这些当事人的经验与记忆,感受与印象高度吻合。有关于此的学理分析虽不必围绕着他们的记忆与印象,但当事人一致的经验与感受及其与历史真实的吻合度应该是学术研究足资借鉴的对象。

从自然时序和文化积累的角度而言,"没有晚清,何来五四"的设问非常精彩,也充满着严正的逻辑性;但从新文化运动的酝酿与新文学的倡导、建设而论,这样的设问隐含着巨大的学术危机,那就是混淆了"文明的碎片"与文化本体之间的本质区别。历史的必然性并不总是直接寓含于历史的自然时序之中。对于离经叛道且轰轰烈烈的新文学倡导和建设而言,它所需要的是巨大能量的推动,这种能量包括西方文学输送的热能,新文化运动的动能,以及新文学在与旧文学断裂之中的势能。只有到了规模浩大且声势明显的新文化运动和文学革命热潮到来之际,这些能量才真正聚合成势,才真正能够推动新文学的产生和发展。这实际上就是中国新文学必然依赖于五四新文化运动的内在逻辑,也是再多的"文明的碎片"都不足以标志新文学本体正式成立的重要原因。

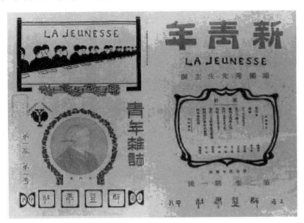

《青年杂志》及《新青年》

　　汉语新文学的产生离不开西方文学榜样的范导。梁启超撰文介绍欧西文学,林纾对英美文学的大量翻译,都对一代中国文学启蒙者产生了积极影响,自此之后,西方文学对于汉语新文学的引导和示范作用日趋明显。不过将西方文学的介绍转化为新文学发生的热能,则应以《青年杂志》推出的《现代欧洲文艺史谭》以及稍后陈独秀的《文学革命论》为标志,对西方文学的思潮、流派所作的全面引介与积极评价,为汉语新文学发生、发展明确了时代动力和巨大的历史牵引力。陈独秀在这些文稿中,总是将西方文学思潮的发展序列与中国文学的现实联系起来,指明中国文学犹在"古典主义时代",今后当趋向于写实主义和自然主义,以此揭示了汉语新文学的发生、发展的关键动力系统。此后,包括以北大青年作者为主体的《新潮》,文学研究会的《小说月报》,创造社的《创造季刊》、《创造周报》,都习惯于从思潮、流派的角度引介西方文学,更习惯于将西方文学思潮、流派与汉语新文学建设的实际紧密结合起来,敏锐地提出诸如"我们现在可以提倡表象主义的文学么"这类先锋性的问题[1]，使得汉语新文学在西方文学的有力牵引和整体推动下找到了发生、发展的可靠热能。甚至连学衡派的《学衡》杂志，也注重从思潮、流派的角度引介西方经典文学，以此作为反观甚至批判中国新文学和新文化的参照系。正是轰轰烈烈的五四新文化和文学革命运动使得西方文学不再以散兵游勇的方式"进入"中国文坛，而是以一种"主义"的姿态，以某种思潮、流派的整体力量给汉语新文学提供发展、壮大的热能。

汉语新文学的产生意味着一个巨大的历史事件，推动这一历史事件需要足够的能量，而且这种能量必须来自内在运动，即所谓的动能。五四新文化运动和文学革命那种"以石破天惊之姿"进行批判和革命的冲击性运作，更重要的是参与者众多，动员面甚广，由此不仅形成巨大的声势，更重要的是可以积聚一个时代中牵动整个文坛神经的能量。在此之前，任何"文明的碎片"都没有如此强大的能量积蓄，也没有如此劲爆的动能可供利用。如果说，蔡元培等将五四新文化运动和文学革命比喻为"中国的文艺复兴"[2]，是对这场文化运动和文学运作其力度的承认和意义的肯定，那么，在此之前的任何文化运动和文学运作都不足以被冠以中国的文艺复兴，这同样证明五四新文化运动和文学革命所显示出的前所未有的动能与力度。于是，陈独秀明确认为，《青年杂志》的创办以及新文化运动的发动足以成为改变整个中国历史的划时代运动。在《青年杂志》成功登场以后，他以"以前种种譬如昨日死，以后种种譬如今日生"的历史转折感迎接 1916 年的新年：

> 吾国人对此一九一六年，尤应有特别之感情，绝伦之希望。盖吾人自有史以讫一九一五年，于政治，于社会，于道德，于学术，所造之罪孽，所蒙之羞辱，虽倾江、汉不可浣也。当此除旧布新之际，理应从头忏悔，改过自新。

---

〔1〕 沈雁冰：《我们现在可以提倡表象主义的文学么》，《小说月报》，第 11 卷第 2 号。

〔2〕 蔡元培：《中国新文学大系·总序》(建设理论集)，上海：上海良友图书印刷公司，1935年。

于是宣布 1915 年与 1916 年之间，应"在历史上画一鸿沟之界"：以前种种"皆以古代史目之"，而今后则是以"首当一新其心血"，"以新人格；以新国家；以新社会；以新家庭；以新民族"的新气象[1]。这与其说是一种充满自信的历史预言，不如说是一种充满能量和运动欲望的行动宣言。如此这般的宣言激发和调动了胡适、鲁迅、周作人、钱玄同、刘半农、李大钊等一大批文化精英的参与，波澜壮阔的新文化倡导运动由此产生了巨大的动能，推动了新文学的闪亮登场。

只有五四新文化运动和文学革命的强势发动所产生的动能，才能导致汉语新文学建设进入真正的时代性、整体性运作，而此前的种种白话创作的鳞爪，现代性表现的痕迹，世界文学观照的影迹，不过是新文学发生的胎象萌动，是新文学之乘扬鞭奋蹄之前的预备动作，是新文学"文明的碎片"或疏松或密集的历史呈现。没有五四文学革命和新文学建设的时代性、整体性运作，这些无论可以上溯到民国或晚清哪个时段的"文明的碎片"都不可能累积成新文学的宏观结构。钱玄同曾认为梁启超是新文学的初倡者，"梁任公先生实为近来创造新文学之一人"，"论现代文学之革新，必数梁君"；但"因时变迁，不能得国人全体之赞同"[2]，故而终究没有形成一定的气候。这正说明了新文化整体性运作、时代性运作的动能之于新文学产生的重要性和决定性意义。

在催生和推动新文学的能量中，倡导者还通过偏激性的文化批判，人为造成新旧文学之间的断裂，夸大新旧文化之间的落差，以此形成有助于新文化和新文学脱颖而出的势能。新文化倡导者"石破天惊"般地批判旧文化，否定旧文学，偏激地鼓吹西方化和世界化，不仅胡适等提出"全盘西化"和"充分的世界化"，甚至连新文化中流砥柱的鲁迅都主张青年人"要少——或者竟不——看中国书，多看外国书"[3]，这种从未有过的彻底偏激，对于现代中国思想秩序和文化理性建设而言固然值得反思与商榷，但

---

[1]　陈独秀：《一九一六年》，《青年杂志》，第 1 卷第 5 号。
[2]　钱玄同：《寄陈独秀》，《新青年》，第 3 卷第 1 期。
[3]　鲁迅：《青年必读书》，《鲁迅全集》(3)，第 12 页，北京：人民文学出版社，2005 年。

对于旧文化的批判和对于旧文学的否定,对于新文化的呼唤和对于新文学的催生,却不啻是一番海啸和一场地震,一派暴风骤雨和一波恣肆汪洋——先驱者的偏激正是要表现这样的大气磅礴和一往无前,不如此不足以锻造出新文化和新文学的新质,不足以冲刷出新文化和新文学的锐气与活力,不足以冲击出新文化和新文学的定力与气派。新文化和新文学要从具有深厚传统的旧文化和旧文学的营垒中挣脱出来,用李大钊的话说,要"冲决过去历史之网罗,破坏陈腐学说之囹圄"[1],必须借助巨大的能量,这种能量除了西方文化和文学所提供的热能,新文化普泛性运作所形成的动能而外,还有必要借助夸大新旧文化、文学之间的差异而获得的某种势能。新文化和新文学时潮对于旧文化和旧文学的批判、否定及其所激发的观念张力和冲击力,正体现着这样的一种势能。从这个意义上说,新文化和新文学运动的力度与其对旧文化和旧文学的否定烈度构成一定比例。从势能激发与积聚的角度有助于人们历史性地理解五四新文化运动和文学革命对旧文化和旧文学的偏激态度。只有五四新文化运动和文学革命运作中的彻底偏激态度才足以形成激发新文学产生的文化势能。

三、民主与科学:新文化运动对新文学思想新质的决定

如果说,五四新文化运动的诸多能量推动了汉语新文学的产生与发展,这显示着新文学与新文化运动之间必然的历史联系,那么,新文化运动所倡导的"民主与科学"的时代主题,决定了新文学的精神内涵与思想质地,显示着新文学与新文化运动之间的必然的逻辑联系。

五四新文化运动之于新文学的决定性意义,更在于新文学精神品质的建设与思想传统的形成。新文化运动倡导者明确宣示的"民主与科学",既体现出新文学的时代主旨,又揭示着新文学的价值目标,是新文学新质的精确表述。虽然构成新文学"文明的碎片"的文学现象中都不同程度地包

---

〔1〕 李大钊:《青春》,《新青年》,第 2 卷第 1 期。

含了"现代性"因素,但这种吉光片羽式的现代内涵难以抵达"民主与科学"的深刻诉求,因而新文学最根本的新质只有在新文化运动全面兴起之后才能真正形成并获得。

　　李大钊在解释"什么是新文学"时,明确强调具有新的思想质地的重要性。他指出:"用白话作的文章,算不得新文学;刚是介绍点新学说、新事实,叙述点新人物,罗列点新名辞,也算不得新文学。"而"宏深的思想、学理,坚信的主义,优美的文艺,博爱的精神,就是新文学新运动的土壤、根基"[1]。除了"博爱"而外,李大钊在这里没有点明"宏深的思想、学理,坚信的主义"究何所指,不过作为《新青年》编辑集体的一员,他应能对陈

李大钊

独秀概括的"民主与科学"有基本的认同,因为陈独秀对"德先生"和"赛先生"的概括代表了《新青年》("本志")集体意志,反映了《新青年》一贯的价值立场。《新青年》创刊之初提出的"自主的"、"进步的"、"进取的"、"世界的"、"实利的"和"科学的"价值观,基本可以对应"民主与科学"两大命题,也就是陈独秀在《敬告青年》中阐述的"科学与人权并重"的理念[2]。新文化的价值理念还可以进行多种描述,便是陈独秀自己,还在 1919 年 12 月所撰写的《新青年》宣言中提出:

　　　　我们理想的新时代、新社会,是诚实的、进步的、积极的、自由的、平等的、创造的、美的、善的、和平的、相爱互助的、劳动而愉快的、全社会幸福的。[3]

------

〔1〕　李大钊:《什么是新文学》,《李大钊全集》第 3 卷,第 129、130 页,北京:人民出版社,2006年。

〔2〕　陈独秀:《敬告青年》,《青年杂志》,第 1 卷第 1 号。

〔3〕　陈独秀:《〈新青年〉宣言》,《独秀文存》,第 244 页,合肥:安徽人民出版社,1996 年。

虽然"民主与科学"并不能完全涵盖上述新文化内涵的全部命题,而蔡元培、胡适等都曾设想过用人文主义概括五四时代新文化和新文学的传统[1],但陈独秀提炼的"民主与科学"以其简洁、生动、鲜明的时代感以及几乎是无限开放的理论包容性,成了新文化运动和新文学倡导的"理想类型"的精炼表述。它们的内涵不仅驳杂,而且可能混乱无章,但它们毕竟是马克斯·韦伯所说的"理想类型"[2]的最精粹、最稳定且最具涵盖力的表述,它们足以担当起那个时代所有"正能量"理念的价值意义,同时也能够充任李大钊所吁求的新文学"宏深的思想"的代表性阐述。

民主寄寓着平等、自由、博爱等现代文明"理想类型"的全部可能性,乃是新文学乐于并善于表现的价值对象;科学鼓励"自崇所信"的观念正义,要求"吾人对于事物之概念,综合客观之现象,诉之主观之理性而不矛盾"[3],仍然为了最大限度地调动人的主观理性与自主意识,同样适合于新文学的建设。新文化倡导者正是从"民主与科学"的"理想类型"出发论证了批判旧文学的必要性,从而反证了倡导新文学的必然性:"要拥护那德先生,便不得不反对孔教、礼法、贞节、旧伦理、旧政治;要拥护那赛先生,便不得不反对旧艺术、旧宗教;要拥护德先生又要拥护赛先生,便不得不反对国粹和旧文学。"[4]这是从对旧文学的否定方面进行的阐发,而从新文学的肯定角度论,"文学者,国民最高精神之表现也"[5]。新文学就是应该表现"民主与科学"之类的"国民最高精神"。按照陈独秀的逻辑,政治、伦理、教育对应着"德先生",艺术和宗教对应着"赛先生",同时对应"德先生"和"赛先生"的便只有文学。因而,新文化运动的主体价值理念必须通过批判

〔1〕 参见蔡元培为《中国新文学大系》所写的《总序》,见《中国新文学大系》(建设理论集),上海:上海良友图书印刷公司,1935年。另,1933年,胡适在美国芝加哥大学发表了题为《中国的文艺复兴》的著名演讲,在论及五四新文化运动及其意义时,胡适说:"它也是一场人文主义运动。"见朱维铮:《何谓"人文精神"?》,《探索与争鸣》,1994年第10期。

〔2〕 Max Weber, *The Protestant Ethic and the Spirit of Capitalism*, p.147, George Allen & Unwin (Publishers) Ltd. 1976.

〔3〕 陈独秀:《敬告青年》,《青年杂志》,第1卷第1号。

〔4〕 陈独秀:《本志罪案之答辩书》,《新青年》,第6卷第1号。

〔5〕 陈独秀:《记者识》,谢无量《寄会稽山人八十四韵》所附,《青年杂志》,第1卷第3号。

旧文学,建立新文学才能得以实现。这正是新文化运动主将们都将主要精力放在文学革命和新文学倡导之上的内在逻辑。

蔡元培则从新文学与新文化价值理念的外在逻辑关系上,对于新文化运作必然聚焦于新文学的历史现象进行过简单论证:"为什么改革思想,一定要牵涉到文学上? 这因为文学是传导思想的工具。"[1]"传导思想"是新文学的美誉,新的思想需要借助于文学进行传导,而新起的新文学也确实起到了这样的作用,正如鲁迅称赞新潮社小说家所说的:"他们每作一篇,都是'有所为'而发,是在用改革社会的器械,——虽然也没有设定终极性的目标。"[2]传导新文化价值理念,也就是新思想,是新文学的应有品质,也是新文学产生与存在的理由。如果不作新思想的传导,而传达旧思想,那就是文学的腐败与堕落。新文学家一直抨击旧文学"文以载道"、"借物立言"、"登高而赋"的传统,指出陈腐的旧文学家"都认文章是有为而作,文章是替古哲圣贤宣传大道"[3]。传导新的思想就是新文学的德能,而"文以载道"就是旧文学的罪孽,前者"有所为"是功绩,后者"有为而作"是劣迹,这其中的观念逻辑便是完全按照思想品质进行文学优劣甚至是文学是否合法的判断了。

这种思想品质决定论的新文学观,所反映的其实就是新文化运动对新文学的某种决定性意义。因为新文学所要表达的新思想就是以"民主与科学"为核心的新文化价值理念。新文化价值理念赋予了新文学稳定的思想格局和精神的"理想类型",这使得新文学甫一产生便获得了观念的定力,获得了文化精神充实、有力的自信,获得了"不囿于传统思想之创造的精神"[4]的欢悦。新文学在此后的发展中,在任何历史境况下都重视思想内

---

[1] 蔡元培:《总序》,《中国新文学大系》(建设理论集),第9页,上海:上海良友图书印刷公司,1935年。

[2] 鲁迅:《〈中国新文学大系〉小说二集序》,《鲁迅全集》第6卷,第247页,北京:人民文学出版社,2005年。

[3] 沈雁冰:《文学和人的关系及中国古来对于文学者身分的误认》,《小说月报》,第12卷第1号。

[4] 《小说月报》改革宣言,《小说月报》,第12卷第1期。

涵的开掘,无论是创作还是批评,这形成了新文学的一种文化特质,甚至是文化传统,其文化基因则是在新文化运动孕育过程中种下的。

这一简单然而又是确凿的文化基因,清楚地说明汉语新文学的诞生和最初发展与五四新文化运动的内在联系。五四新文化运动及其"民主与科学"的核心价值观对新文学的思想品质、精神面貌和文化特性产生了本源性的决定作用。新文学鲜明的思想新质只有在"民主与科学"的新文化价值体系中才能真正养成,作为"文明的碎片"的"史前"新文学现象则因无法获得如此鲜明的思想新质而无法承担起新文学起点的宣示责任。

四、汉语新文学传统与五四新文化基因

新文学在其诞生的时候,其文化品质定位在它的倡导者那里就存有严重分歧。胡适比较强调单纯的白话文学的因素,李大钊强调学理与主义,陈独秀坚持民主与科学的文化内涵,这些都在为新文学揭示和概述文化基因。其实,白话只是新文学的语言前提,是语言承载的形态,并不是新文化的精神传统。李大钊所强调的学理和主义,包括博爱的精神,在他的表述中应该与陈独秀的民主与科学很相接近。而民主与科学既成了新文化的重要内涵,也成了新文学的精神传统,这一传统注定了新文学所重视的是其文化形态而不是文学魅力。将文学的文化功能,例如民主与科学精神的表现和张扬,视为文学应有的魅力,从而将功能与魅力一体化,这是新文学和新文化共同的价值准则。

在这样的意义上,《新青年》这个既是政治刊物又是文化刊物还是文学刊物的著名出版物理所当然就成了新文化与新文学传统的共同奠基者。"《新青年》到底是一个文化批判的刊物,而新青年社的主要人物也大多数是文化批判者"[1];不过,它同时又"自然是鼓吹'新文学'的大本营",是中

---

[1] 茅盾:《导言》,《中国新文学大系》(小说一集),第 2 页,上海:上海良友图书印刷公司,1935 年。

国新文学的伟大保姆。虽然有关中国新文学起点的说法是那么繁多,尤其是许多文明的碎片的陆续发现,但从精神传统上说,新文学无论如何都绕不开五四新文化运动,绕不开《新青年》关键性的倡导与推动。《新青年》、《新潮》、《少年中国》以及《晨报副刊》、《京报副刊》等新文化载体,都致力于以民主、科学等新文化精神注入新文学的倡导与建设,同时又热衷于从文学批判、文学革命和新文学建设的角度推动新文化运动乃至政治运动,这就构成了中国新文学的文化传统,或者也可以说是中国新文化的文学运作传统。

可以以其中的杰出代表《新青年》为例,阐述这一伟大的文学文化传统。

《新青年》直接发动了文学革命,另亦以思想文化批判的办刊宗旨和基本面貌肇其始,以政治理论的探讨和政党立场的阐述终其结,留给人们的印象似乎主要还是政治思想文化刊物,似乎文学性并不很强。其实只要略作考察,便很容易发现,《新青年》作为综合性期刊,文学性气氛其实相当浓厚,文学性色彩其实相当强烈,它的特征是由文化切入文学倡导,由文学推动文化建设,是典型的文学文化运作团体。这同样也形成了中国新文学和中国新文化的突出传统。

《新青年》对文学的关注,对文学事业的投入,一直是它重要的办刊特色。一般认为《新青年》对文学的关注和投入始于第2卷第5期胡适《文学改良刍议》的发表,其实从《青年杂志》创刊之始,文学便已在陈独秀和《新青年》社同人的心目中占据相当重要的位置。《青年杂志》第1期有关文学虽只推出了陈嘏翻译的屠格涅夫的《春潮》,但紧接着的第2期除连载陈嘏的译作之外,又增加薛琪英对王尔德剧本《意中人》的翻译,以及陈独秀自己对泰戈尔《赞歌》的翻译,第3、4期则由陈独秀亲自出马撰写《现代欧洲文艺史谭》,同时出现旧体诗的创作。此后刘半农、胡适的杂记,苏曼殊的小说纷纷登场,总体上突显出越来越关注文学的办刊倾向。《文学改良刍议》和《文学革命论》这两篇最著名的文学革命发难之作的发表,开始将文学问题的讨论推向《新青年》的重要位置,从第2卷第5、6期开始,有关文学的文字每期显著增加,特别是胡适《白话诗八首》在第 2 卷第 6 期闪亮登场,以及第 3 卷各期关于文学革命和新文学讨论和通信的热络化,使得《新青年》"文学性"气氛越来越浓厚。

胡适

直至第 4 卷第 1 期,《新青年》正式宣告改制为同人刊物[1],主要同仁是陈独秀、李大钊、胡适、刘半农、沈尹默、钱玄同、周作人等,这些文学家多是由文化切入文学,由文学推动文化的先驱者。于是此时所组建的《新青年》社实际上可以视为一个倡导新文学文化的社团。《新青年》杂志在此期刊载的文章,多为新文学的创作、建设和理论探讨,其中有胡适、沈尹默、刘半农的白话诗,有胡适的杂感,有周作人对于陀思妥耶夫斯基小说的介绍,有胡适和钱玄同关于白话文学用韵问题的讨论,而钱玄同的《论注音字母》和刘半农的《应用文之教授》也都是围绕着新文学建设展开的议论和设计,即连没有算作与文学有关的陶履恭《女子问题》一文,其实也联系着那时候已成气候的文学关怀,都是文学文化的当然内容。一期杂志大约有五分之四的篇幅和六分之五的篇目属于文学创作、介绍和探讨的内容,《新青年》几乎就与专业的文学杂志无异。以如此浓烈的文学性出现的《新青年》非常自然地迎来了鲁迅的参与,《狂人日记》的一炮打响,"随感录"文体的历

---

[1]《新青年》第 4 卷第 2 期《本志编辑部启事》:"本志自第四卷一号起,投稿章程,业已取消。所有撰译,悉由编辑部同人共同担任。"

史性开创,更大量的外国文学作品和作家的翻译介绍,使得《新青年》一度变成了新文学倡导和实践的核心杂志,而且《新青年》编辑集体也越来越显露出一个文学团体的取势与锋芒,连被鲁迅称为与自己等搞文学的人"所执的业,彼此不同"[1]的李大钊,也开始发表《山中即景》之类的诗歌。随着"文学"内容的增加,"文学性"的加强,《新青年》广泛涉及文学文化,热衷于探讨文学文化,利用文学进行新文化倡导与实验的意象也更加突出,更加明显。在这里,新文学及其探讨带有强烈的新文化探索和实践意味,而所有文化乃至社会政治的探讨又都往往与文学批判和文学思考联系在一起。这既是《新青年》几乎所有文化内容的倡导和建设都离不开文学话题的原因,也是《新青年》即便有更大比例的新文学内容也最终不可能被视为文学杂志的原因。

　　非常醒目的是,1918 年年初到 1919 年年底,恰好是中国新文学奠基并创立的时期,《新青年》致力于文学文化倡导的意识极为明显。第 4 卷第 6期的《易卜生专号》和第 5 卷第 4 期的《戏剧改良专号》,以文化引进和文化批判介入新文学的倡导,其重构中国新文学文化的意图相当突出。从第 7卷第 3 期的"人口问题号"和第 7 卷第 6 期的"劳动节纪念号"以后,《新青年》逐渐减少了文学文字的分量,将关注的重心和讨论的重点逐渐转移到政治、社会、教育文化方面。这显然与 1919 年 12 月《新青年》第 7 卷第 1 期陈独秀发表的《本志宣言》有关,该宣言"承认政治是一种重要的公共生活",在"创造新时代新社会生活进步所需要的文学道德"之前,则强调对"政治道德科学艺术宗教教育"的关心。陈独秀的表述非常清楚,所有的关于文学的讨论和引介,与其说是为了推出多少审美的文学作品,不如说是为了建设(他更说是"创造")"新时代新社会生活进步所需要的文学道德",也就是文学的文化规范及其相应观念。陈独秀认为文学道德同政治道德同样重要,而且诉诸教育似乎更加烦难。显然,《新青年》在走向文化甚至走向政治的时候,依然不能忘怀对于文学的热视,因为它更看重"文学道

---

〔1〕　鲁迅:《〈守常全集〉题记》,《鲁迅全集》(4),第 539 页,北京:人民文学出版社,2005 年。

德"的创造；它所有的文化运作都离不开文学的参与，正像它所有的文学运作都离不开文化倡导的精神。这正是中国新文学初创期所形成的文化传统。

如果说强调文学之于人生道德、社会道德甚至政治道德的作用和意义，这是中国古代文论的一个传统，而《新青年》和陈独秀开辟的则是另一种传统，一种属于新文学和新文化的传统，那就是文学自身道德的建构，这实际上就是强调文学的新文化品质，包括对于旧文化传统的批判和对于以民主与科学为核心的文化精神的坚守。文学表现中的新思想新文化意义最为重要，于是"血和泪"的文学，"劳工神圣"的文学对应了"民主"精神中的现代民本观念，也就是周作人概括的"平民文学"，而妇女解放、个性要求甚至"爱的要求"对应了"民主"价值中的个性独立意识，同样对应着周作人那著名的"人的文学"，这两种文学在新文学建设之初大行其道，即便是文学技巧粗拙，文学风格粗粝也不影响其地位崇高，那是因为这样的文学符合新"文学道德"，也就是符合新文化的方向。

如果说白话文学和各种具有"现代性"因素的新文学"碎片"早已在19世纪末20世纪初的历史遗落中时有闪现，则以新文化为"文学道德"而不仅仅是表现因素的传统，则显然从《新青年》才开始。作为思想文化批判的综合性刊物，《新青年》编辑集体的新文化先驱者深知文学之于中国社会改造和思想革命的关系，更深知新文化离不开文学的批判和革新。因此蔡元培在《中国新文学大系》总序中指出："为什么改革思想，一定要牵涉到文学上？这因为文学是传导思想的工具。"无论是旧思想旧文化还是新思想新文化，都需要文学进行传导，新文学用以传导新文化新思想，就成了陈独秀所提及的"文学的道德"。也正因此，蔡元培等才确认，真正的符合这种"文学道德"的新文学应该与文学革命联系在一起，应该自《新青年》算起，尽管用他的话说，"文学的革新，起于戊戌（民元前十四年）"，可那不是真正的"文学革命"："一方面梁启超、夏曾佑、谭嗣同等用浅显恣肆的文章，畅论时务，打破旧日古文家拘守义法，模仿史、汉、韩、苏的习惯；一方面林獬、陈敬第等发行白话报输灌常识于民众；但皆不过以此为智育的工具，并没有文学革命的目标。"[1]鲁迅也同样认为,真正意义上的"文学革命"乃由《新青年》开始,"凡是关心现代中国文学的人,谁都知道《新青年》是提倡'文学改良',后来更进一步而号召'文学革命'的发难者"[2]。文学革命的目标就是新文学的建设,这种新文学应能体现新的"文学的道德",这就是新文学文化的传统表述。

当然,《新青年》和新文化倡导者关于新文学文化的传统建设还包括一系列文学史概念,包括胡适在《文学改良刍议》中提出"一时代有一时代之文学"、"今日之中国,当造今日之文学"的文学进化观,这一观念不仅没有随着新文化人士对进化论的反思而隐退,而且在不同的新文学发展时期都在发挥着巨大的影响力。新文化百年历史的演进伴随着新文学不同时代的风貌更替和观念更新,其实都是"今日之文学"的观念呈现,直至今日尤为鲜明。"一时代有一时代之文学"的现象不光是对现代文学历史现象的概括,也包含着对中国古代文学传统的认知,但自从进入现代历史时期,随着政治、社会的急剧变化,文学也随之产生迅速变化,而且经常不是瞠乎其后的变化,往往是作为时代的敏锐感应引领着时代文化的潮头。这同样是五四新文化孕育而成的新文学历史发展的重要传统,是新文学文化的规律性体现。

《新青年》和新文化倡导者还为中国新文学开辟了现实主义的道路,使得现实主义在相当长一段时间成为新文学发展的"理想类型",从而发展成新文学传统中最庞大最可靠的体系。早在《现代欧洲文艺史谭》中,陈独秀就显示出对于欧洲现实主义的绝大兴趣,在《文学革命论》中,又旗帜鲜明地打出"建立新鲜的立诚的写实文学"的旗号,为新文学的未来发展定下了原则性的基调。胡适和鲁迅等热衷介绍的易卜生文学及"易卜生主义",都体现着现实主义的思想质地。鲁迅辉煌的文学思想和创作业绩,连同他深

〔1〕　蔡元培:《论文学革新与研究——三十五年来中国之新文化》,《蔡元培文集》(8),第675页,台北:锦绣出版事业股份有限公司,1995年。
〔2〕　鲁迅:《中国新文学大系·导言》(小说二集),第1页,上海:上海良友图书印刷公司,1935年。

刻犀利的表述,为新文学现实主义体统的建立作了卓越的开拓。至于文学研究会的"人生"关怀和"人的文学"建设等新文学道统内涵,在文学呈现的方法论上都直接联系着现实主义的体统。在中国新文学近百年的发展中,现实主义在众多流派阵营中之所以能够始终处于主流位置,成为中国新文学传统中最为厚重丰富、波澜壮阔的一脉,《新青年》立下的这种牢固的始基是最为基础也至为关键的一个决定性因素,成为新文学文化的重要一脉传统。

五、民主科学与新文学文化的短板效应

民主和科学显然不是最好的文学表现内容的概括,如果单从文学的角度分析,自由与爱情才称得上永恒的主题,并且古今皆然。新文化倡导者涉及了敏锐的自由命题,但没有将它与文学的表现联系起来;新文学家当然离不开对爱情的表现,但他们似乎并不愿意将爱情的主题上升为文学的"理想的类型",于是,沈雁冰在编《小说月报》的时候还对恋爱文学的大量涌现加以批评[1]。这说明新文化的倡导者和新文学的最初建设者其实都很少单纯从文学的角度考虑问题。从社会和文化的角度他们总结出了民主与科学,这是两个诉诸文学并不十分合适,至少并不具有优势的概念,但由于文学被赋予了"表现思想"的责任,而且是"文学的道德"责任,新文化倡导者便想尽一切办法将其交付给新文学来承载。事实上,民主与科学的表现和承载任务并没有给新文学带来新的刺激与推动,相反,它们给新文学带来了某种发展的迟滞和理念的拖累。这样的迟滞与拖累作为文化效应甚至作用于整个新文学发展的历史阶段。

毫无疑问,民主与科学是新文化理想形态的概括,陈独秀明确指出:之所以倡导德先生与赛先生,是因为"只有这两位先生,可以救治中国政治

---

[1] 茅盾:《评四五六月的创作》,《小说月报》,第 12 卷第 8 号。

上、道德上、学术上、思想上一切的黑暗"[1]。他非常清楚,其实这两个"先生"并不是文学的独有命题,甚至不是主要针对文学的命题。对于新文学来说,这两位先生经常扮演着外来者的角色,在这样的思想结构和理性类型中形成的新文学势必带有文学文化的基本态势。

如果说"民主"是新文学的应有内容,则这样的内容由于其天生的普泛化意义在文学表现上往往自然趋向于平面化和浅泛化。陈独秀在《旧思想与国体问题》中这样解释"民主":民主共和,"重在平等精神",包括"其他自由、人权、平等、自治、博爱"等精神[2]。但这些关键概念如何交付给文学承载? 陈独秀找到了相对于"贵族文学"的"国民文学"和相对于"山林文学"的"社会文学",蔡元培找到了"劳工神圣"的时代主题,周作

陈独秀

人找到了"平民文学",新潮社和文学研究会作家找到了"血和泪"的文学和"第四阶级文学"等等。这些概念表述不同,涵意参差,但都是德先生歌喉发出的四散的回声。问题是,这些民主意义的文学道德在实际运作都往往被阐释为人道主义,包括先驱者们所反思和批判过的"悲天悯人的人道主义"。人道主义之所以成为新文化倡导者曾经反思和批判的对象,是因为它与某种旧文学传统有着千丝万缕的联系,在新文化和新文学的意义上则容易对新思想新道德构成某种浅泛性的化解。正因如此,美国新人文主义思想家白璧德才始终在反对人道主义的观念基础上高张人文主义的旗帜,周作人则在警惕地反思人道主义的观念基础上倡扬"人间本位主义"。然而,新文化范畴的这种思想深化的努力,在新文学实践中便无可挽回地朝着所谓"浅薄的人道主义"方向趋近。特别是《新潮》时期叶绍钧的创作,以及《小说月报》时期备受沈雁冰推荐的如王思玷、李渺世等人的作品。与之

---

[1]　陈独秀:《本志罪案之答辩书》,《新青年》,第 6 卷第 1 号。
[2]　参见陈独秀:《旧思想与国体问题》等文。

相附和的还有同情被压迫被奴役的人民乃至民族的思潮等等。在这种将民主观念浅泛化为人道主义的时代思潮中,鲁迅的同类创作坚持在表现下层劳动人民血和泪的同时还残酷地、韧性地揭示和批判他们所受的"精神奴役底创伤"[1],乃成为特别珍贵的个案,也是非常特别的文学文化现象。鲁迅以他无往而不批判的风格在新文学中保持了德先生应有的时代深度。

在一般的理解中,除非是在新文学倡导之初一度得到认同的自然主义观念系统之中,或者除非是在科学文学的范畴内,科学很难进入文学的理念世界。科学方法和科学原则常常有碍于或悖背于文学的虚构与想象的逻辑。黑格尔甚至认为,想象是诗的根本的思维方法,"诗人必须把他的意象(腹稿)体现于文字而且用语言传达出去"[2]。他甚至认为,诗属于"纯然宗教性的表象",与之相对的则是"科学思维的散文"[3]。他这里的散文当然不是文艺性的写作成果,实际上所指的是科学类论文。科学则不能依靠想象思维。科学作为概念其内涵依然相当复杂,外延也十分庞杂,新文化倡导者显然侧重于科学的文化精神,充分利用其文化批判意义,并将这样的精神和意义挪移到新文学的理念世界。陈独秀声言:"现在世上有两条道路:一条是向共和国的科学的无神的光明道路;一条是向专制的迷信的神权的黑暗道路。"[4]"要拥护那赛先生,便不得不反对旧艺术、旧宗教。"[5]他所强调的正是科学的文化精神,认为科学精神才能发挥艺术和宗教领域的文化批判意义。

新文化人士都倾向于将科学理解为文化的内涵,甚至是文学的一部分,他们认为"无科学则无文化,无文化则无民族":"根据最近的'科学革命',科学乃是变化无穷的艺术。所以科学不但是'文化'的一部,而将是

---

〔1〕 胡风:《置身在为民主的斗争里面》,《希望》,第1卷第1期。
〔2〕 黑格尔:《美学》第三卷,下册,第63页,北京:商务印书馆,1982年。
〔3〕 黑格尔:《美学》第三卷,下册,第15页,北京:商务印书馆,1982年。
〔4〕 陈独秀:《克林德碑》,《新青年》,第5卷第5号。
〔5〕 陈独秀:《本志罪案之答辩书》,《新青年》,第6卷第1号。

‘文艺’的一种。”于是，“新时代乃是‘科学的群众时代’。这个新时代的来临，正需要新思想的建立和新文艺的创造”[1]。蔡元培也倾向于这样看待科学及其与文学的关系。1918 年底，蔡元培为《北京大学学刊》写发刊词，提出“必以科学方法，揭国粹之真相”，他认为科学与文学的联系是一种文化的精神的基础：“治文学者，恒蔑视科学，而不知近世文学，全以科学为基础。”[2]他这时候的学理认知完全是将科学与文学等放在同一范畴加以把握，与他 1935 年明确将科学与美术置于两个相对应的范畴的情形形成某种对照，那时候他意识到，“欧洲文化，不外乎科学与美术”；文学自然在美术的范畴之内[3]。从许多思想家那里可以知道，将科学与艺术理解为两个相对应的范畴代表着一种相当普遍的甚至是相当通俗的学术认知，“一种文化中的智慧，我们的社会遗产，从来都存在于该文化的科学与艺术中”[4]。但在五四新文化和新文学倡导时期，科学与文学就是被人为地扭结在了一起，因为新起的文学需要借助科学的文化精神和科学的文化批判力量。

　　然而，新文学不可能永远在对旧文学和旧文化进行批判的先导下艰难和偏执地前行，它需要自身的美学建设，需要营构文学自身的发展规律。这时候，民主概念的空泛性和浅泛性将逐渐得以暴露，科学也会迅速回归到它自身的学科意义上而与文学的行程拉开距离。当新文学一旦疏远了或者离开了民主与科学的时代文化主题，它或者取得了相对于社会文化的独立发展资格，或者为新的时代文化精神和意义表述所覆盖。

----

[1]　顾毓琇：《中国的文艺复兴》，第 23 页，北京：科学出版社，2011 年。

[2]　蔡元培：《答林琴南书》，《公言报》，1919 年 4 月 1 日。

[3]　蔡元培：《中国新文学大系·总序》（建设理论集），上海：上海良友图书印刷公司，1935 年。

[4]　[英]考德威尔：《考德威尔文学论文集》，陆建德等译，第 273 页，南昌：百花洲文艺出版社，1995 年。

第六章
《新青年》与现代思想、学术文化

新文化运动是一场典型的知识分子社会运动，除了在文学艺术上发动较大规模的革命，对传统实施颠覆，在学术研究领域同样需要展开这样的革命。包括"民主"与"科学"思想都是在学理意义上倡导与标举的，因而学术方面的批判与倡言依然成为新文化的主要构成部分。

一、启蒙性：《新青年》学术文化的现代品质

作为中国新文化运动之发轫和主要阵地，《新青年》杂志的性质，一般认为是一个思想文化类的综合性刊物。这样的刊物，不仅具有政治性，亦具有文化性、思想性和学术性。同时，又因其为中国新文学的发祥地，它同时也被视为中国最早的新文学刊物。总体上看，由于《新青年》及其所引领的新文化运动的关系，它的鲜明的政治性成为涵盖其他一切属性之上的最重要的性质。

《新青年》的政治性在于它的启蒙主义性质，这也是它的学术性、文化性、思想性以及文学性的基础。在中国现代学术史上看，《新青年》创造了一种独特的学术文化，这就是启蒙主义的学术文化。启蒙主义是现代政治文化的基础，是传统政治文化向现代政治文化转型的枢机，它的对立面是基于传统政治文化观念的守成主义或保守主义。在现代学术文化史上，启

蒙主义自《新青年》开始即扮演着极其重要的角色。就《新青年》而言,清理现代学术文化的传统,不能不从启蒙主义与现代学术文化的关系说起。

《新青年》的启蒙主义众所周知是高扬"民主"和"科学"两面大旗,率先从西方请来了"德先生"(democracy)和"赛先生"(science)两位尊神。民主是政治诉求,科学在当时则主要表现为文化诉求。作为政治诉求的民主成为日后社会革命的基本目标,作为文化诉求的科学在中国现代学术、思想、文化史上占据着极其重要的地位。科学既是一种价值观也是一种方法论,作为学术思想,它把自由、独立、实用、实证等观念和方法引进现代学术文化,创立了一种全然不同于传统学术文化的新型的现代学术文化。

《新青年》创刊时,陈独秀在发刊词《敬告青年》一文中直陈"六义":"自主的而非奴隶的","进步的而非保守的","进取的而非退隐的","世界的而非锁国的","实利的而非虚文的","科学的而非想象的"。冀"敏于自觉勇于奋斗之青年,发挥人间固有之智能,决择人间种种之思想——孰为新鲜活泼而适于今世之争存,孰为陈腐朽败而不容留置于脑里——利刃断铁,快刀理麻,决不作牵就依违之想,自度度人,社会庶几其有清宁之日也"[1]。此则揭示,启蒙主义犹是一种非传统主义。在《新青年》的宗旨中,"自主"、"进步"、"进取"、"世界"、"实利"、"科学"始终被彰显为一面面旗帜,即其启蒙主义的价值观和基本内涵;而"奴隶"、"保守"、"退隐"、"锁国"、"虚文"、"想象"则显性地沦为传统主义或保守主义的特征。这既是一种政治性文化规划,也是一种学术性指认。它的目的是要建构一种新型的现代文化,本质上即以社会的民主政治为指归。在此基础上,"反传统"既是现代政治的主题,也是现代学术的重心。

在政治上,《新青年》厘定"传统"的本质是"专制",现代政治的特征则是"民主",并赋予二者"主义"的规约,即一种既定的政治文化及其独特价值观。从而,两种不同时代的政治的品质被上升到文化的高度,成为非此即彼的现代人(青年)的选择,"利刃断铁,快刀理麻"作为极富策略性的启

---

[1] 陈独秀:《敬告青年》,《青年杂志》,第1卷第1号。

蒙手段,被《新青年》及其群体推上了时代的潮头。在学术中,这确乎给人造成一种"理性缺位"的悬念,使"科学"蒙受打击,但同时,本质的规约尽管简约明快,"矫枉过正"确乎正是中国启蒙运动的重要一环。这与政治一样,无论学术还是思想文化,社会效应上诉求的乃是一如既往的"革新"或"革命"。或许这也不应简单被视为学术为政治所裹挟,但确乎是一种不分彼此的同盟(日后文学也如此)。

从学术史上看,《新青年》之所以有突破在思想文化的"革新"与"革命",按照陈独秀的规划,这必由一场"伦理的革命"所造就。1916年2月,陈独秀在《青年杂志》(《新青年》第1卷刊名)1卷6期开篇发表《吾人最后之觉悟》一文,断言"欧洲输入之文化,与吾华固有之文化,其根本性质极端相反","吾国吾民"须"盱衡内外之大势","果居何等地位,应取何等动作"?吾国历来"闭户自大","一切学术政教,悉自为风气,不知其他"。"欧化之输入","足使吾人生活状态变迁,而日趋觉悟之途者"。但因两种文化"极端相反",相遇难免冲突,"凡经一次冲突,国民即受一次觉悟",但毕竟"吾人惰性太强,旋觉旋迷,甚至愈觉愈迷,昏聩糊涂"。今之"最后觉悟"在于认清彼此,明辨是非,"利刃断铁,快刀理麻"。

陈独秀认为,自明中叶至当时,中西文化,遇合冲突以至"七期":西教西器初入、火器历法入清、洋务西学流布、维新变法张举、共和革命告成,"自今以往",则以巩固"共和国体",维护"立宪政治"为大计,至迈入"民国宪法实行时代"。"今兹之役,可谓为新旧思潮之大激战","政治的觉悟"实为"吾人最后之觉悟"。其第一步即如欧美国民,"知国家为人民公产,人类为政治动物"。第二步"为决择政体良否问题":"吾国欲图世界的生存,必弃数千年相传之官僚的专制的个人政治,而易以自由的自治的国民政治也。"进而"自居于主人的主动的地位","自进而建设政府,立法度而自服从之,自定权利而自尊重之"。"是以立宪政治而不出于多数国民之自觉,多数国民之自动,惟日仰望善良政府、贤人政治,其卑屈陋劣,与奴隶之希冀主恩,小民之希冀圣君贤相施行仁政无以异也"。

综观陈独秀之论断,实则就共和国体之巩固与立宪政治之实行计,力促政治君本转化为政治民本。透过当时因袁世凯复辟帝制而纷起的"国体之争",知识界之混沌,民众之麻木为其痛心疾首。民本政治的主张既渗透着其政治理想,也表达了其文化救国的愿望。在此基础上,"伦理的觉悟"提上议事日程,被视为"吾人最后觉悟之最后觉悟"。如其所说:"伦理思想影响于政治,各国皆然,吾华尤甚。儒者三纲之说,为吾伦理政治之大原。""三纲之根本义,阶级制度是也。所谓名教所谓礼教,缘以拥护此别尊卑、明贵贱之制度者也。近世西洋之道德政治,乃以自由、平等、独立之说为大原,与阶级制度极端相反。此东西文明之一大分水岭也。"现存"共和立宪制"为求名至实归,必克此"守缺抱残之势",明其调和冲撞无效,达至"彻底之觉悟","存其一必废其一"。

陈独秀犹言:"自西洋文明输入吾国,最初促吾人之觉悟者为学术,相形见绌,举国所知矣。"[1]政治上"最后之觉悟"的提出不啻为学术上的"最后之觉悟"提供了参照。即在陈独秀等看来,西方文明的根本不仅在其政治制度,更在其学术文化:思想、哲学、文学(艺术学)。"中体西用"的观念在此受到全面的否定与挑战。在中西政治、中西文化、中西文明之根本冲突的认识基点上,《新青年》一反由来已久的调和、折衷主义,不仅在现代政治中,亦且在现代思想和现代学术文化领域,彻底打破了"中体西用"的思维定式,转换到"西体西用"的认识轨迹上来。

"西体西用"无疑是《新青年》学术文化建设的基本品质。这也说明,《新青年》的学术文化建设服从于其政治启蒙的社会文化策略,成为其启蒙主义政治文化的重要一环。在启蒙主义意义上,《新青年》的学术思想以政治学、社会学为纲,文化学(文化哲学)、文学(艺术学)为纬。在世界观、历史观、道德价值观和审美观方面贯彻着其启蒙主义的政治文化理想:"民主"与"科学"。

《新青年》的政治社会学理论视野最鲜明地表现于其文明观。在《法兰

---

[1] 陈独秀:《吾人最后之觉悟》,《青年杂志》,第1卷第6号,上海群益书社1916年2月15日发行。

西人与近世文明》中陈独秀指出:"近代文明之特征,最足以变古之道而使人心社会划然一新者,厥有三事:一曰人权说,一曰生物进化论,一曰社会主义是也。"三者鲜明地渗透着其自由平等的道德观念、进化论科学史观和社会民主主义政治理想。其中,道德价值——倡导自由、平等、博爱之人权说被其悬为鹄的,视之为超越"强国强种"之民族主义的普适价值,显示了陈独秀等欲以文明史取代政治史,世界史取代国别史的文明论文化史观[1]。在政治学视野中,国体论,即判明共和政体与专制政体的本质和区别是《新青年》最初建构的理论重心。陈独秀之外,高一涵的《共和国家与青年之自觉》等亦致力于此。以此为基础,从君本到民本的价值认同成为《新青年》建构其民主政治理想的核心。陈独秀最初对于"社会主义"的观点在于:社会主义的特征是一切平等;"政治革命"破除了"君主贵族之压制","社会革命"则需破除"资本家之压制",消灭私有财产制度,建立人人平等的大同社会。他之赞赏法国革命,在于其除"财产之私不平等"外,"公平等固已成立矣"。由此可见,中国启蒙主义者的民主理想具有浓郁的民本(民粹)主义色彩。

《新青年》的政治学术语中,民主常常被理解为简单多数的普遍民主和无所不在的平等,故其对现代政治制度的学理性探究略显阙如,无法真正上升到政治学术史的高度辨析与阐扬。就其民主理想而言,辛亥革命后造就的共和宪政的局面并未进入其政治认同的视野,高悬其上的社会主义,乃至无政府主义成为其竞相追逐的目标。在政治上,可以说,与现存政府为敌的态度使他们无法理性地评判与切实地讨论有关宪政制度建设方面的问题,以致对于当时至关重要的国体存废问题、宪法起草与颁行事宜等常抱持局外人态度,除在有关国体论说中给予原则性强调和在"国内大事记"中略作介绍外,不拟做认真的回应,从而使《新青年》在现代政治学说史

---

〔1〕 陈独秀:《法兰西人与近世文明》,《青年杂志》,第 1 卷第 1 号,上海群益书社 1915 年 9 月 15 日发行。在评述法、德文明之别时,陈独秀认为,德意志文明有功其国而勿如法兰西文明有功于世,在于德意志人"爱自由爱平等之心,为爱强国强种之心所排而去,不若法兰西人之嗜平等博爱自由,根于天性,成为风俗也"。

上陷于"拿来"与建构的缺失[1]。

值得注意的倒是《新青年》的文化史观。不是从实证性的制度层面而是从精神性的文化层面看待现代社会及人类文明史,是《新青年》历史观的特征。由此,在文化视野中,社会史由政治制度(秩序)史转化为政治文化(文明)史。文化视野中的历史观具有宏观性。如果说传统历史观注重时间性,《新青年》提供的现代历史观则注重空间性。时间性以延续为目的,空间性以拓展为重心。宏观性的空间史观勇于自我否定,同时在观照中形成新的自我认同,本质上是一种忏悔性史观。可以说,有关"伦理革命"的主张正是反映了《新青年》的忏悔性文化史观。

在忏悔性文化视野中,《新青年》的满腔热情都赋予了对历史的批判。因其文化视野的关系,这种历史批判即是自我批判更是文化清算。它借助于一种拓展性的空间文化视野,即世界化的比较文化眼光。历史不是在延续中,而是在断裂中进入其反思性的文化思维,同时,反思性的文化史观赋予其鲜明的批判性以至否定性。不仅"文化"在《新青年》时代进入人们的思维视野,而对某种既定文化和新型文化的优劣性的价值评估,成为一种文化史观确立的基石。

由于民主观念上的理想主义态度,《新青年》对于传统政治及现实政治采取了大体一致的虚无主义态度,而致力于挖掘中国"不民主"的根源。陈独秀认定"儒者三纲之说"为中国专制制度之大原,与西方"自由、平等、独立之说""极端相反"。汪叔潜亦于《新旧问题》中论断:"欧美各国之家族制度、社会制度以至国家制度,固无一焉可与中国之旧说勉强比附者也。欧美现今一切之文化,无不根据于人权、平等之说。""是谓之西洋文化,而为吾中国前此所未有,故字之曰新,反乎此者则字之曰旧。二者根本相违,绝

---

[1] 高一涵:《近世国家观念与古相异之概略》,《青年杂志》第 1 卷第 2 号,上海群益书社 1915 年 10 月 15 日发行。高一涵介绍了瑞士法学家布伦奇利(伯伦智理)对于古今国家观念中相关概念的界定,但文字简略,近乎标语口号,评述亦非精湛翔实,起不到流布学理、形成共识的作用。

无调和折衷之余地。"〔1〕

由此,一切政治的、历史的、文化的问题,都被归结为"新旧问题",以"反传统"的形式在"伦理革命"以及"文学革命"中较量。通常所谓思想革命在《新青年》语境中即为"伦理的革命"。儒家学说主导下的传统政治被陈独秀视为以等级制度为根本的"伦理政治",即专制政治之文化基础。批判的矛头由此纷纷指向孔孟之道及其所维护的传统制度文化。1916—1917年间,《新青年》在"伦理的革命"中高歌猛进,政治上针对的是袁世凯复辟,文化上则表现为对几千年历史本质的清算〔2〕。

在《新青年》氛围中,现代学术史成为以文化史为依托的隐形的政治批判史。以《新青年》的批孔反儒为例,可以略见这一学术文化传统的概貌和特质。

以文化为本体,《新青年》的政治批判带有鲜明的历史性。《新青年》之初(《青年杂志》时期),以陈独秀《法兰西人与近世文明》、《现代文明史》、《东西民族根本思想之差异》,高一涵《近世国家观念与古相异之概略》等为代表,多从比较文化角度,着重于西方政治文明史及其现状的介绍。体例上多译述与概述,缺乏值得推敲的逻辑性和严谨的学术性。其真正具有学术性造诣的述说则来自那些以辨析传统思想为旨趣的论文中,如连载于《青年杂志》1卷2、5号的易白沙的《述墨》。

易白沙于《述墨》中开宗明义:"周秦诸子之学,差可益于国人而无余毒者,殆莫如子墨子矣。其学勇于救国,赴汤蹈火,死不旋踵。精于制器,善

---

〔1〕 汪叔潜:《新旧问题》,《青年杂志》,第1卷第1号。
〔2〕 从1916年初开始,《新青年》上发表的批孔反儒文章计有:易白沙《孔子平议》(上,1916年2月1卷6期,下,1916年3月2卷1期),陈独秀《宪法与孔教》(1916年11月2卷3期)、《孔子之道德与现代生活》(1916年12月2卷4期)、《复辟与尊孔》(1917年8月3卷6期),吴虞《家族制度为专制主义之根据论》(1917年2月2卷6期)、《礼论》(1917年5月3卷3期)、《儒家主张阶级制度之害》(1917年6月3卷4期)等。从3卷1期起,《新青年·通信》栏开辟了讨论"孔教问题"专栏,将其引向大众视野。1918年5月,鲁迅在《新青年》(4卷5期)发表白话小说《狂人日记》,标志着"伦理革命"向"文学革命"的渗透与深入。

于治守,以寡少之众,保弱小之邦,虽大国莫能破焉。"〔1〕欲以墨子非攻、节用、兼爱、天志明鬼之说揭儒释道之弊,披沙沥金,扬其绝学。一是于多方考证"墨学之起源",述其发禹之迹,宗夏之制,巨子之传。二为论墨子其人,谓其"躬行君子也,身所行事,即学说所主张"〔2〕。

又在《青年杂志》1卷6号上,易白沙发表《孔子平议(上)》,认为:"天下论孔子者,约分两端:一谓今日风俗人心之坏,学问之无进化,谓孔子为之厉阶;一谓欲正人心,端风俗,励学问,非人人崇拜孔子无以收拾末流。此皆瞽说也。"他依孔子之时论孔子之学,认为"世虽称显学,不过九家之一"。孔子"主张君权,于七十二诸侯,复非世卿,倡均富,扫清阶级制度之弊,为平民所喜悦"。"无地而为君,无官而为长,此种势力,全由学说主张,足动当时上下之听。"与墨翟之说"同为天下仰望者"。至汉武当国,"罢黜百家,独尊儒术,利用孔子为傀儡,垄断天下之思想,使失其自由"。其后历代君主,"皆傀儡孔子,所谓尊孔,滑稽之尊孔也。典礼愈隆,表扬愈烈,国家之风俗人心愈见退落"。此乃"中国二千余年尊孔之大秘密"。

然而各家之说,何独孔子为"彼野心家所利用,甘作滑稽之傀儡"?易白沙认为实与孔子之说大有关联。他分析了孔子之说有利专制君王的四大缘由:第一,"孔子尊君权漫无限制,易演成独夫专制之弊"。第二,"孔子讲学不许问难,易演成思想专制之弊"。第三,"孔子少绝对之主张,易为人所借口"。其学说弟子相争,门人相传,各以为圣人之言,歧义百出。"其实滑头主义耳,骑墙主义耳"。第四,"孔子但重作官,不重谋食,易入民贼牢笼"〔3〕。

在《孔子平议(下)》中,易白沙说:"中国古今学术之概括,有儒者之学,有九家之学,有域外之学。儒者,孔子集其大成。九家者,道家、阴阳家、法家、名家、墨家、纵横家、杂家、农家、小说家,各思以学易天下,而不相通。域外之学,则印度之佛。""三者混成,是为国学。印度、欧洲,土宇虽远,国

---

〔1〕 易白沙:《述墨》,《青年杂志》,第1卷第2号。
〔2〕 易白沙:《述墨》,《青年杂志》,第1卷第5号。
〔3〕 易白沙:《孔子平议(上)》,《青年杂志》,第1卷第6号。

人一治其学,蟪蛉之子,祝其类我。"今犹"以东方之古文明,与西土之新思想,行正式结婚礼,神州国学,规模愈宏"。这不啻表达了一种"新国学"观。但"固不足为今之董仲舒道"——"闭户时代之董仲舒,用强权手段,罢黜百家,独尊儒术;开关时代之董仲舒,用牢笼手段,附会百家,归宗孔氏,其悖于名实,摧沮学术进化,则一而已矣。"由古及今,国学非仅止于孔学,亦非如儒家所言,古代文明始于孔子。孔子精于《六书》,倡导统一文字,但"创造文字,不必归功孔子"。"孔学与国学绝然不同,非孔学之小,实国学范围之大也。"相较于道、法、墨诸家,儒家以保守著称,但"保守主义终不能战胜进化主义",故荀子说"法后王"。实则"各家学说,皆有统系,纲目既殊,支派亦分,不同之点,何可胜道!""当时思想之盛,文教之隆,即由各派分涂,风飙云疾,竞争纷起,应辨相持,故孔子不得称为素王,只能谓之显学"。

易白沙认为,孔子学说实则渗透着其政治化的个人理想:"不在素王,而在真王。""盖孔门弟子,皆抱有帝王思想也。儒家规模宏远,欲统一当代之学术,更思统一当代之政治。彼之学术,所以运用政治者,无乎不备。"孔子"以文王自任,志在行道,改良政治"。孔子以下,孟、荀诸徒,皆存"革命之野心","欲据土壤,以施其治平之学"。"孔子宏愿,诚欲统一学术,统一政治,不料为独夫民贼作百世之傀儡,惜哉!"孔子之学其实为政治哲学,孔孟之道实为政治之道,但因后世"无人敢道孔子革命之事",孔子之政治理想,实已湮灭无闻也[1]。

自易白沙始,《新青年》学术思想的主旨是对以儒家学说为中心的传统政治文化的批判,由此响应陈独秀对于"伦理革命"的倡导。略观易白沙的论述可知,以孔子为代表的儒家思想学说,所以为《新青年》同仁所诟病者,在于其政治上的保守性,及由此而派生的学术思想上的专断性和政治上的实用主义与理想主义。易白沙认为,儒家以《六经》为先王之道,奉为圭臬,倡以仁义治天下,在道、墨眼中则为不合时宜和尚蹈空之论。儒家慎终追远,厚葬久丧,亦不及道、墨皆言薄葬短丧。儒家乐天顺命,其法自然重在

---

〔1〕 易白沙:《孔子平议(下)》,《新青年》,第2卷第1号。

天,不及道、法之言理与势。儒家不重实事,轻视农圃,不尚物质而重视形而上之道,贱视形而下之器,不及道、农、墨、法诸家贵自食其力,倡耕稼,善制器。儒家专注于政治,好为帝王师,以道德自任,天下自许,民本其虚,君本其实。

以政治文化为鹄的,以学术批判为手段,《新青年》的"伦理革命"诉诸儒家学说开启了一场历史性的政治文化批判。由此以往,传统与现代的政治对立转化为深远的文化对立。现代学术文化也由此在不同的政治理想和价值观念支配下走向分化。

二、政治文化批判:《新青年》学术文化的现代走向

《新青年》的学术文化明显地呈现出政治批判的锐气和精神,以此成为那个时代最有冲击力的学术文化运作。现分别从政治、文化批判的角度论析《新青年》的学术文化走向。

1. 政治文化批判与《新青年》政治学

《新青年》政治文化批判赋予其学术思想以明显的批判性,从而使之与传统的经学阐释和考据之学等形成明确的分野。如易白沙对"国学"的解释,就明显有在打破独尊儒术的传统学术文化的基础上,建立一种融通古今中西、兼收并蓄、多元共存、百家争鸣的新的学术规范的设想。《新青年》在学术视野上要求纵观古今,融通中西;方法上则由索解和赏析转向了议论和辩驳,由代圣人立言转向了自我言说。儒家学说不仅在政治上被否定,在学术上也实现了批判性还原。但总体上,《新青年》对儒家学说的批判并非汲汲于学术目的,而是以陈独秀对"伦理革命"的倡导为中心,建构出一种《新青年》政治学抑或现代政治哲学。

因此,与易白沙不同,陈独秀以"伦理革命"为旨归对儒家学说的批判显示出更加鲜明的政治性。实为其现代政治学建构树立起一种由破而立的思想基础。在《吾人最后之觉悟》一文中,陈独秀明确指出,现代政治是以"吾人"明白"国家为人民公产,人类为政治动物"为起点的,"吾国欲图世

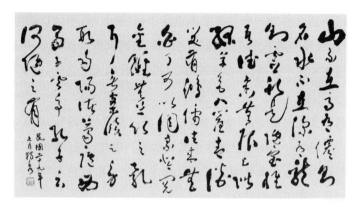

陈独秀书法

界的生存,必弃数千年相传之官僚的专制的个人政治,而易以自由的自治的国民政治也"。"所谓立宪政体,所谓国民政治,果能实现与否,纯然以多数国民能否对于政治,自觉其居于主人的主动的地位为唯一根本之条件。自居于主人的主动的地位,则应自进而建设政府,自立法度而自服从之,自定权利而自尊重之。""是以立宪政治而不出于多数国民之自觉,多数国民之自动,惟日仰望善良政府,贤人政治,其卑屈陋劣,与奴隶之希冀主恩,小民之希冀圣君贤相施行仁政无以异也。"由此,"伦理的觉悟"为"吾人最后觉悟之最后觉悟"[1]。其所谓"觉悟",关键在一"破"字,即由"自觉"到"自定",由被动变"主动",由"自居"而"自进"。故其建设即本于一"自"字,其要点在于希冀国民"多数"之"自觉"与"自动"。惟其如此,陈独秀的"民主"观念即与实行中的西方宪政犹有距离——自觉不自觉地排斥少数政治精英及其民主理念对于现代民主政治建设的作用,忽略了从启蒙文化观念和现代理念及现代政治秩序的逻辑层面建构现代政治学的基础。这也正是《新青年》于理论或理性意义上的政治学建构多有缺失的原因所在。

"破"字当头,"立"被置于"破"的终点或对立面,且仰赖于社会多数树立一个"自"("自觉"、"自动")的民主政治意识,《新青年》在"破"的意义上不可谓走得不远,在"立"的问题上则显得漫不经心。自陈独秀提出"伦理

---

〔1〕 陈独秀:《吾人最后之觉悟》,《青年杂志》,第1卷第6号。

革命"始,《新青年》政治学的思维方向便基本转向对儒家道德政治哲学的清算上。1916 年 9 月《新青年》移师北京后,于第 2 卷 1 号陈独秀发表《新青年》一文,希冀青年破除"做官发财"思想,谓"此等卑劣思维,乃远祖以来历世遗传之缺点(孔门即有干禄之学)"。"精神上别构真实新鲜之信仰"。号召青年于"精神界"开展"除旧布新之大革命"。于"人生幸福问题"确立"五种观念":"一曰毕生幸福,悉于青年时代造其因;二曰幸福内容,以强健之身体正当之职业称实之名誉为最要,而发财不与焉;三曰不以个人幸福损害国家社会;四曰自身幸福,应以自力造之,不可依赖他人;五曰不以现在暂时之幸福,易将来永久之痛苦。"以此破除"合做官发财享幸福三者以一贯之精神",即对儒家践行的"学而优则仕"说不[1]。与《敬告青年》一文中陈独秀倡言"六义","立"、"破"并举不同,此则由"破"转"立"。思维方式由政治转向道德层面,希冀虽至殷切,说教之味亦浓。

西方启蒙哲学范畴中,政治学属于康德所谓的"实践理性",分属制度伦理和道德实践两个层面。就纯理论言之,前者为普通政治学或政治哲学,后者为社会伦理学或道德哲学。在实践上,前者表达集体意志的理念,形成一定的制度、体系,构成现实的人的社会活动基础。它与道德哲学所建构的伦理理想和价值观念互为表里,构成特定的规约关系。在思想文化史上,可以说,政治实践的理念和理想形成政治哲学,以一定的道德哲学——历史化的政治经验和伦理观念为支撑。在政治文化和政治实践中,政治哲学(实践形态)和道德哲学(精神形态)不可分割。

《新青年》政治学中,作为实践形态的政治哲学基于两个理论范畴,一是政体的观念——民主,一是国体的观念——共和。政体是制度主体,国体是政体的建构模式。就民主而言,陈独秀曾首倡"人权说"和"社会主义"(《法兰西人与近世文明》)。在"人权说"中,陈独秀认为,自法国《人权宣言》刊布,"欧罗巴之人心,若梦之觉,若醉之醒,晓然于人权之可贵,群起而抗君主、仆其贵族,列国宪章,赖以成立"。他引薛纽伯的话说:"古之法律,

---

〔1〕 陈独秀:《新青年》,《新青年》,第 2 卷第 1 号。

贵族的法律也。区别人类以不平等之阶级，使各人固守其分位。然近时之社会，民主的社会也，人人于法律之前一切平等，不平等者虽非全然消灭，所存者关于财产之私不平等而已，公平等固已成立矣。"〔1〕

很明显，陈独秀眼中的民主是包含了消灭私有财产制度在内的一切平等的民主，故随之在关于"社会主义"的解释中提出了高于"政治革命"的"社会革命"的要求——消灭财产私有制。由于这种把"社会革命"看成最高目标和最终手段的对于"终极民主"——"社会主义"的诉求，《新青年》的政治哲学，即其关于民主的理念，与西方启蒙时代的政治哲学便产生了天然的区别。

因此，在"人权说"项下，陈独秀强调的便不是欧洲启蒙时代卢梭"天赋人权"和"社会契约"之类的理论，而是诉诸青年自我觉悟的"自立"、"进取"、"进步"、"实利"等合于现代社会进化规则的个体价值观——社会伦理观和个人道德理想。这虽然都可归结为现代人的个性主义或个人主义社会价值观和道德理性，但缺乏与之相适应的自律性的社会制度保障和文化实践基础，作为道德哲学便呈现出一种不受既有道德秩序约束，与在西方民主政治体制下的法律和政治权利上"普遍平等"的秩序理念犹有距离的形态。——"平等"或"人权"被视为在"青年"与"朽腐"、平民与贵族、新与旧之间进行的价值置换和权利位移。道德哲学的价值建构与政治哲学的实践理性之间难以规划出一条清晰的脉络。

如果说陈独秀过于理想，过于简明的"民主"政治学仅仅是一种手段和目的论，其欲求达到的途径亦止于青年人的伦理觉悟和道德重建。因为这样的觉悟并非出于历史的政治经验和道德理想，作为道德哲学亦止于一种理想主义的时代感悟和自我表达（本质上属于理想主义的价值观而非理性主义的思想建树）。那么，对西方现代政治哲学和道德哲学作出了较为系统阐释的是高一涵。

高一涵连载于《青年杂志》第 1 卷 1—3 号的《共和国家与青年之自

---

〔1〕 陈独秀：《法兰西人与近世文明》，《青年杂志》，第 1 卷第 1 号。

觉》，可谓是一篇较为系统地探讨共和国体问题的论文。他辨析道："专制国家，其兴衰隆替之责，专在主权者之一身；共和国家，其兴衰隆替之责，则在国民之全体。专制国本，建筑于主权者独裁之上，故国家之盛衰，随君主之一身为转移；共和国本，建筑于人民舆论之上，故国基安如泰山，而不虞退转。"由此，政治系于君权还是出自民意，就是决定传统与现代两种不同政体的基本要素。民主与君主，共和与专制，其本在"君心一正"还是"国民总意"即存天壤之别。古来道德律令自君主出，今则宪法政令本民意生。民权申张，君权旁落，故"共和"之为国本，"为君主国体之反对者"。"共和国家之元首，其得位也，由于选举，其在任也，制有定期，非如君主之由于世袭终身也"。"共和"（Republic）者，"考其字义，含有大同福祉之意于其中，所以表明大同团体之性质与蕲向者也。就法律言，则共和国家，毕竟平等，一切自由，无上下贵贱之分，无束缚驰骤之力，凡具独立意见，皆得自由发表，人人所怀之意向蕲求感情利害，苟合于名学之律，皆得尽量流施，而无所于惧，无所于阻。就政治言，使各方之情感思虑，相剂相调，亘底于相得相安之域，而无屈此申彼之弊，致国家意思为一党一派一流一系所垄断，故民情舒放活泼自如，绝不虞抑郁沉沦以销磨其特性，而拘梏其天机。共和精神，其忱略盖如此。"

"共和精神"本"大同福祉"，共和政制本"国民总意"，故"国家之与政府，划然判分，人民创造国家，国家创造政府，政府者立于国家之下，同与全体人民受制于国家宪法规条者也"。"国家意思"假国会而发表，国会承"人民之任"，"合全国各流各系各党各派之代表于一堂，而从多决议，以发布之"。遵从实行乃"政府之职"。"至发扬蹈厉，自舒其能，以来自与共和精神相合辙"。"欲政府不侵我民权，必先立有凛然难犯之概；欲政府不侮我人格，必自具庄严尊重之风。政治之事，反诸物理，乃可以理想变事实，不可以事实拘理想者。"[1]由共和、专制之辨到以"共和精神"论国会、政府之性质，再及民权、约法之特征等，高一涵的文章第一次较为明确地阐释了国

---

〔1〕 高一涵：《共和国家与青年之自觉》，《青年杂志》，第1卷第1号。

体问题之由来。形式上的解说固然粗略，但证之以民国初年中国政治的实际，民主政制略具雏形，民众耳闻目睹，需要强调的毋宁是本质。此诚为高氏之论的重心。

高一涵认为，以"共和精神"达致共和政制，"必有其根本之图"——"改造青年之道德"。他说："道德之根据在天性，天性之发展恃自由，自由之表见为舆论。"他认为，古之道德托庇神权，"专制之朝，多取消极道德，以弃智黜聪，为臣民之本"。然则"道德为人心之标准，本心之物，惟有还证自心，以求直觉，则所谓求之天性是已"。"夫性犹川然，利道之也顺，拥塞之也狂"。"持今之道德以与古较，则古之道德重保守，今之道德贵进取；古之道德拘于社会之传说，今之道德由于小己之良心；古道德以违反习惯与否为善恶之准，今之道德以违反天性与否为是非之标；古道德在景仰先王，师法往古，今道德在启发真理，楷模将来；古人之性，抑之至无可抑，则为缮练；今之人性，须扬之至无可扬，乃为修养。此则古今道德之绝相反对者也。"

高一涵指出，"道德之基""根于天性"，"则自由尚焉"——倡言"民主"、"共和"的《新青年》政治哲学，于此与本于自由之说的现代道德哲学关联起来，始具雏形。从黎高克（Leacock）《政治学》的相关论述中，高一涵拈出卢梭的"天然自由"观（Natural liberty）与柏哲士的"法定自由"（Civil liberty）观，然谓"无取艰深之旨"，"不必采法律家褊狭之说"，即以卢梭之说为主旨，认为天性之自由"即精神上之自由"，非国家所赐，"而不为法律所拘束者"。"青年立志，要当纵横一世，独立不羁，而以移风易俗自任。"就道德言之，"自由要义，首当自重其品格"。"欲尊重一己之自由，亦必尊重他人之自由"。

何以"自由之表见为舆论"？高一涵认为，人之于物，以"自主自用"为原则，于共和国家贵在有言论自由与表达自由。所谓舆论，可分"多数之意见、少数之意见及独立之意见"。"欲造成真正舆论，惟有本独立者之自由意见，发挥讨论，以感召同情者之声应气求。""舆论在共和国家，实为指道政府、引诱社会之具。故舆论之起，显为民情之发表，但当问其发之者果为独立之见与否，不当先较其是非。"若此，独立贵于是非。故共和国家之言论自由与表达自由的原则在于：敬重少数，不违性从众，遵"名学之律"（发理性之声）[1]。

次论"自利利他主义"。高一涵认为，古之社会"处独立生计时代，自耕自食，自织自衣，无交易之习惯，故可以老死不相往来。今则分工协力，为生计之原则"。"吾辈青年，即应以谋社会之公益者，谋一己之私益，亦即以谋一己之私益者，谋社会之公益，二者循环，莫之或脱。"故"第一须取自利利他主义"，"自利利他主义，即以小己主义为之基，而与牺牲主义及慈惠主义至相反背者也"。

以"生计学"（经济学）观点言之，即以"自利心"及"公共心"之分看待"群己之关系"，高一涵指出："共和国家之人民，互相需待，互相扶持，凡一己所为，莫不使及其效力于全体。各尽性分，以图事功。考其所为，果为自利，抑为利他，举莫能辨。""顾近世国民之自利，绝不与独立生计时代之自利相同。彼之自利，夺他人之利益，窃为己有。此之自利藉社会之公益，以遂吾生。""彼以行险徼倖为能，故自利实所以败风化。此以同心协力为主，故自利即所以遵德行。"

所谓"小己主义"（个人主义）者，高一涵强调："共和国民，其蕲向之所归，不在国家。""盖先有小己后有国家，非先有国家后有小己。为利小己而创造国家，则有之矣；为利国家而创造小己，未之闻也。""吾国数千年文明停滞之大原因，即在此小己主义之不发达一点。在上者持伪国家主义，以刍狗吾民，吾民复匿于家族主义之下而避之。""今日吾辈青年，正当努力以与旧习俗相战，以独立自重之精神，发挥小己之能力，而自由权利二者，即为发扬能力之梯阶。""小己主义"者有二要义："一曰用才，二曰重法。""古之用才，权在君相；今之用才，权在自身。""共和国家之法，乃人民之公约，用以自治自克者，非他人任意制定，举以束缚吾人者也。"

"自利利他主义"讲求利益均衡，权利平等，故任侠愤世之"牺牲主义"，奖懒罚勤之"慈惠主义"不可行世。就前者而言，人各有欲，各有所求，"自

---

[1] 高一涵：《共和国家与青年之自觉》，《青年杂志》，第1卷第1号。

养其欲,自给其求,且以致人人之所欲所求,各安其相适之域"。不可"损其一以利其一"。就后者而言,社会利益百端,皆由勤劳而得,"人格因勤劳而成立,因勤劳而实现","不勤劳者不衣食","生产物之分配权,应当决之于正义"。"欲保全人人之人格,必令其藉服劳之结果,以自遂其生。"故以受惠于人为耻,惠于他人者为恶,"斯为中庸之正道矣"[1]。

自由、独立、自利利他,可谓高一涵所述涵育共和精神之道德原则。故他以为:"国家之立也立于人,国体之变也变于人。"国家之成立,盖在保障自由,提供公益,主持公道。国家非物,趋赴无定,须"万众齐趋,造成时局"。故其痛陈"青年自觉之道"曰"练志"、"练胆"、"练识"。"志"为主权意志,"胆"为正义之概,识为科学之识。告诫青年不抱悲观,毋图自了,勇担大任[2]。

在《民约与邦本》一文中,高一涵借介绍霍布斯、陆克(洛克)、卢梭等的社会契约论观点,奉卢梭主权在民之旨,力倡"民约说"。谓"欲防止革命之险,惟有听人民之总意流行"。他指出:"卢梭谓意志不可委托于政府,即保重人格之第一要义。""意志乃自主权之动因",自主权失,人格丧失。愚民之政,辱民之策,挑激革命。自由、人权之张,"欲使吾辈青年,知永弭革命之道也"[3]。

2. 政治文化批判与《新青年》文化学

民主政体的实现与共和国体的达成,在陈独秀、高一涵等看来,无不寄希望于青年的政治伦理觉悟。从而,实践性的《新青年》政治学即为陈独秀所倡导之"伦理革命"。伦理革命是《新青年》文化学的基础和重心。在《新青年》文化学中,政治批判不仅是现实批判,更是历史批判。一切现实批判必上升到历史的文化批判才是真正的批判。因此,《新青年》文化学乃是批判的政治文化学。

---

[1] 高一涵:《共和国家与青年之自觉》,《青年杂志》,第1卷第2号。
[2] 高一涵:《共和国家与青年之自觉》,《青年杂志》,第1卷第3号。
[3] 高一涵:《民约与邦本》,《青年杂志》,第1卷第3号。

孔教——儒家伦理文化作为《新青年》政治文化批判的对象，始于陈独秀发表于《新青年》2卷2号的《驳康有为致总统总理书》。1916年9月，康有为发表《致黎元洪、段祺瑞书》，以"尊孔保教"为职志，建言"以孔子为大教，编入宪法，复祀孔子之拜跪明令，保守府县学宫及祭田，皆置奉祀官"。认为"今万国之人，莫不有教，惟生番野人无教。今中国不拜教主，岂非自认为无教之人乎？则甘认与生番野人等乎？"[1]这激起了陈独秀的批判。陈独秀认为，"中国帝制思想，经袁氏之试验，或不至死灰复燃矣。而康先生复于别尊卑，重阶级，事天尊君，历代民贼所利用之孔教，锐意提倡，一若惟恐中国人之'帝制根本思想'或至变弃也者"。他说：欧美宗教为"唯一神教"，"但奉真神，不信三位一体之说"，近代以来，教权式微，"已由隆而之杀"。"吾华宗教，本不隆重，况孔教绝无宗教之实质与仪式，是教化之教，非宗教之教。"近代社会本政教分离原则，"信教自由，已为近代政治之定则。强迫信教，不独不能行之本国，且不能施诸被征服之属地人民"。故陈指出康氏之主张拜孔尊教，"南北报纸，无一赞同者"，实乃厚诬天下。欧洲"无神论"哲学，由来已久，"多数科学家，皆指斥宗教之虚诞"，况且佛、耶、回诸教，中国信者甚众，不可谓"无教"。"孔教与帝制，有不可离散之因缘"，康氏独尊孔教，实护帝制，"主张民国之祀孔，不啻主张专制国之祀华盛顿与卢梭，推尊孔教者而计及抵触民国与否？"[2]

故在陈独秀看来，孔教之尊"抵触民国"，即干国本，"伦理革命"必以否定孔教为目的，这便与先前易白沙之批孔犹有不同。易白沙在《孔子平议》中指摘孔教意在辨析儒家政治理想适应现代社会与否，陈独秀等的批判则转向对儒家伦理文化的否定，目的是在政治上改弦易辙。

在《宪法与孔教》中，陈独秀说："孔教之精华曰礼教，为吾国伦理政治之根本。其废存为吾国早当解决之问题，应在国体宪法问题解决之先。"孔教之尊"抵触民国"尤关教育大本。"故今所讨论者，非孔教是否宗教问题，

〔1〕 康有为：《致黎元洪、段祺瑞书》，《康有为全集》(10)，第317、316页，北京：中国人民大学出版社，2007年。

〔2〕 陈独秀：《驳康有为致总统总理书》，《新青年》，第2卷第2号。

且非但孔教可否定入宪法问题,乃孔教是否适宜于民国教育精神之根本问题也。此根本问题,贯彻于吾国之伦理、政治、社会制度、日常生活者,至深且广,不得不急图解决者也。"[1]

于是,"伦理革命"由教育问题入手,昭示了《新青年》文化学乃是一种制度文化学,即启蒙文化学。对《新青年》而言,否定儒家的伦理文化即为否定儒家的教育思想及其政治功能,易"修身"为求知,易礼治为法治。故陈独秀认为:"增进自然界之知识,为今日益世觉民之正轨。"[2]"自然界之知识"即科学知识,诚为现代教育之本;而用法治代替礼治,尤为民主政制之重。科学教育和民主法治,构成《新青年》制度文化学的基石。

因此,着眼于政治文化批判,在批孔反儒中确立的《新青年》文化学仍主要不是从"立",而是从"破"的角度树立其文化自信及制度理想的。就文化自信来说,信仰自由,毋庸置辩。故陈独秀认为,"任人信仰何教,自由选择,皆得享受国家同等之待遇"。反之,"以国家之力强迫信教,欧洲宗教战争,殷鉴不远"。就制度理想而言,民主国家,信仰自由由宪法保障。"盖宪法者,全国人民权利之保证书也,决不可杂以优待一族、一教、一堂、一派人之作用。"堂堂国宪,不可"强全国之从同,以阻思想信仰之自由"。"法治国者,其最大精神,乃为法律之前,人人平等,绝无尊卑贵贱之殊。""共和国民之教育,其应发挥人权平等之精神,毫无疑义。"

因此,信仰自由的文化,人人平等的教育,宪法保障的人权,实为《新青年》制度文化学的实践目标,以此对比儒家文化传统及其实践形式:修身为本,纲常之防,贵贱之守,德治精神和人治理想,二者判然有别,不啻泾渭分明。故陈独秀认为:"使今犹在闭关时代,而无西洋独立平等之人权说以相较,必无人能议孔教之非。"[3]所以,从制度文化角度拆解儒家的伦理理想,判明其政治属性,成为《新青年》政治文化批判的重心,亦是一种以破为立、不破不立的《新青年》文化学的表达方式。

---

[1] 陈独秀:《宪法与孔教》,《新青年》,第2卷第3号。
[2] 陈独秀:《宪法与孔教》,《新青年》,第2卷第3号。
[3] 陈独秀:《宪法与孔教》,《新青年》,第2卷第3号。

在文化思想上，陈独秀之排斥孔教，亦与其对宗教的认识有关。在《孔子之道与现代生活》中，陈独秀认为："自古圣哲之立说，宗教属出世法，其根本教义，不易随世间差别相而变迁，故其支配人心也较久。其他世法诸宗，则不得不以社会祖织、生活状态之变迁为兴废。一种学说，可产生一种社会；一种社会，亦产生一种学说。影响复杂，随时变迁。"宗教不离根本，不易变迁，阻碍社会进化。"若夫文明进化之社会，其学说之兴废，恒时时视其社会之生活状态为变迁。"故在陈独秀看来，欧美思想变迁不仅与社会变迁相适应，更是宗教改革（废弃）之结果。

这显示出陈独秀等《新青年》代表人物，不仅以进化论观点看待社会物质文明史，更其以进化论观点看待社会精神进化史，否定了宗教所指涉的"普世价值"说。在其文明史观中，政治文明和经济文明，即制度文明与物质文明成为第一性的，宗教和道德文化所指涉的精神文明则是第二性的，并因此失去了普世性和独立存在的价值。由此便彻底改变了近代以来以"中体西用"论为代表的进化论观点。

实质上，近代由洋务派所开启的实业救国运动在进化论视野中代表着对西方物质文明的肯定，至戊戌变法运动，中国知识分子对西方现代文明的认识扩展到制度层面，这些本质上都是物质性的。这说明，在物质层面对西方进化论的接受在辛亥革命以前已经形成基本的共识，但在文化（精神）层面用进化论观点看待以儒学为代表的中国传统文化史，则显然是《新青年》的独创。正是在这一问题上，陈独秀等《新青年》代表人物所欲进行的"伦理革命"，本质上是一场文化革命，即以进化论观点否定儒学的文化价值，确立与物质文明史同一的精神文化的进化史思路。由于不再承认宗教及儒家道德文化所具有的普适性，同时也不再着眼于建构一种确定不移的思想文化的核心价值及一成不变的体系和信仰。亦如陈独秀所说："宇宙间精神物质，无时不在变迁即进化之途，道德彝伦，又焉能外？"故而"道与世更"，"顺之者昌，逆之者亡"[1]。

---

[1] 陈独秀：《孔子之道与现代生活》，《新青年》，第 2 卷第 4 号。

　　问题在于社会进化法则中,观古今中外之变,社会物质文明之进化与精神文明之进化是否同一,甚或异途? 确是一个颇费思量的问题。就西方而言,宗教改革对于现代社会的作用是确立了政教分离的制度原则,政治(制度文化)变迁在自由、平等、法治的意义上是显性的,但文化则以信仰自由为基础,宗教在与政治(制度文化)相分离的情况下,并未真正退出民众的精神生活和作为习俗文化的社会生活方式之外。现代教育的作用是传授知识,培养技能,本身并不附载特定的道德教化功能,宗教仍担负着凝聚社会道德良心的职责。实则中国历史上儒家思想的作用本质上也不过如此。故在《宪法与孔教》中陈独秀亦谓:"别尊卑明贵贱之阶级制度,乃宗法社会封建时代所同然,正不必以此为儒家之罪,更不必讳为原始孔教之所无。""若夫温、良、恭、俭、让、信、义、廉、耻诸德,乃为世界实践道德家所同遵,未可自矜特异,独标一宗者也。"[1]至于儒家思想与传统政治的关系,一者在于汉儒以降政治一统与思想一统的制度建构,一者在于儒家的家国一系的伦理理想适应了这种专制政治的要求。故陈独秀说:"愚且以为儒教经汉、宋两代之进化,明定纲常之条目,始成一有完全统系之伦理学说。斯乃孔教之特色,中国独有之文明也。"[2]

　　然而,伦理价值与政治法统合一,中国社会的政治信仰主要并不表现在如西方宗教文化中所常见的普世价值观,即对以基督教为代表的博爱理想的皈依,而是对寄托在孔子等儒家先贤身上的社会政治理想及其文化伦理的崇奉。精神意义上的普适价值置换成了政治意义上的功德观念,儒家文化中的圣贤崇拜便多呈现出个人崇拜的色彩。这正是文化品质上西方基督教所造就的"唯心"型文化与中国(东方)儒家思想所造就的"唯物"型文化的差异。就其政教合一的基本品质而言,大致可以说西方在制度文化上是以宗教及其普世信仰为主体的"一元化",中国(东方)则是以政治法统及其伦理谱系为主体的"一元化"。在中国(东方),历史上由于纯宗教化的普世信

---

〔1〕 陈独秀:《宪法与孔教》,《新青年》,第 2 卷第 3 号。
〔2〕 陈独秀:《宪法与孔教》,《新青年》,第 2 卷第 3 号。

仰的缺失,政治文化中的伦理(道德)化意识形态常常负载着文化教化的功用。

显然,《新青年》文化学中的理想主义思维方式仍然是"唯物"型和政治"一元化"式的,即以对宗教之现代文化价值的彻底否定来建构政治"一元论"及科学"唯物"型文化。为此,陈独秀等曾发起过一场"非宗教化"运动,在《新青年》先后刊载《再论孔教问题》(2卷5号)、《有鬼论质疑》(4卷5号)、《偶像破坏论》(5卷2号)等文章。陈独秀把西方宗教文化与东方宗教文化中的"偶像崇拜"完全等同起来,与民间的鬼神崇拜(原始信仰)结合,认定一切宗教作为"有神论"都是不符合现代社会需要的。科学无神论是对这种文化的完全替代。如若现代社会需要宗教,也应该以科学取而代之。他果断宣示"余之信仰":"人类将来真实之信解行证,必以科学为正轨,一切宗教,皆在废弃之列。其理由颇繁,姑略言之。盖宇宙间之法则有二:一曰自然法;一曰人为法。自然法者,普遍的,永久的,必然的也,科学属之;人为法者,部分的,一时的,当然的也,宗教、道德、法律皆属之。"这不仅是以唯物一元论的观点看待社会的物质属性,也以其看待社会的精神属性。故而宗教、道德、法律因其人为性而被置于变易无定中,即与物质属性的自然运动法则同一。科学作为演绎自然运动规律的学说取得在整体社会生活中的独尊地位。这正如陈独秀所说:"人类将来之进化,应随今日方始萌芽之科学,日渐发达,改正一切人为法则,使与自然法则有同等之效力,然后宇宙人生,真正契合。"[1]

联系到"五四"后期的"科玄之争",陈独秀的观点在此也极其鲜明。他说:

> 或谓宇宙人生之秘密,非科学所可解,决疑释忧厥惟宗教。
> 余则以为,科学之进步,前途尚远,吾人未可以今日之科学自画,
> 谓为终难决疑。反之,宗教之能使人解脱者,余则以为必先自欺,

---

〔1〕 陈独秀:《再论孔教问题》,《新青年》,第2卷第5号。

始克自解,非真解也。真能决疑,厥惟科学。故余主张以科学代宗教,开拓吾人真实之信仰,虽缓终达。[1]

在此,不难看出陈独秀观点中对于科学的崇信实止于"决疑释忧",即科学知识对于自然现象的物理学索解。这是一种对于实用或实行的要求。人类历史上的非物质文化,包括宗教、道德等,诉诸人的心灵的作用并非止于"决疑释忧",而是自省内修,明道起信,即佛教所谓"信解行证"。宗教和道德赋予文化以一定的内敛性,常能脱离一般社会生活中的实用或实行的要求,通达自然和人性之本,如基督教的"博爱"和儒家的"至善"。这应该被视为迄今人类文化和社会生活中最高的普世价值。科学世界观不应该与此相分离和相对抗。

科学不可能成为宗教,除了作为知识的明晰性和作为技艺的实用性,在文化中间仅仅遗留下作为思维方式和方法论的实用主义(实用主义是美国的政治哲学,"五四"时期胡适以"实验主义"的称谓致力推介其传入中国),从而成为信仰化和宗教性文化抗拒和排斥的对象。只有二者的兼容才能为现代社会发展提供新的基础和动力。

脱离了宗教桎梏的现代政治其实只有一种最基本的政治哲学,即实用主义。科学大行其道本身并非出于信仰,而是出于实用,即政治行为与经济活动的广泛联系,乃至合而为一。同时,文化不仅在信仰上,也在其实用性上走上了"自由"和"独立"。但作为价值观,情感上的"爱"和道德上的"善"应该永不会失其普适性的本质。

对宗教问题的态度决定了《新青年》文化学的本质:科学崇拜、实证主义与实用主义。但这一切都与其观念中的进化论思想和唯物主义世界观分不开,从而导致了其"科学拜物教"的一元进化论对近代以来"中体西用"的二元进化论的取代。

反之,从制度文化的角度来看,科学之被信仰化乃在于其作为现代教

---

[1] 陈独秀:《再论孔教问题》,《新青年》,第2卷第5号。

育手段一定程度上被赋予了文化本质性的特色。现代教育以知识传授取代道德教化,除了其实用性的社会功能之外,手段和方法论上"决疑释忧"的鲜明特征有助于造成人对自然和社会的现象化理解,培植人的合理化欲求,从而大大缓解了传统非实用主义教育造成的人对自然的蒙昧和对自我的禁锢。科学教育唤醒了多数人的自我实现的价值,也造成了社会物质进化的事实,人的精神世界也因此获得自我觉悟的理性,社会秩序也在物质进化和理性进步的氛围中呈现出欣欣向荣的发展态势。但一个纯粹物质和理性的世界并非文化的乐园,人与历史的联系被无情割离。随着人的文化记忆日趋稀薄,人的精神困境日益呈现。

第七章
现代政法文化体系的构建

　　就近代中国的历史变迁而言,与经济、教育、文学等领域的历史变革相比,作为制度层面的政治制度与法律制度的变革则更为复杂。与之相关的政法文化层面亦呈现了相当复杂的变化形态。政法文化构建的复杂性在于政法制度的变迁不但涉及权力阶层之间的政治博弈,同时还涉及政治文化的本土化以及知识分子话语权的影响。这种多重力量之间的综合角力,导致近代中国政法文化没有形成某种固定的形态,而是以一种随着历史环境变化而不断变迁的特殊形态出现。

　　传统中国的政法制度中构成人之行为规范的是儒家的礼,与王朝编制的法律,按照瞿同祖的说法,这是"律既与礼相应,互为表里"[1]。与之相适应的是"儒表法里"的政法文化模式[2]。实际上,尽管中国传统政法制度在形式上反复多变,但是就其文化本质而言,始终是为了维护君主制度行政统治所不断衍生的各种文化需求。中国近现代政法文化体系的建立,并没有从本土的政法文化土壤中诞生出来,而是源于对西方政治法律制度与文化的移植。当西方的民主共和制度传入之后,在中国的政法文化领域最先引起精英阶层注意的就是"民主"与"科学"。

---

〔1〕 瞿同祖:《中国法律与中国社会》,第 349 页,北京:中华书局,2003 年。
〔2〕 秦晖在"儒表法里"的基础提出了"法道互补"概念,参见秦晖:《传统十论》,第 141 页,北京:东方出版社,2014 年。

一、"民主"与近代政法文化的形成

在君主制的国家中,最先吸引精英阶层注意的是西方的政治制度:民主共和制度。在器物学习失败之后,学习西方的政治制度成为精英阶层们的共识,"民主"自然最先成为政治文化领域中最受关注的事情。然而民主的政治文化形成却并非顺风顺水,即便是在精英阶层之中,对政治文化的理解也是一个复杂的渐进过程。

最早使用具有近代意义上的"民主"词意的可能是丁韪良根据惠顿的《国际法原理》所翻译的《万国公法》[1]:"美国合邦之大法,保各邦永归民主,无外敌侵伐。……若民主之国,则公举首领、长官均自主,一循国法,他国亦不得行权势于其间也。"[2]中国近代意义上的"民主"传播,很大程度上应当归功于严复,当然在严复之前,大量的中国士大夫阶层的知识分子已经对民主

有了解,如斌椿、志刚、张德彝、郭嵩焘、刘锡鸿、黎庶昌、马建忠、黄遵宪、曾纪泽、薛福成等。严复在《原强》中说"以自由为体,以民主为用"。有意思的是,严复同时也用"庶建"来翻译民主,在《法意》中有云:"庶建乃真民主,以通国全体之民,操其无上主权者。"考察这句话可以发现一种微妙的差异,那就是说"民主"在严复那里至少包含了两重意思:"以民主为用"的民主可以理解为政治制度,而"庶建乃真民主"中代表政治制度的则是"庶建"了。那么后句中的"民主"就包含了"民为主"的意思。同样,如王韬在《重民》中写道:

---

[1] 根据刘禾的考察,丁韪良的《万国公法》是第一个使用复合词民主的,其翻译对象为 republican,而后对 republican 的翻译被外来词 kyowa 共和取代。刘禾:《跨语际实践》附录,第 366 页,北京:生活·读书·新知三联书店,2008 年。

[2] 丁韪良:《万国公法》,第 37 页,上海:上海书店,2002 年。

　　泰西之立国有三：一曰君主之国，一曰民主之国，一曰君民共

主之国。……一人主治于上而百执事万姓奔走于下，令出而必

行，言出而莫违，此君主也。国家有事，下之议院，众以为可行则

行，不可则止，统领但总其大成而已，此民主也。朝廷有兵刑礼乐

赏罚诸大政，必集众于上下议院，君可而民否，不能行；民可而君

否，亦不得行也；必君民意见相同，而后可颁之于远近，此君民共

主也。论者谓：君为主，则必尧舜之君在上，而后可久安长治；民

为主，则法制多纷更，心志难专一，究其极，不无流弊。惟君民共

治，上下相通，民隐得以上达，君惠亦得以下逮，都俞吁咈，犹有中

国三代以上之遗意焉。[1]

　　当西方意义上的作为政治制度的民主在近代中国带上了"民为主"的

含义后，在中国近代的知识分子群体中，"民主"就很快与"民权"取得了联

系。这样"民主"就不再单单是一种政治制度，同时还关系到法治的观念，

因之成为政法文化的关键语汇。然而历史的进程却颇为吊诡，"民主"在近

代并没有吸收作为法治文化范畴的"民权"，而是暂时被民权所收纳了。

　　所知最早出现"民权"一词说法的文句存在于郭嵩焘于光绪四年四月

十八日(1878年)的日记中[2]："西洋政教以民为重，故一切取顺民意。即

诸君主之国，大政一出自议绅，民权常重于君。"[3]郭嵩焘此时对"民权"的

认识，还只是"民之权"的简写，是用来与"君之权"作为对比的，尚未受到日

本的影响，应是他在履行英国公使职务期间自己的认识。不过，郭嵩焘日

记这段话，使我们在此注意到对于"权"的意义及使用依然是比较含混且模

棱两可的。在此之后，日本公使黄遵宪在其撰写的《日本国志》中主张实行

民权，由薛福成为其撰写的序言中也赞成向中国引入日本的制度：

〔1〕 王韬：《弢园文录外编》，第 22—23 页，北京：中华书局，1959 年。
〔2〕 参见熊月之：《中国近代民主思想史》第 9 页，上海：上海社会科学院出版社，2002 年。
〔3〕 郭嵩焘：《伦敦与巴黎日记》，第 576 页，长沙：岳麓书社，1984 年。

咸丰同治以来,日本迫于外患,廓然更张,废群侯,尊一主,斥霸府,联邦交,百务并修,气象一新,慕效西法,罔遑余力,虽其改正朔,易服色,不免为天下讥笑。然富强之机转移颇捷,循是不辍,当有可与西国争衡之势,其创制立法亦颇炳焉。[1]

黄遵宪、薛福成虽然引入日本所创造的"民权"一词,但是他们的认识,与日本"自由民权运动"中所追求的自然权利是不同的。在黄、薛眼中,民权不但具有郭嵩焘认识中的与君权相对的"民之权"的含义,而且是一种可以存在的政治制度,是被看作普通大众必须努力斗争而获得的权力与权利。沟口雄三在对比中日"民权"含义的差别时有这样的论述:

两者之间横亘着难以逾越的两国传统之差异,即一方是根植于中国易姓革命思想的传统;另一方则是根植于日本万世一系的天皇观这一历史事实。这种不同,成为导致两者的政府与国民观、君民观相异之母。

换言之,日本民治时期的民权不包含对天皇(国体)的反乱权。反之,中国清末时期的民权则含有对皇帝(王朝体制)的反乱权。这种差异,乃是两国不同的历史基体所导致。

不过,此处所见的中国清末时期的反乱权,作为其渊源,不能仅仅追溯于易姓革命思想。众所周知,所谓易姓革命之易姓,不过是王朝之改易而已,并不意味着王朝体制本身的兴废。

也就是说,此处所言之反乱权,并非指历来的易姓革命那种单纯的对现存王朝之反乱,而是指体制本身之兴废,此正是中国清末民权历史性特色所在。[2]

---

[1] 薛福成:《日本国志・序》,《日本国志》,光绪二十年浙江书局重刊。
[2] 沟口雄三:《中国民权思想的特色》,孙歌译校,载夏勇编《公法》(1)第 3 页,北京:法律出版社,1999 年。

对此,或许张之洞对近代中国的"民权"论述更是一针见血:

> 使民权之说一倡,愚民必喜,乱民必作,纪纲不行,大乱四起,……昔法国承暴君政虐之后,举国怨愤,上下相攻,始改为民主之国……
>
> 考外洋民权之说所由来,其意不过曰国有议院民间可以发公论、达众情而已,但欲民申其情,非欲民揽其权。译者变其文曰民权,误矣。美国人来华者,自言其国议院公举之弊,下挟私,上偏徇,深以为患。华人之称美者,皆不加深考之谈耳。
>
> 近日掇拾西说者,甚至为"人人有自主之权",益为怪妄。此语出于彼教之书,其意言上帝予人以性灵,人人各有智虑聪明,皆可有为耳。译者竟释为人人有自主之权,尤大误矣。泰西诸国,无论君主民主、君民共主,国必有政,政必有法;官有官律,兵有兵律,商有商律;律师习之,法官掌之,君民皆不得违其法。政府所令,议员得而驳之;议院所定,朝廷得而散之,谓之人人无自主之权则可,安得曰人人自主哉?[1]

于此,可以比较清楚地认识到,近代以来的中国,对法律上的"权利"与自然人权意义上的"民权"并不感兴趣,清末知识分子对于西学的认识中心本应是在西方作为维护个人权利而产生的政治方式——民主。有趣的是"民主"却很快地被"民权"所代替。由日本而来的"民权"一词,很快就被晚清知识分子作了含义上的调整,成为提到政治性含义的"民主",使"民权"转化成了一个与政治体制相关的中国化的政治性概念。这并非是说到了甲午战争之后,清末的知识分子依然还无法分辨清楚西方或者日本"民主"与"民权"的差异,而是显示了中国近代知识分子在接受西方政法文化时对

---

〔1〕 张之洞:《劝学篇·正权第六》,《张之洞全集》(12),第 9722—9723 页,石家庄:河北人民出版社,1998 年。

其的本土化改进。或许梁启超的话是个很有启发性的解说：

> 吾侪之昌言民权，十年于兹矣；当道者忧之、嫉之、畏之，如洪
> 水猛兽然。此无怪其然也，盖由不知民权与民主之别，而谓言民
> 权者必与彼所戴之君主为仇，则其忧之、嫉之、畏之也固宜。不知
> 有君主之立宪，有民主之立宪，两者同为民权，而所以驯致之途，
> 亦有由焉。凡国之变民主也，必有迫之使不得已者也。使英人非
> 虐待美属，则今日之美国，犹澳洲、加拿大也；使法王非压制其民，
> 则今日之法国，犹波旁氏之朝廷也。[1]

梁启超指出了这种用"民权"替代"民主"的方式是基于政治运动上的考量，使用"民权"这一实际的外来词汇，来表达"民为主"的含义，以减少清朝政府本身对于政治改良的抵制。正是因为如此，原本属于法律性词语的"民权"在很长时间的中国语境下都带有极强的政治性，虽然"民权"此后的意思不断被丰富，但是"民权"具有的政治含义始终萦绕于该词语之上。这也是中国近现代政法文化在曲折前行中所具有的重要特征。

二、科学与现代政法文化

近代中国在遭受了中日甲午战争的失败之后，政治改革的势头越来越快。随着洋务运动"自强"的失败，大量的知识阶层开始相信旧的方法已经不能挽救中国了，人们开始不断地探索新的方法。正因如此，西方哲学与科学的内容逐渐被晚清的知识阶层认识，这些因素在公共话语中变得日趋重要，同时也为他们在政治改革方面提供一种新的思路——大量科学名词在非科学领域中的运用，与之同时这些科学领域的名词术语被本土化。

---

[1] 梁启超：《立宪法议》，《饮冰室文集点校》（第二集），第 921—922 页，昆明：云南教育出版社，2001 年。

近代西方物理学、化学的术语对中国社会与政治产生了重大影响。或许由于"西学中源"说的原因,使得物理学成为传入中国的西方科学中广为人知的部分,并且其与 19 世纪末各种社会力量发展的"力"取得了联系。

康有为最早使用"科学"一词代替"格致",虽然他倡导科学,并在他的《诸天讲》中称"知地之为游星绕日也,自明末意大利人哥白尼创明也,……至康熙时,西 1686 年,英人奈端[1]发明重力相引,游星公转互引,皆由吸拒力,自是天文益易明而有所入焉。奈端之功,以配享哥白尼可也。故吾最敬哥、奈二子"[2]。但是从康有为的著作看,他从没有试图真正掌握西方科学的内容。其中,"热力"一词在康有为的著作中具有十分重要的地位,首先康有为认为"热力"是地球和地球上一切活动的起源与动力;其次,康有为把"热力"代入到他的政论中去,提出"热则荣"的救国政论观点;第三,康有为不但在其政论中,使用了多种的科学术语包括力学、光学甚至电气学,而且还将这些术语使用在他的思想著作之中,尤其是以他的《大同书》为代表。康有为将"元"作为他思想的起点,并且将科学的术语混合到他对元、仁的论述中:

> 夫浩浩元气,造起天地。……光电能无所不传,神气能无所不恶。……有觉知则有吸摄,磁石犹然,何况于人? 不忍者,吸摄之力也。故仁智同藏而智为先,仁智同用而仁为贵矣。[3]

康有为依据他当时所了解的西方自然科学的知识,重新发挥了中国传统的思想,并将这种混合科学术语的论述带入到政论与哲学中,这是由于康有为"对他当时所了解的自然科学和所看到的社会局势的一种直观的(非经过真正科学的分析了解,因此是笼统模糊)综合、概括和把握。在他所吸取的来自中外古今、四面八方的错杂思想中,自然科学在其中起了很

---

[1] 奈端即牛顿。
[2] 康有为:《诸天讲》,《康有为全集》(12),第 19 页,北京:中国人民大学出版社,2007 年。
[3] 康有为:《大同书》,《康有为全集》(7),第 4 页,北京:中国人民大学出版社,2007 年。

重要的作用"[1]。于是,中国传统哲学观点中的"元"、"仁"等就被填进了各种物理学、化学的科学术语。在这一点上,谭嗣同尤为显著。

谭嗣同在他的《仁学》中,将他的论述核心"仁"描述为"以太",而"以太"与"力"则都是"仁"的表现。

> 仁以通为第一义。以太也、电也、心力也,皆指出所以通之具。
>
> 以太也、电也,粗浅之具也,借其名以质心力。[2]

甚至出现了仅仅在一页的文字中,就列举了十八种"力"的概念的情况。这种情况反映了近代中国急需新思想和新概念,以促进新哲学的发展,用李泽厚的话说就是:"谭嗣同在《仁学》中,康有为在《诸天讲》和《大同书》等著作中,……完全合理显示了他们对当时自然科学所解说的作为物质存在的世界的态度:不是怀疑、否定和厌弃,而是对科学发展、对它的无限的认识威力的孩童式的欢乐和拼命地吸取、接受。所以,在这些启蒙思想家那里,外间世界之作为科学的客观存在的事实是当然的、毋庸置疑的,他们常常最大限度地利用了他们所接受和了解的科学知识来企图解释世界、万物、人体以至智慧精神的存在构造。"[3]

这种思维领域的革新,在近代中国总会和社会改革与政治改良结合到一起,于是科学的术语也就理所当然出现在社会改革与政治变革的近代政法文化之中。以唐才常为例,按照他的观点,西方国家之所以能克服进化的挑战而生存下来,主要是因为它们能够使用"热力"启蒙人民:"故泰西之以热力智其民,新其国者,实性海之根原,群动之脉理;而含生负气之公,性情如是则存,不如是则亡,扩其量则文明而强,亏其实则野蛮而瘠。"[4]最

---

〔1〕 李泽厚:《中国近代思想史论》,第94页,北京:生活·读书·新知三联书店,2008年。
〔2〕 谭嗣同:《仁学》,《谭嗣同全集》(下),第29页,北京:中华书局,1981年。
〔3〕 李泽厚:《中国近代思想史论》,第98页,北京:生活·读书·新知三联书店,2008年。
〔4〕 唐才常:《论热力(上)》,《唐才常集》,第140页,北京:中华书局,1980年。

后唐才常在一种矛盾的论述中得出了结论："吾得而断之曰：无热力者，不变无伤，变亦无益；有热力者，不变速亡，变则速强。热力速而涨者，其民必智，其国必新；热力大而神者，其民必仁，其国必群。"[1]

可见近代西方的科学在传入中国以后，并非是简单的新知识与新方法的输入，而是直接影响参与中国近现代政法文化的构建中，科学的知识为他们打开了一条更新传统政治哲学与法律观念的道路，创建了新的路径与词汇。科学在近代中国很长一段时间中，都被认为是可以促进政治变革与人的进步的重要政法文化思想的来源。科学的政治与哲学功效，即便到了民国初年，也一直被人们所认同。马叙伦曾语：

> 吾闻太东西物理学家之言三力矣，曰引力，曰分子力，曰压力，而为之说曰："世界之立，人类之生，草木昆虫禽兽之繁殖，胥赖乎此。而人之受其益、蒙其利、获其福而不觉者，正若日居其覆帱之中，而不知其孰生而孰育之也。故言其用，则曰广矣博矣，美其功则曰高矣宏矣！"马叙伦曰："是何言欤？是何言欤？夫此三力者，乃以阻人之自由力，而使之不得伸者也，……自由哉，自由哉，得之为人，失之为兽；得之者生，失之者死；得之者荣，失之者辱；得之者文明，失之者野蛮；得之者英雄，失之者奴隶。"……
>
> 三力者，直杀人乱世之大特力耳，我诚不知物理学家何忍而赏之誉之如此其甚欤？虽然此亦可知，万世万万世，无自由之一日矣。[2]

无论马叙伦此处对于科学词汇的态度如何，科学的术语依然与政治权力紧密地联系在一起是显而易见的。

---

[1] 唐才常：《论热力（下）》，《唐才常集》第 146 页，北京：中华书局，1980 年。
[2] 马叙伦：《物理学　世界三特力》，《新世界学报》，1902 年第 9 期。

三、民主与科学：中国政法文化的现代选择

辛亥革命之后，中国成为亚洲第一个共和政体的国家，然而共和政治的道路并非坦途，在政法文化处于转型期的近代中国，显然是充满荆棘的。袁世凯称帝的行为，使国内大多数知识分子的国家观念发生了变化，"国家"意识在没有完成其基本建构的情况下淡出了知识群体的中心话语，对中国人政团组织能力的全面质疑改变了近代知识分子政治参与的具体方式，也割断了国家对个体生活、经济生活进行外在支配的必要性和合法性[1]。这种观念上的变化，反映在政法文化领域中就是因辛亥革命一度似乎消失的"民权"、"民主"以及"科学"重新成为政法文化领域的主流话语。在这一点上，以《新青年》为核心的新文化运动表现得最为显著，并且在话语复苏的过程中"民主"与"科学"在其内涵上发生了重大的变化，其最终混同为政法文化的必要精神，同时为现代中国政法文化中的"平民原则"提供了前提条件。

由于早期(1915 年到 1917 年)《新青年》与《甲寅》的渊源，《新青年》的撰稿队伍几乎原样复制了《甲寅》，刊物形式也继承了《甲寅》的风格。如"通信"栏目便是《新青年》在形式上借鉴《甲寅》的特色栏目。早期的《新青年》"继承了《甲寅》月刊开启的注重政治根本精神的做法"[2]。陈独秀甚至有意在"通信"栏中通过真假难辨的读者来信，来说明《新青年》与《甲寅》之关系[3]。这种思想观念的继承性，恰就可以说明为什么一个以政论为中心的杂志会刊载传播科学与民权文章的理由。以陈独秀的文章为例：

---

[1] 杨念群：《杨念群自选集》，第 195—198 页，桂林：广西师范大学出版社，2000 年。

[2] 杨琥：《〈新青年〉与〈甲寅〉月刊的历史渊源》，《北京大学学报》(哲学社会科学版)，2002 年第 6 期。

[3] 在《新青年》"通信"栏中，第 2 卷第 1 号有"贵阳爱读贵志之一青年"的读者来信；第 2 卷第 2 号有署名王醒侬的读者来信；第 3 卷第 3 号有"安徽省立第三中学校学生余元浚"的读者来信，均称《新青年》乃继《甲寅》杂志而起者。

宇宙间精神物质,无时不在变迁即进化之途。道德彝伦,又焉能外?"顺之者昌,逆之者亡",史例俱在,不可谓诬。此亦可以阿斯特瓦尔特之说证之:一种学说,一种生活状态,用之既久,其精力低行至于水平,非举其机械改善而更新之,未有不失其效力也。此"道与世更"之原理,非稽之古今中外而莫能破者乎?

现代生活,以经济为之命脉,而个人独立主义,乃为经济学生产之大则,其影响遂及于伦理学。故现代伦理学上之个人人格独立,与经济学上之个人财产独立,互相证明,其说遂至不可动摇;而社会风纪,物质文明,因此大进。中土儒者,以纲常礼教。……适与个人独立之义相违。[1]

陈独秀在这里将进化论、热力学与经济学等"科学"混合到一起,并以这样的"科学"为证据,展开他对现代政治制度、伦理体系等的批评,可以显见到自晚清以来知识界的进步知识分子对于"科学"的应用。不过,《新青年》显然已经扩大了"科学"在文化领域的适用范围,陈独秀的"科学"与晚清的差异在于,晚清的"科学"几乎可以触及近代中国各个方面——政治、哲学、经济,但是对于伦理道德与基本的社会生活影响未必很大。在陈独秀这里则加大了科学在伦理道德领域与社会生活的使用范围:"人类将来之进化,应随今日方始萌芽之科学,日渐发达,改正一切人为法则,使与自然法则有相同之效力,然后宇宙人生,真正契合。此非吾人最大最终之目的乎?……故余主张以科学代宗教,开拓吾人真实之信仰,虽缓终达。……余辈对于科学之信仰,以为将来人类达于觉悟获幸福必由之正轨,尤为吾国目前所急需,其应提倡尊重之也。"[2]在社会生活领域的细节,以及与强调青年生活中对于"科学"之修养。综合陈独秀所强调的两个方面,可以发现"科学"不但表现为一种引发政治变革的因素,同时也表

---

[1] 陈独秀:《孔子之道与现代生活》,《新青年》,第2卷第4号。
[2] 陈独秀:《再论孔教问题》,《新青年》,第2卷第5号。

现为在伦理道德方面的应用以及一种青年生活态度的指导而非其他。

同样将"科学"从政治文化领域扩展至伦理学领域的还有胡适。在胡适看来"科学"首先就是"方法论",无论这种影响是来自美国杜威,还是来自中国传统学术,都无法影响这种"方法论"的大行其道。其次,胡适把"科学"应用到了"人生观"之中,即是所谓"科学的人生观"。在这一点,虽然胡适没有像陈独秀那样极端地将"科学"推崇为一种新的宗教,但是同样是在道德伦理领域和社会生活中的这种使用,将"科学"奉上神坛的意味并没有多少差距。胡适和陈独秀相似的是把"科学"与人生——怎样生活的人生——联系了起来,这样,原本在晚清政法文化领域中起着重要作用的"科学",在新文化运动中逐渐地转化为伦理道德领域与学术领域所适用的概念,并随之逐步退出了政法文化的中心。

相比"科学"而言,所谓"民主"的变化则更为复杂。民主、权利、民权三个概念在近代以来的中国呈现了一种非常复杂的混合状态,是中国近现代以来政法文化所独有的特征之一。近代中国"民主"与"权利"是在同时被引进的,但是无论是"民主"还是"权利"都未能造成很大影响,这里并非否定"民主"作为政治制度被人广泛接受,而是说"民主"一词本身的使用,至少在辛亥以前,并非思想界之主流。取代它们的是从日本引进的"民权",前文已经论述了"民权"在近代中国具有的政治性质,这里不再复述。只是有点需要注意,为什么在政治制度改革中要用如此一个含义模糊的词汇?前文中梁启超的说法固然具有一定道理,但是考虑到"民主"在中国传统语境下隐含的道德因素,至少可以说明一点:平民阶层在晚清的历史阶段,不足以成为领导政治变革的动力。知识分子或者革命家面对这些平民是一种居高临下的先知,他们是赋予了平民的"权利"的启蒙者。

　　这四万万人当然不能都是先知先觉的人,多数人也不是后知后觉,大多数都是不知不觉的人。……照我看来,这四万万人都像是阿斗。[1]

民权思想虽然是由欧美传进来的,但是欧美的民权问题至今还没有办法。我们现在已经想出了办法,知道人民要怎么样才对于政府可以改变态度。但是人民都是不知不觉的多,我们先知先觉的人便要为他们指导,引他们上轨道去走,那才能避了欧美的纷乱,不蹈欧美的覆辙。[2]

孙中山

当陈独秀与 1919 年在《新青年》中提出"德谟克拉西"之后,"民主"这一概念被异样地激活了。即便前文已经考察过"民主"一词在中国的译介过程,此时仍然有一点需要注意,晚清以降的"民主",尤其是以丁韪良与傅兰雅等人为主的翻译中,"民主"所对应的英语大多数是"republican"。1919 年陈独秀提出的则是"democracy"。就英语而言,两者的差别也是十分大的,republican 在英语中作为名词是指共和政体或者共和制度,而 democracy 则表示这一种由多数人参与的政府形式或者在某一组织中的每个人具有平等的权利。实际上,在陈独秀提出"德谟克拉西"之后,在《新青年》中,"民主"一词的使用不升反降,取而代之的是"德谟克拉西"与"平民主义"。同时,在受到《新青年》影响的大多数人中,对于 democracy 的翻译,也没有采用"民主"一词。毛泽东在《陈独秀之被捕及营救》一文指出:

---

[1] 孙中山:《民权主义》,《孙中山全集》(9),第 326 页,北京:中华书局,1981 年。
[2] 孙中山:《民权主义》,《孙中山全集》(9),第 333 页,北京:中华书局,1981 年。

中国的四万万人,差不多有三万九千万是迷信家。迷信神鬼,迷信物象,迷信运命,迷信强权。全然不认有个人,不认有自己,不认有真理。这是科学思想不发达的结果。中国名为共和,实则专制,愈弄愈槽[糟],甲仆乙代,这是群众心里没有民主的影子,不晓得民主究竟是甚么的结果。陈君平日所标揭的,就是这两样。他曾说,我们所以得罪于社会,无非是为着"赛因斯"(科学)和"克莫克拉西"(民主)。陈君为这两件东西得罪了社会,社会居然就把逮捕和禁锢报给他。也可算是罪罚相敌了![1]

如果说此时毛泽东的翻译只是偶然,那么1918年李大钊的叙述可能更有说服力:

我们要求democracy,不是单求一没有君主的国体就算了事,必要把那受屈枉的个性,都解放了,把那逞强的势力,都摧除了,把那不正当的制度,都改正了,一步一步的向前奋斗,直到世界大同,才算贯彻了democracy的真义。[2]

在文学领域,茅盾于1920年开始提倡"德谟克拉西的文学":

……是欲把德谟克拉西充满在文学界,使文学成为社会化,扫除贵族文学的面目,放出平民文学的精神。[3]

相比之下,或者陈独秀自己的说法更有说服力:

---

[1]　1919年7月14日《湘江评论》创刊号刊印。
[2]　李大钊:《〈国体与青年〉跋》,《李大钊全集》(2),第264页,北京:人民出版社,2006年。
[3]　茅盾:《现在文学家的责任是什么?》,《茅盾全集》(18),第11页,北京:人民文学出版社,1984年。

夫西洋之民主主义（Democracy）乃以人民为主体，林肯所谓"由民（by people）而非为民（for people）"者，是也。所谓民视民听，民贵君轻，所谓民为邦本，皆以君主之社稷——即君主祖遗之家产——为本位。此等仁民爱民为民之民本主义（民本主义，乃日本人用以影射民主主义者也，其或径用西文 Democracy，而未敢公言民主者，回避其政府之干涉耳），皆自根本上取消国民之人格，而与以人民为主体，由民主义之民主政治，绝非一物。[1]

陈独秀的说法，实际上已经从概念上否定了晚清时期从日本借来的"民权"一词，提出了"民主主义"，不过陈独秀自己对于 democracy 最终使用的是"民治"[2]，他的"民治"与李大钊、茅盾、毛泽东等的"平民"之说法，有着非常相近的地方：

我们政治的民治主义的解释：是由人民直接议定宪法，用宪法规定权限，用代表制照宪法的规定执行民意；换一句话说：就是打破治者与被治者的阶级，人民自身同时是治者又是被治者；老实说：就是消极的不要被动的官治，积极的实行自动的人民自治；必须到了这个地步，才算得真正民治。

我不是说不要宪法，不要国会，不要好内阁，不要好省制，不要改良全国的水利和交通；也不是反对省自治、县自治。我以为这些事业，必须建筑在民治的基础上面，才会充分发展；大规模的民治制度，必须建筑在小组织的民治的基础上面，才会实现……[3]

---

[1] 陈独秀：《再质问东方杂志记者》，《新青年》，第 6 卷第 2 号。

[2] 陈独秀在《实行民治的基础》直接将 democracy 称为"民治主义"，见《新青年》，第 7 卷第 1 号。

[3] 陈独秀：《实行民治的基础》，《新青年》，第 7 卷第 1 号。

在"五四"运动以后，中国的知识阶层主动唤醒了"民主"一词，但是这个被重新召唤出的"民主"已非作为政治制度的民主，而是成为一个更加宽泛的政法文化领域的概念，中国的知识阶层借此以表达各种社会欲求。实际上，五四运动之后，中国政治环境的持续动荡与国内政治领域风云变幻，法治已经逐步在中国丧失了可以实行的环境。政法文化领域的空间被历史境况大大压缩了。共和制度的政治实践的失败，法治秩序的丧失，使知识分子在重新激活"民主"词汇之后，选择不同于共和政治和形式法治的道路，平民的政法文化话语成为整个 1920 年代政法文化领域的主流。具有"平民政治"性质的"民主"成为后来中国整个政法文化领域的重要导向，甚至延续在当代的司法实践与政治实践中。

第八章
新美术运动与新文化建设

五四新文化运动中,最深入人心和发生广泛影响的新观念非"民主"和"科学"莫属,两者对于中国文化的现代化发展起到了重大影响。处此时代大潮,美术的变革也势所难免,终于民初张起"美术革命"的大旗,成为新文化运动不可分割的一部分。

一、"五四"前后"美术革命"中的科学主义

民初发生的"美术革命",虽然有其美术史内在发展的逻辑,但是,促成其发生的,却和科学主义的冲击关系深远。科学主义激发起人们求真、求实和改变客观世界的入世激情。而在"美术革命"的众声喧哗中,改革家们为中国美术未来发展开出的第一剂良药就是"写实",代表人物是非美术家的康有为和梁启超。

1917年,康有为发表《万木草堂藏画目序言》一文。在这篇文章中,康有为宣告:"中国画学至国朝而衰败极矣。"为什么会如此,康有为将批判的矛头指向了传统绘画中的四王(清初四王:王时敏、王鉴、王翚和王原祁)、二石(石涛、石溪)遗风的影响:"……至今郡邑无闻画人者。其遗余二三名宿,摹写四王、二石之糟粕,枯笔数笔,味同嚼蜡……"康有为认为,中国画之盛时在唐宋时期的写实作风流行之时:"中国至宋前,画皆象形,虽贵气

韵生动,而未尝不极尚逼真","宋人画为西十五纪前大地万国之最"。同时,康有为以"今欧人尤尚之"(注:指尚"写实")一语表达了他对于写实性绘画的再度肯定。康有为提出,要改变中国画衰敝的现状,应重新以唐宋时期的写实手法为正宗:"今特矫正之,以形神为主而不取写意,以着色界画为正,而以墨笔粗简者为别派;士气固可贵,而以院体为画正法。"

那么,康有为如此卖力地提倡"写实",其目的是什么?在《万木草堂藏画目序言》中,康有为引唐代绘画评论家张彦远的话来说明写实的功效,即可以"留乎形容,式昭盛德之事,具其成败,以传既往之踪"。由此可见,康有为还是从艺术的社会功用的角度来肯定写实的意义。并且,康有为一再援引西方各国亦重写实来为中国美术必须也要采用写实来辩护:"遍览百国,作画皆同,故今欧美之画与六朝唐宋之法同。"他甚至认为,如果中国的写意文人画与"欧美画人竞,不有若持抬枪以与五十三升的大炮战乎?"以武器的威力作比进行艺术比较,前所未闻。事实上,非美术家实乃政治家的康有为是从"强国"的视角来肯定美术写实技法的意义。有意思的是,在这篇文章中,康有为写到"吾于四家未尝不好之甚,则但以为逸品,不夺唐宋之正宗云尔"。康有为其实是肯定了文人写意画的艺术性,但还是要尊唐宋为正宗。科学主义强调的是实用,康有为因为"强国"目标而力倡美术上的写实,是因为写实是美术能够发挥其工具性的最好的技法,这正是科学主义的实用思想在美术中之体现。

康有为在这篇文章中对于中国艺术,特别是文人写意画的文化精神也略有论说。康有为认为中国绘画写意风尚流弊的原因是禅宗佛教的影响,所谓"以禅入画"。他一再将写实和西方的强盛联系起来,似也在肯定写实的艺术态度和积极进取的文化精神之间的联系。不过康有为并没有在文化的视角下深挖下去,因为他的目的并不在此。

陈独秀则是第一个明确喊出"美术革命"的人。1917年陈独秀在《新青年》上发表了《文学革命》一文,次年又在《新青年》上发表《美术革命》。在《美术革命》一文中,陈独秀开宗明义提出:"改良中国画,断不能不采用洋画写实的精神。"但是陈独秀给出的写实理由和康有为不尽相同,陈独秀的理由是：采取写实的方法才可以使画家"发挥自己的天才，画自己的画"，他欣赏的是扬州八怪，因为他们有"自由描写的天才"。然而，是否采取写实的方法就可以充分解放艺术家的创造力，恐怕效果还是有限。事实上，陈独秀所赞同的扬州八怪的作品也并没有更写实。不过，比起一味摹古，采取写实之法肯定要有效得多。陈独秀此文的意义在于他第一个明确提出"美术革命"所达到的振聋发聩的效果以及他对于引进写实的明确强调。

徐悲鸿

1918年，写实主义的忠实信徒徐悲鸿发表了《中国画改良之方法》一文。徐悲鸿在提出中国画的改良方法时将"惟妙惟肖"作为目的。并说"然肖或不妙，未有妙而不肖者也"。将"肖"作为"妙"的基础，这是徐悲鸿的艺术理念。至于为什么"肖"是"妙"的基础，徐悲鸿并未说明。只不过他认为写实的创作态度可以使人更深刻地去反映和理解现实世界："故学画者，宜屏弃抄袭古人之恶习（非谓尽弃其法）。——案现世已发明之术，则以规模真景物。形有不尽，色有不尽，态有不尽，趣有不尽，均深究之。"总之，将写实的创作方法和一种意欲把握现实世界的意图相关联，同样可以看出科学态度的影响。

综上所述，很明显可以看得出，民初的美术革命的先驱们更多地将提倡写实和强国梦联系在一起，体现出科学主义对于美术革命的影响。这是一种功利主义的世界观在艺术上的体现，也是清末民初中国社会文化改革"中学为体，西学为用"老思路的体现。不过，虽然叫嚷得热闹，"科学—写实"的美术观在民初并没有在艺术实践上得到积极的呼应。

二、美术文化中的民主精神

艺术创新的根本，还在于文化精神的革命，应该对于中国艺术其后的文化精神做更具超越性的反思。在"科学—写实"观之后，出现了美术革命的"西化派"，"西化派"主张引进西方人本主义的文化和艺术精神乃至艺术技法来改变中国绘画。应该说，这种对于中国传统文化和艺术精神的反思之所以可能，得益于新文化运动中的民主思潮激荡的大环境。

新文化运动时期的科学主义、民主意识的萌芽和成长，尤其是民主意识，是和西方进行文化交流的结果，特别是留学生的派出和归国。就美术方面的出国留学来讲，在五四运动之前，中国人大都选择到日本留学，1917年出现第一个留学日本的高潮。第一位到日本留学学习美术的留学生，也是第一位美术留学生出现在1905年，当时的留学生到日本主要学习的是受印象派、后印象派包括野兽派影响的日本外光派的绘画。中国人大规模涌向欧洲学习美术是在1919年之后。经过五四运动，国人开始认识到，真正要学习并掌握西方的现代文明，包括西方的艺术，日本不是首选，特别是西方诸多国家图书馆和美术馆中陈列的不同时期的大师杰作更是日本人所不及的。因此，五四之后，奔赴欧美留学的人数远远超过了日本，而巴黎国立高等美术学院更是很多中国学子心目中的艺术殿堂。这些早期的中国艺术留学生归国之后，自觉地传播西方的文化、艺术观念和美术技法，从而为中国早期现代艺术奠定了基础。从艺术上来讲，他们为中国带来了写实主义和现代主义，而从文化思想上来讲，就是民主精神和人本主义思想。

从文化艺术精神视角对于中国艺术进行透视反思的始于蔡元培、鲁迅等文化大家们，如鲁迅1918年在《随感录四十三》中就写到："我们所要求的美术品，是表记中国民族知能最高点的标本，不是水平线以下的思想的平均分数。"这就是从思想和文化革命的视角寄希望于未来的美术和美术家的。此后有一批艺术理论家和实践者们（他们大都有留学的经历，并于二三十年代结束留学归国）更为自觉地从文化艺术精神的视角去比较东西方艺术之不同，并明确指出：人本主义文化精神的健全和缺失正是东西方艺术之不同的关键。傅雷后来在《现代中国艺术之恐慌》一文中对中西方的文化艺术精神进行了这样的对比：

中国艺术具有无人格性的,非现实的,绝对"无为"的境界。

这和基督教艺术不同。它是对于神的爱戴与神秘的热情(Passion Mystique)为主体的,而中国的哲学与玄学却从未把"神明"人格化,使其成的"神",而且它排斥一切人类的热情,以期达到绝对静寂的境界。

的确如此,翻开中国绘画史会发现,就像徐悲鸿所抱怨的那样:"从古昔到现在我国画家都忽略了表现生活的描写,只专注重山水,人物,鸟兽,花卉等,抽象理想,或模仿古人的作品,只是专讲唯美主义……"[1]

新文化的美术革命思潮培养了中国艺术界对美术传统的反思能力。正如秦宣夫在《教育部第二次全国美术展览会专刊》中发表的《我们需要西洋画吗》一文所显示的那样,中国美术界由此便习惯于从人本主义的视角分析中西绘画艺术精神的不同,从现代民主的精神立场批判中国传统绘画人本精神的缺失。秦宣夫这样分析中国传统绘画缺少人本主义的原因:由于中国历史上政治上的失败(特别是宋南渡之后)和佛教、道教上的势力影响于中国人的人生哲学,使中国文人画家"由失望而消极,多抱出世之念头,只得'逃往自然'去作寄情山水的'隐逸之士'。结果绘画变成了'出世者'、'隐者'的心灵寄托物,故有弃去技巧繁重的'人物',而倾向冲淡疏简的水墨山水"。而"西洋画则不然。受文艺复兴人文主义(或人本主义)洗礼的西洋画家,对'人'的研究是毫不放松的;他们要:(1)表现人体美。(2)要拿人体的姿式动作表现崇高的思想感情。(3)画有'个性'、'性格'Character的人物"。

文化精神的不同,才是导致艺术精神不同的根本原因,因此势必会得出这样的结论:要想拯救本土艺术,一定要借鉴异域先进的文化精神,固守传统只能是死路一条。那么如何借鉴西方的文化艺术精神,改造中国画呢?这批艺术理论家和实践者们将目光转向了西方人本主义文化精神在

---

[1] 王震选编:《徐悲鸿论艺》,第 105 页,上海:上海书画出版社,2010 年。

艺术上的最主要的载体——西方油画。秦宣夫提出的发展中国绘画的办法就是："到西洋画里求一点曙光。""换句话说：学西洋人画油画。"可以说，人本主义在中国传播的同时，促进了油画在中国的萌芽和茁壮成长，这是新美术运动的重要收获。

人本主义对于新美术运动的影响主要表现在，与文学上的"人的发现"、"平民的发现"相呼应，美术上也第一次有了"人的发现"。艺术家们从此冲破了以追求生命超越为特色的中国传统文化艺术精神的限制，从肉身到精神，从社会存在到凡俗人生对"人"进行了全方位的描绘，从而极大地拓展了中国绘画的艺术表现题材。比如对于身体的描绘，如傅雷在《现代中国艺术之恐慌》一文中所言，由于传统中国艺术"排斥一切人类的热情"的特点，"全部的中国美术史，无论在绘画或雕刻的部分，我们从没找到过裸体的人物"。然而随着美术革命的深化和美术上的"人的发现"，身体的描写逐渐成为合法的和普遍的现象。

"人的发现"不仅体现在创作题材上，还体现在艺术家的创作态度和创作方法的改变上。就写实主义来讲，民初的"科学—写实"观只是让写实主义的观念广为人知，并未在艺术实践上为艺术家提供一个更具有内驱力的理由，只有等到人本主义精神在美术中的渗透和传播，写实主义才得到了它最需要的精神营养，从而达到它最富有内涵和人文关怀的时期，从而涌现出秦宣夫、吕斯百，和包括徐悲鸿等一批写实主义的优秀艺术家，他们的创作是纯熟的写实技法和真正的人文深情的合一。比如吕斯百创作的表现四川农家小院淳朴而又有些忧伤意味的《庭院》，秦宣夫的借平凡生活的场景表现国难中民众之信心和期盼的《母教》，以及徐悲鸿创作的《远闻》，都是非常优秀的写实主义作品。

民主思潮和人本主义的传播不仅向外唤起人们普遍的人道主义和生命关怀，向内还促进了个体自我的发现。1915 年，陈独秀在《青年杂志》创刊号发表《敬告青年》一文中，提出"科学和人权"的思想："国人而欲脱蒙昧时代，羞为浅化之民也，则急起直追，当以科学与人权并重。"其中，最震人心弦的，即是对个性自由人格的强调。他指出：

> 我有手足，自谋温饱；我有口舌，自陈好恶；我有心思，自崇所信；绝不认他人之越俎，亦不应主我而奴他人；盖自认为独立自主之人格以上，一切操行，一切权利，一切信仰，唯有听命各自固有之智能，断无盲从隶属他人之理。

个体自我的发现对于美术意义重大。自我的发现体现在艺术中，首先是艺术家创作心态的转变。诚如倪贻德在《新的国画》一文中分析到的："像不像的问题，艺术上原不能成立，艺术上所最重要的，却是由对象而引起之内部革命。"[1]因此，技法如何，乃至是否"写实"都不是艺术上重要的问题，艺术态度的改变才是重点。事实上，在美术革命的思潮中，在中西美术冲突的众说纷纭中，尊重自我心性表达的艺术家的艺术态度恰恰是"中西融合派"。正如林风眠在《〈艺术丛论〉自叙》中所说的那样："绘画的本质是绘画，无所谓派别，无所谓中西。"只要发自本心，就能创作出好的艺术，而这样宽容的态度也就潜在地为西方现代主义在中国的发展提供了契机。

中国的现代主义美术，以林风眠所领导的杭州艺专和三十年代成立的西画群体"决澜社"的创作为代表。这些现代主义的追慕者在艺术创作理念上，都以表现自我情思、自我观念为追求，而在表现形式上早就将科学的写实主义抛弃一边，而倾向于表现主义乃至超现实主义。比如决澜社的领军人物庞薰琹的带着装饰风格的超现实主义的作品，表现现代人在上海这个国际都市"东方巴黎"中的迷失，和当时流行文坛的新感觉小说相呼应；同为决澜社的阳太阳创作的超现实主义作品《曼陀铃和烟囱》，表现科学和工业的发展对于艺术和美的玷污，非常具有前卫意识。

综上所述，民主意识，以及基于民主意识的人本主义，一方面成就了写实主义的健康发展，一方面促进了个体的发现，为现代主义在中国的发展

---

[1] 刘瑞宽：《中国美术的现代化：美术期刊与美展活动的分析（1911—1937）》，第 12 页，北京：生活·读书·新知三联书店，2008 年。

提供了条件。但是,民初流行的民主意识,还潜藏着另外一种发展可能。大致以 1919 年五四运动前后为界,民主的主体从一种相对超越意义上的普通人、个体的人向带有阶级论色彩的"无产者"转换。1919 年,李大钊发表在《新青年》上的《庶民的胜利》一文中写道:"民主主义战胜,就是庶民的胜利。社会的结果,是资本主义失败,劳工主义战胜。""民主主义劳工主义既然占了胜利,今后世界的人人都成了庶民,也就都成了工人。"将民主的主体限定于"劳工"和"工人"。1919 年 12 月 1 日,陈独秀在《晨报》上发表《告北京劳动界》一文,开头即言:"我现在所说的劳动界,是指绝对没有财产全靠劳力吃饭的人而言。就职业上说,是把那没有财产的木匠、泥水匠、漆匠、铁工、车夫、水夫、成衣、理发匠、邮差、印刷排字工、佣工、听差、店铺的伙计、铁路上的茶房、小工、搬运夫,合成一个无产的劳动阶级。"接着对他所倡导的"德莫克拉西"作了一种新的解释:"劳动界诸君呀! 十八世纪以来的'德莫克拉西'是那被征服的新兴财产工商阶级,因为自身的共同利害,对于征服阶级的帝王贵族要求权利的旗帜。……如今二十世纪的'德莫克拉西',乃是被征服的新兴无产劳动阶级,因为自身的共同利害,对于征服阶级的财产工商界要求权利的旗帜。"这里将"民主"的主体由资产阶级转换为无产阶级。

上述带有鲜明阶级论思想的"民主"意识,将为美术的再次转向提供思想的支持。这主要体现在写实主义的发展中。1937 年,在抗日救亡时代主题的规范之下,新写实主义成为最重要的美术创作方法。但是,抗战时期的新写实主义的内涵要比战前的写实主义狭隘得多,既不是民初美术革命先驱所依据的科学主义,亦不是人本主义对人的关怀,而是政治意识国家意志,是服务于大众。特别是 1942 年延安文艺座谈会之后,共产党领导下的"解放区"将文艺的目标明确规定为"为工农兵服务",艺术观念显示出明显的阶级色彩。直至 1949 年之后,中华人民共和国成立,新写实主义逐渐为"社会主义现实主义"所代替,所举的依旧是"人民民主"的旗帜。

吊诡的是,作为"美术革命"的对象,中国传统绘画非但没有受到实质上的冲击,事实上还在民初出现了复兴的迹象。这事实上也得益于新美术运动的大环境。美术革命的思潮促使了国粹派们从技法和文化上对传统绘画进行反思和革新。如陈师曾的《论文人画之价值》就是压力下的反弹之作,是第一次对文人画的正面梳理以及对其价值的肯定。在1920—1930年代举办的两次全国美展上,古代藏画展都受到了热捧。抗战时期由于民族主义的复兴,国画的发展更趋向稳健和深化。尽管如此,中国绘画特别是宋元山水画文人画的佛教禅宗的文化背景,隔断了和活生生的个体生命的关联,这是造成中国传统绘画缺少发展动力的根本原因,亦是发动美术革命的理由。因此,民初国画的一度"复兴",虽然在艺术上有新的表现,但总体而言,在艺术精神上并没有给中国美术带来多少革命性的变化,所以,中国传统国画的问题直到今天也未得到真正的解决。

新文化运动的"民主"和"科学"意识给了中国美术的现代化进程以很大影响。它极大地拓展了艺术表现的题材和表现技法,激发和解放了艺术家自由的、创造的主体心态,促进了现实主义和现代主义艺术的发展,涌现出了很多优秀作品。然而,经过抗战美术运动,经过延安时期的美术运动,中国美术的现代化进程与艺术为政治服务的目的性联系得越来越紧密,这一定意义上影响了"美术革命"的成果,但这无疑代表着时代性的美术文化。中国新文化运动提出的民主课题以及美术革命的目标还需要继续努力才能完成。

三、民主、科学与设计文化

辛亥革命与新文化运动的发生,促使中国的设计文化从旧体制文化的束缚中挣脱出来,并逐渐开始接纳、吸收外来设计文化的影响,尤其是西方设计文化。总括而言,这一阶段的中国设计文化,一方面强力接受西方现代设计的科学理念,一方面以革新的姿态体现着西方式的民主思想,鲜明地反映了民主与科学的时代氛围。不过值得注意的是,虽然中国设计开始努力学习西方设计,但是并非一味照搬、照抄,在很多设计领域,中国都有自己独具特色的设计产品。具体而言,在这个新旧交替的历史时刻,随着民主与科学的口号渐趋深入人心，这一阶段的中国设计文化大致呈现出民主风尚、科学主义、中西合璧三大特征。

民主风尚的设计文化特征，主要是指与亚洲第一个民主共和国的立国宗旨相适应，并区别于旧有的帝国皇权体制文化的，普遍表现出平民意识的设计倾向。科学主义的设计文化特征，是指以现代工业文明和现代科学技术为文化背景，打破旧有文化中背离现代科学主义的设计思维，从而建构出一种与当时中国社会经济状况相符合的设计导向。中西合璧的设计文化特征，即将西方设计理念与中国设计传统相结合后所形成的设计风格。民主风尚、科学主义、中西合璧这三大中国设计文化的特征，在实际的设计产品之中，很多时候并非独立呈现，往往会融合在一起。以著名的"中山装"设计为例，就可以看到这种相互融合的现象。其衣服外的四个口袋代表"国之四维"（即礼、义、廉、耻）；前襟的五粒纽扣和五个口袋（一个在内侧）分别表示孙中山的五权宪法学说——行政权、立法权、司法权、考试权，还有监察权在领口（纽扣）和内侧（口袋），以彰显监察权的人民监督作用；衣领为翻领封闭式，表示严谨的治国理念；衣袋上面弧形中间突出的袋盖，笔山形代表重视知识分子，背部不破缝，表示国家和平统一之大义。这一系列饱含着政治权力规训、引导的设计意涵，典型地体现了那个时代浓郁的民主风尚潮流。其笔袋口、表袋、大口袋的细节设计，和它"适于卫生、便于动作、易于经济、壮于观瞻"的设计原则，都很好地体现了科学主义的设计文化特征。在孙中山的示范与引导下，这款同时吸取了中式服装和西装的优点，精练、简便、大方、庄重的服装，很快风靡中国，而且至今仍为部分国人正式场合的首选服装，它的成功设计不仅代表着一次划时代的服装设计变革，并且完美而融合性地显现了那一阶段中国设计文化所具有的民主风尚、科学主义、中西合璧的时代特征。

民主风尚、科学主义、中西合璧的设计文化特征，还着重表现于建筑设计领域。建筑设计文化的展示归根到底取决于建筑设计师的设计理念，建筑设计师的学术背景直接影响到一座建筑的文化蕴涵。一方面租界和租借地、附属地城市的建筑活动大为频繁，为西方资本输出服务的建筑，如西式工厂、银行、火车站等大量兴建,而且建筑规模逐步扩大,这些建筑往往由西方专业建筑师设计,他们取代了洋行打样间的匠商设计;另一方面早期赴欧美和日本学习建筑的留学生,相继于20世纪20年代初回国,并开设了最早的几家中国人的建筑事务所,诞生了中国现代建筑师的队伍,1923年苏州工业专门学校还设立了建筑科,迈出了中国人创办建筑学教育的第一步。基于这两个方面的原因,使得这一历史阶段的建筑设计文化出现了完全不同于中国传统建筑设计文化的元素,像1923年的上海汇丰银行和1927年的上海海关大厦这样具有明显现代设计风格的建筑开始在中国落地了。

上海汇丰银行

第九章
新文化运动中的戏剧文化场域

在五四新文化运动兴起将近百年之际,我们有必要对五四新文化运动的百年文化进行反思。"五四"究竟是属于中国的文艺复兴还是中国的启蒙运动,曾经有过不同的看法。胡适认为,"五四"是中国的文艺复兴,他列举了多种理由来说明,其中最重要的有,中国的文艺复兴是"一场有意识的反抗传统文化中许多思想习俗的运动"。中国的文艺复兴的"目标和前途就是一个古老民族和古老文明的再生"[1]。而李长之在四十年代提出,"五四"是中国的启蒙运动。李长之说:"启蒙运动的主要特征,是理智的、实用的、破坏的、清浅的。我们试看五四时代的精神,像陈独秀对于传统的文化的开火,像胡适主张要问一个'为什么'的新生活,像顾颉刚对于古典的怀疑,像鲁迅在经书中看到的吃人礼教,这都是启蒙的色彩。"[2]后来更多的学者肯定"五四"的启蒙意义。五四新文化运动也可以说是思想解放、个性解放运动,但是其核心价值应该体现在"民主与科学"[3]。

对于戏剧文化来说,在世纪之交和五四前夕进行过有关旧剧和新剧的

---

〔1〕 胡适:《中国的文艺复兴》,第 44 页,转引自格里德:《胡适与中国的文艺复兴——中国革命中的自由主义》,鲁奇译,第 336—337 页,南京:江苏人民出版社,1989 年。

〔2〕 李长之:《五四运动之文化的意义及其评价》,《迎中国的文艺复兴》,第 16 页,上海:商务印书馆,1946 年。

〔3〕 其实,用文艺复兴、启蒙运动来解释五四新文化运动都不太合适。余英时等人都提出过这种看法。参见余英时:《从价值系统看中国文化的现代意义》,《中国思想传统的现代诠释》,南京:江苏人民出版社,2006 年。

论争,是一种激进的思想和保守观点的较量;"五四"退潮后的国剧运动,则被认为是一种复古的思潮。

从新文化史的角度来研究五四新文化运动的戏剧论争和国剧运动,可以看到新文化史是西方史学界最新提出的一个概念,其目标是"通过对各种文化体系的调查去研究话语、仪式、再现(representation)中权力运作的机制,所使用的技术手段,以及所达到的成效,从而揭示权力是如何通过控制知识的生产来展开博弈的"[1]。

话语是一种文化权力或者说文化霸权,这是葛兰西在《狱中札记》中提出的一个概念。文化权力是一种象征的权力。"场域"是布尔迪厄提出的概念,他指出,事实上,在任何社会里,总是存在着试图安置正当区分观点、企图建构群体的各种象征权力之间的冲突。象征权力在这个意思上,是一种"建造世界"(world making)的权力。布尔迪厄指出,根据古德曼(Nelson Goodman,1978)的说法,"建造世界"的方式"经常是在一项运作中,同时进行区分与重组",是从事分解、分析,以及组合、合成,而且通过借由标签的使用来完成。如同古代经常把对社会世界的感知组织起来,而且在某些情况里,确实能将这个世界本身组织起来。在他看来,象征权力乃是神圣化或启示(revelation)的权力,是一种神圣化或揭露已经存在之事物的权力[2]。

从布尔迪厄的"场域"观念,分析"五四"欧化与国故的文化冲突,并重新思考新剧和旧剧的文化论争,审视"国剧运动"的失败与教训,是解析五四时代戏剧文化新潮的关键。

一、欧化与国故的文化冲突

"五四"时期的新文化运动,是以五四运动的爆发作为语境的。从1840年鸦片战争开始,帝国主义用枪炮打开了中国的大门,中华民族到了生死

---

[1] 姜进:《新文化史·总序》,[美]林·亨特编:《新文化史》,第7页,上海:华东师范大学出版社,2011年。

[2] [法]彼埃尔·布尔迪厄:《社会空间和象征权力》,包亚明主编:《后现代性与地理学的政治》,第308—310页,上海:上海教育出版社,2001年。

存亡的危急关头,于是乎一代仁人志士为了拯救国家,把眼光投向西方,开始了洋务运动、戊戌变法、辛亥革命等一系列近代化运动。五四新文化运动是一个合乎逻辑的结果,即由经济、政治到文化观念的变革。正是在这一点上,五四新文化运动才显示出它的伟大意义。

中国传统文化具有强大的同化能力,所以在古代常常吸收异域的文化来丰富自己,比如印度的佛教文化,但是,在近代接受西方文化却显得极其艰难。冯友兰说:"对于中国人来说,传入佛家的负的方法,并无关紧要,因为道家早已有负的方法,当然佛家的确加强了它。可是,正的方法的传入,就真正是极其重要的大事了。它给予中国人一个新的思想方法,使整个思想为之一变。"[1]中西文化的冲突确实使中国人的思想观念起了巨大变化。李泽厚则认为五四新文化导致了"情感方式"的变化[2]。

然而,这两种文化冲突,由于近代中国的历史原因,出现了一系列特殊的情况。

首先,中国近代接受西方文化,是在主导型文化地位失落,退居守势之后开始的。强烈的民族屈辱感,迫使文化精英的情绪性地来对待中西方文化。不论是新文化运动的倡导者,还是传统文化的保守派都是如此。这就使他们不可能用完备的理论形态来深入地比较中西方文化的优劣,而只能是印象式地、随感式地来发表自己的见解。

其次,中国近代接受西方文化,更多的是从"救亡保种"的前提下出发的,所以文化的问题往往和政治的问题纠缠在一起,即使是带有启蒙色彩的理论倡导,也很快被救亡的呼声淹没了。李泽厚说:"五四时期启蒙与救亡并行不悖相得益彰的局面并没有延续多久,时代的危亡局势和剧烈的现实斗争,迫使政治救亡的主题又一次全面压倒了思想启蒙的主题。"[3]这

---

〔1〕　冯友兰:《中国哲学简史》,第378页,北京:北京大学出版社,1985年。

〔2〕　"情感方式"是李泽厚在《中国现代思想史论》中提出的概念,这个概念可以和雷蒙德·威廉斯的"情感结构"比拟。雷蒙德·威廉斯认为,一种艺术惯例只有与一种认可的情感结构发生关联,艺术家才能属于他的时代。参刘进:《文学与"文化革命":雷蒙德·威廉斯的文学批评研究》,第386页,成都:巴蜀书社,2007年。

〔3〕　李泽厚:《中国现代思想史论》,第32页,上海:东方出版社,1987年。

就使"五四"运动没能成为一个持续的文化运动,而且作为文化表征的文学艺术乃至学术都没有能够作为自足的形态而逐步走向成熟和完善。

当然,五四新文化运动,在世界近现代史上毕竟是一个令人瞩目的文化现象。胡适在 1919 年发表的《新思潮的意义》中说:"新思潮的根本意义只是一种新态度。这种新态度可叫做'评判的态度'……尼采说现今时代是一个'重新估定一切价值(Transvaluation of all Values)的时代'。重新估定一切价值八个字便是评判的态度的最好解释。"[1]确实,新文化运动的倡导者所表现出来的对中国传统文化的彻底否定态度和对西方文化的礼赞,是以往历史上所没有的。它为我们这个古老的传统文化输进了新鲜血液,使我们这个年迈的民族变得年轻。所以"五四"以后的中国有"少年中国"的美称,就像郭沫若在《女神》中所讴歌的,火中的凤凰更生了。五四运动开创中国传统文化的全新局面。所以,当时有新思潮、新学说、新青年、新社会、新国家、新文学包括我们所要探讨的新剧之说。

值得指出的是,文化传统并不是一成不变的,也不是单一层次的。五四新文化运动的倡导者所否定的中国传统文化,主要是晚清以来的一些行将就木、早已丧失了活力的死文化,至少从他们所抨击的一些现象来看是如此。而他们所礼赞的西方文化则是文艺复兴以来的近代文化。当时就有人很有见识地指出,"国故是过去的已死的东西,欧化是正在生长的东西";"我们现在把欧洲人的学术思想,'买'了过来,'吃'了下去,经过'消化作用',长了许多'筋力',这个'筋力'亦就可以叫得我们的'国新'。"[2]从五四运动到我们现在,这个"国新"也已构成了我们的文化传统,这正是"五四"的精神之所在。

五四时期在文化上出现的如此剧烈的变异与转换,它触动了中国传统文化的深层结构[3],这是近代以来的洋务运动、戊戌变法以及辛亥革命所

---

〔1〕 胡适:《胡适文存》第 4 卷,第 152—153 页,上海亚东图书馆,1935 年。
〔2〕 毛子水:《国故和科学的精神》,《新潮》,第 1 卷第 5 号。
〔3〕 "三千年未有之大变局"。导致撰写《宋元戏曲史》的王国维投昆明湖自杀,扮演《茶花女》的李叔同出家,都是一种文化的征兆。

不能比拟的。美国文化人类学家 C. 恩伯和 M. 恩伯指出："文化一般具有适应性,而且大多数情况下是整合的,这两点都意味着文化是不断变迁的。文化适应是文化对环境变化作出反应的一种文化变迁。"[1]五四时期出现的文化变异与转换,表明中国文化对外来文化的挑战还是具有应变能力与内在调节机制的,正是在这样的文化背景的前提之下,我们才能较为深入地来探讨"五四"戏剧论争的文化意义。

在这里,有一个话语的宰制问题,这种宰制在后来就逐步形成了意识形态,认为西方的新剧是先进的,中国传统的戏曲是落后的。这就是五四新剧和旧剧论争的关键。

二、新剧与旧剧的文化论争

新与旧,是五四时期文化论争的焦点。新小说与旧小说、新诗与旧诗、新剧与旧剧等表述可见一斑。其中新剧与旧剧,不仅是文学领域,也是艺术领域,因而更是文化领域的问题。在五四前夕,对于旧剧和新剧的论争,新旧双方是采用一种极端的方式来进行。

一般看来,旧剧和新剧的论争似乎是以新剧的压倒性胜利而告终的,其实,事情并不是那么简单。余英时说道,对于五四运动的研究和评论,向来都强调它"新"的一面,尤其是接受西方思想的部分,就五四以来的整个历史进程来看,这一强调无疑是有充分的根据的,因为五四在近代思想上的正面意义确在于此。但他认为,五四运动虽然以提倡新文化为主旨,而其中仍不免杂有旧传统的成分。我们都知道,五四时代新文化、新思想的倡导者如陈独秀、胡适、钱玄同、鲁迅……这些人都出身于中国旧传统,对中国的旧学问都有相当的造诣,而且盖棺论定,都或多或少在不同领域内

---

〔1〕 ［美］C. 恩伯,M. 恩伯:《文化的变异》,杜杉杉译,第 48 页,沈阳:辽宁人民出版社,1988年。

对旧学有所贡献[1]。

王国维

但是在五四新文化运动中,胡适、傅斯年、周作人等都是站在"欧化"的立场,来反对"国故"。胡适一方面倡导易卜生的"写实主义",一方面采用进化论的观念来看待新剧和旧剧,认为戏剧是"人类生活状态的一种记载",他说,"西洋的戏剧便是自由发展的进化;中国的戏剧便只有局部自由的结果"。他认为中国戏曲中的"乐曲"、"脸谱、嗓子、台步、试把子"等等都是戏剧进化史上的"遗形物"[2]。

---

[1] 余英时:《五四运动与中国传统》,《中国思想传统的现代诠释》,第 279 页,南京:江苏人民出版社,2006 年。潘建伟的博士论文《对立与互通:新旧诗坛关系之研究》(浙江大学 2012 年)中,引用了龚鹏程在《传统与反传统:论晚清到五四的文化变迁》一文中的观点:"近代中国根本不是反传统以西化的简单模式可以涵盖的。整个晚清,久成绝学的今文经学,久遭淡忘的先秦诸子学,久已沉寂的佛学(特别是已属绝望的唯识学),久已遭排抑的陆王心学,久受贬斥的魏晋玄学、骈体文,久已束之高阁的宋诗,全都复兴了。到民国,则民间文学、戏曲小说也出沉霾而见天日。"(《近代思想史散论》,台湾东大图书出版有限公司,1991 年)他又引用了刘纳的观点说:"若干年来,研究寻找而找到了'旧''新'之间的种种传承关系,但我们仍可以借用一位外国学者的话来说,这两种文学'其差别是那样深刻,简直令人难以置信它们产生于同一民族'。两种文学的嬗替在 1912 年至 1919 年间生动地展开,这包含两个方面的内容:光辉悠久的古典文学有一个不失体面的尾声,适应时代变化的新文学有一个轰烈的开始。"(刘纳:《嬗变——辛亥革命时期至五四时期的中国文学》,北京:中国社会科学出版社,1998 年)从这里我们可以看出,不仅晚清到五四时期有新旧之分,即使到了新时期甚至新世纪的研究者,也有新旧之分。新文学认为自己已经牢牢控制了文坛,其实,新旧文学、新旧戏剧的论争依然存在。

[2] 董健认为,"巫"留给中国古典戏曲的最强有力的一个文化遗传基因,就是"做假",即对于"非人化"、"反自然"意向的神话式文化的认同,叫人在虚假仪式的形式主义下以纯主观的想象实现超自然、超现实的幻想。"巫"的这一文化遗传基因形成了戏曲脸谱的"非人化"、"反自然"倾向。他分四个方面来阐述。第一,用人造的"假面"来掩盖人物的真面,这不仅使观众看不到舞台上自然本真的人,听不到自然本真的语言,更无法关照活生生的自然本真的生活。第二,以笼统抽象的"类型化"取代有血有肉的人物个性,人的丰富复杂的个性生命被消解在舞台上的"权力话语"中,只剩下了模式化了的"忠"、"奸"、"善"、"恶"、"正"、"邪"、"好"、"坏"之分。第三,脸谱是一种神话的形式,它将隐含了意识形态指向的历史现实矫饰为"自然法则"。他说道,中国古典戏曲的脸谱化所形成的仪式性、虚假性、游戏性,作为一种艺术的规则,是可以备此一格的,但如果作为生活的原则,就很成问题了。(董健:《20 世纪中国戏剧:脸谱的消解与重构》,《戏剧与时代》,北京:人民文学出版社,2004 年)董健的这个观点是和胡适的非学理性的观点相似,他的观点非常重要,但是需要辨析。

　　从文化人类学的观点来看,中国的戏曲和希腊戏剧、印度梵剧都属于三大古老的戏剧,具有强烈的仪式性。戏剧起源于仪式,或者如同王国维所说,后世戏剧当由巫、优二者出。戏剧发展到现代确实出现了易卜生的现实主义,但是,对于易卜生主义也需要辨析。五四时期,有人曾经对易卜生主义提出过异议,其实,易卜生本人在后期也开始反思中期的现实主义,而且确立了象征主义。

　　"中国戏剧的将来,全靠有人能知道文学进化的趋势,能用人力鼓吹,帮助中国戏剧早日脱离阻碍进化的恶习惯,使他渐渐自然、渐渐达到完全发达的地位。"胡适认为中国事事不如人,那戏曲自然也不例外。他说中国旧戏最不讲经济,"跳过桌子便是跳墙;站在桌上便是登山;四个跑龙套便是一千人马;转两个湾便是行了几十里路,翻几个斤斗,做几件手势,便是一场大战。这种粗笨愚蠢,不真不实,自欺欺人的做作,看了真可使人作呕!"所以他认为,中国的文化是犯了"老性"、"暮气"的死症:"一犯了这种死症,几乎无药可医;百死之中,止有一条生路:赶快用打针法,打一些新鲜的'少年血性'进去,或者还可望却老还童的功效。"[1]

　　新文化运动的倡导者,如钱玄同、胡适、傅斯年、周作人以及欧阳予倩等人,选择了一条彻底否定传统文化的路径。这种过于激烈的否定,一方面表现了他们接受西方文化的勇气,另一方面也表明了他们对民族文化遗产的一种虚无主义态度。这种虚无主义态度,其实隐含了一种强烈的自卑心理。像钱玄同这种连汉字都要废除的人,能不彻底否定旧戏吗? 他说:

　　　　中国旧戏,专重唱工,所唱之文句,听者本不求甚解,而戏子打脸之离奇,舞台设备之幼稚,无一足以动人情感。夫戏中扮演,本期确肖实人实事,即观向来"优孟衣冠"一语,可知戏子扮演古人,当如优孟之像孙叔敖,苟其不肖,即与演剧之义不合;顾何以

---

〔1〕　胡适:《文学进化观念与戏剧改良》,《胡适文存》(1),第206—210页,第202页,上海:亚东图书馆,1933年。

今之戏子绝不注意此点乎![1]

所以,他提出"如其要中国有真戏,这真戏自然是西洋派的戏,决不是那脸谱派"[2]。胡适所说的"这新鲜的'少年血性'",便是西洋的戏剧文学。以张厚载(聊子)为代表的保守派,认为中国旧剧"是中国历史社会的产物,也是中国文学美术的结晶,可以完全保存"[3]。从这个意义上说,张厚载等人是选择了一条全面肯定中国传统戏剧的路径。然而,这种过分的肯定也隐含着一种自卑的心理。当时有人把昆曲吹捧为"国粹",要"永永保守而勿坠"。他们对一时的昆曲"中兴",兴奋不已,陶醉于"真美之歌舞剧"之中[4]。有人甚至说:"好了,中国的戏剧进步了,文艺复兴的时期到了。"[5]而张厚载更是在理论上全面肯定中国传统戏剧的长处。他认为,第一,中国旧戏是假象的,中国旧戏描写一切事情和物件,也就是用指而可识的方法;第二,有一定的规律,唱工做派的规律和西方戏剧的三一律是一致的;第三,是音乐上的感触和唱工上的感情。所以他认为中国旧戏可以完全保存。这种论述虽然显示出作者对中国传统戏剧的理解是相当深刻的,但毕竟有些"隔江犹唱后庭花"的味道了。

五四前后的新旧剧的论争,开创了一种非学理性的批评。田本相说:

> 在戏剧批评上,不但有着简单的"捧"和"骂",而且还出现了一些引人注目的批评现象,这就是我们所提出的"非学理戏剧批评"现象。我们之所以把胡适作为一个代表人物单列出来加以论述,即因为他在五四新剧运动中,不但扮演了一位新剧倡导者的历史角色,同时也成为开启非学理戏剧批评的代表人物。他,以

---

[1] 钱玄同,《寄陈独秀》,《新青年》,第3卷第1号。
[2] 钱玄同:《随感录》(十八),《新青年》,第5卷第1号。
[3] 张厚载:《我的中国旧戏观》,《新青年》,第5卷第4号。
[4] 张聊公:《民六戏剧界之回顾》,《昆曲之变迁》,转引自游默《论"五四"戏曲论争及其影响》,《戏剧论丛》,1981年第3期。
[5] 钱玄同:《随感录》(十八),《新青年》,第5卷第1号。

及周作人等对旧剧的批评,就建立在非客观、非科学、非实事求是的非学理的基础之上的,他们全盘否定的不仅是一个剧种,而是开启了一种戏剧批评文风。[1]

陈平原也认为《新青年》是同人刊物。富有意味的是,他分析了《新青年》的"通信"栏,他说:"使用'表演'一词,并非贬低'通信'栏中诸君的高谈阔论,而是指向其刻意营造'众声喧哗'局面,还有行文中不时流露的游戏色彩,确实是对话,也有交锋,但那基本上是同道之间的互相补台。好不容易刊出火药味十足的王敬轩来信,可那又是虚拟的,目的是提供批判的靶子。也就是说,别看《新青年》上争得很厉害,那是有控制的'自由表达',惟一一次比较有分量的挑战——张厚载质疑《新青年》同人对于中国旧戏的见解,又被胡适、钱玄同、陈独秀、周作人、傅斯年等轻易地打发了。"[2]《新青年》关于新旧戏剧的论争,给人造成了新文化阵营和旧文化阵营之间的冲突的印象。其实,在五四时期,中国传统戏曲,并不是像《新青年》所展示的那样,新剧好像获取了压倒性的话语权力。在五四的整体语境中,传统戏曲应该是更为强大的存在,新剧的声音应该是微弱的。《新青年》代表了新文化阵营,而旧剧的刊物则非常众多。然而,《新青年》采取这种矫枉过正的方式来表示新剧的价值,也只是新文化的一种"呐喊"而已。

相比之下,宋春舫等人的观点显得较为冷静和沉着。他们是在经过详细的比较之后,才得出自己的改良旧戏、提倡新剧的观点。

宋春舫认为:"欧洲戏剧分为两大类:一曰歌剧 Opera,一曰非歌剧 Drama。歌剧又可分为二:一曰纯粹歌剧,即 Opera,是纯用歌曲不用说白者;二曰滑稽歌剧 Operette,有说白而兼小曲,纯具滑稽性质者也。其余如纯粹歌剧而具滑稽性质为 Comic Opera,则仅为 Opera 之附属品矣。非

---

[1] 田本相:《序言》,《残缺的戏剧翅膀:中国现代戏剧理论批评史稿》,宋宝珍著,第 4 页,北京:北京广播学院出版社,2002 年。

[2] 陈平原:《思想史视野中的文学——〈新青年〉研究》,陈平原、山口守编:《大众传媒与现代文学》,第 230 页,北京:新世界出版社,2003 年。

歌剧亦分为二：一曰诗剧 Poetic drama，二曰白话剧 Prose Drama。以予个人之观察，歌剧今日在欧美之势力，似反驾非歌剧而上之。"他说道："中国能专恃白话剧而屏弃一切乎？吾不敢知。吾国昆曲、京剧均非白话体裁。昆曲类诗剧，而有曲谱，则是歌剧耳。京剧性质纯是欧洲歌剧体裁，英语所谓 Operatic 是也。"他对激进派和保守派的主张都进行了尖锐的批评。他认为，激进派"大抵对于吾国戏剧毫无门径，又受欧洲物质文明之感触，遂因噎废食。创言破坏，不知白话剧不能独立，必恃歌剧以为后盾，世界各国皆然，吾国宁能免乎？"而保守派"对于世界戏剧之沿革之进化之效果均属茫然，亦为有识者所不取也"[1]。在中西戏剧的价值取向上，宋春舫的文化心态是比较正常的。他的这种兼容中西文化，两者并而存之的态度，可以在这个倾斜的世界里，重新建构起心理平衡。

三、"国剧运动"的失败与教训

新与旧，在五四时期好像是分裂，或者说壁垒森严。但是在五四后，新旧两个戏剧"场域"渐渐地开始融合起来。

正如鲁迅所说，"先前欣赏那汲 Ibsen 之流的剧本《终身大事》的英年，也多拜倒于《天女散花》、《黛玉葬花》的台下了"[2]。这使得曾经与胡适等人论战过的张厚载啼笑皆非，他说："而胡适之近来对于旧戏，也有相当的赞成，去年在北京常在开明戏院看梅兰芳的戏，很加许多的好评。……当时我费了多少笔墨，同他们辩论，现在想想，岂不是多事吗？"[3]也就是说，张缪子等大有"早知今日何必当初"的感慨。

在当时，新剧也没有真正发展起来，从《新青年》的论争看，也是雷声

---

〔1〕 宋春舫：《戏剧改良平议》，《宋春舫论剧》(1)，第 261—265 页，上海：中华书局，1923 年。

〔2〕 鲁迅：《集外集·奔流后记（三）》，《鲁迅全集》(7)，第 164 页，北京：人民文学出版社，1981 年。

〔3〕 张厚载：《新文学家与旧戏》，《北洋画报》，1926 年 7 月 28 日。鲁迅反倒是对京剧一直有一种偏见，他在《社戏》一文就表现出对于京剧的蔑视和对民间社戏的推崇。但《野草》中的《过客》，虽然是对话体，却不是以新剧的面貌出现，很耐人寻味。

大、雨点小。像胡适倡导新剧，自己创作的《终身大事》，也只是易卜生的拙劣模仿而已。在易卜生的影响下，产生一批社会问题剧，在艺术上乏善可陈。因此，远在海外的几位戏剧家，要借鉴爱尔兰文艺复兴运动，来反对易卜生式的问题剧，从而倡导复古的"国剧运动"。

"国剧运动"，在新旧剧的文化交融上，堪称一种文化现象。"国剧运动"的倡议是由几个留美的戏剧先驱在美国开始发起的。他们在美国学习戏剧，获得了一种开阔的视野，认为中国的戏曲具有改进的价值，他们先是成立了中华戏剧改进社，后来又求得纽约华商的捐助，在"大同公寓"演出了《杨贵妃》、《牛郎织女》、《此恨绵绵》(《长恨歌》)，引起了热烈反响，于是他们决定回国开展"国剧运动"。在这里，国剧运动和五四新文化运动，都称之为运动，是耐人寻味的。

但是，赵太侔和余上沅没有选择上海，而是在北京开展"国剧运动"，给人以一种复古的感觉，因为北京是旧剧的大本营。因此，他们展开"国剧运动"也确实试图恢复"国剧"的审美现代性。在这里有一个启蒙现代性与审美现代性的悖论。五四的激进观念，更多的是从启蒙现代性出发的，而保守观念，更多是从审美现代性来观照的。

赵太侔认为"旧剧是纯粹艺术"，"确有改进的可能"。同时又指出"保存

了旧剧，并拒绝不了话剧。因为话剧已成了世界的艺术……将来不久总要移民过来的。并且说不定还要建设出满丰富的事业来"[1]。确实，旧剧在中国是富有艺术传统的，尽管发展到晚清衰落了，但依然具有特殊的艺术魅力吸引着观众，而新剧才刚刚开始发展起来，在艺术上显得相当幼稚和

---

〔1〕　赵太侔：《国剧》，余上沅编：《国剧运动》，第14页，上海：新月书店，1927年。

粗糙。余上沅指出了旧戏"至少有做到纯粹艺术的趋向"[1]。因此他说道:"旧剧何尝不可以保存,何尝不可以整理。""至于新剧,一般人还不曾完全脱去'文明戏'的习气。……外国已有的成绩,又不肯去(其实是不能去)详细的参考。这样的苍蝇碰天窗,戏剧那有出头的希望!"[2]

应该指出,在当时的中国,人们之所以信奉"为人生"的写实戏剧,是因为处于激变之中的中国社会特别愿意接受这种戏剧对于新思想、新观念的承载能力和传播能力,而余上沅、赵太侔等人所倡导的作为"纯粹艺术"的"国剧",则较难满足当时的社会心理的需求。所以只是在社会上热闹了一阵,就偃旗息鼓了[3]。

然而,"国剧运动"的失败并不意味着意义的消解。在我们今天看来,重新评价"国剧运动"具有特殊的文化意义。"国剧运动"可以视为五四时期新旧戏剧之争的继续,但在理论上的探讨要比五四时期的那场论争更深入。面对声势浩大的反传统的新文化运动,不仅像张厚载这样的保守派无力回击,甚至连留过洋的"中间派"宋春舫也显得势单力薄。而五四运动的退潮,使得新文化阵营也有了反思的机会,胡适等人的思想变化就说明了这个问题,而余上沅、赵太侔等人也是在"五四"的浪潮冲击下应运而生并因此而留洋出国的,他们的反思就具有广阔的文化视野。

余上沅在其主编的《国剧运动》一书中,收集了一系列论述旧剧的文章,除了他自己的《旧剧评价》之外,还有俞宗杰的《旧剧之图画的鉴赏》、顾颉刚的《九十年前的北京戏剧》、恒诗峰的《明清以来戏剧的变迁说略》等等,对中国传统戏剧进行了较为全面而系统的评价。后来(1935年)他得到梅兰芳的邀请,陪同梅剧团去苏联演出,拜访过斯坦尼斯拉夫斯基、丹钦柯等戏剧大师,得以面聆教诲。随后又陪同梅兰芳到波兰、德国、法国、英国、

---

〔1〕 余上沅:《旧戏评价》,余上沅编:《国剧运动》,第199页,上海:新月书店,1927年。
〔2〕 余上沅:《〈国剧运动〉序》,余上沅编:《国剧运动》,第4页,上海:新月书店,1927年。
〔3〕 令人深思的是,中国新剧和旧剧是交错在一起的。左明等离开北平艺术大学戏剧系,似乎是因为,国剧运动的倡导者请来了旧剧的名伶如谭鑫培等来授课,因此愤而南下加入南国社。其实,在南国社,给人感觉是波西米亚式的浪漫主义,具有异国情调。但是在田汉主持的艺术鱼龙会中,也将谭鑫培等请来演出。可见新旧剧的复杂。

瑞士、意大利等国旅行,观摩西方戏剧,访问了莎士比亚故居,拜访了萧伯纳,观看了多场名剧,参观了许多剧场。他既在欧洲开阔了眼界,又在那些大师身上获得了对于中兴中国民族戏剧的自信。他目睹了梅兰芳的访问演出所引起的欧洲戏剧大师们的由衷赞美。布莱希特说:"除了一两个喜剧演员之外,西方有哪个演员比得上梅兰芳,穿着日常西装,在一间挤满了专家和评论家的普通客厅里,不用化装,不用灯光,当众示范表演而能如此引人入胜?"[1]布莱希特在1936年写了一篇《论中国戏曲与间离效果》,他吸收了中国戏曲的精华,丰富和完善了自己的表演体系。梅耶荷德则在一次座谈会上说:"梅博士的剧团来我国演出的成果,远远超出了我们的预计……我想那些独具慧眼的艺术家,肯定会从中汲取最宝贵的,失去了它们戏剧生命就会枯竭。"[2]这使得那些喜欢拿着欧洲戏剧来奚落中国传统戏曲的人感到疑惑和难堪。

新剧也未在保守派的反对下销声匿迹,相反在余上沅、赵太侔等一大批先驱者的倡导下,不仅在中国这块土地上扎下了根,而且进行了创造性的转化。余上沅在《中国戏剧的途径》中指出:近年来戏剧界最大的问题便是"如何用完美的方法来表演心理剧,等到这个问题解决了,'古今所同梦的完美的戏剧'也就不难实现了——古今所同梦的完美的人生就不难实现了"[3]。余上沅、赵太侔还创办了北京艺术专门学校戏剧系,赵太侔为戏剧系主任,余上沅为教授。开设了戏剧概论、舞台装置、化装术、习演、戏剧文学、发声术等一系列戏剧课程,1926年1月在"艺专小剧场"举行了第一次公演,剧目为余上沅导演的丁西林的《压迫》、田汉的《获虎之夜》、赵太侔导演的丁西林的《一只马蜂》。"国剧运动"失败后,余上沅去南京担任国立戏剧专科学校的校长,赵太侔去山东实验剧院担任院长。他们为实现"古今所同梦的完美的戏剧"培养了大批人材。

---

[1]　转引自黄佐临:《导演的话》,第180—181页,上海:上海文艺出版社,1979年。
[2]　[苏]梅耶荷德:《梅耶荷德谈话录》,董道明译编,第248页,北京:中国戏剧出版社,1986年。
[3]　余上沅:《中国戏剧的途径》,《戏剧与文艺》,第1卷第1期(1929年5月)。

　　富有意味的是,余上沅、赵太侔倡导"国剧运动"的初衷是创办"北京艺术剧院"。早在 1923 年,余上沅就希望在北京组织一个小剧院。他说,北京这个地方,有戏剧理论家,有编剧家,有演剧家,如果由素有声望的人组织一个基金委员会来经募并保管基金,国内总也有人肯捐出一项建筑费。在这座公有的戏院之内,理论、编本、演员……都有共同研究和实验的机会。如今这种各人意见分歧,互相非笑的状态,也可以在这里融化起来。肯供给经费的朋友,艺术的爱好者,也可以有一个长期鉴赏戏剧艺术的地方。在这里得到了成功的戏剧,再推行到全国去。那么,中国戏剧界一种盲人骑瞎马的状况才有终止之期,"中国戏剧"才有实现的希望[1]。余上沅等人从美国回到北京以后,和徐志摩等人拟定了"北京艺术剧院计划大纲",从建立剧院董事会,下设剧务部、事务部、评议会、长期雇员、剧团团员,到筹建剧场、经费的预算筹集、营业方法、演习所开办费、职员薪金、剧券价目表等等都制定了详细的计划,但是这个计划流产了。

　　总之,在五四前后,关于新旧戏剧的论争和国剧运动的失败,可以感受到新和旧是如何交织在一起的(新剧并未像一般话剧史所表现的那样全面胜利,而是非常艰难地成长,只是在上海这样的非常西化的大都市迅速地发展,而国剧运动在北京的失败就表明旧剧的力量还是非常强大的)。而宋春舫提出的中国戏曲和西方歌剧相对应的观念,并没有引起中国戏剧界的重视。

　　其实,中国新剧和旧剧的矛盾似乎没有像五四前后所争论的那样激烈,因为中国话剧的前驱,如欧阳予倩、田汉、余上沅、焦菊隐等,对新剧和旧剧都是兼容的。欧阳予倩不仅是话剧演员,而且也是戏曲名伶,有所谓"北梅南欧"之称。田汉则在赴日留学前就曾经创作过戏曲的剧本,在抗战时期,他更是将许多传统的戏曲剧本进行改编,而他在建国之后则在戏曲改进方面做了更多的工作。余上沅则在"国剧运动"失败后,随梅兰芳赴美演出,并起到了至关重要的作用。焦菊隐创办了中华戏曲学校,建国后倡

---

〔1〕　余上沅:《北京为什么不组织一个小戏院》,《晨报》副刊,1923 年 12 月 14 日。

导话剧民族化,实际上就是借鉴中国戏曲的表演方法。

　　"全盘西化"或"欧化"显然是有问题的,但是复古和回潮也不是出路。究竟应该如何理解五四的文化遗产,也是我们需要研究的问题。在新文化运动发生100年之际,重新来回顾,需要我们从新的理论和角度来进行分析。

第十章
冲突与转变中的传媒文化

自近代启蒙运动到五四新文化运动,杂志、报纸和书籍等纸质媒体在中国得到巨大发展,其在物质形态和社会运作形态方面就已形成了一种锐不可当的文化力量,其所承载的精神文化内涵更是亘古未有的丰富与密集。所有的文化冲突与文明倡导都在这种传媒发展中得以充分体现,而传媒发展本身也构成了一种可观的文化现象。

一、媒体中的传统与现代

现代和传统的冲突是近现代中国所遭遇的最重大的事件,现代和传统的冲突引发了中国史无前例的变革运动,以研究近现代中国知识分子思想著称的美国学者杰罗姆·B.格里德尔在他的《知识分子与现代中国》中开宗明义地写下这样一段话:

> 变革是近代中国的重大主题。变革不仅是变化,而且是一场巨大的、无法估量的历史转换,它冲垮了一切反对者的抵御,超出并越过了企图给它以限制和定向的道路,涤荡了面对的制度和人。生活在19世纪后半叶和20世纪前半叶的中国人,凭本能就可以理解托克维尔对古代政体的悼亡之意:中国知识分子不论是

濒临灭亡的传统的捍卫者，还是批判者，都比任何人更具有一种
毁灭性的精神困惑。[1]

　　20世纪初的中国知识分子面临的巨大问题是如何面对一个和传统不
同的世界。春秋战国时代是中国历史有名的变乱时代，如庄子所说是"天
下大乱，圣贤不明，道德不一，……天下之人，各为其所欲焉以自为方。悲
夫，百家往而不返，必不合矣。后世之学者，不幸不见天地之纯，古人之大
体，道术将为天下裂"的轴心时代，而五四时代似乎重现了这种动荡和变
乱，但是恰如葛剑雄所言："'道术将为天下裂'，这并不是一个悲哀的结局
而是一个辉煌的开端。"[2]统一的思想和知识分崩离析，伟大的传统业已
消失，而新的传统尚未建立，但是这种分崩离析正为个人的自由思考提供
了条件，每个人都可以根据自己的思想认识和个体经验为社会重构一幅想
象的图式，五四时代各种思想和观念以及实践行为的出现实际上显示了一
个思想上的繁荣时代。而"新学家"的陈独秀、鲁迅和胡适自然也是这样，
他们生活在传统与现代交替的时代，无论如何批判传统，传统也不会因之
一下子就在他们的身上消失，相反正是由于对传统知识体系、道德秩序以
及政治制度的熟悉，也才使得他们对传统的批判更加强有力。所以在整个
20年代里，无论是宣扬传统，还是批判传统，他们都有共同特征，均属于梁
启超所说的"过渡时代"的人物，挣扎在传统和现代更替的历史背景中。过
渡时代的每个人都不可能做到"全盘西化"，也不可能完全皈依"国粹"，正
如杰罗姆·B.格里德尔在分析中国近代知识分子王韬和何启时指出的那
样："'现代'与'传统'之间的界限，不仅仅是一个从上海到杭州徒步旅行时
穿越的地区疆界。它也是一个思想、心灵和个人生活中的分界。"[3]要做

〔1〕　［美］杰罗姆·B.格里德尔：《知识分子与现代中国》，单正平译，第1页，天津：南开大学
　　　出版社，2002年。
〔2〕　葛剑雄：《中国思想史》(1)，第69页，上海：复旦大学出版社，1997年。
〔3〕　［美］杰罗姆·B.格里德尔：《知识分子与现代中国》，单正平译，第149页，天津：南开大
　　　学出版社，2002年。

到一个人完全在"思想"、"心灵"和"个人生活"上完全背离传统生活相当困难,但要一个人完全信赖传统的道德伦理和价值判断几乎也是不可能的,精神困惑正是这个时代的特征。西方和东方,传统与现代的论争成了知识分子喋喋不休的经典话题,但无论是接受传统,还是拒绝传统,这个时代的知识分子和他们之前,以及之后的知识阶层有所不同,他们不得不同时受到双重的文化影响,也不得不在漫长的学习道路和比较接触中逐渐接受、认同某种价值观念。20世纪上半叶的中国知识分子的人生经历都有个共同特征,那就是绝大部分知识分子早年都是在私塾这样的传统学校中度过,然后才进入现代学校。鲁迅的《朝花夕拾》即记载了他对私塾教育的看法,他对私塾的看法似乎可以代表那时绝大部分知识分子对传统教育的认识,私塾的教育方法既荒唐可笑但也并不是毫无意义,儿童们虽然不懂得"子曰诗云"的真正含义,但却在无形中受到了传统的熏陶。

　　新文化运动时期的大众传媒发展引人注目。这个时期大众传媒的整体特点是围绕着"新"与"旧"、"传统"与"现代"、"东方"与"西方"、"科学"与"民主"等问题展开,针对这些议题,不同政治和文化派别在不同报纸上进行了激烈论战,论战的双方主要有两股力量:一方面,一大批新兴的现代知识分子和传媒人开始登上历史舞台,他们意识到现代报纸杂志的重要启蒙作用,利用报纸、杂志等大众媒介对中国的传统文化和精英阶层开展了强烈批判;另一方面,一批传统知识分子和文化保守主义者以《甲寅》、《学衡》、《国学丛刊》、《国学季刊》、《孔教会杂志》等杂志为阵营,对新文化运动展开了反击,这场新旧大战持续了很长时间,影响深远。

二、《新青年》对文化传播传统的批判

　　陈独秀是新兴知识分子的代表人物,1915年9月15日他在上海创办了《青年杂志》(从第2卷起这份刊物改名为《新青年》),猛烈批评一切传统势力。在创办《青年杂志》之前,陈独秀在章士钊所创办的《国民日日报》和《甲寅》报做过编辑,办报经验丰富。1915年创办《青年杂志》之后,陈独秀

与李大钊、胡适等新兴知识分子一道掀起了一场声势浩大的"新文化运动"，号召人们反对陈腐守旧的封建文化，学习西方先进的科学知识。《新青年》强调当今中国已经步入了一个"新的时代"，而在新的时代，每个中国人都应该做一个与时俱进的"新人类"。在《青年杂志》第一卷创刊号上，陈独秀就发表了《敬告青年》一文，号召新时代的青年们不要做奴隶，不要保守，不要隐退，不要锁国，不要虚文，不要想像，而要做一个自主的、进步的、进取的、世界的、实利的和科学的适应世界潮流的新公民。在另一篇文章里面，陈独秀说得更清楚，他强调二十世纪的人类已进入一个新时代，中国和中国的所有人也要顺应时代潮流，昂首挺胸"走进新时代"：

> 任重道远之青年诸君乎，诸君所所生之时代为何等时代乎？乃二十世纪之第十六年之初也。世界之变动即进化，月异而岁不同，人类光明之历史愈演愈疾……二十世纪之人，创造二十世纪之新文明，不可因袭十九世纪之上之文明为止境，人类文明之进化，新陈代谢如水之逝，如矢之行，时时相续，时时变易。
>
> ……
>
> 一九一五年与一九一六年间在历史上画一鸿沟之界，自开辟以讫一九一五年，皆以古代史目之。此前种种事至一九一六年死，以后种种事，自一九一六年生。吾人首当一心其心血。以新人格、以新国家、以新社会、以新家庭以新民族必迫民族更新，吾人之愿始偿。吾人始有与皙族周旋之价值，吾人始有食息此大地一隅之资格。青年必怀此希望，始克称其为青年，而非老年。[1]

在陈独秀看来，1916 年与 1915 年之间有一个历史大鸿沟，1916 年之前都是"旧历史"，从 1916 年开始，中国便进入了"新历史"。如此夸张之说当然是其太过于看重《青年杂志》这本新刊物的历史价值。《青年杂志》急

---

〔1〕　陈独秀：《一九一六年》，《青年杂志》，1916 年第 1 卷第 5 号。

切地呼唤一个新个人、新国家、新社会、新家庭和新民族的出现。打破旧的
制度和传统成为陈独秀等人努力要做的事情,在《青年杂志》上有多篇谈论
"新旧问题"的文章,例如在《青年杂志》第 1 卷第 1 号上,就有汪叔潜的一
篇文章,专门讨论"新旧"的定义问题:

> 上自国家、下及社会,无事无物不呈新旧之二象。
>
> 吾国自发生新旧问题以来,迄无人焉对新旧二语下一明确之
> 定义。
>
> 人之视新,几若神圣不可侵犯,即在昌言复古之人,亦往往假
> 托新义……则又一举一动,罔不与新义相角触。因此之故,一切
> 现象,似新非新,似旧非旧,是谓新旧混杂之时代。
>
> 近则新旧之争,为鬼为蜮,磊落光明之态度,一变而为昏沉暧昧。
>
> 吾尤恶夫折衷。吾以为新旧二者,绝对不能相容,折衷之说,
> 非但不知新,并且不知旧。
>
> 今日之弊,固在新旧之旗帜未能鲜明,而其原因,则在新旧之
> 观念与界说未能明了。[1]

在 20 世纪初期,整个中国社会上上下下都呈现出了新旧相杂的现象。
陈独秀、胡适和李大钊等人猛烈攻击传统社会,发誓要通过努力改变陈旧
的社会环境。在格里德尔看来,陈独秀、胡适和李大钊在当时都是文化激
进主义分子,不过,他们在文化上的激进行动取得了显著效果,《新青年》杂
志很快产生了广泛影响:"到 1917 年,《新青年》的发行量已由 1915 年的每
期 1 000 份增加到 15 000 至 16 000 份。它因此实际上成了自由的北大知
识界的大本营。"[2]在《新青年》杂志上发文章的除了有陈独秀、李大钊和
胡适等后来闻名天下的现代知识分子,还有高一涵、易白沙、李俄、亦民等

〔1〕 汪叔潜:《新旧问题》,《青年杂志》,第 1 卷第 1 号。
〔2〕 [美]格里德尔:《知识分子与现代中国》,单正平译,第 259 页,天津:南开大学出版社,
2002 年。

人的文章。与许多批判大于建设的文章有所不同的是,高一涵的多篇文章更多地是讨论国体、国家和公民观念的形成,探讨如何建构一个现代意义上的国家。例如在《共和国家与青年之自觉》的系列文章中,高一涵从政治学的立场仔细讨论了现代国家与封建专制国家的区别,他还特别强调了媒介舆论在国家观念形成中的重要性:"可知立国精神,端在人民心理,人人本其独立自由之良心,以证公同,以造舆论;公同舆论之所归,即是真正国体的基础。"[1]共同的社会舆论被其认为是建立国体的基础。在《民约与邦本》中,他向读者介绍了卢梭、霍布斯、洛克等人的社会契约观念,强调人民权利的重要。他强调要想防止社会革命和人民的起义,唯一的办法是听人民的总意,而"蔽之塞之毁之灭之是制造革命之煤也"[2]。在格里德尔看来,陈独秀、胡适和高一涵等人在《新青年》上所发表的这类文章有力地冲击了"传统堡垒":

> 在讨论传统文化时,新文化知识分子用他们的新式有力武器,瞄准了古老而高雅文化的堡垒。发表高一涵预测1917年革命文章的那一期《新青年》,也同时刊出了胡适给该刊的第一篇重要文章《文学改良刍议》,这最初的一击,不久就酿成一场对古代语言、文学以及社会和教育传统的全面、毫无保留的攻击。[3]

三、五四时代杂志群的新文化效应

除了《新青年》,由北京大学新潮社主办,以北京大学学生和老师为主的《新潮》等杂志也发动了对传统文化的批判。不过,与《新青年》有所不同

---

[1] 高一涵:《共和国家与青年之自觉》,《青年杂志》,第1卷第2号。
[2] 高一涵:《民约与邦本》,《青年杂志》,第1卷第3号。
[3] [美]格里德尔:《知识分子与现代中国》,单正平译,第260页,天津:南开大学出版社,2002年。

的是,《新潮》杂志一方面反思传统,另一方面,却并不愿意像他们的老师陈独秀、胡适和李大钊等人那样将传统批评得一文不值。

新潮者北京大学学生集合同好,撰辑之月刊杂志也……

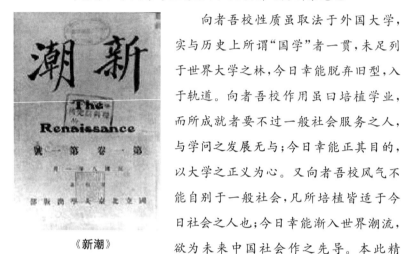

《新潮》

向者吾校性质虽取法于外国大学,实与历史上所谓"国学"者一贯,未足列于世界大学之林,今日幸能脱弃旧型,入于轨道。向者吾校作用虽曰培植学业,而所成就者要不过一般社会服务之人,与学问之发展无与;今日幸能正其目的,以大学之正义为心。又向者吾校风气不能自别于一般社会,凡所培植皆适于今日社会之人也;今日幸能渐入世界潮流,欲为未来中国社会作之先导。本此精神,循此途径,期之以十年,则今日之大学固来日中国一切新学术之策源地;而大学之思潮未必不可普遍国中,影响无量……

今日出版界之职务,莫先于唤起国人对于本国学术之自觉心。今试问当代思想之潮流如何? 中国在此思想潮流中位置如何?[1]

《新青年》和《新潮》杂志对于传统文化的批评,遇到了林纾、刘师培、梅光迪、吴宓等文化保守主义者的坚决抵制。不过,就像新知识阶层群体,保守主义者也不是铁板一块,既有林纾、刘师培这样的顽固分子,他们于1919年创办了专门针对《新青年》杂志的《国故》杂志,倡导"昌明中国固有之学术",例如,张煊在《驳新潮国故和科学的精神篇》一文中大力维护国故,他说:"吾人之研究国故,非为保存败布,实欲制造新纸。"[2]也有吴宓和梅光

〔1〕《〈新潮〉翻看旨趣书》,《新潮》,第1卷第1号(1919年1月)。
〔2〕《国故》,1919年第3期。

迪这样的新保守主义者，他们创办了《学衡》杂志，倡导"昌明国粹，融化新知"。梅光迪、吴宓在美国受过良好的西方文化教育，对西方现代文化并不陌生。梅光迪和胡适还是较早一批考上清华预科班并留学美国的留学生。1909 年 6 月，晚清政府就利用美国退还的"庚子赔款"在北京设立了"游美学务处"，同年 8 月清华园被清政府作为"游美肄业馆"馆址，并招收了第一批留学美国的学生，当年有 47 名学生被送到了美国留学。1911 年 2 月游美学务处和肄业馆全部迁入清华园，清华园被改名为清华学堂，1911 年 4 月 29 日学校举行了开学典礼，这天也就成为清华的校庆日（"国立清华大学"之名在 1928 年才正式确立）。清华学校的学制为八年，直接从各地小学毕业生中招考，分四年中等科和四年高等科两个阶段学习，毕业后送往美国官费留学，胡适、梅贻琦、梅光迪等人都是较早一批赴美学生。不过，虽然同为留美学生，胡适和梅光迪的思想观念和价值立场却截然不同，胡适深受杜威实用主义哲学影响，还没有回国，就已经加入《新青年》阵营，提倡"新文化运动"；梅光迪和吴宓则接受了美国新人文主义大师白璧德的思想，成为反新文化运动的"新保守主义者"。白璧德倡导人文主义精神，他严厉批评了美国的大学教育中过分注重实用的成分，缺少了人文素养教育的功利主义趋向，认为这导致了在别人看来"美国化"这个动词"在欧洲的语言中意味着采纳一种廉价并且花哨的机械手段"〔1〕。在美国，过分的实用主义倾向已经浸入到被视为文明价值的传承和联结的文学领域，白璧德抱怨美国的一些文学研究者放弃了精神思考，陷入了浩繁无聊的文献资料中，他说：

　　　　现代进入大学教书的人文主义者不应低估他可能遇到的困难。他会发现古典和现代文学控制在文献学"辛迪加"垄断机构手中。历史学由于历史方法的滥用变得毫无人性，而政治经济学

---

〔1〕　［美］白璧德：《文学与美国的大学》，张沛、张源译，第 54 页，北京：北京大学出版社，2004 年。

自始至终就不是一门人文学科。[1]

梅光迪和胡适两个都是安徽同乡,同在美国留学的两个人最初是好朋友,不过两人后来在思想上产生了较大分歧,梅光迪坚持认为文言文依然具有生命力,而胡适却宣判了文言文死刑,称文言文是"死的文字",他们由最初的互相辩论终于发展到了势不两立。出生于陕西一个官宦家庭的吴宓,则在出国前已经形成了一套完整的思想和价值体系。1911年,吴宓考入了清华预备学校,但考上时他的年龄已经超过了录取年龄,于是他涂改了年龄进入了清华学校,对这件事情,吴宓一直颇为得意,还在日记中把这件事记载下来。在清华待了六年之后,1917年吴宓进了美国的弗吉尼亚州立大学学习文学专科,1918年吴宓则由梅光迪介绍转到了哈佛大学,师从著名的"新人文主义"思想家白璧德,白璧德的"新人文主义"思想和吴宓所想的一拍即合,吴宓也成了白璧德在中国最得意的门徒。在吴宓日记里,吴宓声称他在赴美国留学之前已经想好了自己的职业是做一个"昌明国粹"的报人。从一开始就立志做一个报人在现代知识分子中恐怕是比较少见的:"拟他日所办之报,其英文名当定为Renaissance(《文艺复兴》),国粹复光(兴)之意,而西史上时代之名词也。"他确定了自己人生的终极目标就是反对功利主义思想,维护伟大的文化传统,因为这个缘故,后来他在清华大学任教的时候,在学生之中获得了"圣僧"的称号。而胡适等人把新文化运动也看作"文艺复兴",吴宓所说的"文艺复兴"和胡适的"文艺复兴"显然不是一码事。吴宓的"文艺复兴"要批判的正是胡适的那套"文艺复兴",吴宓很早就为自己确定了今后的人生目标和价值追求,那就是全身心地维护中国固有的文化传统和价值体系。出于对新学的厌恶,他和梅光迪等人回归后立刻在东南大学(今天的南京大学前身)创办了与《新青年》针锋相对的保守主义刊物《学衡》,开始向新文化宣战。早在《学衡》创办之前,吴宓

---

[1] [美]白璧德:《文学与美国的大学》,张沛、张源译,第94页,北京:北京大学出版社,2004年。

便写了一篇很长的批判文章《评新文化运动》，强烈批评新文化运动破坏了中国固有的"伟大传统"：

> 近年国内有所谓新文化运动者焉，其持论，则务为诡激，专图破坏。然粗浅谬误，与古今东西圣贤之所教导，通人哲士之所述作，历史之实迹，典章制度之精神，以及凡人之良知与常识，悉悖逆抵触而不相合。其取材，则惟选西洋晚近一家之思想一派之文章。在西洋已视为糟粕，为毒鸩者，举以代表西洋文化之全体。……其初为此主张者，本系极少数人，惟以政客之手段，到处鼓吹宣布；又握教育之权柄，值今日中国诸凡变动之秋，群情激扰，少年学子热心西学而苦不得研究之地、传授之人，遂误以此一派之宗师，为惟一之泰山北斗，不暇审辨，无从抉择，尽成盲从，实大可哀矣。[1]

吴宓特别反感新文化运动的主将胡适，他将这种反感情绪一直带进1927 年以后他负责的《大公报》"文学副刊"时期。有一次，《大公报》的总编张季鸾因为考虑到当时如日中天的胡适在学术界和社会上的地位及影响力，准备用四号字将胡适的《胡适评注词选》发表在"文学副刊"第 10 期上，负责文学副刊的吴宓知道后勃然大怒，立刻写了封长函给张季鸾表示抗议。在 1928 年 3 月 12 日的日记中，吴宓忿恨不平地记载了他的心情："以宓之辛苦劳瘁，而所经营之《文学副刊》乃献媚于胡适氏，宁不为识者齿冷？以是宓愧愤异常，即作长函，致张季鸾，责问之。谓若馆中以捧胡适为正事，宓即请辞职。"[2]足见他对胡适有多么厌恶。对于新文化运动的另一位文学和思想巨匠鲁迅，吴宓同样也不满意。吴宓离开南京到清华大学工作后，那时梅光迪、胡先骕等人基本上不再参与《学衡》杂志的编辑，吴宓主

---

〔1〕　吴宓：《评新文化运动》，徐葆耕：《会通派如是说·吴宓》，第 3 页，上海：上海文艺出版社，1998 年。

〔2〕　《吴宓日记》(4)，吴学昭整理，第 34 页，北京：生活·读书·新知三联书店，1998 年。

要依靠陈铨、贺麟等学生继续维持《学衡》杂志的出版。从《吴宓日记》中可以看到,吴宓经常召集陈铨、贺麟和张荫麟等人商讨如何在新学的冲击下维持《学衡》的出版。不过,比起吴宓、梅光迪等人对于"伟大传统"的固守和眷念,年轻一代的陈铨、贺麟等人对中国的传统文化却没那么执着。陈铨发现在新兴的市场和社会环境中,传统文化已经无法和新文化相抗衡,"新文学"的出版物和大众媒介要比宣扬传统文化的书籍和报纸杂志畅销得多。有一次陈铨到吴宓的寓所里玩,他就告诉了一件让吴宓非常伤心的事,吴宓在日记里作了这样的记载:

> 5—6 陈铨来,为售小说稿与《国闻周报》事。因谈及中国近今新派学者,不特获盛名,且享巨金。如周树人《呐喊》一书,稿费得万元以上。而张资平、郁达夫等,亦月致不赀。所作小说,每千字二十馀元。而一则刻酷之讥讽,一则以情欲之堕落,为其特点。其著作之害世,实非浅鲜。若宓徒抱苦心,自捐赀以印《学衡》,每期费百金。而《大公报》在我已甚努力,所得报酬亦只如此。呜呼,为义为利,取舍报施,乃如斯分判。哀哉![1]

鲁迅小说集《呐喊》的畅销让吴宓很不服气。张资平、郁达夫等人的小说在他看来则更是"著作之害世,实非浅鲜"。由此可以看出,争夺阅读群体和抢占文化市场的失利是吴宓愤愤不平的重要原因。可不管吴宓如何抱怨,在这场"新旧大战"之中,宣扬"新学"的书籍、杂志和大众报纸显然占了上风,他们占据了阅读市场和出版界的主导地位,引领了读者的阅读趣味,鲁迅、郁达夫和张资平的小说销量都很大,读者众多,而《学衡》却没有什么读者群,连维持的经费都不够,为了维持《学衡》杂志的出版,吴宓还拿出了自己的私人积蓄。吴宓虽然厌恶新文化人士,批评胡适的"肤浅浮躁"、鲁迅的"刻酷之讥讽"和郁达夫的"情欲之堕落",但他自己的私人生活

---

[1]《吴宓日记》(4),吴学昭整理,第17页,北京:生活·读书·新知三联书店,1998年。

比起郁达夫来却毫不逊色,十分混乱。他在个体的道德和生活情操上从不遵循儒家传统的道德规范,是一个十足的浪荡子,和多个女学生保持着畸形的恋爱关系,他不断地追求各种女性,为此他还赢得了"情圣"的称号。而且,吴宓虽然坚决捍卫国粹,但是他对传统知识了解得并不多,他所具有的国学知识都是在进入清华学校之前由其家庭所传授,在美国他研究的主要是西洋文学,他在自己主编的杂志《学衡》上所发表的文章,绝大部分都是和西方文化有关。不过,这没有影响吴宓对中国传统文化的信念,可以说,他对中国传统文化的信念侧重于一种与传统文化的精神联系。

总之,在这场"新旧"大战之中,具有新文化倾向的媒介报纸杂志大获全胜,代表传统文化人群的报纸杂志处于下风。以白话文为代表的新报刊纷纷创立:"'五四'后,各地爱国学生团体纷纷仿效《新青年》、《每周评论》,创办白话报刊,仅 1919 年就出版 400 多种,到 1920 年,连《东方杂志》、《小说月报》等最持重的大杂志,也都采用了白话文。1920 年 1 月,依当时的教育部颁令,凡国民学校低年级国文课教育也统一运用语体文(白话)。"[1]"新

《学衡》

文化运动"影响深远,历史学者唐小兵也说:"新文化运动主张新文学、新道德、白话文,反对旧文学、旧道德、文言文,提出'重估一切价值',对中国人的思维结构、语言结构和社会结构都发生了重大影响,而民主与科学更成为五四新文化运动之魂,被反复叙述。"[2]不过,新文化运动虽然在反传统文化的斗争过程中取得了决定性的胜利,但是随着历史的发展,新文化运

〔1〕 钱文亮:《都市、群众与"新文学"的运动形式》,《都市文化研究》(1),上海:上海三联书店,2005 年。
〔2〕 唐小兵:《十字街头的知识人》,第 17 页,北京:中国人民大学出版社,2013 年。

动本身的阵营却因为陈独秀、李大钊、胡适和鲁迅等人各自思想观念、价值立场和所处环境的不同而开始分化,陈独秀、李大钊走向了更为激进的马克思主义道路,胡适等人则走向了欧美自由主义道路,而鲁迅则孤独地走着一条中间道路。

  在上世纪最初的二十年里,除了轰轰烈烈的新文化运动之外,上海、天津和北京等城市街头,还流行着各种各样的都市通俗小报和大众杂志,这些通俗小报和大众杂志因迎合了市民大众的趣味而占据着广泛的市场份额。范伯群在《中国现代通俗文学史》中称:"据不完全统计,至辛亥革命前,上海出版过40种左右小报,寿命短的只出版一两年,但出了十来年的也有好几种。这些小报的编者是谁,我们知道得往往不太确切,这是因为当时办报的人往往被社会所轻视,因此编者也不示人以真名实姓。姚公鹤曾指出,在戊戌维新之前,别说是小报,就是大报,也曾为社会所轻视。"[1]小报地位低下,大部分都是有关街头巷尾的消遣性、娱乐性信息,但是这些趣味不高的通俗小报在市民中间却有广泛影响力。在各种各样的小报中,非常流行的小报有《游戏报》、《笑林报》、《世界繁华报》、《滑稽时报》、《寓言报》和《莺花》杂志等等。

---

〔1〕 范伯群:《中国现代通俗文学史》,第55页,北京:北京大学出版社,2007年。

第十一章
新文化与现代教育文化的兴起

经历晚清民初新文化的发萌阶段,中国教育在不断启蒙的过程中走向近代化,此时"人权、自由、平等、进化、革命"等观念已经由智识阶层的宣传打破传统教育的藩篱,作为新鲜血液输入中国文化。但是辛亥革命之后的复辟浪潮,普通民众对于民主、科学的陌生显示出社会的传统封建教育的价值核心并未受到动摇,1915 年掀起的新文化运动正是在这个层面展现其意义的。新文化运动所针对的是封建纲常名教的传统教育价值核心,传统教育维护社会秩序的工具性作用,在近代中国,只要是反对或延阻改革的力量就将儒教奉为至宝,正显示出以儒教为理论基础的传统教育需要彻底的改革,方能彻底破除封建教育对人们思想的钳制,方能真正推动社会启蒙、革命继续。以建立现代国家为最终目标的知识分子们选择了以民主为政治保障、科学为技术保障推动这一现代化进程,社会教育文化在民主与科学的熏陶下,展开了一系列变革,民主思想指导下的平民教育运动,科学精神熏陶中的教学方法实验,自下而上推动,在知识分子话语权日益强大的影响下,借鉴西方现代教育思想制定的新学制以及教育标准都是新文化运动影响下的教育文化变革的实绩。

一、新文化运动与教育

梁启超在《五十年中国文化进化概论》中指出,中国近现代文化之进步经历从"器物"层次到"制度"层次再到"文化"层次的转变，回到历史就是从洋务运动器物学习到辛亥革命初建共和，再到新文化运动"新民"、"立人"。陈独秀以及后来都团结到《新青年》杂志的一众同仁，包括胡适、周氏兄弟、钱玄同等人其实都是认识到要救中国，实现真正的共和，首先要完成思想革命。

1915年，新文化运动正式掀起，以中国文化走向世界化与现代化为基本指向，"科学与民主"成为这一时期整个国家新文化追求的基本精神。

往往一谈到蔡元培就以其在北京大学以"兼容并包"最终推动新文化运动来概括，实际兼容并包的背后应该是对于学术本位、学术自由以及学术自治的德国经典大学理念的追求。早在主持制定《大学令》时就可以看出蔡元培深受德国大学理念影响，1925年北京大学开学典礼上，蔡元培强调"大学为研究高尚学问之地"。德国高等教育分专门学校与大学两种，发展到今天德国的职业教育举世瞩目，而当年蔡元培就认识到了这一点，要交给两类学校分而立之，学、术分离："治学者可谓之大学，治术者可谓高等专门学校。"教育部专为大学与专门学校制定两种法规。其执掌北大要实现"兼容并包"的精神是需要学术机构的配合的，在蔡元培的领导下，北京大学改组教学机构，推行评议会、教授会和行政会三会合一的教授治校模式，再加上蔡元培本身的学术资历、政治影响、个人魅力，为北大聚拢了一批真正的学者，依托他们建设起了真正的学术独立、学术自治、学术自由的北京大学，不仅孕育了新文化运动，也为中国大学近现代转型做了极好的榜样。

作为新文化运动最重要的发起人，陈独秀早在办《安徽俗话报》时期就已经认识到"中国人有两大不好的性质足以造成亡国"，他于1915年9月15日在上海创办《青年杂志》，后改名为《新青年》，这是最初的新文化阵地。作为宣扬新文化最重要的手段之一，教育自然是不能轻视的阵地。1915年，《青年杂志》创刊号上的《敬告青年》一文，向青年提出六条希望：1. 自主的而非奴隶的；2. 进步的而非保守的；3. 进去的而非退隐的；4. 世界的而非锁国的；5. 实利的而非虚文的；6. 科学的而非想象的。这六项希望的核

心正是"民主"与"科学",所对抗的是传统教
育所维护的传统制度的痼疾——专制与愚
昧。1915 年 10 月 15 日,陈独秀在杂志上发
表了《今日之教育方针》一文,鲜明地指出现
代社会的中国教育方针应是"补偏救弊,以求
适世界之生存"。他从四个方面具体阐述,一
是现实主义:用科学和现实生活的教育来取
代复古迷信的理想主义教育。二是惟民主
义:用民主主义的教育来取代专制主义的教
育。三是职业主义:用职业教育来取代空洞

的伦理说教的传统教育。四是兽性主义:希望青年人意志顽狠,善斗不屈,
体魄强健,力抗自然;信赖本能,不依他人为活。顺性率真,不饰伪自文。
陈独秀从这四个方面具体阐明自己对教育在新文化运动中的要求,结合此
后十多年民国现代教育的发展,四大主义是对六个希望的具体阐述,其中
现实主义和惟民主义正是强调科学与民主,职业主义则是讨论科学教育的
具体内容,兽性主义的"体魄强健"与"顺性率真"分明包容了"体育"、"美
育"两方面,四大注意结合六个希望构成了新文化运动时期中国现代教育
的基本要素,是新文化运动核心精神在中国现代教育方面的具体要求。

二、民主与教育文化

　　新文化以后,社会经历发现人、解放人、立人的思想转变,由对人的重
视来发展教育,从观念到体制都有教育文化改变的轨迹,各种实践活动蓬
勃发展:蔡元培领导的基础教育、高等教育,陶行知的教育实践、黄炎培的
职业教育,晏阳初的平民教育、男女平权基础上的女子教育等等,都是民主
在教育方面的实践。

　　在新文化运动的推动下,1919 年 5 月 1 日,应中国教育团体之邀,杜威
来中国讲学,足迹遍布北京、直隶、奉天、山西、山东、江苏、江西、湖北、湖

南、浙江、福建、广东等省市,一百多场讲演中以教育为核心的有三十三场次。将杜威实用主义哲学引入中国大力传播与宣传的人物是胡适,他系统介绍杜威的实用主义哲学,概括为"大胆假设,小心求证",并具体引用到自己的哲学研究实践中。但将杜威的实用主义教育理论全面介绍到中国的则是陶行知,他发表的《介绍杜威先生的教育学说》、《试验主义之教育方法》、《试验主义与新教育》都是实验主义教育理论进入中国的重要桥梁。当时在《新教育》担任主编的蒋梦麟,还特辟"杜威号"专刊,发表《杜威之道德教育》,阐发杜威的实用主义与道德教育之原则。

实用主义哲学强调的核心是:一是解决人生问题,二是以价值为中心,三是强调以实行为本位,其中实行、实践是实用主义哲学的基本精神。实用主义哲学从根本上说是一种方法论。新文化运动期间,知识分子反对中国封建文化、批判儒教三纲五常的传统价值枷锁,需要新的世界观作为武器,实用主义恰逢其时,其核心维度正与"科学""民主"这两个核心价值观相契合,成为新文化运动、五四运动时期最热门的哲学思潮。杜威提出"教育即生活,学校即社会",对当时的平民教育浪潮有很大的鼓励;杜威宣讲期间,将美式民主主义教育介绍到中国,1922 年中国学制改革伴随出台七条教育标准(适应社会之进化、发挥平民教育精神、谋个性之发展、注重国民经济力、注意生活教育、使教育易于普及、多留个地方伸缩余地)[1],在在彰显"实用主义"哲学"以儿童为中心"、"关注社会、生活"、"教育民主化"的原则。可以说,杜威传播的以实用主义哲学为指导的美国民主主义教育原则就是七条教育标准的蓝本,结合新文化运动的民主科学精神,宣告了新学制、新标准的建立。

封建社会虽然也有面向民众的教育,但并不是以启蒙民智为目的,而是以感化为目的,直到知识分子提出开民智,平民教育才有了发端的萌芽。受新文化运动影响,这一时期的"平民教育运动"是"民主"这一新文化核心

---

〔1〕 但昭彬:《话语与权力——中国近现代教育宗旨的话语分析》,第 270 页,济南:山东教育出版社,2008 年。

概念在教育实践领域的重要板块,其发展一直延续到 1940 年代,可以说贯穿整个现代史上中国教育现代化的进程。从前后贯穿二三十年的平民教育运动中,可以看出其直接受惠于新文化运动的影响,"民主"是知识阶层的共识,平民教育更是把教育从学校推向社会的原动力。在此过程中,知识分子以"民主"为原动力,源源不断地吸收不同思想流派的营养,社会主义、无政府主义、新村主义、小农平均主义、工读主义和实用主义等各种各样的思想色彩都在平民教育运动中发挥作用。

民主进入教育层面,以平民化面貌展现是实现政治民主化,最终建立现代国家的重要议题。1919 年,李大钊受到俄国十月革命的影响,指出今后的世界是"劳工的世界",在《晨报》发表多篇文章,阐明民主的精神"不但在政治上要求普通选举,在经济上要求分配平均,在教育上、文学上也要求一个人人均等的机会,去应一般人知识的要求"。要求政府多设劳工补助教育机关,"使一般劳作的人,有了休息的工夫,也能要就近得个适当的机会,去满足他们知识的要求"[1]。他还从根本上指出社会将有知识的人与无知识的人分属劳心、劳力两个阶层,知识的不平等使"社会上不平之景象必层见叠出,共和国体必根本动摇"。从辛亥革命开始,建设共和国体的现代化国家就是整个中国知识阶层的共识,经由新文化运动的推动,人们意识到民主才是保证共和国体,实现建设现代国家目标的途径,而骤然让全国人民理解民主几乎是痴人说梦,因此教育成为当务之急。民主在教育的实现首先就是全民受教育权,全民文化权,有知识,有文化,才能懂民权,行民主。因此,此时的平民教育是有很深层次的政治需求的,但是推动过程必经从本质上改善整个中国的教育格局。从此,教育不再是少数精英阶层的特权,不再是劳心阶层的专属,这是全民教育的起步,平民教育运动在中国教育现代化史上意义重大。

平民教育的尝试是从办杂志、出报纸、搞出版开始,用出版物弥补学校教育之不足。然而当时的中国大多数民众不识字,要贯彻平民教育的宗

---

〔1〕《劳动教育问题》,《李大钊全集》(第二卷),第 292 页,北京:人民出版社,2006 年。

旨,真正帮助每个国民拥有受教育的机会,就要把教育送到平民的"耳朵"里,平民讲演团就是在这个情况下诞生的,平民教育团就是最好的流动式学校。北京大学学生邓中夏发起组织的北京大学平民教育讲演团,就吸引了高君宇、朱自清等人的参与。

工读互助、勤工俭学、职业教育等都在这一时期蓬勃发展起来,从本质上说都是为了扩大教育机会、普及教育知识、争取教育平等,应该说最初都是平民教育的重要组成部分,是民主精神在教育现代化中的具体展现。

工读互助是最受各地大学生欢迎的平民教育实践活动。1919年2月,北京高等师范学校成立学生团体"工学会",出版《工学》月刊,主旨就是批判"劳心者治人、劳力者治于人"的传统教育观,实现工学并进、打破劳心劳力界限。同年12月,在蔡元培、李大钊、陈独秀等人的支持下,王光祈成立北京工读互助团,该团宗旨"本互助之精神,实行半工半读",使青年通过工学结合从而达到经济自立,最终实现"人人做工,人人读书,各尽所能,各取所需"的理想社会。同一时期天津出现了"工读印刷社",上海有"沪滨工读互助团",武汉有"利群书社",广州、天津则有女子工读互助团等等,在平民教育的基础上推动男女教育平等。工读教育建立在教育民主的基础上,重视劳动价值,进行教育与生产劳动相结合的初步尝试,冲击了传统社会"德成而上,艺成而下"的观念,中国教育终于在"民主"的指导下走出了精英教育藩篱,开始有了大众化、平民化的色彩,这是中国教育现代化的重要一步。

陶行知毕业于美国哥伦比亚大学,被誉为"杜威在中国最具有创造性的学生"。1923年,他辞去东南大学教授的职务和优厚待遇,投身平民教育。1927年后向农村发展,他脱下西装穿上草鞋,全身性投入民间和农村教育实业,从理论和实践两个方面推动平民教育、乡村教育、普及教育三大运动。这一切源于陶行知是教育救国论者,他相信教育有改造社会的巨大功用。在平民教育和乡村教育实践中,陶行知创造了生活教育理论;他重视学生的创造能力培养,提倡"创造的儿童教育",具体是六大解放,解放儿童的头脑、双手、眼睛、嘴、空间、时间。乡村教育在1927年有了明确的发

展方向,包括"中国的、平民的、省钱的"实验
乡村幼稚园;晓庄师范学校培养乡村师范教
师,学生以成为具有"健全的体魄"、"农夫的
身手"、"科学的头脑"、"艺术的趣味"和"改造
社会的精神的新人"为目标。1930 年晓庄师
范被南京国民政府封闭,陶行知本人被通缉,
流亡日本,杜威、罗素、爱因斯坦等人曾联名
致电国民政府要求撤销通缉令。1932 年陶行
知又在上海大场建立"山海工学团",继续乡
村教育实验。工学团宗旨是"工以养生、学以

陶行知

明生、团以保生",此后又建立侯家宅青年工学团、儿童工学团、妇女工学
团、养鱼工学团、报童工学团、女工读书班等许多教育机构。直到 1937 年
一些实验才被迫停止。在现代中国教育的道路上,陶行知是极为宝贵的存
在。他自己曾经在《第一流的教育家》中讨论,常见的教育有政客的教育
家、书生的教育家,而真正第一流的人物应该是"敢探未发明的新理"与"敢
入未开化的边疆"的[1]。今日看来,陶行知本人正是以这样的思想指导着
自己的教育实践,他的教育理论是建立在教育救国与民主科学基础上的新
理,他的教育实践从平民到乡村,都是进入未开化的边疆,为中国现代教育
转型做开疆拓土之工作。

晏阳初早年在传教士举办的西学堂接受初等教育,受洗加入基督教,
毕业于美国耶鲁大学,1920 年回国,献身平民教育和乡村教育。他自述道:
"我是中华文化与西方民主科学思想的一个产儿,我确是有使命感和救世
观,我是一个传教士,传的是平民教育,出发点是仁和爱。"[2]从事平民教
育、在城市推进识字教育时他发现,中国大部分文盲不在城市而在农村,
"中国是农立国,中国的大多数人民是农民……要想普及中国平民教育,应

---

[1] 原载 1919 年 4 月 21 日《时报·教育周刊》第 9 号,转引自徐明聪主编《陶行知师范教育
　　思想》,第 1 页,合肥:合肥工业大学出版社,2009 年。
[2] 晏阳初:《九十自述》,《晏阳初文集》,第 294 页,北京:教育科学出版社,1989 年。

当到农村去"[1]。1923 年,中华平民教育促进会由晏阳初接任总干事,将本来在城市从事平民识字运动的工作重心转移到乡村,河北省定县在 1926 年被选为实验区,1929 年实验确定为以学校式、社会式、家庭式"三大方式"来进行生计、文艺、卫生、公民四大教育,解决中国农村贫、愚、弱、私的弊病,实行政治、经济、教育、自己、卫生和礼俗六大建设。20 世纪 30 年代之后,晏阳初的乡村实验活动得到政府支持,其"民间"属性日渐褪色。

近代社会最强烈的愿望就是建设一个现代化国家,随着民族经济的发展,对工、农、商等各方面的使用技能的需求日益增强,事业发展必然推动职业教育的需求。这一时期,欧美兴起的职业教育思潮之风也吹到了中国。1915 年开始,全国教育联合会多次推动实业教育和职业教育的议案;1917 年,黄炎培联合蔡元培、张謇、宋汉章、梁启超、张元济、伍廷芳、范源濂等发起创立中华职业教育社,以推广职业教育、改良职业教育、发展普通教育为三大宗旨,主张通过对学生施以从事某种职业所必需的知识、技能的教育训练,沟通教育与生活、学校与社会之间的联系,从而为急速发展的现代工商业输送人才;同年出版机关刊物《教育与职业》。该社在职业陶冶、职业学校、职业指导、职业补习、农村职教等方面积累了经验,职业教育思想广为传播。1922 年颁布的"壬戌学制"中职业教育成为重要的组成部分,可见职业教育发展之迅速。这一时期,职业教育形成了一股独立的教育潮流。1917 年中华职业教育社的成立,1922 年壬戌职业教育制度的形成是这一时期职业教育发展的两次高潮。当时,陆费逵、顾树森、俞子夷、陈独秀、马相伯、蔡元培、黄炎培、蒋梦麟及鲁迅在《教育杂志》、《教育研究》等国内主要教育刊物上发表文章,认为职业教育是中国教育的当务之急。在各界人士的呼吁与政府的支持下,1917 年,中华职业教育社成立,从此时到 1922 年,各类教育杂志上关于职业教育的讨论一直是重要话题。黄炎培与顾树森相继介绍了两大国外职业教育制度以及职业教育形式、教育状况等,黄炎培选择赢美食职业教育制度进行推广;蔡元培则更关注职业教

---

〔1〕 晏阳初:《九十自述》,《晏阳初文集》,第 53 页,北京:教育科学出版社,1989 年。

育制度的提倡,提出小学后就可以分流学生,一方面是中学普通教育,一方面就是建立中等农工商业学校,养成适应职业的能力,这种思想实质上就是德国职业教育制度的反映。但不管是哪一派学人,他们都强调职业教育应在学制上占重要地位。1922 年,壬戌学制颁布,后人总结壬戌学制中最精彩的部分就是职业教育制度的确立:在中等教育阶段,将职业教育与普通中学混合成为综合性中学,兼顾升学与就业的双重需要,根据世界各国惯例,将职业教育职能归属于中等教育,使整个学制纵横贯通、富有弹性,这是在美国职业教育模式的主要形制上吸收了一定的德国职业教育优点而形成的中国的职业教育制度。这标志着中国现代职业教育的成熟。

1925 年到 1937 年间,中华职教社进入农村,将兴办教育与改进乡村建设事业相结合,以职业教育为出发点,解决整个乡村问题成为黄炎培的工作中心,推进学校社会化,社会教育化。以农村小学作为改进农村的有效工具,小学的设备包括图书馆、体育设施等向社会开放;小学教员走进农村做调研与知识普及、生产指导;小学教学结合生产,注重实用,都是乡村建设的重要力量。当时职教社里的江恒源还提出"富教合一":狭义的农村教育指农村小学教育,广义的农村教育应该帮助农民致富,教予农民实用知识。

1931 年,全国展开了几场以提倡职业教育为内容的讨论,蒋梦麟、蔡元培等人都参与到职业教育讨论中,推动了职业教育的发展。这一时期的职业教育思潮与三民主义教育相结合,以孙中山的民生主义理论为根据,把职业教育可以帮助国家发展,推动社会经济,解决人民生计问题结合起来,讨论怎样半职业教育才能克服脱离实际、不切实用等弊端。1930 年代,国民政府发布了一系列职业教育法规,1932 年公布《职业学校法》,1938 年颁发《国立中学增设职业科办法》。1930 年代,职业教育学校、学生人数稳步增长,近两年时间学校、学生数量都成倍增长。如果以确立职业教育制度、职业教育宗旨和建立起职业教育理论体系来衡量,到 1940年代,中国职业教育已经初步实现了现代化的目标。但是,1937 年抗日战争的爆发将稳步前进的职业教育,包括整个现代化教育步伐打乱,在一个现代框架内,课程教材体系、职业教育师资培养体系、官吏体系等指标都有待完善,中国职业教育在中国走向现代国家的征途中是一支不可缺少的力量,作为一种新质文化,它与中国传统保守农耕状态的教育区别极大,是工业大发展下的现代国家的人才储备。

民国初年,女子学校、女子师范教育、爱国女学在几个大城市都兴办起来了。新文化运动之后,女子教育获得了快速发展,建立在男女平权思想基础上的女子教育终于得到世人的广泛关注与基本认可。自 1919 年 3 月开始,国民政府教育部连续颁布了一系列女子教育的法令规程:《女子高等师范学校规程》、《令各省女子中学校得设简易职业科》、《令各省女子中学校应注重家事实习》、《女子中学课程及女子师范学科》、《设法筹办女子学校》,1921 年 7 月,又发布训令《速设女子中学校》,1922 年,不分性别的男女平等教育制度终于出台,女子教育的变革在民主、平权,终于汇在民主、平权的浪潮中成为现代教育发展的一股独立潮流。以上海一地为例,1919 年,上海私立大同大学、沪江大学等原本只招收男生的大学对女学生敞开了大门,在刘海粟的支持下,神州女学图画专修科毕业生 1920 年进入上海美术专科学校学习。1921 年出版的《上海求学指南》中介绍女子普通高中学校达 17 所之多。1922 年新学制颁布后,两江女子体育专科学校、上海女子商科大学、东南女子体育专科学校等数所女子高校相继创办,自初等至高等的女子教育完整体系基本成型。在女子职业教育中,女子师范教育是最重要的组成部分,南阳女子师范学校、勤业女子师范学校、竞雄女学均是培养女教师的性质。从上海的情况可以看出,新文化运动的十年间,在经济较为繁荣、社会局势较为稳定的开放城市,女子教育体系已基本成型,虽然当时整个国家对女子教育的重视还远远不够,但是女子教育毕竟还是在民主、平权的浪潮中走出了最重要的一步。从此,中国女学生、中国女性知识分子开始登上文教、政治、经济等大舞台,她们将要扛起中国现代历史的半边天。

三、科学与教育文化

新文化运动的主题是德先生与赛先生，科学占了半壁江山，而科学主要就落实在教育文化中。其实在整个中国文化近现代转换的过程中，"科学"一词一直立于潮头地位。从晚清洋务运动开始，其核心内容也是引进西方科学，只是当时更多地处于全盘引进对方科学成果，或者依样画葫芦的阶段，未能真正认识到其中的科学精神。此时传播科学的知识分子许多都是留洋回来，真正接受过西方科学培训，他们所输入的"科学"以科学精神、实践中的方法论的面貌出现。在中国教育现代化的过程中，科学精神、科学态度、科学内容和科学方法随之进入教学实践活动中。科学，不仅仅是一门学习对象，还是一套教育改革的方法，是一种教学实验的精神，中国教育的现代化躯体里真正输入了科学的血脉，开始了科学精神指导下的教育方法实验。

1915 年，《科学》在商务印书馆创刊印行问世，月出一册。最初分通论、物质科学及其应用、生物科学及其应用、历史传记等栏，形式上采用横行从左到右排版法，新式标点。

> 在《科学》创刊之前，中国人把"科学"一词理解为与传统儒学相对的西方的分"科"之学，留美学生按照美、英等国对 science 理解办《科学》，开始了以传播世界最新科学知识为帜志的崭新视野，"科学"一词在中国的相对规范化，即开始于《科学杂志》。[1]

任鸿隽的科学教育思想并不仅仅停留在物质层面，他将科学与教育连成一体，且对科学方法和科学精神都有较深的探讨。

---

[1] 杜成宪、丁钢主编：《20 世纪中国教育的现代化研究》，第 208 页，上海：上海教育出版社，2004 年。

1915 年,中国科学社正式成立,"以联络同志共图中国科学之发达为宗旨"。1917 年,中国科学社在北洋政府教育部注册,被认定为法人团体。中国科学社从 1914 年 35 人发展到 1949 年的 3 776 人,其中绝大多数为当时国内从事科学工作或工程技术卓有成绩的人才,分属于农林、生物、化学、化工、土木、机械、电工、矿冶、物理、医药、数学、经济等各个领域。除了出版《科学》杂志,科学社还设立图书馆,举办教育活动、年会、讲演等学术交流活动。作为中国近代第一个综合性的自然科学学会,它不仅拥有一大批像任鸿隽这样倡言科学教育的名流,且在传播科学与理性、进行科学启蒙方面做出了大量的成绩。

壬戌新学制的颁布,经历了长久的自下而上的酝酿过程。首先是各省教育会以及全国教育联合会的提议,接着是全国教育联合会将各种议案、意见汇编成册印发各地讨论、研究,1921 年在广州召开第七届全国教育年会,新学制的制订成为中心议题,出台草案,再印发各地学习、讨论,并收集社会反映。在陶行知等人的主持下,新学制并没有受到传统思想的束缚,但也没有盲目迷信汹涌而至的西方教育经验,不问新旧,只问适与不适,最终在 1922 年推出了《壬戌学制》以及七条教育标准。这一学制对初小、高小、中学学制都有新规定,与中学平行的还有师范学校、职业学校的规定,以及高等教育的具体规定,另有天才教育(智能优异者)及特种教育(心身欠缺者)两条附则,并且将学前教育即幼稚园等教育机构正式纳入初等教育阶段。新学制还出台了新的课程标准,丰富、详细、灵活多样,在教学中推行语体文,注重以教学方法带动学生自主性,从各方面反映了新文化运动在教育方面的成绩。《壬戌学制》及七条教育标准是自下而上的教育改革,由民间团体发起,得到政府教育部门的重视与认可,将新文化运动的民主与科学精神实实在在地输入了教育,整个社会的教育文化随之改变,中国教育现代化的进程由此推进了一大步。

1922 年颁布的"壬戌学制",采用美国式六三三分段法,又称六三三学制。新学制在中等学校阶段与科学教育方面加强了自然科学基础理论的课程。在 1923 年及其后的几次《中小学课程标准纲要》修订中可以看出科学教育地位的不断提升,在文理分组中大大增加近代数学和自然科学的比例。1932 年《中学课程标准》颁布,取消文理分组,以求文理两类基本知识均等发展。二十世纪二三十年代制定的《中学课程标准》是我国第一次制定中学各科教学大纲,从形式到内容都反映出教学标准的完整与正规化。

学科科目的科学化,分科科学化,理、工科目加入——二十世纪二三十年代制定的《中学课程标准》,从自然科学各科来讲,所规定的目的要求、内容等方面,都有对于科学教育内容的发展:比如初中科学教育的目的是普及科学知识,高中是提高水平以保证大学教育的基础;初高中涉及科学门类的各科教材的编写和日常教学都有了非常明确的教学要求、教学目标、实施纲要,且教学内容丰富,教材体例合理,较为全面地反映了近代自然科学的面貌;在教学中还注重物理、化学、生物等学科的直观教育和各科相关能力的培养,这种理解原理与实际应用,为于日后科学教育的进一步普及与发展奠定了良好的基础。

二十世纪二十年代,孟禄(P. Monroe)与推士(G. P. Twiss)两位美国教育家曾应邀到中国考察教育问题,他们的到来一度使得"科学教育"成为社会流行语,教育界核心话题。孟禄提倡科学是教育的基础:"教育实为实业发达的基础,而科学又为教育的基础。"他指出:"中国高等学校内,书本的讲习似乎太多。"[1]按照舒新城的介绍,"至民国十年因美国孟禄应实际教育调查社来华调查教育,力言中国科学教育之不行,而于翌年由教育改进社聘美人推士来华指导科学教育,科学教育四字始通行于教育界"[2]。如果说是任鸿隽提出了科学教育,孟禄与推士才从实际上实现了对中国科学教育的推进。

科学从此不仅仅是教育的主要目标,是教育的主要内容,也是教育变革的体制方向,是人们思维方式改变的方向。与"德先生"(民主)携手而

---

〔1〕《教育杂志》第 14 卷第 1、2 号记载的孟禄来华后行踪与言论。
〔2〕 舒新城编:《近代中国教育思想史》,第 279 页,上海:中华书局,1928 年。

来的是新文化运动中的"赛先生"(科学),赛先生在新文化运动时期有两个分身,一是在国内知识分子圈内,科学作为推进民主建设的工具而被大力宣扬;在国外的留学生等知识分子则更多关注科学的实际功效,比如新科学知识的传播,新科学视野的开拓,新科学方法的应用,新科学在实业发展、心智发展等方面的作用等等。早在1914年6月,中国留美学生就在美国发起组织了中国科学社,以"传播科学知识,促进实业发展"为主旨,成为中国第一个自然科学的学术团体。1915年1月,胡明复、赵元任、周仁等留美学生创办并发行《科学》杂志,"专以阐发科学精义及其效用为主",任鸿隽发表长文谈论科学教育:"科学于教育上之重要,不在于物质上之智识,而在其研究事物之方法;尤不在研究事物之方法,而在其所与心能之训练。"任北大校长的蔡元培就认定"教育文化为一国立国之根本,而科学研究尤为一切事业之基础"。在他所阐述的"新教育之意义"中,"养成科学之头脑"与"养成劳动的能力"及"提倡艺术的兴趣"三个方面缺一不可。可以说"科学"在教育现代化的过程中不仅仅是现代知识的传授,同时也是对养成现代人的能力的培养,心智的训练,更是民主的工具。"科学"当之无愧是教育现代化过程中最为重要的起点,而这个起点正是新文化运动所赋予的。

中国传统教育是较为机械的教学方法,进入近现代文化转型之后,尽管现代学制开始渗透到中国教育体系中,比如随着清末新式学堂建立,引进的班级授课制,以及随后引进的预备、提示、比较、总结、运用的五段式课堂教学程序等教学方法,但是中国教育界在教育方法、课程设计、课堂授课方面并未能发挥足够的主观能动性,以科学的方法论来主导教学方法。随着科学精神的介入,以及西方现代教育理念的熏陶,中国教育界开始主动地展开教学方法实验,其背后所彰显的则是对传统机械式教育方法的否定,并渐渐转向开发学生主动向学、追求个性发展的现代教育模式。这一阶段的教学方法实验的重点由教师传授转移到学生学习,产生了一些有较大影响的教育方法:自学辅导法、分团教学法、设计教学法、道尔顿制等等。这几种教学方法互相影响互相促进,许多方面建立在杜威实验主义哲学的基础上，或者受到蒙台梭利自由主义教育思想的影响，与当时中国民主、科学、自由的时代氛围相契合，解放了中国教学方面的思想。

国外教学方法引入国内要有一个"落地"过程，其"实验"的特性也在此彰显，在探索当中，一方面是秉承科学精神的教学方法的实验，另一方面就是以科学方法指导的教育研究工作。各种统计、测量、调查、实验等方法进入教育研究中，智力测验、心理测验纷纷进入招生、教学过程，量化统计使得因材施教在分班基础上实现，各种文章里测量、实验、调查数据占据极大比重，标志着科学精神全面占领中国教育界。

1920年，张准在《近五十年来中国之科学教育》的演讲中谈论自清同治年间以来的科学教育，把二十年来的科学教育分为四期：第一期自1862年至1894年，为制造的科学教育；第二期自1895年至1904年，为书院的科学教育；第三期自1905年至民国初年，为课本的科学教育；自民国八年以后，为第四期，总算有真正的科学教育[1]。近百年过去了，回看张准的这种分段依然很有道理，中国的科学教育运动始于晚清、发于民国，新文化运动之后经由五四运动真正兴起，到二十年代末，有近十年的时间处于社会教育的核心位置，这一段时间也是中国科学教育的高潮时期。从新文化运动的角度来看，德先生与赛先生携手而来，民主与科学两分新文化运动江山，其中科学几乎完全体现在教育文化上，不仅"科学"本身需要教育的普及与推动，科学思维、科学精神、科学方法论等等都需要在教育文化中得到体现，"讲科学"渐渐成为民族共识，新文化运动时期的科学教育浪潮功不可没。

从袁世凯复辟到张勋复辟，从黎元洪、冯国璋到曹锟的北洋军阀主政，孙中山另组广东军政府、国共合作推动新民主主义革命等等，这是中国政治最混乱的时期，但这又是中国公共舆论最强势的时期，经由新文化运动的推动，民间话语蓬勃发展，周策纵曾统计："五四时期，即1917年到1921

---

〔1〕 张准：《近五十年来中国之科学教育》，引自张子高、周邦道：《科学发达史略》，第250页，上海：中华书局，1928年。

年间,全国新出的报刊有 1 000 种以上。"报刊就是舆论,舆论就是民间话语的力量。民主思潮的发展,科学话语的推动,自由思想的追求,独立精神的呼吁,无不依靠宣传的力量。这一时期,民间社团的大量涌现也是教育文化发展的重要组成部分,比如 1921 年 12 月,由新教育共进社、世纪教育调查社和《新教育》杂志社合并改组,陶行知担任总干事的中华教育改进社,在此后继续发扬新文化运动精神,批评国民政府党化教育等方面都发挥了重要的作用。中国教育的现代化正是在这样的舆论保障下走出了现代化的重要开端,随着这一时期教育现代化的推进,打破了从清末到民初教育从属于政治的格局,真正突破了封建伦常教育藩篱,打破了以教育来实现统一民心控制民智的局面,此后,教育民主化、教育科学化成为现代教育发展的基本思路。

　　1915 年之后的新文化运动与五四运动一起,形成了中国现代文化史上的高峰。可以说,新文化运动形成了一种文化传统,"不同于一般的文化运动、文化活动,必须具有巨大的规模和能量,具有代表性的人物、理论和多种多样的丰富的文化产品,持续了较长的时期,对后世形成十分深刻、广泛的影响"[1]。也正是与新文化运动同时,"教育救国"的思想渐渐成型,知识分子开创了现代教育运动,现代教育的诸多基本形制、思想基础、理论阐释均在此时实现了从近代向现代的转型。在启蒙的浪潮中,民主之风吹进教育文化领域,推动了教育领域平民教育、女子教育、职业教育等等新教育世界的开拓;科学之大纛更是一直稳稳立在教育阵营里,对中国的科学教育、科学方法论、教育科学等等都有开天辟地之影响。此后,"教育救国"与新文化血脉相连,将要共同渡过中国最艰难、最为难的时刻。

─────────────

〔1〕 杨东平:《艰难的日出:中国现代教育的 20 世纪》,第 341 页,上海:文汇出版社,2003 年。

第十二章
宗教救国与"新人"设计

　　宗教在漫长的人类历史中一直居于上层建筑的顶端,对各种文化和意识形态都产生了深远的影响。哲学、政治、法律、伦理、文学、艺术……无不以宗教为起源和被宗教打上深深的烙印,而反过来,宗教本身也是浸淫着一个国家和民族的社会、历史、文化和民族心理特性,形成一种无处不在的"宗教文化"。宗教文化作为价值系统、行为模式或者作为意义的结构,不仅独立地存在,而且积淀于人们的心理意识。百年宗教文化史,旨在探寻五四新文化运动以来的宗教文化的意义系统,探寻宗教文化如何为晚清、五四新文化运动以来的普通文化观念提供意义框架,并提供了怎样的框架。

　　对于积弱积贫、信仰危机的晚清,文化先驱者们提出了宗教救国"新人"思路,宗教文化成为其他一切必要改革包括当时急需的社会政治改革的基础和取向。而正是从补儒易佛、取道耶稣的秩序呈现中,中国人开始不遗余力地去探索中西民族性、文化的差异,并围绕"国民性"(人)这一中心话题展开深入探讨。从"五四"时期的"新人",到三四十年代人间佛教倡导的"社会的人"、"革命的人",到建国后用"民本"、"政本"思想对宗教文化的框定和斗争,到新时期以来,在宗教信仰自由的强调中,也在商品经济浪潮中,追求人的个性张扬和灵性的自我救赎。站在东西方文化的背景中,从国家群体而来的精神信仰和思想诉求的宗教文化,逐渐从之前依附在革命话语、启蒙话语、诗性话语中独立出来的"宗教话语",在众声喧哗的话语场中,独辟一条精神救赎的"天路",朝向一种新的"宗教转向"。

"五四"是一个空前的、多种文化激烈碰撞的大时代,来自传统的和外来的一切观念和思想体系在这个历史场域中,凭着时代的大筛盘进行价值重估和机制重建。然而,在这个各种文化蜂拥突起或左右盘旋的时代里,有一种文化力量有时是强行突破,有时是异峰突起,有时呈逶迤潜行的姿态,既成为五四新文化的基调式背景,又成为五四新文化的核心要素部分,共同创造了世纪瞩目的五四新文化运动,那就是宗教文化。纵观历史,宗教的大发展往往尾随着一个帝国的崩溃而来,清末的崩溃,正伴随着基督教与佛教的大发展。长期以来,呈交叉互补关系的儒释道三家学说,构成中国思想文化传统最基本的精神要素,而西学东渐的不断推进,使得基督教文化以全新的样貌进入到中国的大舞台。因而,中西古今的不同文化,在这个大舞台上展开一场博弈的冲突与对话。儒家中国在西方文明的冲击和侵蚀下,渐次陷入了价值取向、精神取向和文化认同等诸多层面深刻的意义危机,于是文化先驱们从积贫积弱、民族自救的中国放眼东西,从传教士、归国留学生的文化视域中,意欲寻找出一条适合中国前行的路径,设计出不偏不倚的现代性方案。这个现代性方案,归根结底,就是宗教文化方案。

一、补儒易佛:信仰危机与宗教更迭

如果用当代英国思想家赛亚・柏林关于在历史危机时刻由于必须做抉择而生出恐怖与精神病症的广场恐怖症(agoraphobia)[1]来形容晚清时期的知识分子的文化抉择心理,不一定恰当,因为这些知识分子内心充满着对时代激流的抉择的热切期望;但是用来表明他们在积贫积弱的文化积

---

〔1〕 〔英〕塞亚・柏林,《俄国思想家・导论》,彭淮栋译,第4—5页,南京:译林出版社,2001年。

垢当中奋勇而出,为国家寻求新的文化方案,在宇宙寻求适当的位置的状态,却是适当的。

晚清以来,面对积贫积弱的中国,文化先驱者们费尽心机,意欲为中国寻求新的出路。梁启超在 1923 年的《五十年中国进化概论》[1]中,将其概括为,中国对西方,先于器物感觉不足、次从制度感觉不足、终在文化上根本感觉不足。在器物上的不足,便有了同治年间曾国藩、李鸿章、郭嵩焘、张佩纶、张之洞等人"师夷长技以制夷"的船炮机器的学师和制造理念,然而,器物并不能使得旧中国积贫积弱的现象有根本性的改变。从甲午战争起,知识分子开始感觉到制度上的不足,便举起"维新变法"的大旗,康有为、梁启超、章炳麟、严复等人转而向外国学法。1905 年 9 月 2 日,袁世凯、张之洞奏请清廷立停科举,以便推广学堂,清廷诏准自 1906 年开始,所有乡会试一律停止,各省岁科考试亦即停止。废科举开新学堂,知识分子们觉得中国政治、法律等远不如人,因此恨不得将人家的体制一个个搬进来。辛亥革命的成功和中华民国的成立,判定了儒家制度化的彻底解体,建立了西方现代文明思维体系的议会体制和以《临时约法》为代表的新的制度体系。严复的"鼓民力"、"开民智"、"新民德"的思想启蒙,梁启超的"新民说"无不标竖着刷新、改革国家的政治、宗教、道德、风俗的高度,直至新文化运动,所希望的件件落空,才开始废然思返,觉得社会文化是整套的,要拿旧心理运用于新制度是不可能的,于是渐渐梳理出改革必须是全人格的觉悟。他们幡然醒悟到,要以西方为师,首先是要藉外来文化之输入达成自我"否定"和自我改造,通过学习、改造,缩短中国与西方差距,最终进化到和西方相埒的状况。要对中国凝固的文化状态进行改造,文化先驱们策略性地重新审视和理性评估,选择从宗教文化入手。

宗法性传统宗教的终结和中世纪主导性哲学——儒学的沉沦,使得多数中国人,尤其是知识分子丧失了信仰的轴心,不得不痛苦地四处寻索。他们通过对儒学孔教的批判,转向佛教的复兴与重温,意图以佛教来重建

---

〔1〕　梁启超:《梁启超文集·政论》,第 70—75 页,北京:北京燕山出版社,2009 年。

中国的精神信仰版图,但更多的是在西学东渐的潮流中,走向欧美自由主义或基督教,及至又从基督教的信仰中顺藤摸瓜转化为对共产主义和马列主义的坚信。"五四"前后的文化努力,事实上都可以看成是在某种程度上,文化先驱者们试图重建一种新的信仰,用以替代衰败了的传统信仰。从这种角度看,无论是康有为"以宗教革命为第一着手"而倡导孔教,谭嗣同的"应用佛学"(梁启超评谭嗣同所倡言佛教救世语),章太炎提出建立"第一是用宗教发起民心,增进国民的道德"[1]的无神宗教,陈独秀的以科学代宗教,胡适的建立理智化人化社会化的新宗教,蔡元培的以美育和哲学代替宗教,甚至到李大钊等对共产主义的推崇,都是对宗教信仰的多元化探寻。

1. 孔教救国与传统信仰的余绪

历史地看,文化先驱们探寻宗教文化信仰的第一步棋,是否定儒家孔教思想学说,着重批判其扼制、压抑人性的伦理道德法则,以西方基督教文化为参照系,意欲唤醒普遍人性的觉悟。

辛亥革命胜利后,1912 年由倡教十四年的陈焕章在上海与一批封建遗老遗少先后发起成立"宗圣会"、"孔教会"、"孔道会",他们倡言"定孔教为国教"、"以孔子配上帝",认为中国的社会经济、政治条件还不足以承受西方的新思想文化,解决中国问题只能从中国固有传统文化中汲取养料,需要"古道之复兴",提出了"中国之新命必系于孔教"的口号。1913 年,康有为等在上海创刊《不忍》杂志,旨在倡导以孔教为国教,宣传保皇立宪派政治主张,并发表《以孔教为国教配天仪》。1914 年,袁世凯发布《祭孔告示》,规定每年 9 月 18 日,中央与地方一律举行"祭孔典礼"。孔教会的主张得到袁世凯在政治上的配合,支持和赞扬孔教会、儒教会尊孔读经的建议,声称"鉴于世道衰微,虑法律之有穷,礼义之崩坏,欲树尼山教义以作民族精

---

〔1〕 章太炎:《东京留学生欢迎会演说辞》,《章太炎政论选集》上,第 96 页,上海:上海人民出版社,1985 年。

神"[1]。这些教会实际上与保皇、复辟有着最直接的关系——形成"若弃孔教,是弃国魂",孔教与帝制之间形成不可离散的胶着关系。

1915年9月《新青年》创刊伊始,首先爆发的便是关于尊孔与反孔论题的争论,杂志陆续发布易白沙、陈独秀、吴虞、李大钊等人的批孔批儒文章。从1915年9月到1921年间,《新青年》杂志展开的此一反传统举动,被称为"儒学的歼灭战"。他们批判儒家的尊卑贵贱、纲常伦理及其维护的宗法制度,认为这是封建专制主义的核心和基础,指出"儒学孔教非无优点,而缺点则正多。尤与近代文明社会不相容者,其一贯伦理政治之纲常阶级说也。此不攻破,吾国之政治法律、社会道德,俱无由出黑暗而入光明"[2]。

新文化先驱们反孔主要有着以下几个方面的考虑:首先,孔教并非真正如西方的宗教,不是作为一种精神信仰,而是一种道德伦理的胶着物,将中国人的思想伦理禁锢成一成不变的死物,没有活力,尤其不适应时代新的变迁和潮流。"盖道德之为物,应随社会为变迁,随时代为新旧,乃进化的而非一成不变的。此古代道德所以不适于今之世也。"[3]对于孔子的伦理学说,"吾人所不满者,以其为不适于现代社会之伦理学说,然犹支配今日之人心,以为文明改进之大阻力耳"[4]。要建立现代民主国家,树立平等自由之心,则对于与此不相容之孔教,不可不有心的觉悟。陈独秀撰写了系列文章进行抨击和批判。他尖锐地指出:"孔教本失灵之偶像,过去之化石。"把孔教定为国教是"勉强杜撰一教宗,设立一教主,亦必无何等权威何种荣耀"。其次,反孔更重要的原因在于,从晚清遗老遗少的设孔教为国教根本目的来看,尊孔是与复辟帝制相联系的,尊孔读经的活动完全与现

---

[1] 中国社会科学院近代史研究所编:《中国近代尊孔逆流史事纪年》,第29页,北京:中华书局,1974年。

[2] 陈独秀:《陈独秀复吴虞信》,赵清、郑城编:《吴虞文集》,第49页,成都:四川人民出版社,1985年。

[3] 陈独秀:《答淮山逸民》,《陈独秀文章选编》上,第190页,北京:生活·读书·新知三联书店,1984年。

[4] 陈独秀:《答俞颂华》,《陈独秀文章选编》上,第211页,北京:生活·读书·新知三联书店,1984年。

代思想及生活背道而驰。陈独秀、吴虞等人于是不多从学理和理性的角度彻底否定孔子与儒学,而是义愤填膺于孔教作为学理"而至为他种势力所拥护所利用",被独尊为思想专制的工具,所以认定孔教就"一文不值"了[1]。

2. 佛学危机与复兴

如果说反孔是反对中国积弱积贫的思想文化积垢中最为内在最为牢固的底线,那么对于佛教的补易则是对长期以来中国文化吸纳融化他来宗教文化的重新审视和调整。佛教发展至晚清,遭受了最为严峻的考验,特别是遭遇了近代西方文化的冲击,国内太平天国"洪杨之乱"、庙产兴学和反宗教迷信运动的破坏,使佛教处于生死存亡之边缘。佛教自从印度东传入中国后,为中国的思想文化带来生机和活力,也同时被儒道文化本土化,成为融入中国思想精神中的重要因素。然而,佛教毕竟作为一种外来宗教,在中国主流意识形态中,带有被"子不语怪力乱神"的儒教思想所排斥的神学色彩,使得即使在"五四"前后这样一个信仰真空的时代抉择视域中,依然无法得到深刻的认同。尽管有许多的文化先驱者们深受佛教文化的浸淫和耳濡目染,然而佛教无法以新的精神资源得到全新的体认,始终以一种非正统的异端文化的形态存活在中国人的精神领域里。

辛亥革命时期,为保护寺产及发奋图存,文化先驱们于 1911 年、1924年、1930 年三次起而筹组中华佛教总会、中华佛教联合会、中国佛教会,有传统的各宗弘法,如天台宗的谛闲、默庵,华严宗的月霞、慈舟,净土宗的印光,禅宗的虚云、八指,也有一股反对传统、理性批评、重新估价的思潮。1912 年初,欧阳渐、李证纲、邱晞等居士发起组织了中国近代史上第一个现代佛教组织"中国佛教会",拜谒临时大总统孙中山,得到政府的认可。太虚《甚么是佛学》曾回顾孙中山对佛教的支持态度:"首创国民党的孙中山先生,昔在广西军中讲演智仁勇三德时,尝言'佛教是救世之仁',又于民族主义中,亦谓佛学'可以补科学之偏'。""孙先生所说的佛教为救世之仁,即

<hr>

[1] 陈独秀:《四答常乃惪》,《陈独秀著作选编》(第一卷),第 326 页,上海:上海人民出版社,2010 年。

是佛所说的大慈大悲,亦即是佛学上的道德。孙先生所说的佛学能救科学之偏,因其见到科学偏重于物质,而佛学则精神与物质并重。又科学是理智的,而佛学之心理伦理等亦全是理智的,故可以包容科学。"[1]作为"救世之仁"的佛教被社会各界所共襄。"中国佛教会"在南京设立办事处,创立月刊,主张佛教徒不论在家、出家,应以能行为上。他们指责寺院僧尼争资产、讲应赴、收金钱的腐败行为,引起了江浙各寺僧人的一致反对。欧阳渐的同学太虚一面反驳"中国佛教会"的主张,一面又与仁善等人在南京毗卢寺组织了"佛教协进会"与之抗衡。这使得辛亥革命至"五四"时期,佛教出现了难得的复兴现象,尤其是佛学研究兴起,使得以前较为单一的僧伽系统,扩充出两种基本人士:一类是对佛教抱有信仰的居士,如郑学川、杨文会、欧阳渐、韩清净等人;而更值得注意的,显然是清后期一大批世俗学者。他们也对佛教进行研究,虽不乏有佛教抱有信仰者,但与居士相比,他们首先不是将佛教当成安身立命的宗教信仰,而是意欲凭借佛教文化作为唤起民众革命的工具,或是探求历史发展的内在规律。他们的研究不是在佛教实体内进行,而是以佛教文化作为精神类型进行研究,其目的很明显在于"以佛教救世"。在这场佛教复兴运动中,佛教界人士学习先行改革的日本佛教、基督教的布教技术,适应近现代社会,采取了组团结社、创办院校、培育僧才、发行佛刊、举办居士林及学校、工厂、农场、幼儿园、养老院、医院等新举措,呈现出一片新气象。千载绝学的法相唯识学重兴;绝传千年的真言密教从东瀛回归;藏传佛教诸派弘扬内地,形成藏密热;虚云、来果、月溪、袁焕仙等重振禅宗,令一花五叶再现于世;印光、夏莲居、李炳南等大兴净土宗,念佛之声响彻城镇山林;弘一、慈舟等重兴南山律宗,月霞、应慈等重兴华严宗,谛闲、倓虚、静权等重兴天台宗。一时诸宗重振,起衰续绝,祖庭重恢,高僧辈出,大有隋唐佛教盛景重现之势。佛学在知识界蔚为显学,著名文史学家如梁启超、胡适、梁漱溟、熊十力、谢无量、马一浮、汤用彤、陈寅恪、蒙文通、陈垣、蒋维乔、李证刚、方东美、唐君

---

〔1〕　太虚:《甚么是佛学》,载《海刊》第10期,1930年。

毅、牟宗三等,莫不兼治佛学,佛学研究风气新开,成果累累。科学家王季同、尤智表、王守益等,融通佛学与科学,"科学愈发达,佛法愈昌明",被不少人认同。

康有为虽然没有留下佛学研究专著,但在探索救国救民真理时也曾遍搜中国思想库,在其资产阶级改良思想成熟阶段所写的论著中,经常可以看见佛学的痕迹。以《大同书》为例,全书以去苦求乐为指导思想,其思想源于佛教"四圣谛"。《大同书》甲部便是"入世界,观众苦"。甲部第一章又是观"人生之苦",说人生从投胎开始便众苦丛生,完全是"苦谛"中"生老病死"的翻版。书中描述了他心中的大同世界,与人间净土何其相似。大同世界不仅人类物质生活极大丰富,而且佛学与仙学并行,人们的精神生活也达到极高的境界。当然,康有为设计的大同世界立足此岸,与佛教构筑在彼岸天国的净土有原则性的区别。

梁启超在《清代学术概论》中评价谭嗣同:"然真学佛学而真能赴以积极精神,谭嗣同外,殆未易一二见焉。"[1]谭嗣同把佛教中的怀疑、批判精神变成打击封建制度的思想武器。他说:"其坚忍不挠……佛教尤甚。曰'威力',曰'奋迅',曰'勇猛',曰'大无畏',曰'大雄'。括此数义,至取象于狮子。……故夫善学佛教者,未有不震动奋厉而雄强刚猛者也。"[2]可见谭嗣同的著作中,佛教一改"柔化人心"的形象,完全变成了"冲决罗网"的雄狮,许多观念完全是他引申发挥的结果,所以很难用严格的佛教研究标准来衡量其观点的是非。

再如章太炎(1869—1936),既是清末资产阶级民主派的著名思想家,同时也是著名的佛学研究家。1906年章太炎流亡日本,参加同盟会,主编《民报》,发表《无神论》、《建立宗教论》、《人无我论》、《五无论》等一系列文章,鼓吹"用宗教发起信心,增进国民道德",激励革命党人斗志。欣赏唯识宗缜密的理论思维和严谨的逻辑体系,认为其与近代西方哲学思想比较切

---

〔1〕 梁启超:《清代学术概论》,第100页,上海:上海古籍出版社,1998年。
〔2〕 谭嗣同:《仁学》,第50页,郑州:中州古籍出版社,1998年。

近,希望通过唯识学与西方哲学的结合,创造
出中国资产阶级的哲学体系。他认为客观世
界的存在只不过是人们的共同看法的集合,
其实质是虚妄不真的。人们应该破除对虚幻
假象的执著,抛弃对物质财富的贪婪和对生
命的留恋,而献身革命事业。很明显,章太炎
的宗教世界观,最终还是为民主革命事业服
务的。

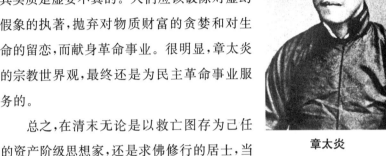

章太炎

总之,在清末无论是以救亡图存为己任
的资产阶级思想家,还是求佛修行的居士,当
时的佛学研究都与那个时代风生水起的启蒙思潮息息相关。由于佛学研
究者聚集了清末文化界、宗教界一大批精英人物,因而各种目的的佛学研
究,不仅促进了佛教自身的发展,同时更加成为思想文化界启蒙运动别开
生面的重要力量。清末以来,佛教逐渐摆脱明清以来的颓势,由丛林走向
社会,众多思想家们不仅把佛学作为一种思想力量,而且还把某些佛学思
想作为一种政治力量来躬行。可以说,近百年来中国启蒙意识的萌生,不
仅受到西方近代思想的影响,而且也吸收了中国本土的重要理论,这是不
得不加以注意,并给予充分肯定的。

二、宗教救国:国家想象的宗教设计

在反孔补儒、兴释易佛的同时,还有另外一条更为醒目的线索,那就是
自 19 世纪以来的西学东渐浪潮的蓬勃汹涌,乃至于最终归流于五四新文
化运动。

1. 西学东渐的最终归流

在明末清初与晚清民初的西学东渐过程中,无论是来华基督教传教
士,还是出洋留学华人,都达成基本的共识,西方文化的核心便是基督教文
化,基督教文化既是源头,又是核心,又是基调。东渐的西学,无论是从途

径、目的、方法和内容上看,都与宗教文化密不可分,同为一体。

在明末清初的一波西学东渐中,传教士扮演着相当重要的角色,以天主教耶稣会为主的传教士们(稍微晚些的有方济各会、多明我会等的传教士),通过在中国成立教会、学校、医院,并开设印书馆、创立期刊,译述大量西方书籍,全面覆盖式地将西方哲学、天文、物理、化学、医学、生物学、地理、政治学、社会学、经济学、法学、应用科技、史学、文学、艺术等传入中国。以1892年广学会为例,这个当时遍布北京、沈阳、天津、西安、南京、烟台等地的"广学会",含有"以西国之新学广中国之旧学"之意,旨在宣扬西方宗教信仰与文化,从而影响中国的政治方向。广学会由当时中国海关总税务司的英国人R.赫德任第一任董事长,韦廉臣、李提摩太等先后任总干事,慕维廉、林乐知、艾约瑟、丁韪良、李佳白等皆为重要成员。该会编译出版大量书籍报刊,历年所出宣传神学及政法、史地、实业、理化等书达二千多种。广学会出版了不少有影响的书,如李提摩太的《泰西新史揽要》,卜舫济编著的《基督本纪》,林乐知的《全地五大洲女俗通考》,瑞思义的《万国通史》,花之安的《自西徂东》等。宣教方面的书有《新旧约释义全书》、《宗教伦理百科全书》、《普天颂赞》、《四福音大辞典》以及海斯丁的《圣经辞典》等,这些都是传教必备的典籍。

广学会所出报刊有《万国公报》、《中西教会报》、《大同报》、《女铎报》、《福幼报》等,其中由林乐知创办的《教会新报》(后易名为《万国公报》)是十九世纪末至《新青年》问世前影响最大的报刊。利用其为中国借箸代筹,发表改革自强和办理外交的方案。这些言论不但在中国年轻一代士人中普遍流传,而且闻于地方大吏及朝廷中的进步官僚,产生一种类乎"清议"的作用。一些主张政治改革的中西人士常在《万国公报》上发表维新变法的主张,清朝廷中的一些王公大臣也纷纷订阅《万国公报》。十九世纪九十年代,很多知识分子从传统派转化为改良主义分子,在很大程度上受到这一种源自外国传教士清议力量的刺激和影响。

传教士鼓吹强调"西教、西学、西政三位一体",西教是西学、西政的根本,中国要采西学、行西政,就必须从西教。《万国公报》对于怎样变法,载文提出许多建议,包括派人出洋考察外国政治、创建新学、开设报馆、开矿修路、政令划一、改革政体等,这些建议后来几乎全部被康有为、梁启超等维新派吸收。在传教士看来,"中国人最大的特征就是注重学问以及他们对之所树立的荣誉。他们的英雄人物不是武士,甚至也不是政治家,而是学者"。他们走着一条"学而优则仕"的科举之路,而获得地位,"充斥在帝国各地而且受到高度的尊敬,事实上他们乃是这个帝国的真正的灵魂,并实际地统治着中国"。所以传教士认为:"如果我们要影响整个中国,就必须从他们下手。"因而广学会强调本会的宗旨在于通过出版物影响中国的士大夫,来"打破中国的外壳","把中国人的思想开放起来"。出于这种想法,传教士表面上将传播万国(西方)知识的外衣,披在传播基督教教义——精神核心的身上,通过对西方宗教精神的渗透,意欲影响中国学者。著名传教士林乐知将达尔文进化论与《圣经·创世纪》同等看待:

> 人群进化说,新旧二解,一原于圣经旧约创世纪,是为旧说;一创于英儒达尔文三种源论与人祖论,是为新说。照旧说,天地万物,皆为上帝所造,本为完全善美,自受造以来,至于今日,未尝或变,但因违背帝命,堕落恶果,又受世俗之引诱,为其束缚而不得上升。若新说之兴,不过在近今百年之间耳,以为生物皆有变迁进化之迹。……此二说者,一主不变而常进,一主多变而渐进,虽志趣各殊,而进化之理则一。[1]

因此,在晚清时期,中国人通过传教士所被动接受的西方知识,实际上带有极为明显和浓重的基督教文化意味,西学东渐,在很大程度上就是基督教文化逐步渗透的过程。

可以说,"其实,随着西方列强殖民主义对中国各地的不断侵入与渗透,首先冲击近代中国人精神价值世界的,倒不是别的什么,而是跟随着枪

---

[1] [美]林乐知:《全地五大洲女俗通考》第10卷(上),光绪二十九年排印本。

炮、商品之后大量涌进中土的基督教"[1]。传教士以基督教文化为核心的传教模式,逐渐产生了对中国社会变革的推动作用。洋务运动时期,社会变革的范围只涉及"兵工"、"制造"等器物改革。随着洋务运动的失败,变革就进一步进入政治制度的领域,这就是维新运动。但维新运动仍未触及与儒家势力互相支撑的帝王权威。而以基督教"上帝"文化为借鉴的"拜上帝会",狂飙式地点燃了彻底否定孔子儒教文化统治体系的革命之火,太平天国和晚清的早期革命明显带着强烈的基督教性质,尤其是以基督教徒孙中山领导的辛亥革命,将西方的精神性资源呈现出来。1911 年后"退庚子赔款,帮助中国建立学校",更是使得中国大、中、小的基督教学校如雨后春笋般覆盖,据 1914 年统计,天主教会开办各类学校 8 034 所,学生总数 132 850 人。基督新教开办学校 4 100 所,在校学生 250 000 余人,这个数字占当时中国学校总数的五分之一,在校学生总数的六分之一[2],教会学校在民国教育史上占有举足轻重的地位。这种通过基督办学,用以培养中国人的宗教精神,从而从精神资源上同化、殖民化的出发点显得特别显眼。尽管很多学者避之不谈,但事实上在这种时代嬗变链条中,显然基督教文化的精神性资源占有着巨大的作用。从表面上看到的社会革变和政治革命,深入到精神性源头,实则是一种宗教文化更替或者对抗的结果。而五四新文化运动,在很大程度上,就是这种对西学从知识性资源向精神性资源转变的体现。

而从传教士的单刀直入式的传教模式,转变成越洋留学生自动汲取西方精神资源的模式,对西方文明的学师,并没有将以宗教文化承载西方文化的模式打破,却在更深层次上,通过自己的体认,获得对西方宗教文化的认可。

1918 年,在著名的《新青年》双簧信中,就有读者来信质问为什么作为新文化运动旗手的《新青年》只集中火力攻击孔教,而忽略了西方的基督教,并认为这是一种不公平也没有必要的偏袒。编辑部以刘复的名义回复

---

[1] 李向平:《救世与救心》,第 132 页,上海:上海人民出版社,1993 年。
[2] 数据参见牟钟鉴、张践:《中国宗教通史》,第 1162 页,北京:社会科学文献出版社,2003 年。

了这封信,声称孔教所散布的毒素大大超过了西方宗教,因此可以暂时推迟对西方宗教的讨论[1]。而事实上,在 1922 年北京基督教青年会刊《生命》第三期上就出了专辑《新文化中几位学者对于基督教的态度》,刊出陈独秀、胡适、周作人等所撰写的基督教与五四新文化的关系的文章。陈独秀认为,"支配中国人心底最高文化,是唐虞三代以来伦理的道义。支配西洋人心底最高文化,是希腊以来美的情感和基督教信与爱的情感","中国底文化源泉里,缺少美的、宗教的纯情感,是我们不能否认的。不但伦理的道义离开了情感,就是以表现情感为主的文学,也大部分离了情感加上伦理的(尊圣、载道)、物质的(纪功、怨穷、诲淫)彩色,这正是中国人堕落底根由"[2]。尽管陈独秀对宗教的态度前后矛盾,但是在"五四"时期,他始终坚信要在冷酷黑暗污浊腐朽的社会中拯救起中国及国民,就必须寻找新信仰,即把基督教中耶稣崇高伟大的人格和热烈浓厚的情感培养在中国人的血液里,使其成为一种基本的国民素质。

胡适在《我们对于西洋近代文明的态度》(1926)文章中,列举了西洋近代文明的种种优点后指出:

> 这一系的文明建筑在"求人生幸福"的基础之上,确然替人类增进了不少的物质上的享受;然而他也确然很能满足人类的精神上的要求。他在理智的方面,用精密的方法,继续不断地寻求真理,探索自然界无穷的秘密。他在宗教道德的方面,推翻了迷信的宗教,建立合理的信仰;打倒了神权,建立人化的宗教;抛弃了那不可知的天堂净土,努力建设"人的乐园","人世的天堂";丢开了那自称的个人灵魂的超拔,尽量用人的新想像力和新智力去推行那充分社会化了的新宗教和新道德,努力谋人类最大多数的最

[1]　刘复:《答王敬轩》,《新青年》,第 4 卷第 3 号(1918 年 3 月 15 日)。
[2]　陈独秀:《陈独秀文章选编》上,第 484、485 页,北京:生活・读书・新知三联书店,1984年。

大幸福。[1]

这恰恰代表了"五四"时期知识分子对于由基督教文化承载的西方文化的基本认知：西方文明＝西方基督教文明＝西方新宗教文化。

林毓生指出"五四"一代存在着"借思想文化以解决问题"的倾向[2]。同时他指出："五四的整体性反传统思想实际上犯了文化化约主义的谬误"，而"文化与社会系统互相不能化约。……人们可以摒弃传统中国社会中所有的罪孽，而无须攻击整个传统中国文化"[3]。这就是说，当众多国人把政治问题、社会问题归咎于中国传统文化（主要是儒教文化，也包括佛教文化）的时候，对传统文化的否定就成为一种不可阻挡的总体趋势，并进而反过来把文化问题演变为政治问题和社会问题，对传统文化的态度演变成了先进与落后、光明与黑暗、文明与野蛮的二元对立。人们无法冷静分析传统文化与国家现代化的关系，而是急于全盘否定传统文化去建立一种全新的文化，这种文化实际上是西方文化。而西方文化的核心又是西方宗教文化，因此，基督教文化毫无意外地出现在全体文化先驱者的视域中。

2. 宗教救国论与"新人"构想

事实上，在二十世纪二十年代之前，也就是在新文化运动发生的几年间，社会新思潮、新社会的变革与宗教文化，尤其是基督教文化处于同步进展状态，这种同步状态一直持续到新文化运动，对中国现代知识分子产生了不小的影响。之所以同步，是因为基督教文化运动与新文化运动至少在以下两点上有着同基同源的设想：一是关于如何救国问题，一是如何树人的问题，前者是国家变革方向的大问题，后者是小到个人的发展问题，然而两者又是互相承载互相依存的关系。

---

〔1〕 胡适：《我们对于西洋近代文明的态度》，欧阳哲生编：《胡适文集》(4)，第11页，北京：北京大学出版社，2013年。

〔2〕 林毓生：《中国意识的危机》，第47页，贵阳：贵州人民出版社，1988年。

〔3〕 林毓生：《中国传统的创造性转化》，第197页，北京：生活·读书·新知三联书店，1988年。

首先在救国上,当新文化运动兴起时,教会内部不少人积极响应,以各种方式与新文化运动呼应。传教士们如李提摩太提出"救个人、救国家",基督教青年会领袖穆德和艾迪提出"如何救中国"、"中国的困境与出路"、"中国之希望"等问题,都促进了社会对国家变革的思想涌动。1916年,天主教知识分子马相伯与陈独秀、蔡元培等新文化先锋人物并肩作战,共同阻击康有为等人的"立孔教为国教"运动。燕京大学基督教知识分子对新文化运动响应极为热烈,他们认为"基督教将有助于新伦理道德对民族的拯救"[1],刘廷芳就非常欢迎新文化运动,他说:"这次运动是主赐教会的一个大机会。他是主的使者,预备主的道路,你们诸位是主的仆人,当服从主旨,尽你们的力量,对付这运动,去研究他,爱惜他,指导他。"[2]

1919年,"北京证道团"(1924年后改名为生命社,1937年解散)的徐宝谦、刘廷芳、吴雷川、赵紫宸等自由神学派(社会派)基督徒,面对"五四"新思潮,发起"基督教新文化运动",认为"中国社会的重建过程中最大的需要是基督教"[3],提出建立本色化神学和本色教会的主张,其中最重要的就是强调基督宗教应当并且可以在民族救亡和社会变革的现实语境中发挥积极的作用,主张并宣传基督教为民族复兴作贡献的可能性与必要性,认为基督教在民族心理的再造上可以发挥独特的作用。他们出版《生命》月刊,撰文发声,积极参与社会改造、人心改造的讨论和实践活动,探索个人救赎与国家救赎融合的途径,倡导革除旧文化,创建新文化,主张建立一个伦理的、人格的、自由的、平等的中国社会,与新文化运动有共同的追求。

五四时期,传教士与基督徒由布道而来的关于"西教、西学、西政三位一体"的思想——认为西教是西学、西政的根本,中国要采西学、行西政,就必须从西教,这是传教士影响中国知识界的一种对国家想象的宗教设计。

---

〔1〕 转引自[美]路易斯·罗宾逊著:《许地山与基督教》,傅光明译,《中国现代文学研究丛刊》,第240页,1989年第4期。

〔2〕 张西平、卓新平编:《新文化运动中基督教宣教师的责任》,《本色之探:20世纪中国基督教文化学术论集》,第170页,北京:中国广播电视出版社,1998年。

〔3〕 转引自林慈信:《先驱与过客——再说基督教新文化运动》,第129页,加拿大福音证主协会,1996年。

这种设计受到了很多人的关注和认可。在上海基督教青年会中,传教士的布道策略是将基督信仰演绎为一套道德救国论:

> 中国人没有人格——中国衰弱腐败;
>
> 西方人信奉基督教——西方人有人格——西方富强;
>
> 中国人信奉基督教——中国人有人格——中国富强。

艾迪先生在大舞台演说,特将世界各国贫富强弱比较表揭示于众,谓西方文化,启发极迟,东方各国,开化甚早,今则西方各国,异常富庶,工商等业之进步,大有一日千里之势,东方各国,反多贫弱,此何故哉?盖西方各国之所以兴盛,乃有基督教之能力存焉,尝考信仰基督教诸国,其进步之神速,非人所能测度,而东方各国之信仰基督教者尚居少数,此国家衰弱之大原因也[1]。

基督教为何在民国初年备受欢迎,其重要原因,应该在于中国知识分子在救国方略上,认识到从政治革命返回文化革命的重大转折。他们一开始认定,政治制度的改革乃是当时振兴国家的唯一出路:

> 政治衰败(中国衰弱)——政治改革(救国方略)——政治清明(中国富强)。

然而清末以还,政治改革纷至沓来,政局发展不但未见起色,反倒有愈益败坏之势。这使得知识分子开始思考在现代化的政治体制背后,西方是否还存在着更为根本性的文化之根,可作中国改革的借鉴。1913 年,几位来自政商界的非基督徒会员,自发在上海青年会内成立"星期三俱乐部",旨在研究《圣经》及讨论有关基督教的问题。骆维廉解释这个聚会的成立原因说:"这(二次革命的爆发)引起部分人(国家的领袖)更深入思考中国的问题,成立一个细小但由富有思想和具影响力的中国领袖组成的小组,

---

[1] 郑云辉:《基督教之能力》,《上海青年》,第 13 卷第 40 号,第 4—5 页,1914 年 12 月 25 日。

思考究竟宗教(或者是基督教)是否未来中华民国赖以建立的基础。在国家的危机面前,人们显明了他们的无能为力。"[1]

前内务部次长谢敬虚说:"辛亥以前,合国人因政治不良而倡大改革之议。自辛亥至今六年,革命四次,其变动亦可谓剧矣;然而国本愈以漂摇,民生愈以穷困,政治愈以腐败,且世界之竞争外力之交迫急转直下,日甚一日。一般人士遂以为中国必亡,无法救治;甚至大名流、大学问均以此呼号……"[2]传教士所提出的以宗教道德救国论恰如一针兴奋剂,重新打开了惶惑中的迷境。时任农商总长金邦平自述:"今日有心之人,孰不愿尽其智力以救我国家? 各方面亦有勉为之者矣,而悲观者比比皆是,盖社会堕落已深,非专恃人类言行之力所能振拔。吾始亦欲有所贡献,而自省中心实无能力,不知从何着手有何果效,废然做罢。而此心未泯,不能不别有所求,此反省之警觉我也。昔闻张君伯苓(张伯苓)称基督教有感化人心之大理,因敬重其言,遂开研究之端;然羁于事务作辍无常,未能贯注也。去春闲居海上,目怵时危,自量无力,遂猛忆及张君之言,立意日读圣经,又从青年会骆维廉先生听讲质疑,阅年余而恍若有得。盖其旨在以灵献主,有修身事天之意,其途在复性救灵,有理得心安之意,其极在神人感通,有乐天知命之意,此诚求之启发我也。"[3]时任孙中山大总统秘书、内务部会计主任的马伯援就曾总结说:"近数年来,高唱宗教救国者,耶佛儒皆有人焉。无知若鄙人,所以深表同情于耶稣者,非故阿好也,实以耶稣教之精神,真足以救中国之亡。"[4]

从"救国"推导到"救人",基督教传教士的"新人"构想,恰恰与新文化运动不谋而合。面对积贫积弱的中国,先驱者切身感受到中国人麻木不仁

---

[1]　转引自张志伟:《基督化与世俗化的挣扎——上海基督教青年会研究1900—1922》,第130页,"国立"台湾大学出版中心2010年。

[2]　谢敬虚:《第十次征求大会开幕演说》,《上海青年》,第17卷第2号,第4页(1918年1月14日)。

[3]　金邦平:《吾信基督教之由来》,《上海青年》,第13卷第16号,第4—5页(1914年5月8日)。

[4]　马伯援:《救国罪言》,《上海青年》,第13卷第36号,第1页(1914年11月27日)。

的精神面貌，在"救国"的旗帜下，实则要对个人进行"启蒙"，才能达致新的革变。

麻木不仁的精神面貌，首先表现在个体丧失主体地位，思想行为上昏聩糊涂的从众倾向，表现出中国人个性精神的匮乏。"昏乱的祖先，养出昏乱的子孙"，鲁迅批评"中国人向来有点自大——只可惜没有'个人的自大'，都是'合群的爱国的自大'"。而"个人的自大"就是独异，是对庸众宣战。为了改变这样的精神现实，鲁迅寄希望于中国能多一些"个人的自大"。胡适醉心于"最要紧的还是救出自己"，因为"自大"的个人和能"救出自己"的个人决不盲从他人。

鲁迅

"新人"构想从"人的解放"问题开始探索，进行现代人格设计：抛弃传统人格理想，推出与之抗衡的现代人格意识。康有为曾主张"求乐免苦"，严复曾主张"背苦趋乐"，梁启超主张"爱他的利己"，周作人倡"利己而又利他，利他即是利己"的总原则，"革除一切人道以下或人力以上的因袭的礼法，使人人能享自由真实的幸福生活"[1]，而鲁迅"要除去于人生毫无意义的苦痛"，"要人类都受正当的幸福"[2]。

随着基督教传教士的布道，留洋学生归国后的充补，尤其是以陈独秀、李大钊等新文化先驱者在反对旧文学传统的同时大力提倡，加上"五四"前夕官话和合本《新旧约全书》的翻译并出版发行，和一些富有基督精神的外国作家作品的翻译介绍，基督伟大的人格和精神，一时成为当时国人心中完美的"新人"形象。几乎所有的新文化先驱者都对耶稣献上热烈的赞颂和推崇，陈独秀在《基督教与中国人》中，将耶稣的伟大人格情感概括为"崇

---

〔1〕 周作人：《人的文学》，《艺术与生活》，第11页，长沙：岳麓书社，1989年。
〔2〕 鲁迅：《坟·我之节烈观》，《鲁迅全集》(1)，第125页，北京：人民文学出版社，2005年。

高的牺牲精神"、"伟大的宽恕精神"和"平等的博爱精神",将这视作基督教的基本教义,号召"要把耶稣崇高的、伟大的人格,和热烈的、深厚的情感,培养在我们的血里,将我们从堕落在冷酷、黑暗、污浊坑中救起"[1];"脱离夫奴隶之羁绊,以完其自主自由之人格之谓也"[2]。在文化先驱者眼里,孔子、释迦摩尼、老庄都不能体现一个现代的、美的、健康的追求,即成为完全的人,而耶稣作为主体的意识、顽强的意志、勇猛的力量、健康的体魄的现代人格范型,恰恰是觉醒者实现自我的人生追求、把握并主宰个人命运的同义语。文化先驱出于对自我人格尊重的追求,使他们确信"人的一切生活本能,都是美的善的,应得完全满足"[3]。

五四新文化运动时期,先驱者们对于宗教的态度,从一开始补儒易佛,进而将视野投注到具有参照意义的西方基督教文化上,将宗教信仰和宗教精神视为救国与成就新人的根本性因素,但继而以"科学"取缔、排挤、反对之,或以"非宗教运动"("非基督教运动")或以科学(美育等)代宗教,终而冷漠鄙夷,终使宗教文化在二十年代从风口浪尖退下来,边缘化。这其中,"五四"时期"科学"与宗教的关系,表面上看是一种狂飙式的取代关系,但实际上,"科学主义"思潮却在很大程度上与宗教文化有着不可分割的关系,作为一对原来并不相互对应的范畴,却在"五四"时期产生一种代替对立的角色互换,这是"五四"时期新文化运动复杂而又独特的表现。

三、宗教代替论与以科学非宗教

尽管宗教在晚清至"五四"前期为中国文化先驱救国与启蒙的现代设计方案注入了极多的营养,但因为中国自身儒释道的边缘化,基督教文化作为西方舶来品又深嵌着西方帝国主义意识形态的色彩,因此文化先驱者们在经过一段时间对基督教文化的追崇之后,提出了许多宗教信仰如何本

---

〔1〕　陈独秀:《基督教与中国人》,《新青年》,第7卷第3号。

〔2〕　陈独秀:《敬告青年》,《青年杂志》,第1卷第1号。

〔3〕　周作人:《人的文学》,《艺术与生活》,第9—10页,长沙:岳麓书社,1989年。

土化、现世化的设想,因此,宗教代替论纷至沓来。当时著名的文化先驱者,几乎都为中国描绘了自己的一幅愿景。

以美育代宗教。1917 年 8 月 1 日,蔡元培在《新青年》第 3 卷第 6 号发表《以美育代宗教》演讲,提出"以美育代宗教"。他将宗教与美育进行对比,认为宗教具有明显的局限性:"一、美育是自由的,而宗教是强制的;二、美育是进步的,而宗教是保守的;三、美育是普及的,而宗教是有界的。"因此,蔡元培提倡"以美育代宗教","鉴激刺感情之弊,而专尚陶养感情之术,则莫若舍宗教而易以纯粹之美育"。在蔡元培看来,以美育代宗教,使国人的感情勿受污染和刺激,使其受艺术熏陶而纯正,满足了人性发展的内在需求。

以教育代宗教。1917 年,恽代英从道德的角度提出以教育代宗教。他认为"道德上之大动力有三:一曰信;二曰爱;二口智",三者都能引人趋善。但是信与智常常冲突,而"有智识之人,初不须假藉信仰之力,更不须假藉宗教之力,自能竭力实践道德上之义务"。所以即使没有宗教,信仰如法律制裁、社会制裁、良心制裁等也可做社会准绳,所以不能说惟有宗教扶助道德并以此护教,所以"吾人与其以宗教范围无智识或智识简单之人,使其为无理由之信,无宁以教育启发之使其智,训练之使其爱之为愈。盖有智以指导其行为,而智与爱又共同鞭策之,则自能见善无不为,而所为无不善"[1]。

不朽的社会。1919 年胡适发挥《左传》中的三不朽说,提出"社会的不朽"这一新宗教。他认为单个的个人是"小我",世界全体是"大我",他说:"我的宗教的教旨是:我这个现在的'小我',对于那永远不朽的'大我'的无穷过去,须负重大的责任,对于那永远不朽的'大我'的无穷未来,也须负重大的责任。我须要时时想着:我应该如何努力利用现在的'小我',方才可以不辜负了那'大我'的无穷过去,方才可以不遗害那'大我'的无穷未来?"[2]

---

〔1〕 恽代英:《论信仰》,《新青年》,第 3 卷 5 号(1917 年 7 月 1 日)。
〔2〕 胡适:《不朽——我的宗教》,《新青年》,第 6 卷 2 号(1919 年 2 月 15 日)。

以科学代宗教。1917 年,在对基督耶稣人格精神献上至上的赞颂的同时,陈独秀提出了"以科学代宗教"的主张。他认为西方以自然科学为基础的思想、精神和方法,可以在世界观、人生观、社会历史观等方面全面取代宗教,作为现代社会的新信仰。陈独秀认为"宗教美文,皆想象时代之产物",而"近代欧洲之所以优越他族者","科学之兴"功不可没,所以,他郑重向青年阐明科学的而非想象的希望,继而又直接提出了他的"以科学代宗教,开拓吾人真实之信仰"的设想。周作人坦承"不能想象一个时代会完全没有宗教迷信",可他坚信"要破除迷信,当用教育的方法,养成科学思想"[1]。1918 年《新青年》对上海《灵学》杂志进行尖锐批判,驳斥其散布的"鬼神之说不张,国家之名遂促"的谬论。

各式各样的宗教替代论,乃至于 1937 年冯友兰的"以哲学代宗教",先驱们都在很大程度上首先肯定了宗教的重要意义和救国作用,在此基础上,各种论调尽管用不同的范畴来替代宗教,但却体现了相同的出发点和立场:首先是无神论,以科学的自然观否定了宗教中外在的神和神圣者。其

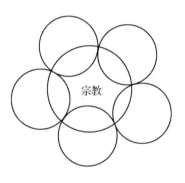

次,从功能主义的社会观上,把宗教变成了内在的信仰。因而用以取代的东西恰恰认为宗教之于社会是最为重要的。既然神不符合科学我们就抛弃它;既然宗教中有专制和迷信及其落后成分,就把这些成分也抛除;既然宗教信仰是人生与道德的动力,可以保留信仰的积极的成分。因此,在这些学者看来,宗教的未来只能保留其信仰的积极作用,而且不是对神灵的信仰,而是对其他或者科学或者美或者良心或者自我责任的信仰,这就是宗教替代说本质,也就是用对另一种科学或者有益的东西的信仰,来取代宗教,从而仅仅保留宗教积极的功能。换言之,这些宗教替代论所呈现的是设计者这样的思路:宗教文化作为一种母体文化(精神资源),提供了基

---

〔1〕　周作人:《拆毁东岳庙》,《语丝》,第 119 期。

本的精神资源和基底,而其他的如道德伦理、美育哲学、社会人生等都可以此圆为重要内涵,进行适当组建重装,从而形成一个貌似新实则本源不变的一个圆。

然而随着"科学"的汹涌而至,宗教陷入了困境,不得不让位于热火朝天的"科学"。1917 年到 1921 年,美国实用主义哲学家杜威(Dewey)和英国唯心主义哲学家罗素(Russell)相继来华讲学,堪称中国知识界的盛事。杜威反对在学校中设立宗教课程,罗素则认为现代社会不需要宗教,因为宗教激发人际冲突,限制人的个性发展及用情感代替理智。反观此时欧美学界,正涌动着一股强大的社会思潮,认为科学的进步足以击碎宗教的幻象,科学正在用事实排斥宗教的历史地位。"科学"的西学东渐,击穿了中国人关于国家设计的文化想象,胡适就曾指出:"这三十年来,有一个名词在国内几乎做到了无上尊严的地位,无论懂与不懂的人,无论守旧和维新的人,都不敢公然对他表示轻视或戏侮的态度,那个名词就是'科学'。"[1]

而 1923 年文化界展开的"科学与人生观论战",无疑是"五四"时期极为深入的论战。1923 年 2 月,中国民主社会党主席张君劢为清华学生作了题为《人生观》的讲演,阐扬梁启超质疑科学万能的文化保守主题,将人生哲学归为独立于科学及其影响的精神领域,提出"科学/人生观"二元论文化观,以此文化观反对科学一元论,旨在以科学与信仰的划界,护存中国精神传统。同年张发表长文反击丁文江的驳斥,引发学界不断深入地探讨,从 1923 年 5 月梁启超《关于玄学科学论战之"战时国际公法"》,到同年吴稚晖发表《一个新信仰的宇宙观及人生观》,其间科学派、玄学派双方人物纷纷登场,论战愈演愈烈。直到 1923 年 11 月陈独秀为论战文集《科学与人生观》作序、邓中夏发表《中国现在的思想界》的 1924 年岁末,其间"科—玄"论战发展为科学派、玄学派和唯物史观派三大派的思想论争。

---

〔1〕 胡适:《科学人生观·序》,欧阳哲生编:《胡适文集》(3),第 137 页,北京:北京大学出版社,2013 年。

与此同时，1922 年，听说世界基督教学生同盟拟定于 4 月 4 日在北京清华学校召开第十一届年会，3 月 9 日，上海学生成立“非基督教学生同盟”组织，通电反对在中国召开此年会，指出：“各种宗教都有这些同样的罪恶，而基督教组织强大，其为害特深广，所以我们应该特别反对基督教。……近年以来，同盟播教方法日臻巧妙，由教会，而学校，而医院，而青年会，而社会服务团，而童子军，而平民教育，日益遮掩其布教面目，日益深入社会，迷惑无数青年。只看他们拿来些学校医院的经费，而看不见他们拿去比这些数目十百倍的投资的利益。此外更危险的是：一班神父牧师，他们回到外国，形容尽致的演讲中国人的愚蠢野蛮，好骗得捐款，因此益增外人轻鄙华人的观念。他们来到中国，无论是布教与教育，有意或无意的，都宣传其国际资本主义的国际观念，以破坏中国的民族觉悟与爱国心。所以我们应该特别反对基督教。”3 月 11 日，北京学生响应号召并成立“反宗教大同盟”，得到蔡元培支持。3 月 21 日，由李石曾、陈独秀、李大钊、汪精卫、朱执信、蔡元培、戴季陶、吴稚晖等 77 位学者名流以该同盟的名义联署发表宣言通电全国，指出：“我们要为人类社会扫除宗教的毒害。我们深恶痛绝宗教之流毒于人类社会十倍于洪水猛兽。有宗教可无人类，有人类便无宗教。宗教与人类，不能两立。”[1]3 月 31 日，北京的 5 位大学教授周作人、钱玄同、沈士远、沈兼士与马裕藻发表《信仰自由宣言》，重申信仰自由的精神，反对攻击基督教。至 6 月，由罗章龙编辑，非宗教同盟编辑出版社出版了收集蔡元培、陈独秀、李大钊、吴虞、李石曾、萧子升、周太玄、朱执信、罗章龙等人写的 31 篇批判和否定基督教的文集《非宗教论》。

至 1924 年，中国国民党和共产党合作，在苏联的支持下，非基督教运动被赋予了反对帝国主义文化侵略和推翻北京政府“大革命运动”等的认识高度和意义。五卅运动和北伐开始后，反基督教事件多有发生，教堂和教会学校、教会医院等多被占用或毁坏。1927 年国民党在南京建立政权

---

〔1〕《非基督教学生同盟宣言》，《先驱》，第 4 号（1922 年 3 月 15 日）。

后,开展了收回教育权运动,于是教会学校受到严重影响,1922 年来华传教士达 8 300 人,经过非基督教运动之后,1928 年降至 3 150 人。

以科学非宗教与非基督教运动,归根到底,就是伴随着新文化运动"科学"思潮的蔓延、激进的民族主义精神,科学和宗教不可调和,帝国主义和资本主义压迫民族的工具基督教与中国民众也是不可调和的。然而很少人能像周作人所清醒地认识到的:"宗教无论如何受科学的排斥,而在文艺方面仍然是有相当的位置的。这并不是赞扬宗教,或是替宗教辩护,实在因为他们的根本精神确是相同。即便所有的教会都倒了,文艺方面一定还是有这种宗教的本质的情感。"[1]因此,宗教和科学的世纪之争也在此拉开了帷幕。

---

[1] 周作人:《宗教问题》,第 9 页,《少年中国》第 2 卷第 11 期,1919 年。

第二卷

革命与自由

　　1923 年 11 月 24 日至 25 日,中国共产党在上海召开三届一中全会。会议决定进一步促进国民党改组,在全国扩大国民党组织,中国共产党党员、社会主义青年团团员"一并加入"。1924 年 1 月在中国共产党人的参加与帮助下,孙中山在广州召开了国民党第一次全国代表大会,重新解释了三民主义,确定了联俄、联共、扶助农工的三大政策,标志着第一次国共合作的建立。

　　中国共产党与中国国民党正式结成统一战线,此一结果直接促成了北伐革命运动。北伐革命发生于 1924 年至 1927 年之间,是中国人民在中国共产党和中国国民党合作领导下进行的反帝反封建的革命斗争。

　　1927 年 4 月 12 日,蒋介石在上海发动政变,致使第一次国共合作开始破裂。

　　1930 年 3 月 2 日,中国左翼作家联盟在上海成立,这是中国共产党领导创建的一个文学组织。此后中国左翼戏剧家联盟、中国社会科学家联盟、中国左翼新闻记者联盟纷纷成立。这年 10 月,成立了中国左翼文化界总同盟,包括上述联盟以及教育、音乐、美术、世界语小组等八个团体。

　　1930 年 11 月,国民党军开始对中央苏区实行"围剿"。

　　1931 年 2 月 7 日,国民政府于上海龙华监狱秘密杀害五位与中国左翼作家联盟相关的成员。

　　1931 年 9 月 18 日夜,日本关东军炮轰沈阳北大营中方守军,次日,侵占沈阳,至 1932 年 2 月,东北全境沦陷。此事件标志着中华民族 14 年抗日战争的开始。

　　1934 年,国民党开始新生活运动,倡导"礼义廉耻"。

1935 年,日本侵略军采取各种手段,蚕食、侵犯我华北地区。

1936 年 10 月,《文艺界同人为团结御侮与言论自由宣言》发表,鲁迅、茅盾等联署。

1936 年 12 月 12 日,张学良、杨虎城发动西安事变。自此促成国共两党第二次联合,共同抗日。

这是一个风声鹤唳的时代,在血雨腥风中鼓噪着自由的叫喊,在革命的大潮中经历着抗争与杀戮。这不是一个适合于文化发展的火与剑的时代,但文化人却必须在自由与革命的鼓舞下操持着如笔的刀枪。时代的巨变常常在一夜之间频频发生,又一声号角的吹响,文化人只能拿起笔挣扎着起身,或兵戎相向,或团结御侮。

这是一个充满悖论的时代:自由对于革命充满着悖论关系,斗争与联合又构成悖论格局。一代文化英雄有这样的智慧和魄力,以负责的历史态度克服了逻辑上的悖论。

第十三章
自由与革命的思想文化演进

1920 年代中后期到 1930 年代,中国思想界继续保持自由状态,同时各种自由的革命声浪此起彼伏,形成了新文化运动以来思想界最为活跃的局面。

延续着五四新文化运动的积极、进取和民主、科学的思想传统,伴随着北伐革命的时代脚步,带有社会主义色彩的革命思想大举进入,包括陈望道等对马克思主义经典的翻译,瞿秋白等从苏联翻译介绍无产阶级革命理论,郭沫若等从日本文坛舶进了河上肇的《社会组织与社会革命》等,使得中国的思想界一直搏动着阶级革命的时潮。

与此同时,本着自由原则倡导尊崇传统的新人文主义,作为巨大的新文化反思力量,在新思想的运作中虽然力量并不突出,却具有一种时代的韧性,从 1920 年代初期作为新文化倡导的制衡力量学衡派的提倡,到 1920 年代后期作为革命文化的制衡力量梁实秋等人的推介,形成了虽然势单力薄但却绵延不绝的思想文化现象。

在自由和革命的思想热潮中,革命的思想理念还存在着某种变异现象,这就是备受人们关注的无政府主义思潮。新人文主义思想和无政府主义思想,丰富了大革命前后的中国思想文化。

一、思想文化的"左"、"中"、"右"翼

在那个特殊的历史时代,在启蒙与革命之间,在自由与革命的争持中,中国选择了火与剑,选择枪和炮,这是当时的思想文化的重要内涵。

1921年7月中国共产党的成立,以及1924年1月的"国共合作"不仅导引了五四运动由"文化启蒙"向"革命"的转移,而且标志着中国革命力量的开始形成和进一步汇聚。

此后的一系列事件,均说明了五四运动反帝、反封建的思想主题在另一向度上的展开。"二七"大罢工,不仅是中国共产党所领导的工人运动登上历史舞台的一次出色表演,同时也具有反对封建军阀的意义;而其后的五卅运动、省港大罢工均具有反帝性质,这也受到日本、英国等帝国主义的武力镇压。而在农民运动方面,对农民的革命启蒙教育,对掌握着乡村族权、经济权和文化权的土豪劣绅的清算,对土地等的重新分配,均具有荡涤农村封建势力的积极作用。特别是1926年夏发动的北伐战争,更是一场反对帝国主义、消灭封建军阀割据、扫清封建主义障碍的伟大革命行动。北伐军高唱着"打倒列强,除军阀"的革命歌曲,一路势如破竹,而工农运动也给北伐提供了极大的支持[1]。革命中的"右翼"(中国国民党)和"左翼"(中国共产党)的联合,大大推动了革命形势的高涨。这不仅属于"感性的、政治行动导向性的启蒙"[2],同时,也以最为直观的方式向民众传播了现代启蒙思想。

然而,就在1927年,北伐军相继占领了南京、上海等重要城市,北伐战争和启蒙事业如歌如潮之际,"四·一二"和"七·一五"事件相继发生,这不仅说明了第一次"国共合作"的破产,也标志着反帝、反封建的革命同盟发生严重分裂,革命力量发生了彻底的分化。

---

[1] 金冲及:《二十世纪中国史纲》(1),第245页,北京:社会科学文献出版社,2009年。
[2] 董健:《新时期小说论评·序》,《新时期小说论评》,胡若定著,第5页,南京:南京大学出版社,1990年。

北伐战争中的政工人员

如果说"思想启蒙"与"政治、社会革命"的"双重变奏"仍然具有某种"同一性"和"一致性",属于"复调"范畴,那么,在由"思想启蒙"向"政治、社会革命"转化的过程中,革命和启蒙的同一性和一致性逐渐发生偏斜并悄然失落,形成了新的"变调",即使这种"政治、社会革命"仍然属于"启蒙"的范畴,并以另一种方式执行着启蒙的伟大历史使命。而革命力量从联合到分裂的命运,则预示着这种"变调"的进一步强化,以及新的"变调"的产生。在这个过程中,历史机缘、政治选择、经济政策、军事格局以及政党在特殊时期的某种选择,对思想文化的影响、制约、规范和导向作用,是新思想文化史的研究不可不察,更不可漠视的一个事实。

从"复调"到"变调",或者说,在"复调"之中又有了"变调"的诸多因子,思想启蒙运动在 1927—1936 年这个充满各种变数的革命年代里,不仅发生了深刻的分化,而且有着更为复杂的多重呈现。

以中国国民党为代表的"革命"的"右翼",在"国共分裂"并执掌全国政权之后,在政治、军事上进一步走向专制、独裁,而在思想文化上则向中国传统发生转向。

这里有三个事件可以代表这种发展趋向。

一是宣布由"军政时期"进入"训政时期"。1928 年 10 月 3 日,北伐战争结束不久,国民党中央常务委员会通过一个《训政纲领》,并交由国民政府执行。其中规定:

一，训政开始，由党代表大会代理国民大会，领导国民行使政权。二，党代表大会闭幕时，由中央执行委员会执行之。三，依照建设大纲四种政策，训练人民，逐渐施行，以立宪政之基。四，行政、立法、司法、考试、监察之五种治权，付与国民政府总揽之，以立宪政时期民选政府之基。五，指导国民政府，重大国务由中央执行委员会政治会议议决行之。[1]

这种理念来源于孙中山 1924 年的《国民政府建国大纲》，这个《大纲》中阐述了中国民主的三个进程，即"军政时期"、"训政时期"、"宪政时期"。因此，从表面来看，《训政大纲》中有关规定正是对"民主"的有序推进，由"军政"而"训政"似乎也是一种进步。另外，根据《训政纲领》规定，"重大国务由中央执行委员会政治会议议决行之"，而《中央政治会议暂行条例》则又规定"国民政府在发动政治根本方案上，对政治会议负责"[2]，这就形成了一个人们所批评的"以党代政"的政治局面。但根据《国民政府建国大纲》的政治设计，所谓"以党代政"也是民主进程中"训政时期"的重要阶段或过程。问题的真正关键是，其时蒋介石不仅身兼国民政府主席、陆海空军总司令，还是国民党中央执行委员会政治会议主席，党、政、军大权集于一人之身，这就形成了个人独裁的政治局面。事实上，此后二十多年的中国政治格局的主要病灶，恰恰就是个人独裁。

二是随着国民党的统一全国，"戴季陶主义"得以进一步落实。所谓"戴季陶主义"即是国民党理论家戴季陶所提出的思想体系。1925 年，他先后发表了《孙文主义的哲学基础》、《国民革命与中国国民党》两本小册子，标志着"戴季陶主义"的正式形成。"戴季陶主义"对孙中山先生的"三民主义"进行了阐释、发挥和发展，提出要确立纯正的三民主义为国民党的最高原则，反对阶级斗争造成的社会阶层撕裂；在民族国家内进行各阶级联合

---

〔1〕 金冲及：《二十世纪中国史纲》(上)，第 281 页，北京：社会科学文献出版社，2009 年。
〔2〕 金冲及：《二十世纪中国史纲》(上)，第 281—282 页，北京：社会科学文献出版社，2009年。

的革命;建立一个纯粹或单纯的国民党,整肃党内的意志涣散、因循苟且的恶劣风气。更为重要的,戴季陶把孙中山的"三民主义"思想与中国传统儒家文化相对接,并认为孙中山"实在是孔子之后中国道德文化上继往开来的大圣"。比如对于孙中山的"民生"主义,戴季陶发挥了自己的观点,认为"三民主义"即是"民生哲学","民生为宇宙大德之表现,仁爱即民生哲学之基础"。其实,这不仅仅是戴季陶的个人发挥,在孙中山包括蒋介石的个人思想观点里,确实存在着与中国传统文化特别是儒家文化的认同意识。这种向中国传统儒家文化靠拢的文化选择,成为此后国民党政府的主要方针和政策,也就不足为怪。

三是提倡"尊孔读经"并发起"新生活运动"。"新生活运动"是由国民党发动的一场国民教育运动,以儒家的"礼义廉耻"(四维)为中心思想,于1934年发动,1949年因国民党在大陆战场的失败而"暂停办理",1960年在台湾得以再续。"新生活运动"不仅是表面的市容清洁、谨守秩序,它还有"三化",即:生活艺术化,生活生产化,生活军事化。特别是"生活军事化",蒋介石举日本人民之能"洗冷水脸"、"吃冷饭"的例子,说明日本"早已军事化了,所以他们的兵能够强",从而提出这对于中国人民解决民族危机(抗日)的重要性。"新生活运动"被提高到"要改革社会,要复兴一个国家和民族"的高度,"国家"、"民族"这两个词汇也正是民族主义的核心所在,因此有学者把这次运动称为"民族复兴运动"。

"尊孔读经"是袁世凯以及北洋军阀政府的老戏文,以蒋介石为首的国民政府也仅是旧戏新唱而已,并无多少新的内容。1933年3月,蒋介石在中央政治学校的演讲中说:"现在国家到了这样危急的情况,我们用什么方法可以把它挽救过来,完成我们的革命,使中华民族复兴起来呢?我很简单忠实的说,只有大家相信三民主义,而且要实行三民主义,就可挽救危亡……三民主义是怎样发生出来的?它的思想之渊源以及它的根本精神是在什么地方?简单的讲一句,它的思想渊源,就是继承中国从古以来——尧、舜、禹、汤、文、武、周公、孔子一脉相承所流传下来的道统,它的根本精神,就是要用中华民族固有的精神来领导革命,复兴民族……我们要常常去研究四书、五经，尤其是非读《大学》、《中庸》不可。"[1]此段讲话，主题已经非常突出和鲜明了。1934 年 5 月，根据蒋介石、汪精卫、戴季陶等的建议，国民党中常委通过决议，确定每年的 8 月 27 日为孔子诞辰纪念日，在全国恢复祭孔。这些做法，自然受到进步知识分子的质疑和批评，如鲁迅、老舍、叶圣陶、郑振铎、陈望道、郁达夫等。

"尊孔读经"、"新生活运动"不仅是"训政时期"以及民族危机条件下的文化主张，也是文化保守主义与现实政治的某种结合。

以上不仅提示了国民党政府统治下的文化精神状貌，也揭示了其作为"革命"的右翼在执掌全国政权之后，在思想、文化的选择上变得更"右"的实证。

以中国共产党为代表的"革命"的"左翼"，在"国共分裂"和"革命"殊途之后，在政治行动以及思想文化的选择上则是进一步在向"左"的道路上迅跑。

历史是不以人的意志为转移的，身处历史的特殊语境之中，一个人或一个政党的选择往往有其自身的历史依据，但事实却如此残酷："国共异途"导致了中国国民党和中国共产党的思想倾向严重地"右"、"左"分化。

在反帝、反封建大旗下集结起来的昔日革命盟友，以刀兵相见的方式宣布同盟关系的"断裂"。南昌起义、秋收起义、广州起义等都是武装反击的范例，而井冈山等根据地的建立则开创了工农武装割据政权的革命范式，成为日后夺取全国政权的基础和起点。而在根据地里进行的"土地革命"运动，则不仅是启蒙思想的另一种表达方式，也是民生问题解决方案之一种。中国的土地问题，成为历代农民起义的主要诉求，也是太平天国运动和辛亥革命的"民生"问题的解决方案里的重要议题。不过，后来实行的"和平赎买"政策，变成了无条件没收，对封建土地的所有者也就是地主乡绅们不仅是实施经济基础上的完全铲除，甚至包括肉体上的消灭。这种

---

[1] 蒋介石:《总统蒋公思想言论总集》(卷 11)，转引自《二十世纪中国史纲》(上)，第 369 页，金冲及著，北京:社会科学文献出版社，2009 年。

"激烈"的土地改革或土地革命,在今天看来,固有值得反思和审视之处,但对于当时根据地的红色政权和军队来说,这既有军事上筹款的需要,也有新民主主义革命的某种政治选择——既然要以革命行动来反封建,那么解决农民和农村的土地问题,这都是"政治行动导向型的启蒙"的重要环节或革命措施之一。它与思想启蒙互为表里,构成了"启蒙"与"革命"的"双重变奏"。这种"革命"和"启蒙"方面的指向性或正向性,我们切不可不察,否则,极易陷入"过激革命论"的泥淖之中而无法自拔。

按照俄式革命的范式来看,为了应对现实政治、军事的恶劣处境,在政党、军队内部实施"专制"管理是其特征之一。为了实现对旧军队的改造和新军队的训练,中国共产党在军队中实施"政治化改革"(如党代表制、政治委员制等)的同时,还实施"民主化"的改造,以致后来受到了"极端民主化"的批评和指责。而农民协会的成立,也让普通民众获得了从来没有过的政治"话语权"。此后,在抗日战争时期,解放区形成了抗日民主政权的"三三制"原则,这不仅是应对抗战形势和战局的时策,在实践层面上也有着推进中国民主进程的进步意义。这都是中共在"民主"问题上所作的探索和实践。

另外,在思想、文化方面,正如国民党将"三民主义"学说(其中不仅包含了西方民主、自由等民权思想,也包含了民族主义和民生主义的要义)与中国儒家传统文化相对接一样,中国共产党选择了西方新思想文化中更具激进性、批判性的马克思主义,特别是马克思主义中的"左翼"——列宁主义和斯大林主义,因而带有文化激进主义的某种倾向。这不仅是当时特殊现实境遇的产物,也体现着历史的某些必然性。而1920年代末、1930年代初,在国、共两党之间发生一场历时六七年之久的关于"中国社会性质"问题的大论战,其文化意味更其明显。按照史学界的一般说法是,这是国民党在对共产党进行"军事围剿"的同时,进行的一场"文化围剿"。其实,这也是中国共产党申明自己的社会判断以及政治主张的一次绝好机缘。通过文化讨论申述政治立场,这是一种明智的斗争策略。

体现着一个年轻的、有着理想主义情怀的政党的意志,革命文艺里也呈现出了"浪漫主义"以及追求自由的特征。虽然"革命＋恋爱"的写作模式屡受一些评论者的指责,但"恋爱自由"不也正是"五四"精神中"个性解放"的重要内容之一吗?而"左联"所提倡的"文艺即是政治宣传"的极端主张,不仅受到自由主义者的指责,也受到了倾向革命的"五四"老将鲁迅的批评。鲁迅为此陷入了双重的夹击和进攻之中,一方面是与以"自由人"相标榜的自由主义知识分子发生了艺术和思想观点论争,一方面被更为"革命"和激进的文艺青年们指责为"封建余孽"[1]。

但是,革命的统一性与集体主义要求,与个性解放或自由的关系是非常复杂的。正如"左翼"革命小说中所展示的那样,早期的革命青年们有着理想主义、浪漫主义的革命激情,但在其后残酷的革命现实面前,却被逐步要求放弃自我和个性,以期汇入革命的集体洪流之中。这样的结果,似乎已是某种必然,并且在此后的革命过程中愈演愈烈。这些在五四新文化运动"民主"、"科学"、"个性解放"以及反帝声浪之中成长起来的革命青年们,终于走向最初意愿的反面,这不能不说是历史的悖论所在。秦晖等学人所述及的"五四"启蒙运动,在"启蒙"与"革命"的"双重变奏"声中,"把个人从自己身边熟人(家庭、家族的小共同体)中解放出来,但随即又陷入了不受制约的整体主义控制之下,以至于导致了以追求个性解放始,至极端压抑个性终的'启蒙悲剧'"[2]。这种意外的结局,正是对这种现象的理论概括和理性探究。

除了在"后五四"时期走向"革命"的左、右翼之外,"前五四"时期的"右翼"也即自由主义者们在这个特殊的历史阶段为新思想和新文化的启蒙做出了一份较为精彩而出色的答卷。

1935 年 1 月 10 日,王新命、何炳松等十教授联合在《文化建设月刊》上发表题为《中国本位的文化建设宣言》。《文化建设月刊》隶属于"中国文化建设学会",是国民党为加强思想控制而成立的,CC 派首领陈立夫是董事长。这种"中国文化本位论"的抛出,其隐含的一个主旨是试图阻止马克思

---

[1] 钱理群、温儒敏、吴福辉:《中国现代文学三十年》,第 193—208 页,北京:北京大学出版社,1998 年。

[2] 秦晖:《在继续启蒙中反思启蒙》,《经济管理文摘》,2006 年第 14 期。

主义在中国的传播和发展，属于对中国共产党进行"文化围剿"的一个重要组成部分。

然而，对此接招并应战的却主要是属于"西化派"的自由主义知识分子。因此，这场大论争无疑成为五四新文化运动中"东西文化大论战"的发展和延续。首先，中国自由主义的主要代表人物胡适在其主编的《独立评论》上发文《论评所谓"中国本位的文化建设"》，对"十教授"提出了严厉的批评；其后，陈序经、张佛泉、梁实秋等人相继著文对"中国文化本位论"进行批判。面对批评，"十教授"们纷纷撰文作答，并发表了《我们的总答复》一文，进行全面反击。论争的主要方面有：对中国社会具体情况的分析，对中西文化的认识，对中西文化的选择等方面。

应该说，这次大论争不仅成为五四运动以来中西文化之争的一次延续和发展，也很好地重申和宣传了五四运动文化启蒙的主张和思想。它发生在五四新文化运动的"复调"主题发生"变调"的特殊历史时期，"革命"不仅压过了"启蒙"，而且"革命"自身也发生了分裂和扭曲，其文化启蒙的意义和价值也就显得更为重大。

除此之外，在1930年代特别是"九一八"事变之后，以自由主义知识分子为主体，还发出了要求结束"训政"、取消独裁、要求民主自由的强烈呼声。要求结束"训政"的最早声音源于著名学者王造时，他在"九一八"事变的第三天，发表了《救亡两大政策》，即"对外准备殊死战争"和"对内取消一党专政"；其后，又发表《我为什么主张实现宪政》等文，得到包括胡适等在内的众多自由主义知识分子的积极响应。不仅"现代新儒学"的重要代表张君劢表示赞同，在国民党的内部也有李烈钧等118人联署提案，要求"开放政权，准许人民自由组党"，结束训政，实行宪政。而国民党的御用文人们则著文反对，如朱经农在《结束训政的时间问题》一文中辩称："现在国内大多数的人民，知识实在不够，切实的训政工作实在少不得。"[1]认为中国

---

〔1〕 朱经农：《结束训政的时间问题》，第280页，转引自《民国思想史论》，郑大华著，北京：社会科学文献出版社，2006年。

实行宪政条件不成熟等等。由此引发的一场大讨论,本身就起到了启蒙人民、传播民主自由思想的重大作用。

因此,有论者把它归纳为中国近现代"宪政运动"的一个重要组成部分。"'九一八'事变后的民主宪政运动,其思想深度不能与孙中山的宪政思想及其实践、与共产党人的宪政思想及其实践相提并论,其规模和影响又远较抗日战争时期的两次宪政运动逊色,所以有人称它为'微弱的宪政运动'。"[1]

其后,又发生了关于"专制"与"独裁"的大讨论,探讨中国的道路是民主还是专制、独裁,其积极作用也与此相类同。

在此重要历史时期,还有两件事值得一提。一是北洋军阀等反动势力在北伐战争的洪流冲击之下,已经渐趋崩溃和瓦解,但也显出了其最后的疯狂。作为现代中国的反动力量,他们曾提倡"尊孔读经"以阻止文化启蒙思想的传播,又在大革命的过程中屠杀罢工的广大工人群众和示威的青年学生;在 1927 年 8 月,继"四·一二"政变和"七·一五"政变之后,处于垂死边缘的北洋军阀捕杀了李大钊等共产党人。中国新文化运动的主将和中国共产党的缔造者之一的李大钊成为中国启蒙思想的"献祭者"。二是鲁迅等知识者在这一时期所发生的变化。在五四新文化运动由"启蒙"向"革命"转化的过程中,鲁迅、朱自清、周作人等人在"左翼"和"右翼"的两条歧路之间,选择了继续坚持"文学革命"这条中间道路。在经历了"五四"退潮期的"彷徨"之后,他们发生了分化。鲁迅等人选择了向"左"转,加入了"左联",但仍然坚持独立、自由的思想理念;而"五四"时期重要的文化启蒙者周作人等则选择了"向后转",如信仰佛教,开始写与世无争的"小品文"等。

1930 年代"新启蒙运动"起于 1934 年,在 1936 年和 1937 年达到高潮,以"继承五四,发展五四"为号召,是新思想文化史上的一次重要事件。

---

[1] 郑大华:《民国思想史论》,第 274 页,北京:社会科学文献出版社,2006 年 4 月。

二、新人文主义道德理念

以西方白璧德新人文主义为基础,融入中国传统儒学人文主义理念,中国的新人文主义思潮呈现出非常复杂的内涵。新人文主义从 1920 年代初期的学衡派引进与倡导开始,到 1920 年代末梁实秋的提倡与推行,作为反思自由与革命的思想代表,在中国思想文化史上成为一道重要的风景线。

无论是白璧德新人文主义还是儒学人文主义,在价值倾向上都可分为古典化的审美人文主义、内省化和宗教化的道德人文主义。梁实秋是新人文主义的积极鼓吹者,但他的新人文主义价值理念主要在古典化的审美意义上展开,他写了《浪漫的与古典的》、《文学的纪律》等学术和批评专论,在现代文学理论界可谓独树一帜。而学衡派所代表的新人文主义则明显倾向于道德内省和宗教情感,代表着中国现代人文主义思潮中的道德人文倾向。

学衡派的人文主义主要来自于对白璧德人文主义的理解与阐发,而白璧德新人文主义常常强调道德实践的可能路径。白璧德著名的内心自省说,是他探讨人文道德实践之路的精粹学说,而这种内心自省说与孔子的学说有着惊人的契合,孔子的"克己复礼"以及"吾日三省吾身"说成为学衡派文人倡导道德人文的可靠的精神资源。

人文道德以其强烈的"律己"性,显示出迥然不同于人道主义悲天悯人品性的崇高庄严。在学衡派文人的论述中,新人文主义的道德往往被冠名为人文道德,这种道德的内涵与人道主义道德有显著区别:"人道主义主张兼爱,与人文主义 Humanism 之主张别择而

注重修身克己者截然不同。"[1]人道主义道德面向社会,人文道德则面向个我与本己,在境界方面自有悬殊,可实际上,人道主义道德只是肤浅的爱与同情,在深度上远不能与克己修身的人文道德相提并论,何况人文道德强调的克己修身旨在为社会提供相对完美的道德典范,其境界仍然在人道主义之上。学衡派文人注意到,白璧德将这两种道德划分得非常清楚,在他看来,惠特曼是人道主义和自然主义诗人,在南北战争结束于满目疮痍之中时,他迷信"情爱犹能解决自由之种种问题",并以此告诫他的同胞;弥尔顿则是"宗教及人文道德之诗人",当英国十七世纪王党民党内战告终之时,后者告诫他的同胞:"勿徒烦恼自伤,凡此丧乱痛苦,皆各人所自召,不可以责他人。当知欲得自由,先须诚敬,先须明智,先须温良公正,先须节俭,又须宽大而勇毅,舍此无他途也。"[2]同样是道德讲求,人文道德强调的是个我的完善与精神的提升,而自然主义、人道主义道德则在一般性的爱与情感沟通的意义上显示出浅薄。吴宓在翻译艾略特这些明显秉承其师[3]白璧德精神意旨的言论时,有感而发地告诫"内战再起久而未息"的中国民众,特别是政治军事领袖:"其谛听弥儿顿之言而各自省,其勿妄窃惠德曼之说,以欺人而终以自害。"[4]艾略特直言弥尔顿的话"字字真切,大足为吾人之提撕惊醒者也",进而感叹:"聆弥儿顿之言而能憬然省悟者,不知究有几何人? 在今恐亦非甚多。盖人道主义之伪宗教,以社会服务及爱人利群相号召相欺炫者,其势力犹大,而在美国为尤也。"[5]

　　人文道德之所以被理解为是一种高尚的宗教,是因为它具体的实现途径在于个人的自我内省。人道主义之所以类似于伪宗教,是因为它最终不能通向个人的内心自省。只要不触及个人的自省,不触及个人自省心理的

---

[1]　吴宓:《白璧德论今后诗之趋势》插言,《学衡》,第72期。

[2]　吴宓:《按语》,《白璧德论今后诗之趋势》,吴宓译,《学衡》,第72期。

[3]　艾略特确实是白璧德的学生,但人们普遍认为,艾略特的先锋性和诗性并举的思想观念常常与白璧德相悖。不过这里则可看出,这位先锋派诗人与其师的保守言论亦不乏相通之处。

[4]　吴宓:《按语》,《白璧德论今后诗之趋势》,吴宓译,《学衡》,第72期。

[5]　吴宓:《按语》,《白璧德论今后诗之趋势》,吴宓译,《学衡》,第72期。

道德,充其量只是外在的道德框架,不足以成为人文道德。人文道德之所以强调通过个人的自省和精神的修炼抵达其境界,是因为人的道德判断如果不经过个人理性自省和自我修炼,往往会呈现出情绪化的反应,既不利于个我更不利于社会。这样的观察很符合学衡派乃至新人文主义者的人文道德观,它点出了不经过个我理性自省和自我精神修炼所造成的偏激、片面的道德状况,强调"有教育之责者"对于这样的青年"自当调护爱惜之,未可使其纯粹健全之精神稍有损伤,致误其平衡发展之程序。且妨害其他日之学问事业也"。一个真正的人文教育家,应该避免让这些青年成为"精神以激刺过甚而病者",或成为"身体以怫逆过久而弱者",应该让他们能够在道德层面"自拔"、"自拯",最终达到"自悟"[1]。"自悟"则为人文道德的实现途径与理想状态。

学衡派文人在标举道德人文主义的同时,注重宗教理念的提倡。这批文人当然不是宗教家,甚至也不是宗教学者,但无妨于他们热烈地讨论宗教理念,正如同他们不是道德家,也不是道德学者,但无妨于他们倡导道德人文一样。他们对于宗教理念的讨论仍然立足于道德建构,甚至立足于人文自省的道德层面。

深受白璧德新人文主义影响的著名诗人艾略特,从诗学角度提出了"宗教及人文道德"的人文主义关键词,并以此与自然主义的诗学相区别。吴宓通过对白璧德评论艾略特的有关言论的翻译,注意到艾略特这样一位具有世界性和世纪性影响的诗人绝不可能是一位单纯追求道德的教谕诗提倡者,白璧德清楚地指出:"诗自有其境界及生活,不缘附于道德义理。"不过,艾略特又不可能是一个附骥于唯美主义高蹈派的诗人,他认识到:"然诗非可于空中立足,必须言之有物。"这"物"中就包含着道德。按照自然主义原则所写的诗与按照人文主义理念所写的诗,其好坏优劣,从道德角度也可以作出评判:"由自然主义之观点所作之诗,与以宗教及人文道德为根据之诗,其性质根本不同,不但优劣显分而已。故评诗者亦不能离乎

---

〔1〕　刘永济:《今日中等教育界之紧急问题》,《学衡》,第 20 期。

道德哲理。"〔1〕艾略特甚至将道德哲理的内涵之有无视为评判诗歌"性质"的依据,并对自然主义诗歌加以批判。

吴宓站在维护白璧德主义的立场上,以阐扬新人文主义及其人文道德为前提。在他看来,罗素对中国传统道德哲学特别是孔子之学的推崇,很具有白璧德主义的理论意味。虽然他们也很清楚,作为一个外国思想家,白璧德对孔子学说的理解可能会有偏差,例如,有人质疑罗素文中有"中国人道德观念不在自制一己之冲动及干涉他人之冲动"可能是误译或手民之误,学衡派文人回应道:"经编者逐句与英文原书核对,此句亦并未译错。"罗素的意思经过学衡派的解释,于是成为:

> 中国人之道德观念,既不主张自制一己之冲动,又不主张干涉他人之冲动。盖中国之立教者,若孔子孟子,深信人性本善,所谓道德,不过发扬人之本能于正途,趋向道德,其事甚易而且自然,并非矫揉造作,逆性而行。〔2〕

这番议论由赵景深对译文的质疑而起,带着为译文及原作者罗素辩护的意味,不过揣摩之迹相当明显。若以此义解之,则孔子孟子的性善论导致的便是道德上的无所作为主义;道德建设上的无为便很容易混同于道家言论,孔子那句最为白璧德等人所推崇的一日三省吾身之类的道德修养名言岂不成了空话? 因此,罗素的介绍者仍然用"今世西国学者大师如美国白璧德先生等"的新人文主义诠释对罗素的论述予以校正与确认,并且进一步强调:"罗素之最可令人倾佩者,厥为其理智之澄明,观察之正确,不存偏见,不尚感情。"他们注意到罗素是一个科学家而非道德家,"其政治社会之主张,常偏于新奇而骛激烈,对于欧洲旧有之宗教道德,概持反抗态度",

---

〔1〕《白璧德论今后诗之趋势》,吴宓译,《学衡》,第72期。
〔2〕《罗素东西幸福观念论》附言,《学衡》,第68期。

这本来是一种非人文主义的态度,但他对理性的崇扬,对传统的尊崇,尤其是对道德的关注,在新人文主义的视角中仍属十分难得,因此在谈论"中国精神与道德"的话题上罗素仍然不失为一个恰当的对象。

学衡派倡导的新人文主义将文化人对世界的观察及态度分为三个层次:"博观群书之人,当知宇宙之大,由此立足地、用此观察点之作家,则悲叹人生之丑恶;由另一立足地、用(另)一观察点之作家,则歌咏人生之美善;由第三立足地、用第三观察点者,则瞻见上帝之威严而惊怖不能语。"学衡派文人译述至此,乃用典型的新人文主义语汇点示道:"以上三者,即所谓天界、人界、物界之分别,亦即宗教信仰与人文道德与自然主义之分别也。"[1]自然主义便是"物界"的观察,人文道德体现的是"人界"的观察,而宗教信仰得之于"天界"或者说"神界"的观察。新人文主义旨在克服"物界"的观察,张扬"人界"和"神界"的观察,因此对自然主义总是施以猛烈的批判,对人文道德和宗教道德总是加以热忱的倡导。"物界"、"人界"、"天界"或曰"神界"的观察,各自代表着一个特定的立足点,一个特定的立场。

道德人文主义者遭遇到的最严峻的挑战,是如何厘定文学上的批评理念。在哲学意念和人生理念的探讨中,道德人文的话题不仅相当安全,而且绝对正面,但一涉及文学艺术领域,情形就会发生逆转,因为文学上的道德主义,艺术上的教训主义,常常备遭人们的唾弃。其主体成员都修读文学学科的学衡派文人,当然十分清楚道德人文主义面临着的文学难题,但他们知难而上,旗帜鲜明地标举文学批评上的道德人文主义,从而在现代文学批评史上成为独立的一群。

作为新人文主义的倡导者和鼓吹者,吴宓坚持认为道德可以顺理成章地成为一个审美的对象,一个文学的物件。他在翻译穆尔的有关文章时,领略到了道德的文学和审美属性问题。穆尔在论述现今美国文学的著述中,首先观察到反抗宗教而崇尚道德的文学现象。他回溯到十九世纪中叶之清教徒作家,曾经"以道德为世宗尚","其著作中充满道德宗教之真理",

---

〔1〕《按语》,《薛尔曼现代文学论序》,浦江清译,《学衡》,第 57 期。

这样的写法与"古希腊之史诗悲剧"并没有什么不同。不过，

> 近今反抗宗教道德，则已成为风气，其主张态度亦人各不同。有以无宗教无道德为生人最乐之境界，于是造为"宗教主义""道德主义"等名词，以为攻击之目标。生活及艺术中，均不许有宗教及道德之存在，偶有见端，则奋力排除之，不使有萌蘖再长之机而后已。此一派也。有谓道德宗教，对于人之实际生活，均为有益，然与文学艺术之原理无关。人生纵有一定之规律，艺术则为艺术而存立，不宜牵混于一处。此又一派也。是故提倡文学之自由与解放者，本非一致，然以同仇之故，遂隶于一旗帜之下，攻讦清教徒，反对道德及宗教，又使艺术与人生分立绝缘，彼辈鄙视新英伦之清教徒，而实窃取其独立自尊之精神，但误用之耳。[1]

在诸多反抗宗教道德的艺术风气中，穆尔赞赏其中所透溢出来的"独立自尊之精神"，但对于否认道德与艺术之必然联系的种种论调并不以为然，他显然坚信文学和艺术正像其不能与人生分立绝缘一样，也无法与道德分立绝缘。吴宓等人所倡导的道德观念，主要正试图通过文学、艺术、学术乃至其他写作贯彻之，张扬之，而不是通过自己的行为去身体力行，也正因为如此，他们会自觉秉承新人文主义的学术传统，对于文学艺术中的道德内涵及其合理性与必然性予以理论的强调与坚持。

吴宓宁愿在审美意义上强调或坚持道德的价值。他深深理解穆尔的上述观点，并进而阐发过这样的理念："宇宙间之事物，有可知者，有不可知者。可知者有限 Finite，不可知者无穷 Infinite，故须以信仰及幻想济理智之穷，而不可强求知其所不能知，又须以宗教道德成科学之美，而不可以所已知者为自足而败坏一切。"[2]这是说在求知的意义上同样可以调动宗教、

---

[1]《穆尔论现今美国之新文学》，吴宓译，《学衡》，第 63 期。
[2] 吴宓：《我之人生观》，《学衡》，第 16 期。中间犹有插言："庄生曰吾生也有涯 Finite，而知也无涯 Infinite，以有涯随无涯，殆已。""孔子曰，知之为知之，不知为不知，是知也。"

道德的审美作用以作为科学知识的重要补充,而这时的宗教道德也不过是等同于信仰与幻想。当吴宓将道德与幻想联系在一起、譬喻在一片的时候,他的道德观显然与人生现实和行为规范拉开了相当的距离,而扶摇升腾至一种惟理论可以把捉,惟理论可以抵达的空蒙境界。在这样的境界里言说道德,怎可能割断其与文学的联系?

吴宓还从英国史学家穆莱的有关著述中,领悟到这样的道理:道德在文学中是常态的东西,而不是异态的东西;文学艺术中包含有道德乃属于天经地义。穆莱对文学中的宗教道德因素有着这样的观察和体会:"向来于宗教道德之事,言者尤喜用激昂切挚之词,实则人当感情驱迫、意气飞动之顷偶一及此。今乃处处用之,诚非是矣。……夫感情非可伪致,而必由衷;又非可铺张夸饰,而必轻重悉合于事实。彼希腊人非无壮烈之情与慷慨之词也,留以有待,遇大事乃用之耳。人生必有身当大事之时,何必急急?若彼铺张夸饰成为习惯者,处非常之境,反缄默羞缩而无词矣。"[1]穆莱在这段文字中探讨的是文学写作中的情感表现的尺度问题,似乎远离了文学道德的主题。其实,吴宓对这段话特别在意,是因为它在探讨情感表现的烈度与程度问题时,暗喻了道德在其中必要的调节作用,这样的理念既符合新人文主义的情感抑制论,又提出了道德调节的必要性与必然性,正好将这种既与文学有关又与道德相连的理论分析框定在新人文主义的价值范围之内。

穆莱显然对那种放任情感的"激昂"之态不以为然,对古希腊那种"非为状物生动,不用譬喻;非至表情真挚,不用激词"的冷峻风格和性理内涵表示敬佩与赞赏,并点明这样的风格与内涵需要道德的真挚与情感的真诚,需要道德力量的调谐与调节。道德在文学中不仅仅体现为说教的作用,更重要的是用以调节人们的情感浓度与烈度。这是一个历史学家引而不发的悟解与阐述,对于文学理论家而言未始不可以作为一种有力的启示。特别是对于吴宓这样的偏向于新人文主义的文学家,这样的启示力应

---

〔1〕　[英]穆莱:《希腊对于世界将来之价值》,吴宓译,《学衡》,第23期。

显得特别巨大。一个文学理论家不可能纯粹从道德人文立场或是从艺术人文立场发言，但同样，一个文学理论家也不可能随时随地都会以同等的比例分别从道德人文和艺术人文的立场进行均衡式的发言。学衡派批评家从新人文主义的理论场域出发，从道德人文的角度而不是从艺术人文的角度考虑、阐述和提出问题，是在更深一层意义上的道德人文的倡导。他们从不以道德家自居，也不刻意用道德学说装扮自己的理论，但在文学理念的把握方面却从来毫不含糊地讲求道德人文的内涵；在他们的新人文主义文学价值观念中，道德因素的合理性存在一直是保留性命题。

通过文学进行人文主义的道德倡导和建构，学衡派文人所持的价值观念，并没有重蹈宋明理学的道德人文传统路数，也没有尝试西方清教徒式的道德方式，没有鼓吹"存天理灭人欲"似的禁欲主义，理论上也力避说教意味。他们为道德人文主义观念所吸引，在强调人的道德自省和精神自律的同时，相信文学的道德影响功能，提倡文学的道德因素，虽然也反对各种不道德的文学，但从没有将这样的道德因素强调到宗教程度，没有追随新人文主义始终对宗教理论表现出的那股热忱。他们的哲学观念、人生观念和文学观念，都始终在理性的旗帜下，在理性的状态中。这使得他们的道德人文主义虽然传统、保守，却并不面目可憎。

三、无政府主义思想的渊源与文化因缘

无政府主义在中国是一个没有任何美誉度的名词。在日常生活中，无政府主义曾等同于自由主义，甚至比自由主义还要邪恶，它意味着无组织无纪律，用俗语说便是无法无天，那是一直需要"反对"的对象。在政治文化层面，无政府主义曾被称为社会主义的敌人，而且在有些经典著作中还被宣布为共产主义"最凶恶的敌人"。尽管中国现代历史表明，无政府主义革命与无产阶级革命一度处于同步关系，无政府主义倾向的思想家与无政府主义革命组织的成员，例如巴金、蒋光慈、胡也频等，离无产阶级革命也不过一两步之遥。

正因为无政府主义的思想魅力和实际价值主要体现在意念理性方面，则它诉诸于思想和文学的表述最为适宜；正因为它的主要价值恰恰不在于价值理性，用它诉诸政治宣传，进行政治号令，便会显得自相悖背，不伦不类，而且也基本上没有力量；正因为它的主要价值远离了工具理性，它的所有构想都不过是一种乌托邦的空想，无法实施于社会实际。空想的理论在表述中往往获得前所未有的自由，乌托邦的描述和空想式的虚构在文学世界中不仅会得到宽容的允许，而且会得到切实的鼓励。

无政府主义正是在意念理性甚至是在空想的乌托邦意义上与文学结下了不解之缘。于是，无政府主义最先进入中国的文本之一，便是宣传俄国"虚无党"的小说，即《侦探谈增刊》，陈冷译，上海开明书店1904年出版。波兰作家廖抗夫所写的宣传俄国虚无党人革命事迹的剧本《夜未央》，于1908年被李石曾翻译成中文，对中国思想界、知识界影响之大，可以通过巴金的自述以及他的创作便可窥其一斑。1912年，鲁哀鸣撰著的章回体小说《极地乐》《新桃花源》）出版，开启了中国无政府主义文学创作的序幕。这些无政府主义文学现象与真正的无政府主义小说——巴金《灭亡》的出现尚有相当大的时代距离。《灭亡》应该被视为无政府主义文学的经典之作。

无政府主义的思想意念天生符合文学的幻想和文学表现的情调。它对于暗杀行动的鼓励，对于个人英雄主义的提倡，对于革命的绝对激情的激励，都可以算是文学表现的天然良材。《灭亡》之所以能被推为中国无政府主义文学的经典之作，就在于它非常娴熟而富有情调地运用了这样的良材。在这种典型的个人英雄和罗曼蒂克的暗杀题材之外，无政府主义的许多思想都与文学的罗曼蒂克想象有着天然联系。无政府主义有着天真烂漫的婚姻思想，那就是："废婚姻制度，男女自由结合，产育者由公共产育院调理之，所生子女，受公共养育院之保养。"[1]这不仅是对新文学特别提倡的婚姻自主、恋爱自由等新道德的迎合与鼓励，而且也是对青年男女革命加恋爱、革

---

[1] 上海无政府共产主义同志社：《无政府共产党之目的与手段》，《无政府主义思想资料选》（上），第315页，北京：北京大学出版社，1984年。

命的罗曼蒂克模式的一种倡导与设计。胡也频、丁玲等在 1930 年代初期的无政府主义青年群体的行为,正似乎仿拟着这样的社会关系。

无政府主义与文学之间的深刻姻缘,在中国无政府主义小说的开篇之作《新桃花源》中表现得尤为充分。这是一部社会幻想小说,通过幻想的方式传输无政府主义思想是其创作的根本目的。不过在传输无政府主义思想之际,它无疑泄露了无政府主义思想的"文学性"的天机。小说中的主人公,无政府主义者白眼老叟生平有三愿:"一愿废掉金钱,消灭政府,合五洲为一家。"这当然是无政府主义的空想和理想。"如第一愿达不到,就会合二三同志,离开人群,隐在深山,钓鱼打猎,栽花种柳,种种田园……"这第二愿就是离群索居、归隐山林的文人雅士的胸襟了,那不过是陶潜心机,王维情怀。第三愿则完全是文学的作为:"二愿达不到,就离开世界间那些魔鬼,再不看见政府那些螽贼,乘桴浮于海,高声呼天,低声叫地,大声歌唱,猛声骂贼……"作屈子般的低吟长叹,谪仙般的仰天大笑,天狗式的狂吠,雷电式的怒咆! 这是无政府主义者的性情,这是文学身份和文学气概的自然写照。这是小说中人物的心愿,更是无政府主义与文学之间深厚渊源的自动揭示。

当然并不是说无政府主义的所有理论都适合用文学笔法加以传述,也不是说中国近现代文学的许多经典作品都与无政府主义有关。我们所试图论证的不过是,在所有政治和社会思潮中,无政府主义与文学之间的联系可能最为近切,最为自然,无政府主义与文学表现的历史渊源可能最为深刻。这种深刻的渊源还体现在,当无政府主义已经早早地退出历史舞台以后,文学的表现还常常带有某种无政府主义的思想和情调烙印。这并不是无政府主义死灰复燃,而是说明,当一种构思进入到某种特定的文学情境,就可能复现无政府主义式的作品情调。

无政府主义在中国经历了从社会主义的同路人到与社会主义分道扬镳进而成为凶恶的敌人的过程。虽然这种价值体系确实存在着反对包括无产阶级专政在内的一切形式专政的思想因素,但在社会主义革命时代,无政府主义思想及其巨大的批判力是包括社会主义者在内的一切革命力量都须借重的对象,将无政府主义当作凶恶的敌人,自然有着极左思潮影响的痕迹，同时也透露出相当深刻和复杂的社会心理信息。

　　无政府主义同时也是一种派别的共产主义。不过它与马克思主义的共产主义理念确有很大差异。无政府主义者黄凌霜等曾明确著文批评马克思主义，借无政府党之口，对于马克思主义的"政策论"表示过"绝对的不赞成"[1]。无政府主义者黄凌霜、区声白等1921年前后还与陈独秀展开过激烈的论争，针对《新青年》阵营对无政府主义的批评进行猛烈的反批评。这样的批评和反批评文章分别揭载于走向政治化的《新青年》和无政府主义刊物《民声》，应该被视为那时候颇为重要的一场思想论争。

无政府主义刊物《晦鸣录》，
原题《平民之声》

　　无政府主义思想与无产阶级革命思想的最严重的分歧，便是对无产阶级专政的可能性和合法性的认识。当早期共产主义者提倡"劳工专政"也就是无产阶级专政的马克思主义立场时，无政府主义者表示不可能存在这样的专政："无论任何种之专制政治，统治者都有莫大之威权，所以一实行起来便变成官僚专制，断没有真正的劳工专政。"[2]无政府主义者师复早就认为，一切专政统治都不具有学理上的合法性："Anarchisme者，主张人民完全自由，不受一切统治，废绝首领及威权所附丽之机关之学说也。"[3]后来还明确宣布"反对未来的所谓劳农政府及集产制度"[4]，反对列宁的苏联政权，认为

〔1〕凌霜：《马克思学说的批评》，《无政府主义思想资料选》（下），第556页，北京：北京大学出版社，1984年。

〔2〕区声白：《答陈独秀君的疑问》，《无政府主义思想资料选》（下），第663页，北京：北京大学出版社，1984年。

〔3〕师复：《无政府共产主义释名》，《民声》（1914年4月11日），见《无政府主义思想资料选》（上），第279页，北京：北京大学出版社，1984年。

〔4〕《无政府共产党上海部宣言》，《无政府主义思想资料选》（下），第752页，北京：北京大学出版社，1984年。

"李宁拿马克斯的集产主义,在俄国实施起来,弄出劳农政府",属于无政府主义的异教异派[1]。这种言论,对于志在夺取政权并建立无产阶级专政的共产党人看来,当然是应该加以批判和加以清除的异端邪说。

问题是,无政府主义同样也持共产主义之论,它在理论上与共产主义学说的近似点远远多过分歧点。"共产"也曾是无政府主义观念的重要关键词,早期无政府主义者曾出刊过《共产》杂志;师复曾撰文倡导过"无政府共产主义",在上海曾成立过"无政府共产党"。无政府主义者同样对腐朽的剥削制度痛心疾首,对资本制度抱持与无产阶级革命者相类似的敌忾,与共产主义者有着完全的共识。无政府主义主张不妥协的革命,其彻底程度甚至超过了最激进的无产阶级革命派。无政府主义强调人民的自由,公众的平等,倡言"劳工神圣",其激烈态度并不弱于共产主义阵营。甚至,在五四前后,无政府主义对于封建文化的批判,对于孔孟之道的否定,对于国粹主义的声讨,都与最进步的新文化思潮步调一致[2]。这无论如何属于一种同路人的言论,共产主义者似乎毫无必要对之防范过分,更不应将之视为宿敌。

为什么会将思想接近共产主义的无政府主义视为最凶恶的敌人呢?除了无政府主义反对无产阶级专政,反对马克思主义的某些关键学说之外,更重要的是,激进的共产主义者非常担心,越是接近共产主义理论的异己思想或异质思想,越容易在精神影响方面产生种种混乱,进而混淆甚至歪曲正统的革命理念。这种思路实际上体现为思想邻壑现象。所谓思想邻壑现象,是指思想表述和理论运作中的主体对于自己思想、理论和精神创造的一种保全性防范心理:他们往往并不害怕来自于不同立场甚至相反的价值体系的思想理念的质疑、挑衅和抵触,而更敏感于与自己观念相近、

---

[1] 《无政府主义者对于同类异派的真正态度》,《无政府主义思想资料选》(下),第583页,北京:北京大学出版社,1984年。
[2] 鲁哀鸣在《新桃花源》中,借白眼老叟的妻子哀氏这样表达自己的心愿:"一愿把四书五经,并那些臭烂文章都烧尽。二愿把中国那些人形动物杀绝。"白眼老叟赞赏地说:"你真与我同志了!"

相似的精神价值所可能造成的纷扰、含混与消解。因此,他们对敌对的观念常常表现出不屑置辩的轻松或泰然处之的雍容,而对于与自己立场相近、精神价值相类的观念及其表述则往往表现出如临大敌般的紧张和急于划清界限的焦虑。这颇类似于中国成语"以邻为壑"所昭示的那种人生现象,不过体现在精神现象中其意义却并不那么消极。

思想邻壑现象无论处在传统文化环境还是对于现代文明社会,可能会使人们麻木而无所憬悟,但不会让人产生强烈的陌生感。一个政治组织对于内部出现的异见者以及叛徒之类的憎恶常常不亚于对敌方的仇恨。马克思主义的发展在不止一个阶段,都首先将形形色色的修正主义宣布为最凶恶的敌人。这其中的社会学和社会心理学原理是:人们的行为总是基于他们对自身处境的认知,当所处的处境被认为是熟悉的,其意义配置也完全清楚之时,人们就可以在这里根据这样的认知组织他们自己的行为并期待别人的行为[1]。理论行为更是如此。完全敌对的思想理论无法扰乱思想主体表达的话语环境,因而显得并不可怕,但相近的思想理论却很容易使得这种话语环境受到干扰甚至于遭到破坏,因而必然引起思想主体的格外警惕。因此,越是在思想上与主体相近的非主体思想,其对于这种思想环境的破坏就可能越大,对于主体思想显在的或潜在的威胁和危害就越大,这就逼得思想主体对这些某些时候甚至可以称为"同路人"的邻近思想实行"邻壑政策",从而使得思想邻壑现象在人类文明史上得到十分普遍的展现。

其实,无政府主义者对待共产主义也怀有思想邻壑的心理,虽然他们口头上将共产主义和科学社会主义理论称为"同类异派",表示要"协同进行"[2],但心底里却对共产主义和马克思主义充满着防范和戒备,甚至是

〔1〕 Hewitt, John P.：*Self and society：A Symbolic Interactionist Social Psychology*, p. 91, Allyn and Bacon, Boston, 1991.

〔2〕 《无政府主义者对于同类异派的真正态度》,《无政府主义思想资料选》(下),第 584 页,北京:北京大学出版社,1984 年。

公然的仇视,攻击信奉马克思主义者为"拍马屁"[1],明确宣布"我们反对'布尔札维克'","反对马克斯主义"[2],完全不见了宽容忍耐和"协同进行"的心胸。原因并不是马克思主义与他们的思想完全背道而驰,而是相反,他们的许多思想都已为马克思主义所覆盖,是精神上以邻为壑的心理迫使他们人为地拉开了与马克思主义的距离。

无政府主义在人类文明发展进程中其实是一个了不起的政治社会文化思潮,对于历史进步起到过相当积极的作用。出于思想邻壑的社会心理,久已有之的意识形态化的政治标签对它进行了妖魔化的处理,它才在历史的和理论的叙述中变得面目狰狞。

在强调无产阶级专政的主流意识形态面前,鼓吹"没有主人,没有元首"[3],反对一切合法权威的无政府主义当然稚性十足,面目可憎。无产阶级革命的重要目标和重要标志便是建立人民民主专政的国家和政府。然而,无政府主义至少是无产阶级革命的同路人,在旧的政府和统治势力没有推翻之前,无政府主义针对旧有秩序及其代表政府的摧毁力、思想批判力甚至组织行动力并不一定弱于无产阶级革命。于是,在无产阶级革命者取得政权并建立起政府之前,那么偏执地反对无政府主义不仅没有必要,而且显露出左倾的偏激和胸襟的狭隘。

置之于现代中国历史更是如此。研究者已经注意到,中国的无政府主义者并未像普鲁东那样偏激,中国"无政府主义思想首先出现在以重建国家为出发点的新的话语里"[4],一度甚至与国家主义走得很近。这至少说明,中国的无政府主义与社会主义思想的交叉点、共同点更多,其相对温和的态度与传统中庸文化的结合,使得它较之国际上的无政府主义已经磨掉

〔1〕《无独有偶的马克思派和"无政府主义者"》,《无政府主义思想资料选》(下),第853页,北京:北京大学出版社,1984年。

〔2〕《我们反对'布尔札维克'》,《无政府主义思想资料选》(上),第439页,北京:北京大学出版社,1984年。

〔3〕[法]蒲鲁东:《什么是所有权》,第288页,北京:商务印书馆,1963年。

〔4〕[美]阿里夫·德里克:《中国革命中的无政府主义》,第45页,桂林:广西师范大学出版社,2006年。

了许多锐利的棱角,销蚀了许多激进的锋芒,虽然与人民民主专政的社会主义政治观相距甚远,但已决非水火不容的那种。张全之教授在他的书中对此分析甚详,认为晚清文学一个重要的主题是民族国家的想象与建构,而无政府主义恰恰要解构民族国家想象,但在晚清这样一个特殊时期,无政府主义对国家民族想象的"制衡"却从来不是对抗,而倒是"合流"。这反映了无政府主义进入中国之后,与中国现代性过程之间对抗与合流的复杂状态。其实,中国的无政府主义者构成相当复杂,门派不可谓不多,对之一概加以指责和排斥未免简单化。许多无政府主义者后来成了共产党的亲密盟友,如巴金,甚至成为坚定的无产阶级战士,如胡也频等。当然,这些无政府主义者是在与文学发生关系之后才进入了我们的视野。文学是否就是无政府主义革命与民族革命和国家改良等现代理念之间的缓冲簧或甚至是黏合剂? 张全之教授的论述似乎确认了这种可能性。

对于国家和社会的乌托邦式的想象,是新型国家建设者和民族改良者,社会主义革命者的共有的文学特征。迫切建立新型国家的梁启超等人频频抛出以《新中国未来记》为代表的乌托邦小说,社会主义革命的文学家也不断用理想社会的模式鼓舞青年读者,而"无政府主义对中国社会革命思想的最重要的贡献是它所提倡的革命乌托邦主义"[1]。革命乌托邦主义使得无政府主义与其他进步的社会思潮之间建立了非冲突性的文学联系,于是,文学使得无政府主义变得可以接受,社会主义者也从不会排斥巴金的《灭亡》之类的无政府主义小说。

乌托邦主义是什么? 难道仅仅是"空想"? "空想"在汉语中的解释不仅仅是不切实际,而且还暗含着有碍于正常价值实现的意思。无政府主义的"空想"虽然不切实际,但在社会革命时代却是有价值的"空想",是能够启发人们思考甚至鼓舞人们斗志的一种意念理性,只不过不适合付诸社会实施而已。所谓意念理性,是相对于工具理性和价值理性的一种观念模

---

[1] [美]阿里夫·德里克:《中国革命中的无政府主义》,第107页,桂林:广西师范大学出版社,2006年。

态。工具理性是一种思想体系诉诸社会现实运作的前提与基础,思想体系的现实可行性及实践性价值往往通过这一理性层次加以实现;价值理性是工具理性的观念前提与理论基础,是构成思想体系的基本价值要素和主体形态,体现着与此思想息息相关的价值倾向、逻辑导向,甚至理念意志。这两者都以社会实践的实现为价值指归。意念理性是构成上述倾向、导向与意志的意念前提与思想基础,它往往并不处于稳定的、成熟的状态,却代表着一种或多种富有价值和潜力的思考甚至是态度,对于人们的价值理性和工具理性保持批判的姿态和评论的自由。它常常不会与具体的社会运作直接联系起来,往往被公认为不具有可操作性,甚至不宜用来作为信念、号召与主张,它常处于思辨和逻辑的状态,代表着更加深刻与沉潜的理念。但这样的意念理性远远不只是"空想",由于它对业已形成的价值理性和工具理性保持批判的自由,在观念体系中与价值理性和工具理性构成某种必要的制约甚至制衡关系,因而它在社会实践中仍然具有重要的,有时甚至是不可或缺的意义。

无政府主义如果作为价值理性和工具理性,试图谋求实现于社会,那结果只能是"空想"的乌托邦:"如果有这么一个社会,那儿所有的人都被说服信仰无政府主义真理,也就是说,那儿谁都不主张拥有合法权威,或者即使有人主张,也没有谁相信,那么这个社会是否能够通过其他办法实现充分的社会协调呢?"[1]偏激的无政府主义者正是在这样的意义上犯了激进的错误:他们总是想通过极端的方式将没有强权没有政府的社会理想付诸实施。如果只是恪守无政府主义的思想意念,坚持用这种思想意念调节人们的价值判断,则无疑会对社会秩序的健康发展起到积极作用。即便是在相对健全的社会体制之内,无论是执政者还是精神贵族阶层,能够保持无政府主义者强调的"人民完全自由"作意念理性或观念前提,并运用这种意念理性调节价值观念甚至政策法规,则会使意识形态更加健康,社会结构更加稳定,社会事业更加繁荣。

---

〔1〕［美］罗伯特·沃尔夫:《为无政府主义申辩》,第78页,南京:江苏人民出版社,2006年。

无政府主义在意念理性意义上是有价值的,甚至是伟大的,但如果试图作为价值理性号召人们实践它,则必然通向"空想"的乌托邦;如果更进一步,作为工具理性的尺码让人们亦步亦趋地实施于现实社会体制和社会运动,则可能走向价值的反面,成为人们避犹不及的思想沼泽。鼓吹甚至策动以暴力行为对抗强权的无政府主义者,奉行"破坏主义",组织各种"暗杀团"[1],叫喊着"只有靠着炸弹与手枪"[2],完全将无政府主义当作社会运动的工具理性,其结果难免被指责为"过激党"或者"野兽"[3],甚至连积极提倡武装斗争的共产主义者也并不认同。事实上,无论在中国还是在别的国度,无政府主义者的组织力量相对而言都非常弱小,即使他们自己,也自认为不过是"只有一班困穷、老实、坚定、世所谓'好好先生'的无政府主义者"[4]而已,几乎难以在社会革命和社会运动方面有较大作为并产生较大影响。这是一个天生只配在意念理性世界有所建树有所成就的思想体系。价值理性常常表现为政治诉求,形诸政治号召。无政府主义是一个以政治号召通向政治消解的思想体系,它过于空想化的政治结构的消解意识与它的政治价值的实现欲望之间正好构成一种悖论关系,正好像它以无政府主义的组织形态致力于一切组织的消解其所构成的悖论关系一样。只有将无政府主义的思想理念处理成离开实际政治观念、远离实际社会运作的思想基础和意念前提,则它的价值便无可估量。它对自由的赞美,对平等的讴歌,对劳工的推崇,对革命的认同,已经达到相当精微和深刻的程度,确实可以成为一切进步的价值理性的意念准备。

---

[1]　刘石心:《关于无政府主义活动的点滴回忆》,《无政府主义思想资料选》(下),第929页,北京:北京大学出版社,1984年。

[2]　《北京国庆日的传单》,《无政府主义思想资料选》(下),第545页,北京:北京大学出版社,1984年。

[3]　《成都二十世纪学社的主张》,《无政府主义思想资料选》(下),第539页,北京:北京大学出版社,1984年。

[4]　《无政府主义者对于同类异派的真正态度》,《无政府主义思想资料选》(下),第584页,北京:北京大学出版社,1984年。

第十四章
科玄之争与社会史论战的学术文化理念

五四新文化运动之后，中国的思想文化空前活跃，但反映人文社会科学研究成果的学术文化面临着低落局面。几乎所有的学术文化问题都可以归并为政治论争和思想斗争，体现出革命与自由时代思想文化界特有的紧张气氛。历史上影响甚大的科学与玄学之争以及关于社会史论争，都体现出了这种时代性思想文化的紧张与焦虑，因而常常被冠以"论战"之名。

一、科玄之争

五四以后，从现代学术文化史上看，发生在二十世纪二十年代初的科玄之争既是一场文化观念之争，也是一场学术理念之争。

1922年5月，胡适在丁文江等倡议下，创办《努力周报》，有感于陈独秀等激进主义者好高骛远的政治热情，"天天高谈基尔特社会主义与马克思社会主义；高谈'阶级战争'与'赢余价值'"，"闭口不谈具体的政治问题"及其对学院知识分子，特别是年轻大中学生某种程度的蛊惑性，也产生了一种"谈政治"的冲动。他说："我谈政治，只是实行我的实验主义。"[1]他们

---

〔1〕 胡适：《我的歧路》，姜义华主编：《胡适学术文集·哲学与文化》，第559页、第561页，北京：中华书局，2001年。

自诩为一个"有职业而不靠政治吃饭"的"小团体"，目的在于"研究政治，讨论政治，作为公开的批评政治或提倡政治革新的准备"[1]。胡适在创刊号发表《努力歌》，对于改良政治表达了一种"不可为而为之"的立场。《努力周报》第2期发表了有蔡元培、王宠惠、罗文干、胡适、丁文江等16人署名的《我们的政治主张》，以建设"好政府"为号召，提出政治改革的三个基本要求："（一）一个宪政的政府"，"（二）一个公开的政府"，"（三）一种有计划的政治"[2]，以期"最低限度"地"改革中国政治"。

胡适说："《努力周报》虽然是一个批评政治的刊物，但我们也曾讨论到政治以外的一些问题。"[3]《读书杂志》作为《努力周报》的增刊（每月一期），是胡适等发起并推动"古史讨论"的主要阵地。在《古史讨论读后感》中胡适曾说：古史讨论"在中国史学上的重要一定不亚于丁在君（按：丁文江）先生们发起的科学与人生观的讨论在中国思想史上的重要。"[4]将二者相提并论，同样也说明了《努力周报》对于科玄论争的重视。

讨论政治，提倡"好政府"之外，《努力周报》关注思想文化问题本于《新青年》思想革命的两大主题：提倡科学与反对儒学，而且将其问题化与理论化，这也反映了胡适思想发展的特点。科玄论争的起点是1923年张君劢在清华大学发表题为《人生观》的演讲。张君劢认为，科学与人生观不能混淆。"科学之中，有一定之原理原则，而此原理原则，皆有证据。""同为人生，因彼此观察

---

〔1〕　胡适：《丁文江的传记》，欧阳哲生编：《胡适文集》(7)，第402页，北京：北京大学出版社，2013年。

〔2〕　胡适：《丁文江的传记》，欧阳哲生编：《胡适文集》(7)，第405页，北京：北京大学出版社，2013年。

〔3〕　胡适：《丁文江的传记》，欧阳哲生编：《胡适文集》(7)，第409页，北京：北京大学出版社，2013年。

〔4〕　胡适：《古史讨论的读后感》，《古史辨》(1)，第189页，上海：上海古籍出版社，1981年重印本。

点不同,而意见各异,故天下最不统一者,莫若人生观。"关于人生观,张君劢说:"人生观之中心点,是曰我。与我对待者,则非我也。而此非我之中,有种种区别。就其生育我者言之,则为父母;就其与我为配偶者言之,则为夫妇;就我所属之团体言之,则为社会为国家;就财产支配之方法言之,则有私有财产制公有财产制;就重物质或轻物质言之,则有精神文明与物质文明。凡此问题,东西古今,意见极不一致,决不如数学或物理化学之有一定公式。"他特列出九种"我"与"非我"(亲族、异性、财产、社会制度、心灵/外物、所属之全体、他我总体、世界观、信仰)之关系及其不同义项,认为"凡此九项皆以我为中心,或关于我以外之物,或关于我以外之人,东西万国,上下古今,无一定之解决者"。究其原因,人生观与科学,对象不同:"人生为活的,故不如死物质之易以一例相绳也。"两相比较,各有特点。他列具如下各项,逐条分析:"第一,科学为客观的,人生观为主观的。""第二,科学为论理(按:逻辑)的方法所支配,而人生观则起于直觉。""第三,科学可以以分析方法下手,而人生观则为综合的。""第四,科学为因果律所支配,而人生则为自由意志的。""第五,科学起于对象之相同现象,而人生观起于人格之单一性。"他归纳道:"人生观之特点所在,曰主观的,曰直觉的,曰综合的,曰自由意志的,曰单一的。惟其有此五点,故科学无论如何发达,而人生观问题之解决,决非科学所能为力,惟赖诸人类之自身而已。"他认为,人生观随思潮而变迁,并无客观标准。"既无客观标准,故惟有返求之于己,而决不能以他人之现成之人生观,作为我之人生观也。"人生观有各项:"曰精神与物质,曰男女之爱,曰个人与社会,曰国家与世界。"对此他亦作出具体分析。如分析"精神与物质"说:"科学之为用,专注于向外,其结果则试验室与工厂遍国中也。朝作夕辍,人生如机械然,精神上之慰安所在,则不可得而知也。"而"男女之爱",本于"占有冲动","此之谓私,既已言私,则其非为高尚神圣可知"。如此,等等[1]。

---

[1] 张君劢:《人生观》,《科学与人生观(一)》,第30—37页,沈阳:辽宁教育出版社,1998年重排版。

　　不仅出于捍卫新文化科学理想的热情，身为地质学家的丁文江更未免对科学情有独钟。针对张君劢的"科学与人生观"理论，他在《努力周报》发表《科学与玄学——评张君劢的人生观》一文，进行批判和辩驳。丁文江指出：尽管人生观"天下古今最不统一"，但"现在没有统一是一件事，永久不能统一又是一件事"。尽管现在"无是非真伪之标准"，"安见得就是无是非真伪之可求？"要求是非真伪，唯有科学方法。

　　显然，丁文江认为张君劢的"人生观"理论是一种虚无论，这种虚无论不仅出于对科学的误解，还在于劝导人们重归传统信仰，如其所说："自孔孟以至宋元之理学家侧重内心生活之修养，其结果为精神文明。"这与洋务派的"中体西用"论如出一辙。科学是否仅仅为"物质文明"，是"用"而不是"体"？丁文江的辨析在于：第一，他认为科学是方法论，科学方法是放之四海而皆准的真理。他说："我们所谓科学方法，不外将世界上的事实分起类来，求他们的秩序。等到分类秩序弄明白了，我们再想出一句最简单明白的话来，概括这许多事实，这叫做科学公例。"即以事实为基础，分析归纳，总结规律，形成概念。事实若非"真的事实，自然求不出什么秩序公例"。譬如张君劢所列人生观的九大义项（其实远非止此），就"我"之世界观（"我对于世界之希望"）而言，抽象地讲是"悲观主义"、"乐观主义"，事实上讲，世界就是宇宙，宇宙就是天象，科学地认识世界就是天文学。无科学的时代人们用占星术，天文学和占星术都代表着一种宇宙观（世界观）。天文学面对的宇宙是具体和真实的，不再是神秘的，它能够形成人们对宇宙的真理性的认识，消除人们对于宇宙认识的神秘感。在这个意义上，就再无所谓抽象的"悲观主义"、"乐观主义"。这显示出人生观和科学并不能分家。另外，就人对于世界有无造物主的信仰来说，有神论、无神论、多神论、一神论等，都是远离科学的，科学的观念是进化论（天演论）。进化论相对于有神论（上帝造种论），就是把人的认识由抽象引向了具体，由推判走向了证明和证实。以实验和实证为手段，用事实说话，是科学无所不在，具有真理性的方法论准则。第二，他认为科学是知识论。丁文江说：人的认识依赖于感觉（觉观感触），积累感知，形成"联想推论"。"无论思想如何复杂，总不外乎觉官的感触。直接的是思想的动机，间接的是思想的原质。但是受过训练的脑经，能从甲种的感触经验飞到乙种，分析他们，联想他们，从直接的知识，走到间接的概念。""我从我的自觉现象推论起来，说旁人也有自觉，是与科学方法不违背的。""心理上的内容至为丰富，并不限于同时的直接感触，和可以直接感触的东西——这种心理上的内容都是科学的材料。我们所晓得的物质，本不过是心理上的觉官感触，由知觉而成概念，由概念而生理论。科学所研究的不外乎这种概念同推论，有什么精神科学、物质科学的分别？又如何可以说纯粹心理上的现象不受科学方法的支配？"在心理上，科学形成概念、推论一是依靠经验，二是依靠"思想力"。这二者对人来说是普遍的，只有强弱不同。天才豪杰同常人也不过"快慢的火车，不是人力车同飞机"。科学的概念和推论必须满足三个条件：不能自相矛盾；必须常人能解；寻常"有论理训练的人依了所根据的概念，也能得同样的推论"。科学家多有哲学头脑，他们以觉官感触为认识物体的唯一方法，感觉和自觉之外，不存在有其他存在，所以他们提出不可知论。这是一种"存疑的唯心论"——离心理而独立的本体，存而不论。"他们是玄学家最大的敌人"[1]。

所以，丁文江指出：张君劢称人生观不受"论理方法"所支配，本质上是自我否定。"凡不可以用论理学批评研究的，不是真知识。"没有所谓"纯粹之心理现象"可以置于因果律外。"科学的材料原都是心理的现象，若是你所说的现象是真的，决逃不出科学的范围。""科学未尝不注重个性直觉，但是科学所承认的个性直觉，是'根据于经验的暗示，从活经验里涌出来的'（参观胡适之《五十年世界之哲学》）。"所谓综合的，不能分割（不能作为科学分析的材料）的人生观是不存在的。

最后，丁文江把张君劢的"人生观"理论与玄学（Metaphysics）联系起来，认为实质是亚里士多德所谓"根本哲学"（First Philosophy）或神学

---

[1] 即哲学上的理性主义，理性主义是实证主义的基础，实证主义有经验论和唯理论。前者强调认识（人）的主体性，后者强调对象（物）的主体性，即所谓唯心主义和唯物主义。

(Theology)。他的观点除带有中国传统的保守性之外，一是"从玄学大家博格森化出来的"，一是与"一战"后所谓"欧洲文化破产"的谬论有关。关于前者，丁文江述说了历史上"科学同神学的战争"，认为即使到了二十世纪，教育还"脱不了宗教的臭味"。战后"德法两国都有新派的玄学家出来宣传他们的非科学主义"。"法国的博格森拿直觉来抵制知识。"张君劢在《再论人生观与科学——并答丁在君》中也述说过自己旅欧后思想的变化："1919 年寓巴黎之日，任公、百里、振飞激于国内思潮之变，乃访博格森，乃访倭伊铿[1]，一见倾心，于是将吾国际政治学书束之高阁。何也？胸中有所触，不发舒不快矣。"[2]关于欧战后"科学破产"论，张君劢在《人生观》中说道："抑知一国偏重工商，是否为正当之人生观，是否为正当之文化，在欧洲人观之，已成大疑问矣。欧战终后，有结算二三百年之总帐者，对于物质文明，不胜务外逐物之感。"[3]类似的观点也见于梁启超的《欧游心影录》：

> 近代人因科学发达，生出工业革命，外部生活变迁急剧，内部生活随而动摇。……唯物派的哲学家，托庇科学宇下，建立一种纯物质的，纯机械的人生观，把一切内部生活，外部生活都归到物质运动的"必然法则"之下。……意志既不能自由，还有什么善恶的责任？……现今思想界最大的危机就在这一点。……这回大战争便是一个报应。[4]

因此，丁文江在致友人信中述及这场论战时说道："弟对张君劢《人生

---

〔1〕 引按：倭伊铿，现译鲁多夫·奥伊肯（鲁道夫·克里斯托夫·奥伊肯 Rudolf Christoph Eucken，一译鲁道尔夫·欧肯，1846—1926），德国哲学家。1908 年度获诺贝尔文学奖。其哲学称"精神生活哲学"，与狄尔泰、博格森等同属生命哲学家。

〔2〕 张君劢：《再论人生观与科学——并答丁在君》，《科学与人生观（一）》，第 109 页，沈阳：辽宁教育出版社，1998 年重排版。

〔3〕 张君劢：《人生观》，《科学与人生观（一）》，第 35 页，沈阳：辽宁教育出版社，1998 年重排版。

〔4〕 胡适的摘引。胡适：《丁文江的传记》，欧阳哲生编：《胡适文集》（7），第 411 页，北京：北京大学出版社，2013 年。

观》提倡玄学,与科学为敌,深恐有误青年学生,不得已而为此文。……弟与君劢交情甚深,此次出而宣战,纯粹为真理起见,初无丝毫意见,亦深望同人加入讨论。"[1]

论争以《努力周报》和《时事新报·学灯》("玄学派"观点多集中于此)为主要阵地展开,持续经年,参与者除张君劢、丁文江外,先后有胡适、梁启超、任叔永、朱经农、孙伏园、林宰平、唐钺、王星拱、张东荪、王平陵、吴稚晖等。论争中,张君劢、丁文江的文章成为不同的靶子也是两派争辩的重心。特别是丁文江的"科学的知识论"。胡适说:

> 但很不幸的是在君提出了所谓"科学的知识论",——"存疑的唯心论",——把问题引到"知识论"上去了,引起了后来不少的争论。(后来君劢《再论人生观与科学》,其中《所谓科学的知识论》一章就占了十页。林宰平先生《读丁在君的〈玄学与科学〉》,全文四十页,而这个知识论问题也占了一大半。)在君后来(《答张君劢》)也说这种"知识论本来是理论,本来有讨论之余地的"。他又解释他说这种知识论是"科学的",并不是说这是已经"有定论的",只是"因为这种知识论是根据于可以用科学方法试验的觉官感触"。在君也承认这种理论"所根据的事实本来是很复杂的,我用了二千字来说明,我自己本来觉得不透彻,可以讨论的地方很多"。他也承认他说的这种知识论最近于马哈(Mach)的唯觉论,和杜威一派的行为派心理学,和罗素所代表的新唯实论,"都可以说是科学的,因为他们都是用科学的结果同科学的方法来解决知识论的"。
>
> 在君这样再三说明,可见得他当初提出"科学的知识论"是一件不幸的事。把本题岔到别的问题上去了,所以是不幸的。[2]

---

[1] 引见胡适:《丁文江的传记》,欧阳哲生编:《胡适文集》(7),第411页,北京:北京大学出版社,2013年。

[2] 胡适:《丁文江的传记》,欧阳哲生编:《胡适文集》(7),第414页,北京:北京大学出版社,2013年。

最后,吴稚晖发表长文《一个新信仰的宇宙观及人生观》宣告作结。吴稚晖提出"漆黑一团的宇宙观"及"人欲横流的人生观",表面上为"科学派"说辞,实际上是一种消极主义的调和论。

论战结束后,1923 年 12 月,上海亚东图书馆结集出版《科学与人生观》一书,继则不断再版和重印,较之论战本身仿佛影响更大。论集出版时陈独秀、胡适分别作序,在对论争的评估及科学信仰上二人不期然产生分歧,借此昭示于众,彰显了五四以降"科学派"内部政治与学术(文化)的殊途。

作为接受并致力于宣传马克思主义的政党领袖,陈独秀在《序言》中认为,不相信"唯物史观"为"完全真理",不以此求人生、社会问题的"根本解决"是"玄学派"的谬误,而论争中胡适、丁文江等不能彻底征服"玄学派",即在于他们不信"经济决定论"的唯物史观,从而奉劝他们改立新宗。胡适则以另"序"解释:

> (1)独秀说的是一种"历史观",而我们讨论的是"人生观"。人生观是一个人对于宇宙万物和人类的见解;历史观是"解释历史"的一种见解,是一个人对于历史的见解。历史观只是人生观的一部分。(2)唯物的人生观是用物质的观念来解释宇宙万物及心理现象。唯物的历史观是用"客观的物质原因"来说明历史。……我们信不信唯物史观,全靠"客观的物质原因"一个名词怎样解说。[1]

胡适认为,既已获得了"唯物的人生观",是否信奉"唯物的历史观"并不重要。物质并不只是经济,客观的原因也并不只是经济的原因。"思想知识等事也都是'客观的原因',也可以'变动社会,解释历史,支配人生观'。"胡适说:"我们虽然极端欢迎'经济史观'来做一项重要的史学工具",

---

〔1〕　胡适:《科学与人生观·序二(附注:答陈独秀先生)》,《科学与人生观(一)》,第 23 页,沈阳:辽宁教育出版社,1998 年重排版。

"我个人至今还只能说,'唯物(经济)史观至多只能解释大部分的问题'。独秀希望我'百尺竿头更进一步',可惜我不能进这一步了"[1]。

对于胡适的答辩陈独秀颇不以为然。他另撰《答适之》一文指出,论争的两个问题:科学的人生观是否优胜? 科学能否支配一切人生观? 胡适、丁文江充其量回答了第一个问题,离第二个问题的要求尚远。正是这种"只立而不破的辩证法"令张君劢等"玄学鬼"仍在一味炫耀他们"超科学的"人生观:"他们的世界大得很呢,科学的万能在哪里?"陈独秀难免焦灼而愤慨地批评道:

> 适之只重在我们自己主观的说明,而疏忽了社会一般客观的说明,只说明了科学的人生观自身之美满,未说明科学对于一切人生观之威权,不能证明科学万能,使玄学游魂尚有四出的余地。我则以为,固然在主观上须建设科学的人生观之信仰,而更须在客观上对于一切超科学的人生观加以科学的解释,毕竟证明科学之威权是万能的,方能使玄学鬼无路可走,无缝可钻。[2]

科学"万能",对胡适而言并非一个一言以蔽之的问题,但在陈独秀看来却有天经地义的唯物史观和"经济决定论"作后盾。其犹疑与肯定之间显出知识论与价值观决定着二者的选择与判断,即在决定论和方法论的"万能"之间二者作出了不同的选择——前者是"结果"(目的)的"万能",后者是"因果"(关系)的"万能"。因此,在陈独秀和胡适之间,所谓"人生观"问题的症结是:"深信宣传与教育的效果可以使人类的人生观得着一个最低限度的一致",还是达到最高程度的统一? 对此,胡适的回答是:

---

[1] 胡适:《科学与人生观·序二(附注:答陈独秀先生)》,《科学与人生观(一)》,第24页,沈阳:辽宁教育出版社,1998年重排版。

[2] 陈独秀:《答适之》,《科学与人生观(一)》,第25—26页,沈阳:辽宁教育出版社,1998年重排版。

　　我的答案是：拿今日科学家平心静气地、破除成见地公同承认的"科学的人生观"来做人类人生观的最低限度的一致。

　　宗教的功效已曾使有神论和灵魂不灭论统一欧洲（其实何止欧洲？）的人生观至千余年之久。假使我们信仰的"科学的人生观"将来靠教育与宣传的功效，也能有"有神论"和"灵魂不灭论"在中世欧洲那样的风行，那样的普遍，那也可算是我所谓"大同小异的一致"了。

　　我们若要希望人类的人生观逐渐做到大同小异的一致，我们应该准备替这个新人生观做长期的奋斗。我们所谓"奋斗"，并不是像林宰平先生形容的"摩哈默得式"的武力统一；只是用光明磊落的态度，诚恳的言论，宣传我们的"新信仰"，继续不断的宣传，要使今日少数人的信仰逐渐变成将来大多数人的信仰。我们也可以说这是"作战"，因为新信仰总免不了和旧信仰冲突的事；但我们总希望作战的人都能尊重对方的人格，都能承认那些和我们信仰不同的人不一定都是笨人与坏人，都能在作战之中保持一种"容忍"（Toleration）的态度，我们总希望那些反对我们的新信仰的人，也能用"容忍"的态度来对我们，用研究的态度来考察我们的信仰。我们要认清：我们的真正敌人不是对方；我们的真正敌人是"成见"，是"不思想"。我们向旧思想和旧信仰作战，其实只是很诚恳地请求旧思想和旧信仰势力之下的朋友们起来向"成见"和"不思想"作战，凡是肯用思想来考察他的成见的人，都是我们的同盟！[1]

　　这是学术理性的立场和自由主义者的宣言。社会主义者信奉的却是遵循"经济决定论"的唯物史观，用阶级斗争的方式快刀斩乱麻地解决一切

---

〔1〕　胡适：《科学与人生观·序二》，《科学与人生观（一）》，第 20 页，沈阳：辽宁教育出版社，1998 年重排版。

问题。为此祭起"科学万能"的思想利器,在思想上和政治上分清敌友,用革命的手段在政治上和文化上建构一元化的社会。

对于这场影响日后中国学术和文化走向的论争,今天看来,拟应作如下理解:

就《人生观》一文所见,张君劢对科学的理解极为粗略,对人生观的解释也近于常识化。丁文江的批判纠缠于方法论和知识论的问题,执意要把科学说成是万能的(科学的精神化),混淆了科学在认识上和实践上的差别。由于理论准备的不足,加之基本科学理论和哲学理论的欠缺,表达上流于情绪化和浮泛化,加之一般性地否认主观性、神秘性(玄学),助长了攻击性却缺失了理性。

就前者而言,科学并不是常识性的东西,它已突破了常识,向认识的无限性发展。为求真理,科学必须战胜常识,超越经验,也务求突破自己。认识的无终极与对象的无限性,使科学找到了把人类引向无穷未来的途径,并且在智能化与应用性中不断完善自己,最终成为人类的自觉行为。

就后者而言,科学不能否认神秘性,不能试图去证明那些本质上不能被证明的东西,譬如人意识中的存在(包括历史的文化中的存在);不能否认纯主观的东西,不能否认宗教,否则就会变成唯科学主义(科学拜物教),变成文化虚无主义乃至历史虚无主义。就理论思维来说,科学兼顾"形上"(逻辑化)和"形下"(对象化),但它本质上是形而下的,是唯理论或唯物论的,是实用主义和实证主义的。在历史(文化)和宇宙(自然)中,科学与人的世界观和生活方式的联系是最浅近的,而历史(文化)和宇宙(自然)在时间和空间上是无限的。形而下、唯理论或唯物论、实用主义和实证主义的科学无法穷尽这些,即人类无法完全通过科学认识自己和宇宙,作为自然存在的人和作为对象存在的宇宙在科学的视野中都是一个永远无法抵达的他者。相反,在情感化和想象性的人类意识中,即超越实证与实用,非逻辑性和非理智化的人类思维中,即科学之外的人类历史和文化中,作为有意识的历史和无意识的经验存在着的神秘性的非科学的东西(文学、宗教、艺术等)常常是较之科学更活跃、更生动的人类精神和文化。

从认识论的角度讲,如果说科学是以逻辑和实证为手段,穿行在可知的领域;文学、艺术和宗教则是以想象、感悟和体验为方式,遨游在不可知的世界。科学只能面对现实,创造现实,在生活世界引领未来;文学、宗教、艺术必须面对历史,延续历史,在精神世界创造和谐。就其社会和文化属性上看,前者是实用的,后者是审美的。——科学让人在生活中精耕细作,艺术、宗教让人放纵、休息和逸乐。

二、社会史论战

科玄论争确立了科学作为方法论在现代学术史上的地位。然而,现代学术文化不仅是一种科学文化,更是一种意识形态文化。从新文化运动史上看,科学的倡导与民主的诉求互为表里。尽管民主作为制度理念和政治价值观在五四时代远没有形成共识,其前途、形式、目的、本质、实现途径等,在新文化运动和现代思想建设中并未得到充分探讨,但是,作为其实践手段的革命,在新文化运动前后却显然是一种实际存在的政治生态。因此,新文化运动后,知识分子的政治理念中普遍存在着对于革命的共鸣。除胡适等自由主义者执着于其本位的"文化革命"理想之外,大多数新文化阵营中的知识分子(特别是其新生代)现实的与理想的革命仍然是政治革命,从而产生了一个实践意义上的有关革命对象和前途的政治理论问题。可以说,除了胡适等倡导的"整理国故"运动以外,作为纯粹学术(文化)的现代思想文化建设几成绝响,围绕着革命政治所开展的政治思想论争对于现代学术(文化)史在不同领域形成了更为广泛而深刻的影响。

1928 年前后,中国政治形势的变迁(国共合作的"大革命"的结束)引发了中国社会持续不断的军事、政治上的纷争。这一时期,有关中国社会性质的观点受到理论界的广泛重视并开始了旷日持久的论争与探讨。表面上看,以蒋介石为首成立的国民党南京政府逐步形成了一个全国性的统一政权,但在政治上并不稳定,甚至在对待大革命时期国共合作的政治遗产中由于其"分共"及残暴的政治屠杀诱发了深刻的政治危机。中国共产党开始独立地领导以反抗国民党政权的排斥和屠杀政策为主要目的的政治和军事的斗争。在国民党一方面，革命似已大功告成；在共产党一方面，"革命尚未成功，同志仍需努力"。由此产生的政治思想上的分歧首先在于：一是如何认定国民党政权性质的问题，一是中国共产党领导革命的性质、道路、前途问题。

问题的政治性决定了论争的政治化。所以，以1928年前后中国社会性质论战为先声的中国社会史论战，不仅是一场史学论争，更是一场意识形态化的政治纷争。论争主要由三种政治力量构成，一为国民党改组派（"新生命派"，后因陶希圣创办《食货》杂志，又称"食货派"）〔1〕，一为共产党理论正统派（"新思潮派"或"干部派"），一为共产党政治反对派（"动力派"或"托派"）。"新生命派"（因杂志《新生命》而得名）以陶希圣、周佛海、顾孟余（公孙愈之）等为代表，"新思潮派"（因杂志《新思潮》而得名）阵营庞大，主要有李立三、郭沫若、何干之、王稼祥、吴黎平、王学文、潘东周等，"动力派"（因杂志《动力》而得名）以陈独秀、严灵峰、任曙、李季、王宜昌等为代表。1931年王礼锡在上海创办《读书杂志》，聚集了一批"自由"马克思主义者的人士，如胡秋原、王亚南、何畏之等，基本观点倾向于"动力派"。

与现代政治社会演化和发展相适应，以历史研究为代表，1928年前后，中国现代学术文化由"整理国故"开始向社会形态研究转向，逐渐形成了具有不同意识形态指向和内涵的"社会形态史学"，对历史、哲学、文学、社会学等产生了深远影响，促进了具有普遍意义的现代学术文化的政治化转向。在这一过程中，以马克思辩证唯物主义和历史唯物主义为核心的西方社会主义思潮起了推波助澜的作用，并且在左右两翼形成了不同的社会形态史观和社会发展观。经过不断的论争，在政治上具有一定优势的学术营垒及其理论主张取得优胜，成为具有主流地位的意识形态观念体系。

---

〔1〕 改组派：1927年蒋介石、汪精卫矛盾尖锐时以陈公博、顾孟余等为首成立的国民党内部反对派，全称中国国民党改组同志会，1928年成立于上海，奉汪精卫为领袖，主张"恢复1924年国民党改组精神"，创办《革命评论》、《革命战线》、《前进》等刊物。

　　历史地看,1926年前后"革命文学"论争中对"经济决定论"、"阶级斗争"理论的引进、阐释与运用,是知识界接受马克思唯物史观的开始。另外,五四时代胡适与李大钊之间的"问题与主义"之争不仅昭示了知识界激进主义与改良主义的政治分化,也一定程度上引发了某种带关联性的理论和政治思考。如陶希圣就曾说:"在今日,与其提出解决中国问题的主张,不如对中国社会加以深刻的观察。要解决问题,须先知问题之所在,中国社会构造是中国目前要解决的一切问题的根源,不认识中国社会构造便不知道中国的问题,不知道中国问题,便无从提出解决中国问题的主张。"[1]

　　因此,亦如科玄论争中陈独秀对胡适的规劝,不信奉唯物的历史观为"完全真理",就不能谋求人生、社会问题的"根本解决"。在政治的意义上,"根本解决"是一切思想理论的出发点和最终目的。于此,科学与现代学术文化的联姻由方法论走向了价值观和历史观。作为这场论战的始作俑者,陶希圣并不是马克思主义者,但他所采用的研究方法和历史观却自认为是"唯物史观",并在论战中常常有意识地为"唯物史观"辩护。如在《食货》上他发表的"声明":"(一)食货学会会员不都是用唯物史观研究历史的。(二)这个方法又与什么主义不是一件事情。(三)这个方法的毛病是在用来容易指破历史上隐蔽在内幕或黑暗里的真实。因为他指出别人不肯又不敢指出的真实,便易受别人的攻击。"[2]顾孟余在批判"唯物史观"的文章中也认为:"唯物主义是一个很老的问题,它的历史,和人类思想的一样长久。""至于经济的唯物主义(亦名'经济史观'或'唯物史观'),近年以来,可谓脍炙人口了,在历史的事变中,处处找出经济的背景,使人注意到社会的物质基础,破除许多沿袭的玄思,这无疑的是经济史观的功劳。"[3]作为历史研究,正如陶希圣所说:"正统历史学可以说是考据学,亦即由清代考据与美国实证主义之结晶。我所持社会史观可以说是社会观点、历史观点

〔1〕　陶希圣:《中国社会与中国革命·绪论》,第1页,上海:上海新生命书局,1929年。
〔2〕　陶希圣:《编辑的话》,《食货》半月刊,第2卷第4期(1935年7月16日)。
〔3〕　顾孟余:《论唯物史观》,《革命战线》,1930年第8期。

与唯物观点之合体。两者格格不入。"〔1〕前者即指胡适等倡导的"整理国故"运动及其史学研究。较之前者,陶氏自谓"非正统"的"旁门左道"。这是就纯粹学术观点看,但就其声势和影响而言,不仅是在三四十年代,就是在二十世纪的整个大陆学界,社会史观或"社会形态史学"俨然确立了其不可动摇的学术正统地位。

由于不同政治派别和社会政治力量的深度介入,较之二十世纪的其他学术或理论论争,从二十年代后期到三十年代中的社会史论战可谓旷日持久,影响深远。1928 年,陶希圣在《新生命》发表《中国社会到底是什么社会?》一文,首先认同"我们能够把社会形式分做宗法社会、封建社会、资本主义社会",但却提出了自己的观点:"世界上从来没有纯粹的属于某种社会型的社会,而毫没有驳杂的成分存于其中。"按照陶希圣的观点,在历史上,中国既不是一个宗法社会,也不是一个封建社会,更不是一个资本主义社会:

> 中国社会是什么社会呢?从最下层的农户起到最上层的军阀止,是一个宗法封建社会的构造,其庞大的身分阶级不是封建领主,而是以政治力量执行土地所有权并保障其身分的信仰的士大夫阶级。中国资本主义受这个势力的桎梏,所以不能自发的发展。自帝国主义的经济势力侵入以后,上层社会除兼地主与资本家的残余士大夫阶级而外,新生了以帝国主义资本为中心的资本阶级。在都市,资本阶级与无产阶级的对立,已有"见端"。在乡村,全国耕地大半属于地主而为佃田,农民土地问题形势极为严重。〔2〕

那么,到底如何认识中国社会的性质呢?陶希圣的观点是:

---

〔1〕 陶希圣:《夏虫语冰录》,台北法令月刊社 1980 年版,参见何兹全:《我所经历的 20 世纪中国社会史研究》,《史学理论研究》,2003 年第 2 期。
〔2〕 陶希圣:《中国社会到底是什么社会?》,《新生命》第 1 卷第 10 号(1928 年 10 月 1 日)。

在中国社会构造中,使我们感觉为封建制度之现象甚多。使
我们感觉为资本主义之现象亦夥。依前者之感觉,我们便说中国
社会是封建制度。依后者之感觉,我们便说中国社会是资本主
义。然而感觉是常识;常识是反科学的。若依社会史观察,则
中国封建制度的崩坏,实开始于公元前五世纪,而直至今日,中国
的主要生产方法还不是资本主义,此二十四世纪长久期间中,前
十八个世纪则自然经济优越于货币经济,后六世纪则货币经济始
显著抬头。虽自然经济与货币经济有所交替于其间,而社会构造
的本质仍没有根本的差异。此二千五百年的中国,由封建制度
言,是后封建制度时期;由资本主义言,是前资本主义社会。[1]

他认为这不可以被称作"半封建"社会,他说:"或谓中国社会是半封
建社会,此所谓'半',只不过推论时一个便利的形容词。中国社会的封建
成分,果否居全成分十分之五六,实为一个问题。故所谓'半'者,在研究
社会构造时殆不宜适用以启疑团,且至多亦不过予人以模糊不清的
观念。"[2]

陶希圣认为,中国社会与欧洲近代社会的"根本不同"在于:"欧洲近代
社会的生产是扩大再生产,中国社会的生产却是单纯再生产。中国社会的
生产,是以同一技术,同量资本,在同一的生产组织之内,反复实行的。"政
治上有治乱、经济上有兴衰,反复不已,中国社会陷入一种"周期病"。救治
此"周期病"者,正是孙中山的三民主义。陶希圣说:

为救治中国的社会周病性,于是有三民主义。民族主义有两
方面的意义:对外求脱离外国资本的压迫,进期于世界民族的平
等;对内求国内各民族为文化上的提携,进期于真实的民族同化,

---

〔1〕　陶希圣:《中国社会与中国革命》,第195页,上海:上海新生命书局,1929年。
〔2〕　陶希圣:《中国社会与中国革命》,第194页,上海:上海新生命书局,1929年。

而不以千余年来王公大人外交式的同化为自足。民权主义的意义，在"唤起民众"使生产者主张并充实其亘古以来未有的政治要求，使怕国家者一变而管理国家，如"身之使臂，臂之使指"。所以，民权主义之民权是革命民权，与"天赋人权"殊科，更与从来士人阶级所腐心的民本主义有天渊云泥之别。民生主义有两方面的意义：消极则平均地权使"耕者有其田"，并节制资本使生产民众享受生产所得的利益。积极则增进社会生产力，改变商人资本为生产资本，并利用外国资本以增进此生产资本。[1]

因此，在陶希圣看来，中国走什么道路的问题（资本主义与社会主义），争论起来是徒劳的，更不是一个政治上革命与反革命的问题。他说：

> 资本主义与社会主义的差别，是生产机关之分配上的差别，不是在生产技术上有什么悬殊。社会主义且还以资本主义生产方法为条件。在中国目前小生产制的基础上喊社会主义是不行的。在目前列强帝国主义正在世界规模的争夺之中间，喊自由主义的资本主义也是笑话。
>
> 并且，救中国不是伦理的理想所能为力。民生主义或社会主义也不是一个伦理的理想。目前中国的"环境"及"材料"，不能发达自由主义的资本主义，也够不到社会主义。中国革命只有由生产民众组织为强有力的国家，在向于帝国主义斗争之中，有计划有组织的管理生产事业。以国家（是生产民众的国家，不是买办金融商人资本家的国家）的组织经营对外贸易，整理国内市场，而后生产技术可以提高，生产方法可以转变。以国家的组织建设国家资本，发展社会资本，管理个人资本。既不是像有些人那样说，第一步发展个人资本，第二步没收个人资本；也不是第一步便没

---

[1] 陶希圣：《中国社会与中国革命》，第212—213页，上海：上海新生命书局，1929年。

收个人资本。国家资本,社会资本,及私人资本,都在生产民众的
国家组织与计画之下,为转变生产方法而有计画的发展。[1]

这看上去像一种国家资本主义的构想。所以,陶希圣认为社会主义和
资本主义并没有本质区别:

> 本来,资本主义与社会主义之路,是决定于下列两个条件的:
>
> (一)国家政权在生产民众之手抑在资本家之手;
>
> (二)生产方法转变以后,私人资本之发达是否超过国家资本
> 及社会资本之速率。
>
> 第二条件要视一国经济发达之事实而定,但第一条件可以予
> 第二条件以最大的助力。具体的说,生产方法转变以后,私人资
> 本发达得快些,还是国家资本与社会资本发达得快些,这是一个
> 事实问题,但是国家操在生产民众之手,便可给国家资本及社会
> 资本以加速之助力,反之,如国家是资本家的国家,必帮助私人资
> 本之发达。
>
> 所以现在的中国,由伦理的观点上争资本主义与社会主义之
> 路,是没有多大价值的。资本主义与社会主义之路是一个经济发
> 达的事实的问题及社会阶级势力推移的问题,不是爱憎问题,不
> 是喜惧问题。[2]

从"唯物史观"出发,但并不以马克思主义的历史观和社会发展观认识
中国的历史和现实,旨在为自己的政治信仰及现存政治秩序的合理性和完
善寻求理论依据,这是陶希圣社会史观及其中国社会史研究的特点。

"新思潮派"对陶希圣的批判亦正是基于捍卫其理论原则,即政治信仰

---

〔1〕　陶希圣:《中国社会与中国革命》,第317—318页,上海:上海新生命书局,1929年版。

〔2〕　陶希圣:《中国社会与中国革命》,第318—319页,上海:上海新生命书局,1929年版。

的立场。第一,陶希圣所谓"中国社会的支配势力"是"地主势力","但商人资本却成了中国经济的重心",这种自相矛盾的观点对马克思唯物论来说是一种"肤浅"的运用。马克思的辩证法的"唯物论"认为,"划分社会发展阶段的利刃,是生产方式"。陶希圣说:"中国的生产方法主要的是农业手工业","对农民的剥削,是中国的主要的剥削制度,其中主要的是地租的收夺"。"有这样的一个社会"——"生产方法是封建社会的生产方法,剥削方式也是封建社会的剥削方式,但是,这不是封建社会!?"第二,陶希圣认为中国的地主统治是"士大夫统治","但是中国的地主统治是取官僚政治的方式,而不是取贵族统治的方式"。贵族统治是一种封建国家的统治形式。"官僚为地主阶级的利益而支配,却不是地主阶级自己来支配",官僚政治不能决定中国社会的封建性质。这种把"经济的剥削阶级与政治的剥削阶级"分离的理论也是非马克思主义的。他"不懂得一切社会的阶级主要的是由生产过程中来划分",政治和经济的剥削不能形成"两个分离而再联络的阶级"。"士大夫"不可能成为一个独立的阶级。第三,关于商业资本。不否认秦汉以后中国商业资本的发展。但"这种商业发展的本身是被决定于当时的生产力,这是说商业资本,它本身是附属于某一种生产方式上,因此它的发展不能形成独立的阶段,所以也就不能拿它来划分社会形态发展的阶段"。"关于商业资本之发展的土地自由买卖及地主不是世袭身分,也就不能做否认中国不是封建社会的理由。同时,更不能说在当时商业资本是经济的重心,因为某一时代的经济的重心都是那时代的生产方式。"[1]

作为理论正统派的"新思潮派",其基本思想和观念除了来自马克思主义的经典著述,便是各类体现当时中共重大路线方针、政策策略的政治文件。在有关中国革命的性质、目的、前途和任务上,"新思潮派"的主要论争对手是以陈独秀等为代表的"动力派"。因为他们信奉共产国际内部托洛茨基的观点,又被称为"托派",实为共产党内部的政治反对派。1928 年 6

---

〔1〕 丘旭:《中国的社会到底是什么社会? ——陶希圣错误意见之批评》,《新思潮》第 4 期(1930 年 2 月 28 日)。

月召开于苏联莫斯科的中共六大"决议案"中,对中国革命的性质和任务曾有如下表述:

中国革命现在阶段底性质,是资产阶级民主革命。如认为中国革命目前阶段已转变到社会主义性质的革命,这是错误的,同样,认为中国现时革命为"不断革命",也是不对的。因为,(一)国家真正的统一并未完成,中国并没有从帝国主义铁蹄之下解放出来;(二)地主阶级私有土地制度并没有推翻,一切半封建余孽并没有肃清;(三)现在的政权,是地主、军阀、买办、民族资产阶级底国家政权,这一反动联盟依靠着国际帝国主义之政治的经济的威力;——所以革命当前的目标,是要解决这些问题。因此中国革命现时的骨干,它的基础及中心任务是:

一、驱逐帝国主义者,达到中国底真正统一。

二、彻底的平民式的推翻地主阶级私有土地制度,实行土地革命;中国底农民(小私有者)要将土地制度之中的一切半封建束缚完全摧毁。

这两个任务,还并没有走出资本主义生产方法底范围之外,——可是必须用武装起义的革命方法,推翻帝国主义的统治和地主军阀及资产阶级国民党的政权,建立工人阶级领导之下的苏维埃的工农民主专政,然后才能解决这两个任务。

三、因此中国革命现在资产阶级性民主阶段上的第三个任务,已经就是力争建立工农兵代表会议(苏维埃)的政权,这是引进广大的劳动群众参加管理国家的最好的方式,也就是实行工农民主专政的最好的方式。

并说:"资产阶级民主革命阶段之中的动力,现在只是中国底无产阶级和农民。""中国之反对帝国主义的、彻底变更土地制度的、资产阶级民主革命,只有反对中国民族资产阶级,方才能够进行到底,因为民族资产阶级是

阻碍革命胜利的最危险的敌人之一。"〔1〕

这条路线的确立是遵奉斯大林路线,排除和否定托洛茨基主义的结果。

1929 年 8 月,陈独秀致信中共中央,表达了如下基本观点:第一,1927年"大革命"的失败"主要的是资产阶级得了胜利,在政治上对各阶级取得了优势地位,取得了帝国主义的让步与帮助,增加了它的阶级力量之比重;封建残余在这一大转变时期中,受了最后打击,失了统治全中国的中央政权形式,失了和资产阶级对立的地位,至少在失去对立地位之过程中,变成残余势力之残余;它为自存计,势不得不努力资本主义化,就是说不得不下全力争取城市工商业的经济势力,做它们各个区域内的统治基础"。"资产阶级受了工农革命势力的威吓,不但不愿意消灭封建势力,并且急急向封建势力妥协,来形成以自己为中心为领导的统治者,并且已实现了这样的统治,就是国民党的南京政府。"国民党已不是"各阶级的政治联盟",是"代表资产阶级的政党",不再具有反封建性。中国革命的任务就是反对和推翻代表资产阶级的国民党的统治,进行无产阶级的社会主义革命。第二,"中国的封建残余,经过了商业资本长期的侵蚀,自国际资本主义侵入中国以后,资本主义的矛盾形态伸入了农村,整个的农民社会之经济构造,都为商品经济所支配,已显然不能够以农村经济支配城市,封建阶级和资产阶级经济利益之根本矛盾,如领主农奴制,实质上已久不存在,因此剥削农民早已成了它们在经济上(奢侈生活或资本积累)财政上的(维持政权所必需的苛捐杂税)共同必要"。也就是说,从城市到农村,中国社会已是一个资本主义社会。第三,土地革命中"只有贫农(雇农,小佃农与小自耕农)是革命的柱石,中农是中间动摇分子,富农是反革命者,因为它所失于革命的农民的东西比所失于地主的要大得多。所以若是始终想和富农联盟来反对

---

〔1〕 《中国共产党第六次全国代表大会底决议案(节录)》,高军编:《中国社会性质问题论战(资料选辑)》(上),第 1—2 页,北京:人民出版社,1984 年。

地主,和始终想和资产阶级联盟来反对帝国主义,是同样的机会主义"〔1〕。

　　在中共党内,这被认为是典型的"托派"理论。"新思潮派"对此展开的批判可谓不遗余力。批判中理论正统派方面达成的共识正是茅盾创作《子夜》的主题:"用小说的形式写出以下的三个方面:(一) 民族工业在帝国主义经济侵略的压迫下,在世界经济恐慌的影响下,在农村破产的环境下,为要自保,使用更加残酷的手段加紧对工人阶级的剥削;(二) 因此引起了工人阶级的经济的政治的斗争;(三) 当时的南北大战,农村经济的破产以及农民暴动又加深了民族工业的恐慌。""这三者是互为因果的。""所要回答的,只是一个问题,即是回答了托派:中国并没有走向资本主义发展的道路,中国在帝国主义的压迫下,是更加殖民地化了。中国民族资产阶级中虽有些如法兰西资产阶级性格的人,但是 1930 年半殖民地的中国不同于十八世纪的法国,因此中国资产阶级的前途是非常暗淡的。在这样的基础上产生了中国民族资产阶级的动摇性。当时,他们的'出路'是两条:(一) 投降帝国主义,走向买办化;(二) 与封建势力妥协。他们终于走了这两条路。"〔2〕很明显,茅盾创作《子夜》就是为了在政治和思想上回应当时中国社会性质的大论战,否定托派"中国已经走上资本主义道路,反帝、反封建的任务应由中国资产阶级来担任"的论点,肯定"革命派"(正统派)的观点:"中国社会依然是半封建半殖民地的性质;打倒国民党法西斯政权(它是代表了帝国主义、大地主、官僚买办资产阶级的利益的),是当前革命的任务;工人、农民是革命的主力;革命领导权必须掌握在共产党手中。"〔3〕

　　在社会史研究方面,郭沫若的《中国古代社会研究》一书为确立"主流派"(理论正统派)史学和社会发展观的意识形态地位,起了举足轻重的作用。

〔1〕 陈独秀:《关于中国革命问题致中共中央信》,姜义华主编:《中国现代思想史资料简编》(3),第 371—372 页、第 376 页,杭州:浙江人民出版社,1983 年。

〔2〕 茅盾:《〈子夜〉是怎样写成的》,《茅盾论创作》,第 64 页,上海:上海文艺出版社,1980年。

〔3〕 茅盾:《再来补充几句》,《茅盾论创作》,第 59—60 页,上海:上海文艺出版社,1980 年。

首先,在历史观念上郭沫若确认:"人类社会的发展是以经济基础的发展为前提。"[1]在《自序》中他表示:"本书的性质可以说就是恩格斯的《家庭、私有制和国家的起源》的续篇。""研究的方法便是以他为向导,而于他所知道了的美洲的印第安人,欧洲的古代希腊、罗马之外,提供出来了他未曾提及一字的中国古代。"因此,他宣称自己的研究("批判")有别于胡适式的"整理":

> "整理"的究极目标是在"实事求是",我们的"批判"精神是要在"实事之中求其所以是"。
>
> "整理"的方法所能做到的是"知其然",我们的"批判"精神是要"知其所以然"。
>
> "整理"自是"批判"过程所必经的一步,然而它不能成为我们所应该局限的一步。

这就是"用科学的历史观点研究和解释历史"[2]。郭沫若说,"谈'国故'的夫子们""没有辩证唯物论的观念,连'国故'都不好让你们轻谈"[3],充满了理念的优胜与自信。

《中国古代社会研究》一书对于秦以前中国历史的分期和研究以马克思主义社会发展观和经济决定论为基本指导思想,目的在于证明中国历史没有不同于欧洲和世界各民族历史之处,不存在所谓"国情不同"的问题。在不同的生产力阶段(石器时代、青铜器时代、铁器时代等)也完整地经历了原始氏族社会、奴隶制社会、封建制社会,其时正处于"资本制"社会。其基本情况郭沫若归纳出两个"表式":

---

[1] 郭沫若:《中国古代社会研究》,《民国丛书》(第一编)76,第 3 页,上海:上海书店,1989年。

[2] 郭沫若:《中国古代社会研究·新版引言》,《郭沫若全集》(历史编第一卷),第 3 页,北京:人民出版社,1982 年。

[3] 郭沫若:《中国古代社会研究·自序》,《民国丛书》(第一编)76,第 1—6 页,上海:上海书店,1989 年。

一、中国社会之历史阶段：

（一）西周以前：原始公社制……氏族社会……无阶级

（二）西周时代：奴隶制……［王侯百姓（贵族）—庶民（臣仆）］……身分的阶级

（三）春秋以后：封建制……［官僚—人民；地主—农夫；师傅—徒弟］……身分的阶级

（四）最近百年：资本制……［帝国主义—弱小民族；资本家—无产者］……最后形态的阶级对立

二、中国社会的革命：

第一次：奴隶制的革命……殷周之际……卜辞及金文（文化的反映）

第二次：封建制的革命……周秦之际……儒道墨诸家（文化的反映）

第三次：资本制的革命……清代末年……科学的输入（文化的反映）[1]

在现代学术史上，郭沫若的观点经过一定的改造，逐渐成为文、史、哲不同领域具有意识形态指导价值的主流和核心观念。其中奴隶制和封建制的分期问题，郭沫若曾有过两种"更正"：一是殷代奴隶制问题。在《中国古代社会研究》中，郭沫若认为"商代和商代以前都是原始社会"，后来则承认"殷代已进入奴隶社会是不成问题的"[2]。原因在于，早在郭沫若之前或同时代，同宗马克思主义的经济学家、史学家李达、吕振羽、翦伯赞等先后著书或作文，论定"殷代为奴隶制"。郭沫若故在1952年发表《奴隶制时代》一文，研究并认定"殷代是奴隶制"，以此形成共识。二是春秋战国之交

---

[1] 详见郭沫若：《中国古代社会研究·自序》，《民国丛书》（第一编）76，第24—25页，上海：上海书店出版社，1989年。

[2] 郭沫若：《中国古代社会研究·新版引言》，《郭沫若全集》（历史编第一卷），第4页，北京：人民出版社，1982年。

封建制问题。在《中国古代社会研究》中,郭沫若认为周厉王时期的"平民暴动",像"法兰西的巴黎暴动和苏俄的十月革命","在形式上"推翻了"周室的乃至中国的奴隶制"。周室东迁以后,中国的社会"由奴隶[制]逐渐转入了真正的封建制度"[1]。在《奴隶制时代》中他则改变观点,"把奴隶制的下限定在春秋与战国之交"[2]。对此,1973 年郭沫若在《奴隶制时代》新版"代序"《中国古代史的分期问题》一文中曾自述原因道:"毛主席早就明白地说过了:'自周秦以来,中国是一个封建社会,其政治是封建的政治,其经济是封建的经济。而为这种政治和经济之反映的占统治地位的文化,则是封建的文化。'"因为其中"周秦"一词"就是指周秦之际"[3],故这样的划分"是比较可靠的"[4]。对于中国古代史的分期,正统派史学界存在三种主要观点:郭沫若的春秋战国封建说、范文澜的西周封建说和何兹全等的魏晋封建说。何兹全说:"'文化大革命'后期,郭老的春秋战国之际封建说代替了范老的西周封建说,成为中国社会史分期的主流。""粉碎'四人帮'后,学术再次解放。1978 年,在长春召开了中国社会史分期讨论会。当时分期说的主流是郭老的春秋战国封建说,但西周封建说又东山再起,魏晋封建说也卷土重来。"[5]

上述内容涉及的主要是社会史论战中不同政治派别史学方法、理论主张和立场观点的问题,这是论战的"根本问题"。王礼锡在《读书杂志》上曾列出如下论战中的"根本问题"一窥本末:从政治上看,"一,中国现在社会究竟是封建社会,还是资本主义社会? 二,经过一九二七年失败以后的中国革命究竟是资产阶级革命,还是无产阶级革命?"这正是共产党内部斯大

〔1〕 郭沫若:《中国古代社会研究》,《民国丛书》(第一编)76,第 19—20 页,上海:上海书店出版社,1989 年。
〔2〕 郭沫若:《中国古代社会研究·新版引言》,《郭沫若全集》(历史编第一卷),第 4 页,北京:人民出版社,1982 年。
〔3〕 郭沫若:《奴隶制时代·中国古代史分期问题(代序)》,《郭沫若全集》(历史编第三卷),第 13 页,北京:人民出版社,1982 年。
〔4〕 郭沫若:《中国古代社会研究·新版引言》,《郭沫若全集》(历史编第一卷),第 4 页,北京:人民出版社,1982 年。
〔5〕 何兹全:《我所经历的 20 世纪中国社会史研究》,《史学理论研究》,2003 年第 2 期。

林派和托洛茨基派论争的焦点。从经济上看,"一,世界资本主义之现状及其前途;二,资本主义之整个性;三,中国经济在世界资本主义经济中之地位及其关联;四,中国经济之变迁与现状;五,中国经济之特质;六,中国往何处去?"他说:这些问题"如何的严重与普遍,老迈与迟钝到《申报》都已经感到,而且感到很深刻了!""以为在这'根本问题未得解答之先',其它'币制问题,金银问题,关税及各种税收问题'皆如'不附干之枝叶,漫无归宿,而其讨论之结果,亦将终归于蹈空,无补于中国经济之前途'。"[1]在经济视野和政治观、历史观之外,自古以来中国社会的基本形态:政治形态、经济形态、文化(精神价值)形态(文学哲学思潮等),以及古代史的分期、奴隶制社会的有无、马克思"亚细亚生产方式"的内涵和意义、甲骨文与井田制的问题等均被广泛涉及并讨论。较之先前胡适等倡导的"整理国故"运动及其古史研究,可谓在在直抵"根本"。而其"根本之根本"乃是自古以来的中国历史与马克思历史唯物主义观照下的欧洲及世界历史发展形态和轨迹是否具有一致性。毋庸置疑,论争中各派形成的共识和理论一致性均具有特定且鲜明的政治色彩,但在现代学术文化史上,论争中形成的某种共通的研究思路,则为现代学术文化的发展奠定了具有一定科学性的思想和方法论基础。李季在评价中国社会史论战时认为,正确讨论并解决社会史研究方面的问题,"除掉必须具有的社会科学常识外,至少应先具备下列三个条件:(一)深切了解马克思主义,(二)深切了解西洋的经济发展史和社会形态发展史,(三)深切了解中国的经济发展史和社会形态发展史"[2]。第一是理论和方法,第二是比较和参照,第三是对象化的具体研究。这恰好是现代意义上学术研究成功的不二法门。

有人比较社会史论战中的历史研究和顾颉刚等的古史研究,认为:"1927年以前,顾颉刚、傅斯年底对于古史的研究,便应用着古史的考据方法,和新渗进了些神话解说等等,而在1927年以来,人们都利用着历史的

〔1〕 王礼锡:《中国社会史论战序幕》,《读书杂志》,1932年第1卷第4—5期。
〔2〕 李季:《对于中国社会史论战的贡献与批评》,《读书杂志》,1932年第2卷第2—3期。

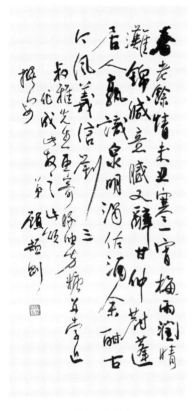

顾颉刚书法

唯物论研究所得的结论作为根本的指导原理,而将中国史实嵌进去。""我们知道,社会底基础是经济。在经济中人的生产力和物的生产力底一定的结构关系,决定着政治的社会的意识的上层建筑物。我们不能从意识的或社会的或政治的上层建筑物来说明经济,以至说明社会自身,反之,我们却应从经济这基础以至从物的生产力上来说明社会,政治,和意识。这是历史的唯物论底根本主张。"[1]胡适、顾颉刚所代表的"古史的整理者为新汉学家","这些人除了校勘学以外又获得了西方庸俗进化论的历史观及社会史的肤浅常识……然而汉学帮助了他们,汉学也限制了他们,他们的优越点适成了他们的终结点,他们止于校勘家了。他们拿着校勘学的锄头闯进了古代中国荒原,企图开辟他,然而他们只做了而且只能做些铲除蔓草斩刈荆棘的工作,最多不过砍破地皮而已;深深的犁耕,把下面的土翻到上面来,已非他们所能做到。因为他们的工具不是犁头而是锄头"。"因为他们是校勘家,所以虽然立志来整理古史,结果只是整理了古书,立志要'建设信史',而结果呢,颠来倒去只是些辨伪的工夫。"[2]

观念和方法的优胜使 1920 至 1930 年代之交的中国社会史研究者们探究到了中国历史的某些真谛及规律性,但是,意识形态化和政治观念的

〔1〕 王宜昌:《中国社会史短论》,《读书杂志》,1932 年第 1 卷第 4—5 期。
〔2〕 杜畏之:《古代中国研究批判引论》,《读书杂志》,1932 年第 2 卷第 2—3 期。

分歧,造成了社会史论战及其历史研究中严重的"以论带史"倾向。即使是作为"根本原理"的历史唯物论,有人认为:"在 1927 年以来,人们都利用着历史的唯物论研究所得的结论作为根本的指导原理,而将中国史实嵌进去。但同时是不了解清楚历史的唯物论,或者有意滑头而曲解而修改而捏造了他们的所谓历史唯物论。""他们一般只是应用这一根本原理,而没有正确地叙述这一根本原理底在中国社会史上的如何适用。直可以说他们是没有仔细底考究方法论的问题。有些简直是在胡乱的应用他底所谓历史的唯物论,而有些如郭沫若、任曙应用起历史的唯物论来,也因没有考究方法,而不免失于不正确。"受到批判的还有陶希圣、周谷城等[1]。

方法的问题因附属于意识形态化和政治观念表达的需要必然指向不同的理解和解释,形成不同的运用和产生不同的结论,论战的过程可以为证。"以论带史"的本质是政治化和观念化。对于具体历史问题的研究,不同的阵营是不可能得出相同结论的,这就带来了学术文化领域政治派别的论争和观念的分野。争论很多时候都不是在真正的研究和学术意义上进行,而是在观念层面展开的。参与者常常借此表达自己的政治理念,自我标榜博取相应的政治认同。参与论争既是一种学术表达也是一种政治表态。

胡适亦曾站在学术理性立场上调侃过这场论战,他说:"那些号称有主张的革命者,喊来喊去,也只是抓住几个抽象名词在那里变戏法。有一班人天天对我们说:'中国革命的对象是封建阶级。'又有一班人天天说:'中国革命的对象是封建势力。'我们孤陋寡闻的人,就不知道今日中国有些什么封建阶级和封建势力。我们研究这些高喊打倒封建势力的先生们的著作言论,也寻不着一个明了清楚的指示。"

他举例说:"一位教育革命的鼓吹家"[2]在《教育杂志》先后发表文章,先说"中国秦以前,完全为一封建时代",后又说:"中国在秦以前,为统一的

---

〔1〕 王宜昌:《中国社会史短论》,《读书杂志》,1932 年第 1 卷第 4—5 期。
〔2〕 指周谷城。胡适所说是他 1929 年在《教育杂志》发表的《中国教育之历史的使命》与《国家建设中之教育的改造》。

专制一尊的封建国家成长之时代。……到秦始皇时……统一的专制一尊的封建国家才完全确立。""然而《教育杂志》的编者与读者都毫不感觉矛盾。这位作者本人也毫不感觉矛盾……为什么呢？因为这些名词本来只是口头笔下的玩意儿，爱变什么戏法就变什么戏法，本来大可不必认真，所以作者可以信口开河，读者也由他信口开河。"这个说革命的对象是"封建势力"，那个又说革命的对象是"资产阶级"，实则"今日所谓有主义的革命，大都是向壁虚造一些革命的对象，然后高喊打倒那个自造的革命对象；好像捉妖的道士，先造出狐狸精山魈木怪等等名目，然后画符念咒用桃木宝剑去捉妖。妖怪是收进葫芦去了，然而床上的病人仍旧在那儿呻吟痛苦"[1]。

从现代学术文化史上看，"整理国故"运动和社会史论战开创了两种不同的学术研究范式：自由自主的历史和文化研究与政治理念、政治意气化的社会和历史研究，创造了两种不同的学术文化局面：学院化学术文化与社会政治化学术文化。相当长的时间里，这两种学术文化和研究范式并行不悖，各有所守，各显其长。前者尚实干，后者喜争论；前者崇实证，后者重理论；前者尊自由，后者讲统一。借助于现代学术史上这两次重大的运动，以科学方法论和科学世界观为归属，现代学术理念由此确立，学术阵营则由此走向了分化。

---

〔1〕 胡适：《我们走那条路》，姜义华主编：《胡适学术文集·哲学与文化》，第 642—645 页，北京：中华书局，2001 年。

第十五章
革命文学文化与自由文学文化

在新文化初倡期和新文学草创期,民主与科学的"理想类型"激励着国人走出积累了数千年的文化传统,汇入了与世界的思想、文化、道德、规范等现代文明形态相接轨的时代潮流。那一场堪称伟大的初倡与草创,使得中国的精英文化人士及部分开明的读书人懂得了在现代语境下文学与文化的密切关系,同时也懂得了文学的价值主要在于其文化意义的发挥。民主与科学等等理想类型,包括自由、博爱等时代命题,都是在文化意义上发挥其影响力,并都直接诉诸文学的表现。尽管《新青年》在很大程度上体现出一个政治文化刊物的造型,但它以及其他当时的政治社会类刊物如《少年中国》等,都并未致力于"民主"的体制设计及其社会运行机制的深入讨论,一般都是在文化意义上甚至是在文学层面上展开学理探讨或精神阐述。新文化运动虽然以轰轰烈烈的五四运动为制高点,但其实际影响主要体现在文化、文学运作方面。

五卅运动之后,特别是北伐革命以后,时代潮流不再满足于文化探讨和文化倡导层面的运作,而是要急切地诉诸社会运作、政治运作甚至军事运作。民主与科学这样的文化命题迅速让位于革命与自由等实际的政治社会运作,当然其中仍然包含着文化探讨的热忱,特别是关于自由的命题,既是实际的社会问题,是许多人必然面对的社会境遇,同时又是引人入胜的文化问题,是与价值观紧密联系在一起的人生态度。

如果说五四新文化倡导时期,"革命"一词乃是属于"奢谈"的范畴,那时候讲求的文学革命、文化革命、思想革命等等话题都在文化层面展开,甚至都落实到文学文化意义上,那么,伴随着北伐战争而兴起的"革命"热潮则是血与火的奋搏,是激情与生命的悸动,使文学和文化运作只能瞠乎其后地充任鲁迅所说的呐喊者和敲边鼓的角色。

一、争自由的波浪

当时代推涌着革命的浪潮向最险峻处奔腾的时候,文化界和文学界的兴奋点便非常自然地退向对于革命大潮的追逐与欢呼,以文化或者文学引领时潮的情形暂且告一段落。文化和文学在这一时期以反映和表现时代的革命主题和自由要求为主要内涵和宗旨,这是这一时期文学文化的重要特征。

革命成为时代主题的时候,自由无疑会相伴而行。以民主为核心价值和基本动力的革命往往建立在对自由的吁求和鼓吹的基础之上。在民主与科学的时代,自由虽然是民主追求的应有之义,但同时也成了民主与科学的前提,因而不会得到大力的强调。《新青年》曾经多次涉及"自由"话题,胡适鼓励青年人说:"争你们个人的自由,便是为国家争自由! 争你们自己的人格,便是为国家争人格! 自由平等的国家不是一群奴才建造得起来的。"[1]高一涵发表《共和国家与青年之自觉》等文章,甚至在"爱国主义"论空前高涨的时代勇敢地提出《国家非人生之归宿论》:

> 人民藉自由、权利以巩固国家,复藉国家以保护其自由、权利,自国家言,则自由、权利为凭藉;就自由、权利言,则国家为凭藉;就人民言,则国家、自由、权利举为凭藉。人民藉自由、权利以求归宿,不谓自由、权利供人民之牺牲。[2]

---

[1] 胡适:《介绍我自己的思想》,《胡适文存》(4),欧阳哲生编:《胡适文集》(5),第465页,北京:北京大学出版社,1998年。
[2] 高一涵:《国家非人生之归宿论》,《青年杂志》,第1卷第4号。

这些言论的强势出笼,高调占位,本身就说明,在那个被周作人称为"王纲解纽"的时代,自由本来就不是一个迫切的社会问题,更不是一个严峻的文化和学术问题。在这样的时代语境下,自由没有成为时代性的文化主题,实属势之必然。有人认为:"五四新青年群体放弃自由主义,与他们对自由主义国际秩序的幻灭、中国学习西方共和政治的失败、以及对学生运动改造中国的期望都有直接关系。"[1]这里表述了一种理论逻辑,其实实际情形未必那么复杂。首先,新文化倡导者是否确实观察到有一种"自由主义国际秩序"? 这种国际秩序难道是经过第一次世界大战以后就随之幻灭了? 更重要的是,在这个自由并不怎么成为问题的时代,尤其是在知识分子和社会精英的思想、文化、文学作为并不会受到如何严重的不自由之限制的时代,群体放弃自由的时代命题或竟然放弃坚持自由主义的价值体系,是一件非常容易理解而且能够顺理成章的事情。

进入到社会和政治革命时代,自由问题就得到了凸显。从积极的方面言之,自由往往是革命动员的需要。任何一场革命,都会借助自由的理由进行动员和号召,形成一种自由呼号的强气流,造成一种革命的声势。对于革命的动员而言,没有什么比争取自由的号召更加有力和更加有效的了。文化运作特别是文化批判,也常常是以自由作为一种观念的期许和精神指向。新文学的倡导需要批判旧文学,胡适等就从否定文言文学对创作和表达的严重束缚着眼,以文学语言表达的自由和自然为价值目标,在这样的意义上他们非常敞亮地提出了文学"革命"并使之迅速成为一种文化时尚。一个社会之所以会兴起革命,是因为这个社会的政治和社会体制对至少是部分人的自由形成了干涉、限制与压迫,而且这种干涉、限制和压迫远远不是文化运作、文化批判所能解除的。因此,革命的动员经常以"自由"的号召为主要内容。于是,革命与自由作为文化主旋律总是相随而生、相伴而行的孪生关键词。这也成了我们面对的 1920 年代后期到 1930 年

---

〔1〕 金观涛、刘青峰:《五四新青年群体为何放弃自由主义》,《二十一世纪》,第 33 页,2004年第 4 期。

代前期中国现代文化的时代主题。

虽然革命时代的文学和文化不再充当倡导和唤起的时代角色,但由于革命的题材和革命的话语天然地带有激活时代文化的功能,很容易成为文化围绕的对象,同样也很容易成为文学表现的内涵,因而这样的时代文化和文学都不可能退场。自由更是文学的永恒主题,而且文学表现中的自由内涵具有吸附和融入所有时代精神的自然张力,在这个革命与自由相克相生的时代表现得更为活跃。

早在 1926 年,董秋芳将他翻译的外国文学作品结集为《争自由的波浪》出版,鲁迅为此书作《小引》,指出:"英雄的血,始终是无味的国土里的人生的盐,而且大抵是给闲人们作生活的盐……"〔1〕这体现出处在大革命时代的鲁迅对于革命及其残酷现实有一种深刻的理解,同时也表明了他对于"争自由的波浪"的一种认同和支持。正是在这一时期,随着革命热潮的兴起,中国现代文化和文学呈现出"争自由的波浪",这一番"争自由的波浪"比起五四新文化倡导时期更为汹涌奔腾,更加鲜明强烈。

在北伐革命的浪潮中,这首《国民革命歌》表达的就是工农兵当家作主的民主思想、革命思想和自由思想的融合为一:

> 打倒土豪,打倒土豪,分田地,分田地。
> 我们要做主人,我们要做主人,真欢喜,真欢喜!

打土豪、分田地,翻身做主人,这是民主思想和革命思想的统一,而"做

---

〔1〕 鲁迅:《集外集拾遗·〈争自由的波浪〉小引》,《鲁迅全集》(7),第 317 页,北京:人民文学出版社,2005 年。

主人"就意味着自由与解放。只是,这首传说中的"准国歌"始终没有点出
"自由"一词。据说《国民革命歌》原词由黄埔军官学校军官廖干五创作,
1926 年 7 月 1 日发布:

> 打倒列强,打倒列强,
>
> 除军阀,除军阀;
>
> 努力国民革命,努力国民革命,
>
> 齐奋斗,齐奋斗。
>
> 工农学兵,工农学兵,
>
> 大联合! 大联合!
>
> 打倒帝国主义,打倒帝国主义,
>
> 齐奋斗,齐奋斗。
>
> 打倒列强,打倒列强,
>
> 除军阀,除军阀;
>
> 国民革命成功,国民革命成功,
>
> 齐欢唱,齐欢唱!

　　这首原创歌词中同样没有"自由"的字眼。显然"自由"并不像民主那
样容易成为时代精神表述的"理想类型",在正式的场合和文献中,它不是
一个受普遍欢迎并得到广泛使用的词汇。相对于"革命"等宏观抒情的概
念,"自由"明显属于历史的甚至是个人的微观抒情。如果说革命是那个时
代掀起的社会巨浪,那么"争自由"确乎只是知识分子世界的一朵浪花。

　　作为文学主题,自由被赋予了太多的意义。最常见的文学主题是婚姻
自由,恋爱自由,这在新文学初创时期已经形成了令人厌腻的一道风景线,
以至于《小说月报》的编者不得不祭出评论的杀手锏以对这种泛滥的描写
加以警示[1]。其次可能是胡适表述过和激励过的人格的自由,鲁迅的小

---

〔1〕 沈雁冰:《评四五六月的创作》,《小说月报》,第 12 卷第 6 号。

说《伤逝》实际上已将这个主题推向了最高的思想境界,涓生之所以不安于在子君的温柔乡中赏志以殁,是因为他的人格和灵魂永远向往着奋斗与人生的冒险:他脑海中不断出现的意象是"怒涛中的渔夫,战壕中的兵士,摩托车中的贵人,洋场上的投机家,深山密林中的豪杰,讲台上的教授,昏夜的运动者和深夜的偷儿……"这些都象征着人生的冒险,象征着奋斗的诱惑,走上这种冒险和奋斗之路,就必须完全自由,精神上和生活上没有牵挂,那自由的感觉便如鲁迅所写和涓生所感受的那样:"我便轻如行云,漂浮空际,上有蔚蓝的天,下是深山大海,广厦高楼,战场,摩托车,洋场,公馆,晴明的闹市,黑暗的夜……"涓生和子君在恋爱自由的意义上取得了胜利,但在人格自由尤其是精神自由的意义上遭到了失败:子君同居以后的生活意味着对这种自由的放弃,涓生的意志追求则总是受到挫折。

自由意志的抒写曾经是时代精神的体现。郭沫若的《女神》曾被闻一多概括为"时代精神"的体现,那"二十世纪底时代的精神"被闻一多描述为:"'自由'底伸张给了我们一个对待权威的利器,因此革命流血成了现代文明底一个特色了。"[1]在《女神》中的《匪徒颂》、《天狗》、《浴海》、《凤凰涅槃》等诗章,都典型地表现了一种这个世纪才得以解放出来的自由气息和自由情绪,同时也传达着反抗与革命的时代主题。

新文学产生之初确实存在着围绕恋爱自由、婚姻自由等等展开的时代自由主题,这体现在新潮社时期和文学研究会的文学运作之中。新潮社的文学创作以罗家伦的《是爱情还是苦痛》为代表,习惯以哭诉的调子谴责不自由的婚姻,柔弱但坚定地表达了知识分子的自由诉求。这样的自由诉求落实在婚姻、恋爱等人生俗务方面,但却通向精神自由、情感自由、灵魂自由的高大境界。郁达夫的小说如《沉沦》等所集中表现的就是这样的诉求。成仿吾评论《沉沦》的精神品质是"求爱的心":主人公"对于爱的要求异常强烈","他的感情,不仅比我们平常的人强烈,是忍不住要发泄出来的",因而这就不是一般的爱的要求,而是在求爱意义上的自由

---

〔1〕 闻一多:《〈女神〉之时代精神》,《创造周报》,1923 年第 4 号。

意志的体现[1]。

革命的时代主题给自由带来了巨大的激励，与革命相联系的自由早已跨越了恋爱自由和人格自由这样的境界，在革命、斗争的意义上建立了新的自由观，可能涉及民众的自由、阶级的自由和社会的自由，而反映在个人方面则是革命的意志自由。这样的自由境界显然不同于个人主义和个性主义，作为一种文化时尚，它被赋予了迥然不同于五四时代的新的时代内容。茅盾的《蚀》三部曲非常集中地表现了革命与自由的关系问题。《幻灭》中的章静、《动摇》中的孙舞阳和《追求》中的章秋柳、史循等时代知识分子，因为革命的激励走上争自由的道路，但所得到的却多是理想幻灭、精神消沉甚至自暴自弃的结果。革命或许是自由的动因，却绝不是自由的归属，甚至不是自由的伴侣。怀着自由的心性，或者带着寻求自由的理想投入革命，必然遭到上述时代英雄的挫折。其实，郁达夫的《她是一个弱女子》也同样表现了这样的时代思绪，只不过郁达夫对革命的理解更隔膜，更悲观，因而女主人公郑秀岳的命运更加凄惨，更为不堪。

这样的文学表现正寓含了现代中国文化中革命与自由的复杂而真实的关系：最初它们像连体动物，在文学的平台上出双入对，但真正进入革命的时代，它们则成了一对怨偶，利用文学展开了对垒与角逐。宣扬自由往往是在革命的动员时期，革命过程之中则需千方百计反对自由和肃清自由，因此，真正的革命力量和革命文化总是忌惮自由的文化，总是想克服自由的意志。在1920年代末至1930年代，革命与自由就处于这种联合互动、相互忌惮、相互克服的角逐游戏之中。

二、革命文学与自由意志的基础

革命时代的来临顺理成章地解放了一批自觉者，个人主义和个性主义意义上的自由早已经成了这个时代的必有之义，这样的自由也就不可能成

[1] 成仿吾：《〈沉沦〉的评论》，《创造季刊》，第1卷第4期。

为时代文化解读的必然对象。作为革命时代文化解读必然对象的自由，便是革命的自由意志以及革命民众的群体自由，这两种革命的自由文化都会要求对个人主义和个性主义的自由实施批判。这样的理论逻辑描述了1920年代后期革命文学文化的一种基本态势。

"革命文学"概念出现在1923年至1924年之间，那时候的《中国青年》曾刊载邓中夏、恽代英、萧楚女等共产党人讨论"革命文化"和"革命文学"的言论，《民国日报》副刊《觉悟》也从那时起开始较多使用这一概念。这可以说是"革命时代"到来之前的一种舆论预演，其实际的内容即便较为充实也很少产生大的影响，因而不会催生出革命文学文化。正是在1925年1月1日，《民国日报》副刊《觉悟》上，蒋光慈以"光赤"的笔名发表《现代中国社会与革命文学》一文，在太阳社与创造社进行革命文学论争时被认定为"革命文学"倡导的开篇之作。不过，这时候他所提出的"革命文学"作为概念其内涵还相当简单："谁个能够将社会的缺点、罪恶、黑暗……痛痛快快地写将出来，谁个能高喊着人们向这缺点、罪恶、黑暗……奋斗，则他就是革命的文学家，他的作品就是革命的文学。"如果说只要揭示了社会的黑暗与罪恶，就是革命文学，则这样的革命文学也就太简单了。蒋光慈最先就是这样简单地提出了革命文学的概念。

真正营构起革命文学的文化环境和概念内涵的，还是在北伐革命时代正式来临的1926年。这一年，郭沫若所领导的创造社以新创刊的《创造月刊》和已创刊的《洪水》加入了革命文学的倡导，以此对时代革命的主题予以策应。1926年1月1日，《洪水》第1卷第3期发表洪为法的《木兰歌·革命文学及其它》等文章，使得这些刊物讨论"革命文学"的文章及相应的概念应用迅速密集化。这年的5月1日，郭沫若在《文艺家的觉悟》一文中，明确提出了这个"革命"时代的阶级属性：每个人都不可能"不受社会的影响"，现在是"第四阶级革命的时代"，"我们现在所需要的文艺是站在第四阶级说话的文艺，这种文艺在形式上是现实主义的，在内容上是社会主义的"[1]。同月,郭沫若在《创造月刊》第 1 卷第 3 期上发表《革命与文学》一文,进一步明确:"在精神上是彻底同情于无产阶级的社会主义文艺,在形式上是彻底反对浪漫主义的写实主义文艺",乃是"最新最进步的革命文学",同时响亮地提出知识分子"到兵间去,民间去,工厂间去,到革命的漩涡中去"的号召。

这一革命的号角明确了这个革命时代的特别内涵:阶级革命,而且是第四阶级(即无产阶级)革命。如果说这种革命也是争自由的社会运作,则这已经不是个人的自由,不是个性主义意义上的自由,而是阶级的自由,革命阶级的自由,也就是第四阶级的自由。个人的自由,包括个性主义意义上的自由,必须在阶级的自由意义上才被赋予真正的意义。用革命导师的话说,"现在已经达到这样一个阶段,即被剥削被压迫的阶级(无产阶级),如果不同时使整个社会一劳永逸地摆脱任何剥削、压迫以及阶级划分和阶级斗争,就不能使自己从进行剥削和统治的那个阶级(资产阶级)的控制下解放出来"[2]。通俗地说,无产阶级必须解放全人类,才能最后解放自己。洪灵菲在小说《家信》中正是这样对"革命"进行阐释:"革命能够解放你们。革命不但能够使受压逼最厉害的工农从十八层地狱下面解放出来,它同时能够使一班穷苦的小商人从苛捐杂税,重利剥削的两层压逼下面解放出来。革命给一切在过着牛马似的生活的人们以更生的机会。它的目的是在把特权阶级打得粉碎。这是一种伟大的企图,光明的策划。"知识分子的自由和解放当然必须在"把特权阶级打得粉碎"之后才可能获得。郭沫若明确指出:

> 在大众未得发展其个性,未得生活于自由之时,少数先觉者无宁牺牲自己的个性,牺牲自己的自由,以为大众人请命,以争回大众人的个性与自由![3]

---

[1]　郭沫若:《文艺家的觉悟》,《洪水》,第 2 卷第 16 期。
[2]　《马克思恩格斯选集》(1),第 237 页,北京:人民出版社,2007 年。
[3]　郭沫若:《文艺家的觉悟》,《洪水》,第 2 卷第 16 期。

　　"牺牲了自己的个性和自由去为大众人的个性和自由请命",不是一种简单的观念置换,而是需要经过一番痛苦的努力与斗争,这些被称为"先觉者"的革命知识分子必须像郭沫若所说的那样,到兵间去,到民间去,到工厂间去,到革命的漩涡中去,必须走上为大众人争回自由的革命之路。

　　其实郭沫若早在 1923 年就发出了到兵间去、到民间去的号召,相信他就像田汉那样也是从俄国民粹派在 19 世纪 70 年代发动的影响深远的"到民间去"运动获得了启发。郭沫若惊异地发现:"朋友们怆聚在囚牢里!"这时候他就有了模糊的否定个人主义的倾向。当革命运动山雨欲来或者风起云涌的时候,他重新吹响了"到民间去"的时代号角,也正是在这一时期,田汉组织了南国电影剧社,筹拍他自己编导的影片《到民间去》。他喜欢日本明治时代的诗人石川啄木的同题诗,诗中的诗句这样激励着中国的年轻诗人和电影梦想追逐者:

　　　　　我们知道我们要求的是什么,

　　　　　我们也知道民众要求的是什么,

　　　　　我们并且知道我们该怎么做,

　　　　　我们实在比五十年前的俄国青年晓得更多,

　　　　　可是没有一个人握着拳头,打着桌子,高叫"到民间去!"[1]

　　"我们"和民众的要求就是自由,就是革命,但自由和革命必须借助于民间力量,投身于大众群体才能得以实现。因此,知识分子对自由的争取需要与人民大众的解放和革命联系起来,如果他们不是致力于为大众人和第四阶级的人争回自由,而仍然沉浸在为个人为自我争自由的小圈子里,那么就不是真正的革命人,就要受到指责和批判,这是革命时代的逻辑。正在是在这样的革命逻辑上,革命文学家明确提出了否定五四新文化运动中大力提倡的个人主义和个性主义,实际上是通过对这种个人主义或个性

─────────

〔1〕　田汉:《影事追怀录》,《田汉文集》(11),第 453 页,北京:中国戏剧出版社,1983 年。

主义的自由范式的否定来强调对阶级自由和革命自由意志的倡导。何畏于 1926 年 5 月发表《个人主义艺术的灭亡》[1]，吹响了革命文学向个人主义文学的进剿号角。

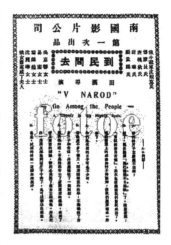

在 1926 年前后，新文学界的大多数文学家和文学团体都曾面临着所谓的"方向转换"。大多数新文学家的"方向转换"都以克服个人主义和个性主义为基本内容。成仿吾处在"方向转换"的潮头地位，他的上述倾向最为明显。他所阐述的"革命文学"内涵就是克服个人主义的。他发出了这样的号召："我们努力！把这个人主义的妖魔屠倒！"[2]率先倡导革命文学的蒋光慈同样声明个人主义是革命的对象，他指出：

> 　　革命文学应当是反个人主义的文学，它的主人翁应当是群众，而不是个人；它的倾向应当是集体主义，而不是个人主义……革命文学的任务，是要在此斗争生活中，表现出旗帜的力量，暗示人们以集体主义的倾向。[3]

集体主义是革命的要求，而个人主义被理解为集体主义的对立面，这就是文学界面临的方向转换的要害。田汉为此方向转换专门写了一本小书，题为《我们的自己批判》。他之所以如此洋洋洒洒地展开自己批判，是因为他领导着并代表着一个叫做南国社的群体，而且是一个一直活跃着的兼具戏剧演出和电影拍摄以及杂志出版等诸多艺术职能的社团。田汉的自己批判同样是围绕着个人主义和小资产阶级感伤情绪的批判，以及对于

〔1〕《创造月刊》，第 1 卷第 3 期。
〔2〕　成仿吾：《文学家与个人主义》，《洪水》终刊号。
〔3〕　蒋光慈：《关于革命文学》，《太阳月刊》，1928 年 2 月号。

民众需求的趋近。在《我们的自己批判》中,田汉检讨自己虽然处身于"民间",但没有认清应该以"民众"为本,没能够真正"认定南国艺术运动的对象是劳苦大众,并且把我们的努力的焦点放在如何使我们的艺术真成为民众的,并如使民众认识艺术的真价上面",所以,"我们的剧本除了略略可以听见民众之声的《火之跳舞》与《第五号病室》外,依旧有所谓悠久的,神秘的《古潭的声音》,依旧有充满着诗,充满着泪的感伤情调的《南归》"。

郭沫若以及创造社的"方向转换",田汉以及南国社的"自己批判",在1920年代末到1930年代初的新文学家中具有典型意义。他们都一度徘徊、动摇在个人主义、个性主义的自由价值与革命的、人民大众的集体主义意识之间,在革命形势的感召和革命热潮的推动下都自觉地转向后一方面,并对前一方面进行痛切的反思和检讨。这种方向转换和自我批判是时代性的文化运作,只是落实到各个新文学家那里表现形态有所不一而已。鲁迅也同样在1926年程度不同地经历了这样的转换,他于6月1日购读了《无产阶级艺术论》,为他以后对革命文学所发的精彩议论作了理论和资料的准备。

方向转换的基本意义是,知识分子放弃了个我情怀和个人主义的价值理念,转向了广大民众,并且以大众的意志作为自由的意志。这种意志被理解为革命的成分占据主导方面,自由成为个人主义的标识而遭到批判和唾弃,一切有关自由的论调都有可能成为革命文学和革命文化所警惕和排斥的对象。1930年代左翼文学运动掀起规模宏大且旷日持久的对于自由派文学的批判,原因便在这里。

除了文学自由论的倡导者继续抱着自由的命题不放而外,无政府主义者以及对无政府主义抱有同情的文人继续在为自由而战,他们的抗争部分地反映到革命文学之中,成为左翼文学兴起前后一股不可小视的文学和文化时潮,曾被概括为革命的罗曼蒂克。当然,革命的罗曼蒂克不光是与无政府主义一脉的青年所禀赋的气质,也是一些同情共产主义和无产阶级革命的知识者所常有的姿态,其关键在于他们既想投入革命,又想保持自我,既致力于人民大众的解放,又保持自己的自由幻想。从巴金的《灭亡》等系列作品,到蒋光慈的《野祭》、《菊芬》,再到胡也频的《到莫斯科去》,丁玲的《一九三〇春上海》等,当时的左翼文学家认为最典型的是华汉的《地泉》,所体现的都是这样的文化心态和心理轨迹。于是,革命时代的自由要求呈现出一种非常特别的知识分子文化景观,革命的罗曼蒂克是这种景观的集中表现。这就是说,革命的罗曼蒂克是一种时代的文化,是革命与自由交响的时代文化,它不仅仅是文学现象,更不仅仅是文学中的某种病态。

三、革命文化对自由文化的克服

最早从个人主义"囚牢"中冲突出来、解放出来的人,充满着小资产阶级知识分子的狂热与想象,对革命与自由充满着同等的热望,这时期,革命与自由高度统一,这样的时代意识和时代热情表现在文学界"方向转换"的历史运作中,一般来说还来不及诉诸文学作品。革命的罗曼蒂克作为文学文化,体现的是革命与自由在时代运作中所必然产生的砥砺,革命文学创作热潮中大量涌现的是这一类作品。在革命的同时渴望着自由,同时在自由的争胜中又需借助于革命,革命与自由总是处在纠结的状态,让身处于其间的青年人两方面既难以割舍,又无法真正协调。这样的时代文化心态在革命加恋爱的题材表现中,在革命的罗曼蒂克的时代书写中,独自形成了一种文化,一种值得珍视的文学文化。

这种时代的书写在继续。在左翼文化运作中,革命与自由呈现出某种对立状态,至少在青年文学家的从消极的方面而论,自由会成为革命运动中的突出问题。革命意味着暴力,无论是在军事意义上还是在文化意义上,都充满着暴力意向。这种暴力会形成一种新的压迫,并直接干涉、限制社会文化领域另一部分人的自由。如果说民主的文化内涵其主要精神是追求个性的解放,强调个人的自由,则民主作为一种社会体制理念还意味着一种社会秩序,一种政治体制,民主革命也就意味着在打破一种专制秩序的同时建构一种新型的民主秩序,在否定和推翻一种政治体制的同时需要建构一种新型的民主政制。这时候,单纯讲求自由的个性主义照样受到压抑。体制化的民主革命在文化意识上重视的是群体，与此同时个性及其自由就理所当然地受到压抑。于是革命伴随着自由的声浪，但同时革命在某种绝对性的意义上也可以成为自由的敌人。这便是现代文化的复杂性。反映在文化和文学上也是如此：当革命文化和革命文学建设的声浪占据历史的平台，对于自由和相应的个人主义思潮的压抑、否定甚至打压便成为应有之义，于是，自由的主张会与革命的倡导构成天然的紧张。这就是左翼文化、文学界往往将主要的精力用来对付文学自由论，对付"自由人"和"第三种人"的重要原因。

自由被理解成与革命意志相一致，这是革命的罗曼蒂克的要害。这样的认知在革命文学家中非常普遍，以至于叶紫的《星》，这部很少被作为革命的罗曼蒂克作品看待的小说，所宣扬的革命与自由统一论似乎最为完整：革命到来的时候，受欺压的梅冲出了牢笼般的家庭，与革命者黄勇敢地相爱，自由地结合；革命失败以后，梅只好放弃了自由与幸福，回到从前那个牢笼之中。在这个可怜的革命者那里，有革命就有自由，没有革命就失去了自由，这是革命的罗曼蒂克思路的典型体现。柔石的小说《二月》中的萧涧秋是一位自由知识分子，他想体验自由的人生来到了偏僻的江南小镇芙蓉镇，然而在这里遭受的是黑势力的攻击，爱情的困扰，没有自由可言。他最终选择了前往大都市上海，到那里继续他对自由的寻找。那时候的上海适逢工人革命的高潮，向往上海实际上暗示了向往革命，柔弱的知识分子将争取自由的希望寄托在革命的运动之中。而在此之前，一些与革命的罗曼蒂克写作并无直接关系的文学家，都已经这样理解和处理自由与革命的关系。叶圣陶的长篇小说《倪焕之》就是其中的代表。倪焕之作为一个热爱自由的小知识分子，在偏僻的江南小镇同样遭到了人生的挫折，他同样将未来奋斗的希望寄托在上海这样的大都市，寄托在那里可能掀起的革命热潮之中。

这些作品都呼应着那个时代的革命的罗曼蒂克文化，也都参与了那种文化。它以相当的密度植入那个时代的文学，构成了这个时代基本的文学文化。

　　清醒而深刻的现实主义者如鲁迅,就曾善意地告诫过左翼文学青年:革命未必通向自由的实现,革命以后,由于对革命的失望,革命的文学家就容易成为反革命的文学家。用鲁迅的话说,"我以为在现在,'左翼'作家是很容易成为'右翼'作家的"。特别是那些"对于革命抱着浪漫谛克的幻想的人","一和革命接近,一到革命进行,便容易失望"。因为革命并不会像他们设想的那样自由。鲁迅举例说:"听说俄国的诗人叶遂宁,当初也非常欢迎十月革命,当时他叫道,'万岁,天上和地上的革命!'又说'我是一个布尔塞维克了!'然而一到革命后,实际上的情形,完全不是他所想像的那么一回事,终于失望,颓废。"〔1〕

　　鲁迅的观点虽然有些悲观,但真实地揭示了自由与革命的复杂关系,揭示了革命对于自由所必然产生的抑制、限制甚至忌惮的关系。正是在这样的关系上,革命文学界和左翼文学界对来自于自由知识分子的文学自由论才高度敏感,并且极为反感,从而在文学上的"阶级斗争"极为白热化的情境下,却掀起了清算小资产阶级自由人和第三种人的高潮,并形成了那个时代最为醒目的文学文化。

　　左翼作家联盟成立以后,自许为"自由的智识阶级"的苏汶、胡秋原等感觉到革命与自由之间的天然差异,"决心担负起思想批判的天职",为自由而战〔2〕,强调"文学与艺术,至死也是自由的,民主的"〔3〕。革命的文学家敏锐地意识到这样的文学自由论不利于无产阶级革命运动的展开,认为这些"自由的智识阶级"作为文艺家实际上也是不自由的,他们的实质"是帮助统治阶级""来实行攻击无产阶级的阶级文艺"〔4〕。这样的判断表明了革命文学家的两重观点:首先,革命和革命文学绝对不是"自由的",而是有阶级属性的,任何以自由的名义进行革命的行为都不可能是真正的革命

〔1〕　鲁迅:《对于左翼作家联盟的意见》,《鲁迅全集》(4),第238—239页,北京:人民文学出版社,2005年。
〔2〕　苏汶:《真理之檄》,《文化评论》,1931年第1号。
〔3〕　胡秋原:《阿狗文艺论》,《文化评论》,1931年第1号。
〔4〕　《"自由人"的文化运动》,《文艺新闻》,1932年第56号。

行为,这与马克思主义的阶级论及其相关理论紧密联系在一起;其次,所有以自由的名义抗议革命、攻击革命文学的言论,都不可能是自由的言论,而是隶属于统治阶级的言论,是具有阶级属性的反革命言论。显然,第二重理论阐述有些强词夺理,对于自由人等带有一种强加式的粗暴。但第一重理论在革命斗争和意识对垒的时代,应该说是具有一定的现实性甚至普遍性意义。正因为左翼文学界清楚地意识到,"自由人"和"第三种人"的论调实质是在要求"文学脱离无产阶级而自由,脱离广大的群众而自由"[1],他们对于这派人士和这派论调才发起如此大规模的、如此旷日持久的批判,甚至认为他们比左翼文学真正的"阶级敌人"民族主义文学派更加危险,更加有害,用冯雪峰在《致〈文艺新闻〉的一封信》中的话说,他们"反对普洛革命文学已经比民族主义文学者站在更'前锋'了。对于他及其一派,如今非加紧暴露和斗争不可"。

瞿秋白

左翼文化通过文学斗争所显露出来的时代逻辑已经很清楚:自由言论和自由的诉求,由于违背了阶级论,当然也就违背了革命的本旨与革命的原则,就成为革命的必然对象。革命在价值观方面倘若与自由相连接,那往往就脱离了阶级论的轨道,就很容易成为阶级革命所排斥的对象。于是,普罗文学和阶级革命论者就会对自由论者保持高度警惕,因此,鲁迅在《论"第三种人"》中这样讽刺自由派文艺家:"生在有阶级的社会里而要做超阶级的作家,生在战斗的时代而要离开战斗而独立,……这样的人,实在也是一个心造的幻影,在现实世界上是没有的。要做这样的人,恰如用自己的手拔着头发,要离开地球一样,他离不开,焦躁着,然而并非因为有人摇

---

〔1〕 易嘉:《文艺的自由和文学家的不自由》,《现代》,第 1 卷第 6 期。

了摇头,使他不敢拔了的缘故。"〔1〕

　　阶级论在现代文化中是一种很有吸引力和同化力的观念,它最初为中国共产主义者所秉持,然后迅速影响到并折服了鲁迅这样的向往革命、同情革命的知识分子,从而成为民族革命战争爆发之前的时代主流。鲁迅对瞿秋白心悦诚服的认同,将后者引为人生唯一可以满足的知己,就是因为瞿秋白精确地、犀利地但又令人信服地分析了鲁迅的阶级品质:"鲁迅从进化论进到阶级论,从绅士阶级的逆子贰臣进到无产阶级和劳动群众的真正的友人,以至于战士,他是经历了辛亥革命以前直到现在的四分之一世纪的战斗,从痛苦的经验和深刻的观察之中,带着宝贵的革命传统到新的阵营里来的。"〔2〕这种阶级分析法使得鲁迅更清晰地认清了自己,也使得他此后一直运用阶级分析方法进行文学和文化斗争。

---

〔1〕　鲁迅:《论"第三种人"》,《鲁迅全集》(4),第 452 页,北京:人民文学出版社,2005 年。
〔2〕　瞿秋白:《〈鲁迅杂感集〉序言》,《瞿秋白文集》(3),第 115 页,北京:人民文学出版社,1989 年。

第十六章
电影文化的自由与革命

　　中国的电影文化,延续着"文明戏"倡导者与"旧派"电影人以及"鸳鸯蝴蝶派"文人的文化传统,是现代文化市场发展的必然结果。不过真正形成电影文化,并且真正建构起中国的电影文化市场的则是 1930 年代,特别是左翼电影的繁荣起了重要的推动作用。一批受过西方教育或接受过新文化洗礼的"新派"电影人——主要是"左翼"文人,在推动"革命文学"和左翼文学的潮流鼓舞下,在文学和文化"大众化"的追求中,大力发展电影事业,积极培养电影创作人,成功孕育了电影市场,并且催生了电影音乐,形成了以电影消费和明星效应为核心内容的现代都市生活,并以休闲娱乐为时尚。田汉和左翼电影家的出现才对这一倾向有所改变。

一、最初的电影制作与文化营构

　　据程季华主编的《中国电影发展史》提供的材料,"西洋影戏"第一次在中国放映,是在 1896 年 8 月 11 日的上海。自 1896 年以来,欧美电影进入中国,中国人第一次看上了电影,先天不足的历史条件下,西方电影作为商品迅速占领着中国市场,先是法国商人再是美国电影放映商,除此而外,活跃在中国电影市场上的还有西班牙、葡萄牙、英国等国家的电影。无论在拍摄影片、特许放映,还是创设公司以及投资电影上,美国商人扩大了其电影在中国的势力范围。第一次世界大战之后，好莱坞的滑稽片、侦探片等类型片大量进入中国，开始取代法国影片，垄断了中国的电影市场。

1905 年，中国第一部电影《定军山》，由北京丰泰照相馆的老板任庆泰拍摄。制片人自己也承认："所映影片，尺寸甚短，除滑稽片外，仅有戏法与外洋风景。"尽管创作理念混乱，艺术技巧非常不娴熟，但作为中国电影的首创影片，《定军山》直接地表达了电影人与观众的诉求，即需建立具有本民族文化特色的电影。自从八国联军侵华以后，中国人一直生活在屈辱与压抑中，半殖民地半封建社会的中国需要本民族的文化作为支撑。而当时电影作为西方媒介想在中国立足，必须与中国最有生机的艺术形式结合，显然，京剧作为一种综合演剧艺术，本身的表演形式与受众程度决定了其成为中国电影的必要选材，尽管其算不得严格意义上的电影之作，但却是中国电影的开山之作，电影与戏曲的连接成为偶然中的必然，而将电影与传统文化结合却在无意识的过程中成了事实。

电影《定军山》剧照

此后，1913 年《庄子试妻》，1920 年《春香闹学》，1922 年《孝妇羹》、《清虚梦》等影片陆续出现，中国影人秉承的创作思路是通过接地气的本土文化来发展我们的电影，这些影片依据京剧、文明戏、小说编作而成，尽管在技巧、构思、情节等方面都欠缺，但却也构成了二十年代中国电影的一部分。

1928 年上映的《火烧红莲寺》，由张石川、郑正秋拍摄，改编自平江不肖生的畅销武侠小说《江湖奇侠传》，三年之内共拍摄十八集，是中国早期电影中最长的系列影片，达到了中国电影史上制作规模与观众人数的巅峰。这部巨作不仅标志着中国商业电影获得的巨大成功，也意味着中国电影事业走向成熟。

中国电影由外来舶进到自主制作，不仅推出了电影作品，促进了中国电影产业的发展，更重要的是在中国新文化建设中培养了一种新的艺术观赏时尚，形成了一种依赖于现代技术手段的艺术文化。

中国电影人越来越成熟，国产古装类型片的火热，亦吸引了更多的学者关注电影。除了电影制作走向成熟，电影文化的发展还体现在电影理论建设和电影批评的建构。郁达夫在《如何的救度中国的电影》中发表了精彩的艺术观："中国现在的古装影片，是大世界小世界的戏院的哑子化，何尝比戏院有一点进步？……古装影片，也要有创意，不要抄袭戏院里的那些陈腐的俗套才好。"[1]传统文化可以为电影提供养料，另一方面，却也暴露了中国传统民族文化所带来的问题。中国学者开始冷静地反思，主动参与电影，发表自己的看法，涌现了一批杰出的专业的电影人士。田汉的名文《银色的梦》，1927 年发表于《银星杂志》。受日本唯美派作家谷崎润一郎的思想影响，田汉的思想也表现出世纪末思潮倾向，认为电影是"白昼的梦"，是人类"用机械造出来的梦"，认为电影应该表现"情与理的斗争"，情节应"凄绝神奇"，演员应"凄艳无双"，这样的电影艺术观在《影事追怀录》中有所反省，而在《我们的自己批判》中得到了彻底的否定与自我批判。1925 年，侯曜编写出版了《影戏脚本做法》，论述电影的功能，要求与戏剧的异同等，强调从戏剧理解电影的影戏观念。1927 年，程树仁编著的中国第一部电影年鉴——《中华影业年鉴》出版，所撰写的《中华影业史》作为中国第一部较为规范和系统的电影史学论著，以大量的资料力图证明电影这种

---

〔1〕 郁达夫：《如何的救度中国的电影》，丁亚平主编：《百年中国电影理论文选》（上），第 20 页，北京：文化艺术出版社，2002 年。

舶来品其实源自中国，在文章的结尾部分，对"中国人自行经营新式影戏事业之时期"表达了影人的民族感情，即中国影人急迫地想拍摄出属于中国本土的、接地气的电影。

从文化角度分析，1927—1931年的武装类型片应该是二十年代后期中国电影人对民族文化寻求认同的艺术实践，亦是当时电影技术发展到一定阶段的产物，更是真正意义上关于国产片探索的结果。电影从业者并未经过深思熟虑的构思，剧本未成熟，便因追求商业价值而急于问世。但任何一种新事物遭遇到如此巨大的压力时，都难免走市场化、通俗化的套路。电影是艺术也是商品，商业价值是其存在的主要依据。《火烧红莲寺》的火点燃了武装片的火焰，但正是因为有更多的观众认可才催生了武侠类型片的诞生。不过，无论如何，它们形成中国的电影市场，并构成了中国的电影文化，甚至将这种文化推为时尚。

二、电影的时代与时代的电影文化

中国虽然早在十九世纪末、二十世纪初就引进了电影，但早期还处在无声时代的中国本土电影除了对戏曲进行纪录外，大多是一些荒诞、滑稽的"短片"，像《二百五白相城隍庙》等，基本上无需电影剧本，谈不上电影文学，类似于"文明戏"时代的幕表戏。无声电影却奠定了中国电影发展的早期基调，那就是以"娱乐"、"猎奇"为功能取向，致力于新型文化市场的建构。

从二十世纪二十年代初开始，受新文化启蒙主义的影响，中国电影开始在现代民主思想的传播和宣传方面有所作为，中国电影最初的娱乐功能开始让位于启蒙文化功能。

在这方面做出卓越努力的是田汉。

田汉是中国现代诗歌、现代戏剧和现代电影文化的开拓者。从晚清以来，思想文化界都已经普遍掀起充满民主精神的启蒙运动，电影基本上一直被定义为娱乐文化和消遣艺术，因而张庚回忆说："田汉同志是一位高瞻远瞩的革命作家，当二十年代时期，电影这种文艺形式还被许多人看不起的时候,他就带头搞电影。"[1]

他在日本就深深地为电影艺术所吸引,对日本唯美派电影文学家谷崎润一郎的著述备感兴趣。在《影事追怀录》中他回忆说:

> 我是非常欢喜电影的。我在东京读书的时候,正是欧美电影发达的初期,当时日本正在努力学步。我有许多时间是在神田、浅草一带电影馆里消磨的。我的眼睛因此而变成近视。

田汉

1924 年回国后,就怀着对银色的梦的追求,创作出第一个电影剧本《翠艳亲王》,讲的是一个鼓书女艺人受到社会的压迫和污辱并进行反抗的故事。显然,这是他的戏剧处女作《环珴琳与蔷薇》的翻版。剧本完成后,田汉表述道:"初尝电影这种新兴艺术制作的滋味的我,就像得了一个新的恋人似的。"不过这部电影并未成功地进入制作,当时对此片感兴趣的神州影片公司和新少年影片公司都因政治、经济方面的问题而放弃了这个影片的拍摄。1925 年,雄心勃勃的田汉创办了南国社,后来又特别更名为南国电影剧社,继续坚持做银色的梦。这回的梦想是拍摄另一个影片《到民间去》,这部带有民粹主义色彩的影片以中国革命为宏阔背景。影片最初由作者自己编导,自筹资金,经过一年多的艰辛努力,终究未能竟业。1927 年秋,田汉带着南国电影剧社到南京政府宣传处的电影股工作,想借助政府的力量实现这个银色的梦,也未能成功。其间,又曾经谋划国民革命三部曲《南京》、《广州》、《武汉》的系列电影,终未成功,只有一部表现病

---

[1] 张庚:《田汉戏曲选·序》,长沙:湖南人民出版社,1980 年。

态"虐恋"的《湖边春梦》被明星影片公司成功搬上银幕。

田汉艰苦而执著的"银色的梦"表明,电影作为新型艺术对于现代文化人的巨大吸引力,表明中国时尚文化正面临着重大转型,也表明这时的电影作为市场化的前卫艺术,比较容易接受猎奇、病态的风格。尽管如此,田汉等文学家从未放弃表现民主、自由和革命等时代主题,就像他们从来没有放弃实现"银色的梦"一样。

田汉是中国现代电影文化最狂热的从业者和创作者,田汉对电影这种新兴的艺术样式有着自己的理解,并逐步形成了自己的电影观念。同时,随着田汉本人思想的发展,他的电影观念有一个变化的过程。田汉早期的电影观受日本唯美派作家谷崎润一郎、佐藤春夫等的影响比较大,认为电影就是"银色的梦",是可以脱离现实的纯艺术品。他说:"我受过一些日本唯美派作家谷崎润一郎的影响,也很喜欢他的电影观。他在《艺术一家言》里说:'影片可以说是人类用机械造出来的梦,科学的进步与人智的发达,给我们以种种工艺品,甚至连梦也造出来了。酒与音乐虽然被称为人类作品中最大的杰作,但影片也确是最大杰作之一。'大约因为上述谷崎氏的说法,使我在南国电影剧社的发启宣言上这样说:'酒、音乐与电影为人类三大杰作,电影最年稚,魔力也最大,以其能白昼造梦也。"1928 年以后,无产阶级革命文学运动蓬勃发展,田汉投身其中,思想开始转向。1930 年 4 月,田汉在《南国》月刊上以整本的篇幅发表了长篇论文《我们的自己批判》,回顾了自己从事艺术活动的历史,对自己及其领导的南国社所走过的道路进行了清算,认为"过去的南国,热情多于卓识,浪漫的倾向强于理性,想从地底下放出新兴阶级的光明而被小资产阶级的感伤的颓废的雾笼罩得太深了"。他决心抛弃"模糊的意识"与"朦胧的态度",公开宣告要站到左翼文艺阵线上来。同时,他也否定了自己过去对电影的观点,表示要"从银色之梦里醒转来",强调了电影的阶级性和意识形态性。转向后的田汉认为,"电影早已脱出她的好奇的存在时代而成为一种普遍、极有力的新艺术形式了","她在艺术上真是一把无坚不破的斧头",同时也认识到,电影是"组织群众、教育群众的最良工具。所以我们应该很坚决而鲜明的使用它"。

可以看出,这时的田汉已经不再把电影当作"银色的梦"了,而视为社会革命的有力工具、民族自救的有力工具。思想的转变带动了创作的丰收,从此田汉进入了电影剧本创作的爆发期。从1922年到新中国建立前,田汉一共写作或规划了近三十个电影剧本或电影故事。除了前面提到的那些作品外,尚有早期开拍但未完成的《断笛余音》,另有1933年创作的《色》、1936年创作的《船娘曲》。现存目而内容不详者八部,分别是:1932年创作的《马占山》、《春蚕破茧记》、《中国的怒吼》、《四小时》,1934年创作的《前夜》、《病虎之啸》、《棉花》、《东北风云》;摄制完成并放映的十四部,除了1927年的《湖边春梦》外,计有1932年创作的《三个摩登女性》(联华影业公司摄制)、《母性之光》(联华影业公司摄制),1933年创作的《民族生存》(艺华影业公司摄制)、《肉搏》(艺华影业公司摄制)、《烈焰》(艺华影业公司摄制),1934年创作的《黄金时代》(艺华影业公司摄制),1935年创作的《凯歌》(艺华影业公司摄制)、《风云儿女》(电通影片公司摄制),1936年创作的《青年进行曲》(新华影业公司摄制),1939年创作的《胜利进行曲》(中国电影制片厂摄制),1946年创作的《忆江南》(国泰影业公司摄制)、《丽人行》(昆仑影业公司摄制),1947年创作的《梨园英烈》(大同电影企业公司摄制)。这些作品大多成为中国现代电影史上的经典之作,对中国现代电影文化的形成和发展做出了杰出的贡献。

不过,凭借田汉一人的力量既不能成功地拍摄电影,完成自己"银色的梦",也不能真正扭转电影商业化、娱乐化的文化时尚。当时,以"明星"公司为首的中国影人开始从当时的流行文学中寻找养分,尝试拍摄"长片",在市民中广受欢迎的"鸳鸯蝴蝶派"小说就成了首选目标。从1921年到1931年,中国各影片公司拍摄了共约650部故事片,其中绝大多数是由"鸳鸯蝴蝶派"文人参与制作[1],或者是这一派小说内容的翻版,如郑正秋编剧的《玉梨魂》就是改编自徐枕亚的同名小说。其间,虽然有郑正秋在1923

---

[1] 李多钰主编:《中国电影百年·上编1905—1976》,第42页,北京:中国广播电视出版社,2005年。

年到 1927 年间先后创作的《孤儿救祖记》、《苦儿弱女》、《盲孤女》、《最后之良心》等十几部反映社会现实，"为弱者鸣不平"的"家庭伦理剧"，但其主流却是《难夫难妻》、《黑籍冤魂》、《玉梨魂》、《可怜的闺女》、《阎瑞生》、《红粉骷髅》、《海誓》、《火烧红莲寺》等在题材内容上侧重"家庭伦理"、恋爱、侦探、武侠，在思想上有着浓重的传统礼教的痕迹，在情节上追求曲折、奇特、刺激，在艺术表现上注重通俗性、趣味性的电影类型。这派电影的人物形象大多类型化，剧本不注重人物内心的开掘，也不重视反映社会现实生活，思想又过于守旧，因此，这类电影虽然在某种程度上带动了中国本土电影文学的兴起，但同时也受到新文学界人士特别是提倡"革命文学"的"左翼"文人的强烈批评。鲁迅在《现代电影与有产阶级》的"译者附记"中，对中国现代电影的"香艳"、"神怪"、"武侠"等一统江山的情形进行了批判[1]，瞿秋白则抨击诸如《火烧红莲寺》等"充满着乌烟瘴气的封建妖魔和'小菜场上的道德——资产阶级'的'有钱买货无钱挨饿'的意思"[2]。

三、左翼电影与革命文化

中国电影文学的真正兴盛，从 1930 年代"左翼"文人介入电影界开始。1930 年 3 月，"中国左翼作家联盟"在上海成立，8 月，"中国左翼剧团联盟"成立；1931 年 1 月，左翼剧团联盟又改组为"中国左翼戏剧家联盟"（简称"剧联"或"左翼剧联"），9 月，"剧联"通过的《最近行动纲领》提出"组织'电影研究会'，吸收进步的演员与技术人材，以为中国左翼电影运动的基础"，"准备并发动中国电影界的'普罗·机诺'运动"[3]。至此，电影这一艺术式样第一次受了新文学界的集体重视，从而开启中国电影文学走向兴盛

〔1〕 鲁迅：《现代电影与有产阶级·译者附记》，《鲁迅全集·二心集》(4)，北京：人民文学出版社，2005 年。

〔2〕 瞿秋白：《普洛大众文艺的现实问题》，《瞿秋白文集》(3)，第 856 页，北京：人民文学出版社，1953 年。

〔3〕 《中国左翼戏剧家联盟史料集》，第 19 页，北京：中国戏剧出版社，1991 年。

的机运。1931年"九一八"事件的爆发和其后的"淞沪抗战",激起了广大市民的民族危机意识,拍摄现实、切合时代需求的电影已成为中国电影的发展方向。因此,进入1930年代以后,前时期流行的"火烧"、"大闹"等脱离社会现实的恋爱、神怪、武侠片遭到了社会的普遍不满,中国电影酝酿着转型。在当时影响巨大、实力较强的明星影片公司"三巨头"的张石川、郑正秋、周剑云,均表现出转变方针的积极态度,公开宣告:"时代的轮轴是不断的向前推进,电影艺术界不能抓住时代,于新文化之发展有所贡献,必然为时代所抛弃。"〔1〕率先聘请左翼文艺工作者参加其公司的创作,成立了五人的编剧委员会,其中郑正秋、洪深是具有左翼倾向的人士,其余三人则是中共派驻电影界的主要成员。联华公司也由"宣扬国粹"转向"启发民智",在原先就具有"左翼"倾向的孙瑜、蔡楚生等人的基础上,聘请了"左翼"文人阳翰笙、聂耳等。一向以商业利益为主要经营目的的天一公司,这时也发生了转变,聘请了"左翼"文艺工作者许幸之、沈西苓、司徒慧敏、田方等到公司担任电影的创制工作,转入到具有社会现实意义影片的摄制。他们意识到:"一·二八"的炮火"使得中国人民进一步地认识了帝国主义的狰狞面目","要求得中国民族的生存,只有我们大众坚决地一致地来参加反帝的阵线","中国的新文化运动——文化运动之一员的中国电影,自从受了这次创深痛巨的教训,已获得了一条新路线"〔2〕。

作为电影文化运动的创作成果,首先登场的是由"左翼"文人丁一之(夏衍)编剧的《狂流》(程步高导演、明星公司出品)。剧本内容以"九一八事变"后长江流域发生的空前大水灾作为背景,描写了汉口附近的傅庄农民在小学教师刘铁生带领下,为筑堤防洪与贪污赈灾物资、欺压村民的地主傅柏仁作斗争的故事。剧中穿插了地主女儿秀娟同小学教员刘铁生相爱,而地主傅柏仁为攀附县长势力,却将女儿许配给县长公子李和卿的爱情纠葛。故事结尾,暴雨袭来,江水决堤,傅柏仁与李和卿被洪水狂流所吞

---

〔1〕 《1933年的两大计划》(明星公司广告),《申报》(1933年1月1日)。

〔2〕 《天一公司十年经历史》,《中国电影年鉴》,1934年。

没。这部影片被认为是我国电影界有史以来第一次抓取了"现实题材，而以这样准确的描写，前进的意识来创作"的影片，是"中国电影新的路线的开始"[1]。以此为起点，一大批反映社会现实的黑暗，和下层人民的悲苦生活，具有"大众化"、反帝反封建倾向的电影文学创作开始走上中国影坛。如反映农民由破产而走向反抗的《春蚕》（夏衍编剧），表现农民的悲惨生活和抗租抗债的武装斗争的《铁板红泪录》（阳翰笙编剧），刻画盐民的苦难生活和反抗的《盐潮》（郑伯奇编剧）等；表现都市劳资矛盾和工人苦难生活的则有《女性的呐喊》（沈西苓编剧）、《上海二十四小时》（夏衍编剧）、《香草美人》（洪深编剧）等；反映妇女悲苦遭遇及其觉醒和反抗的则有《脂粉市场》（于谦平即夏衍编剧）、《前程》（夏衍编剧）；反映民族危机和人民抗日反抗道路的则有《民族生存》、《烈焰》、《肉搏》（均为田汉编剧），《中国海的怒潮》（阳翰笙编剧）等。1933 年被喻为"中国电影年"，共诞生影片六十六部。洪深将其分为三类，第一类是以反帝为题材的作品，第二类是反对封建体制的作品，第三是暴露的作品[2]。如果说"鸳鸯蝴蝶派"文人为中国电影过渡到长片提供了叙事所需的情节张力，那么，"左翼"文化运动则为中国电影的叙事提供了具有深度和广度的现实背景和社会批判价值。除却政治上的作用外，它对电影文学本体的影响也是深远的，它将追求恋爱、冒险、刺激、猎奇等以单纯的"娱乐"为取向的"旧派"电影文学，扭转到了以反映社会民生的苦难和民族危机的广阔生活画面上来，以普通大众的新人物形象代替了原先的才子、佳人、侦探、侠士，贴近了时代的潮流和人们的日常生活。

　　"左翼"电影创作的兴盛，不仅来自"左翼"文人推动，同时也得到了广大电影观众的支持，使中国电影文学创作在艺术上达到了某种高度。《狂流》和《三个摩登女性》一上映，就因其对现实生活的反映贴切、人物情感跌宕、人物性格鲜明而到了广大观众的支持，一片叫好。1934 年春节，具有

[1]　芜村：《关于〈狂流〉》，《晨报·每日电影》（1933 年 2 月 27 日）。
[2]　洪深：《1933 年的中国电影》，《文学》，第 2 卷第 1 期。

"左翼"倾向,向观众展示贫困悬殊、阶级对立的民生生活的电影《姊妹花》(郑正秋编剧)在新光大戏院首映后,天天爆满,创下连映六十天的最高纪录。两年后《姊妹花》参加莫斯科国际电影展,也受到苏联电影界和观众的

电影《渔光曲》剧照

欢迎。1934年,反映贫苦渔民的悲惨生活的《渔光曲》(蔡楚生编剧)上映创造了连续放映八十四天而不衰的新纪录,并于第二年在莫斯科国际电影节上获得"荣誉奖",成为我国电影界第一部荣获国际电影节奖的影片。此外,1934年上映的《神女》(吴永刚编剧)也曾制造过巨大的轰动

效应,该剧反映了一位被生活压迫而沦落为妓女的母亲的伟大母爱及其对于黑暗现实的反抗,真实细腻地塑造了一个被压迫被蹂躏的妇女典型。她既是一个卑贱的妓女,又是一个伟大的母亲,既是生活中的一个弱女子,又是旧社会中的一个反抗者,肉体的受伤害与心灵的崇高在她身上得到了统一。影片正是通过对妓女双重性格的描写,深刻地暴露了二三十年代中国社会的黑暗,表示了对生活在社会最底层妇女的深切同情和关注。1937年反映妓女的悲惨生活和善良品格的《马路天使》(袁牧之编剧),则是"左翼"电影中的又一力作。该剧以"马路天使"——被迫做暗娼妓女小云为主线,展示了下层民众的非人生活和善良、纯真、团结互助及勇于牺牲的品质。这些电影剧作,皆因人物塑造的成功、人物情感和心理的出色表现、反映了社会生活的广度和深度,艺术上取得了的巨大成功,广受观众的喜爱。

当然,兴盛一时的"左翼"电影因其强烈的政治化倾向和阶级论色彩,也曾受到过一批追求"纯艺术"的作家的批评,并在1933年间引起过对"软性电影"的争论,其间还遭到过当政的国民党政府的干预,发生过蓝衣社特务打砸电影公司的事件。1933年3月,刘呐鸥、黄嘉谟等创办《现代电影》杂志,与穆时英等人在"研究影艺,促进中国影业"和"决不带着什么色彩"

的口号下,发表了《从大众化说起》、《电影之色素与毒素》、《软性电影与说教电影》、《硬性影片与软性影片》等一系列文章,指责"左翼"电影为"硬性"说教的宣传电影,提出以"艺术化"的"软性电影"来取代大众化的"左翼""硬性电影"。这对于提高中国电影文学的艺术水准来说,当然是有相当帮助的,但这一派的主张因远离时代的迫切要求,而遭到"左翼"电影人乃至观众的反对,"左翼"电影人发表了《软性的硬论》、《"告诉你吧"——所谓软性电影的正体》、《清算软性电影论》、《软性论者的总崩溃》等一系列反驳文章,反对脱离社会现实,对社会黑暗和民生疾苦视而不见,对民族危难听而不闻的"纯艺术"追求。在"左翼"电影人的强大攻势面前,"软性电影"最终无法形成气候。随着 1937 年对日全面抗战的爆发,中国的电影文学创作走上了更加注重"宣传"的道路。

左翼电影界和文艺界对"软性电影"的批判,根本上改变了电影文化的时尚化、娱乐化趋向,使得电影创作、电影制作和电影文化转向了革命化、大众化。无论对于中国电影还是对于世界电影来说,电影文化的时尚化和娱乐化是与生俱来的特性,电影作为近代工业文明的一个娱乐化的结果,一经产生就与文化消费行为和相应的市场运作联系在一起。左翼电影界能够对这样的传统实施颠覆,乃是在新文化的意义上取得了胜利。

第十七章
戏剧中的"革命"话语与文化抵抗

　　1930 年代,出现了革命戏剧和大众戏剧的文化表象。罗杰·夏蒂埃 1989 年发表了《作为表象的世界》。他认为:"通过文化史重回社会史,更确切地说,是通过人们的形成的表象重构社会,这种表象既是社会的反映,同时也制约着社会。"在他看来,文化的分化不属于"静止的和僵硬的划分,而是一种生气勃勃发展的结果"[1]。在这里,表象(representation)就是"再现"。三十年代,较之于五四时期的"兼容并蓄",显示出更为"生气勃勃"的文化"表象",或者说文化"再现"。这种"再现"的过程,实际上就是文化的实践的过程。根据霍尔的说法,文化就是一种表意的实践活动[2]。

　　在三十年代,一方面是受到世界范围影响的左翼文化的兴起,以戏剧运动的方式来体现这种文化的表意实践;一方面是随着城市空间和大众媒介兴起而产生的大众文化的普及,形成了新的文化景观。同时,在三十年代,出现了革命与抵抗的文化现象。本章就从这三个方面进行阐释。

---

〔1〕 [法]米歇尔·伏维尔:《历史与表象》,李宏图选编:《表象的叙述——新社会文化史》,第11—13 页,上海:上海三联书店,2003 年。
〔2〕 转引自周宪:《审美现代性批判》,第 64 页,北京:商务印书馆,2005 年。

一、戏剧共同体

如果说,五四时期的新旧戏剧之争,是一种文化冲突的话,那么,到了三十年代,就已经开始了类似雷蒙德·威廉斯意义上的"文化革命",这个"文化革命"是通过戏剧共同体和大众社会来完成的[1]。在文学界已经从"文学革命"转向了"革命文学",话剧也出现了以革命作为标榜的"左翼戏剧"或者称之为"普罗列塔利亚戏剧"。在这里,有一个戏剧共同体的兴起。在文明戏衰落后,春柳社、春阳社、进化团、鸣明社以及新剧同志会等相继解散,更具有现代性意义的上海的戏剧团体在二十年代初陆续成立,1921年成立了民众剧社、戏剧协社、辛酉剧社,1925年成立了复旦剧社、大夏剧社等,1927年成立了南国社。这些剧社,较之于文明戏的社团具有更重要的公共的现代性,它们是具有"文化革命"意义的新的文化共同体。

沈雁冰、欧阳予倩、洪深、田汉等人,作为中国话剧的先驱者,都是戏剧团体的组织者,同时通过这些戏剧社团,他们获得了话剧运动领导者的身份。沈雁冰在民众剧社中通过创办《戏剧》杂志,倡导民众戏剧。

1921年3月由沈雁冰、柯一岑、陈大悲、徐半梅、张聿光、陆冰心、熊佛西、张静庐、欧阳予倩、郑振铎、汪仲贤、沈冰血和滕若渠等人成立了民众剧社,创办了一个刊物《戏剧》。该刊在中华书局出版,从5月31日发行第一卷第一期,到12月出了6期。他们特别推崇"民众戏剧",在《民众戏剧社宣言》中说:

> 萧伯纳曾说:"戏剧是宣传主义的地方。"这句话虽然不能一定是,但我们至少可以说一句:当看戏是消闲的时代现在已经过去了,戏院在现代社会中确是占着重要的地位,是推动社会使前

---

[1] 刘进:《文学与"文化革命":雷蒙德·威廉斯的文学批评研究》,第300页,成都:巴蜀书社,2007年。周宪和周云龙都曾经提到戏剧共同体这个概念。

进的一个轮子，又是搜寻社会病根的 X 光镜；他又是一块正直无私的反射镜；一国人民程度的高低，也赤裸裸地在这面大镜子里反照出来，不得一毫遁形。[1]

民众戏剧推崇的是法国安托万的小剧场运动。但是戏剧在爱美之外，又有职业化戏剧的出现。但是，真正的民众戏剧应该不仅仅是职业的和爱美的，也不仅是大剧场和小剧场的，而应该是和民众真正联系在一起的戏剧。

民众戏剧社除了在《戏剧》月刊上登载翻译的剧本之外，也创作演出剧作，如汪优游的独幕剧《好儿子》。剧作者在自序中说："这剧虽是叙述一个家庭，也可以把它当作一个现在的中华民国的缩影。"其意在表现中国"贫弱的原因"和"民族的弱点"。戏剧共同体也可以说是戏剧"族群"，但是在城市空间中，"共同体"的概念更能体现公共的意识。

1921 年，谷剑尘、应云卫、汪仲贤等在上海成立了戏剧协社。1923 年，欧阳予倩加入了戏剧协社，担任主要组织工作。他介绍洪深加入了戏剧协社，担任排演部主任，洪马上就排演了两部新戏，欧阳予倩的《泼妇》、胡适的《终身大事》，9 月在上海职工教育礼堂举行了公演。

这些剧都是受易卜生的《玩偶之家》的影响。富有意味的是，易卜生戏剧被认为是"客厅剧"，因此剧情大都是在楼房的客厅中展开的，如《玩偶之家》等都是如此。S. W. 道森指出："今天没有人会认为易卜生主要是一位社会问题剧作家，他的戏剧比它所产生出来的社会环境活得更长久。但是富有戏剧性的是，易卜生属于一个特殊的世界，在这个世界中，统治着诗的现实的是房子

---

[1] 《民众戏剧社宣言》，《戏剧》，第 1 卷第 1 期（1921 年 5 月）。

和房间。请想想《玩偶之家》、《罗斯莫庄(一幢房子的名字)》,还有《野鸭》里的阁楼、博克曼咄咄逼人的一直传到楼下房间的脚步声。易卜生的许多人物都强迫自己闷在一个个房间或一幢屋宇中,以对抗外界生活的危险和自由。易卜生在其杰作《建筑师》中,以这种错综复杂的方式,使房屋和塔楼成了基本的对抗性象征。"〔1〕

欧阳予倩的《泼妇》、胡适的《终身大事》也都是属于"客厅剧"。在《终身大事》的布景中:

> 田宅的会客室。右边有门,通大门。左边有门,通饭厅。背面有一张沙发榻。两旁有两张靠椅。中央一张小圆桌子,桌上有花瓶。桌边有两张坐椅。左边靠壁有一张小写字台。

在这个剧中,不仅有一个观念的冲突,田亚梅反对求菩萨、算命的迷信,也反对父亲的田、陈不能通婚的祠规,要为自己决定自己的"终身大事"。剧中也有一个空间的冲突,即布景中出现的会客室,沙发榻、写字台,明显是西化的,这和田先生所说的祠堂形成对立。田亚梅在写字台上匆匆写了一张字条,压在桌上花瓶底下,就坐了陈先生的汽车去了。

汪优游导演的萧伯纳的《华伦夫人的职业》成为上海戏剧界的一件大事。这个剧虽然失败,但却是"文明戏式的演剧体制过渡到正规的欧洲近代剧演剧体制的重要尝试"〔2〕。

洪深在戏剧协社中,演出了根据王尔德的《温德米尔夫人》改编的《少奶奶的扇子》。这个戏使得对西方戏剧的改编成为一种"在地化"的实践。

1927 年 12 月 17 日至 23 日在上海艺术大学举办了田汉命名的"艺术鱼龙会",有"鱼龙漫衍之戏"之意。陈白尘回忆道:

---

〔1〕　S. W. 道森:《论戏剧与戏剧性》,艾晓明译,第 15—16 页,北京:昆仑出版社,1992 年。
〔2〕　田本相主编:《中国现代比较戏剧史》,第 132 页,北京:文化艺术出版社,1993 年。

> ……田汉便以个人名义,邀请文艺界知名人士来校举行茶话
> 会,大约每周或隔周的周六一次,赴会的计有作家郁达夫,诗人徐
> 志摩,画家徐悲鸿,戏剧家洪深、欧阳予倩、余上沅、唐槐秋、朱穰
> 丞和王治生夫妇,京剧著名演员周信芳、王云芳、高百岁以及其夫
> 人或女友……[1]

在这里我们可以看出,田汉的艺术鱼龙会,新剧和旧剧是共存的[2],田汉编导的《名优之死》大概是以倒在舞台上的名优刘鸿生做"模特儿"的[3]。在上海的著名演员周信芳还担任了南国社的戏剧部长,他与高百岁等参加欧阳予倩新编剧目《潘金莲》的演出,甚至参加话剧《雷雨》的演出,饰周朴园。周信芳形成了以自己的艺术特色命名的京剧流派"麒派",1928年,上海的一些"麒迷"还成立了"麒社"[4]。

左翼戏剧是一个革命的戏剧共同体。1931年1月,"中国左翼剧团联盟"又改为以个人的名义参加的"中国左翼戏剧家联盟",简称"剧联"。"左翼剧联"制定和通过了《中共左翼戏剧家联盟最近行动纲领》。"左翼剧联"着手成立了基干剧团——大道剧社,通过基干剧团的成员,深入到学校和工人区去演出,或和学校剧团、工人剧团进行联合演出,形成了和学校、工厂共同进行戏剧活动的演出系统。

左翼戏剧作为革命的戏剧共同体,是具有雷蒙德·威廉斯意义上的文化共同体的概念的:"威廉斯思想的最终指向是新的'共同体'的形成,而新的'共同体'形成的过程是以'文化革命'为核心的一个'长期革命'的

---

[1] 陈白尘:《五十年集》,第92—93页,南京:江苏人民出版社,1982年。

[2] 田汉说当时"以讨论新旧剧之得失为最激烈"。可见,五四的新旧剧之争,在五四之后一直在延续。参《田汉文集》第14卷,第281页,北京:中国戏剧出版社,1983年。

[3] 田汉:《关于〈名优之死〉——答北京人民艺术剧院》,《田汉专集》,南京:江苏人民出版社,1984年。

[4] 徐剑雄:《京剧与上海都市社会》(1867—1949),第101页,上海:上海三联书店,2012年。

过程,其形成的重要标志或条件是'共同文化'的形成。"[1]也就是说,左翼戏剧是以"文化革命"为核心的一个"长期革命"的过程,成为一种"共同文化"。

二、民众与大众

如果说五四时期的新旧戏剧之争还涉及话剧这一新型的艺术形式是否能为广大民众所接受的话,那么到了三十年代,话剧已经成为新文学中最为大众化的形式之一。同时,革命戏剧的对象,也从五四时期的"民众"趋向于"大众"。

对于群体的不同称谓,有不同的含义。我们说,民众是民族国家塑造的,就是一种特定的含义。在封建王朝时代,君主统治下的是臣民。中国以往没有民众,只有皇帝的臣民、奴才和百姓。传统的戏曲,是从民间开始诞生的,接受者是民间观众。他们的历史知识,大都是从民间戏曲中得到的。在民间戏曲的基础上,士大夫参与了戏曲的创作,使得其审美品格上升了,成为文人学士的欣赏品,甚至是皇帝的宫廷玩艺儿,如昆曲、京剧就是如此。它们离民间观众越来越远。

在资产阶级革命之后建立起来的市民社会,就是市民。从西方的戏剧发展看,到了启蒙主义时代,戏剧的接受主体是市民,因此有市民戏剧之说。狄德罗、莱辛都倡导"市民戏剧"、"市民悲剧"。有不少学者认为,在晚清已经具备了市民社会的某些特征。杜赞奇指出,市民社会乃至公共领域的许多特点,在晚清中国均已出现。大规模的商业网络的存在,普遍的金钱经济以及城市的发展,均使得建立强有力的管理经济与社会基础设施的团体生活成为必要[2]。从某种程度上说,文明戏就是市民社会的产物。

---

[1]　刘进:《文学与"文化革命":雷蒙德·威廉斯的文学批评研究》,第300页,成都:巴蜀书社,2007年。
[2]　杜赞奇:《从民族国家拯救国家:民族主义话语与中国现代史研究》,王宪明译,第141页,上海:社会科学文献出版社,2003年。

但是，中国的革命并没有像法国大革命那样形成一个市民社会，随着辛亥革命的失败，市民社会的衰落，文明戏也失败了。

在辛亥革命前后，一代知识分子，开始考虑改造国民性的问题："'国民性'一词（或译为民族性或国民的品格等），最早来自明治维新时期的现代民族国家理论，是英语 national character 或 national characteristic 的日译。"[1]从梁启超到鲁迅。对于国民性的改造，是他们认为最重要的问题。梁启超在《新民说》中提出了"新民"的概念。鲁迅更是为了改造国民性才弃医从文的，他的小说是改造国民性的典范。

民众和民间是对应的。周作人认为："'民间'这意义，本是指多数不文的民众；民歌中的情绪与事实，也便是这民众所感的情绪与所知的事实。"[2]

从戏剧的角度说，到了五四时期，知识分子开始倡导民众戏剧（popular theatre）。民众戏剧是与启蒙思想联系在一起的，或者说，民众戏剧本身就是启蒙的产物，从卢梭到狄德罗，都是倡导民众戏剧的。在西欧，创建各种形式的民众剧院乃是资本主义国家戏剧民主化最辉煌的一个现象。罗曼·罗兰及其战友们梦寐以求的理想终于得到实现。在法国、意大利、英国、芬兰与瑞典，一批大众剧院开始崛起，它们面向各阶层的观众，所创作的戏剧则为人民喜闻乐见。……围绕争取人民群众观剧、创办普及型剧院而不是供有钱人取乐的剧院，便开始展开了一场斗争。先是在露天中举行公演，接着举办名目繁多的戏剧艺术节，吸引了几十万各城市的戏剧爱好者前来观摩。戏剧艺术家们开始积极恢复与发展往昔的民间戏剧的表演形式与表演方法[3]。

沈起予在《演剧运动之意义》一文中认为，最初提倡民众剧者，当然要推卢梭（T. J. Rousseau）及狄德罗（Didérot）等。卢梭说："关闭着极少数底

---

[1] 刘禾：《跨语际实践——文学、民族文化语被译介的现代性（中国，1900—1937）》，宋伟杰等译，第 76 页，北京：生活·读书·新知三联书店，2002 年。

[2] 周作人：《中国民歌的价值——刘半农编江阳船歌的序文》，《歌谣》周刊第 6 号（1923 年 1 月 21 日）。

[3] 格·鲍雅吉耶夫、阿·奥布拉紫曹娃：《欧美西方国家戏剧·绪论》，张绍儒译，第 9 页，上海：上海文艺出版社，1988 年版。

人在一个暗黑的洞穴中,使他们在死沉中不灵活底排他的演剧,是不当采用的。不,民众哟,这不是你们底祭祀,你们应当集合在野外,集合在天空之下。"狄德罗对于民众剧,亦与卢梭抱有相同的意见。他在《续自然儿底对话》中说:"古代的剧场,一时可以容纳八万的看客……较之在一定期日,使几百人娱乐的小剧场是如何差异呀! 我们如果在数日之间的祝日中,把全国民集合起来,又是如何呀! ……要变更我们戏剧底面目,只要求一个宽广底舞台就够了……"罗曼·罗兰(Romain Rolland)是民众剧的真正倡导者。他说:"在幸福而且自由的民众,祭祀比演剧更为必要;民众自身,即常为自己最美丽底视景。所以我们要为民众准备着民众祭。"[1]而新俄的演剧运动则着重倡导民众剧。俄罗斯人民教育委员会演剧课民众剧部的《俄国民众剧创设的宣言》中叙说道:"在革命前,戏剧艺术是被资本主义的营业束缚着的。但现在,戏剧艺术已上了自由发展的途上了。民众毁弃了隶属的铁锁的时候,他们的注意就常常趋向于演剧。演剧当作民众解放的最有力的战斗手段,在这样的瞬间里,它就从狭苦的建筑物之中溢出到街头来。于是现在我们摄取着称为'民众剧'的形式。"[2]十月革命初期,民众以为一切的权力都在他们的掌中了。以为民众是主人,民众的一切的了。从而他们想,"对于新的主人应该是新主人自己的演剧"。他们在广场和公园开展盛大的民众剧的演出活动。升曙华在《新俄的演剧运动与跳舞》一书中认为,民众剧的形式不是那"工夫"成的形式,而是深深地潜在民众意识里的有机的要求。关于这事,是有圣经中的祭日或西欧罗巴的Carnivol(狂欢节),或民众的圆舞和游戏,或法国大革命祭,或欢喜着的民众底各种游行等证明着的[3]。

---

〔1〕 沈起予:《演剧运动之意义》,《戏剧论文集》,上海:神州国光社1930年版。罗曼·罗兰的这段话,在升曙华著的《新俄的演剧与跳舞》一书中,冯雪峰(画室)是这样翻译的:"对于幸福而且自由的民众,祭日是比演剧更为必要的。为了自己,民众自身就成为最美丽的观览物吧。因此我们为了将来的民众应准备着国民祭。"在这里,最后一个词,民众被置换成国民,可见在当时民众与国民是可以互相置换的词。
〔2〕 冯雪峰译:《俄国民众剧创设宣言》,《枳花集》,上海:泰东书局,1928年。
〔3〕 参升曙华著:《新俄的演剧与跳舞》,画室(冯雪峰)译。

在罗曼·罗兰和新俄的民众剧的影响下,中国的民众戏剧运动也令人瞩目地开展起来了。早在 1921 年 3 月,就有沈雁冰、郑振铎、欧阳予倩等十三人发起成立"民众戏剧社",5 月份又创办了《戏剧》月刊。他们因想到罗曼·罗兰的"民众剧院"而打出了"民众戏剧社"的旗帜,并且宣称:"我们既然说要提倡民众的艺术,当然是要创造这一高尚的通俗的戏剧。"[1]瞿秋白竭力倡导民众戏剧,对当时戏剧的状况提出了自己的看法,认为近年来"爱美剧"运动虽也出现少数较好的白话戏,但"爱美剧"本身带有"客串"的性质,"所以他们戏剧的题材,便自然而然的只限于智识阶级的怪癖嗜好,这里所用的言语,即便是刮刮叫的真正白话,也只是智识阶级的白话"[2]。他认为,既然话剧的欣赏只限于欧化的绅士和青年学生阶层,那么民众戏剧只是一句空话。

熊佛西是民众戏剧的倡导者。1927 年,熊佛西说道:"近来有人唱着艺术必须民众化的调子,我觉得最能民众化而且应该民众化的就是戏剧。但是——'民众化'并不是艺术本身的问题,我以为凡艺术必是民众化的,否则便不是艺术。所以艺术的本身并没有平民贵族的阶级,不过因为我国社会阶级的限制,而使艺术做了平民贵族间的傀儡。"[3]中国现代性的进程是和农村的现代化有关的。农民戏剧就是这种现代化的运动的产物。有的学者强调熊佛西的农民戏剧,与左翼大众化戏剧的关系,但是,在我看来,熊佛西的实验,具有很强的改良色彩。这种色彩正是当时各种"救国"方式的一种。熊佛西的理想是戏剧救国的理想,是和当时平民教育促进会的理想联系在一起的。中国平民教育促进会,通过社会、家庭、学校等方式施行文艺、公民、卫生、生计四种教育,以疗治中国"愚、穷、弱、私"四大病症。也就是说,将农民戏剧放到国家的高度来审视。话剧是属于文艺教育。促进会提出"旧剧在今日的农村虽仍是很盛行,然而它没有时代精神,

---

[1] 汪优游:《与创造新剧诸君商榷》,《戏剧》,第 1 卷第 1 期(1921 年 5 月)。
[2] 瞿秋白:《鬼门关以外的战争》,《瞿秋白文集》(3),第 151 页,北京:人民文学出版社,1989 年。
[3] 熊佛西:《佛西论剧》《熊佛西戏剧文集》(下),第 583 页,上海:上海文艺出版社,2000 年。

对于现代这个时代是极不适宜的","要把现代的话剧装上农民可以接受的内容,介绍农村"[1]。在这里,平教会看中话剧的是它的现代的形式。通过现代的形式来教育农民,使其成为国家的民众。富有意味的是,陶行知在晓庄师范、阎折吾在山东济南、李一非在河北通县、谷剑尘在江苏无锡等地进行尝试,最著名的是在晏阳初主持的中华平民教育促进会的邀请下,熊佛西、陈治策、杨村彬、张鸣奇等人在河北定县进行的实验。

1932年初春,熊佛西以中华平民教育促进会戏剧研究委员会主任的身份,来到河北定县。熊佛西和杨村彬等人开始了以农民为对象的戏剧大众化实验。"试验是否能把话剧介绍到农民,是否能提起农民的兴趣进而使他们自己演话剧,更进而实验是否能令农民在剧场中得到他们的教育。"[2]熊佛西不以"传道师"自居,而主张一切从农民出发,并提出戏剧大众化的标准,是由戏剧的内容与形式决定的。他们本着"一切经过实验"的精神,将《屠户》等在实验剧场演出获得成功的一批剧作,又带到各村去巡回演出,搬上"流动舞台"。他们演出了《喇叭》、《醉鬼》、《兰芝和仲卿》、《我是一个人》、《穷途》、《三头牛》、《求婚》、《王四》以及《过渡》等剧,在农村产生了广泛的影响。

欧阳予倩也在广东大力倡导"民众戏剧"。1928年冬欧阳予倩去广州创建了广东戏剧研究所,该所"以创造适时代为民众的新剧为宗旨"。所内附设戏剧学校,并创办了《戏剧》杂志和周刊。欧阳予倩在《戏剧》杂志上发表《民众剧的研究》,公开倡导"民众剧",并把戏剧运动视之为"一种革命事业"[3]。他指出:"现在这个事业,已经很鲜明地在民众面前开始了。"[4]在欧阳予倩的领导下,广东戏剧研究所差不多进行了十次话剧公演,上演了创作与翻译的剧本约三十个。仅仅是欧阳予倩一人创作的剧本就有:《屏风后》、《杨贵妃》、《车夫之家》、《刘三妹》、《小英姑娘》、《买卖》、《国粹》和

---

〔1〕《农村戏剧》,第4—5页,中华平民教育促进会编辑出版,1934年。
〔2〕张骏祥:《参观定县不落岗农民演剧记》,《〈过渡〉演出特辑》,平教会,1936年。
〔3〕欧阳予倩:《民众剧的研究》,《戏剧》,第1卷第3期(1929年9月5日)。
〔4〕欧阳予倩:《戏剧运动之今后》,《戏剧》,第1卷第4期(1929年11月15日)。

《白姑娘》等。欧阳予倩在广州所开展的戏剧运动,培养了大量的戏剧创作和表演人才,在南国播下了民众戏剧的种子。

欧阳予倩

欧阳予倩也主张戏剧的"舞台变革"。他说到,在戏剧的发展历史中,"由露天剧场而户内剧场,而镜框式舞台,大剧场而小剧场,范围越来越狭,观众越来越少,作品越来越沉闷而少新鲜活泼之气。因此,许多人想运动从少数到多数,从小剧场到大剧场,再到户外剧场"[1]。陈白尘在《中国民众戏剧运动之前路》中引用日本戏剧家小山内薰的话说:"要使民众走进艺术的殿堂,我们得走下台阶搀他一步步走了上来。"[2]在这里,有一个陈思和所说的五四新文化运动中知识分子的庙堂和广场的问题。五四戏剧家要创作一个"艺术殿堂",但是民众却没有办法进入这个"艺术殿堂",于是戏剧家就"走下台阶搀他一步步走了上来"。同时,为民众创造"大剧场"和"露天剧场",民众戏剧同时也以戏剧的大众化和大众化的戏剧的方式出现。

三、革命与抵抗

革命话语[3],其实就是前一章所说的权力话语的一种延续。如果说五四时期的权力话语体现在新旧文化之间的话,那么在三十年代就是"革

〔1〕 欧阳予倩:《民众剧的研究》,《戏剧》,第1卷第3期(1929年9月5日)。
〔2〕 陈白尘:《中国民众戏剧运动之前路》,《山东民众教育月刊》,1933年第4卷第8期。
〔3〕 陈建华在《革命的现代性:中国革命话语考论》中对革命解释说:"革命"被等同于政治结构的激烈变革,它与暴力密切相连,并与"改良"相对立。陈建华:《革命的现代性:中国革命话语考论》,第4页,上海:上海古籍出版社,2000年。

命"和"自由"[1]（或者说"抵抗"）。

作为革命的话剧是一种抵抗的仪式，或者说是一种仪式性抵抗。左翼戏剧就是这种仪式性抵抗的"先锋"；而"革命是暴动，是一个阶级推翻一个阶级的暴烈的行动"（毛泽东语）。新文化史关于暴力和仪式之间的关系的论述，可以引入我们对左翼戏剧的仪式性抵抗的研究。苏珊娜·德山指出：

> 用仪式这个词描述暴力模式的做法非常符合将文化视为一种审美和统一的力量的人类学观点。如果暴力是仪式，那么它似乎就有一种天生的合法性，这种合法性不知怎地还是预定的，还强加了共同体本来就有的凝聚性。

她认为，要将重复性象征行动的模式与仪式区分开来。并且提出疑问，在暴力变成仪式的那些个例中我们要问：行动主义者是如何通过转变与重塑象征物本身的性质和含义而成功地赋予暴力以仪式的品质，并铸成自己的宗教合法性及世俗权力？

她假设道，历史学家如果认识到暴力的模式本质上并不是仪式，而只是在暴力性对抗中被覆盖上了一层仪式化的合法性外衣而已，就能够将权力和冲突重新整合进关于集体行动主义的阐释中，同时又不会丧失从人类学获得的洞见[2]。

在这里，共产党的"左翼戏剧"具有一种仪式化合法性，它既没有直接像在苏区那样的"暴动"，而是在上海进行合法性的抵抗，而国民党既在苏区进行军事围剿，又在上海进行文化围剿。其实，共产党的左翼戏剧和国

---

[1]　董健说，初入左翼阵营里的田汉仍是一个很有个性的人物，他与同辈的夏衍、阳翰笙有所不同，夏、阳是老资格的共产党人，是由政治走向艺术，而他则是由艺术走向政治的。换言之，他背着沉重的"艺术包袱"唠叨于政治厮杀的战场上。那种文化人，艺术家的"自由癖"一下子改不掉。参董健：《田汉传》，第390—391页，北京：北京十月文艺出版社，1996年。

[2]　苏珊娜·德山：《E. P. 汤普森和娜塔莉·戴维斯著作中的群众、共同体和仪式》，《新文化史》，林·亨特主编，姜进译，第65页，上海：华东师范大学出版社，2011年。

民党的"文化围剿"是一种争夺权力话语的角逐。一方面在苏闽赣苏区进行的是一种暴力的围剿和反围剿,另一方面在上海城市进行的是文化的围剿与反围剿。从这个意义上,共产党获得了双重的合法性,因此获得了革命的正义性。

中国话剧的"战斗性"是在那个时候提出来的,后来一直成为左翼戏剧和革命戏剧的传统[1]。这个"战斗性"传统可以理解为是一种象征性的"暴力仪式",它是一种合法性的又具有使命感的正义性命题。

三十年代的左翼戏剧团体有南国社、戏剧协社、辛酉剧社、大夏剧社、摩登剧社和复旦剧社等。他们开宗明义地提出"上海一区是中国文化的中心"[2]。

1929 年成立的上海艺术协社,是中共为了推行革命文艺运动而成立的戏剧组织。这个剧社就是艺术剧社。艺术剧社 1929 年 11 月在上海成立。剧社由郑伯奇担任社长,社址就设在他办的"文献书店",主要成员有创造社的冯乃超、太阳社的钱杏邨、孟超、杨邨人,以及刚刚从日本回来的沈叶沉(即沈西苓)、许幸之,另外还有上海艺术大学的陈波尔、王莹、李声韵以及石凌鹤、刘卯(音惯,即刘保罗)、朱光、吴印咸、屈文(司徒慧敏)等党团员和革命青年。

艺术剧社演出《梁上君子》剧照

〔1〕 胡志毅:《国家的仪式:中国革命戏剧的文化透视》,桂林:广西师范大学出版社,2008 年。
〔2〕 《上海戏剧运动联合会共同宣言》,《中国左翼戏剧家联盟史料集》,第 465 页,北京:中国戏剧出版社,1991 年。

据夏衍回忆,排戏的地点是在上海北四川路余庆坊的一家楼下的客堂间。在那里,他们"渡过了一个紧张而愉快的冬天"。

1930 年 1 月,艺术剧社在上海虞洽卿路(西藏路)宁波同乡会礼堂举行首次公演。由于白色恐怖严重,三个剧本全采用翻译剧本。剧社演出了反映工人阶级斗争生活的《炭坑夫》(德国米尔顿夫人编,沈端先导演,石凌鹤、王莹、唐晴初等主演);揭露了资产阶级的罪恶行为和欺骗本质的《梁上君子》(美国辛克莱作,侯鲁史导演,陈波尔、刘保罗、侯鲁史等主演);以法国大革命为题材,显示正确处理革命与恋爱关系的《爱与死之角逐》(法国罗曼·罗兰编,沈叶沉导演,李声韵、石凌鹤等主演)。还有高尔基的《夜店》,描写一群城市里的下流群众,其中的人物有工人、优伶、小偷、铁匠、说教者、荡妇和警察等。田汉根据法国梅里美的小说改编的《卡门》,表现了烟草工厂女工的生活。欧阳予倩的《车夫之家》、《同住三家人》表现了城市一角的下层人民,如车夫、裁缝、工人的生活实况。《同住三家人》中同样是因为交不起房租,面临睡马路的危险,汽车夫陈桂卿说:"这样的世界,我们这种人,不预备睡马路预备怎样?"电器工人阿明则说:"与其睡在骑楼底下,何不如挺直走到马路上去!"在这里,电器工人似乎要比汽车夫的觉悟更高,也就是不是逆来顺受,而是要起来反抗。

1930 年 4 月,艺术剧社举行了第二次公演。这次是租赁上海北四川路横滨桥日本人的上海演艺馆演出的。演出的剧目是根据德国雷马克的小说改编的剧本《西线无战事》(日本村山知义改编,梅君译)和冯乃超创作的反映我国女工艰苦斗争生活的独幕剧《阿珍》(冯乃超、廖冰庐改编)。这是艺术剧社"无产阶级戏剧"口号提出后的第一个创作剧本。这次演出,较第一次完整,不仅有陶晶孙作曲的《摇篮歌》,还用幻灯标语(映在台前额上)加强戏剧效果,并试用了转台,扩大了演剧空间。所以,此次演出获得显著成功,震动了整个上海。不少外国记者前来参观。著名左翼作家史沫特莱女士还曾到后台访问过,写了专文在国外杂志发表。经过第二次公演,左翼戏剧运动产生了广泛深刻的影响。

在戏剧的表演方法上,中国左翼戏剧运动家们主张戏剧必须投入时代的激流中,进行暴风雨式的斗争,即强调戏剧的战斗性。夏衍在回忆艺术剧社与剧联成立前后时说:"艺术剧社在白色恐怖最严重的时候成立,勇敢地进行了斗争,它在话剧艺术上,贡献是不多的,但它在反对国民党文化围剿中,却起了显著的作用。"[1]

就在这一年,上海戏剧协杜、南国社、辛酉剧社、剧艺社(后改为光明剧社)等十三个团体成立了"上海剧团联合会"(又名上海戏剧运动联合会)。

"左翼剧联"由田汉、刘保罗、赵铭彝负责。在成立之初,曾直接属于"中国自由运动大同盟",在一个时期内曾一度放弃戏剧活动,而从事游行集会、飞行集会以及各项政治性活动,成为一种化装的政治宣传。这是一种革命的政治文化,它是"由语言、形象以及人们的姿态等象征性行为组成的"。游行集会和飞行集会,犹如西方城市中的节日游行,不仅是"社会关系的大众戏剧",而且也可能是"权力关系的战场"。左翼的精英和下层民众站在一起,在"公共舞台"上演出了一场生动的"社会戏剧"[2]。

后来正式成立"左翼剧联"党团,归属文委领导。左翼戏剧是一种反抗的戏剧,这和先锋戏剧有异曲同工之妙,但是先锋戏剧的反抗,是象征性的,或者说仪式性的反抗,而左翼戏剧却不仅仅如此,他们是通过象征性或仪式性的反抗,达到政治反抗的目的。

在三十年代,作为文化象征的表意实践,曹禺的戏剧标志着中国话剧的成熟。曹禺在"文学场域"中获得了崇高的地位,这种地位用布尔迪厄的话来说,就是一种文化资本和象征资本。曹禺作为民主主义作家,革命"同路人",或者说在启蒙现代性和审美现代性之间获得了一个平衡。

在这里,田汉、夏衍和曹禺显示出一种相反而又相成的差异。田汉在二十年代从象征转向革命后,放弃了审美现代性追求,而更趋向于启蒙现代性,而夏衍在接受了启蒙现代性后,又向曹禺的现实主义学习,部分接受了审美现代性。

---

[1] 夏衍:《难忘的 1930 年》,《中国话剧运动五十年史料集》(1),北京:中国戏剧出版社,1985 年。
[2] 王笛:《街头文化》,第 315—316 页,北京:中国人民大学出版社,2006 年。

董健在《田汉传》中就说：

> 1929 年下半年至 1930 年初，田汉打算写出一批鼓动反抗当前
> 社会的、充满革命"喊叫"的剧本。但是，现实题材一时还难以提炼
> 成作品。于是，他写京剧《林冲》和《雪与血》，借古典作品的改编，
> 发出反抗的"喊叫"。《林冲》只写了两场，要冲破既成社会的意思
> 已很清楚。《雪与血》，在昆曲有《清忠谱》，在京剧有《五人义》。[1]

1934 年，田汉和聂耳创作了歌剧《扬子江暴风雨》。田汉说，这部歌剧
"里面包含很多歌曲、歌词，成于田汉、蒲风、安娥、师毅、孙瑜、许幸之等许
多作者之手，但曲子全是我们年轻的人民歌手聂耳同志写的"[2]。

这种影响直到抗战的炮声才被打断，上海的戏剧家开始了向内地城市
的集体的迁徙、流转，也开始了话剧和戏曲的团体结合。1937 年 10 月 6
日，田汉、欧阳予倩在卡尔登戏院举行了上海戏剧节救亡协会筹备会议，确
定设立话剧和歌剧两部，在这里，歌剧是指京剧。京剧界周信芳、高百岁、
金素琴、金素雯等十三人代表出席。翌日，上海戏剧界救亡协会举行成立
大会，周信芳当选为歌剧部主任[3]。

〔1〕　董健：《田汉传》，第 372 页，北京：北京十月文艺出版社，1996 年。
〔2〕　田汉：《扬子江的暴风雨·后记》，《田汉专集》，第 170 页，南京：江苏人民出版社，1984
　　　年。
〔3〕　陈洁编：《民国戏曲史年谱（1912—1949）》，第 193 页，北京：文化艺术出版社，2010 年。

第十八章
大众化的音乐文化与大众音乐文化

新音乐及其展现的新气象是新文化的重要标识。俗话说"到什么山唱什么歌",其实更现实的现象应该是"到什么时代唱什么歌"。"老调子"虽然还可以哼唱,但革命文学家早已宣布"老调子已经唱完"。新的时代,围绕着自由与革命的时代主调,音乐文化呈现出另外一种景观。

一、从革命歌曲到"大众化"音乐

1921 年,中国共产党成立,无产阶级作为一股重要的政治力量登上中国革命的历史舞台。中国新文化的方向,也发生了改变。1923 年,郭沫若提出的文学新运动的方向"要在文学之中爆发出无产阶级的精神"[1]。音乐文化领域,大量革命歌曲的编创,成为二十年代无产阶级革命音乐的先声。

1923 年 6 月,《新青年》季刊第一期发表了瞿秋白于 1920 年译配的《国际歌》,以及他自己作词作曲的《赤潮曲》,这是中国工农革命歌曲创作最早的作品之一。

1927 年,第一次国内革命战争引发了二十年代最大的革命浪潮。音乐

---

[1] 郭沫若:《我们的文学新运动》,北京大学、北京师范大学、北京师范学院中文系中国现代文学教研室主编《文学运动史料选》(三),第 390 页,上海:上海教育出版社,1979 年。

对此起了很大作用。为了配合当时的斗争,不少歌曲被改编成革命歌曲。比如,第一次国内革命战争时期出现的《国民革命歌》(又名《打倒列强》,改自学堂乐歌《中国男儿》曲调),成为当时最流行的歌曲。它们虽然没有在专业音乐教育中产生深刻影响,但却在当时的革命斗争中起到了极大的鼓舞作用,成为1925—1927年间反帝、反封建歌曲中的代表作。这首歌的成功,引导了后来大量革命歌曲沿袭"选曲填词"创作方式,便于深入工农大众,易学易记。

当时有一本《革命歌声》,编者求实在序言中写道:"革命的歌曲是革命军的生命素,是它无可抵御的炮火刀剑,是它的无限的生力军的源泉……画出了全世界十数万万被压迫民众的痛苦……充分地表现了他们全部所有的不可侮的力量与宏大的志愿。"[1]二十年代无产阶级革命引领下的新的大众音乐,为三十年代救亡音乐揭开了序幕。

为宣传无产阶级革命思想,"中国左翼作家联盟"(简称"左联")于1930年3月2日在上海成立。其宗旨是"使文学运动密切的和革命斗争一道的发展……真正成为大众的所有"。在其影响下,"中国左翼戏剧家联盟"等八个左翼文化组织先后成立,称为"左翼文化工作者总同盟",由中国共产党直接领导。

其中聂耳、王丹东和李元庆等人在北平组织成立的"左翼音乐家联盟",为最早成立的一个左翼音乐组织。1933年,任光、安娥、聂耳和张曙等在上海发起成立了"苏联之友社"音乐小组;1934年,田汉、任光、张曙、安娥、吕骥等成立了"左翼戏剧家联盟音乐小组"。

聂耳

---

〔1〕 求实编:《革命歌声》,广州:中国青年社,1926年。此书收录了《国际歌》、《马赛曲》和《反帝国主义歌》、《农工歌》、《赤潮曲》等十四首中外革命歌曲。

这几个左翼音乐组织的建立,标志着一场新的音乐运动登上了中国音乐历史的舞台,一种比二十年代"新音乐"更接近时代风气的大众音乐成为中国音乐文化的主流。文艺大众化的方向非常明确,以音乐为武器,自发地宣传抗日救亡思想。

与此同时,苏俄音乐及其理论也开始被译介到中国来。"左联"机关刊物之一的《大众文艺》,连续发表《革命十年间苏俄的音乐之发展》《音乐之唯物史观的分析》等译文,介绍苏联革命音乐观,"呼吁造就真正能为劳动大众所接受的大众化的'新兴音乐'观"[1]。1932 年,周扬(周起应)翻译出版了《苏联的音乐》一书。在"译后记"中,周扬指出:"内容上是无产阶级的,形式上是民族的音乐的创造便是目前普罗大众作曲家的主要任务。"[2]苏联的音乐思想,成为三十年代中国左翼音乐与新音乐运动的重要理论来源之一。

左翼的大众歌曲的理论和创作实践很快成为时代风尚。1930 年 8 月,"左联"向全国音乐家发出"到工厂、到农村、到战场上、到被压迫群众当中去"的号召[3]。创作和传播大众音乐便成为左翼音乐的宗旨。

三十年代左翼文化的一个相当重要的支柱,是新兴的电影工业。音乐与电影的有机结合,成为音乐在中国文化中扮演更重要角色的有力途径,这是中国音乐史上值得浓墨重彩书写的一笔。自 1933 年起,聂耳、任光、贺绿汀、张曙、吕骥和冼星海等,先后为《母性之光》《渔光曲》《大路》《桃李劫》和《风云儿女》等电影创作了主题曲或插曲。这些歌曲从不同侧面反映了社会底层人们的苦难遭遇和情感,以及对自由和光明的追求。为了团结广大音乐界爱国人士,扩大进步音乐界的统一战线,任光、聂耳在百代唱片公司和联华影业公司任职期间,还组织成立了百代国乐队、百代新声会、联华声乐团等音乐团体,从而将大批左翼歌曲通过唱片推向全国。

---

〔1〕 《中国大百科全书·音乐舞蹈卷》,"左翼音乐运动"条,第 925 页,北京:中国大百科全书出版社,1989 年。

〔2〕 周扬:《苏联的音乐》,第 57 页,上海:良友图书印刷公司,1932 年。

〔3〕 "左联"执行委员会决议《无产阶级文学运动新的形势及我们的任务》(1930 年 8 月)。

比如，1934 年夏，由田汉编剧写词、聂耳作曲的《扬子江暴风雨》这部活报剧型的小歌剧在上海法租界演出，获极大成功。新的音乐藉新的传媒传向全国。

吕骥谈到他在女工夜校教唱同名电影歌曲《新女性》[1]（孙师毅词，聂耳曲）这首歌时的感受：

> 开始向她们讲，这首歌曲不但反映了她们受剥削压迫的生活，而且指出她们奋斗方向。要求她们齐声轻读一遍歌词的时候，她们欢畅而肃穆的神情，使我看到她们被真理掌握了的时候，她们身上顿时产生了一股强大的精神力量，使她们异口同声地发出每一个字音具有千钧的力量。当时，使我觉得完全不是几十个人的低音轻读，而是亿万人气势磅礴的呐喊，是阶级的怒吼。[2]

1934 年，安娥作词、任光作曲的《渔光曲》作为同名电影的主题歌，名声至大。后来的《铁蹄下的歌女》（许幸之作词，聂耳作曲）在这个风格上除了苦难的控诉，还表达了爱国的民族情绪。同年，电影《桃李劫》的插曲《毕业歌》可以说是左翼歌曲的另一种典型，即进行曲式的鼓动风格。这一类歌曲最后随着电影歌曲转向了革命救亡的新主题上。

1935 年聂耳创作的《义勇军进行曲》，与 1936 年孙慎创作的《救亡进行曲》，成为抗日救亡运动中具有代表性的歌曲，几乎成为全国（到了抗战阶

---

〔1〕《新女性》是 1934 年联华影业公司摄制的影片，由孙师毅编剧，蔡楚生导演。影片故事取材于当时自杀而死的电影女明星艾霞的身世。通过女主人韦明饱尝被丈夫遗弃的痛苦、失业的艰难、女儿病危的忧愁，以及被富人阔少的侮辱，最终在抑郁中愤而自杀身亡的悲惨遭遇，控诉了旧社会的黑暗。影片塑造了另一个先进女工索阿英的形象，从而在对比中否定了韦明的软弱，指出了妇女解放的正确道路。主题歌《新的女性》正是对具有先进觉悟的新女性形象的概括，歌曲具有震撼人心的艺术力量。1935 年 2 月 2 日，《新女性》在上海金城大戏院首映。阮玲玉和联华乐队在聂耳的指挥下，当场演唱了这首主题歌。

〔2〕李业道：《吕骥评传》，第 22 页，北京：人民音乐出版社，2001 年。

段也包括农民)市民和学生个个会唱的救亡歌曲。

左翼歌曲的登场,具有先天的优势。城市生活造成明显的贫富差,国破家亡的民族意识,激发出强烈的爱国心理。电影等先进传媒工具的加入,使这类大众音乐成为那个时代的文化象征,第一次成功地使音乐深入到民间。与先前的基本限于学校,也基本服务于"音乐教育"的学堂歌曲和艺术歌曲相比,它的影响力更大。

在当时的音乐界,还有两派很重要的音乐文化,但和左翼音乐相比,已很边缘。以萧友梅、青主为代表的二十年代有影响力的这一新音乐派,慢慢被称为"学院派"。到了三十年代,由于他们与新传媒的隔膜,使他们的"大众歌"也难以普及大众。

而此时围绕上海都市生活的"毛毛雨"派,虽然在当时历史条件下不能真正普及,因为轻歌舞剧的欣赏者的载体主要是唱片,有唱片机的上海人也只是中产以上的少数者,但它的影响力依然存在。

二、"毛毛雨"派

毛毛雨派是中国第一个"娱乐歌曲"流派,是黎锦晖一手创办的。从他创立的"明月"歌舞社团开始,这个流派从没有真正中断。娱乐歌曲在中国二十世纪音乐史上影响很大,却也是最坎坷的。

黎锦晖是著名的湖南湘潭黎氏家族中最出色的艺术家。1922年黎锦晖在上海专修学校附属小学设立了"音乐部",开始组织"明月音乐会"、"明月歌舞剧社"等民间歌舞歌曲团体,以此为基础进行了中国最早的歌舞剧实验和儿童剧实验。

"明月"的各种音乐活动从1922年开始,一直持续到1937年,长达15年的历史,今天看来,有几个突出的贡献:一是它诞生了中国现代第一首娱乐歌曲,对推动中国娱乐歌曲的发展功不可没。二是它培养输送了中国最早的一批电影影星,"是培养影星的摇篮"[1]。三是开创了中国最早的儿童歌舞实践。

关于"明月"的命名,有不少说法,其中一种说法认为,这和黎锦晖办团宗旨有关,"我们高举平民音乐的旗帜,犹如皓月当空,千里共婵娟,人人能欣赏"[2]。"平民音乐"的口号也许空了一些,但是在一个不重情歌,甚至情诗的国度和特别年代,唱出人人心中的情爱,却是有意义的。

1931年,明月舞社签约了大中华唱片公司。先后写出了《毛毛雨》、《妹妹我爱你》、《桃花江》、《特别快车》和《舞伴之歌》等流行曲,演出了《野玫瑰》、《桃花太子》和《花生米》等歌舞剧。

明月歌舞团后来隶属莲花影片公司,造就了依托电影发展的第一批歌舞艺术家。明月歌舞团解散后,黎锦晖转向爵士与中国民俗音乐,戏曲音乐结合,成为舞厅歌曲的先行者。

黎锦晖于抗战前夕离开明月,其弟黎锦光在上海继续歌舞事业,用黎锦晖的旧笔名金玉谷写了《拷红》(电影《西厢记》插曲)、《夜来香》和《五月的风》。

明月的小型歌舞,以《桃花江》最为著名。这首歌由黎锦晖作词作曲,后来成为明月边舞边唱典型的保留剧目。"桃花江上美人多,你比旁人美得多",现在看来自然无伤大雅,但在国难之年,这个歌舞被视为"靡靡之音"中最甚者。

黎锦晖的歌有时候清淡无华,甚至到有点类似儿歌,但"明月"在舞台上表演却是香艳美腿,这是当时的欧美风,对中国观众有极大的震动,而儿歌式的音乐可以被曲调和演唱转化成"吴侬软语"式的演出。

黎锦晖在电影突兴之前,开创中国歌舞剧,尤其是舞剧,这个传统被电影与抗日救亡高潮切断。1932年,给明月歌舞专业致命一击的,正是他最早扶植的作曲家聂耳。聂耳用"黑天使"、"浣玉"等笔名在报上发表文章,

---

[1] 孙蕤:《中国流行音乐简史 1917—1970》,第 316 页,北京:中国文联出版社,2004 年。

[2] 转引自孙蕤:《中国流行音乐简史 1917—1970》,第 315 页,北京:中国文联出版社,2004 年。

指责黎锦晖的"家庭爱情歌剧"都是"香艳肉感,热情流露"[1],他指责毛毛雨派"还在死命制作'哥哥妹妹'的东西,街头巷尾已没有谁唱他们的歌"。并认为"因与封建意识相抵触,而遭政府禁止及为大众所唾弃。这是证明了代表没落资产阶级仪式的音乐已失去了时代的意义"。

这个指责在当时看没有错,但是我们会看到小歌舞剧这种灵活的歌曲传播方式,在中国艺术史上的生命力远比当时左翼音乐家预料的强盛得多。

1928 年,黎锦晖率"中华歌舞团"去南洋各地巡演,因为经营不善没有回国的路费,为了赚取稿费解困,在手头没有一点创作材料积累的情况下,黎锦晖开始了其家庭爱情歌曲的批量创作,但仍订出了包括妓女唱的不写、三妻四妾十美图不写、猥亵的不写、对金钱权势的爱情予以讽刺的不写、对一见倾心的儿戏爱情予以讽刺不写等创作原则,他的这种创作态度具有鲜明、突出的现代性。

《毛毛雨》唱片

黎锦晖在 1936 年出版的《明月新歌一二八首》的引言中虽然认为自己生不逢时,但仍泰然地写道:"咱们有的是两面'破盾',右手挽着一面,挡着'有伤风化'的箭,左手挽着一面,抵住'麻醉大众'的矛。"[2]

实际上黎锦晖对中国歌曲的贡献,还不止于他开创了中国娱乐歌曲的先锋,对黎锦晖的整个歌曲创作来说,吴赣伯的评价或许更为公正:"他(指黎锦晖)的部分作品被称为'黄色'或'靡靡之音',但纵观其全部创作,可以说都是民间化、乡土化的作品,同样是值

---

〔1〕 黑天使(聂耳):《中国歌舞短论》,《电影艺术》,第 1 卷第 3 期(1932 年 7 月)。

〔2〕 转引自王勇、鲍静:《海上留声——上海老歌纵横谈》,第 11 页,上海:上海音乐出版社,2009 年。

得我们研究的。"[1]

黎锦晖开创的中国流行歌曲样式,即以通俗白话或民谣体的歌词,谱以中国民间风味的歌调,辅之以外国爵士、探戈舞曲音型,并以乐队伴奏。不论从传播学,还是社会学上看,其对中国流行音乐,乃至整个中国大众文化的发展都有重要的启示作用。

三、"音乐实用论":一场论争的背后

伴随左翼音乐运动的兴起,音乐界对音乐的本质、功能、目的等一系列基本问题的认识发生了重要的变化。这种变化从三十年代中期的一场笔战中可以看出。

1934 年,汀石(即张昊)发表《从音乐艺术说到中国的实用主义》一文,文章认为:"要谋中国民族的音乐及其他艺术生活之发展以诱导民族情绪之焕发而增强其活力以克服环境,首先必须终止我们祖先所遗留的实用主义。"[2]所谓"实用主义",汀石的解释是指中国历史上长期遗留下来的一种"藉以解决眼前的问题"而忽略精神生活的一种教育思想[3]。汀石的文章表面上是批判部分左翼音乐作品过于实用的意图,背后实际上也是为自民国开始,尤其是"五四"时期以来,刚刚兴起的艺术创作自由风气被中断而辩护,同时也不难看出他的主旨:应该允许音乐界有其他非实用性的"声音"。

文章一发表后,立即遭到了吕骥(署名穆华)的严厉反驳,具体论争集

---

〔1〕 吴赣伯:《中国大陆的音乐家》,刘靖之编:《中国新音乐史论集 1946—1976》,第 236 页,香港大学亚洲研究中心,1990 年。
〔2〕 汀石:《从音乐艺术说到中国的实用主义》,上海《晨报》副刊《音乐周刊》,第 4 期第 3 版(1934 年 10 月 26 日)。
〔3〕 汀石:《从音乐艺术说到中国的实用主义》,上海《晨报》副刊《音乐周刊》,第 4 期第 3 版(1934 年 10 月 26 日)。

中体现在吕骥《反对毒害音乐》[1]和《答毒害音乐的唯心论者——汀石君》[2]两篇文章中。

吕骥认为,汀石并没有深入了解大众生活,因为大众相比之下,更关心物质生活的"改变或变革",汀石对精神生活的宣传,实是"深深地中了唯心论者之精神生活底毒害",因此,"为了要解救被桎梏在重重枷锁之下的青年,为了要建设适应进步的大众要求的中国新音乐,应当反对汀石君所加于音乐的毒害"[3]。

两年后,这种论争和批评面越来越明朗,吕骥在其纲领性文献《中国新音乐的展望》中,进一步对新音乐艺术进行阐释:"新音乐不是作为抒发个人的情感而创造的,更不是凭了什么神秘的灵感而唱出的上界的语言,而是作为争取大众解放的武器,表现、反映大众生活、思想、情感的一种手段,更负担起唤醒、教育、组织大众的使命。"[4]

吕骥上文批驳的"上界语言",直指以青主为代表的音乐美学派,因为,"上界语言"论,出自青主的音乐观点。

贺绿汀看法和吕骥相仿,但更客观一些[5]。他强调在这个时候继续做高雅的纯音乐不合时宜,"我们这时候根本不需要贝多芬、莫扎特","需要的是一些容易上口的热情的歌曲",我们的欣赏力"还是古代的单音音乐时代,我们民族思想的进步性也许远远超过贝多芬,但是从音乐文化本身来看,我们民众的理解力与古典派的贝多芬时代相差尚远"[6]。

吕骥批驳音乐不是用来审美的,而是"争取大众解放的武器",这种"音

---

〔1〕 此文刊于 1934 年 11 月 3 日—4 日,《中华日报》副刊《动向》。

〔2〕 此文刊于 1934 年 12 月 8 日《中华日报》。

〔3〕 吕骥:《反对毒害音乐》(1934),张静蔚编《搜索历史——中国近现代音乐文论选编》,第 200—201 页,上海:上海音乐出版社,2004 年。

〔4〕 吕骥:《中国新音乐的展望》(1936),参见吕骥编《新音乐运动论文集》,第 5 页,光华书店,1949 年。

〔5〕 1934 年 11 月,贺绿汀在由俄国作曲家车列普宁(A. N. Tcherepnine)出资赞助,上海音专举行的"征求有中国风味的钢琴曲"评选中,以《牧童短笛》获一等奖。这次活动对推动中国的钢琴教育发展意义重大。

〔6〕 贺绿汀:《中国音乐界的现状及我们对于音乐艺术所应有的认识》(1936),编委会编《贺绿汀全集》第 4 卷,上海:上海音乐出版社,1999 年。

乐武器论"对当时和此后的中国音乐文化发展影响深远。

实际上，此时与左翼音乐持不同创作路向的黎锦晖的流行歌曲，也成了另一个被批评的靶子。聂耳对当时在上海等大都市盛行一时的"时代曲"严厉批评，人民"需要的不是软豆腐，而是真刀真枪的硬功夫！"[1]1935年，聂耳（署名王达平）发表了《一年来之中国音乐》一文，明确地写道："新音乐的新芽将不断地生长，而流行俗曲已不可避免地快要走到末路上去了……民众化的音乐，通过电影，已逐渐地为广大民众所接受所欢迎。"[2]

大众音乐在抗战语境中，站上了历史舞台，并迅速在社会上产生了广泛的影响，成为音乐文化的主流，以黎锦晖为代表的流行音乐派，和萧友梅等人为代表的学院派，甚至主张改良的民乐国乐派都几乎被边缘，至此中国音乐发展的路向发生了重大改变。

四、国防音乐与音乐界的歌曲转向

1935年日本帝国主义侵占华北，中共中央发表《八一宣言》，号召停止内战，一致抗日。同年12月，中共中央在陕北瓦窑堡会议上确立了建立抗日民族统一战线的战略决策。1936年春，为响应中共建立抗日民族统一战线的主张，"左联"等各界文化组织相继解散，同时提出了"国防文学"、"国防戏剧"等口号。同年4月，左翼音乐家吕骥、周巍峙等人提出了"国防音乐"的口号。左翼音乐组织解散后，成立了"歌词曲作者联谊会"，争取了更多爱国音乐家参加其中，音乐界的抗日民族统一战线逐步形成。

吕骥在《论国防音乐》一文（署名霍士奇）中提出，在争取民族解放与独立的危急时刻，音乐也应该成为国防文化战线的重要组成部分，它不但要负担起唤醒和推动全国民众的责任，更应当积极地把民众调动起来，把他们的

〔1〕 聂耳：《中国歌舞短论》(1932)，《聂耳全集》(下)，第48页，北京：文化艺术出版社、人民音乐出版社，1985年。
〔2〕 聂耳：《一年来之中国音乐》(1935)，《聂耳全集》(下)，第87页，北京：文化艺术出版社、人民音乐出版社，1985年。

抗敌意识转化为实际的抗战行动。这一要求是国防音乐的指导思想[1]。

吕骥认为,在具体的音乐创作中,"国防音乐应以歌曲为中心",中国器乐的创作局面还没有形成,民众对器乐音乐的理解力也相对较低;而歌曲易于被群众理解与接受,国防音乐应以适合民众演唱的歌曲作品为中心。"国防音乐对于每个作者所使用的工具和创作方法是不限制的,不仅不加以限制,为了要适合各阶层的人民的要求,要获得更广大的效果,还要求大家用各式各样的工具和形式,提供各式各样的作品。所以不管作者是文言也好,白话也好,新文字也好,京戏也好,滩簧也好,时调小曲也好,歌曲也好;在创作方法上不论你是现实主义也好,浪漫主义也好;只要能使唱的人和听的人从他底作品明白目前形势的严重性和救亡的方法,以及他们应有的态度和大家的出路,或者能提高他们底情绪,坚决他们底意志,使他们走上抗敌的火线。"[2]

国防音乐的提出,进一步推动了音乐大众化的发展,围绕着大众化议题,不少刊物发表了文章。其中有周巍峙的《国防音乐大众化》(1936 年 4 月 1 日刊于《生活知识》一卷十二期),吕骥的《论国防音乐》(1936 年 4 月 5 日刊于《生活知识》一卷十二期),陶行知的《从大众歌曲讲到民众歌咏》(1936 年 6 月 28 日刊于《生活日报》星期增刊四号),刘良模的《高唱吧! 中国》,周钢鸣的《论聂耳和新音乐运动》(1936 年 7 月 20 日刊于《生活知识》二卷五期),麦新、孟波的《大众歌声》第一集《前记》(1936 年 11 月 20 日)等文,他们从不同的角度,阐述了左翼音乐运动的目的。

吕骥把国防音乐的提出,看作是三十年代"中国新音乐运动开始以后的一个转折点"[3]。抗战歌曲的普及化,标志着中国音乐史进入一个"歌的时代"。

---

〔1〕 吕骥:《论国防音乐》(1936),《吕骥文选》(上),第 5 页,北京:人民音乐出版社,1988 年。
〔2〕 吕骥:《音乐的国防动员》(1936),《吕骥文选》(上),第 19 页,北京:人民音乐出版社,1988 年。
〔3〕 吕骥:《音乐的国防动员》(1936),《吕骥文选》(上),第 19 页,北京:人民音乐出版社,1988 年。

　　音乐在这个新时代,不断转变称呼:"反映进步的大众要求"的"新兴音乐",作为与"全世界一切被压迫民族的解放运动,全世界被压迫大众的解放运动有极紧密地联系"的"国防音乐",两种说法都带有鲜明的时代特色和功能要求。音乐不再是审美工具,而是作为一种"斗争武器",这种音乐文化观念被强化。

　　左翼倡导的新兴音乐,首先应该是一种艺术,但在强大的现实语境中,被"革命"这样的形容词裹持。我们理解那个时代的迫切需要,不可能以纯艺术的要求对此苛责,但更应当看到的是,如此一来,原来较为广义的"新音乐"狭义化了,一切音乐活动都成为"抗日救亡音乐",而音乐也顺着这股全民抗战潮流,卷入了几乎所有国民。

第十九章
自由精神与美术文化的"黄金时代"

在民初发起的新文化运动中，在民主和科学思潮的冲击下，先进的学者艺术家也擎起了"美术革命"的大旗，发起了新美术运动，中国美术的现代化进程正式拉开了序幕。新美术运动的第一个十年（1915—1926），取得了丰硕的成果，中国美术的面貌和传统相比发生了巨大的变化。1927年4月18日，中华民国国民政府在南京成立。军阀混战的局面结束了，国家的政治、经济和文化建设逐步走向正轨，进入了为有些史学家所赞誉的"黄金十年"（1927—1937）时期。在这第二个十年期间，中国的新美术运动进入了最好的发展时期。

如果说影响新文化和新美术运动第一个十年的思想文化主题是"民主"与"科学"的话，那么，影响新文化和新美术运动第二个十年的思想文化主题便是"自由"。自由能够成为这一时期的文化思想主流，是和当时国民党的政治理念分不开的。这一时期的国民政府所选择的发展方向是基于个人主义和自由主义之上的英美式的现代化之路。也就是在这种政治文化背景下，国民政府和自由主义知识分子的关系迎来了历史上难得的"蜜月期"，这从胡适当时的社会地位和影响就可看得出。

自由主义的影响不仅体现在政治上，也体现在艺术上。就美术而论，在美术教育、美术展览和美术创作的发展上都可以看得出来。

一、独立自由的教育和艺术理念

民国建立以后,由于北洋军阀连年混战,使得教育事业备受摧残。教育总长频繁更换,教育经费匮乏,且经常被挪用,对此全国教育联合会首先作出"教育经费独立"的决议。接着,教育界人士进一步提出教育立法和教育行政独立的主张,引起了广泛的社会共鸣,而促成教育独立最力者,当属蔡元培。1927 年民国政府成立后,蔡元培便作《提议设立大学院案》,中述:"元培等筹议再三,以为近来官僚化之教育部,实有改革之必要。欲改官僚化为学术,莫若改教育部为大学院。"1927 年 6 月 27 日,国民党中央政治会议通过蔡元培的此项提议,组织大学院为全国最高学术教育行政机关,蔡元培任大学院院长。为了达到防止官僚化的目的,蔡元培领导下的大学院模仿法国的教育行政制度,设计出与以往教育部迥然不同的组织机构,尤其以设立大学委员会为其最大特色。大学委员会拥有讨论全国教育和学术重大方案的权力,作为最高决策机构,其决策形式也吸纳了西方最民主的合议制,大学院院长则是首席执行官员,因而与国民政府其他部门相比,具有更大的独立性和自主性。在地方教育行政方面,大学院也实行了大学区制,代替原来的教育厅制,达到教授治校、学者治校的目的,使教育行政不受官员的挟制和政潮的影响获得独立。

因此可见,设立大学院制度其理论基调正是蔡元培所主张的教育独立思想。虽然说,蔡元培所创立和领导的大学院不到一年便废除,但是它的影响却是深远的。而仅仅一年的建制,大学院也取得了伟大的成绩。重要成果就是以大学院之名促成了国立艺术院(后改名杭州国立艺术专科学校)的建立,并且通过杭州艺专同仁的努力将独立自由的教育理念真正付诸教育实践中去。

蔡元培刚一上任,便出台了《大学院组织条例》,第八条规定:本院将设劳动大学、图书馆、博物院、美术馆、音乐院、艺术院等国立学术机构,并亲自起草制定了《创办国立艺术大学之提案》。1927 年 12 月通过提案,1928

年3月,国立艺术院正式成立,校址杭州西湖。蔡元培任命林风眠为院长,林文铮为教务主任。(大学院期间,蔡元培还聘请林风眠为大学院艺术教育委员会主任委员,林文铮为委员兼秘书,李金发为秘书。)蔡元培亲自为国立艺术院题写校名并参加了开学典礼。

蔡元培1917年任北大校长时就提出了"学术自由,兼收并蓄"八字办学方针,并阐述为"独立和自由是一所有尊严,有精神,有德行的大学生命所在",而独立自由亦是林风眠创办和治理杭州艺专的教育理念。

林风眠作品

作为一名艺术家,林风眠的教育理念是和其艺术理念紧密相关的。在一般人的印象中,仿佛杭州艺专就是现代艺术的大本营,是传统艺术的决绝的反对者,其实并不是这样。"美术革命"的口号提出之后,关于中西之争,众声喧哗。有技法革命派,反对因袭传统,要求引进西方写实技法;有西化派,主张引进西方文化和艺术精神,"学西洋人画油画";保守派要固守传统,竭力证明传统绘画自身有自我革新的能力。其实这些说法都显示出中国艺术家在面对西方外来文化冲击时内心的焦灼。但是林风眠当时却提出了一个与众不同的说法:"绘画的本质是绘画,无所谓派别,也无所谓中西。"他认为学习艺术要兼采中西之长,首先要根据自己的个性和禀赋,去寻找属于自己的画法和艺术表现形式,不要拘泥于所画的是中国画,还是西洋画。由此可以看出,林风眠的出发点是艺术要表达艺术家的内在自我,而非艺术要成为何种文化的标签。而这种观点折射的是艺术家的独立姿态。

杭州艺专成立后,林风眠和教务长林文铮就共同制定了适合当时国际化标准的《艺术教育大纲》,提出了"介绍西洋艺术!整理中国艺术!调和中西艺术!创造时代艺术!"的学术目标,这种"调和中西"的艺术理念显示出的就是一种自由包容的艺术理念。

独立自由的艺术理念体现在教育中,就是一种多元自由同时凸显个性的艺术教育理念。这种艺术教育理念在杭州艺专的教学实践中得到了充分贯彻。首先,在艺术风格的选择上,杭州艺专鼓励学生对不同艺术风格和流派进行自由的选择和综合实践,而不是独断专行,哪种风格非要独霸天下。众所周知,国立杭州艺专是倾向于西方现代艺术的,但是事实上,它并不排斥写实主义,以及中国传统艺术。这一点在校友郑朝的回忆录中得到了证实:"当时学校里学术自由空气是比较浓厚的。有人称林风眠是自由主义的艺术家。他主张独立思考,自己去选择艺术道路。那时在学生当中写实主义和抽象主义的斗争很激烈,林先生似乎处于超脱的地位,既不支持这一派,也不贬抑那一派;但各派学生都觉得林校长是爱护属于自己这一派的。学生各种不同派别的展览、刊物都在阐明自己的观点。学生的思想非常活跃,学校是一个自由艺术的乐园!"[1]这里可以看出,即使对于写实主义,林风眠亦没有排斥,而是希望学生能够根据自己不同的个性找到最适合自己的风格。哪一派是无所谓的,找到自己才是最重要的。林风眠经常对学生说:"你应该放松一点,随便画,乱画嘛!"甚至说:"青年学生,正是好玩的时候,学校既不加监督,乐得逍遥自在,各适其所适,艺术如何,管他画不画成!"在指导学生画画的时候这样说:"不要画得像学院派,光影是附属于本体的,不是空有光影,而不见实体与本质,光与影是被动的。"可见,林风眠尊重的是艺术和生命本体的联系。

杭州艺专在课程设置上,也体现出了中西融合的艺术理念和多元自由的艺术教育理念。1930 年夏天,国立艺术院奉命改为"国立杭州艺术专科学校"。1930 年秋,杭州艺专在课程设置上做了大胆的改革,即把国画系和西画系合并为绘画系,学生同时可以学习中国画和西画,并将这一点写到了学校招生广告里:"本校绘画系之异于各地者,即包括中国画、西画于一系之中。"林风眠认为:"经验告诉我们,无论在哪一个艺术学校,中国画与西洋画,总是居于对立和冲突的地位。这种现象是艺术教育实践上一个很重要

---

〔1〕　郑朝、金尚义:《林风眠论》,杭州:浙江美术学院出版社,1990 年。

的问题,而且能陷绘画艺术到一个很危险的地位。"林风眠这一课程改革举措的意义不仅仅是提供一个选修课程的方式,它给年轻学生投射的是一种以自我为起点的艺术学习的方法,学生不再是某个风格或者传统的追随者,而成为主动地根据自己的需要,对人类艺术资源进行跨时代和跨文化的选择吸收,使自己成为一名独立的艺术创造者。杭州艺专的老学生苏天赐回忆林风眠:"他的教学方式很灵活,他不灌输什么,而着重理解的引导。"他以自己亲身经历验证自己当学生时,在中外古今的艺术海洋中涵养探索的感受:"⋯⋯商周铜器,汉墓壁画,画像石,白描,敦煌⋯⋯波堤切利、拉斐尔、安格尔、马奈、凡·高、莫迪格若尼,有如茫茫丛莽,我在其中穿行,若有所得:全凭直觉,如何入东、西方又能融合在一起? 我选择从线入手,从西方边线与形体的相依到东方借用笔以传神的韵味。"杭州艺专的另一位知名学生吴冠中更是如此评价林风眠:"林风眠先生作为美术教育家,我衷心认为他是杰出的。他的艺术教育思想是中西结合。从我们作为学生的亲身体会来看,这种思想与西方开放,重视基本功,重视传统三者是相结合的,而且不是口头上的,他是有实践的。他当时主张办绘画系,不把中国画和西洋画分开,要求两样都学。这种思想影响了我,我认为在今天仍有重要参考价值。"[1]

除了重视学生专业基本功训练外,杭州艺专对于学生的理论课教学非常重视。李霖灿曾经这样来回答别人对于杭州艺专为什么能够取得如此重大艺术成就的原因,他说第一点就是:"严格的课程,重视理论课。"这一点对于当代的艺术教育尤其具有借鉴和反思意义。除了重视理论课程的教学之外,林风眠常常对学生讲:"去读一些文艺、哲学、历史方面的书吧! 充实你的心灵,增进你的感受力,启开你混沌的心智。"刘天赐回忆:"他常常给我们提出一长串书单,并推荐法文版的《约翰·克里斯多夫》和《艺术哲学》,这两本书成了艺专学生的'圣经'。"[2]当时艺专的图书馆有丰富的

---

〔1〕 刘世敏:《林风眠:中国现代美术教育和现代绘画的奠基人》,第140页,天津:百花文艺出版社,2011年。

〔2〕 刘世敏:《林风眠:中国现代美术教育和现代绘画的奠基人》,第134页,天津:百花文艺出版社,2011年。

收藏,学生不但可以看到西方现代派的画册,还可以阅读到古今中外文学、哲学名著。注重理论素养的学习,深化了学生对于艺术的理解。而人文素养的培养,使学生可以更关注艺术和生命的直接关联,而非轻易受到社会政治等因素的影响。所以说,杭州艺专的教育理念,保护的是艺术家的独立人格,保护的是艺术是否可以忠于它的人文关怀的使命。

最后,在聘请老师方面,林风眠也没有门户之见。只要艺术上确有成就都可以站在杭州艺专的讲台上。当时西画系教师也是流派最多的,吴大羽、克罗多、李超士、蔡威廉、方干民、李金发、王悦之、陶元庆,都是各人有各人面目和风格的。学生则可以在这些不同教师主持的工作室之间自由地选择学习。

就是在独立自由的艺术和教育理念的指导下,杭州艺专培养出了一批真正的艺术人才,有很多是世界级的和具有国际影响的,这在中国现代美术教育史上是无可比肩的。他们做人有艺术家的风骨,作品有性灵。正如当年的教务长林文铮所回忆的:"杭州艺专从 1928 至 1937 年,为期不过十年,而已为祖国培养了不少杰出的艺术家。而今全国美术院校林立,到处都有杭州艺专老校友在任教和作主力军。例如:王朝闻在艺术研究院掌握新艺术理论;李可染的画风,光芒万丈,驰誉东邻;吴冠中的画风别出心裁,独树一帜;胡一川、王肇民在广州美院,风靡南天;沈福文在重庆四川美院,桃李满园;汪占辉在西安美院,博古通今;张权在音乐界,名满中外。据说台湾也有杭州艺专老同学 100 来人,其中较显著者有李霖灿,现任台北故宫博物院院长。他们至今仍念念不忘其母校昔日优良的学风,遥望西湖孤山不胜依依。其他在国外者,如朱德群之新派画风亦名满欧美。特别是举世推崇当代十大画家之一的赵无极,现在不知多少国家的博物馆及收藏家争购他那种前无古人、妙不可言的描写宇宙大自然的画作……"[1]杭州艺专取得的所有成就,都离不开自由的文化和艺术精神的馈赠。

---

〔1〕 林文铮:《缅怀岳父:蔡元培先生与杭州艺专》,《古今谈》1985 年试刊号。

二、共同繁荣自由论争的美术盛会：全国美展

现代意义上的美展，或者说艺术之间的交流，在清末民初，多是以文人雅集的形式出现。

现代美术学校的学生习作展成为现代美展的雏形，如上海图画美术学校的"成绩展览会"。1919 年由颜文樑发起的苏州画赛会，每年元旦举办一次，作品征集面也非常之广，坚持了十四年之久，可以说树立了国内公共美术展览会的先声。二十年代，上海陆续推出天马会、晨光美术会等艺术团体主办的以西画为主体的展览。以后全国性的大型展览逐渐增多起来。1927 年，国民政府成立之后，文艺界人士便不断呼吁举办全国性的官方美展，如刘海粟就曾多次提出建议案。1927 年 11 月 27 日，南京国民政府"大学院艺术委员会"在上海召开第一次会议，通过召开全国美术展览会和筹设国立艺术大学，通过成立美术展览会筹备委员会，以及通过展览会预算等决议。自 1928 年 7 月以后，国民政府陆续公布《大学院美术展览会组织大纲》、《美展会筹备委员会组织大纲》、《美展会审查委员会组织大纲》、《美展会征集出品简章》、《美展会奖励简章》，从全国美术展览会筹备会的组织、审查委员的聘任、征集作品的简章及奖励办法都有了明确规定。大学院改为教育部后，决定将展览定名为"全国美术展览"。

从 1927 年到 1949 年之间，民国政府共主持举办了三次全国美展。其中，第一、第二次全国美展都出现在 1927—1937 年这第二个十年之间。1929 年 4 月 10 日，第一次全国美术展览会在上海举行。展览范围很广，囊括中西。分书画、金石、西画、雕刻、建筑、工艺美术、美术摄影、日本出品、近人遗作、古画参考室等展区。一般出品人共 1 080 人，作品 4 060 件，最后核审入选者有 549 人，通过 1 200 件，特约出品人 342 人，作品 1 328 件，总共出品 2 528 件，包括古画参考品则展品在万件以上。在这个中国第一次官方举办的全国性的美展上，我们看到的情况是：古今中外艺术观念的自由碰撞和交融，不同画种、派别和风格并存，显示出一种自由宽容的美术气象。

　　虽然受到"美术革命"思潮的强大冲击,但是传统绘画并未被真的"革命",在社会上势力依然很大。护守传统的画家们努力赋予经典以当代意义。陈师曾《文人画的价值》一文的诞生,其实就是在西方艺术的冲击下对于传统艺术价值的再阐释和再肯定。

　　国画在中国社会的强大势能在第一次全国美展中鲜明地体现了出来,这主要表现在古画收藏的展览成为会场焦点。由于数量太多,只能轮流展出。结果是各出精品,争奇斗异,蔚为大观。开幕第一天,由钱瘦铁、陈小蝶和李祖韩值日展出其藏品,第二天,由张善孖和张大千兄弟值日。上海收藏家庞元济、狄葆贤和叶恭绰也尽出所有,使得宋元明清各代名画均有系统的陈列。颜娟英在比较 1927 年台展和这次全国美展时,便指出这是一次以"古画"领衔的展览会:"原因可能是美展策划人一方面有意借机整合私人收藏品,另一方面也有意唤醒国人,避免古代精品流落海外。"〔1〕《申报》在展览期间陆续报道古代画作的新闻,几乎占二分之一以上篇幅,好像这次全国美展不是当代美术家的创作,反而是古董旧作更能引发社会的兴趣。

　　但是,从整个画坛来看,这个十年,毕竟是受西方文化艺术观念冲击的十年。尽管国画并没有衰败的趋势,但是国画必须创新已经成为几乎每个传统画家都不能回避的事实。李寓一发于《妇女杂志》的《教育部全国美术展览会参观记》一文就国画出品分为三个派别:1. 主述清代传统,其中尤以八大和石涛两人最受欢迎。2. 广东高氏昆仲,融中日画法于一炉的折中画法,如高剑父、高奇峰、陈树人、方人定、赵少昂等岭南画家。3. 中西合并的新国画。在第一次全国美展上最为突出的还是吸收了西洋画法的新派国画。〔2〕陶冷月以西法为主体来表现中国画的精神境界,特别是以"对三维空间感和天光云影的刻画"(朗绍君语)融汇中西,创造出别具一格之

─────────

〔1〕　转引自刘瑞宽:《中国美术的现代化:美术期刊与美展活动的分析(1911—1937)》,北京:生活·读书·新知三联书店,2008 年。
〔2〕　转引自刘瑞宽:《中国美术的现代化:美术期刊与美展活动的分析(1911—1937)》,北京:生活·读书·新知三联书店,2008 年。

"新中国画"。

尽管国画的势力并没有衰败的趋势,但是这个十年艺坛最值得称道的成就却是油画的萌芽和新兴。在美术革命的思潮中,已经有一批学者和艺术家如鲁迅、蔡元培、傅雷、秦宣夫、徐悲鸿等从文化艺术精神的视角指出了中西绘画的不同。认为中国文化和艺术精神的特点是注重超脱,不注重生命本体,而西方绘画的精神就是人本的,个体的。因此,中国绘画要想有新的生命力,必须要吸收借鉴西方的文化和艺术精神。秦宣夫说:"因此,要想改良中国,不妨从西方绘画中借一点曙光,学西洋人画油画。"1927年之后,自由主义的影响更是促进了西方人本主义文化艺术精神在中国的传播。林风眠所领导的国立杭州艺专,更是倡导自由独立的艺术精神。林风眠说:"绘画的本质是绘画,无所谓派别,也无所谓中西。"从而为现代主义在中国的传播打开了局面。第一次全国美展中,颂尧按题材将西画创作分为写实主义、式样主义(印象派)、浪漫主义、近于印象派、近于未来派等。由此可见,现代主义的表现方式成了主要力量。并且,有意思的是,虽然在第一次全国美展中国画数量巨大,但是西画的价格普遍高于国画。而领衔的就是林风眠的《静物》、刘海粟的《雷峰塔》、王远勃的《坐舞》、李毅士的《艺术与科学》、潘玉良的《顾影》等。

潘玉良作品

在理论方面,第一次美展留下的最丰富资产,就是"双徐之辩"。徐志摩和徐悲鸿这两位文学艺术大家围绕着现代艺术展开了自由论争。徐志摩为现代艺术而辩护,但是徐悲鸿却对以塞尚、马蒂斯等为代表的现代艺术进行了毫不留情的批判,旗帜鲜明地提倡他心目中的写实主义。其实,无论是现代主义,还是写实主义,都是西方艺术影响和输入的结果。徐悲鸿提倡写实主义,也是对于中国传统美术的革命。然而,在这第二个十年,由于受自由主义的影响,现代主义艺术的势力和影响则更为强大。1927 年 9 月,由中华艺术大学主办,在上海举办了一次"美术联合展览会",规模相当大。参展作品以西画、雕塑和图案画为主。在这次展览中,已经形成了分别以徐悲鸿和陈抱一、丁衍庸、常玉为代表的两种表现方法。现代主义的作品更受欢迎。叶秋原《联展归来》对于徐悲鸿的评价显然是消极的:"他的《黑炭》《女》都给我深刻印象,他的画细柔得狠,所可惜的,便是徐先生似乎太注重于实在对象之再现! 而一方稍为忽视些理想对象之现露。"绿荷《美术联合展览会》一文甚至认为其中"迂腐的思想,执着他固有的成见,绝端不容纳新的或是进一步的思想"。[1]

值得说明的是,尽管写实主义和现代主义有论争,但是今天我们来看双方论战的情况就会发现,并没有一派必须压倒另一派,唯我独尊的现象,而是每一个人都可以为自己的艺术主张而辩护,显示出一种自由宽容的艺术气象。

第一次全国美展之后,1934 年,艺风社在上海举办规模媲美全国美展的展览。这个展览参展艺术家众多,中西画家会聚一堂。上海方面画家有新华艺术专科学校的周碧初、汪亚尘等;决澜社成员庞薰琹、张弦、阳太阳、周多、周太真等;国立杭州艺专的林风眠、蔡威廉、方干民、雷圭元、吴大羽等;南京国立中央大学艺术系的徐悲鸿、李毅士、潘玉良、孙多慈等;中国美术会的王祺、经亨颐、梁鼎铭等;苏州美专的颜文樑;广州陈树人,广州大学方君碧。国画部分有坚持传统笔墨的黄宾虹和白社会员,也有融合中西的折衷派画家。西画依旧最引人注目,风格从写实、印象派、后期印象派到野兽派都有,显示出第二个十年现代主义艺术发展的成果。

第二次全国美术展览 1937 年 4 月在南京国立美术陈列馆开幕。在这次展览中,图书展览是创举,参观者等于读了一部简明的中国书籍发展史。同时展出中央研究院在河南安阳殷墟发掘的出土文物。国画方面,有新旧

〔1〕 转引自刘瑞宽:《中国美术的现代化:美术期刊与美展活动的分析(1911—1937)》,北京:生活・读书・新知三联书店,2008 年。

两派的区分。其中新派专指广东高氏兄弟和陈树人倡导的折衷画法,至此新派和岭南画派画上了等号。油画方法,和第一次全国美展以及联合画展、艺风社展览不同,第二次全国美展几乎为写实作品所独占,徐悲鸿写实主义的地位和影响已经逐渐占据上风,现代主义倾向的艺术家纷纷缺席,暗示着黄金十年中国现代主义的美术创作已过巅峰期。

三、影响最大的现代艺术团体:决澜社

在革命与自由的文化运作期间,出现了很多现代美术社团。代表性的有:1928 年由林风眠、林文铮发动,成立于杭州艺专的“艺术运动社”;1930年由庞薰琹发动,成立于上海的苔蒙画会;1931 年由陈抱一、杨秋人发起,成立于上海的一一艺社;由徐沄秋发起,成立于苏州的冠云艺术研究社;1932 年由庞薰琹、倪贻德发起,成立于上海的决澜社;1933 年由周碧初等发起,成立于上海的洋画实习研究会;1933 年由孙福熙等发起成立于上海的艺风社;1935 年由梁锡鸿、李东平、赵兽、曾鸣等人发起组织,成立于广州的中华独立美术会。其中影响最大的现代美术社团莫过于决澜社。

决澜社 1932 年成立于上海,基本成员为庞薰琹、倪贻德、王济远、周多、周真太,张弦、阳太阳、杨秋人、段平右、丘堤。这些艺术家大多受到西方现代主义艺术的影响,注重内在自我的表达和艺术形式的实验和探索,在当时的艺坛上,显示出明显的现代主义的倾向。1932 年 10 月 10 日,决澜社第一次画展在上海中华艺术社开幕。当天,《申报》即作了“决澜社画展今日开幕”的报道:“陈列社员及社外画家之作品共五十余件。其质量之精,为国内艺坛所创见。有倾向于新古典者,有受野兽群之影响者,有表现东方情调者,有憧憬于超现实的精神者。”

庞薰琹的作品是运用了装饰风的超现实主义的创作方法,表现了身处现代化的大都市中人们的生存处境。傅雷在《薰琹的梦》一文中这样评价庞薰琹的绘画:“薰琹的梦既然离现实很远,当然更谈不到时代。然而在超现实的梦中,就有现实的憧憬,就有时代的反映。”“他以纯物质的形和色,

表现纯幻想的精神境界:这是无声的音乐,形和色的和谐,章法的构成,它们本身是一种装饰趣味,是纯粹绘画(peinture pure)。"[1]周瘦鹃对于庞薰琹作品的描述和解读则更为具体:"画家运用构成方法处理构图,即不同时间和空间的形象出现在同一画面上,诸如:《如此巴黎》、《咖啡馆》、《人生的哑谜》等。《如此巴黎》是画家将繁华而疯狂的巴黎,浓缩在一个画面上,那女人的笑,男人的烟蒂,一扇门,几张扑克牌……是一种表现,更是用美的色彩和巧妙的构图,对巴黎社会的一种深刻揭露。《咖啡馆》也是如此。"[2]

阳太阳和陈秋人是来自岭南的两位年轻画家。他们的的作品"都在追求着毕加索和契里科的那种新形式,而色彩是有着南国人的明快的感觉。"(倪贻德语)阳太阳在决澜社第二届画展所展出的《烟囱与曼陀林》,第三届画展展出的《宇宙的沉思》,都是运用了超现实主义的创作方法。倪贻德的绘画以简练概括著称。谢海燕评价倪贻德的作品说:"他的人物肖像画,很注意形式美,更重视表现美,在神态上内心刻划上下功夫。"[3]而庞薰琹的太太女画家丘堤所作《花卉》一画,以其红叶绿花的"反色彩"的表现获得决澜社绘画比赛一等奖。而她其他的作品则具有一种日常的诗意。

张弦曾经留学法国,他在创作中将东西方艺术和绘画精神作了很好的结合。傅雷曾经这样评价这位早逝的画家:"在技术方面,他已将中西美学的特征体味溶合,兼施并治;在他的画面上,我们同时看到东方的含蓄纯厚的线条美,和西方的准确的写实美,而其情愫并不因顾求艺术上的完整有所遗漏,在那些完美的结构中蕴藏着的,正是他特有的深沉潜蓄的沉默。"[4]其实张弦的作品最有特点的是用线。1933年《良友》第82期刊出张弦专页,并这样评价他的作品:"线条很简洁,却非常坚实而沉着。这因为张氏对素描的工夫有他自己所特具的笔力……以寥寥的几笔中表现出

---

[1] 傅雷:《薰琹的梦》,《艺术旬刊》,1932年第1卷第3期。
[2] 刘淳:《中国油画史》,第79页,北京:中国青年出版社,2005年。
[3] 谢海燕:《倪贻德画集·序》,第5页,上海:上海人民美术出版社,1981年。
[4] 臧杰:《民国美术先锋:决澜社艺术家群像》,第104页,北京:新星出版社,2011年。

整个对象。"〔1〕

尽管决澜社具有如此的先锋性,但是在当时中国艺术的现实环境中,能够理解和接受他们的并不多,甚至有一位当时上海美专的学生魏孟克看了决澜社的画展之后,在《申报》上写文章这样说他的观后感:"这么多的作品,我看得懂的真少——阳太阳君的《果物与烟突》,我就不懂苹果之类何以能摆在有烟突的屋顶上;丘堤君的《静物》,也使我奇怪花瓶里的花是绿的,而叶子反倒是红的;王济远君的《风景》上的大红大绿,我曾几乎以为是树林子起了火;此外许多头小腿胖的人体,又使我疑心中国的模特儿个个都是生了水肿病……"〔2〕倪贻德也回忆说:"当画展开来之后,群众对它的态度是冷淡的,门前冷落,观众寥寥,只有一些美术学生和少数友好来捧捧场,画家们失望之余,只是埋怨着群众艺术欣赏水平低,慨叹到在国内从事艺术运动还得经过漫长的艰苦岁月。这样几次之后,大家的热情也就渐渐地消退下去,对自己的艺术倾向也渐渐感到怀疑和苦闷,再加内部的矛盾,画会也就在无形中解散了。"〔3〕

决澜社在现代主义美术尚处在萌芽时期的时代条件下,能够全面地借鉴与吸收现代西方艺术社团的组织模式,发声立言,积极借鉴吸收西方艺术观念和表现技法,提倡艺术,表现自我,对我国新美术运动,特别是现代主义艺术的发展发生了深广的影响和推动作用。

四、商业美术和城市雕塑的兴起

1927年中华民国国民政府成立以后,随着政治、经济、文化建设逐渐走向正轨,现代化的城市建设也提上了日程。当时国民政府制定出的城市建设方面的重大事件有:首都计划和大上海计划等。伴随着现代化大城市的出现和发展,也出现了相应的城市美术。在第二个十年间,城市美术的代

〔1〕 臧杰:《民国美术先锋:决澜社艺术家群像》,第110页,北京:新星出版社,2011年。
〔2〕 臧杰:《民国美术先锋:决澜社艺术家群像》,第15页,北京:新星出版社,2011年。
〔3〕 臧杰:《民国美术先锋:决澜社艺术家群像》,第14页,北京:新星出版社,2011年。

表主要体现在两个方面:一是商业美术的出现,主要是月份牌的流行;一是现代城市雕塑的出现。

月份牌

月份牌事实上是一种商业美术形式,也就是商业广告。它最早出现在上海,是伴随着民族工商业和外国商业在中国市场的竞争发展起来的。商业的竞争势必会带动广告业的竞争。特别是在 1910 年,英美烟草公司引进了胶版印刷机,成立了他们自己的广告部,并创办了一所纯粹培养商业艺术家的美术学校。这一举动马上引起了民族企业家的警觉和挑战,他们也联合中国艺术家研发自己的广告产品。从此,一种融合传统中国画元素和西方现代设计元素的崭新的商业美术形式——月份牌就这样出现了。月份牌的基本形式是:长方形的类似传统中国画的框架,主要画面元素有日历、产品生产商信息、广告语,中间是绘画,多以美丽时髦的都市女性作为描绘对象。而月份牌之所以受到热捧,就是因为是中间的宣传画画得太漂亮了。

月份牌的创作以擦笔水彩为基础,结合了中西画法,美学风格细腻柔美。月份牌所表现的对象也多以都市时装美女为主体。这些都市时髦女性化最流行的妆容,穿着最流行的时装,用着最新潮的物品:电话、电炉、吉他、话筒、唱片;作最时尚的消遣:打高尔夫球、抽烟、骑马、游泳、航空、读书、玩宠物;她们走出了家庭,出现在公园、舞厅、咖啡馆、电影院,甚至火车站。她们的生活方式不仅是现代化的,精神上也有了现代内容。她们会弹琴,爱读书,追求知性的美丽。她们拥有着健康文明的两性之爱,比如有张月份牌上描绘的是一位女青年送别飞行员男友保家卫国的场景;更多的月份牌塑造了一个幸福主妇和文明家庭的形象。这个幸福主妇,她漂亮、富有、聪颖,既是慈爱的母亲,又是秀外慧中让人着迷的爱人。有的月份牌上描绘着中西合璧的文明婚礼,以及一夫一妻的家庭幸福生活的场景。可想而知,这样的月份牌走进千家万户,带给普通人的生活方式,行为方式,乃至精神上的影响是很大的。月份牌寄托着人们对于现代化日常生活的想象,也推进了日常生活的现代化进程。因此,月份牌这种商业美术形式的意义不仅仅是商业上的或者说艺术上的,它还具有文化意义。当时上海出现了很多制作月份牌的名家,如郑曼陀、杭穉英等。特别是杭穉英,1923年在上海创立穉英画室,并邀师弟金雪尘,同乡李慕白合作从艺,使穉英画室成为沪上制作月份牌最有实力和竞争力的创作群体。月份牌在三十年代达到盛期。

城市雕塑的出现标志着更为自觉的都市美术建设意识。1928年,南京被定为特别市,随即展开首都建设。国民党的首都建设计划不仅是一种政治上的策略,同时也有一种自觉的文化建设意识。如孙科在《首都计划》的序文中写道:"自去岁双十节后,国民政府以北伐统一告成,乃筹备成立五院,宣示国人以训政建设。中外视听,于焉一新,而首都建设问题,遂亦为各方所注目。良以首都之于一国,固不唯发号施令之中枢,实亦文化精华之所荟萃。觇人国者,观其首都,即可以衡定其国民文化地位之高下,关系之巨,盖如是也。"在这样的背景下,南京政府组织了纪念国父孙中山的雕塑比赛,并因此在三十年代形成了一场著名的雕塑运动。南京各界成立了"孙中山铜像委员会",负责审查参选的总理铜像模型。所以很多民国时期的大城市如上海、武汉、南京和广州都留下了众多的孙中山的雕塑。另外,广州、武汉、杭州、成都四个城市也出现了一定数量的现代雕塑。如广州有李金发创作的原来竖立在广九车站的邓仲元将军像,后移到黄花岗七十二烈士墓陵园;耸立在西子湖畔的江小鹤创作的陈英士烈士塑像和刘开渠创作的淞沪抗日阵亡将士纪念碑(第一座纪念抗日将士的纪念碑)等。如果说上述城市雕像还有一些政治宣传的意味,那么李金发为上海南京大戏院创作的装饰浮雕则是典型的城市雕塑。1928年,李金发为上海南京大戏院创作了长十二米的巨型浮雕,是中国近代大型装饰浮雕的萌芽。雕塑以身披长袍的男子为中心,两边各跪一裸男和一裸女,共同捧着一个象征艺术之花的古瓶。两侧分别是翩翩起舞的人群，其中有活泼的儿童和音乐演奏者。内作演奏、歌舞、摄影等动作，均为裸体。人物的组织和动态富有节奏和韵律。有些人物身穿衣裙，衣褶的处理像古希腊雕像的波浪式褶纹。从艺术上看，这件作品受到古希腊和近代西方象征主义艺术的影响。可以说，这些城市雕塑一方面起到了教育意义，另一方面在建设城市文化、打造城市文化景观方面起到了积极的推动作用，推进了城市的现代化的文明进程。

孙中山铜像

1937 年，日本侵华战争全面爆发，中国刚刚开始的政治、经济和文化的现代化进程被迫中断。第二个十年的自由主题被战争主题所代替，美术文化自由发展的黄金时代暂告结束。

第二十章
传媒文化与设计文化的"现代性"革命

传播文化的兴盛与设计文化的兴起,依然是"革命与自由"时代重要的新文化现象。对于传媒的发展而言,革命是时代主题,面临着当局的扼制与封锁,革命媒体又常常以"自由的抗争"来表达自己的文化要求。革命与自由在这一文化领域中始终纠集在一起。

一、发展中的传媒技术文化

1927 年是一个具有象征意义的年代,这一年国民党在南京建立了国民政府,国民党完成了中国名义上的统一,开始着手"国家建设",大众媒介也从政党报纸、娱乐小报转变为日益关注国家和公共事务的"国民媒介"。

从 1928 开始到 1937 年的十年,随着统一,国家经济发展迅速,据费正清的《剑桥中华民国史》所描述的,1928—1937 年的十年期间,中国的铁路将近 3 400 公里,包括完成粤汉线、浙赣线和山西的同蒲线等,"关于公路的里程,1912 年以前,中国不存在行驶机动车的道路。在 1937 年 7 月之前,中国完成了约 11.6 万公里,其中 4 万公里铺了路面。这些公路的修建,大多数是在 1928 年以后。当年即修筑公路 3.2 万公里,均由全国经济委员会公路总局所承担,既是为了军事上的需要,也是为了商业上的需要服务。例如七省公路建设计划,由河南、湖北、安徽、江西、江苏、浙江和湖南七省合作,用公路体系把国民政府最具实力的省份连成一体"[1]。

铁路和公路将整个中国连成一片,这样的连接意义重大,社会学家费孝通说:"自从铁路建成,把中国南方和北方联系了起来,三个大河流域的自然区域间的距离逐步缩短了。我们相信,中国将很难再次分为南北两方。"[2]一个统一的的全国经济委员会也于1931年成立起来,目的是指导"国家的经济重建工作"。政治的统一和经济的发展带动了文化和大众传媒事业的繁荣。在二十世纪二三十年代,电报、邮政和新闻报纸在中国的日常、文化和政治生活中的角色变得越来越重要。据吉尔伯特·罗兹曼在《中国的现代化》一书中的描述,一战结束时,"中国许多城市已开办了电报业务,一个现代邮政系统提供了广泛的服务,尽管常常是缓慢的。这些逐步的发展,不仅为各省内部的聚合和控制,而且也会为地方的政治鼓动和抵抗提供了基础设施。技术使各个地区权力中心能在转瞬之间相互串通一气,从而改变了行动的速度和范围。过去国内某些在政治上很迟钝的地区现代变得活跃和灵通了。新型领袖人物就慢慢在全国舞台上开始崭露锋芒"[3]。正是借助于电报、邮政和报纸这些新兴媒介,政治人物的活动得到了广泛关注。在书中,罗兹曼还以袁世凯复辟等事件为例,讨论了电报、报纸等大众媒介技术的发展对政治和社会生活的影响,他指出,在1916年袁世凯复辟和在1919年的"五四运动"中,电报和大众报纸都成为"公众舆论"的发源地,军阀们之间爆发战争之前通常是"通电战"或报纸上的"舆论战"——在报纸上相互指责对方行为不端是常见的媒介手段,也是政治手段,而电报、邮政和大众报纸在政治生活中的重要性在二十年代后期变得更明显了:

---

[1] [美]费正清主编:《剑桥中华民国史·上部》,杨品泉等译,第98—99页,北京:中国社会科学出版社,1994年。

[2] 费孝通:《中国绅士》,第84页,北京:中国社会科学出版社,2006年。

[3] [美]吉尔伯特·罗兹曼主编:《中国的现代化》,国家社会科学基金"比较现代化"课题组译,第256页,南京:江苏人民出版社,2003年。

技术在政治行为的手段方面所造成的变化在以后的年月里得到了强化。在 20 年代,城市无产阶级的队伍尚小,但是为了响应关于无产阶级应该充当革命先锋队的大道理,大家就争先恐后地在少数无产者中开展组织工作。它受传播媒介的鼓动而举行罢工和抵制,并成为在全国范围内广受宣传的与帝国主义势力对抗的焦点。1927 年以后的国共斗争也包括一场宣传媒介之战,国民党控制着大部分电台和报纸,而共产党则在文学出版物和非正式的地下宣传方面势力很强。1936 年西安事变之际,蒋介石被捉旋而又获释回到南京,改变中国对日方针,使全国的注意力就集中到这位领导人的身上去了。处于对日交战状态而忐忑不安的民众,通过电台和报纸频繁发布的新闻,及时得到了最新消息。〔1〕

不同政治力量都依靠电报、报纸等大众媒介宣传自己,加强自身的影响力,刚刚成立的国民政府一上台便着手建立一个辐射全国的电报、电台、报纸和广播体系。在这方面,陈果夫、叶楚伧、程沧波和萧同兹等人是主要推动者。陈果夫认识到大众媒介在社会宣传动员方面的重要性,他强调中国要想赶上西方发达国家,要在三个方面下工夫:一是通讯社,二是广播事业,三是电影。在陈果夫、叶楚伧、程沧波、萧同兹等人的倡议和主导下,"中央社"、《中央日报》和"中央广播电台"都在二十年代建立起来,一个现代化的、全国性的大众媒介网络体系逐渐形成。这些代表国民党统治阶层声音和利益的主流媒体,在经营方面日益现代化。例如萧同兹在创办"中央社"的时候提出了社会化、企业化和专业化的办社理念,他提出了创办中央社的三个原则:1. 成立社会事业,将中央社迁出国民党中央宣传部,机构独立,中央社地址从管家桥迁往新街口洪武路寿康里。中央社的名字也简

---

〔1〕 [美]吉尔伯特·罗兹曼主编:《中国的现代化》,国家社会科学基金"比较现代化"课题组译,第 256 页,南京:江苏人民出版社,2003 年。

称为"中央通讯社"。2. 自设电台,原来"中央广播电台"依附于交通部,信息不畅通。3. 在不违反"政治正确"的前提下,自由独立处理新闻。这些主张实施后大大加快了新闻的专业化发展。萧同兹在任期间,还着手建立以南京、北平、上海、香港、天津、西安和汉口等城市为核心的"七大都市通讯网",提出同一天的新闻在全国各个城市都要上。在以往,南京的新闻到达广州往往是一个星期之后的事情。经过这样大刀阔斧的媒体改革,国民党中央机构的媒体影响力大大增强,不仅垄断了国内新闻来源,而且随着国民党统治力量的加强,国民党"中央社"和美联社、路透社等海外世界大通讯社建立了联系,签订了互相交换新闻的合同。

当然,除了"中央社"、《中央日报》和"中央广播电台"等由国民党控制的官方媒体部门迅速发展之外,在 1927 年到 1937 年期间,《申报》、《新闻报》、《时报》、《时事新报》、《大公报》和《世界日报》等"民营媒体"也发展迅猛,在《世界日报》的创办者成舍我看来,在二十世纪三十年代前后,中国的报纸新闻水平比一战前后已经有了"很大进步"。当然,大部分报纸都集中在上海、天津和北平等沿海开埠以及重要政治城市中,这些报纸注重时事政治和社会新闻,得到了普通市民和社会大众的喜欢,著名报人成舍我这样回忆当时的报业发展情况:

> 民国初年的报纸,即如号称报纸最发达的上海,那时的销数,占第一位的报馆,也最多不过销量两三万,现在则最多已有到十四五万份一天的了。那时报纸的新闻,异常陈腐,尤以本埠新闻最腐败,一切消息,均凭所谓跑马路的访员,拉杂撰写,用复写纸一字不改,分投数报。现在则本埠新闻,竞争激烈,每一报馆辄有外勤十余人,一事发生,立时出动。[1]

---

〔1〕 成舍我:《中国报纸之将来》,《成舍我先生文集·大陆篇》,第 60 页,台北:世新大学舍我纪念馆,2013 年。

这当然得益于媒介技术的发展，在成舍我看来，上个世纪二十年代末、三十年代初期的上海、北京等地报纸的"印刷、编辑、新闻来源以及一切的一切，几乎没有一样不是比民国七年时特别进步。单就电报一项而论，一个著名报纸的紧要新闻，平均计算，二分之一大约都是专电，字数约由三五千字，最多到一万字，这都是从前所梦想不到的"[1]。而为了争取广大的市民读者，在上海、北平和天津等地，各个报馆之间的竞争也比以往更加激烈。例如1928年围绕着上海滩发生的"马振华与汪世昌的恋爱事件"，上海滩的各大报馆为了抢新闻展开了激烈竞争。二流报纸《时报》为了与《申报》、《新闻报》等上海滩大报争新闻，不惜采取小报手段，抛出一些耸人听闻的"黄色新闻"：

> 按照陈景韩、金剑花的计划——上海的巡捕房、工部局刑事科、救火会、医院、海关、工部局交通处、气象台、领事馆和火车站等地方，汇集着大量社会新闻的线索，在那里，每天发生着千奇百怪的故事，如果把这些停留在街巷里弄，口头传播的鸡零狗碎，经过记者的文字转述而见诸报端，岂不立刻升级为社会话题，吸引读者的注意力？
>
> 1928年3月发生的马振华与汪世昌失恋自杀案，让时报馆一炮打响。从3月中旬到4月初，金雄白一直跟踪采访这条全上海人都在关心的新闻，连篇累牍，前后用了近十万字的篇幅，占据了《时报》的版面。同年6月，黄慧如与陆根荣主仆相恋出走事件，由金雄白首先披露后，又引起各报推波助澜，追逐竞争，一时间，"社会新闻"不仅为同业津津乐道，同时也成了招揽读者的招牌[2]。

---

[1] 成舍我：《中国报纸之将来》，《成舍我先生文集·大陆篇》，第60页，台北：世新大学舍我纪念馆，2013年。

[2] 张功臣：《民国报人》，第140页，济南：山东画报出版社，2010年。

　　时报馆因为此事"一炮打响"，《时事新报》、《申报》和《新闻报》这些老牌报纸自然也不甘落后，迅速调集媒体力量，深度参与事件的报道："各报竞争的重点，从以前的重视北京专电而变成争抢社会新闻，形成了一股新的潮流。"[1]社会和市场成为检验办报是否成功的标尺。"马振华与汪世昌的恋爱事件"不仅引发了各家报纸竞相报道的盛况，而且普通市民也在报纸连篇累牍地报道下积极行动，参与到事件的大讨论中。像顾德曼所说的那样从这一因恋爱而引发的自杀事件可以看出，在二十世纪二十年代末的中国，报纸真正成为"一场热烈的公众争论的工具"，通过给报馆写信，市民们纷纷表达对事件的认识和看法。"各个报纸为彼此竞争读者，争相发表关于这段爱情及其背叛的原始资料，以此招徕读者的反应。用这种方式，报纸变成了对感情的公众评判的场所……报纸还成为一种公众记录，既记录了这对恋人之间的文字来往，也记录了公众对他们个人写作证据是否表达了他们之间的诚挚感情的真实状况的分析。"[2]报纸可以说真正成为"国民媒介"。

《申报》

---

〔1〕　张功臣：《民国报人》，第 142 页，济南：山东画报出版社，2010 年。
〔2〕　〔美〕顾德曼：《向公众呼吁：1920 年代中国报纸对情感的展示和评判》，姜进主编：《都市文化中的现代中国》，第 195—196 页，上海：华东师范大学出版社，2007 年。

二、媒体杂志的大众化时代

在二十世纪二三十年代,北京、上海等地的出版事业也十分繁荣,涌现了大量的通俗期刊和大众画报。例如《良友》、《西风》、《玲珑》、《半月》、《生活》周刊等杂志。其中最著名的要数伍联德于1926年创办的《良友》杂志和邹韬奋于1926年接手的《生活》杂志。《良友》画报适应了现代都市社会的需求,一创办便风靡上海滩:"创刊号初版3 000册,两三天内售空,再版2 000册不足应付,又再版2 000册,总共7 000册,在当年,是个不错的数目了。"《良友》画报将目光对准电影明星和普通市民,女性成为杂志的焦点显示了民国时期女性地位的普遍提高,杂志封面上的女郎千姿百态,大多数着装摩登时髦,不仅展现了现代女性的魅力,而且也成为摩登上海的名片。李欧梵认为《良友》画报敏锐地意识到"大众在日常生活层面可能需求一种新的都会生活方式"[1]。对于摩登大都会和现代生活的关注让《良友》声名远播。

《良友》画报

相对于《良友》画报的"中产阶级趣味",最初由黄炎培主编,一年后由邹韬奋接手的《生活》周刊则强调"大众情怀"和"平民意识"。邹韬奋在青少年时代便对新闻报纸有着浓厚兴趣,在中学里读书的时候,他还常常到附属小学的老师沈永癯那里求教,因为这位老师家里订了许多报刊杂志,"他的书橱里有着全份的《新民丛报》,我几本几本地借出来看,简直入了迷。我始终觉得梁任公先生一生最有吸引力的文章要算是这个时代的了。他的文章激昂慷慨、淋漓痛快,对于当前政治的深刻的评判,对于当前实际问题的明锐的建议,在他的那支带着情感的笔端奔腾澎湃着,往往令

---

〔1〕 李欧梵:《上海摩登》,毛尖译,第77页,北京:北京大学出版社,2001年。

人非终篇不能释卷。我所苦的是在夜里不得不自修校课,尤其讨厌的是做算学题目;我一面埋头苦算,一面我的心却常常要转到新借来放在桌旁的那几本《新民丛报》!"〔1〕从青少年时代,邹韬奋便立志从事新闻事业。1925 年 11 月,在一份《教育与职业》的月刊基础之上,《生活》周刊创刊。不过,根据邹韬奋自己回忆,《生活》周刊创办的最初意旨是"传播关于职业教育的消息",后来在时代环境、主编自己的个性倾向以及一般读者的要求下,《生活》周刊的办刊理念才发生了转向,由"传播关于职业教育的信息"逐渐转变到"研究社会和政治问题"以及关注"大众生活"等议题上。邹韬奋后来在回忆《生活》周刊时强调了几点成功经验——创造精神、内容力求精警、要顾到一般大众读者的需要,以及要有志同道合的同志协助,不能唱"独角戏"〔2〕。邹韬奋办刊物讲究"独出心裁",他认为单张的格式被人模仿的太多,便采用"订本的格式",当订本格式被人模仿多了,他又计划添加"画报",始终保持刊物在风格上的独特性和领先性,而《生活》周刊所倡导的大众理念更是得到了广大读者的认同:

> 要顾到一般读者的需要。我在这里所谈的,是关于推进大众文化的刊物(尤其是周刊),而不是过于专门性的刊物。过于专门性的刊物,只要顾到它特殊部门的读者的需要就行了;关于推进大众文化的刊物,便须顾到一般大众读者的需要。一般大众读者的需要当然不是一成不变的,所以不当用机械的看法,也没有什么一定的公式可以呆板地规定出来。要用敏锐的眼光、深切的注意和诚挚的同情,研究当前一般大众读者所需要的是怎样的"精神食粮",这是主持大众刊物的编者所必须负起的责任。〔3〕

---

〔1〕 邹韬奋:《邹韬奋自述》,第 11 页,合肥:安徽文艺出版社,2013 年。
〔2〕 邹韬奋:《邹韬奋自述》,第 82—83 页,合肥:安徽文艺出版社,2013 年。
〔3〕 邹韬奋:《邹韬奋自述》,第 83 页,合肥:安徽文艺出版社,2013 年。

其实,在创刊号上,《生活》周刊已经明确地宣传了自己的刊物理念,那就是关注人类的生活本身:"世界一切问题的中心,是人类;人类一切问题的中心,是生活。"[1]《生活》关注现代社会生活的各个方面,诸如青年生活问题、妇女生活问题、城市贫民生活问题、职业、恋爱、婚姻和家庭问题等等。《生活》周刊具有鲜明的底层情怀,普通大众和下等阶层的生活最受其关注,第一卷就有《南通小贩生活》、《北京之花边业》、《南京人力车夫生活之一瞥》、《汉口至苦力》、《南京渡江民船》、《镇江藤轿夫》等大量关于南京、北京、南通、武汉等地下层民众生活现状的描绘。例如第 1 卷第 10 期就有一篇《卖报童子》这样描写南通城市街头的报童:"我们南通,工厂多不招童工,这些童子,父母有职业的,还不生什么问题;有很多的,母亲虽然替别人家洗洗衣服,替过路客补补衣服,赚得几钱;可是父亲无业,好赌的也有,好吃酒的也有,甚至鸦片的也有,这些童子们,既不能上学,又不能享受父母的供养,于是就不得不做贩卖的生涯了。贩卖报纸也是贩卖生涯中的一种。贩报虽不是什么笨重的生活,然而确是一种麻烦而最要耐苦的事。天拂晓,就要起身,到报馆前面等着开门,太阳上东南角,馆门才开;有时开了门,报还没有出版。只得挨着饥肠静候,好容易出版了,赊了几十份沿街叫卖,卖完了偿还赊账,然后才回去吃这天的第一餐饭,这时差不多已正午了。吃完饭,停了一会儿,还要替报馆里尽送报的义务。因为要替报馆尽送报的义务,报馆始肯他享赊报的权呢!订报的人家既多,又是五离四散,非到八九点钟,总没有休息的时间,九点钟以后,便是他们最安逸而极乐的时候了。其实是生理的正当要求,那算偷安呢。"[2]透过这篇文章我们可以看到,在二十世纪二三十年代,报纸作为大众媒介在民众中的受欢迎程度,许多市民都在订阅报纸,但另一方面,报纸的发达也催生了以报纸为生的可怜的卖报儿童。

在邹韬奋等人的苦心经营下,以服务大众、参与社会为宗旨的《生活》

---

〔1〕 《创刊词》,《生活》周刊,第 1 卷第 1 期。
〔2〕 启之:《卖报童子》,《生活》周刊,第 1 卷第 10 期。

周刊产生了广泛影响,在 1932 年底"发行量达到 155 000 份,创当时全国期刊发行的最高纪录"[1]。在政治上,邹韬奋则像《大公报》一样,奉行"不加入任何党派",而是信奉"大众的立场":"我向来并未加入任何党派,我现在还是这样。我说这句话,并不含有褒贬任何党派的意味,只是说出一件关于我个人的事实。但是同时却不是说我没有立场,也不是说我没有主张。我服务于言论界者十几年,当然有我的立场和主张。我的立场是中国大众的立场;我的主张是自信必能有益于中国大众的主张。"[2]尽管邹韬奋强调了其"不加入任何党派",只为"大众服务",但是《生活》周刊的平民情怀、大众立场和浓厚的反日情绪还是遭到了国民政府当局的打压,1933 年 12 月,国民政府查封了《生活》周刊。1936 年更是发生了震惊中外的"七君子事件",邹韬奋与沈钧儒、章乃器、李公朴、王造时、史良以及沙千里等人在上海被秘密逮捕,而在逮捕的前一天夜里,邹韬奋还在计划"下一期的《生活星期刊》的社论应该做什么题目"。

二十世纪的新媒介电影在二十世纪二十年代之后也发展迅速,特别是在上海,随着都市人口的急剧增加,看电影成了新的都市流行时尚和大众娱乐活动:"尤其是在 1927—1937 年间,上海的人口从 264.1 万激增至 385.1 万,人口密度大,大城市人与人之间的关系是刻意疏离的,因此,电影所提供的黑暗的私人空间显然更合适上海人的交际和相处。"[3]上海人口的激增带动了新兴电影产业的发展:"在公共放映方面,上海不仅是电影在中国的首映地,而且也是现代影院最集中的城市。1937 年抗战爆发前,上海专业影院的数量已近 40 家,主要集中在公共租界和法租界地区。"[4]《都会的早晨》、《新女性》、《马路天使》、《十字街头》和《桃李劫》等反映都市

---

〔1〕 方汉奇主编:《中国新闻传播史》,第 179 页,北京:中国人民大学出版社,2002 年 11 月第 1 版,2014 年 7 月第 3 版。
〔2〕 邹韬奋:《邹韬奋自述》,第 87 页,合肥:安徽文艺出版社,2013 年。
〔3〕 崔辰:《"上海"与电影》,孙逊主编:《都市文化研究第一辑·都市文化史:回顾与展望》,第 228 页,上海:上海三联书店,2005 年。
〔4〕 孙绍谊:《想象的城市:文学、电影和视觉上海(1927—1937)》,第 109 页,上海:复旦大学出版社,2009 年。

生活和抗日运动的电影赢得了无数市民观众的喜欢,这些电影也再现了当时中国社会的日常生活和民族关系。不仅如此,米高梅、派拉蒙等以好莱坞为主的美国电影也大量涌入上海等地,与国产电影构成了竞争关系,这种激烈的竞争局面还引起了国民政府的高度重视。

三、当局的媒体和文化控制

在 1927—1937 年的十年期间,从国家到地方都出现了一种崭新的气象,知识界和大众也都对中国的未来持一种乐观的情绪。李公朴在《生活》周刊第 4 卷第 4 期就撰文表示,国家统一,中国将跻身世界强国:

> 中国现在之情形颇住(佳),南北政府已统一,今后可着手于建设事业,教育之普及,与交通之发展,吾人行看此东亚大国将由紊乱时期而入稳固之地位。吾人每传说中国言语不统一,据最近调查,中国人民对现在之所谓国语,奉行甚速,大多数省分已能通行国语,而文字方面则固本来一致者,以中国土地之广,生产之富,若能次第发展,不久即将为世界最强之国家。[1]

令人遗憾的是,这种良好的局面在 1937 年由于日本帝国主义的野蛮入侵而改变。

尽管随着国家统一和经济发展,大众报纸、图书杂志和电影艺术等大众媒介都取得了突飞猛进的进展,但是国民党政府没有放弃对新闻报纸、图书杂志和电影媒介的控制。1927 年国民党刚刚接管上海,便加强了对报馆的管控,在上海实行所谓的"独检"政策——由上海市政府成立新闻检查处,检查报纸内容。1928 年之后,随着政权巩固,更是加强了对报馆的控制,"特别是 1928 年春天南京国民政府成立后,当局开始创建新闻与宣传

---

[1] 李公朴:《中国人所恨者》,《生活》周刊,第 4 卷第 4 期。

审查体制,当年先后颁布了三个指导审查党报和普通刊物的命令"[1]。据方汉奇在《中国新闻传播史》中的描述,为了有效控制大众传媒,政府出台了许多法律,实行新闻出版检查制度,图书杂志在出版之前往往都要送审:"1933 年 5 月起,在上海、南京、北平、天津等城市建立新闻检查所,1934 年 9 月 10 日国民党中央成立新闻检查处,新闻检查逐渐在全国推广。"[2]报人关进监狱、报馆遭遇查封成为常见的事情。例如 1934 年 5 月 24 日,南京的《民生报》就因为刊登"彭学沛涉嫌贪污一案"遭到了当局停刊三日的处罚,而 7 月 27 日,该报刊登一篇关于"检察院对汪精卫的一名部属提出弹劾,该消息由一家通讯社所发布,已通过审查,但蒋介石却仍由南昌行营电令南京宪兵司令部关闭《民生报》,逮捕成舍我并拘禁 40 天"[3]。对于国民政府当局的检查,各大报馆虽然反对但也没有办法,为了应付政府检查,《新闻报》和《时事新报》还"首开天窗先例":"《新闻报》就制作大小不等的广告锌板,以备使用。遇广告锌板嵌入后,大小不等而露出两边空白处,就被戏称'小洋铅皮盖大天窗'。"[4]各个报纸针对政府新闻检查的最激烈反抗就是反对新闻检查制度,呼吁新闻自由,主张报纸独立精神。

新兴的电影和其他娱乐行业也受到了管控,国民政府在南京刚刚成立,便着手制定了针对电影行业的各种规章制度:"1930 年 11 月 3 日,国民政府公布《电影检查法》。次年 2 月 25 日,教育部和内政部组成电影检查委员会(下文简称'电检会'),开始实行全国统一的电影检查。电检会成立之初,将其检查重点置于泛滥一时的武侠神怪影片与所谓'淫靡肉感'的美

[1] 张功臣:《民国报人》,第 136 页,济南:山东画报出版社,2010 年。
[2] 方汉奇主编:《中国新闻传播史》,第 168 页,北京:中国人民大学出版社,2002 年。
[3] 成舍我:《南京〈民生报〉停刊经过》,《成舍我先生文集·大陆篇》,第 125 页,台北:世新大学舍我纪念馆,2013 年。
[4] 庞荣棣:《申报魂——中国报业泰斗史量才图文珍集》,第 117 页,上海:上海远东出版社,2008 年。

国好莱坞影片,并通过严厉的检查大大压缩了武侠神怪片的制作与市场空间。"[1]1932年,由陈立夫出面组织成立了"中国教育电影协会"。在中国教育电影协会上,陈立夫对好莱坞电影和左翼电影进行了严厉批评,他这样批评美国电影:"现在,国内最流行的影片,谁都知道是美国为大宗,美国是生产过剩,物力充斥的国家,他们的民众,生活非常优裕,都有充分的物质的享受,平常的工人生活,和中国所谓资产阶级比起来,或许还有优胜。因此他们的艺术——尤其是电影,并不需要另有教育上文化上的意义,但求能满足娱乐的条件,就算是成功了。在他们的银幕上,几乎都是香艳肉感的片子,极尽其富丽堂皇的能事。把这些片子拿到中国的银幕上来表现立刻可以使观众感觉到中国的穷陋破败,灰心丧志,减杀向上的勇气;同时,也极容易使一般人竞慕他们的骄奢淫逸。把生活日趋于荒糜颓唐,不克振拔。我常觉得舶来影片的充斥于中国的剧院,在经济上的损失,还是有限;在精神上的损失,实为无穷。"[2]他呼吁在中国电影界掀起"一阵旋风",开辟一个"中国电影事业的新路线",将那些"淫糜、妖艳、肉感"等宣传恶的片子一扫而尽。1934年2月20日,国民党中央修改"电检法",成立"中央电影检查委员会"。"中央电影检查委员会受国民党中央宣传委员会电影事业指导委员会指导,委员由兼任改为专任,由电影事业指导委员会推荐,行政院聘任;设主任一人,由行政院派任;每周开会一次,执行检查电影工作,从而在组织上保证了国民党的电影政策可以通过其上传下达。"[3]武侠电影、好莱坞电影特别是左翼电影受到的审查日趋严格,电影在投拍之前,都要接受电影事业指导委员会的严格审查。

总之,在1927—1937年的十年期间,随着国民政府成立,国家在政治、

〔1〕 汪朝先:《1934—1937年的中央电影检查委员会研究》,姜进主编:《都市文化中的现代中国》,第440页,上海:华东师范大学出版社,2007年。

〔2〕 陈立夫讲述,王平陵笔记:《中国电影事业的新路线——中国教育电影协会应负的使命》,罗艺军主编:《1920—1989中国电影理论文选》,第245—246页,北京:文化艺术出版社,1992年。

〔3〕 汪朝先:《1934—1937年的中央电影检查委员会研究》,姜进主编:《都市文化中的现代中国》,第443页,上海:华东师范大学出版社,2007年。

经济和文化方面都取得了一定的成绩,报纸、电影等大众传媒行业也不例外,现代化的通讯手段和交通工具都迅速用到了新兴的媒介事业上,促进了电报、大众报业和电影行业等大众传媒的蓬勃发展。在经营管理和办报理念上,报纸等传媒行业也日益现代化,越来越主张摆脱党派色彩,增加大众媒体的社会意识和公共意识,倡导媒体是"社会公器",应代表大众利益,例如成舍我就这样给"新时代的报纸"定位:"新时代的报纸,不但一派一系的代言性质,将成为过去,即资本主义下,专以营利为本位的报纸,亦必不能再为大众所容许。新时代的报纸,他的基础,应完全真确,建筑于大众'公共福祉'的上面。新闻记者,虽然不是真接受了大众的委任,但他的心中,应时时刻刻将自己当作一个大众的公仆。不要再傲慢骄纵,误解'无冕帝王'的意义,他只有大众的利益,不知有某派、某系或某一阶级的利益,更不知有所谓个人政治和营业的利益。所以报纸上的言论,记载,一字,一句,均应以增进'公共福祉'为出发点。"[1]在这里,报纸作为"社会公器"和"国民媒介"的地位得到了确立。

四、设计文化的时代性发展

北伐战争胜利后,1927年南京国民政府成立,结束了军阀混战的局面,并于次年完成了中国形式上的统一。政府相继采取了收回海关主权、实施工业统税、发展国家资本、推行币值改革等经济政策,取得了中国经济相对稳定的发展局面。不过与此同时,因为国共两党的分裂和外部侵略势力的威胁,革命起义和对外抗争风起云涌,在中国广袤的大地上,在中国人民的情感深处,求得中华民族解放与独立的任务远远没有完成,争取革命的胜利与人民的自由遂成为这一历史时期的政治主题。经济相对稳定的发展为中国设计事业的进步提供了一定的物质基础,政治主题的制约使得中国

---

〔1〕 成舍我:《我们的两个目的》,《成舍我先生文集·大陆篇》,第97页,台北:世新大学舍我纪念馆,2013年。

设计文化再次加入新的元素。概括而言,这一阶段的中国设计文化既延续了上一阶段的文化特征,又添加了崇尚革命与向往自由的美学因子。

崇尚革命与向往自由的设计文化特征在广告设计领域表现得尤为突出。比如月份牌广告,其诞生于十九世纪末的上海,盛行于民国时期,二十世纪三十年代则是月份牌广告的鼎盛时期。九一八事变之后,面对日本帝国主义的侵略,不少月份牌的广告设计高举起爱国抗敌的大旗。最著名的广告设计有:以东北抗日将领马占山为题材的系列抗敌报国广告、提请国人注意国家危亡的地图系列、蔡廷锴将军题字的胡文虎万金油系列广告等。1932年,日军侵略上海挑起淞沪战事,谢之光设计创作了《一以挡十》广告画,歌颂了十九路军在上海商务印书馆一带奋起抗战杀敌的英勇气概。该画使国人精神大振,也令日军恼羞成怒,日军多次要求上海当局查禁该月份牌。后来,日军占领上海租界后,立刻下令销毁该画的印板。到了抗日战争胜利前夕,上海画家郑午昌、杭稚英、谢之光、金梅生、戈湘岚等十人联手设计创作了《木兰还乡图》,集十大画家之精粹,表现了亿万人民的盼望,获得很大的成功。另一方面,月份牌的广告设计还紧跟时代潮流,推动了妇女解放运动,体现出向往自由的设计文化特征。例如稚英画室设计推出的"美丽牌香烟"、"双妹牌花露水"、"蝶霜"、"白猫牌花布"、"阴丹士林布"等月份牌,陆续掀起了月份牌画的一场革命,造就了月份牌广告画的黄金时代,它们勾画出一种新的上海美女形象。再如金梅生笔下的新女性形象,颇具时代特色和生命活力,她们溜冰、抚琴、调笙,充分表现了时代女性的健康美艳。谢之光为华成烟草公司设计推出的"美丽牌"和"金鼠牌"香烟广告上的新女性形象,一经面世,就立刻就赢得了广泛的关注。月份牌广告设计以时尚的女性形象作为广告模特,潜移默化地推动了中国妇女解放运动的步伐。它们禁止妇女缠足,提倡放足,直接倡导了妇女解放;它们提倡婚姻自主,追求个性解放,对妇女解放运动起着示范式的导向作用;它们使知识女性逐渐成为时尚,自觉地推动着国内妇女解放运动的发展。这些具有开创性意义的广告设计,不仅极大地推动了中国广告设计事业的进步,而且使得崇尚革命与向往自由的设计文化观念开始为国人所接受。

　　最值得注意的是,这一历史时期还是中国现代设计事业一个关键性的发展阶段,具体表现在三个方面。首先是各种设计事务所和设计社团的成立。1932年在巴黎受过西方现代设计熏陶的庞薰琹在上海筹建"大熊工商美术社",并组织工商美术展览,虽然其美术社在筹建中遭致流产,但其集体协调的设计形式,在当时产生了相当的反响。不少设计师仿效其形式,组织自己的工作室和设计社团。1934年上海成立"中国商业美术家协会",入会者多达五百余人,同年举办展览会,先后出版工商美术作品选集两辑。其次是设计领域的拓宽。近现代中国的工业化促进了工商业的发展,同时使设计领域不断拓展:照相、戏剧布景、舞台设计、环境艺术设计、报刊版面设计、广告装潢设计、商业标志设计等一批在传统设计形式中没有的新设计形式开始形成。包装、书籍装帧、纺织品设计、服装设计以及建筑室内设计、壁画设计等也在各自领域不断扩大设计范围,呈现出与传统设计完全不同的新面貌。再次是产生了一大批自由设计师和一些驻厂设计师。随着设计艺术的迅速发展,大批设计人才脱颖而出,他们以不同的身份参与设计,较多者为自由设计师,如大量的月份牌设计创作者和书籍装帧设计师。还有一些文学家、美术家同时也参与设计工作,像鲁迅、李叔同、陈之佛、叶浅予、丰子恺、叶灵凤等。很多工厂、商行也都设有自己的设计室和制作工场,南洋、英美、华成烟草公司还专设从属于公司的驻厂设计师,陈之佛、张光宇都曾担任此职。

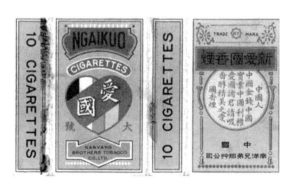

南洋烟草公司设计的烟标

中国设计事业在这一阶段取得的成绩,主要是在商业设计方面,其中广告设计、装潢设计、书籍装帧设计、服饰设计尤为突出。传统设计领域,如木器、陶瓷、金属制品等设计,或者继续以传统的方式发展,或者因工业生产发展程度不高而进展缓慢。从这个意义上讲,崇尚革命与向往自由的设计文化氛围,同时也是中国设计行业本身的一种特征,现代产业的设计工作需要新一代的中国设计师以革命的姿态和自由的精神继续开拓中国的现代设计道路,传统行业的设计工作亟须革命性的改造和突破性的进化来适应现代化的脚步。

第二十一章
左翼的反抗与争自由的教育文化

　　经历 1915 年新文化运动、1919 年五四运动前后轰轰烈烈的新文化推动,教育文化在民主、科学、自由等新鲜血液的输送中长出了现代化的雏形。1926 年至 1936 年,抗日战争爆发前夕,国内文化经历了急剧转变,从北伐战争到左翼运动,这一阶段新文化运作的主题是"革命",不仅仅是政治和战争意义上的革命,也是意识形态、文化艺术领域的革命,当然也是教育现代化进程中的革命。倡导"革命"的政府举起"三民主义"的大旗,教育走进党化教育,对这种革命持怀疑态度的知识分子举起"争自由"的大旗,全力捍卫经由新文化运动争取而来的教育民主权。同一时期,在共产党领导的苏区,举起"共产主义"的大旗,开始以义务教育、实践教育、平民教育与职业教育为组成部分的革命教育实践。革命者俱以革命自居,以争自由为法宝;质疑革命者亦以"自由"标榜,革命、自由,成为时代主题,教育文化就在这样的影响下开始了现代化的反思。

一、从党化教育到三民主义教育

　　"党化教育就是执政党把自己的党义通过教育强加于整个社会的过程。这个过程也就是意识形态化的过程。"二十世纪二十年代,孙中山改组国民党,由他的"党治"思想开始,党化教育逐渐在全国推行。以民主共和为革命目标的孙中山是在痛定思痛之后结合俄国革命经验,提出了党治思想,进而推行党化教育文化。在北伐革命之初,第一次国共合作期间,"党化教育"作为一种教育文化辐射到乡村教育、民众教育、生产教育,在唤醒民众、结束军阀割据的过程中是有一定的积极意义的,然而很不幸,党治思想最终成为中国专制主义借尸还魂的载体[1],党化教育也在这个过程中异化。

1926 年 2 月,广州国民政府教育行政委员会委员兼广东省教育厅厅长许崇清发表《教育方针草案》,其中提出了十四条兴办教育的具体纲领,同时阐发道:"中国今后社会发达必然的唯一可能的进路,我们今后应该致力革命的一般政策,既是如此,则中国今后的教育政策,当然应该与这个革命的一般政策相并动,然后所施的教育才能成为确有成效的教育。"[2]这个意见中强调教育政策应与国民革命一般政策相一致,与国民政府推行的"党化教育"及后来的"三民主义"动机相一致,将教育与革命全面绑定,以革命文化决定教育文化。1926 年 10 月,国民党右派理论家戴季陶执掌中山大学,提出要在中山大学"实施纯粹之党化教育,养成革命之前驱"[3]。党化教育作为一种影响全社会的教育文化,实际上是从把握下一代的方向入手,"使青年们于不知不觉间从党的立场和一孔之见来看世界、看人,看事"。"党化教育就是一党统治的意识向下一代的延伸"[4]。党化教育以鲜明的排他性与强制性彰显着专制主义下的教育文化。这种教育文化是一元化意识形态在教育方面的延伸,其最初起于"革命"之义,缘于争自由之名,结果却是与自由背道而驰。

1927 年 4 月事变后,国共合作结束,国民党在南京建立新的独裁统治,党化教育成为专制主义教育文化。此后蒋介石对三民主义作出大幅修改,将三民主义作为国民党各种政策的合理性依据。1928 年,国民党在南京召

---

[1] 但昭彬:《话语与权力——中国近现代教育宗旨的话语分析》,第 283 页,济南:山东教育出版社,2008 年。

[2] 《中华教育历程》,第 721 页,北京:光明日报出版社,1997 年。

[3] 黄药眠:《动荡,我所经历的半个世纪》,第 59 页,上海:上海文艺出版社,1987 年。

[4] 《殷海光选集》(一),第 393 页,香港:香港友联出版社,1971 年。

开第一次全国教育会议,将教育宗旨从此前模糊的党化教育政策正式确定为"三民主义教育":"我们全部的教育,应当发扬民族的精神,提倡国民道德,锻炼国民体格,以达到民族的自由平等;应该养成服从法律的习惯,训练团体写作和使用政权的能力,以导入民权的正轨;应该提倡劳动,运用科学方法,增进生产技能,采取艺术的陶冶,丰富生活的意义,以企图民生的实现。宗旨,我们全部的教育,应当照准着三民主义的宗旨,贯彻三民主义的精神。"以三民主义教育为核心内容,此后的几年时间中,国民政府一次通过了八条实施方针,包括在普通教育、社会教育、大学及专门教育、师范教育、男女教育机会平等、农业推广等方面的教育细则,同时对蒙藏教育、华侨教育、留学生教育等各类教育都做了原则性的规定,这些原则一直坚持到国民党政府 1949 年败退台湾时止。

为了配合三民主义教育,实现国民政府在思想文化的支配地位,国民政府推行了一系列在新闻宣传方面的审查制度,以及人身限制、控制媒体等。至此,经由新文化运动大力宣传,深入人心的"民主自由思想"遭遇严重挑战。

在三民主义教育基础上,蒋介石在全国推广教育救国,且开展新生活运动即公民教育运动。从大环境来看,蒋介石由三民主义教育推动"教育救国",要求教育注重人格教育,整顿师风,注重训育等等也是有道理的,但在具体操作中却回归到传统"礼义廉耻"的道路,而与现代公民之路背道而驰,也正是因为这个与现代公民教育的相背离引来民间话语对蒋介石政府教育方针的不满与抨击,正如傅国涌所言,此时的教育救国:"最大的缺失就是价值错置,其中强调的那些个人生活规范,都只是为了规矩、服从、守纪律,而没有自主的为这个社会服务,做一个负责任的公民这类内容。"[1]政府的所谓公民教育运动目的在于富国强兵,而非个人解放。

1935 年,《教育杂志》专题讨论"教育救国的途径"和"如何发挥教育在

---

[1] 傅国涌:《权力主导下的新生活运动》,转引自《给教育燃灯》(总序),傅国涌主编,第 11 页,北京:清华大学出版社,2013 年。

救国中的作用"等问题,讨论广泛而热烈,内容详尽而具体,如果从这个讨论的角度去分析,倒是体现了教育文化中"救亡压倒启蒙"的清晰线索。民国人物"将爱国放在了启民智、争民权之上,爱国是有所归依的,他们的爱国从来即是投身教育实业,从基层做起,扎扎实实,以身许国"。参与讨论的有支持政府的,也有批评政府的,有鼓吹军国民教育的,也有倾心于平民教育、职业教育的,还有多位学者关注公民教育以及全人教育。刘熏宇的《全人教育论发端》指出:"受教育,是为了每个孩子都能拥有均等的发展的机会,为了孩子们能够更好的发挥他们各自的能力。"他引用斯宾塞的话语:"教育所负的正当的责任,是在养成人的全完生活。"沈仲九也在《我的理想教育观》中说道:"我想教育的宗旨,并不在于怎样的高深远大,仅可从切近处找寻。实在,只要能够使受教育者都做一'像人的人',教育的目的已可算达到了。"新文化运动的核心之一就是"发现人、解放人进而立人",此时知识分子的全人教育观念以及公民教育观念正是新文化运动发现人、解放人到立人、教育人,使中国成为现代公民社会的重要发展。《教育杂志》的这次讨论虽然表面上是回应政府的教育救国论,从讨论的结果看,其讨论之深刻、思想之先进即使放在当下中国教育中亦不过时,话语明白晓畅,道理深得教育之精髓,这样的讨论文章使得整个三十年代教育文化气度非凡,足令今人汗颜。

二、民间话语与争取教育自由

新文化运动以民主、科学、自由、平等为关键词,推动的教育文化是以民主为基础的每个个体的自由与权力保障;以科学精神为指导的教育独立与学术自由;当然也包括言论与新闻的自由。从 1915 年新文化运动始,到蔡元培兼容并包的教育思想。然而，从党化教育到三民主义教育，无不是与新文化运动所提倡的精神背道而驰。

1927 年，陈炯明批评党化教育道："欧美先进国家，受宗教之感化，进于文明境地，犹以政教分离，解放思想之束缚。中国向无宗教之束缚，方幸为欧美所不及，国民党何故违背真理，以一党之信仰，做宗教式之宣传？尚未为足，并此教育独立之机关，亦必入寇而摧残之，是亦何为者！"[1]

1932 年，化学家、教育家任鸿隽在《独立评论》上发表《党化教育是可能的吗?》一文，对党化教育进行釜底抽薪式的批判，直接指出，党化教育不可能实现，因为教育的目的与党的目的有根本分歧："教育的目的，在一个全人的发展；党的目的，则在信徒的造成。教育是以人为本位的，党是以组织为本位的。"党化教育会压抑人的好奇心与求知欲："因为要拥护这个信仰，所以不能有自由的讨论与研究，因为不能有自由的讨论与研究，所以不能有智慧上的好奇心。"作者更直接指出："有了党化，便没有了教育；反过来说，要有教育，先取消党化。"[2]

针对国民政府一系列的独裁政策，尤其是对思想教育文化的钳制，自由主义知识分子展开了一系列斗争，特别是新月派发起的人权运动。"新月派"就是一个自有知识分子群体，形成的标志是《新月》杂志的出刊，活跃于 1927—1931 年间[3]。1930 年，胡适、罗隆基等人关于人权的文章结集为《人权论集》出版，在序言中胡适这样表达该书宗旨："我们所要建立的是批评国民党的自由和批评孙中山的自由。上帝我们尚且可以批评，何况国民党与孙中山？"[4]将批评自由与人权建立直接关系来呼吁与争取，针对的正是国民党在全社会推动党化教育，实行文化主义的政策。渗透在教育文化中的独裁引起了知识分子的警惕，钳制思想言论自由，统一思想，党化

---

〔1〕 段云章、倪俊明编：《陈炯明集》(下)，第 969 页，广州：中山大学出版社，1998 年。

〔2〕 杨东平：《大学精神》，第 129 页，沈阳：辽海出版社，2000 年。

〔3〕 董国强：《论 1910—1930 年代中国自由主义知识分子的发展流变》，《民国档案》，2003 年第 2 期。

〔4〕 欧阳哲生编：《胡适文集》(5)，第 475 页，北京：北京大学出版社，2013 年。

教育等等都是这种独裁的显示。在胡适看起来，"能不能容忍异己者的意见，这是区分中国是否已经从重视制度进步到现代制度的根本界限"。从梁启超一代人到新文化运动，知识分子以建立一个现代国家为奋斗目标，在胡适的眼里，一个不能保证言论自由的国家怎能成为民主国家呢？这也是胡适为之奋斗终生的信念。

自由知识分子选择反对国民党专制统治，并不见得就支持共产党。比如以《醒狮周刊》为阵地的醒狮派，他们既反国民党，也反俄、反共。他们发表了《党化教育与专制教育》，讨论党化教育就是以一党教义教育全民，不准自由结党，虽然以革命为名，"此种革命即非为全民的而革命。如人民能自由组党，则不当党化教育。所以党化教育，即专制教育"。但同时，他们又发表《主义与教育》一文，认为天下原没有无主义的教育，换言之，教育总须有一种主义作为中心。醒狮派可以视作当时一些自由知识分子的代表，他们游离于国共两党之间，试图寻找第三条路。然而，仅仅依靠文化宣传，缺乏政治力量最终没有多少空间。不过他们的存在却证明了当时社会整体思想文化的自由，教育文化的独立。

以上引述种种知识分子对国民政府之批评抨击无不是义正辞严，甚至可谓"大逆不道"，尽管前文所述国民政府采取了宣传审查、人身限制、媒体控制等各种手段，但是在抗日战争爆发之前十年的南京政府，则是尽可能地推动了中国教育的发展，其提出的党化教育以及三民主义教育是以控制思想文化为目的的教育文化，却又在内忧外患中不得不容忍知识分子的批评与抨击。因此，这些争自由的言论依然在一个虽然对思想有所控制（相对新文化运动至北洋政府时期而言），但控制能力有限的情况下，得到了抒发的自由，也为今天人们反观历史发展带来了足以借鉴的思考。

三、国语运动与现代白话语文教育

新文化运动的一个重要组成部分是白话文运动。胡适在《国语运动的历史》中将国语运动分为五个时期，只有走到"国语的文学，文学的国语"这一阶段国语才走入普通知识分子之中，到了白话报、字母、国语教科书、国语文学都包括在内的联合运动时期，才最有前途。实际上，白话文运动及随后一直蓬勃发展的国语运动对中国语文教育、甚至整个中国教育文化都发生了深刻影响。

1919 年教育部就专门成立了"国语统一筹备会"。黎锦熙在《国语运动史纲》中谈到：1918 胡适的《建设的文学革命论》发表后，文学革命与国语统一遂成双潮合一之观……白话文，注音文字，新式标点，都打扮着正式登场了[1]。至 1923 年，在教育部的推动下，白话文在语文教学中取得合法地位，吴研因在《清末以来我国小学教科书概观》中有极详细的描绘。自晚清始，白话文开始慢慢渗透到语文课本，直到国语运动之后，白话课本才全面发展起来。与前此教材相比，白话文教科书编排科学合理，内容丰富实用，可读性强[2]。1935 年，开明书店陆续出版夏丏尊、叶圣陶合编的《国文百八课》中学语文教科书，既注重语文学科自身的特点，又考虑教学规律，是语文教学向现代转型的重要标志。白话文教科书的采用是教育文化上的重要转折点，使得中国语文教育获得新生。有了新的课本，也需要新的教学方法的配合，1920 年代起就有人专门为白话文设计配套的教学方案，突破中国传统"死记硬背""照注讲解""逐句翻译"的教学方法，将阅读、提问、分析、学生演讲、辩难、教员讲演、临时作文都纳入语文教学，讲求对学生学习主动性的推动，听说能力培养被日渐重视，重文轻语的传统被日渐打破。

从晚清开始的启蒙运动，中国现代化的转型目标就是建立一个现代国家，需要的是具备现代素质现代观念的现代人才。白话文教育逐渐替代文言文教育是中国教育文化现代转型的重要标志，新兴的学生群体在塑造现代国家中的过程中有其他社会群体无法替代的功能与力量。在 1930 年代，在文白不断抗争近半个世纪之后，白话文的正宗地位终于得到确立，以

---

〔1〕　黎锦熙：《国语运动史纲》，第 70 页，上海：商务印书馆，1934 年。
〔2〕　吴研因：《清末以来我国小学教科书概观》，《中华教育界》，第 23 卷第 11 期，1913 年。

现代语言姿态全面占领中国教育。白话文的胜利从本质上说是民主的胜利,同时也增强了语文教育的科学性与实用性,是日渐发展的现代教育文化中不可缺少的语言载体。

四、大学转型与职业教育的发展

中国近代高等教育与中国传统教育之间并没有直接的自然发展联系,中国高等教育近代模仿西方,此后不同的发展时期有不同的学习对象,民国时期清华移植德国大学模式,北京大学模仿美国大学研究生院模式,都是力图成就中国高等教育的现代转型。

民国初年《大学规程》即提出设立大学院的思想,从 1922 年北京大学设立研究所国学门组织开始,清华大学、厦门大学、中山大学等都相继筹设或创办了大学研究所/院。1929 年 7 月,南京国民政府公布《大学组织法》,第八条规定大学得设研究院。1929 年,北京大学制定《国立北京大学研究院章程》,模仿美国大学研究生院开展专业式研究生教育。然而,机构的完善并没有带来北京大学研究生院的飞速发展。此时北大掌门人蒋梦麟对于研究生教育不及蔡元培热情主动,导致北京大学的研究生教育从外在机制,包括招生、教学金制度都看似发展,内在却在萎缩,成为北大研究生教育发展的一个缺憾地带。中国大学教育本来就是依靠对西方的模仿与借鉴来完成,如果其中主持之人不热情,立刻就有全盘泄气之虞,北京大学研究生教育正是如此,从蔡元培开展研究所工作开始,就是为高等教育的制高点研究院做准备的,然而后继之人不给力,导致北京大学研究生院 1930 年代前后看似进步实则退步。

从由美国庚子赔款建立的清华留美预科,到成为国内一流大学跻身世界著名高等学府之列,身为清华校长的梅贻琦功不可没。1931 年梅贻琦主掌清华,他强调自己办大学的目的一是研究学术,二是造就人才。正是在就职演说上,梅贻琦提出了最著名的大学评判标准:"所谓大学者,非谓有大楼之谓也,有大师之谓也。"他严格聘选教授,规范清华研究所,提高重视

学术研究的气氛,当时的《清华学报》已
引起国际学界的关注。梅贻琦坚持文
理结合、理工并重,推崇通识教育:"理
工为实用学科,固宜重视,但是同时文
法课程,亦不宜过于偏废。"[1]梅贻琦
认为,即使是学工程的,对"政治、经济、
历史、地理、社会等都得知道一点"。否
则,他就只能做一个"高等匠人",而不
能做一个"完人",就会"完全变成一个

梅贻琦

极能干的工人,而不配称大学生——大学生应该有极完美的常识"[2]。清
华大学全面实行通识教育课程,以学分制为主体,与选修课制、共同必修课
制相结合,是对中国现代高等教育的积极探索。大学的学风是整个社会教
育文化的顶尖风向标,代表着一个社会最高的教育理想,以梅贻琦清华校
长之身份,以清华国内一流大学之地位,推行通识教育,培养出来的人才,
人文方向的有科学精神,理工方面的有人文底蕴,无疑对整个国家的通识
文化推广起到极大的影响。

1931年,全国展开了几场以提倡职业教育为内容的讨论,蒋梦麟、蔡
元培等人都参与到职业教育讨论中,推动职业教育的发展。这一时期的
职业教育思潮与三民主义教育相结合,以孙中山的民生主义理论为根据,
把职业教育和帮助国家发展、推动社会经济、解决人民生计问题结合起
来,讨论怎样办职业教育才能克服脱离实际、不切实用等弊端。1930年
代,国民政府发布了一系列职业教育法规,1932年公布《职业学校法》,
1938年颁发《国立中学增设职业科办法》。1930年代,职业教育学校、学
生人数稳步增长,近两年时间,学校、学生数量都成倍增长。如果以确立
职业教育制度、职业教育宗旨和建立起职业教育理论体系来衡量,到

---

〔1〕 刘述礼、黄延复编:《梅贻琦教育论著选》,第51页,北京:人民教育出版社,1993年。
〔2〕 清华大学校史编写组编:《清华大学校史稿》,第116页,北京:中华书局,1981年。

1940 年代,中国职业教育已经初步实现了现代化的目标。但是,1937 年抗日战争的爆发将稳步前进的职业教育,包括整个现代化教育步伐打乱,在一个现代框架内,课程教材体系、职业教育师资培养体系、管理体系等指标都有待完善,中国职业教育在中国走向现代国家的征途中是一支不可缺少的力量,作为一种新质文化,它与中国传统保守农耕状态的教育区别极大,是工业大发展下的现代国家的人才储备,职业教育的发展在新中国成立之后也还面临新的挑战与机遇。

二十世纪初叶就兴起的乡村教育活动在二十世纪三十年代进入了鼎盛期。黄炎培、陶行知、梁漱溟等人都被吸引进来,将各自的教育理论与乡村建设落到实处。

早在新文化运动时期,1917 年黄炎培就发起建立了中华职业教育社,创办中华职业学校,提出了许多职业教育的建设与改进意见。1925 到 1937 年间,中华职教社进入农村,将兴办教育与改进乡村建设事业相结合,以职业教育为出发点,解决整个乡村问题成为黄炎培的工作中心。中华职教社推进学校社会化,社会教育化,以农村小学作为改进农村教育的有效工具。小学的设备包括图书馆、体育设施等向社会开放,小学教员走进农村做调研,普及知识,指导生产。小学教学结合生产,注重实用,都是乡村建设的重要力量。当时职教社里的江恒源还提出"富教合一":狭义的农村教育指农村小学教育,广义的农村教育应该帮助农民致富,教给农民实用知识。

1923 年,中华平民教育促进会由晏阳初接任总干事,将本来在城市从事平民识字运动的工作重心转移到乡村,河北省定县在 1926 年被选为实验区,1929 年实验区确定为以学校式、社会式、家庭式"三大方式"来进行生计、文艺、卫生、公民四大教育,解决中国农村贫、愚、弱、私的弊病,实行政治、经济、教育、自己、卫生和礼俗六大建设。二十世纪三十年代之后,晏阳初的乡村实验活动得到政府支持,其"民间"属性日渐褪色。

原北京大学哲学系教授梁漱溟,在 1931 年创办了山东乡村建设研究院,开展乡村建设运动。梁漱溟认为这个新组织即是对古人所谓"乡约"的补充改造[1]。要解决乡村问题,必须从乡村改造入手,乡村建设依赖乡村人自身力量为主,梁漱溟致力于把社会教育和社会改造融为一体。1935年,亨利乡村建设示范课,课程除了与普通师范课程一致的内容,增加了乡村建设理论、幸存教育和精神陶冶等。用乡学村学取代乡镇公所的自治组织,培养训练乡下人乡村自治组织的能力。1937年抗日战争爆发,乡村建设运动结束。

五、苏区的革命教育文化

早在第一次国内革命战争期间,中国共产党就很重视革命干部学习和工农教育运动,湖南自修大学、上海大学、平民女学、农民运动讲习所均是这方面的教育实践。

国共合作结束后,共产党在农村建立苏维埃革命根据地,在国民政府的"围剿"与苏区的"反围剿"中,"革命"是一切工作的服务对象,教育是引导青年参加革命的重要力量,在1931年通过的宪法大纲中规定:"中国苏维埃政权以保证工农劳苦民众有受教育的权利为目的,在进行国内革命战争所能做到的范围内,应开始实行完全免费的普及教育。"1934年,毛泽东在第二次全国苏维埃代表大会上指出,苏维埃文化教育的总方针是"以共产主义精神来教育广大劳苦民众,在于使文化教育为革命战争与阶级斗争服务,在于使教育与劳动联系起来"。同时通过教育"努力扫除文盲,创造大批领导的高级干部"。苏区的教育文化为了服务于革命,其教育实践包括各级各类的教育模式:干部教育(红军学校等)、工农教育(夜校、补习班等)、儿童教育、小学教育等;整体教育文化教育内容以政治、革命为基本色彩,尤其是小学教育,以自编教材为主,国语内容绝大部分是政治常识和思想教育。苏区教育实践的另一个特点是教法灵活多样,一方面要在紧张的"反围剿"过程中保证教学,另一方面又要在田间地头随时随地而

---

[1] 梁漱溟:《乡村建设理论》,第187页,上海:上海人民出版社,2006年。

学,这种灵活的教学方式,结合生活的教学内容在基础扫盲中发挥了很大的作用。

也许最能代表苏区革命教育文化特色的是红军剧社的表演。建立苏维埃政权,占领一个地方之后,如何让当地老百姓信任新政权是最大的问题,通过活报剧向农民解答军事、政治、经济等各种社会问题就成为最直观最经济有效的方式。红军纲领、革命思想都依靠红军剧社传播给普通老百姓,而这种传播正是革命教育文化的一种形式,成仿吾、丁玲等都是宣传短剧的创作者。"在共产主义运动中,没有比红军剧社更有力的宣传武器了,也没有更巧妙的武器了。"这是用艺术进行宣传的有效方式,这也是通过艺术宣传进行普及教育的有效方式,只是"它所根据的活的材料和它作为对象的活的人在对待人生的问题上是简单的"[1],因此这种艺术也是简单的,简单得不像是艺术,倒像是宣传,目的是教育。

苏区使用的课本《共产儿童读本》

苏区的教育文化整体而言有三个基本内容:教育为革命服务,教育为工农服务,教育与生产劳动相结合。这三个基本内容包含了新文化运动以来的民主与科学;也包容了实践教育、职业教育等方向;更是建国后新中国教育文化的源流。

从国民党政权正式建立到抗日战争爆发,教育现代化转型的步伐应该说并未停止,向西方各种教育思想学习,制定教育制度、管理方法、教育方针、评价标准,以及各类教育政策、教育法规的制定、颁布都是以西方国家为基础,在教育文化现代化的进程中显示出不断完善的趋势。然而,随着党化教育尤其是三民主义教育政策的推行,对于师生的言行控制、思想控制却日益收紧,尽管有大量知识分

---

〔1〕〔美〕埃德加·斯诺:《红星照耀中国》,第80页,北京:作家出版社,2008年。

子持续不断争自由,此一时期思想文化的民主氛围仍不及新文化运动及"五四"时期,而一些知识分子对于新文化运动的反思却又在革命、激进的社会言论中被遮蔽。总而言之,这是教育文化的革命与自由时代,这也是教育文化现代化的反思时代。

六、关于此一时期教育事业的国民投入

在民国的宪法草案以及正式通过的宪法文本中,常有教育经费占每年预算总额比例的规定。由此不难看出,教育在当时参与宪法设计、讨论的人心目中占有什么样的位置,同时也可看出那个时代对教育寄托的希望。

1936 年 5 月 5 日,经过长达三年的反复讨论、修订,由吴经熊等法学家参与起草的《中华民国宪法草案》终于正式公布,被称为"五五宪草"。1937 年 5 月 18 日又作了一次修正。在这个宪法草案中,第七章就是关于教育的,从第 131 条到第 138 条,其中对教育经费的规定在第 137 条:"教育经费之最低限度,在中央为其预算总额百分之十五,在省区及县市为其预算总额百分之三十。"

在此之前,1931 年 6 月 1 日,南京国民政府公布的《中华民国训政时期约法》有一章是关于国民教育的,第五十二条规定:"中央及地方应宽筹教育上必需之经费,其依法独立之经费,并予以保障。"1930 年 10 月 27 日,汪精卫、阎锡山等在太原议决的《中华民国约法草案》,有关教育这一章规定:"国家以法律指定全国固有之大宗税收为基本教育经费;其不足时,并得征收教育税补充之。"虽未明确教育经费占预算总额的比例,却明显放在优先地位。早在 1920 年代联省自治浪潮中,许多省份制定的省宪法都有关于教育经费的明确规定,1921 年 9 月 9 日颁布的《浙江省宪法》第 110 条:"每年省教育经费至少须占全省预算案岁出之百分之二十。"12 月 19 日通过的《广东省宪法草案》第 108 条的规定与此完全相同。1922 年元旦通过的《湖南省宪法》第 76 条:"每年教育经费至少须占全省预算案岁出之百分之三十。"《河南省宪法草案》第 124 条则规定:"每年教育经费至少须占全省预

算案岁出总额百分之二十五。"当年在上海国是会议期间，由章太炎、张君劢分别起草的两份宪法草案都有"国民之教育与生计"一章，对教育经费的规定完全相同："各省教育经费由各省调查财政情形后，以省宪法或省法律明确规定其成数，但最低限度不得少于每省岁出百分之三十。"十几年后，"五五宪草"关于教育经费规定"在省区及县市为其预算总额百分之三十"，大致上可以在这里找到渊源。

然而，直到1936年，教育文化经费实际上只占到全国预算总额的百分之四点二八，北大教授胡适禁不住怀疑：难道宪法颁布之后每年就能增加一万万元的教育经费吗？1937年7月4日，他在《大公报》发表《我们能行的宪政与宪法》一文，指出"五五宪草"第137条规定的"教育经费之最低限度"，与其写在那里却做不到，还不如删去，他主张干脆把教育这一章完全删去。因为他认为宪法里不可以有一条不能实行的条文。三天后，卢沟桥事变发生，"五五宪草"被搁置，他的意见当时也就顾不上认真讨论了。

不过，从1947年元旦正式公布、当年12月25日付诸实施的《中华民国宪法》来看，胡适的意见也不能说没有被采纳。第164条规定："教育、科学、文化之经费，在中央不得少于其预算总额百分之十五，在省不得少于其预算总额百分之二十五，在市县不得少于其预算总额百分之三十五。"与十一年前"五五宪草"的规定相比，虽然还是坚持"在中央不得少于其预算总额百分之十五"，但这不仅是教育经费，而且将科学、文化都包括进来。在省和市县的比例上也有所调整，同样涵盖了科学、文化，当然，教育在这三者中无疑是放在第一位的。

第二十二章
社会的人与宗教文化的人间性

宗教在革命与自由的时代得到格外的鼓励。宗教本来是灵魂自由追求的产物，因而不应该成为灵魂自由的制约；宗教信仰自由的争取，是抗拒国民党逐渐独裁政治的一种文化诉求。

一、社会的人：人间佛教的兴盛

二十年代的非宗教运动，实际上是非基督教运动，由于基督教文化所纠集的西方文化被视为一种帝国主义的文化侵略工具，在民族主义声势日涨的情况下，不得不退居二线。然而，"五四"时期新文化运动对宗教价值和意义的发现，却依然是受用无穷的，并且，"五四"时期对宗教的价值和意义的发现，主要是基于文化重构的务实考虑，出于一种将其他团体作为文化参照系以及建设国家的需求，然而，宗教所提供的一种情感的需求有时却是最为直指人心的。所以，当国家民族重现厄运，社会的苦难越发深重，人心动荡不安，对西学弊端的反省和对东方传统文化的重识，对救国救民真理的热烈追求，给了中国佛教以振作的历史机遇。梁启超曾针对佛学复兴作如是观："社会既屡更丧乱，厌世思想，不期而自发生，对于此恶浊世界，生种种烦恼悲哀，欲求一安心立命之所；稍有根器者，则必遁逃而入于佛。……学佛即成为一种时代流行。"[1]佛教"普度众生"的救世哲学和悲悯意识一方面为"五四"思想启蒙提供了启示和借鉴,同时,对于这个时期有意识面向西方吸收外来营养的新文化人和新文学作家来说,佛教从客观上也起到了缓解他们因骤然远离传统而产生精神焦虑的作用。所以,佛教文化在"五四"后再次被选择,并产生较大影响。正如陈金镛所说:"从政体改革以后,一般人正高唱国教,而又一般人反对国教。及当约法规定信仰自由,这般宗教家颇有宗教竞进的动机,非宗教家亦有宗教倾向的趋向。……更有几位佛教中素有研究的法师,如月霞谛闲等,应时而起,宣传佛法。于是久久静寂之佛教,便又大噪于众人之耳。连那向在基督教门下有知识的信徒,也觉甘之如饴,弃其所学,依附居士林,诩诩自得,以为想不到所信仰的基督乃在佛的里面。"[2]

释太虚

太虚也在《如何建立国民的道德标准》一文中认为,现今的中国,经过了许多内忧外患,天灾人祸,更加以最近之日寇、红匪,国民都在灾患困难中过日子。现在所最须讨论研究的,也就是怎样解除国民灾难,而使之改善、向上、进步的文化了。要建立近代国家,现代军事、政治是不成功的,要从国民生产力和社会经济能力上去提升,而从经济上救,也还是不成功,因为"近察中国民族性,很抱悲观;由城市以到乡村的男女,都受了西洋物质繁华的诱惑,把全副精神化成奢淫的欲望,并且还要不劳而获侥幸的、现成的,以填满他的欲望,由此,乃专以巧诈欺骗,为得到非分享受之手段。这种的风气习惯一成,就是二人的团体都结不起来了!"因此,太虚提出:"第一、就是尚俭朴,

---

[1] 梁启超:《清代学术概论》,第146页,北京:人民出版社,2008年。
[2] 陈金镛:《陈序》,见王治心编:《基督徒之佛学研究》,第1页,上海:广学会,1924年。

将外来物质浮华的欲望减轻,方可以保存一点生产资本;第二、要勤劳,乃可使生产的经济力量得以进步。虽然,这若仍使用欺骗的心,难竟其功,所以第三、要诚实,务使心口一致,言行一致,乃能得彼此间之相信。去做公共事业,把私心减小,以公共利益为前提,所以第四、要为公。将此心理推广到一县、一省、一国,不但建立近代的社会国家,且并可为国际一种向上进步的文化。"[1]

到二三十年代,随着新文化运动的深入,从宗教设计出发的"新人"形象,在社会动荡与战争纷争的年代,似乎显出了个人主义的单薄,于是佛教的复兴更为关注的,是如何从整个社会的范畴内,从个人入手,引导致全社会。于是,人间佛教所进行的改革将"五四"时期的"新人"设计,转变为"人间的人"、"社会的人"的落实。

通过杨文会、太虚等几代人的努力探索,人们终于认识到必须铲除腐败、革故鼎新,将两千年来消极遁世的佛教重新塑造成入世的佛教。由此逐渐形成了一套完整的"人间佛教"理念,在二三十年代大放异彩。

太虚的人间佛教思想萌芽于二十世纪初。1928 年他在上海演讲人生佛学,直到 1934 年发表《怎样来建设人间佛教》一文,理论已臻成熟。针对明清佛教模式非人间化的弊端,他认为要改革佛法以适应现代化发展,当以人类为中心,建立契合时机之佛学,普度一切有情,变过去神本鬼本之佛教为人本之佛教。所谓的"人生佛教"、"人间佛教",首要的便是要解决现代社会人生问题,将佛学从虚空的高阁中拉下来。其次则要摆脱传统注重个人解脱的小乘佛教,以适应现代社会的群体,悲智双运,大智大悲,以群众运动为中心。再次,要以圆渐的大乘佛教为中心。他说:"人间佛教是表明并非教人离开人类去做神做鬼,或皆出家到寺院山林里去做和尚的佛教,乃是以佛教的道理来改良社会,把世界改善的佛教。"太虚明确提出新佛教应当从旧佛教消极出世、厌弃人生的处世态度,向重视人生、进而注重社会的方向转变,使佛教适应现代社会的发展,并将解决现代社会中的各

---

〔1〕 太虚:《如何建立国民的道德标准》,《海潮音》,第 13 卷第 10 期,1933 年。

种问题当作自己的使命。太虚强调:"质言之,今此人间虽非良好庄严,然可凭各人一片清净之心去修集许多净善的因缘,逐步进行,久之久之,此浊恶之人间便可一变而为庄严之净土,不必于人间之外另求净土,故名为人间净土。"[1]由此可见,太虚的人间佛教路线是通过个人进取和个人完善,进而扩展至整个社会,从"个人"的塑造,推向"社会的人"的圆满。顾净缘倡导的"人道佛教"、陈耀智所说的"人间佛学",旨趣与人生佛教、人间佛教大体一致。

以此种信念,太虚在抗战时期,以佛教立场,呼吁社会护国救世。"九一八"事变发生后,太虚大师便发表《为沈阳事件告台湾、朝鲜、日本四千万佛教民众书》,呼吁四千万教徒秉承佛训,起来革日本军阀政客之命。此后,全国进入全面战争状态,太虚更随政府进入后方,从事长期抗战护国卫教运动,先后发表护国卫教言论如《日伪亦觉悟否?》(1938 年春为拥护抗战建国纲领作)、《降魔救世与抗战建国》(1938 年 6 月在成都佛学社演讲)、《佛教徒如何雪耻》(1938 年 6 月在成都无线电台广播)、《通告全国佛教徒加强组织以抗战》(《海》刊 19 卷 6 期)等数十篇[2]。三十年代,著名佛刊《海潮音》曾出"人间佛教号"专辑,慈航法师在星洲创办《人间》佛刊,抗战中,四川缙云县曾出过《人间佛教月刊》。在人间佛教思想指导下,广大佛教徒积极投入慈善救济、抗战救国,关心国家建设,热情服务众生,使佛教发挥出积极的社会功能。在僧伽制度改革方面,1931 年,太虚大师在潮州讲《佛法与救国》,明示佛法积极救世的精神,根据佛教护国原理,团结全国佛教青年,实行护国工作:其主要行动则为从军抗战,部分则捐助,及组织救护队、慰劳队、运输队等,不断发展成为佛教救护队。而后,太虚大师弟子印顺法师通过严谨精深的佛学研究,进一步深入批判了明清佛教的积弊,发展了太虚大师的人生佛教思想,他溯源于原始佛教和早期大乘,论证人间佛教乃佛陀教法之原旨,将《弥勒上生经》中所述"不修禅定、不断烦

---

〔1〕 太虚:《怎样来建设人间佛教》,《海潮音》,第 15 卷第 1 期,1934 年。
〔2〕 释印顺:《太虚大师年谱》,第 419—449 页,北京:中华书局,2011 年。

恼"而广事结缘教化的弥勒比丘树为现代佛教徒的楷模,号召在各自的岗位上实践菩萨道,强调人间佛教应注重集体、在家、知识界、青年。

二、居士佛教的社会实践

二三十年代,佛教复兴的重要原因,除了西方基督教在中国的弱化外,还来自于佛教自身僧伽制度的改革以及大批居士的出现。明清以降,随僧伽佛教之衰落,居士在佛教中的地位有逐渐上升之势。及至近现代,居士佛教的勃兴,成为佛教复兴运动中极为显眼的现象。近代魏源、龚自珍、康有为、梁启超、谭嗣同、章太炎等便是颇有影响的居士知识分子。正如梁启超在《清代学术概论》中所说:"故晚清所谓新学家者,殆无一不与佛学有关系。而凡有真信仰者率皈依文会。"[1]五四运动后,由著名居士杨仁山开创的佛教文教事业,由欧阳渐、吕澄等继承发扬。佛教文教所触之处,越发受时政变革所影响,呈现明显的时代色彩,对时代文化的推进有着极大的意义。欧阳竟无早于1914年在金陵刻经处设立研究部,招收学员,研习佛学。1922年,"支那内学院"在南京正式成立,欧阳渐任院长。这是一所由居士主持的高级佛学院,设学问、研究、法相大学三部,学风颇为严谨。该院开办三十年间,先后培育僧俗学人数百人,著名学者汤用彤、梁漱溟、熊十力、景昌极、缪凤林、黄忏华、田光烈等,皆出"内院",梁启超亦曾赴内院听欧阳竟无讲佛学,一时佛学影响甚广。此后更引发大批投身佛教文教事业、大兴义学的居士,如维新派名士狄葆贤在上海创办《佛学丛报》,举荐、资助月霞法师创办华严大学,与叶恭绰居士等发起影印《碛砂藏》,并有佛学论著《平等阁日记》等传世。江味农与蒋维乔、徐蔚如等创立北京刻经处,校订敦煌卷子中的古写本佛经,讲经论于上海,其《金刚经讲义》至今仍流通于教界。范古农多年任上海佛学书局总编辑、《佛学月报》主笔,编辑《海潮音文库》、《佛学百科丛书》,影印宋版藏经,常讲经说法,他的《古农佛

---

〔1〕　梁启超:《清代学术概论》,第150页,北京:人民出版社,2008年。

学答问》影响颇大。韩清净在北京组建法相研究会、三时学会,率众精研唯识学,学风谨严,著述宏富,与内院欧阳渐并称唯识学两大家,有"南欧北韩"之称。其弟子周叔迦(1899—1970)在北京创办中国佛教学院、中国佛学研究会,培育人才,研究佛学,编刊《微妙声》《佛学月刊》等,先后执教于北京多所大学,讲授佛学,有《周叔迦佛学论著集》传世。此外,精究佛学、以文字弘法的居士阵容甚为壮大,著名者有梅光羲、桂伯华、谢无量、蒋维乔、黄忏华、李证刚、刘洙源、唐大圆、史一如、高观如、顾净缘、朱芾煌、朱镜宙、王弘愿、王恩洋、王季同、尤智表、李圆净、贾题韬、郭元兴、南怀瑾、张澄基等数十百人,其佛学著述的数量和质量,及社会影响之广,均不在比丘僧法师辈之下。李证刚、周叔迦、蒋维乔、景昌极、缪凤林、熊十力、虞愚等以学者身份讲佛学于学术界与高校,使佛学在知识界蔚为显学,在社会思想文化园地里大放异彩。王季同、尤智表、王守益等以科学家身份弘扬佛法,融通佛学与科学,影响亦不小。

值得一提的是,近现代居士中,有不少军政界显要人物,如熊希龄、段祺瑞、曹锟、吴佩孚、孙传芳、徐世昌、程德全、林森、戴传贤、居正、吴忠信、屈映光、叶恭绰、靳云鹏、陈元白、蒋作宾、李根源、赵恒惕、唐继尧、李子宽、陈铭枢、胡瑞霖、王柏龄、朱子桥、施省之等,皆皈依佛教,热心护法。民国初曾任国务总理的熊希龄居士,被推为中华佛教总会会长,以其职权政望保护寺产,后来被聘为支那内学院院董,与梁启超、蔡子民等联名呈请中央政府,拨助基金十万元。曾任国民政府主席的林森,好佛茹素,与太虚等发起兴建南京中山陵前藏经楼,影印龙藏十五部,并敕令有关部门保护栖霞寺产,制止庙产兴学风潮。戴传贤学兼显密,有佛学论著多种,力论振兴中国必振兴佛教,主张改革宗教,革除朽腐,一生护持佛教甚力。曾任南京临时政府内务总长的程德全居士,于1922年面请徐世昌总统,修改管理寺庙条例,保护佛教权益。

近现代居士中,还有一批工商界人士,他们以雄厚资财资助佛教事业,为佛教复兴运动提供了物质基础。如武汉巨商王森甫、在上海经营药厂的玉慧观,皆师从太虚大师,对大师在武汉、上海推进佛教事业捐资甚多。上海工商界著名人士王一亭、聂云台、冯梦华、方子藩、闻兰亭、简玉阶、简照南等,皆竭力佛教护法。王一亭为著名画家,历任中国济生会会长、世界佛教居士林林长、上海佛学书局董事长,一生对佛教及慈善事业捐资甚巨。实业家简照南、简玉阶兄弟将其住宅南园("觉园")捐给佛教,成为上海佛教净业社和上海佛教居士林的会址。

居士们还多积极投入慈善救济事业,在社会民众中具体实践菩萨道济世利人的精神。如王一亭多年致力于慈善公益事业,与人共同举办义赈会、孤儿院、残疾院、难民收容所等,他每年数万元的书画收入多用于布施,被誉为国内头号慈善家。高鹤年居士多年经办义赈,曾多次亲赴徐淮、京津、湖南等地视察灾情,赈济灾民,有《名山游访记》传世。施省之曾创办北京中央医院以惠贫病,资助学校。王一亭、黄涵之、屈映光、赵朴初等抗战期间在上海设立救济战区难民委员会,进行难民救济工作,获得社会好评。积极投入救济、公益事业,救助贫病苦难,造福社会,已成为近现代广大居士们共认的必尽之责,自觉参与者不计其数。大大小小的居士团体纷纷涌现,遍布全国各地城镇,是近现代佛教运动中引人注目的新景象。霍姆斯·维慈(Holmes Welch)在其《中国佛教的复兴》第四章描述道:"民国时期居士组织层出不穷。没有人知道到底有多少,它们就像酵母中的气泡,产生又消失。""像上海、武汉、北京、杭州、宁波、福州等地,佛教组织稳定而兴旺。"[1]据1930年的一个统计报告,佛教组织在长江流域、广东、北方、东北便多达571个,其中多数完全由居士组织管理。这个数字尚未包括西北和西南等地[2]。

从近代最早的居士团体——杨仁山居士于1910年在南京金陵刻经处创立的"佛学研究会"滥觞,以会、社、居士林、精舍等命名的各种居士团体,在各地纷纷建立,尤其到二十年代后。1920年,王森甫听太虚大师讲经后当即组织"武汉佛教会",后改组为"佛教正信会",入会者达数千人。1922

---

〔1〕 转引自佛日:《近现代居士佛教》,《法音》,1998年第5期。

〔2〕 佛日:《近现代居士佛教》,《法音》,1998年第5期。

年，吴璧华居士在永嘉成立"莲池海会"，后来他又被推为"杭州佛学会"会长。1930年，胡子笏等发起成立"华北佛教居士林"于北平，该地的居士团体还有周叔迦等于1941年成立的"中国佛学研究会"等。工商业者云集的上海，居士佛教最为活跃，先后成立的居士团体有"上海佛教居士林"（1919）、"上海佛教净业社"（1922）、"上海省心莲社"（1930）、"功德林佛学会"、"真净莲社"、"法明学会"（1935）、"上海佛教青年会"（1946）等。总之，当战争纷乱时，人心却更希冀着内心的安稳与自我救赎，于是佛教文化便致力于为时代和社会输入更为实用的精神养料。

三、宗教文学中"力"的呈现

二十年代末到三十年代，经过五四新文化运动中"科学"主义思潮洗礼，中国所盛行的怀疑论和理性主义思维，使人们越来越习惯用更为批判性、现实性的冷静来观照宗教。经过长达数年的非宗教运动，更兼马克思主义的引入和民族主义的燃烧，于是国民党、共产党和青年党一致地以科学理性主义、马克思主义和反帝爱国为思想武器，借鉴俄苏反东正教和"五四"社会运动的经验，把基督教定性为帝国主义文化侵略运动，说基督教的"目的即在于吮吸中国人民底膏血"[1]。这一运动极大地降低了基督教的社会影响力，中国社会对基督教的好感所剩无几。因此，在三十年代，宗教文学中不管是基督教文学还是佛教文学，均出现了一种战斗力呈现的样貌，一种是对基督教教会实体、传教体系侵略性的揭露和战斗式的批判，另一种是因为佛教文化中"人间佛教"的倡导，而形成的"力的文学"。

有许多著名作家如老舍、张资平、李劼人、萧乾、巴金、曹禺、胡也频等，在三十年代的写作中，或者以基督教实体教会、教徒为叙述对象，或者以基督教文化为创作语境，又或者以基督教精神为深层信仰，呈现了三十年代

---

〔1〕《非基督教学生同盟宣言》，《先驱》第 4 号（1922 年 3 月 15 日）。

独特的宗教文学写作样貌。

　　十三岁入读美国人开设的教会学校广益中西学堂，而又清醒地看到教会中许多鱼龙混杂人事的张资平（1893—1959）在自传中写道："原来教会办了一间宣教师养成所，养了一批藉宗教吃饭的流氓，他们是走投无路的失业者，为贪图三元二角半的伙食津贴，都群集在这间养成所里来，热烈地表示将来要为救主耶稣牺牲一切。他们都是三四十岁的中年以上的人。"[1]在1928年后的四五年内，张资平以每年平均四部长篇小说速度出书，虽然被鲁迅冠以"三角多角恋爱小说家"的称号，但在充斥着经济和性的双重压抑主题中，放置在现代都市与现代人的精神探索中来看，却与当时基督教文化在三十年代的矛盾呈现有着极大的关联。

　　早在1922年出版的中国第一部现代长篇小说《冲积期化石》中，张资平就通过刻画申牧师这样一个"靠着宗教吃饭十余年了。吃教会饭愈久，他的灵魂愈麻木不仁，他忍心做宣教士的爪牙，帮助他组织一个残酷无人道的教会政府"[2]。苏雪林就评论说："《冲积期化石》已有教会学校腐败内幕的描写。短篇小说《约伯之泪》、《公债委员》、《约檀河之水》，均有涉及教会生活之处。《上帝的儿女

张资平

们》则算是他对教会的总攻击了。"[3]在《上帝的儿女们》中，张资平刻画了一个伪善者余约瑟的形象："二十年间的劳苦，吝啬，谄媚，虚伪等的生活的结果，由裁缝匠的学徒一跃而为K县M村小教会的牧师……"这样一个牧师，曾因为调戏师傅的女儿被驱逐，曾与比他大十四五岁的寡妇有染并私生女儿，为谋地位又始乱终弃与天道女校毕业的杜恩金结婚。他一面淫乱

〔1〕　张资平：《张资平自传》，第59页，南京：江苏文艺出版社，1998年。
〔2〕　张资平：《冲积期化石》，第34页，北京：人民文学出版社，2009年。
〔3〕　苏雪林：《多角恋爱小说家张资平》，《青年界》，第6卷第2期，1934年。

卑鄙无度,却一面用圣经圣言来求得自己的解脱和对别人的强制,他追求金钱权利,并认为有了钱便可以做上帝,十足一个市侩之徒。但余约瑟作为基督教徒的形象还不是单一的,在他身边,形形色色的伪善者不在少数,他们表面光鲜虔诚,内里却卑鄙无耻,借着神职行一己私欲。张资平在他的小说中充分揭露了教会及教徒阴暗的一面。

张资平的宗教文学创作,既有对腐化堕落的传教士与教会黑暗内幕的揭露与批判,同时也深深浸淫着基督教赎罪、忏悔与宽恕的精神。小说的主人公常以亚当、夏娃自居自勉,如《苔莉》化用《圣经》亚当、夏娃在伊甸园中生活的典故,来象征不受任何束缚的男女双方的自由结合。而罪感意识更是笼罩在那些肉欲的男男女女的身上,从《约檀河之水》借着约檀河的洗礼来象征主人公通过忏悔与反省来净化自己的罪恶,从而获得基督和父亲、情人的宽恕,到《双曲线与渐近线》、《爱之焦点》、《不平衡的偶力》中更为深层的罪感忏悔与宽恕(无论是来自于上帝的宽恕,还是来自自我想象的宽恕),又充分地彰显张资平思想中被浸染的基督教文化精神。这种一方面对实体教会与现实西方传教士卑鄙行径与言行不一的揭露,一方面又在内里表现对上帝的皈依和宗教文化精神的心心相印,在许多学者认为是一种矛盾。事实上,将其放置在三十年代基督教文化与民族主义相互排斥的语境下,便可以很好理解为什么那么多的作家,一方面呈现的是一种强烈的批判精神,一种战斗力的呈现,另一方面又是一种深层的忏悔、罪感,对堕落的现世的救赎意识。

承载着意识形态的教会、学校和医院,实权都由外国牧师掌控,因而在二三十年代产生过许多不良的宗教行为,在一定程度上也成为帝国主义侵华、奴华的工具,这种胶着状态为当时越来越多的人所认识。十六岁皈依宗教,但在教会学校中受尽压迫和欺凌的萧乾,曾在作品《参商》、《梦之谷》、《在十字架的阴影下》中不无激烈地对基督教会阴暗面进行揭露,对教徒伪善面目进行针砭,在对基督教文化的质疑与困惑中保持了适度的肯定和理智的批判。美国学者路易斯·罗宾逊称萧乾是一位"反基督教的作家"，而萧乾则自辩道，这是由于罗氏"主要是（也只能是）就作品谈作品，并不了解早年教会学校一方面曾给过我工读的机会，但对我幼小的心灵也曾怎样摧残和打击过"。萧乾对基督教其实是以理性的眼光进行审视的："我反的不是基督教本身，而是历史上这些十字架的阴影下发生的不愉快的事。""我揭露并反对的是二十年代的强迫性信仰，以及宗教与帝国主义的关系，但并未反对宗教本身。我尊敬耶稣这位被压迫民族的领袖，也珍视《圣经》以及基督的一生在西方文化史、艺术史上的重要性。我拥护信仰的自由，因而没有理由去反对基督教或任何宗教。"〔1〕可见，在二三十年代，更多人从之前对西方基督教的雾里看花式的朦胧认识，到越来越直接或间接地体会到基督教精神与教义、教会实体与传教士等的关系与矛盾之处，更加清醒地认识到并反对披着基督教外衣的帝国主义行为，是时代下扭曲了的强迫性宗教信仰。罗宾逊就曾对中国作家这种对教会实体的批判式叙事指出："中国作家直接或间接地参照耶稣的行为标准来指出基督教徒行为的矛盾，并进而指出基督教自身的矛盾。这一创作方法是二十世纪中国小说对现代中国文学发展的独特贡献。"〔2〕

同时，在三十年代"人间佛教"的现世化影响下，二三十年代的佛教文化致力于为时代和社会输入更为实用的养料，在此时期，佛教文学有着极为自觉的意识萌发和创作推力。许多僧人大师都非常重视佛教文学在现代社会传播与传道的功用与意义。如浩乘就明确指出："我们知道一时代有一时代的文学，不可泥古不化……那么在二十世纪白话文为主体渗以科学、哲学的新文学奔腾蓬勃的今天，我们肩荷宏宗演教重担的僧青年，必须权巧地以圣言量为饭粥辅佐新文学的菜蔬，方适合现代人的口胃而乐于食啖。""假使仍执着必须六种成就的助缘，五重玄机的释法，十二分教的体裁，

〔1〕　萧乾：《在十字架的阴影下》，《萧乾散文选集》，第256—290页，天津：百花文艺出版社，2004年。
〔2〕　参见刘小枫主编：《二十世纪宗教哲学文选》（上），第599页，上海：上海三联书店，1991年。

方可畅演真诠,那好似破落户宣传他祖宗的荣华富贵,当知古董乃逃避现实墓木拱矣冬烘先生的玩赏品,不受现社会广大群众的欢迎崇拜。"[1]

　　那么,佛教新文学应该以何种新样态来适应新时代呢? 从当时《海潮音》《人海灯》《现代僧伽》《佛教评论》《人间觉》《觉音》等著名佛教刊物中,太虚、浩乘、印顺、通一、敬诚实、竺摩、大醒、暮笳、慧云、法舫、达居、满慈、黎明、黄本真、寂公、天军、智藏、福善等人都着力于倡导一种佛教新文学,具体说来,至少有以下两个方面:首先是佛教新文学对"力的文学"的重新指认。通一指出:"能写出美妙的力的文学作品去感人,是我们研究文学的最后的目的。"[2]后来他在自己诗集的自序中再一次提到:"我很希望今后佛教徒明白这一点,在自行化他上,不要太轻视忽略了佛教力的文学作品的创造,我相信无论是自己怡情悦性或是激励他人,这力的文学多少总有些利益的。"[3]那么,究竟何为"力"的文学呢? 以往,佛教徒往往以"自行"为本,而罔顾、轻视语言、文学的作用,将之淡化为怡情悦性的工具,然而此时期的倡导恰恰是在改革佛教、改革社会的实际践履中被呼吁起来的,因而本身不仅需要承载许多宣传现代佛教改革理念的重要意义,更是在离乱时代里,凭借文学来增强、彰显僧伽投身改革的力的精神与不屈不挠的意志力。太虚的诗歌便是"力的文学"的代表作。1937 年卢沟桥事变发生,当时正在庐山大林寺讲经的太虚曾赋诗抒怀:"卅载知忧世,廿年励救僧。终看魔有勇,忍说佛无能。"(《庐山住茆即事》)。诗人深感国难教难已迫在眉睫,以佛降魔之金刚精神慨然而生。如前所论,太虚力倡"人间佛教",不停留在口号上,而是全面深入地组织各地僧侣成立救护队,深入抗战前线,直接将理念化为"战力",在社会宣讲和诗歌唱和中,吸引了不计其数的社会名人与文学家的关注和参与。在那个烽火连天的年代里,太虚之所以在僧俗两界具有那么大的影响力,这固然同他的"人间佛教"思想与人

---

〔1〕　浩乘:《创造佛化新文学》,《佛学月刊》,1942 年第 2 卷第 7 期。
〔2〕　通一:《我们与文学》,《人海灯》,1934 年第 2 卷第 2 期。
〔3〕　通一:《石火集自序》,《人海灯》,1935 年第 2 卷,第 21、22 期合刊。

格魅力有关,但同时也得益于其诗作中所涌动喷发的那种救国救教的金刚精神和菩萨愿力的感染。又如太虚大师所创办的《觉群周报》上,便常有充满现实力量的现代诗发表。如第 34 期刊登性初的《老马——拉车》,更可以称之为现代佛教白话新诗的杰作,诗歌塑造了一匹"拉着那笨重的车身","向前极力地挣扎","头埋在地下"的拉车老马形象,载负着众生的希冀与重任而艰难前行,表现佛教徒在艰难竭蹶的状况下为佛教复兴而忍辱负重、精进不已的大愿力。

　　"力的文学"一改之前过于追寻"虚空"、"放下"的个人心灵体悟,而重新将佛学世界中本有之的坚韧和力量明示,进而,另一种相辅相成的变化则是视野的下放——"人间的文学"。在以往,由于僧伽教育贫乏,所以佛经经典篇什均为高僧大德们所创,而沉潜在民间的众多普通僧伽,却并未闻诸世。在"人间佛教"的倡导后,社会风气为之一振。1937 年竺摩在阐述佛教文学应怎样取材的问题时指出:"文学与社会是有密切的关系,离了社会根本不需要文学,也像佛教与人间有密切的关系,离开了人间根本便不需要佛教。唯文学世界各国各有各的文学,以各各的文学反映各各的民族精神,以及政治社会等等,但这以一国族为单位,是狭义的文学,佛教是平等普遍没有种族阶级性的观念,广义的应该以整个人类舞台的人间为单位而落墨,象征全个人间苦闷。"[1]在这种文学观念的启示下,现代佛教文学创作更多地将笔触指向"人间",描写在"人间"的现代普通僧徒的日常生活,在战火纷飞或世事动荡中的喜怒哀乐与各自的困境与彷徨、修行与寂寞,将原先在神坛上的单一形象描画成有血有肉的人。这些作品如《我的师兄》(德,《现代僧伽》第 2 卷合订本)、《我忏悔啦》(愍僧,《人间觉》半月刊第 2 卷第 7—10 期)、《黑暗中的眼泪》(照真,《觉音》第 24、25 期合刊)、《悟禅》(自强,《佛教文艺》第 1 期)等小说,或塑造憨厚朴实、乐于助人的僧伽形象,或写中年和尚因改革佛教法事受同门猜忌毁谤而身陷泥泞的困厄,

---

〔1〕　竺摩:《佛学与诗漫论》,《佛教与佛学》,1937 年第 2 卷。

或写尼姑在庵里受尽强势师傅的打骂奴役,惨无天日的黑暗困苦,或写原来繁华的寺庙衰落后,悟禅回到寺庙做主持,带领大家一面修行,一面从事农业生产,希望以此来实现他理想的参禅生活。小说既表达了现代佛教徒劳动光荣和自食其力的理念,也对军阀横行霸道不顾民生的现实环境进行了抨击。这些小说尽管文学性还有待提升,然而单单从视角的下放这一角度看,就是对佛教新文学的一个很大贡献。在对普通僧众的细细描绘中,一个佛教徒世界的众生相第一次活生生地展现在世人眼前,这对"人间佛教"的推行有举足轻重的作用,也对新文化运动以来宗教文化在中国世俗化、现实化的功用转变,具有深远的意义。

第三卷

民族与民主

1931 年 9 月 18 日,驻守在东北的日本军队向中国军队发动攻击,宣告了中日处于战争状态,开启了伟大的抗日战争的序幕。

1935 年,华北事变爆发,激发起全国人民的抗日激情。

1937 年 7 月 7 日夜,卢沟桥的日本驻军开枪开炮猛轰北京卢沟桥,向城内的中国守军进攻。中国守军第 29 军 37 师 219 团奋起还击,掀开了全民族全面抗日的热潮。

1938 年 3 月 27 日,中华全国文艺界抗敌协会(简称"文协")在汉口成立。"文协"成立,是文艺界统一战线正式建立的标志。5 月 4 日,"文协"会刊《抗战文艺》在汉口创刊。

1941 年 1 月 4 日—1 月 14 日,皖南事变爆发,蒋介石随即宣布取消新四军番号,并下令向新四军其他部队发动进攻。

1942 年 2 月 1 日,毛泽东在中央党校开学典礼上作了《整顿党的作风》的报告,同年 2 月 8 日在延安干部会上作了《反对党八股》的报告,全面地阐明了整风的任务和方针。5 月,共产党在延安召开文艺座谈会,毛泽东阐明了革命文艺为人民群众服务的政治方向。

1945 年 8 月 15 日正午,日本裕仁天皇通过广播发表《终战诏书》,宣布日本无条件投降。

1945 年 8 月 29 日开始,至 10 月 10 日结束,为避免内战,争取和平,国共双方在重庆举行和平谈判,签订了《政府与中共代表会谈纪要》(即《双十协定》)。

1946 年 2 月 10 日,重庆校场口举行"庆祝政治协商会议成功大会",会上发生斗殴、骚乱事件。后来,民主人士李公朴、闻一多被暗杀一般被理解为与此事件相关。

1946 年 5 月 5 日,国民政府还都南京。

1947 年 5 月 4 日,在中共地下党领导下,上海学生举行示威游行,提出"要饭吃,要和平,要自由;反饥饿,反内战,反迫害"。

1948 年 9 月至 1949 年 4 月,中国人民解放军陆续发动辽沈战役、平津战役、淮海战役和渡江战役,从根本上打垮了国民党军队。

1949 年 9 月 21—30 日,中国人民政治协商会议第一届全体会议召开,标志着中国共产党领导的人民解放军取得了全国胜利。中华民族内部绵延了近四十年的内战宣告结束。

灾难深重的中华民族,先为民族的存亡而战,再为国家的民主而战。不过十多年的时间,中国军民经历了相互联合,相互摩擦,最后竟然又相互仇杀的悲剧性历史。浸浴在血泊之中,所有的文化呈现都那么湿漉而鲜红,所有的文化歌吟都那么悲壮而忧伤。为民族而战让我们备感悲壮,可为民主还需要再次流血,这显然是我们这个民族的巨大忧伤。

时代的民族文化吟诵着这样的忧伤,可从没有放弃希望。

第二十三章
全面抗战与民族文化热潮的兴起

中国现代历史是战争历史,革命的历史,紧张激烈和艰苦卓越的历史。这一历史所激发的文化主流同样是那么热血沸腾,那么壮怀激烈,那么荡气回肠。特别是异族的侵略,全面调动起中华民族同仇敌忾的政治情怀和文化情怀,所掀起的相应文化运动浪潮成为中华新文化最鲜明的时代热点。

战争从来就不是精致的人类行为,即使获得了正义的胜利,也会充满着深刻的矛盾与纠结。于是在抗战的正义吼叫中,仍然夹杂着民主的呼告,民族的声音与民主的吁求交织一起,构成了那个时代令人难堪同时也倍觉深刻的文化特性。激烈的内战高举的是民主的旗帜,然而同样包含着民族解放的想象。

一、从怨日情绪到抗战文化

在中国新文化运动中,特别是在中国新文学创作中,抗日情绪的宣泄由来已久,并非从抗战爆发那一刻才有。

甲午中日战争以后,日本对于中国的角色变得特别复杂。一方面,得明治维新的助力,日本在引进西方文明,引领时代潮流方面远远走在老大帝国之先,中国的有识之士都意识到须以日本为师,留学日本向日本学习成为中国知识分子进修现代文明的一时之选；另一方面，日本帝国主义对中华民族的侵略，以及在执行《马关条约》等不平等条约问题上对中国采取的敌对态度，郁积着中国人强烈的仇日、怨日情绪；再一方面，留学日本的中国文人和知识分子饱受日本民间暗藏着的对于"支那人"的歧视和轻侮情绪，使得这种仇日、怨日情绪每每诉诸笔端，形成了一种饱含民族情绪的仇日、怨日文化。在创造社作家的作品中，这样的文化情绪得到了较为集中的体现。中国现代文学研究者一般将发表于《创造季刊》第 1 卷第 1 期的郑伯奇的《最初之课》视为现代仇日情绪的最初之作，其实郭沫若的类似作品显然更早。早在 1918 年，郭沫若就创作了小说《牧羊哀话》，借朝鲜贵族和平民反抗日本统治者的故事，宣泄了怨日仇日情绪。其中所写的朝鲜贵族闵崇华的《怨日行》淋漓尽致地表达了中朝两国共同的怨日情绪：

> 炎阳何杲杲，
> 晒我山头苗。
> 土崩苗已死，
> 炎阳心正骄。
> 安得后羿弓，
> 射汝落海涛？
> 安得鲁阳戈，
> 挥汝下山椒？
> 羿弓鲁戈不可求，
> 泪流成血洒山丘。
> 长昼漫漫何时夜，
> 长恨漫漫何时休？

同样是假借受日本帝国压迫的朝鲜故事及题材，表现对于日本帝国主义的同仇敌忾心理，郭沫若 1920 年发表于《时事新报·学灯》副刊的诗作

《狼群中一只白羊》[1]非常引人注目。这首叙事诗以朝鲜抵抗日本统治的"三一运动"失败为背景,叙说朝鲜白牧师在日本举行的世界日曜学校大会上被剥夺发言机会的事件,表达了对日本等国以强权介入宗教的愤怒与声讨:

> 白牧师! 圣洁的老人!
>
> 你为甚么要向他们悲号?
>
> 你为甚么要叫他们祈祷?
>
> 他们不是一些披着羊皮的狼群?
>
> 他们不是一些敛着利爪的鸷鸟?

然后他号召对于强权的反抗:"狼群中的一只白羊呀!/别用再和他们嬉戏了罢!/别用再和他们嬉戏了罢!/快丢下你的 Bible!/快创造一些 Rifle 罢!"

这应该是抗战文化的先声,夹杂着血与火的战叫,传达着抗战初期相当普遍的民族情绪。

后来,郭沫若在《漂流三部曲》等小说中对自己流落日本潦倒、憔悴之态多有描述,以此表达对于日本的怨仇心态。这方面表现得最为突出的是郁达夫,他的代表作《沉沦》表现的正是在日本受歧视的情绪感受。这部小说以哭诉的声腔表达沦落日本的游子内心的哀号:

> 祖国呀祖国! 我的死是你害我的!
>
> 你快富起来! 强起来罢!
>
> 你还有许多儿女在那里受苦呢!

同样是创造社作家的张资平则有《他怅望着祖国的天野》一作,其仇日

---

[1]《时事新报·学灯》,1920 年 10 月 20 日。

恋国的情绪与郁达夫的《沉沦》颇多相似。这些作品一般多以留日学生的切身感受和痛苦体验为基础，通过怨日、仇日情绪的宣泄表达民族文化情感。

当中国并没有正式启动抗日战争之际，抗日的文化已经像野火一样从局部燃烧到全国，这是抗战文化和民族文化正式萌发的标志。这样的文化从"九一八"事变开始，一路发展到抗日战争之前，越来越成为重要的文化现象，直至成为时代的文化主流。东北事变之后，表现东北抗日武装力量及其生活的作品如萧军的《八月的乡村》受到文坛的广泛瞩目，包括鲁迅在内的著名文学家为这部作品的时代意义辩护，这就反映了抗日文化发展的某种必然趋势。一大批表现东北流亡者生活的作品，包括著名的街头剧《放下你的鞭子》，包括电影《马路天使》插曲《四季歌》等迅速流行，为抗战之前的抗日文化作了时代性的渲染与关键性的诱发。随着华北事变的发酵，中华民族危亡之感逐渐成为压在全中国文化人和知识分子心头的巨大磐石，大多数人不得不放下自己艺术自由、文学自由、科学自由的梦想，甚至不得不放下阶级与革命的紧张激烈的讲求，而转向抗战文化的发动、鼓动和参与，鲁迅等人主张的"民族革命战争的大众文学"没有受到左翼文坛的广泛采纳，而"国防文学"成为时代文化的主流，这清楚地说明左翼文坛对于阶级、革命主题的退却及对于抗战文化时潮的应和意向。

二、抗战文艺与民族文化

1937年7月7日，抗日战争全面爆发。国共两党在"民族—国家"救亡的旗帜下实现了第二次合作，全国抗日民族统一战线正式形成。广大的文艺工作者在爱国情感的驱动下，都积极投身到抗战救亡的洪流中来。1938

年 3 月 27 日，中国全国文艺界抗敌协会在武汉成立，大会推举老舍、郭沫若、茅盾、郁达夫、施蛰存、张恨水、张道藩、朱光潜、王平陵等四十五人为理事，成员包括五四新文学运动以来政治立场、人生态度、文艺观念、审美情趣各不相同的众多作家。由老舍担任总务部主任，主持"文协"的日常工作。大会通过了《中国全国文艺界抗敌协会宣言》，宣言指出："对国内，我们必须喊出民族的危机，宣布暴日的罪状，造成全民族严肃的抗战情绪生活，以求持久的抵抗，争取最后胜利。对世界，我们必须揭露日本的野心与暴行，引起全人类的正义感，以共同制裁侵略者。……为了这个，我们必须联合起来。"[1]"文协"的成立，标志着文艺界抗日民族统一战线的形成。

"文协"作为全国抗战文艺运动的组织和领导中心，在整个抗战文艺运动中发挥了重要作用。其会刊《抗战文艺》自 1938 年 5 月 4 日在武汉创刊至 1946 年 5 月 4 日在重庆终刊，贯穿整个抗战，是抗战时期影响最大、成就最高、持续时间最长的刊物。它刊载了大量反映中国人民抗战的文艺作品以及与抗战文艺相关的理论文章，极大地推动了中华民族的抗日救亡事业。为了最大限度地动员民众，"文协"提出了"文章下乡，文章入伍"的口号，倡导和鼓励文艺的"大众化"路线。《新华日报》在庆祝"文协"成立的社论中指出，"文艺的大众化，应该是全国文艺界抗敌协会的最主要的任务"，要"发动文艺家到战场上去，到游击队中去，到伤兵医院去，到难民收容所去，到一切内地城市乡村去"[2]。一时，宣传抗战的报告文学作品、街头剧演出、诗歌朗诵会等文艺形式大量涌现，受到了广大民众的热烈欢迎。抗战初期，全国的抗日文艺宣传工作在"文协"的组织领导下，呈现出前所未有的活跃局面。

随着抗战的持续和深入，"文协"及全国的抗战文艺运动全面铺开，文艺界各种思想的交锋和论争也相继出现。这些论争虽缘起和情形各不相同，但都围绕文艺与抗战的关系问题而展开。

---

〔1〕《中国全国文艺界抗敌协会宣言》，《文艺月刊·战时特刊》，1938 年第 9 期。
〔2〕《全国文艺界抗敌协会成立大会》(社论)，《新华日报》(1938 年 3 月 27 日)。

　　全面抗战初期,文坛涌现出了大量反映抗战的小型文艺作品,诸如通讯、特写、报告文学、街头诗、独幕剧等。这些短、平、快的文艺形式,在当时的确起到了为抗战服务的效果。这是民族文化彰显的现实要求。

　　抗日战争激发了中国人民的民族意识和民族情感,中国社会出现了一个"民族化"思潮高涨的时期。思想文化界更多考虑的是思想文化如何突出中国的民族特色,"中国的"、"民族的"成为 1940 年代使用频率最高的词汇之一,与此密切联系的抗战文艺也表现出前所未有的民族意识和民族情绪。这一切,对全民族普遍高涨的民族心理的激发和引导起到了至关重要的促进作用。同时,在民族化思潮的影响下,在新的"民族—国家"想象中,特别是抗战进入相持阶段以后,中国的文艺界开始思考并积极探索如何"由民族的本色中创造出民族自己的文艺"[1]等问题。基于此,过去文艺路线迥异的国共双方在这一点上达成了共识,均开始思考和建设各自的民族文艺构想:中国共产党与进步文艺界倡导建构中国文艺的"民族形式"、"战国策派"倡导实现"民族文化的再造"等。这些民族文艺的构想一经提出,在当时的思想文艺界均产生了较大的反响,并引发了战争语境下关于中国文学的"现代性"与"民族化"问题的思考。

　　全面抗战的爆发,要求文艺工作者与广大的人民群众建立更为广泛和紧密的联系,最大限度地动员民众参加到民族的革命战争中来。郭沫若在谈到这一点时指出:"一切文化活动都集中在抗战这一点,集中在于抗战有益的这一点,集中在能够迅速地并普遍地动员大众的这一点。这对于文化活动的要求,便是需要它充分的大众化,充分的通俗化。"[2]"文艺大众化"是抗战文艺的必由之路。"'大众化'是一切文艺工作的总原则,所有的文艺工作者都必须沿着'大众化'的路线进行。"[3]1938 年 3 月成立的"文协",更是旗帜鲜明地提倡"大众化",并将"文艺大众化"作为最主要的任务来抓:"我们要把整个的文艺运动,作为文艺大众化的运动,使文艺的影响

---

〔1〕 老舍:《文章下乡,文章入伍》,《中苏文化月刊》,1941 年第 1 期。
〔2〕 郭沫若:《抗战与文化问题》,《自由中国》,1938 年第 1 卷第 3 期。
〔3〕 以群:《关于抗战文艺活动》,《自由中国》,1938 年第 1 卷第 2 期。

突破过去的狭窄的知识分子的圈子,深入于广大的抗战大众中去!"〔1〕

在这样的倡导之下,各种大众的、通俗的文艺形式,街头剧、墙头诗、歌谣小调、大鼓词、快板、小曲、数来宝、评书、演义等,受到了文艺工作者的普遍重视。这些旧的文艺形式经过适当的改造和加工,在民众中起到了很好的宣传效果,的确为抗战作出了应有的贡献。但采用这些来自于民间的、大众的通俗文艺形式来进行文学创作的路数,也受到了一定的质疑。有作家认为,"这类作品在思想意识方面,都要相当的迁就读者","技巧也要降低",只好"宁愿叫文学受点委屈,去服从抗战"(吴组缃语)。对此,林淡秋曾高屋建瓴地指出:"为着要策动、激发大众努力抗战,争取抗战的最后胜利,而且为着要彻底解决中国新文学运动应该解决而未曾解决的问题,……就非实践文学大众化运动不可。""文学大众化就是要运用各种各样的手段,打破横在文学和大众中间的传统的壁垒,扫除麻醉大众的文学食粮,使健康的文学食粮渐渐普及于大众,渐渐提高其思想水准和文学水准,使他们共同参加制造此种文学食粮的活动。"〔2〕

为了达到这个要求,许多作家自觉而切实地在"文艺的大众化"的号召下进行着抗战文艺的尝试。这是民族文化的又一热潮。

抗日战争进入相持阶段以后,要想取得最终的胜利,就必须依靠广大人民的力量,这就需要我们的文艺工作者深入民间,走向大众。而1940年代,中国的社会现实是:广大民众的文化水平普遍比较低下,或者干脆就大字不识,他们能够接受的是听评书、说故事、唱民歌、看戏曲等传统的通俗文艺形式。因此想要让广大的普通民众参与到抗战中来,就必须充分考虑他们现有的文化水平、接受心理和欣赏习惯,以他们喜闻乐见的民间的、通俗的文艺形式去表现当时的现实生活。基于此,作为全国抗战文艺运动的组织和领导机构的"文协",提出了"文章下乡,文章入伍"的口号,发出过征求通俗文学一百种的号召,创办了一批诸如《抗到底》、《大众报》等通俗文

---

〔1〕 《〈抗战文艺〉发刊词》,《抗战文艺》,1938年第1号。

〔2〕 林淡秋:《抗战文学与大众化问题》,《林淡秋选集》,第558页,杭州:浙江文艺出版社,1983年。

学报刊,成立了一些倡导通俗文艺的社团,并将文艺的大众化、通俗化作为一项基本的任务来抓。主管战时全国文化宣传工作的郭沫若和负责"文协"日常工作的老舍,都是中国新文学具有相当代表性的作家,他们也都充分认识到通俗文艺之于抗战的重要意义。郭沫若说:"对于文化活动的要求,便是需要它充分的大众化,充分的通俗化,充分地产出多量的成果。"[1]老舍在谈到这一点时也指出:"当此抗战时期,艺术必须尽责宣传,而宣传之道,首在能懂。艺术既久与民众无缘,今也欲事宣传,写新文,画新画,则老百姓不懂,故不能不求通俗。"[2]为此,老舍撰写了《通俗文艺散谈》、《释"通俗"》、《抗战中的通俗文艺》等近十篇关于通俗文艺的理论文章,探讨和总结了通俗文艺的内容、形式及其与新文艺的关系等问题。在加强理论建设的同时,老舍还积极参与到"文协"组织的一些诸如"怎样编制士兵通俗读物"的座谈会、为通俗文艺培养骨干和编写通俗文艺教材等具体的事务上来,用自己的切实行动推动着抗战通俗文艺的发展。

在此情势之下,各种通俗文艺形式在全国各地大量涌现,街头戏剧、山歌民谣、朗诵诗、快板、评书、通俗小说等都来为抗战服务,全国上下呈现出一派通俗文学勃然兴起并充分发展的景象。

三、大众化与民族化

随着民族危机的加深和抗敌御侮的情绪高涨,大众化、民族化的讨论得到了深入,许多作家也主动放低姿态或转变写作观念,积极投身到抗战通俗文艺的宣传与创作中来,通俗文艺创作在全国范围内轰轰烈烈地展开。

通过全面抗战初期大众化、民族化问题的讨论,大批新文学作家为了宣传抗战,动员民众,他们一改过去轻视甚至是批判通俗文学的态度,主动放弃了以往的审美旨趣和艺术个性,毅然投身到抗战文艺的宣传与创作中

---

〔1〕 郭沫若:《抗战与文化问题》,《自由中国》,1938 年第 1 卷第 3 期。
〔2〕 老舍:《文章下乡,文章入伍》,《中苏文化》,1941 年第 9 卷第 1 期。

来。他们努力发掘并积极尝试新文学——一直跃跃欲试却一直未曾付诸实践的通俗文学创作。其中以老舍最为典型。抗战初期,老舍的文学创作主要表现在通俗文学上:一方面利用鼓词、京剧、相声、坠子、通俗小说、民歌等民间通俗文艺形式,创作了大量的通俗文艺作品;另一方面还撰写了大量关于通俗文艺的理论文章,对通俗文艺创作进行具体的指导。此外还有沙汀、艾芜、周文、舒群等合著的《华北的烽火》(1938)、磨刀人的《华北五英雄》(1938)、高鸿的《遗毒记》(1938)、谷斯范的《太湖游击队》(又题《新水浒》,1940)等通俗文艺作品,在当时受到了抗日民众的欢迎,其价值取向与时代作用也得到充分的肯定。但这些新文学作家的通俗文艺作品毕竟是尝试之作、应时之作,与他们过去的新文学创作相比,其缺点和不足都相当明显。究其原因,可能很大程度上在于,这些新文学作家存在将"通俗"仅仅视作为一种宣传手段而不是艺术,容易将大众化、通俗化理解为粗俗化、低级化、简单化[1]。

以张恨水为代表的大批通俗文学作家,在民族生死存亡的关头、在战争血与火的洗礼中,亦抛弃了过去比较功利的世俗化和商业化模式,积极改变创作路数,强化了作品的现实内容和爱国情绪,严肃了作品的思想主旨,提升作品的精神品性。"一二·八"事变后,张恨水在其《弯弓集》的自序中就曾明确表示:"今国难临头,必以语言文字唤醒国人,……略尽吾一点鼓励民气之言,则亦可稍稍自慰矣。若曰作小说者,固不仅徒供人茶余酒后消遣而已。"抗战爆发后,张恨水以拳拳报国之心来到大后方,在通俗文学创作中坚持"与抗战无关的作品,我更不愿发表"的态度。抗战期间,张恨水写出了二十余部长篇小说,如《风雨之夜》、《桃花港》、《潜山血》、《大江东去》、《虎贲万岁》、《水浒新传》、《八十一梦》等,大部分都与抗战和当时的社会现实有关,成为大后方销售量最大、最受民众欢迎的作家之一。

全面抗战初期,通俗文艺的刊物之多(如《高射炮》、《时调》、《弹花》、

---

〔1〕　孔庆东:《超越雅俗——抗战时期的通俗小说》,第75页,北京:北京大学出版社,1998年。

《抗到底》、《战潮》、《人人看》、《大众读物》等）、从事通俗文艺创作的作家之多、通俗文艺作品的种类（说唱文艺、民间歌谣、通俗戏剧、通俗小说等）及数量之多，都是空前的。但我们必须看到，宣传上的急迫需要和创作上的经验缺乏等，致使抗战之初的通俗文艺创作在整体上还显得相当幼稚。

随着抗战进入相持阶段，通俗文艺创作适应形势的发展出现了新变，在时空跨度上纵深覆盖，在满足社会现实需要的同时，又实现了艺术审美上的提升。

抗战进入相持阶段以后，国内外政治和社会形势都发生了较大的变化。通俗文艺较之于抗战初期，其热度虽有所下降，其气势也有所减弱，但其发展态势却相对稳健，创作上也出现了一些较为成熟的作品。从形式上看，通俗文学样式从抗战初期的短、平、快向长、深、厚转变，长篇小说、长篇系列小说、历史剧等大量出现；从时间上看，通俗文艺发展到抗战的中、后期，甚至是抗战结束之后，都一直保持着持续发展的势头，并受到民众的欢迎；从空间上看，沦陷区、国统区、解放区的文化地理版图和格局虽有差异，但都自觉于通俗文艺的理论建设，并都出现过通俗文学创作的高潮。

抗战时期通俗文学的勃兴，以沦陷区的表现最为明显。沦陷区原本就是通俗文学最发达的地区，有着较为完备的生产、营销体系和良好的读者消费群体。抗战爆发后，新文学作家大批地从华北、华东撤离，而转入大后方，使得新文学在沦陷区的影响力日益萎缩。另外，沦陷区的文化高压政策影响和限制的是"严肃文学"，宽容和放纵的是通俗文学，这一切，使得前者的生存比较困难，而后者则发展得宽松舒畅，主客观地为通俗文学作家提供了施展拳脚、自由发挥的空间。在东北，有 1941 年 6 月创刊的《麒麟》杂志，以"最通俗的文字，含容最丰富的趣味"为办刊方针，所刊载的小说，言情居首,其次是实话秘话和侦探小说,然后是幽默、历史、武侠等作品[1]。在"孤岛"上海,最具代表性的是《万象》杂志,是当时最有名的通俗文化月刊。该刊由陈蝶衣主编,大众文化色彩很浓,其读者群"不仅遍于知识阶层,同时在街头的贩夫走卒们手里,也常常可以发现《万象》的踪迹,这可以证明《万象》在目下,已经成为大众化的读物"[2]。在沦陷区,社会、言情类通俗小说长盛不衰,张恨水转入大后方后,北方的刘云若、陈慎言,南方的顾明道、予且等,一直受到各种报刊和读者的欢迎。而在上海,1941年秦瘦鸥创作的《秋海棠》连载于《申报》,被誉为"民国南方通俗小说的压卷之作",当时的受欢迎和畅销程度以及用戏剧、电影的形式加以改编,一如当年张恨水的《啼笑因缘》。另外,1940年代"北派武侠"也令人瞩目地崛起,还珠楼主的"蜀山"系列、白羽的"钱镖"系列、王度庐的"鹰爪"系列、郑证因的"鹤铁"系列等,在武林恩怨和江湖豪情中加进了"侠"的精神,体现了"武侠小说"的现代性品格。

在国民党统治区和大后方,虽然不具备上海那样的通俗文学发展的条件,但政治力量的参与和文艺政策对通俗文学的大幅度倾斜,弥补了先天的不足。国统区的通俗文学与沦陷区有所不同,在题材上尤为强调与抗战有关,宣传抗战、配合抗战。张恨水抗战期间的二十多部小说,《秦淮世家》、《水浒新传》等均关乎时代,其中尤以《八十一梦》成就最高。另外,徐讦、无名氏为代表的后期海派作家,以新人的面目出现于1940年代的通俗文学创作领域。他们接受过比较系统的现代教育,有着良好的新文学背景。他们常常借鉴抗战与革命事件来营造和烘托爱情故事的传奇背景。徐讦的《鬼恋》、《吉卜赛的诱惑》、《荒谬的英吉利海峡》、《精神病患者的悲歌》、《风萧萧》等,无名氏的《北极风情画》、《塔里的女人》等,作为国统区最为畅销的通俗小说,一版再版。1943年,徐讦的《风萧萧》在重庆的《扫荡报》上连载,重庆的江轮上几乎人手一份,当年被列为"全国畅销书之首",

〔1〕 刘晓丽:《从〈麒麟〉杂志看东北沦陷时期的通俗文学》,《中国现代文学研究丛刊》,2005年第3期。
〔2〕 陈蝶衣语,见《万象》1942年第10号。

该年被称为"徐讦年"。无名氏也被文学史家公认为在模仿徐讦,其作品也被认为是"标新立异地希望给人以刺激和陶醉",是"遣送时间的消闲书"。

而解放区的通俗文艺创作,在1942年之前大多以传统民间文艺的形式为主,与沦陷区、国统区的现代通俗文学相比则显得相当落后。1942年毛泽东的《在延安文艺座谈会上的讲话》发表以后,以赵树理为代表的解放区通俗文艺创作,将民间文艺与革命诉求结合起来,表现出独特的政治内涵和崭新的时代意义。赵树理的《小二黑结婚》、李季的《王贵与李香香》、阮章竞的《漳河水》、马烽和西戎的《吕梁英雄传》、柯蓝的《洋铁桶的故事》等,采用了老百姓所喜闻乐见的语言和形式("章回体"、"信天游"、"小调"、"评书体"等),充分满足了广大农民读者的文学需求,在先进的意识形态与广大的人民群众之间架起了一座桥梁,最直接地体现了文学政治化、民族化、大众化的追求。

从总体上来看,抗战进入相持阶段以后,抗战通俗文学的确出现了新变。一方面,旷日持久的战争、紧张的政治气氛、混乱的经济状况、庸常的现实生活,迫使广大文艺工作者不得不从抗战初期的狂热、幼稚、理想的状态中冷静下来,而更多地去关注灰色的现实人生和凡俗的日常生活。从广大民众的角度看,为了摆脱现实生活的烦恼,他们寄希望于能从通俗文学的娱乐性与闲适性中找到某种精神的慰藉。另一方面,随着通俗文艺活动的持续开展和"文艺大众化"、"民族形式"等问题探讨的走向深入,以及雅俗对立的渐趋消解,雅俗文学创作的互动交融,通俗文学创作在现实深度、审美向度等方面都表现出一定的"现代性"质素。因而,我们可以这样说,通俗文学发展到1940年代,在民族战争背景下,在现实文化语境中,已彻底改变了过去饱受新文学批判、忽略的尴尬局面,成功实现了蜕变,呈现出雅俗互动、蓬勃发展的局面。赵树理的新评书、李季的"民歌体"新诗、张恨水的社会言情、张爱玲的新海派、程小青的探案、南北派的武侠等,融合了传统与现代等因素,赢得了广大的读者市场。通俗文学在与新文学的竞争和较量中虽稍嫌劣势,在其漫长的现代性追求中,业已成为中国现代文学不容忽视的重要组成部分。

第二十四章
民族与民主交织中的文学文化主流

　　辉煌的 1930 年代,中国新文学走向全面成熟的时代,具体体现在各种体裁的文学在这一时期取得了较为圆满的成就,产生了一批杰出的代表作品;各体新文学经典在这时期都已成型,大多代表着中国新文学的最高水平;文学流派各具优势各显其能且成就不凡;文学论争比任何时候都更为活跃也更见水平,形成了文学空气相对自由的社会文化环境;文学出版机制更为健全也更显强大;文学研究呈现出全面发展的态势,新文学的学术系统建构完备;文学与其他艺术之间的交互运作,如戏剧、电影等等更为频繁,也更加深入。尽管这时期的文学文化斗争相当激烈,特别是左翼革命派文学与自由派文学的斗争,但总体而言,一切都在正常的文化秩序和文学规律范畴之内,属于从各个文化背景将文学推向经典的历史运作。日本帝国主义的侵略中断了新文学向经典化的目标迈进的历史进程,日益高涨的抗日民族意识迅速倡扬并酿成了新的文学文化,这便是围绕着民族与民主而展开的超越文学自身的文化运作。

一、民族潮流的潮头效应:文学文化地位的"上浮"

　　早在 1920 年代甚至更早,敏感的文学家已经意识到日本对中国的觊觎之心日益加剧,便在文学中率先表现出怨日、仇日的情绪。郭沫若的诗歌《狼群中一只白羊》和小说《牧羊哀话》，借朝鲜的民族遭遇发泄对于日本侵略者的愤懑，表现出与甲午时代悠然相通的民族情绪。郑伯奇的《最初之课》和《莘庄镇》则直接刻画了日本侵略中国的现实图卷，可谓开启了现代抗日文学文化的序幕。随着日本侵略中国的步骤的加快，狼子野心的逐渐暴露，现代文学中的抗日文学逐渐成为不容小觑的一股重要流脉，包括萧军的《八月的乡村》，包括电影《桃李劫》、《毕业歌》，戏剧《回春之曲》，包括《松花江上》、《义勇军进行曲》之类大量高亢的抗日歌曲，汇成了越来越强的时代旋律。伴随着日本帝国主义对我中华大地全面侵略的步伐加快，伴随着中国各个阶层抗日御侮之民族情绪的日益高涨，这种时代旋律越来越强劲。这些作品很少有"静穆悠远"之作，但它们汇聚成了一种越来越鲜明的时代文化，并且在社会文化的运作中占据越来越重要的地位。

随着九一八事变、华北事变等重大事件的发生，日本帝国主义侵略中国的步伐不断加快，中国和日本的民族矛盾迅速上升，革命的时代文化主题迅速让位于民族抗争的主题。一个重要标志便是，在1936年春，左翼作家联盟于仓促中自行解散。左联解散后，鲁迅等还坚持打出"民族革命战争的大众文学"的旗号，与当时已经在文化上占据主流地位的"国防文学"的口号相龃龉。鲁迅此时仍然带着观念的惯性坚守着阶级论的底线，尽管他也意识到大敌当前应该"不分阶级和党派，一致去对外"，不过他认为这样的立场，仍然是阶级立场："这个民族的立场，才真是阶级的立场。"[1]但对于大多数文学家和文化工作者来说，基于"阶级性"的"革命"已经是一个过去了的主题词，民族问题是人人必须立即面对的问题。因此，强调"革命"的鲁迅倡导的那个口号其实并没有产生多大的实际影响力。但是，鲁迅的远见卓识并不因此而减弱其思想的光辉，他的"民族革命战争的大众文学"口号仍然点中了整个抗日战争时期的文化主脉：民族、革命、大众，汇聚成民族与民主的时代文化主题。

---

〔1〕 鲁迅：《论现在我们的文学运动》，《鲁迅全集》(6)，第590页，北京：人民文学出版社，1981年。

民族战争的全面爆发,使得文学文化由革命、自由的主题迅速转换为民族、民主的主题,这是文学文化发生时代性重大转折的第一大标志。另一个重要标志是,文学文化的重要地位在时代意义上得到迅速蹿升,不仅原已相当成气候的抗日文学和民族文化迅速上升为时代的主调,文学在民族战争中的作用同样得到了提升与强调。抗日战争爆发以后,中国实施了备受诟病的军事动员(历史上耳熟能详的"不抵抗主义"的指责显然并非空穴来风),实施了时有龃龉和摩擦的政治动员("攘外必先安内"的策略和"团结御侮,一致对外"的呼声曾是那么含混地在一起),同时,更实现了几乎众口一词并众望所归的文学动员。相比于备受党派纷争和集团政治干扰的军事动员和政治动员而言,以民族文学为核心的文化动员则是那么统一,那么协调,那么有力和有效。

卢沟桥事变以后,文学动员的巨大声势构成了时代文化的绝对主旋律。

首先,反映抗战情势的各种文学创作,汇聚成一种时代的报告,一种强势的文化潮流,震荡着文化界、文学界乃至社会各界。全面抗战的声浪在文学界和文化界的率先崛起,在全中国的上空和人民的心间激起强烈的回响。的确,中国的全面抗战之声及其时代性的实践率先实现于文学及其文化传播,一定时间点内日本侵略者的轰炸和中国军民的英勇抗击只是在广袤中国的个别区域发生,但中国文学界对侵略行为的揭露,对全面抗战的呼吁,对民族抗日的激励,却在一时之间遍布于中国的公共媒体,而且几乎成为那个时代唯一具有席卷之势的巨大声浪。

文学家以笔作刀枪,积极投入到抗日战争的报道工作中,将日本侵略者的罪恶行径以及中国军民反击的情形作及时、生动的报道,这样的报道文学成为那个时代文学的热点和文化的亮点。这种报道文学有我们已经习惯了并已经趋于成熟了的报告文学,如亦门的《闸北打起来了》、《从攻击到防御》等反映八一三战事的报告文学,以及丘东平的系列报告文学如《第七连》等,胡风精辟地概括出这时候的报告文学体现为"一个战斗的文艺形式":"它和战斗者一同怒吼,和受难者一同呻吟,用憎恨的目光注视着残害祖国生命的卑污的势力,也用带泪的感激向献给祖国的神圣的战场敬礼……"〔1〕另有报告性特别明显的报告诗和报告剧。被誉为"时代的鼓手"的田间,便在抗日战争一爆发就发表了《给战斗者》,同时致力于街头诗创作;街头剧等多体现为"活的报纸"、"动的报告"的报告品性〔2〕,如《三江好》《最后一计》等,都是这样的报道文学。为了及时、全面地反映抗日壮举,也为了营造、鼓动抗日报道文学的巨大声势,报道文学经常采用多人合作和集体创作的形式。宣传鼓动性是这时期文学的另一重要特性。文学家纷纷将自己的写作频道调谐到大众文学的接收频率之中,以人民大众喜闻乐见的文学形式表现与抗战宣传相关的内容,以利于鼓动全社会的抗战热情。

这些文学创作在取材上早已远离了作家自身的日常人生,在创作形式上则纷纷走传播化、大众化的路径,在创作初衷上也疏离了个人情怀和才情的展示,因而它们的艺术性、审美性不可避免地服从于时事性和报道性,服从于宣传鼓动性。这是时代的要求,是时代文化的应有姿态和特质。

一切有利于抗日宣传的文学资源都被发掘和调动起来,用于激发和鼓励民众抗日情绪。例如陈鲤庭在九一八事变后执笔创作的抗日街头剧《放下你的鞭子》等,在抗战的高潮中被文艺家反复演唱,以至于徐悲鸿于1939年在新加坡看到"中国救亡剧团"王莹等人的演出,即兴创作出了同题油画,并记叙了王莹的演出。需要指出的是,这部抗战名剧仍然是集体创作的结晶,它脱胎于田汉根据德国作家歌德的《威廉·迈斯特》中的梅娘故事改编而成的独幕剧,经过陈鲤庭、崔嵬等人的联合改编,融入了吕骥创作的《九一八小调》,从而成为家喻户晓的抗战街头剧。这是抗日战争全面开战以后文艺界对已有文学资源开发利用的典型案例。

在文学表现手法上,这时期的报道文学特别是报告诗发扬了红色鼓动

〔1〕 胡风:《论战争期的一个战斗的文艺形式》,《胡风评论集》(中),第18页,北京:人民文学出版社,1984年。

〔2〕 葛一虹:《论活报剧》,《中国新文学大系1937—1949》,第393页,上海:上海文艺出版社,1990年。

1932 年海鸥剧社演出街头剧《放下你的鞭子》

诗的传统。阶级革命的文学历练复又在民族革命如火如荼的宣传中如鱼得水，这是我们面临的这个时代的悲哀，文学文化被迫轮回的悲哀。因为这时候的文学已经锐化为战斗的武器，厮杀的刀枪，它不再直接对新文学自身的建设乃至新文化建设负责，而是直接对民族危亡的艰难时世负责。文学地位的被拔高，导致文学的新文化素质要求再也无须得到特别强调，传统文学的因素裹挟着民间文学的要求大规模地突入抗战文学的地盘，一度成为抗日宣传的主导内容，不仅有《新水浒》、《新儿女英雄传》等传统章回小说翻新的作品訇然登场，更多的是鼓词、金钱板、数来宝、快板、歌谣、各种梆子、坠子等等民间形式的蜂拥而上。这并不是用文学的民族化弹压文学的新形式，而是要求文学须以民族形式和民间形式为抗战服务："采纳流行于大众间的旧的形式的长处，并且结合起旧的为大众所爱好的通俗作家，充实他们的意识，增加通俗作品的创造，印出千千万万的文艺小册子，输送到前线和后方的各地各方面的大众中去，使每个人都沐浴于文艺的光芒，加强抗敌情绪。"[1]抗战压倒一切，抗战文艺压倒一切新旧文学的对垒和争执，这就是时代的文化要求和文化特性。

---

[1]《全国文艺界抗敌协会成立大会》，王大明、廖全京编：《中华全国文艺界抗敌协会资料汇编》，第 27 页，成都：四川社会科学院出版社，1983 年。

二、抗日民族统一战线中民主问题的提出

然而,抗战绝不仅仅是一个情绪发动的问题,尤其反映在文学和文化方面,事关文学家和文化人的主观精神和创造愿望,势必发生种种复杂的情形。另外,民主、自由的观念和要求始终是新文化和新文学界的"理想类型"的体现,任何时候这样的文化呼声都有其正当性。于是,在抗战文学热火朝天的关键时刻,出现了一种向抗战文艺界要民主的时代声响,这样的声响丰富了抗日民族文学的宣传格局,因为任何有力量的宣传文化都不应该在单调、单一的状态下运行。

1938 年成立的中华全国文艺界抗敌协会(简称"文协"),标志着文艺界抗日民族统一战线的形成,也标志着抗日文化正式坐定了时代文化的主流。在这种全面抗战的文化热潮中,各种不同观点、不同文学旨趣的碰撞在所难免,从中摩擦出来的火花,显示出民族文化与民主文化相交汇的亮色与活力。

1938 年 4 月,张天翼创作的小说《华威先生》刊载于茅盾主编的《文艺阵地》创刊号。该小说通过一个对抗战工作"包而不办"的文化官僚华威先生,揭示和讽刺了抗战阵营内部国民党官僚争夺领导权、限制普通民众积极抗日的情形,由此引发了一场历时两年之久的关于抗战文学是否应该"暴露黑暗"问题的论争。质疑这篇小说的人首先肯定《华威先生》写得合时,切中时弊。接着,提出了"在一个很奔放的时代与自由的环境里,冷嘲是不是需要"的问题,由此表达了自己善意的担心,担心《华威先生》所暴露的黑暗面可能会影响抗日的"严肃与信心"[1]。茅盾则认为抗战文学既"要写代表新时代的曙光的典型人物,也要写正在那里作最后挣扎的旧时代的渣滓"。为此,他批评了"抉摘丑恶,实非必要"、"太谑画化"等错误言

---

〔1〕 李育中:《幽默、严肃与爱》,《救亡日报》(1938 年 5 月 10 日)。

论〔1〕，并强调"现在我们仍旧需要'暴露'与'讽刺'"〔2〕。1938 年 11 月日本《改造》杂志译载了这篇小说，这无疑起到了火上加油的作用，因为这似乎更加证明了这篇旨在"暴露"的作品在"灭自己的威风，长他人的志气"〔3〕。倒是挑起这场论争的最初质疑者李育中说得明白透彻：《华威先生》"翻译到日本那不可怕"，可怕的是华威先生并没有消失，"现实上的'华威先生'，忙于开会，忙于讲空话，专做救亡团体和救亡青年的绊脚石"〔4〕，需要我们时刻警醒。

抗战是一项全国投入、全民参与的伟大斗争，其中当然会有不协调步伐、不谐和的声音，有相当的黑暗面，对于出现在和存在于抗战热潮中的这种不协调、不谐和的黑暗面，应该有所揭露和批判，以利于防范与肃清。而且，对于关心民族斗争的文艺家而言，这同样是自己的责任，是自己的权利和义务，是为抗战的健康发展尽心尽力的一种文化选择。对这样的暴露与批判，应该予以宽容，这才能体现出民族革命战争中的民主心态。勇于揭露和批判抗战队伍中的不协调或不谐和声音，乃是民族革命战争中运用民主权力的体现，而容许这样的权力的行使，更是民主宽容心态的体现。

抗日战争全面爆发以后，文学界、文化界的头等大事便是宣传抗日，鼓动抗日，在抗日民族统一战线的格局中为抗战尽心尽力。大敌当前，抗战成为文学和文化界压倒一切的大事实属理所当然。在这样的文化背景下，文学理所当然地被要求放弃原来的自由和多样化，而统一于抗战的时代主题之下："发动文艺家到战场上去，到游击队中去，到伤兵医院去，到难民收容所去，到一切内地城市乡村去……"〔5〕抗战文学呈现出大众化、通俗化的趋向，甚至存在公式化、概念化等被喻为"抗战八股"的毛病。对此，梁实秋、沈从文等提出了自己的批评意见。梁实秋以《中央日报》副刊主编的身

〔1〕　茅盾：《八月的感想——抗战文艺一年的回顾》，《文艺阵地》，1938 年第 9 期。
〔2〕　茅盾：《暴露与讽刺》，《文艺阵地》，1938 年第 12 期。
〔3〕　林林：《谈〈华威先生〉到日本》，《救亡日报》（1939 年 2 月 22 日）。
〔4〕　李育中：《〈华威先生〉的余音》，《救亡日报》（1939 年 3 月 17 日）。
〔5〕　《全国文艺界抗敌协会成立大会》（社论），《新华日报》（1938 年 3 月 27 日）。

份表示："现在抗战高于一切,所以有人一下笔就忘不了抗战。我的意见稍为不同。于抗战有关的材料,我们最为欢迎,但是与抗战无关的材料,只要真实流畅,也是好的,不必勉强把抗战截搭上去。至于空洞的'抗战八股',那是对谁都没有益处的。"[1]这番被罗荪概括为"与抗战无关论"的言论遭到了严厉批判。《新蜀报》、《国民公报》、《大公报》、《抗战文艺》等报刊,陆续发表了多篇批判文章,认为梁实秋的"与抗战无关论"要消灭的不是"抗战八股"而是"抗战"[2]。张天翼指出,梁实秋那些躲在象牙之塔里的"无关抗战论"实际上是艺术至上的表现[3]。沈从文也希望文学家远离"宣传"的空气,远离"文化人"的身份[4],"反对作家从政"[5],只是有人攻击其"也无非要造成一批误国的文人!"[6]抗战文艺界仍然坚持文学家在抗战中的最重要的使命与责任。

在战争的环境下,对梁实秋、沈从文的批判即使有些过激,也具有其现实合理性。战争是残酷的,民族存亡的关键时刻要求文学和文学家哪怕是牺牲了自己的"身份"去做宣传,也体现着一种历史的必然性。但梁实秋、沈从文的议论并未超出一个文艺家的正常要求,他们的言论体现着在抗战文化"大一统"舆论走向中的一种,是在并未违背抗战主旨形势要求之下的一种自主发言,体现着一定意义上的民主文化精神。如果能够对这样的言论加以善意的宽容和必要的修正,则更能体现出抗战文化中非常可贵的民主精神。

在民族意识和民族情绪普遍高涨的情势下,最能体现文学和文化上的民主精神的是关于"民族形式"的讨论。由于抗战宣传需要在最大范围内鼓动人民大众的民族情绪,抗战文学便发扬了左翼文学"大众文学"的倡导以及"旧瓶装新酒"的方法,通过民间形式、传统笔法,尽可能写出老百姓所

---

〔1〕 梁实秋:《编者的话》,《中央日报》副刊《平明》(1938年12月1日)。
〔2〕 巴人:《展开文艺领域中反个人主义斗争》,《文艺阵地》,1939年第1期。
〔3〕 张天翼:《论"无关"抗战的题材》,《文艺月报》,1940年第6期。
〔4〕 沈从文:《一般或特殊》,《今日评论》,1939年第4期。
〔5〕 沈从文:《文学运动的重造》,《文艺先锋》,1942年第2期。
〔6〕 巴人:《展开文艺领域中反个人主义斗争》,《文艺阵地》,1939年第1期。

习见常闻的文学作品。这样的文学取向被通俗读物编刊社的向林冰概括为民间形式"中心源泉"说，认为这是新文学和新文化在民族性讲求方面的必由之路："民间形式的批判的运用，是创造民族形式的起点；而民族形式的完成，则是民间形式运用的归宿。换言之，现实主义者应该在民间形式中发现民族形式的中心源泉。"[1]

即便是在民族因素成为时代主要矛盾的抗战时期，这种绝对化的民族形式论仍然刺激起新文学家捍卫新文化的意识以及文学文化中的民主意识。葛一虹抨击向林冰的"新国粹主义"理论，认为"旧形式虽现今犹是'习见常闻'，实在已濒于没落文化的垂亡时的回光返照……作为封建残余的反映的旧形式没有法子逃避其死灭的命运"，应该"继续了'五四'以来新文艺艰苦斗争的道路，更坚决地站在已经获得的劳绩上，来完成表现我们新思想新感情的新形式——民族形式。而这样的形式才是真正的新鲜活泼，为老百姓喜见乐闻的中国作风与中国气派"[2]。这种捍卫五四新文学和新文化的观点同样带着某种偏激，如在民族情感上升为时代文化主调的情势下将老百姓习见常闻的旧形式统统归入"没落文化"和"封建残余"，显露出同样的偏激与绝对化毛病，不过敢于在民族情绪支配时代文化之际仍然如此旗帜鲜明地捍卫五四新文化传统，仍然如此坚决地批判"没落文化"和"封建残余"，又是在民族性的时代亮出了民主性的精神。

值得指出的是，这场关于民族形式的讨论，是中国新文学和新文化建设中非常值得称道的一次论争，参与论争的各个方面都保持着民主理性精神，使得论争在公正、理性和相对平和的层面展开，论争中尽管有偏激之论，但并没有激化为论争者的偏激姿态。这场论争是整个新文化建设时期文学和文化论争的典范。

在民族矛盾异常激烈的时代文学家依然保持民主精神，这是中国新文化走向成熟的重要标志。这种民主精神的发挥，除了体现在上述文学论争

---

〔1〕　向林冰：《论"民族形式"的中心源泉》，《大公报》(1940年3月24日)。
〔2〕　葛一虹：《民族形式的中心源泉在所谓"民间形式"吗？》，《新蜀报》(1940年4月10日)。

方面而外,还体现在抗战文学的多向度创作上。在共产党控制的边区,丁玲的创作如《我在霞村的时候》、《在医院中》,在热忱讴歌抗战的同时勇敢地揭露抗日根据地的某些落后、阴暗的现象,将民族斗争的大义与民主批判意识结合在一起,成为那个时代可贵的文学和文化成果。在国民党统治区,郭沫若的《屈原》等历史剧,以及阳翰笙、阿英等人创作的历史剧,借古讽今,以史喻时,同样是在结合民族斗争精神与民主批判意识方面建立了辉煌的文化业绩。经过时间的炼滤,经过时代的沉淀,民族情绪高扬的抗战文潮逐渐被凝结着民族斗争精神和民主批判意识的文学创作所取代。这是时代的进步,也是新文化的进步。

三、置身在为民主的斗争里面

胡风在 1944 年的《希望》杂志发表《置身在为民主的斗争里面》,从社会理论和文学舆论上将民主调谐到时代文化主调的位置。胡风在这一时期所要求的民主意识固然是对五四时期新文化倡导的民主意识的唤起,即主要为了重倡社会现实主义和个性主义的精神批判传统。胡风深刻地认识到:

> 作家应该去深入或结合的人民,并不是抽象的概念,而是活生生的感性的存在。那么,他们底生活欲求或生活斗争,虽然体现着历史的要求,但却是取着千变万化的形态和复杂曲折的路径;他们底精神要求虽然伸向着解放,但随时随地都潜伏着或扩展着几千年的精神奴役底创伤。作家深入他们要不被这种感性存在的海洋所淹没,就得有和他们底生活内容搏斗的批判的力量。[1]

---

〔1〕 胡风:《置身在为民主的斗争里面》,《胡风评论集》(下),第 21 页,北京:人民文学出版社,1984 年。

这种渗透着鲁迅式的批判意识的理论,在抗战民粹主义的文化气氛中确实显得较为突出,因而一直受到质疑和批判。然而它又以理论的深刻性发扬了鲁迅及新文学的批判现实主义传统,在中国新文学更长的历史镜头中显露出思想的力量和观念的价值。从这一意义上说,胡风的民主文化观和主观战斗精神论带着明显的超前意味,也就是说,在抗日战争和国共内战时期,一般的文学创作甚至新锐的文学理论都很难抵达这种民主意识的深度。这时候的民主意识主要体现在政治上的反抗专制,道德上的民生同情,文化上的民粹倾向。不同的政治语境显露出民主意识的多方面多层次的复杂意蕴,抗战后期及国共内战时期文学所承载的民主正体现出这样的复杂性和多层次性。

从抗战后期到国共内战时期,民族文化趋于落潮,而民主文化持续高扬,这样的文化构成形成了显著的时代文化风貌。尽管民族危亡、民族解放和民族革命仍然是这个时代的主题,但由于民族的文化话语的时代性早已让位于民主文化,民族文化的言说便很容易成为一种尴尬的文化态度。抗战后期,被称为"战国策派"的陈铨、林同济等人鼓吹民族主义文化,落得的正是这样的尴尬境地。陈铨于 1943 年创办了《民族文学》杂志,提倡具有"强烈的民族意识"的民族文学;林同济则痛感于"民族文学"较多地带有传统文学的温柔敦厚、中庸平和的戾气,呼唤富有活力和创造力甚至是原始强力的文学,即那种"可以撼动六根,可以迫着灵魂发抖"的文学,文学不要一味地涂抹平缓的春山,而要刻画"暴风雪中的挣扎"[1]。他们还身体力行地通过文学创作,如陈铨的《野玫瑰》、《蓝蝴蝶》、《金指环》、《无情女》等剧作,以及《狂飙》等小说,表现国家、民族至上的意志主义情怀。显然,这种对国家意志的维护触发了新文学家的民主意识,《新华日报》、《文化杂志》等报刊分别发表文章,揭露战国策派的"法西斯主义实质",将其无情地归入了反动的一脉。

---

[1]　独及:《寄语中国艺术人——恐怖·狂欢·虔恪》,《大公报·战国》(8)(1942 年 1 月 24 日)。

战国策派的文化境遇清楚地表明,抗战后期的中国新文化呈现出民主意识上升而民族意识疏淡的格局,上升了的民主意识反过来会对民族意识的强势突入保持高度警惕,并且进行理论排斥。其实,虽然陈铨等人的民族文学观等有某种意志论的色彩,但被扣上"法西斯主义"的帽子并不合适,明显属于过度指责。遭受这样的过度指责,完全是因为战国策派不合时宜地强调国家意志,不自觉地冒犯了新文学家正在恢复和张扬的民主意识。

延续着抗战文学的民主声浪,国民党统治区的民主文学突出地体现在政治上揭露政界的腐败、政治的黑暗,在道德层面控诉民不聊生的社会现实等内容。

政治上的反抗专制和揭露腐败,乃是将抗战初期已初现端倪的暴露黑暗问题运作为一个时代性的文学主题。讽刺和暴露一度成为时代文学的热点,这样的文学热点历来受到重视。诗歌方面最为突出的是袁水拍的《马凡陀的山歌》和《马凡陀山歌续集》,其中既有对政府专制和官僚腐败的讽刺,又有对民生疾苦和世道浇漓的人生现实的表现。其他的代表作品,小说方面有张恨水的《五子登科》、《八十一梦》,茅盾的《腐蚀》,戏剧方面则有宋之的的《群猴》,陈白尘的《升官图》,吴祖光的《捉鬼传》等。这些作品以辛辣的讽刺笔法和入木三分的对黑暗腐败现象的抨击,凸显了战乱年代弥足珍贵的民主意识,这样的民主意识接续了五四新文化的伟大传统。

对于特殊年代民不聊生状况的揭示与表现,也是文学家民主意识的基本担当。随着战乱的加深,破产失业、流离失所、妻离子散、饥荒短缺等等社会灾难以前所未有的深广度在中国社会上蔓延,普通人民的生活越发艰难,便是知识分子也多在贫困线上挣扎。这样的经济惨状带来了社会世风日下、世道沦丧、弱肉强食、民怨沸腾的惨酷现实。文学家的民主主义情怀决定了他们必须直面这种惨淡的现实,于是一大批表现各社会阶层民生灾难的作品纷纷涌现,尤其引人注目的是表现知识分子面对人生的行路难而彷徨歧路的作品,较为典型的有巴金的小说《寒夜》,电影《一江春水向东流》、《万家灯火》等。

　　在共产党领导的边区及解放区,民主文化较为集中地体现在无产阶级民粹倾向的表现方面,也体现在对于封建文化的现代批判。这两方面同样都是对五四新文化民主传统的回应与发扬。

　　五四时代的民主意识主要体现在对封建主义思想道德系统和社会体制的揭露批判,在向封建主义传统势力进行斗争的基础上呼吁人的解放以及个性主义的崛起。鲁迅的"吃人"论,连同他所塑造的孔乙己、祥林嫂等人物,乃是从文化心态上揭露了封建主义对人的灵魂的戕害;而罗家伦的《是爱情还是苦痛》揭示的是封建秩序对于青年人爱情的掠夺与迫害;叶圣陶的《这也是一个人》刻画的是社会传统势力对下层平民的人生的剥夺。这样的控诉、揭露和批判体现了民主主义的不同思想深度和价值视角,而且一直在继续。胡风的"主观战斗精神"论是对鲁迅深刻的灵魂解剖传统的呼唤、阐扬与继承,巴金的《激流》等系列作品,曹禺的《雷雨》和《原野》等,是从爱的要求发出了对于个性解放、人性尊严的呼吁。1940 年代后期的揭示民生凋敝的作品,延续了五四人道主义的传统以及老舍《骆驼祥子》的路数,揭示了黑暗社会对人生的摧残与盘剥。这样的民主文化传统在共产党领导的边区文学和解放区文学中得到了延续。但由于无产阶级阶级意识在社会价值判断中起着主导作用,现代民粹思想处于这个特定时空文化的支配地位,鲁迅式的揭示人的灵魂戕害的思想深度便难以得到掘进,于是,"还是杂文时代"的鲁迅批判传统的论调,以及胡风的"精神奴役的创伤"论便会受到排斥与批判。民主意识在这一时空的文学文化中,从另一角度走向理念的深层,那就是对封建土地制度及其对中国农村社会秩序的决定性意义的揭露。丁玲的《桑干河上》,周立波的《暴风骤雨》在这一方面建立了殊勋。至于揭露封建传统势力对青年人爱情的干预,赵树理的《小二黑结婚》、李季的《王贵与李香香》等作品有影响深远的表现。《白毛女》等作品从揭示下层劳动人民的苦难的角度控诉封建土地制度的罪恶,具有民主文学更加深刻的感化力。

　　发扬五四时期"劳工神圣"的现代民粹传统,边区文学界掀起了以延安文艺整风为中心事件的工农兵文学的方向性调整。毛泽东的《在延安文艺

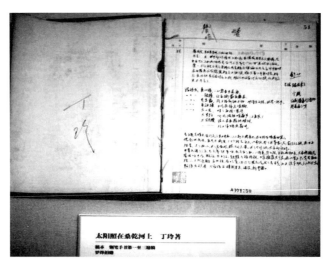

丁玲《太阳照在桑干河上》手稿及书影

座谈会上的讲话》,将文艺为工农兵服务的文学方向确定为党对文艺的要求,也确定为文艺界人士应有素质的标志。《讲话》以前所未有的严肃性强调了知识分子与工农兵的道德差距,以绝对化的语气发展了"劳工神圣"的文化观念,要求文艺工作者向工农兵学习,为工农兵服务。只有这样的文艺才是有力量的文艺,才能成为打击敌人、消灭敌人的有力武器。文艺的工农兵方向体现了共产党的政治文明的内涵,但从文化属性上分析,乃是五四以来现代民粹倾向的集大成体现,而民粹意识乃是民主意识的应有之义。

现代民粹意识及其所体现的工农兵文艺,对启蒙主义意义上的民主作出了反思和批判,是在特定的历史条件下对民主意识进行内容更新的思想文化成果。这一思想倾向可以视为是一种新民主意识,与作为启蒙主义的民主具有某种历史联系,但同时也有重要的时代性区别。毛泽东的《新民主主义论》是这种新民主意识的高度概括。这是共产党领导的,具有阶级分析成果的新民主主义文化和意识。这样的新民主主义文化意识在不断地向前推进,直接与社会主义、共产主义文化意识相啮合。

第二十五章
战时传播及新闻文化的发展

在上海,1932年"一·二八"战争爆发后,《申报》主人史量才立刻组织成立了"上海市民地方维持会",组织和号召市民为英勇抗战的十九路军捐款捐物:"《申报》更是这样,在整个战争期间,停登收入不菲的一切文艺娱乐广告,一日三刊,滚动报道战事动态,发布各种爱国捐助启事……及时发表打击敌人、鼓舞军民士气的'时评'。"[1]这是抗日战争战事传播的一场精彩预演,它表明中国新闻传播在当时所能达到的高度和迅疾度,也表明战时传播文化的优良素质。

一、战事传播与民族战争

1937年中日全面开战,双方的媒体也成为总体战体系的一部分,迅速投入到了战争报道中:"为了煽动国家意识,日本政府注重煽动对敌国的民族憎恶的宣传活动;另一方面,进行了削弱敌方国家国民士气,让其形成战败意识的心理战。""其后,日本政府对报纸、广播和杂志等言论、报道机关

---

〔1〕 庞荣棣:《申报魂——中国报业泰斗史量才图文珍集》,第119页,上海:上海远东出版社,2008年。

进行总动员,诱导国内舆论,全面展开了国际性的宣传战、思想战。"[1]而为了对抗日本的侵略,国民党和共产党开始了第二次合作,当然这一过程是戏剧化的,因为如果没有1936年的"西安事变",第二次国共合作就无法谈起,"西安事变"爆发也是一场由各种政治和媒介力量操作的"新闻大战"。在埃德加·斯诺看来,在这场新闻大战中,南京政府的独裁统治令人吃惊,因为所有的信息都被南京政府控制,任何刊载西安传出消息的编辑将"遭到逮捕的危险":"有三天之久,没有人知道蒋介石的生死下落——除了美联社以外,该社断然宣称,张学良已在电台报告过他如何把蒋介石杀死,以及杀死他的理由。没有人知道叛军究竟打算干什么,很少有人充分了解他们立场的政治意义;甚至一些同情他们的人也因为错误的报道而谴责他们。南京切断了与西北的一切通讯和交通,西北的报纸和宣言都被检查官烧了。西安整天广播,一再声明不向政府军进攻,解释他们的行动,呼吁各方要有理智和要求和平;但是南京的强有力的广播电台进行震耳的干扰,淹没了他们说的每一句话。在中国,独裁政权对于一切公共言论的工具的令人吃惊的威力,从来没有这样有力地表现过。"[2]"西安事变"不仅是一场军事兵变,而且斯诺在《西行漫记》中关于"西安事变"的记述也生动地显示了广播、报纸等媒介在政治、军事和日常生活中的重要作用。在这场震惊中外的历史事变中,《大公报》连续发表了《西安事变善后》、《再论西安事变》、《给西安军界的公开信》、《对西安负责者之最后警告》、《陕局解决之第一步》,敦促西安军界妥善解决问题,这些报道的影响力是巨大的。

"西安事变"最终和平解决,国共达成了和平协议,开始对付共同的民族敌人——日本帝国主义。1937年,蒋介石在庐山发表了著名的庐山谈话,表达了捍卫中国领土、誓死抗战到底的决心:

> 政府对于卢沟桥事件,已确定始终一贯的方针和立场,且必

---

[1] [日]山本文雄编著:《日本大众传媒史》,诸葛蔚东译,第159页,桂林:广西师范大学出版社,2007年。

[2] [美]埃德加·斯诺:《西行漫记》,董乐山译,第421页,上海:东方出版社,2005年。

以全力固守这个立场,我们希望和平而不求苟安;准备应战,而决不求战。我们知道全国应战以后之局势,就只有牺牲到底,无丝毫侥幸求免之理。如果战端一开,那就是地无分南北,年无分老幼,无论何人,皆有守土抗战之责任,皆应抱定牺牲一切之决心。所以,政府必特别谨慎,以临此大事;全国国民亦必须严肃沉着,准备自卫。在此安危绝续之交,唯赖举国一致,服从纪律,严守秩序。希望各位回到各地,将此意传达于社会,俾咸能明了局势,效忠国家,这是兄弟所恳切期待的![1]

"庐山谈话"内容的初稿便是由著名报人程沧波所起草。中国共产党也在"七七事变"之后迅速通电全国,号召全国人民抗击敌寇,在《反对日本进攻的方针、办法和前途》以及《国共合作成立后的迫切任务》中,毛泽东肯定了蒋介石的抗日精神,号召国共合作:"以西安事变和国民党三中全会为起点的国民党政策上的开始转变,以及蒋介石先生七月十七日在庐山关于抗日的谈话,和他在国防上的许多措施,是值得赞许的。所有前线的军队,不论陆军、空军和地方部队,都进行了英勇的抗战,表示了中华民族的英雄气概。"[2]"我们民族已处在存亡绝续的关头,国共两党亲密地团结起来呵!全国一切不愿当亡国奴的同胞在国共两党团结的基础之上亲密地团结起来呵!实行一切必要的改革来战胜一切困难,这是今日中国革命的迫切任务。完成了这个任务,就一定能够打倒日本帝国主义。只要我们努力,我们的前途是光明的。"[3]

在日益浓烈的抗战气氛中,不同阶层、不同地域和不同军事力量的人都加入到了抗战队伍,成为总体战体系的一部分。老牌的报纸《大公报》、

---

〔1〕《蒋介石庐山谈话》,见梁余编:《中国革命史参考资料》(下),第63—64页,重庆:重庆大学出版社,1988年。

〔2〕毛泽东:《为动员一切力量争取抗战胜利而斗争》,《毛泽东选集》(2),第339页,北京:人民出版社,1952年。

〔3〕毛泽东:《国共合作成立后的迫切任务》,《毛泽东选集》(2),第360页,北京:人民出版社,1967年。

《申报》在战争爆发后积极号召全民族"抗战",一大批宣传抗日救亡的报纸也纷纷创办,如《救亡日报》《抗战》《文化战线》等等,各种报纸杂志上都发表了大量鼓舞士气和人心的抗战文章,宣扬抗日救国的主张。下面这段文字就是著名报人邹韬奋所写的文字,他大声呼吁全民族团结,共赴国难:

> 在这个时候,我们要积极提倡民族统一阵线来抢救我们的国家,要全国团结御侮,一致对外,我更无须加入任何党派,只须尽我的全力促进民族统一阵线的实现,因为这是抗敌救亡的唯一有效的途径……所谓民族统一阵线是:全国人民,无论什么阶级,无论什么职业,无论什么党派,无论有什么信仰的人们,都须在抗敌救亡这个大目标下,团结起来,一致对付我们民族的最大敌人。在这个民族阵线之下,全国的一切人力、财力、物力,都须集中于抗敌救亡。为保障民族阵线的最后胜利,凡是可以增加全国力量的种种方面,都须千方百计地联合起来;凡是可以减少或分散全国力量的种种方面,都须千方百计地消灭或抑制下去。无论任何个人和个人,任何集体和集团,纵然在以往有过什么深仇宿怨,到了国家民族危亡之祸迫于眉睫的时候,都应该把这深仇宿怨抛弃不顾,联合彼此的力量来抢救这个垂危濒亡的国家民族。[1]

著名报人《世界日报》的成舍我直接提出了"报纸救国"的主张,他强调"纸弹亦可歼敌",要想让抗日主张为百姓接受,必须借助于报纸等大众媒介,政府要认识到报纸等大众媒介在民众宣传和社会动员方面的重要性。针对抗战的形势,他还从组织宣传的角度提出了抗日宣传的三个原则——指挥统一,目标集中,对象普及。他说:"我极力呼吁,宣传应以全国军民为对象,最低限度,每团有一阵中版,每县有一地方版。而所有宣传资料,连

---

[1] 邹韬奋:《经历》,第82—83页,北京:生活·读书·新知三联书店,1978年。

题目大小，次序先后，都应完全由中央主管宣传值总机构编定播发。"[1]他认为只有这样才能将抗战的纲领通过有效的组织宣传传播到每个士兵和全国每个民众心中。他号召报界要降低报纸价格，实行"报纸下乡"，让老百姓买得起报纸，看得起报纸，才能让报纸的抗日宣传理念为更多的百姓所熟知[2]。不过，成舍我也知道，大众报纸是城市文化的产物，报纸行销集中在都市社会，报纸对象往往也是集中于少数公务员和知识分子手中，所以"'报纸下乡'，仍只被视为一种空泛的理想"[3]。

《世界日报》

《大公报》

[1]　成舍我：《我们需要平价报》，《成舍我先生文集·大陆篇》，第 229 页，台北：世新大学舍我纪念馆，2013 年。

[2]　成舍我：《纸弹亦可歼敌》，《成舍我先生文集·大陆篇》，第 181 页，台北：世新大学舍我纪念馆，2013 年。

[3]　成舍我：《我们需要平价报》，《成舍我先生文集·大陆篇》，第 230 页，台北：世新大学舍我纪念馆，2013 年。

在各种宣传抗日的报纸杂志中,以 1902 年创办的《大公报》的影响最大。"忘己之为大,无私之为公",《大公报》的报名由此而来,创办人英敛之视报纸为社会公器。1926 年,胡政之、吴鼎昌和张季鸾接办《大公报》,将《大公报》办成了一份精英化的高级报纸,以"不偏不倚、不党不群"的报道理念引领了民国时期的公共舆论。自"九一八"事变以来,《大公报》就是一份积极宣传抗战的大报,它第一个报道震惊中外的"九一八"事变:"当时报馆接到消息时,已是 19 日凌晨 4 点报纸将要付印之际,主持夜班的总编辑张季鸾只好将这条新闻增补在第三版最下位置,标明是'最后消息'。"[1]不过这条信息虽然很小,却是轰动全世界的一条"独家新闻"。1931 年之后,《大公报》发表了大量宣传抗日的政论文章,如《愿日本国民反省》、《国家真到严重关头》、《中国岂堪被人零割》、《中日问题之趋势》、《日本之暴力政变》等,呼吁全体国民团结起来,共赴国难。《大公报》不同于《申报》等其他报纸的特点在于它的报道具有新闻专业主义精神。在抗战期间,《大公报》以其积极的抗战舆论影响了民众,提升了大众报纸在民众中的地位,并且于 1941 年获得了密苏里大学新闻学院外国报纸奖的唯一亚洲报纸。不过,因为团结抗战、共赴国难的需要,《大公报》其实也逐渐偏离了原来"不偏不倚、不党不群"的新闻专业主义报道理念。关于这点,主持《大公报》的著名记者张季鸾等人是非常清楚的。1939 年,张季鸾在香港《大公报》撰文谈日本侵华战争对中国报纸的巨大影响时指出,由于抗战,民国以来报纸媒体的性质其实发生了转变,开始由"英美自由主义"转向了受到政府统制的"公共宣传机关":"所以本来信仰自由主义的报业,到此时乃根本变更了性质。就是,抗战以来的内地报纸,仅为着一种任务而存在,而努力。这就是为抗战建国而宣传,所以现在的报,已不应是具有自由主义色彩的私人言论机关,而都是严格受政府统制的公共宣传机关。国家作战,必需宣传,因为宣传战是作战的一部分,而报纸本是向公众做宣传的,当然义不容辞

---

〔1〕 张功臣:《民国报人》,第 216 页,济南:山东画报出版社,2010 年。

的要接受这任务。"[1]宣传抗战高于一切,这是当时《大公报》和其他爱国主义报纸的共同特点。

二、民族与民主的龃龉

为了更好地抗击日本侵略,国民政府制定了外交、军事、政治、经济、民众运动等纲领,目的使"全国力量集中团结",在这个总动员体系中,新闻媒体得到了国民政府的高度重视。1938 年 11 月 3 日,国民参政会一届二次大会通过了"抗战建国纲领确立战时新闻政策促进新闻事业发展决议案",这个决议目的是加强"战时新闻宣传",确立"战时新闻政策"。该政策从确立新闻指导原则、调整新闻宣传机构、增进新闻记者之工作效能等三个方面着手加强新闻管理。例如在调整新闻宣传机构时着重强调了以下几点:

(一)改善新闻检查制度,使之不仅实施消极的检查工作,更应推行积极的指导任务。一、统一全国新闻检查机关,新闻检查所应由全国新闻管理机构统筹支配,务使政府确定之方针,不受任何地方关系之限制。二、新闻检查人员之任用,应由全国新闻管理机关统筹支配,其资格必须有从事新闻事业三年以上历史,并得正式新闻机关证明确有新闻事业学识经验者为合格。三、新闻检查机关应随时召集当地报社编辑人参加谈话,共同商讨各种新闻上之有关问题及法令等,以收切实领导之效,并接受报社贡献之意见。四、订定新闻检查人员之奖惩办法,如新闻检查人员违反确定"报导原则",而滥施职权时,应加以严厉之惩处,以杜流弊,而保障合法之舆论。

(二)扩充全国通讯广播事业。一、充实国家通讯社,以县行

---

[1]　张季鸾:《抗战与报人》,《张季鸾集》,第 362—363 页,上海:东方出版社,2011 年。

政区为单位,每一单位至少设立通讯员一人,特别应首先注意于鄂、川、滇、黔、湘、桂六省之普遍发展,逐渐推广及康、甘、陕、粤、苏、浙及其它沦陷区域。二、充实国家广播事业,使之深入乡村,以乡村区行政为单位,每单位至少应设立收音机一具,特别应该首先向边疆各地及沦陷区普遍发展。对于鄂、川、滇、黔、湘、桂六省,力求其一年内实现。

(三)扶助全国新闻事业。一、全国各地报纸,应由政府统筹分配办法,使之普遍的发展到全国各地,尤以战区、沦陷区、新闻纸的培植,更应注重。二、集中都市之报纸,政府应援助其迁入内地,其分配地点,应以人口之密度及行政区域之关系决定之。三、奖励创办地方报纸,务使每一县行政单位有一地方报,以之传达政令,督促执行抗战建国纲领。对该项地方报,政府应视其成绩,予以物质上之奖励。四、立即进行失地失业记者之登记,派往沦陷区工作。五、开办及援助各地造纸厂,以调济纸张来源。

(四)加强国际宣传力量。[1]

另外,该"战时新闻政策"还提出要在政府的帮助之下,开展对新闻记者的培训,增进新闻记者的"学识与工作效能",为抗战服务。

在抗日战争期间,国共两党开始了第二次合作。共产党领导的陕甘宁边区政府成为抗战时期一股重要政治力量,边区政府的首府延安甚至一度成为知识分子向往的革命乌托邦圣地,一大批作家、记者等知识分子离开北京、上海、天津和南京等大城市,历经艰难险阻进入边区,到达延安。在这些知识分子中,比较著名的人物有萧乾、丁玲、萧军、王实味等人,外国记者斯诺和史沫莱特也从西安等地进入了延安,他们都希望在这里获得一种新的革命体验。例如美国记者埃德加·斯诺在抗战之前就抵达了延安,冒

---

〔1〕《国民参政会一届二次大会拥护抗战建国纲领确立战时新闻政策促进新闻事业发展决议案》,《国民参政会资料》,第104—107页,成都:四川人民出版社,1984年。

着生命危险对共产党所控制的地区进行了考察，并完成了著名的《西行漫记》一书，该书真实地描述了红军的真实生活状况。斯诺曾在上海的《密勒氏评论报》呆过，也在燕京大学新闻系教授过两年书，具有丰富的新闻从业经验。在《西行漫记》的开头，斯诺就试图向世人揭开由于被国民党新闻封锁而处于神秘状态的"红军"，帮助人们了解"中国共产党究竟是什么样的人？"以及"共产党怎样穿衣？怎样吃饭？怎样娱乐？怎样恋爱？怎样工作？他们的婚姻法是怎样的？他们的妇女真的像国民党宣传所说的那样是被'共妻'的吗？中国的'红色工厂'是怎样的？红色剧团是怎样的？他们是怎样组织经济的？公共卫生、娱乐、教育和'红色文化'，又是怎样的？""中国共产主义运动的军事和政治前景如何？它的具有历史意义的发展是怎样的？它能成功吗？一旦成功，对我们意味着什么？对日本意味着什么？这种巨大的变化对世界五分之一的人口会产生什么影响？它在世界政治上会引起什么变化？在世界历史上会引起什么变化？它对英、美等外国在中国的巨额投资会产生什么后果？说真的，共产党究竟有没有'对外政策'呢？"〔1〕，等等。

《新华日报》

中国共产党控制的主要媒体有《解放日报》和《新华日报》，《解放日报》由《新中华报》和《今日新闻》合并而来，是陕甘宁边区政府的"喉舌"媒介；

---

〔1〕　［美］埃德加·斯诺：《西行漫记》，董乐山译，第5—6页，上海：东方出版社，2005年。

《新华日报》则于 1937 年 11 月 13 日在武汉创办。这两份报纸在抗日战争中是中国共产党传递声音最重要的媒介。

从 1937 年到 1945 年抗战期间,《新中华报》《新华日报》和《解放日报》发表了大量消息、社论和通讯报道,向外界报道中日战事、国统区以及解放区情况。例如 1938 年 7 月 1 日国民参政会召开,《新华日报》《新中华报》便发表了大量社论,肯定国民参政会在抗战救国中的意义。《新华日报》在 1938 年 6 月 17 日发表的短评还就开好参政会提出应该集思广益,在"报纸上公开发动广泛的研究和讨论"[1]。汪精卫发表投降日本"艳电"之后,《新华日报》随即发表了《国民参政会一届五次大会声讨汪兆铭南京伪组织通电(修正案)》(《新华日报》1940 年 4 月 3 日)。

抗日战争期间,由于国共开始了第二次合作,中国共产党和边区政府的处境要比以往好得多,但国共双方之间仍不断有小规模的摩擦和纷争,特别是在 1941 年前后,"皖南事变"爆发,国民党和共产党的关系急剧恶化,国民政府随即中断了对陕甘宁边区的财政补贴,陕甘宁边区陷入了经济危机甚至饥荒中:"国民党的经济战使陕甘宁缺少'硬通货',并切断或在很大程度上削弱了它同其他地区的贸易。党政军机关及大批移民即使在日常时期也不能自给。在这种情况下,该党提出目标,要尽可能使边区实现自足经济。尽管自给自足是不可能的,但最终经济上的确有了相当大的发展。在这个时期,边区的经济条件也急剧恶化。"[2]国民政府对于共产党所掌握的媒体也是严加防范,据邹韬奋自述记载,在抗日战争期间,一位中央政治学校的湖南学生,因为偶然在抽屉里被发现了一张《新华日报》,结果就被当做是"异党分子",被立刻开除,而且"在冷天被强令他把身上所穿的冬季制服脱下"[3]。为了加强对社会和媒体界的控制,国民党还对书店、《新华日报》以及邮局进行了严控,国民政府还实施了"特务政策",在城

〔1〕《国民参政会产生》,《国民参政会资料》,第 236 页,成都:四川人民出版社,1984 年。
〔2〕[美]费正清主编:《剑桥中华民国史·第二部》,第 744 页,章建刚等译,上海:上海人民出版社,1992 年。
〔3〕邹韬奋:《邹韬奋自述》,第 744 页,合肥:安徽文艺出版社,2013 年。

市的大街小巷安排便衣特务,随时抓捕、监听民众。"皖南事变"发生后,国民党特务机构更是遍布整个城市:"除机关外,听说街头巷尾,也有特务密布,除特殊者外,还有接替办法,即一个特务监视一人走完一条街后,第二条街还有第二个特务接下去监视。各条街上都有特务轮流接替监视,使你无所逃于天地之间!"[1]例如著名左翼作家萧军和萧红在武汉的街头就曾经被特务跟踪、诱捕,最终两个人被抓进了警察局,不过,萧军、萧红两位著名作家被逮捕引发了巨大的社会舆论,迫于媒体舆论,国民党当局不得不将二萧释放[2]。

　　针对国民党在军事和舆论上的控制,边区政府进行了反抗,不断争取舆论支持也是毛泽东和边区政府经常要做的事。仅 1939 年毛泽东就国内外形势与《中央社》、《扫荡报》、《新民报》等报纸进行谈话,要求取消造成国共摩擦根源的所谓《限制异党活动办法》。提出了解决"皖南事变"之后双方冲突的"临时解决办法十二条",要求国民党"承认中共及各党派之合法地位,释放西安、重庆、贵阳各地之合法地位,释放西安、重庆、贵阳各地被捕人员,启封各地被封书店,解除扣寄各地抗战书报之禁令","立刻停止对新华日报之一切压迫","承认陕甘宁边区之合法地位","释放叶挺,回任军职"等[3]。另外,为了反抗国民党的文化压制,《解放日报》于 1941 年在延安创办,黄旦说:"办《解放日报》的动议来自博古。在南方局期间,博古目睹重庆《新华日报》处处受国民党压制,不能真实反映人民呼声和事实真相,认为延安需要一份日报及一个强有力的通讯社,否则不足以传递党的声音。"[4]

　　由于国民政府的封锁和控制,为了应对严峻的政治和生存环境,陕甘宁边区政府实施了"新政"——在经济上倡导自给自足,开展大生产运动,

---

〔1〕 邹韬奋:《邹韬奋自述》,第 221 页,合肥:安徽文艺出版社,2013 年。
〔2〕 王科、徐塞:《萧军评传》,第 154 页,重庆:重庆出版社,1993 年。
〔3〕 《附:临时解决办法十二条》,《新华日报》(1941 年 3 月 10 日)。
〔4〕 黄旦:《从"不完全党报"到"完全党报"——延安〈解放日报〉改版再审视》,李金铨主编:
　　　《文人论正义——知识分子与报刊》,第 253 页,桂林:广西师范大学出版社,2008 年。

王震率部"三五九旅"在南泥湾地区开垦;在政治和文化上,针对党内宗派主义、思想散漫的现象开展了著名的"整风运动"。"整风运动"其实从 1941 年便已开始,一直持续到 1945 年方才结束,这场著名的运动涉及了政界和文化界的许多人,其最初也是与文艺界和边区媒体部门所发生的一些事件相关。在 1940 年之后,随着抗战形势转变,大批文化人怀着对革命圣地的憧憬和向往之情从北京、上海等地辗转来到延安,但不久,他们中的一些人如丁玲、萧军便早已在延安扎根的周扬等人之间产生了矛盾冲突:"当时延安文艺界主要有三个'山头',柯仲平领导的'文协',丁玲领导的'文抗',周扬领导的'鲁艺'。三家虽然都有共同的抗日目标和革命要求,但对一些理论与实践问题却争得没完没了。"[1]延安的现实生活远没有到来前所想象的那么美妙。于是,在丁玲所控制的《解放日报》"文艺副刊"上,丁玲、萧军、罗烽、白朗、王实味等人发表了一系列文章,揭露边区官僚主义和等级制度等一些问题。在这些文章中,以王实味所发表的《野百合花》最为有名,这篇文章借延安青年的感受,表达了对延安当时生活的一些不满。文章上来就提出了"我们生活里到底缺些什么呢?"的话题:

　　那么,我们生活里到底缺些什么呢? 下面一段谈话可能透露一些消息。

　　有人会回答说:我们营养不良,我们缺少维他命,所以……。另有人会回答说:延安男女的比例是"十八比一",许多青年找不到爱人,所以……。还有人会回答说:延安生活太单调,太枯燥,缺少娱乐,所以……。

　　新年假期中,一天晚上从友人处归来,昏黑里,前面有两个青年女同志在低声而兴奋地谈着话。我们相距丈多远,我放轻脚步凝神谛听着:

　　"……动不动,就说人家小资产阶级平均主义;其实,他自己

---

〔1〕 王科、徐塞:《萧军评传》,第 186 页,重庆:重庆出版社,1993 年。

倒真有点特殊主义。事事都只顾自己特殊化,对下面同志,身体好也罢坏也罢,病也罢,死也罢,差不多漠不关心!"

"哼,到处乌鸦一般黑,我们底××同志还不也是这样!"

"说得好听!阶级友爱呀,什么呀——屁!好像连人对人的同情心都没有!平常见人装得笑嘻嘻,其实是皮笑肉不笑,肉笑心不笑。稍不如意,就瞪起眼睛,搭出首长架子来训人。"

"大头子是这样,小头子也是这样。我们底科长,'×××',对上是毕恭毕敬的,对我们,却是神气活现,好几次同志病了,他连看都不伸头看一下。可是,一次老鹰抓了他一只小鸡,你看他多么关心这件大事呀!以后每次看见老鹰飞来,他却嚎嚎的叫,扔土块去打它——自私自利的家伙!"[1]

这些发表在党的机关报上的批评文章立刻引起了毛泽东等党内高层人士的关注。为了防止党内的宗派主义、八股主义和知识分子的不满情绪蔓延,一场影响深远的"整风运动"在毛泽东的亲自发动下在延安边区轰轰烈烈地开展起来。在《整顿党的作风》、《反对党八股》以及《在延安文艺座谈会上的讲话》等文章中,毛泽东严厉批评了延安文艺界的一些不良作风,他肯定了"五四"以来知识分子在革命和文化战线上所发挥的重要作用,但对知识分子的整体行为表达了不满,在文艺座谈会上,他上来就这样批评抗战后边区文艺界的"一些不良现象":"抗日战争爆发以后,革命的文艺工作者来到延安和各个抗日根据地的多起来了,这是很好的事。但是到了根据地,并不是说就已经和根据地的人民群众完全结合了。我们要把革命工作向前推进,就要使这两者完全结合起来。"[2]他严厉批评了丁玲、王实味等喜欢暴露黑暗的小资产阶级作家:"'从来的文艺作品都是写光明和黑暗并重,一半对一半。'这里包含着许多糊涂观念。文艺作品并不是从来都这

---

〔1〕 王实味:《野百合花》,转引自《民族文化》,1942年第2卷第7期。
〔2〕 毛泽东:《在延安文艺座谈会上的讲话》,《毛泽东选集》(3),第850页,北京:人民出版社,1953年。

样。许多小资产阶级作家并没有找到过光明,他们的作品就只是暴露黑暗,被称为'暴露文学',还有简直是专门宣传悲观厌世的。相反地,苏联在社会主义建设时期的文学就是以写光明为主。他们也写工作中的缺点,也写反面的人物,但是这种描写只能成为整个光明的陪衬,并不是所谓'一半对一半'。"[1]毛泽东要求延安文化界的知识分子特别是从国统区来的知识分子要放下架子,进行思想改造,虚心向工人和农民大众学习:

> 因为我们中国是一个半殖民地半封建的国家,文化不发达,所以对于知识分子觉得特别宝贵。党中央在两年多以前作过一个关于知识分子问题的决定,要争取广大的知识分子,只要他们是革命的,愿意参加抗日的,一概采取欢迎态度。我们尊重知识分子是完全应该的,没有革命知识分子,革命就不会胜利。但是我们晓得,有许多知识分子,他们自以为很有知识,大摆其知识架子,而不知道这种架子是不好的,是有害的,是阻碍他们前进的。他们应该知道一个真理,就是许多所谓知识分子,其实是比较地最无知识的,工农分子的知识有时倒比他们多一点。[2]

《在延安文艺座谈会上的讲话》、《整顿党的作风》等文章经过政治宣讲和媒介传播,在知识分子以及大众群体中产生了广泛影响,这些著名报告为1949年之后中国的文艺发展奠定了一个基本方向。

总之,在抗日战争期间,为了民族解放,国民党和共产党再次联手合作,共赴国难。媒体和新闻界也积极投身抗战,开展"报纸救国",实施"纸弹歼敌"。不过,在抗日救亡的历史时期,国共之间的根本冲突并没有得到解决,为了加强统治,国民党加强了对媒体的控制,出台和颁发了一系列法令。例如1943年国民政府发布了《新闻记者法》,加强了对媒体记者的言

---

[1] 毛泽东:《在延安文艺座谈会上的讲话》,《毛泽东选集》(3),第872—873页,北京:人民出版社,1953年。

[2] 毛泽东:《整顿党的作风》,《毛泽东选集》(3),第817页,北京:人民出版社,1953年。

论控制，还实施特务统治，监管新闻界人士，对于共产党的报刊力量更是不遗余力地进行打压。国民政府对媒体的控制遭到了新闻界和文化界人士的普遍反抗，在新闻界人士的强烈反对下，《新闻记者法》虽然于 1943 年 2 月 25 日公布（并宣称于 1945 年 7 月 1 日实施），但最终却并没有实施[1]。另一方面，为了摆脱政治和生活困境，二十世纪四十年代，共产党在边区也开展了轰轰烈烈的"整风运动"，在精神上改造党、军队和知识分子，从而在根本上统一了文化思想，为以后夺取国家政权奠定了思想和文化基础。

毛泽东在延安发表讲话

在抗日战争期间，上海、北京、南京这些沦陷区其实还有不少报纸杂志。例如在上海就有《申报》、《万象》、《杂志》、《大众》、《紫罗兰》、《人间》、《春秋》、《文艺生活》、《古今》、《文艺春秋》等，这些报纸杂志当然不完全控制在日本人和汪伪政权手中。

三、为民主而抗争

抗日战争取得了胜利，媒体也开始重新繁荣起来，这个时期媒体和文艺的一个特征是大量从内地迁回到东南沿海城市："由于大批作家和艺术家从内地返回，或从日本占领时期的半隐居状态下复出，东部各城市重新成为文艺活动的中心。在重庆出版发行的杂志，迁到上海或北京。许多新杂志创刊，旧杂志复刊。书籍用较好的纸张重新印行。中华全国文艺界抗

---

〔1〕　成舍我：《〈新闻记者法〉应速设法补救》，《成舍我先生文集·大陆篇》，第 204 页，台北：世新大学舍我纪念馆，2013 年。

敌协会改名为中国作家艺术家协会,并组织发起了一系列活动,其中包括精心策划的鲁迅逝世 10 周年纪念大会(1946),以及《鲁迅全集》的再版工作。"〔1〕不仅报纸媒体和出版物日益繁荣,而且电影业也迅速繁荣起来:

> 在城市中,电影是主要创作媒介,它取代了戏剧的流行。这两种形式曾相互补充、联系密切。从一开始,中国电影业就曾从戏剧界吸取人才。在战争年代,电影界人士参加了许多为国家服务的戏剧团体,随着战争的结束,戏剧用于宣传目的已完成任务,多数业余演出剧团被解散。同时,日本占领时期禁止上映的美国影片涌入中国,刺激了电影业的发展。战后时期成为中国现代电影发展的黄金时代。
>
> 电影这种新样式在艺术上获得成功,原因很简单:电影业网罗到文学界中一流的人才:张爱玲、阳翰笙、田汉、欧阳予倩和曹禺,都撰写电影脚本;其他戏剧家(如柯灵),则是将文学作品改编成电影脚本的行家。战争年代一些最好的戏剧,特别是关于明(宋)朝忠臣文天祥的《正气歌》和《清宫怨》,被拍摄成为优秀的电影。小说作品则是改编的另一丰富源泉。有时候,电影脚本甚至超过了原著的成就,老舍的中篇《我这一辈子》,就属于这种情况。为了促进这种新艺术形式的发展,田汉和洪深还分别承担了上海两份主要日报《大公报》和《新闻报》电影副刊的编辑工作。而且,刘琼、石挥、白杨和胡蝶(他们大多在剧团受到启蒙训练)的演技,也达到了细腻深入的境界。〔2〕

不过,虽然抗战胜利,但随即第二次国内战争再次爆发,报纸、杂志等

---

〔1〕 [美]费正清主编:《剑桥中华民国史》(2),章建刚等译,第 533—534 页,上海:上海人民出版社,1992 年。

〔2〕 [美]费正清主编:《剑桥中华民国史》(2),章建刚等译,第 535 页,上海:上海人民出版社,1992 年。

大众媒体自然无法避免卷入这场政治和军事冲突中,它们被迫要进行"站队"。在战争的初期,在美国的帮助下,国民党军队迅速占领了许多要地,包括新闻行业:"以蒋介石为首的国民党统治集团,凭借其手中掌握的政权与法统,抢先在收复区扩展他们自己的新闻事业……日本刚刚宣布投降,国民党中央宣传部就开始筹划《中央日报》等党营新闻事业的迁移工作,并派出一批专员,随同中央政府的受降人员一起,在美国空军的帮助下乘飞机回到南京、上海等地,抢占新闻阵地。1945 年 9 月 4 日,国民党中央宣传部委派陈训悆与重庆《中央日报》副总编辑卜少夫等人,以出席南京受降仪式为名,由重庆乘专机飞回南京,接收了汪伪《中央日报》、《中报》和兴中印刷所,并利用其设备、资财乃至原班人员,在其原址南京新街口重建中央日报馆。9 月 10 日,南京《中央日报》复刊,国民党中宣部新闻事业管理处处长马星野出任社长。"[1]除了报纸,方汉奇还指出,通讯社、电台等媒体也都重新建立起来,甚至连《申报》、《新闻报》这些上海滩历史悠久的民营企业也在重建过程中被改造为"国民党的准党报"。共产党当然也针锋相对,努力在上海、北京等地组建自己的新闻通讯网。

国共两党之间的斗争是全方位的,大众媒介领域是他们斗争的重要场所,双方都在想方设法控制媒介和主导舆论,一些斗争还由新闻报纸领域延伸到电影领域。早在二十世纪三十年代初期,国民党主管宣传的政客和右翼文人一道便对左翼电影的激进思想进行了严厉批评,1933 年的《现代电影》上出现了"硬性影片"与"软性影片"的大讨论,这场讨论参与者众多,有刘呐鸥、嘉谟、唐纳、鲁思等人。例如嘉谟在《硬性影片与软性影片》里就批评左翼电影将电影从"软性"弄成了"硬性"。他认为在国际市场上,电影本来是软性的,但是到了中国却走了样:"目前中国影片变成硬化的原故,由来极为复杂。一般无聊的影评刊物,动辄侈谈意识,而所谓意识云者,简直都有着浓厚的左倾色彩。左倾的便算有意识,右倾的,或是不左倾的,都

---

[1] 方汉奇主编:《中国新闻传播史》,第 288—289 页,北京:中国人民大学出版社,2014 年 7月第 3 版。

是'意识歪曲'的影片。都不是好的影片。他们咬定这种规律来批评欧美的影片,硬要使资产阶级的欧美影片左倾,结果每部片子都是不值得他们看的,都是意识歪曲的影片。"[1]唐纳则针锋相对地写了《清算软性电影论》进行反驳。二十世纪四十年代,随着国共之间矛盾冲突的升级,电影界的分野就更加明显了。例如在 1948 年,束清源就在《电影论坛》上发表了《论电影战线》,指出电影领域存在着两种电影观念:一种认为电影是"纯技术的玩意",与教育、文化以及政治没有什么挂钩;而另一种却认为电影是与政治、文化以及教育相关的"艺术品"。他认为这两种观念的冲突也体现在国产片中,这种冲突就表现为一方面是追求"享乐主义",另一方面将电影视为"严肃的文化工具":"这斗争一直发展到抗战开始。抗战期间,电影工作上也建立了统一战线,表现为民族的,对敌伪的斗争。但必然的,斗争的敌对的两方面,就是旧时斗争的对手。一切流氓,市侩,和封建残余的电影混子,都当了影奸,而坚持电影抗战的,大多是以前坚持严肃工作态度的电影从业员。"[2]

他认为中国国产电影真正发展虽然只有二十多年,但是国产电影两条战线上的斗争却空前剧烈:"尤其是抗战以前的五年间,和抗战结束以后的两年来。"抗战结束后电影战线上的斗争主要表现为"为人民"与"反人民"的两种制作倾向的斗争:"一切市侩流氓的制片商人,勾结了未经清算的电影奸伪残余,大量摄制色情,武侠,神怪,间谍,言情,唯情影片,一面尽其麻醉观众的任务,一面遂其投机牟利的企图。他们集中了大量资本,控制了大量器材,予取予求,畅所欲为地制作他们的巨著。而那些忠于创造'为人民'的作品的电影工作者,都受到不信任和排斥。据说,描写抗战的剧本,是过时了。描写政工人员或演剧队生活的故事,没有人要看了,描写人民

〔1〕 嘉谟:《硬性影片与软性影片》,罗艺军主编:《1920—1989 中国电影理论文选》,第 266 页,北京:文化艺术出版社,1992 年。
〔2〕 束清源:《论电影战线》,《中国电影理论文选(1920—1989)》,第 299—300 页,北京:文化艺术出版社,1992 年。

的生活斗争的戏是不受欢迎的。"〔1〕显然,电影战线上的两条道路斗争正是代表资产阶级利益的国民党和代表平民大众的共产党之间矛盾冲突的深刻体现,所以抗战之后虽然电影业重新繁荣起来,但电影领域的斗争却加剧了。

在第二次国内战争中,知识分子、文化界和新闻界的"站队"现象让不少主张超越党派之争的新闻界人士和媒体人士来说是痛苦的。当然,也有不少报纸像《大公报》一样坚定地选择了"第三条道路"。方汉奇认为"第三条道路"的出现"是国共两党激战之际新闻界出现的一个重要现象。所谓'第三条道路',就是既反对国民党的独裁统治,又反对共产党的人民政权。试图在中国实现英美式的资产阶级专政,是一条代表资产阶级和上层小资产阶级利益的道路。早在抗战胜利后不久,国统区就兴起了一股宣传'第三条道路'的潮流,其代表人物中有不少是民主党派成员"〔2〕。这些媒体包括《大公报》、《观察》、《文汇》等报刊,其中以储安平于 1946 年创刊的《观察》杂志最为有名。储安平 1909 年出生于江苏宜兴,在他生下来第六天,其母亲便去世了,十四岁时抚养他成长的祖母和父亲也去世了。幼年时便失去母爱和父爱,这让储安平早早养成了独立的个性。二十世纪三十年代,储安平到了英国伦敦大学留学,深受英国议会制政治制度的影响,在国共内战期间,他对国民党和共产党都表示了不满,希望中国走英美式的资本主义道路。1946 年,储安平创办了赫赫有名的《观察》杂志,由于储安平的杰出才能,这份杂志很快成为"自由主义"的大本营,汇聚了朱光潜、费孝通、冯友兰、胡适等一大批"自由主义"分子。在《观察》杂志的创刊号上,储安平便开宗明义地阐明了其办刊的志趣和态度:

　　我们这个刊物第一个企图,要对国事发表意见。意见在性质上无

---

〔1〕　束清源:《论电影战线》,《中国电影理论文选(1920—1989)》,第 300 页,北京:文化艺术出版社,1992 年。
〔2〕　方汉奇主编:《中国新闻传播史》,第 307 页,北京:中国人民大学出版社,2014 年 7 月第 3 版。

储安平

论是消极的批评或积极的建议，其动机则无不出于至诚。这个刊物的确是一个发表政论的刊物，然而决不是一个政治斗争的刊物。我们除大体上代表着一般自由思想分子，并替善良的广大人民说话以外，我们背后另无任何组织。我们对于政府、执政党、反对党，都将作毫无偏袒的评论；我们对于他们有所评论，仅仅因为他们在国家的公共生活中占有重要的地位。毋须讳言，我们这批朋友对于政治都是感兴趣的。但是我们所感觉兴趣的"政治"，只是众人之事——国家的进步和民生的改善，而非一己的权势。同时，我们对于政治感兴趣的方式，只是公开的陈述和公开的批评，而非权谋或煽动。政治上的看法，见仁见智，容各不同，但我们的态度是诚恳的、公平的。我们希望各方面都能在民主的原则和宽容的精神下，力求彼此的了解。[1]

　　储安平希望将刊物办成一个关注公共生活的政治刊物，他强调刊物同仁要遵守的信约有四个方面：民主、自由、进步和理性。在这"四个信约"的基础上容纳"各种不同的意见"，尊重"独立发言的精神"。储安平的努力很快得到了回报，杂志产生了广泛影响，迅速成为当时影响最大的刊物之一，发行量从最初的"四百册上升至十万零五百册，成为当时自由主义知识分子的最强音"[2]。

---

〔1〕　储安平：《我们的志趣和态度》，《观察》，1946年第1卷第1期。
〔2〕　沈卫威：《自由守望——胡适派文人引论》，第341页，上海：上海文艺出版社，1997年。

第二十六章
民族斗争高潮中的新音乐文化

音乐是时代文化的先声。当一个时代的主流文化运作尚在酝酿之中，音乐就可能通过各种各样的时代音响将势必要成为主流文化的声音传达出来，传扬出去，这就是时代情绪的最直接、最敏感也最可靠的文化表现。五四时期的新文化运动及其价值内涵，早已在辛亥革命前后的学堂乐歌中体现出来；抗日战争尚未兴起，抗战的歌曲则已经响遍大江南北，缀合成时代的音响，时代的先声。

一、民族的、大众的"救亡歌曲"

1937 年"七七事变"揭开全面抗战序幕，也把救亡歌咏运动推向高潮。二十世纪初的学堂乐歌主要是在儿童与学生中产生影响，"五四"以来的专业音乐创作也主要是在知识分子和音乐学子中传唱，而抗战时期的救亡歌曲与群众歌咏运动，却将音乐播撒到最广大的民众中去，成为一种全民意义表达方式。在中国音乐的发展历史上，音乐能够如此深入到最广泛的大众中去、发挥如此重大的社会作用，恐怕只有在这二十世纪上半叶抗日救亡的伟大民族解放运动中。

正如贺绿汀所描述的："这是一个狂风暴雨的时代，一个伟大的时代，这时代对于音乐家不是无益的。惟其在这动乱时代，音乐家才有机会认识了自己所处的国家、社会环境,才有机会发现自己的缺点和一些错误观念而加以改正,才有机会为这个时代服务。……我们应该站在时代的最前面。"[1]

音乐家融入这时代,时代也造就了音乐家,"音乐帮助了抗战,同时抗战也帮助了音乐"[2]。在民众与抗战精神之间,音乐,尤其歌声,成为最直接最有效的精神桥梁,因为抗战不但无情地把音乐家从琴室里赶到了街头,而街头的广大百姓因为抗战而得到了更多的与音乐家接触的机会。

1931年"九一八"事件后,在救亡音乐思想下,许多音乐家走出书斋,开始投身于救亡音乐活动中。

1933年3月31日至4月2日,黄自率国立音专"音乐艺文社"一行四十余人,在杭州举办了两场"鼓舞敌忾后援音乐会"。音乐会以黄自的《抗敌歌》《旗正飘飘》二曲压场,据报道,当时的场面"悲壮激昂,闻者奋起"[3]。这种专业表演性质的音乐会形式,掀开了民众歌咏会的序幕,随后兴起的大规模的群众性歌咏活动,深入到更广大的社会基层。

1934年后,随着左翼音乐运动的开展,全国各地纷纷成立群众歌咏组织。从国防音乐口号的提出开始,歌咏活动突飞猛进,到1937年抗战全面爆发后,无论在国民党统治区还是抗日根据地,"不管在后方,在前方,在都市,在农村,都充满了抗战歌声"[4]。

从1935年刘良模首先发起组织"民众歌咏会",到1937年8月,短短两年间,上海已经成立了五十多个歌咏团体,统属"国民救亡歌咏协会",并在香港、广州等城市建立了分会,吸收了成千上万的会员。

在延安,歌咏活动已与士兵、民众的日常生活融为一体,延安成为名闻全国的"歌咏城"。抗日救亡歌曲《大刀进行曲》《武装保卫山西》《保家乡》《游击队歌》《军民合作》《长城谣》《打击汉奸》《巷战歌》《歌八百

〔1〕 贺绿汀:《抗战中的音乐家》(1939),《贺绿汀全集》编委会编:《贺绿汀全集》(4),第56页,上海:上海音乐出版社,1999年。

〔2〕 花白:《音乐与抗战》,《音乐与美术》,1940年第1期。

〔3〕 钱仁康:《黄自的生活与创作》,第15页,北京:人民音乐出版社,1997年。

〔4〕 花白:《音乐与抗战》,《音乐与美术》,1940年第1期。

壮士》《打回东北去》《洪波曲》《丈夫去当兵》《抗日军政大学校歌》《在太行山上》《到敌人后方去》等深入人心。

在国统区,高潮迭起的民众歌咏活动,也被认为是对国民政府当局提出的"精神总动员"口号的最有力的响应。据香港《生活日报》1936 年 6 月 16 日的报道,上海青年会民众歌咏会于 6 月 7 日上午 10 时在西门公共体育场举行的第三届大会唱中,参加会唱的会员达七百多人,前来聆听大会唱的听众五千余人,其中有学生、工人、商民和士兵,还有众多的电影明星,社会各阶层人士均有参加。

1938 年 4 月 1 日,由郭沫若与田汉主持,冼星海与张曙指挥,在武汉中山公园的市体育场举行了"千人大合唱",1941 年 3 月 12 日在陪都重庆夫子池"新运模范区"广场举行的"千人大合唱",由吴伯超、郑志声、金律声、李抱忱担任指挥,蒋介石亲临现场"训话"。1942 年 3 月 29 日,举行了由吴伯超任总指挥的"白沙万人合唱"。据说当时参加人众"归途蜿蜒江边,长达数里,蔚为壮观"。

这种"千人大合唱"乃至"万人大合唱"的救亡歌咏活动,对社会震动极大。除了教育民众唤醒民众的作用外,还使民众感到集体的力量,这是整个民族团结、抗敌救国的力量象征。歌声会随时唤醒民众的情感。章枚曾举过这样一个例子:"据说在北平的电影院里,在电影放映前或散场时,只要偶然在哪个角落里发出歌声,这歌声便会漫延为全场观众的齐唱,无论剧场方面挂了几次'silence'(肃静)的牌子也没有用,甚至在散场后又会一直唱到街上去。"[1]

在抗日救亡的非常时期,歌咏运动成为发扬民族精神、复兴中国的最好武器。陶行知对大众歌曲的定义是:

> 大众的歌曲是大众的心灵的呼声。它是用深刻的节奏喊出大众最迫切之内心的要求。……大众的歌曲是要唱出大众心中

---

[1]　章枚:《歌唱艺术的复兴》,《音乐教育》,1937 年第 5 卷第 4 期。

的事,从大众的心里唱出来再唱进大众的心里去。它来,是从大
众的心里来;它去,是到大众的心里去。"〔1〕

　　抗日战争时期,没有一支抗日军队不唱《大刀进行曲》,"它本身就是一
把砍向敌人的大刀"〔2〕。这首歌写于 1937 年卢沟桥事变之后,词曲作者
麦新有感于长城脚下的二十九军大刀队与敌人的拼杀壮举,在最初发表时
曾题"献给二十九军大刀队"。原歌词中也有"二十九军的弟兄们",后改为
"全国武装的弟兄们"。原曲谱中"大刀向鬼子们的头上砍去"一句,最初时
一拍一音,后在群众的传唱中改为切分节奏。麦新认为:"还是群众唱的
对,一开始用切分音符更能表达对敌人的无比仇恨。"〔3〕

　　无论作者有意改词,还是歌众无意改谱,这首歌成了大众救亡真正的
流行歌曲。这场中国有史以来空前的群众性爱国音乐运动,促进了中国歌
曲的创作和群众歌咏活动的发展和普及。这一段时间,也造就了中国一批
杰出的音乐家和他们的代表作品。在音乐史上至今铭记的有:

田　汉作词	聂　耳作曲	《义勇军进行曲》	(1935)
周鸣钢作词	孙　慎作曲	《救亡进行曲》	(1935)
张寒晖作词作曲		《松花江上》	(1936)
安　娥作词	任　光作曲	《打回老家去》	(1936)
贺绿汀作词作曲		《游击队之歌》	(1937)
麦　新作词作曲		《大刀进行曲》	(1937)
潘子农作词	刘雪庵作曲	《长城长》	(1937)
凯　丰作词	吕　骥作曲	《抗日军政大学校歌》	(1937)
桂涛声作词	冼星海作曲	《在太行山上》	(1938)

〔1〕 陶行知:《从大众歌曲讲到民众歌咏团》,载《生活日报》星期增刊号第 4 号(1936 年 6 月
　　 28 日)。
〔2〕 周畅:《中国现当代音乐家与作品》,第 64 页,北京:人民音乐出版社,2003 年。
〔3〕 转引自于林青:《中国优秀歌曲百首赏析》,第 39 页,北京:人民音乐出版社,2000 年。

莫　耶作词	郑律成作曲	《延安颂》	（1938）
老　舍作词	张　曙作曲	《丈夫去当兵》	（1938）
光未然作词	冼星海作曲	《黄歌大合唱》	（1939）
公　木作词	郑律成作曲	《八路军进行曲》	（1939）
端木蕻良作词	贺绿汀作曲	《嘉陵江上》	（1939）

……

这些歌曲中，有进行曲风格，雄壮、豪迈、激昂，像上文举出的《大刀进行曲》，有早一些抒情风格的《松花江上》、《长城长》、《嘉陵江上》等，还有校歌、颂歌、说唱歌曲等，几乎开创了覆盖了歌曲的各种类别。

冼星海

最有气派的是歌曲大成的《黄河大合唱》，被誉为中国抗日救亡歌曲的典范。郭沫若曾在《黄河大合唱》序言中这样评价："《黄河大合唱》是抗战中所产生的最成功的一个新型歌曲。音节的雄壮而多变化，使原有富于情感的词句，就像风暴中的浪涛一样，震撼人的心魄。"[1]

《黄河大合唱》虽然采用了西方康塔塔的形式，但内容却是中国化的，显示出中国气派。整个合唱九个乐章《序曲》（乐队）、《黄河船夫曲》（合唱）、《黄河颂》（男声独唱）、《黄河之水天上来》（配乐诗朗诵）、《黄水谣》（女声合唱）、《河边对口曲》（对唱、合唱）、《黄河怨》（女声独唱）、《保卫黄河》（齐唱、轮唱）、《怒吼吧！黄河》（合唱）。全歌各章节交替发展，相互呼应，恢宏磅礴，"被认为是一部反映中华民族解放运动的音乐史诗"[2]。

抗战救亡歌曲的影响巨大，丰子恺描述过亲身见闻：

---

〔1〕 于林青：《中国优秀歌曲百首赏析》，第 49—50 页，北京：人民音乐出版社，2000 年。

〔2〕《中国大百科全书·音乐舞蹈卷》，第 730 页，北京：中国大百科全书出版社，1989 年。

> 抗战以来,艺术中最勇猛前进的,要算音乐。文学原也发达,但是没有声音,只是静静地躺在书铺里,待人去访问。……只有音乐,普遍于全体民众,像血液周流于全身一样。我从浙江通过江西、湖南来到汉口,在沿途各地逗留,抗战歌曲不绝于耳。连荒山中的三家村里(我在江西坐船走水路常夜泊荒村,上岸游览,亲耳所闻),也有"起来,起来"、"前进,前进"的声音出自于村夫牧童之口。都会里自不必说,长沙的湖南婆婆、汉口的湖北车夫,都能唱"中华民族到了最危险的时候。……"有人烟处,即有抗战歌曲。[1]

在一切艺术门类中,最能鼓动和推动全民抗日救亡运动的,莫过于歌曲这种艺术手段了,也正因为救亡的需要,造就了中国音乐,尤其是中国现代歌曲的一段繁荣和辉煌。

二、社团文化与"新音乐运动"

在抗日救亡的历史形势下,对音乐家创作思想的要求愈来愈明确:一切不适合抗日救亡需要的音乐都不再提倡,现实所迫切需要的是战斗的号角。这样的音乐创作思想也体现在音乐的宣传与理论研究上。

虽然这场变革潮流,依然成为"新音乐"运动,但"新"在何处,却与以前大不相同。抗战开始后,之前关于音乐理论思考的热点,已经从中西关系、古今关系的研究与探讨转移到音乐的社会功能上来,产生了新意义上的"新音乐运动"。

冼星海对新音乐运动作了中肯的评价。他指出,新音乐运动的优点在于:第一,全面的音乐都向着民族求得解放、自由、抗战胜利的方向迈进。第二,发展音乐运动的刊物已渐渐地增多起来,歌唱的人比以前更多和更普遍了,尤其在前方。第三,是大量的歌咏人才出现了,各地都在努力培养

---

[1] 丰子恺:《谈抗战歌曲》,载《战地》,1938 年 5 月第 4 期。

新的歌咏领导人才和作曲者。第四，创作与理论的水平提高了，内容也充实了，超过"八一三"以前，音乐作者已亲自到前线去工作，接受了实践的考验，写出了有实践经验的作品。第五，现阶段的歌咏和音乐都一致表现出要求团结进步，坚持抗战，打倒卖国的汉奸，反对妥协投降，同时努力振奋军士和民众抗战的情绪及鼓励安慰在前后方的工作者[1]。

在国统区，《新音乐》主编李凌（李绿永）也谈到了他对新音乐运动的认识："新音乐运动只有能配合抗战才能成为大众解放的武器，才能有发展，否则便是死路。"[2]在《略论新音乐》一文中，李凌对新音乐的性质、特点作了进一步阐述："中国新音乐是反映中国现实，表现中国人民的思想感情与生活要求，积极地鼓励组织中国人民起来争取建造自己的自由幸福的国家的艺术。"[3]

在救亡图存压倒一切的时代背景下，救亡成为新音乐的基本主题，新音乐为了抗战而生，并成为民族解放斗争中最有力的精神武器。作为抗战时期最引人瞩目的现象，富有民族精神的"新音乐运动"成为文艺救国的最强音。

1939年10月15日，李凌、赵沨、林路、沙梅等人在重庆成立了"新音乐社"。此后，在桂林、昆明、长沙、柳州、贵阳、上海、广州、香港以及海外的仰光和新加坡等地的进步音乐工作者，都曾以新音乐社分社的名义开展活动，社员发展到两千余人，使新音乐运动在极大的范围内产生了广泛的影响。

新音乐社以"新音乐"为旗帜，以建设民族的、科学的、大众的新音乐为目标。在长达十一个月之久的时间里，开展了广泛的进步音乐活动，积极地推动了国统区的新音乐运动。

1940年1月，"新音乐社"的文化宣传阵地《新音乐》创刊，至1950年停刊，期间总计出刊九卷四十九期。发行量最大时曾达两万多份，成为国统

---

〔1〕　冼星海：《民歌与中国新兴音乐》，《中国文化》，1940年第1期。
〔2〕　李凌：《新音乐运动到低潮吗?》，《新音乐》，1940年第1期。
〔3〕　李凌：《略论新音乐》，《新音乐》，第1卷第3期。

区销售量最大、影响最广的进步音乐刊物。正如该刊宗旨所述："接受'五四'以来新音乐及世界进步音乐成果，以创造新的民族化的大众化的音乐艺术，使它真正能普遍深入群众中，真正能成为抗战建国最有力的武器。"

作为综合性、普及性的音乐刊物，《新音乐》不仅登载、介绍了大量优秀音乐作品，还刊发了一批重要的音乐理论文章，如冼星海的《民歌与中国新兴音乐》、《我学习音乐的经过》，李凌的《略论新音乐》，赵沨的《音乐的民族形式》，孙慎的《聂耳——我们的先驱》，缪天瑞的《音乐美学史概观》，天风的《绥远民歌研究》，吕骥的《解放区的音乐》等。

除出版《新音乐》月刊外，"新音乐社"还以总社和各地分社的名义，出版了《新音乐》的各种地方版，创办了《音乐艺术》、《音艺副辑》、《音乐报》、《每月新歌选》等十多种期刊；出版了《三年歌选》、《音乐创作集》、《民主歌声》等二十余种歌集；推出了《新音乐教程》、《五声音阶及其和声》、《苏联音乐》、《诗经的音乐及其他》等三十余种音乐书籍。此外，"新音乐社"的成员，还先后在重庆《新华日报》、桂林《救亡日报》等各种报纸上开辟音乐专栏，向读者介绍了进步音乐作品，普及新音乐理论和音乐基础知识。

在"新音乐运动"的影响下，当时重庆国立音乐学院的部分师生组织了"山歌社"，对民间歌曲进行收集、整理、改编和演唱，还出版了《山歌通讯》和《中国民歌选辑》等。除此之外，"新音乐社"还在国统区积极组建歌咏团体，举办音乐演出、歌咏等多种音乐活动。1941年初，由"新音乐社"成员领导的重庆业余合唱团公演了《黄河大合唱》；1946年1月，"新音乐社"在重庆举办了纪念冼星海音乐会，会后成立了"星海"、"民主"两个合唱团。

为培养音乐人才和音乐干部，"新音乐社"于1942年10月成立了通讯研究部，以函授教育的方式，辅导各地音乐工作者进修学习。此后，还举办了一些以短期培训或业余学习为主的音乐学校和训练班、讲习会等。这种社会性的音乐教育方式，广泛吸引和团结了广大音乐界人士，培养了一批音乐运动骨干和音乐教育人才，进一步扩大了音乐界抗日民主统一战线阵营。

在救亡思潮的统领下，所倡导的新音乐运动，不再是高雅的艺术享受和精神消遣,它已成为人民大众反抗帝国主义侵略的最有力的呐喊。救亡是新音乐最崇高的核心命题,新音乐则是救亡运动中有力的精神武器。

救亡歌咏迅速发展,对救亡歌曲的创作提出了相应的技术要求。李焕之曾说:"为着使歌咏能真实的普及,小形式的创作更有其重要性。"具体说来,就是"要创作出短小的、明快的、单纯的、生动的、大众化的歌曲。在今天,只有这样的歌曲,才能广泛地打入人民群众里面去,只有这样的歌曲,才能敏快地回答人民大众底要求"[1]。于是,民众最易直接参与其中的集体齐唱、合唱等声乐体裁受到了特别重视。

把音乐变成一种思想武器,是民族危亡的特定历史时期的需要,音乐在艰苦的抗战时期,成为鼓舞和凝聚大众的精神力量。但是,音乐艺术的文化功能是多方面的,在极端局势下的某种功能,不宜夸张为音乐的唯一宗旨。这个问题在当时的局势中不可能被人理解,因此我们可以看到,当音乐"武器论"进一步发展成"音乐救国论"时,抗战时期的音乐功能被推向了一个极端。这种趋势是时代的局限,不是任何人为的努力可以改变的。

三、蓬勃发展的音乐文化

这个时期国统区出现了一些讽刺歌曲,如赵元任的《老天爷》、孙慎的《民主是那样》、罗忠镕的《山那边呦好地方》和董源的《别让它遭灾害》,在群众中有较大的影响,表现了国统区人民的苦闷、愤怒和对民主、未来的向往。费克的说唱叙事歌曲,《茶馆小调》对国民党对外消极抗战、对内压制民主进行了生动的揭露。

在抒情歌曲方面,像汪逸秋的《淡淡江南月》、刘雪庵的《红豆词》等在知识分子中流行一时。马思聪的《控诉》、谭小麟的《别离》等也引起了音乐界的重视。以国立音乐学院的"山歌社"为主,曾为一些民歌进行创造性技术加工,出版了《中国民歌选》,一些作品如《康定情歌》(江定仙)、《在那遥

---

[1] 李焕之:《群众向我们要求什么?》,《歌曲》,1940 年 1 月。

远的地方》(陈田鹤)、《绣荷包》(谢功成)等,极为成功,广泛流行。这个时期的器乐作品,以马思聪 1937 年创作的大型管弦乐曲《绥远组曲》最为有名,其中第二乐章题为《思乡曲》,曲调优美,源自内蒙古民歌,成为抗战时期中国音乐的杰出作品。

中国的娱乐歌曲在孤岛时期的上海获得一定的发展,即便在救亡歌曲时代,即便在敌战区,也没有完全中断,正如孙蕤指出:

> 虽处抗战期间,不可能大家全唱"大刀向鬼子们的头上砍去",特别在日本敌战区,老百姓若是公开唱《大刀进行曲》,恐怕鬼子的头未被砍掉,我们老百姓的头却被鬼子砍掉了。斗争要讲策略,那种情况下只能是地下活动。另外,人还是需要抚慰心灵的文艺艺术作品。早期的流行歌曲中有不少歌唱亲情、友情、爱情、祖国大好河山、魅力风光的作品,人民很容易产生共鸣……流行歌曲就是这些有慰藉心灵作用的文化产品中重要的一种。[1]

自 1937 到 1941 年底,太平洋战事爆发之前,上海租界的娱乐歌曲出现奇特的繁荣局面。电台播音在这段时期成为主要的载体,相当重要的原因,是处在第二次世界大战多事之秋,居民要及时收听时势消息,加上商业广告使经营电台有利可图。围绕这些商业性电台和百代、胜利两家唱片公司,各种"歌咏社"出现了。

在歌曲的风格上,好莱坞影片在上海大行其道,其歌舞不可避免产生影响。摇摆、爵士等多种舞曲风格,开始影响这些娱乐歌曲,从而大大加强了歌曲的娱乐功能。

这个时期的标记作品是黄嘉谟作词、刘雪庵谱曲的《何日君再来》,此歌随周璇主演的电影《三星伴月》(1938)而风靡。这首《何日君再来》,被认

---

[1] 孙蕤:《中国流行音乐简史 1917—1970》,第 17 页,北京:中国文联出版社,2004 年。

为是"一个世界之最——对一首电影插曲的争议竟长达 60 年"[1]的特殊歌曲。1936 年,还是上海音乐专科学校学生的刘雪庵在一次联谊会上即兴创作了这支探戈曲,1938 年上海艺华影片公司拍摄歌舞片《三星伴月》,以此为主题歌,由编剧贝琳(黄嘉谟)填词。1941 年由重庆、香港两地合作,在蔡楚生导演的一部宣传抗日的电影《孤岛天堂》中,又以此为插曲。1944 年的"华影"、1950 年、1960 年代香港都拍摄过与此同名的电影。

周璇

此歌后来流传到日本,在日本也被作为"外国(中国)靡靡之音"而禁唱,直到1970 年代,邓丽君在日本重录这首歌。1970 年代末,她的录音带被传回内地时,"靡靡之音"的争论再度响起。因这首歌而改变命运的是曲作家刘雪庵,1950 年代,为此被打成右派,"文革"再受迫害。

《何日君再来》,本是一首普通的娱乐歌曲,诞生于孤岛时期,大为流传,其实是合乎当时"孤岛人"心境的,但就因为它的"生不逢时",其曲折是难免的,它是中国早期娱乐歌曲的命运写照。娱乐歌曲在 1940 年代的上海借助电影载体继续发展,产生了很多至今仍在流传的歌曲。这一阶段有名的音乐家有吴村、李隽青、陈枝荪、范烟桥、陈蝶衣、鲁旭、程小青、叶舫、

---

[1]　孙蕤:《中国流行音乐简史 1917—1970》,第 61 页,北京:中国文联出版社,2004 年。

包乙等。

1941 年,吴村在上海国泰影片公司编导了我国第一部歌唱片《天涯歌女》,其中有九首插曲,大部分由"金嗓子"周璇主演并演唱,导演吴村自己作词。陈歌辛作曲的《玫瑰玫瑰我爱你》,由另一位歌星姚莉演唱,这首有着明快的爵士风格的歌被翻译成英文,传遍世界,并成为美国著名歌星Frank Laine(弗兰克·莱恩)的成名歌曲。

但就整个中国而言,娱乐歌曲在救亡歌曲时代,只能处于边缘地位,在文化中没有话语权,但它始终存在。在 1945—1949 年的上海,又有一次小规模的繁荣,几乎与孤岛期沦陷期一脉相承。1949 年后,这一派许多人转到香港,在香港和台湾继续发展,直到 1980 年代初国门开放后直接冲击国内歌坛。这种边缘与中心的互相置换现象,说明了它自身的生命力,和歌众的需要。由于革命歌曲已经在大陆的社会生活中占了一个重要地位,当它再次回流时,这个冲击就不仅是对歌曲的冲击,而且是对整个既成文化体制的冲击。

第二十七章
民族战争背景下的美术文化

　　1937 年,日本侵华战争全面爆发。随着文化机构和各大美术院校的西迁,全国的美术格局和战前相比发生了重大调整,形成了三大板块:一是共产党领导下的,以延安为中心的陕甘宁边区的美术活动;二是以上海、北平为中心的沦陷区美术;三是以重庆、成都为中心的大后方美术活动,这也是中国战时美术力量聚合、活动的最重要根据地。因此,要想了解把握抗战美术的真实状况,大后方美术当为最主要的考察对象。

　　抗战时期的美术,和战前相比,不仅仅是地理位置的变动那么简单,最关键的是,艺术主题发生了变化。抗日救亡成为战时最重要的美术主题。在这个主题的规约之下,以抨击侵略者的罪恶行径,表现军民抗战事迹,激发民众抗日热情的题材被提倡,而以"大众化"、"科学化"、"民族化"为主要内涵的新写实主义成为最受推崇的创作方法[1]。艺术家们在抗战救亡的大目标之下以前所未有的民族热情团结起来,实现了跨空间、跨党派、跨团体和艺术观念的交流合作。同时,在抗日救亡的现实要求之前,中国美坛艺术力量的博弈出现了新的局面。徐悲鸿所领导的写实主义体系终于独占鳌头,取得了绝对的胜利。而林风眠所领导的现代主义艺术的探索则被

---

〔1〕 黄宗贤:《大忧患时代的抉择:抗战时期大后方美术研究》,第 12 页,重庆:重庆出版社,2000 年。

迫中断,成为边缘。战前一直受到美术革命思潮冲击的传统绘画则由于战时民族思想的复兴被赋予了新的期待,向着抗战所要求的新国画艺术迈进。木刻和漫画则以其简明通俗、冲击力强的艺术语言,以及印刷方便、便于携带等特点,成为抗战美术的急先锋和时代的幸运儿。这是战时美术的大致情况。但是,需要说明的是,大后方美术不完全等于"抗战美术",而有其特有的包容性,事实上包含着更为丰富复杂的艺术现象。

一、抗战时期的美术社团及其活动

抗战爆发之后,因着抗战宣传工作的需要,或者是保存壮大自身艺术力量以及在战时动乱环境中寻求群体归属的动机,艺术家们组织美术社团的热情比较高涨。虽然这些美术社团组织规模和发挥的影响不同,但是它们共同为推动、繁荣大后方的美术事业做出了贡献。

中国美术会(全称"中华全国美术会")是国民政府抗战时期在大后方设置的最大的官方美术团体。1940 年 5 月 19 日,中国美术会在重庆生生花园举行第一届年会。其宗旨为"联络全国美术家感情,集合全国美术界力量,研究美术教育,推动美术运动"[1]。当日大会通过的提案有:一、致敬电;二、决定 9 月 9 日为美术节;三、请教育部明年 4 月举办第三届全国美术展览会;四、请教育部拨款十万元奖励抗战期间美术作品;五、请教育部增加中小学美术课时间;六、请教育部从速设最高艺术研究机关等。

作为战时官方最大的美术机构,中国美术会在重庆乃至在战时中国美坛都扮演着重要角色,影响着大后方美术的发展。首先,它为抗战的美术宣传做了不少贡献。如发动美术家创作鼓动军民同仇敌忾之抗日宣传画;数次举办抗日宣传画展览,如 1941 年 3 月 8 日举办"妇女美术作品劳军展览会",1942 年 2 月举办"春季美术作品展览会";同年还选出百余幅作品送到美国展览,为宣传中国的抗战事业,争取国际援助起到了积极作用;1944

---

〔1〕 中华民国教育部编:《第二次中国教育年鉴》,上海:商务印书馆,1948 年。

年 5 月 12 日举办"纪念美术节全国美术展览会",同年举办的劳军美展以售得画款捐献前方将士;举办每年春秋两次展览会,同时还协助会员举办个人展览,开办美术研究班,受教育部委托办理有关美术著作的奖励事宜;发行会刊(十余期后停);卓有成效地发动各地美术家在地方上建立分会,以谋艺术教育之发展与艺术运动之推进。

1944 年 5 月 12 日,由中华全国美术会举办的"纪念美术节全国美术展览会"在重庆中央图书馆举行。展览会现场,中西图画金石书法挂满了整个大厅。当时共产党在重庆的党报《新华日报》发表的短讯中对这次展览评述说:"走到图画展览室,几乎全是古刹丛林,深山幽壑及花鸟之类,简直与目前的战争和社会生活相隔十万八千里,它所给参观者的印象是'超凡脱俗'的生活,这一点,在目前抗战七年,正是处于艰苦的局面之下的我们,不能说不深以为异。"[1]的确,从为抗战服务的角度来看,中华全国美术会所做的工作,取得的成绩可能还不能够令人满意,但是,从中华全国美术会的宗旨"联络全国美术家感情,集合全国美术界力量,研究美术教育,推动美术运动",以及它的会议提案来看,为抗战服务并非其关注的重心所在,它的立足点主要还是在于建设,发展常规的美术教育和美术研究。而正是作为官方美术机构表现出的这种包容性,使得当时很多画家可以从容地进行艺术的探索,没有使中国绘画的现代化进程因为要服从于抗战的时代任务而完全中断。

抗日胜利之后,中华全国美术会为推进国际文化宣传,对于征集作品赴英展览,以及协助教育、外交各部,征集艺术品送交国际教育科学文化组织及印度展览等,都给予了协助。中华全国美术会于 1946 年 6 月迁回南京,1949 年不宣而散。

另一个重要社团是中国木刻研究会。

十四年抗战,当抗日救亡的艺术主题对艺术表现的内容和题材都提出

---

〔1〕 文天行编:《国统区抗战文艺运动大事记》,第 243 页,成都:四川省社会科学院出版社,1985 年。

了新的要求,无论国画还是油画都出现了一些不适应的症状,唯有木刻艺术迅速成长和壮大起来,并成为抗战美术中最活跃、最有影响的一支生力军。木刻运动之所以能够取得如此令人瞩目的成绩,和中国木刻研究会的领导和组织是分不开的。

　　1942年1月3日,中国木刻研究会在重庆中苏文化协会宣告成立,这是一个聚合了全国最强大最优秀木刻力量的木刻组织。该会成立后,大后方木刻界在展览、出版、理论建设、人才培养以及与国内外的艺术交流等方面都出现了崭新的气象。据不完全统计,从中国木刻研究会成立到抗战结束的短短三年时间里,展览总数在一百次以上。在这些众多的展览中,影响最广的当属于在1942年和1943年连续举行的两届"全国双十木刻展"。

　　1942年10月,中国木刻研究会举办的第一届"全国双十木刻展"在重庆举行。这次展览分川、湘、黔、桂、闽、滇、粤七个区,重庆、长沙、贵阳、柳州、泉州、昆明、坪石等17个地点进行展出。10月10日,柳州、长沙、桂林、泉州、璧山、三台等地的"双十木刻展"同时举行。这次展览盛况空前,为中国木刻史上的创举。这次展览共展出作品5 605幅,套色木刻占百分之十。附加展品还有书报、期刊、连环画,以及套色木刻、古代木刻及外国木刻。

木刻《哥哥的假期》(1942)

　　引人注目的还有周恩来从延安带来的古元、力群、华山、焦心河等延安木刻家的三十余幅木刻作品。重庆总会场的展览因展览场地冲突而推迟在 14 日开幕,历时三天,观众一万五千余人。《新华日报》《新蜀报》均发特刊介绍这次展览。15 日下午,徐悲鸿专程前往参观,对于来自延安的木刻家特别是古元的作品《锄草》赞不绝口,"认为画面上那个锄草人的背面刻划很有表现力,他说是一幅难得的杰作,在美术史上也是站得住的"[1]。展览结束后徐悲鸿特地购买了古元、李桦、山岱、铁华等人的作品。

1943 年 10 月,第二届"全国双十木刻展"在重庆大梁子青年会开幕,分川、湘、桂、闽、黔、皖、粤、浙区八个区,重庆、长沙、贵阳、柳州、泉州、贵阳、屯溪、信丰、云和十五个地点进行展出,共展出作品三千八百多幅。重庆展区共展出作品三百余件,其中套色木刻达七十余幅。两天中参观者达两万人次。解放区的作品因种种原因没有参加这次展出。在这次展览中,荒烟的《末一颗子弹》场面宏大,刻画精细,特别引人注目。

1944 年 10 月,本应如期举办的第三届"全国双十木刻展"由于湘桂大撤退,日军占领河南、湖南、广西、广东等省大部以及贵州之一部分,使通往这些地方的交通中断,各地作品不能寄到重庆而宣告流产。

中国木刻研究会不仅在国内举办众多展览,而且还和英、美、苏、印等国进行艺术交流,为中国的抗日战争争取国际支持做出了贡献。

1944 年,由于第三届双十木刻展未能如期举办,为了弥补损失,中国木刻研究会便在中苏文协举办了一次"世界版画展",展出了中国、苏联、英国、美国、西班牙、比利时、印度等国家的作品共计三百余件。1945 年,美国记者白修德为了了解抗日战争时期中国木刻的情况,特地访问了王琦。王琦向他展示了几百张木刻原作。后来,白修德曾随中外记者团到达延安,延安鲁艺赠送给他一部分木刻原作,加之他在重庆期间收集的作品,后来这些作品由美国艺术家协会在美国各地巡回展出,一部分发表在美国的《艺术》杂志上。评论家在撰文评论这些作品的时候,认为那是"破除了旧有的传统,虽然没有竹、树、叶子、微风或是林泉隐士,但他们显然并未抛弃

---

〔1〕　凌承纬、思扬:《抗日救亡文艺战线上的先锋队——抗战时期重庆的木刻运动》,《美术教育研究》,2010 年第 11 期。

自己固有的优良传统,这是中国艺术家的最大贡献"[1]。

值得一提的是,中国木刻研究会成立后,就得到中共中央南方局的大力支持,和共产党的关系非常紧密。共产党的党报《新华日报》为其专门开辟了"木刻阵线"副刊。1945 年 11 月,周恩来在《新华日报》采访部接见了王琦、汪刃锋、丁正献、王树艺等一批活跃在大后方的版画家、漫画家,并指示木刻艺术还应该进一步走大众化的道路,以及多创作些连环木刻。

1946 年 5 月,中国木刻研究会由重庆迁往上海,更名为"中华全国木刻协会"。至此,中国木刻研究会完成了它在大后方抗战美术中的历史使命。

除了中国美术会和木刻研究会,抗战时期著名的美术团体还有以吴作人、庞薰琹为代表的四川省立艺术专科学校组织的现代美术会。现代美术会同仁对于边塞风情和少数民族生活题材的描绘,其作品中体现出的装饰美学元素,以及它的社会批判和现实关怀姿态,为当时特别是战时成都的美术创作注入了新鲜的血液。

中国书学研究会(简称"中国书学会")是抗战时期以纯粹书法研究为目的的一个民间学术研究组织,1943 年成立于重庆,负责人为沈子善。这是抗战期间国内最大的一个书法研究团体。中国书学研究会一成立,便本着"宣传,继承我国特有的书法艺术"的宗旨,以极大的热情投入到了弘扬中国传统书法艺术的事业中去。创办了《书学》杂志,使其成为阐扬中国书学、推动现代书学教育的理论阵地。倡导现代书法教育,是中国书学研究会所做的另一项重要工作。中国书学研究会于 1944 年 7 月编辑完成从小学一年级儿童学书到高级中学学生应用的范本,成为一个独立完整的写字范本系统。为引起全国中等学校学生对于书法之重视,书学研究会特举办"全国国立中等学校学生书法竞赛",这应该是中国近现代书法史上由官方组织的较早的学校书法比赛,极大地激发了中小学生练习书法的热情,其在书法教育史上的影响是深远的。值得一提的是,祝嘉在《书学》第 2 期上

---

〔1〕 王琦:《风起云涌的木刻运动——重庆"中国木刻研究会"的始末》,《文艺理论与批评》,1998 第 3 期。

发表了《书学之高等教育问题》一文。在此文中,祝嘉首先明确提出了书法的高等教育理念,在中国书法发展史上功不可没。

二、抗战时期的美术展览

美术展览不仅能够推出美术成果,更重要的是弘扬美术文化。尤其是在战争年代,美术文化的弘扬对于调节社会气氛,鼓舞民族士气,很有作用。

1942年12月25日,第三次全国美术展览会在重庆中央图书馆举行,这是二十世纪在西南内地举办的唯一的一次全国美展。

展览会共征集到出自四川、贵州、陕西、甘肃、广西、湖南、湖北、江西、福建、云南、青海、新疆以及上海、重庆等14省市的960余位艺术家的作品共计1 668件,经审查后约663件作品正式参展。参展作品原定以抗战为主要题材,然而从美展目录来看,内容仍多为传统题材。抗战题材作品较少,且主要集中在版画和摄影中。

展览结束后,筹委会报教育部批准,将参展中的优秀作品结合年度性的"美术奖励"进行评奖。关于奖励的评价标准,最初考虑到战时的特殊性,在评审标准中对于表现战时题材的作品在数量和尺寸上给予了适当的鼓励,但是在具体的评奖中,却并没有完全按照政治优先标准,还是考虑了作品的艺术性。如秦宣夫指出:"应注重出品的质的方面。"吕斯百则更进一步明确指出:"可只视出品素质,不问其是否与抗战有关。"经过审查委员会的评审,获奖结果如下:一等奖:吕凤子国画作品《四阿罗汉》,中国营造学社的建筑作品;二等奖:黄君璧和许士骐的国画作品,秦宣夫油画作品《母教》和吴作人油画作品《空袭下的母亲》,沈福文的工艺品;三等奖:陈之佛、傅抱石、谭勇的国画作品,吕斯百、李瑞年、唐一禾、胡善余、黄显之和常书鸿的油画作品,刘萍岚、王王孙的书法作品,乌密凤、章继南的工艺作品《陶瓷釉下黑颜料》,王临乙的雕塑《大禹浮雕》,刘开渠的雕塑《女神》和姚继勋的雕塑作品,刘铁华的木刻《同盟国胜利的预兆》,古元和力群的木刻,向前和郭琴舫的摄影作品。

吕凤子的国画作品《四阿罗汉》是唯一书画类获得一等奖的作品。此画以象征着救世苦难的罗汉入画,在战时岁月寓意尤为高深。而从艺术性上来讲,《四阿罗汉》在造型、笔墨上已迥异于传统的罗汉图,具有很强的创造性及高超的艺术技巧。《四阿罗汉》虽是传统的国画,但是从作品精神气质和美学风格上看又是对于传统的超越,因此是很符合"时代性"、"独创性"和"造诣甚深"的获奖标准的。这次展览还有不少奖项空缺,可见当时评奖之严格。

抗战结束后,虽有各方提议,但举办全国美展的计划一再被推迟。陈立夫在第三届全国美展举办时曾说过,第四届全国美展将待抗战结束后在南京举办,而1944年抗战并未结束,关于此届美展未查阅到相关资料,但是"肯定作品送至大会筹备处",只是"恐终未举行"。

张大千敦煌考察及其临摹作品展也颇具影响力。

张大千有过两次敦煌之行。第一次赴敦煌是在1940年下半年。1941年3月间,张大千开始了第二次敦煌之行。5月终于到达敦煌。张大千到敦煌后,首先为敦煌莫高窟进行了系统科学的编号。编号完毕,张大千就开始了对于敦煌壁画的临摹、整理和研究工作。张大千和他的助手们对于敦煌壁画采取了复原式的临摹,力求将画面的色彩和线条恢复到壁画的原始风貌。张大千要求他的门生子侄临摹的原则,是完全要一丝不苟地描,绝对不能参加己意,每幅画像张大千都要题记色彩尺度,全部求真,同时并将壁画的残缺处修复完整。凡佛像、人物主要部分,皆是张大千亲自动手,其余楼台亭阁车马不甚重要部分,即由学生、子侄和喇嘛们分绘。但每幅画上均注上谁画的哪一部分等合作者姓名。因此,每幅画均手续繁复,大幅要两个月才能完成,小的也要十几天。

在对敦煌壁画进行临摹的同时,张大千还对壁画进行了研究和资料整理。首先,张大千登记了莫高窟洞内有纪年的壁画,确定了各个时期作品的风格流派,承启关系,并证明洞中壁画同中原文化是一脉相承的。同时还发现了莫高窟壁画的一个重大的秘密,那就是前代作品曾被后人覆盖并重新描绘新画。张大千把对敦煌石窟艺术的研究成果写成一本专著《石室记》，在这本书中，张大千通过对敦煌历代壁画的风格特点、延承关系和艺术成就的概括和比较，重新发现和肯定了唐朝以前的中国传统艺术的魅力，将艺术关注的视野投向了宋元之前的中国艺术，为中国画可以从自身找到变革的艺术资源提供了更有说服力的佐证。

张大千之兄张善子的《怒吼吧，中国》

1943 年 8 月 4 日，张大千壁画临摹工作全部结束，张大千由敦煌回到成都。1944 年 1 月 25 日—31 日，由四川美术协会主办，张大千将他临摹的四十四幅壁画在成都提督西街豫康大楼举办展览。画展极为成功，当时的《新华日报》等媒体在报告该展览盛况时写道："排队购票者长达一里多，一时万人空巷，观者如潮，山城轰动了……"张大千临摹的敦煌壁画准确、科学地复原了莫高窟原作。他的敦煌壁画临摹作品与原画相差无几，具有很高的艺术价值。

张大千的敦煌之行和他所举办的临摹敦煌壁画巡展，对当时的国画界无异注射了一针"兴奋剂"，使民族情绪高涨的画家们对中国艺术传统有了新的激情和自信。继张大千之后，谢稚柳、关山月、董希文、关良、黎雄才等一批国画家先后走向了大西北，走进了莫高窟，从而形成了一股"敦煌热"。在向传统艺术的复归之中，画家们拓展了艺术视野，在自己民族文化的历史中寻找到了新的艺术养料，从这个意义上来说，张大千敦煌考察及壁画临摹展可谓有莫大之功绩。

冯法祀"黔桂路工程写生画展"具有地方特色。

冯法祀,著名油画家,是徐悲鸿写实主义创作体系的重要代表画家之一,也是徐悲鸿最为钟爱的弟子之一。

冯法祀毕业于南京中央大学,跟随徐悲鸿学习油画。毕业之后,他放弃出国留学的机会,选择投奔红色阵营。1940年,冯法祀在柳州参加了抗敌演剧四队,跟随队伍到各地进行抗日宣传。行军数千里十余县,沿途带领美工队,画了几十幅宣传抗日的壁画。1942年,徐悲鸿从桂林给冯法祀写信,要他将几年来在演剧队画的画带给他看,冯法祀就遵照老师的意思,把油画《木瓜村》、《靖西老妇》、《战地歌手》,炭精画《林中炊洗》等送给他看。徐悲鸿看到冯法祀的创作,非常满意。这一次作业检查之后,徐悲鸿决定聘冯法祀为中国美术学院副研究员。但他在给冯法祀的信中写道:"我聘你为副研究员,你仍留在演剧队,每年缴画若干幅。"这样做的意思,是一方面鼓励冯法祀努力作画,另一方面又不让他脱离他所熟悉的生活,徐悲鸿对于冯法祀如此良苦用心,正表明了他对这位弟子寄寓了厚望。1943年,冯法祀将新作品《铁工厂》、《第一把锤手》、《开山》和战地写生画多幅再次送交徐悲鸿检查,徐悲鸿极其兴奋地肯定了这些作品,并提出新的要求。他说:"这些画,群龙无首,你应选出一张画,进行加工创作。"徐悲鸿帮冯法祀挑选了《开山》这幅油画速写,并要他立即着手大幅油画创作。为了进行这次创作,冯法祀严格遵照老师的要求,在重庆北温泉待了一年体验生活[1]。

在表现技法上,徐悲鸿油画中讲求色彩和笔触的摆放,以及整体造型的创作方法给了冯法祀鲜明的影响。同时,冯法祀在继承老师创作方法的基础上化入了自己的情感和艺术体验,显示出独特的个人艺术风格。他的作品坚实厚重,色彩热烈而沉着,下笔表现肯定有力,注重大块面的转折和大氛围的营造,不拘泥于细节和流于浮华。虽然表现的是抗战主题,但是冯法祀的作品绝对不是概念化和主题先行。他在2002年接受采访时还

---

〔1〕 冯法祀:《一代巨匠,艺坛师表》,《徐悲鸿:回忆徐悲鸿专辑》,中国人民政治协商会议全国委员会文史资料研究委员会编,北京:文史资料出版社,1983年。

说:"我画的宣传画不是漫画式的符号,都是写实性的人物,人物都是经过推敲的。"在塑造艺术形象时,冯法祀总是能够提炼出事物最生动本质的细节,作品既富有宣传的力量,又特别能够打动人心,这在他的那幅著名的作品《捉虱子》中就可见得出来。徐悲鸿在《民族艺术新型之剧宣四队》一文中对于冯法祀的作品给以很高评价:"如冯法祀先生之绘画,彼皆以急行军作法描绘前后方之动人场面,题材新颖,作法又深刻,而后者尤为重要,如不深刻,则失却最有价值之真实,将变为无意义。冯君能把握题材,写之极致,以绘画而论,可谓抗战中之珍贵收获也。"[1]而这里所谓作法的深刻,无疑就是冯法祀所采取的深入现实生活,提炼生动细节,作风朴质泼辣的现实主义的创作方法。

抗战时期,冯法祀先后在桂林、长沙、衡阳、昆明、重庆、贵阳办过六次个展。1948年8月6日在桂林举办的"黔桂路工程写生画展"为冯法祀在抗战期间举办的第一个画展。这次画展的题材不仅包括"黔桂路工程",还有瑶民生活、越桂边区风光、演剧生活及其他共四部分。刘元对于冯法祀的展览做了中肯准确的评价:在表现上"作者把对象作客观的记录,有的并作主观的批判,他表扬光明的一面,也揭露黑暗的一面,从技术上能了解作者写作的态度是严肃,忠实,不取巧"。"法祀兄的个性很刚强,情感很热烈,从它画面上所表现的笔触,线条与色彩,好像作者的自画像,我对法祀的画可以用两个字来说明,就是'熟'与'力'。我最爱他的《开山》、《放车》、《打车间》、《难为了乡长》、《兵之尸》、《肖像》、《难得的佳肴》等画。"[2]田汉在桂林看到冯法祀的画展时,激动地当场赋诗,题为《冯法祀先生黔桂路开辟工程写生画展》。

抗战胜利后,冯法祀继续创作出了《演剧队的晨会》和《反饥饿反内战游行》等名作。新中国成立之后,冯法祀与时俱进,其现实主义创作也进入

---

[1] 徐悲鸿:《民族艺术新型之剧宣四队》,转引自冯法祀:《画家徐悲鸿赞抗敌演剧队》,《美术》,1978年第4期。

[2] 刘元:《冯法祀及其画展》,《抗战时期桂林美术运动》,桂林市美术馆等主编,杨益群编著,第607页,桂林:漓江出版社,1995年。

了新的阶段,油画《刘胡兰就义》最为著名。

1941年11月7日,香港之战爆发。很多文化艺术界人士从香港逃回到内地桂林,惊魂未定,一些画家就以极其激动的感情开始了创作绘画,描绘他们所亲历的苦难。后通过新波、特伟和郁风三人共同发起,举办了一个专题展览:即《香港的受难》画展。

《香港的受难》画展于1942年12月26日——香港之战一周年纪念日开展,到次年1月9日结束。画展体裁有油画、素描、水彩、漫画、木刻等,参加者有盛此君、新波、杨秋人、温涛、郁风和特伟等六人。

《香港的受难》的画展有两个突出的特点:一、它是对战争的快速、直接、真实的记录,作者都是亲历那场战争灾难的人。正如黄蒙田所说的:"重要的是画家们描写的是刚发生的、世人瞩目的十八天香港之战的现实生活。而画家们又都是这一场战争的目击者甚至是受难者,从各个角度出发描写实录,正是它震撼人们心魄的根本原因。"[1]第二个特点则是:"这六位作(画)家笔调不同,表现方法不同,然而在每一幅作品中间,都一致以强烈的情绪,表现出这一个时代的主题,这是这次展览的一个空前的特点。"[2]代表作品有杨秋人的油画《战后风景》、《户外铁蹄声》,郁风的油画《没有船舶的海》以及《圣诞节前夜》、《快活谷》,表达了对侵略者的讥讽愤怒和对家园沦陷的痛苦。新波参展的作品主要是漫画和素描。他的画用蜡炭笔组成形象,形式沉重有力,很有冲击力。参展的两幅作品《死市》和《活广告——敌人的入城式》都是善于在题材上应用对比手法的。《死市》以阳台上蹲着的一只猫来反衬城市的死寂;漫画《活广告——敌人的入城式》一面是敌人耀武扬威的入城式,另一面却是血肉模糊的尸体的陈列,形成了强烈的对照。温涛的木刻《和平纪念碑前的武士道》,刀法结构极新颖,表达了对日本法西斯的控诉,对为了和平在战争中死去的人们的凭吊。

〔1〕 黄蒙田:《回忆〈香港的受难〉画展》,《抗战时期桂林美术运动》,桂林市美术馆等主编,杨益群编著,第637—644页,桂林:漓江出版社,1995年。

〔2〕 黄蒙田:《回忆〈香港的受难〉画展》,《抗战时期桂林美术运动》,桂林市美术馆等主编,杨益群编著,第637—644页,桂林:漓江出版社,1995年。

另一幅木刻《海盗船》以一艘满载着物质的大海轮象征日本海盗国的贪婪，以揭露侵略者的罪恶暴行。盛此君的钢笔素描，每一幅线条都极熟练，表现力都极匀称；油画《自卫队》写出了民众的抗日活动。特伟的素描《不要忘记我们》，则以两个被缚的人寓意香港的受难。

《香港的受难》在桂林展出以后，由于观众的反应强烈，为了扩大影响，又于重庆展览两次。展览时新波调出了桂展的六幅作品，新添了三幅新作。另外增加了三个作者的作品：漫画家叶浅予、丁聪和版画家林仰峥。叶浅予的作品《走出香港》是从同名组画中选出来的，描写了一群偷渡客徒步离开香港逃难的遭遇。丁聪参展作品共七幅，以一贯的漫画风格描写香港沦陷时侵略者的暴行和人民的受难。版画家林仰峥是年龄最小的一个，当时还不到二十岁。在这次画展上，展出的林的作品有《神圣的教堂》、《三角码头》等。《神圣的教堂》描绘了当神父正在为前来避难的街坊们祈祷时，侵略者手拿带血的大刀闯了进来，教堂里一片惊恐、哭泣的场景。

然而，这次展出的作品，即使是复制品也没有保留下来。现在我们只能通过当时的一些艺评家的文章了解到画展的一些具体情况。《香港的受难》的画展是对战时中国的直接记录，是对敌人发动的文化反攻。

从艺术倾向而言，秦宣夫的油画创作属于徐悲鸿的现实主义创作体系。然而，由于个人天赋资质和艺术趣味的不同，同属于徐悲鸿写实主义创作体系的艺术家们在各自具体的艺术追求上还是显现出相当的差异。而秦宣夫的艺术姿态则是，一方面他以"抱住人生，搂定自然"[1]作为自己的艺术追求，显示出现实主义的创作倾向；但另一方面，秦宣夫的作品在精神气质上，始终洋溢着古典浪漫的诗意气息，因此我们可以称秦宣夫的绘画为诗意的自然人生派。1945 年 12 月 7 日至 10 日，秦宣夫画展在重庆西路口社会服务处举行，共展出作品六十幅，其中油画作品十九幅，展览引起了热烈反响。

对于自然生命之爱首先体现在对于绘画题材的选择上。秦宣夫善于

---

〔1〕　秦志钰：《抱住人生，搂定自然——画家秦宣夫百年圣诞纪念文集》，北京：清华大学出版社，2007 年。

从平凡的日常生活取材,这从他当时参展作品的题目《重庆雪》、《玉兰》、《山花》、《幼女与菊》、《幼女》、《少女》、《山雨欲来》、《磁器口胜利日》、《母教》、《青衣女》、《青鱼》、《画家生涯》(即《食为天》)、《作者夫人像》、《王临乙夫人像》等就可见出一斑。秦宣夫参加第三次全国美术展览的获奖作品《母教》,虽然表现的是抗战主题,但秦宣夫在具体构思时,却选择了日常生活的视角,因此很感人。就具体的艺术创作方法来讲,秦宣夫的创作呈现出这样的特点,即:糅合学院派古典主义和印象派的表现手法进行现实主义创作,以描绘富有诗意的自然和人生的画面。这一点从他以家庭女性成员为模特所创作的肖像画中更明显地表现出来。如他为夫人所作的《李家珍》像得到吕斯百如此评价:"宣夫先生写人像尤其女性,大都用色丰丽,如《夫人像》,态仪幽雅而略带庄严,仔细看细腻柔和的肤色,其手的部分,更来得微妙。我敢说,他已深得雷诺阿真谛。"[1]

秦宣夫的代表性作品还有《抱洋娃娃的幼女》(1941 年)、《幼女与菊》(1942 年)、《红衣少女》(1945 年)等。秦宣夫的艺术风格在其风景画和静物画创作中也得到了体现。静物画《玉兰》以粗放潇洒的用笔,丰富而微妙的色彩描绘出洁白的玉兰花。

在秦宣夫 1945 年举办的画展上,徐悲鸿和林风眠这两位艺术大师对于秦宣夫的创作分别写了评论文章。由于两者艺术观念不同,因此对于秦宣夫创作的评价也存在着差异,但却分别切中了秦宣夫绘画艺术中的最重要的特点。徐悲鸿从他倡导的写实主义出发,特别肯定了秦宣夫的"尊重自然"的"学究"派的艺术态度。林风眠则从艺术表现手法上强调了秦宣夫作品中古典主义和印象派的结合:"宣夫赋予他光与色的融洽,在他的画面上,有印象派大师们可爱的色调,更又深刻地渗入了新古典主义的含蓄伟大的线条,这种尝试的创作,新鲜动人,他对这种新艺术研究的态度,是值得重视的。"[2]

---

〔1〕 吕斯百:《谈谈秦宣夫先生的艺术》,刊载于重庆《大公报》(1945 年 12 月 9 日)。
〔2〕 重庆《大公报》(1945 年 12 月 9 日)。

在那烽火连天的战争岁月,秦宣夫没有为时代所限,他描绘出一幅幅表现平凡日常生活,流动着生动、光辉、温柔情绪的画面,他的作品"使痛苦的人生,增添了许多温暖,他的画能给人以爱情的抚慰,同情的安慰"[1]。

抗战时期,正当徐悲鸿为其所领导的写实主义创作体系的胜利高呼"战争兼能扫荡艺魔,诚为可喜"之时,林风眠所领导的中国现代主义美术运动的前景却越来越黯淡。尽管如此,中国现代艺术的追求者们仍在坚守着自我的艺术理想,艰难地维系着现代艺术的生命线。

1942 年,由赵无极牵头组织的林风眠、吴大羽、赵无极、关良、丁衍庸、李仲生六人联展在国立博物馆举办。在这次展览中,"林风眠的风景画具德国表现派风格,关良汲取了古老民间艺术的营养,丁衍庸的作品受马蒂斯影响,李仲生作品有明显的超现实主义色彩,赵无极自己的作品则已显现出意象绘画的倾向"[2]。

1945 年初,以原杭州艺专为主体的画家们在重庆中苏文化协会举办了为期四天的"现代绘画联合展览会"。参展人员有林风眠、庞薰琹、方干民、关良、汪日章、赵无极、丁衍庸、郁风、林镛、叶浅予、李仲生等十三人。共展出作品八十三幅。

画展的前言表达了全体参展者共同的愿望和追求:"不但要适合我们中华民族自己的需要,而且更希望能使现代中国绘画艺术与现代世界艺术合流。"重庆《新民报》副刊的评论文章中写道:展出的作品都是"以所谓'巴黎画派'与所谓'纯粹绘画'为根据,而入中华民族的血液的作品",并具体评价道:"丁衍庸,他的作品是接近于野兽主义作风的,⋯⋯李仲生,⋯⋯作风大体倾向于法拉芒克和阿斯浪,⋯⋯周多,油画接近于奇士林,赵无极,《母与子》有毕加索的倾向,小品《玩具》《小屋的故事》接近于夏加尔和保罗·克利⋯⋯"林风眠以自己的作品证明了几年来中西艺术结合探索的初步成功,这在他展出的仕女画中得到了最鲜明的体现。林风眠"展出的仕

---

〔1〕《秦宣夫画展》,重庆《大公报》(1945 年 12 月 9 日)。
〔2〕朱晴:《赵无极传》,第 32 页,石家庄:花山文艺出版社,1999 年。

女作品在独特的方幅构图中把人物夸张变形,挥洒自如的线条,在现代绘画的'泼色'中,更有中国画的空灵、韵味,又有油画的凝重、洒脱。形成了极富精神内涵、极富个性的民族特色的中国现代绘画。从而,中西合璧的风格,已然初露端倪"。林风眠参展的作品有《少女》、《百合花》等。当时在重庆的英国学者迈克尔·苏立文买下了林风眠的四幅画。

1945 年初的"现代绘画联展"是现代主义画家们为现代主义绘画在中国的复苏所作的一次努力。然而,这个展览并未引起足够的反响。1945 年夏天,法国友人瓦迪默·埃利瑟夫与林风眠聚首重庆,预计第二年在巴黎举办现代画家作品展览会,并首邀林风眠参加,可惜这一夙愿直到 1979 年才得以实现。

三、抗战时期的美术院校及研究机关

美术高等教育是美术文化的基地。民族战争和民主运动时期的中国美术文化,同样受到当时美术院校的影响与鼓励。其中最有影响力的是国立艺术专科学校。

1938 年,国立杭州艺专和国立北平艺专均逃难至江西,为了集中人力物力,增强办学实力,教育部下令两校在湖南沅陵合并,定名为国立艺术专科学校。废除校长制而设校务委员,林风眠任主任委员,原北平艺专校长赵太侔和教授常书鸿任校务委员。然而,将这两所来自中国一南一北,艺术理念和美学趣味都存在着较大差异的学校合并在一起,势必会引起冲突和矛盾。很快学潮爆发,杭州艺专的校长林风眠和原北平艺专校长赵太侔相继离开。后来,教育部按照林风眠的建议,聘请了与两校人事利益无关的自德国留学归来的美术史家滕固来治理学校,国立艺专亦恢复校长制。

1938 年 11 月长沙大火后,沅陵也不能偏安。国立艺专又继续向西迁移,于 1938 年年底到达昆明。校舍暂借昆华师范。昆明时期条件非常艰苦,蔡元培先生之女——原国立杭州艺专女教授蔡威廉因患产褥热,加之条件艰苦死于三十六岁的华年。1940年秋,国立艺专撤至四川璧山县。校长滕固将学校带到了首都重庆附近之后,遂向教育部递交辞呈并于当年12月获准辞职。滕固辞职后,教育部拟请当时正在璧山主持"私立江苏省正则职业学校蜀校"的吕凤子当校长。1940年底,吕凤子正式出任国立艺专校长。校址为璧山青木关山西部的半山松林岗上。璧山时期的国立艺专由于吕凤子奉行宽容办校、百家争鸣的教学方针,校内思想活跃、学术空气浓厚。因患病,吕凤子于1942年暑假向教育部请辞并获准。

吕凤子辞退国立艺专学校校长职务之时,推荐有中国现代工艺美术先驱者称誉的陈之佛接任。校址也根据陈之佛要求从青木关迁到磐溪。1942年秋,国立艺专在新迁之地磐溪开学。陈之佛的办学方针是"求良才,实课务,除积弊"。磐溪开课后,他聘请了一批名师担任专职或兼职教师。黄君璧任国画科主任,秦宣夫任西画科主任,王道平任应用美术科主任,傅抱石任校务秘书兼中国画史、画论教授,丰子恺被聘为教务主任,陈之佛校长也亲自讲授美术史论课。其他名师还有黎雄才、张书旂、李可染、吴作人、李超士、关良、丁衍庸、胡善余、吕霞光、赵无极、邓白、刘开渠、王临乙、常任侠和史岩等一大批专家学者。1944年,陈之佛因操劳过度而病倒,遂辞职。

1944年4月,教育部聘潘天寿为国立艺专校长。以潘天寿为首的国立艺专本着学术自由、兼收并蓄的方针物色教员,广聘人才。1944年秋季开学时的教师名册上,展示出即使在今天看来也令人羡慕的教师阵容:林风眠、潘天寿、谢海燕、李超士、倪贻德、关良、方干民、吕霞光、丁衍庸、胡善余、赵无极、吴弗之、李可染、潘韵、高冠华、李长白、王临乙、雷圭元、邓白、李朴园、史岩、文金扬、张宗禹等,真是人才济济,盛极一时。为了有利于艺术上不同流派、不同风格的共同发展和相互促进,国立艺专西画系实行分画室的教学制。西画系当时分设了林风眠、李超士、方干民和吕霞光等四个人体画室,学生可以自由选择一位导师的画室进行学习。教授常常轮流搞个人画展,同学们也组织画会展出他们的作品。艺专的西画教学在临近抗战胜利的一段时间里,出现了难得的中兴气象。

战争的艰苦环境未能泯灭国立艺专师生的艺术追求，反而激发了他们的学习、探索艺术的热情。名师出高徒，二十世纪中国美术界知名画家中，相当数量的代表人物，皆与国立艺专的历史渊源相连，如：林风眠、潘天寿、丰子恺、李可染、赵无极、吴冠中、朱德群、傅抱石、关良、张书旂等。

抗战胜利后，教育部部署复员事宜，决定恢复杭州艺专、北平艺专，各返原地，学生可自选一校就读。最后教育部指示：该校永久地址，经决定迁设杭州。即保留国立艺专校名，全部师生员工复员杭州。同时又派徐悲鸿去北平重建国立北平艺专。自此，杭州一校名为国立艺专，而北平艺校则称国立北平艺专。1946 年暑假，国立艺专师生从四川磐溪分三路陆续返回杭州，至深秋完毕。

尽管战时办学历经艰辛，虽然"两校合并"的后果改变了很多人的命运，其中不乏悲剧色彩，但在另一方面，战争的特殊环境也使国立艺专具有了一种包容性，教学创作兼容并蓄，各种流派并存并互相促进，培养了一大批人才，在战火纷飞的岁月中延续了中国现代艺术的宝贵生机。

1937 年 11 月，中央大学由南京迁往重庆，徐悲鸿随即前往重庆任教，继任中大艺术科主任。1942 年 10 月，国民政府中央文教基金董事会董事长朱骝先为弘扬学术，提议利用由"庚子赔款"中英文教基金董事会提供经费开办中国美术学院，每月经费一万元，由徐悲鸿担任院长。院址设在重庆郊区磐溪的石家花园的石家祠。

中国美术学院是以研究为主的美术机构，设研究和陈列两部。中国美术学院的研究员实行聘任制。中国美术学院聘请的研究员有张大千、吴作人。除聘请名画家为研究员外，徐悲鸿还聘请一些青年画家为副研究员，如李瑞年、陈晓南、艾中信、孙宗慰、张倩英等；人在外地以及兼有他职的副研究员有张安治、黄养辉、冯法祀、沈福文、费成武。其中，副研究员陈晓南、费成武、张倩英、张安治等被派赴英国进行考察和举办画展。助理研究员则有齐振杞、宗其香。这些年轻的艺术家大部分都是徐悲鸿所在的中央大学艺术系的老师。另外，徐悲鸿又在桂林招聘廖静文为中国美术学院图书管理员。

可以说,中国美术学院是除中央大学艺术系之外,徐悲鸿推行他的写实主义创作体系的又一主要阵地。抗日救亡的时代要求,终于使得写实主义创作方法在抗战中取得了一统天下的地位。作为写实主义的矢志不移的提倡和鼓吹者,徐悲鸿为自己艺术理念的胜利倍感兴奋,他在1942年发表的《新艺术运动之回顾与前瞻》一文中写道:"抗战改变吾人一切观念,审美在中国而得无限之开拓,当日束吾人之一切成见既已扫除,于初尚彷徨,今则坦然接受,无所顾忌者,写实主义者是也……战争兼能扫荡艺魔,诚为可喜,不佞目击其亡,尤感痛快。"抗战时期,徐悲鸿更是以极大的热情鼓吹写实主义的创作方法,并且尤其注意培养新一代的接班人,使写实主义创作体系拥有更强大的生命力。

在《中国美术学院筹备志感》中,徐悲鸿再次阐发了他的写实主义的创作理念。在文中,徐悲鸿指出了中国绘画"放弃人天赋之观察能力,视自然之美如无睹","惟致意临模摹仿"的弊端,并认为"西洋艺术输入中土"只是"进口许多污秽之物",而中国自身就有"名山大川",种种"丰繁博厚之花鸟虫鱼",以及"数千年可征信之历史,伟大之人物,种种民族生活状态,可供挥写",因此绘画"振之道无他,以人之活动入画而已",也就是注重写生,走进生活,取写实主义的创作方法。

徐悲鸿领导的中国美术学院同仁自觉践行徐氏的写实主义创作理念,注重艺术和现实生活的紧密联系。艾中信回忆说:"进中国美术学院以后,我遵照徐先生的教导,主要在生活中写生作画,酝酿创作题材。我于1943年冬天先到川西,后又转赴湖南安江前线写生。"冯法祀被聘为中国美术学院副研究员之时,正跟随抗敌演剧四队参加抗日宣传。徐悲鸿在给冯法祀的信中写道:"我聘你为副研究员,你仍留在演剧队,每年缴画若干幅。"冯法祀在追忆师徒之间的这段往事时写到:"我体会他这样做,既鼓励我努力作画,又不让我脱离生活,这也是他的现实主义创作道路和艺术思想的体现。"

徐悲鸿努力提倡并最终建立了一套完善的写实主义美术教育体系,并通过他的众弟子使写实主义创作方法在中国获得了生命力,产生了广泛的影响。徐氏门徒的代表人物有吴作人、冯法祀、艾中信、陈晓南、孙宗慰、黄养辉等。在徐悲鸿的众多弟子中,吴作人的名气算是最大的。吴作人1940年代的作品表现了青海、敦煌、康藏等地的边地风情和少数民族异彩纷呈的生活,从而拓展了写实主义创作的新领域和新意境。冯法祀在抗战时期的代表作有《靖西老妇》、《演剧队歌手》、《镇南关》、《木瓜树》、《开山》、《演出之前》、《捉虱子》和《石林》等。这些在流亡途中和战争间隙创作的作品,散发着泥土和硝烟的气息,是真正符合徐悲鸿写实主义理想的创作。孙宗慰1934年考入中央大学艺术系,同年10月经徐悲鸿力荐留在中央大学艺术系任教,1941年随张大千到敦煌莫高窟临摹壁画,后又跟张大千去青海塔尔寺,见到蒙藏少数民族热闹非凡的庙会。孙宗慰为少数民族异彩纷呈的生活所吸引,以极大的兴趣和热情进行写生,创作出《蒙藏人民歌舞图》等具有浓郁民族风的油画作品。

然而,作为写实主义的执着的信徒,徐悲鸿在抗战时期却并没有创作出多少真正反映现实生活,特别是抗战题材的作品。相对来讲,徐悲鸿更擅长表现经史题材。徐悲鸿在重庆期间公开参展的作品几乎都是以马、雄狮、公鸡等为主体的"借物咏志"类绘画,如创作于1943年的著名的国画作品《会师东京》就是其代表作之一。不过,徐悲鸿的入世热情和社会责任感有目共睹,其致力于写实主义在中国的发展更是功不可没。

1944年初,中国美术学院在重庆中央图书馆举行第一届展览,全部展品约一百五十件,包括国画、油画、水彩、粉画、竹画、书法。其中徐悲鸿的《奔马》和《山鬼》、孙宗慰的西北边疆写生、冯法祀的战场素描、黄养辉的肖像画最惹人注目。

抗日战争胜利后,中国美术学院迁往北平,院址设在北平艺专内。抗战胜利后,因中英文教基金董事会的经费不支,学院与北平国立艺专合并,学院的名义维持至1949年北平解放,但是徐悲鸿所创立的写实主义美术体系却以更坚定的步伐跟随中华人民共和国的成立跨入了新的时代。

1937年7月抗战爆发,正留学日本的前"决澜社"主将阳太阳毅然放弃去巴黎深造的计划,于同年9月回到阔别十年的家乡桂林,积极从事美术

徐悲鸿《奔马》

活动以支援抗战。1943 年 6 月，阳太阳创办的初阳画院（亦称为初阳美术学院）在桂林成立。

初阳画院在教学中遵循现实主义的艺术理念，注重写生。学校规定每学期要外出远足写生一次，一去就是一周左右。曾经组织学生去过阳朔、兴安、苏桥等著名风景名胜作画。师生一道带着写生板到野外，或画桂林山水，或画街道上的行人。1944 年 1 月到 2 月间，初阳画院师生分别在桂林、衡阳等地举办画展。展览共展出国画、油画、水彩画、素描等作品一百幅，一部分是院里的教授们画的，一部分是学生的作品，另一部分是院外的赞助人的作品。展览受到观众的热烈欢迎，因观众多，原定展览两天，后延长两天。《广西日报》和《力报》为此展览出版专刊，文艺界知名人士纷纷撰写评论，如黄药眠、端木蕻良、雨风、孟超、熊佛西、李叶、刘思慕等，都对初阳画院取得的成绩给予了高度评价。

初阳画院创作的作品反映了迤逦的桂林风光和民众救亡图存的拼搏精神，展现了鲜明的艺术倾向和美学追求，被人誉为"初阳画风"。兰岗在《"初阳美术学院"》一文中写道："特别是'初阳美术学院'的师生，在阳太阳的艺术熏陶下，形成了一种独特的'初阳画风'，像是刚显露出来的一颗珍珠，闪闪发光。""初阳画风"到底是一种什么样的画风呢？那就是"有生活，有时代激情,内容健康,主题鲜明,画笔简明,色调清新,没有俗气,没有娇气,富有诗意,富有创造性"〔1〕。初阳画院一方面将艺术的根苗深植在土地之中,走现实主义的创作道路:"初阳画院是受过抗战之火的洗礼的,是在现实的土壤中长成的,太阳先生和他的学生的代表作不是'古色古香'那一套(虽然为着筹经费的缘故,朋友们赠送出来的古画不是没有),不会使人'眼里清凉',有时甚至使人心里沉重。"〔2〕另一方面,可能因为作者都是在校的青年学生,又身处风光迤逦的南国,这些影响到初阳师生的画面上,使之别具一种光明浪漫的情绪。"倾向光明要求表现是一致的这显明在画幅中;你尽管看他们的题材是什么列车,劳动,抗战,一花一草都渗透着年青的高洁理想……"〔3〕初阳画风将现实主义和浪漫主义结合起来,可以说丰富了徐悲鸿所领导的写实主义创作体系。

作为初阳画院的领头人,阳太阳的作品经典地体现了"初阳画风",那就是写实主义和诗情画意的结合。孟超在《从太阳画作谈到初阳画风》一文中评价阳太阳的作品:"我们看到了不少的机械的了解,现实主义的画家们他们是把现实与题材概念化了,因而笔底所给与我们的,只是干涩枯燥,而缺乏润泽,……这就使绘画变庸俗了。太阳的画,因为有诗意灌溉,诗意的涵养,就没有这些缺陷,把题材,内容,意境,神趣都溶合一体,所以有高的格调,而又不曾飘然的超出于现实之上。""新写实主义的作风应该是正确的人生观与高度情感的综合,这,太阳是当之无愧的。"〔4〕

即使是描绘艰苦抗战生活的作品,阳太阳也能发掘并表现出其中深蕴的诗意。1939 年 6 月 13 日《救亡日报》这样评价阳太阳的作品:"国际艺术社的阳太阳擅长青年静物描绘,他的画面明朗、美丽,在他的《农妇》、《二人》、《女战士》、《骑者与马》等几幅画里面,尤以《骑者与马》造型之美,最为

---

〔1〕 孟超:《从太阳画作谈到初阳画风》,《阳太阳艺术文集》,阳太阳著,南宁:广西美术出版社,1992 年。

〔2〕 思慕:《杂谈画展》,《阳太阳艺术文集》,阳太阳著,南宁:广西美术出版社,1992 年。

〔3〕 李叶:《初阳淡写》,《阳太阳艺术文集》,阳太阳著,南宁:广西美术出版社,1992 年。

〔4〕 孟超:《从太阳画作谈到初阳画风》,《阳太阳艺术文集》,阳太阳著,南宁:广西美术出版社,1992 年。

观众所赏识。"在《女战士》一画中,画家用写实手法塑造了一位背着枪的女战士形象,表现出严酷战争中的温柔和诗意,诗人艾青特为此画配诗:"纤美的耳朵谛听着,春色的天外的悠长的号角,温柔的心遂漾起了对于祖国土地深沉的爱;把眼睛凝在战斗的遐想里,圆润的肩背着枪。你的剪短了的黑发是美的,你的绿色的军装是美的,我祝福里的你中国的女性啊,一天,你宽阔的前额,将映上胜利的曙光。"

1944 年秋,桂林大疏散,初阳画院停办。1946 年阳太阳到达广州,曾在广州连新路 113 号挂出"初阳美术学院"的牌子招收学员。

四、战时设计文化

八年的全面抗战和三四年的国共内战,使本来初见成效的中国设计事业陷入了停滞乃至衰退的境地。在 1937 年到 1949 年的十二年中,中国社会处在一个动荡混乱的战争状态之中,战争阻隔了交通,地区间的禁运、封锁以及高额关税影响到原料供应和商品市场的发展,从而扼制了工业生产的正常运转。在现代设计事业最有成效的上海,1937 年前的工场手工业作坊有 16 851 家,战争中几乎全被炸毁。在抗战胜利后的 1946 年,由于大量美国物品的涌入,大约四分之三的民族资本工厂歇业倒闭。现代工业发展的受挫,传统家庭手工业再次回温,是这一阶段中国工业态势的基本状况,这说明现代设计很大程度上失去了大工业生产的基础,导致中国设计事业的发展受到很大影响。在延续前两个阶段的设计文化特征之外,服务于争取民族独立、反抗外来侵略的大局以及服务于战争胜利的需要,这一阶段的中国设计文化,出现了更具民族情怀和体现民主意志的设计文化元素。

最能体现设计文化民族情怀的门类,无疑是这一时期一枝独秀的版画艺术设计。千余年来一直作为颂扬佛教功德与推进民俗文化消费的版画,由于当时中国的艰难时局,首次凭借着现代大众传媒的优势,独立成为文艺创作的一个重要领域。这一时期版画的艺术设计,在技术层面有荣宝斋、朵云轩等传统水印木刻技艺的保存；而在艺术层面，则深受日本创作版画、前苏联木刻插图艺术、德国表现主义艺术的深刻影响，通过结合中国战争的实际需求，形成了独具中国风情和饱含战斗精神的设计风格。这一设计风格迅速地受到社会各阶层的喜爱，不仅代表着中国大众美术的兴起，还成为能够直接召唤民众的艺术形式和媒介。特别在以农村为根据地的中国共产党的政权组织中，尤其受到欢迎和重视。这一时期诸多版画的艺术设计，都体现了中华民族昂扬积极、顽强不屈、自强不息的优秀品格，鼓舞了广大军民一致抗战、团结奋进的战斗决心，遂成为中国战争时期艺术中的轻骑兵，其战斗力之强从某种角度上讲甚至毫不逊于枪炮，对中国抗战的胜利做出了特别的贡献。这是特定历史时期奇特且有效的艺术设计，也是完全摒弃商业气息的文艺创作现象，更是中国设计文化史中一段珍贵的历史记忆。如果说抗战时期的版画艺术设计饱含着中华儿女抵御外辱的民族情怀，那么国共内战时期则又展现了中国人民争取民主、反抗强权的民主意志。成功的版画设计，既动员了广大工农群众加入到中国人民的解放事业中来，又沉重打击了敌人，这是中国人民再次觉醒的民主意志的见证。

梁思成

民族情怀和民主意志的设计文化展示，还表现于工业设计领域。著名的"三五牌"台钟的设计，就是诞生在抗日战争时期的上海。1940年，毛式唐、钟才章、阮顺发等人在上海肇家浜路608号钟才记营造厂厂址上设厂，定名中国钟厂。他们购置机器设备，聘用了四十多名工人，在国内外市场的激烈竞争中开工生产，其定名为"三五牌15天钟"的产品，由于其设计蕴涵浓郁的中国文化特点，受到了消费者的广泛认可。不屈的中国人在时局艰难的情境中，继续着中国民族工业的梦想和工业设计的道路,这本身就是民族情怀和民主意志的坚强体现。在建筑设计领域,继上海圣约翰大学建筑系 1942 年实施包豪斯教学体系之后,梁思成于 1947 年在清华大学营建系实施"体形环境"设计的教学体系,为中国的现代建筑设计教育播撒了种子,一代又一代的中国设计人才在困苦的战争环境中延续着中国的建筑设计事业,这同样是具有民族情怀和民主意志的设计文化的重要体现。

第二十八章
战争中教育文化的调整

1937—1949 年,战火无情地降临中华大地。八年全面抗战,鲜血染红寸寸疆土;三年残酷内战,狼烟遍布万里河山。这是一段灾难的岁月,深重的灾难中却同时显示了中华民族的独立与刚强。

"救亡"一时之间成为全民族最大的政治,新文化的核心价值转为民族与民主,为危难之际的民族服务。不管是国民党统治区,还是有政治独立性的共产党革命根据地,此时的教育文化都呈现出"战时"特色,从教育方针到教育方式都有了重大转变以服务于抗战需要;沦陷区的教育文化表现出在日本帝国主义的奴化教育下的痛苦斗争。民族要自救,民主要争取,辗转根据地的中国人民抗日军事政治大学(简称"抗大"),沿长江南迁的国立西南联合大学(简称"西南联大"),成为教育文化史上的传奇。

一、教育不亡、国脉不断

面对日本帝国主义的侵略,承受战时的困苦与艰辛,中国教育文化界和中国人民没有接受"最后一课"的命运。即便是面临着北京沦陷敌手、上海沦为孤岛、首都南京遭受屠城的巨大灾难,中国的大学还在战火纷飞中迁徙流转,学生还在枪林弹雨中颠沛聚集,教授还在贫困潦倒中坚守课堂。只要教育不亡,民族就有希望,国家就不会败亡,这就是抗战时期中国的教育精神,也是特定时期我们的教育文化,是一个伟大民族的教育理念。

1931 年东北九一八事变爆发后,国民政府以"攘外必先安内"的政策应对保证一党专政的治国方略,直到 1937 年七七事变爆发,战争失利,沦陷区日渐扩大,国民政府的战时教育方针才开始调整。

1935 年,北平旦夕存亡,国民党政府继续不抵抗政策,准备成立"冀察政务委员会",以适应日本帝国主义提出的"华北特殊化"要求,中共北平市工作委员会组成了北平学生联合会,并通过了举行大规模请愿的提案,随后北平大中学生举行了"一二·九"、"一二·一六"游行示威。清华学生蒋南翔在清华学堂地下室里完成了《清华大学救国会告全国民众书》,写下了"华北之大,已经安放不得一张平静的书桌了"这激情澎湃的话语。这份《告全国民众书》随后出现在清华大学校刊《清华周刊》,这一期改名为《怒吼吧》。北平学生的行动不仅向全国人民揭露了日本侵略全中国的野心,也对国民政府的战时政策起到一定掣肘作用,"安放不得一张平静书桌"的华北成为最早大声发出抗日呼声的地方,其中学生起到了关键作用。

1938 年,陈立夫接任教育部长,改订教育制度及教材,注重训练技术人员、青年,培训妇女以增加抗战力量等政策,以《战时各级教育实施方案纲要》的名称颁布实施。其中对战时教育经费的筹措与增加、教育行政机构的完善,以及对留学教育、女子教育、社会教育、职业补习教育、边疆教育以及华侨教育等都制定了相应措施。此外,国民政府还有一系列特殊政策,比如高等院校的迁移、师范教育的应变等措施颁布。

抗日战争八年时间,全国高等学校内迁有一百多所,搬迁校址二百余次,有大学、有独立学院、有专科学校;有国立、有省立、也有私立学校;有历时数十年的老校,也有刚刚创办甚至在抗战爆发后新设立的院校。院校搬迁是抗日战争时期的一段高等教育特殊历史。在战争时期,教育工作者不仅为保存中国的高等教育,继续发展中国高等教育做着持续努力,他们迁移到中国西南大后方,对迁移地区的基础教育的起步和发展又起到了重要的促进作用。在转移过程,他们还为抗战宣传、捐献、参加护理,甚至直接参战。学生组织起来的抗日救国会、抗日宣传队等,一路迁移,一路向整个社会宣传积极抗战,他们讲演、演出、游行、歌唱,将迁移过程转变为宣传过程,其精神也成为中国教育文化极为辉煌的一页。抗战时,对于各层次各种类知识人才需求激增,为了满足战争需求,国民政府在战争期间对师范学制进行了调整,比如重兴高师教育,推进中师教育,实行师范新生保送入学和毕业服务制度。尽管抗战期间环境恶劣,经济困顿,且大片国土沦陷,但师范教育却翻番地增长,不能不说是战争时期的特殊成绩。

总体而言,国民党统治区的教育文化在抗战时期实现了战时应对政策,在国土大面积沦丧、战争时局危殆的局面中,依然坚持着教育救国的信念,以对教育文化的尊重保证了战争时期教育的发展,教育文化也在民族自救的主旋律中发挥着自己重要的作用。

1937年7月底,日军轰炸南开大学,至10月,暨南、复旦、同济、中央、中山等大学相继被轰炸。中国大学开启了艰苦卓绝的迁徙办学历程,其中最早开始迁移后方的是国立中央大学。中央大学前身国立东南大学和第四中山大学,是南京国民政府时期的最高学府,也是抗战时期国内规模最大、系科最全的大学,面对日军炮火,1937年底中央大学就开始向后方迁移,同年12月,分别在重庆沙坪坝松林坡、成都华西坝以及贵阳重新办学,1938年又在柏溪建立分校。战争时期,学校注重发展本科教育,个别院系设有研究院。为适应不稳定的恶劣环境,学校常常邀请校外专家和知名人士办学术讲演,如周恩来讲《第二期抗战形势》,邓颖超、李德全讲《妇女与抗战》,孙科讲《抗战国策之再认识》,中央研究院朱家骅院长讲《国际形势的演进》,张伯苓讲《九一八的感想》,漫画家丰子恺讲《艺术与生活》,美学家朱光潜讲《谦虚与自尊》,剧作家洪深讲《历史与戏剧》,冯玉祥讲《抗战建国》等等,演讲内容丰富广泛,在贫乏的战争年代滋润着校内外师生。

1905年在上海创立的复旦公学,1917年改为复旦大学,1937年后迁往重庆办学。抗战期间,学校在艰苦环境中却在教学、科研、管理、学风、培养人才等方面都卓有成效地坚持,获得社会舆论一致好评,1942年1月经教育部批准改为国立复旦大学。复旦大学在抗战期间设有文、理、法、商四个学院和两个专修科,院系全面系统,全校师生共约二千人,大量邀请社会名流专家讲学，马寅初也曾到重庆时期的复旦大学授课。学校学术自由、作风民主、追求真理，复旦剧社与青年剧社也都是较有影响力的早期剧社。重庆办学期间，为提高周围民众知识文化水平，复旦还免费办民众夜校，北碚的民众学习热情极高，除了学习基本的知识文化，还常常一起高歌《松花江上》等歌曲，提高民众的抗日热情，与师生同仇敌忾。

如果要选择一段故事作为中国战时教育文化的传奇，那么毫无疑问这个奖杯要颁给西南联大。抗日战争爆发时，北京大学、清华大学、南开大学刚刚在留洋归来的学者手中成熟起来，渐渐发展到世界瞩目的办学水准。炮火就这样轰然来袭，资产被掠、校园被占甚至完全毁于战火，师生该如何选择？国家高等教育该何去何从？三所大学合为一所，逃难到湖南又再次撤离，在西南边陲昆明，用最虔诚的姿态保持知识之灯长明，哪怕是天天跑警报，哪怕是泥墙茅屋，一直坚持到日本投降，回华北复校。

抗战时期，国民政府教育部调整教育方针，认为战争时期属特殊时期，应该以培养理工科专才为主，文理招生严重失衡，引发一些知识分子与联大教授的不满。联大教授们认为："大学应该顾到百年大计，不应该为一时偏倚的需要而变质。"[1]《大公报》评论亦指出："仅以实用主义谈教育，必使学者专务于谋出路，寻职业，自私自利，只图温饱。而整个教育精神，亦必陷于急功近利，舍本而逐末……教育精神自有其大者远者，此则为通才达识者知之，擅一才一艺以绝业名专门者，往往不知也。"[2]为实现通才教育，联大五个学院总共开课一千六百多门，每年的课程都在三百门以上，可以说课程覆盖了各个领域的知识面。梅贻琦更在具体的教学法上要求教师灵活主动："学校犹水也，师生犹鱼也，其行动犹游泳也，大鱼前导，小鱼尾随，是从游也，从游既久，其濡染观摩之效，自求而至，不为而成。"[3]联大八年有梅贻琦、闻一多、钱钟书、华罗庚、陈省身，有沈从文、吴晗、冯至、卞之琳、陈寅恪，也有日后的诺贝尔奖获得者杨振宁与李政道。联大最

---

〔1〕　方惠坚等编：《清华大学志》，第 102 页，北京：清华大学出版社，2001 年。

〔2〕　《大公报》星期论文（1940 年 3 月 1 日）。

〔3〕　杨东平编：《大学精神》，第 46 页，上海：文汇出版社，2003 年。

让后人敬仰的绝不仅仅是通才教育与学术成就,更多的是联大用一所战火中坚挺的校园承载了中华民族探寻真知永不衰退的渴求,面对暴力与强权不后退的姿态,用一所校园撑起了中国自由、独立、宽容、平和的教育文化底色。"借着重申蔡元培的北大理念,联大坚持尊重学术界同仁和同学的观点、习惯和癖好。它不期望人人固守正统,墨守成规,鼓励学生追求本色,展示真我。它以异为常,包容个性。联大的知识分子注重本质,拒绝裙带关系,推崇独立特性。"不会有人怀疑联大学生的追求自由与爱国思想之间有矛盾,相反,所有纪念联大的人都清晰地看到,学生正是以对自由、对独立、对真理抱有最大的热诚度来实现自己的爱国,正如任之恭在回忆中所言:"在以儒家为主的传统中,中国学者被认为是社会中的道德领袖,从某种程度上说,也是精神领袖,那么,从这一观点出发,战时大学代表着保存知识,不仅是'书本知识',而且也是国家道德和精神价值的体现。"[1]在那样一个危难的时刻里,在八年间难以想象的无数困难面前,联大造就了一段传奇,使中国抗日战争时期的教育文化有了最壮丽的色彩。

危难时刻中国大学的迁徙办学,可以说是浴战火而生的独特教育文化精神。在战火硝烟中,教育战线上的许多名流、学者、师生、员工共赴国难,在战争前沿的七十多所高等院校为避免我国高等教育毁于战火,迁移西南大后方,迁徙过程备受流离之苦,驻足之后因陋就简地开学授课,使战时教育弦歌不断。与防空警报相伴的求学,教育效果当然会大打折扣,然而教育的意义却在此刻光芒万丈。教育从来不仅仅是实体知识文化的传授,更重要的是心灵的开悟、文化的理解、价值的传承和精神的接续。事实证明,于学生而言,尽管战时条件恶劣,西南联大、中央大学、复旦大学等诸多院校都培养出了一批极为优秀甚至是世界级的人才。于他们而言,迁徙求学的过程改变的绝不仅仅是上大学的地点,更是整个人生的轨迹;于社会而言,迁徙办学成为最佳抗日宣传,师生所到之处无不备受尊敬,从黄河流域

---

[1] 任之恭:《一位华裔物理学家的回忆录》,第 101 页,太原:山西高教联合出版社,1992年。

以及沿海地区带来的文化种子、科学技术和民主精神对西南地区文化教育的发展和文明进步起到促进作用,教育文化的价值也在这种迁徙中撒播全国;于大学而言,浴战火而不死是为涅槃,此时战火中迁徙办学的中国大学是中国现代史上办学环境恶劣的最低谷,却可能是显示中国大学顽强的教育文化精神的最高峰。教育,不仅仅是一张安静的书桌,也不仅仅是一间躲避战火的教室,教育文化精神才是教育最本质的源流,烽火硝烟中中华民族展现了伟大的教育文化精神。

二、筚路蓝缕的教育建设与发展

抗日战争时期,中国共产党的根据地显示出一定的政治独立性,一方面是与国民党政府实现第二次国共合作,共同对抗日本侵略者,另一方面是推进抗战教育方针与政策。

在民族危亡时刻,在做持久战的准备中,发展文化教育成为共产党首先考虑的重要政策。1937年毛泽东在《反对日本进攻的方针、办法和前途》中提出:"新闻界、出版事业、电影、戏剧、文艺,一切使合于国防的利益。"1938年共产党提出"一切文化教育事业均应使之适合战争的需要"。修订教育政策,包括改订学制,废除不急需与不需要的课程;创设并扩大增强各种干部学校,培养大批的抗日干部;广泛发展民众教育,组织各种补习学校、识字运动、戏剧运动、歌咏运动、体育运动,创办敌前敌后各种地方通俗报纸,提高人民的民族文化与民族觉悟;创办义务的小学教育,以民族精神教育新后代。这些政策对于根据地教育文化有很大影响,根据地在既要面对外敌入侵又要面对政府围剿的双重压力中,将教育的宣传功能、思想教育功能放大,以完成对青年对"新后代"的教育。

面对陕甘宁边区一百五十多万人口有一百多万文盲的现状,平民教育、识字运动以及中小学教育是重要基础,共产党拿出了"打游击"的精神与没文化作斗争,相继颁布《关于消灭文盲及实行办法的通令》、《普及教育三年计划草案》、《普及教育条例》等,除了正规的小学、中学,大量利用分散的不正规的村学、读报组和识字组,甚至利用旧有的私塾。

根据地除了对扫盲、普及教育的重视,同时重视高等教育,以及共产党队伍的干部培养。中国人民抗日军政大学,前身是红军大学,总共办了八期,其教育方针是"坚定正确的政治方向,艰苦朴素的工作作风,灵活机动的战略战术"。抗大还有十二所分校,前后培养了十二万军政干部。毛泽东的一些重要观点与论著如《中国革命战争的战略问题》、《实践论》、《矛盾论》等,最初都是在抗大的讲演。在此期间,延安成立了马列学院,成为共产党创办的第一所专门学习和研究马列主义理论的学校,以后改组为马列研究院、中央研究院,并成立了中国教育研究室,专门研究创立新民主主义的理论和实践。为推动女学专门创办中国女子大学,1939 年已有一千多人,1941 年,中国女子大学与陕北公学等合并成立延安大学。1938 年鲁迅艺术研究院成立,文学系、戏剧系、音乐系、艺术系相继开办,培养大量青年文艺干部,至 1943 年并入延安大学。1939 年,华北联合大学在延安成立,由陕北公学一部分、鲁迅艺术学院一部分、工人学校、战时青年训练班等组成,成仿吾任校长。华北联合大学在随后的一二年时间里迅速往正规化方向发展,社会科学院、文艺学院、教育学院相继成立,至 1945 年间,共培养学员八千余人。以上这些成绩都显示出共产党对教育的重视,对文化艺术的重视,这些学校的创办、学生的培养改变了边区的文化面貌,也为共产党阵营培养了大量知识文化干部。

对各级教育的重视首先体现在知识分子的政策上。知识分子政策是一个国家、一个地区教育文化政策优劣的重要指标，可以说知识分子的精神状态决定着教育文化的基本风向。毛泽东有大量关于知识分子问题的论述，"没有知识分子参加，革命的胜利是不可能的"。提出："一切战区的党和一切党的军队，应该大量吸收知识

抗大校旗

分子加入我们的军队，加入我们的学校，加入政府工作。只要是愿意抗日的比较忠实的比较能吃苦耐劳的知识分子，都应该多方吸收，加以教育，使他们在战争中在工作中去磨炼，使他们为军队，为政府，为群众服务……""对于一切多少有用的比较忠实的知识分子，应该分配适当的工作，应该好好地教育他们，带领他们，在长期斗争中逐渐克服他们的弱点，使他们革命化和群众化。"[1]在整个政策中，可以看到共产党希望大量吸收知识分子参加革命的决心，但也可以看出在面对知识分子时的顾虑，是"团结教育"，从中或多或少可以看出建国后知识分子政策的一些影子。比如这里提到的"有用的"、"忠实的"，这是一种判断标准，"有用"论渐渐转化为工具论，"忠实"党派又显然与知识分子自由、独立的本性追求有冲突，由此可以看出 1950 年代之后教育文化异质的端倪。

三、大学复员与学校民主运动

抗战胜利之后，在政府与民间的共同努力下，各级学校纷纷复校办学，战后教育政策调整与发展顺利进行，教育界人士精神抖擞地迎来战后重建。随着战争局势的发展，国民政府此时却暴露出严重的内部腐败，政府

---

[1] 毛泽东:《大量吸收知识分子》(1939 年 12 月 1 日),《毛泽东选集》第二卷,第 618 页,北京:人民出版社,2009 年。

腐败遍及金融、政治以及教育界,教育方面显示出强势的干预行为,加上在敌伪区的教育政策等问题,战后学界风波四起。

自抗战胜利到1947年年底,为了尽快结束战时状态,完成对收复区、光复区(包括整个台湾地区)以及西部地区等三大区域战时教育体制向平时教育体制的转换,以及在此转换过程中如何将现有教育资源进行合理配置,使得教育资源在地域分布上能够更趋合理化,国民政府教育部主持开展了一场声势浩大的全国性的教育调整运动,这就是抗战胜利后的国民政府教育复员[1]。战后教育调整不仅仅是恢复国家教育的努力,也是一次教育重新布局的机会,教育复员影响了全国的战后建设与地区发展,包括新中国成立以后的教育文化发展。为了尽快顺利完成战后复员工作,国民党颁布了一系列教育法律,以保障教育复员工作的顺利进行。

战后教育复员工作有对我国教育地域形态形成影响极大。我国高等教育自近代萌芽发展,集中于北方政治文化中心城市以及东南沿海城市,西部整体教育落后,战时的教育内迁工作给西部带来了教育繁荣的景象。战后,国民政府一方面将大部分重要的老牌院校回迁办学,另一方面也把握机会发展后方教育,将一些战时新设学校留在原地,北京大学、清华大学回迁北平,国立中央大学迁回南京,同济大学迁回上海,西南联大的师范学院战后成为昆明师范学院,国立女子师范学院与国立中央工业职业专科学校等院校面对留或返引发了迁校风波,但毕竟战后教育复员并不等于还原,国民政府召开多次会议调整、教育、安抚、提高工作待遇等稳定教职员在西部工作的政策,较为顺利地完成了高等教育回迁发展的任务,也抓住机会实现了全国高等教育较为均衡发展的局面。

抗日战争胜利后,国民党政府教育部召开了"全国教育善后复员会议",蒋介石宴请专家时喊出口号:"建国时期,教育第一!"然而遗憾的是,随着政治军事局面的日益紧张,在教育复员政策的制定上显示出摇摆不定,中等教育的复员工作面临迟滞,国民党政府又在学校中普遍开设公民

---

〔1〕 贺金林:《抗战胜利后国民政府教育复员研究》,中山大学博士论文,2007年。

和党义课,建立训导制度,成立的"青年复学就业辅导委员会"后期更是变成了准军事机构。对敌伪所设学校一律予以停闭或改组,并对在敌伪所办大学、中学学习的学生作为"伪学生",实行强迫训练,进行"甄审",这一举动遭到了原在敌伪地区被迫害被奴役的学生的坚决反对,引发了社会的不满,带来了学界的一系列风波。

日本投降后,学生运动的主要诉求是反内战,1945 年 11 月,重庆、昆明师生相继举行游行反内战示威,昆明三万师生举行联合大罢课遭国民党政府镇压,全国学生罢课声援,揭开了大规模学生民主运动的序幕。1946 年 7 月的"闻一多暗杀事件"以及年底的"沈崇事件"[1],进一步把学生运动推向高潮。1947 年 2 月,周恩来为中共中央起草了《在白区对国民党的对策》,提出"反饥饿,反内战,反迫害"的口号。1947 年 5 月 4 日,在中共地下党领导下,上海学生举行示威游行,提出"要饭吃,要和平,要自由;反饥饿,反内战,反迫害"。国民党政府却在同年 5 月颁布"维持社会秩序临时办法",1948 年设"特种刑事法庭"迫害进步学生与民主人士,国民政府在内部腐败、军事溃败的形势下,与学生、知识文化界的对立更加速了颓败之势,教育文化界在民族主义的战争之后、在民主运动中显示出至关重要的推动作用。

从 1920 年代末到抗战胜利,国共两党两种教育体制对立并存,教育上的基本阵线壁垒分明,在抗战时期共赴国难的背景下形成了分化组合的局面,高扬起民族主义这一共同的旗帜,从这一时期到 1949 年新中国成立是新民主主义教育发展的重要时期。抗战胜利后,国家面临何去何从的局面,从 1945 年抗战胜利到 1949 年中华人民共和国成立的四年间,国家陷入解放战争时期,表面上是军事斗争方面国民党军队节节败退,实际则是社会文化的选择,教育文化永远选择进步的方向,前进的方向,中华民族的教育亦在战火中涅槃新生。

---

〔1〕 沈崇事件:1946 年 12 月 24 日发生于中国北平的一起政治事件。传北京大学女学生沈崇遭到两名美军士兵强暴。新闻传开后,成为当时中共领导反美运动的导火线,并造成国民党政府与美国关系紧张。

第二十九章
民族主义与民主启蒙思想的遇合

在艰苦卓绝的民族抗争为民主而战的国共战争时期，思想文化也有着自己的特别呈现。这种呈现经常体现出对五四新文化的"再现"与"重构"，不过更多地表现出对于民族主义的倡扬和鼓励。发生在 1930 年代中期的"新启蒙运动"，正是对新文化"再现"与"重构"的隐喻或象征。它恰恰在 1936 年和 1937 年达到某种"高潮"，迎来了如火如荼的抗日战争。民族解放和抗争的伟大斗争无论从政治还是从社会革命的角度言说，都是对五四运动的"反帝"、"反封建"主题的并不遥远的回应，从文化或现代启蒙角度所说的"民主"、"科学"和"个性解放"的现代吁求，在此阶段皆有不同以往且不同寻常的特殊呈现和展开。

应该说，由于民族危亡的特殊历史际遇，民族主义（也即是五四运动以来的"反帝"主题）成为此阶段（主要是抗日战争时期）的主旋律，其后"阶级意识"的复苏及两个阶级之间的大决战（解放战争），则共同规范和制约了民主构建以及文化再造等其他"五四"目标的实施和展开。

一、从启蒙运动到民族主义文化

"新启蒙运动"，又被称作"新五四运动"、"第二次新文化运动"。"（它）由进步文化人士在 1930 年代中后期发起的、以鲜明的爱国主义和民主主义为特色的思想文化运动。它以'继承五四,超越五四'相号召,试图突破'五四'启蒙的历史局限,促成中华民族的新觉醒。"[1]这段话基本概括了"新启蒙运动"所追求的目标、基本特征和性质。

1934 年,五四新文化运动的老将之一张申府在其主编的《世界思潮》杂志上发文,不仅重提"五四"精神,而且发出了新启蒙的吁求。1936 年秋,刘少奇改组中共中央北方局,有意识地开始酝酿新启蒙运动的开展。1936 年9 月 10 日,中共中央北方局宣传部长陈伯达在《读书生活》上发表了《哲学的国防动员——新哲学者的自我批判和关于新启蒙运动的建议》一文,这算是新启蒙运动的正式启动,张申府、何干之等中共文化人积极回应。1937 年 5 月,北京师范大学教授吴承仕与张申府、程希孟、黄松龄等人在"星期天文学会"的基础上,发起成立了新启蒙学会。从这里不仅可以看出新启蒙运动的中共背景,也充分说明此时的中共是以五四新文化运动的继承者而自任的。

毫无疑问,新启蒙运动立即引起了右翼文人的极力反对,他们站在国民政府"尊孔读经"以及"新生活运动"的政治立场上,极力对新启蒙运动进行各种非难。杨立奎、陶希圣等人连续发表文章攻击新启蒙运动,用词极其激烈:"北平文化教育界败类黄松龄,……等组织启蒙学会,反对礼教,诋毁忠孝节义、五伦八德为陈腐毒素,蛊惑青年,自行绝灭馨净,狂悖荒谬,亘古无伦。"[2]由此可以看出两大背景:一是"五四"文化启蒙思想与中国传统文化思想的对立,二是国共两党的政治、军事之争,扩展到思想文化领域。不过,面对右翼文人的这些无端指责,新启蒙运动的发动者们作出了理性的回答和解释。也许,出于国共合作以及抗日统一战线的政治需要,张申府对此作出几乎毫无原则的妥协,他试图把新启蒙运动与"新生活运

---

[1]　庞虎:《二十世纪三十年代新启蒙运动夭折的原因分析》,《光明日报》(2009 年 3 月 3日)。

[2]　杨立奎语。原载于北平国民党机关报《华北日报》(1937 年 5 月 24 日),转引自陈亚杰:《当代中国意识形态的起源——新启蒙运动与"马克思主义中国化"的生成语境》,北京:新星出版社,2009 年。

动"相对接,"二者可以说同是文化运动,同是要以文化方面救国家与民族的,只是新启蒙运动比较偏于思想方面,新生活运动比较偏于生活方面"[1]。这样的说辞无力且苍白,已经全无五四新文化倡导者的锐利锋芒。由于日本全面侵华战争的爆发,大片国土沦丧,"新启蒙者纷纷离开北平、上海等文化中心,有的调往延安,有的前往重庆,有的流亡外地,新启蒙学会名存实亡,新启蒙运动也难以为继"[2]。新启蒙运动终为抗日民族战争所阻隔,救亡、反帝或民族危亡再次压倒了启蒙,文化"启蒙"最终让位于"革命"或"战争",这几乎是五四新文化运动命运的重演和再现。

"20世纪30年代中期兴起的新启蒙运动是一场反奴役、反礼教、反复古、反迷信的民族救亡与自救的新思想文化运动。与五四运动相比,它提出把马克思主义和理性主义、民主主义、自由主义及爱国主义相结合的新理性主义;提出对文化采取辩证和理性态度,以中国与西方、传统与现代、国际性与民族性的文化综合为建构新文化的方针;提出以大众启蒙代替市民启蒙,通过新思想新文化的普及而达到民族的自觉和思想的解放。"[3]这段对1930年代"新启蒙运动"的评价和定位应该说是比较中肯的。

如果检讨一下中国"民族主义"的传统思想资源,最早大概可以追溯到"夷夏之防"说,这大概是中国最早的民族主义话语。孔子在《春秋》中将其表述为:"内诸夏,而外夷狄。"此后,在每逢发生异族入侵、改朝换代的民族危机时,"夷夏之防"说的思想往往会被民族主义者祭起,用以凝聚国、族人心,抵抗或反抗异族侵略和统治。但是,中国的民族主义观念和思想却无多大发展和深入。应该说,中国的民族主义意识以及民族主义的思想资源是非常薄弱的。张君劢也持这种观点。他认为,与欧美国家相比,中国国

〔1〕 张申府:《什么是新启蒙运动》,第40页,上海:生活书店,1939年。
〔2〕 庞虎:《二十世纪三十年代新启蒙运动夭折的原因分析》,《光明日报》(2009年3月3日)。
〔3〕 陈志波、余海岗:《对20世纪30年代新启蒙运动的思考》,《桂林师范高等专科学校学报》,2011年第2期。

民的民族主义思想意识是极其淡薄的。中国人头脑中主要是"天下"观念，而非"民族"意识[1]。这种民族观念的涣散和淡漠，至少从民族心理的角度来说，导致了近、现代以来中国任人宰割、被动挨打的局面。

不过，也正是近、现代以来的民族危机的惨痛现实，以及西方民族主义思想资源的传入，不断强化了中国人的民族主义意识。随着抗日战争的全面爆发，中华民族面临前所未有的"亡国灭种"的危机。正如国歌中所唱："中华民族到了最危险的时候！"帝国主义（主要是日本帝国主义）已经是从"瓜分豆剖"式的不断蚕食，发展到"一口吞下"中国的勃勃野心；而中国人民也从因为青岛的局部利益与日本帝国主义发生抗争，到全民族的全面抗战。中国民族主义意识由此而全面高涨。

有两点需要加以辨析，一是"反帝"与"民族主义"的异同，"反帝"固然是中国"民族主义"的重要内容和任务，但二者不可等同视之。前者是民族危亡处境里的现实目标和任务，后者乃属精神、思想之锻造和凝炼。二是1937—1949年这个阶段的"反帝"包括了两个阶段，前期其实主要是反日，英、美等成为反法西斯战争的同盟者；后期，日本投降，美国因支持蒋介石发动内战，则重新成为"反帝"的主要目标。

中国近现代的民族主义有着巨大的政治影响力，还有着强烈的文化牵引力，直接影响了民族文化的建构和选择。比如，影响到了"五四"以来的"反封建"的主题；影响了政治和政策的设置和安排，如在抗日民族统一战线的阵营下，支持抗日的"开明绅士"成为被团结的对象，而不是此前成为革命或被打倒的目标。比如，影响到"民主"进程的推进，国民党的"一个主义，一个政党，一个领袖"的理论，即是在抗战的大形势下提出的，以此作为领导全民族抗战和民族复兴的前提条件，最终达到一党专制、个人独裁的目的。再比如，以梁漱溟等为代表的现代新儒学，作为一种文化保守主义的思想流派，在"五四"时期初步形成，其后即逐渐冷落；但在抗战时期，由

---

〔1〕 张君劢:《中华民族复兴之精神的基础》,《再生》第 2 卷 6—7 期合刊,上海:再生旬刊社,
　　 1934 年。

于民族文化复兴的需要,作为文化保守主义的新儒学竟然再度繁荣,形成了一个高潮期。不过,这种带有文化保守主义取向且旨在复兴中华民族的"民族主义"的全部激情和努力,终被"解放战争"中两个阶级大决战的隆隆炮声所打断。

二、"民族主义"笼罩下的"民主"现场

"民主"是五四新文化运动的主要旗号之一,也是"反封建"的重要利器。在抗日战争这个特殊的历史时期,"民主"问题仍然是全国民众特别是知识分子关注的话题。但是,在日渐勃兴的"民族主义"以及阶级意识的笼罩之下,与五四新文化运动时期相比,"民主"有了远为复杂的呈现方式。

以抗战为理由,以蒋介石为代表的国民党政府不仅站在文化保守主义的立场倡导儒家传统文化,在政治上则以抗战需要为理由,继续实施"一个主义,一个政党,一个领袖"的专制、独裁式统治。

不过,由于受到来自中国共产党、民主党派、自由主义者、进步人士以及学生运动的巨大压力,国民政府还是要做一些文章,在民主、宪政方面向民众有所表示。

1929 年,国民党三届二中全会通过了《训政时期之规定案》,明确规定"训政时期规定为六年,至民国二十四年完成"。但在"九一八"事变之后,中国民主宪政运动进一步高涨,要求结束训政、还政于民的呼声非常强烈。这些声音既来自国民党外部,也来自国民党的内部。在这种强大的压力之下,1936 年 5 月 5 日,国民政府公布《中华民国宪法草案》,简称"五五宪草"。

1946 年 12 月 25 日,国民党单方召开国民大会,通过了《中华民国宪法》。这部宪法起草和讨论过程中,由于受到中国共产党、民主党派、自由派人士等的压力,比"五五宪草"还是有不少进步。比如,具有自由主义倾向的宪法起草者张君劢将原"五五宪草"中的"中华民国为三民主义共和国",改为"中华民国基于三民主义,为民有、民治、民享之民主共和国"。如

此就否决了国民党"一党独裁"的合法性。再比如,对人民自由权利的规定形式,也由原来的"法律限制主义"变成了"宪法保障主义",并不附条件。另外,在对总统权力的限定、中央与地方关系的权限划分等方面,均有一定进步。不过,"正如张君劢在《中华民国未来民主宪法十讲》中指出的,有了一部带有民主性质或色彩的宪法,并不一定就有了民主政治,关键是要看统治者是否有实行宪法的诚意"〔1〕。斯言最终得到证实,直至国民党在1949年失去大陆政权,这部宪法没有给人民带来任何民主上的好处。国民党政府自始至终都是一个专制、独裁政权。

除了通过宪法制定所进行的合法斗争之外,中共在延安等解放区的民主实践、在国统区的历次学生运动以及民主党派的抗争,均在一定程度上推动了中国民主进程,并对人民进行了最初的民主启蒙。

在抗日战争和解放战争期间,中国共产党人、民主联盟以及自由主义知识分子都在积极推进民主体制的建立,并进行民主理论上的研究和探讨。具有现代新儒学和自由主义双重倾向的著名人士张君劢在《中华民国宪法》的起草过程中,作出了很大的努力,并对民主宪政进行了十分有益的理论研究。而中国共产党的领袖毛泽东,则在延安时期写出了《新民主主义论》《论联合政府》等重要文章。这些文章探讨了中国社会的性质,以及最终实行民主共和的方式和方法。在《新民主主义论》中,他指出中国革命分为两个历史阶段,现在所处的阶段是"新民主主义革命",那么,政治、经济、文化则都是新民主主义性质的,而"所谓新民主主义的文化,就是人民大众反帝反封建的文化;在今日,就是抗日统一战线的文化……一句话,就是无产阶级领导的人民大众的反帝反封建的文化"〔2〕。而在《论联合政府》一文中,毛泽东则提出了"废止国民党一党专政,建立民主的联合政府"〔3〕的民主政治构想。这都是对中国民主进程的有力推进,具有实践和理论的双重价值。

---

〔1〕　郑大华:《民国思想史论》,第454页,北京:社会科学文献出版社,2006年。
〔2〕　毛泽东:《毛泽东选集》(2),第659页,北京:人民出版社,1966年。
〔3〕　毛泽东:《毛泽东选集》(3),第967页,北京:人民出版社,1966年。

当时的"革命圣地"延安以及其抗日军政大学,成为中国进步青年心中的向往之地,他们纷纷跋山涉水前往,投身革命。这就像当年的"大革命"时期,广州和黄埔军校成为中国具有理想主义精神的青年们实施政治和人生抱负的所在一样。

王实味

在抗战期间,陕甘宁边区的"三三制"民主实践、减租减息、提倡自由恋爱、反对包办婚姻等革命措施,均是对五四新文化运动启蒙理想的忠诚和实践。这也是中国共产党人在解放战争中,摧毁国民党专制、独裁政权的重要政治、经济和文化基础。

但是,在"延安整风运动"中发生的"野百合花"事件,令人深思。此为建国后用政治手段解决思想文化问题开了先例,深刻的教训值得每个中国共产党人记取和警醒。这也是党内极"左"思想的最初萌芽和反映,而有思想、激情和行动意愿的自由主义者成为"试刀者"。王实味成为党内自由主义者的第一个"献祭品"。思想的祭坛修筑在现实的大地上,祭桌已经摆放整齐之后,血腥似乎已经是在所难免。

三、战争环境下的思想文化歧异

文化是人类文明的精神,是社会生活的汁液,即使是在战乱的年代,思想文化仍然会不断滋生,不断发展,并形成生气和影响力。即使是在战争年头,我们依然清晰地看到思想界自由主义的倡导,以及现代新儒学的鼓吹。

即使在战争状态下,思想启蒙的新文化传统并未中断。"思想启蒙传统一直香火不断。如果说,'五四'时期这个传统主要是陈独秀、李大钊、蔡元培、鲁迅等激进的民主革命者开辟,那么'五四'以后革命的疾风暴雨时代,这个传统主要是由《现代评论》、《新月》、西南联大所组成的自由主义知识分子一脉相承。而胡适则是中国自由知识分子的领袖人物。"[1]这大致描述了在民族革命战争和国内革命战争年代,"五四"自由主义知识分子的选择和现状。"如果说胡适是中国现代史上第一代自由主义知识分子的领袖,储安平则是第二代自由主义知识分子的代表。"[2]储安平在1940年代创办了《观察》、《客观》等杂志,宣传自由主义思想。"我们除大体上代表着一般自由思想分子,并替善良的广大人民说话以外,我们背后另(别)无任何组织。""我们所感觉兴趣的'政治',只是众人之事——国家的进步和民生的改善,而非一己的权势。"[3]其实,除了胡适、储安平,自由主义知识分子陈序经等人也为现代启蒙运动做出了自己的独特贡献。

陈序经等人曾提出"全盘西化"论,这受到胡适等自由主义知识分子的充分肯定。胡适说自己"完全赞成陈序经先生的全盘西化论"[4]。但陈、胡二人的观点却受到文化保守主义者的强力攻击,认为他们这是"数典忘宗",是极端主义。其实,胡适对所谓"全盘西化"有自己的解释:"文化自有一种'惰性',全盘西化的结果自然会有一种折衷的倾向。……现在所说的'折衷',说'中国本位'都是空谈。此时没有别的路可走,只有努力全盘接受这个新世界的新文明。全盘接受了,旧文化的'惰性'自然会使它成为一个折衷调和的中国本位新文化。"[5]这段话的主旨,与陈独秀在五四新文化运动时期提出来的"矫枉必须过正"的思想同出一辙。

同时,现代新儒学在这特殊历史时期也"乘势而起"。

在抗日战争这个特殊的历史时期,民族主义和民族文化本位主义的形成,有利于全民族的团结抗战的需要。当然,这是在"民族主义"与"反帝"

〔1〕 祁志祥:《中国现当代人学史》,第85页,上海:学林出版社,2006年。
〔2〕 祁志祥:《中国现当代人学史》,第90页,上海:学林出版社,2006年。
〔3〕 储安平:《我们的志趣和态度》,张新颖编:《储安平文集》(下),第51页,上海:东方出版中心,1998年。
〔4〕 胡适:《编辑后记》,《独立评论》,第142期,1935年3月,转引自郑大华:《民国思想史论》,第387页,北京:社会科学文献出版社,2006年。
〔5〕 胡适:《编辑后记》,《独立评论》,第142期,1935年3月,转引自郑大华:《民国思想史论》,第387页,北京:社会科学文献出版社,2006年。

主题在某些程度下的勾连。"我们的文化将随我民族复兴的战争和建设而复兴"〔1〕,"中国当前的时代,是一个民族复兴的时代。民族复兴不仅是抗日战争的胜利,不仅是争中华民族在国际政治中的自由、独立和平等,民族复兴本质上应该是民族文化的复兴"〔2〕。在民族危机的特殊历史时代,这是现代新儒学寻求民族自信的需要和建设民族文化的根本所在。

胡适等自由主义者或西化派,虽然说过"全盘西化",但并未完全否定中国传统文化,不然,何有"整理国故"说? 又何有上文述及的对"全盘西化"的解释呢? 因此,现代新儒学在"五四"的基础上得到相当程度的复兴,不仅是民族革命战争的需要,同时也与五四新文化运动的精神主旨构成了新的"复调"效果,再现了五四运动那个非凡而迷人的时代景观。

梁漱溟在五四新文化运动的基础之上,写有《中国文化问题》、《理性与理智之分别》等重要文章。更多的现代新儒学的大师级人物陆续崛起,著书立说。除张君劢的《立国之道》、《胡适思想路线批判》,熊十力的《读经示要》、《新唯识论》,冯友兰的《新理学》、《新事论》等"贞观六书"外,钱穆的《国史大纲》、《中国文化史导论》,马一浮的《宜山泰和会语》等著述,均是这一时期现代新儒学的代表性作品。他们批判和审视民族文化虚无主义,对中国文化的特殊性进行了自己独到的释阐,并积极探索中国文化复兴的道路。

而张君劢这样集现代新儒学与自由主义于一身的罕见人物,更是从某个侧面说明了中国自由主义与现代新儒学在复兴民族文化、完成五四新文化运动启蒙的主题上,虽立论和立场不同,但是具有相应的"同一性"和"一致性"。

---

〔1〕 胡秋原:《中国文化复兴论》,蔡尚思主编:《中国现代思想史资料简编》(4),第 158 页,杭州:浙江人民出版社,1982 年。

〔2〕 贺麟:《儒家思想的新开展》,《思想与时代》,第 1 期(1941 年 8 月 1 日)。

第三十章
民族主义与战时学术文化

战争年代的学术文化建构体现在民族主义思想学术倡导与民族战争格局下的学术体制建设。其中，民族主义由思想形态向学术形态的演化，是值得关注的学术文化现象。如果说1930年代的民族主义思想还带有若干负面的政治因素，那么，抗战以后兴起的民族主义学术则较多地具有积极的现代意义。

一、民族主义：由思想到学术

民族主义从思想形态到学术化，经历了十几年的演变过程，中间经历了中华民族对于异族侵略的抗争。

1930年6月，上海兴起了讨论"民族主义文艺"的热潮，前锋社发表了《民族主义文艺运动宣言》。至此，民族主义成为以"三民主义"为基础的国民党意识形态的中心话语。

作为国民党政权强化意识形态的话语表达，《民族主义文艺运动宣言》认为，"民族主义文艺底充分发展，一方面须赖于政治上的民族意识底确立，一方面也直接影响于政治上民族主义的确立"。对此，《民族主义文艺运动宣言》联系近现代世界历史进行了分析，最后指出：

从历史的教训,我们须集中我们此后的努力于民族主义的文学与艺术底创造。我们此后的文艺活动,应以我们的唤起民族意识为中心;同时,为促进我们民族的繁荣,我们须促进民族的向上发展的意志,创造民族的新生命。我们现在所负的,正是建立我们的民族主义文学与艺术重要伟大的使命。[1]

民族主义文艺运动的核心,从提倡者的角度来看,"(一)在形成文艺上民族意识的确立;(二)在促进民族向上发展的意志;(三)在排除一切阻碍民族进展的思想;(四)在表现民族一切奋斗的历史"。这与政治上民族主义运动的使命"求民族之自由平等"是相辅相成的[2]。这不仅仅在于迎合官方意识形态的立场,也一定程度上表现了知识分子对于文学的理性重建的要求。但本质上看反映了政治保守主义者的一厢情愿。

在一个叛逆和革命的时代,统治者的意志与保守主义者的声音注定将化为历史的尘埃。在左翼作家和自由主义者的夹击下,民族主义文学运动除留下一堆满目疮痍的杂论评说,难称实绩。

数年之后,一场更具声势的"中国本位文化建设"运动接踵而至。1935年1月,王新命等十教授发表《中国本位的文化建设宣言》,民族主义信徒们此次挟官方之威针对的主要是以胡适、陈序经为首的"西化"派。

1933年12月,时任岭南大学教授陈序经应邀在中山大学发表《中国文化之出路》的演讲,演讲全文1934年1月刊登于广州《民国日报》"现代青年"栏,就此引发了一场全国范围的中西文化大论战。陈序经的观点简

---

〔1〕《民族主义文艺运动宣言》,《前锋周刊》第2、3期(1930年6月29日、7月6日)。
〔2〕朱大心:《民族主义文艺运动的使命》(上),《前锋周报》第5期(1930年7月20日)。

括而言就是主张"全盘西化"。他认为："中国的问题,根本就是整个文化的问题。"不做复古派,也不能做折衷派,应该"全盘接受西洋文化",即做"西洋派"。他说："现在世界的趋势,既不容许我们复返古代的文化,也不容许我们应用折衷调和的办法;那么,今后中国文化出路,唯有努力去跑向彻底西化的途径。""目下我们的政治,经济,教育,社会,事实上,都已采用西洋的方法,这就是不只在思想上,并且在实行上,都已趋于完全采纳西洋的文化。"原因在于:"(一)西洋文化,的确比我们进步得多。(二)西洋现代文化,无论我们喜欢不喜欢去接受,它毕竟是现在世界的趋势。"[1]

陈序经的观点得到了胡适的回应。胡适说,1929年他在为《中国基督教年鉴》作文时,即已提出中国文化冲突的三种主张:"一是抵抗西洋文化,二是选择折衷,三是充分西化。"他说:"抗拒西化在今日已成过去,没有人主张了。但所谓'选择折衷'的议论,看去非常有理,其实骨子里只是一种变相的保守论。所以我主张全盘的西化,一心一意的走上世界化的路。"若说"全盘西化"容易招致误解,则可说"充分世界化"[2]。在《答陈序经先生》中他指出,要"用理智来认清我们的大方向,用理智来教人信仰我们认清的大方向,用全力来战胜一切守旧恋古的情感",朝着"充分世界化"的大方向走[3]。

同时,以十教授"宣言"为代表,民族主义者的绝地反击不期而至。他们认为:"在文化的领域中,我们看不见现在的中国了。""中国在文化的领域中是消失了;中国政治的形态,社会的组织,和思想的内容与形式,已经失去它的特征。由这没有特征的政治、社会、和思想所化育的人民,也渐渐的不能算得中国人。""要使中国能在文化的领域中抬头,要使中国的政治、

[1]　陈序经:《中国文化之出路》,《全盘西化言论集》,吕学海编,广州:岭南大学青年会出版,1934年。
[2]　胡适:《充分的世界化与全盘西化》,姜义华主编:《胡适学术文集·哲学与文化》,第306—307页,北京:中华书局,2001年。
[3]　胡适:《答陈序经先生》,姜义华主编:《胡适学术文集·哲学与文化》,第310页,北京:中华书局,2001年。

社会、和思想都具有中国的特征，必须从事于中国本位的文化建设。"他们说："有人以为中国应完全模仿英美：英美固有英美的特长，但地非英美的中国，应有其独特的意识形态；并且中国现在是在农业的封建的社会和工业的社会交嬗的时期，和已完全进到工业时代的英美，自有其不同的情形；所以我们决不能赞成完全模仿英美。除却主张模仿英美的以外，还有两派：一派主张模仿苏联，一派主张模仿意德。但其错误和主张模仿英美的人完全相同，都是轻视了中国空间时间的特殊性。"其中国本位文化建设的方针是："不守旧；不盲从；根据中国本位，采取批判态度，应用科学方法来检讨过去，把握现在，创造将来。""用文化的手段产生有光和热的中国，使中国在文化的领域中能恢复过去的光荣。"[1]一种文化至上的大国梦想跃然纸上。

发表十教授"宣言"的《文化建设》月刊创刊于 1934 年 10 月 10 日，是以陈立夫为首的中国文化建设协会的会刊。创刊号即为"中国文化检讨专号"，刊有陈立夫《中国文化建设论》、吴铁城《中国文化的前途》等专论，显见其浓郁的官方色彩。所以，陈序经在《评〈中国本位的文化建设宣言〉》中说："宣言"发表后，"得了不少党国要人的同情，与请了很多的教育界名流去点缀，结果总算风靡全国，震动一时了"。但在他看来，这篇"宣言"骨子里"却是一个复古与守旧的宣言"。十教授所谓"中国本位"，实际上就是张之洞所说的"中学为体"；十教授所说的"吸收欧美文化"，岂不就是张之洞所谓"西学为用"吗[2]？ 胡适也认为："'中国本位的文化建设'正是'中学为体西学为用'的最新式的化装出现。说话是全变了，精神还是那位《劝学篇》的作者的精神。"但是，胡适指出："唯新"派人物的失败是"在今日所应该引为鉴戒的"。辛亥革命后社会经历了一次次剧烈的震荡，"中国本位"就像破衣烂衫一样，一帮保守主义者总是不舍丢弃这件破衣裳。"十教授的根本错误在于不认识文化变动的性质。文化变动有这些最普遍的现象：

---

[1] 《文化建设》第 1 卷第 4 期(1935 年 1 月 10 日)。

[2] 陈序经：《评〈中国本位的文化建设宣言〉》，《全盘西化言论续集》，第 95 页、第 100 页，广州：岭南大学学生自治会出版部，1935 年。

"第一,文化本身是保守的……对内能抵抗新奇风气的起来,对外能抵抗新奇方式的侵入。"这正是文化的"惰性"。第二,两种文化接触时对抗淘汰,"最不适用的,抵抗力最弱,被淘汰也最快……第三,在这个优胜劣败的文化变动的历程之中,没有一种完全可靠的标准可以用来指导整个文化的各方面的选择去取……第四,文化各方面的激烈变动,终有一个大限度,就是终不能根本扫灭那固有文化的根本保守性。"古往今来人们所担心要陨灭的"中国本位","是没有毁灭的危险的。物质生活无论如何骤变,思想学术无论如何改观,政治制度无论如何翻造,日本人还只是日本人,中国人还只是中国人"。所以,胡适说:"中国的旧文化的惰性实在大的可怕,我们正可以不必替'中国本位'担忧。我们肯往前看的人们,应该虚心接受这个科学工艺的世界文化和它背后的精神文明,让那个世界文化充分和我们的老文化自由接触,自由切磋琢磨,借它的朝气锐气来打掉一点我们的老文化的惰性和暮气。将来文化大变动的结晶品,当然是一个中国本位的文化。"[1]

梁漱溟对所谓"中国本位的文化"问题亦曾有过评论。他认为,十教授"宣言"在文化概念上犯了混淆狭义和广义的错误。从广义上讲,离开了政治经济,并没有单独的文化(狭义的文化只是"学术思想")。"中国政治上出路,经济上出路,不得离开他那固有文化的出路。""问题之演成,原以固有文化为背景;问题的解决,天然亦就不能外于他而得解决。"他说:"在我研究中国问题时,只见眼前政治经济两大难关。"实际具体的事情得以解决时,文化的问题迎刃而解。因此,"只须在事实上求办法,不必于政治经济外,另提一个文化问题。而不然者,先悬不损固有文化之一限定,或中国本位之一标准,凌空虚渺,不好捉摸,一切讨论皆成窒碍,实际问题怕倒不得解决了"[2]。实际上,从当时的历史情况来看,所谓"中国本位的文化"问题是一个政治的问题,要解决的也是一个政治的命题:民族本位还是阶级

---

〔1〕　胡适:《试评所谓"中国本位的文化建设"》,蔡尚思主编:《中国现代思想史资料简编》(3),第194—198页,杭州:浙江人民出版社,1983年。

〔2〕　梁漱溟:《朝话·中国本位文化宣言》,《梁漱溟全集》(2),第124—125页,济南:山东人民出版社,1989年。

本位,中国本位还是西方本位？就国民党政权而言,即如梁漱溟所言,政治的问题得不到解决,文化的问题便只能束之高阁。就"十教授"们而言,当民族主义成为一种意识形态,也就难有真正理性和独立的思考。

1937 年抗战爆发以后,知识分子的民族主义思想再度高涨。1940 年,云南大学、西南联合大学教授林同济、陈铨、雷海宗在昆明创办《战国策》半月刊,后又在重庆《大公报》开辟《战国副刊》,发表论文,出版著作和发表文学作品,进行文化反思,提倡民族文化自审,宣扬"战国"文化理论,提倡民族文学运动,把"五四"以后的民族主义文化思潮再次推向高峰。这就是"战国策派"。

总体上看,战国策派所代表的是一种战争民族主义及其学术和文化思潮。这一文化思潮为时不长,影响并非普遍,但反映了"五四"以后一些怀抱民族主义理想的知识分子,面对世界性的战争局面和中华民族遭受强敌入侵,面临生死存亡的考验所产生的奋励心理和激进主义的文化姿态。他们在历史、文化和文学方面进行了较为深入的反思和提出了堪称系统的见解,有相应的思想和学术文化方面的创见。

在历史研究方面,战国策派深受以斯宾格勒为代表的西方"文化形态史学"观念的影响,以文化形态及其发展节律论的观点看待历史。以林同济为代表,认为"中国社会中现存的'固有文化',它的整体乃是国史二千年来(秦至清)大一统皇权阶段的遗产;它的基本形态实在与二千年前列国阶段(春秋战国时代)以致封建阶段(殷商后期至西周)的固有文化大大不同"。相反,"西洋文化则正在热闹经历着它的列国阶段的高峰——就是战国时代"。"这个列国高峰的西洋文化,虽然在他自家体系内矛盾层出,亟待调整,但它向外膨胀力的强盛,此后只怕有加无减。世界上其他文化体系,面对着这个蓬勃全球的力量,如果要保持自己的存在,而求不被毁灭,势必须决定一个及时自动的'适应'。""中国问题的核心是如何起治二千年大一统皇权下种种形态所积成的痼疾。换句话说,西洋文化个性涣发与国命整合两潮流下相荡相激地急烈发展,其毛病在'活力乱奔'。中国文化在官僚传统僵化一切下支持绵长,其毛病在'活力颓萎'。""救大一统文化之穷,需要'列国酵素'!""让一般时贤们喃喃苦念着'中国本位'或是'全盘西化',我们可不问中西,只问如何能把这个蹒跚大一统末程的文化,尽可能地酿化为活泼健全的'列国型'!"[1]"我们须要'倒走'二千年,再建起'战国七雄'时代的意识与立场,一方面来重新策定我们内在外在的各种方针,一方面来仔细评量我们二千多年来的祖传文化!"[2]

可见,战国策派着眼于战争时代列国争逐的现实,意在超越"中国本位"或"全盘西化"的虚幻民族主义立场,从历史文化形态中选择、重构民族性格,以适应世界性"战国时代"的到来。战争是国力的竞争,也是历史和文化的竞争。"战国时代来到,再没有一个国家可以躲避歼灭战的尝试。在这种情形下,小国弱国没有幸存的余地。""人类的大运所趋,竟已借手于日本的蛮横行为来追着我们中国人作最后的决定——不能伟大,便是灭亡。"在此民族危难之际,"左右倾各字样,意义全消"。"十年来满耳哦哦的政论,若把意识形态的对垒——民治对全能,社会主义对资本主义等等——来硁硁然解释国际的合纵连横,根本上就等于捕风与捉影。前期的意识形态再也吻合不了现实的事实。"然而,浸淫于"'大一统'的意识生活":

> 我们中国人的一般思想立场,无形中已渗透了所谓"大同"局面下的"暖带轻裘""雍雍熙熙"的懒散态度。……置身火药库旁,却专门喜欢和人家交换"安详古梦"。这恐怕是我们民族性中包含的最大的危险。[3]

从文化形态所造就的人格类型来说,林同济认为,战国时代的人格类型是"大夫士"型,"大一统"时代的人格类型是"士大夫"型。二者"气质不同,品格不同,在社会政治上的功用也不同"。简单来说,"大夫士"的性格

---

〔1〕　林同济:《文化形态史观·卷头语》,温儒敏、丁晓萍编:《时代之波——战国策派文化论著辑要》,第1—3页,北京:中国广播电视出版社,1995年。

〔2〕　林同济:《战国时代的重演》,《战国策》半月刊创刊号(1940年4月1日)。

〔3〕　林同济:《战国时代的重演》,《战国策》半月刊创刊号(1940年4月1日)。

特征是"忠、敬、勇、死"四位一体的人生观,即"刚道的人格型";"士大夫"因受大一统皇权专制的影响,性格特征转变为"孝、爱、智、生"的人生观,即"柔道的人格型"。虽然"我们绝不要大夫士'制度'的复活",但我们"要多方设法重新培养出一种大夫士的'精神'"〔1〕。

雷海宗认为要务在恢复中国"兵"的文化。抗战前后他发表多篇文章,辑录为《中国文化与中国的兵》一书出版。"主要目的是要在零散材料的许可范围内看看由春秋时代到东汉末年当兵的是什么人,兵的纪律怎样,兵的风气怎样,兵的心理怎样",及其制度变迁。他指出:"秦以上为自主、自动的历史,人民能当兵,肯当兵,对国家负责任。秦以下人民不能当兵,不肯当兵,对国家不负责任。""秦以上为动的历史,历代有政治社会的演化更革。秦以下为静的历史,只有治乱骚动,没有本质的变化,在固定的环境之下,轮回式的政治史一幕一幕的更迭排演,演来演去总是同一出戏,大致可说是汉史的循环发展。"因此可以称之为"无兵的文化"。"中国社会自汉以下只有两种比较强大的组织,就是士大夫与流氓。"士大夫团体的形成在于"汉武帝废百家,崇儒术,五经成为作官捷径",以及隋唐以后科举制度成立。士大夫有他们特殊的弱点,个体都是些文弱书生,兵戎之事全不了解,绝对不肯当兵。他们的行为不外三种:"无谓的结党误国","清谈",乱世"作汉奸"。流氓起先是无赖游民出身的"游侠之士",汉时受到打击基本消失,适逢乱世又抬起头来。"太平时代,流氓无论有组织与否,都没有多大的势力。"遭逢乱世,"士大夫所依靠的皇帝与组织失去效用,流氓集团就可临时得势"。"流氓虽然愚昧,但有时也有意外的成就。""一二流氓头目因老于世故,知人善任,于大乱时期间或能成为伟人,甚至创造帝业。汉高祖与明太祖是历史上有名的这类成功人物。""他们成事最少一部分须靠士大夫的帮助,成事之后更必须靠士大夫的力量保守成业,天下的权力于是无形中又由流氓移到士大夫的手里。"从士兼文武到尚文弃武,造成了中国社

---

〔1〕 林同济:《士大夫与大夫士——国史上的两种人格型》,重庆《大公报·战国副刊》第17期(1942年3月25日)。

会的畸形发展。"一般说来,文武兼备的人有比较坦白光明的人格,兼文武的社会也是坦白光明的社会。这是武德的特征。中国二千年来社会上下各方面的卑鄙黑暗恐怕都是畸形发展的文德的产物。偏重文德使人文弱,文弱的个人与文弱的社会难以有坦白光明的风度,只知使用心计;虚伪,欺诈,不彻底的空气支配一切,使一切都无办法。"雷海宗认为,按照文化形态学的观点解析中国历史,可以看出"中国文化独具二周"的特性:以公元383年的淝水之战为界,在前的第一周是"纯粹的华夏民族创造文化的时期"即"古典的中国";此后的"中国已不是当初纯华夏族的古典中国,而是胡汉混合、梵华同化的新中国,一个综合的中国"。中国文化第二周在世界上确是一种特例——不是像其他"文明古国"那样亡于异族入侵,相反,走向了民族融合和文化融合,维持了一个"一统帝国的局面",保持了"文化的特性",获得了一个"返老还童的生命"。"这是人类史上绝无仅有的奇事。"但是,"我们能有他人所未曾有的第二周,已是'得天独厚'。我们是不是能创出尤其未闻的新纪录,去建设一个第三周的伟局?"〔1〕这应是抗战建国的任务。

以陈铨、林同济为代表,战国策派心仪尼采的唯意志论哲学。林同济说:"尼采是生命力饱涨的象征。"〔2〕陈铨认为,尼采的意志论哲学不同于叔本华的悲观主义,他"认为人生不是求生存,乃是求权力,支配人生一切的,不是生存意志,乃是权力意志。我们对人生不应当消极地逃卸,应当积极地努力。生活的意义,不在压制自我,而在发展自我,不在怜悯他人,而在战胜他人"〔3〕。从尼采的观念出发,陈铨把意志作为"人类历史演进的中心"〔4〕,因而提倡"英雄崇拜"。他说:"人类意志是历史演化的中心,英

〔1〕 雷海宗:《中国文化与中国的兵》,第2页、第112—116页、第55页(注86)、第141—142页、第164—165页,北京:商务印书馆,2004年。

〔2〕 林同济:《我看尼采——〈从叔本华到尼采〉序言》,温儒敏、丁晓萍编:《时代之波——战国策派文化论著辑要》,第235页,北京:中国广播电视出版社,1995年。

〔3〕 陈铨:《尼采的道德观念》,温儒敏、丁晓萍编:《时代之波——战国策派文化论著辑要》,第272页,北京:中国广播电视出版社,1995年。

〔4〕 陈铨:《再论英雄崇拜》,温儒敏、丁晓萍编:《时代之波——战国策派文化论著辑要》,第315页,北京:中国广播电视出版社,1995年。

雄是人类意志的中心。""英雄崇拜,发源于惊异。"英雄的天赋、人格超于常
人之上,有一种"神秘伟大的力量"。伟大的对象"都是一种美","英雄崇
拜,也起源于人类审美的本能"。"世界上凡是不能够崇拜英雄的人,就是
狭小无能的人。"崇拜不是阿谀逢迎,"崇拜英雄的人,人格是光明的"[1]。
"极端的个人主义,无限的自由主义,必须剪除。'天赋人权'极端的学说,
平等的理论,必须加以正当的解释",这关系到"中华民族能否永远光荣地
生存于世界"[2]。

为此,以陈铨为代表,战国策派发起了一场独树一帜的"民族文学运
动"。林同济为此提出了"恐怖、狂欢、虔恪"的三大母题[3]。陈铨认为,五
四以来,中国思想界经过了三个阶段:个人主义、社会主义、民族主义。"到
了第三个阶段,中国思想界不以个人为中心,不以阶级为中心,而以民族为
中心。中华民族是一个整个的集团,这一个集团,不但要求生存,而且要求
光荣的生存。""只有强烈的民族意识,才能产生真正的民族文学。"[4]中国
的五四运动,不及德国的狂飙运动,没有真正"踏上理想主义的途径",而转
上了"物质主义"[5]。"强烈的民族意识"所要求的是一种肯定人生,表现
人类伟大精神的"盛世文学"。诸如"希腊英雄的悲哀,哈孟雷特的疑惑,浮
士德的痛苦",表现了生命"崇高的严肃"[6]。他援引德国十八世纪的狂飙
运动,指出:"狂飙运动,在当时德国,不但在文学思想方面,充满了改善的
热诚,在政治社会方面,也浸透了革命的情绪。""狂飙运动,是一种革命运

---

[1] 陈铨:《论英雄崇拜》,温儒敏、丁晓萍编:《时代之波——战国策派文化论著辑要》,第
   295—298 页,北京:中国广播电视出版社,1995 年。
[2] 陈铨:《再论英雄崇拜》,温儒敏、丁晓萍编:《时代之波——战国策派文化论著辑要》,第
   318 页,北京:中国广播电视出版社,1995 年。
[3] 林同济:《寄语中国艺术人——恐怖·狂欢·虔恪》,重庆《大公报·战国副刊》第 8 期
   (1942 年 1 月 21 日)。
[4] 陈铨:《民族文学运动》,温儒敏、丁晓萍编:《时代之波——战国策派文化论著辑要》,第
   373 页、第 375 页,北京:中国广播电视出版社,1995 年。
[5] 陈铨:《五四运动与狂飙运动》,温儒敏、丁晓萍编:《时代之波——战国策派文化论著辑
   要》,第 342 页,北京:中国广播电视出版社,1995 年。
[6] 陈铨:《盛世文学与末世文学》,温儒敏、丁晓萍编:《时代之波——战国策派文化论著辑
   要》,第 412—414 页,北京:中国广播电视出版社,1995 年。

动,是一种反对现状要求自由的运动。"[1]歌德笔下的浮士德形象,代表了狂飙时代的精神,在于对世界人生永不满足;生命不息,奋斗不止;不顾一切,勇往直前;"感情是一切"("理智应当是感情的工具");做一个浪漫主义者,即理想主义者[2]。为此,陈铨身体力行,创作了《野玫瑰》、《蓝蝴蝶》、《狂飙》等戏剧和小说。

从现代学术文化史上看,战国策派所代表的战时民族主义文化思潮,作为对于五四以后知识分子文化理性主义和狭隘的政治意识形态观念的反拨,表达了特定历史时期知识分子的民族情怀和政治文化理想。作为一种民族主义,它并非植根于中国历史文化的深厚土壤中;作为一种世界视野,它对于人类历史和世界发展大势的理解有其特定的偏颇,因而不是一种审慎的学术思潮和持久的文化思潮。

二、学术体制与文化建设

从北京大学到清华大学,再到抗战时期的西南联大,以及1948年前后"复员"的北大和清华,是中国现代自由主义学术文化的大本营。此外,创办于1928年,以蔡元培为首任院长的国立中央研究院,特别是其中以傅斯年为首的历史语言研究所,也为现代学术事业的规模化、体系化和独立性作出了不可磨灭的贡献。

清华大学原为创办于1909年的游美肄业馆,后更名清华学堂,曾是清

---

〔1〕　陈铨:《狂飙时代的德国文学》,温儒敏、丁晓萍编:《时代之波——战国策派文化论著辑要》,第353—354页,北京:中国广播电视出版社,1995年。

〔2〕　陈铨:《浮士德精神》,温儒敏、丁晓萍编:《时代之波——战国策派文化论著辑要》,第363—366页,北京:中国广播电视出版社,1995年。

末以降胡适等留美学生的摇篮,1925年设立大学部,创办国学研究院,聘请梁启超、王国维、陈寅恪、赵元任为导师,号称"清华四导师"。其中赵元任为胡适留美同学、好友,曾一同就读康奈尔大学,后胡适进哥伦比亚大学,赵元任入哈佛大学,均研习哲学。赵元任先习物理,后习哲学,终研究语言学,是现代中国语言学科的开山鼻祖。留美期间支持胡适的文学改良主张,与梅光迪等论辩。1925年任教清华之后,响应胡适"整理国故"的号召,致力于研究方言,对中国语言理论、国语语音统一等作出了贡献。1925年成立综合性的国立清华大学,首任校长是胡适北大弟子罗家伦。罗家伦上任后借鉴德国经验,立志走文化强国之路,确立了"学术独立发展"的理念。在演讲中他说:"要国家在国际间有独立自由平等的地位,必须中国的学术在国际间也有独立自由平等的地位。"要求"共同努力,为国家民族树立一个学术独立的基础"〔1〕。他提出了"廉洁化、学术化、平民化、纪律化"的办学宗旨。罗氏掌校后进行了一系列改革,广纳贤才,他说:"一个大学要办好,最重要的就是要教授得人。"〔2〕仿效当年蔡元培在北大的办法,聘请"有实学求进益而热心任事的专门家"来校执教。数年之中在文史哲方面即人才济济,造就非凡。抗战爆发前先后在清华大学任教的有:冯友兰、吴宓、金岳霖、汤用彤、闻一多、朱自清、俞平伯、叶公超、钱端升、雷海宗、贺麟、杨树达、王力等。

冯友兰出身北京大学,受聘清华之后担任过清华大学秘书长,后则长期担任清华大学文学院院长,他对中国哲学史的研究师承胡适。他也和胡适一样在哥伦比亚大学聆听过杜威的教导,对西方哲学有浓厚的兴趣。和胡适一样,他同样以西方哲学的思路框架为理论模型来研究中国哲学史。胡适的《中国哲学史大纲》(卷上)与冯友兰的《中国哲学史》(上、下)出版虽相隔十年,仍可谓一前一后,为中国哲学史研究作出了巨大贡献。可以说,

---

〔1〕 罗家伦:《学术独立与新清华》,《罗家伦先生文存》(5),第18页,台北:台北国史馆、中国国民党中央委员会党史委员会,1989年。

〔2〕 罗家伦:《我和清华大学》,《罗家伦与张维桢:我的父亲母亲》,罗久芳著,第131页,天津:百花文艺出版社,2006年。

胡适之后较长时间里,唯有冯友兰在中国哲学史研究领域辛勤耕耘,就实际成果而言,冯友兰有超越胡适之处。

但总体而言,作为学生的冯友兰超越自己师长的也许只有"功夫",并非功力。冯友兰引蔡元培"序言"中的观点评述胡适《中国哲学史大纲》的特点:一是"证明的方法",二是"扼要的手段",三是"平等的眼光",四是"系统的研究"。这也正是冯友兰《中国哲学史》著述中的特点。但是,也许与北大、清华两校的学风多有关系:前者重文,后者重理;前者重史论,后者重理论;前者重考据,后者重逻辑。这也与冯友兰在美国接受新实在论哲学家孟太格的影响有关,更加讲求实证中的分析和理论逻辑的严密性,也注意多种方法的综合运用。冯友兰认为,他与胡适在研究方法和观点上,具有如下区别:

第一,受到当时中国社会史、经济史论战的影响,唯物史观的一般原理,开始为其接受和运用。如,冯友兰认为春秋战国时代和清末中外交通的时代,中国社会各方面发生根本变化,影响了中国哲学史的发展:"中国哲学史的发展和中国通史的发展,是相适应的。"[1]

第二,就春秋战国时代的社会形势分析,冯友兰认为,孔子的时代先于老子。因为贵族养士之风衰败以后,士由贵族的最下层,流为"四民之首","自搞活动,自发议论",为自谋生存,在社会上兴起讲学之风。孔夫子是"第一个私人讲学的人,第一个私人立说的人,第一个创立学派的人。所以,应该是中国哲学史上第一个出现的人"[2]。如此等等。

这些虽只是观点上的区别,但反映出冯友兰与胡适在学术研究上的抱负毕竟各自有别。也许冯友兰怀抱更纯粹的学术目的,在理论性和实证意义上更趋于"求真",但也反映了其观念和方法易受历史条件和时代所左右,不可能形成胡适式的"定见",也不可能以自己的研究去捍卫其政治和文化立场。

---

〔1〕　冯友兰:《三松堂自序》,《三松堂全集》(1),第186页,郑州:河南人民出版社,2001年。
〔2〕　冯友兰:《三松堂自序》,《三松堂全集》(1),第187—188页,郑州:河南人民出版社,2001年。

　　清华学人中,文学研究的代表人物是闻一多和朱自清。闻一多曾作为留美预备生在清华求学十年,1922年赴美留学,回国后成为新月派的著名诗人。先后任草创时期武汉大学、青岛大学中文系主任,1932年起任教于清华大学,任中国文学系教授。闻一多对中国文学的研究始于武汉和青岛大学任教时,成于清华大学。他最早运用人类学、心理学理论研究神话,以及《诗经》与《楚辞》等,把神话学和诗学结合起来进行古代文学和文化史研究,写出了著名的《高唐神女传说之分析》(1935)等论文。从在青岛大学时期开始,他着力较多的是对唐诗的研究,先期论文多辑入《唐诗杂论》。讲求实证,从资料入手,知人论世;以总结规律为主,不局限于任何方法论,试图对整个中国诗史及中国文学史有一个清楚的思路。闻一多认为,唐诗代表着中国文学,乃至世界文学的高峰,唐诗是中国诗史的顶点,追源溯流,理清其文学脉络和诗学源流,把文学史、文化史、社会政治史结合起来,以期全面认识中国文学和社会历史文化的关系。唐诗至此成为他中国文学研究的重点。朱自清则是中国现代文学学科的开创人。1929年,朱自清在清华大学中文系开设“中国新文学研究”课程,这是中国现代文学研究走入大学课堂的起点。为此,他编纂了一部简明的《中国新文学研究纲要》,粗略地勾勒了自《新青年》倡导文学革命至五四以后中国新文学的发展历程。其内容以“总论”和“各论”分编,以“背景”、“经过”、“影响”和“分野”为线索作“史”的叙述,再用诗、小说、戏剧、散文、文学批评串联“各论”,点面结合,重点则在于作家作品的研究,由此形成了较为深厚的中国新文学研究传统。同时,朱自清还是著名的中国古典文学研究专家,他对古典诗歌散文的研究深有造诣,出版了著名的诗歌研究专著《诗言志辨》等。

　　抗战爆发以后,北京大学、清华大学和南开大学在云南昆明组建西南联合大学,三校文史哲方面的专业合并为一个庞大的西南联大文学院,冯友兰任院长(杨振声、汤用彤、雷海宗曾先后短暂代理),包括中国文学、外国语文学、历史学、哲学心理学四系。中国文学系(中文系)由北京大学和清华大学中文组成(时南开大学无中文系),朱自清任主任(至1940年,后由罗常培、闻一多、杨振声继任或代理)。教授主要有朱自清、闻一多、杨振声、罗常培、罗庸（师范学院聘）、唐兰、刘文典、游国恩、彭仲铎（师范学院聘）、浦江清、陈寅恪（与历史系合聘，1939年离校拟赴英国牛津大学任教，后滞留香港）、王力、魏建功（1940年离校赴四川任教）等，及副教授（后期多被聘为教授）陈梦家、沈从文、余冠英、萧涤非、许维遹、张清常等，李广田、孙昌熙、阴法鲁、吴宏聪、华忱之等为助教（有些后来任讲师）。外国语文学系（外文系）主任叶公超（1940年离校，先后有柳无忌、陈福田、莫泮芹、吴达元继任或代理），教授主要有叶公超、吴宓、潘家洵、冯至、陈铨、闻家驷、吴达元、柳无忌、罗皑兰、谢文通、杨业治、陈福田、莫泮芹、袁家骅，及外籍教授燕卜荪［英］、白英［英］、温德［美］等，副教授及以下职称的教师有卞之琳、徐锡良、刘荣恩、钱学熙、张振先、杨周翰、王佐良、查良铮（穆旦）、张尧年、欧阳采薇、陈祖文、夏济安、顾元、金隄等。历史学系（历史系）主任刘崇铉（后由雷海宗接任），教授主要有傅斯年（1945年10月代理北大校长）、陈寅恪（1939年离开）、钱穆（1940年离校赴成都）、雷海宗、刘崇铉、姚从吾、郑天挺、毛准、向达、王信忠、邵循正、蔡维藩、张荫麟、皮名举、吴晗、孙毓棠（师范学院聘）等。哲学心理学系主任汤用彤（冯文潜、冯友兰、贺麟先后代理），教授主要有冯友兰、汤用彤、贺麟、金岳霖、郑昕、冯文潜、沈有鼎、周先庚、敦福堂、王宪钧、王维诚、容肇祖、孙国华等，熊十力等为讲师，任继愈、齐良骥等为助教。

三校"大综合"的格局、教授治校、通才教育的办学方法和理念，加上战时同艰共苦的生活方式及自厉自治、自由发展、教学相长的研究和学习环境，给了西南联大时期中国现代学术文化一个特殊的成就机制和独特的发展空间。从新文化运动开始，中国现代学术事业伴随大学教育的发展而成长。就大学本身而言，已自觉不自觉地肩负起了开创和赓续中国新文化的使命。抗战本身关乎中国的前途和命运，"国家兴亡，匹夫有责"，但从西南联大身上，可以看到现代中国人对"责任"的概念作出了新的理解：政治的参与固然代表着一份救国责任的承担，但文化的"救亡"毕竟是自五四时代即已为知识分子所觉悟，并独立承担的一份更重大的责任和义务。与其以未竟之志而抛血肉之躯，不如退而结网静待时机。因此，西南联大的创办亦可以看成当时政治与文化之间达成的某种谅解与默契。从历史的角度看,国难当头弦歌声中偏安一隅的"联大",恰似一群怀揣担当之志的文化精英写给社会和历史的一份庄严郑重的"承诺书"和"备忘录"。一如既往地,他们要以别样的方式来"救亡"。这是他们自己的选择,也是历史赋予他们的特殊使命。

在社会和历史中,文化的选择是自由自主的选择。现代教育已脱离了"学而优则仕"的道德教化和政治功利主义轨道,教育的目的不仅是培养人的道德水平和政治能力,更在于张扬人的本质自由和文化创造。其中,对于大学教育而言,学术的发展与创造是最重要的文化使命,它不仅代表着一个现代知识分子的知识修养和文化创造能力,更反映着一个现代国家的思想和文化成就,即其立足于世界之林的精神品质和独特价值观。对一个学人来讲,价值观的问题是一个精神品质的问题,亦即学术道德问题,它并非来源于教化,而是来源于自律;对一个民族来讲,价值观的问题不是反映在政治上的个人立场问题,而是反映在文化上的集体意志及其所形成的对世界的影响与贡献,它也不是来源于强加,而是来源于认同。犹如在现实中,你要被世界所接受,你就必先接受整个世界。在学术思想上看,要创造被世界和历史所认可与接受的文化,就必须兼容并蓄。"海纳百川,有容乃大。"现代社会既然是一个竞争的社会,其所需要的就不仅仅是物质的力(经济、军事),更是文化(精神)的力(学术、教育)——这不只是气吞山河的"呐喊",而是踏踏实实的思想和文化建设。任何时候,文化所创造的都不是感性价值,而是理性价值。这就有赖于思想和学术的繁荣。要达到这一点,就必须从政治入手,创造一种宽松包容的思想和学术环境。

抗战八年中,聚集在西南联大的一群秉持"独立之精神,自由之思想"的师生们之所以能成为现代中国薪火相传的学术精英、文化中坚,无疑在于他们都是一群真正的自由主义者。由于现代大学教育的关系,由平津至西南,正是北京大学、清华大学和南开大学这三所大学,总体上承担了赓续中国现代教育和学术思想文化的重任。其中,北大、清华为公立大学,南开为私立大学。办学理念和体制尽管各有差别,但文化理想和学术风气并无二致。自由主义传统渗透在中国大学教育的各个领域,而自五四时代始,胡适、傅斯年、罗家伦等,正是这一传统的开创者,理念的秉持者和精神与事实上的领袖。自由主义传统和自由主义者的大学,是中国现代大学教育的真实写照,而处于战时合作机制下的西南联大,更是将这一传统发扬光大。

西南联大的学术成就秉持五四以后中国现代学术文化传统,在三校原有基础上集腋成裘,经过各位学人艰苦卓绝的努力,在独立自主的意义上获得了长足的发展。总体上看,如果说自新文化运动至 1930 年代中期,中国现代学术文化以北大、清华为中心萌芽、起步,新学以代旧学足成声势,那么,到西南联大时期正好进入发展期、收获期。抗战的外部环境险恶诡谲,但并未阻遏中国"新学"的发展态势,反而提供了"三校合一"的更加宽松的环境和菁英荟萃的难得的历史境遇。以西南联大的创办为契机,战时的昆明不啻为人文荟萃之地,就像战前的北京(北平)一样,远离政治中心而拥有自己独立的地位。

三、学术成就的战时展示

文、史、哲方面,西南联大时期堪称学术鼎革与建树的重要时期。不仅是中国哲学和思想文化研究,在胡适、冯友兰等均有所开创的基础上,汤用彤的汉魏两晋南北朝佛教史和魏晋玄学研究,沈有鼎的先秦名辨思想研究,容肇祖的哲学思想家研究等都取得了新的成就,形成了初步的学科体系。此外,贺麟、郑昕、冯文潜的黑格尔、康德及西方哲学史研究,金岳霖的《知识论》等哲学理论研究与著述,孙国华的心理学研究,沈有鼎的数理逻辑哲学研究等,在哲学思想史的学术视野里,初步形成了中西交融、思想会通、理论方法化西入中的研究格局。特别是贺麟,以研究宋明理学起步而深谙黑格尔哲学,提出从哲学化、宗教化、艺术化出发解释中西哲学和理解中国文化,开辟了一条以人类思想文化的统一为视野的思想文化史研究之路。冯友兰在西南联大时期着力于创造自己的"新理学"思想体系,企图把自己的哲学研究与创建新的思想理论资源结合起来,为现实社会政治服务。熊十力早在 1932 年就写出了著名的《新唯识论》，早年在北大，他是继梁漱溟之后研究和讲授佛理哲学的重要人物。但他的这项研究在当时受到了多数人的批判，包括他的同乡弟子、好友，文学家废名（冯文炳）。抗战时期，他先是在马一浮主持的四川乐山复性书院开讲宋明理学，后又到梁漱溟创办的重庆勉仁书院任教，抗战胜利后重返北大。他未至昆明，但保持在北大的教席（专任讲师）。复性书院时期，他与马一浮发生冲突，在于他立意化古为今，倡导古为今用，反对马一浮"执古之道，以御今之有"，被马一浮斥为"世情"化。在重庆时牟宗三、徐复观、唐君毅等拜其为师，至成为日后"新儒家"的重镇。

陈寅恪

史学研究在西南联大时期成果斐然。早年作为清华"四大导师"之一的陈寅恪，在联大期间兼授历史、文学两系课程。史学课程主要讲授"魏晋南北朝史"和"隋唐史"，后成《隋唐制度渊源略论稿》（书稿曾于辗转流徙中丢失，后复撰述）、《唐代政治史述论稿》、《陈寅恪魏晋南北朝史讲演录》（身后由学生记录整理而成）等。文学方面，陈寅恪早年在清华讲授"唐诗校释"，注重以诗考史、释史，开创"以诗证史"研究方法，实现文史互通。其代表作《元白诗笺证稿》，完成于抗战后期由香港经桂林辗转至成都的路上。钱穆堪称史学名家，早年入私塾读书，后来自学成才。1930 年得顾颉刚推荐入燕京大学任教，后又荐其入北京大学历史系任教，得胡适首肯，主讲中国通史。钱穆早年致力于先秦诸子研究，在苏、锡中学任教时即成《先秦诸子系年》一书，并有《国学概论》、《刘向歆父子年谱》等，尚考据，并欣赏胡适"整理国故"的方法。抗战爆发后随校辗转至昆明，讲授中国通史课程，成《国史大纲》一书。该书 1940 年出版，列为国民政府教育部大学用书，是当时具有代表性的通史类著作。全书八编，四十六章，五十余万字，主要从政治制度、思想学术、社会经济三个方面梳理从先秦至明清中国社会发展的历程：政治制度方面，从先秦封建（分封）制到秦代郡县制，政治集权制度开始确立；西汉中叶到东汉，宗室外戚专权的政府转变为士人政府；隋唐时期，由于科举制的推行，士族门第入宦的制度为考试选拔的官僚制度所取代，这都表现了中国政治制度的进步。其中，儒家的民治主义、德治思想起了关键作用。"文治"、"武功"相分离，文化脱离政治权力的制约具有了相对的独立性，对政治权力和制度文化具有持久影响力，"四民社会"逐步形成，思想学术脱离宗教和政治势力走向独立发展。在经济上，从历代田制的演化中，钱穆清理出了一条中国社会经济随政治制度变迁而相应变动的历史脉络，从而认为，中国社会政治制度、思想学术、社会经济三者在发展中存在一种内在和谐的关系，整体上向着促进社会进步的方向发展。钱穆认为，研究历史要本着尊重历史的态度，不能妄自菲薄。他不赞成传统"记诵派"的史学研究方法，谓其"缺乏系统，无意义，乃纯为一种书本文字之学，与当身现实无预"。对于胡适"整理国故"中提出的科学考订方法（"考订派"），认为亦患此病，且"割裂史实，为局部窄狭之追究。以活的人事，换为死的材料。治史譬如治岩矿，治电力，既无以见前人整段之活动，亦于先民文化精神，漠然无所用其情。彼惟尚实证，夸创获，号客观，既无意于成体之全史，亦不论自己民族国家之文化成绩也"。所谓"革新派"，"其治史为有意义，能具系统，能努力使史学与当身现实相缉合，能求把握全史"。但其"之于史也，急于求智识，而怠于问材料。……其于史，既不能如'记诵派'所知之广，亦不能如'考订派'所获之精。彼于史实，往往一无所知。彼之所谓系统，不啻为空中之楼阁。……其缉合历史于现实也，特借历史口号为其宣传改革现实之工具。彼非能真切沉浸于已往之历史智识中，而透露出改革现实之方案。彼等乃急于事功而伪造智识者，智识既不真，事功亦有限"。从五四时期新文化派的反传统，到后来社会史论战中的"社会形态"论史学等，放言高论，以偏概全，使"有志于当身现实之革新，而求知国史已往之大体者，莫不动色称道，虽牵鼻而从，有勿悔矣。然竟使此派论者有踌躇满志之一日，则我国史仍将束高阁、覆酱瓿,而我国人仍将为无国史智识之民族也"[1]。总体上看,钱穆于"考订派"的史学研究方法多有会心,但其社会政治观和文化观具有保守性,反对新文化运动及"西化"派的政治文化主张,因此,钱穆与胡适等终至分道扬镳。然而,在自由主义学术文化范畴内,二者的分歧终究是观念的分歧,并非本质的差异。这一点,经过其学生余英时等的努力,终至达成谅解与会通。

就文学研究而言,西南联大时期由诗人而至文学史家的闻一多可谓成就斐然。至 1946 年在昆明被难止,他致力于对唐诗、《诗经》、《楚辞》、古代神话、乐府诗、《庄子》、《管子》、《周易》以及语言文字学等方面的研究,取得了丰硕成果。新版《闻一多全集》(湖北人民出版社 1993 年版)十二卷中近十卷学术作品,多半成就于西南联大时期,尽管其被难部分是未完稿,但也蔚为大观。唐诗部分除《唐诗杂论》收录的九篇论文及《唐诗大系》[2]外,尚有《陈子昂》、《唐诗要略》、《诗的唐朝》、《少陵先生交游考略》、《岑嘉州交游事辑》、《岑参诗校读》、《唐诗校读法举例》、《全唐诗汇补》、《全唐诗续补》、《全唐诗辨证》、《说杜丛钞》、《唐风楼捃录》、《全唐诗校勘记》、《全唐诗人小传》多种。《诗经》部分有《诗经的性欲观》、《诗新台鸿字说》、《匡斋尺牍》、《说鱼》、《诗经新义》、《诗经通义(甲乙)》、《风诗类钞(甲乙)》、《诗风辨体》、《诗经词类》等。《楚辞》部分有《读骚杂记》、《司命考》、《屈原问题》、《人民的诗人——屈原》、《端午考》、《敦煌旧钞本楚辞音残卷跋(附校勘记)》、《楚辞斠诂(甲乙)》、《什么是九歌》、《九歌的结构》、《九歌释名》、《东君·湘君·司命——〈九歌杂记〉之一》、《东皇太一考》、《怎样读九歌》、《九歌古代歌舞剧悬解》、《楚郊祀东皇太一乐歌》、《九歌解诂》、《天问释天》、《天问疏证》、《论九章》、《九章解诂》等。神话方面有《高唐神女传说之分

---

〔1〕 钱穆:《国史大纲·引论》,《钱宾四先生全集》(27),第 24—27 页,台北:联经出版事业股份有限公司,1998 年。

〔2〕 《唐诗杂论》和《唐诗大系》为 1948 年开明书店版《闻一多全集》所收。《唐诗杂论》含《类书与诗》、《宫体诗的自赎》、《四杰》、《孟浩然》、《贾岛》、《少陵先生年谱会笺》、《岑嘉州系年考证》、《杜甫》、《英译李太白诗》九篇。

析》(1935)、《朝云考》、《姜嫄履大人迹考》、《伏羲考》、《神仙考》、《龙凤》、《两种图腾舞的遗留》等。乐府诗研究有《乐府诗笺》一部。《庄子》研究有《庄子》、《庄子内篇校释》、《庄子章句》、《庄子校补》、《庄子义疏》、《道教的精神》等。《管子》研究有《管子校勘》一部。《周易》研究有《周易义证类纂》、《周易新论》、《周易杂记》、《周易字谱》、《周易分韵引得》等。文字学研究有《卜辞研究》、《契文疏证》、《金文杂释》、《尔雅新义》、《假借字谱》等,以及多篇甲骨、金文、《尔雅》文字释义、考据与诠解的论文。其中1947年前作者已刊论文大多收入1948年开明书店版《闻一多全集》"神话与诗"、"古典新义"两辑。

朱光潜1933年任教北京大学西洋语言文学系(西语系),并兼清华大学"文艺心理学"课程等。抗战前出版了他的美学代表作《文艺心理学》。朱光潜《文艺心理学》一书以克罗齐的直觉论美学思想为基础,从对于美感经验的分析入手,对于美(艺术)的本质、特征,审美判断与创造,审美与道德,美的分类与艺术鉴赏等进行了系统的理论阐释与建构,是中国现代第一部运用现代心理学和西方形式论美学观进行美感心理研究与建构美学及艺术理论的专著。抗战时期,朱光潜受聘于四川大学,完成了其诗学研究的代表作《诗论》一书的写作,"用西方诗论来解释中国古典诗歌,用中国诗论来印证西方诗论"[1]。他认为,中国的传统"诗论""零乱琐碎,不成系统,有时偏重主观,有时过信传统,缺乏科学的精神和方法",表现出中西文化和思想方式的差异:"中国人的心理偏向重综合而不喜分析,长于直觉而短于逻辑的思考。"研究诗学是为着改变传统"诗论"的理论建构方式,以"谨慎"、"虚心"的态度,通过比较、分析的方法探讨:"一是固有的传统究竟有几分可以沿袭,一是外来的影响究竟有几分可以接收。"[2]朱光潜的美学理论和诗学研究使西方古典美学传统得以在中国现代文学和艺术史上发扬光大。

---

〔1〕　朱光潜:《诗论·后记》,《朱光潜全集》(3),第331页,合肥:安徽教育出版社,1987年。
〔2〕　朱光潜:《诗论·抗战版序》,《朱光潜全集》(3),第3—4页,合肥:安徽教育出版社,1987年。

　　钱钟书1933年毕业于清华大学外语系,1935年出国留学,1938年回国后应聘为清华大学教授,在西南联大外文系任教一年。1939年从昆明回上海探亲后,应父命辞去西南联大教职,赴湖南蓝田国立师范学院任英文系主任。1941年回上海,任教于震旦女子文理学校。1946年任上海暨南大学外文系教授。其间,钱钟书除完成小说《围城》等的创作之外,还初步完成了《谈艺录》的写作,开始了其卓有成就的学术研究工作。钱钟书的诗论发思古之幽情,贵在旁征博引,纵横捭阖,融古通今,熔朴学传统与现代阐释于一炉,集论析鉴赏与考据评点于一体。体裁上既是对传统"诗话"、"词话"的继承与发展,置之现代学术语境中则难免流于体系上的散漫和沦于理论建树上的缺失。钱钟书的《谈艺录》和朱光潜的《诗论》在美学思维和学术造诣上实可谓古今、中西互为偏倚的两极。

　　1928年成立于南京的国立中央研究院曾是中国最高学术研究机关,蔡元培为首任院长。同年,傅斯年受命组建的中央研究院历史语言研究所(史语所)成立于广州,次年迁北平(北京),1936年抗战爆发前迁南京,抗战时辗转于长沙、昆明及西南多地,1946年迁回南京,1949年以后迁台北。历史语言研究所下设历史组、语言组、考古组、人类学四个组,有研究员、副研究员、助理研究员和助理员等学术职称。受到官方及社会各界资助,有较充裕的研究经费,及齐备的图书资料、设备等。它虽有一定的官办色彩,但成就于当时的大学体制(研究人员多聘自各大学或为大学兼职教授,不具行政职位,不受官方立场和利益左右),自由主义的学术理念和文化传统仍一以贯之地成为这一国家级核心研究机构的灵魂。抗战前后,历史语言研究所在考古、历史调查等方面曾主持过多次重大发掘及全国性大规模的调查研究活动,如安阳殷墟发掘和甲骨文的研究整理,西南少数民族语言、习俗调查,西北地区考古等,出版《国立中央研究院历史语言研究所集刊》及各类研究专刊数十辑,为现代学术事业的发展作出了不可磨灭的贡献。

　　傅斯年不仅是史语所的创办人,也是史语所主要学术活动的组织者和方针政策的制定者与施行人。在其发展过程中,逐步形成了历史、语言、考古并重的研究格局,以史料整理、考古发掘、语言调查为重点,开创了"集众研究"的新模式,并使"集众研究"与"个人研究"相结合,循序渐进推动现代学术事业的发展。集思广益与发挥个性并重,学术交流与独立钻研并举,开创了现代学术研究的新局面。

史语所历史、语言、考古三组,分别聘请陈寅恪、赵元任、李济为主任,聚集了一批名家,并选聘了一些有前途的青年学者。初期工作以安阳殷墟发掘、明清档案整理、方言调查等为重点。按照傅斯年的设想,史语所的宗旨是要在中国建立科学的历史学、语言学,将这一领域的话语权从西方汉学家手中夺回来,确立"科学的东方学之正统"。因此,他要求把传统礼教化和现代社会科学观念化的历史学和语言学摒弃在外,用自然科学的方法整理史料,研究历史,"要把历史学语言学建设得和生物学地质学等同样"[1]。对于历史研究,傅斯年反对沿袭胡适"整理国故"的概念,他说:"我们反对'国故'一个观念。如果我们所去研究的材料多半是在中国的,这并不是由于我们专要研究'国'的东西,乃是因为在中国的材料到我们的手中方便些……世界上无论那一种历史学或那一种语言学,要想做科学的研究,只得用同一的方法,所以这学问断不以国别成逻辑的分别,不过是因地域的方便成分工。国故本来即是国粹,不过说来客气一点儿,而所谓国学院也恐怕是一个改良的存古学堂。"所谓"国学"、"中国学""仅仅是些言语、历史、民俗等等题目",名词既不通达,内涵更难详述,较之"算学、天文、物理、化学等等"恰成"非科学"或"反科学"之谓,莫若用开放的,世界化、科学化的"历史学"、"语言学"等取而代之。另外,傅斯年"反对疏通",提出"存而不补"、"证而不疏",实则对附会和"假设"说不,认为"历史学就是史料学"。同时,他说:"我们不做或者反对,所谓普及那一行中的工作。"学术和教育并非一回事,教育需要普及,学术只是"点缀","没有一般的用处",

---

[1] 傅斯年:《历史语言研究所工作之旨趣》,《国立中央研究院历史语言研究所集刊》,1928年第1卷第1期。

存续为业,纯粹为上〔1〕。在不尚空论,不为时势、利害所左右的意义上,傅斯年认为:"本所同人之治史学,不以空论为学问,亦不以'史观'为急图,乃纯就史料以探史实也。史料有之,则可因钩稽有此知识,史料所无,则不敢臆测,亦不敢比附成式。此在中国,固为司马光以至钱大昕之治史方法,在西洋,亦为钦克、莫母森之著史立点。史学可为绝对客观者乎? 此问题今姑不置答,然史料中可得之客观知识多矣。"〔2〕

由此可见,傅斯年领导的史语所,一方面继承和发扬了五四新文化的科学精神,一方面把胡适发动的"整理国故"运动在科学化、系统化、世界化的意义上纳入现代学术文化的研究轨道,以期获得与世界同步,与时代同行,厚积薄发、持之以恒的发展。

---

〔1〕 傅斯年:《历史语言研究所工作之旨趣》,《傅斯年全集》(3),第 9—10 页,长沙:湖南教育出版社,2003 年。

〔2〕 傅斯年:《〈史料与史学〉发刊词》,《傅斯年全集》(3),第 335 页,长沙:湖南教育出版社,2003 年。

第三十一章

戏剧的民族形式与现代形态

百年中国戏剧文化,是一种现代性的工程。戏剧,作为一种综合艺术,在艺术中具有中心的地位。要对戏剧的文化形态进行划分,就有一个对这种中心艺术的认识问题。非常富有意味的是,中国现代戏剧,除了在二十世纪初和五四时期对新剧和旧剧的争论以及国剧运动之外,往往不会将话剧与戏曲相提并论。田汉在中国的戏剧界为什么特别重要,不仅仅是因为他是话剧的先驱,而且是因为他兼话剧、戏曲和歌剧家于一身。经过1930年代的过渡,进入1940年代,最重要的是对新的文化形态进行分类,也就是将话剧、戏曲和歌剧并列,这种分类是现代性的。话剧作为一种舶来品,是从西方移植的一种艺术形式,它需要民族化;而旧剧是在传统文化中产生的,它需要现代化。我们可以从话剧民族化、戏曲现代化两个方面进行阐释。

一、话剧民族化

本尼迪克特·安德森对民族作如下的界定:它是一种想象的政治共同体[1]。这个概念,对于现代中国来说,有着非常实质的意义,尤其是在抗

〔1〕 [美]本尼迪克特·安德森:《想象的共同体》,吴叡人译,第5页,上海:上海人民出版社,2003年。

日战争时期。中国从 1840 年鸦片战争以来,帝国主义不断地侵略中国,到日本帝国主义全面侵略中国,中华民族确实到了最危险的时刻,在这种情况下,全民总动员,民族主义就成为最有用的武器。民族这个"想象的政治共同体",能揭发起民族的最深层的"原型"。埃里克·霍布斯鲍姆则在此基础上提出,在世界各地,建国以及民族主义运动能够动员各式各样的集体情感,这些情感早已蓄势待发,能够在大规模的政治动员中,发挥功不可没的作用,并且可为现代国家民族所利用。因此,他便将这种想象出来的关系称之为"民族主义原型"(proto-nationalism)。他认为,所谓"民族主义原型"有两种:第一,是超地域的普遍认同,人类超越自己的世居之地而形成一种普遍的认同感。第二,是少数特定团体的政治关系和词汇,这些团体都跟国家体制紧密结合,而且都有普遍化、延展化和群众化的能力[1]。在这里,民族主义在抗战时期找到了它的适合的表现方式。因为,在中国抗战时期,中华民族得到了全民族的"超地域的普遍认同",同时,像中华戏剧界抗敌协会这样的"少数特定团体"跟"国家体制紧密结合",获得了"普遍化、延展化和群众化的能力"。

在 1930 年代,国民党曾经用民族主义来反对左翼的普罗运动,但是这种反对既没有系统的理论,也没有思想的力度。而到了 1940 年代,有林同济、雷海宗、陈铨等一些教授学者形成的"战国策派"所倡导的民族主义,则在学理上有着魅惑力。他们认为,抗战的时代是一个"战国时代"。林同济说道,现时代的意义是什么呢?干脆又干脆,曰在"战"的一个字。如果我们运用比较历史的眼光来判断这个赫然当头的时代,我们不禁要拍案举手而呼道:这乃是又一度"战国时代"的来临[2]!在这个时代就是民族主义的兴起。而文学也必然是民族主义的文学。陈铨就提出,自从五四运动以来,中国的思想界经过三个明显的阶段:第一阶段是个人主义,第二阶段是社会主义,第三阶段是民族主义。他认为,在第一阶段间,中国思想界的领

---

[1] [英]埃里克·霍布斯鲍姆:《民族与民族主义》,李金梅译,第 54—55 页,上海:上海人民出版社,2000 年。
[2] 林同济:《战国时代的重演》,原载《战国策》,半月刊创刊号(1940 年 4 月 1 日)。

袖努力解放个人。在第二阶段，永远离不了阶级斗争。到了第三阶段，中国思想界不以个人为中心，不以阶级为中心，而以民族为中心[1]。因此，他倡导民族文学。他自己就创作过《野玫瑰》《蓝蝴蝶》《金指环》等民族主义的剧作。

在抗战的号召下，中华戏剧界联合成立了抗敌协会。《中华全国戏剧界抗敌协会成立宣言》中宣称："中国已经不是一个自给自足的'天下'，也不是一个孤立现世界的荒岛。他已经是文明世界重要的一环，他的命运不仅影响其他主要国家，尤其给世界上被压迫民族，被侵略的国家以绝大的暗示。我们民族的一切奋斗已受到全世界爱自由爱和平的人士密切关怀。"正是在这种号召之下，成立了一系列抗日演剧队。

国民党政府因为抗战，尤其是在"西安事变"以后，不得不和共产党第二次合作，使得中国共产党领导下的红军改编为八路军和新四军，并且建立了自己的敌后根据地。这个根据地，已经不是以往的红色根据地，而是"合法化"的根据地——陕甘宁边区，它受到国民政府的支持，它不仅有"普遍的认同感"——大批的知识青年奔赴延安，使得它获得了"人力资源"，而且有"普遍化、延展化和群众化的能力"——不断地拓展边区和扩充自己的实力，并且有效地组织和动员群众，使得边区获得了空前的发展，等到国民党发现的时候，进行进攻、封锁等措施已经来不及了，陕甘宁边区通过生产自救，"自己动手，丰衣足食"，在这个时候已经成熟了。

富有意味的是，中国共产党的民族主义和国民党的民族主义始终有一种差异。国民党标榜民族主义，采用的是复古的方式，从儒家学说那儿去吸取资源，从尊孔读经，到"新生活运动"都是如此。国民党曾经利用民族意识来和左翼文学的阶级意识相抗衡，但是，他们没有得到大多数知识分子的支持。而共产党的民族主义，是建立在马克思主义的普遍原则的基础上的，也就是说，它有理论资源上的优势。因为马克思主义是西方的反西方主义，这使得中国共产党既反对封建主义，又反对帝国主义。这样就使

---

[1]　陈铨：《民族文学运动》，《时代之波》，上海：大东书局，1946年。

得这种学说一方面可以作为一种普遍的"放之四海而皆准"的真理——普遍化；另一方面又可以将马克思主义的革命理论和中国革命的实践相结合——民族化，这种民族化，即不是简单地回到传统中去——继续有效地批判传统，尤其是儒家传统。在延安时期，民族意识却得到了高扬。埃里克·霍布斯鲍姆说过："马克思主义运动和尊奉马克思主义的国家，不论在形式还是实质上都有变成民族运动和民族政权——也就是转化成民族主义——的倾向。没有任何事实显示这个趋势不会持续下去。"[1]毛泽东就在《新民主主义论》中提出："新民主主义的文化是民族的。它是反对帝国主义压迫，主张中华民族的尊严和独立的。它是我们这个民族的，带有我们民族的特性。它同一切别的民族的社会主义文化和新民主主义文化相联合，建立互相吸收和互相发展的关系，共同形成世界的新文化；但是决不能和别的民族的帝国主义反动文化相联合，因为我们的文化是革命的民族文化。"他指出：

> 中国共产主义者对于马克思主义在中国的应用也是这样，必须将马克思主义的普遍真理和中国革命的具体实践完全地恰当地统一起来，就是说，和民族的特点相结合，经过一定的民族形式，才有用处，决不能主观地公式地应用它。公式的马克思主义者，只是对于马克思主义和中国革命开玩笑，在中国革命队伍中是没有他们的位置的。中国文化应有自己的形式，这就是民族形式。[2]

在延安时期，戏剧真正从民间吸取营养，并将其提高到民族的高度。值得指出的是，民族意识的兴起，必然会引起对民族形式的重视。陈

〔1〕 转引自〔美〕本尼迪克特·安德森：《想象的共同体》，吴叡人译，第 2 页，上海：上海人民出版社，2003 年。

〔2〕 毛泽东：《新民主主义论·新民主主义的文化》，《毛泽东论文艺》，第 30 页，北京：人民文学出版社，1992 年。

思和指出：从文学史的意义上说，发生在 1930 年代末 1940 年代初的"民族形式"论争，正是当代文化格局变化的一种标志：民间文化形态地位始被确立。尽管这一场论争的参加者都是知识分子，他们同样是站在五四以来由知识分子自己建立起来的传统光圈以内，面对着光圈外面漆黑一团的天地说三道四。……战争唤起了民众的力量，知识分子不但清楚地感受到那个庞然大物蠢蠢欲动的喘息、炽热的体温和强烈的脉动，而且分明意识到它背后是一片尚未可知的世界[1]。正是在这样背景中，1940 年代开展了关于民族形式问题的讨论。这个讨论最初是从国民党统治区开始的。向林冰提出"中心源泉"论，提出"'民族形式'的中心源泉是在民间形式"的观点。他说："民间形式……如果和革命的思想结合起来，则是有力的革命武器。因此，我们便看见了由低级形态到高级形态转化的具体化的具体路径及前者和后者的关联性。这就是说，民间形式的完成，则是运用民间形式的归宿；换言之，现实主义者应该在民间形式中发现民族形式的中心源泉。"[2]胡风针锋相对地认为："……这种'故事化'正是由于……封建的认识方法（对于历史和人的认识方法）底观念性的结果：'叙述一件事物，必先照事物的原有顺序，依次叙述……而且每件事实，都要有因有果，有首有尾，……如新形式中的突然而来戛然而止的笔法，是绝无仅有的'，这种'直叙化'也正是在封建农村的社会基础上所形成的认识方法底限界，看人从生看到死，看事从发生看到结束，宿命论或因果报应的思想就是它底根源。"[3]民族形式的讨论，在文艺理论界引起了很大的争议。

从 1940 年底到 1941 年期间，在田汉主持下的《戏剧春秋》杂志多次组织了"戏剧的民族形式问题座谈会"。郭沫若、阳翰笙、田汉、欧阳予倩、夏衍、陈白尘、章泯等人出席并发表意见。陈白尘指出："现在中国的话剧之

---

[1]　陈思和：《民间的沉浮：从抗战到文革文学史一个解释》，《中国当代文学关键词十讲》，第129 页，上海：复旦大学出版社，2002 年。
[2]　向林冰：《论"民族形式"的中心源泉》，重庆《大公报》(1940 年 3 月 24 日)。
[3]　胡风：《论民族形式问题》，《胡风评论集》(中)，第 242 页，北京：人民文学出版社，1984年。

所以成为'非民族'的形式,是由于它的内容太多'非民族'的生活、思想与感情之故,而不是由于它没有用京戏或其他民间落后的形式来表现。"[1]阳翰笙说道:"有人认为旧戏地方戏便是民族形式,至少从这里可以找出它的中心源泉。但我同意田汉先生的意见,旧戏地方戏不就是我们今日要求的民族形式。"[2]

在解放区民族形式问题的讨论受到了政治意识的强化,并被自觉地提倡且加以利用和改造的。为了与"中心源泉"论划清界限,延安的文艺领导提出了新文化传统与民间文化合二为一的理论:"五四的否定传统旧形式,正是肯定民间旧形式;当时正是以民间旧形式作为白话文化之先行的资料和基础。"[3]在这里,有一个非常重要的问题要澄清,如前所述,就是五四启蒙主义一方面反对封建的传统文化,另一方面是对民间文化的重新整理,而在解放区对民间秧歌剧的提高和旧剧的改编就是一个民族形式问题讨论的实践。张庚的《话剧民族化与旧剧现代化》和黄芝岗《评〈话剧民族化与旧剧现代化〉》两篇文章引起话剧"民族形式"的讨论。张庚指出了今后剧运的方向:"要利用和改造旧形式不仅仅在为抗战作工具的意义上,而且在接受民族的戏剧遗产的意义上,要彻底转变过去话剧洋化的作风,使它适合于中国广大的民众。"[4]这种剧运的方向,就是延安的道路,后来也成为国家民族的途径。

话剧民族化,不仅要从"民族主义原型"、民族仪式的角度来研究,还要通过民族形式来完成。或者说,在1940年代进行民族形式的讨论之后,还要解决话剧在具体形式上的民族化问题。在这里,有一个"自我"和"他者"的问题。中国历来有一种"自我"的文化中心意识,因此往往防御性地来看待外来文化。话剧尽管已经成为中国式的命名,但是,由于话剧是舶来品,是属于"他者"的产物,似乎必须通过民族化才能完成。我们这里主要是针

---

〔1〕 陈白尘:《民族形式问题在剧作上》,《戏剧岗位》,1940年第2卷第2—3期。
〔2〕 阳翰笙:《戏剧的民族形式问题座谈会(中会)》,《戏剧春秋》,1941年第1卷第3期。
〔3〕 周扬:《对旧形式利用在文学上的一个看法》,《中国文化》,1940年2月第1期。
〔4〕 张庚:《话剧民族化与旧剧现代化》,《理论与现实》,1939年6月第1卷第3期。

对在延安时期话剧的民族化的具体进程进行分析的。

话剧民族化，不仅仅是一种"橘逾淮而枳"的自然过程，而且是一种主动转化的历史结果。从形态上说，中国的戏曲是"以歌舞演故事"（王国维语）。它的典型特征是"代言体"。从"自报家门"等方式看，它有一种叙述的形式。而话剧则是通过动作来加强矛盾冲突，从冲突中来展示情节的发展、塑造人物性格，并揭示出思想主题。也许话剧这种表达方式是外来的，因此就有一个民族化的问题。"国剧运动"是在中西戏剧的比较视野中展开的。实施者对中国传统的戏曲具有足够的素养，对西方现代戏剧又有相当的认识。这就比《新青年》派当时全盘否定传统戏曲、提倡新剧或张厚载等人反对新剧，绝对肯定传统戏曲更具有认识价值。话剧民族化，在 1920年代的国剧运动中就开始了。但是，由于国剧运动正值启蒙思潮兴盛之际，话剧民族化被认为是一种"复古"的思潮，因此，遭到了新文化思想倡导者的反对而失败了。

民族形式是一个民族的典范的精神方式，它不同于民间形式，民间形式是民族形式的基础，而民族形式是民间形式的高级形态。田汉曾经对话剧的民族形式问题展开探讨。田汉指出，我是主张学习中国老戏的活泼的分场法克服时间空间的烦琐限制的，这也正是现代舞台的精神。有些人误认为分场多的戏是电影手法，这实在是只知其一的说法[1]。他的《丽人行》就是话剧分场方法的典范。田汉的探讨是具有实践意义的。但是话剧民族化最重要的阶段是在延安时期。

张庚 1939 年在延安"鲁艺"作了一个报告，题目是《话剧的民族化与旧剧的现代化》，他指出："'五四'在文化上所作的贡献是向西方学习了许多近代的思想和技术，'五四'并没有创造出自己民族的新文化，因而也没有创造出新戏剧来。"同时他说道："话剧大众化在今天必须是民族化，主要的要它把过去的方向转变到接受中国旧剧和民间遗产这点上来。""我们学习的中心应当转移到中国自己的旧遗产上面来。"从这里可以看出，所谓话剧

---

〔1〕　田汉：《沪剧第一课》，《新闻报》（1947 年 7 月 14 日）。

艾思奇

民族化,就是向"中国旧剧和民间遗产"学习[1]。艾思奇指出:"我们的新的生活,新的工作,新的体验,要求我们要有新的文艺。这文艺不但是新的,而且是民族的,也就是大多数民众所接受的,它能被民众看做自己的东西。"他提出:"'五四'以来的新文艺运动有没有产生过能够表现我们的民族气派和民族作风的东西呢?……我们的新文艺中只有一个鲁迅达到了这样高的水准。"他接着说道:"我们需要更多的民族的新文艺,也即是要以我们民族的特色(生活内容方面和表现形式方面包括在一起)而能在世界上站一地位的新文艺。没有鲜明的民族特色的东西,在世界上是站不住脚的。"[2]在这里,张庚、艾思奇等人,都否认五四新文化的传统,认为五四"没有创造出民族的新文化","没有产生过能够表现我们民族气派和民族作风的东西",因此得出结论说:"话剧的大众化在今天必须是民族化","需要更多的民族的新文艺"。董健从启蒙立场出发,对话剧民族化提出了批评,1930年代末开始的关于戏剧民族化的讨论,常常被引向民族主义复古道路上去,鼓吹所谓"民族化",就是把"五四"以来戏剧消解"脸谱主义"的现代化方向"转变到接受中国旧剧和民间遗产这点上面来",把形式地学习传统戏曲"结构故事的方法、处理人物的方法,对话和性格典型表里相映的方法",以及"演技和导演方法"等,视为话剧民族化的主要途径[3]。

〔1〕 张庚:《话剧民族化与旧剧的现代化》,《理论与现实》,1939年6月第1卷第3期。
〔2〕 艾思奇:《旧形式运用的基本原则》,《延安文艺作品精编·理论·诗歌卷》,第80—81页,杭州:浙江文艺出版社,1992年。
〔3〕 董健:《20世纪中国戏剧:脸谱的消解与重构》,《戏剧艺术》,1999年第6期。

二、戏曲的现代化

戏曲现代化是和话剧的民族化相对应的。在这里,也有一个现代性的形态问题。戏曲是一种古典形态的艺术,这种艺术是和封建社会的意识相适应的。因此,随着现代性的进展,对戏曲的改良和改革就提到了议事日程上来了。在戏剧中,一种是京剧(当时称平剧)的现代化,京剧是一种国剧,它是一种"民族的形式"。董健指出:"以京剧为代表的传统戏曲在五四时期受了现代意识的批判之后,便路分两途:一条以梅兰芳为代表,他们在物质上利用社会现代化所提供的条件,依靠着文化传统的'心理惯性',以世俗文化的姿态占据文化市场,而在精神上与'现代化'、'启蒙主义'保持着距离,只把功夫下在京剧本身的艺术上。""另一条道路是以田汉为代表的,他极力要将以京剧为代表的传统戏曲与时代结合起来,从'启蒙'与'革命'的需要出发对其进行改革和利用。"[1]他后来又补充说:"还有一条延安的路子。延安的路子中有更多的'军事化'、'政治化'的东西,后来也有不少教训可供我们总结。"[2]

戏曲的现代化,一种是地方戏的现代化。地方戏是民间的形式,它是一种典型的"地方性知识"。中国农民对于历史和传统的认识大都是通过地方戏来获得的。地方戏在中国大约有三百多种,可以说每个地方都有地方戏,以方言为基础,这是世界上罕见的现象。孟繁树指出,我国现存的三百多声腔剧种,大部分形成于清代,而其中一些重要的声腔则是清初至中叶的产物,戏曲史上称这一阶段为花部兴起时期。花部兴起是一场伟大的造剧运动,它不仅创造了一种新的戏剧体制——板式变化体,而且创造了一大批声腔剧种。他认为归纳起来有三条途径。其一是在民间艺术的基础上进行创造。这又可以分为三种类型。第一类是以说唱艺术为母体,其

---

[1]　董健:《中国戏剧现代化的艰难历程》,《文学评论》,1998 年第 1 期。
[2]　董健:《现代意识与民族戏曲》,《剧影月报》,2002 年第 6 期。

中最典型的就是梆子腔。属于这一类型的还有沪剧、锡剧、甬剧等等。第二类是在民间歌曲的基础上形成的剧种。明清以来,在城市和乡村流行很多民歌,艺人们将其加工成小曲,称为明清俗曲。第三类是在民间歌舞基础上形成的声腔剧种。在演唱俗曲基础上形成的声腔剧种有柳子戏、女儿腔(弦索腔)、罗罗腔、卷戏、丝弦、月调等。民间歌舞在不同地区有不同称谓,诸如花鼓、采茶、花灯、彩调、秧歌等等[1]。在延安民间形式主要是以秧歌、信天游这些形式出现的。在陕北,地方戏则有秧歌、彩调、秦腔、碗碗腔、眉户戏等。

其实,从晚清的戏曲改良,戏曲的现代化就已经开始了。阿英说道:"清廷腐朽,列强侵略,各国甚至提出'瓜分',日本也公然叫嚣'吞并',动魄惊心,几有朝不保暮之势。于是爱国之士,奔走呼号,鼓吹革命,提倡民主,反对侵略,即在戏曲领域内,亦形成宏大潮流。"[2]改良新戏包括两方面的内容,一是直接取材于现实政治斗争和社会生活的,如写维新变法的《维新梦传奇》,写邹容事迹的《革命军传奇》,写女子办学的《惠兴女士》等等。由于这一类戏曲多是穿着时装表演,所以又叫作时装戏。时装新戏分为外国题材的"洋装新戏"、取材于时事新闻的"时事新戏"和采用清代服装的"清装戏"。其中著名的有京剧《新茶花》、《黑籍冤魂》、《波兰亡国惨》等。但是这一类"时装戏"和"清装戏",并不是我们后来意义上的现代戏。现代戏的真正开端应该是从延安开始的。它主要是由意识形态的方式来表现革命的历史和当代的生活。另一种是取材于历史题材借古讽今的,如写文天祥的《爱国魂传奇》,写岳飞的《黄龙府传奇》,写郑成功的《海国英雄传奇》等等。如果从题材上划分,这两类剧目实际上就是我们后来所说的现代戏和新编古代戏[3]。从辛亥革命到抗日战争前,现代戏处于消沉状态。如梅兰芳演出的《孽海波澜》、《邓霞姑》、《一缕麻》等,成兆才的评剧《杨三姐告

---

〔1〕 孟繁树:《中国戏曲的困惑》,第 92 页、第 96 页、第 97 页,北京:中国戏剧出版社,1988年。

〔2〕 阿英:《晚清文学丛钞·传奇杂剧卷》,第 1 页,北京:中华书局,1962 年。

〔3〕 孟繁树:《中国戏曲的困惑》,第 114—115 页,北京:中国戏剧出版社,1988 年。

状》，周信芳演出的《学拳打金刚》和其编写的《英雄血泪图》等。新编古代戏则有梅兰芳的《抗金兵》、《太真外传》，程砚秋的《荒山泪》、《梅妃》，周信芳的《徽钦二帝》、《洪承畴》等。

余上沅和赵太侔等人所倡导的"国剧运动"一方面试图运用西方的一些戏剧方法来改良中国传统戏曲，一方面则想采用中国传统戏曲的美学原则来转化从西方引进的话剧。赵太侔指出了改良旧剧的具体方法，他说，旧剧是歌剧，而音乐却异常简单，"实不足以表达现代人生繁复的意境和情绪"，因此，谈旧剧改革，"音乐是当头最大最难的一个问题"。他指出："西方有的是创造的方法，不论你是不是天才，照方法做去，你的作品总还看得过去，虽是平庸一点。所以具体的讲来，要救济中国的旧剧，还得借用西方的方法。"[1]借用西方的方法来改良中国传统旧剧，依然可以保持过去那种写意的、超人生的、纯艺术的基本内核，只是这种新的国剧语言、动作、音乐更具活力，更能激动人们的情绪，更富有艺术感染力。

田汉在抗战时期便编写戏曲剧本，其中有《新雁门关》、《新英雄儿女传》、《江汉渔歌》、《岳飞》等。在《〈岳飞〉代序》中他说，这些编写是为了"收非常伟大的宣传效果，在戏剧文化上的提高也必有良好成就"，同时在"写历史人物时强调群众的力量"。他的戏曲改编在当时产生了很大的影响。

而在延安时期对戏曲在现代化方面进行的改革，更是进入新文学史的视野。在延安时期，最初有"旧瓶装新酒"的现代戏《松花江上》。而后有马健翎的秦腔《血泪仇》，就是采用对比的方式，来突出"外边的百姓太可怜"和"边区的老百姓喜洋洋"。在这里，边区成了一种桃花源的象征。秦腔《查路条》不仅表现了刘姥姥的爱说爱笑的性格，也表现普通妇女是如何加入到保卫边区的生活中去的。这个剧是典型的现代戏。另外还有秦腔《官逼民反》、《刘巧儿团圆》，眉户剧《大家喜欢》等现代戏。《大家喜欢》是一个改造二流子的现代戏。李玉贞的丈夫王三宝，是一个好吃懒做的人，抽烟

---

〔1〕　赵太侔：《国剧》，《国剧运动》，余上沅编，上海：新月书店，1927 年。

赌博,而且还偷妻子的纺线,李玉贞告到妇联会和乡长那儿,边区的乡长教育王要戒烟、劳动,最终成为一个劳动模范。在这里,边区已经显示出国家的意识形态的一种功能,就是要通过运动,将所有的人纳入一种国家的体制之中。改造二流子就显示出这样的意义。

京剧在其最成熟期是一种民族形式,被称为"国剧"。在 1940 年代的延安,京剧称为平剧。在当时,改良戏曲主要就是改良京剧,当然还有地方小戏。地方小戏就是一种民间形式,而平剧是一种民族形式。对于这种民族形式采取什么方式,在当时还没有完全明确,处于一种改良阶段,因此,当时的《逼上梁山》《三打祝家庄》等就是一些成功的范例。

延安的戏剧首先表现在现代意识上,现代意识是戏剧现代化的核心。采用《水浒传》中的情节来改编,显然是有意识形态的意义的。由延安中共中央党校俱乐部大众艺术研究社集体创作,杨绍萱原作执笔,齐燕铭、金紫光、王禹明、邓泽、齐瑞堂改作执笔的戏曲《逼上梁山》,并不是对《夜奔》的简单整理,而是属于新编历史剧。新编历史剧和历史剧也不一样,它是对传统戏的一种改造。这种改造是用"历史唯物观"的观点来编写的。这个剧表现的是林冲被逼上梁山的过程,这个过程是和传统戏曲基本一致的,但是和传统的戏曲相比而言,这个剧将林冲被逼上梁山的过程,置于农民起义的大背景中,加进了贫苦农民李铁父子的一条,李铁父子从陈州逃荒到东京,因官府下令殴打灾民,辗转又逃至沧州。最后和林冲结盟,上了梁山。林冲说道:"想俺林冲,到处被奸贼陷害,又到处遇父老兄弟搭救,今后俺只有与众位同心协力推翻无道昏君,杀尽奸邪,打开生路。"在这里,《逼上梁山》不仅表现了林冲的形象,也表现了人民群众的作用,也就是毛泽东所说的"历史是人民创造的"的体现。另外还有任桂林、魏晨旭、李纶执笔的根据《水浒传》的某些章节改编的三幕京剧《三打祝家庄》,是宋江等人攻打祝家庄的故事。这个剧实际上变成了一个军事实战的战例。

新编历史剧还有魏静生编剧的新编历史剧《河伯娶妻》,是刻画西门豹驱除巫祝、破除迷信的故事,这个故事在建国之后也广泛流传。中央党校第六俱乐部编演了根据郭沫若同名话剧改编的京剧《屈原》等。《屈原》在国统区重庆上演是具有巨大影响的。毛泽东也在给杨绍萱、齐燕铭的信中提到了"郭沫若在历史话剧方面做了很好的工作"。在解放区改编的新编历史剧,也显示出戏曲现代化的某种特征。

戏曲的现代化,还表现在现代形式上。艾思奇指出:"利用旧形式的方式,首先要酌量解放了它的一些生硬不化的格律。凡是妨碍反映现实的规律的都可以大胆地放弃。旧戏的不自然的脸谱,不合时代习惯的台步,旧小说的大团圆制度,以及佳人才子的作风等,都是明显的例子。"在他看来,"我们使旧形式从生硬的格律解放,也就是把五四以来从新文艺学到的现实主义渗流到旧的传统里,譬如说,旧戏新编时我们取消了脸谱,不是就还他现实的面目了吗?"[1]戏曲作为一种民族形式,这种改革就更是一种意识形态的体现了。中国的戏曲有三百多种地方剧种,如果说这些地方剧种是从民歌发展起来的民间形式的话,那么,京剧就是由地方剧种统一起来的民族形式。京剧是在融合了徽、汉等剧种的基础上形成的。茅盾指出,当时,如何利用并改造旧形式,也是鲁艺争论的一个问题。他曾问过鲁艺平剧团的同志,他们对于这个问题有何主张与实践。平剧团的任务是改良京剧,创造新歌剧。他们把工作分为三步骤,第一期是掌握京剧的技巧,第二期是新编历史剧,作为改良和实验的过渡,第三期才是从京剧的技术中化出来,保存其精华,又加进新的成分,而完成新歌剧之创造。现在他们尚在第一、二期之间。他们说,京剧的改革不能盲目胡来,必须依照它的规律[2]。

在延安的理论工作者眼里,对于戏曲形式的看法多认为它是不适应时代的发展的。因为戏曲从形态上看,是属于一种古典的形式,随着时代的发展,必然要进行改革。孟繁树指出,戏曲艺术属于古代艺术的范畴,不具备现代艺术的品格。这是一个带有根本性的问题,它能否得到解决,将决

---

[1] 艾思奇:《旧形式运用的基本原则》,《延安文艺作品精编·理论·诗歌卷》,第84—85页,杭州:浙江文艺出版社,1992年。

[2] 茅盾:《延安行》,艾克恩编:《延安文艺回忆录》,第15页,北京:中国社会科学出版社,1992年。

定戏曲的命运。基于此,我们在思考戏曲体制和戏曲样式的改革时,必须同戏曲艺术的现代化问题结合起来进行[1]。戏曲现代化的问题,延安时期已有共识。

鲁迅艺术文学院

然而,这个问题没有那么简单。中国传统戏曲在现代之所以没有消亡,正是由于现代中国人的心理习惯和审美方式还没有根本转化;而这种戏曲文化之所以又要不断地革新,则是由于现代中国人毕竟随着时代在进步。在这里,有一个悖论:戏曲是一种传统的形式,但是要将它现代化,必然要突破原有的程式;但是戏曲又是一种程式化的艺术,突破原有的程式就有可能破坏了戏曲观众的接受习惯。随着时代的变化,戏曲的观众也希望看到戏曲的现代化。在延安时期的意识形态中,戏曲的改革是必然的,但是这种改革也会带来观众欣赏习惯的变化。在边区的战争环境中是可能的,在建国以后的和平环境中就又是一个问题。

---

〔1〕 孟繁树:《中国戏曲的困惑》,第 104—105 页,北京:中国戏剧出版社,1988 年。

第三十二章
国共内战时期的电影文化

抗日战争胜利以后的中国社会,百废待兴,电影业也开始复苏。在国共内战、国民党政府垄断、控制电影业的复杂背景下,国统区电影仍在形式与艺术上臻于成熟,达到中国电影史上的一个高峰。

一、电影文化的复兴

1945 年到 1949 年建国期间,中国电影一方面延续了自五四新文化运动、1930 年代抗日战争以来确立的现实主义传统,对社会现实表现出极大的关注与批判;另一方面,优秀电影人士的丰富技艺得到充分发挥,产生了一批出色影片。

据统计,1945 年 10 月至 1948 年 10 月的中国电影有 162 部,对当时社会产生较大影响的优秀电影有:

    1. 民营制片机构昆仑公司出品的:《一江春水向东流》、《三毛流浪记》、《乌鸦与麻雀》、《八千里路云和月》和《万家灯火》等。

    2. 民营制片机构文华公司出品的:《小城之春》、《太太万岁》、《哀乐中年》和《艳阳天》等。

    3. 政府制片系统包括"中电"一厂、二厂、"长制"等出品的:

《天堂春梦》、《遥远的爱》、《松花江上》、《幸福狂想曲》、《乘龙快婿》、《还乡日记》和《夜店》等。[1]

这些电影既有表现抗战时期农村和农民抗战的乡土题材,也有表现市民阶层、知识分子的城市题材,以及经历八年战火横跨农村、城市的"史诗"巨制,题材广泛,揭露了社会现实,表达了对自由民主的追求。在电影艺术手法上,中国电影经过二十多年的制作经验积累,以及吸收西方电影技巧,形成丰富的镜头语言,能够熟稔运用长镜头、特写镜头等来表现创作立场和创作意图。在电影叙事层面,能够运用各种蒙太奇将不同的时空对接,展现出波澜壮阔的社会历史图景,增加电影的叙事容量和批判力度。

对比 1945 年以前年均出品七十至九十部电影的产量,国共内战时期的电影每年约五六十部,在产量上有所减少。受政治局势不稳定、经济萧条、通货膨胀等因素的影响,电影拍摄成本过高,资金和资源极其匮乏。此外,政府垄断电影业,实行严格的审查制度,阻碍了电影业的自由发展,但这并没有减缓庞大的电影市场对电影的需求。据《文汇报》记载,在 1946 年上海仅仅首映了 13 部中国电影,而好莱坞电影却有 352 部之多[2]。显然,这与好莱坞电影的严重倾销有关,不利于中国电影的发展,同时也从侧面反映出当时的都市文化生活主要内容还是电影,电影有充分的发展土壤。

事实上,中国电影市场最早是在成熟的戏曲市场上发展起来的,早在 1920 年代,中国无声电影已经有不少观众,1930 年代中国有声电影的上映更吸引了一大批观众。经过二十多年的发展,电影已经成为都市文化不可或缺的一部分。抗战期间,电影也成为进步文化人士宣传抗战、教育民众的重要工具。战后国统区不断壮大和成熟的市民阶层成为电影消费的主体。据统计,从 1947 年 10 月至 1948 年 1 月,影片《一江春水向东流》连映

---

[1] 周星:《中国电影艺术史》,第 120 页,北京:北京大学出版社,2012 年。
[2] [美]傅葆石:《双城故事:中国早期电影的文化政治》,第 221 页,北京:北京大学出版社,2008 年。

三个多月,观众多达 712 874 人次,继 1934 年蔡楚生编导的《渔光曲》之后,再次创造了国产电影片卖座的最高纪录[1]。

这一时期,进步电影在思想上和艺术上都有很大突破,在社会上产生较大影响。《一江春水向东流》、《八千里路云和月》、《万家灯火》和《还乡日记》等电影延续了五四新文化精神,走向现实主义的新高峰。一批进步电影人士继承五四新文化运动以及抗日战争以来确立的现实主义传统,电影表现社会现实,揭露社会黑暗,展现出自由民主的倾向,具有强烈的现实批判性。这些中国电影一方面有对中华民族十四年抗战艰辛历程的描述,表现国人家破人亡、流离失所的惨痛经历和心灵创伤,同情底层人民,具有人道主义关怀;另一方面,电影揭露战后国民党政府腐败,"劫收"人民财产,官僚资产阶级大发国难财的社会现实,伸张社会正义,表现出对平等自由等民主精神的追求。可以说,民族民主主义是这一时期中国电影的突出主题。

这些影片在当时引起很大轰动,尤其是《一江春水向东流》上映时出现了"成千上万人引颈翘望,成千上万人踏进戏院大门"的壮观场面。中国人民经历了十四年抗战,成千上万人家破人亡、流离失所,战后国家还没重建就卷入国共内战的漩涡中,局势动荡,经济萧条,民不聊生。影片将小人物乱世浮生的悲剧展现在银幕上,在家庭伦理叙事中融入国家民族情怀,既

---

〔1〕　李道新:《中国电影文化史(1905—2004)》,第 210 页,北京:北京大学出版社,2005 年。

有对人事沧桑的感怀,也有对社会黑暗的抨击,更有对美好生活的向往,引起人们深深的共鸣和同情。这些影片在抨击社会黑暗现实,引起人们与黑暗作斗争的同时,疗救战后人们的心理创伤,从政治化角度看待家国,关注民生。在政治化的关怀下,无论生活多么艰难,人们都会看到邪不能胜正、光明总会到来的希望。

这一时期中国电影的另一个重要主题是五四新文化情怀的回望与时代阐发。新文化运动传播了西方民主、自由的思想,也塑造了中国现代知识分子的自由主义思想。《八千里路云和月》《小城之春》《万家灯火》《还乡日记》和《天堂春梦》等塑造了江玲玉、高礼彬、章志忱、周玉纹、胡智清、老赵夫妇等小人物形象,他们面临生存和精神的两方面困境。他们受到社会不公平待遇,在黑暗中处处碰壁,但仍继续追求个性解放和个人抒情。最典型的如《小城之春》,以象征的手法走向另一种现实主义,反映了一代知识分子在大时代背景下的彷徨苦闷和艰难抉择。电影用象征和隐喻的手法表现了西方文化对中国传统文化进行"疗伤",既非全盘反对中国传统文化,也不是全盘西化,而是中西文化的沟通与结合,最终使中国走向民主与科学之路。可以说,以《小城之春》和《万家灯火》为代表的电影延续了五四新文化运动中知识分子的个性解放传统,他们寻求新的出路,在十字路口彷徨苦闷的心境,正是战后成千上万小市民和知识分子的文化情绪,同时也对建立一个自由民主国家充满希望,顺应了民族民主的时代潮流。

二、现实主义电影的民族、民主主题

中国近现代历史是一部民族与民主革命斗争的历史,一方面对外反对民族压迫,实现国家独立,另一方面对内推翻封建主义和官僚资本主义,实现自由民主。《一江春水向东流》《八千里路云和月》《乌鸦与麻雀》《还乡日记》和《天堂春梦》等电影走向现实主义的新高峰,一方面批判战争对国家和人民的巨大伤害,追求民族独立;另一方面揭露战后国民党政府腐败、民不聊生的社会现实,抨击社会黑暗,伸张民族正义,延续了中国近现代民族民主的战斗史,顺应了自由民主的五四新文化传统。

《一江春水向东流》由蔡楚生、郑君里编剧和导演,于 1946 年开拍,1947 年 10 月在上海公映。影片分上集《八年离乱》和下集《天亮前后》,汇集了当时昆仑影业公司的一批知名演员,如白杨、陶金、上官云珠、舒绣文、吴茵等均参与主演。《一江春水向东流》被世界影人誉为"中国电影史上一部史诗般的影片"。影片以广阔的社会时空为背景,用一个家庭在抗战前后将近十年的命运遭际折射出一段重要的中国历史,具有强烈的现实批判性和巨大的感染力。上集讲述上海女工素芬认识了进步的爱国青年张忠良,两人相爱并结婚。一年后,抗日战争爆发,忠良参加救护队,随军转移,素芬带着婆婆和刚出生不久的儿子回到家乡。忠良在南京险遭敌人枪杀,又在宜昌被俘,与外界失去联系。不久,家乡沦陷,忠良之弟张忠民参加抗日游击队,父亲被日军害死。素芬遂带婆婆和儿子逃回上海,随后在难民收容所工作。忠良逃出日军魔掌,辗转流落到重庆,却不被组织接纳,流落街头。不得已向著名交际花王丽珍求助,随后在王丽珍干爹庞浩公的贸易公司谋得一职。忠良刚开始对公司的腐败习气极为反感,但在王丽珍的拉拢和物质的诱惑下,与其同居,过上奢靡的生活。此时,素芬带着婆婆、儿子在上海过着艰辛的生活,镜头在上海与重庆、贫困与奢靡之间通过对比的手法反复切换。这种蒙太奇手法一方面凸显了社会的不公,另一方面表现了妻子的贤惠和丈夫的忘恩负义,将伦理与政治缝合在一起。简言之,影片传达的思想是个人对伦理道德的背叛与对国家民族的背叛是一致的。

下集的张忠良在公司当上秘书,周旋于商人掮客之间,成了投机能手。抗战胜利后,忠良回上海接收,住在王丽珍的表姐何文艳家,与之勾搭成奸。素芬为生活所迫,去何家当女佣。在何家宴会上,素芬认出跳舞的男人竟是自己的丈夫,失手打落杯盘,混乱中逃回家。张母知情后携素芬母子来找张忠良,迫于王丽珍的淫威,忠良不敢认素芬母子。最后,受尽屈辱的素芬在绝望中投江自杀。影片将民族灾难与小人物的命运结合在一起,既针砭现实,揭露社会黑暗,也传达了浓厚的伦理之情,引起战后观众的共鸣。一方面,抗战时期,素芬一家的悲欢离合同时也是成千上万家庭的缩影,许多人经历了国破家亡的惨痛。电影将沉重的战争灾难、民族灾难直观地展现在银幕上,堪称一部民族史诗。另一方面,影片在描摹沦陷区底层民众民不聊生状况的同时,也叙述了后方重庆浮华奢靡、纸醉金迷的上层社会生活,形象地刻画出庞浩公、张忠良等人大发国难财的丑恶嘴脸,揭露了当局名为"接收",实为"劫收"的恶劣行径。

1945 年日军宣布投降,国民党政府军队处于大西南,便制定各种措施派出大批军政人员奔赴收复区抢先"劫收"。各级接收人员以接收敌伪财产为名,任意抢夺、侵吞、贪污、勒索民众财产,将深受战火摧残的人民推向绝境。同时,国民党政府通过法币兑换的方式变相掠夺人们手中仅存的财产。相关资料指出:"为了最大限度地攫取民财,膨胀官僚资本,聚敛内战费用,国民党政府以低于实际比值数倍的比率,强迫广大收复区人民以 200元伪币兑换 1 元法币(当时伪币与法币购买力的实际比值仅为 25:1)。这种洗劫式的兑换,对于收复区的中产阶级'几乎近于没收'了他们的财产,而对于长期饥寒交迫的广大劳动人民来讲,则愈加贫穷如洗,'不得聊生'。"搜刮民脂民膏后,国民党官员则大肆挥霍,穷奢极欲。《大公报》指出:"'重庆人'在收复地区的主要工作是四件,一是做衣服、找房子,二是弄汽车,三是买黄金,四是找女人。"[1]《一江春水向东流》中对庞浩公、张忠良的刻画形象地表现出国民党"劫收"人员的丑恶嘴脸。这一时期的其他电影如《八千里路云和月》、《乌鸦与麻雀》、《还乡日记》和《天堂春梦》等无不将战后国民党政府腐败、劫掠人民的黑暗现实在银幕上表现出来,具有强烈的讽刺性和批判性。

国民党政府"劫收"不仅大肆掠夺人民财产,还给遭受战争破坏的社会生产带来毁灭性的打击,相关资料指出:"1947 年国民党统治区的工业产量较抗战前的 1936 年下降 10%;农作物产量 1946 年较抗战前减少 8%—

---

[1] 崔广陵:《"劫收"与国民党政权在大陆的迅速覆亡》,《党史研究与教学》,1994 年第 2 期。

12％,1947 年则减少 33％—44％。生产的连年大幅下降,导致经济萧条、凋敝,使国民党政府的财政收入锐减。而这与全面内战爆发后国民党政府那庞大的军事费用及行政费用的需求形成尖锐矛盾。"〔1〕结果是农村经济破产、工厂倒闭、工人失业。电影中素芬及其婆家的艰难生活再现了战争及战后经济萧条、民不聊生的生存困境,平民百姓在前方遭受战火蹂躏和社会剥削,一些人在后方大发国难财,批判了社会的不公。

《八千里路云和月》剧照

《八千里路云和月》讲述爱国青年江玲玉和高礼彬作为演剧队员在抗战期间辗转各地积极演出、宣传、战斗,战后却面临物价飞涨、生活无以为继的艰辛历程;而做投机生意,靠"劫收"大发横财的周家荣们却过得逍遥自在。影片具有高度写实性,爱国青年积极投身抗日却一贫如洗,官僚资产阶级劫掠百姓财产,大发国难财,二者形成鲜明对比,将社会的不公、官僚阶级的腐败淋漓尽致地表现出来。同样,《还乡日记》和《天堂春梦》等电影也描写了充满民族正义感的小人物在战后的艰苦生活,而大发国难财的"劫收"人员却占有一切,抨击了社会的黑暗和不公。

这一时期的电影除了采用纪实性手法冷峻地表现社会现实以外,还讲述大时代背景下小人物无可奈何甚至令人啼笑皆非的际遇,揭露和抨击社

〔1〕　崔广陵:《"劫收"与国民党政权在大陆的迅速覆亡》,《党史研究与教学》,1994 年第 2 期。

会黑暗的同时,表现出人道主义关怀。

《乌鸦与麻雀》由陈白尘等编剧,郑君里导演,昆仑公司于 1949 年摄制,影片通过上海一幢房子里不同住户的际遇形象地再现国统区的社会景象。"乌鸦"是以侯义伯为代表的国民党军官的象征,他强行霸占新四军家属孔有文的一幢房子,将二楼留作外宅供姘妇余小英居住,其余房间租给以小商贩肖老板、教书先生华洁之、校长等为代表的"麻雀"世界,"乌鸦"与"麻雀"的冲突,"麻雀"世界内部的矛盾形象地展现了国民党政府与小市民的斗争,是当时社会的缩影。影片抨击了国民党政府对人民的劫掠使社会生产凋敝、民不聊生的罪恶行径,对底层人民寄予深深的同情。与此同时,影片还讲述了学生运动、小市民与国民党军官斗智斗勇的情节,表达了当时人们争取自由的民主意识。影片的大团圆结局也寓意着黑暗终将灭亡、光明即将到来的希望,具有典型的时代特征。

上述影片通过对社会黑暗的揭露与批判,对自由民主的追求,将家庭伦理与民族国家诉求紧密缝合在一起,凸显一种民族民主的意识。这种关怀是将政治伦理化,对家庭伦理、美好生活的追求也正是对民族主义的追求。与此同时,在民族主义的观照下,个人的力量不再渺小,个人与国家和民族共同进退,在艰难的环境下仍有走向光明的希望。

三、新文化情怀的回望与时代阐发

在民族民主主义斗争的大背景下,敏感的知识分子既有追求个性解放的觉悟,也有乱世中对民族与个人命运的忧思。五四作家作品对小人物命运的关注,对知识分子的同情在这一时期的电影中得到再现,是知识分子经历战乱后的一种文化情绪表达。

电影《万家灯火》讲述战后各阶层的生活现状,塑造的小人物形象具有典型性。该片于 1948 年由昆仑公司出品,阳翰笙、沈浮编剧,沈浮导演。影片以白描式的手法讲述职员胡智清一家的生活变迁,描绘出抗战后国民党统治区底层人民、小市民阶层的生活现状,揭示人民流离失所、物价飞涨、民不聊生的黑暗现实,具有强烈的现实批判性。影片塑造的人物具有很强的代表性,小市民胡智清正直善良,却处处遭受排挤,在社会中艰难生存。反对上司秘密经营美钞被解雇,捡到钱包交还失主却被诬陷,同时,他也有知识分子爱慕虚荣、要强的缺陷,他让家乡的亲人误以为自己在上海住高楼大厦,结果母亲拖家带口投奔他,生活在一起后,婆媳矛盾频发,终于导致家庭破裂。在动荡不安的社会,以胡智清为代表的小市民的命运也是千千万万中国人悲惨命运的缩影。影片最后一句话"不是你们不对,是这个年头不对"点明了悲剧的根源。

胡智清的形象与巴金写于 1940 年代的小说《寒夜》中的主人公汪文宣有异曲同工之处。汪文宣是一个善良、胆小、懦弱的知识分子,他从一个追求个性解放、自由平等的青年,经历了社会黑暗、生活困苦之后,变成一个脆弱敏感的庸人。通过汪文宣的命运揭示了不合理的社会制度对知识分子的摧残,而知识分子对个性解放、自由民主的追求离不开民族的独立、民主的实现。简言之,胡智清、汪文宣等小人物在乱世中沉浮的悲剧人生延续了五四新文化对知识分子命运的思考。他们的处境照见了社会的黑暗对知识分子人性与人格的扭曲,也抨击了不合理的社会,表达出对自由民主国家的追求;另一方面,通过对这些人物形象的塑造也对知识分子的懦弱——亦即巴金所说的"作揖哲学"进行了批判与反思。与此同时,这些小人物的命运折射出一代知识分子在乱世中对民族国家未来的忧思,是新文化情怀在 1940 年代的回望与阐发,表明他们继续追求个性解放和个人抒情的文化情怀。

对知识分子命运的思考在费穆导演的《小城之春》中有集中和深刻的阐发。该片 1948 年由文华影片公司出品,李天济编剧。影片上映后引起争议,褒贬不一,但在当下,其思想和艺术价值却受到海内外电影界的高度评价,认定为中国早期电影的经典之作。

影片讲述经过十四年抗战后的一座南方小城,乡绅戴礼言和妻子周玉纹、妹妹戴秀、仆人老黄在一个破败的老宅中过着一成不变的生活。戴礼言重病在身,每日在惋叹和自责中度日,妻子周玉纹与丈夫关系冷淡,每日买菜、绣花,独自去城墙散心。这种沉闷的生活被礼言的一位朋友、青年医生章志忱的闯入打破了。原来他既是礼言的同窗好友,也是玉纹昔日的恋人。两人的爱情在一次次城墙上的约会中得到复燃,但因道德的束缚,处在痛苦的挣扎中。在戴秀十六岁的生日晚宴上,玉纹和志忱都喝醉了,他们流露的情感被礼言觉察,礼言决意服安眠药自杀以成全他们。经过志忱奋力抢救,礼言活了下来,玉纹在自责中选择与丈夫重新生活,志忱在一个春日的早晨离开小城。来年春天,礼言病愈,与妻子登上城墙眺望远方。

这部电影没有波澜壮阔的情节,时代背景也不明晰。整座小城只有一户人家,坍圮的老屋,断壁残垣,小城里的人物也安静内敛。电影大量运用旁白、中景镜头、溶镜等各种镜头语言,表现了人物的心理活动,情感含蓄且克制。

影片《小城之春》犹如一首隐晦的古诗,处处充满象征意味,透出难以言说的忧郁与感伤。小城是一座大荒原,城墙残破,房屋坍塌,杂草丛生。而人却日复一日地生活在这废墟中,精神空虚,内心空洞,病体在身,无力修复废园。显然,废园是家国的象征。经历十四年抗战、三年内战摧残的国家也如这废园般,残砖烂瓦,一片狼藉。家道中落、空虚寂寥的悲怆是以戴礼言为代表的传统知识分子的悲惨遭遇和真实心境。作为一位传统知识分子,他对家国肩负责任感,但却患上知识分子的"通病"肺炎,身体和精神的软弱使他没有能力重振家业、保卫家国,只能在沉重的内疚中悲观度日。他说:"祖宗留下的祖业,到我手里都毁了。"对妻子他也抱有深深的歉疚,认为妻子不值得为他牺牲,应该追求自己的幸福。

影片另一个独特意象是反反复复出现的断墙。断墙是周玉纹抒发情怀的地方,也是她心境的象征。那堵墙既代表她失落的爱情,也代表她不圆满的婚姻生活,更是她眺望远方、憧憬未来的寄托。与此同时,断墙也充当了主人公发展、重温旧情的场所,给他们提供一个相对隐蔽、私密的空间。断墙见证周玉纹的心路历程,是离开这个衰败的旧家庭(旧世界),还是跃到墙外的新世界? 女主人公面临的选择也是一代知识分子在1948年这个特殊岁月的犹豫与彷徨。在剧变的大时代中,知识分子究竟何去何从?

《小城之春》具有鲜明的时代性,再现了一代知识分子面临的艰难抉择。1948 年是一个特殊的年份。作家沈从文 1948 年在《致吉六》里说:"大局玄黄未定……一切终得变。从大处看发展,中国行将进入一个崭新时代,则无可怀疑。"[1]究其原因,是 1948 年元旦毛泽东在《目前形势和我们的任务》中宣布:经过 17 个月的较量,中国共产党领导的中国人民解放军已经打退了得到美国支持的蒋介石数百万军队的进攻,并使自己转入反攻。……这是一个历史的转折点,也是蒋介石的二十年反革命统治由发展到消灭的转折点,更是一百多年以来帝国主义在中国的统治由发展到消灭的转折点。"毛泽东的文章就这样把一个无可怀疑的'历史巨变与转折'推到中国每一个阶级、党派、集团,每一个家庭、个人面前,逼迫他们作出自己的选择,并为这选择承担当时是难以预计的后果。"[2]传统的知识分子对家国负有责任,正如玉纹对自己的丈夫负有照顾的责任,但选择会带来什么后果,却难以预料。在这个人生(信仰)的十字路口,玉纹的彷徨和苦闷也是一代知识分子普遍的心境。

在影片的高潮部分,礼言感受到代表西方现代文化的章志忱对他产生强大的威胁,为了成全妻子和朋友的自由恋爱,决意吞药自杀。这是传统文化对现代西方文化的让位,也是传统文化走向没落的隐喻。最终,志忱用西医、玉纹和妹妹用伦理情感拯救了礼言,喻示着中西方文化的深入沟通,共同走向民主与科学的道路。

影片以代表西方现代文化的章志忱离开小城作为结局,纷乱的情感终于得到平息,小城也随之回归宁静。出于内疚和责任,玉纹放弃爱情选择留下,当她与病愈的丈夫眺望远方时,镜头并没有出现远处的风景,只有他们伫立在风中的单薄身影。换言之,远方并没有看得见的美好,身后的断壁残垣有待重整旗鼓。这里反映出经历了十四年抗战、三年内战,国家满目疮痍,民生痛苦不堪的社会现实。尽管知识分子贫穷软弱,不如工农大

〔1〕《致吉文——给一个写文章的青年》,《沈从文全集》(18),第 519 页,太原:北岳文艺出版社,2002 年。
〔2〕钱理群:《1948:天地玄黄》扉页,第 4 页,济南:山东教育出版社,1998 年。

众般拥有力量,但知识分子有民族精神且具有追求民主的进步意识,能够引领社会向正常道路发展。用西方文化对中国传统文化进行"疗伤",祛除病症,走向民主与科学之路,这是一代知识分子重建家国的渴望与希望。

影片表达知识分子经历了挫折与困厄,仍坚定追求自由民主的信念。片名"小城之春"说明小城将迎来春天,一语双关,寓意废墟上充满新的希望。在人物结局设置上,章志忱出走、戴礼言病愈、周玉纹与丈夫和解也说明知识分子终须振作起来,追求自己的幸福。五四新文化个人主义的激情、追求自由民主的解放思潮虽然不再是年轻之态,但毕竟还对人们有鼓舞作用。电影的文化精神呼应了整个时代精神,对建设一个自由民主的现代国家满怀憧憬与希望。

《小城之春》剧照

第三十三章
战争年代国民化的宗教文化

战争使得所有国民的生活秩序面临着巨大改变,宗教在中国作为国民生活中边缘化的文化形态,面临着战争的情况下更加举步维艰。但作为文化现象,宗教仍然显示着顽强的生命力。与战时主流文化相趋近,与民族民主运作相趋合,是这时期宗教文化的重要特征。

一、基督教文化的本色化

自二十世纪二三十年代以来,一个值得注意的现象是,经过西方来华传教士一个世纪的努力,与宗教教育相结合的文化传播及发展,使得中国本土的基督徒知识分子已经蔚为大观,并且成长成为基督教在中国本土传播发展的一支更为重要的力量。这一批基督徒知识分子,与来华传教士的最大区别,正在于由于国家和民族身份的区别,使得他们的视角更倾向于他们谙熟的中国本土文化,中国国情和中国文化,甚至包括佛教在中国的生根开花结果。这些知识分子在信仰基督教之前,其宗教信仰前视野,其实更多是渗透到中国人日常生活习俗之中的中国佛教,他们多数人是在清末佛教极度衰败之时改信基督教,然而当五四新文化运动中的科学思潮和非基督教运动的冲击,更兼佛教界的"人间佛教"运动的复兴,他们中的一部分人在二三十年代或者又抛弃了对基督的信仰而回过头来崇奉佛陀,或者耶佛同奉,尝试融会贯通展开"耶佛对话"。这是中国二十世纪初特有的一种探寻信仰时重蹈覆辙而又左右迁移的现象。

当然,还有一些著名的中国基督徒知识分子,他们坚信基督教对于中国文化转型的巨大力量和意义,他们积极支持中国教会"本色化"发展,从而更好地让基督教信仰元素融入中国文化,同时达到中华民族自治、自觉的重要自我意识觉醒。新文化运动提倡的凡事不盲从的批判精神以及自1922年开始的非基督教运动,使得教会中的有识之士更加深刻地反省中国教会本身存在的问题,努力探索使中国教会真正成为中国人自己的教会的路径。其中明显的标志是1922年5月召开的基督教全国大会上第一次正式提出的"中国教会本色化"问题,大会通过的《教会宣言》可以视为中国教会最早的本色化宣言,为中国教会在理论和实践上探讨本色化奠定了基础。在此宣言中,有几点尤为重要:"三,我们对于西来的古传,仪式,组织,倘若不事批评,专做大体的抄袭,卑鄙的模仿,实在是不利于'中华基督教'永久实在的建设,这是我们教会通报的公意。……六,所以我们请求国内耶稣基督的门徒,通力合作。用有系统的捐输,达到自养的目的。由果决的实习,不怕试验,不惧失败,而达到自治的正鹄。更由充分的宗教教育,领神的栽培,及挚切的个人传道,而达到自传的目的。……七,我们宣告时期已到,吾中华信徒,应用谨慎的研究,放胆的试验,自己删定教会的礼节和仪式,教会的组织和系统,以及教会布道及推广的方法。务求一切都能辅导现在的教会,成为本色的教会。"[1]在当时,所谓"本色化"就是包含以上三个方面:"合一、本色、成圣。"也就是取消各教宗教会名称,如公理宗、长老宗、信义宗、浸礼宗等教宗及浸信会、伦敦会、瑞丹会等支派,统一于中国基督教协进会;同时自治、自养、自传,由中国人主持教会的一切事务,在经济、人才及物力等方面自给自足;在神学方面,鼓励改革宗教礼仪,重新诠释基督教义,加快基督教文化与中国固有文化的融合。出发点都是为了改变基督教的"洋教"形象,以适应教众的爱国情绪及参与社会运动的要

---

〔1〕 转引自王治心:《中国基督教史纲》,第218页,上海:青年协会书局,1940年。

求。大会结束后,教会的一些刊物,如《生命月刊》、《真理周刊》等热衷于探讨本色化问题,如本色教会是什么,为什么要有本色教会,如何创造本色教会等。在大会精神的鼓舞下,1923 年,中国基督教协进会还成立了本色教会委员会。在当时整个中国社会重大转型的关键时刻,许多基督徒知识分子并没有对基督教持"置之度外"的态度,反而以一种批判性审视的姿态吸引了人们对基督教的关注和好奇,基督教教会内部也逐渐有了积极意向的问题意识,意欲重新思考基督教在中国的定位。从 1920 年代开始发展的"本色化"思考,到了 1930—1940 年代,逐渐形成了较为深入全面的探讨和实践。

　　这一时期,不少中国基督教思想家赵紫宸、吴雷川、王治心、谢扶雅、诚静怡、刘廷芳、徐宝谦等,以"基督教与中国文化"为主题展开讨论、探究,著书立说,使基督教文化与中国文化的对话达到了相当深化的地步。从 1920 年代到 1940 年代中国教会的著名传教士,历任中华全国基督教大学委员会主席、中华基督教教育协会主席刘廷芳(1891—1947),就认为不能把"新文化运动"对基督教的这种"冲击"视为对教会的致命打击或根本否定,而是应将其视为一种"刺激",激发基督教更深地思考其所遭遇非难的根本原因,及其可能带来的革新的契机和复兴的动力。刘廷芳在积极支持中国教会"本色化"发展时也主动让基督教的信仰元素能更好地融入中国文化:"目前国内急剧变化的局面正需要本色教会的建立,去传播本色化的基督教。这种基督教的信息,不单与传统的教会联系起来,而且同时顾及中国民族的精神遗产。"[1]"本色化"实际上来自于两种文化在冲突碰撞中实现真正的对话,既要有脱离洋教意味而成的"中国意识",也要为中国的发展和强盛而提炼、吸收基督教从西方带来的有益成分。

　　另一位为基督教本色化做出极大贡献的是被誉为向东方心灵诠释基督教信仰的首席学者赵紫宸,作为中国二十世纪最具影响力的神学家之一,中

---

〔1〕 刘廷芳:《为本色教会研究中华民族宗教经验的一个草案》,《真理与生命》,第 1 卷第 7 期,第 185 页,北京:青年书社,1926 年。

国处境化神学的早期缔造者,也是中国系统神学的最早倡导者,他在本时期发表了《基督教与哲学》、《灵障篇》、《金陵神学志》、《新时代的基督教信仰》、《从中国文化说基督教》、《教会的体用与其必要性》、《基督教进解》、《神学四讲》、《基督教教会的意义》、《基督徒职业的召命》和《中国基督教教会改革的途径》等论文。尤其是《神学四讲》中,他倡导要用中国人的方式在中国诠释福音,表达中国人的身份,是自然地与中国的境况相符合。他指出:"我们讲基督教的思想,讲神学,并不是在真空里讨论生活。我们有我们的背景,有我们的环境。我们住在中国,有中国的文化背景,有中国的社会环境。作讲解,一方面要与文化背景发生接触,与这社会发生联系;一方面,要说明基督教自身的性质。"在他看来,本色化从根本上就是使教会适应环境,适合中国的处境,适合中国的教会,使中国基督徒的宗教生活适合中国民情,不致发生隔阂。赵紫宸在总结以往西方传教士在中国的经验教训时认为,体现中西文化结合的中国基督教神学发展不能只是满足于二者的"形似",而应努力达到"神似"。"勉强戴上儒冠,穿上道袍,蹈上僧鞋的绝对的不是本色教会,也绝对的不是所谓'本色基督教'。"〔1〕"从这两种知见,中国基督徒乃觉悟基督教本真与中国文化的精神遗传有融会贯通打成一片的必要。基督教的宗教生活力可以侵入中国文化之内而为其新血液新生命:中国文化的精神遗传可以将表显宗教的方式贡献于基督教。基督教诚能脱下西方的重重茧缚,穿上中国的阐发,必能受国人的了解与接纳。"〔2〕

而王治心则发现,基督教传入中国因西洋的遗传、风俗、文化思想尽量浇灌,绝对吸收不到中国文化和思想的滋养,所以至今穿一身洋装,被视为洋教,故此需要将此种子种在中国文化和思想里。谢扶雅也在《基督教新思潮与中国民族根本思想》一文中分析了西方传教士在中国的传教事业并不成功的原因,主要是"他们所宣传的,不尽是真正的耶稣之道,更少有理

---

〔1〕 赵紫宸:《基督教与中国文化》,转引自张西平、卓新平编:《本色之探——20 世纪中国基督教文化学术论集》,第 6 页,北京:中国广播电视出版社,1999 年。

〔2〕 赵紫宸:《基督教与中国文化》,转引自张西平、卓新平编:《本色之探——20 世纪中国基督教文化学术论集》,第 1 页,北京:中国广播电视出版社,1999 年。

解中国的根本文化,而能秉着耶稣'成全律法'的精神,来从事宣教的"[1]。

1930至1940年代,由于抗战及解放战争等原因,教会在与社会结合方面也有很大进展,例如抗战时期许多爱国基督徒救济难民、抵制日货、组织抗日演讲会等。中国教会还利用各种机会,不断向国际社会揭露日本帝国主义在华犯下的种种暴行,以取得国际社会的同情与支持。与此同时,一些基督教青年学生还主动参加边疆服务工作。凡此种种,逐步改变了基督教在国人心目中的形象。

二、佛教文化的世俗化

1930至1940年代人间佛教的勃兴,带动整个佛教界视野的下放,其中一个重要的表现就是佛教文化的世俗化走向。自1937年《海潮音》开始出人间佛教专号,浙江缙云县出过小型《人间佛教月刊》,后慈航法师在新加坡办过《人间佛教》,借由这些倡导"人间佛教"的刊物,佛教界积极地介入到现代化中国的文化建设中。正如太虚所言:"人间佛教,是表明并未教人离开人类去做神做鬼,或皆出家到寺院山林里去做和尚的佛教,乃是以佛教的道理来改良社会,使人类进步,把世界改善的佛教。"

1. 佛教徒民族意识加强

抗日战争时期日本军国主义的罪行,激发了中国人民民族意识的觉醒,抗日浪潮席卷华夏大地。中华民族的觉醒运动,拉近了中国佛教界与社会的距离,高涨的民族热情和民族国家意识传播到寺院,越来越得到佛教徒的认可。

民族主义要求人们以国家利益为主,必要时应该牺牲自己的利益来服务国家。在抗日时期的中国,民族主义具体表现为中国人民对国家的热爱,对外抵抗日本军国主义的入侵,具有强烈的爱国主义热情。在民族主

---

[1] 谢扶雅:《基督教新思潮与中国民族根本思想》,《青年进步》,第3页,上海:开明书店,1925年。

义思潮的影响下,一些佛教徒开始把佛教和国家的未来以及命运结合起来,关心社会、政治乃至军事形势的发展,意识到佛教徒有义务承担社会、国家和民族的责任。太虚大师认为当时中国的国难已严重到极点了,指出爱护国家是佛教青年的本务之一,佛教青年应该积极奔赴国难,支持抗日事业。太虚大师向人们澄清佛教与国家的关系,消除人们对佛教的误解,强调了佛教护国的因缘。1936 年 3 月,当时任《海潮音》主编的大醒法师在上海会见了一些佛教界知名人士。谈话之间,他们讨论了国难期间,佛教徒是否要尽相当的责任。大多数人都认为应尽自己的责任,为国效力。大醒法师认为佛教徒不可以忘记现实的世界,忘记佛教徒爱国护国的工作,希望广大的中国佛教徒,要把眼光放远点,发起利人利世的大心,做一个大乘菩萨样子的"匹夫",在国难中尽自己所能,为国家服务。国家保护着每一个公民,所以每一个人皆受恩于国家,人们无法在一个混乱动荡的社会中好好生存,故有国家机器来统治和管理人与人、与社会、与国家之间的关系,只有这样,社会才能安定,人们的生活才能平安。因此,佛教徒应有爱国护国的民族主义思想和行为,作为对国家之恩的回报。佛教革新运动中提倡的人间佛教思想,强调佛教徒是中国公民的身份,推动佛教的社会参与,也在一定程度上加强了佛教徒的民族意识。

国难当前,中国佛教界的一些有识之士认为佛教徒应该把国家利益放在第一位,尽快转变角色,树立佛教徒爱国爱教的形象,指出"护国就是护教,任何反对或阻碍护国的言行就是在破坏佛教",使佛教徒的民族意识大大提升。《佛海灯》主编拟推出"僧伽护国专号",发出一则通告:"我辈僧伽,既属国民分子,对此国难当头,自有护国救民天职;故恭请同学,各将平日爱国赤诚,及其意见,可尽量发挥成文,借此机会公诸社人,以有鉴我之心也。"通告出现在众多的佛寺和佛学院中,得到了广泛关注,《佛海灯》收到了很多佛教徒表达爱国护国理念的文章,"僧伽护国专号"也顺利出版发行,并把宗旨定为"唤醒醉梦之僧伽,一致救国、护国"。另外,震华法师编写《僧伽护国史》,宣扬佛教爱国爱教的理念。书中列举大量历史和传说中僧众伸张正义、参加战争的事例,主张佛教徒作为中国公民,既受国家的保护,故有爱国护国的义务,进一步说明佛教与政治的关系。《僧伽护国史》的出版给中国佛教界极大的震撼,激励了一大批佛教徒投身抗日救国的运动中去。佛教与社会的关系越来越紧密,佛教逐渐融入社会,越来越多的佛教徒关心社会现实,关心战局形势。1937 年,中国佛教提出佛教徒参加抗战的意义,中国佛教界一些有识的青年僧侣主动融入抗日队伍,他们意识到同佛教相比,国家更需要得到保护,只有保护好了国家,佛教才能得到保护而生存,而社会也关注到了佛教为国家民族的贡献,抗日军民普遍认可参加抗战的佛教徒,坚定了全体军民抗战卫国的信念。

在那个爱国主义和民族主义弥漫的时期,佛教徒主动改变自己国家概念,加强民族意识的行为,加快了中国佛教世俗化的发展。

2. 慈悲与杀敌的辩证

"教人向善,慈悲为怀"是佛教精神的精华,佛教潜心于出世向善、戒杀生,但抗战形势则要求中国佛教"上马杀贼,下马学佛",这种入世的佛教戒律行为,与佛教的"不杀生"理念发生了强烈的矛盾,引起了锋利的思想论争。

不杀生是佛教严厉的戒律,"戒、定、慧"三学是"佛学"的三部分,修持次第是"由戒生定,由定生慧","戒"的重要性就不用多说了。慈悲不杀生的戒律与护国杀敌的思想相矛盾,一方面很大程度上打击了中国佛教界的抗日热情,另一方面又引起了佛门的内部争议。然而,一佛陀制的戒,是否一成不变,不可以违逆呢? 这个论争很快就被中国佛教界所重视,中国佛教界及时表明支持抗战的立场,强调佛教徒有爱国爱教的责任,应该优先考虑国家利益。

一方面,中国佛教界从佛教经典和历史文献中寻找佛法护国的理论依据和范例,并及时提出观点:佛陀认为使用武力去侵略他国是不符合佛教教义的,但是为了捍卫民族利益,使用暴力来保卫国家则是合理的。被认为佛教理想之王转轮圣王的阿育王是佛教史上最重要的国王,他虽用佛法治国,但也拥有强大的军队,合理使用武力压制邪恶,保护人民安全和维护社会稳定。震华大师认为:"当知佛教戒杀,是本于慈悲宗旨。有时遇到凶暴的专横、修罗的叛变,亦可以略事从宽,开一线道以救人。"他同时强调,这种杀生正是慈悲思想的最好表现,佛教徒应关心的是杀生行为的动机和结果,而不是行为本身。佛教的不杀生原则并不意味着绝对的非暴力主义,佛教的戒律具有契机性,佛法强调的是戒律的精神,而不是戒律的文字。佛教徒作为中国国民,就有承担起保家卫国的责任,以沸腾的热血清洗国族的耻辱,与佛戒并不相违背。

另一方面,中国佛教界从佛教本身的佛教教义、理论思想着手,为了佛法与众生的利益,提出"慈悲杀生"和"一杀多生"之说。佛教徒指出,《瑜伽师地论》中阐述"慈悲杀生理念",慈悲杀生者只是为了止恶,而非为了报复和仇恨,慈悲杀生的关键在于慈悲,不在于杀生。"一杀多生"的理论也是合理的。觉先法师的《僧训武装救国论》中提到佛陀前生有这样的一则故事,即佛陀为了救助五百名商人,杀死了数十名海盗。"一杀多生"在佛教戒律中是允许的,为了救护多数众生,佛教徒将可以慈悲杀生,这是具有维护正义的佛学精神。宗月法师面对奔赴战场杀敌的佛教徒,发表了激昂的演说,他说:"杀一救百,不犯杀戒;拯救众生,是功德;为了民族,不要怕,要勇敢,佛会保佑你们的。"慧远大师强调:"佛教的戒律是为了完善自己,但对于制止别人的恶,慈悲杀生也意味着止恶,这是为了制止敌人继续造孽,减免敌人的恶果。"由此认为,佛教戒律应该顺应时代需要而发展完善,杀敌是为了保卫国家,制止敌人的错误行为,制止日本军国主义继续造孽,因此护国杀敌的思想符合佛教的教义,并无不妥。中国佛教界用佛教的教义理论来阐述救国杀敌的合理性,倡导佛教徒应该以大局为重,救国救教,承担起保家卫国的责任,增强了佛教界的抗日热情。

3. 揭破日本侵华理论

日本帝国主义制造了很多侵华谬论，为侵略中国寻找合理借口，诡辩日本发动对中国的战争目的是为了将亚洲从西方帝国主义统治下解放出来，是为了向中国输出近代文化，日本具有指导中国的权力与义务。侵华谬论严重影响了抗日形势，打击了中国抗日队伍。中国佛教界察觉了这个问题的严重性，把佛学世俗化，用佛教理论揭破日本侵华理论。

抗战初期，佛教界一般认为"业报"是日本侵华的主要原因。善有善报，恶有恶报，佛教人士认为中国之所以面临如此巨大的危难，一方面固然有日本不尊重公约，藐视和平宗旨，丧心病狂地侵略中国，另一方面从"业报"的角度来看，更重要的是中国的保守落后造成的，这就对应了"业报"之说，日本会侵略中国是因为中国积累下的太多弊病。中国政治制度的腐败不合理，中国国民的冷漠、劣根性等都让中国遭受恶果。佛教界主张以"业报"为指导，认真思考中国存在的不足，国民要进步，这样才能取得抗日战争的胜利。

抗战中后期，随着中国反军国主义战争的推进，佛教界对日本侵华原因的分析有了更进一步的认识。中国佛教徒清楚地认为日本军国主义对中国的侵略，是为了满足其贪婪的本质，"日本帝国主义"、"武士道"的思想蒙蔽了日本国民以及日本佛教界的思想。中国佛教人士指出，日本侵华的恶行是受了"五蕴魔"的驱使。日本军国主义就是魔，佛教人士就是正义的战士，所谓正邪不相立，中国要想安宁，学佛人必须以降魔正道为己任，降魔救世，降魔是成佛的过程。降魔就必须积极参与抗日事业，爱国爱民，用佛法来指导抗日工作。佛教的教义理论很好地揭破了日本侵华谬论，用佛理来反驳日本帝国主义和日本佛教界的谬论，证明日本军国主义的根本目的就是出于日本赤裸裸的利益需要。象贤法师多次在《现代佛教》发表文章，分析日本灭亡中国的狼子野心，阐述中国佛教徒对日本侵略中国应持有的态度和应做的事。在《日人所唱的大亚细亚主义》一文中，他认为，日本打着大亚细亚主义的名义，实质上是为了全面占领中国。象贤法师认为，日本深受中国文化尤其是中国佛教之影响，中日两国在过去曾是兄弟，但是只因少数日本军国主义分子背叛祖先之德,忘恩负义,以怨报德,成为西方霸道文化的鹰犬,穷凶极恶地侵犯中国。佛界人士从民族利益出发,从佛学教义理论分析了日本侵华谬论,加深了民众对日本军国主义的认识,鼓舞了中国军民的抗日救国热情。

总的来说,1930 至 1940 年代,佛教文化的世俗化首先表现在强烈的介入精神上。在"人间佛教"的推行中,佛教界注重如何使佛陀形象更为生动活泼地为大众所喜闻乐见,从而收到更好化用人心的作用。当佛界得知某些电影公司将拍摄佛教电影,满慈立即撰文表示祝贺,同时也提出了几点建议,如不要把释尊和观音太神秘化;要把佛菩萨利人救世的精神,充分地在银幕上表现出来;希望把佛陀出家的主旨即解除印度四姓阶级的不平等以及降魔的无畏精神,以巧妙灵活的技术,深刻地暗示到观众的脑海中去等。[1] 这些批评家在批评佛教戏剧编写时特别反对将佛陀或菩萨神秘化,鲜明地提出了佛陀菩萨形象塑造上的现实化、人间化和社会化的主张,体现出了现代佛教文学批评对现代佛教改革运动的呼应。

其次,还表现在鲜明的批判性上。1940 年代中,高僧大德或者佛教文学家对于有关佛教问题的文艺作品不再像过去那样放之任之,而是广泛地关注、积极地介入,形成了佛教界一种健康而有力的文化批评声音。其中具有典型意义的是 1940 年代对电影《关东大侠》的批评。在 1940 年代初上演的《关东大侠》,因其中包含了不少对佛教的粗俗的描写,佛教界相当重视,组织文章对其发起严厉的批判。法舫义正词严地说:"在这片子当中,我们找不出它的对人生教育的含义,更看不出它的抗建意义。……用这种手段来骗取国民的金钱,来消灭民族的生气,来侮辱中国佛教,消灭世界的中国佛教。编演者是何居心,路人可见。所以我认为《水晶宫》《关东大侠》一类的影片的出现,是国民知识问题和良心问题,同时也是中华民族的堕落现象。"[2] 达居也批评道:"戏剧是教育大众底最直接的工具,尤其

---

〔1〕 满慈:《艺华新华拍摄佛教电影》,《觉音》,1939 年第 11 期。
〔2〕 法舫:《从教育和宗教观点谈国产电影》,《觉音》,1941 年第 30—32 期合刊。

是电影。有益大众教育的娱乐,我们不特不应该反对,而且要努力提倡,像《关东大侠》广告所宣传'杀恶人即是善意'更是大乘佛教的真精神,不过涂着糖衣的砒霜,我们是要以智慧光去照破的! 中国现阶段的电影水平固然赶不上西洋,但我们却不相信离开了海淫和侮辱佛教的元素就找不出做'杀恶人即是善意'的底子。"〔1〕佛界发表的诸多批评文章,是有史以来第一次大规模地对通俗流行文化的批评,虽然切入点是佛教相关问题,但从中明显可以看到,借由佛教形象,论者尤其重视大众教育的伦理精神。

再次,还表现在明确的目的性。针对香港三宝公司拍摄的影片《观音得道》,黄本真正面回应:"佛教原是现实的,高尚的,正直的,但是世间人向来都误会它是神秘的,卑劣的,古怪的,我看那些无论导演与表演的人,大都逃不脱是那误会者之一类吧。那么它所演出来的自然也不免是带有浓厚的神秘古怪的色彩,与佛教原本的真理的符合终是相差得很远。"〔2〕黎明也认为:"中国的佛教徒,向来只顾闭关自守,没有参加社会运动,所以在中国一般人底心目中,或一般社会上所表现出来关于佛教的一切动作,总是对佛教缺乏社会性的认识。即就佛教剧本一途说,坏的不消说,即使是好的,也同样地没有表现出我佛救济社会的精神和意义。""看了这片(香港三宝公司拍摄的《观音得道》)之后,觉到这片只不过根据佛典所传说的观音菩萨过去应化人间的一段事迹,表明他自己坚决刻苦修行的勤勇而已,对于'大慈大悲救苦救难'的表现于社会的精神,并没有怎样的加以形容,表现,而且是很忽略的闪过去,这一点不能不表示缺憾。"〔3〕

佛教界的这些文化批评活动,从文化本身来理解,并不是仅仅从佛教徒捍卫佛教教团形象的职责来彰显意义,更为重要的,正是体现现代佛教界凭借本身合适的切入点,对中国当下新文化尤其是大众文化建设的积极参与。正如福善的《民族复兴与佛教》一文,从切音、文法、名词、文体、诗歌、小说和传记等方面谈到了佛教对中国文学的贡献,不仅分门别类、细致

---

〔1〕 达居:《从一部侮辱佛教的影片说起》,《觉音》,1941 年第 30—32 期合刊。
〔2〕 黄本真:《观音得道观后感》,《觉音》,1940 年第 15 期。
〔3〕 黎明:《睇完观音得道》,《觉音》,1940 年第 15 期。

考证,显示出一种近代科学的研究逻辑,而且把这种文学上的影响提升到佛教对中国民族文化的贡献上来认识,提升到中华民族复兴的意义上来认识[1]。这样一种逻辑,真正体现着佛教徒在转型期对现代文化精神和文化生产方式的适应,体现着现代佛教徒身份意识的重新回归,而且有力地显示了现代中国佛教徒现代意识的初步自觉。1930 至 1940 年代的佛教文化,明显地摆脱过去少数高僧相互唱酬的雅事雅集模式,转变成面对大众、关注大众,广大僧伽都可以学习、赏鉴与创作的大众艺术形式,而且"在思想体系的建构上迈出了从文言向白话、从雅言向僧众、从庙宇向社会、从丛林向人生、从固守经义向开放包容、从教徒意识向公民意识、从单一的依音声而证耳根圆通的功利艺术观向多元的抒情达意的艺术目的论转型的步伐"[2]。

---

〔1〕 福善:《民族复兴与佛教》,《海潮音》,1936 年第 17 卷第 9 期。
〔2〕 谭桂林:《"五四"后中国佛教文学思想的现代转型》,《中国社会科学》,2013 年第 4 期。

中国新文化与年通史

中国新文化百年史丛书

学术顾问

贾平凹　　金铁霖　　卢新华　　马秋华

莫　言　　温儒敏　　吴为山　　杨　义

编撰委员会

陈跃红　　丁亚平　　方　宁　　郜元宝

郝雨凡　　胡志毅　　李继凯　　林　岗

栾梅健　　马相武　　彭志斌　　王　宁

王兆胜　　汪应果　　许　明　　杨剑龙

张福贵　　赵毅衡　　朱寿桐　　朱栋霖

朱晓进

国家出版基金项目
NATIONAL PUBLICATION FOUNDATION

国家"十二五"重点图书出版规划项目
NATIONAL TWELFTH-FIVE-YEAR-PLAN KEY BOOK PUBLISHING PROJECT

中国新文化百年通史

下卷

朱寿桐　主编

南京师范大学出版社
NANJING NORMAL UNIVERSITY PRESS

目　录

第四卷

理想与斗争

1949 年 10 月 1 日下午 3 时,天安门城楼,毛泽东主席庄严宣布:中华人民共和国中央人民政府于本日成立了!

1951 年 3 月,党中央发出通知,要求在全国范围内开展对电影《武训传》的讨论;5 月,经毛泽东作重要修改,《人民日报》以"社论"的名义发表了《应当重视电影〈武训传〉的讨论》一文。

1952 年 6 月开始,胡风遭到批判;1954 年 7 月,胡风向党中央递交了三十万言的《意见书》,即《关于解放以来的文艺实践情况的报告》,集中阐明了自己的文艺见解。1955 年 5、6 月间,《人民日报》整理公布三批"胡风反革命集团"材料,胡风很快被逮捕。

1956 年 11 月召开的中国共产党八届二中全会,决定从 1957 年起开展党内整风运动。1957 年 4 月 27 日,中共中央公布《关于整风运动的指示》,发动群众向党提出批评建议。1957 年 5 月 15 日毛泽东撰写了《事情正在起变化》一文,要求反击右派向党进攻。

1958 年 5 月,中共八大二次会议,正式通过了"鼓足干劲、力争上游、多快好省地建设社会主义"的总路线,随即发动了"大跃进"运动。

1966 年 5 月 16 日,中共中央发布《中国共产党中央委员会通知》,同年 8 月在党的八届十一中全会上,又作出了《关于无产阶级文化大革命的决定》。这些都成为"文革"正式发动的标志。

1974 年 1 月 18 日,毛泽东批准王洪文、江青的要求,由党中央转发江青主持选编的《林彪与孔孟之道》,在全国发动了

"批林批孔"运动。

1975年11月3日,清华大学党委传达毛泽东对刘冰来信的批示,标志着批邓和"反击右倾翻案风"政治运动的发动。

1976年4月5日,借清明纪念周恩来总理,北京天安门爆发反对"四人帮"的抗议运动,随即影响全国。

1976年10月6日,王洪文、张春桥、江青、姚文元"四人帮"被逮捕。

这本来是一个充满希望的时代,因而自上而下都充满着对未来的憧憬,任何时代都洋溢着理想的激情。即便是在贫穷的困难时期,人民和文化人都不会轻言理想的放弃。

这委实是一个充满斗争的时代,没有人能够置身世外,与斗争的环境绝缘。斗争遍布于党内党外,斗争存在于各个社会层次。有你死我活的揭发、打击,也有彼此防范的摩擦、倾轧。

以斗争开始,以斗争结束,完整的斗争文化,完整的时代;为什么而斗争? 为了理想! 为理想而斗争,却找不到理想的斗争方式,更没有理想的斗争对象。

第三十四章
阶级斗争与共产理想的文学文化变奏

新中国的文学文化基本上延续着延安传统,为工农兵服务,文艺从属于政治,这不仅成为文学家必须恪守的信条,而且也成了一种文化习惯,成了积淀于文学家和文化人心灵深处的文化信仰。显然,这种革命化的文学文化与新文化最初的民主倾向有某种渊源联系,与革命文学和左翼文学的传统有直接联系,不过进入新中国以后,在中国共产党的领导下,这样的文学理念和文化信念迅速上升为意识形态,成为自上而下必须遵循的文化戒律。在一个重视意识形态的社会政治环境中,具有权威性和政治性的文学理念和文化信念必然寻求戒律的效用。意识形态的戒律化运作一度成为这个时代文学文化的重要特征。

一、阶级文学的意识形态戒律化运作

革命的文学理念早在左翼文化运作中,就已经发展成一种文化信念,它让包括鲁迅在内的一代文学家都对这样的文学文化观念深信不疑,以至国防文学的热潮兴起以后,鲁迅还孤独地坚守着革命文学和左翼文学的"科学的文艺论",为左联的匆促解散扼腕长叹,同时坚持让革命的大众文学作为抗日民族文学的主导力量。他面对左翼文学阵营在急切建立抗日民族统一战线的情势下轻易放弃革命文学和左翼文学的做法深致不满,指出"民族革命战争的大众文学,是无产阶级革命文学的一发展,是无产革命文学在现在时候的真实的更广大的内容"[1]。这样的认知或许在当时的激进者看来多少有些不合时宜,但真切地体现着鲁迅对于革命文学的信念之真切、坚定。

革命文学由文化信念向政治伦理的转化,乃是从延安文艺整风开始。毛泽东《在延安文艺座谈会上的讲话》,对新形势下的革命文学理念和革命文化信念做出了更加政治化的阐释,将革命文学的文化信念上升为一种政治道德和观念伦理。毛泽东的创造性正体现在,他从人民性和工农兵主体的角度,对于革命队伍的文艺工作者阐明了这样的政治道德和观念伦理:

> 拿未曾改造的知识分子和工人农民比较,就觉得知识分子不干净了,最干净的还是工人农民,尽管他们手是黑的,脚上有牛屎,还是比资产阶级和小资产阶级知识分子都干净。这就叫做感情起了变化,由一个阶级变到另一个阶级。我们知识分子出身的文艺工作者,要使自己的作品为群众所欢迎,就得把自己的思想感情来一个变化,来一番改造。[2]

显然,这里建立了并阐释了一种新的伦理观、道德观,以劳动和劳农为上,以心灵、情感之善为美。政治的运作往往以善为号召、为倡导的理由,为理论的依据,由此形成政治伦理;无产阶级的政治伦理和政党伦理以劳动、劳工、劳农的政治、经济、文化的主体肯定为善,为美。毛泽东以生动的中国化的语言阐释了无产阶级的政治伦理,并将它用来推进、提升无产阶级的文学理念和文学信念。关于革命文学和无产阶级文学,如果说左翼时

---

[1] 鲁迅:《论现在我们的文学运动》,《鲁迅全集》(6),第 612 页,北京:人民文学出版社,2005 年。

[2] 毛泽东:《在延安文艺座谈会上的讲话》,《毛泽东选集》(3),第 808 页,北京:人民出版社,1969 年。

期完成了由理念向信念的转变，那么，延安文艺整风乃是实现了由信念向伦理的提升。无产阶级革命文学的文化伦理确立以后，文学为工农兵服务，为无产阶级政治服务，为党领导的革命与斗争服务，就成了文学家必须遵守的道德。道德的基础是善，是一种关于伦理的价值观，它的基本实现方式是主体的自觉，外在的制约和"不德"的惩罚往往通过理论的谴责与批判，一般不会诉诸对人身自由的剥夺。

进入新中国以后，文学、文化迅速被纳入社会主义的体制化。从国家管理序列，政务院文化部的设置，沈雁冰、郑振铎、田汉等一大批著名文学家进入文化部，成为各个重要机构和委员会的领导人；从党的群团管理序列，第一次文代会以后，中国全国文学艺术界联合会（简称"中国文联"）以及中华全国文学工作者协会（后称"中国作家协会"）正式成立，对中国的文学家和文学事业实施管理职能。国家还通过高等学校文法两院课程的调整，将文学教育特别是中国现代文学教学、研究通过课程设置的途径将其体制化；中国科学院设立文学研究的专属机构，解放军内部设立以总政治部为领导的文艺管理体制；加上各级各种各领域的文学杂志的创办，这些杂志都隶属于上述机构的不同层次及相应的管理序列。新中国的这种文化艺术管理序列的设置吸收了苏联的经验，当然也有自身的创造。中国作家协会的职能及其运行明显受到苏联作家协会的启示，只是中国共产党没有将党的权力直接交付给作家协会来执行，中共中央设立中央宣传部作为全面管治全国文艺工作的最高权力机构。更重要的是，党的最高领导人十分关注文学艺术和新闻宣传，毛泽东不仅对重大的文学艺术创作和批评动向热切关注，而且还在关键的时刻发出指示、批示和意见，就像他从延安时期就养成的习惯那样，往往自己代党报党刊撰写社论，将自己的巨大影响力直接通过自己的文章公之于众。这样的高端关注及其巨大的影响力使得中国文学迅速进入党的意识形态层面，并参与社会主义上层建筑的环节。

上述严格和全面的组织和机构布局，以及特定的运行机制的形成，完全实现了中国文学艺术的体制化。文学为政治服务，为无产阶级和工农兵服务的现代伦理,从此演化为社会主义文化的体制要求,秩序要求,甚至是政法要求,各种经过理念化、信念化和伦理化运作的革命文学原则和观念,此时在一定意义上硬化为社会主义文艺的戒律。文学受制于某种政治戒律之后,文学文化才可能真正与政治文化同步,文学的政治化才能真正成为文艺家的自觉行动。无疑,这在文艺管治和文学领导的意义上是非常理想的文化生态。

当无产阶级政党政治甚至一定时期的政治要求作为文学管治的戒律付诸实施之际,党在意识形态建设以及相应运作的许多环节上借道于文学批评和文学批判,就成了顺理成章的事情。事实正是如此,从新中国成立到"文化大革命"甚至"文革"结束以后的一段时间内,党的意识形态的运作往往更多地从文学批判入手,这在一定意义上,在一定的时间范围内,成了中国特色。

由此,应能清楚地理解新中国成立后一系列文学政治运作的逻辑必然性。

新中国甫一成立,就在党的上层爆发了关于电影《清宫秘史》的争议,由此拉开了文学批判意识形态化甚至文学政治戒律化的大幕。这部电影由香港永华影业公司于 1948 年摄制并公演,编剧姚克,导演朱石麟,主要演员有舒适、周璇、唐若青、洪波等。此影片以清宫上层围绕着戊戌维新所展开的宫廷斗争为题材,对以西太后为代表的封建顽固派以及他们的倒行逆施进行谴责,同情戊戌维新运动及失败了的光绪皇帝。其实,慈禧太后与光绪皇帝所代表的清宫权力结构,对于新中国一开始的权力构架之间存在着某种外人很难理解的隐喻关系,江青对这种隐喻的过敏性反应直接导致了领袖对这一影片的挞伐,并且与党的另一位领导人刘少奇的意见针锋相对。资料记载,江青调看《清宫秘史》后,向毛泽东汇报说:《清宫秘史》是部坏影片。毛泽东后来断言:《清宫秘史》是一部卖国主义的影片,应该进行批判。但中宣部并未迅速执行毛泽东的指示,胡乔木表态:少奇同志认为这部影片是爱国主义的。不能批判!在毛泽东亲自过问下,这场批判运动才得以展开。

　　这场文艺批判不是以禁映《清宫秘史》为结局，而是以此为开始。以后的文艺斗争和文学批判乃至政治运动和政治斗争，通常都会追溯到这个影片及其批判。据历史资料显示，从1950年到1964年这十几年间，毛泽东五次在不同场合点名批判《清宫秘史》，其核心内容仍是，这部电影表面上是爱国主义的，实际上是卖国主义的，应该受到批判。最典型的是1954年10月16日，毛泽东给中央政治局及相关人士写的《关于"红楼梦研究"问题的一封信》，信中严肃地指出："被人称为爱国主义影片而实际是卖国主义影片的《清宫秘史》，在全国放映之后，至今没有被批判。"他当然指的是有火力的政治批判和公开批判。

　　针对这部电影真正体现足够火力的批判到了"文化大革命"时期才出现。姚文元的《评反革命两面派周扬》[1]和戚本禹的《爱国主义还是卖国主义？——评反动影片〈清宫秘史〉》[2]两篇最具有杀伤力，也最能揭示这场批判的政治实质。姚文元的文章显然不是为了批判《清宫秘史》而写的，但他的"顺带"批判却权威性地披露了毛泽东1954年关于《红楼梦研究》的那封信中的观点，并暗示须对"鼓吹《清宫秘史》的'大人物'"进行揭露和批判，这个"大人物"就是指"在当前这场无产阶级文化大革命中提出资产阶级反动路线的人"。数月后戚本禹的文章更加明确，说是"围绕着《清宫秘史》这部反动影片，以毛主席为首的无产阶级革命派同党内一小撮走资本主义道路的当权派，展开了一场严重的斗争"。至此，对于电影《清宫秘史》的批判早已经超出了文艺评论乃至文学批判的范围，而成为党内最高层两条路线斗争的工

〔1〕　载《红旗》，1967年第1期。
〔2〕　载《红旗》，1967年第5期。

具。"卖国主义"的性质认定足以让这部电影陷入万劫不复的深渊,对待这部影片的态度,也就成了在一定范围内和一定层级上区分党内革命派和反动派的标准与戒律。

显然,戚本禹的文章比姚文元的文章更迫近毛泽东的思想逻辑,尽管前者明显得到了特别授权披露毛泽东给政治局和其他有关人员那封信的内容。戚本禹分析道:"反动影片《清宫秘史》,是一部所谓历史题材的影片,写的是清代末年戊戌变法运动和义和团斗争。它公开站在帝国主义、封建主义和反动资产阶级的立场上,任意歪曲历史事实,美化帝国主义,美化封建主义和资产阶级改良主义,歌颂保皇党,污蔑革命的群众运动和人民反帝、反封建的英勇斗争,宣扬民族投降主义和阶级投降主义。"这可以说道出了毛泽东心目中的文艺的戒律,也可以说是原则和逻辑:对农民革命起义历史作用绝不容忍怀疑,更不能鼓吹以其他改良主义运动冲淡或者否定农民革命。正是在这样的政治逻辑上,电影《武训传》遭到了同样酷烈的批判。这部电影以对武训乞讨兴学的历史刻画,明喻周大所走的武装抗争的道路既无前途也不合法。这样的道路对比正触犯了毛泽东这个革命领袖的戒律,与戚本禹揭示的电影《清宫秘史》的要害完全相通。人们从后来的政治、文化立场可以质疑甚至责难毛泽东对文艺作品发动的政治批判,却无法否认毛泽东的批判是有原则的,与江青等人往往从一己私利出发发动文艺批判的宵小作为不可同日而语。

毛泽东发动对于电影《武训传》的批判时,非常严肃地指出,"《武训传》所提出的问题带有根本性质",这就说明在他看来,《武训传》触及了他的原则,也即触犯了他的革命戒律。《武训传》中的武训以及历史上的武训,为了兴办"义学",通过讨乞购置大量田产,然后收取田租和放高利贷,由此走上了虽有些苦情但实际上实施剥削的道路,这正是毛泽东从土地革命时代便深恶痛绝的地主阶级的做派。即使没有武训成为地主阶级的那些置办田产、出租土地、放高利贷的恶劣情节,单是他通过出卖穷人人格的病态行为来办义学,也不能赢取重视农民、尊重农民的革命领袖的好感,何况它还明目张胆地否定农民革命,歌颂通过武训体现出来的充满奴性和屈辱的

"奋斗"。"……承认或者容忍这种歌颂,就是承认或者容忍诬蔑农民革命斗争,诬蔑中国历史,诬蔑中国民族的反动宣传为正当宣传。"毛泽东对怀疑甚至否定农民革命的艺术企图严词批判,这正是一个革命领袖的政治戒律,也是他的文艺原则。凡是触犯这种戒律,冒犯这种原则的文艺现象,都理所当然地受到批判与清理。而且,同对《清宫秘史》的批判一样,对《武训传》的态度依然成为辨别革命与反动的标准与依据:"电影《武训传》的出现,特别是对于武训和电影《武训传》的歌颂竟至如此之多,说明了我国文化界的思想混乱达到了何等的程度!"[1]这样的情形令革命领袖痛心疾首,因为从他的戒律和原则出发,面对历史的武训现象以及周大现象,是非异常清楚,正误极其明确。

文学必须服从于无产阶级政治,文学及文学理论如果不能与无产阶级政治保持一致,就触犯了革命的政治戒律,就必然成为斗争的对象,成为批判和清算的对象。可以在这个意义上定位仍然由党的领导人发动和主导的关于胡风反革命集团的批判。胡风是一个深刻的现实主义者,一个以鲁迅式的显示灵魂的深刻为价值目标的文学理论家,这样一个理论家即使表现出对于工农兵文学的趋近的热忱,也必然显示其突出的个性。而当这种突出的个性及其显露的深刻是以"肉搏"人民所受的"精神奴役的创伤"为主要内容,其人民观就与革命领袖所确认的革命伦理有了较大参差,那种伦理观认为,农民的思想感情要比资产阶级知识分子干净许多。这种思想认识上的参差,由于同样触犯了革命文化的戒律,因而被夸大为是一种立场的对立,是革命与反革命的对立:

> 胡风和胡风分子确是一切反革命阶级、集团和个人的代言
> 人,……胡风分子是以伪装出现的反革命分子,他们给人以假象,
> 而将真象荫蔽着。但是他们既要反革命,就不可能将其真象荫蔽

---

〔1〕　毛泽东:《应当重视电影〈武训传〉的讨论》,《毛泽东选集》(5),第46页,北京:人民出版社,1977年。

11

得十分彻底。作为一个集团的代表人物,在解放以前和解放以
后,他们和我们的争论已有多次了[1]。

于是,胡风在反右派运动之前被确定为反革命集团的头子,被关进监
狱二十余年。这是革命文学文化戒律化以后的必然后果,而在此之前,当
共产党的革命文学和政治文学只是作为信念和文化伦理的时候,对于斗争
和批判对象就很少采取这样的法律制裁措施。由此可以联想到延安整风
时期对王实味的处置,王实味不仅是文学上的异见分子,还是被认定为托
派的敌人,即便如此,在延安撤退、中央机关转移的紧要关头被社会部紧急
处决后,毛泽东还每每对此耿耿于怀,常常问责于李克农等人。

胡风

当革命的政治文学和相应的文学文化进
入党和国家的戒律运作序列以后,文学批判
和文化斗争就必然与法律制裁措施相联系。
其中牵涉面最广,受影响人数最多的当然是
对于小说《刘志丹》的批判,这部被最高领导
层明确定义为"利用小说反党"的文化和政治
事件,致使习仲勋等一万多名领导干部遭受
惩处,许多人因此案身陷牢狱。

毛泽东是一个富有理想主义激情的领
袖。他和他的党,他的人民一起艰苦卓绝地
推翻了旧世界,并满怀豪情地要建立一个新世界;他又是一个非常现实的
理想主义者,他从来就不相信梦想,他深知未来的新世界不会唾手可得,
需经过不断的革命和斗争。他的在无产阶级专政条件下的"不断革命"
论,以及"八亿人民,不斗行吗"的斗争哲学,注释了他领导社会主义文艺
斗争的历史,也注解了在他的时代文学斗争此起彼伏从未止息的现实。

---

[1] 毛泽东:《〈关于胡风反革命集团的材料〉的序言和按语》,《毛泽东选集》(5),第 161 页,
北京:人民出版社,1977 年。

从反右斗争以后的"再批判",到"黑八论"的批判,再到引起轰轰烈烈无产阶级"文化大革命"的对《海瑞罢官》的批判,以及"文化大革命"兴起以后越来越密集、越来越激烈的批判运动,其中荦荦大端者有对"三家村"的批判,对"三十年代文艺黑线"和"十七年"的批判,对各种影片、文学作品的查封,对帝王将相、才子佳人文学的批判,评法批儒运动,评《水浒》运动,等等。这些从文艺战线出发而事实上牵动全国乃至全民政治生活的批判运动,都符合那个讲求阶级斗争时代的文化节奏,同时也构成了那个时代的文化主旋律。

尽管毛泽东发动的文学批判和文化斗争都往往基于一定的原则和戒律,但也存在着为斗争而斗争的斗争文化现象。1954年秋,毛泽东发动中国知识分子对胡适从政治、哲学、文学、历史、教育等领域展开全面的思想批判,同时又通过《红楼梦研究》的讨论,进一步肃清胡适在文学学术领域的资产阶级反动毒素。其实,毛泽东对胡适并无天然的恶感,1957年2月16日在颐年堂讲话中明确肯定胡适"对中国的启蒙起了作用",1964年8月18日在北戴河与龚育之、吴江等哲学工作者谈话,又认为比较蔡元培对《红楼梦》的观点,胡适的看法还"比较对一点",进而肯定了其对"新红学派"的学术贡献。而之所以要在思想文化界全面掀起批判胡适运动,是为了营造和鼓励文化斗争的时代气氛。毛泽东对"两个小人物"表示支持的批示,只是坐定俞平伯是胡适派的资产阶级权威,他们的思想具有毒害青年的毒素,明确正确的选择就是对之进行斗争和批判:"出现了容忍俞平伯唯心论和阻拦'小人物'的很有生气的批判文章的奇怪事情,这是值得我们注意的。俞平伯这一类资产阶级知识分子,当然是应当对他们采取团结态度的,但应当批判他们的毒害青年的错误思想,不应当对他们投降。"至于胡适、俞平伯的资产阶级唯心论要害在何处,具体体现在《红楼梦》研究方面出现了哪些大谬不然的观点,显然不是毛泽东所关心的,他事实上并没有在《红楼梦》研究以及在其余学术文化问题上提出与胡适资产阶级学术思想针锋相对的观点,他所要看到的正是对胡适文学研究所发动的批判,包括对"胡适派"的知识分子和学术权威所进行的批判与斗争,诚如他自己所说,通过两个"小人物"的学术抗争,"这个反对在古典文学领域毒害青年三十余年的胡适派资产阶级唯心论的斗争,也许可以开展起来了"。他所要的正是这样的结果,他所重视的实际上是斗争本身。

毛泽东非常重视"意识形态领域里的阶级斗争",哪怕这种阶级斗争的对象尚未明确。1962 年 10 月 9 日,周扬在一次文艺工作座谈会上作出基本估计,说文艺界"基本情况是好的","反党反马克思主义的东西发表的不多"。这样的基本估计其实就与毛泽东极为敏感的"阶级斗争熄灭论"有某种牵连。事实上,毛泽东就认为文艺界存在的问题很多。1963年 9 月 27 日,毛泽东就文艺工作发表指示,认为《戏剧报》充满着牛鬼蛇神,戏剧舞台上充斥着的是帝王将相,才子佳人。文化部如果不试图改变,就改名帝王将相部,才子佳人部,或者外国死人部。这样的基本估计实际上埋下了"文化大革命"的伏笔,而且也解释了所谓"十年动乱"为何从文化着手的原因。

显然,斗争是这个时代的政治方略,是这个时代正常的政治生态,是这个时代文学运行的文化形态。几乎所有的政治斗争都从文学批判着手,可能与党的领导人特定的习惯性的对文化和文学关注有关,与他们对意识形态的高度敏感性有关,但更重要的,选择文学批判和文化斗争作为政治斗争、社会运动的实验场和热身赛,在一定程度上可以避免贸然进行的政治斗争、社会运动所造成的更大的政治动荡和更严重的社会损伤,至少理论上是如此。当然,也由于先从文学批判和文化斗争进行实验和热身,其所形成的后果预期至少对于国家政治和社会生活来说不至过于严重,于是导致政治斗争和社会运动的发动者往往不能充分估计斗争、运动所可能造成的对于国家政治、经济、军事、法制以及整个社会体制的巨大伤害和严重后果,对运动采取放任态度,诚如毛泽东在"文化大革命"中对"天下大乱"形势的鼓励与赞赏,最后导致整个社会和国家遭受政治文化的劫难。

二、理想之歌的文学文化

　　共产党取得全国政权,带领中国人民从黑暗的战争年代走向光明的和平年景。伴随着严酷的阶级斗争时代主题,一种革命理想主义的文化始终像红旗一样在神州大地上挥动、飘扬,将一种积极的精神和昂扬的情绪蔓延在文学艺术的创作之中,并深深地感染着、激励着亿万人民。

　　革命是热情洋溢的行为,革命的热情需要鼓动,而鼓动革命热情的有效因素是革命理想。马克思主义对无产阶级革命的发动,是将学理上的共产主义当作理想召唤的旗帜,其典型而通俗的代表描述便如《国际歌》中所唱:"英特纳雄奈尔就一定要实现!"因此,革命斗争中,理想主义可以说是最重要的行为参数。

　　新中国文学承载着回顾和反映战争年代英雄人物与英雄故事的伟大任务,更承载着反映和歌颂现实斗争中的时代英雄和当代壮举的光荣使命,因而充满着现实主义的急迫感。然而光是现实主义,尤其是严酷的现实主义并不能满足上述历史任务和时代使命的要求,文学必须担负起理想主义的张扬、高歌与表现。这也许就是毛泽东倡导革命的现实主义与革命的浪漫主义"两结合"的基本理由。的确,在许多人简单而实用的理解中,革命的浪漫主义往往就体现为革命的理想主义和革命的乐观主义。

　　在这个意义上,一些反思性的文学作品不可能代表这个时代文学文化的主流,相反,它们本来应该遭致被整肃的命运。峻青的《黎明的河边》应该是这类作品的代表。该小说叙写抗日战争时期胶东人民以一家人的牺牲掩护武工队干部通过封锁线的故事,在对通讯员小陈一家进行鲜血与生命的礼赞之后,叙述者不无伤感地而又十分动情地写道:"姚光中呀,姚光中!你给人民做了些什么?你对党有一点什么贡献?你凭什么让小陈用一家人的性命来掩护你一个人?凭什么?啊?你究竟凭什么?""生命,这一生中只有一次的青春的生命啊!还有什么能比它更值得宝贵,更值得珍惜的啊!"

15

这样感人的作品却天然地缺少革命的理想主义气息,而且也显得太过压抑,未能焕发出革命的乐观主义的精神。虽然没有遭到批判,但也没有得到文学史家应有的关注与充分的肯定。

革命理想主义的文学文化要求,即便是处在极其恶劣、极其残酷的环境下,革命者也要胸怀无产阶级理想,以更加饱满的激情迎接酷烈战斗的腥风血雨。于是,小说《红岩》中的革命英雄成岗写下了这样的"自白书":"对着死亡我放声大笑,魔鬼的宫殿在笑声中动摇。……高唱凯歌埋葬蒋家王朝!"如果说这样的激情只是革命乐观主义和革命信念的表达,则歌剧《洪湖赤卫队》中的韩英所唱出的心声更具有革命英雄主义的气概:"为革命,砍头只当风吹帽!为了党,洒尽鲜血心欢畅!"接着,她唱出了革命英雄主义气概的精神底蕴——完全是革命理想的鼓舞:"娘啊,儿死后,你要把儿埋在高坡上,将儿的坟墓向东方,儿要看白匪消灭光,儿要看天下的劳苦人民都解放!"到了样板戏时代,革命理想主义与革命英雄主义的结合更为紧密。《红色娘子军》中英勇牺牲的党代表洪常青以自己的生命之诗实践了革命烈士夏明翰的时代壮歌:"砍头不要紧,只要主义真,杀了夏明翰,自有后来人!"《红灯记》中的抗日英雄李玉和在刑场上气昂昂抬头远看:"我看到革命的红旗高举起,新中国如朝阳光照人间!那时候,全中国红旗插遍!"这是面临死亡的伟岸气概,这是面临死亡的英勇歌唱,视死如归,从容不迫,英雄盖世,全是革命的理想主义在做支撑。这时候,一切关于生命的赞歌都须让位于对革命胜利的憧憬,一切关于人性的疼痛都须服从于革命理想的畅述,一切关于酷刑的忍受都须受制于革命激情的燃烧。这种文学和文化语境下的革命英雄是理想的超人,是精神境界远超于常人的"特殊材料制成的"人[1]。斯大林所说的这个"特殊材料"不是别的,正是革命的信念和革命的理想。这样的革命理想主义、革命英雄主义和革命乐观主义的融合,形成了那个时代文学文化的主调和主流。

---

[1] 斯大林原文翻译:"我们共产党人是具有特殊性格的人,我们是由特殊材料制成的。"《斯大林选集》(上),第169页,北京:人民出版社,1979年。

革命的现实主义与革命的理想主义相结合,能够使得文学焕发出革命理想主义的精神风貌,哪怕这种文学表现的是日常琐事和平凡的人生。柳青的《创业史》深得新中国革命文学之三昧,善于在日常化的社会生活描写中展示主要人物的理想,这样的理想使得一个地道的农民如梁生宝,同样焕发出不俗的政治光彩。一个有理想的人不可能是庸常的人,一个闪光的共产党员和农民代表之所以不同于普通群众,就是因为他胸怀革命理想并且善于表达。梁斌的《红旗谱》写农民和农村的土地革命,其引人注目之处在于他不仅描写了农民对苦难的承受,更写出了"人民生活中的欢乐、美好、幸福、明亮的一面"[1]。那个时代的文学关键不在于是否可以写人民的苦难,而在于是否能够描写从苦难中看见光明。老舍 1954 年修订《骆驼祥子》,对这个十九年前的旧作,对这个本来是刻画劳动者悲剧人生的小说却有了时代文化的认识:需要写出理想与光明。他从《骆驼祥子》中看到:"虽然我同情劳苦人民,敬爱他们的好品质,我可是没有给他们找到出路;他们痛苦地活着,委屈地死去。这是因为我只看见了当时社会的黑暗的一面,而没有看到革命的光明,不认识革命的真理。"他甚至引述"出书不久"劳动人民的反馈意见:"照书中所说,我们就太苦,太没希望了!"[2]

在苦难中,在困境中,在平凡中写出希望,写出亮色,写出理想,这是革命理想主义和革命浪漫主义的创作原则,也是革命现实主义深化和升华的基本思路。周扬在《我国社会主义文学艺术的道路》讲话中就指出:"我们所说的革命的浪漫主义,其基本精神就是革命的理想主义,是革命的理想主义在艺术方法上的表现。"[3]显然,这样的写作策略就是社会主义文学的文化特色。

那么,如何在俗常的人生中表现理想? 当然,可以避开苦难、困境和奋斗中的矛盾冲突,就像那首旋律优美的少年歌曲所歌唱的那样:

---

〔1〕 冯健男:《论〈红旗谱〉》,《蜜蜂》,1959 年第 8 期。
〔2〕 老舍:《后记》,《骆驼祥子》,北京:人民文学出版社,1955 年。
〔3〕 《人民日报》第 5 版(1960 年 9 月 4 日)。

让我们荡起双桨

小船儿推开波浪……

红领巾迎着太阳

阳光洒在海面上

……

我问你亲爱的伙伴

谁给我们安排下幸福的生活……

但这毕竟是为"祖国的花朵"预留的幸福特区,不是为成年人提供的政治避风港。我们的生活中充满着矛盾,用领袖的话说充满着斗争,充满着阶级斗争和路线斗争,或者稍微轻松一点的是先进与落后的斗争。如果说革命历史题材的文学可以通过英雄主义痛快淋漓地展现革命理想主义,则在一般现实斗争题材的表现方面,革命理想主义往往表现为国际胸怀与未来展望。理想的内涵在任何时代的任何文化形态中都是可以进行命名的对象。在新中国成立以后特别是在 1960—1970 年代的理想主义高扬的时代,政治思想文化界对革命理想的命名做出了卓有成效的努力,那就是社会主义的建设前景与共产主义的理想展望。政治和社会运作中的一些问题,如"刮共产风"等等,体现了政治界对于理想命名的某种急切心理。思想界则通过马克思主义的理论之桥,对于共产主义的社会形态、政治形态和文化形态进行理想型的勾勒、论证与描述,由此建立了富有中国特色的理想主义思想体系。对于这样的政治、思想的理想命名,文学可以呈现,可以表达,但呈现、表达的方法必须尽量避开思想的抽象化、理念化。当代文学家对于革命理想的呈现、表达,在空间意义上往往落实在国际关怀的拓展,在时间意义上往往落实在未来形态的展望。这种国际胸怀和未来展望的内容,一度构成了当代文学的一种创作方法,进而凝结为一种文化状态。

国际胸怀与未来展望的表现集中在以革命样板戏为典型形态的革命文学中,特别是《海港》和《龙江颂》。如果说《海港》由于其远洋航海的特定题材,涉及国际胸怀的理想内容还属顺理成章,则《龙江颂》的选题点乃在一个农村生产大队,是国家社会的一个最小单位,但创作者仍然立意于在这样的"舞台"空间表现足够的国际胸怀,以体现作品浓厚的理想主义色彩。剧中的江水英是一个农村大队干部,但她的胸怀则不仅仅是一个龙江大队,甚至也不仅仅是一个县,她将"四海风云胸中装",更多的是在胸怀全人类的解放:

> 江水英　(热情地)志田,抬起头来,看,前面是什么?
>
> 李志田　咱们的三千亩土地。
>
> 江水英　(引李志田踏上水闸石阶)再往前看。
>
> 李志田　是龙江的巴掌山。
>
> 江水英　(引李志田登上闸桥)你再往前看。
>
> 李志田　看不见了。
>
> 江水英　巴掌山挡住了你的双眼!
>
> (唱)　【反二黄原板】
>
> > 抬起头,挺胸膛,高瞻远瞩向前方。
> >
> > 莫教"巴掌"把眼挡,
> >
> > 四海风云胸中装。
> >
> > 要看世界上
>
> 【二六】
>
> > 多少奴隶未解放,
> >
> > 多少穷人遭饥荒,
> >
> > 多少姐妹受迫害,
> >
> > 多少兄弟扛起枪。
> >
> > 多少姐妹受迫害,
>
> 【散板】
>
> > 多少兄弟扛起枪。
>
> 【二六】
>
> > 埋葬帝修反,

人类得解放。

埋葬帝修反，

人类得解放。

【垛板】

让革命的红旗插遍四方，插遍四方，插遍四方，高高

飘扬！

革命现代京剧

龙江颂（剧照）

这里，江水英通过隐喻对于李志田的胸怀作了有层次的拓展，从龙江大队看到公社的数千亩良田，然后是超越巴掌山，看到山外的世界，看到五洲四海。这样的国际胸怀在剧作中同样得到了有层次地展开。正因为有了这样的胸怀，这个农村大队的支部书记才在利益面前首先想到兄弟大队，而且成天想着为了全局的利益牺牲自己的集体，所发扬的是共产主义的风格和胸怀全人类的精神。让一个普通的农民干部越过自己的领地，越过自己的所在地，甚至超越自己的国家民族而葆有全人类解放的政治理想，体现了作者充满底蕴的境界提升能力。拥有这样的境界提升能力，似乎是那个时代文学家的一种文学文化修养，是时代文化的必然要求。

理想的光芒常常体现为一种理念的鲜亮，国际胸怀的无限阔大和未来展望的无限远大如果停留在理念意义上容易走向空洞、抽象。革命文学家注意到这样的危险，即使是在"文化大革命"那个偏激得可怕的年代，人们也试图避开将理想主义作空洞、抽象表现的危险。著名的《理想之歌》尽管在诗歌艺术上显示出那个时代难免的粗糙，在思想内容上表现出那个时代惯有的激情，但它却在努力寻求时代的以及新一代人的理想之根，并且把这个"根"深深地扎在延安那个红色都城的泥土中：

红日、

白雪、

蓝天……

乘东风

飞来报春的群雁。

从太阳升起的北京

启程，

飞翔到

宝塔山头，

落脚在

延河两岸。

有了延安传统,有了革命前辈浴血奋战的辉煌胜利,有了英明的领袖和战无不胜的思想,青年人才可能谈论他们的理想:

新来的战友呵,

你问我:

"什么是

革命青年的理想?"

作者不必匆忙回答,只是说那理想是"青年人心中/瑰丽的壮锦/灿烂的诗篇"。在回顾了革命的历史,再凝视火辣的现实之后,才给出了明确的当然是高亢的答案:

文化大革命在我心中

　　埋下了理想的种子;

　　　"为共产主义奋斗终生!"

而走与工农结合的道路,

>   这才是通向

>   革命理想的

>   唯一途径！……

　　这样的一篇《理想之歌》，又产生于那个特定的时代，应该是充满着斗争，充满着口号，充满着豪言壮语，充满着如火激情的标语诗，鼓动诗，大字报式的诗。但是，这首《理想之歌》尽可能让理想的歌吟与延安精神和革命传统结合在一起，让理想的抒发与知识青年上山下乡的革命道路联系在一起，体现出那个时代难能可贵的将理想的高歌夯实在现实的道路选择、意向选择的实际行动上。《理想之歌》中的理想尽管仍然显得有些抽象、空洞，但作者以青春的热忱试图弱化这样的抽象，试图弥补这样的空洞的创作意向非常明显。

　　那是一个革命理想的激情像火一样燃烧的年代，那是一个以斗争换取成功，以理想克服平庸的时代，在那样的时代，缺少革命理想主义乃至缺少理想描写的文学理所当然地受到读者的指责和批评家的诟病，理想的描写和理想主义的展现，是那个时代文学文化的绚丽特色。

第三十五章
"理想主义"、"斗争哲学"与左倾思想文化

　　在解放战争即第三次国内革命战争的隆隆炮声之中,蒋介石的专制、独裁政权迅速土崩瓦解,美国的各种军事、经济援助完全无济于事。这似乎印证了毛泽东曾经的一句谶语般自信而豪迈的断言:"一切反动派都是纸老虎!"[1]

　　1949 年 6 月 15 日—19 日,新政治协商会议筹备会第一次全体会议在北平中南海举行,"成立联合政府"成为主要任务之一。1949 年 9 月 21 日,中国人民政治协商会议第一届全体会议在中南海怀仁堂开幕,会议通过了《中国人民政治协商会议共同纲领》等三个历史性文件,确立"新民主主义即人民民主主义"是即将成立的中华人民共和国的"政治基础"[2],但正如毛泽东所说,这是中国革命在一定的历史时期所采取的"过渡的国家形式"[3]。1949 年 10 月 1 日,毛泽东在天安门城楼上庄严宣布:"中国人民站起来了!"[4]

〔1〕 毛泽东:《和美国记者安娜·路易斯·斯特朗的谈话》,《毛泽东选集》(4),第 1091 页,北京:人民出版社,1966 年。
〔2〕 中共中央党史研究室:《中国共产党历史》(1949—1978)(2)(上),第 5 页,北京:中共党史出版社,2011 年。
〔3〕 中共中央党史研究室:《中国共产党历史》(1949—1978)(2)(上),第 5 页,北京:中共党史出版社,2011 年。
〔4〕 毛泽东:《中国人民站起来了》,《毛泽东选集》(5),第 3 页,北京:人民出版社,1977 年。

经历一百多年来的深重苦难和折磨,中国人民终于迎来了历史上最好的一个时期。它结束了一个黑暗的旧时代,开始了一个光明的新时代。"中国人民革命的胜利和中华人民共和国的建立,揭开了中国历史的新篇章。"[1]"民族独立,人民解放,国家统一,是三个要点。一九四九年以后的中国历史,就是在这个和以往不同的全新基点上起步的。"[2]不过,新中国在政治及国际关系上,选择向同为社会主义国家的苏联"一边倒"的外交政策。这似乎印证了毛泽东在《论人民民主专政》里提出的"一边倒"主张:"一边倒,是孙中山的四十年经验和共产党的二十八年经验教给我们的,深知欲达到胜利和巩固胜利,必须一边倒。积四十年和二十八年的经验,中国人不是倒向帝国主义一边,就是倒向社会主义一边,绝无例外。骑墙是不行的,第三条道路是没有的。"[3]同时,在朝鲜战场上与美国兵戎相见;在经济上,仅用三年左右时间就完成了国民经济的恢复工作,随即"正式提出逐步实现国家的社会主义工业化,逐步实现国家对农业、手工业和资本主义工商业的社会主义改造的过渡时期总路线"[4]。紧随其后的即是人民公社、大跃进等带有激进和理想色彩的经济政策和措施;在思想文化上,则开始确立马克思主义主导意识形态的地位,对知识分子进行思想改造与思想批判。

"五四"以来的革命"左翼"中国共产党在取得全国政权以后,迅速沿着自身"理想"的路径,向前阔步前进。在波澜起伏的"十七年"时期,中国革命迅速向"左"转,其后提出"以阶级斗争为纲"的学说,一切在"文革"十年中达到高潮。应该说,"理想主义+阶级斗争"成为这一时期(1949—1978)的政治主色调。

---

〔1〕 中共中央党史研究室:《中国共产党历史》(1949—1978)(2)(上),第4页,北京:中共党史出版社,2011年。
〔2〕 金冲及:《二十世纪中国史纲》(3),第694页,北京:社会科学文献出版社,2009年。
〔3〕 毛泽东:《论人民民主专政——纪念中国共产党二十八周年》,《毛泽东选集》(4),第1362页,北京:人民出版社,1966年。
〔4〕 中共中央党史研究室:《中国共产党历史》(1949—1978)(2)(上),第182页,北京:中共党史出版社,2011年。

在思想文化上也必然出现新的转向。新民主主义时期的目标是"反帝"和"反封建"。在新民主主义时期,"反帝"主要是反对帝国主义的政治、经济上的侵略,在进入社会主义之后,则增加了反对资本主义文化的新内容,自由主义思想自然也在其列。"反封建"主要是反对儒家文化里的消极因素。其实,即使"五四"时期的"全盘西化"论者,也没有否定中国传统儒家文化中的有益部分,但在进入社会主义时期特别是在"文革大革命"中,对中国传统儒家文化是全盘否定和批判的。马克思主义思想及其文化成为唯一、合法的正宗,这种政治和思想文化选择就像政治和外交上的"一边倒"政策一样,似乎有其内在的逻辑和必然性。但是,我们必须清醒认识到的是:马克思主义是西方现代文化的内生性和发展性的产物,也是"五四"运动以来的新思想文化的重要组成部分,它与西方现代文化有着本质的、内在的、整体的也是必然的联系,如果有意割裂了这其间的联系,屏蔽了那些具体的历史和现实环境,那么真理也会走向谬误。其实,在建国后的一些时间,特别是"文化大革命"时期,我们所说的马克思主义,在本质上偏离了真正的马克思主义。这应该是这一特定历史阶段思想文化的基本特色,是思想文化在"极左"思潮中的一种反映。

一、思想文化界的整肃与改造

建国之初,在马克思主义和社会主义的理想、激情的导引之下,第一轮对知识分子和思想文化的整肃、改造运动渐次展开。

这一时期,作为知识分子改造运动的一个组成部分,历次批判和整肃的主旨,在反封建主义的同时,展开对资本主义思想的清算,自由主义思想被纳入其框架之中。这也正是社会主义思想,也即马克思主义主导意识形态地位的确立时期。

1951 年 5 月,批判电影《武训传》。

《武训传》所提出的问题带有根本的性质。像武训那样的人,

《武训传》剧照

处在满清末年中国人民反对外国侵略者和反对国内的反动封建统治者的伟大斗争的时代,根本不去触动封建经济基础及其上层建筑的一根毫毛,反而狂热地宣传封建文化……〔1〕

于是,以《人民日报》的这篇社论为导引,大家纷纷批判《武训传》的反动倾向,即站在维护旧事物的立场上,宣扬了向反动的封建统治者投降的思想,并否定了被压迫人民的阶级斗争,等等。

1954 年,对俞平伯《红楼梦》的"资产阶级唯心论"的研究观点展开批判。最初提出批评的是青年学者李希凡和蓝翎,主要是批评俞平伯"离开现实主义的批评原则,离开了明确的阶级观点,从抽象的艺术观点出发……"以及否定或降低了《红楼梦》的"反封建的现实意义"〔2〕。毛泽东对此高度重视,在1954 年10 月16 日致信刘少奇、周恩来等人时,作出如下批示:"看样子,这个反对在古典文学领域毒害青年三十余年的胡适派资产阶级唯心论的斗争,也许可以开展起来了。"〔3〕这个批示其实给这场批判运动定了性,即"胡适派资产阶级唯心论"。"虽然运动的一个目标是要利用《红楼梦》向人们灌输马克思主义的历史观点,但它的最大目标是要把学术上的政治观点强加给中国知识分子。"〔4〕这个观点虽有偏颇,但也说出了当时的某些实情。

1954 年,借批判俞平伯《红楼梦研究》的契机,对胡适资产阶级唯心论

〔1〕 人民日报社论:《应当重视电影〈武训传〉的讨论》,《人民日报》(1951 年5 月20 日)。

〔2〕 李希凡、蓝翎:《关于〈红楼梦简论〉及其他》,《文史哲》(1954 年9 月)。

〔3〕 《毛泽东选集》(5),第134 页,北京:人民出版社,1977 年。

〔4〕 〔美〕R. 麦克法夸尔、费正清编:《剑桥中华人民共和国史:革命的中国的兴起(1949—1965)》,第250 页,北京:中国社会科学出版社,1990 年。

进行批判,批判者称其文学见解"不但是资产阶级的,而且是封建的","引导读者逃避革命的政治"〔1〕。随着批判运动的深入,更多的污水泼向这位已经移居海外的自由主义者:

> 胡适大力宣传实用主义哲学是借学术之名遂其反共、反革命、反马克思主义的政治图谋……所谓"大胆的假设,小心的求证"是要先大胆地肯定反动统治阶级的思想与行为,然后根据这一需要去小心地搜求证据;胡适提倡白话文,是为美帝国主义经济侵略服务的,资本主义需要统一的市场,这就需要一种老百姓能用能懂的语言;胡适提倡整理国故,是为了抵抗马克思主义理论在中国的传播,提倡考据在于引导人们脱离阶级斗争……胡适宣扬的改良主义,隐藏着维护帝国主义和封建势力统治的实质;胡适鼓吹的法制、民治是"彻底的反革命的罪恶阴谋"……〔2〕

相关批判不仅无限上纲上线,而且已经到了信口开河、胡说八道的程度,呈现了非理性的和不讲道理的特点。自五四新文化运动以来,胡适一直是中国自由主义最重要的代表人物,他的被清算,意味着这些思想改造运动的进一步深入。

1955年,对胡风的"主观战斗精神"说、"精神奴役的创伤"说等文艺思想展开批判,并很快升级为"肃清胡风反革命集团"的斗争,胡风被逮捕判刑,受株连者二千多人。"……强大的宣传机器的触角所及,甚至使最边远地区最微贱的农民也都知道胡风其人,以便保证任何可能的'胡风主义'——即独立的思想和行为——都会被清除掉。"〔3〕作为中国自由主义的基本品格

---

〔1〕 张啸虎:《俞平伯研究红楼梦的错误的又一根源》,《人民日报》(1954年12月8日)。

〔2〕 杨凤城:《20世纪的中国——走向现代化的历程(1949—2000)》,第55—56页,北京:人民出版社,2010年。

〔3〕 [美]R.麦克法夸尔、费正清编:《剑桥中华人民共和国史:革命的中国的兴起(1949—1965)》,第254页,北京:中国社会科学出版社,1990年。

和精神，均已成为"革命"所认定的"毒瘤"，意在彻底切割或根除。

1955年，对现代新儒学的代表人物梁漱溟进行批判。与批判胡适有着异曲同工之妙的是，梁氏的所有观点，都被上纲上线。也许出于某种无奈或不得已的原因，著名思想家冯友兰也加入到这个批判队伍中来，并称梁氏的"村治"思想是"典型的封建复古主义思想"[1]。在冯友兰的《中国现代哲学史》中，他虽然把梁漱溟划为新文化运动的"右翼"，但对他的评价则更为客观和公允："梁漱溟也充分认识到新文化运动的必要性和进步性。"[2]不过，在这本书里冯友兰没有提及梁漱溟的"村治"问题，也许，这只是一个社会实践问题，与哲学没有太多直接的关联吧。

在这里，被批判者已不是封建主义或者资产阶级，而是文化革命甚至社会革命的同路人。五四新文化运动以来的部分自由主义者，已不是"革命"的同盟军，而是"革命"的凶恶敌人。"五四"以来所提倡的自由和独立精神，已经成为中国式"马克思主义"和"革命"的敌人，"极左"主义的观点已进一步显示了其已成蔓延之势。

二、"反右"斗争的展开及其扩大化

建国初期"思想改造和批判"运动只不过是阶级斗争的"序幕"。经过1956年短暂的以"百花齐放，百家争鸣"为特征的"双百"方针时期，紧接着就是更为猛烈的1957年6月的"反右派"斗争，一大批知识分子被当作反党、反社会主义的"人民公敌"遭到批判与整肃。这确实如《人民日报》的社论所说，是一个"不平常的春天"[3]。

1957年4月27日，中共中央发出《关于整风运动的指示》。这个指示中说："几年以来，在我们的党内，脱离群众和脱离实际的官僚主义、宗派主义和主观主义，有了新的滋长。因此，中央认为有必要……在全党重新进

---

〔1〕 冯友兰：《批判梁漱溟先生的文化观和"村治"理论》，《人民日报》(1955年5月11日)。
〔2〕 冯友兰：《中国现代哲学史》，第80页，广州：广东人民出版社，1999年。
〔3〕 人民日报社论：《不平常的春天》，《人民日报》(1957年6月22日)。

行一次普遍的、深入的反官僚主义、反宗派主义、反主观主义的整风运动,提高全党的马克思主义的思想水平,改进作风,以适应社会主义改造和社会主义建设的需要。"党外人士也被发动起来,帮助整风,提出了很多很尖锐的意见,甚至还有一些偏激和错误的反对共产党和社会主义的言论。于是,这场运动马上改变了"性质",从中国共产党的"整风",变成了反击"右派分子向党的猖狂进攻"。毛泽东写了《事情正在起变化》一文,并提出了"引蛇出洞"、"诱敌深入,聚而歼之"的斗争策略。其后,则是毫无悬念的反"右派"斗争的伟大胜利,"右派"们被"聚而歼之",全国五十五万人被划为右派分子。

如果从捍卫无产阶级政权、维护党的领导的权威性的角度看,反右斗争可能在所难免,那么,反右犯了扩大化的错误,这一点已为《关于建国以来若干历史问题的决议》所认定。"反右派斗争严重扩大化造成的更严重的后果,是毛泽东和中共中央由此对国内形势作出错误的估计、国内主要矛盾的基本判断发生重大变化……以后,'以阶级斗争为纲'的'左'的错误,就以此为起点,一步一步地形成。"[1]这个向"左"转的过程,不仅方向已定,而且前进速度十分惊人。

其后,"1958年的中国弥漫着想象和浪漫、狂热与奇迹,那是一个看上去确实热火朝天的年代"[2]。在这样的思想氛围内,经济、文化上的"大跃进"随之发生;而紧随其后的则是所谓的"三年自然灾害"带来了巨大的灾难性后果,饿殍遍地,已经不是一个文学性的词汇,而是忠实于历史和现实的客观描述。1961年,伴随着国民经济调整和纠"左"工作的开展,思想文化领域也进入了纠"左"阶段。思想、文化的明媚"春天"似乎又将到来,但好景不长,1963—1964年,"以阶级斗争为纲"的理论再次占据主导地位,"文化大革命"的发生,也就是"箭在弦上"了。

其实,在这场思想改造运动中,无论是以现代新儒学为代表的"中国文化本位主义",还是以自由主义知识分子为代表的西化的现代启蒙思想,均

---

[1] 金冲及:《二十世纪中国史纲》(3),第864页,北京:社会科学文献出版社,2009年。
[2] 杨凤城:《20世纪的中国——走向现代化的历程(1949—2000)》,第124页,北京:人民出版社,2010年。

已溃不成军。这固然与执掌权力者的强大与蛮横、疾风暴雨式的批判运动的不可抵挡以及知识分子的软弱性有关,但这也与来自于知识分子内在的"软肋"——也就是知识分子的"原罪"感,这其间有着某种深刻的关联。

这里是后来被称为"国学大师"的季羡林的一段独白:"当中华民族的优秀儿女把脑袋挂在裤腰带上,浴血奋战,壮烈牺牲的时候,我却躲在万里之外的异邦,在追求自己的名山事业。天下可耻事宁有过于此者乎?我觉得无比地羞耻。连我那一点所谓学问——如果真正有的话——也是极端可耻的。""我左思右想,沉痛内疚,觉得自己有罪,觉得知识分子真是不干净。我仿佛变成了一个基督教徒,深信'原罪'的说法。在好多好多年,这种'原罪'感深深地印在我的灵魂中。""就这样,我背着学生的'原罪'的十字架,随时准备深挖自己的思想,改造自己的资产阶级思想,真正树立无产阶级思想……脱胎换骨,重新做人。"

季羡林

季羡林这一段独白揭示了一个非常重要的内在事实,那就是很多知识分子是自认有罪的,他们中的相当一部分人对这种"改造"是自觉接受,且毫无反抗的。在国民党专制、独裁时期,许多知识分子奋起反抗,但同样是这些知识分子,却在一些毫无理性的大批判面前束手就擒,这不能不令人深思其中的内在原因。而知识分子之间的相互揭发和批判,也就不能仅从人性自私和胆怯来解释,而是来自内心的某种真诚,比如,在上文中提到的冯友兰对梁漱溟的批判等。

三、在理想鼓舞下的斗争文化

从"理想主义"到"斗争哲学",无产阶级"文化大革命"成为国家、民族以及文化的一场躲不过去的劫难或无妄之灾。

无产阶级"文化大革命",作为一场牵动全民族的政治运动,留下的历史教训相当惨重。这场运动对于广大人民,对于知识分子,甚至对于许多老一辈革命家来说,都是触目惊心的。这场运动被标志为"触及灵魂的革命",可以说是把思想改造运动推向高潮的举措。

应该说,社会主义教育运动的开展,"以阶级斗争为纲"的重提,"无产阶级专政下继续革命"理论的确立,都成为"文化大革命"发生的"前奏曲",一切可谓是"山雨欲来风满楼"。

1965年11月,《文汇报》发表了姚文元的一篇文章《评新编历史剧〈海瑞罢官〉》,这成为"文化大革命"的导火索。1966年5月,中央政治局扩大会议通过了《中国共产党中央委员会通知》(后来被简称为"五一六通知"),对彭真起草的"二月提纲"进行了全面批判。"1966年5月召开的中共中央政治局扩大会议是'文化大革命'正式发动的标志。这次会议通过的'五一六通知',成为发动'文化大革命'的纲领性文件。"[1]

关于"文化大革命"的文化目标或宗旨,林彪可谓一语中的:"文化大革命,实际上是思想革命,就是打破一切旧思想,树立毛泽东思想。""要大搞无产阶级文化革命,用无产阶级思想代替孔孟之道,代替资产阶级思想,代替一切旧思想。"[2]这种野心和荒谬,让我们想起前苏联历史上曾经出现的"无产阶级文化派",狂妄地试图在人类文化的历史废墟上建立起纯正的无产阶级文化,这仅是历史极其相似的一幕而已。"将人类几乎所有的文化成果全部加以否定:中国传统文化是封建文化,近代的则是资产阶级文化,外来的西方文化则是资本主义文化或者帝国主义文化。1949年以后的也不能幸免,文化教育均为资产阶级思想统治的产物,反映剥削阶级的意识形态,文艺上的'黑线专政'、教育上的'资产阶级知识分子统治'和'修正主义教育路线'等等,所有人类文化结晶和成果……一概在批判之列。只

---

〔1〕 中共中央党史研究室:《中国共产党历史》(2)(下)(1949—1978),第762页,北京:中共党史出版社,2011年。

〔2〕 林彪:《在中央工作会议上的讲话》,国防大学党史党建政工研究室,王年一选编:《"文化大革命"研究资料》(上),第82—83页,1988年。

有一个例外,这就是极左集团所认可的'马克思主义''毛泽东思想'。"〔1〕
在中共中央《关于建国以来党的若干历史问题的决议》中,对这场"文化大
革命"已有定评:"历史已经证明,'文化大革命'是一场由领导者错误发动,
被反革命集团利用,给党、国家和各族人民带来严重灾难的内乱。"而在《中
国共产党历史》中,则指出其错误和反动的思想实质:"'文化大革命'是一
种'左'的和极左的思想理论的产物,它同时又在一种极端的状态中暴露了
这种思想理论的荒谬性。"〔2〕有学者把"文革"的特点概括如下:1."造反有
理"与"斗争哲学";2."破旧立新"的历史虚无主义与反智主义;3."打倒一
切,冲击一切"的无政府主义;4."残酷斗争,无情打击"的暴力潮;5. 个人
崇拜狂潮。〔3〕

　　无产阶级"文化大革命"表面上看与五四新文化运动有一定的联系,尤
其是在对传统文化的态度上。但"文化大革命"在本质上带有封建专制主
义与蒙昧主义色彩,与以"民主"、"科学"、"个性解放"相号召的五四新文化
其实是背道而驰的。正如"革命军中马前卒"邹容评价近代"义和团运动"
时所说,革命有两种,一种是积极的革命,一种是消极的革命。曾因为政治
原因被倍加称颂的"义和团运动"无疑是一场消极的革命,而在当时曾获得
无限正义性和合法性的所谓的无产阶级"文化大革命"亦是如此,其本质上
是文化虚无主义、文化专制主义、无政府主义的"大杂烩"或"大拼盘"。"经
过十年内乱,我们的党风被破坏了,社会风气明显不如以前了,道德水准下
降了,极左思潮、无政府主义、极端个人主义、个人迷信以及各种错误的思
想行为泛滥开来,对中国社会的发展产生了极大的负面作用。""十年历史
的实践证明:这场'大革命'绝不是马克思主义所讲的本来意义上的文化革

---

〔1〕 刘晓:《意识形态与"文化大革命"》,第 330 页,台湾:洪叶文化事业有限公司,2000 年。
〔2〕 中共中央党史研究室:《中国共产党历史》(2)(下)(1949—1978),第 981—982 页,北京:
　　 中共党史出版社,2011 年。
〔3〕 杨凤城:《20 世纪的中国——走向现代化的历程(1949—2000)》,第 188—226 页,北京:
　　 人民出版社,2010 年。

命,而是对中国文化的一场浩劫。"[1]

不过,在这场"伟大的无产阶级文化大革命"中,有几个特别值得注意和思考的"悖论"现象。

一是"民主"悖论。"文化大革命"有"大民主"的特征,并以所谓"四大"即"大鸣、大放、大字报、大辩论"来实现这种"大民主"。而究其实,这种没有法制观念和法律约束的所谓"大民主",在本质上是无政府主义和暴民政治。非理性的"民主"有可能演化成与民主正好对立的那一方面。

二是"自由"悖论。在"文革大革命"中,为所欲为,冲击一切,这是不是就是所谓"自由"呢?它与五四新文化运动中所提倡的个人自由与个性解放有一致之处吗?其实,它与个性解放和个性自由没有任何联系,在本质上则是文化专制主义和蒙昧主义。

三是"法家"悖论。这是一个非常有趣的悖论。无产阶级"文化大革命"荡涤着一切封建主义、资本主义思想意识和行为方式的"污泥浊水",但有一种中国传统文化思想却得到了褒扬,并被抬高到某种政治和思想的高度,那就是法家的思想。在"评法批儒"运动中,中国历史上的法家成为唯一的正面形象和典型。既然是反封建,大反孔孟之道,为什么却要肯定法家?秦晖等学者揭开了这个秘密:中国传统社会的内在特征即是"儒表法里"。这种做法,正是充分暴露了这场运动的封建主义和专制主义特征。这正如否定全部西方文化,而独取马克思主义,也正是为我所需,如果采用辩证唯物主义的哲学术语,也即是所谓"扬弃",而所暴露的恰恰是庸俗的实用主义思维方式。其实,它所提倡的所谓"马克思主义",在本质上是具有专制、独裁倾向的"斯大林主义";所谓的"马克思主义"中国化,则是斯大林主义与法家思想的混合物,在专制主义的本质上它们是两个同质的东西。这也是某位伟人所说的"马克思+秦始皇",其实是"斯大林+秦始皇"。

在"文化大革命"的文化、思想沙漠之中,也还有一丝绿意,这就是思想

〔1〕 中共中央党史研究室:《中国共产党历史》(2)(下)(1949—1978),第 967—968 页,北京:中共党史出版社,2011 年。

遇罗克

家顾准、遇罗克等思想者的存在。而他们的存在，正是五四新文化运动以来的自由主义和理性主义的最后一缕血脉。1973—1974 年，顾准的《从理想主义到经验主义》对希腊到基督教文明和中国史官文化作出比较研究，对中国传统"史官文化"进行理性分析；在《僭主政治与民主》、《直接民主与"议会清谈馆"》则探讨了民主精神、民主与科学精神的关系等问题，而这些在"文化大革命"中已为无政府式的"大民主"所替代。遇罗克在那个全民疯狂的时代，作为一位年轻的思想者，他清醒地认识到"血统论"的荒谬性和危害，起而与之战斗，并为此付出了生命的代价，死在黎明前的黑暗里。

在这样的一个时代，五四新文化运动以来的文化启蒙与革命的"复调"，也已荡然无存。在"理想主义"、"革命"等炫目的光环下，"极左"主义打着"马克思主义"的旗号，危害着国家的根本和民族的肌体，而民主、自由、个性解放、革命等曾经美好得像花朵一样的词汇，却以扭曲和异化的方式，在我们的政治和文化生活中释放负面的能量，甚至对我们的政治、思想、文化环境起着戕害作用。

1976 年 10 月，随着代表党内"极左"主义势力的"四人帮"集团的被粉碎，所谓无产阶级"文化大革命"也就落下了帷幕。然而，"极左"主义思想并未就此寿终正寝，"两个凡是"的阴影仍然一度困扰着我们正常的政治、经济和文化生活。

当然，在"左倾"的冻土之下，思想解放的绿色根苗正在萌芽和生长；在厚重的乌云背后，惊雷、闪电和阳光正在孕育着一场暴风雨——在中华民族历史上，一场像五四新文化运动一样伟大的思想解放运动正待发生。

第三十六章
为理想而斗争的教育文化

新中国的教育事业与社会主义文化建设紧密联系在一起。重视意识形态建设的社会主义文化必须占领教育阵地，一方面为了落实新的思想改造和思想文化建设，另一方面更是为了夺回下一代的培养权。因此，当新中国刚刚立住脚跟，社会上层建筑都处在准备和草创阶段的时候，政府就已经开始调整教育体制，完善教育制度。此后，各种政治运动都首先从教育领域开始，如果说每次政治运动都可能从文学批判发难，则它的真正落实并付诸实际操作往往先在教育战线进行。建国后党发动和领导的第一场政治批判是针对教育话题展开的，电影《武训传》是办教育的影片；声势浩大的反右斗争，教育首先是重灾区；"文化大革命"的烈火首先在高等学校燃起，红卫兵更是教育战线涌现的新生事物；更不用说第二次"批邓"、反击右倾翻案风，又是从"教育战线上的一场大辩论"肇其端绪。中国社会主义文化，无论哪一个环节都以教育文化为其枢纽。

一、通向"理想"的教育体制

历经战火与灾难，中华人民共和国成立时，在全国五亿总人口中，文盲比例高达百分之八十以上，全国小学学龄儿童入学率只有百分之二十左右，初中入学率仅为百分之六，每一万人口中，高中、大学在校生仅为八人和二人[1]。《中国人民政治协商共同纲领》确定了"中华人民共和国的文化教育为新民主主义的,即民族的、科学的、大众的文化教育"的基本方针,1954 年《中华人民共和国宪法》明确规定了中华人民共和国公民有受教育的权利。此后,社会主义教育制度不断完善,到了 1960 年代中期,中国教育体系,大中小学教育及成人教育初具规模,全日制教育、业余教育和半工半读教育共同发展,形成了教育兴国的基本局面。但是 1960 年代开始出现的过于追求理想化的激情渐渐对教育发展造成了冲击,到了"文化大革命"时期,中国教育被这种斗争的、革命的激情严重冲击,学校教学秩序混乱,教师成为备受打击的对象,青少年失去正常接受科学文化教育的机会。在严酷的教育发展规律面前,斗争激情不仅没有缩短教育在现实与理想之间的距离,反而拉远了我国教育与世界之间的差距,直到从决策层到教育内部慢慢出现调整,才给已经彻底失去升学机会的青少年一线希望,一点突破口,而整体教育文化向正常秩序的回归则要等到 1977 年之后。

建国后中国教育界从教育理念、教育思想到办学宗旨、办学模式全面向苏联学习。新中国成立后苏联教育学方面的著作成为最重要的教育学学习读本,凯洛夫主编的《教育学》对教育文化影响极深。凯洛夫提出:"共产主义的教育,是有目的的,有计划的实现着青年一代的造就,使他们去积极参加共产主义社会的建设和积极捍卫建立这个社会的苏维埃国家。"[2]在凯洛夫的影响下,从解放之初开始,教育的概念内涵开始走向窄化,主要偏向于思想政治教育。当时的教科书这样定义教育:"是人类社会的一种上层建筑,在阶级社会里,教育必然是阶级斗争的工具,它永远是为政治服务的。从有阶级社会以来,整个教育史就是反映着两个敌对阶级的斗争,教育始终成为阶级斗争的工具,表现着极其强烈的阶级性。"[3]在"教育是阶级斗争的工具"这样的指导思想下,学校成为无产阶级专政的工具,在无

[1] 黄伟加:《新中国成立 60 周年纪事:扫除文盲》(上),《北京日报》(2009 年 1 月 18 日)。
[2] [苏]凯洛夫:《教育学》(上),沈颖等译,第 21 页,北京:人民教育出版社,1950 年。
[3] 福建省教育厅师范处初教处:《教育学讲义》(初稿),第 5 页,1958 年。

产阶级专政理论的全面占领中,教育文化慢慢发生变化,最终在"文化大革命"时期完全异化为专政工具或斗争工具。

1950 年,中央决定成立以编写出版中小学语文教材为主要任务的人民教育出版社。1951 年由宋云彬、朱文叔、蒋仲仁编辑了一套《初级中学语文教科书》,周祖谟、游国恩编辑了一套《高级中学语文教科书》(以上两套均由人民教育出版社出版)。新中国建立之初的这些教科书,选文基本以白话文为主,配有大量的革命故事和配合政治宣传的时文,突出强调政治思想教育。这时期语文教科书选文太少,不分单元,各类文章混编;文言文太少,时文过多,不够典范,对语文这门课程作为交际工具的性质重视不够。1955 年,人民教育出版社根据新颁布的汉语、文学教学大纲,编辑出版《初级中学汉语课本》、《初级中学文学课本》和《高级中学文学课本》,1956 年起在全国中学和中等师范学校使用。这成为现代中国语文教育史上影响深远的一件大事。《初级中学汉语课本》共六册,初、高中文学课本也各六册。这套教科书受到大多数师生的欢迎。但由于众所周知的原因,这套教科书的生命在 1958 年就匆匆走到了尽头。1958 年以后,进入大跃进时期,人民教育出版社在没有教学大纲的情况下,为适应形势仓促编成一套语文教科书。这套教科书的特点是选文少(每册仅十课),古典作品极少,现代以来的作家作品除鲁迅外基本不收。绝大部分是歌颂大跃进、人民公社的时文。

中国高等教育在 1950 年代进入全面学习苏联模式阶段,实行高度集中计划和专才教育模式。国家通过接管各类高校,包括教会大学、私立大学等,实现国家对高校的统一管理,接着进行院系调整,调整方针是:"以培养工业建设人才和师资为重点,发展专门学院,整顿和加强综合性大学。"[1]以华北、华东、中南三地区为重点进行调整,按照苏联模式,削减原有系科众多的综合性大学,改为理科或多科性理工科大学,以建设单科型专门学院为重点,将经济建设迫切需要的系科专业,分别集中或独立,建立

---

〔1〕 余立:《中国高等教育》(下),第 36 页,上海:华东师范大学出版社,1994 年。

新的专门学院,改变原来不甚合理的教育布局和结构,增加功课和示范的比重,撤销、归并一些高校,取消大学中的学院建制,改为校系两级管理,普遍设立专业,按专业培养人才。1952年下半年,全国高等院校全面调整,四分之三的高校进行了调整,全国共计新设高等学校31所,其中高等工业院校11所,农业院校8所,师范院校3所,医药院校2所,财经院校3所,政法院校2所,语文院校1所,艺术院校1所,所有私立大学全部改为公立。这种与计划经济、产品经济体制同构的教育制度,集中国家资源、迅速培养大批标准化专门人才,为1950年代的工业建设和国防建设提供了有效的智力和人力资源的支持。但是,这种片面发展专门院校、崇尚专门化的院校调整极大改变了大学的理念和内涵,一些综合性大学比如清华大学等被严重伤害,学科综合性丧失,直接削弱了学科综合交叉而产生的科学、文化的活力和创造力,"现成的专家"与"专才教育"在短时期内支持了国家建设发展的迫切需求,其弊端亦在日后社会发展中慢慢浮现。另一方面,这一时期院校调整使整个国家出现了"重理轻文"的偏斜。经过调整,1953文科学生比例从1949年的33.1%下降到14.9%,此后持续下降,到1962年降到6.8%,而世界上大多数国家这一比例在20%—50%之间。这种对文科教育的削弱造成了整个社会文化价值的倾斜。"学好数理化,走遍天下都不怕"与"文科无用"成为新的社会信条。轻文重理在1950年代的教育调整之后成为长久影响社会文化价值的标准,学生价值感、道德感薄弱,社会理想、人文关怀欠缺成为日后的社会文化问题。

全面开展于1952年的院系调整,是中国共产党对全国高等学校进行国有化、专业化调整和社会主义改造的巨大工程,对于包括中国现代文学建设在内的高等学校文法各系专业设计与调整,则是以社会主义观念和方法贯注于意识形态教育体制的系统工程。院系调整的第一步是全面肃清帝国主义在中国进行"文化侵略"的高教机构,全面整顿教会大学;教会大学如燕京大学、辅仁大学、金陵大学、东吴大学、圣约翰大学等等,有些被取消,有些遭合并。第二步将原来"出身不好"的大学,削减其实力和影响力,例如国民党时期的中央大学,原是当时全国规模最大、学科最齐全的大学,在院系调整中,有的学院发配到外地,有的学院独立办学,留在原校的只有文理学院,还被迁出中央大学原址,搬迁到金陵大学所在地,新成立南京大学。南京大学被定性为一般性的综合大学,直至 1964 年才被教育部列为全国重点大学。第三步是执行苏联高教模式,减少综合性大学的数量,建立各种各样的专科学院。这种模式在国家百废待兴、急需建设人才的时候是非常适用的,它特别有利于一些专才的迅速养成。但这样的高教体制造成各学院学科单一,不符合培养复合型人才的要求。总的来说,高等教育院系调整是在特定历史条件下采取的必要而且合理的政治措施,它是中国共产党在上层建筑领域实行全面占领的必然举措。

金陵大学堂

但中国共产党更重视高等教育在意识形态领域的社会主义改造。早在 1950 年 5 月,发动院系调整的两年之前,政务院教育部就颁布了《高等学校文法两学院各系课程草案》,这说明中国共产党是如何重视这些与意识形态密切相关的学科改造和学科建设工作。这次学科改造和学科建设就使得中国现代文学在中文系的学科群体中得以登堂入室,"中国新文学"立刻被宣布为重要学科,《中国新文学史》作为重要课程,其内容被规定为"着重在各阶段的文艺思想斗争和其发展状况",其由原来在高等教育的课程体制中处在边缘位置,现在急遽上升到学科主流甚至是领导地位。

政治干预导致中国现代文学课程地位急遽上升,在某种意义上它成为在文学和文学史的学术领域为新民主主义和社会主义做宣传的主干课程,成为文学门类中政治色彩最强烈,政治功能也最强势的领导学科。于是,在它正式成为主干学科的 1950 年代,由什么样的教师来执教这个学科和课程,乃是高校基层党组织都要过问的事情,实际上类似于政治课,任课教师成了一种政治安排。许多原在大学中文系执教的著名新文学家,如施蛰存、陈铨等,由于各种政治原因与此课程无缘,而只能执教别的课程。有资格执教中国现代文学课程的多是被认为又红又专、政治历史清白的教授,或者是新中国培养起来的"根正苗红"的青年教师。

院校调整除了重组和新建了不少工科院校,还打破了原有的文化发展格局。从近代的二十世纪前五十年,文化发展以华东、华南、西南等地方为核心区域,院系调整则有意加强华北、华中、西北等地区的高教数量。此外,加强了对高等教育课程的社会主义改造,其中心点是强化思想政治课的学习。建国初,在理想的召唤下,人们感到改天换地,脱胎换骨,对一切新事物抱着极大的热情,高校改革就在这种热情中顺利推进。1957 年,反右斗争在全国展开,扩大化的反右使全国知识分子深受其害,高校许多干部师生被错划为右派分子。次年,在大跃进的浪潮下,许多中专学校升级为高校,各区各县也争相办起红专大学。各种批斗各种群众运动严重挫伤了高等教育,1963 年调整之后,1964、1965 年高等教育初步恢复,稳步发展,但是,"文革"一来,中国高等教育又遭到了毁灭性打击。

新中国教育文化受苏联教育文化影响,遍及教育的方方面面,从教育理念、中小学教育、大专院校专业设置、人才培养模式,以及教育思想上都建立起苏联模式,从对电影《武训传》的批判到对陶行知教育思想的批判都是这方面的体现。对《武训传》的批判拉开了新中国思想文化界的大批判序幕,随之而来的是《人民日报》发表文章,称对陶行知的错误教育思想的批判是这次思想斗争的"基本内容和重要内容"[1]。1955 年,全国还掀起了批判杜威、胡适的实用主义教育思想,涉及陈鹤琴、陶行知等众多学者,以及这些教育家的弟子。对杜威、胡适、陶行知等人教育思想的批判,"一

---

〔1〕《人民日报》(1951 年 6 月 2 日)。

方面是清除五四之后在文教界和知识分子中占主流地位的西方文化、美国文化的影响",另一方面,也标志着在教育路线上,"从新民主主义向社会主义的转变"[1]。

直到中苏关系破裂,凯洛夫主编的《教育学》也成为被批判的对象,教育的含义开始产生新的变化,但是苏联模式对于中国教育文化的影响却是深刻的。从中小学教育到中专院校教育,苏联刻板、教条式的教育思想对中国影响深远,受苏联影响,1950年代社会学、政治学、人类学、心理学等诸多学科被冲击、停止和取消,而参考苏联模式建立的历史、政治、党史教育、经济学科等作为一种思维模式影响中国社会。同样是受到苏联影响,教育高度集中,对知识分子的政策逐步收紧,采取"团结、教育、改造的模式",教育甚至一度等同于思想政治教育,在中国教育文化中留下了深刻印记。从1950年代开始,中国社会文化被"以阶级斗争为纲"的思想占领,尽管理想与斗争一直都是新文化的内在品质,但是在乌托邦激情的影响下,此时的新文化发生异化,教育文化中为政治、为意识形态服务的特征也越来越明显,教育是阶级斗争工具的说法渐渐被社会接受,到"文化大革命"期间,更成为对教育的基本且唯一的解释判断。

1950年代之后近乎半个世纪里,农村教育始终处于中国大陆教育问题的首位,不同时代不同政策改变着中国农村的教育文化,农村教育文化也影响着整个国家的教育文化。共产党是以在农村闹革命发展起来的,农村发展是一条重要的命脉,作为一种启蒙,大规模的农民扫盲运动才是新文化运动在农村的实质,在新文化运动开展了三四十年之后,作为一个农业大国,农村教育文化终于被置于教育的重要位置。然而,农村教育也还是要配合国家整体发展的政策,在全国教育文化日渐异化的过程中,农村教育才刚刚起步就进入了困难期。

刚建国,面对解放区与国统区不同的教育文化背景,政府实施有区别

---

[1] 杨东平:《艰难的日出——中国现代教育的20世纪》,第144页,上海:文汇出版社,2003年。

的教育制度;对于老解放区以巩固和提高为主,尤其是师资与教材问题得到重视,当时还特别提出要发展中等学校的中等技术学校,培养大批中级建设干部,这是培养国家基础建设的储备人才;而对于以前的国统区,即新解放区,教育工作的关键则是争取、团结、改造知识分子,进行政治思想教育,使他们逐步建立革命人生观[1]。

新中国成立初期,百废待兴,国家难以拿出巨资兴办高等教育,不过中国高等教育还是有一定程度的发展的。1949—1957 年,在校学生数从116 504人增加到441 181,翻了两番;学校增加并不多,仅增加了 24 所,校均规模从 568.3 人增加到 1 926.5 人[2]。这一阶段高等教育以内涵式发展为主,尽管数量增长不算多,但是办学态度是认真的,办学效益有了较大提高。大跃进时期,各行各业放卫星,教育领域也在所难免,工厂、企业、机关、人民公社纷纷办高等学校。1958 年,全日制高等学校由 1957 年的 229所猛增到 791 所,增长了 254.4%,1960 年达到 1 289 所。这一时期的发展虽然以外延式发展为主,但是经济能力、学校建设质量、师资能力、学生素质均跟不上,办学效益严重下降。经过 1961 年到 1963 年的调整,高等教育才恢复元气,呈现正常发展的势头。

1950 年,在新教育部,以及各省市县的教育机构的统一管理下,以及国家包办教育政策的推动下,农村学习文化的热情得到激发,短短三年之间,农村儿童入学率猛增。此外,以"冬学"为主,农民业余教育也迅猛发展起来,1952 年参加学习的农民多达 4 885 万人。由于发展太迅猛,办学条件恶化,师资水平低下,社会政治运动频繁,教育质量严重下降,1952 年教育实行整顿,规模开始收缩。1953 年,中国开始执行国民经济发展的第一个五年计划,这个计划把重工业放在首要位置,文教事业作为消费类支出被消减、压缩;同时 1953 年农业歉收,国家把余粮全部统一控制,农村进入困

---

[1] 中央教育科学研究所编:《中华人民共和国教育大事记 1949—1982》,第 8 页,北京:教育科学出版社,1984 年。
[2] 房剑森:《高等教育发展的理论与中国的实践》,第 60 页,上海:复旦大学出版社,1999年。

难时期。此时国家政策调整，只发展公办教育，农村教育鼓励私立或民办，农村教育也进入困难时期。

从 1956 年到"文革"爆发的十年里，"两种教育制度，两种劳动制度"的提出即创办农业中学、农业大学等是对这一时期农村教育的重要探索。两种制度是指学校教育制度与工厂农村的教育制度，一种是全日制的教育制度与八小时工作劳动制度，一种是半工半读的学校制度和半工半读的工厂劳动制度，这一半工半读的制度对于当时要在建设中推动教育的形式有一定的调整，迅速得到大家的支持与肯定。很快，国家进入"大跃进"，各地纷纷制定教育大跃进计划，甚至提出在十五年内普及高等教育。"文革"期间，农村教育受到严重破坏，第一是停止了高考，阻滞了学生求学上进的希望；第二是教学内容政治化、简单化，尽管增加了农村实用知识的教学，但是基础性课程遭到冷落甚至排斥，"文革"初期甚至要求小学以讲授毛主席语录为唯一的教学方式。但另一方面，"文革"时期，农村教育在国务院同意、教育部发文的指示下，县以下中小学的"文革"由四清工作队领导进行，在一定程度上使得农村教育在"文革"中并没有大乱，且普及了中小学教育，1971 年还提出大陆普及教育，扫除文盲。尽管这里面采取了很多极端做法，但是在农村实现扫盲、普及教育方面依然有一些推动。此外，由于大城市大量的知识分子下放到农村，许多城市知识分子，包括大学教授进入乡镇中小学劳动改造，也包括大量的知识青年在下放地点普及教育和扫盲工作，也从另一个方面推动了农村教育文化的发展。这是意外的收获，是味道复杂带有苦涩的教育文化果实。

少数民族的新文化教育从 1920 年代开始推进，各少数民族都有先进的知识分子推动本民族的新教育、新文化。孙中山提出"五族共和"；抗战时期共产党政权亦提倡联合少数民族共同抗日，实行国家统一和实现民族平等是共产党一直忠实的政治任务。实行区域自治则是实现这一政治任务的制度方式。建国后，大陆就是按照这种模式保证少数民族的安定团结，同时通过先从干部教育入手，先从高等教育入手，开辟了推进少数民族教育的新道路。1951 年 9 月，在北京召开了第一次全国民族教育工作会议,确定了在民族教育领域内实行全国统一的、民族的、科学的、大众的教育,这是符合整个新文化、新教育的性质要求的。同时,针对少数民族的特殊性,照顾民族特点,根据各民族地区的实际情况,采取巩固、发展、整理、改造等方法,推动民族教育事业的发展。到 1956 年,少数民族教育全面开创,发展迅速。大跃进时期,少数民族教育也受到了左倾影响,浮夸风和形式主义蔓延,牧区学校流于形式,扫盲工作运动式突击式,不讲求实效,不注重巩固。办学方式和学制、课程设置等又照搬汉族或内地的做法,强调汉语教学,排挤、轻视少数民族语言文字,挫伤了少数民族家庭送子女入学的积极性。至"文革"期间,许多学校教育被迫停止,最严重的是新中国成立后制定并实行的一整套行之有效的民族教育政策受到批判,被迫停止执行,无制度保证的学校教育被严重摧残和破坏,带来了极消极的影响。

从农民扫盲到少数民族教育,从两种制度到高校院系调整,1950 年代的教育虽然也不同程度受到冲击,但基本上还在正常教学的框架以内;1960 年代之后,从高等院校首先爆发的"革命"逐渐冲击整个教育阵线。实际上,自 1919 年五四运动开始,高校就是学生运动的摇篮,大学生在身体、智力等各方面都达到成年人标准,精力旺盛,思想活跃,最容易为激情所诱发,北京大学、清华大学、华中理工学院等等老牌大学在"文革"时期都成为"搞运动"的重要基地。《五一六通知》指出:"彻底揭露那些反党反社会主义的所谓学术权威的资产阶级反动立场,彻底批判学术界、教育界、新闻界、文艺界、出版界的资产阶级反动思想,夺取在这些文化领域中的领导权。"[1]"文革"中,高校是主阵地,1970 年底,高校文科除了下工厂,就是办写作班子,几乎全部沦为"文革"工具和牺牲品。在高校这个追求知识追求自由追求平等的特殊环境里,"文革"中"异化"的乌托邦理想在尽情地发酵,"造反有理"成为第一口号,学生造反意识强烈,学习成为副业。1973 年,出了张铁生这位"白卷英雄",经《人民日报》等各种媒体相继转

---

〔1〕《中国共产党中央委员会通知》,《红旗》(1967 年 7 月)。

载宣扬后,学校中掀起了轻视文化学习的浪潮。"文革"期间,尽管还有工农兵学员,还有部分教育工作者坚守岗位,但艰难环境中的教学效果可想而知。

二、激情燃烧的教育战线

社会主义教育时期,把平民教育和党的团结统一的思想政治教育相结合,是新民主主义教育的发展。在发展过程中,平民教育的政治色彩日渐浓厚,借教育做政治文章,教育文化的政治意义不断加强,这一特定时期,学校教育的内容发生了很大幅度的革命,课程的调整更加革命化,革命化理所当然地成为这时期教育文化的主潮。

《人民日报》转发经毛泽东亲自修改的姚文元文章《评新编历史剧〈海瑞罢官〉》,成为"文化大革命"爆发的导火线。配合对这一历史剧的批判,1966年5月16日,中共中央发布《五一六通知》,宣布成立"文化革命小组",提出"彻底批判学术界、教育界、新闻界、文艺界、出版界的资产阶级反动思想,夺取在这些文化领域中的领导权"[1]。1966年5月7日,毛泽东在给林彪的信中说:"资产阶级知识分子统治我们学校的现象,再也不能继续下去了。"这一系列指示、批判对建国后的十七年教育做出了政治定性,发出了"革命造反"动员令,"文化大革命"的烈火被迅速点燃,正常教学活动几乎全面停止,教育体制面临彻底冲击:学生闹革命,课堂空置;大学招生停止,高等教育全面停滞;学校领导、教师受到全面冲击,知识分子靠边站,遭遇批斗甚至遭遇"武斗"。

从北京中学红卫兵运动开始,各地学校停课搞运动,学校里数学、语文等课程分量不断消减,增加政治学习,用上课时间全校听广播,学社论、文件等重要文章,贴大字报,出专栏,开批判会。接省市主管部门通知,大、中学全停课,取消期末考试,没有课堂纪律。学校领导("黑帮"、"三反分子")

---

〔1〕《人民日报》(1967年5月17日)。

和教授、教师("牛鬼蛇神")受到了揪斗。南京大学匡亚明、西安交大彭康、浙江大学刘丹、重庆大学郑思群等高校党委书记、校长和中等学校的支部书记先后以"镇压革命群众"、"破坏文化大革命"罪名"靠边站",被撤销党内外职务或停职反省。6月教育改革措施频出:6月13日中共中央、国务院批转教育部党组《关于改革高级中学招生办法的请示报告》,"废除现行高级中学招生考试办法,实行推荐与选拔相结合的办法招生","推荐与选拔必须突出政治,贯彻党的阶级路线"。6月18日《人民日报》报道,中共中央、国务院《关于改革高等学校招生考试办法的通知》,1966年高校招生工作推迟半年进行。7月1日中共中央通知,应届大学毕业生不搞毕业设计、不写毕业论文。随后,还暂停了研究生、留学生的招生、派遣。8月中共8届11中全会公布了《十六条》,文化大革命全面爆发,红卫兵杀向社会"破四旧";教职员工不按以往常规放暑假,而是集中起来学习"十六条",揭发、批判、斗争遍地开花。各校名目繁多的造反派组织风起云涌,他们占据学校教室、桌凳和文印用品,自立门户,成天写大写报,印发传单,发表鼓动性讲演。9月"文革"领导机构发出串联通知,冲破学校管理秩序和运动的区域性限制,从5月开始的局部性停课成为普遍现象,学校党政领导机构全面瘫痪,校印和经济大权已被红卫兵接管。在持续两年的武斗中,红卫兵造反组织利用大中小学校作为争夺攻守据点,文物图书、文献资料遭受洗劫,实验室的器具被用来制造武斗工具,学校的校舍门窗桌椅等有形财产受到严重破坏。停课成了开展"文革"的前提条件,为学生红卫兵提供了巨大的时间资源,串联则提供了空间舞台,革命打破了一切禁锢,泛滥开去,吞噬一切……

"文革"中为了由"乱"而"治",毛泽东及党中央也做出了一些让学校学生、教学回归校园秩序的安排部署,但均未能如愿。为稳定形势,1967年毛泽东提出"三支两军"思想和"三七指示"的同时,中共中央发出《关于大专院校当前无产阶级文化大革命的规定(草案)》,要求"下厂下乡和外地串联的革命师生,一律在3月20日前返回本校",分期分批进行短期军训。同日,《人民日报》提出中小学"复课闹革命"是摆在广大师生面前的"光荣任务"。"复课闹革命,复的是毛泽东思想的课,上的是无产阶级文化大革命的课。上课,主要是结合无产阶级文化大革命,认真学习毛主席著作和语录,学习无产阶级文化大革命的文件,批判资产阶级的教材和教学制度。同时,应该以必要的时间,中学复习一些数学、物理、外语和必要的常识,小学学一些算术和科学常识。"北京、上海和一些地方的中小学陆续复课,但进展缓慢、恢复的教学内容稀少、持续时间短。据山东省材料,中小学复课情况,一般是农村快于城市,小学快于中学,全日制中学快于半工半读中学,公办学校快于民办学校。但全国各地整体性的派性斗争并未停止,围绕大联合权力分配的武斗不断升级,工业生产持续下降,局势依旧动荡不安。

　　随后毛泽东又提出:"实现无产阶级教育革命,必须由工人阶级领导,必须有工人群众参加,配合解放军战士,同学校的学生、教员、工人中决心把无产阶级教育革命进行到底的积极分子实行革命的三结合。工人宣传队要在学校中长期留下去,参加学校中全部斗、批、改任务,并且永远领导学校。"[1]"工人阶级毛泽东思想宣传队"(简称工宣队)、"贫下中农管理学校小组"(简称贫管组)进驻大、中、小学,开展清理阶级队伍,进行斗、批、改工作,成为学校事实上的领导机构。这一时期废除了大、中专升学考试,实行推荐选拔制度,新生质量普遍下降,形式上虽然复了课,教学内容和秩序却没有回归科学、正常轨道,"革命"代替了正常教学。1971年7月,《全国

---

〔1〕《人民日报》(1968年8月26日)。

教育工作座谈会纪要》又指出"原有教师队伍大多数世界观基本上是资产阶级的",再次把教育文化的革命推向高潮。

"文化大革命"时期,严厉批判"师道尊严"、"智育第一"、"白专道路",社会形成"卑贱者最聪明,高贵者最愚蠢"、"读书无用"、"读书害人"等流行思想,借由批判"反动学术权威"引来的"知识越多越反动"等逻辑更是从根本上动摇社会对知识文化的推崇,知识分子为有知识文化感到有罪恶感,"大老粗"成为政治上正确、道德上纯洁的同义词,1973 年出现了张铁生"白卷英雄"这种在教育文化史上的怪事,"外行领导内行",大老粗领导教育文化事业,更是国家教育文化的黑色幽默[1]。

整体来看,1966 年开始的"文革",是激情文化的制高点,高等教育在这一时期遭受严重破坏,大批干部、教师受到迫害,大量校舍被挪用侵占,教学仪器设备和图书资料被毁,1966 年至 1969 年,所有高校招收新生的工作被迫停止,研究生教育在整个"文革"期间完全停顿。这一阶段,党的领导机构试图建立理想的无产阶级教育文化,纯之又纯的无产阶级教育文化。这显然是不切实际的幻想与激情,对于新中国已经形成的较大规模、较稳定秩序和与之相适应的教育制度构成了否定与全面冲击。

三、教育文化的自我调整

经过 1965 年、1966 年的红卫兵闹革命、大串联,1967 年,中共中央、国务院、中央军委、"中央文革"小组先后联合发出《关于大、中、小学校复课闹革命的通知》,要求"全国各地大学、中学、小学一律立即开学","一边进行教学,一边进行改革",随后几个月全国各地部分学校开始复课,但仍然有相当多大中学生散布在社会上,积极介入派性争斗。毛泽东了解到这些情况后,并不满意。按照他的想法,中国是需要来一场"教育革命",但"教育

---

[1] 杨东平,《艰难的日出——中国现代教育的 20 世纪》,第 144 页,上海:文汇出版社,2003 年。

革命"并不代表停办大学,而是应该按照新的思路、新的想法办大学。1968年7月22日,在毛泽东的指示下,《人民日报》刊载了《从上海机床厂看培养工程技术人员的道路》的调查报告[1],毛泽东亲自写了一段编者按。他说:"大学还是要办的,我这里主要说的是理工科大学还要办,但学制要缩短,教育要革命,要无产阶级政治挂帅,走上海机床厂从工人中培养技术人员的道路。要从有实践经验的工人农民中间选拔学生,到学校学几年以后,又回到生产实践中去。"后来人们把毛泽东这段话称为"七二一指示"。

《人民日报》1969年发表《农村中小学大纲》,提出改革中小学管理体制,小学由大队办,中学由社办或大队联办,中学成立以贫下中农为主的革命委员会,小学由大队教育革命领导小组实行一元化领导。1969年5月,《人民日报》发表吉林省梨树县的《农村中小学大纲》,《人民日报》编者按认为"为今后农村教育革命指出了方向"[2]。《大纲》提出中小学实行九年一贯制,小学设五门课程:政治语文、算术、革命文艺课、军事体育课、劳动课;中学设毛泽东思想教育、农业(工业)基础、革命文艺、军事体育、劳动五门课。各地中小学基本处于各自为政的混乱状态。数学、物理均被删减,合并到工业基础知识课,讲"三机一泵"(拖拉机、柴油机、电动机、水泵);化学与生物删减合并到农业基础知识课,讲粮、棉、油、麻四大作物;政治、语文合并为政治语文,或再加上历史成为革命斗争课,音乐、美术合并为革命文艺;外语课全面取消,直到1972年才部分恢复。

"文化大革命"开始后整个高校招生停止,1970年北大开始在北京地区试行招生。6月27日,中共中央批转《北京大学、清华大学关于招生(试点)的请示报告》,规定废除考试制度,"实行群众推荐、领导批准、学校复审相结合的办法"。后来人们把这些从工农兵中选拔的学生称为"工农兵大学生",这种推荐制度成为中国现代教育史上的一次大尝试。那些政治思想

---

〔1〕《人民日报》(1968年7月22日)。
〔2〕《人民日报》(1969年5月21日)。

好,身体健康,年龄在 20 岁左右,有相当于初中以上文化程度的工人、贫下中农、解放军战士和青年干部,还有在单位表现特别突出的人,一经当地"革命委员会"推荐,政治审查合格后,即可成为"工农兵大学生"。这一决策迅速得到推广和落实,一直到 1977 年方才被高考制度所取代。招收工农兵大学生政策出台,全国高等教育逐年恢复和扩大了招生规模,1971—1975 年,普通高校在校学生平均年递增率为 59.98%,但这种增长是恢复性增长,一直到 1976 年"文革"结束时在校学生数也只有 564 715 人,比"文革"前少了 11 万人。推荐工农兵上大学的政策,一方面是时代性的调整,另一方面依然是带着无产阶级理想色彩的教育观念,在当时一定程度缓解了完全没有出路的青年学生的压力。此时的政策也只是一定程度的调整政策,特别是对于文、法两科的弹压与打击并没有改善,1971 年全国教育工作会议召开之前,全国普通高校数已减少到 417 所。这次会议上通过的《关于高等学校调整问题的报告》提出的原则是:工科院校一般保留下来继续办;农科、医科、师范院校多数保留下来继续办,少数改为中等专业学校或合并;综合大学一般先保留下来,少数将文、理分开,理科试办理工学院;政法、财经、民族院校多数撤销。结果使全国普通高校减少至 328 所,比 1965 年少了 106 所,达到"文革"期间的最低点。

工农兵上大学的任务是"上大学、管大学、用毛泽东思想改造大学"。也就是说工农兵才是教育的主体,试图建构一种新教育秩序,因此这一时期的大学教育虽然有所恢复,但是教育效果并不理想。大学文艺科目教学改革按照毛泽东关于"文科要把整个社会作为自己的工厂"的指示,结合阶级斗争和路线斗争的实际组织教学,理论学习与革命大批判相结合,甚至以革命大批判带动教学。复旦大学历史系学生到上海县七一公社编写《七一人民公社史》,以及家史和村史;中文系"现代文学专题课"的教学选择《金光大道》《牛田洋》《虹南作战史》《江畔朝阳》等四部"文革"中创作的小说为内容学习,深入生活,与工农兵业余作者一起创作小说、诗歌、散文、剧本等[1]。理工科教育主要是实行"开门办学",即学校要紧密联系社会、厂校挂钩、校办工厂等,建立教学、科研、生产相结合的新体制,走出教室,走出学校,在工厂、研究所、工地等实际生产、科研部门边生产劳动、边组织教学。

实际上,工农兵大学生现象反映了党的高层在高等教育方面一贯的理想设计。"文革"后期出现的工农兵上大学、管大学、改造大学("上管改")现象并不是"文化大革命"时期的首创。早在 1957 年,在省、市、自治区党委书记会议上毛泽东就指示:"我们高等学校的学生,据北京市的调查,大多数是地主、富农、资产阶级以及富裕中农的子弟,工人阶级、贫下中农出身的还不到百分之二十。全国恐怕也差不多。这种情况应当改变。"[2]这一时期,毛泽东的教育方针已经明晰:"教育必须为无产阶级政治服务。"1958 年,为培养共产主义的农业、林业、畜牧业、渔业、工业等方面的又红又专的大批人才,普及科学技术革命和文化革命,建设繁荣幸福的共产主义新山区,汪东兴等在江西创办了劳动大学,后命名为共产主义劳动大学,属于半工半读性质,实际上是一种新的农垦模式。这成为工农兵"上管改"的雏形,呈现出共产主义高等教育的一种理想形态。

《工农兵上大学》邮票

从创办湖南自修大学、农民运动讲习所,到革命战火中抓思想教育、政治教育、干部教育、知识分子政策,毛泽东对教育文化一向是关注且重视的。1956 年后的几年间,国家实施"两种教育制度,两种劳动制度",这个政策是一种在教育投入不能满足的情况下的现实举措,把农村和城市加以区分,不过,这样的不平等安排部分地剥夺了农民接受更高等教育的权力,会

---

[1] 《文科要把整个社会作为自己的工厂》,《人民日报》(1973 年 5 月 30 日)。

[2] 毛泽东:《在省市自治区党委书记会议上的讲话》,《毛泽东选集》第五卷,第 333 页,北京:人民出版社,1977 年。

进一步增大城乡差距,不符合毛泽东理想公平的教育路线。1964 年春节在人民大会堂召开座谈会时,毛泽东抨击了当时的教育方法和考试制度。他认为:"现在学校课程太多,对学生压力太大。讲授又不甚得法。考试方法以学生为敌人,举行突然袭击。"[1]此时,毛泽东的教育思想已经很明确,忽略"精英教育",强调"平等教育",他有自己的教育理想,这种教育理想在建国之后希望得到实践,只是在过于理想的激情燃烧中,"旧教育"被全面推翻,新的教育秩序、教育文化的建立却并不会那么理想,被理想激情燃烧的教育文化最终在这一时期遭到了严重挫折,此后在各种政策措施的调整中才慢慢回到正轨。

---

[1] 毛泽东:《改革学校课程设置和讲授方法》,中共中央文献研究室编:《毛泽东文集》(第 8 卷),第 376 页,北京:人民出版社,1999 年。

第三十七章
新中国宪法与政法文化的建构

　　伟大的人民共和国的诞生,启迪着所有的领袖人物并昭示着全国人民和全世界:中国人民从此站起来了! 同时站立起来的是一个崭新的政治体,一个拥有自己法治文化体系的人民当家作主的政体。这就面临着如何建构自己的政法体系,如何发展自己的政法文化的问题。幸好,共和国的领袖对此可谓有充足的思想准备。在抗日战争即将胜利的前夕,毛泽东曾问政于黄炎培,黄以"其兴也浡焉,其亡也忽焉"的忧患之感对之,说是一人,一家,一团体,一地方,乃至一国,往往都不能跳出这周期率的支配力。大凡初时聚精会神,没有一事不用心,没有一人不卖力,也许那时艰难困苦,只有从万死中觅取一生。既而环境渐渐好转了,精神也就渐渐放下了,届时干部人才渐见竭蹶,环境倒越加复杂起来,控制力不免趋于薄弱。毛泽东则自信满满地回答:我们已经找到了新路,我们能跳出这周期率。这条新路,就是民主。只有让人民起来监督政府,政府才不敢松懈。只有人人起来负责,才不会人亡政息[1]。这一著名的"窑洞对"表明了中国共产党建构民主政法体系的初心,建构人民当家作主政体的心愿。新中国的政法文化理想可以说都体现了这样的价值指向。

---

〔1〕 参见黄方毅:《黄炎培与毛泽东周期率对话》,北京:人民出版社,2012 年。

一、法治与文化土壤的矛盾

新中国政法文化的创建,必须面对中国社会所具有的双重文化性质。一方面是在城市以及文化发达地区,经由晚清以降的各种革命与文化运动的推动,在知识分子与中产阶级中逐渐形成的追求"民主"、"自由"、"平等"的政治文化;另一方面是在广大的农村以及内陆城市中所存续的、具有宗族社会与共同体社会传统性质的社会治理文化。这就使新中国政治制度与法律制度的创建,都必须正视中国社会本身所具有的政法文化氛围。

旧中国的社会组织状况,并没有随着革命与文化运动而发生剧烈的改变。五四运动后,农村社会则依然无所改变[1],随后大革命的中断与抗日战争的爆发,也使很多农村改造运动的尝试纷纷流产。到 1949 年,中国大部分地区的农村社会仍旧属于传统的共同体社会组织形式[2],换言之,这种社会组织形式是属于自给自足的乡村经济,"由于这种经济、政治的基础总是原样不动,所以古代中国法的特质一直没有改变,古代中国法的模式也从未发生根本转换"[3]。

中国传统政法文化的土壤与新中国需要创建的新的政法文化有着深刻的矛盾。首先,维系传统共同体社会中社会成员关系的并非现代政治关系与法律关系,而多以亲缘、姓氏等具有宗法性质的宗族模式来保证传统共同体社会的基本秩序。其次,保障这种秩序能够顺畅运行的并非现代意义上的"法治",而是依靠表面上的"人治"。这种"人治"的方式在社会文化

---

〔1〕 沙培德:《战争与革命交织的近代中国(1895—1949)》,第 195 页,北京:中国人民大学出版社,2016 年。

〔2〕 秦晖通过对以关中农村为例的研究表明,从清末到建国前,中国大部分农村社会一直处于传统的共同体社会组织之中,并未转型形成现代市民社会。在传统共同体社会中,民众的政法文化意识往往与中国古代的政法特征一致。参见秦晖、金雁:《田园诗与狂想曲》,北京:语文出版社,2010 年。

〔3〕 王人博、程燎原:《法治论》,第 284 页,桂林:广西师范大学出版社,2014 年。

表层中显现为"礼治"。第三,"人治"的实质在于,社会组织中的规则——"法"——不具有稳定性,可以依据宗族、社会组织等的需要而改变。第四,由于"法"缺乏稳定性,使"法"包含政治因素成为"法"的首要目的。也就是说,"法"本身的意义在于强化社会控制与政治控制。就像勒内达维德所说:"中国的传统观念并不排斥法,但是据说,法只用于对付野蛮人:无视道德和社会的人、不可救药的罪犯等等。"

新中国政法文化的创建,除了需要面对源自自身历史社会文化的矛盾外,还需要面对自晚清以来,经由辛亥革命、新文化运动等民主主义革命所形成的政法文化观念。这种矛盾来自于新中国的执政党——中国共产党所坚持的无产阶级性质的马克思主义国家与法的理论和毛泽东的人民民主专政学说、近代以来各式革命与运动中形成的带有资产阶级政法文化性质的"自由"、"民主"、"平等"观念。从某种程度上而言,这种矛盾是属于意识形态领域的矛盾。

二、从《共同纲领》到五四宪法:新中国政法文化的初步建立

1949 年 9 月 29 日,中国人民政治协商会议第一届全体会议通过了《中国人民政治协商会议共同纲领》(以后均简称《共同纲领》)。《共同纲领》遂成为五四宪法制定前中国的具有宪法性质的纲领性文件。《共同纲领》的制定,是对"民主"、"自由"、"平等"观念的确认与保障,承载着"民主联合"这一政治理想。《共同纲领》是在广泛吸取民主党派意见、经过长时间的多次反复讨论、修订而制定出来的。1949 年 6 月 16 日晚,新政协筹备会常务委员会举行第一次会议,成立了六个工作小组,其中第三小组负责起草《共同纲领》。该组组长为周恩来,副组长为许德珩,组员有章伯钧等二十三人。6 月 19 日,第三小组即举行第一次小组全体会议,开展起草工作。《共同纲领》初稿提出后,至 9 月 16 日(新政协筹备会)常委会第六次会议通过。该稿除各党派在本组织内讨论外,先后经由到达北平的全体政协代表分组讨论、共同

纲领起草小组讨论、筹备会常委会讨论,共七次讨论[1]。

　　《共同纲领》在序言中表述道:"中国人民政治协商会议代表全国人民的意志,宣告中华人民共和国的成立,组织人民自己的中央政府。中国人民政治协商会议一致同意以新民主主义即人民民主主义为中华人民共和国建国的政治基础,并制定以下的共同纲领,凡参加人民政治协商会议的各单位、各级人民政府和全国人民均应共同遵守。"尽管这种表述将《共同纲领》视为"全国人民的意志",但是不可否认,《共同纲领》是以建立民主联合政府的新民主主义国家为信念和追求的,并且这种信念与追求更多地体现在政协会议的参会主体上,即各民主党派与无党派人士。1945 年 4 月,毛泽东在中共第七次全国代表大会上所作政治报告的题目即为《论联合政府》。在报告中毛泽东指出:"毫无疑义,中国急需把各党各派和无党无派的代表人物团结在一起,成立民主的临时的联合政府。"《共同纲领》所蕴含的政法文化的内核在于,自新文化运动以来,新型知识分子与新兴城市中产阶级对"民主"、"自由"以及"平等"的追求。简单而言,《共同纲领》本身是新民主主义革命政法文化思想的延续,也是中国共产党对新中国初期创建新型政法文化的历史文化环境准确把握的政治实践。

　　面对新中国新政治制度与法律制度创建在文化领域中的新旧矛盾,对中国共产党这个刚刚执政既缺乏人才又缺乏经验的政党来说,积极吸引知识分子阶层与城市中产阶级参与到政法建设中,是扩大执政基础与改善执政环境的必然之选。同时在文化层面,中国共产党的执政也是新文化运动以来新兴文化发展与革命实践的历史产物。无论是在政法的实践操作层面,还是在文化层面,中国共产党的执政都具有历史的合法性。《共同纲领》是中国共产党和民主党派合作的产物,同时也是联合政府合作的基础。因此,大多数民主派精英对《共同纲领》是真诚欢迎的。政协是这种合作的平台,同时也是权力的主体。对民主派精英而言,全国政协有代行最高权力的权责,同时他们又真实地参与到国家管理中。比如中国民主同盟的罗

---

[1] 许崇德:《中华人民共和国宪法史》(上卷),第 31 页,福州:福建人民出版社,2005 年。

隆基质疑,人民的各种自由都已有了条文规定,"但对人身自由独未提及,请解释"等。根据这些意见,后来经政协全体会议通过的共同纲领,删去了对领土的列举,在总纲第五条中,增加了人身自由的相关内容。总之,这种合作的参与是广泛的,既有技术层面,也有政策层面的,多方从这种合作中获益[1]。

刘少奇曾表达过对《共同纲领》所确立的政法制度的满意:

刘少奇

在目前过渡时期即以共同纲领为国家的根本大法是可以过得去的。如果在目前要制订宪法,其绝大部分特别是对资产阶级和小资产阶级的关系也还是要重复共同纲领,在基本上不会有什么改变,不过把条文的形式及共同纲领的名称加以改变而已。因此,我们考虑在目前过渡时期是否可以暂时不制订宪法,而以共同纲领代替宪法,共同纲领则可以在历次政协全体会议或全国人民代表大会加以修改补充,待中国目前的阶级关系有了基本的改变以后,即中国在基本上进入社会主义以后,再来制订宪法,而那时我们在基本上就可以制订一个社会主义的宪法[2]。

在刘少奇的信件中,既可看出中共中央对于《共同纲领》所确定的政法制度模式的肯定,也可看出中国共产党对于中国社会环境与文化的改造思路,及以后的政法文化的走向。

---

〔1〕 王人博:《法的中国性》,第 192 页,桂林:广西师范大学出版社,2014 年。
〔2〕 刘少奇自 1952 年 10 月 20 日给斯大林的信,见刘少奇:《关于中国向社会主义过渡和召开全国人民代表大会问题》,《建国以来刘少奇文稿》(4),第 530 页,北京:中央文献出版社,2005 年。

实际上,在 1949 年 2 月中共中央就下发了《中共中央关于废除国民党的六法全书与确定解放区的司法原则的指示》。在该文件中明确指出了新中国法治文化层面的基本原则:"以学习和掌握马列主义——毛泽东思想的国家观、法律观及新民主主义的政策、纲领、法律、命令、条例、决议的办法,来教育和改造司法干部。"1952 年,历时 9 个月的司法体制改革正是这一原则的一种彻底的延续。除了在司法体制上的改革外,中国共产党针对中国社会阶级与文化情况也进行了一系列的社会与文化改造活动。

从 1950 年到 1954 年宪法颁行前,新中国开展了一系列大规模的群众运动:全党整风运动、镇压反革命运动、土地改革运动、宣传贯彻婚姻法运动、知识分子改造运动、司法改革运动、三反五反运动、普选运动、反分散主义和地方主义运动。这些运动涉及中国共产党党内、民主精英派以及社会基层组织的方方面面,以土地改革改造中国社会基层组织的经济组织环境,通过整风、知识分子改造等全面贯彻马列主义与毛泽东思想的历史文化观。这些大规模的群众运动对中国政法文化以及新兴政法制度的形成产生了很大的影响。

尽管新中国有《共同纲领》这样具有宪法性质的纲领性文件作为国家管理与权力实施的准则,但是,由于对国民党政法组织体系的全部废除以及中国共产党希望改造社会的理想,使得大规模的群众运动主要依靠群众本身,缺乏具体的制度引导和约束。因此,一方面依靠群众本身的大规模运动能够快速、全面地深入到社会组织与文化各个层面,使党对文化与社会的改造能够彻底贯彻;另一方面,缺乏具体制度引导的群众面临着他们"甚至对他们自己创造的表现自己意志的法律有时也不大尊重"[1]。由于在大规模群众运动进行的时间里,新中国尚在组建各类政法组织机构,显然无法及时处理在运动中产生的大量案件。因此,在群众活动中发生的问题只能通过群众活动本身来解决。这样的作法既有助于推动马克思主义政法文化观在群众中的深入,也能够激发人民参与司法参与政治活动的热

---

[1] 董必武:《董必武政治法律文集》,第 333 页,北京:法律出版社,1986 年。

情,从政治上、思想上和组织上确保了新中国在创建社会主义政法制度所需要的政法文化的形成,保证了新中国政法制度的民主性质。不过,缺乏具体制度与组织引导的、单纯依靠党的政策与群众自身,助长了人们不尊重法律规定和法律程序的风气[1]。

经过接连不断的大规模群众运动,新中国摧毁了旧的社会制度、社会秩序以及经济根源,在政法制度与政法文化方面,已经开始逐步建立以马克思主义与毛泽东思想为指导的人民民主的政法体系。1953年年底,中央人民政府委员会第28次会议通过了《关于政治法律工作的报告》。《报告》中提出了转换政法工作的设想:"在大规模的有计划的经济建设的情况下,我们的政法工作,主要的已经不是进行像过去那样的社会改革运动,而是逐步健全和运用人民民主的法制,进一步巩固人民民主专政;同时继续完成过去尚未完成的某些社会改革,以保障经济建设和各种社会主义改造事业的顺利进行,保护人民群众的民主权利使之不受侵犯。"《报告》表明,新中国在开展了大规模的群众性的社会改造运动后,在政法制度与政法文化建设上的一个转变就是:建立社会主义性质的人民民主的宪法和与之相适应的政法文化原则,加大法制的力度,确立社会主义法治原则。

1954年,在第一届全国人民代表大会上,刘少奇做了《关于中华人民共和国宪法草案的报告》,报告指出:"我国的第一届全国人民代表大会第一次会议的首要任务,就是制定我国的宪法。"毛泽东也同样指出:"中华人民共和国第一届全国人民代表大会第一次会议负有重大的任务。这次会议的任务是:制定宪法……"[2]新中国五四宪法的制定,标志着新中国在社会经济环境与文化环境改造基本完成的情况下,社会主义政法制度体系的初步建成,也标志着新型的社会政法文化观念开始逐步深入到社会中去。五四宪法与《共同纲领》最大的差异在于,并非由中国共产党和民主派精英

〔1〕 王人博、程燎原:《法治论》,第294页,桂林:广西师范大学出版社,2014年。
〔2〕 《毛泽东文集》第6卷,第349页,北京:人民出版社,1999年。

经由政治协商的方式来制定,而是在充分的社会改造的基础上第一次实行人民民主的权利。据统计,宪法草案在讨论过程中,约有1.5亿人参与,提出的意见有138万多条,并且这些人还不包括各省、市、县部分人大的596万代表[1]。实际上,党与民主精英派制定的《共同纲领》的确需要面对来自工农群众的质疑。斯大林曾对中国宪法制定提出过一些意见:首要的就是新中国需要通过选举和制宪来最终确认自身合法性问题:"如果你们不制订宪法,不进行选举,敌人可以用两种说法向工农群众进行宣传反对你们:一是说你们的政府不是人民选举的;二是说你们国家没有宪法。因政协不是人民选举产生的,人家就可以说你们的政权是建立在刺刀上的,是自封的。此外,共同纲领也不是人民选举的代表大会通过的,而是由一党提出,其他党派同意的东西,人家也可以说你们国家没有法律。"[2]

五四宪法的制定是对1949年以来新中国社会改造形成的政法文化观念的肯定。通过五四宪法,全中国人民奋斗数百年的"人民民主"的观念在宪法的序言中得到确认。王人博对五四宪法的制定有着颇为精准的论断:"五四宪法留给我们的不只是以后几部宪法固定式样,而且是中国宪制化之道的常思。"[3]

三、七五宪法:制度与文化的一种妥协

从1957年开始,随着新中国反右斗争的扩大化,以及随后的"文化大革命",这段时期从法制史的意义上讲,一般都认为是打乱了新中国正在逐步正规化的法治建设进程,并且冲击了新中国探索建立的法治模式,使新中国的法制历史陷入了低潮时期。不过,如果从文化史的角度来思考,可

---

〔1〕 董成美:《制定我国1954年宪法若干历史情况的回忆——建国以来法学界重大事件研究(三十)》,载《法学》,2000年第5期。

〔2〕 刘少奇1952年10月30日给毛泽东并中央的信,见刘少奇:《关于与斯大林会谈情况给毛泽东和中共的电报》,《建国以来刘少奇文稿》(4),第536页,北京:中央文献出版社,2005年。

〔3〕 王人博:《法的中国性》,第197页,桂林:广西师范大学出版社,2014年。

以发现,从反右开始到"文化大革命",中国共产党对于政治制度建设方面的政策,倒可以说是一种对社会主义人民民主专政的文化实践与制度探索的尝试。

新中国在彻底废除国民党的旧的法律体系与法律制度之后,面临着重建法律体系的重要工作。经由大范围剧烈的群众运动所完成的社会改造,重建了中国社会的文化观念,人民民主几乎成为全社会的共识,并且被五四宪法所确定下来。然而问题是,新中国的政法体系建设的矛盾在于深入人心的人民民主观念与对新型政法制度与政法体系的向往,尤其是法制体系建设上在某种程度上又不得不依靠资产阶级法制体系的制度与规范。新的法律创设过程中,被激发起政治热情的群众又必然地被抛在专业性的法律制定之外。复杂的法制体系,也使缺乏专业素养的群众不能依靠自身来掌握法制本身。有规制的政法机构开始逐步替代在运动中形成的临时的群众性司法组织,比如人民法庭等。

这种矛盾既表现在党中央对于社会主义应有的政法文化观念的认识上,又表现在五十年代社会主义过程中,群众形成的政法文化观。首先,反右运动的扩大化,使中共中央意识到当时的政法界是"阶级斗争最尖锐、最集中的部分","右派分子在政法战线分布得相当深,而且广"。在政法界的反右斗争中,除去意识形态的问题,比较突出的就是对政法体系职业化、专门化的批判。在大跃进时期的政法实践中,这种批判试图使人民群众直接参与到政法活动中,重视"法制的群众性",其直接表现为"群众的民主辩论"、"群众的反坏运动"等。毛泽东在 1958 年曾表示,不能靠法律治多数人,多数人要养成习惯;民刑法那样多条谁记得了? 民事审判工作的方针是以调解为主。中央政法小组在一份报告中认为:"我们商定的原则是,凡是不适用的,一律不要用,可以冲破旧的,创造一些因地制宜、简便易行的新制度;凡是还适用的,就继续适用。刑法、民法、诉讼法根据我国实际情况来看,已经没有必要制定了。"[1]其次,以群众运动为形式的社会主义改

---

〔1〕《关于人民公社化后政法工作一些问题向主席、中央的报告》(1958 年 12 月 20 日)。

造,具有重政策轻规则的问题。由于旧的规则与制度被废除,大规模的群众运动只能以政策作为准则。这必然会给群众形成一种重视政策所带来的实行性效果的观念。加之,多次运动在整个社会中所激发的政治热情,经过近百年奋斗的人民群众在得到全面解放之后,对革命与实质的民主的追求,都必然地与专业化、抽象化与官僚化的政治体系产生的文化有认同的矛盾。"文化大革命"中对法制程序的破坏,应该是这种在中央与地方基层不断扩大并激化的革命性质的政法文化观与现代政法文化矛盾的激烈放大。在回忆反右、"文革"时期生活时,既有人回忆生活的夜不闭户,也有人回忆人性的堕落,这些回忆本身也恰如其分地反映着新中国在六十年代政法文化建设所面临的矛盾。

七五宪法的制定,是在"文革"的最后年头,张春桥在《关于修改宪法的报告》中这样写:"这些规定,必将有利于加强党对国家机构的一元化领导,符合全国人民的愿望。"[1]七五宪法的制定所着意强调的是将毛泽东思想作为引导政法文化的核心,毛泽东思想进入宪法是由七五宪法所开创的,这对中国以后的宪法文本的修改提供了非常重要的范式。实际上,由于七五宪法所要面对的是由"文化大革命"所造成的社会文化混乱以及泛滥的"四人帮"极左思想,因此强调党的一元领导与毛泽东思想的重要性,在于向全社会指明怎样的政法制度与政法文化才是社会主义社会应当不断追求的。在七五宪法的文本中,"人民"与"我们"混用,正是体现了党、国家和人民三者在理想追求上的高度统一,也是宪法制定者与读者的高度统一。因此,"七五宪法不但是中国政治的仪式,而且也是被定义的广大人民的一种公共生活的仪式"[2]。

七五宪法的制定,可以看作是在社会混乱时期,为了重新恢复法制秩序,强化党的领导而采取的措施。这种措施是革命性质的民主专政的政法文化向制度化、专业化的政法体系的妥协。"文革"的失败用实践证明了社

---

〔1〕 《关于修改宪法的报告》,《人民日报》(1975 年 1 月 20 日)。
〔2〕 王人博:《法的中国性》,第 224 页,桂林:广西师范大学出版社,2014 年。

会主义的法制群众路线并不能简单粗暴地划为群众运动。政法制度本身随着政治活动与法律活动的日趋专业化，必须形成一套为全社会所遵守的、可预期的、严格的规范体系。与之相适应的文化也不能再是被简单化和庸俗化了的群众路线。尽管将所谓的资本主义政法制度与文化完全抛弃，建立全新的社会主义政法制度与文化的理想看上去是如此的美好，但是缺乏制度与规则的社会，仅仅依靠政策与群众本身，不但没有能够带来新的文化观念，反而使原有的封建特权思想在混乱的社会中

"七五"《宪法》宣传画

死灰复燃，并且长期存留在群众政法文化的观念中。七五宪法在缺乏新理论、新词汇与新观念的时候制定出来，它必须使用党现有的理论，强化党的领导并希望依靠党的领导来重建社会文化本身。七五宪法的创制既标志着中国政法文化开始进入了一个新的时期，也标志着中国宪法制度某些共同的特征。

人民主体的法制和政体，决定了人民主体的政法文化体系。法治的建立围绕着人民，法制理想也在为人民服务，法制的宣传也以人民为根本对象。新中国几乎每一次宪法和法律的制定都会伴随着规模盛大的向人民群众"普法"的运作，这同样是新中国政法文化的时代特征，而这样的时代特征是新中国政法文化的根本属性决定的。

第三十八章
戏剧文化的国家仪式与民间化

在建国以后,戏剧从民族的仪式过渡到了国家的仪式,从国统区来的戏剧家,则自然转向解放区,尤其是毛泽东《讲话》以后确立起来的文艺发展方向。确实,在建国以后,除了电影之外,没有一种艺术能比戏剧更具有国家性,它表现在戏剧的观摩演出大会等节日仪式中,从这个意义上说,戏剧是一种国家的仪式。而戏剧又是一种象征的艺术,是一种"剧场国家"的象征,它用国家的意识形态来统御一切,无论是戏剧协会、戏剧学院、剧院和剧团,都是国家一体化的产物。这种剧场国家,塑造的是国家的形象,在剧作家和剧作以及戏剧表演体系中都是如此。

一、戏剧文化与国家仪式

现代民族国家的理论是从启蒙主义开始的,没有现代意义上的国家,也就没有现代的历史。从卢梭、霍布斯、黑格尔、马克思等都提出了不同的国家的理论[1]。卢梭的国家是"是一个世俗的寺院","在这个寺院里,个人一无所有,而国家则掌握一切":国家管教育、管信仰、管观念、管精神世界发生的一切,直至接过教皇、教会的所有管辖范围,重建一个不穿袈裟、

---

[1] Vincent, Andrew: *Theories of the State*. Basil Blackwell. 1987. page1-2.

不设主教的教会。卢梭在《社会契约论》、《致达朗贝尔——论观赏》中,要求政教合一,要求国家控制人的内心、公共舆论、道德生活,建立意识形态[1]。卡西尔认为,对黑格尔来说,国家不但是历史生命的一部分,一个特殊领域,而且是本质和核心。它是开端又是结局。黑格尔否认人可以在国家之外或国家出现之前谈历史生命。对黑格尔来说,国家不但是"世界精神"的表现,而且也是它的化身[2]。哈贝马斯认为:"现代意义上的'国家'是一个法学概念,具体所指是对内外都代表着主权的国家权力,而空间上则拥有明确的领土范围,即国土,社会层面上指的是所有从属者的结合,即全体国民。"[3]我们这里所说的"国家的仪式",自然不是卢梭、黑格尔、哈贝马斯所说的国家,但是,它是和意识形态相联系的。

中华人民共和国成立,称为"建国","开国"。这和以往的任何朝代更替有着本质的不同。中国在近百年来,在帝国主义的侵略下,在半殖民地、半封建社会,通过武装斗争,暴力革命,终于建成了"共和国",它是在新的世界格局中建立起来的民族国家。高丙中认为,在中华人民共和国的前30年,政府发挥无产阶级专政的威力,打破了家族、民族界限,把人们按照阶级和利益重新组织起来,使人们牢固地归属于行政组织。传统的有限帝国变成了现代单一意识形态的全能国家或总体性国家[4]。在这之后,马克思和恩格斯的国家理论,尤其是列宁的国家理论,是建立在阶级斗争和暴力革命的基础之上,打碎资产阶级的国家机器,无产阶级才能赢得胜利。

新生的共和国,要确立自己的地位,必须通过一系列的仪式才能完成,如国旗、国徽、国歌,以及开国典礼。但是这种典礼还需要通过神话与仪式才能真正确立自己的象征系统。从这个意义上说,戏剧真正成为一种"国

---

[1] 朱学勤:《道德理想国的覆灭——从卢梭到罗伯斯庇尔》,第103页,上海:上海三联书店,1994年。

[2] [德]恩斯特·卡西尔:《国家的神话》,张国忠译,第293—294页,杭州:浙江人民出版社,1988年。

[3] [德]哈贝马斯:《包容他者》,曹卫东译,第127页,上海:上海人民出版社,2002年。

[4] 高丙中:《民间的仪式与国家的在场》,郭于华主编:《仪式与社会变迁》,第311页,北京:社会科学文献出版社,2000年。

家的仪式"。马丁·艾思林指出,由宗教仪式这同一根源又产生了许许多多现代的政治仪式如总统就职典礼,许多大型运动会如国际足球赛或板球或奥林匹克运动会的仪式,还有宗教的和各种一般的游行,以及大量的其他公众仪式。所有这一切仍保持着许多戏剧因素,而且有一些迹象表明它们会再度同戏剧融合在一起[1]。彭兆荣指出,仪式和戏剧一样,都可以成为政治权力、观念价值、民族主义等"炒作"的可控手段。在这个意义上,戏剧所展示的有"帝国的权力"、"荣耀的获得"、"政治的内含"等巨大符号系统的象征性[2]。在这里,戏剧与国家、政治的关系,决定了戏剧是一种仪式化的艺术。建立民族国家不仅要通过叙事来完成[3],从戏剧的意义上说,也要通过仪式来完成。

中国在传统上是一个礼仪国家,孔子创立的儒教的核心思想就是礼仪。但是,从五四时期开始打倒孔家店,到中国共产党成立,一直都是反对儒家的礼教。在建国之后,一个政权要取得合法化,还是必须通过仪式。这种国家仪式是通过反对传统仪式来完成的。郭于华指出,在社会主义制度建立后的现代社会中,仪式并非不复存在,只是作为生存技术的仪式被作为权力技术的仪式所替代,而此替代发生在标榜以革命性的、先进的、现代的、文明的取代封建的、落后的、传统的、迷信的旗号之下[4]。我们只有在这种仪式理论的引导下才能真正理解"开国大典"的意义。

戏剧起源于仪式或者说宗教仪式,是学术界比较认可的一种观点[5]。从某种程度上说,戏剧是一种仪式,或许也没有太多的人会反对。但是说

---

[1] [英]马丁·艾思林:《戏剧剖析》,罗婉华译,第21—22页,北京:中国戏剧出版社,1981年。

[2] 彭兆荣:《边缘仪式——兼顾地理地貌形态》,《人文世界》,2001年第1卷。

[3] 李杨:《抗争宿命之路·社会主义现实主义(1942—1976)研究》,第31页,沈阳:时代文艺出版社,1993年。李杨指出,与国家有关的概念,诸如祖国、爱国主义、民族精神、统一和不可分割性等等,都成为非西方国家的共同追求。从此,国家与民族不再是一个自然概念,而是一个抽象的范畴,它依靠一种叙述而存在。

[4] 郭于华:《民间社会与仪式国家:一种权力实践的解释——陕北骥村的仪式与社会变迁研究》,第365页,北京:社会科学文献出版社,2000年。

[5] 参见胡志毅:《神话与仪式:戏剧的原型阐释》,上海:学林出版社,2001年。

戏剧是一种国家的仪式,则需要进行论述和澄清。应该说,不是所有的戏剧都是国家的仪式,而是在特定阶段的一些特定的戏剧,则可以成为国家的仪式。戏剧作为一种国家的仪式,是有前提的。确切地说,我们这里所说的国家,并不是自有国家以来的概念,而是近代以来兴起的"民族国家"(nation-states)。"state"一词来自拉丁文"status",原意是"被指定的"或"被安排的",它指的是一种最高的政治组织结构,其政府在某个特定的区域拥有合法权威。而另一方面,"nation"来自拉丁文"natio",原意为起源,它通常用来表示有共同起源和共同特征的一个群体。一般而言,它在当代则多被用来代表一个特定民族文化的特征而非政治地位,这种文化特征一般包括语言、历史、宗教以及艺术遗产等内容,"nation-states"的含义准确来讲就是具有共同文化特征,居住在某一特定的区域,并且拥有共同政府的人口群体[1]。有人认为,中华人民共和国成立,往往称之为"建国",中国古已有之,何来建国之说。这其实是不明白"建国"指的是中国现代民族国家的建立。安德森提出了民族是"想象的共同体"。杜赞奇也认为:"早在现代西方民族主义传入中国之前,中国人早就有类似于'民族'的想象了;对中国而言,崭新的事物不是'民族'这个概念,而是西方的民族国家体系。"[2]也就是说,中国的民族国家,是在西方的理论视野中出现的。从某种意义上说,有了民族国家,就有国家的仪式。

据此,每一个国家代表性的演出都可以看作是一种国家的仪式。但是,一个特定的时期,当戏剧的政治性成为压倒一切的时候,我们也可以将其视为国家的仪式。国家的仪式,是民族国家在组建过程中统治者的一种意识形态,包括政治、宗教、艺术,通过直接和间接的方式来进行的一种行为过程。我们这里所指的国家的仪式,是指戏剧作为一种民族国家的文化

〔1〕　[英]杰弗里·帕克:《地缘政治学:过去、现在和未来》,刘从德译,第86—87页,北京:新华出版社,2002年。

〔2〕　[美]杜赞奇:《护史退族》,《从民族国家拯救历史:民族主义话语与中国现代史研究》(2)。转引自吴叡人:《认同的重量:〈想象的共同体〉导读》,《想象的共同体:民族主义的起源与散布》,[英]本尼迪克特·安德森著,吴叡人译,第17页,上海:上海人民出版社,2003年。

表演方式来进行的一种行为过程。我们可以从戏剧与节日仪式来讨论。

节日是一种仪式,传统的戏剧和节日的关系是很密切的。在古希腊,节日是围绕庆祝酒神狄奥尼苏斯而逐渐形成的,这种节日与收获葡萄和酿酒等活动有着联系。古希腊的节日主要有乡村酒神节、勒奈亚节、安提斯特瑞亚节、酒神城节等,在这些节日中上演悲剧和喜剧。在中世纪,戏剧与基督教的仪式相联系,主要是在圣诞节与复活节上演戏剧。中国民间的迎神赛社的祭祀活动也是如此,它不像西方的戏剧那样具有宗教的迷狂和超越(酒神精神和日神精神),而是带有一种民俗文化色彩的世俗性和伦理性,它所供奉的神灵也往往随世俗礼仪的需要而设置。如,春节、中秋等岁时节令;社区祭祖有关的祀日;土地神、海神等神灵的寺庙;已死的先贤、圣哲等的祠庙的祭祀仪式;喜庆婚丧活动和祛疫求神活动等等。在这些民间祭祀活动中,表演各类乐舞或戏剧,在娱神的同时娱人。戏剧和节庆是一种相辅相成的关系。在新中国建立以后,我们所说的"国家的仪式"主要表现在戏剧的献礼演出中,1959 年 9 月—10 月,为庆祝建国 10 周年,在北京和上海举行了献礼演出。北京为期 20 天,上海为期 40 天。其次是戏剧界的观摩演出和会演,最典型的是 1949 年的第一次文代会的会演。同时,话剧、戏曲和歌剧也举行相应的观摩演出大会。

《万水千山》剧照

话剧观摩演出。1956 年 3 月 1 日—4 月 2 日,"第一届全国话剧观摩演出大会"在北京隆重举行。来自全国各地的 41 个话剧团、2 000 多名话剧艺术工作者参加了观摩演出。在历时 34 天的大会期间,共演出了 30 多个多幕剧和 19 个独幕剧,有 25 个多幕剧和 12 个独幕剧获得中央文化部的奖励。其中最著名的有《万水千山》、《战斗里成长》、《不能走那条路》、《在康布尔草原上》、《西望长安》、《保卫和平》、《冲破黎明前的黑暗》、《明朗的天》等。

1960 年 2 月文化部举办的"话剧观摩演出会",有 12 台话剧参演:中国青年艺术剧院的《降龙伏虎》(青艺集体创作),战友话剧团的《槐树庄》(胡可编剧),前线话剧团的《东进序曲》(顾宝璋、所云平编剧),四川人民艺术剧院的《丹凤朝阳》,全国总工会话剧团的《比翼齐飞》(李未芒等编剧),中央戏剧学院实验话剧院的《英雄列车》(实验话剧院集体创作),辽宁人民剧院的《海边青松》,北京人民艺术剧院的《英雄万岁》,山东话剧团的《共产党员》,中国儿童剧院的《革命的一家》,河北省话剧团的《红旗谱》(梁斌编剧),上海人民艺术剧院的《枯木逢春》(王炼编剧)。话剧的两次创作高潮都是和话剧汇演相合拍的,可见话剧汇演对于话剧创作的促进作用。

戏曲观摩演出。1952 年 10 月 6 日—11 月 14 日,中央文化部举办第一届戏曲观摩演出大会,有京剧、评剧、越剧、川剧等 23 个剧种 82 个剧目参加演出,其中传统剧目 63 个,新编或经过整理的历史剧 11 个,改编的现代戏 8 个,1 800 多名戏曲工作者参加观摩演出。大会颁发了荣誉奖、剧本奖、演出奖、演员奖。其中剧本奖有越剧《梁山伯与祝英台》(徐进等执笔)、评剧《小女婿》(编剧曹克英)、沪剧《罗汉钱》(宗华、文牧、幸之执笔)、川剧《柳荫记》(西南演出代表团改编)、京剧《将相和》(王颉竹、翁偶虹改编)、淮剧《王贵与李香香》(王健民、唐继师改编)、越剧《西厢记》(总政治部文化部文工团越剧团改编)、楚剧《葛麻》(武汉楚剧工作团改编)、秦腔《游龟山》(马健翎改编)。在总结大会上,周扬作了题为《改革和发展民族戏曲艺术》的总结报告。这是中国戏曲史上的第一次盛会。

1964 年由周恩来倡议,在北京举行了首届全国京剧现代戏观摩大会,检阅现代戏创作的成果,来自全国各地的 29 个京剧团演出了 36 个现代京剧,出现了像《红灯记》(翁偶虹、阿甲改编)、《芦荡火种》(汪曾祺等改编)、《智取威虎山》(上海京剧院集体改编)、《节振国》(河北省唐山市京剧团集体创作,于英执笔)、《奇袭白虎团》(李师武等编剧)、《六号门》(天津京剧团改编)、《黛诺》(金素秋等改编)、《草原英雄小姐妹》(赵化鑫等改编)等剧目。其中《红灯记》、《芦荡火种》、《智取威虎山》、《奇袭白虎团》等成了后来的样板戏。这种情况后来也表现在晋京演出中,因为北京是中心城市,戏剧作为仪式是必须要在这种中心城市演出的。通过晋京演出,不仅有效地控制了戏剧的发展,各地的戏剧也获得了中心的认同。

歌剧的观摩演出。第一次全国文代会文艺会演,1959 年全军的文艺会演,1964 年空军首届话剧、歌剧会演中都有歌剧的演出。

值得提出的还有歌剧的讨论会。1957 年 2 月 15 日—3 月 18 日,中国戏剧家协会和中国音乐家协会联合召开了"新歌剧讨论会"。《人民音乐》、《戏剧报》、《剧本》等专业刊物开辟讨论专栏,对新歌剧的基础和发展方向以及继承我国古典歌剧的传统和借鉴外国戏剧的问题,进行了讨论。1960 年 11 月,中国戏剧家协会又举办歌剧座谈会,首都的戏剧家和歌剧工作者就新歌剧的民族化等问题进行座谈。在这一时期,出现了一系列新的歌剧作品。如石汉编剧的《红霞》;田川、杨春兰编剧,马可等作曲的《小二黑结婚》;任萍编剧,罗宗贤作曲的《草原之歌》;丁毅、田川编剧,庄映等作曲的《一个志愿军的未婚妻》;李悦之编剧的《嘎达梅林》;卢肃等改编,张定和等作曲的《槐荫记》等。

1962 年 3 月,由文化部和剧协在广州召开了全国话剧、歌剧创作座谈会("广州会议")。有 160 多位剧作家、戏剧评论家、导演艺术家参加。座谈会上,对海默的话剧《洞箫横吹》、岳野的《同甘共苦》、杨履方的《布谷鸟又叫了》等遭到错误批判的剧作,又予以肯定。除了话剧之外,对歌剧的艺术特色等问题也进行了热烈的讨论。在这个前后出现的石汉编剧的歌剧《红霞》,湖北实验歌舞团集体创作,张敬安、欧阳谦叔作曲的《洪湖赤卫队》,阎肃编剧,羊鸣、姜春阳作曲的《江姐》,柳州市创编组创作、广西壮族自治区歌舞团改编的《刘三姐》,赵忠等编剧的《红珊瑚》等,都是新中国歌剧史上最出色的成果。

所有这些献礼演出、观摩演出和会演乃至全国性的讨论会,都是一种戏剧的节日,也是一种国家的仪式。但是,在这种全国性的献礼演出、观摩演出和会演之外,还有地区性的观摩演出,如华东地区的观摩演出:1953 年,东北地区第一届戏剧、音乐、舞蹈观摩演出,1954 年华东地区话剧观摩演出。1965 年,这种地区性的观摩演出达到了高潮,如:西北地区现代戏观摩演出,华北区话剧、歌剧观摩演出，中南区戏剧观摩演出，西南区话剧、地方戏观摩演出等。这种地区性的观摩演出，和全国性的观摩演出形成一种互补，也是另一种意义上的国家的仪式。这些全国性的和地区性的观摩演出都是国家对戏剧演出的一种控制方式，使得戏剧在国家的意识形态下表现出一体化的色彩，而评奖是实施这种一体化的有效方式。在这种情况下，原有的民间的、职业的剧团在经过这种国家化的改造以后，就销声匿迹了。

二、"剧场国家"

将戏剧强化为"国家的仪式"，还可以通过一些特殊的例子来说明。克利福德·格尔兹在《尼加拉：19 世纪巴厘剧场国家》一书中说，巴厘"它是一个剧场国家，国王和王公们乃是主持人，祭司乃是导演，而农民则是支持表演的演员、跑龙套者和观众"。巴厘仪式，尤其是巴厘国家仪式，的确积淀着"教化（teaching）"之字面意义上的教义，"无论它们是怎样被具体象征化的，也无论它们是如何被非沉思性的进行领悟的"。格尔兹认为："古代巴厘的国家庆典活动是隐喻性的剧场：这一剧场展示关于真实（reality）之终极本质的观念，与此同时，亦用以塑造当前的生活状况以与那真实融为一体；也即是说，剧场用来展现这一本体，即使发生——促使它成为现实之物。布景、道具、演员、演员表演的动作、那些动作所描述的宗教信念之总体轨迹——所有这些都必须置放在究竟是什么正在进行的背景之下。而且这一背景只能遵照感知剧场诸要素的相同方式来进行感知。无论是遵照传统民族志方法对对象和行动进行精确描述，还是遵照传统传记方式对文体主题进行细心追索，抑或遵照传统哲学方法对本体意义进行精微辨析，就其本身而言都还远远不够。必须让它们同时呈现，通过这种方式，演出剧场的具体直观情境产生了封闭于其中的信念。"[1]在这里，格尔兹是

---

〔1〕　［美］克利福德·格尔兹：《尼加拉：19 世纪巴厘剧场国家》，赵丙祥译，第 12 页、第 122—124 页，上海：上海人民出版社，1999 年。

将国家仪式比喻成剧场,而如果将剧场比喻成国家的仪式,他所说的情境依然存在。

朱学勤将法国大革命时期的代议制比喻成"剧场"。这种将政治比喻成剧场的方式,在中国更是由来已久,"政治舞台"、"上台"、"下台"等等说法都是这种比喻。而民族国家所倡导的戏剧,也往往具有政治性,是一种真正意义上的"剧场国家"。民族国家的概念从文艺复兴以来,已经初露端倪。启蒙戏剧就是民族国家的戏剧。在 19 世纪末,爱尔兰的一批戏剧家开始倡导他们的民族戏剧运动。当时正值俄国莫斯科艺术剧院兴起,格雷格里夫人和叶芝谈到她自己所写的戏剧,对爱尔兰没有剧场感到遗憾,叶芝也热切地表示了自己想建设上演自己的戏剧的剧场的梦想,于是他们计划创立爱尔兰国民剧场,并于 1904 年在都柏林创办了阿贝剧场。对这个剧场贡献最大的是后来加入的约翰·沁孤,就像莫斯科艺术剧院发现了契诃夫一样。这就使爱尔兰的戏剧运动成为纯粹的"国民的"、"乡土的"运动[1]。这一点正好和余上沅、赵太侔等人的心理相契合。他们自比约翰·沁孤和叶芝,计划创办"傀儡杂志"、"北京艺术剧院"、演员训练学校、戏剧图书馆、戏剧博物馆,终在 1925 年"五卅"期间回到北京,开展轰动一时的"国剧运动"。但是,由于当时中国还没有具备建立国家剧院等相应的条件,因此,"国剧运动"失败了。

在建国初期,戏剧像电影一样,也是一种类似马尔库塞所说的"国家的意识形态"。它体现在戏剧协会、戏剧学院、剧院和剧团等体制上。一些著名的戏剧家,如田汉、欧阳予倩、熊佛西、曹禺、夏衍等,都在这些属于国家性质的戏剧体制中担任了重要的职务。

首先是戏剧家协会的建立。这种协会和以往民间的"行会性质"组织不一样,它尽管属于自愿结合的人民团体,但却是国家性质的。国家通过它来组织管理戏剧界。1949 年,中华全国戏剧工作者协会成立,田汉担任了第一届中华全国戏剧工作者协会的主席。中华全国戏剧家协会,1953 年

---

〔1〕 参见田汉:《爱尔兰近代剧概论》,上海:东南书局,1929 年。

更名为中国戏剧家协会。会员均为业内有一定成就的编剧、导演、演员、舞台美术家、戏剧音乐家、戏剧评论家及戏剧活动家。在每个省、市地方都有相应的组织，对地方的戏剧剧团和戏剧家进行管理。

刚成立时的中央戏剧学院

其次是戏剧学院的成立。中央戏剧学院 1950 年在北京成立，这个学院是由原华北大学文学院、南京戏剧专科学校、东北鲁迅艺术学院戏剧组等单位人员联合组建，由欧阳予倩任院长，曹禺、张庚任副院长，光未然任教务长。设普通科、本科学制与研究部，并有歌剧、话剧、舞蹈三个剧团。上海戏剧学院于 1952 年建立，这个学院由熊佛西任院长，朱端钧任副院长，由上海戏剧专科学校改组，当时称中央戏剧学院华东分院。在中国，长期以来只有北京和上海两个戏剧学院，这种戏剧教育是国家垄断性的教育。

其三是国家剧院的诞生。世界各主要国家都有自己的国家剧院，如英国伊丽莎白时代的环球剧院、法国的法兰西喜剧院、俄罗斯的莫斯科剧院、美国纽约的百老汇等。马丁·艾思林说道，大多数现代的发达国家都有国家剧院（这个机构对各自国家本身的形象作出了重大贡献，并表明它与它的邻国有所区别），并且确实还有它们本国的戏剧，在重大的节日作为一种在仪式上重新肯定本国地位的表示来上演。德国人有歌德的《浮士德》，法国人有莫里哀和拉辛，英国人有莎士比亚。19 世纪，当爱尔兰民族主义运动蓬勃发展时,叶芝和格莱葛瑞(或译格雷戈里)夫人建立了亚培剧院(或译阿贝剧院),其目的显然是要创建这样一种表明国家地位的国立剧院和民族戏剧[1]。正是在这样的背景下,1958年,欧阳山尊提出,"我们需要一个新型的、示范性的国家话剧院"。他说,社会主义改造的高潮已经到来,随着扫盲运动的展开和群众文化水平的提高,文化的高潮也必然会紧跟着到来。为了迎接这些高潮,在政府文化部门的全面规划下,话剧院、团的数量必然会逐年增加,话剧艺术水平也必须迅速提高,因此,国家话剧院的建立也就需要提到我们的工作日程上来[2]。建造国家大剧院的议程就是在这个时候开始的。

中国的国家性的剧院,应该说是北京人民艺术剧院。它成立于1950年,最初成立时,是一个包括话剧队、歌剧队、舞蹈队和乐队等在内的综合性文艺团体。1952年,北京人民艺术剧院重新组建,成为专业的话剧院,由曹禺担任院长,焦菊隐、欧阳山尊、赵起扬担任副院长。除此之外,中国青年艺术剧院成立于1949年,它的前身是成立于1941年的延安青年艺术剧院和解放战争时东北文工二团。由廖承志兼任院长,吴雪、金山任副院长。中央实验话剧院成立于1956年9月。首任院长是中国话剧事业奠基人之一、著名戏剧家和教育家欧阳予倩。上海人民艺术剧院在沪成立,由时任上海市委宣传部长的夏衍兼任院长,黄佐临、吕复任副院长。由原演剧九队和长期在上海坚持进步活动的戏剧专业人士组成。1960年由黄佐临任院长。国家倡导戏剧艺术,中央政府对全国各地文工团进行整编,在大城市建立了专业话剧院团。全国戏剧工作者成为国家的工作人员,戏剧成为"国家的仪式"。全国按行政区划分为国家剧团、省级剧团、市级剧团和县级剧团。赋有意味的是,时至今日,剧团演员的职称还是国家一级演员,二级演员和三级演员,不论你是国家的剧团还是地方剧团。可见戏剧国家化的程度。

---

[1] ［英］马丁·艾思林:《戏剧剖析》,罗婉华译,第22—23页,北京:中国戏剧出版社,1981年。
[2] 欧阳山尊:《我们需要一个新型的、示范性的国家话剧院》,《戏剧报》,1956年第1期。

在歌剧方面有中国歌剧舞剧院。中国歌剧舞剧院是创作与演出中国民族歌剧、舞剧的国家级剧院，隶属中华人民共和国文化部。剧院是从北京人民艺术剧院分化出来的，建立于1950年元月，1952年更名为中央戏剧学院附属歌舞剧院，由在延安时期就非常活跃的戏剧家李伯钊任院长。1953年更名为"中央实验歌剧院"，音乐家周巍峙任院长，诗人塞克为剧院艺术顾问，剧院拥有歌剧团、舞剧团、民族乐团、管弦乐团等四个演出团，一个完整的舞台美术制作部。建国以来，剧院先后演出了《白毛女》《小二黑结婚》《槐荫记》等著名歌剧及《宝莲灯》等著名舞剧。

在戏曲方面最重要的建制就是1951年4月3日成立的中国戏曲研究院，首任院长是梅兰芳，程砚秋、周信芳、张庚、罗合如、马少波、晏甬先后任副院长。毛泽东亲笔题名并题词："百花齐放，推陈出新。"中国戏曲研究院是文化部所属戏曲研究机构，其前身是抗日战争时期创建的延安平剧研究院，1949年迁进北京改组为中央文化部戏曲改进局京剧研究院。建院之初，院部设研究、编辑、资料等部门，下辖戏曲实验学校，京剧实验工作一、二、三团，曲艺实验工作团和评剧团等。1955年，戏曲研究院所属剧团、学校分别独立，成立中国京剧院、中国评剧院、中国戏曲学校，研究院遂成为专业理论研究性质的学术单位。中国京剧院的首届院长为京剧艺术大师梅兰芳，马少波任副院长兼党委书记，阿甲任总导演。它使得"京剧艺术第一次真正成为以国家的政权力量为后盾的、代表国家水平的艺术"[1]。北京京剧团、上海京剧团、天津京剧团以及其他地方的京剧团也成为地方国家剧院（团）。这些国家剧院（团），包括其他剧种的地方性国家剧团在推行戏曲改革中，起到了关键的作用。在新中国成立之前，1948年11月23日的《人民日报》发表社论《有计划有步骤地进行旧剧改革工作》，就已经指定了旧剧改革的基本方针。新中国建立伊始，中央政府就将戏曲改革工作列入议事日程，1949年11月1日，将中华全国戏曲改进委员会改称戏剧改进局。1950年，文化部在北京召开全国戏曲工作会议。1951年5月5日，中

<hr>

[1]　马少波等主编：《中国京剧史》（下）（1），第42页，北京：中国戏剧出版社，2000年。

央人民政府政务院发布《关于戏曲改革工作的指示》（"五五指示"），《人民日报》发表社论《重视戏曲改革工作》。可见中央政府对戏曲改革的重视，这种戏剧改革工作是现代性的，同时明显地具有国家的意义。但是，这种国家性的戏曲改进和改革，对于民间戏曲、地方戏曲的发展显然有不利的地方。因为戏曲失去了民间和地方的基础，也就失去了活力。

三、"革命样板戏"的形态和样式

"革命样板戏"将戏曲、芭蕾舞剧，还有钢琴伴唱、交响乐融为一体，可以说是将中国的传统和西方的样式结合起来的现代"混搭"。（后现代强调混搭，样板戏似乎也有这样的"混搭"的倾向。）

《红灯记》剧照

在这个时期，歌剧基本消失了。江青曾说过："什么歌剧，现代革命京剧就是歌剧。"因此"歌剧"被取消了，发展被中断了。歌剧团体绝大多数被"消化"了[1]。在英语中，京剧就是北京歌剧（Beijing Opera）。话剧在"文革"中只是作为革命性、战斗性而局部地、零星地发挥一些作用，到最后也只有类似于《盛大的节日》这样的"僵化"的政治的仪式。但是赋有意味的是，这个阶段像大跃进时期一样，样板戏也在进行艺术的"实验"。洪子诚在一篇文章中对1958年的"大跃进"文学，对"文革"的文学（如"样板戏"），使用了"实验"这个词。他说，仔细想想，不是"实验"是什么呢？"三结合写作"、"诗配画"、"报捷文学"、"赛诗会"、"广告诗"、打破"第四堵墙"的《十三陵水库畅想曲》、"纪录

---

〔1〕 陈紫：《关于歌剧创作种种》，田川、荆蓝主编：《中国歌剧艺术文集》，第351页，北京：国际文化出版公司，1990年。

性故事片"、"诗报告、钢琴伴唱《红灯记》、交响乐《沙家浜》"——这样大规模的文艺"实验",以前好像还没有过。这是一种有目的的美学实验,自觉开展的"先锋"性文艺运动。他解释说,这些"实验",大多发生在"大跃进"和"文革"初期。它的重要特征之一,是打破"文学"的界限,创造革命的"大众文艺"的丰富样式[1]。在这里,"有目的的美学实验"指的是在政治观念和意识形态制约下的"美学实验"。其样式也是一种单调的"丰富"。在这里,我们必须区分两种"先锋派",即政治先锋派和艺术先锋派。马泰·卡林内斯库认为,政治先锋派"从属于一种狭隘的政治哲学,或使他们沦为单纯的宣传家。宣传要富有效力,就必须求助最传统的、图式化的甚至是简单化的话语形式"。而艺术先锋派"感兴趣的——无论他们多么赞同激进的政治观点——是推翻所有羁束人的艺术形式传统,享受探索先前被禁止涉足的全新创造境域的那种激动人心的自由"。马泰·卡林内斯库指出:"艺术先锋派的代表人物有意识地背离一般公众在风格上的期望,这些一般公众是政治革命家试图通过陈腐的革命宣传来争取的。"[2]在"文化大革命"中,"政治的先锋派"所采用的革命现代京剧,就是"最传统的"的"政治话语形式",也包括像钢琴伴唱《红灯记》、交响音乐《沙家浜》这样的"实验"。

彼得·布鲁克指出:真正的京剧可谓是戏剧艺术之典范。它的形式一成不变,代代相传。仅在几年前,它好像还是相当完美的结晶体,可以永远流传下去。而今天,甚至连这举世无双的古代艺术遗产也已经过时了。它的魅力和鲜明的特色能够超越时间的障碍,像纪念碑一样矗立;然而到了今天,它与周围之间的鸿沟已变得太宽了。红卫兵反映出了一个不同的中国。传统京剧中几乎没有与这个规范人民的新的思想结构相互关联的观念和含义。在今天的北京,帝王将相才子佳人已被地主和士兵所取代。同样令人惊奇的武打技巧用来表现不同的主题。这对西方人来讲,好似蒙受

---

[1] 洪子诚:《问题与方法:中国当代文学史研究讲稿》,第67页,北京:生活·读书·新知三联书店,2002年。

[2] [美]马泰·卡林内斯库:《现代性的五副面孔》,顾爱彬、李瑞华译,第121页,北京:商务印书馆,2002年。

了邪恶的耻辱,他们很容易为此洒下出于文化素养的泪水。这种奇迹般保留下来的遗产被摧毁了,这当然是一场悲剧。然而我认为,中国人对他们最引以为自豪的财富所持的无情态度,恰恰是抓住了活的戏剧的真谛——戏剧永远是一种自我摧毁的艺术,它永远是逆着时尚写出来的东西[1]。样板戏的确是一种"自我摧毁"的艺术,它也是"逆着时尚"写出来的。但是它的"自我摧毁",并没有诞生出一种真正的新的艺术。它的所谓"逆着时尚",是一种反现代性的现代戏。

我们在革命戏剧的系列中,列入了戏曲现代戏、话剧和新歌剧,但是在"文化大革命",则出现了革命现代芭蕾舞剧《白毛女》和《红色娘子军》。如果说,革命现代舞剧是一种"剧"的话,而钢琴伴唱、交响诗则完全是一种新的艺术种类了。在革命现代京剧《红灯记》之后,又创作了钢琴伴唱《红灯记》。钢琴伴唱《红灯记》和钢琴协奏曲《黄河》都是属于音乐中的"样板戏"。革命现代京剧《沙家浜》,在现代戏上作了开拓,但是却在这基础上创作了革命现代交响音乐。中央歌剧舞剧院院长赵沨认为,革命现代交响音乐《沙家浜》体裁应归属于清唱剧。清唱剧是一种介乎于歌剧与康塔塔(cantata)之间的多乐章大型声乐套曲,包括独唱、重唱及合唱,由管弦乐队伴奏,它有别于歌剧的是没有布景、服装和动作,多在音乐会上演出,与康塔塔的区别是篇幅较大,有较鲜明的戏剧结构和情节,各乐章的歌词在内容上也更具连贯性,从而具有史诗性和戏剧性。但是清唱剧(oratorio)本属西洋音乐体裁,oratorio一词原意即是指进行祈祷和讨论宗教事务的个人祈祷室,后转指在祈祷室中演出的音乐,中国过去曾翻译成神剧、圣剧、圣坛剧等[2]。也就是说,革命现代交响音乐《沙家浜》是具有神圣性、宗教性的"清唱剧"。

样板戏是一种国家的仪式,它不仅仅是主流的戏剧,因为当时除了样板戏就没有其他的戏。如前所述,样板戏有不少是从其他艺术和地方戏中

---

〔1〕 [英]彼得・布鲁克:《空的空间》,邢历等译,第10—11页,北京:中国戏剧出版社,1988年。

〔2〕 戴嘉枋:《样板戏的风风雨雨》,第117页,北京:知识出版社,1995年。

"改编"和"移植"过来的,但是后来样板戏一旦确立了"样板"的地位以后,变成了其他的艺术和地方戏只能是"移植"样板戏。"移植"作为一种植物学的概念,在这里隐含着一种植物的崇拜,对样板戏的移植,那么一定有一种可供移植的样板植物。将样板戏定为一种类似与宇宙树、永恒树、生命树、知识树,其他的树,都是从这种"神圣"的树"移植"而来。米尔恰·埃伊利亚德指出,树的形象并不仅仅被选择用来表征宇宙,而且被用来表征生命、青春和不朽的智慧。除了像日耳曼神话的乾坤树那样的宇宙树之外,宗教史还记录过生命之树(如在美索不达米亚)、永恒之树(如在亚洲,在旧约中)、知识之树(如旧约中)、青春之树(如美索不达米亚、印度和伊朗)等等[1]。在"文革"时期,中国京剧团、北京京剧四团、上海京剧团、上海芭蕾舞团等"样板团"到外省巡回演出,同时组织各地剧团到北京学习革命样板戏的"学习班",对原剧种"照搬"不走样。各种地方戏移植革命样板戏主要有:豫剧《红灯记》、《沙家浜》、《龙江颂》,河北梆子《红灯记》,晋剧《沙家浜》,山东快书《奇袭白虎团》,粤剧《沙家浜》以及评剧、河北梆子、湖南花鼓戏、淮剧、越剧等二十多种剧种。同时利用电影的手段,大量忠实地"复制"(江青提出的是"还原舞台,高于舞台")。大量出版有关"样板戏"的书刊,包括普及本、综合本、五线谱总谱本、主旋律曲谱本和画册等。在综合本中,不仅有剧本、剧照、主旋律曲谱,还有舞蹈动作说明、舞台美术设计、人物造型、舞台平面图、布景制作图、灯光配置说明等,以使各地在"复制"、移植时做到对"样板"的忠实。"样板戏"的创作经验,还被要求推广到包括小说、诗、歌曲、绘画等各种文艺样式的创作中去[2]。"移植"革命样板戏是不是就迎来了文艺百花园的繁荣呢?问题是百花园里只有一种花在开放,那么它必然是单调的、僵化的。

---

〔1〕 ［罗］米尔恰·埃伊利亚德:《神圣与世俗》,王建光译,第 84 页,北京:华夏出版社,2002年。在"文革"期间,对"万年青"的崇拜,就有一种对永恒之树的崇拜意味。

〔2〕 《中国作家网·文学史料·中国当代》。据统计,1970 年—1975 年,人民出版社、人民文学出版社、人民音乐出版社和上海人民出版社出版的"样板戏"书刊,累计印数达三千二百多万册,各省的加印不包括在内。

　　这样,样板戏就发展成为一种"僵化的戏剧"。样板戏在最初的创作过程中,应该说是充满生气的,其"引人注目的中心人物","最接近神圣的东西",并且用这种"形式"来"表达思想"。但是随着后期样板戏的模式化,它也就越来越僵化了。中国戏曲本身具有程式化的特点,作为革命现代戏,就是为了突破这种过于程式化的方式,但是,样板戏过于强调"三突出"之类的模式,也就成为一种僵化的样板。尤其是演员"僵化的表演变成了危机的中心"(彼得・布鲁克语),成了一种"僵化的戏剧"。从这个意义上说,样板戏一方面是一种神圣的戏剧,另一方面也是一种僵化的戏剧。朱寿桐曾批评道,浓重而僵死的政治符号系统确实窒息了样板戏创作者的基本灵性,致使他们在一般的戏剧情节和人物处理上都常显得十分僵硬。他具体说道,"诉苦"情节的引发在处理上就很僵硬,最能反映剧中政治力量分配关系的人物身份的处理也颇为僵硬,僵硬得有时令人忍俊不禁[1]。在这里,"忍俊不禁"可能是我们现在再去看样板戏的时候才可能产生的,在当时观看样板戏往往是十分庄严或者严肃的事。但是,"忍俊不禁"也是一种神圣到僵化的表现,也就是说,神圣到极致,就是僵化,就是喜剧,这种喜剧就是"神的喜剧"了。

---

[1]　朱寿桐:《样板戏的艺术缺失》,《朱寿桐论戏剧》,第212—213页,南昌:江西高校出版社,2002年。

第三十九章
理想与斗争中的电影文化

1950 年以后的新文化呈现出政治文化的特性，在共产主义理想的引领、激励和阶级斗争主题的促动下进行运作。理想与斗争，是这个时代文化运作的突出主题。这一主题反映在电影方面更为突出。那是一个主要通过电影来调节人民群众文化生活的时代，因而也是一个电影文化最为发达的时代。

一、从电影批判开始的斗争文化

中华人民共和国成立初期，中国共产党在进步电影工作者的协助下，没收国民党公营和官僚资本经营的电影制片业和放映业，在全国范围内逐步建立起统一的国营电影生产及放映业。1949 年 1 月，北平和平解放，军管会派田方等为代表接管了原国民党"中电"三厂。5 月，上海解放，随后于伶代表上海军管会接管原国民党中电一厂、中电二厂、中制、上海实验电影工场、中华电影工业制片厂、农业教育电影制片厂等制片机构及一批影院。11 月，上海电影制片厂正式成立，下设五个摄影场：一场（原"中电一厂"）、二场（原"中制"）、三场（原"上实"）、四场（原"中电二厂"）、五场（原"中华电影工业制片厂"）。昆仑影业等私营电影制片公司继续开拍建国前未完成的《三毛流浪记》、《乌鸦与麻雀》、《表》、《武训传》等影片。

1951年,电影《武训传》受到政治批判,对中国电影以及文化艺术领域产生重大影响。《武训传》是一部讲述清朝光绪年间武训行乞兴学的黑白故事片,1948年由南京中国电影制片厂开拍,1950年昆仑影业有限公司购买摄制权续拍而成,由孙瑜导演,赵丹主演。1950年末至1951年初,影片在上海、南京、北京、天津等全国各大中城市公映,反响热烈。《光明日报》《文汇报》等各大报纸发表文章称赞《武训传》及"武训精神"。1951年,《武训传》在中南海放映,包括朱德、周恩来等在内的新中国主要领导人观看后给予极高评价。但毛泽东观却发出不同的声音,他认为该片是改良主义,需要批判。胡乔木随后在《文艺报》1951年第4卷第1、2期上组织了一批批判《武训传》的文章,代表为贾霁《不足为训的武训》、江华《建议教育界讨论〈武训传〉》、杨耳《试谈陶行知先生表扬"武训精神"有无积极作用》等。

1951年5月20日,毛泽东亲自修改审定《人民日报》的一篇社论《应当重视电影〈武训传〉的讨论》,社论指出:

> 《武训传》所提出的问题带有根本的性质。像武训那样的人,处在清朝末年中国人民反对外国侵略者和反对国内的反动封建统治者的伟大斗争的时代,根本不去触动封建经济基础及其上层建筑的一根毫毛,反而狂热地宣传封建文化,并为了取得自己所没有的宣传封建文化的地位,就对反动的封建统治者竭尽奴颜婢膝的能事,这种丑恶的行为,难道是我们所应当歌颂的吗?向着人民群众歌颂这种丑恶的行为,甚至打出"为人民服务"的革命旗号来歌颂,甚至用革命的农民斗争的失败作为反衬来歌颂,这难道是我们所能够容忍的吗?承认或者容忍这种歌颂,就是承认或者容忍污蔑农民革命斗争,污蔑中国历史,污蔑中国民族的反动宣传为正当的宣传。[1]

---

[1] 《应当重视电影〈武训传〉的讨论》,《人民日报》(1951年5月20日)。《人民日报》于次日刊登关于这篇文章的补正,最后一句话应为:"污蔑中国民族的反动宣传,就是把反动宣传认为正当的宣传。"

此后,全国上下广泛开展了一场声势浩大的批判《武训传》运动。《人民日报》、《解放日报》、《大公报》等报刊发表了大量批判武训及《武训传》的文章,中共中央还任命袁水拍、钟惦棐、江青等人组成"武训历史调查团"到武训的家乡堂邑等地考察。调查团写成《武训历史调查记》在《人民日报》连载,认为武训是"大流氓、大债主、大地主"。

这一时期,香港永华公司1948年摄制的一部历史题材影片《清宫秘史》也受到批判。影片由姚克编剧、朱石麟导演,三四十年代上海著名影星周璇主演,1950年在北京、上海等地上映。《清宫秘史》以戊戌变法为主线,大致反映甲午战争和义和团运动的一段历史,肯定维新派和支持变法运动,鞭笞慈禧等封建顽固派。中共中央和文艺界人士都认为这部影片有爱国主义。江青看过这部影片后向毛泽东汇报《清宫秘史》是"坏影片",这一观点得到毛泽东的认可,毛泽东指出它是卖国主义,应该进行批判。1951年5月3日《清宫秘史》停止放映。

尽管当时与该片有关的主创人员并没有受到实际批判,但《清宫秘史》、《武训传》引起中央高层对知识分子、小资产阶级思想的质疑,在全国发动了一场由上而下的文艺整风学习运动。1951年11月底至1952年上半年间,北京、上海等地召开文艺界整风学习大会,对包括电影编剧、导演在内的文艺工作者进行思想改造,确立了文艺以马列主义、毛泽东思想为指导,文艺为工农兵服务的方针。可以说,批判《武训传》的运动对中国电影产生了深远影响,并由此加快了私营电影业国有化的进程。

新的文化时代从电影批判开始,电影充任了文学批判和文化批判的主要平台,就一定的政治意义而言,这是电影的不幸,然而对电影自身而言,这是文化发展的重要契机。中国电影自1920年代形成中国式的摄制体系,但一直未形成影响力较大的电影文化。1930年代电影主要作为都市娱乐的媒介存在,左翼文化力量的有限介入并未从根本上改变其娱乐载体的特性。1940年代电影介入了社会生活反思和文化批判的运作,但它的活动空间和影响力仍然限于都市,而且是都市生活的一个先锋性的空间,未形成影响整个中国社会的媒体力量。只有到了1950年代的政治批判阶段,电影被推向了全社会政治生活和文化关注的中心,这样促进了从上到下的全社会对电影和电影作品的重视,真正促进了电影文化的巨大发展。也正是在这样的时代文化背景下,正是在党的宣传文化工作迫切需要的推动下,政府加速了农村放映的推进与普及,电影文化得到前所未有的强有力的建构,电影成为影响人民文化生活的最重要的媒体。

二、电影放映与农村文化建设

文艺为"工农兵"服务的另一个措施是对放映业的改造。除了将私营影院建成国营或公私合营影院,文化部门还通过降低电影票价、发展电影放映队等形式将电影普及到工农兵阶层。相关研究资料指出:"由于美英片、私营片的禁映及私营制片厂的国有化,1949—1952 年,上海市年发行影片数逐年减少,分别为 266 部、111 部、96 部、82 部,但电影管理部门通过降低票价、加强国营片的宣传、组织观众等措施,使观众人次逐年增加,分别为 18 978 000 人次、21 794 000 人次、34 387 000 人次、46 129 000 人次,年人均看片次数也逐年增加,分别为 3.8 次、4.4 次、6.2 次、8.1 次。电影观众的构成也发生了重大变化,工人群众在电影观众中所占的比重越来越大。"这一时期,上海的 13 支电影放映队先后到工厂及上海市郊各区的农村开展电影放映工作,播放的影片有《白毛女》、《儿女亲事》、《幸福的生活》、《山野的春天》、《吕梁英雄》和《新儿女英雄传》等。"截至 1952 年 8 月底,共计放映电影 282 场,观众达 568 204 人次。由于工人和农民观众受教育程度一般比较低,又很少看电影,不习惯电影的表现手法,所以普遍反映看不懂电影,尤其看不懂苏联影片。针对这一情况,电影放映队做了细致的宣传解释工作:一是放映前宣传。提前两三天把中国影片经营公司发下来的宣传材料(包括海报、说明书)送到准备放映的地方去。由党员宣传员、文教干部、教师、居民积极分子和学生宣传员向群众作口头宣传,并利用黑板报、大字报和广播等把影片内容作简单介绍。放映前作口头故事讲述,尽量做到通俗生动、简明扼要,时间最多不超过六七分钟。放映前用幻灯片来介绍影片内容。二是放映间解释。据放映队反映,观众常常分不清影片中的解放军和国民党军队,对回忆、插叙和叠印等表现手法也不容易理解。比如郊区观众在看《上饶集中营》时,当看到国民党屠杀新四军干部、战士时,因分不清敌我,竟然鼓起掌来。所以,放映队选择影片的关键所在,或者容易引起误解的镜头,在放映中间加以说明。三是放映后讨论。这一工作开展比较困难,当时收效很好。比如在国棉十六厂放映《女司机》后,放映队组织该厂文教干部和部分工人进行座谈。"[1]电影队下乡活动使电影在工农兵阶层中得到普及,丰富了工农兵的精神生活,同时也使新政权弘扬的主旋律得到传播。

1965 年是中国农村电影放映工作得到特别重视并且取得巨大成效的年份。这年的 1 月 12 日,《人民日报》发表题为《积极发展农村电影放映网》的评论员文章,强调要大力加强农村电影放映工作,解决许多农民长期看不到电影的问题,并号召大力推广规划放映和映前宣传、映间解说,以及在民族地区进行口头翻译对白等宣传工作,使广大农民能看到、看懂电影。1965 年,为了使更多群众看懂、看好电影,福建闽侯县电影站在学习延边"现场口译配音"经验的基础上,采取领导、技术员和放映员三结合的方法,在上海有关电影技术专家的支持帮助下,利用报废拷贝,经过涂磁进行方言配录音,经过 120 多天的反复试验,于 5 月中旬试验成功 16 毫米电影"涂磁录还音"技术。同年 7 月,中影公司和中影驻华东办事处派员前来闽侯县检查鉴定,肯定闽侯县"涂磁录还音"这一革新成果。中共中央宣传部、中共福建省委宣传部等先后在《宣传动态》等内刊上作了介绍,文化部向各省、市、自治区文化(文教)厅(局)发了通报。9 月,试制成功"涂磁录还音"的闽侯县电影放映代表队赴京汇报表演,先后向国家领导人、中共中央工作会议、中央宣传部、文化部、财政部、商业部、全国劳模国庆观礼代表、全国文化厅(局)长会议、中国文联各协会,以及阿尔巴利亚、日本外宾等汇报

---

〔1〕 张硕果:《"十七年"上海电影文化研究》,第 56 页—57 页,北京:社会科学文献出版社,2014 年。

表演 19 场。在京汇报表演期间,中共中央政治局委员、书记处书记、北京市市长彭真,中共中央政治局候补委员、书记处书记、中宣部部长、国务院副总理陆定一,文化部部长肖望东,副部长徐光霄和电影局局长陈荒煤等分别接见代表队全体成员,称赞涂磁录还音是"一个创举",解决了中国4 000多万少数民族和广大方言地区群众看不懂电影的难题。10 月 27日—11 月 2 日,全国电影"涂磁录还音"现场会议在福州举行。会议推广了福建省闽侯县农村电影放映队"涂磁录还音"的经验,交流了为农民服务和电影"涂磁录还音"的心得体会,以便让少数民族和方言地区的农牧民看到、看懂、看好电影。

政府相关机构也在为改善农村电影放映问题进行科学技术改造。11月 5 日—12 月 4 日,文化部、国家科委、一机部联合在北京召开全国电影技术会议,拟定了一套便于上山下乡放映电影的 8.75 毫米电影放映机系统工程,同时还研究了 16 毫米电影放映机的轻便化等问题。1966 年 6 月间完成了试制任务。

与此同时,国家考虑降低农村电影放映的成本,减轻农民在这方面的负担。11 月 30 日财政部、文化部发出《关于降低在农村放映电影的收费标准的联合通知》。《通知》规定,农村放映电影(16 毫米)由原每场平均 8.27元,调减为每场平均 5 元。

农村露天电影

以上技术和政策的调整,使得农村电影放映事业得到了迅速发展,全国建成了农村电影放映网络,农民看电影的问题在全国大部分农村地区得到了解决,看电影成为那个时代农村文化生活的主要方式。

中央发展和健全农村电影放映网的决策当然不仅仅是满足农民的文娱生活需要,更重要的是对农民进行政治教育。因此,电影放映的内容除了故事影片和文艺片而外,还需加映政治宣传片和时事纪录片。当时最典型的政治时事纪录影片是《新闻简报》。《新闻简报》于 1949 年开始推出,原题“时事简报”,每集时长约 10 分钟,一般每周出一期,通常是由中央新闻纪录电影制片厂摄制,影片内容涉及重大的时政新闻,以及经济、文化、军事、社会生活等各条战线上的先进人物。每号有五个左右的小主题,其中包括 2—3 个国内重大新闻。1964 年和 1965 年为《新闻简报》最正常的时期,每年出产 52 集。“文化大革命”以后逐渐减少。这个系列影片的播放,为亿万农民了解国家大事,掌握时事要脉,提供了便利的条件。

据《中国影片大典》的资料显示,1949—1966 年间,中国总计制作了499 部电影故事片。在中国电影史上,这一时期是中国电影艺术在数量和质量上的低潮期,但也不乏较优秀的作品。从主题来看,这些影片有以下几种类型:一是革命战争题材,讲述英雄故事及英雄成长历程的影片:《南征北战》(1952 年)、《铁道游击队》(1956 年)、《青春之歌》(1959 年)、《红色娘子军》(1960 年)、《李双双》(1962 年)、《地雷战》(1962 年)、《小兵张嘎》(1963 年)、《地道战》(1965 年)等。二是表现底层人民苦难的影片:《白毛女》(1950 年)、《我这一辈子》(1950 年)、《龙须沟》(1952 年)、《祝福》(1956 年)、《林家铺子》(1959 年)、《农奴》(1963 年)、《早春二月》(1963 年)、《阿诗玛》(1964 年)等。三是历史题材电影:《武训传》(1950 年)、《李时珍》(1956 年)、《林则徐》(1959 年)、《甲午风云》(1962 年)等。四是展现共和国时期现实斗争生活的影片:《上甘岭》(1956 年)、《海魂》(1957 年)、《布谷鸟又叫了》(1958 年)、《五朵金花》(1959 年)、《无名岛》(1959 年)、《冰山上的来客》(1963 年)、《英雄儿女》(1964 年)等。

这一时期的电影追求绝对的集体主义、英雄主义,对人物的内心世界、人性等方面的表现较弱。其次,这些电影表现出革命的乐观主义,影片的基调是明亮的,表现出人民翻身解放进入新社会的美好生活图景,充满理想主义色彩。再次,电影直接为政治服务,阶级斗争贯穿始终,艺术性稍显不足。电影作为新政府最重要的教育工具,讲述革命战争故事,揭露底层人民在旧时代的黑暗生活,强化了新政权的合法性。

三、理想讴歌中的火热斗争

1966 年至 1976 年是"文革"时期,在这一特殊的历史时期中,中国电影也在低谷中徘徊,其中最突出的八部样板戏制作和传播,使中国电影走向模式化的极端。1967 年,为了纪念毛泽东《在延安文艺座谈会上的讲话》发表二十五周年,5 月 1 日至 6 月 17 日,江青在北京举办了"八大革命样板戏汇演",分别是京剧《智取威虎山》、《红灯记》、《沙家浜》、《奇袭白虎团》、《海港》,芭蕾舞剧《红色娘子军》、《白毛女》以及交响乐《沙家浜》。这八大样板戏集中上演 218 场,观众多达 33 万人。1967 年 5 月 31 日,《人民日报》发表社论《革命文艺的优秀样板》,称这八个样板戏做到了"革命的政治内容和尽可能完美的形式的统一,成为团结人民、教育人民、打击敌人、消灭敌人的有力武器。"[1]

样板戏受到官方的高度肯定后,江青开始筹划将样板戏迅速地搬上银幕,以巩固京剧革命的成果,扩大样板戏的影响。1968 年初秋,江青亲自选定《智取威虎山》和《红灯记》两部样板戏作为首批拍摄的剧目,由谢铁骊负责拍摄工作。1970 年开始,中国出现了"样板戏电影":《智取威虎山》(1970 年)、《红灯记》(1970 年)、《沙家浜》(1971 年)、《红色娘子军》(1971 年)、《奇袭白虎团》(1972 年)、《龙江颂》(1972 年)、《海港》(1972—1973 年)、《白毛女》(1972 年)、《杜鹃山》(1974 年)、《平原作战》(1974 年)等。

在当时"极左"思潮的指导下,样板戏电影直接为政治服务,表现出鲜

---

〔1〕《革命文艺的优秀样板》,《人民日报》(1967 年 5 月 31 日)。

明的意识形态性。在创作方法上，呈现出极端的模式化，即在拍摄过程中必须遵守江青提出的文艺作品"三突出"原则：在"所有人物中突出正面人物，正面人物中突出英雄人物，英雄人物中突出主要英雄人物"，具体到电影的视听语言层面是"对英雄人物要近、大、亮，对反面人物要远、小、黑"等等。这些僵化教条使样板戏电影的人物形象单一、片面，情节简单，主题大多表现阶级对立和政治斗争，减弱了电影的艺术性。

样板戏电影对思想性的追求始终是第一位的，而这种思想性主要体现为对斗争的表现和对理想的歌颂，这两方面正体现了那个时代的精神。首先是阶级斗争的普遍存在，体现毛泽东提出的"千万不要忘记阶级斗争"的思想，所有的戏剧冲突和基本矛盾都反映在阶级斗争层次。战争题材的影片和样板戏固然较为方便地集中展示残酷的斗争，便是《龙江颂》、《海港》等反映和平年景的题材，也同样热衷于展现"不拿枪的敌人"——暗藏的阶级敌人的破坏活动，使得阶级斗争的主题成为笼罩全剧的主题。即便是战争题材的影片，在民族矛盾与阶级斗争相遇的时候，也重在阶级斗争，民族斗争成为背景。《沙家浜》是一部抗日影片，但斗争的主线却在新四军与汉奸地主武装"忠义救国军"之间，日本鬼子则基本上未能出场。《红灯记》所演示的虽然是李玉和等地下工作者与日本侵略者的正面斗争，可李玉和与日本侵略者鸠山之间的关系是一个穷工人与日本"阔大夫"之间的关系，仍然是阶级斗争关系。更重要的是，样板戏电影重在进行理想主义的宣传。一方面通过主要英雄人物的伟大思想境界的刻画，直接讴歌无产阶级革命理想，另外，也通过英雄人物的塑造，锤炼革命的理想人格和理想的人物形象。所有作品都以宣传共产主义理想为主旨，理想的力量使得这些影片充满着革命的豪情，思想的能量。这正是如火如荼的年代典型艺术的典型特色。

样板戏通过电影、广播走入了亿万观众，使得原本意义上的京剧、舞剧像长了巨大的翅膀，自由飞翔在祖国的文化原野上，同时也深深烙印到人民群众的文化记忆中。当时意识形态的领导层清楚地意识到电影的巨大威力，不仅将样板戏全部制作成电影在全国反复播放，而且还制作成革命样板戏的一系列延伸产品,如钢琴伴唱《红灯记》,交响乐《沙家浜》等。这是执行毛泽东"洋为中用"的指示精神进行的样板戏延伸产品的开发,不过这种典型的"洋艺术"之所以能够为中国亿万民众所认知,同样是因为电影的力量。电影不仅成了那时候人民群众几乎唯一的文化娱乐对象,而且也成了当时从事文艺制作和文化宣传的部门得心应手地自由操作的媒体。

样板戏电影在七十年代占主流地位,从全国各大银幕到农村放映队,这些电影循环反复放映,形成当时"八亿人民八个戏"的空前绝后状况。然而,八部"样板戏电影"远远不能满足人民的精神需求,当时播放的少数几部故事片如《南征北战》、《地道战》、《地雷战》在工农兵阶层中广泛流传,是人民罕有的精神食粮。1975年7月,毛泽东批评文艺界说:"样板戏太少,而且稍微有点差错就挨批。百花齐放都没有了。"1973年初,周恩来在文艺工作座谈会上也指出:"电影的教育作用大,男女老少都需要它,这是大有作为的。"那是一个文化媒体相对贫乏因而也相对集中的时代,人们的文化娱乐生活只能通过电影和广播。贫乏往往意味着集中,样板戏数量的有限同样造成了人们欣赏面和接受面的集中,于是全国人民当时耳濡目染的便是革命样板戏,样板戏虽然不是真正的"深入人心",但却是"渗入"耳目,成为忘记不了、挥之不去的文化记忆。这也是"文革"结束以后若干年人们还习惯于收听甚至演唱样板戏的原因。

当电影成为人们意识到的宣传普及面极广的艺术媒体之后,它在那个斗争年代同样被强化为一种斗争工具。除了革命样板戏而外,一批又一批电影新片陆续摄制上映,一段时间形成了电影文化的热潮。1973年开始,中国几大故事片厂开始重拍《南征北战》、《青松岭》、《年轻的一代》等影片,并拍摄一批新故事片。1973年至1976年间,全国生产故事片总计76部。这些影片中产生较大影响的有:《创业》(1974年)、《火红的年代》(1974年)、《杜鹃山》(1974年)、《闪闪的红星》(1974年)、《园丁之歌》(1974年)、《金光大道》(1975年)、《海霞》(1975年)、《决裂》(1975年)、《第二个春天》(1975年)、《春苗》(1975年)、《反击》(1976年)等。这些电影的主题仍然围绕着斗争与理想。斗争题材中,除了原先的阶级斗争主题得到进一步强化,路线斗争开始成为电影表现的热点,而且所引发的斗争更为强烈。电影《创业》本来是一部歌颂工业战线"石油大会战"、歌颂工人阶级伟大创举的正面影片,但由于牵涉到上层的"路线"斗争,引起了激烈的争斗,甚至造成两条路线争持不下的局面,还是最高领袖毛泽东作了"此片无大错"的批示,才得以全国公映。至于反击右倾翻案风以后所公映的影片《第二个春天》、《春苗》、《决裂》等,主要精力集中在斗争"走资派",其方向发生了很大变化,实际上是为现实的路线斗争服务了。更有未及全面公映的影片《反击》,显然是为反击右倾翻案风而创作,进一步堕落成了"阴谋文艺"。

当年,领袖毛泽东在康生等人的撺掇下,评判小说《刘志丹》是"利用小说反党,这是一大发明",这实际上形成了斗争年代看待某些文艺的一种行为惯性。后来,人们利用电影进行路线斗争,进行影射性的批判,也同样是一大发明。这一发明充分体现出电影在社会生活中的重要性,也体现出电影文化自此走上了背离为人民服务的道路。

电影《反击》剧照

总而言之,理想与斗争是 1949—1976 年中国电影的突出主题。这一时期的电影充满革命的乐观情绪,政治的狂欢取代了对人性的展现,抒情式的叙事描绘出共产主义的美好愿景;另一方面,阶级斗争占主流地位,战争年代形成的敌、我二元对立的思维仍在延续。

第四十章
斗争文化与学术批判

　　1949 年中华人民共和国成立以后,学术思想领域的意识形态转型接踵而至。从 1951 年对电影《武训传》的批判到 1957 年的"反右"运动是这一转型完成的标志。其间,以对电影《武训传》的批判为开端,先后开展了对梁漱溟思想的批判(1953),对俞平伯《红楼梦》研究的批判和对胡适政治与学术思想的批判(1954—1955)等。在文学艺术领域,1955 年对"胡风反革命集团"和丁玲、陈企霞"反党小集团"的批判,以及 1956 年的美学论争等,也具有相当的学术意义。

一、知识界的学术批判

　　中国共产党在 1951 年发动了对电影《武训传》的批判,并不仅仅是因为这个电影的问题,更重要的是,在领导人看来,暴露了文化界"思想混乱"的现实:文艺作者不去歌颂被压迫人民推翻反动统治者的阶级斗争,而是歌颂像武训那样向封建统治者投降并为他们服务的人;不去研究过去历史中"向着旧的社会经济形态及其上层建筑(政治、文化等等)作斗争的新的社会经济形态,新的阶级力量,新的人物和新的思想",而是"以种种努力去保持旧事物使它得免于死亡"。一些学习了马克思主义社会发展史——历史唯物论的共产党员,对此也丧失了批判的能力,表明"资产阶级的反动思想侵入了战斗的共产党"。因此,"应当展开关于电影《武训传》及其他有关武训的著作和论文的讨论,求得彻底地澄清在这个问题上的混乱思想"[1]。

如果说对《武训传》的批判反映了毛泽东对历史问题的看法,及其以历史唯物论规训和解释历史的要求,那么,对梁漱溟的批判则表现了中国共产党与旧式知识分子在世界观、价值观上的矛盾,及其以马克思主义意识形态改造知识分子的要求。1951 年前后,毛泽东、周恩来等即提出知识分子的思想改造问题。1951 年 10 月,毛泽东《在全国政协一届三次会议上的讲话》中指出:"思想改造,首先是各种知识分子的思想改造,是我国在各方面彻底实现民主改革和逐步实行工业化的重要条件之一。"[2]

梁漱溟抗战前与梁仲华等人在山东邹平创办"山东乡村建设研究院",致力于乡村建设,试图通过对中国传统文化的反思和改造寻找改造中国、建设中国的出路。他认为,中国是"伦理本位、职业分途"的特殊社会形态,必须以农立国,从农村入手,以教育为手段,运用改良主义方法来建设乡村,改造社会。梁为此在理论和实践上付出了长期的努力。抗战时期,梁漱溟接受国民政府邀请,任最高国防参议会参议员、国民参政会参政员等。1939 年参与发起组织"统一建国同志会",1941 年与黄炎培、左舜生、张君劢等商定将其改组为"中国民主政团同盟",任中央常务委员、秘书长等职。1938 年和 1946 年两次访问延安,就抗战前途、民主建国等问题和毛泽东促膝长谈。1947 年梁漱溟退出民盟后,在重庆北碚创办勉仁文学院,专事讲学与著述。1950 年初应邀来北京,任第一届全国政协委员。

早年梁漱溟和毛泽东之间就因改良与革命的问题发生分歧。梁漱溟认为,中国社会不同于中世纪的欧洲:贵族、农奴截然对立。中国的社会贫富贵贱不鲜明、不强烈、不固定,因此,阶级分化和对立也不鲜明、不强烈、

〔1〕 毛泽东:《应当重视电影〈武训传〉的讨论》,《毛泽东选集》(5),第 46—47 页,北京:人民出版社,1977 年。
〔2〕 毛泽东:《在全国政协一届三次会议上的讲话》,《毛泽东文集》(6),第 184 页,北京:人民出版社,1999 年。

不固定。这种情况在中国历史上延续了一两千年。他用"伦理本位、职业分途"解释中国社会的特征。所谓"伦理本位"即相对西方"个人本位"而言。西方人讲自由、平等、权利,个人利益放在第一位;中国人注重义务,而非权利。父慈子孝,兄友弟恭,夫妻敬爱,亲朋友善,就是"伦理本位"的表现。所谓"职业分途"就是社会分工,各行各业,本色当行,人尽其责,社会就稳定、发展。毛泽东认为梁漱溟太看重了中国社会特殊性的一面,而忽略了决定着现代社会性质的共同性即一般性的一面,即阶级的对立、矛盾和斗争。

1950 年 4—9 月,梁漱溟接受毛泽东建议,赴河南、山东、平原[1]三省及东北地区各城乡考察,次年又赴四川参加"土改"。1950 年 10 月至 1951 年 5 月,梁漱溟将其考察见闻结合他对"乡村建设"的思考,写成《中国建国之路》一书(未完稿)。在"弁言"中梁漱溟说:近半年的考察使他"一面对于中共所以领导国人者粗有体认;一面亦于自己过去认识问题之不足,慨然有悟。特于游罢归来写此一书,评论中国共产党,并检讨我自己"。全书三篇:"上篇指出今天中共的伟大贡献;中篇较论彼此用思之路不同,寻出我致误由来;下篇就自己一得之愚,愿更有所建议。"实则仅成"弁言"和上篇。他说:

> 近百年间的中国人,在感受中国问题刺激之下,提供了许多(多至不可数)解决问题的途径,发起了许多解决问题的运动,中国共产党是其中之一,我亦是其中之一。到今天,共产党这条路算是大有成功希望,而我所设想者似乎已经证明是不对。但是否当真如此呢?一个真正用过心来的人,是不能随便就承认,随便就否认的。[2]

---

[1] 旧省名,1949 年 8 月成立,辖新乡、安阳、湖西(单县)、菏泽、聊城、濮阳六专区,省会新乡。1952 年 11 月撤销。

[2] 梁漱溟:《中国建国之路·弁言》,《梁漱溟全集》(3),第 319—320 页,济南:山东人民出版社,1993 年。

梁漱溟认为,中共的第一个贡献是统一全国,树立国权;第二个贡献是在增进社会关系上把团体生活引进了中国;第三个贡献是"透出了人心"。其一,国家统一,"在对外功夫上(外交军事)供给了其基本必要条件,此理最易见。"[1]其二,梁漱溟认为,由于缺乏集团生活,中国人有四大缺点:1. 缺乏公共观念,2. 缺乏纪律习惯,3. 缺乏法治精神,4. 缺乏组织能力。中国文化具有消极性,即如中医所说罹患不足之症。中国文化的改造,在于转消极为积极,即走向组织化的生活。其三,所谓"透出了人心",梁漱溟引罗素在《社会改造原理》中对人类行为之源的两种规划:占有冲动与创造冲动,认为"人心"就是"创造冲动"。资本主义制度之害,在于它太妨碍了创造冲动,而把人牢牢系缚在占有冲动上。梁漱溟说:人与人的关系,从乎身则分则隔,从乎心则分而不隔。中共通过引进团体生活——如其所见东北国营企业工人的生活,"把身一面的问题(个体生存问题)基本上交给团体去解决,而使各个人的心得以从容透达出来"。"一切顾虑解除,生活完全安定下来,这便与前述罗素指摘资本主义制度把人牢系在占有冲动上正相反。而是一个人的占有冲动至此自然减消,创造冲动却起来了。""这是给人心胸开拓,眼光放远极为有力的形势和条件,亦便是人心透达流行的好路道。"[2]

1951 年 10 月 5 日,梁漱溟在《光明日报》发表《两年来我有了哪些转变?》一文,承认"中国有了绝大转变",而对囿于一己的观点有所辩证:"不过点头的自是点头了;还点不下头来的,亦就不能放弃原有意见。"包括:一、秦汉以来的中国社会是否封建社会?梁漱溟说:"中共认它为封建社会,我则意见不同。因我认它不再是社会发展史上五个阶段的那个第三阶段——封建社会。假如是的,那么通过它就可以进到第四段——资本社会。然而它已经不可能了。依我所见,中国封建阶级当周秦之际由内部软

---

〔1〕　梁漱溟:《中国建国之路》,《梁漱溟全集》(3),第 350 页,济南:山东人民出版社,1993年。

〔2〕　梁漱溟:《中国建国之路》,《梁漱溟全集》(3),第 384—385 页、第 386 页,济南:山东人民出版社,1993 年。

化分解而解体;秦汉以后的社会便已陷于盘旋不进——不再进于第四段。"

二、中国社会发展有否特殊性?梁漱溟认为:"社会发展信有其自然顺序,然却非机械的。"失其顺序的不止中国,还有印度。中国社会发展有其特殊之路,"社会发展史有例外是可能的"。三、中国社会缺乏阶级及中国问题是否必从阶级斗争中解决?梁漱溟认为,缺乏阶级是中国社会的特点,暴力斗争解决不了中国问题。但他看到,中国共产党之成功恰在于"以阶级眼光观察中国社会,以阶级斗争解决中国问题"。因此,他说:"在这一问题上,三年来的建国事实给我的教训最大,两年来的各种观察给我的启发最大,因而我的思想转变最大。"在考察中他认识到:"北方农村中尽管缺乏两面对立的阶级如欧洲中古者,但既有贫富不同,遇到机会亦可能裂开两边而相斗的。""在整个世界正从阶级立场分成两大阵营而决斗的今天,其势必然要把中国社会扯裂到两边去。""既然客观形势上中国不可免地要卷入世界漩涡,而终必出于阶级斗争之一途,那么,阶级斗争便是解决中国问题的真理。"这是他面对事实修正自己观点的表现。四、接受不接受唯物论?梁漱溟表示自己历来不愿纠缠于唯心、唯物,改良、革命的问题,但"近来却于唯物观点有所体会"。"唯物观点似乎就是对一切事物都要其具有客观性的那一面来看它,来把握它。""如我为主观偏向所蔽,不能把握国际国内的客观情况,即落于被动而解决不了中国问题。一切失败无不从自己落于被动来。""必唯物而后能'制物而不制于物'",即争取主动。他说:"我即从此义(为了争取主动)而接受唯物观点。"五、中国革命由谁来领导?梁漱溟说:"过去我既不同意共产党以阶级眼光观察中国社会,以阶级斗争解决中国问题,当然亦就不承认中国革命要由无产阶级领导之说。现在相信了阶级观点,唯物观点有道理,自亦承认了这一说法。"但梁漱溟历来认为,中国的问题基本是农民问题,中国革命的主体是农民。知识分子有领导革命的义务。"中国革命的动力是要知识分子下乡与农民合起来构成的。好比一个巨人,农民等于是他的躯干,知识分子则作他的耳目,作他的喉舌,作他的头脑。"从中共领导革命胜利的经历中,梁漱溟已然悟出知识分子和农民结合组成革命政党的过程就是其"无产阶级化"的过程,从而认可"无产阶级领导革命之义"。同时他感叹："自古以来有群众,自古以来亦有领导,但却没有领导与群众结合像这样好的。"从而佩服共产党领导群众运动的能力[1]。

梁漱溟的文章发表后,即受到沈铭、何炳然、宋云彬、千家驹、张紫葛等人的批判,张东苏亦著文质疑。梁漱溟再发《敬答赐教的几位先生》进行辩答。至1952年,以《光明日报》为阵地,一场有计划的知识分子思想改造运动逐渐展开,梁漱溟遂成为批判的目标。1952年5月,梁漱溟以《何以我终于落归改良主义》为题作出检讨,承认了自己的改良主义思想,从阶级立场来检讨自己的思想和行为。1953年9月,政协一届全国委员会常委会第49次扩大会议召开,周恩来作了关于过渡时期总路线和第一个五年计划的报告。梁漱溟在讨论中即席发言,他说:建国计划方方面面必须相配合,相和合,政府已经给我们讲过建设重工业和改造私营工商业两方面,但像轻工业、交通运输等等如何相应地发展,亦必有计划,希望予我们以知道。此其一。其二,建国运动必须发动群众、依靠群众来完成计划,就涉及群众工作问题。在工业建设上,有工会组织可依靠;在改造私营工商业上,亦有店员工会,工商联和民主建国会;在发展农业上,推想或者要靠农会。然而农会虽在土改中起了主要作用,土改后作用已渐微,现在只有依靠乡村的党政干部。但乡村干部的作风,常有强迫命令、包办代替,其质其量上似乎不大够。依我的理想,对于乡村的群众,必须多下教育的工夫,单单传达政令是行不通的。我多年来曾有纳社会运动于教育制度之中的想法,希望政府能有好的安排。其三,我想重点说的,是农民问题或乡村问题。过去将近30年革命中,中共依靠农民取得了胜利。但自从进入城市之后,工作重点转移至城市,从农民成长起来的干部亦都转入城市,乡村便不免空虚。近几年城里的工人生活提高得快,乡村的农民生活却依然很苦,所以各地乡下人都往城里、包括北京跑,城里不能容,又赶他们回去,形成矛盾。有人

---

[1] 梁漱溟:《两年来我有了哪些转变?》,《梁漱溟全集》(6),第857—874页,济南:山东人民出版社,1993年。

说，如今工人的生活在九天，农民的生活在九地，有"九天九地"之差。这一问题望能引起政府重视。在列席中央人民政府扩大会议时，梁漱溟的发言受到毛泽东的批评。毛泽东说：有人不同意我们的总路线，认为农民生活太苦，要求照顾农民。这大概是孔孟之徒施仁政的意思吧。然须知有大仁政小仁政者，照顾农民是小仁政，发展重工业，打美帝是大仁政。施小仁政而不施大仁政，便是帮助了美国人。有人竟班门弄斧，似乎我们共产党搞了几十年农民运动，还不了解农民？笑话！我们今天的政权基础，工人农民在根本利益上是一致的，这一基础是不容分裂，不容破坏的！梁漱溟甚为不服，提笔给毛泽东写信，并请求在大会上发言。从而引发了他与毛泽东之间的激烈争论。[1]

　　争论中毛泽东对梁漱溟的批判主要集中于如下几点：一、梁漱溟是反共反人民者的朋友，是反动派眼中"最有骨气的人"。梁漱溟的立场是帮助蒋介石的，蒋介石用枪杆子杀人，梁漱溟用笔杆子杀人。梁漱溟说他代表农民是不知羞耻。他是代表地主阶级的，是帮地主阶级忙的。梁漱溟是野心家，是伪君子。他不问政治是假，不想做官也是假。他搞所谓"乡村建设"是地主建设，是乡村破坏，是国家灭亡！和梁漱溟打交道是不能认真的，和他永远谈不清任何一个问题。他没有逻辑，只会胡扯。解决问题是不可能的。但跟他辩论有益处。二、梁漱溟所谓"九天九地"是彻底的反动思想，不是合理化建议，人民政府不能采纳他这种建议。不能让梁漱溟"多知道一些计划的内容"，梁漱溟这个人是不可信任的。不能按梁漱溟的要求，把他划入进步一类的人。梁漱溟惯于美化自己，他的思想是反动的。什么"中国没有阶级"，什么"中国的问题是一个文化失调的问题"，什么"无色透明政府"，什么"中国革命只有外来原因没有内在原因"，这回又听见什么"九天九地"的高论，什么"共产党丢了农民"，"共产党不如工商联可靠"等等，都是胡说。中国的特点是半殖民地和半封建，你不承认这点，就帮助了帝国主义和封建主义。人民相信了共产党，不会相信你梁漱溟，除非反

---

[1] 引述内容参见汪东林：《1949 年后的梁漱溟》，北京：当代中国出版社，2007 年。

动分子。三、梁漱溟应当做一件工作,这件工作不是由他"代表农民"向人民政府"呼吁解放",而是由他交代清楚他的反人民的反动思想的历史发展过程。要让他当"活教材"用。他的问题具有全国性。批判梁漱溟,不是对他一个人的问题,而是借他这个人揭露他代表的反动思想。[1]

很明显,透过上述咄咄逼人的话语,批判指涉着一种政治定性。作为政治家的毛泽东意识到固执己见的梁漱溟是挡在政治前进道路上的一块顽石,不及时剔除将有碍新时代的前进步伐。同时,如果旧时代留下无数这样的顽石,这场大批判、大辩论,必将如急风暴雨式的横扫过去,显其摧枯拉朽之力。梁漱溟与毛泽东之间的论争不是对等的,这是一场个人与群体之间的政治论争,也是学术与政治的直接交锋,预示着现代学术文化在一个相当长时期内的历史命运。

二、文学学术批判

对政治家而言,舆论一律是最有效的社会动员;对知识分子而言,学术贵在百家争鸣,遇上政治的强力必将枯萎和死亡。当一把意识形态的利剑高高举起,文化的抗争显得无力。

1952 年,俞平伯将其早年的《红楼梦》研究专著《红楼梦辨》一书修订增补为《红楼梦研究》出版,并在《新建设》上发表《红楼梦简论》一文。《红楼梦研究》出版和《红楼梦简论》发表后,即有读者投稿到《文艺报》等,对其提出批判。但这些批判文章因多出自"小人物"之手,政治意气浓厚,学术分量不足,而遭到时任《文艺报》主编冯雪峰等的否定。其中,李希凡和蓝翎合写的《关于〈红楼梦简论〉及其他》一文,辗转投寄到其母校山东大学《文史哲》编辑部。1954 年 9 月,该文在《文史哲》上发表[2]。不久,《光明日报》又发表了李希凡、蓝翎合写的《评〈红楼梦〉研究》一文。这两篇文章的

〔1〕 毛泽东:《批判梁漱溟的反动思想》,《毛泽东选集》(5),第 107—115 页,北京:人民出版社,1977 年。
〔2〕 关于李希凡、蓝翎文章投稿的问题及后起的争论,参见《红楼梦学刊》,2012 年第 3 期。

发表引起了毛泽东的重视。毛泽东1954年10月16日写信给中共中央政治局刘少奇、周恩来等人,指出:"这是三十多年以来向所谓红楼梦研究权威作家的错误观点的第一次认真的开火。""看样子,这个反对在古典文学领域毒害青年三十余年的胡适派资产阶级唯心论的斗争,也许可以开展起来了。"同时他说:"事情是两个'小人物'做起来的,而'大人物'往往不注意,并往往加以阻拦,他们同资产阶级作家在唯心论方面讲统一战线,甘心作资产阶级的俘虏,这同影片《清宫秘史》和《武训传》放映时候的情形几乎是相同的。……《武训传》虽然批判了,却至今没有引出教训,又出现了容忍俞平伯唯心论和阻拦'小人物'的很有生气的批判文章的奇怪事情,这是值得我们注意的。"他指出:"俞平伯这一类资产阶级知识分子,当然是应当对他们采取团结态度的,但应当批判他们的毒害青年的错误思想,不应当对他们投降。"[1]

俞平伯

毛泽东的信传达之后,周扬为首的中国作协党组及《文艺报》编辑部等即着手检讨自己和开展对俞平伯《红楼梦研究》的批判。因未完全领会毛泽东的意图,只期在学术领域开展讨论、批评和自我批评。根据毛泽东的指示,1954年10月28日《人民日报》发表袁水拍《质问〈文艺报〉编者》一文(经毛泽东审阅修改),其中说:"长时期以来,我们的文艺界对胡适派资产阶级唯心论曾经表现了容忍麻痹的态度,任其占据古典文学研究领域的统治地位而没有给以些微冲撞;而当着文艺界以外的人首先发难,提出批驳以后,文艺界中就有人出来对于'权威学者'的资产阶级思想表示委曲求全,对于生气勃勃的

---

[1] 毛泽东:《关于红楼梦研究问题的信》,《毛泽东选集》(5),第134—135页,北京:人民出版社,1977年。

马克思主义思想摆出老爷态度。难道这是可以容忍的吗?""对名人、老人,不管他宣扬的是不是资产阶级的东西,一概加以点头,并认为'应毋庸疑';对无名的人、青年,因为他们宣扬了马克思主义,于是编者就要一概加以冷淡,要求全面,将其价值尽量贬低。我们只能说,这'在基本上'是一种资产阶级贵族老爷式的态度。"《文艺报》对于"能提出新问题"的"新作者"李希凡、蓝翎,表现出决不是"热烈的欢迎和支持"的态度,这是"跟资产阶级唯心论和资产阶级名人有密切联系,跟马克思主义和宣扬马克思主义的新生力量却疏远得很"。而且"这决不单是《文艺报》的问题,许多报刊、机关有喜欢'大名气'、忽视'小人物'、不依靠群众、看轻新生力量的错误作风。文化界、文艺界对新作家的培养、鼓励不够,少数刊物和批评家,好像是碰不得的'权威',不能被批评,好像他们永远是'正确'的,而许多正确的新鲜的思想、力量,则受到各种各样的阻拦和压制,冒不出头;万一冒出头来,也必挨打,受到这个不够那个不够的老爷式的挑剔。""资产阶级的'名位观念'、'身份主义'、'权威迷信'、'卖老资格'等等腐朽观念在这里作怪。""他们的任务似乎不是怎样千方百计地吸引新的力量来壮大、更新自己的队伍,反而是横躺在路上,挡住新生力量的前进。"

文章发表之后,中宣部、文联、作协等均举行会议,一场批判"俞平伯《红楼梦》研究中的资产阶级唯心论和胡适反动思想"的斗争在全国范围内展开。1954年12月8日,中国文联主席团、中国作协主席团扩大联席会议通过《关于〈文艺报〉的决议》,"决议"指出《文艺报》的"错误主要是:对于文艺上的资产阶级错误思想的容忍和投降;对于马克思主义新生力量的轻视和压制;在文艺批评上的粗暴、武断和压制自由讨论的恶劣作风。这些错误的性质是严重的,是违背了马克思主义的立场和党的文艺方针的"。"俞平伯所著的《红楼梦研究》和他近年来所发表的一些关于《红楼梦》的文章,是宣传胡适派资产阶级唯心论观点的错误著作。这些著作对我国古典文学作了严重的歪曲,在群众中间散布了毒素。"《文艺报》对此不仅没有批判,还发表了推荐文章,拒绝刊登"白盾、李希凡、蓝翎等用马克思主义观点批判俞平伯错误观点的文章","成了资产阶级思想的俘虏"。决定"改组

《文艺报》的编辑机构"，"责成《文艺报》新的编辑委员会提出办法，坚决克服本决议所指出的错误，端正刊物的编辑方针。使《文艺报》成为具有明确战斗方向和切实作风的刊物，内容应以文艺批评为主，同时对人民的文化艺术生活发表评论和介绍，力求扩大和密切文艺与广大人民生活的联系"[1]。其间，不仅是《文艺报》负责人冯雪峰、陈企霞以及前主编丁玲，主管文艺的中宣部副部长周扬等亦受到批判。

批判俞平伯《红楼梦研究》及《文艺报》错误的过程中，1954 年 11 月 8 日，中国科学院院长郭沫若发表了"关于文化学术界应开展反对资产阶级错误思想的斗争"的谈话。他说："由俞平伯研究'红楼梦'的错误观点所引起的讨论，是当前文化学术界的一个重大事件。""这不仅仅是对于俞平伯本人、或者对于有关'红楼梦'研究进行讨论和批评的问题，而应该看作是马克思列宁主义思想与资产阶级唯心论思想的斗争；这是一场严重的思想斗争。"他认为："讨论的范围要广泛，应当不限于古典文学研究的一方面，而应当把文化学术界的一切部门都包括进去；在文化学术界的广大的领域中，无论是在历史学、哲学、经济学、建筑艺术、语言学、教育学乃至自然科学的各部门，都应当来开展这个思想斗争。作家们、科学家们、文学研究工作者、报纸杂志的编辑人员，都应当毫无例外地参加到这个斗争中来。"郭沫若明确指出："胡适的资产阶级唯心论学术观点在中国学术界是根深蒂固的，在不少的一部分高等知识分子当中还有着很大的潜势力。我们在政治上已经宣布胡适为战犯，但在某些人的心目中胡适还是学术界的'孔子'。这个孔子我们还没有把他打倒，甚至可以说我们还很少去碰过他。"他举朱东润研究屈原的文章为例，认为其"观点和方法基本上是胡适的一套"，对此他提出过批判，却未得到广泛认同。他认为要爱护和护持新生力量。他说：这次写文章批评俞平伯的李希凡、蓝翎都只有二十多岁，俞平伯研究《红楼梦》三十年，"这一件事实使我们深深感到，新生力量是多么蓬

---

〔1〕《关于〈文艺报〉的决议》，《红楼梦问题讨论集》(1)，第 42—46 页，北京：作家出版社，1955 年。

勃"。"从这里也可以看出,马克思列宁主义确实是极犀利的武器。只要你的思想、立场、方法是以马克思列宁主义为根据的,就可以在短时期内接触到所研究的问题的核心,假如不是这样,那就如俞平伯先生一样,尽管研究了三十年,那就只好是'愈研究愈糊涂'了。"[1]

郭沫若谈话标志着学术思想界意识形态化步调一致取得进展。1954 年 12 月 8 日,在中国文联主席团、中国作协主席团扩大联席会议上郭沫若发表讲话,提出"三点建议":"第一、我们应该坚决地开展对于资产阶级唯心论的思想斗争;第二、我们应该广泛地展开学术上的自由讨论,提倡建设性的批评;第三、我们应该加紧扶植新生力量。"除第二、三点实则包含某些不合时宜的主张外,他特别宣布要把"战斗的火力"对准胡适:"批判胡适的哲学思想、政治思想、历史观点、文学思想和其他有关的问题。每项问题由主要研究人写成文章,公开报告,并进行讨论。""把胡适的反动思想在文艺界和学术界的遗毒,加以彻底的清除。"[2]这说明,从文学艺术界到学术思想界,包括科学界,以批判胡适为契机,意识形态化取得了步调一致的胜利。

可见,在思想整肃和文化统制的意义上,1949 年以后中国社会的意识形态转型,遵循着从文学艺术到思想文化的步骤。在学术文化领域,通过批判俞平伯的《红楼梦研究》而牵出胡适的资产阶级唯心论学术文化思想,从而对整个现代学术文化传统加以清算。以政治权威整肃知识分子的自

---

[1] 《中国科学院郭沫若院长关于文化学术界应开展反对资产阶级错误思想的斗争对光明日报记者的谈话》,《胡适思想批判》(论文汇编)第 1 辑,第 3—6 页,北京:生活·读书·新知三联书店,1955 年。

[2] 郭沫若:《三点建议——1954 年 12 月 8 日在中国文学艺术界联合会主席团、中国作家协会主席团联席会议上的发言》,《胡适思想批判》(论文汇编)第 1 辑,第 7—19 页,北京:生活·读书·新知三联书店,1955 年。其中关于第二、三点郭沫若说:"和别的部门在建设事业上的蓬蓬勃勃的发展比较起来,我们的学术文化部门在思想论战方面的空气却未免太沉寂了。""在各种文学艺术团体内部、各种学术研究机构内部、各种报刊和著作上面,都很少看到有不同意见的论争。"他分析"没有很好地展开自由讨论"的原因道:轻视"小人物",压抑青年,"无原则地抹杀少数人的不同意见,形成假想的多数,只许我批评而不许你反批评。这样下去,自由讨论自然就无法展开,不同意见也就会被关闭进保险箱里去了"。提出建立"建设性批评"的十六字方针:"明辨是非,分清敌友,与人为善,言之有物。"说明在某种意义上,郭沫若眼中的胡适批判尚带有一定的学术讨论和论争的意味。

由思想和独立意志,确立马克思主义意识形态在思想文化界的统治地位。从历史上看,这种举措明显是针对自由主义学术群体的——以对独立思考、自由表达的废黜为条件,宣示学术和政治的一体化。从此,对知识分子而言,学术是意识形态的一环,不是独立思考的体现;文化不是形而上的,而是为现实服务的。爱国不是思想,而是行为;不是道德化的,而是政治性的。自此以后,在学术文化领域,马克思主义作为最高的思想方法和准则,取代了其他一切而成为统治的思想。学术,不再是独立自主的思想建树和文化标示,而是为政治服务,成了致力于为意识形态即统治意志合法化的工具。郭沫若式的政治投机假学术之名大行其道。

由此再经历了 1955 年对胡风集团的批判和对丁玲、陈企霞"反党小集团"的整肃,1956 年虽有知识界"百花齐放"的回光返照及美学论争等学术气象,但正是一场新的急风暴雨的前奏——1957 年"反右"运动的开展,标志着中国社会意识形态转型的完成。中国历史进入到一个高度政治化的、在思想文化上窒息苦闷的特殊阶段。

三、学术与"运动"文化

1957—1978 年的 20 年,无论从学术研究的气氛还是研究成果方面而言,都是百年中国学术史上的幽暗期。除了意识形态的鼓噪与喧嚣,真正的学术研究被迫停滞和转入地下或呈半地下状态而生存。

这一时期,大量的学术研究都为政治性的学术批判所冲击。如果说受这种冲击不大的学术收获,郭沫若的《李白与杜甫》应该算是凤毛麟角。《李白与杜甫》虽然也受政治影响特别是政治领袖的态度影响,在学术研究中一反研究者心理常态,始终贯彻扬李抑杜的精神,而且在"抑杜"的时候还对历史人物"上纲上线",将杜甫论定为地主阶级,但总体来说,这部著作还重视考证,有较为大胆的学术想象力,论证也还算讲究学理,其学术意义和含量大于政治批判旨趣。

尽管"反右"以后至"文革"时期的地下学术活动尚具有未知性,顾准应该是其代表者。除了诸如林昭、遇罗克、张志新等政治上的反对者及其思想行为，顾准是这一时期真正从理性上反思历史，批判僵化的政治经济体制及其理想主义乌托邦的第一人。同时，他更深入地思考了意识形态领域哲学思想史上诸多症结性的问题，对马克思主义与基督教及黑格尔哲学的亲缘关系作出了睿智的分析与判断。从某种意义上说，正是他的睿智的研究使他及周遭友朋在黑暗中仍顾念着一丝熹微的曙光，给学生吴敬琏等以鼓舞和激励，以为未来蓄积力量的姿态投入了含辛茹苦的学习和钻研。

此外，钱钟书的文学研究应该是"文革"地下学术的另一种范型。1972年前后，经过英译"毛著"的洗礼和"干校"的历练，钱钟书投入了他一生中最重要的著作《管锥编》的写作，至 1977 年初步完成。《管锥编》的撰著表现了钱钟书"以管窥天，以锥刺地——所窥者大，所见者小，所刺者巨，所中者少"的精神，嚼文为思，知微见著；趣古今之漫漶，味天地之微茫。

半地下状态的学术研究是指那些虽在公开进行，但往往饱受压制，其成果或得不到出版与传播，或因为各种原因只能在有限范围内进行和非自由状态下出版与传播。前者如陈寅恪晚年的学术研究，以及吴宓等人的学术活动。由于已经意识形态化的大学教育和官方化的大学环境，他们独立自主的学术研究难以为继；要么自我改变以顺时势之变，要么自我坚持呈半地下状态生存。这种情况在"文革"前后应当不在少数。另外，由于某种需要仰赖官方鼻息而生存的一些较为特殊的研究机构，仍留下不少旧时代过来的学者和知识分子。但多数趋于狭隘而实用的"专业化"，政治教条化色泽明显，人文生命气息荡然无存；少数人则仍有一种隐蔽的自我坚持。如陈梦家等的历史及古文化研究，沈从文后期身处故宫博物院和历史研究所环境所进行的文物及物质文化史研究等。

不过这一时期更重要的学术文化现象，是将学术讨论纳入政治运动之中，是典型的运动学术和运动文化。其中荦荦大端者是批林批孔、评法批儒运动，评《水浒》运动。

"九一三"事件后，中共中央发动了政治上的批林整风运动。由于江青等在运动中主持整理了《林彪与孔孟之道》的批判材料，并在 1974 年 1 月

18 日以中共中央 1 号文件的名义转发全国,遂在全国掀起了声势浩大的批林批孔、评法批儒运动。当时的"御用"写作班子梁效、罗思鼎连篇累牍地抛出尊法反儒的文章,如梁效的《有作为的女政治家武则天》、《赵高篡权与秦朝灭亡》、《论爱国主义者王安石》、《坚持古为今用,研究儒法斗争》、《研究儒法斗争的历史经验》、《农民战争的伟大历史作用》;罗思鼎的《论吕后》、《论秦汉之际的阶级斗争》、《秦王朝建立过程中复辟与反复辟的斗争》、《论李斯》、《论西汉初期政治与黄老之学》、《论北宋时期爱国主义和卖国主义的斗争》等等,这些文章以学术的名义进行政治斗争,甚至带着影射"当代大儒"、批判历朝"宰相"、歌颂吕后和武则天的政治祸心。这是学术文化为政治污名化运作的一次重大展示。由于脱离了学术研究的轨道而进入了政治批判的范畴,对于儒家和法家的研究便顺理成章地进入群众性的运作。据出版部门统计,从 1973 年到 1976 年,全国共出版评法批儒图书10 403 种,省级以上报刊所发表的评法批儒之类的文章达 5 000 篇以上。各高等学校的"批林批孔"运动也转入"评法批儒"和"儒法斗争史"的写作,包括注释法家著作,甚至连中小学也要介入。江青曾对《北京日报》内部刊物上登载的北京市第 27 中学孙武成反映批林批孔情况的一封信作出批示:"中学,甚至小学的批林批孔都应抓紧些。要抓典型,以点带面。如不及时抓紧,对青少年、儿童不利。《三字经》之类的东西,就是针对少年、儿童编的。我们对这个问题不重视,不能使一个人从儿童、少年就粗知一点马克思主义,敢于批孔老二,值得深思。"

《水浒》是传统小说《水浒传》的简称,反映了北宋末年山东等地农民革命的复杂历史。作为一部经典小说,将其列为文学研究和学术评论的对象当然无可厚非,但领导这场运动的人显然是借此打击当时政治场域的"投降派",就重蹈了以学术"运动"政治的覆辙。

1975 年 8 月 13 日,北京大学中文系教师卢荻向毛泽东请教关于几部古典小说的评价问题。毛泽东先讲了《三国演义》、《红楼梦》等作品,然后又谈到《水浒》。毛泽东针对卢荻提出的"《水浒》一书的好处在哪里"的问题,说:"《水浒》这部书,好就好在投降,做反面教材,使人民都知道投降派。"一般认为，毛泽东这番话是作为学术问题进行探讨的，但别有用心的人立即就此由上而下掀起了一场"评《水浒》运动"。梁效、柏青、罗思鼎、竺方明、方岩梁等"御用"写作班子连续发表文章，借评《水浒》攻击党内的"投降派"，甚至在各级各地发动揪"宋江"的运动。9 月 4 日《人民日报》刊登的社论则更加郑重其事地提出："这是我国政治思想战线上的又一次重大斗争。"照例，这场由学术出发，落脚于政治斗争，进而用于影射性攻击的文化运动，又一次深入到学校、部队、工厂、农村等社会基层。

毛主席语录

　　《水浒》这部书，好就好在投降。做反面教材，使人民都知道投降派。

　　《水浒》只反贪官，不反皇帝。屏晁盖于一百〇八人之外。宋江投降，搞修正主义，把晁的聚义厅改为忠义堂，让人招安了。宋江同高俅的斗争，是地主阶级内部这一派反对那一派的斗争。宋江投降了，就去打方腊。

以学术的名义进行文化批判，进而转入政治批判，甚至用于内部人事斗争的影射，这是政治生活不正常年景里滋长起来的学术文化。

第四十一章
理想之歌与斗争音乐

　　那是一个"激情燃烧的岁月","大演大唱"曾经成为时代的特征,革命的音乐,时代的乐章,体现着理想与斗争的激情与精神。民间音乐被赋予新的政治文化内涵得以广泛传播,而不同时期新创作的与革命斗争相关联的歌曲层出不穷。越是革命和斗争的年代,越是音乐狂欢的时代。这就是音乐文化的特性,也是音乐文化发展和运行的基本规律。

一、民族旋律与政治赞歌

　　对历史学者来说,这似乎是一个最简单的时期。对音乐的文化分析来说,这却是一个最复杂的时期。

　　《在延安文艺座谈会上的讲话》(以下简称《讲话》),作为1942年后的敌后抗日根据地、1945年后解放区以及1949年后全国范围的文艺指导方针,被落到实处。它包含以下几个要点:文艺为工农兵服务——目的性;文艺向工农兵普及——风格要求(为老百姓喜闻乐见);文艺从工农兵提高——素材源头;文艺反映工农兵生活——内容框架。这四点言简意赅,却是把文艺的各个方面都做了相当明确的规范。一切都围绕着工农兵群众,面向群众。由于抗战音乐已经为此作了铺垫,因此,《讲话》对音乐发生的影响几乎是最直接的、最有力的。它促使中国音乐真正走进最基层,它把现代音乐(不只是左翼音乐)已经相当明确显现的一些倾向,例如普及化、大众化,总结成纲领,同时强调指出原先艺术家们尚未充分自觉的政治含义。

推动音乐的机构是什么? 不只是音乐家协会,不只是宣传机构,而是党领导的全部文化机构。这个机构有对歌咏活动的高度重视,并使之成为一种全民政治。显著的例子就是后来的"文化大革命"时期,歌咏作为整个社会文化运作的一个核心组成部分,远远不只是"寓教于乐"、"动员群众"这样的对歌曲常规的要求。而且,民歌以及"中国气派、中国作风"成了理直气壮的风格特征,农村风味成为主调。欧美的影响本来就只是技术背景,此时更为退后。真正成为群众化、工农化的《黄河大合唱》这样复杂的源于西方曲式,也在《讲话》后时期不再出现。《黄河大合唱》和《兄妹开荒》的对比,就是救亡时代与颂歌时代的区分,明显一个以知识分子为对象,一个以工农兵为目标受众。

吕骥有一段话恰如其分地说明了这中间的关系:"正是为了要成为宣传品,要为群众懂得,要使群众喜欢听,要获得更高、更大的宣传效果,才更大地提高了我们的音乐的艺术价值,才使得我们的音乐更加生动活泼,更加色彩鲜明了。"[1]

宣传目的非但没有使歌曲黯淡,相反,它动员起一个集体的意志力,把歌曲本来的流行意图发挥到极致。这个纲领应用到其他文学艺术门类,例如诗歌和小说之中都不可能如歌曲这样珠联璧合。因为歌曲最大的成功就是众口流传、群众传唱。

机构推动流行,与群众自发地喜爱流行,两者之间有很大的不同。颂歌时代能维持这么长时间并且不断发展,长达 35 年,甚至在"文革"被正式宣布结束之后,还延续了多年,证明机构的历史意志力之重要。相比之下,器乐作品相对微弱,原因很简单,器乐和声乐的流传、存在方式完全不同。

1943 年春节,延安率先掀起了群众性的"秧歌运动",相继出现了《兄妹

---

[1] 吕骥:《解放区的音乐》,中华全国文学艺术工作者代表大会宣传处编:《中华全国文学艺术工作者代表大会纪念文集》,第 213 页,1950 年。

开荒》（王大化等）、《夫妻识字》（马可）等秧歌剧。在此基础上，又出现了《惯匪周子山》（水华等）、《牛永桂挂彩》（周而复、苏一平）等大型秧歌剧。1945年，由贺敬之、丁毅编剧，马可、张鲁、瞿维等作曲的新歌剧《白毛女》在延安首演。这部新歌剧在整个解放战争及建国后，一直深受欢迎，产生了重大影响。《白毛女》成为中国新歌剧发展史上的里程碑。

这段时期抗日根据地歌咏活动之盛，在中国历史上堪为大观。据报道，到了1949年，在实际工作中培养了超过两万名青年音乐工作者，两百余作曲青年。这个成绩远远超出结社与办学的培养模式。

在革命根据地，陕北民歌成了第一个被音乐吸收的对象。李有源的《东方红》是这个阶段的标志性作品。此外还有《信天游》、《三十里铺》、《当红军的哥哥回来了》，以及上面提到的以陕北民歌为基础的秧歌剧《兄妹开荒》及较大型的歌剧《白毛女》。后来用民歌曲调重新填词的有《翻身乐》（东北民歌，李之华填词）和以河北民歌为基调的《解放区的天》等。

根据地、解放区的歌以民歌为主，而在国统区，左翼音乐作者继续30年代卓有成效的音乐运动，在群众性反内战运动歌曲中加入了对未来的憧憬。像《团结就是力量》、《民主建国进行曲》等。由于解放区不断扩大，国统区的歌咏与解放区的音乐运动渐渐合流，许多音乐作品已经无法区分所属地区。比如，《咱们工人有力量》和《新中国青年进行曲》。

1949年7月2日，中华全国文艺工作者代表大会在北京召开，毛泽东参加了会议并作了讲话。郭沫若为大会作了《为建设新中国的人民文艺而奋斗》的总报告；茅盾以《在反动派压迫下斗争和发展的革命文艺》一文总结了国统区的文艺运动情况；周扬则以《新的人民的文艺》论述了解放区的文艺运动发展。总的来说，这次会议总结了五四新文化运动之后文艺界的工作与成绩，确立了以毛泽东《在延安文艺座谈会上的讲话》作为新中国文艺工作的总指导方针，"为人民服务"、"为工农兵服务"成为文艺工作者在新中国的核心创作目标。

对于广大的文艺工作者而言，这次会议的召开意味着一个创作时代的终结，也意味着一个全新创作时代的到来。这个时代以追求共产主义理想为序曲，以实践阶级斗争为高潮，并以歌颂红色革命为唯一的历史使命。特别是在中国文联成立之后，革命理想与政治斗争便确立为这个时代文化运作的突出主题。这就使得一切音乐创作都必须为政治服务。因此，新中国成立以后的音乐创作都自觉地进行了"政治化"。当代音乐创作的产生与发展也很自然地成为政治规训的重要产物。

"政治"这一母体不但直接孕育了当代音乐创作，同时也深刻地影响着当代音乐创作的出版与传播，并使歌曲成为当时音乐文化创作的主体。在当时，一个全新的音乐作品能否公开发表，能否在正规途径得到公开演出和流传，首先要看它是否符合政治文化的标准与要求。政治标准成为当时衡量音乐作品好坏与否的权威准则，也是文艺创作体制内对音乐创作评价的一个共识。

新中国成立后，为了响应发展新中国音乐文化事业的号召，从中央到地方纷纷组建各种专业音乐团体。1950年，根据新划分的六个一级军区，相应地成立了六大军区政治部文工团，之后，二级军区、三级军区、军分区政治部文工团以及六大军区下属军兵种政治部文工团也相应成立。1951年6月，文化部在北京召开了全国文工团工作会议，对全国的专业文艺团体进行了院团调整和具体工作部署，规定了全国各种文工团的分工，并决定在中央、各大行政区、大城市设立专业化的文艺团体。之后，在北京、上海、武汉、沈阳等大城市相继成立了交响乐团、歌剧院、歌舞团、合唱团、戏剧团等专业音乐团体。1951年以后，新中国又在全国组建了专业的民族乐团，如上海民族乐团(1952)、中央歌舞团民族管弦乐队(1952)、中国广播民族乐团(1953)、中国电影乐团民族管弦乐队(1956)、上海电影乐团民族管弦乐队(1956)和前卫歌舞团民族乐队(1956)，等等。

与此同时，由于新中国音乐文化事业的快速发展和专业音乐人才的短缺，中央政府也加快了发展音乐教育的脚步，先后在东北、华北、西北、西南、华中、华东、华南七大行政区成立了中央音乐学院、上海音乐学院、沈阳音乐学院、天津音乐学院、西安音乐学院、四川音乐学院、湖北艺术学院(武汉音乐学院前身)等音乐专科学校，还在多所艺术院校设立音乐系，从而确立了新中国高等音乐教育的基本体系,为新中国培养了大量的专业音乐人才。

可以说,专业音乐团体和专业音乐院校的组建为推进新中国的音乐文化事业奠定了重要的基础,同时也在某种程度上加强了对新中国专业音乐人才的组织与领导,使得新中国的音乐创作能够按照党的精神和指示进行发展,从而也保证了建国后的音乐创作,孕育了中国政治文化的摇篮。

"中国建国后50年的音乐历程,概括一句话,是民歌运动的历史。"[1]此言极为精当锐利,一针见血。中国音乐"民间化"的历史明显要追溯到决定方向的1942年的《讲话》。这个方向对音乐文化影响之久长,远远超过其他文学艺术门类。

新中国初期是中国民族乐器大发展的一个重要时期。新中国成立后,由于组建民族音乐团体的需要,很多民间音乐艺人被充实到专业的音乐团体中。新组建的音乐学院也纷纷设立中国民族乐器专业。这些都使得民族器乐的表演和创作逐步走向了成熟和专业化,也进一步推进了民族器乐改革。民族器乐改革让中国民族器乐从形制、音色到音域、音律等方面都得到了较大的完善,从而进一步推动了中国民族器乐演奏和创作的发展和完善。竹笛演奏是其中发展较快的一种民族器乐。竹笛演奏家陆春龄的《喜报》、《奔驰的草原》,赵松庭的《早晨》,冯子存的《闹花灯》,刘管乐的《荫中鸟》等代表了当时竹笛演奏艺术的较高水平,也受到了广大群众的欢迎与喜爱。此外,二胡、板胡、京胡、马头琴、琵琶、古筝、唢呐、柳琴、月琴、大三弦、小三弦、扬琴、阮等民族乐器在这一时期也得到了极大的发展。除了个别民族器乐可以演奏革命战争题材的乐曲,如板胡演奏家的代表作《红军哥哥回来了》、刘守义和杨继武的唢呐曲《欢庆胜利》等,大多数中国民族器乐还是以演奏传统曲目为主。

此外,各地区在毛泽东《在延安文艺座谈会上的讲话》的指引下,在建

---

[1] 付林:《中国流行音乐20年》,第50页,北京:中国文联出版公司,2003年。

国初期掀起了一股深入民间搜集和整理民间音乐文化作品的浪潮。许多音乐工作者深入乡村、寨子、边疆，进行民间音乐采风。从 1951 年到 1959 年，几乎各省市及地区都参与了当时的音乐文化考察。音乐工作者们对本地区的民间音乐艺人进行采访，对当地民歌和地方曲调进行录音和记录。各地区在采风的基础上，先后出版了几十种民歌选集，发现和

阿炳（华彦钧）

保存了许多珍贵的民间音乐作品。如民间艺人阿炳的二胡作品《二泉映月》、《听松》和《寒春风曲》，琵琶曲《昭君出塞》、《大浪淘沙》和《龙船》就是在音乐史家杨荫浏和民间音乐研究学者曹安的采风中保留下来的珍贵音乐资料。1950 年代的民间音乐采风活动不但发现了许多民间音乐家，如新疆的毛依罕、内蒙古的色拉西、青海的朱仲禄等，还使得当时的音乐创作产生了不少具有浓郁民族风格的作品。如刘铁山、茅沅的《瑶族舞曲》，王义平的《貔貅舞曲》，葛炎的《马车》，陆华柏的《康藏组曲》，欧阳利宝的《跑驴》等管弦乐创作，这些作品不但已具有较高的艺术水平，还在当时的群众中具有广泛的影响。

新中国成立初期，"古为今用，洋为中用"的方针不但极大地促进了民族器乐和民间音乐的发展，很多西洋乐器的演奏家也开始探索西洋音乐在中国的发展道路。尽管"与具有深厚历史积淀和广大群众基础的民族器乐演奏相比，西洋乐器传入中国的历史短，从业者少，基础薄弱"[1]，但由于新中国音乐教育的发展，一批有才华的年轻音乐人通过国内高校或赴苏联、波兰、民主德国、保加利亚等东欧社会主义国家留学深造，演奏水平得到了极大的提升，取得了很多令人瞩目的成绩，并不断在西洋音乐演奏中融入中国传统文化，形成了具有本民族特色的演奏风格。如青年钢琴演奏

---

〔1〕 居其宏:《新中国音乐史（1949—2000）》，第 11 页，长沙：湖南美术出版社，2002 年。

家傅聪就曾"明确追求在西方音乐文化阐释中融进中国传统文化精神而形成自己的鲜明特色"[1]。在西洋音乐创作方面,音乐家们也更加倾向于选取传统文化题材和民族音乐元素。如作曲家江文也1950年创作的钢琴套曲《乡土节令诗曲》,还有其1951年根据古筝曲改编的钢琴曲《渔夫弦歌》;再如,陈培勋根据粤曲编创的钢琴曲《卖杂货》和《旱天雷》;又如,李焕之的《春节组曲》、王树的《高原山歌组曲》、施咏康的《黄鹤的故事》等管弦乐作品,丁善德的《新疆舞曲》、王立三的《兰花花》、蒋祖馨的《庙会》等钢琴曲,茅沅的《新春乐》,马思聪的《跳元宵》、《跳龙灯》和《新疆狂想曲》等小提琴曲。

与器乐演奏和创作相较而言,新中国的戏曲创作则走了一条与之相反的道路。1951年,政务院颁布文件《关于戏曲改革工作的指示》提出:戏曲改革要围绕着戏曲本体改革("改戏"),戏曲艺人改造("改人")和戏曲团体的所有制改革("改制")进行。此后,各地剧种开始就戏剧题材、戏剧内容、戏剧表演程式等方面开始着手改革。为了紧贴政治形势,响应为工农兵服务的文艺号召,戏曲界创作了一批表现工农革命和工农兵生活的新剧目。由于创作者的急功近利,很多剧目在创作上完全脱离传统戏剧的规律和特色,一味地通过反传统来实现创新,做法简单粗暴,使得戏曲创作失去了其原有的艺术价值与艺术魅力。还有很多创作一味地"模仿、照搬解放区秧歌剧和新歌剧的某些成功经验和创作模式,这必然使剧种失去其固有的特色和魅力,从而引起戏曲艺人和观众的不满"[2]。1952年10月,北京举办了第一届全国戏曲观摩大会。这次大会涉及了全国各地23个剧种、37个剧团、92台参演剧目,其中传统剧目及新编古装戏63个,新编现代戏18个[3]。会后,中共中央宣传部副部长周扬在《改革和发展民族戏曲艺术》的报告中指出:每一个剧种的表现力,特别是表现生活的能力是贫乏的,并提出要适当参照欧洲古典音乐,特别是现代苏联音乐的先进经验,在乐器、

---

〔1〕 居其宏:《新中国音乐史(1949—2000)》,第11页,长沙:湖南美术出版社,2002年。
〔2〕 居其宏:《新中国音乐史(1949—2000)》,第27页,长沙:湖南美术出版社,2002年。
〔3〕 居其宏:《新中国音乐史(1949—2000)》,第27页,长沙:湖南美术出版社,2002年。

乐曲、唱法各方面加以改进,使中国戏曲音乐和世界音乐文化沟通起来[1]。此后的戏剧改革在这一指示的引导下,尽管也曾使得一些濒临灭绝的剧种获得重生,但仍无法扭转戏曲创作的歧路。如之后创作的"评剧《草原之歌》全部照搬同名歌剧;越剧《借罗衣》则套用其他剧种的音乐;楚剧《金黛莱》将传统创腔方法悉数抛弃,按歌剧音乐创作方式全部另行作曲;沪剧《翠岗红旗》则大量采用重唱、合唱和大乐队伴奏,等等。有的还主张定腔定谱,取消司鼓,完全按西洋歌曲模式改造中国戏曲"[2]。其实,戏剧改革中所暴露出的问题,与政治干预文艺创作直接相关。

与其他音乐形式相比,上世纪50年代最早进行政治化的是歌剧创作。建国前,在延安发展起来的新歌剧在这一时期仍受到广大群众的喜爱与欢迎。因此,当时的专业团体依据延安的创作经验,创作了一批具有革命政治教育意义的新歌剧作品,如《一个志愿军的未婚妻》、《王贵与李香香》、《刘胡兰》、《长征》、《打击侵略者》、《星星之火》、《小二黑结婚》、《红霞》、《红珊瑚》和《洪湖赤卫队》等。其中根据赵树理同名小说改编的剧目《小二黑结婚》在新歌剧创作中很具有代表性。它由中央戏剧学院歌剧系集体创作。"作曲者们根据自身对于中国歌剧民族性的理解,抱定'在戏曲的基础上发展中国歌剧'的美学宗旨,将歌剧的音乐风格及音调语言取材于'三梆一落';在音乐的戏剧性展开方式上,参照戏曲中的板腔体结构来推进剧情、塑造人物;其音乐风格质朴自然,旋律优美动听,具有强烈的地域色彩。"[3]

1950年代的音乐界也曾就政治干预音乐创作的现象产生了许多激烈的争论,如1949年底,"唱法问题"的"土洋之争";1953年,贺绿汀发表文章《论音乐的创作与批评》,指出音乐界创作与批评的不合理现象;1956年,汪立三等人撰文讨论"冼星海交响乐"的评价问题;1959年,有关马思聪演奏曲目的讨论等等。这些讨论往往从学术争论出发,却多以政治批判收场。

---

〔1〕 居其宏:《新中国音乐史(1949—2000)》,第28页,长沙:湖南美术出版社,2002年。
〔2〕 居其宏:《新中国音乐史(1949—2000)》,第30页,长沙:湖南美术出版社,2002年。
〔3〕 居其宏:《新中国音乐史(1949—2000)》,第64页,长沙:湖南美术出版社,2002年。

可以看到,上世纪 50 年代的音乐创作尽管努力地朝着民族化的方向发展,但在这种严酷的政治形势下却很难进行自由、健康的创作。这也为 1960 年代音乐创作的泛政治化埋下了重要的伏笔。

吕骥认为:"必须认识以钢琴提琴音乐为主的时代已经过去了,那是资产阶级的个人主义时代的旧观点。今天是群众的时代,音乐也是群众音乐时代,群众音乐是以声乐为主,不是以器乐为主,尤其不是以西洋的钢琴提琴等独奏乐器为主。根据今天工作的需要,一般作曲者主要不是学习钢琴曲与提琴曲的创作技术,而是需要学习西洋齐唱歌曲,特别是苏联群众歌曲所表现的感情以及表现感情的方法与经验,以为我们的借鉴。"[1]

歌曲创作成为中国当代音乐文化中比较重要和占比重较大的一个艺术门类。歌曲以其更具大众性的特点与中国当代社会文化生活紧密地结合在了一起。器乐创作的流传度显然要远远逊色于歌曲创作的影响力。因此,新中国成立之后,对以歌曲为中心的音乐创作的片面强调,使得中国当代的音乐文化历史成为以歌曲创作为主体的音乐文化发展史。

"歌曲,作为最具群众性的一种艺术形式,在反映这翻天覆地的变化上,则表现得更加敏锐,更加鲜明。"[2]歌曲成为当时最为直接的时代传声筒,最为及时地反映了人们面对新中国成立的种种喜悦与自豪。当时的文艺工作者们积极主动地用歌曲回应了新政权所要营造的政治氛围,创作了一批歌颂新政权、新时代、新社会的作品,如《歌唱祖国》、《中国人民志愿军军歌》、《在祖国和平的土地上》、《我们要和时间赛跑》、《草原上升起不落的太阳》、《歌唱二郎山》、《草原牧歌》、《我的祖国》和《听妈妈讲那过去的事情》等等。这些作品基本上都有一个共同的创作特点——歌颂新中国政治的先锋性与正确性,并直接参与了政治导向的宣传。歌颂祖国、家乡、边疆,颂扬领袖、军队和共产党,歌唱新生活、劳动和建设成为当时歌曲创作的主旋律,曲调欢快、激昂,歌词充满了对新中国和未来生活的希望与憧憬。

---

〔1〕 吕骥:《学习技术与学习西洋的几个问题》,《人民音乐》新 1 卷 1 期,1948 年。
〔2〕 晨枫:《中国当代歌词史》,第 13 页,桂林:漓江出版社,2002 年。

为了配合当时的各种政治运动，1950 年代也创作过一批歌颂"总路线"、"大跃进"、"人民公社"等政治运动的歌曲，直接参与了当时的政治宣传。如在"大跃进"中产生的新民歌，"其主要内容基本上是歌颂集体劳动，歌颂农村社会主义道路，歌颂指引农业合作化以至人民公社化的共产党"[1]。而这种围绕着政治工作和政治运动进行歌曲创作的现象，在之后形成了一种创作风气，也可以看作是"文革"歌曲创作的一个序曲。

歌曲创作在上世纪五十年代能够全面、迅速地政治化，与中国政治文化运作密不可分。歌曲有着其他艺术形式无法替代的政治文化宣传优势。新的政府不但在思想上对歌曲创作者进行教育和改造，还在具体创作上进行约束和规范。最为常见的方法是通过行政命令和媒体的文化引导，把符合当时政治文化要求的歌曲作品树立典型，在全国进行推广和宣传。如，1951 年 9 月 15 日，《人民日报》刊发了文化部"关于国庆节唱歌的通知"，"要求除《国歌》外，全国人民要普遍学唱《歌唱祖国》和《全世界人民一条心》"[2]两首歌曲。在行政手段的干预下，《歌唱祖国》和《全世界人民一条心》不但在最短的时间里成为全国最广为传唱的歌曲作品，还为之后的歌曲创作确立了具有极强政治性导向的范式。《全世界人民一条心》对领袖的直接歌颂，以及把"争取人民民主，争取持久和平"这种标语和口号式的语言直接用于歌词，对之后 1960 年代、1970 年代的歌曲创作显然具有最为直接的示范性影响。

在政治文化母体中孕育出的大部分歌曲创作天然地具有政治化的创作倾向。但这并不意味着上世纪五十年代的歌曲创作只书写政治这一唯一主题。实际上，像《敖包相会》、《婚誓》、《九九艳阳天》、《蝴蝶泉边》、《克拉玛依之歌》、《山歌好比春江水》和《我们的田野》等作品的出现，也足以证明这一时期也存在着描写爱情，歌颂家乡、边疆等相对远离政治，较为纯粹的抒情歌曲。这些作品在当时也曾深受群众的喜爱，但因为这类作品不能

---

〔1〕 晨枫：《中国当代歌词史》，第 19 页，桂林：漓江出版社，2002 年。

〔2〕 刘达丽主编：《共和国的歌声》，第 3 页，济南：山东画报出版社，2009 年。

很好地代表当时政治文化的主导方向,这种创作倾向也因此并未得到当时舆论导向的支持,而是受到了极为严厉的批判,有些还成为当时歌曲创作的反面典型,在"文革"等政治运动中被强迫改词或禁唱。如电影《芦笙恋歌》的插曲《婚誓》,在电影上映后受到了很多年轻观众的喜爱与追捧,"但却受到上级主管部门和主流舆论的严厉批评,被贴上了'猎奇'和'人性论'的标签",称其"主题思想模糊"、"是资产阶级感情的化身",等等[1]。

政治文化要通过对歌曲创作的批评来实现对歌曲创作走向的掌控,并以此保证歌曲创作能够一直成为政治文化运作的主导力量,更好地为政治服务。像《婚誓》这样的歌曲创作在艺术性上无疑是具有较高水准的,但由于其创作内容与当时的政治意识形态较为疏离,所以不可避免地要受到主流音乐文化的批判。尽管以贺绿汀为代表的艺术家曾试图扭转以政治姿态评判歌曲优劣的形势,提出:"我们不能武断地粗暴地把所有的抒情歌曲都归到小资产阶级一类去。我们的创作不应该仅仅是粗糙的叫喊,而应该是音乐,是诗。"[2]但在之后的一系列讨论中,对于抒情歌曲的极左批判却从未停止,甚至愈演愈烈。

1955年,《人民音乐》第3期发表社论《更深入更全面地联系实际,对音乐领域中的资产阶级唯心论思想展开彻底的批判》,并连续发表二十余篇文章,对贺绿汀进行讨伐和围攻。这也足以说明疏离政治文化的抒情歌曲创作在当时并未进入主流音乐文化领域,只能看作是上世纪五十年代音乐创作的支流。对抒情歌曲创作的批评与讨论在某种程度上也直接限制了当时歌曲创作对抒情性与艺术性的追求,从而使得歌曲创作最终走向政治化与模式化。

1956年毛泽东曾提出"百花齐放、百家争鸣"的八字方针,但很快"整风运动"中的"大鸣大放"又使得文艺工作者再一次感受到了创作环境的变化莫测。深处政治斗争漩涡中的文艺工作者们不得不人人自危,慎重地考虑

---

[1] 刘达丽主编:《共和国的歌声》,第31页,济南:山东画报出版社,2009年。

[2] 贺绿汀:《论音乐的创作与批评》,梁茂春、明言主编:《中国近现代音乐史卷:中国近现代音乐史(1949—2000)》,第341页,北京:人民音乐出版社,2008年。

自己的创作内容与创作形式。歌曲创作作为政治文化极为重视的宣传工具，更是处于风口浪尖的位置。因此，"这便使他们实在再也难以运用艺术家的目光去透视生活的深层现象并做出自己合理的回答来了，他们只能在写中心、唱中心的漩涡里去写一些自己并不见得是心中想写的作品"[1]。歌曲创作也正是在这种情况下，由发自内心的政治赞歌发展成了异常尴尬的、被动的政治宣传。

上世纪五十年代的歌曲创作在歌词上表现出以传达政治文化和政治精神为最终皈依；在曲调上以明朗和激昂的节奏作为主要旋律。歌曲抒情主体的个人化因素逐渐模糊，词作者的自我意识和个性逐步消失，取而代之的是一种集体话语的置换。泛政治化的书写成为歌曲创作的一种重要追求。然而不幸的是，这种创作趋势却在之后成为歌曲的一种创作传统，在1960年代、1970年代的中国大陆掀起了一股以政治文化为导向的歌曲创作潮流。

二、领袖颂歌与《东方红》文化

1959年，中宣部召开宣传会议，会后文艺界提出"写中心、画中心、唱中心"的创作口号。这一号召在某种程度上就预示了1960年代的音乐创作将会更加贴近政治文化的走向。严酷的政治形势让1960年代成为音乐创作集体失声的激情时代，同时也是音乐创作艺术性极度失血的疯狂时代。在"无人不咏诗，无人不歌唱"，"人人会唱歌，生产队就是歌咏队"的政治号召下，1960年代掀起了一个极为罕见的政治歌唱狂潮，"高硬快响"的音乐风格迅速地达到了其他文艺宣传难以企及的政治高度。

在"政治标准第一位，艺术标准第二位"的指标下，许多优秀的音乐作品被打成了"毒草"，甚至连《义勇军进行曲》、《黄河大合唱》和《游击队歌》等革命经典作品都被批判为文艺黑线的产物。所有文艺创作都要遵循努

---

[1]　晨枫：《中国当代歌词史》，第20页，桂林：漓江出版社，2002年。

力塑造工农兵这一社会主义文艺的根本任务,在创作中把握好"三突出",坚持"主题先行"。于是,在这样的创作体制内,既要坚持音乐创作,又要适应严苛的政治环境,避免遭受政治迫害,在狭窄的创作题材中,人们发现没有什么比歌颂领袖的英明与伟大更具有崇高的政治性意义,遭受政治非议的风险也相对较低。因此,当时有关歌颂领袖的作品,以及把毛泽东的诗词、语录谱曲成歌,成为当时歌曲创作的一股风气,在某种程度上也是中国当代政治文化的一个极端。

尽管颂歌创作可以追溯到红军时期,陕北民歌《咱们的领袖毛泽东》、《山丹丹开花红艳艳》、《军民大生产》、《翻身道情》和《工农齐武装》等都是当时颂歌代表,但直到上世纪六十年代,在大唱革命歌曲运动中,才真正形成了一股领袖颂歌创作潮流,如《大海航行靠舵手》、《毛主席派人来》、《毛主席万万岁》、《用毛泽东思想统帅一切》和《祝福毛主席万寿无疆》等等。当时,每一地区、甚至每一个少数民族都有一首典型的颂歌,像《延边人民热爱毛主席》、《撒尼人民心向红太阳》、《壮族人民歌唱毛主席》和《阿瓦人民唱新歌》等就是其中典型的代表。当时,就连拥护"文革"的外国友人也曾创作歌颂毛泽东的歌曲。如《歌曲》1966 年第 6 期就发表了署名"几内亚国立佐利巴舞蹈团贡特·福德等演唱"的《战斗的非洲歌颂毛泽东和他伟大的事业》。1968 年,《解放军歌曲》第 3 期也曾发表署名为"缅甸同志集体创作的《歌唱战无不胜的毛泽东思想》。在当时的歌曲集中,还可以看到日本、前苏联等国创作的毛泽东颂歌[1]。尽管这些歌曲的"外国"身份有待进一步考证,但这些歌曲的创作风格和创作模式,却与大陆的颂歌形成了统一的整体,显然具有相同的创作动机。

这些歌曲在表达对领袖的赞美与热爱的同时,也把当时的歌曲创作推向了一种单一的创作模式。领袖的红太阳意象,是那个时代歌词创作的经典创造,以致今天很难再找到比"红太阳"更好的词汇来形容中国人对领袖

---

[1] 苗菁:《中国现代歌词流变概观 1900—1976》,第 312 页,北京:中国社会科学出版社,2007 年。

的赞美与热爱,而"红太阳"也很难再成为其他伟大人物的象征词。"它把
毛泽东是太阳的这种理念潜移默化地灌输给了人们。"[1]这些颂歌由于能
够迎合当时政治形势的需要,得到了宣传机构的提倡和大力传播。特别是
在"文革"时期,这些歌曲成为正式场合的必唱曲目。"当时,这些颂歌又称
为'忠字歌'(即向毛泽东表达无限忠诚的歌曲);后来,这些'忠字歌'又被
用来作为'忠字舞'(即向毛泽东表达无限忠诚的舞蹈)的伴奏音乐。于是,
一种庄严的宗教仪式不知不觉被创造出来并迅速在全国各地普遍流行,这
就是:在浓郁的宗教气氛下,大家怀着极其虔诚的心情,一起手捧红宝书
(即由林彪撰写前言、全国人民人手一册的《毛泽东语录》),齐唱'忠字歌',
共跳'忠字舞',载歌载舞地向伟大领袖毛泽东同志表中心,敬献忠诚。"[2]
颂歌创作将当时中国人对领袖的崇拜之情推向了高潮。

　　除了领袖颂歌外,领袖诗词和语录也被谱曲成歌,成为中国当代音乐
文化历史上极为罕见的一种歌曲创作现象。1958 年,《诗刊》刊发了部分毛
泽东诗词作品,之后便陆续有人将其谱写成歌。1965 年,《红旗》杂志向全
社会推荐了 13 首革命歌曲。其中就有一首毛泽东诗词歌曲《七绝·为女
民兵题照》。1966 年 5 月,第七届"上海之春"音乐会举办了毛泽东诗词歌
曲专场,在群众中引起了强烈的反响。同年 9 月 30 日,《人民日报》以《亿
万人民齐歌唱,毛泽东思想永远放光芒》为标题,整版刊登了毛泽东语录歌
曲。之后,全国便掀起了一股为毛泽东诗词谱写歌曲的热潮。所有已经公
开发表的毛泽东诗词作品最后都被谱成了歌曲。如《蝶恋花·答李淑一》、
《七律·长征》和《七律·人民解放军占领南京》等先后被多位作曲家谱曲
成歌,多达百首以上。从 1960 年到 1969 年,全国共出版毛泽东诗词歌曲
集多达 51 部,占 1980 年前诗词歌曲出版总数的 85%[3]。这些诗词歌曲

---

[1] 苗菁:《中国现代歌词流变概观 1900—1976》,第 272 页,北京:中国社会科学出版社,
2007 年。

[2] 居其宏:《新中国音乐史(1949—2000)》,第 98—99 页,长沙:湖南美术出版社,2002 年。

[3] 数字源自李晓航编:《毛泽东诗词数目提要》,第 208—222 页,北京:中国文联出版社,
2000 年。

大多由大陆最知名、最优秀的作曲家谱曲而成,在当时受到了广大群众的热烈欢迎,甚至还出现了一词多曲都能得到传唱的奇特现象,其中也不乏佳作和精品。如1960年,音乐家朱践耳选取了五首毛泽东的长征题材诗歌,创作的交响合唱《英雄的诗篇》。再如,1960年代中期,由音乐家们集体创作的大型音乐舞蹈史诗《东方红》中的合唱作品,如彦克、吕远创作的《七律·长征》和沈亚威的《七律·人民解放军占领南京》等。

在"文革"期间,毛泽东诗词歌曲虽然很难在内容上紧跟政治形势,但其作为最高领袖思想的重要组成部分,也曾在"文革"的各种斗争和运动中起着推波助澜的作用。如"文革"武斗中,被包围受困的一方就会用广播反复播放《西江月·井冈山》,以展示其"敌军围困万千重,我自岿然不动"的气魄;再如在"文革"武斗中战死的人被视为"捍卫毛泽东革命路线而牺牲的烈士。在追悼大会和汽车游行中,毛泽东诗词歌曲《蝶恋花·答李淑一》便成了最常用的哀乐"[1]。可以说,毛泽东诗词歌曲是"文革"政治中一种特殊的音乐文化现象。

将某位领袖人物的某段讲话,或者某段文章配上乐谱,就是"语录歌"。面对毛泽东诗词歌和语录歌,词作家们出现了集体失语。因为没有哪一首歌词创作能比领袖的诗词和语录更具有政治权威性。

语录歌兴起于"文革"的第一阶段,大概是从1966年到1969年。1966年3月6日,河北省邢台市发生大地震,作曲家李劫夫用抗震救灾口号做了一首歌曲,中间嵌入了毛泽东的语录:"下定决心,不怕牺牲,排除万难,去争取胜利",这应该是语录歌曲的创作源头。"文革"开始后,李劫夫把这段语录抽离出来,略作改编,成为第一首语录歌。1966年9月30日,《人民日报》和《解放军报》正式刊登了十首语录歌,并且加了编者按向全国人民介绍这一新兴的艺术形式。这些带有大量关联词语的领袖讲话,被作曲家们创造性地谱成歌曲,从此正式登上中国音乐历史的舞台,并在全国掀起

---

〔1〕 苗菁:《中国现代歌词流变概观1900—1976》,第314页,北京:中国社会科学出版社,2007年。

一阵歌唱热潮。

此后,有更多的音乐家加入到为毛主席语录谱曲的工作中。两年后,大量的毛主席语录和其最高指示都被谱成了歌曲。除了毛泽东,当时政治地位位居第二位的林彪语录也有被谱成了歌曲。《毛泽东同志是当代最伟大的马克思列宁主义者》和《大海航行靠舵手,干革命靠毛泽东思想》是当时广为传唱的林彪语录歌曲。就连林彪为《毛主席语录》撰写的《再版前言》,也被谱上了音乐。但由于其全文不算标点共计有 737 个字,在当时成为一首只有少数人才能唱完的语录歌。对作曲家们而言,给语录谱曲是一项十分艰难的工作,但也是一项具有崇高政治意义的工作。"由于语录歌是为领袖的政治论文或语录谱曲,所以它的作用就是宣传政治教义。"[1]"文革"期间,背诵和引用毛主席语录是人们政治生活中很重要的一个组成部分。把语录谱曲成歌极大地方便了人民群众背诵语录的内容,而语录歌对中共领袖的政治教义也作了最好的宣传。因此,"毛主席语录歌的普遍兴起,是'文化大革命'中产生的一种特有的、通过文化反映出来的政治景观"[2]。人们在传唱《这次无产阶级文化大革命》、《我们的党是一个伟大的党,光荣的党,正确的党》、《团结起来,为了一个目标》、《一个无产阶级的党也要吐故纳新,才能朝气蓬勃》、《历史的经验值得注意》和《工人阶级必须领导一切》等语录歌曲的过程中不断地把对毛泽东的个人崇拜仪式化和普及化,这种宣传直接把人们对中共的政治文化崇拜推向了极致。正如学者苗菁所说:"'文化大革命'在世界史上是史无前例的,毛主席语录歌曲在世界音乐史上也同样是史无前例的。"[3]1969 年 4 月 15 日,江青在审查歌颂中共第九次全国代表大会节目时,对歌颂和宣传毛泽东的歌曲突然发难,认为这些歌曲都是"下流的黄色小调",指出唱语录歌不是歌颂毛主席

[1] 梁茂春、明言编著:《中国近现代音乐史(1949—2000)》,第 34 页,北京:人民音乐出版社,2008 年。
[2] 晨枫:《中国当代歌词史》,第 153 页,桂林:漓江出版社,2002 年。
[3] 苗菁:《中国现代歌词流变概观 1900—1976》,第 318 页,北京:中国社会科学出版社,2007 年。

而是污蔑了毛泽东思想。此后,语录歌退出了中国音乐历史的舞台。"当代中国的歌曲领域同时也进入了一个沉默期。在此之后的一个时期里,全国范围内只能演唱四首歌曲,它们是:《东方红》、《大海航行靠舵手》、《三大纪律八项注意》和一首外国的《国际歌》。"[1]

总的来说,上世纪六十年代的中国当代歌曲创作,已经完全远离了民间话语,丧失了个体情感表达的热情与动力。政治意识形态通过歌词创作进行全面地渗透,个人的情感表达在社会的公众情感认知中被隐匿。尊重和推崇政治权威的创作成为文艺界唯一的发声管道。歌曲的艺术性和抒情性功能被极大地削弱。此时的中国社会虽然众声喧哗、歌声响亮,然而在歌曲创作者的内心却是一片寂静。领袖歌曲的出现是词曲创作者的失声,也是政治走向灼热的重要标志与信号。

1960 年代的音乐创作的泛政治化的状态,随着"文革"运动开始,音乐艺术家们几近失声。所有创作必须围绕着中央的最高指示,必须紧跟政治生活与政治形势。特别是在"三化"的讨论及毛泽东的"两个批示"之后,文艺界被加上"不热心提倡社会主义艺术"的罪名。音乐工作者遵循"革命化"、"民族化"和"群众化"的创作方针,"除了写革命的内容,用民族音调获取民族风格,用广大人民群众能够理解和接受的语言和样式之外,便别无他了。……导致音乐创作全面走向单一化"[2]。

此时,"革命样板戏"被称为是继《国际歌》之后唯一的无产阶级文艺的光辉样板,独领音乐舞台。它们分别是京剧:《智取威虎山》、《红灯记》、《沙家浜》和《奇袭白虎团》;芭蕾舞剧:《红色娘子军》和《白毛女》;交响乐:《沙家浜》。这些剧目在"文革"时期,是音乐创作和表演的主流,在 1960—1970 年代的中国音乐文化生活中占有过重要的位置。而这些剧目之所以能够称在 1960 年代成为泛政治化的音乐典范,也有着极为复杂的历史原因。

1950 年代的戏曲改革提出表现"火热生活"和"阶级斗争"的发展方向,

---

[1] 梁茂春、明言编著:《中国近现代音乐史(1949—2000)》,第 35 页,北京:人民音乐出版社,2008 年。
[2] 居其宏:《新中国音乐史(1949—2000)》,第 75 页,长沙:湖南美术出版社,2002 年。

已经预示着现代京剧必然成为未来戏曲发展的主流。在创作逐步公式化和概念化的趋势下，题材、体裁和表演形式的选择度也越来越有限，集中力量创作和改编已有的作品成为样板戏诞生的一个重要契机。八个样板戏的故事情节基本上都来自已有的文艺作品。在本来已经带有"阶级斗争"烙印的作品上进行再创作，一方面可以保证样板戏的创作基础具有正确的政治方向，也就是符合当时的"题材决定论"与"主题先行"的创作倾向；另一方面也更容易强化作品的政治性。"样板戏"通过塑造无产阶级典型人物，坚持"三突出"的创作原则，最终确立了一套泛政治化的音乐经典规范。其被冠名为"革命样板戏"则是"四人帮"在文艺领域进行政治文化运作的必然结果。正如音乐史家居其宏所指出的：革命样板戏的政治典范化的形成，"既有阴谋家居心叵测的染指，也有艺术家匠心独运的艺术创作和心血汗水的辛勤浇灌"[1]。

样板戏不但占据了"文革"时期人们主要的音乐文化生活空间，还直接影响了其他音乐创作。1960年代也曾诞生一大批以革命历史题材为主的器乐创作，如王云阶创作的交响乐《第二交响乐——抗日战争》、刘文金的二胡独奏曲《豫北叙事曲》、吕绍恩的琵琶独奏曲《狼牙山五壮士》、何占豪的弦乐四重奏《烈士日记》等。尽管这些创作已经明显地带有泛政治化特征，但到了"文革"时期，在领袖音乐狂潮的冲刷下，所有大型的器乐创作都被领袖歌曲的热潮所掩埋。直到革命交响乐《沙家浜》被认定为革命样板戏，器乐创作才通过为样板戏伴奏焕发了一线生机。围绕着样板戏，音乐界掀起了一股器乐改编的潮流，但也只是借着样板戏散发出来的余热，形成了许多泛政治化的、音乐经典的副产品而已。

除了样板戏，1960年代泛政治化的经典音乐作品还有歌剧《江姐》、长征组歌《红军不怕远征难》以及大型音乐舞蹈史诗《东方红》。歌剧《江姐》以《红岩》中的江竹筠为原型，从1962年开始着手创作，剧本历经十二次修改，音乐部分也经历了两次重新创作，最后在1964年定稿，由中国人民解

〔1〕　居其宏：《新中国音乐史（1949—2000）》，第102页，长沙：湖南美术出版社，2002年。

放军空政歌舞团首演。剧中的主题歌《红梅赞》和《绣红旗》在首演后经久不衰,长期受到广大观众的喜爱,直到今天仍然是泛政治化音乐作品中的经典。而长征组歌《红军不怕远征难》和大型音乐舞蹈史诗《东方红》在上世纪六十年代的领袖音乐创作中更是具有较高的艺术水准,是当时为数不多的音乐艺术佳作。长征组歌为大型声乐套曲,由各种声部合唱和独唱、对唱、二重唱及诗朗诵交织组成,配乐既有管弦伴奏,又有民乐镶嵌。因此,整部作品既具有现代性音乐的表现特征,又带有浓郁的民族特色;既有时代感,又传达了革命英雄主义和乐观主义的精神。无论是在政治上,还是艺术上,长征组歌都具有一定的高度和深度,是经得起时间考验的音乐经典。

《东方红》剧照

大型音乐舞蹈史诗《东方红》亦是 1960 年代难得的音乐创作精品。为了庆祝新中国建国十五周年,全国七十多个单位的三千多位文艺工作者,在仅有的一个半月时间里,将音乐、舞蹈、戏剧、诗歌、舞台、美术及朗诵等艺术手段融会贯通,集体创作出了规模宏伟的大型音乐舞蹈史诗《东方红》。这是一种大型歌舞表演唱的崭新形式。其以巨大的历史概括力、丰富的艺术表现力及深厚的艺术感染力征服了不同时代的观众。可以说它不只是 1960 年代音乐创作中难得的精品,还是整个中国当代音乐创作中十分重要的佳作。

三、理想的抒发与政治文化

"文革"十年是一段政治斗争十分严酷的岁月。1970 年代的音乐创作实际上出现了一明一暗的两种音乐创作趋势。明线创作延续和发展了1960年代泛政治化的路线。为了迎合当时各种极左的政治运动，1970年代创作了一批以政治术语和政治口号为主要内容的政治运动歌曲，由于过分依附政治，还出现了常用歌词二百条的模式化创作现象。如在"反击右倾翻案风"中创作的《坚决反击右倾翻案风》、《无产阶级大革命就是好》等。1976年，全国还展开了一场以"反击右倾翻案风、歌颂无产阶级文化大革命"的群众歌咏运动。北京、天津和上海都举行了规模盛大的歌咏大会。上海市十个单位还联合发起了"深入批邓、乘胜前进"的征歌活动。文化部艺术局歌曲评选小组还曾出版《反击右倾翻案风、歌唱无产阶级大革命歌曲选集》。这本歌曲选集被称为是同党内走资派作斗争的"战歌"[1]。

另外，1970年代还出现了大量的歌曲集体改词现象。1970年2月1日的《人民日报》和《红旗》杂志第二期都发表了五首革命历史歌曲，曲名及歌词都做了修改，分别是《工农一家亲》（原名《打长江》）、《大刀进行曲》、《毕业歌》、《抗日战歌》（《救国军歌》）及《战斗进行曲》。这些歌曲不但成为当时音乐教学领域的唯一教材，还是1970年代歌曲改词创作的一个重要信号。1970年代，由国务院文化组革命歌曲征集小组编辑，人民文学出版社出版的五本歌曲集《战地新歌》中的作品，大体可以反映出这一音乐创作倾向。这套权威的政治歌曲集代表了1970年代官方的音乐审美标准：歌曲的政治性要远远高于艺术性。改词的目的显然是让歌词的政治性更加完美。

1970年代的暗线音乐创作主要指抒情音乐创作的复苏。这种音乐创作现象显然与当时的政治环境密切相关，在某种程度上是对当时极左政治文化的一种背离。以抒情歌曲创作为例，在1970年代极为严酷的政治环境中其悄悄生长，逐步壮大。与强调政治性的明线创作相比，1970年代的暗线创作则更加强调音乐作品的思想性、抒情性与艺术性，并从地下创作、演唱逐步走向公开。因此，1970年代的抒情歌曲创作在中国音乐发展史上

---

[1]　孙继南、周柱铨主编：《中国音乐通史简编》，第520页，济南：山东教育出版社，2005年。

显然更具有重要的文化意义。它的存在不仅仅抚慰了在严酷政治环境中苦苦挣扎的人们，还为中国大陆音乐文化崭新时代的到来，提前打开了一扇小窗。

1969年，在毛泽东"知识青年到农村去，接受贫下中农的再教育"的号召下，知识青年上山下乡运动开始如火如荼地发展。繁重的劳动、恶劣的生活条件以及匮乏的精神生活，使得远离家乡亲人的知青群体逐渐产生了苦闷和思乡的情绪。1970年代初期，知识青年在农村的许多问题开始不断暴露出来。知青们高昂的革命激情开始逐渐消退，所谓的革命理想开始发生动摇，困惑、沮丧和颓废的情绪开始在知青的群体中蔓延。在知青群体中，最早流行的是《红河谷》、《喀秋莎》、《莫斯科郊外的晚上》和《一条小路》等外国抒情歌曲。为了能够准确地抒发出自己内心的悲愁与苦闷，知青们开始创作能够反映真实知青生活和感受的歌曲。由于当时的知识青年大多没有接受过专业的音乐教育，所以多数知青歌曲都是填词作品——采用熟悉的革命歌曲或者外国歌曲的旋律，填写上描写知青生活和情感的歌词。

在上山下乡中产生的"知青歌曲"，内容多描写知青生活的艰苦以及对家乡、亲人、恋人的思念，既有响应党的号召的革命热情，又有离开故乡和亲人的感伤，反映了知青真实的生存状态和情感世界。如《梦相见》、《广州知青之歌》、《再见吧，亲爱的故乡》和《年轻的朋友你来自何方》等。然而，更多的知青歌曲是对知青现实生活状态的嘲讽和揶揄，如《等着窝头凉》、《馍馍是白面的》、《我是一个资本家的女儿》和《美丽的西双版纳》等。还有很多知青歌曲传达出了一种深深的无奈与感伤，如《寒风吹破了窗户纸》和《四季流浪歌》等等。知青歌曲所传达的内容与情感大多是上山下乡运动开展后的负面情绪，如《离愁》中那句："为什么把我放逐到那遥远的地方？那里没有了故乡的月亮，在梦里才能见到爹娘。"这种歌词显然与当时官方的主流意识形态相悖。

《南京知青之歌》是众多知青歌曲中流传最为广泛的一首，也是最早被官方禁唱的知青歌曲。词曲作者任毅因为创作此歌，在1970年代初曾以

"破坏知识青年山上下乡运动"的现行
反革命罪被判死刑,后改判十年徒刑,
直到 1979 年粉碎"四人帮"才获平反出
狱。正是由于官方的镇压和禁止,知青
歌曲的创作和演唱在 1970 年代长期处
于地下或半地下状态,但却从未在知青
群体的生活中消失,还持续地在知青群
体中广泛流传。这种创作与演唱在当
时是一股低沉而强大的政治逆流,知青

们没有因为政治环境的严酷而放弃抒发自己情感的低声歌唱。与当时政
治形势相左的知青歌曲创作,不仅展现了其顽强的生命力,也形成了中国
当代社会生活中极为特殊的一个音乐文化现象。它的可贵之处就在于:知
青歌曲在 1970 年代的政治环境中,能够拒绝一切所谓的崇高,背离"假、
大、空"的惯有创作模式,选择最为真实的情感加以表达。

　　除了知青歌曲,1970 年代也有很多抒情歌曲创作受到了当时年轻人的
欢迎与喜爱。这些歌曲语言优美,旋律悠扬细腻,在创作风格上明显区别
于其时"高、响、快、硬"的革命歌曲,如《太阳最红,毛主席最亲》和《我爱五
指山我爱万泉河》等。1976 年 4 月 5 日,北京天安门广场发生了人民群众
自发组织的,反对"四人帮"、否定"文革"的全国性的群众非暴力抗议运动。
此后,社会上掀起了一股怀念周恩来等老一辈政治家的潮流。施光南的
《周总理,您在哪里?》、乔羽的《敬爱的周总理,人民的好总理》、郑秋枫的
《十月里响起一声春雷》、施万春的《送上我心头的思念》、王晓岭的《歌唱敬
爱的周总理》、付林的《太阳最红,毛主席最亲》等歌曲直接抒发了人们对革
命领袖的缅怀和对"四人帮"的痛恨。1970 年代末,在经历了"天安门事
件"、粉碎"四人帮"等重大历史事件之后,新中国再一次迎来了抒情歌曲创
作的春天。《妹妹找哥泪花流》、《心上人啊! 快给我力量》、《永远在一道》、
《再见吧,妈妈》、《军港之夜》、《吐鲁番的葡萄熟了》、《打起手鼓唱起歌》、
《祝酒歌》、《在希望的田野上》及《乡恋》等歌曲冲破了政治枷锁的束缚,以

充满人性的视角和饱含深情的叙述,呼唤着一个崭新时代的到来。与知青歌曲创作一样,这些抒情歌曲在创作和演唱之初,也同样受到了极左政治势力的打压与批判。如《打起手鼓唱起歌》就曾因为被江青定性为"流浪汉之歌"而被禁唱。又如《乡恋》这首歌曲也曾因为歌词、曲调和演唱方式的温婉细腻,引发了激烈的争论。这些现象既隐含着人们对文艺作品艺术性表现的肯定与追求,也表明了极左政治思潮对文艺创作创新与发展的阻碍和束缚。尽管"思想解放的习习暖风不断带来阵阵新鲜气息,让每一个文艺工作者去努力思考,去奋发作为。但冰冻日久的思维定式与长期形成的文艺观念,却仍然难以让所有的歌词创作都能在一夜之间以全新的面貌出现"[1]。尊重文艺创作规律,坚守歌曲创作的艺术性,肯定和发展抒情歌曲创作在当时实际上是与极左的政治思潮进行较量和斗争的重要表现。

包括知青歌曲在内,1970年代的抒情歌曲创作实际上最为直接地反映了普通人面对"文革"这一政治事件的态度。人们从内心渴望拥有稳定的社会环境,个体存在期待得到肯定与尊重。因此,人们对于当时的抒情歌曲创作是极为欢迎的。在一个以歌唱革命歌曲为主流的社会里,抒情歌曲正如一股春风,它不仅新鲜充满朝气,还预示着一个崭新社会时代的到来。与革命歌曲相比,1970年代的抒情歌曲创作总量是那样的微小。尽管它的出现也只是部分词曲创作者的一点尝试与创新,它的成长更是不断遭受打击和排挤,但它能够在1970年代出现,在整个中国当代音乐文化史上应该说具有重要的时代文化意义。这一时期的抒情歌曲创作不但恢复了中国当代歌曲创作的生命力,是冲破极左政治思潮的先锋,还为中国当代歌曲的健康发展打下了重要的基础。从此,中国当代歌曲创作开始逐渐摆脱政治的束缚,远离政治宣传,逐步走向独立发展的道路。

"文革"十年,歌曲创作大行其道。受政治环境的影响,单纯的器乐创作逐渐萎缩。为政治服务,为工农兵服务,题材决定论以及贴标签等简单

---

〔1〕 晨枫:《中国当代歌词史》,第193页,桂林:漓江出版社,2002年。

粗暴的创作倾向，使得这一时期的器乐创作萎靡不振。无论是西洋音乐，还是民族音乐都受到了重创。只有极少数的样板戏改编曲目还能够活跃在当时的音乐文化舞台。"文革"中后期，器乐创作在沉寂了多年之后，原创性开始复苏，音乐家们陆续创作了钢琴曲《新疆随想曲》《太极》《山歌与鼓乐》，小号独奏曲《春天的歌舞》，大提琴曲《新潮》，小提琴曲《幻想曲》和《赛里木湖抒情曲》等等。中国的交响乐创作也在这一时期开始恢复。如郑路、马洪业的《北京喜讯到边寨》，李旭的《第二交响曲：忠魂篇》，魏家稔的小号协奏曲《草原颂》，以及储望华、朱工一的钢琴协奏曲《南海女儿》等，共同开启了中国交响乐创作的新局面。

　　这一时期的民族器乐创作以小型独奏曲为主，如唢呐独奏曲《山村来了销售员》、二胡独奏曲《怀想曲》、柳琴独奏曲《春到沂河》和古筝独奏曲《东海渔歌》等等。其中柳琴独奏曲在创作上拓展了柳琴的音域，增加了其演奏的艺术表现力，实现了柳琴的器乐改革，也突破柳琴演奏的现有水平。整体而言，1970年代中后期，无论是民乐，还是西洋音乐的创作水平都与建国初期有着一定的距离。但这一时期的很多原创作品却填补了"文革"时期器乐创作原创性的空白。它们的出现正是高雅音乐艺术创作在当代中国重新树立自信与追求的一个重要信号。

　　1975年，北京音乐界举办了聂耳、冼星海纪念音乐会。这次音乐会的成功召开不仅为聂耳、冼星海这两位左翼音乐运动的先驱恢复了名誉，同时也预示着一个崭新音乐时代的到来。1976年，"四人帮"下台，"文革"结束。之后，"拨乱反正"、"改革开放"等历史大事同样鼓舞着音乐界恢复创作的信心。1970年代末，中国首先在高雅音乐领域与世界展开了文化交流。1978年，日本指挥家小泽征尔访华，与中央乐团合作演出；1979年，美国波士顿交响乐团、法国里昂交响乐团、德意志联邦共和国柏林交响乐团来华访问演出。这些音乐文化交流活动，也在某种程度上进一步促进了中国高雅音乐艺术的发展。1979年10月，全国文艺工作者第四次会议在北京召开，"标志着'文革'时期'极左'文艺观念在组织上的终结，也象征着对艺术领域的相对'解冻'"[1]。此外,邓小平在大会祝词中也强调了对艺术家"写什么"和"怎么写"都不要"横加干涉",要求废除以行政命令领导艺术创作的做法[2]。

　　政治环境的松动和思想的解放也进一步促使高雅音乐在新时期开始进行重建。1970 年代末,全国各地的音乐学院和艺术学院开始恢复招生,中国的高等音乐教育陆续建立起正常的教学秩序。大量具有音乐才华的年轻人通过考试进入高校学习,接受系统、专业的音乐教育。与此同时,中国艺术研究院研究所率先在全国开始招收音乐学专业的研究生。之后,全国各地的音乐学院也开始陆续招收音乐学硕士研究生。高等音乐教育的重建与恢复,为中国新时期的音乐文化事业储备了大量优秀的音乐人才,也为中国的音乐与世界同步发展奠定了坚实的基础。

〔1〕 梁茂春、明言编著:《中国近现代音乐史(1949—2000)》,第 44 页,北京:人民音乐出版社,2008 年。

〔2〕 梁茂春、明言编著:《中国近现代音乐史(1949—2000)》,第 44 页,北京:人民音乐出版社,2008 年。

第四十二章
社会主义美术文化与设计探索

从 1949 年 10 月中华人民共和国建立到 1976 年 10 月"文革"结束,这一时期的文化总体来说党派特点鲜明,艺术也不例外。从未像这一时期,政治对于艺术成为绝对控制性的力量。艺术从表现题材、形式、创作方法,乃至美学风格,都打上了鲜明的政治烙印。为共产主义而奋斗的理想情怀,为阶级斗争所激发的斗争意识,是这一时期的政治主题,亦是文化的和艺术的主题。可以说,政治对于艺术的每一次更有力的控制,艺术也就更彻底地成了为这一政治主题服务的工具。

党派文化统领艺术在 1949 到 1976 年间表现得最为鲜明突出,"文革"时期发展到巅峰状态。但是,党对于艺术的领导和影响却是一个更为长久的过程,其实从 1940 年代延安时期就已经开始了。

一、党的文艺路线的形成与新中国美术文化基础

1938 年 4 月 28 日,鲁迅艺术文学院在延安成立(以下简称"鲁艺"),这是共产党创办的第一个综合性的艺术学府。

鲁艺从办学伊始,艺术教育思想就定位在服务政治上。李维汉在《鲁艺的艺术教育方针与怎样实施教育方针》一文中这样来阐释鲁艺的教育方针:"以马列主义的理论与立场,在中国新文艺运动的历史基础上,建设中

华民族新时代的文艺理论与实际,训练适合今天抗战需要的大批艺术干部,团结与培养新时代的艺术人才,使鲁艺成为实现中共文艺政策的堡垒与核心。"[1]1938 年 2 月,毛泽东、周恩来、林伯渠、徐特立、成仿吾、艾思奇和周扬联名发表了《鲁迅艺术学院创立缘起》一文,指出:"艺术——戏剧、音乐、美术、文学是宣传、鼓动与组织群众最有力的武器。艺术工作者——这是对于目前抗战不可缺少的力量。因之培养抗战的艺术工作干部,在目前也是不容稍缓的工作。"[2]从上面的论述中,我们可以看出共产党对于文艺的理解:一、艺术是宣传的手段,艺术是宣传中共文艺政策的重要手段;二、在当时时代背景下,政治就是"抗战"。因此"为抗战培养艺术干部"是鲁艺的阶段性任务。与其教育方针相对应,鲁艺的教学内容也是倾向于实用主义的。"创作实习主要是练习宣传画,素描课上的模特儿往往是请战士,自卫军,农民来做种种抗战或劳动的姿态,或以各式枪支农具作静物写生。当时的学员在鲁艺经过短期训练后就可奔赴前线,这种教学方法是为了战时宣传需要,实用性很强。"[3]而在创作方法的选择上,鲁艺首先考虑的是如何让观众接受而非艺术家自我情思的表达。由于文艺的目的是要激发全民抗战的热情,因此鲁艺鼓励采用写实的艺术手法,特别是底层人民喜闻乐见的木刻和漫画形式。

更引人注目的是,在鲁艺的课程设置中,设立政治理论课作为全校各系的共同必修课。"这些课程有杨松讲授的《列宁主义》,李富春讲授的《中国共产党》,李卓然讲授的《中国革命问题》,艾思奇讲授的《辩证法》,周扬讲授的《中国文艺运动》和《艺术论》,沙可夫讲授的《苏联文艺》等。还开设了《社会科学》、《中国问题》、《民众运动》、《抗日民族统一战线》和《军事常识》等课程。这些课程占了几乎四分之一的学时,从中可以看出鲁艺对政

---

〔1〕 黄宗贤:《抗日战争美术图史》,第 42 页,长沙:湖南美术出版社,2005 年。
〔2〕 毛泽东、周恩来等:《鲁迅艺术学院创立缘起》,转引自王丽虹:《延安鲁艺办学实践的主导因素》,《黄河文学》,2010 年第 5 期。
〔3〕 黄宗贤:《抗日战争美术图史》,第 98 页,长沙:湖南美术出版社,2005 年。

治思想、艺术思想教育的重视。"[1]

1942 年 5 月 2 日至 23 日,在延安整风期间,毛泽东亲自主持召开了有文艺工作者、中央各部门负责人共 100 多人参加的延安文艺座谈会。这次会议,奠定了以后共产党文艺路线的基础方向,也是党自觉和公开地以党的政治目标规范和影响文艺的开始。在《在延安文艺座谈会上的讲话》中,面对当时延安文艺界存在的各种思想上的"混乱",毛泽东同志一针见血,提纲挈领,高瞻远瞩地将其归纳为两个问题,并用了极为通俗易懂的语言对这两个问题进行了"解答"。这第一个问题就是:文艺为什么人服务?其次,如何为?

关于文艺为什么人服务的问题,《讲话》中的回答是这样的:

> 所以我们的文艺,第一是为工人的,这是领导革命的阶级。第二是为农民的,他们是革命中最广大最坚决的同盟军。第三是为武装起来了的工人农民即八路军、新四军和其他人民武装队伍的,这是革命战争的主力。第四是为城市小资产阶级劳动群众和知识分子的,他们也是革命的同盟者,他们是能够长期地和我们合作的。

在此基础上,毛泽东旗帜鲜明地宣布:"我们的文艺,应该为着上面说的四种人。"并特意强调:"我们要为这四种人服务,就必须站在无产阶级的立场上,而不能站在小资产阶级的立场上。"

"为什么人服务"的问题解决了,接着的问题就是"如何为"。"用同志们的话来说,就是:努力于提高呢,还是努力于普及呢?"在《讲话》中,毛泽东是这样回答这个问题的:"有些同志,在过去,是相当地或是严重地轻视了和忽视了普及,他们不适当地太强调了提高。提高是应该强调的,但是片面地孤立地强调提高,强调到不适当的程度,那就错了。要在普及的基

---

[1] 王丽虹:《延安鲁艺办学实践的主导因素》,《黄河文学》,2010 年第 5 期。

础上进行提高。""那末所谓文艺的提高,是从什么基础上去提高呢?从封建阶级的基础吗?从资产阶级的基础吗?从小资产阶级知识分子的基础吗?都不是,只能是从工农兵群众的基础上去提高。"然而,更耐人寻味的是,《讲话》所指出的关于提高的方向:"也不是把工农兵提到封建阶级、资产阶级、小资产阶级知识分子的'高度'去,而是沿着工农兵自己前进的方向去提高,沿着无产阶级前进的方向去提高。"其实这也就直接截断了五四新文化运动以来知识分子改造"国民性"的思路。

两个问题,两个回答,《在延安文艺座谈会上的讲话》从目标和途径均奠定了共产党文艺路线的基本路向。意思简了明确,方向不容置疑,只待时机进一步成熟,将此文艺路线在实践中做更深入更全面的推广运用。

二、政治文化对美术文化的全面影响

1949 年,中华人民共和国成立。当一切障碍被清扫之后,共产党开始在国家社会生活中全面实施自己的执政路线,包括文艺路线。

1949 年后,私立的美术院校被废除,全部归国家政府管理。刘海粟的上海美专和山东大学艺术系在无锡合并,并于 1958 年迁往南京,更名为南京艺术学院。1952 年,经过抗战时期的艰难流徙终于复校后的杭州艺专则由延安派人接管,由雕塑家刘开渠任院长,倪贻德和江丰任副院长。1946 年在张家口成立的华北联合革命大学在 1949 年后进城接管了北平艺专,后更名中央美术学院,徐悲鸿任院长,但实际的控制权掌握在胡一川、王朝闻、罗工柳、江丰和张仃等人手中。作为中国美术的最高等学府,中央美院成了全国艺术院校的样板,它必须在听取党的政策,执行党的路线方面处处作出表率。为了进一步从组织上控制艺术,1953 年,中国美术家协会建立起来,下面有省级和地方级别的分会,形成紧密的上下级关系。党通过给会员们提供稳定的工资和住房,希望能够达到的目标是:"必须采取保护

并利用其能力最大限度地为人民共和国的政策服务。"〔1〕

当然,最难以控制和改变的是人的思想情感。而艺术家的思想和情感较之一般民众似乎又特别难以驾驭和改造,因此必须下大力气对付之,使之成为符合党的要求的新人。对此,党的决心是巨大的,态度是坚决的,同时也是严厉的。解放之初,胡乔木曾在北京召开的一次文艺工作者大会上作了题目为《文艺工作者为什么要改造思想》的报告,其中有一段话,很明确地体现出来党对文艺工作者改造的态度。在这段话中,胡乔木称文艺工作者们为"他们":"根据毛泽东同志的指示,他们应当老老实实地进行思想改造,学习马克思主义,与工农兵相结合……文艺工作者必须与劳动人民保持密切的联系……我们必须扩大和加强对创作和批评的领导。……每一个真正有必要存在的文艺组织都应当成为有战斗力的组织,能够有效地帮助文艺工作者与劳动人民相结合……不能这样做的组织应当解散,不能从事我们的文艺工作的那些'作家和艺术家',应当由相关部门遣散……我们所要求党员文艺工作者在前面提到的那些活动中成为模范,即学习马克思主义的模范;与工农兵相结合的模范;批评和自我批评的模范;文艺工作的模范。我们反对党员文艺工作者缺乏任何纪律性的表现。"

思想的改造要经过一次又一次会议、一场又一场运动的被说服、被教育、被批评甚至被批判的历练。1949 年 7 月,第一届全国文艺工作者代表大会在北京召开。来自共产党阵营和原国民党地区的艺术家都被召集来聆听官方的文艺政策。这次会议如此重要,不仅宣传部长陆定一讲了话,毛泽东、朱德和周恩来全部到会作了发言。1951 年,周恩来作了《关于知识分子改造问题的报告》。从 1949 年直到"文革"爆发前夕,思想改造运动接连不断。在这些运动的过程中,艺术家们不得不离开画室和教室,开始成群结队地到农村,到基层,努力培养自己对于工农的感情,虚心接受底层民

---

〔1〕 [英]迈克尔·苏立文:《20 世纪中国艺术与艺术家》,陈卫和、钱岗南译,第 225—226 页,上海:上海人民出版社,2013 年。

众的情感甚至审美趣味的改造,用他们的画笔帮助村庄和基层单位绘制村史、家史和宣传画。1957年反右开始,每一个单位都要求揪出百分之几的右派分子。"在一个通宵的'斗争会'上,有44个画家和学生被挂上'人民的敌人'的牌子。"[1]在这些右派分子里,既有曾持"资产阶级创作方法"的艺术家如庞薰琹、刘海粟等,但是也有早年即投身左翼阵营的江丰、彦涵、冯法祀。这说明在政治左右一切的年代里,几乎没有人可以自保。而一次又一次政治运动的结果,首先是在思想上摧毁了艺术家五四以来形成的知识分子的启蒙立场、精英意识、以美育代宗教的追求、追求纯艺术的精神,使他们中间的大多数真心地或者说习惯地接受了艺术要服务于党的指挥,服务于毛主席的号召,服务于为共产主义事业,为无产阶级的革命斗争而奋斗的宏伟目标。

控制不仅体现在组织上和思想上,最终延伸到艺术本身,创作题材、创作方法甚至是美学风格都有了规定。也许这种控制对于艺术才是最直接和深刻的。1949年,毛泽东批准向文化和教育部门发出的将"新主题"引入年画的指令。这些"新主题"包括新中国的诞生、人民解放战争的伟大胜利以及普通劳动人民的斗争和生活。1950年1月,革命历史画创作委员会在南京成立。画家们用画笔阐释和宣传了中国共产党的革命历史。随后中国革命博物馆也组织了历史画的创作。这一时期诞生了徐悲鸿的《人民慰问红军》(1950),王式廓的《参军》(1950),冯法祀的《越过夹金山》(1950),胡一川的《开镣》(1951),罗工柳的《地道战》(1951),刘国枢的《红军到川北》、《毛主席在延安干部会议上作整风报告》(1951),艾中信《红军过雪山》(1957),李宗津的《抢夺泸定桥》(1951),董希文的《开国大典》(1953)等作品,一副副画卷生动地描绘了共产党的中国革命史中的标志性的事件。

---

[1] [英]迈克尔·苏立文:《20世纪中国艺术与艺术家》,陈卫和、钱岗南译,第247页,上海:上海人民出版社,2013年。

在创作方法上，当时几乎所有的主流画家都选择了写实主义的表现手法。1950 年由徐悲鸿和江丰在中央美院确立起来的写实主义油画标准，被所有的艺术院校所奉行。然而，这个最初有着西方学院派写实内涵的写实主义很快被来自苏联的"社会主义现实主义"所代替。在 1950 年 8 月《人民美术》杂志中，已经有以《现实主义是进步艺术的创作方法》为标题的文章。而 1953 年 9 月的中国文学艺术工作者第二次代表大会已经非常明确地将社会主义现实主义作为对于文艺的基本要求。

既然美术史上已经有一个资产阶级发明的批判现实主义，那么为什么又要有一个社会主义现实主义？两者有什么不同吗？既然称现实主义，那就要描写现实，因此两者区分的关键恐怕还是在于如何理解"真实性"的问题。在苏联作家协会章程里，社会主义现实主义的概念是这样描述的："社会主义的现实主义，作为苏联文学与苏联文学批评的基本方法，要求艺术家从现实的革命发展中真实地、历史地和具体地去描写现实，同时艺术描写的真实性和历史具体性必须与用社会主义精神从思想上改造和教育劳动人民的任务结合起来。"说的很明确，"艺术描写的真实性，必须与用社会主义精神从思想上改造和教育劳动人民的任务结合起来"。而无产阶级艺术的代表作家高尔基则这样区别资产阶级的现实主义和社会主义的现实主义之不同："资产阶级文学的现实主义是批判的现实主义，但是它只有阶级的'战略'所必需的（为了说明资产阶级在巩固政权斗争中所犯的错误）

那么多的批判。社会主义的现实主义,目的是为了与'旧社会'的残余及其有害影响进行斗争,是为了根除这些影响。但是它的主要任务是激发社会主义的、革命的世界观。"从最后一句话来看,高尔基对于社会主义现实主义的界定即指它要担负的宣传、鼓动和激发职能。中国共产党的文艺理论家蔡仪也准确地理解了党对于社会主义现实主义创作方法的要求:"社会主义现实主义,既要描写现实的历史,也要以社会主义精神教育人民,而且两者是要结合的,不可分割的。因此,重视以社会主义精神教育人民的任务是应该的,如果不结合描写现实的真实性,历史的具体性,就会使我们的作品成为标语口号的图解。重视描写现实的真实性是应该的,如果没有结合以社会主义教育人民的任务,所描写的就会只是现实的现象,只是表面的意义,没有深入现实的本质,也就没有深刻的思想性。"蔡仪的这一段话,看似辩证,其实,对于真实性的最终判断标准依旧是看其是否能够有助于完成"以社会主义教育人民的任务"。在这样的情况下,艺术家对于"真实性"的判断只能听从党的政治裁决。比如董希文创作的《开国大典》根据政治气候的变动几次修改画面就是典型的一例,如此也就无法保证艺术"真实"的真实有效性。

1955年2月,苏联国立苏里科夫美院油画系教授、斯大林文艺奖金获得者康斯坦丁·麦法琪叶维奇·马克西莫夫作为苏联政府委派到中国进行绘画教学的第一位专家来到中国,任中央美术学院顾问,并进行教学。"马训班"是在中国第一次较为完整地运用苏联现实主义方法进行油画教学和创作的教学实践。"马训班"通过苏联现实主义创作观念和方法的教学,使中国人对西方的造型体系、色彩体系和创作方法,有了更深入更具体的了解。马克西莫夫对于苏联理论家契斯恰可夫的艺术信念很坚持,即每一幅画必须讲一个故事,因此也非常适合共产党所要求的绘画的叙事性需求。"马训班"于1957年结束,学生有冯法祀、侯一民、靳尚谊、詹建俊、何孔德、王流秋、俞云阶、秦征、高虹、何孔德、湛北新等。代表性的创作成果主要有王流秋的《转移》,王德威的《英雄的姐妹们》,秦征的《家》,詹建俊的《起家》、《狼牙山五壮士》,湛北新的《晨》,高虹的《孤儿》,汪诚一的《家信》,

冯法祀的《刘胡兰》等。

在国画方面,现实主义的创作方法却遭遇了尴尬。首先,画家们被要求应该忘记国画惯常的山水、花鸟和草木等寄托闲情逸致的题材,而去画人物,画正在进行的热火朝天的社会主义建设,电线、水库、收割机、镰刀……在这种情况下,"黄宾虹被要求去讲授他从未尝试过的人物画的历史。潘天寿放弃自己熟悉的题材,画了自己也将信将疑的几张新时代的风俗画"[1]。其次,在表现技法上,现实主义要求传统的画家们放弃程式化的形式语言,代之以写生。但是,这对于传统的国画家们却是个困难的转变,这样硬性转化的结果体现在画面上就是:"一方面是表现自然物象的一般的'程式化'语言,……一方面是从写生得来的'科学地'描绘个别人物和形体的语言。"结果两者结合,"就像剪纸贴在传统山水画中,让人感到不舒服、不愉快。……另外,从苏联和西方的写实主义所教的一套光影造型的方法,与中国传统的通过线条变化,描绘形的方法也不协调"[2]。但是到最后,国画家们似乎找到了一个既能不改变原来习惯的传统画法,又能达到党所要求的政治功能的方法,那就是使表现题材具有寓意和象征性,其实说白了,就是如何在画面上添上一个聪明题目的问题。在1951年的世界和平运动中,齐白石和陈之佛画了许多鸽子,他们名之为"和平鸽"。同年,由何香凝、溥忻、叶恭绰、胡佩衡、王雪涛、汪慎生和陈年合作的大幅花鸟题材的国画,题目为《百花齐放》。不仅是花鸟,甚至山水画也可以画了,特别是当画作的题目显示这是在描绘毛泽东诗词意境的时候。比如傅抱石和关山月就合作过以毛泽东诗词为表现主题的《江山如此多娇》。当然,从美学风格上来讲,无论花卉还是山水,都不能是萎靡不振的,要意气风发,生气勃勃,就像关山月的梅花,象征着英雄先烈的不畏严寒傲雪斗霜的精神。画面不能是灰调子的,要喜庆、光鲜和热烈。红色此时被赋予了政

---

〔1〕　[英]迈克尔·苏立文:《20世纪中国艺术与艺术家》,陈卫和、钱岗南译,第240页,上海:上海人民出版社,2013年。

〔2〕　[英]迈克尔·苏立文:《20世纪中国艺术与艺术家》,陈卫和、钱岗南译,第242—243页,上海:上海人民出版社,2013年。

治含义而被更多地运用,如1960年代李可染创作的《万山红遍》就是运用红色的一个极端化的例子。而钱松嵒也在他的革命圣地题材的作品中做到了非常娴熟地处理色彩和政治的关系。当时著名的国画家有魏紫熙、高舜希、宋文治、钱松嵒、关山月和刘文西等,他们总能够将艺术性和政治性作很好的结合。

写实主义(1949年后更多地用现实主义一词代替之)雄霸天下,与此同时,就要反对和打击一切和现实主义相左的艺术创作方法,特别是1920—1930年代在民国艺术圈里曾经一度颇有势力并且影响很大的现代主义艺术。图书馆和书店中有关印象派画家的书,开始被苏联的艺术图书所代替。在这样的压力之下,曾经的现代主义者林风眠、吴大羽和吴冠中已经被彻底边缘化,甚至遭受了严重的政治打压,艺术和人生都陷入困顿的局面。

然而,随着和苏联的决裂,也随着国内政治形势的发展,社会主义现实主义的创作方法似乎也不能够满足党希望艺术所要达到的宣传目的。艺术若想做到进一步激发全国人民阶级斗争的热情,为共产主义理想而奋斗的热情,光靠社会主义现实主义是不够的,要革命的现实主义和革命的浪漫主义相结合的创作方法,也就是著名的"两结合"的创作方法。早在1938年,毛泽东在鲁迅艺术文学院的讲话中就指出,无产阶级文学艺术应该采用革命的现实主义和革命的浪漫主义相结合的创作方法:"我们主张艺术上的现实主义,但这不是那种一味模仿自然的流水账式的'写实'主义者,因为艺术不能只是自然的简单再现。至于艺术上的浪漫主义,并不是完全没有道理的。它有各种不同的情况,有积极的,革命的浪漫主义,也有消极的,复古的浪漫主义,有些人每每望文生义,鄙视浪漫主义,认为浪漫主义就是风花雪月哥哥妹妹的东西。殊不知积极浪漫主义的主要精神是不满现状,用一种革命的热情憧憬将来,这两种思潮在历史上曾发生过进步作用。"并为鲁艺题词:"抗日的现实主义,革命的浪漫主义。"

当浪漫和革命结合在一起的时候,艺术必然表现的是理想、热情、必胜的信念等内容。于是,在"两结合"创作方法指导下的创作,较此前单纯以社会主义现实主义创作方法指导下的作品,更充满了光明、喜悦、信心、乐观和热烈的气象。如赵友萍的《代表会上的妇女委员》,伍必端和靳尚谊的《毛主席和亚非拉人民在一起》,王文彬的《夯歌》,温葆的《四个姑娘》,韦启美的《初春》,杜健的《黄河激流》,潘世勋的《我们走在大路上》以及孙滋溪的《天安门前》,画面上都洋溢着人民群众对于党,对于毛主席的忠诚、感恩和热爱之情,为伟大的无产阶级革命事业和共产主义事业奋斗终生的热情。并且,当浪漫主义和政治鼓动结合起来的时候,艺术塑造中的圣化和神话倾向出现了,比如钱松嵒对于革命圣地形象的描绘,当然,最突出的是对于毛主席形象的描绘:人物开始置于中心位置,而且毛主席的身材比一般人民群众都要高大。

党希望农民可以亲自来描绘在党的领导下的幸福生活,于是开始发动农民画运动,以江苏邳县农民画最为著名。"1958 年夏,那儿有 15 000 个'农民画家',除三人之外都是自学的,他们画了183 000幅画。"事实上,这些农民画家们也得到了专业美术创作人员的帮助。但是相对于对于政治内容的直接描绘,他们更愿意描绘带有封建迷信色彩的主题,而当他们描绘和歌颂大跃进的时候,画面上就出现了民间绘画的特色来:"画中有巨大的鱼和巨大的玉米穗,如象一般大的猪……"[1]

三、特定时期美术文化的政治极端化

1966 年,"文化大革命"爆发,这是 1949 年以来共产党对于阶级敌人发动的不停息的政治运动的一个极端化的发展结果。1966 年发动的这次运动和以往不同的是,毛泽东放弃了以往政治运动只局限于干部层面的方式,而是转向全社会,发动全国人民,开展一场席卷全国的、群众性的政治运动。在这场运动中,文艺作为宣传喉舌,再次担当起革命的重任。"历史

---

〔1〕　[英]迈克尔·苏立文:《20 世纪中国艺术与艺术家》,陈卫和、钱岗南译,第 252—253 页,上海:上海人民出版社,2013 年。

上的文化革命,常常是从文艺方面开始的。我们现在进行的无产阶级文化大革命,也正是这样。"[1]

1966年,"文艺女皇"江青在林彪的支持下完成了《林彪同志委托江青同志召开的部队文艺工作座谈会纪要》(以下简称《纪要》),作为中共中央文件印发全党。其核心精神可以概括为"大破大立"。"大破"即否定包括建国十七年文艺成果在内的一切古今中外人类历史文化艺术成就,统称之为"黑线专政"、"资产阶级黑文艺":"文艺界在建国以来……被一条与毛泽东思想相对立的反党反社会主义的黑线专了我们的政,这条黑线就是资产阶级的文艺思想、现代修正主义的文艺思想和所谓三十年代文艺的结合。"所谓"大立",就是大立"无产阶级文艺之新风",而这"新风"的主要内容则是:"要努力塑造工农兵的英雄人物,这是社会主义文艺的根本任务。"

此文一出,"资产阶级的文艺思想、现代修正主义的文艺思想和三十年代文艺"全部都没有了活路,事实上全部真正的艺术的根苗被连根拔起。最先遭殃的是美术院校的教授们和画院的专家们。他们被扣上资产阶级反动学术权威的帽子,被视为牛鬼蛇神,接受群众专政。文联和各级美协解散,《美术》停刊,各美术院校停止招生。"文革"初期唯一的艺术形式,便是配合政治任务的无数铺天盖地的大字报、小传单上的插图,以及各类宣传画、漫画。木刻与版画,这个在抗战时期发挥过重要作用的"武器",现在再次以其印行方便的优点成为掷向敌人的"投枪"与"匕首",只不过这次敌人是"阶级敌人"。而就艺术性来讲,大部分的宣传画和漫画形象都呈现出程式化、制作粗糙和艺术性差的特点。这一时期的艺术被称为"红卫兵美术"。

"红卫兵美术"的第二个类型就是铺天盖地的毛泽东像,其大小不一、质地不同和造型多样。在"文革"时期,毛泽东的形象被彻底圣化和神话。就绘画创作而言,浙江美术学院师生集体创作的《毛主席油画肖像12幅》(1969)成为对其个人宣传的代表作。该画集选取了毛泽东革命人生中的

---

[1]《首都举行文艺界无产阶级文化大革命大会》,《红旗》,1966年第15期。

12 个阶段的形象,但无论处在哪一个阶段,无论革命岁月如何艰苦,毛泽东的形象始终是胜券在握志在必得的伟大领袖的光辉形象。1969 年中央美院附中反修兵团集体创作的《东方红》虽然是革命领袖群像,但是毛泽东居于众星捧月的位置,万丈光芒从他身后照耀过来。逆光中的领袖款款走来,真犹如救世的上帝降临尘世一般。其他代表性的作品还有:周树桥的《湖南共产主义小组》,伍启中的《东方欲晓》,何孔德的《古田会议》,高虹、何孔德和彭彬的《步调一致才能得胜利》,张松鹤的《东方红》,陕西美术创作组创作的《向毛主席汇报》,侯一民的《要把无产阶级文化大革命进行到底》,郑胜天的《人间正道是沧桑——毛主席视察大江南北》,唐小禾的《在大风大浪中成长》,陈衍宁的《毛主席视察广东农村》,以及《伟大的战略部署》等。而这一时期最著名的毛泽东画像当属《毛主席去安源》。作者刘春华。作品以青年时代的毛泽东去江西安源组织领导工人罢工为题材,但是并未正面描绘罢工的场景,而是描绘了毛泽东正行走在革命征途上的情景。这是一幅以革命现实主义和革命浪漫主义相结合的作品,在众多的毛泽东画像之中,应该是将青年领袖的形象刻画得最为动人的作品。这幅作品被制成印刷品后,发行总数近 10 亿张,创下全世界油画印刷品之最,并且制成邮票。1968 年 9 月,《人民画报》选用此画作为封面。

1970 年年底,江青根据《纪要》,着手建立"无产阶级的新文艺"。而建立无产阶级新文艺的主要任务,就是表现"工农兵英雄人物",从此便从"文革"时期的美术——"红卫兵美术"进入到"工农兵美术"阶段。《纪要》认为,"在党的正确路线指引下涌现的工农兵英雄人物,他们的优秀品质是无产阶级阶级性的集中表现。我们要满腔热情地、千方百计地去塑造工农兵的英雄形象"。在如何塑造工农兵英雄人物的问题上,提出了"典型人物"表现方法:"要塑造典型,毛主席说:'文艺作品中反映出来的生活却可以而且应该比普通的实际生活更高,更强烈,更有集中性,更典型,更理想,因此就更带普遍性。'不要受真人真事的局限。不要死一个英雄才写一个英雄,其实,活着的英雄要比死去的英雄多得多。这就需要我们的作者从长期的生活积累中,去集中概括,创造出各种各样的典型人物来。"既然是"不要受真人真事的局限",那就要展开浪漫主义的想象,所以《纪要》里又重申了革命的现实主义和革命的浪漫主义相结合的创作方法。《纪要》刊发两年后的 1968 年 5 月,《文汇报》刊登"让文艺界永远成为宣传毛泽东文艺思想的阵地"一文,文中提出了"无产阶级创作原则"的"三突出"理论:"在所有人物中突出正面人物,在正面人物中突出英雄人物,在英雄人物中突出主要英雄人物。"而"高大全"与"红光亮"就是"三突出"理论在视觉艺术领域中应用的产物,成为"工农兵美术"的鲜明的视觉特征,创造了独特的视觉图式体系。这一时期"工农兵美术"的代表作有何孔德、严坚的表现解放军战士英勇斗争精神的《生命不息,战斗不止》,关琦铭表现工农兵形象的《提高警惕,保卫祖国》,吴云华的表现工人形象的《虎口夺铜》,潘家峻的《我是海燕》,沈嘉蔚表现解放军形象的《为我们伟大的祖国站岗》,汤小铭表现女干部形象的《女委员》,陈衍宁的《渔港新医》,以及陈逸飞表现革命战争生活的《黄河颂》,陈逸飞和魏景山合作的《开路先锋》,顾盼的《又是一个丰收年》,周树桥表现知青形象的《春风杨柳》,以及陈逸飞、金纯中的《毛主席的红卫兵——向金训华同志学习》等。出现在这些画面上的工农兵形象,无一不是高、大、全、红、光、亮,政治对于艺术的控制到了一个极端的地步,其实艺术已经不复存在。

在那个极端的年代,党内仍然有一股力量强调对于艺术的尊重,《中国画》这本画册就是根据周恩来的指示精神,为了对外宣传由当时的外贸部门印制的一本出口画样本,并作为工艺品出口的广告。这样做,显然是为了扩大中国在世界的影响力,促进外交工作,增加出口创汇。《中国画》收录了当时知名画家创作的美术作品,还收录了他们以前的一些代表性作品。1974 年 1 月 2 日,姚文元首先在上海发起了对《中国画》的批判,认定它是"迎合西方资产阶级和修正主义的货色,是一本地地道道的'克己复礼'画册"。尤其是画册中收编的陈大羽题为《迎春》的图,画的是迎春花前引颈高鸣的公鸡,尽管充满盎然生机,但姚文元却横加发挥:"这幅画在画幅的上端画了几枝淡淡的迎春花,整幅画突出地描绘了一只怒气冲冲的公鸡。这只公鸡嘴紧闭,冠高竖,颈羽怒张,双爪抓地,翻着白眼怒目而视,尾巴翘到了天上去,完全是一副随时准备向'春天'飞扑过去的那种恶狠狠的神气和架势。……这哪里是在迎春,完全是对社会主义的春天,对无产阶级文化大革命后所出现的欣欣向荣的景象的极端仇视。在这只怒气冲冲、尾巴翘到天上去了的公鸡身上,寄托了今天社会上一小撮'复辟狂'的阴暗心理,他们不甘心自己的失败,随时随地准备同无产阶级决一死战。"[1]

另外,李苦禅画的《残荷图》也被加上了"恶毒攻击"的罪名。这幅作品画了八幅荷花,墨荷之下露出半截青石,上面站着一只翠鸟。批判者认为八朵荷花影射八个样板戏,还影射了文艺旗手。

在姚文元亲自组织和部署下,上海美术馆专门召集会议,批判《中国画》画册以及其他省市的一些美术作品,叫嚣"对美术领域中的复辟逆流,要进行反击"。

美术作为一种艺术,在受到政治干扰的同时,其技术因素的张扬有时候也能焕发出其特有的艺术魅力。这一极端政治化的历史时期,由于美术艺术甚至美术技术方面的开拓性,也还是产生了一些经典的作品,除了《毛主席去安源》而外,靳之林的油画《公社女书记》也是公认的上乘之作,尽管此画当时曾因为画家在画作中显示的"个性太强"而险遭不测。

四、独立自主社会运作中的设计文化

新中国成立后,直至"文革"结束,是一个百废待兴的时代。尽管这一段历史时期很多时候人们并未真正意识到设计的重要性,换言之,即设计文化没有受到足够重视,但在实际的产品生产中和艺术实践中,设计文化还是潜移默化地影响着具体的事物和创作,中国的设计文化并没有中断它的演进。总的来看,这一阶段的整体社会文化气氛有一种激进昂扬的奋发情调,以阶级斗争为纲的政治准则贯穿于整个社会活动之中,因此,这一时

---

[1] 陆民:《一本地地道道"复礼"、翻案的画册——评〈中国画〉》,《铲除毒草 反击逆流》,第160页,济南:山东人民出版社,1974年。

期设计文化的最鲜明特点可以概括为理想主义和阶级斗争两点。理想主义和阶级斗争是那个时代设计文化的浓重印记，或许与现代设计的某些理念并不相符，或许与传统设计的风格差异甚大，但这种有些特异的设计文化特点，却刻录下百年中国设计文化史的一个特殊篇章。

理想主义和阶级斗争的设计文化特点，在工业设计与艺术设计领域得到集中展示。从当时众多工业产品的命名，就可以看到这样的设计文化特点简直无处不在，诸如"解放"、"前进"、"上游"、"跃进"、"反帝"、"红旗"、"北京"、"向阳"、"红灯"、"飞跃"等名字。其何止是工业品的名字或商标的名称，更是一种文化符号在产品设计上的语言聚焦现象。这些名称不是仅仅命名在一两种工业品上，而是存在于大量的工业品名称设计上，这种非常单一的名称设计，体现了当时设计文化创意贫乏的一面。不过从另一种视角来看，这样的设计文化正是那一代设计者建设新中国的理想主义精神与时刻不忘阶级斗争的设计心理的真实写照。新中国工业起步艰难，许多工业产品都是在参考资料极为稀少的情况下，凭着所有参与者的热情、胆量、智慧和无数次的失败经验创造的奇迹。虽然现在看来有些工业设计与同时代的西方工业设计有明显的差距，但是这些工业设计并没有完全背离现代工业设计思想，从学习苏联的设计到自力更生的设计，新中国的工业设计走出了一条自我更新、完善的设计之路，无论是"火红"的创意，还是"极简"的风格，都标示出新中国设计文化发展的一个崭新阶段。熊猫牌收

永久牌自行车

音机、解放牌载重汽车、海鸥牌照相机、永久牌自行车、上海牌手表、长江牌摩托车、红旗牌高级轿车、蝴蝶牌缝纫机……这些耳熟能详的工业产品，由仿制到自产，不光是那个年代新中国工业生产进步的象征，同样是中国工业设计进步的里程碑。

艺术设计领域，理想主义和

阶级斗争的设计文化特点，在"样板戏"中表现得最为典型。现代京剧《红灯记》《沙家浜》《智取威虎山》、芭蕾舞剧《白毛女》《红色娘子军》等"样板戏"，秉持了所谓的"三突出"创作原则，因而充满着激进的极左式理想主义设计理念和强烈的反映阶级斗争内容的戏剧冲突设计。尤其在舞台艺术设计方面，其强大的示范作用，带动了一个时代视觉形象的程式化，"高、大、全、红、光、亮"的设计要素，不仅在这些剧中充分展现，而且在宣传广告、街头标牌、公共雕塑等社会大众媒介中被连篇累牍地重复。"样板戏"的舞台艺术设计，不可否认有着程式化的设计创意缺点，但其借鉴话剧舞台的美术形式，西洋绘画的写实手法布景和设置道具等，这些艺术设计方法对于如何运用传统和外国艺术形式表现中国现代生活，一定程度上作出了有益的艺术探索，在很长时期内影响了一代中国人的审美情趣。值得注意的是，诸如"样板戏"之类的"文革"美学符号，在后来的"实验美术""政治波普"中，重新受到市场的青睐，成为很多设计领域加以运用和表现的重要设计元素，这大概是理想主义和阶级斗争的设计文化特点在另一种语境中的变形表达。

另外，新中国成立后，由于长期受制于西方敌对势力的封锁，需要大量具有浓厚中华文化特征的特种工艺品及工业产品来换取外汇，因此传统设计文化得到一定保护，并有了一定发展。新中国政府在1953年组织人员进行全国性的手工艺现状调查，重点在于掌握有多少手工艺还在生产或已经停产，有多少民间艺人、工匠还活着，技艺是否失传，其目的是恢复手工艺生产，发展与人民生活密切相关的造物设计艺术，传统设计艺术遂在新中国成立初期的极短时期里得到了恢复，并给中国设计文化的发展注入了活力。至1973年止，全国的工艺美术工厂，从"文革"前的1 000多家猛增至2 159家，大多数从事出口创汇业务。不少出口创汇的特种工艺品及工业产品，在设计方面延续了中国传统设计文化的精髓，有些则在一定程度上迎合了出口地域的文化口味，进行了某些改进，如出口玩具的设计。总而言之，这一阶段的中国设计文化表现出个性鲜明的时代特征，理想主义和阶级斗争的设计思维虽然存在很大偏差，却并不失创新激情，中国设计恢复了它的蓬勃生命力,也焕发了新的活力,尽管步履艰辛,但仍有斩获。如在 1959 年莱比锡国际书籍艺术博览会上,我国有 15 本书分获书籍装帧设计金奖、银奖和铜奖,这只是那个时代中国设计所取得的成绩之一,代表着中国设计事业继续前行的步伐。

当然,应当看到过度的理想主义与无限的阶级斗争,对于中国设计事业发展的极大伤害,这在建筑设计领域尤为严重。如 1964 年 11 月,全国各建筑设计单位开展了"设计革命"运动,运动提倡设计人员"下楼出院",到现场去,到工农兵群众中去,进行调查研究和现场设计。这对于丰富设计风格有一定意义,但将其作为政治运动来搞,则出现了极大的错误。这项运动日后愈演愈烈,不仅批判了一些正确的设计,而且严重挫伤了建筑设计师的创作热情,还导致很多设计院"人去楼空",影响了设计工作的正常运转,这是应当牢记的历史教训。

第四十三章
社会主义新闻事业与媒体文化

社会主义新闻事业并不是简单的文化事业。党的领袖一贯将新闻当作革命和政党的舆论工具:舆论阵地,无产阶级不去占领,资产阶级一定要去占领,并明确指出:"凡是要推翻一个政权,总要先造成舆论,总要先做意识形态方面的工作。革命的阶级是这样,反革命的阶级也是这样。"[1]在新中国,新闻传媒与政治更紧密地结合在一起了。

一、媒介的公有制和国有化

这个阶段的特点是中国再次统一,随着新政权的建立和巩固,新闻媒体也被迅速纳入到新的社会体制中,尽管在这些地方,媒体的改造和转型十分复杂且充满矛盾冲突,但最终各种各样的媒体都被收归"国有",由党统一领导和指挥。方汉奇在《中国新闻传播史》里就简明扼要地指出:"新中国一成立,中共中央和中央人民政府迅即对在革命战争中发展起来的党的新闻事业进行调整与充实,建立起一个以北京为中心、遍布全国各地的公营新闻事业网。这个公营新闻事业网,包括以《人民日报》为中心、以党报为主体的公营报刊网,以新华通讯社为主体的国家通讯社网和以中央人

---

[1] 《建国以来毛泽东文稿》(10),第 194 页,北京:中央文献出版社,1996 年。

民广播电台为中心的国营人民广播电台网。"[1]

再次统一对于所有中国人来说意义重大,在费正清看来这种统一符合现代中国人的文化传统和心理期待,他特别强调现代大众传媒在民族统一过程中所扮演的重要角色:"自 19 世纪 80 年代来,现代中国的一个新的重大事实是现代形式的群众民族主义的传布,如前所述,这种民族主义基于古代的文化主义,并受到城市中心的现代报刊的培育。统一作为正统王朝的标志,其新形象扩大了一百倍,而成为中华民族存在的象征,这个象征不但是一种文化,而且现在是一个国家,它通过国际交往逐渐代替了地方,而成为中国的社会精英认定效忠的中心对象。19 世纪 90 年代威胁国家存亡的帝国主义在 1900 年反义和团的入侵北京中达到了最嚣张的地步,它在政治生活中灌注了一种新的、压倒一切的必须实现的思想,保存'中国'。不久,辛亥革命导致了旧中华帝国外缘领土的脱离。外蒙古和西藏到 1913 年都实行自治。一个统一的中国成了广大民众为之奋斗的理想。在连续的军阀割据、革命、日本入侵和国共内战的动乱的推动下,平民参与政治强有力地恢复了统一的理想。到 1949 年,当人民不惜任何代价取得和平时,只有一个统一的中央政府才能维持中国的传统。"[2]正是借助于报纸杂志,强烈的民族主义观念,特别是现代国家理念深入人心,国家统一正符合了人们的现实需要。

1949 年中国的"再次统一"影响是巨大的,而且统一最初带来了经济上的飞跃发展,经济成就让执政党建立了自信,按照苏联模式建立起来的社会制度在 1949 年之后迅速而全方位地铺展开来,社会各行各业包括大众媒体部门都开始了社会改造运动,例如 1951 年开始的"镇压反革命运动"、"三反运动"、"五反运动"以及针对知识分子的思想改造运动等等,这些运动涉及军政干部、小资产阶级以及知识分子。大规模的社会改造是复杂

---

[1] 方汉奇主编:《中国新闻传播史》,第 244 页,北京:中国人民大学出版社,2002 年初版,2014 年第 3 版。

[2] [美]R. 麦克法夸尔、费正清编:《剑桥中华人民共和国史——革命的中国的兴起(1949—1965)》,谢亮生等译,第 22—23 页,北京:中国社会科学出版社,1990 年。

的,因为"这些运动都进行得极为激烈,并引起了社会上的严重紧张和忧虑"[1]。报纸、杂志、电影等大众媒介对新政权来说至关重要,针对报纸、广播和电台的"媒体改造"在建国之后迅速开展起来,解放之前存在于上海、天津和北京等地的各种各样旧式报纸杂志、广播电台和电影厂被迅速接管和改造。杜英在《文化体制和文化生产方式的再建立——建国初期对上海小型报的接管和改造》中,就以上海的小报为个案,考察了1949年之后,曾经活跃在上海的城市小报是如何按照新政权制定的"新规则"一步步完成改造和转型的:

> 　　上海解放伊始,旧小报依然刊行。政府对旧小报,包括停刊和刊行者,凡隶属于国民党党政系统者一律予以接管。小报《立报》早已于1949年4月30日停刊。据调查,该报属于国民党党政系统。6月,立报社被接管。接管步骤如下:接管者首先与地下党开会审定接管计划,并安排他们协助接收;其次,军事代表到达接管单位后,召集职工开会并宣传接管政策;最后,接管部门留下联络小组分配物资,处理职员。对于其他非国民党系统的私营小报,政府通过种种行政手段予以制约,诸如登记。[2]

一些小报主人还因为身份问题遭到调查,正是通过停刊、登记等手段,到1949年5月前夕,《辛报》和《诚报》等一大批小报纷纷停刊。周瘦鹃、陈蝶衣、张恨水和张爱玲等办报文人或者小报记者,要么转型做其他工作,要么被迫辞职,有一些人还迫于生计和意识形态的压力选择了离开大陆,前往港澳和欧美等地。小报刊是这样,重要的报刊就更不用说了,华东局命令由报人恽逸群对《新闻报》和《申报》进行军管,而这还算是对"两家旧上

---

[1] [美]费正清编:《剑桥中华人民共和国史——革命的中国的兴起(1949—1965)》,谢亮生等译,第89页,北京:中国社会科学出版社,1990年。
[2] 杜英:《文化体制和文化生产方式的再建立——建国初期对上海小型报的接管和改造》,《中国现代文学研究丛刊》,2007年第2期。

海历史最悠久、规模最大、发行量最大的报纸的一个'优待',《申报》的所有设备等都归了《解放日报》,原来的官僚资本没收,形成国营资本"[1]。前面提到的20世纪40年代自由主义的代表性杂志《观察》,在新政权成立后被改名为《新观察》,《新观察》所涉及的话题不再是自由、民主,而是人民民主专政、工人阶级和抗美援朝等等议题。在接管的同时,由共产党掌握的报刊也迅速进入到上海等重要城市,例如在上海解放前夕,原来的党中央机关报《解放日报》便被作为"上海第一家党报"进驻上海,由"范长江担任未来的《解放日报》社长,恽逸群担任主编兼副社长,魏克明任副主编"[2]。在费正清看来,在建国初期,中国共产党比苏联人要更加"迅速而精明地把学术和艺术都组织了起来"。

二、党的传媒与党的文化

为了帮助知识分子进行思想改造,在文化和媒体领域不断发起各种运动。1951年发动的针对电影《武训传》的批判运动,1954年在《光明日报》上发起的针对俞平伯红学文章的批判运动和1955年开展的针对胡风的批判运动,这些运动一次比一次猛烈。例如电影《武训传》上映后引起了很大反响,也引起了激烈争议,毛泽东本人就亲自参与了讨论,1951年5月20日,《人民日报》以毛泽东修改的《应当重视电影〈武训传〉的讨论》作社论,在文章中,毛泽东批评《武训传》是污蔑农民革命斗争和中国历史的"反动宣传"。随后《光明日报》、《新民报》、《进步日报》和《大公报》等也纷纷发表批判性的文章,例如发表在《文艺报》上的贾霁的文章《不足为训的武训》认为《武训传》是一部"缺乏思想性,有严重错误的作品",而且这篇文章还严厉批评了那些刊登过表扬文章的"报刊媒体":

---

〔1〕 李彬、涂鸣华主编:《百年中国新闻人·下》,第3页,福州:福建人民出版社,2007年。
〔2〕 李彬、涂鸣华主编:《百年中国新闻人·下》,第5页,福州:福建人民出版社,2007年。

　　因此,就必须澄清那些无立场无原则的对于武训精神,对于《武训传》的宣扬。这里,我们不得不指出:上海的若干报纸以简讯的形式刊登我们人民领袖曾经看过《武训传》的消息,是非常轻率不负责任的态度! 以人民领袖"看过的"这一点来报导(而不问领导同志看过后的真实意见若何),是一种什么样的宣传的方式与作风! 不论这消息的来源如何,以供给消息有关的影片公司来说,以人民的报纸应有的慎重态度而论,难道这是应该具有的严肃的态度吗?[1]

　　1955 年开展的对胡风的批判运动则更激烈。在这场批判运动中,胡风被认定是"反革命集团首领",他被投入了监狱,他的妻子和学生也都受到了牵连。1956 年,毛泽东提出了"百花齐放,百家争鸣"的说法,知识分子的言论有了一定自由,1957 年初毛泽东再次号召知识分子畅所欲言,许多知识分子在报纸上纷纷发表言论,批评党和政府对知识分子管得太多。在这些发言中,就有《光明日报》总编储安平向毛泽东和周恩来提的意见:"解放以后,知识分子都热烈地拥护党、接受党的领导。但是这几年来党群关系不好,成为目前我国政治生活中急需调整的一个问题。这个问题的关键究竟何在? 据我看来,关键在'党天下'的这个思想问题上。我认为党领导国家并不等于这个国家即为党所有;大家拥护党,但并没忘了自己也还是国家的主人。"[2]储安平的发言引起了巨大反响,费正清说"百花齐放"运动的发展"势不可挡,大大出乎党的预料之外":"党曾经提出和确定了一个知识分子可以表达自己意见的框框,至少在最初时期是如此。但是,尽管党限制了范围和规定了批评的条件,它不能充分控制所引起的反响。对官僚资本主义的批评超过了对个别官员的批评,而变成了对制度本身的批评。

---

〔1〕 贾霁:《不足为训的武训》,罗艺军主编:《20 世纪中国电影理论文选》(上),第 320—321 页,北京:文化艺术出版社,1992 年。
〔2〕 储安平:《向毛主席、周总理提些意见》,谢泳主编:《储安平:一条河流般的忧郁》,第 253 页,北京:中国青年出版社,1999 年。

它释放了比党所预计的更多的被压抑的不满和牢骚。批判的不断扩展、独立小集团的组合以及特别是学生们反对当局的示威游行,使党决定停止运动,因而在 6 月 8 日发起了对它的参加者的反击,把这些人称做'右派'。"〔1〕"反右运动"使得几十万知识分子受到不同程度的批判,在这些人中,储安平、丁玲等文化界和传媒界的重要人物遭到了清洗,《光明日报》、《文汇报》和《新民报》等重要媒体也被点名批评:"新闻界的反右斗争一直持续到 1958 年。据统计,从 1957 年 6 月至 9 月底,仅在《人民日报》点名批判的新闻界右派分子就达 104 人,其中不乏总编辑、副总编辑以及著名报人。到 1958 年 2 月,上海新闻界被错划为右派分子的达 129 人之多,其中《文汇报》社就有 21 人。在反右斗争宣布取得胜利、进行总结的过程中,又在新闻界负责人中补划了右派,如中央广播事业局副局长温济泽因提出改进对外广播的意见,于 1958 年 10 月被补打成右派。"〔2〕

　　除了报纸外,电台建设是社会主义新闻事业的重要载体。中央人民广播电台 1940 年 12 月 30 日开始播音,其前身为延安新华广播电台,1949 年 12 月 5 日正式定名为中央人民广播电台。它当时是中国唯一覆盖全国的广播电台。中央人民广播电台在中国各省、自治区、直辖市、计划单列市及香港、澳门特别行政区设有 40 个记者站,在中国台湾地区派有驻点记者;在解放军四总部、各大军区、各军兵种、武警部队等分别设置 18 个军事记者站。除了中央广播系统而外,从 1950 年代开始,各省市都陆续建立了官方广播电台,各县建立广播站。为了使全国人民都能收听到广播,除了建成城市有线广播系统,还致力于农村广播网的发展。据广播事业局广播网管理处的统计,至 1957 年底,全国已有四分之三的县市,即 1 707 个县(市)建立了有线广播站;全国拥有广播喇叭 98 万多只;收音(放大)站 3 万多个。这样的广播网络布局,乃是为了将党中央的声音及时送给广大人民群

---

〔1〕 [美]费正清编:《剑桥中华人民共和国史——革命的中国的兴起(1949—1965)》,谢亮生等译,第 268 页,北京:中国社会科学出版社,1990 年。

〔2〕 方汉奇主编:《中国新闻传播史》,第 282 页,北京:中国人民大学出版社,2002 年第 1 版,2014 年第 3 版。

众。事实上,它也成了广大群众尤其是农村群众业余文化生活的主要媒介,包括对革命样板戏在内的戏剧的欣赏,一般都是通过这种神奇的"话匣子"实现的。

解放初期的中央人民广播电台

不可否认,广播网的建立及其有效的使用,是"文化大革命"等各种政治运动和群众文艺生活的传媒保证。

1958年5月1日,中国在电视机尚属十分罕见的情况下建立国家级的电视台,这就是中央电视台的前身——北京电视台。后来,随着电视机的普及,《新闻联播》成为中国收视率最高、影响力最大的电视新闻栏目,同时也是全世界拥有观众最多的电视栏目。

总之,从建国开始,党和政府通过不断地改造、运动来加强对知识分子和文化界的控制,将文艺和大众传媒都纳入到社会主义的新闻体制中。当然,在这个过程中,党和政府也努力进行"新闻改革",对以《人民日报》和中央人民广播电台等为代表的主流媒体进行了全面改革,这些改革努力让报纸杂志、广播电台等媒体的文风更贴近人民群众。

三、特定时代的特殊媒体文化

在"史无前例"的"文化大革命"期间,在这个特殊的时代,也产生了一些特殊的媒体文化现象,作为历史教训和历史陈迹,应该付诸一定的学术记忆。

在这个特定时代,毛主席发出的"最高指示"显然具有至高无上的权威性和神圣性。"最高指示"的历史形态是发行量上亿的《毛主席语录》,此书原由解放军总政治部编辑出版,后来经过林彪审定再版,林彪撰写了"再版前言":

> 学习毛主席著作要带着问题学,活学活用,学用结合,急用先学,立竿见影,在"用"字上狠下功夫。为了把毛泽东思想真正学到手,要反复学习毛主席的许多基本观点,有些警句最好要背熟,反复学习,反复运用。在报纸上,要经常结合实际,刊登毛主席的话录,供大家学习和运用。几年来广大群众活学活用毛主席著作的经验,证明带着问题选学毛主席的语录,是一种学习毛泽东思想的好方法,容易收到立竿见影的效果。

这段话体现了那个特定时代的特征,尤其是"活学活用",成为那个时代最有"号召力"的口号。

《毛主席语录》

毛主席的"最高指示"的现实形态,则最先通过中央人民广播电台公开播出,然后各大报纸竞相刊登,一般也是一段一段的语录体。"最高指示"的发表通常不是通过中央人民广播电台最重要的新闻栏目——早晨的《新闻和报纸摘要》或晚间的《各地人民广播电台联播》节目,而是安排在一个特别节目中专题播送,往往是先播送1—3遍,然后以记录速度播送。这样的特别节目往往被安排在深夜时分,人们可以在不影响白天生产的前提下,夜晚收听最高指示,并举行各种各样的庆祝狂欢。这样的收听与狂欢一度成为那个时代的一道社会风景。

创办于 1950 年的《新闻和报纸摘要》，是中央人民广播电台历史最长、影响最大、地位最高的名牌节目，每天固定听众数以亿计。这一节目的原型是 1950 年 4 月 10 日开办的《首都报纸摘要》。此后几易其名，于 1967 年正式定名为《新闻和报纸摘要》。类似的权威栏目还有通常于晚间黄金时间播送的《各地人民广播电台联播》节目。若干年来，这是中国人民在第一时间了解国内外大事的主要渠道。

中央级媒体公开发布的仅次于"最高指示"且代表中央声音的文件，通常是"两报一刊"社论。

"两报一刊"即是指《人民日报》、《红旗》杂志和《解放军报》。由于"两报一刊"社论代表党中央的声音，因此它们通常都会经过中央最高层的审阅，有时候甚至就是出自最高领导人之手。走出那个特定时代以后，这样的特殊文体和特殊的传播手段也就随之消失。

这个时代最简便也最为特别的媒体是"大字报"。大字报是一种一般群众都可以手写的墙报，是将揭发、批判文字用大字抄写出来在一定范围内公之于众的文体。它最初流行于反右斗争中，是一种典型的斗争文体。这种文章可以署名，但绝大多数是匿名撰写，常常为罗织罪名、恶意攻击提供了便利条件，因而它的整体文化形象相当负面。

大字报的形式是反右斗争前后的群众创造，但有资料表明，给这种媒体形式定名的是党的领导人。1957 年 10 月 13 日，毛泽东在第 13 次最高国务会议上重复了四天前在中共八届三中全会上所说的话："现在整风找出了一种形式，就是大鸣，大放，大辩论，大字报，这是群众创造的一种新形式。"稍后对大鸣大放作出解释："感谢右派，'大'字是他们发明的。我在今年二月二十七日的讲话中，并没有讲什么大鸣，大放，大辩论，没有这个'大'字。去年五月，我们在这里开会讲百花齐放，那是一个'放'，百家争鸣，那是一个'鸣'，就没有这个'大'字，并且是限于文学艺术上的百花齐放，学术问题上的百家争鸣。后来右派要涉及政治，就是什么问题都要鸣放,叫作鸣放时期,而且要搞大鸣大放。"[1]

在这里,明确了大鸣大放的"鸣放"来源是"百花齐放,百家争鸣"的缩略表述。"大字报"、"大辩论"与"大鸣大放"合称"四大"[2],被称为"人民群众创造的社会主义革命的新形式"写进了 1975 年颁布的《宪法》第 13 条,从而使得"大字报"作为特定时代群众政治运动形式得到政权肯定。显然,这样的法律规定有悖于民主法制,于是在 1980 年颁布的《宪法》中被明确废除。

"文化大革命"的烈火最初由聂元梓等人贴出所谓的"全国第一张马列主义的大字报"燃起,毛泽东的《炮打司令部——我的一张大字报》作出鲜明的政治表态,使得全国铺天盖地出现了大字报的狂潮。这场"大字报运动"无远弗届地席卷整个中国,使得上至共和国主席,下至无数一般群众都受到攻击,最后付出极为沉重的代价。

---

[1] 《毛泽东选集》(5),第 485 页,北京:人民出版社,1977 年。
[2] 坊间往往将这"四大"与"四大自由"相混淆,其实鼓吹"四大自由"是那个时代批判的刘少奇的罪名,分别指**自由租地、自由贷款、自由雇工、自由贸易**。事实上,"大鸣、大放、大辩论、大字报"本身就是自由的行为,无需前缀"自由"。

第五卷

改革与开放

1977 年 7 月 16—21 日,中共中央第十届三中全会召开,全会决定恢复邓小平的领导职务,将王洪文、张春桥、江青、姚文元永远开除出党,并撤销其党内外一切职务。

1977 年 9 月,中国教育部在北京召开全国高等学校招生工作会议,决定恢复已经停止了 10 年的全国高等院校招生考试,以统一考试、择优录取的方式选拔人才进入大学学习。

1978 年 3 月 18 日,中共中央在北京人民大会堂召开全国科学大会,邓小平指出四个现代化的关键是科学技术的现代化,并阐述了科学技术是生产力这个马克思主义观点。郭沫若发表书面讲话,题为《科学的春天》。

1978 年 5 月 11 日,《光明日报》发表特约评论员文章《实践是检验真理的唯一标准》,引起全国性的大讨论,并成为全国拨乱反正的基础理论。

1978 年 12 月 18—22 日,党的十一届三中全会召开,全会决定将中共中央的指导思想由阶级斗争转移到经济建设上,强调拨乱反正的政治方针,确定了对内改革、对外开放的正确路线。

1979 年 2 月 17 日至 3 月 16 日,中国人民解放军发动对越自卫反击战,惩治越南针对中国边境和中国侨民的长期挑衅行为。

1981 年 2 月 25 日,全国总工会、共青团中央、全国妇联等 9 个人民团体和单位联合向全国人民特别是青少年发出《关于开展文明礼貌活动的倡议》,倡言开展以讲文明、讲礼貌、讲卫生、讲秩序、讲道德和心灵美、语言美、行为美、环境美为内容的"五讲"、"四美"文明礼貌活动。

1981 年 6 月 27 日,中国共产党通过《关于建国以来党的若干历史问题的决议》,正式否定"文化大革命"。

1983 年 2 月 12 日,中央电视台首届春节联欢晚会播出。

1986 年 9 月,在中共十二届六中全会上,邓小平重申反对资产阶级自由化的重要性;1987 年 1 月 28 日,中共中央发出《关于当前反对资产阶级自由化若干问题的通知》。

1989 年 4 月 26 日,《人民日报》发表社论:《必须旗帜鲜明地反对动乱》。

1989 年 6 月 23 日至 24 日,中国共产党第十三届中央委员会第四次全体会议召开。全会对中央领导机构的部分成员进行了调整,选举江泽民为中国共产党中央委员会总书记。

1990 年 11 月 26 日,中国上海证券交易所获中国人民银行批准成立;12 月 19 日,正式开始营业。

改革开放,拨乱反正,代表着时代精神,时代文化,是时代的滋味和声响,也是时代的质地和锋芒;改革开放,同时更负载着十几亿人几十年的希望和梦想,那时候一首流行的歌就叫做《在希望的田野上》。真理标准的讨论不光解决了一个理论问题,更是深刻而伟大的思想解放的动员令。当然,改革开放的过程中难免有挫折,有迷误,可所有问题都仍需通过改革开放自身来解决,这才符合这个时代的文化精神。

第四十四章
改革开放时代的思想与学术文化

　　1978 年,对于处于传统与现代、保守与革新、革命与反动等力量激烈冲突中的中国来说,注定是极其不平凡的一年。这是一个伟大时代的开始,对于后来的思想史研究者来说,就像宿命一样,一切注定如此。

　　而在此前,1976 年 10 月,以粉碎"四人帮"为标志,持续十年的一场"文化大革命"——其实是大浩劫终于走向终结。以此为起点,中国当代历史开始了一个所谓的"新时期",同时,这也是思想文化的"春天"到来的标志。但是,这还仅是初春——春寒料峭,"两个凡是"的寒冰和阴影还无法完全消融或散去,"文革"遗风犹在。直到 1978 年 5 月,一篇署名为"特约评论员"的题为《实践是检验真理的唯一标准》的文章在《光明日报》发表,从而引发一场轰轰烈烈的"真理标准"问题的全民大讨论。这不仅是哲学上"真理观"的一场讨论,也是"实践派"(其实是"改革派")与"凡是派"在政治上的一场大决战。这也更是思想大解放和现代思想启蒙运动得以继续的伟大先声。一个新的时代至此才真正拉开了帷幕,一场令人瞩目的历史壮剧也由此正式上演。

　　这是中国现当代思想文化史上最好的时期之一。在这个时期,思想大解放的"春天"到来了,不仅真正的"马克思主义"得到了科学的阐释,"五四"启蒙精神也由此复归——彼此之间的巨大断裂和缝隙,开始得到弥补和缝合。而这两种思想,也正是"五四"启蒙运动的重要两支,久违的新思想文化的"复调"曲再次开始奏鸣。这实在是一个伟大而艰巨的思想文化建设工程。

一、主流思想体系的修复

"文革"结束以后,思想界面临的最严峻的任务就是拨乱反正,回到"真正的马克思主义去",这是对长期以来被搞乱的主流思想体系进行"修复"。

长期以来,由于各种"左"倾思想的干扰和破坏,"马克思主义"思想领域成为重灾区。作为主流意识形态的马克思主义思想体系被严重破坏,人们的思想也被搞乱,各种真假马克思主义竞相登台,甚至是假马克思主义占据了主导地位。因此,在当时的历史条件下,作为以马克思主义为指导思想的"社会主义"中国,这种修复工程显得必须而紧迫。

这场通过质疑和辨析"流行的马克思主义"观念,从而回到"真正的马克思主义去"的运动,在人文社科的各个领域得以展开。如在历史学界,对五种生产方式理论的再认识、历史发展动力、农民战争的历史作用等问题,重新进行思考;再比如,在哲学领域,对"思维与存在的同一性"、"合二为一"理论、历史唯心主义哲学等问题,也进行新的厘清和界定。"学者们不约而同地举起了'回到真正的马克思主义去'的旗帜,不再满足于在经典著作中寻章摘句的教条主义方法,也不再满足于对马克思主义的所谓权威解释,而是试图以独立的学术精神研读马列著作,在原典中真正理解马克思主义,透过原典与马克思本人的对话,用自己的头脑自主地得出自己理解的'真正的马克思主义'"[1]。这是对这场运动的最好描述。

马克思主义作为"五四"以来新思想文化的重要一支,在建国以后又成为社会主义中国的主流意识形态,在历经各种"左"倾思潮特别是无产阶级"文化大革命"的破坏之后,对其进行理论上的还原、修补以及正本清源,显得十分必要和重要。

对"西方马克思主义"的注目和研究,使得一个全新的马克思主义的思想分支及参照体系被引入。

中国的马克思主义理论的各种思想和理念,最初来自日本,后来则来自前苏联。在这种翻译和转译的过程,其思想的真实性和可靠度往往受到各种无意或人为的损耗。特别是由于斯大林主义的影响,马克思主义的基本思想原理被歪曲和异化的可能性更是加大。自从在第三国际时,列宁主义与伯恩施坦主义发生分流之后,我们对"伯恩施坦主义"一直是站在前苏联的政治和理论立场上,直接以"修正主义"视之。因此,对此仅有简单的否定和批判,却没有理性的考察和深入的思考。

这一次对西方马克思主义的研究趋向及其冲动,不仅是对"回到真正的马克思主义去"的有效补充和丰富,也有利于建立新的价值坐标和参照体系。"据不完全统计,从 1978 年到 1984 年间,《哲学译丛》、《国外社会科学》、《马克思主义研究参考资料》等国内重要理论刊物,几乎每期都有西方马克思主义的评价文章,总数不会少于 500 篇。"[2]由此可见这股研究热潮在当时的空前盛况。同时也可看出,思想理论界在长期的"极左"思想文化专制下形成的"理论饥渴"的严重性。

---

〔1〕　杨凤城:《20 世纪的中国——走向现代化的历程(1949—2000)》,第 359 页,北京:人民出版社,2010 年。
〔2〕　王炯华:《五十年中国哲学风云》,第 463 页,武汉:湖北人民出版社,1999 年。

应该说,西方马克思主义即使不能算是经典马克思主义的组成部分,至少也是马克思主义思想的发展和演进的产物,这就像马克思主义的"中国化"产物——毛泽东思想一样。任何一种理论都不可能一成不变,否则,那就变成了"绝对真理",变成了"宗教"。其实,即使是宗教本身,其相关的理念和理论也是不断变化、发展,从而"与时俱进"的,更何况是作为科学世界观的马克思主义呢!

这是"西方马克思主义热"留给我们的有益思考。而与其在理论和实践上的重要价值相比,这点思考又显得如此微不足道。

1980 年代,发生了关于"人道主义"问题的争论。这不仅是对 1950 年代关于人性和人道主义问题讨论的某种延续,也是对"文化大革命"以及历次政治批判运动过程中受到贬损、伤害并最终失落的人的尊严、人的权利、人的价值的某种深情而迫切的呼唤。1979 年 3 月,著名美学家朱光潜的重要论文《关于人性、人性主义、人情味和共同美问题》发表,由此引发了一场关于什么是人性、人性与阶级性的关系、共同人性以及人道主义等问题的大讨论。

这场大讨论的核心,是对马克思主义与人道主义的关系问题的讨论。王若水、周扬、张奎良等著名学者发表了《人是马克思主义的出发点》、《为人道主义辩护》、《再谈人在唯物史观中的地位》等系列文章,论证了"人是马克思主义的出发点"、"人道主义是马克思主义不可缺少的因素"以及马克思主义是以人的发展为旨归等论题。"什么是人道主义?它有一个共同的原则,简单地说就是人的价值。""(人道主义)泛指一切以人、人的价值、人的尊严、人的利益或幸福、人的发展或自由为主旨的观念和哲学思想。"[1]但是在把马克思主义纳入人道主义体系,还是把人道主义体系融入马克思主义的问题上论争双方略有分歧。邢贲思、李泽厚等学者对此有不同意见。李泽厚认为:"强调马克思主义具有人道主义性质是不错的,但把马克思主义解说为人道主义,或以人道主义来解释马克思主义,却并

---

[1] 王若水:《为人道主义辩护》,《文汇报》(1983 年 1 月 17 日)。

不符合马克思当年的原意。因为马克思主义主要是一种历史观,即唯物史观,它既有科学的内容,也具意识形态的作用。马克思主义的世界观也就是这种历史观,或者说是建立在这种历史观的基础之上的。人道主义不可能是历史观,用人道主义来解释历史,来说明人的存在或本质,必然带有空泛、抽象或回到文艺复兴、启蒙主义的理论上去。"[1]此应该算得上是精辟、深刻之论。

由此向前推进,则是对"社会主义异化问题"的讨论。周扬、王若水、王元化、顾骧等持社会主义"异化"存在论:"'异化'是客观存在的现象,我们用不着对这个名词大惊小怪……十一届三中全会提出解放思想,就是克服思想上的异化。现在进行经济体制和政治体制改革,以及不久将进行的整党,就是为了克服经济上和政治上的异化。"[2]而否定者不同意社会主义存在"异化",认为这样"会带来三种不良后果,一是抹杀社会主义和资本主义两种经济形态的根本区别;二是为资产阶级自由化提供理论根据;三是使人们动摇以致丧失共产主义必胜的信心"[3]。

所有的讨论终结于 1984 年 1 月胡乔木在中央党校所做的题为《关于人道主义和异化问题》的讲话。在这个讲话中,胡乔木对人道主义与异化问题做了否定性和批判性的结论。他认为作为世界观和历史观的人道主义,同马克思主义的历史唯物主义是根本对立的。"从异化的抽象公式出发,把社会主义社会中的种种消极现象统统纳入异化公式之中,势必把这些都看成是规律性的和对抗性的,是由社会主义社会中主体自己的活动造成的。这……只能对这些问题的解决以至对社会主义制度本身带来破坏性的影响。"[4]在胡乔木的这个"结论性"的讲话之后,"主张马克思主义的人道主义和社会主义异化论的观点几近销声匿迹,报纸杂志刊登的都是与

---

〔1〕 李泽厚:《中国现代思想史论》,第 200 页,北京:东方出版社,1987 年。

〔2〕 周扬:《关于马克思主义的几个理论问题的探讨》,《人民日报》(1983 年 3 月 16 日)。

〔3〕 林建公、昝瑞生:《评"社会主义异化论"》,《红旗》,1983 年第 22 期。

〔4〕 胡乔木:《关于人道主义和异化问题》,《理论月刊》,1984 年第 2 期。

讲话精神相一致的文章"[1]。

从本质上来说,这场大讨论其实仍然属于"回到真正的马克思主义去"这个重要理论组成部分。

人道主义是西方文艺复兴和启蒙运动中所提出的问题,也是其主旨之所归。但是,这些在文艺复兴和启蒙运动中已经解决的问题,在当代中国不仅仍是一个问题,而且在理论上也不能得到确认。可见,"左祸"的肃清绝非一朝一夕之事。

事实上,马克思主义是西方现代思想的内生性产物,其与文艺复兴、启蒙运动等(包括人道主义在内的自由主义思想)的联系是内在的和必然的。对马克思主义的研究,应该运用历史的、现实的、具体的研究,而不是断章取义、为我所需。如此,就首先必须打通马克思主义与文艺复兴、启蒙运动之间的联系通道,寻找其承继和发展之处。如果人为割裂马克思主义与西方文艺复兴、启蒙运动中自由主义思想之间的联系和承继关系,则不仅会歪曲真正的马克思主义,而且会导致封建主义和皇权专制思想的产生、蔓延及其理论上的合理化。

二、科学与启蒙的复归

以"信息论"、"控制论"和"系统论"等"三论"为核心的科学主义或"方法论热",以及译介和传播西方最新学术成就的"文化热"的产生,有着远为深刻的背景和远大的理想。这是知识界或思想界试图绕开或越过人文、社科方面的意识形态屏障的某种努力和尝试。

1980 年,历史学专业学生永昶的文章《试论中国封建社会长期延续的原因》,用现代自然科学方法来加以分析;其后,有研究者发表《中国历史上封建社会的结构:一个超稳定系统》,通过系统论和控制论的方法对中国封

---

〔1〕 杨凤城:《20 世纪的中国——走向现代化的历程(1949—2000)》,第 374 页,北京:人民出版社,2010 年。

建社会的"停滞性"和"周期性"进行解读。由此,"信息论"、"系统论"和"控制论"等"三论"成为社会的时髦和热门话题。钱学森有一段话:"现在理论界都在谈'三论',我们的各级领导人也在谈'三论'。""'三论'已经被普遍接受了。"[1]

有学者更早看到"三论"的科学主义本质以及它与五四启蒙运动中"科学"口号的内在联系:"'三论'被整个学术界接受,很大程度上与系统论所依托的'科学'这面旗帜密切相关。从五四新文化运动高举'科学'和'民主'两面旗帜,把'科学'和'民主'作为追求强国富民的有效手段开始,经过百年的洗礼,已沉淀为一种全民族共同的价值。"[2]

除了"三论"的盛行之外,"文化热"也在1980年代成为引人注目的一个重要文化现象。西方诸多学术思想文化的引进和译介成为"文化热"主要表现之一,涌现众多的以"当代学术"、"西方学术"和"现代文化"等名义命名的丛书和译丛,它们包括哲学、社会学、政治学、法学、心理学、伦理学、文学等各个领域。关于"文化"的参与以及推动,有三支起着主要作用的力量不能不提,这就是:"走向未来"丛书编辑委员会、"文化:中国与

世界"编辑委员会以及中国文化书院。它们翻译、出版了《第三次浪潮》、《大趋势》等大量图书。

关于这场"文化热"的正义性和必然性,《文化:中国与世界》杂志在开卷语中说得非常明确:"中国要走向世界,理所当然地要使中国的文化也走向世界;中国要实现现代化,理所当然地必须实现'中国文化的现代

---

〔1〕　钱学森:《关于马克思主义哲学和文艺美学方法论的几个问题》,《文艺研究》,1986 年第1 期。

〔2〕　杨凤城:《20 世纪的中国——走向现代化的历程(1949—2000)》,第 354 页,北京:人民出版社,2010 年。

化'——这是八十年代每一位有识之士的共同信念,这是当代中国伟大历史腾飞的逻辑必然。"〔1〕其实,这种"述而不论"式文化的引进和介绍,也像带有科学主义倾向的"三论"一样,是对意识形态障碍的一种"战略性"和"战术性"的有效规避。

这正如《20世纪的中国——走向现代化的历程》一书中所说:"1984年之后,官方对'人道主义'的定性,使'托古改制式'的体制内意识形态改革努力受挫;'回到真正的马克思主义去'的思潮,力图通过对马克思主义的当代阐释来重建适应新时期的意识形态的努力也遇到了理论上和体制上的限制。'三论'为特征的科学主义思潮开始利用外来的思想资源进行意识形态重建的尝试。此后,获得相对独立地位和言说权利的知识分子,绕开意识形态忌讳,在'文化'的旗帜下,利用西方的思想资源,进行体制外的现代性方案的设计工作。"〔2〕这种评述和总结是极其准确、到位和深刻的。

"新启蒙主义"思潮的勃兴,标志着"五四"新启蒙运动在更深层面上的复归。

就像打上科学主义烙印的"三论"以及"文化热"的兴盛一样,"新启蒙主义"思潮的再次兴起,也有着同样的意义。我们这里所说的"新启蒙主义"是狭义的,一些学人赋予"新启蒙主义"思潮更多的内容和含义,包括把李泽厚的"主体性"哲学、"三论"、"文化热"等均纳入其中〔3〕,这并非没有道理。

作为一个现代史上的重大事件,五四新文化运动早就成为某种十分重要的历史资源。而出于不同的目的和需要,对这一重大历史事件进行解读和评价,从而为我所用,从历史资源中获取更多的历史正义性,就成为各种

---

〔1〕 转引自杨凤城:《20世纪的中国——走向现代化的历程(1949—2000)》,第401页,北京:人民出版社,2010年。

〔2〕 杨凤城:《20世纪的中国——走向现代化的历程(1949—2000)》,第403页,北京:人民出版社,2010年。

〔3〕 杨凤城:《20世纪的中国——走向现代化的历程(1949—2000)》,第328—409页,北京:人民出版社,2010年。

政治和文化力量博弈的目标和手段。国民党、共产党以及文化本位主义者、全盘西化派等,对五四新文化运动均有着自己的理解和阐释。在某种程度上,五四新文化运动不仅成为绕不过去的历史,而且已经成为现代"经典",甚至成为"神话"或者"传说"。

著名学者舒衡哲在《中国启蒙运动——知识分子与五四遗产》中,早就看到了国、共两党在"五四"资源问题上的不同态度和纠结心理,孙中山、蒋介石作为"民族本位主义者"更强调中国传统文化的价值和作用,对以批判中国传统儒家文化以及"全盘西化"为目标的五四新文化运动,怀有深刻的矛盾性,故此只肯定和评论"学生爱国运动"的意义。而"在共产党方面,毛泽东不像蒋介石那样害怕启蒙运动。事实上自从 1919 年当他在北大担任图书馆管理员助理时,就以'五四'传统的追随者自命"[1]。在《新民主主义论》中,毛泽东"断言'五四'是以 1917 年俄国革命为代表的'无产阶级世界革命'不可分割的一部分"[2],并把 1919 年"五四"运动的发生当作"新民主革命"和"旧民主革命"的分水岭[3]。

正如《中国共产党历史》上所说:"(五四运动)为适合中国社会需要的新思潮,特别是马克思主义在中国的传播,创造了有利的条件。"[4]"五四运动后马克思主义在中国迅速而广泛的传播,为中国无产阶级政党的创建准备了思想条件"[5],"为中国无产阶级政党的创建准备了干部条件"[6]。基于"五四"这个被主流意识形态一直确认的重要历史资源,知识分子们重提"民主"、"科学"、"个性解放"等五四新文化运动的口号和主题,并提出自己的新

---

〔1〕 [美]舒衡哲:《中国启蒙运动——知识分子与五四遗产》,第 295 页,北京:新星出版社,2008 年。

〔2〕 [美]舒衡哲:《中国启蒙运动——知识分子与五四遗产》,第 296 页,北京:新星出版社,2008 年。

〔3〕 毛泽东:《新民主主义论》,《毛泽东选集》(2),第 623 页,北京:人民出版社,1966 年。

〔4〕 中共中央党史研究室:《中国共产党历史》(1)(上)(1949—1978),第 33 页,北京:中共党史出版社,2011 年。

〔5〕 中共中央党史研究室:《中国共产党历史》(1)(上)(1949—1978),第 49 页,北京:中共党史出版社,2011 年。

〔6〕 中共中央党史研究室:《中国共产党历史》(1)(上)(1949—1978),第 51 页,北京:中共党史出版社,2011 年。

的阐释和见解。这是 1980 年代"新启蒙运动"思潮发生的重要的外在原因。

从内在原因或文化根本上来说,1980 年代的思想解放运动不仅必须要追溯五四新文化运动的历史思想资源,而且,它们本身就具有这种思想上的承继性。因此,1980 年代"新启蒙运动"的发生,就是一种内在的、必然的选择。

三、思想论争的文化气象

这里,需要重新界定和认知 1980 年代中后期发生的关于启蒙话语的"对话"。

这个对话无疑有更多和更复杂的思想内容,但其论争有意或无意地触及了一个长期被忽略的课题,即文艺复兴以来的感性启蒙或世俗化启蒙问题,而这种"世俗化"启蒙在 1990 年代将成为启蒙运动的主要内容或者主题之一。

论争的发动者首先在"理性"问题上进行辩证。理性,曾是五四新文化倡导中的一种重要精神:科学精神。在《选择的批判——与李泽厚对话》中,发难者称:"理性是什么?理性是人的感性生命所具有一种自我意识的机能,只有在感性生命充分迸发的基础上才会有真实的理性可言。理性一旦不是为感性生命的发展和实现服务,而是反过来压抑感性生命,那么理性就成了一种虚假的自我意识,成了暴君,这种压抑一旦过长,就会造成感性生命和理性自我意识的双重死亡。""远在古希腊,代表着感性生命的狂醉酒神精神与代表着理性法则的清明日神精神之间的冲突应是不可调和的,并由此孕育出西方思想史上的经验主义与理性主义之间、纵欲主义与禁欲主义之间、个人本位论和社会本位论之间的抗衡。"[1]因此,他质疑和批判李泽厚的"理性本位论",从而提出了他的"个人主体性"的主张。如果这种论述尚是理论层面的,他在另一篇文章《危机! 新时期文学面临危机》

---

[1] 刘晓波:《选择的批判——与李泽厚对话》,第 19—20 页,上海:上海人民出版社,1988 年。

中,则说得更为直白:"在和传统文化对话的时候,就是要把这样一些东西强调到极点:感性、非理性、本能、肉。肉有两种含义,一是性,一是金钱。钱是个好东西,任何人见了都要两眼放光。性,当然不是坏东西,尽管正人君子在表面上都撇嘴。"[1]

仅从思想研究的角度而言,这样的分析有一定的合理成分,但也存在着某种世俗和市侩主义的意味,需要对之进行分析和必要的厘清。

在这场讨论中,有些人一直机械地将"启蒙"与"革命"对立起来,从而造成了人为的理论纠结。这样的纠结其实不仅存在于新时期的思想解放运动中,也存在于中国的五四新文化运动中,甚至在法国大革命中也是如此。这种解读一直在学术界进行着。比如,关于法国启蒙运动与法国大革命的关系问题,就有几种不同的观点。有论者认为,它们存在着必然的联系,而且是原因和结果的关系;也有论者认为,它们之间并无必然联系,只是后来的革命者为了寻找到革命的"正当性"和"合法性",而从思想启蒙运动那里寻找思想资源。后一种思想的主要代表即是罗杰·夏蒂埃,他在《法国大革命的文化起源》一书中质疑了莫尔内《法国大革命的思想起源:1715—1787》这部经典之作中的革命起源于文化启蒙的观点,认为其造成了一种"起源的幻象",并大胆假设罗伯斯庇尔等革命者们"回溯性地将启蒙运动作为它的正当性起源",并试图说明"启蒙运动毕竟只是一个外因,它远没有宗教和王权自身的历史沦陷重要"[2]。这种研究和设想,对后两个问题的解决一定有着重大的启示作用。

对于一些绕不开的现实和思想问题,我们必须面对,必须给出正确而公正的答案。毫无疑问,在目前的认识水平下这是一种挑战,但在理性和宽容精神的烛照之下,它一定能够得到科学而合理的阐释和论证。

在这个难忘的时代,关于新权威主义的论争同样具有深刻的理论魅力。

---

[1] 《危机! 新时期文学面临危机》,《深圳青年报》(1986 年 10 月 3 日)。
[2] 俞耕耘:《启蒙的虚幻:重构法国大革命的历史想象》,《经济观察报·书评》(2015 年 9月)。

改革开放给社会带来了活力,同时也造成了一定的乱象,例如在双轨制的经济秩序中造成的"官倒"和腐败空间的存在,价格改革带来的物价涨幅过快,各地财政政策与中央财政紧缩造成尖锐的矛盾,国民经济所承担的通货膨胀的压力过大。在这样的情势下,一些理论工作者提出,中国的民主制度必须建立在市场经济的基础之上,而中国的市场经济的秩序建立则必须通过具有权力集中性的力量才能实现。萧功秦指出:"新权威主义在政治上凭借庞大及有效的官僚体制及强有力的军事力量,以此来实行自上而下的统治。"[1]尽管这种新权威主义的前提须保证"现代化导向",但这样的理论甫一提出即遭到"民主派"的猛烈反驳,他们认为现在经济、社会上出现的如此乱象正是集权制约下的必然后果,要彻底解决这些问题只有通过民主体制的建立和市场化的健全。

新权威主义倡导者的出发点值得肯定,他们所运用的理论,包括美国的亨廷顿学说,所运用的实践经验,包括亚洲"四小龙"的发展经验,都具有一定的学术合理性。但这样的论点将国家民族的希望寄托在某种新权威的建立,将社会的和谐、稳定与发展之宝押在新权威拥有人的现代化导向和个人品质的完善之上,显得极其危险与虚幻。严格地说这不是一种理性的思想理念,而是一种信仰和信念的表达。但这毕竟是思想解放的时代,只要在大方向上与改革开放的时代精神相吻合,就应该得到关注和尊重。

四、思想与学术的文化建构

"新启蒙"的时代呈现在文化思想领域,也决定了这一时期学术文化的面貌。

1980 年代初,随着"高考"制度的恢复,中国出现了经过无差等的正规考试进入大学学习的本科生和研究生。高等教育正常化和正规化是新时

---

〔1〕 萧功秦等:《新权威主义:痛苦的两难选择》,《文汇报》(1989 年 1 月 17 日)。

期中国学术文化复兴的可靠土壤。其中，文学和文学研究，历史、哲学和思想文化史研究的复苏与勃兴激活了人们情感和思想的神经。这恰似五四时代人们由万马齐喑的历史中走出来，放眼世界。"反思"和"重构"不仅是这一时期文学的重要主题，也是历史科学和思想文化史的重要内容。从科学的角度，人们不但要重新对待和认真清理就近的历史，譬如"反右"和"文革"的劫难，也要重新对待和认真清理古往今来的历史。在思想文化史上追根溯源成为一种历史化的研究命题。这一时期，可以说，历史主要不是在它的事实层面，而是在它的精神层面和思想领域，开始被人们重新认识和理解。在某种意义上，"理解"构成了"反思"的动力，也"重构"了反思的目的。如果对某种具有"罪过"的历史，所谓"吸取教训"只是一个肤浅而虚幻的政治命题，而反思中的理解和重构就是一个历史性的文化命题。较之五四时代，从学术的意义上，1978年以后的"新时期"是一个更具理性的时代。学术的眼光成为人们理解历史、认识自我和现实的一双"慧眼"。正是在这个意义上，1980年代以还，学术史开始从属于思想史（或反之）。文学（情感化视野）和思想（理性精神）的分途也在学术史的意义上走向了起点。今天看来，历史注定当代中国的知识分子只能通过学术之路完成自己的思想建树，同时，任何真正的思想建树都不可能如过去那样，是以某种政治（实践）理论和道德说教的形式而获得社会和历史认可的。

1980年代，在"反思"的意义上最先取得突破的学术成就来自现代文学和现代思想史研究领域。

一方面，王富仁等的鲁迅研究开始祛除鲁迅"政治家"、"革命家"的现代神话，在"思想家"的意义上获得新的肯定与认识。紧接着，刘再复的"人物性格组合论"和林兴宅的阿Q性格系统研究等运用新的理论和方法，颠覆了意识形态化的人物形象典型论。由此，中国现代文学史研究被逐渐赋予了思想史、文化史和文学认识论研究的色彩。虽然这离文学的本体论研究尚远——特别是前者，有脱离文学本体论研究的趋势，但不可否认的是，人们逐渐发现，只有将中国现代文学史研究纳入思想文化史和文学认识论研究的范畴，才能真正赋予其学术性和历史价值。因为从文学本体论的观点上看,中国现代文学事实上并不是充分本体化的文学存在。唯有借助西方文学的历史与现实标准去衡量,中国现代(含当代)文学的本体性才得以彰显,但同时,其所表现出来的或许恰恰是本体性的缺失。除了在认识论上有其正本清源的必要,与其在文学本体论的视野中自怨自艾,勿如避开这一是非莫辨的纠葛,还其历史性的本来面目,在思想史、文化史,以及政治史中赋予其资料——资源性价值。从现实来看,我们面对的乃是未及充分客观化的自己的历史,以及在实践领域尚未形成共识的文学本体论问题,与其纠缠于事实和对象说三道四,勿如"反思"之以穷本究源。这恰恰是学术思想化的一个契机。

在文学研究思想化和思想表达学术化的意义上,1980 年代的文学和文学史研究,历史、哲学和思想文化史研究等,都在一定程度上脱离了本体论氛围,在学术化、思想化的意义上服从于具有一定独立自主色彩的思想表达和观念建构。中国历史上文、史、哲"三位一体"的景观已然再现。但是,学术表达的局限性也束缚了人们的眼界,视野开拓了,问题阈则变得异常狭窄。因此,一系列新颖的观点背后,却暗藏着独断论与意气化的偏执。在思想建构的沉积性、整体化与学术表达的碎片化、功利性之间,在学术表达的外在规范与思想表达的内在自由之间,以及在严谨纯粹的本色化研究与游刃有余的穿凿附会之间渐次失衡。真正的理论和思想建构,因其本体论(分属于文、史、哲三方面)的缺位而暂付阙如。以至到后来,观点的分歧与角逐,理论上追新逐异的自我贬损与炫耀,逐渐代替了最初的学术理性和深入思考,学术界的浮躁凌厉之风接踵而至。

李泽厚

1980 年代思想文化史研究的一个界标是李泽厚的中国思想史论系列论文和著作的发表与出版。其以对五四的反思及对思想文化史的价值重构重开启蒙之思,而赋予 1980 年代以"新启蒙"的称号。其中,1986 年发表于《走向未来》创刊号上的《启蒙与救亡的双重变奏》一文最具影响力,在某种意义上可以看成是这场"新启蒙"运动的风向标。

实则在政治领域,继1978年真理标准问题讨论之后,1983年前后又爆发了一场所谓"人道主义和异化问题"之争。这都是在官方意识形态领域围绕着"思想解放"问题所展开的政治观念论争,其解决的方式也是政治化肯定或者否定。这说明,1980年代初期的学术文化,特别是在哲学、思想领域并没有有效摆脱传统意识形态观念的束缚,如果说这是学术的政治化(或反之),那么,"新启蒙"的开展正是现代学术史意义上学术思想化的起点。在这个过程中,李泽厚等以其真正的学术理性和思想潜质(亦来源于他们在"文革"前后的历炼),通过一系列较为纯粹的学术活动和创造,避开意识形态锋芒,以学术言说和思想表达的方式,发抒自己对历史的洞察和改革的呼声。在学术的立场上,他们之能有效避免意识形态纠葛,就在于他们像五四一代人一样,以"拿来主义"的眼光放眼世界,吸取到了诸如现代化理论、结构社会学和文化阐释学观点等新型学术话语工具,把资本主义、社会主义这些敏感的意识形态概念,置换成了如帕森斯所描述的市场经济、民主政治和个人主义这些具有超历史的普遍主义性质的概念。

在《启蒙与救亡的双重变奏》中,李泽厚说道:

今天流行的"人道主义"、"思想解放"和启蒙运动是历史的再一次重复吗? 使人惊异的是,……陈独秀七十年前《新青年》中的那些主张,如提倡人的自主、勇敢进取、反对锁国、主张功利主义、要真正民主,不要为民做主的清官,等等,却可以在今天好些政治、学术论著和好些青年的思想、主张中看到。五四时期鲁迅的"不读中国书",钱玄同的"废除汉字"等等激烈的反传统、批儒家的要求,在今天许多青年的思想和论著中,也是"似曾相识燕归来"。……这确乎令人惊叹,但又完全可以理解。

不过,重复五四那种激烈的批判和全盘西化就能解决问题吗? 我们今天的确要继承五四,但不能重复五四或停留在五四的

水平上,对待传统的态度也是如此。不是像五四那样,扔弃传统,
而是要使传统作某种转换性的创造。[1]

否定激烈的反传统而要求对于传统的"转换性创造"正是 1980 年代"新
启蒙"区别于五四启蒙运动的地方。这也不能不让人想到,在这两个不同的
时代,不仅是知识分子吸取的历史教训不同,面对的政治形势也千差万别。
五四时代对知识分子而言毕竟是一个充满自由的时代,面对历史的理想的
焦灼和不满现实的政治幻想赋予他们过度的自信,走上了无谓的激进。而
七十年后,当李泽厚感叹"革命压倒启蒙"时,"革命"在知识分子心目中已然
沦落为历史的累赘,"避免革命"因而也就成了不言而喻的启蒙的新的目标。

但是,1989 年的一场政治风波中断了这场"新启蒙"的进程,政治不受
文化制约的历史景况已然再现。此后,在政治改革的停滞与急速的经济增
长之间,知识分子营垒发生了历史性的分化:所谓"新左派"和自由派产生
对垒。仅仅在学术领域,这种分化和对立也极大地影响了 1990 年代以至
今天中国学术和思想史的进程。学术和政治的瓜葛,思想进展的懈怠与学
术文化的浮沫化互为表里,在文、史、哲诸方面,本体论建构的缺失终酿成
一场世纪性的文化之殇。

而另一方面,1989 年后政治的保守化也带来了学术和思想文化不同程
度的保守化趋向。仿佛从"新启蒙"中反思五四和温和的反传统诉求中脱
颖而出的,是传统思想和文化借助于保守型政治势力的庇护粉墨登场,种
种打着"国学"旗号的历史沉渣浮泛开来,在低俗和肤浅的利益诉求中吸引
着大众的眼球。其中,于丹的《论语》解读、易中天的历史戏说堪称代表。

李泽厚曾说:"九十年代学术风尚特征之一是'思想家淡出,学问家凸
显',鲁迅、胡适、陈独秀等退居二线,王国维、陈寅恪、吴宓等则被抬上了
天。而从一些刊物的自我标榜看,仿佛有些人硬想回到乾、嘉时代去。这

---

〔1〕 李泽厚:《启蒙与救亡的双重变奏》,《李泽厚十年集·中国现代思想史论》,第 45 页,合
肥:安徽文艺出版社,1994 年。

是一个有趣的现象,具有思想史的意义,值得分析研究。"[1]这样的观点在 1990 年代中期则遭遇到反拨。1988 年主编过《新启蒙》杂志的王元化仍然期望"多一些有思想的学术和有学术的思想"[2]。他希望传统的朴学能够赋予现代思想家以精湛的功力与深厚的历史文化底蕴;同时,现代学术是思想家的学术,不是"代圣贤立言"或为学术而学术。在中国,学问家和思想家不是分途,而是合一。致力于康德哲学译述和德国古典哲学研究的著名学者邓晓芒,一方面坚持启蒙主义立场,一面针对新权威主义的滋扰提倡"新批评主义"。同时,"新左派"也化蛹成蝶,他们或是在对五四科学主义的批判和对现代思想史上科学话语的反思中生成其保守性,或是从浪漫主义诗学和基督教神学迷思中走出,成为 21 世纪新权威主义的代表。

当代学术史上,1980 年代与 1990 年代之交的"文化热"是一个值得关注的话题。从政治上看,它联系着 1980 年代一系列的思想论争,而主要是传统与现代,所谓"蓝色海洋文明"与"黄土地文明"的对立与博弈。电视纪录片《河殇》的播映及解说词的发表是其高潮。文化上,在"新启蒙"派(李泽厚、王元化等)推动下,《走向世界》丛书、《文化:中国与世界》丛书、《二十世纪文库》等陆续出版,着重译介现代西方社会和人文学术思潮。可以说,1989 年以前,"文化热"的主流是"西潮";1989 年以后,由于社会政治形势骤变,"西潮"难以为继,文化保守派独占鳌头,启蒙派中也多有转为保守者,"文化热"的主流由"中潮"取而代之,以维护政治现状为目的张扬传统文化,包括对"文革"的反思也骤然停止。

---

[1] 李泽厚:《与陈明对谈》,《世纪新梦》,第 329 页,合肥:安徽文艺出版社,1998 年。
[2] 王元化:《〈学术集林〉卷一编后记》,第 412 页,上海:上海远东出版社,1994 年。

第四十五章
改革开放时代的"文化热"

1980 年代中国大地上兴起的"文化热",是中国知识分子在二十世纪末重构中国传统文化、探索民族文化现代性的文化历史事件。这一过程,是中国传统文化与西方文明的博弈,也是中国传统文化自身"过去时"与"现在时"(及"未来时")的较量。回望新时期十年,中期的"文化热"结构性意义愈发显著,通过自身的文化实践继承了前期的政治使命与时代使命,以一场文化盛宴的落幕向后期宣告了行动的最终失败、集体经验的最终失效、话语权的最后沦落,从而以"告别"的姿态进行新一轮文化探索。

一、"文化热"的文化成因

1980 年代末有学者[1]提出,"文化热"的出现源自三个方面:一、以中西文化广泛而直接的交流为前提(新经济背景的支撑);二、对文化差异的猛然醒悟;三、长期存在的自由平等地讨论问题的环境。尤其认为"文化热"的出现是因为社会"长期以来极左思潮、僵化思想的泛滥、官僚主义恶习的存在","当十年浩劫已去",人们必然要"探析挖掘能使数亿人如痴如

---

[1] 朱剑:《"文化热"的兴起及其发展》,《东南文化》,1988 年第 2 期。

狂的更深层的原因",所以"不能不从探讨中华民族的民族心理、伦理道德等文化观念入手",再加上改革开放后与世界的横向对比带来的落差,"人们重新认识评价传统文化也就顺理成章了"。可以说,这种观点在1980年代,乃至于在进入新世纪后的文化研究中都颇具代表性[1]。

在展开对"1980年文化热"价值内涵的探讨之前,有两个概念需要梳理、界定,一为"1980年代",一为"文化热"。事实上,用"八十年代"来冠名"文化热",并不是特别精确的做法,不仅因为整个八十年代的进展与七十年代末有着不可剥离的关系,还因为1980年代是一个推陈出新、变化复杂的时期,任何一个简单的概括都有可能模糊其丰富性。但之所以仍以"八十年代"冠之,不仅因为历史"时间的段落具有整数性"[2],还因为"文化热"也必须是在这一时间大背景下方能突显出价值内涵。

关于"八十年代",以"反思"为基调,以"中西文化对比"为桥梁,以"现代化"为要求,这一时期不仅成为上世纪可以与"五四新文化运动"相媲美的黄金时期,而且成为众多拥有理想主义情怀与浪漫主义激情的知识分子的精神标杆。首先,关于这一概念的起止点。从时间维度上而言,"八十年代"指的是从1980年至1989年;从意义维度上而言,"八十年代""实际上涵括了'文革'结束至1989年这十多年的时间",亦被称为"后'文革'时代"[3]。其次,对整体1980年代的阶段性划分。对1980年代内部阶段的划分,角度不同,起始时间也会有差异。从思想文化史的角度,1980年代被划为三个阶段[4]:一是从1976年"文革"结束到1983年底"清除精神污染"运动,二是1984年开始至1986年底"反资产阶级自由化",三是1987年春至1989年春夏之交"八九风波"。从文学史的角度,"以1985年前后为界,

---

[1] 李宗山:《20世纪中国的两次"文化热"述评》,《中华文化论坛》,2001年第3期,第66—67页。在李宗山的文章中,也是从历史背景、经济背景、思想基础三方面来阐述"文化热"的成因。

[2] 曹文轩:《20世纪末中国文学现象》,第3页,北京:北京大学出版社,2002年。

[3] 王文典:《"80年代"是怎样被"重构"的?》,《开放时代》,2009年第6期。

[4] 王文典:《"80年代"是怎样被"重构"的?》,《开放时代》,2009年第6期。

1980 年代文学可以区分为两个阶段"〔1〕,并且文学界新时期的起点晚于思想界,"出现对'文革'模式的明显脱离,是从 1979 年开始"。

关于"文化热"的时间问题,需要明确的一点是,虽然自"文革"结束以来中国知识分子从未间断文化反思,但"文化热"并非贯穿整个 1980 年代,具体指上文第二阶段 1983 年 10 月到 1986 年底〔2〕。关于"文化热"的组成成分,从泛义而言,"文化热"并非单纯囿于某一领域内的显著现象,而是全方位渗透至整个社会生活。比较典型的有以下两类定义:一,层次论。赵鼎新〔3〕将当时的文化热分为"上层文化热"与"流行文化热"。"上层文化热"涵盖了"西方文化热"、"西方宗教热"、"文化批评热"与"寻根热";而"流行文化热"则涵盖了世俗社会生活的方方面面,比如大众对流行歌曲、西方服饰与节日的普遍喜爱。二,整体论。具有代表性的如尹昌龙〔4〕,认为文化这一概念实际上囊括了思想解放运动中出现的各种纷乱的感想与认知,使其构成一个相对完整却松散的联合体〔5〕。

从狭义而言,"文化热"的核心是中国传统文化,当时知识分子普遍认同的核心命题是"文化的现代化"——即重构中国传统文化结构以适应国家现代化步伐,如甘阳于 1985 年秋写下的文章称:"现代化,归根结底是

---

〔1〕 洪子诚:《中国当代文学史》,第 240 页,北京:北京大学出版社,1999 年。

〔2〕 "文化热"在 1986 年底至 1987 年初"反资产阶级自由化运动"时进入低潮,结束于"八九风波",这一点是明确的。但对于其具体起始时间,向来各有说法。比如甘阳与张旭东认为始于 1985 年初甘阳成立主持的"文化:中国与世界"编委会;陈奎德认为始于 1984 年下半年北京大学汤一介教授等成立中国文化书院;本文更倾向于王文典的分析结论,即"1983 年底开始的'清除精神污染'事件……宣告了'文革'结束以来,一段时间内人们可以相对自由地探讨现实政治问题的时代的中断"。

〔3〕 赵鼎新:《国家·社会关系与八九北京学运》,第 8—9 页,香港:香港中文大学出版社,2007 年。

〔4〕 尹昌龙:《百年中国文学总系 1985:延伸与转折》,第 38 页,济南:山东教育出版社,1998 年。

〔5〕 尹昌龙的原文为:"'文化'因其概念之大,内涵之广,虽然能把思想解放运动中文学实践所出现的各种纷乱的感想和认知,暂时地组织在一起,构成一个相对完整、庞大的板块,然而,这个板块同时又是松散的联合体。各种思想因素归拢到了'文化'这一大叙事中来,同时又在借用着'文化'的名义,展开着各有自身逻辑的话语实践,而'文化'对话语运作的组织,往往只提供了一个假想的统一。"

'文化的现代化',中国的现代化只有最终落脚在一种新的现代中国文化形态上,才算有了真正的根基和巩固的基础。"[1]对于"文化的现代化",1980年代中期学者将目光主要集中在了两点上,一为"具有几千年历史的中国传统文化与正在形成中的中国现代文化之间的冲突",另一点为中西文化的差异。而以甘阳为代表的学者更认为前者是"文化讨论中主要的、第一位的问题",而后者是"次要的、第二位的问题"[2]。

有学者[3]归纳出其发展的三条线索:一为学术文化界的中西古今之争;二为文学界的"寻根派"文学创作;三为改革派官方举办的各式各样"文化发展战略研讨"。一方面,这一时期"文化热"主要集中在学术文化界的中西古今之争里[4],有相当数量的海内外知名学者积极参与[5],一时之间,这场文化大讨论的热烈程度颇有"洛阳纸贵"之势。另一方面,文学界1985年出现的"寻根文学"是"文化热"的典型代表,"由一批青年作家发动,其主旨在于突出文学存在的'文化'意义(对抗文学作为社会政治观念的载体),试图从传统文化心理、性格上推进'反思文学'的深化,并发掘、重构民族文化精神,以此作为文学发展的根基"[6]。在这短短三年的文化热狂潮中,中国传统文化的发掘与重构,大量西方思想文化译介的涌入,与各个领

---

〔1〕　甘阳,《古今中西之争》,第34页,北京:生活·读书·新知三联书店,2006年。作者称该文写于1985年秋,初发表于1986年2月号《读书》杂志。

〔2〕　甘阳,《古今中西之争》,第45页,北京:生活·读书·新知三联书店,2006年。作者称该文写于1985年秋,初发表于1986年2月号《读书》杂志。

〔3〕　陈奎德:《文化热:背景、思潮及两种倾向》,《中国大陆当代文化变迁(1978—1989)》,第41页,台北:桂冠图书股份有限公司,1991年。

〔4〕　1984年,北京大学汤一介教授等成立"中国文化书院","中国近代文化史学术讨论会"在郑州举行,中国首届"东西方文化比较研究中心"于上海成立;1985年,北京成立"孔子研究所",武汉成立"文化研究沙龙",及其他各地组建的各式文化研究组织,全国"东西文化比较研究协调会议"在深圳召开,"中国传统文化与现代化"大型讲习班于湖北黄石召开;1986,复旦大学主办的"首届国际中国文化学术讨论会"于上海召开,"文化:中国与世界"编委会在北京成立,另,以上海为发端,不少大城市出现了有(改革派)官方色彩的所谓"文化发展战略研讨"活动。

〔5〕　海内外知名学者如冯友兰、李泽厚、甘阳、梁漱溟、余英时、金观涛、汤一介、杜维明、李欧梵等。

〔6〕　洪子诚:《中国当代文学史》,第244页,北京:北京大学出版社,1999年。

域大批优秀知识分子的积极参与,使"文化热"达到鼎盛状态。

"文化热"在 1980 年代知识分子的园地里,并非是对传统文化的单纯回归与机械模仿,而是建立起一个面对全新社会要求的、供其实验探索的虚构领域与象征空间,无论是"史前史"的中国文化传统与当代史的中国文化传统的对弈,还是中国传统文化与西方思想文化的碰撞、交流、融合,其置身于 1980 年代新时期的意义首先基于政治层面,其目的首先在于配合国家以市场为中心的经济改革的现代化进程。而当中国重新进入一直被自己视为异质的世界资本主义体系时,即刻面临的便是全球化系统中的大文明格局,面对其他各种文明(尤其是强势的西方文明),中国知识分子们对"中华文明"的使命感油然而生。在这种多元化境域里,"文化热"产生的"热量"自不待言,而在这场"文化狂欢"的狂热下,掩盖不住的亦是深深的文化焦虑。

二、"文化热"的阐释空间

"文化热"的出现本身就是一场文化盛宴,其本体论价值已由许多学者的研究成果证明,这里主要探讨的是在不断推陈出新的 1980 年代文化思潮中,"文化热"作为整个思潮链上的一环,所处位置的结构性价值。换句话说,"文化热"价值首先是从它出现的时机体现的,因而具有一种结构性的战略意义。从其所处的位置来看,是很有意思的:在"文化热"之前,是"反传统"的(与"反文革"、"反封建"一起)——在"反传统"某种意义上的落败之后,紧接着便有了"文化热"的兴起;在"文化热"之后,亦是"反传统"的(现代主义等强调个体存在的流派兴起,反对之前盛行的集体经验)——"文化热"转入低潮乃至最终划上休止符。"文化热"的结束,源自于政治力量的直接抑制(比如"反资产阶级自由化运动"),源自于传统文化在与西方文化博弈中的式微,源自于中国新时期市场经济改革带来的知识分子边缘化效应。1980 年代末期西方现代主义、后现代主义等后者居上,"反传统"思潮再次兴起。传统文化就像是"二律背反"中那永远不可或缺的一维,可以与任意一维形成鼎足之势——无论是以正面形象出现,还是以负面形象出现。这充分说明了传统文化除了本身的承载,已然被赋予更复杂的社会政治价值内涵。因此,比起其他媒介"文化热"具有最为广阔的阐释空间。

首先,"文化热"与第一阶段的结构关系实际上是承接的,具有历史连续性——虽然表面上是"反传统"过渡到"传统"的断裂。值得注意的是,在这两个阶段中,中国传统文化一直是作为一个被重视的对象存在的——差异只在于,上一个时期是以"否定"的态度证明、强调着它的存在;而下一个时期是以"肯定"的态度证明、强调着它的存在。1980 年代第一阶段的前三年里,以文学界为例,"伤痕文学"、"反思文学"、"改革文学"等新文学流派的出现,其主要特征就是批判性揭露"文革"时期的陋行与人性的扭曲,颂扬改革开放带来的翻天覆地的变化。对于"文革"时期令人痛惜的林林总总,人们普遍归咎于几千年中国封建传统文化中的沉渣泛起,认为是长期以来民族性格心理中的"封建主义的积习"所致。但即使是在这一"反传统"的大背景下,"文化热"也并不是在"清除精神污染运动"之后才突然出现,而是在第一阶段就已经开始预热,最早可以追溯到 1982 年 6 月与同年 12 月在上海复旦大学召开的"中国文化史研究学者座谈会"——"这是自一九四九以来大陆首度召开有关中国文化史的学术会议"[1]。

其次,"文化热"实质上依旧是不同文化力量在政治权力引导下继续展开的话语权之争。在风云变幻的半个世纪里,文化并非超然独立于政治力量的存在,无论是前期被冠以"御用"的文艺理论,还是后期号称主体意识苏醒的文化热潮,在这面大旗帜之下,它一直都是被定位于配合国家发展战略的重要手段,所拥有的话语特权亦是或明或暗由政治力量赋予。"文革"时期,除了境外势力的冷战与威胁属于外在的不可控因素,"四人帮"的纵权控盘与毛泽东的个人崇拜成为精英知识分子热切关注的两大主因,成为 1978 年至 1983 年理论学界的批判重点,除了相当一部分学者将其归咎

---

[1] 陈奎德:《文化热:背景、思潮及两种倾向》,《中国大陆当代文化变迁(1978—1989)》,第 38 页,台北:桂冠图书股份有限公司,1991 年。

于中国传统文化中的沉滓,亦有将注意力放在过去几十年里党的路线、思想指导上出现的偏差。周扬、王若水等党内知识分子则成为主力战将,对方阵地以胡乔木、邓力群等为主,争论围绕"真理标准"、"异化问题"、"社会主义人道主义"等展开。1983 年 10 月展开的"清除精神污染运动"则明确宣告王若水一方以失败告终。

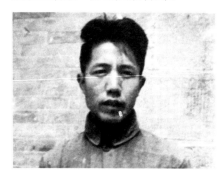

延安时期的周扬

这里要讨论的问题,不是问这些以谨慎的开放性姿态为思想解放作出努力的人为什么会失败,而是为什么首先以理论为武器——这一问题将告诉我们为什么下一个阶段是轮到"文化"而非他者上场。以理论为武器,并非"文革"结束后知识分子的首创,而是中国由来已久的传统——以言立道,以道立世,或曰"名不正,则言不顺;言不顺,则事不成"。如果说以暴力形式展开清算与批斗一直为世人诟病,那么,借助理论在逻辑上击溃对方是一种更能显现出合法效应与公正法则的做法。例如,对李立三的"立三路线"的批评,对王明"'左'倾冒险主义"与"右倾投降主义"的批判[1],1959 年庐山会议时对张闻天的批判等。前两者与后者有一个较为明显的区别,前两者的失误是证据确凿的,对其的批判也是公正合理的;而后者却并非是因为路线错误或歪曲事实而受到批判,相反,张闻天的会议发言被后人认为"具有拯救国家和民众的历史意义",甚至是"改变历史的最后机会"。比起之前彭德怀情绪化的《意见书》,张闻天长达三小

---

[1] 对李立三的批判在 1930 年。1929 年 10 月受到共产国际来信的鼓动,李立三对当时的革命形势作了错误的判断,盲目主张全国性大规模武装暴动,并以进攻大城市(如南京)为主。在此过程中,党组织的有力量被暴露,损失惨重,红军战斗力量也受到很大的削弱。对王明"左"倾冒险主义的批判是在 1935 年 1 月遵义会议上,因其忽视两党力量的悬殊,主张与国民党正面交锋而导致红军主力严重受损;对他的右倾投降(机会)主义的批判是在 1938 年 9 月六届六中全会上,因其主张"一切服从统一战线"、"一切经过统一战线"等投降主义。

时的发言更具有切实的理论深度与哲学高度,佐以大量调查资料与会议材料作支撑,更显锋芒。但张闻天被定位为政治不正确,很快,庐山会议的"纠左"便因彭、张二人转变为"反右"。毛泽东认为不能用批判彭德怀的那种简单粗暴方式来批判张闻天,于是找到了康生,让其搜集批判张闻天的理论武器,卓有成效[1]。

性质差异显著的两方,受到的却是相同"待遇"——以理论为表征,话语权这一武器的重要性由此可见。另外,亦有为数不少的知识分子通过同样的方式走向政治仕途,比较典型的如王若水[2]。1954 年 11 月,王若水以一篇《清除胡适的反动哲学遗毒》为毛泽东大加赏识,1972 年 8 月因在《人民日报》理论版上连发三篇批无政府主义和极左思潮的文章——违背了毛泽东批判林彪的指示——不久便遭到《人民日报》长达两年的内部批斗。

文艺理论这一话语形式作为党与国家的特殊权力工具,其法力可见一斑。"文革"结束后,学者"用'第二次解放'来强调'文革'的结束对民族、个人具有的历史性意义"[3],对"文革"采取"决裂"的姿态,但依旧承袭了1950 年代—1960 年代惯用的以理论为批判武器的方法。新时期初期的文艺理论,并非只是学术范围的讨论,而是投射于现实政治问题,起着辅助作用,亦可被称作是国家政策方针走向的一面镜子,在必要时会直接转化为政治力量运作,可谓之"没有硝烟的战场"。直接导致 1983 年"清除精神污染"运动发生的也是胡乔木、邓力群与周扬、王若水的文艺理论之争——到

---

[1]　苏晓康:《自由备忘录:苏晓康全景报告文学集》,中国社会科学出版社 1988 年。1959 年庐山会议期间,7 月 21 日张闻天在华东组发言;7 月 23 日中央政治局扩大会议第二次全体会议上,毛泽东震怒;7 月 28 日毛泽东写给康生的信中称:"我有兴趣的,首先是中国近几年和近数十年关于逻辑的文章、小册子和某些专著(不管内容如何),能早日汇编印出,不胜企望!"8 月 3 日,康生再次呈上他"辛苦搜辑,编成《斯大林论联共(布)党内的右倾问题》","这是他给毛泽东送逻辑学材料后送去的一批真正的武器"。张闻天的两顶"大帽子"——"彭德怀反党集团成员"和"右倾机会主义分子"——便扣上了。
[2]　王若水也是 1970 年代末 1980 年代初参与"异化"问题与"人道主义"问题讨论的重要人物。
[3]　洪子诚:《中国当代文学史》,第 225 页,北京:北京大学出版社,1999 年。

底是学术问题还是政治问题？另外，1983 年 6 月的"桂林事件"[1]（在桂林召开"现代科学与马克思主义认识论"学术会议，全面批评了官方正统哲学体系，论证真理多元论）亦成为导火索。对这些文艺理论之争的性质认定直接决定了之后政治政策的走向："精神清污运动"的发起。

为何"文化热"会成为紧接着出现的思潮而非他者？这与文化的语言特性密切相关。作为话语的另一形式，第二阶段的"文化热"在很大程度上充当了间接的、隐晦的政治较量武器，接替了前一阶段"党的文艺理论"的位置，而实质并未改变，仍然是一场争夺话语权的继续。如果说 1980 年代第一阶段前三年仍然是党的理论家们享有话语特权，针锋相对，那么第二阶段的文化讨论显然已有隐藏锋芒之势——无论是以主动的还是被迫的姿态。细读那段时期的"文化热"，会发现其进展虽然狂热却并不浮躁，这亦是它为前一阶段理论阵营里的激烈较量做降温处理的原因，相当于激战后的缓冲与回旋。"文化热"的兴起，实际上更像是一场知识分子对国家意识形态的让步与妥协——由于前一阶段话语策略上的失利，中国知识分子转而采取间接的方式——挥舞"文化"之旗曲线抗辩，避免与政治决策正面冲突。哪一方将拥有既政治正确又有自主性的话语权，成为中国知识分子面临的最关切的问题。

在这一回合的话语权争论中，"文化热"充分显现了中国知识分子重构社会文化的能力与试图再次引导国家文化政策的决心。当话语的方式由直接转入间接，一个全新的象征空间便诞生了，同时生成"新的象征秩序"。在这一文化空间里，一定程度上摆脱了官方话语的束缚，语言获得了比前一阶段更大的自由度，形成一个虚拟的、"半自主的"公共空间，为各流派提供言说各种前景的舞台，以便他们用文化实践来论证自己现代化方案的可行性。在这一过程中，备受瞩目的有三支流派：首先是"走向未来派"，1984 年出版的"走向未来丛书"，大量引进以西方自然与社会科学为主的译著，

---

[1] 陈奎德：《文化热：背景、思潮及两种倾向》，《中国大陆当代文化变迁（1978—1989）》，第 48 页，台北：桂冠图书股份有限公司，1991 年。

要求传统无条件服从科学标准,"目的是在被政治功利主义所牢牢控制的文化领域内激起新的思想浪潮"。这算是第一回合的中西文化抗衡,西方文化在中国的大量引进再次刺激了中国传统文化的神经,从这一角度而言,中国传统文化热最终形成的狂热局势,并非纯粹是自发性的,更不是自足性的,而是外在因素引发的应急反应。其次便是同年 10 月由汤一介、李泽厚、庞朴等人联合海内外数十名知名学者于北京成立的"中国文化书院",通常被认为是"文化保守派"或"文化传统派",在东西方文化比较的争论中,渴望以传统文化的包容力批判性吸收西方文化,创造性转化儒家思想,以达到传统文化的"历史性复兴",并"克服西方思想"。第三则是 1985年底成立的被贴上"全盘西化派"标签的"文化:中国与世界编委会"(或称"二十世纪西方学术经典编辑委员会"),主要成员有洪谦、甘阳、刘小枫等,他们对西方理论话语的译介,无论在数量上,还是在深度上,都挑战了之前所有的纪录,以至于被认为"根本上标志了'文化热'最新发展的文化策略和思想原创性。这一转换使全国的文化讨论变成了朝向话语现代性的冲刺,……重新界定文化、符号权威的竞赛。这样一来,所有的讨论都不得不在西方理论的框架内",去"符合一种国际文化的'语言游戏'或交流惯例"[1]。

　　实现"指引中国现代化、成就文化大国"这一目标的第一步就是抢夺话语的主动权,在"百家争鸣"的局面里获得官方认可,只有这样才能赢得机会将自己的方案变成现实。从这一角度而言,第二阶段的"文化热"在本质上与第一阶段相差无几。这一阶段各种力量的较量,尽管其表达方式、派系背景、资源、与官方的关系等不尽相同,但可以明确的是,他们的影响力在这一阶段渗透了整个社会,不仅引起政治决策层的关注与支持,也在广大群众中引起广泛反响(尤其是在年轻一代中),由此构成一个良性循环的动态系统,用"文化"的语言策略接过了前期的任务,在一个象征空间里构

〔1〕　张旭东:《改革时代的中国现代主义——作为精神史的八十年代》,第 57 页,北京:北京大学出版社,2014 年。

建理想化模式,试图为变化迅速的"现实及其社会和文化的多种可能性提出一个形而上学的方案"。

三、"文化热"的历史节奏

回顾 1980 年代末 1990 年代初研究此次"文化热"的文章,大抵是脱不了"颂歌"的模子的,并且都很乐意去比较新中国的"文化热"与其他时期的"文化热"(比如鸦片战争时期、"五四"时期、抗日战争后期等,但以与"五四"时期"文化热"做对比为主,被看作是"五四的回归"、"第二次文化启蒙运动"的观点也普遍存在),尤其认为文化热是因为经济改革、对外开放,"必然要求文化领域的改革"。

但值得深思的是,1980 年代第三阶段,自 1986 年底"反资产阶级自由化"运动到 1980 年代末,强调个体情绪的个人主义文化思潮涌起,表明以集体经验为宗、以担当政治观念载体为荣誉的"文化代言人"开始谢幕了。这完全不同于第一阶段向第二阶段时的"过渡"——即不同的文化策略下依旧秉持着相同的文化理念,第三阶段却是文化理念上的"告别"。中国传统文化在社会思潮中的再次"落选"——尤其是刚刚经历过全国范围内掀起的狂热之后,有种壮士暮年的历史悲壮感。

如果说 1980 年代第一阶段的"反传统"对文化是"搁置"或"冷处理"的态度,那么第三阶段对中国传统文化的态度则有"遗弃"的嫌疑了。该阶段表现出一种强烈的与"传统"断裂的意愿与姿态,表现出对整个 1980 年代的集体话语经验的抛弃。第三阶段的"反传统"与第一阶段的"反传统"是截然不同的,虽然第一阶段也在重新引进西方思想文化,但很大程度上仍以"内"为主,国内的大部分知识分子在试图调和传统文化与西方文化之间的关系,进行"创造性转化"。在这一时期内,对西方思想文化资源只能称得上是"借用",目标仍然是重新建立起中国独特的现代性文化结构,依傍的仍是中国传统文化这一内核。

第二阶段的重构社会文化结构,在同一面"中国文化"旗帜下,在同一幅国家新世纪蓝图里,中国知识分子们——与第一阶段相同——践行着同一个民族文化现代化的梦想。为达到使文化变革与经济变革同步而行的目标,一部分人借助了西方文化资源,试图将正在转型中的中国社会文化带入全球化的西方文化框架中;一部分则坚持立足于传统文化的复兴之梦。从一个近乎"乌托邦"的"噩梦"中刚刚苏醒就要一头撞进一个充满"异己"色彩的世界新秩序里,难度可想而知。但国家给予的合法话语权消解了其现实的沉重,使之能够在文化空间里超然地设计着各种现代化方案。重构之后的中国文化将以"现在时"的身份与西方文化并行在同一时间轴上,形成均衡之势——这一构想中,中国文化将最大程度地避免西方文化的制约,从而获得独立话语权。话语的解释权是非常重要的,它决定着一个社会、民族是否有能力将本民族文化构建成一个自足的独立的文明空间,也决定着该文化体系是否能以动态的、发展的状态运行。因此,这个问题的解决方案,不仅具有现在时的时效性,更具有未来时态的指向性。尤其是在进入 1980 年代中期以后,无论是"走向未来系列丛书",还是 1988 年 6 月电视片《河殇》等以全面质疑姿态的存在,引发的惊慌不单纯是"引用何种资源更有效"的问题,而是新时期中国寻找合法话语力量的焦虑。

这种焦虑感是同时存在于第一阶段与第二阶段的典型征候。"重构传统文化"这一命题里,"重构"才是侧重点,在某种程度上,与经济领域内的"改革"为一对相得益彰的同义词。当代中国知识分子表现出对话语解释权的极度兴奋与极度焦虑,对西方文化的接纳与对抗在某种程度上就是这种焦虑的产物,这种焦虑本质上仍旧是将自身置于"代言人"的地位造成的。知识分子为国家意识形态服务这一传统,也是由长期历

史加现实造就的。但是,这种独特的知识分子与政治的特殊"粘着"关系,在进入第三阶段以后迅速地淡化,淡化的直接原因是国家对政策方式再次表现出的不信任,深层原因则是以市场经济为核心的经济策略在这一阶段已经初具规模——以文化代言人自居的中国知识分子们随之被迫向边缘转移。

第三阶段虽然"文化热"的余温尚在,但传统文化与现代文化之间的抵悟,知识分子们用了长达三年(甚至更长)的时间证明了其实是难以消除的,证明了1980年代末的中国知识分子在这一历史使命面前的无力。从整个文化思潮发展的脉络看,第二阶段发生的"文化热"更像是一场规模空前的对中国传统文化的全面挖掘与开采,精英知识分子与作家们在这场宏大活动中耗尽心血。正如1985年韩少功在《文化的"根"》中所言:"文学之根应该深置于民族传统文化的土壤里,根不深,则叶难茂。""他们……有着重要的共同点:中国应该建立在广泛而深厚的'文化开掘'之中,开掘这块古老土地的'文化岩层',才能与'世界文学'对话。"知识分子们不断地在中西文化对比交流中探索着,试图整合出一个传统与现代完美融合的文化机制,1986年底再次被以"政治运动"的方式叫停之后,这股"文化热"的士气颇有"一鼓作气,再而衰,三而竭"的沮丧之态。大狂热之后的大失落,"醒悟"往往来得更为彻底。寻找新的话语力量,全力摆脱传统与集体的束缚,成为中国知识分子的新冲动。

而这一冲动,文学界先行一步。一方面,"现代派小说"、"先锋小说"等流派出现,越来越多的作家回归至文学本身,更加注重对小说技法的应用,对文体实验有着更纯粹的信仰,更加强调自己的价值准则与个体生命存在的意义;另一方面,重新回归现实主义,但摆脱传统小说"崇高"的定位与"代言"的角色,"还原"生活的客观,更加贴近普通人的生活经验。西方现代小说如《第二十二条军规》、《麦田守望者》等,文学理论则诸如法国的"新小说"、"零度理论",博尔赫斯"小说即游戏"的创作理念、美国的"反小说"等等成为最新受欢迎的西方译著。在1980年代后期里涌现出的文学创作与文学理念,已经完全不同于1980年代前期与中期。如果说前期和中期依然是不同话语形式下集体经验的狂欢盛宴,那么后期则已经背弃这一传统,走向个体,走向一个人的狂欢。

四、"文化热"之余

在1980年代,"使中华民族屹立于世界民族之林"并不只是一句标语,而是一个时代的中国知识分子努力的目标——甚至以终身为之而奋斗,即使是以后见之明回望,依旧能体味出那份狂热下的悲壮。"文化热"展现了中国知识分子为国家的现代化寻求文化解决方案的努力,也用一个漫长的十年以亲身的文化实践展示了中国传统文化在现代语境中运作会遭遇的几乎所有困境。二十世纪末最后一场文化狂欢用退出历史舞台来宣告中国知识分子阶层在以市场经济为核心的社会结构变迁中的失败。

这场"文化热"展现了中国知识分子阶层的致命弱点,在一个过于完美超然的虚拟文化空间里,一边憧憬着理想化的远景一边进行文化实践,以至于在不断变迁的现实社会中终于失去了可以扎根的现实土壤,无法把文化实践转变为社会实践,无法再有效地言说。"对于大多数人来说,'文化热'现在只是一个遥远的淡淡的回忆——它代表的是从社会转型时期的断裂中发端的关于思想问题的最后的、幼稚的集体热情。一种处于徘徊不去的权威主义和消费社会的浪潮之间的灰暗境地,一场中国知识分子甚至在'文化热'达到鼎盛期之间就已经预料到而且在某种程度上已经经历过的噩梦。"[1]

在新世纪中国经济已然迅速崛起的今天,文化的物质基础也得到了充分的发展,无处不酝酿着新的"文化强国"气息,而二十年前的"文化热"无疑将会是最宝贵的历史经验与文化遗产。"这种文明论的立场今天不但没

---

〔1〕 张旭东:《改革时代的中国现代主义——作为精神史的八十年代》,第78页,北京:北京大学出版社,2014年。

有过时,反而更加迫切了,因为全球化的过程实际更加突出了不同人民的'文明属性'。……真正的大国崛起,必然是一个文化大国的崛起;只有具备深厚文明潜力的国家才有作为大国崛起的资格和条件。"[1]文化热的代表人物甘阳在"文化热"过去二十年后的新世纪里依旧坚持着对文化强国论的执着。事实上,对1980年代"文化热"的历史文化研究也从未间断过,就在这么一场轰轰烈烈一往无前的伟大的文化实验中,二十世纪末的中国知识分子们以他们的真诚与勇气获得了人们永远的敬意。

---

〔1〕 甘阳:《通三统》,第2页,北京:生活·读书·新知三联书店,2007年。

第四十六章
文学文化中的改革与开放

　　"文化大革命"结束以后,中国迎来了大建设的时代。那个时候流行的话语是,将"文革"颠倒了的历史颠倒过来,国民经济到了崩溃的边缘。这样的社会话语反映了当时的中国在政治、经济建设两方面的严重性和紧迫感。至少从当时的文化记忆中可以感受到,"中华民族到了最危险的时候"这一旋律似乎又一次回荡在神州大地。政治方面的建设是健全社会主义民主与法治,拨乱反正,正本清源,恢复被"文革"破坏了的国家正常的政治生活秩序,并对不适应以经济建设为中心的政治思想体系和政治体制实行改革。经济方面的建设就是面临百废待举的严峻形势,对外开放,对内搞活经济,改革经济体制,逐步建立和完善社会主义市场经济体制。所有这些事关国家生死存亡的建设都不得不围绕着并突出了两个关键词:"改革"、"开放"。改革、开放是那个时代政治的标志,是那个时代经济的灵魂,当然也是那个时代文化的精神,相当一段时间还是那个时代文学的主题。

一、超越的文学文化

　　中国共产党的文艺方针一般是将文学定位为为政治服务的艺术形态,是"从属于政治"的艺术样态。在一般的历史运作中,文学作为政治的附属品,主要是做党的政治宣传工具,做政策的解释文体,因而,文学往往是紧随其后、瞠乎其后地落实政治理念,解释政治策略。这是社会主义文学文化的常态。

但在特定的历史条件下,文学有可能被用来作为政治的探路器,作为政治的实验品,它可能先于政治发声,然后成为政治运动或政治运作的先导。"文革"前后的相当一段时间,文学就处于这样的超越性的非凡的文化状态,成为备受关注的对象,甚至成为政治生活的一种风向标。

不过"文革"之前是文学批判首当其冲,成为政治批判的先声,甚至成为政治运动的先导。在"文革"正式开始之前,文学界首先发动了对于新编历史剧《海瑞罢官》的批判,后又发动了对于"三家村"的批判。这种文学批判直接成为声势浩大的政治批判的先声,成为轰轰烈烈的"文化大革命"的先导。当然,这样的文学批判有理由被理解为是一种政治批判,甚至是有步骤的政治部署,如果是这样,它反映了一种政治生活不正常的政治文化,而不是常态的文学文化。

"文革"结束以后,党的工作重心转移到政治上拨乱反正,并且以经济建设为中心的新的轨道之上,在这样的情形下,文学批判和政治批判固然仍然是党的意识形态工作的应有之义,但显然已不是意识形态建设的工作重心。尤其是政治上的拨乱反正,需要的是实事求是的精神和勇于担当的气魄,而不单单是历史清算式的大批判。但拨乱反正面临着许多历史的政治大案,具体的复杂疑案,还有敏感的社会冤案,党有足够的决心将历史上的冤假错案全部进行平反,但如何掌握这些案件平反的节奏、次序,不能不说是一个需要特别慎重的相当棘手的问题。正是在这样的时候,文学创作以特有的政治敏锐性配合默契地为当时政治决策"试水",建立了非凡的政治功勋和文学业绩。那个时代,电影《洪湖赤卫队》的开禁成为为老一辈革命家贺龙平反的先兆,宗福先创作的话剧《于无声处》在《文汇报》上大篇幅连载,以其罕见的出场方式赢得了举国上下的巨大关注,因为它以艺术的处理方式为四五运动的正义性呐喊、呼吁,它的强势演出果然成为为这场影响深远的政治平反的先导。

那是一个文学成为政治引擎的伟大时代,人们的政治判断常常通过文学信息来实施。一部电影的解禁,一部小说的出版,一本戏剧的上演,甚至一首诗歌的发表,都可能被解读为一种政治风向的启导,一种政治决策的暗喻。这是解放思想、实事求是的时代气氛赐予文学的特别的权力以及给文学带来的机遇,这使得那时候的文学文化取得了超越于一般社会文化甚至政治文化的影响力。

本来,文学介入政治、经济生活的能力和影响力相当有限,因而很难以自身的创作直接参与社会的政治建设和政治运作。但文学作为时代情绪和社会风气的直接反映,能够生动地、丰富地呈现时代氛围,更能够从历史的深度和文学文化的厚重度反映某种历史的必然性与迫切性,从而为正确的时代政治造势,同时为那个艰难而坚毅,且充满魅力的时代作一记录。

那是一个文学思想与政治思想可以贯通的年代,文学创作可以凭借十分敏觉的思考将读者的思维引向政治的深处和敏感处。这样的现象同样反映了文学文化的超越性、非凡性的影响力。一旦人们将对文学关注的热情等同于对政治关注的热情,文学的文化地位和文化影响

卢新华

力就会得到超越性的提升。据说刊载卢新华小说《伤痕》的《文汇报》1978年8月11日那一期,直接加印了150万份。这一数字庶几能说明当年文学被全社会所关注的程度。

随着清算“文革”的政治批判风潮的兴起,文学一度热衷于表现“文化大革命”中的各种积案,但其思想重心并非停留在控诉层面,而是直接冲击造成“文革”悲剧的各种体制,进而对这个时代的改革主题进行强烈的呼

唤。在这方面,刘心武的《班主任》较有代表性。这篇小说一般划归为"伤痕文学",殊不知它更应该归属于呼唤改革文学的先声。小说正面揭示了"文革"对于教育事业的严重影响,而且那影响的严重性不仅仅反映在"坏学生"宋宝琦令人担心的言行作为,更反映在"好学生"谢慧敏令人痛心的思维方法。一向被视为积极分子的谢慧敏被传统的政治意识和阶级斗争观念教育得思想僵化,人情淡薄,成为拨乱反正时期比宋宝琦还难教育和挽回的青年学生。这样的小说从生活的深层呼吁教育界特别是思想政治教育的改革,具有震撼人心的文学反思力量。这一时期出现过不少类似的文学作品,表面上并没有触及对改革的呼唤,但实际上是从生活的更深层次发出了这样的呼唤,而且那么强烈、急切。丛维熙的《大墙下的红玉兰》是当时热闹一时的"大墙文学"的代表,其实它所发出的对于改革的呼告更令人警醒。作品描写一个革命干部受到迫害锒铛入狱,为了取得监狱围墙上的玉兰花给人民的好总理扎花圈,不惜牺牲自己的生命。而这个悲剧英雄正是为了反对对毛泽东的个人崇拜被打入监狱的。作者在写作这个小说的时候没有意识到,但这个作品在不自觉的意识状态下写出了惊人的启示:原来我们的思维即便是在反对个人崇拜的意义上也仍然摆脱不了个人崇拜意识的束缚。那个悲剧英雄正是以对周总理的崇拜覆盖了对毛主席的崇拜,这种循环崇拜的思维方式正是对于思想解放运动的一种深刻的现实呼唤,是对于政治文明改革的一种强烈的吁求。

　　几乎所有以后被定名为"伤痕文学"的文学创作,都含有较为敏锐的政治反思内容,并且都触及到了当时社会、政治的敏感问题。刘心武的小说《醒来吧,弟弟》,提出了一代青年人在饱受磨难以后的精神危机问题。宗福先的《入党》更敏锐地提出了在饱受创伤之后的信仰危机问题。陈国凯的小说《代价》,通过一个家庭在"文革"动荡的岁月分崩离析的故事,重点关注在"浩劫"过后"重逢"之际关系复杂的人们如何彼此面对并进而彼此合作。这的确是一个敏感的社会问题甚至是政治问题,其所提出的乃是在新的形势下如何解决人们的感情危机问题。这些都是新时代的问题文学,它们敏感地提出了那个时代政治所必然面临的各种问题,事实上也像是社会政治的晴雨表那样预告了这些问题,虽然像五四时代的问题文学一样提不出解决的办法,然而仍然同它的前身一样具有深远的历史影响和文学意义,而且,它还紧密配合着那个充满思想解放之欢欣的时代政治。

尤为重要的是,当政治上的拨乱反正主要还聚焦于"文革"积案的处理的时候,文学表现的触角则率先伸向历史的深远处,通过强有力的历史反思,提出了政治上拨乱反正的历史要求,从而使得文学的政治思考超越了现实,获得了巨大的历史厚度。茹志鹃的小说《剪辑错了的故事》,围绕着老农民老寿和党的干部老甘,将革命战争年代的军民关系与大跃进时代的党群关系进行了深入的对比,揭示了左的错误对人民的利益和党的形象所造成的巨大伤害。高晓声的小说《李顺大造屋》,将"文革"的灾难与大跃进中的左倾错误联系起来,综合地、历史地声讨了左倾思想带给农村和农民的伤害:农民李顺大从年轻时候就想凭借着以"吃三年薄粥,买一头黄牛"的精神自己造三间屋,但好不容易积累起可以建三间屋的材料,却被大跃进中的"共产风"全部"刮"到了集体的建筑上。"文革"来了,既受到计划物资政策的掣肘,又被造反派所骗,因而这点可怜的梦想一直难以实现。鲁彦周的中篇小说《天云山传奇》,通过右派分子罗群与领导干部吴遥之间的复杂关系,以及围绕着罗群、吴遥和宋薇的感情纠葛,则将"文革"中的人物命运与反右斗争的不正常政治生活联系起来,从而揭示出左的政治灾难的历史链接。这样的反思性作品同样具有强烈的历史穿透力,同时也为政治上更有深度和历史厚度的拨乱反正提供了文学依据。固然,政治运作不可能按照文学设计亦步亦趋地进行,政治上的拨乱反正举措也还是主要聚焦于"文革"的错案,"大跃进"、"共产风"的左倾错误通过人民公社制度的废止而得到事实上的纠正,反右斗争也被正式宣布为犯了扩大化的错误,所有这些政治意义上的拨乱反正,都有文学创作的呼唤、陪伴与推动。

李国文的小说《冬天里的春天》,将揭露的笔触伸向久远的战争年代,通过革命干部于而龙追究当年革命烈士芦花死因的情节,挖出了隐藏在革命队伍中几十年的异己分子王纬宇,而正是这个异己分子,在"文化大革命"中表现得比一般人都积极、左倾。这显然属于更深层次的反思性作品,由"文革"时代的现实积案反溯到战争年代的历史积垢,在历史的长镜头中透视党内的腐败问题及其与"文革"的灾难性联系。

这段时间的文学集中体现着政治文化,但同时给这段时间的政治提供了正面的、积极的能量,起到了超越于文学自身的时代作用。

二、改革文学文化

新时期文学呈现出的这种由揭露"文革"灾难到追溯历史错误的深度掘进的势头,通向一个尖锐的问题,那就是"文革"的灾难具有很深的历史渊源,党内民主生活的不正常,以及社会体制内存在的各种问题,都是这种渊源的逻辑构成。因此,广义上的"伤痕文学"必然通向党内民主改革的话题,"伤痕文学"因而成为改革文学的先锋,至少它们以某种现实观照和历史反思的强度与深度吁求着、呼应着改革的浪潮。

改革开放是一种政治姿态,是社会要求,但反映在文学文化上则更强烈,更突出,而且作为文化记忆所产生的影响也较为持久。三十多年过去了,或许人们对于那时政治、经济改革的文件精神以及相关的种种举措已经淡忘,但对于那时候文学对改革的呼唤,对改革的"设计",对改革的反思,仍然有着深刻的印象。改革开放时代的社会记忆主要体现为文学文化的记忆。

沙叶新于1986年发表的话剧《寻找男子汉》,女主角舒欢是一个大龄青年,男主角江毅是一个只有六七个工人的小厂厂长,但他们的改革理念却是那样的鲜明而强烈,深刻而抽象:

> 舒欢:你怎么理解改革?
> 江毅:改革应成为一种历史性的思考,成为中华民族深刻的
> 自我意识的又一次觉醒,成为民族精神的更新。

这样的改革议论显然都是一些大道理,尤其是对于两个连婚姻恋爱的

个人事务都屡遭挫折的年轻人来说,实在过于夸大其词甚至空洞抽象。不过这是那个时代的一种文化,是以改革为"理想类型"的一种普遍的思维方式,对于改革的态度如何往往体现一个人的社会道德和政治正义是否正面。这是改革时代的文化,是这个时代的改革文化,这种文化较为生动地贯穿于自 1979 年至 1984 年这段较为集中的改革文学的时代。

改革文学最先触碰的是对思想僵化现象的抨击,这种思想僵化现象其实是"两个凡是"观念在具体工作中的体现。1979 年赵梓雄的戏剧《未来在召唤》发表,剧本以某飞机厂试制新型飞机为背景,刻画新任党委书记梁言明和他的老战友、分厂党委书记于冠群在要否改革、应否解放思想问题上的分歧与冲突。于冠群思想僵化,不能适应新的形势,甚至对思想解放运动有所抵触,他甚至这样绷紧"阶级斗争"之弦,以致让政治上"不可靠"的工程专家隔离在玻璃房子里研究技术问题。梁言明积极解放思想,落实知识分子政策,坚持实践检验真理的原则,终于取得了新型飞机试制的成功。这是一部认同社会改革、倡言思想解放的戏剧,同时也通过于冠群这样的干部几乎有些"标签化"的言论,甚至有些夸张的行为,表明了改革的刻不容缓,解放思想的极其重要。如果让这样思想僵化的人物继续领导我们的事业,那后果真是不敢设想。因而,这样的改革文学更是促动改革的文学。

从促动改革文学和倡言思想解放文学这一角度看,有些作品即便未涉及改革话题,也同样具有这种改革文学的意义。白桦发表于 1979 年第 3 期《十月》杂志上的电影剧本《苦恋》就是这样的作品。旅居国外的著名画家凌晨光夫妇解放后从海外归来,本想一心报效祖国,但在"文革"中被打得遍体鳞伤。但他仍然苦恋着祖国。这个凌晨光颇有些像《未来在召唤》中的总工程师陈学海,空怀报国之志却在极左思潮下得不到信任和尊重。这样的作品正是在适当的时候以适当的方式向社会发出呼吁:思想僵化的阶级斗争理论,给善良的人们带来了巨大的伤害,应该通过思想的改革和思维的革新彻底克服之。

　　一般认为改革文学的前驱者是蒋子龙发表于1979年的短篇小说《乔厂长上任记》。这篇小说叙述的正是一场改革的故事：电器公司经理乔光朴自愿到公司所属的机电厂担任厂长，上任后打破条条框框，大胆从实际出发，采取一系列改革措施，使工厂的生产局面迅速改观，使工人的生活状况得以改善。这篇小说不仅正面讴歌了改革者的形象，而且对工厂改革的可能措施作了某种设计，如，让乔光朴到工厂以后便将全厂九千多名职工推上了大考核、大评议的比赛场，让过关的精兵强将承担主要的生产和管理责任，而将那些考核不合格的人员编为服务大队，替代农民工做辅助性、服务性的工作。这种重新进行的劳动组合克服了人浮于事、"占着茅坑不拉屎"的现象，工厂的生产力得到了迅速提高，经营成本也随之下降。

　　改革文学作品这种富有技巧和智慧的改革策略设计，在文学表现意义上具有丰富的情节性，在改革认知意义上能够让认同者产生某种快感。这可能让读者忘却了它的文学质素，而在社会剖析甚至政治行政管理的意义上得到深刻的文化印象。1984年发表的柯云路的长篇小说《新星》更具有这样的文化品性。青年干部李向南离开了省委机关，任黄河流域历史悠久但相当贫穷的古陵县县委书记。他的具体改革措施最常见的是现场办公，往往用半个小时甚至十几分钟就能解决拖延数年解决不了的难题。另外他常采用的办法是落实行政责任制，凡违反政策或违背群众意愿的现象，往往确定一个克服的期间，如果克服不了，直接追究相关负责人的责任。

每一道难题的解决都显示出领导魄力和行政智慧,当然更多地带有改革的锐气和无私的精神。这部表现大刀阔斧的县委书记的魄力、智慧的小说,却具有某种基层改革教科书的意味。

类似的作品还有影片《代理市长》。1984 年,欧伟雄、杨苗青、姚柱林写成一部戏剧《南方的风》,由广州话剧团搬上舞台,受到热烈欢迎。中共中央办公厅还邀请剧组到中南海礼堂演出。习仲勋祝贺演出成功时特别指出:"你们要解放思想,大胆地写,大胆地演,为城市经济体制改革作出更大贡献。"[1]这无疑为作品点了题:解放思想,改革开放。剧作者在受到各方面鼓励后,将话剧剧本加以扩展,将故事场景从一家企业上升到一个大市,写成了《代理市长》电影剧本,由北京电影制片厂拍摄。作者之一伟雄的父亲欧初是一位在改革开放、解放思想方面富有实践经验的领导干部,他对主演杨在葆说:"改革开放,先要解决观念问题。"[2]这句话正好说出了文学文化在改革开放中的巨大作用和重要价值。

《代理市长》叙述归侨工程师萧子云出任瀛洲市代理市长后大刀阔斧改革创新的故事。为了缓解交通紧张局势,他号召农民集资建桥;他支持白云制药厂厂长大胆起用尚未平反的技术人员李华心,后者积极研制新药,为国家做出很大贡献;他雷厉风行,整肃干部的工作作风。他代理了三个月市长,做了五件好事,也遭到了多方的责难。影片也是如此,公演非常成功,但也遭致高层的责难,尤其是萧子云的两句题字"宁犯天条,不触众怒",表达的是领导干部一心为群众、力避思想僵化的意愿,但恰好有思想僵化的领导认为涉事、涉言过于敏感,坚持删改,后来最高领导人做出批示,才得以保留。

《代理市长》的公演及其所经历的风波,非常形象地呈现出那个时代的文化氛围与理念风尚。凡是有利于解放思想,认同于改革开放的作品,人物及其言行,即便带有某种瑕疵,也会得到广泛的欢迎乃至最高层次的支

---

〔1〕 欧初:《胡耀邦与电影〈代理市长〉》,《炎黄春秋》,2007 年第 5 期。
〔2〕 欧初:《胡耀邦与电影〈代理市长〉》,《炎黄春秋》,2007 年第 5 期。

持。相反,如果思想僵化,墨守"凡是",就非常不得人心。思想僵化的人物常常都带着"两个凡是"式的思维,这种思维也许只是那个时代的文化精神,也是那个时代文学文化的要领。

改革文学具有很大的涵盖面,几乎任何思想解放主题的表现,都可以包容其中。刘心武的小说从来未被纳入改革文学的类属,但他却是在充满理念的紧张感中思考着社会前进道路上的改革命题。《我爱每一片绿叶》是他发出委婉的改革之声的作品,这部作品呼吁社会应该容纳各种个性,应该包涵各类人物,这是对一个健康社会环境的一种吁求,同样是改革缩影面临的敏感问题。陆文夫的小说《往后的日子》提出了庸庸碌碌的人生现实对于改革社会的掣肘与羁绊。张洁的小说《沉重的翅膀》,柯云路的小说《三千万》都刻画了工业战线改革之路上改革者遇到的风险,贾平凹的《鸡窝洼人家》、高晓声的陈奂生系列,则写出农村改革的痛楚与前途。时代以改革为主题,文化以改革为标识,文学展示了改革的可能性、迫切性以及艰巨性,在未必成熟和完美的状态下伸张着改革的时代精神,承载着改革文化的思想内核。

三、开放时代与文学文化

对于"文革"结束以后百废待兴的中国社会和中国文坛而言,改革与开放是一对来自天庭的孪生天使,相互支撑,相互补充,惠临渐渐回春的大地。在党的十一届三中全会上,中央作出了把全党工作重点转移到经济建设上来的决策,实现了党在政治路线上的拨乱反正;又决定实行改革开放的新决策。在人们的一般阐释中,改革开放呈现出某种内外分裂的状态,即所谓对内改革,对外开放,其实这样的理解有些片面,难以经受实践的检验。内地的改革,哪怕是经济改革,必须吸收外国资本,引进外国的先进技术,借鉴外国的管理经验,无论如何离不开开放。同样,如果没有改革的意气与魄力,开放可能只是一句空话。因此,必须以开放的心态进行改革,以改革的姿态对外开放。

如果说改革是一种政策性很强的社会运作,牵动面非常广泛,因其具有不可避免的利益触动有时候还非常敏感,那么,开放则常常体现为一种社会文化气氛,体现为一种文化态势。因而,开放主题并不像改革主题那样在文学表现方面留有深深的印记,文学上的开放更多地体现为对外国文学和文学文化思潮的接受,甚至是一种积极的参与,由此形成了现当代文化历史上罕见的开放态势。

当朦胧诗兴起的时候,诗人们在饱受指责的前提下,所接受的还是象征主义和表现主义等等历史意义上的先锋诗派的影响,甚至还通过中国现代文学史上的象征诗派和现代诗派的中介。这种历时性、回顾式的开放,是新时期文学家面对开放形势跃跃欲试但却手足无措的一种很自然的选择。正因如此,1940年代崛起的"新生代诗"(因为江苏人民出版社将这一派诗人的作品编集为《九叶集》,故而俗称"九叶诗派"),带着里尔克、燕卜荪等三十年前所展现的先锋姿态,从容地走进了社会主义新时期,为人们所阅读,所朗诵,所欣赏,这无疑是开放时代的一种气象。

开放给了朦胧诗人以及那个时代所有有志向的诗人以无限的机会,但他们的准备并不能跟上这个开放时代的要求,因而常常显示出在创新与继承之间的焦虑。对顾城等杰出的朦胧诗人与西方现代主义诗歌的关系,马悦然发现:"顾城的即兴抒情短诗和西方写像派诗人(如 D. H. 劳伦斯、A. 洛威尔和 H. 杜利特尔)的作品之间的极为相似的特征肯定不是直接影响的结果。"[1]这个外国人显然是想更高地评价顾城,他肯定顾城的诗学创新虽然与劳伦斯、洛威尔和杜利特尔的现代诗极为相似,但并不是模仿而得的结果,而是不折不扣的创新。相信这不是顾城一个人的个别情形,在朦胧诗人中这样的与外国现代主义诗作"极为相似的特征肯定不是直接影响的结果"应该说并不鲜见,这是大陆相当长一段时间与世界文化和文学相隔绝的酸涩苦果。面对这样的苦果,能有几个评论家和读者像马悦然

---

〔1〕 马悦然:《今天! ——中国当代诗歌选·序言》瑞典版,1985年,陈仲义:《中国朦胧诗人论》,第14页,南京:江苏文艺出版社,1996年。

这样通情达理,拨开时代的沙尘和历史的迷雾显现这群诗人的筚路蓝缕的开辟之功? 特别是习惯性地被称为朦胧诗人的那批人,以自己的泣血之泪和殚精竭虑艰难地开创着,在一派诗性的沙漠上踽踽地前行着,留下了清晰而突兀的脚印却被人恶谥为"朦胧"。经受过种种不堪的质疑之后,一方面被讥刺为欺世灭宗数典忘祖,一方面又被指责为拾人牙慧食洋不化,所有的开创之功被"肯定"未受到"直接影响"的西方诗歌所无情地遮蔽,同时在其生长的本土却又蒙受着如此的不白之冤,这一代诗人该如何忍受这种厚重而深沉的焦虑? 这样的焦虑在他们的生命史和创作史上不断延续,甚至与日俱增。他们已经经受过后来人的更加勤勉也更加富有威胁的指责,他们中的代表者已经遭到口号的"Pass"并正在不断遭受现实的忽略与遗忘,反抗这种忽略与遗忘的办法似乎只有冰冷的铁轨之上或激流岛上的自杀,以及围绕着这种自杀的津津乐道,这些都体现着这群诗人极端的焦虑。极端的焦虑对于他们而言正在向前所未有的深层发展。他们为之付出了青春,付出了金钱,付出了满腔的爱乃至付出了可贵的生命的诗正面临着在他们看来也许是恶俗的消解,诗正在商业化的操弄和电子化的唆使下迅速地走向非诗,一种裹挟着巨大的物质力量和体现着汹涌的时代潮流的浪涛正在从根柢上磨蚀着这些诗人珍视如命的诗性,并有迹象表明它们将最终摧毁诗的广厦。

总之,这一群体焦虑的开放文化气象催生了一批又一批先锋派文学,有些作品对外国先锋文学有所继承,有些则是借助着这股开放的力道别出心裁地大胆仿拟。在这样的意义上,王蒙以及他的意识流小说如《春之声》《蝴蝶》等具有开创性意义。尽管意识流在国外也算是历史的文学现象,但由于中国文学相较于世界文学发展步伐的相对滞后,在 1980 年代初期引入并实践意识流小说,则可以说是一种非常先锋的文学行为。稍后走出的先锋小说家有刘索拉、残雪、马原、洪峰、格非等等,先锋戏剧家则有高行健、马中骏,诗歌更是派别林立,各有标榜,热闹而纷乱。1986 年 10 月,安徽《诗歌报》《深圳青年报》举办"中国诗坛 1986 现代诗群体大展",不完全统计便有新传统主义、整体主义、群岩突破主义、日常主义、新古典主义、非非主义、莽汉主义、他们派、撒娇派等等诗派的出现。即便是散文，也出现了余秋雨的文化写作，虽然褒贬不一，但毕竟引进了先锋的笔法。这些文学家的先锋而别出心裁的创作与运作，使得中国当代文学文化呈现出开放时代特有的文化狂欢景象。

开放时代对于文学文化的惠滋不仅体现在文学创作上的激励，而且体现在文学理论的大规模译介以及文学学术的开拓性建构。

对外开放打开了文学理论家的视野，使得他们不再封闭在原先苏联文学理论的框架之中，而有可能直接面对新的理论，并且建立起新的系统性文学视观。随着科学理性的大举进入，文学界一度对系统论、信息论、控制论（合称"三论"）在文学和美学上的运用大感兴趣，甚至以此作为思想解放与否的判别依据。其他文学批评方法，包括统称为"新批评"的批评理论也大举进入中国，在中国文学文化中占据引人注目的地位。刘再复在此理论背景下提出的文学

刘再复

主体性理论得到了普遍关注。如此开放的理论环境不仅打开了通往西方文学理论的管道，而且也打开了文学通往其他学科领域的管道。以文学社会学、文学心理学、文艺美学的方法研究文学，广泛地接受社会科学乃至自然科学的研究方法进入文学研究，是那个开放时代的热门话题。1986年前后文坛上酝酿起一种令人追怀的社会科学热和文化热，正是文学向这些邻近领域进行理论开放的体现。也是在这样的时代，在这样的气氛中，那套被称为1980年代中国最前沿思考的"走向未来丛书"[1]才非常火爆。与此同时，文学研究界兴起了研究方法热，各种"文学研究方法论"不断涌现，文学研究在那个时候成为跨学科、综合性的研究，成为引领文化潮流的前沿学术。

---

〔1〕 四川人民出版社，1984年。

开放时代的文学学术建构还体现在比较文学等新兴学科的建立与发展上。在国际学术界,比较文学学科已经拥有了一百多年的历史,并已经形成了法国学派和美国学派等较为稳定的学术流派。但在中国的新时期,完全是一门新学科。在封闭的学术领域,比较文学完全无用武之地。开放的文化氛围自然唤起了文学研究者和文学创作者乃至文学阅读者向外展望或凝视的热忱,文学的比较研究和比较文学的兴起便顺理成章。在文学研究方法热兴起之前,比较文学已经跃跃欲试地成为一门显学,在大学的中文课堂以及在各种学术讨论场合不断试水。开放的时代为这门迟到的学科带来了无限的生机与活力。

那是一个文学引领时潮的时代,是一个以文学建构时代文化主体架构的时代。尽管到了那个时代的尾声,文学创作已经"失却轰动效应"[1],但文学理论的引进与建设,文学研究方法的开发与讨论,包括比较文学学科的建立与发展,都是那个时代引人入胜的学术景观和文化景观,都值得深长回望与回味。

---

[1] 阳雨:《文学:失却轰动效应之后》,《文艺报》(1988 年 1 月 30 日)。

第四十七章
教育改革与新时期的教育文化

在改革时代的重大改革举措中,教育体制改革,包括招生体制、课程体制和教材体制的改革,是牵涉到全社会、事关千家万户的重大事件。教育改革是中国社会改革中最为快速、最有成效、历史影响也最为深远的社会作为,由此形成的改革时期的教育文化,也成为中国新文化最有时代亮色的组成部分。

一、教育文化本体论的地位提升

党的十一届三中全会将中国带入了改革开放的伟大时代。在国家宏观部署中,教育开始被置于国民经济与社会发展的基础地位。1960 年代国家领导人就提出的"工业、农业、国防、科学技术"四个现代化被提到基本国策的地位,作为保障科学技术的教育文化在重要性上被提到前所未有的高度。"教育兴国"作为"教育救国"理念在不同时代有不同的表述,与将保证科学技术的教育文化现代化目标相比,新时期对教育的重视,是对教育从工具论到本体论的提升,国家确立教育要面对现代化、面向世界、面向未来的重要方针,随之全国学校步入正常教学轨道,知识分子逐渐恢复有尊严的社会地位,教育结构调整,教育体制改革,教育从恢复到发展焕发全新的生命力。这些都从根本上推动了全社会对教育的重视,从此,不仅是政治生活,社会生活中教育也成为重心。但是,中国人口众多,经济基础薄弱,此时经过"文革"十年的压制,面对教育文化的全面提升带来人民对教育的极度渴求,国家实际的教育投入却无法跟上人民群众对教育的需求,1990年代一幅《我要上学》的照片牵动无数中国人的心,"希望工程"的背后反映的正是贫困地区教育落后的情况;而在大城市,千军万马过独木桥、追逐重点中学成风,大城市里学位房、学区房房价飙升等教育乱象频现,都显示出改革开放一方面给中国教育注入了新的动力,但是国家资金投入的不足,以恢复1950年代教育模式为主要形态的教育发展却无法满足人民群众对于教育的高需求,用知识去改变命运,是人民的普遍希望,而教育文化还有待进一步调整与发展。

改革开放年代人们重视科技和教育,将此作为一种根本的文化理念则有了相当久远的历史。当我们这个古老民族尚未从科举制度完全突围出来的时候,1904年6月18日,时称才华堪比李清照的女词人吕碧城就在天津《大公报》发表了《教育为立国之本》一文,认为当时的中国已进入充满竞争的世界,我们既应该注重军事竞争(兵战)和经济竞争(商战),也应该重视知识、科技与教育的竞争(学战)。她精辟地分析道:如以为兵战可恃,当亚历山大、拿破仑鼎盛时期,威震全欧,谁能与之争锋? 然而一旦战败,惊骇一时的武略也就随之湮灭。如以为商战可恃,上古埃及、波斯等国的工艺商业也不可谓不盛,如今早已散为流亡之种族。她总结说,世界上真正有持久竞争力的还是学术和教育,她认为培根、笛卡尔、孟德斯鸠、卢梭等人正是凭借着学识掌握了转移世界的大权。一个国家要想拥有自己的培根、笛卡尔、孟德斯鸠、卢梭,需要"兴学校、隆教育"。

近百年来,重视教育的理论和观念一直成为我们的民族文化之尚。但只有到了改革开放的情势下,教育才真正作为立国之本、兴国之路被全社会上下所普遍关注。从来没有任何一个时代像改革开放时代那样,在教育体制方面做出如此巨大的调整与革新;也从来没有任何一个时代像这个时代那样,全民关注教育事业,全面参与教育文化建设。

在1980年代之前,不同历史发展时期,知识分子都强调教育的重要性,从严复、康、梁一代到杜威主义者、马克思主义者,从"教育救国"到"兴学救国"、"留学救国",不同派别不同阶段有不同的口号,但是这些口号背后都是受到教育工具论的影响。即使是教育兴国的方针,作为基本的立国方针出现,其本质依然是对教育工具论的认识,是教育救国理念在不同时代的合理转换,不及四个现代化以及三个面向(世界、未来、现代化)对于教育的重视程度。

四个现代化即"工业现代化、农业现代化、国防现代化、科学技术现代化",是中国共产党及中华人民共和国 1950 年代至 1960 年代提出的国家战略目标。毛泽东说:我们的任务"就是要安下心来,使我们可以建设我们国家现代化的工业、现代化的农业、现代化的科学文化和现代化的国防"[1]。后来通过写进第三次全国人民代表大会国务院总理的《政府工作报告》的形式正式公之于世,"实现工业、农业、科学技术和国防现代化"的口号就更加广泛深入地传播开来,成为鼓舞我国亿万人民团结奋斗的目标和精神动力。四个现代化中,农业、工业、国防是安身立命之本,现代工业、现代经济、现代国防由现代科学技术作支撑,而教育是推动现代科学技术的原动力,特别是国民整体文化素质、道德面貌、身体健康更直接推动着现代科学技术以及社会生产力的发展,因此,在四个现代化背后显然是对教育文化的前所未有的重视。如果说"教育救国"、"教育兴国"是一种工具论上的对教育的重视,教育现代化的四化目标则显示了国家对于教育从本体论上前所未有的重视,教育文化达到最高点。此后,从政治生活到社会生活,教育成为中心。邓小平在世的时候有一个重要论断:"科学技术是第一生产力。"并且对教育有专门的指示:教育要面向世界,面向未来,面向现代化,这是对四个现代化理论的有力补充,也是对四个现代化理论的充实、发展与提高,三个面向是比四个现代化理论更明确,也更有时代感的新文化理念。教育现代化是适应经济社会现代化进程的教育发展的重要特点和趋势,是传统教育向现代教育转变的过程,教育现代化是国家现代化的先

---

〔1〕　中共中央文献研究室编:《毛泽东文集》(8),第 162 页,北京:人民出版社,1999 年。

导,主要包括教育思想、教育制度、教育设施、教育内容和教育手段等方面的现代化。

二、教育文化的全面恢复与发展

教育文化的水平上去了,理念上尊重教育规律,尊师重教,相应的当然是改革开放年代教育秩序走向全面恢复,教育体制面临全面重建。

邓小平

1977年恢复高考,千百万为时代所误失去了受高等教育机会的青年人又重新燃起走进校园的希望。1977年8月4日早晨,邓小平在人民大会堂亲自主持召开了有33位全国各地的著名科学家、教授以及科学和教育部门负责人参加的座谈会。在这次座谈会上,中央作出决定:恢复中断10年之久的高考制度。1977年冬天,中国关闭了11年的高考闸门终于再次开启,570万名考生涌向考场,竞争27.3万个左右的被录取资格。这场共和国历史上唯一的一次冬季高考,顺利而紧张地进行,同时取得了预期的成果。它不仅标志着被破坏殆尽的中国高等教育体制的恢复,而且反映出更多更强烈的教育文化乃至时代文化意义。

首先,高考制度的恢复迅速促成了被称为"文革"重灾区的整个社会教育体制的恢复与走上正轨。诚如国务院在《批转教育部关于1977年高等学校招生工作的意见》中所说:"高等学校招生工作,直接关系大学培养高级专门人才的质量,影响中小学教育,涉及各行各业和千家万户,是一件大事。"中小学教育随着高等教育的正规化走向正常化,使得全社会的教育改革和教育体制的健全发展取得即时性的成效。这对于一个教育大国、人口大国来说无异于一个奇迹。

其次,高等学校招生考试制度大大激发了几代青年人向往高等教育、接受高等教育的热忱,同时也充分调动起全社会对于高等教育的重视。国家以及各地政府利用优质的生源,积极发展职业技术教育,职业教育在高中教育所占比例迅速提高,大致形成普通高中与职业高中各占一半的局面。同时,多轨道的高等教育体制得到迅速发展,职工大学、函授大学、夜大学、广播电视大学和高等教育自学考试等成为我国高等教育的补充力量,从而一定程度上缓解了我国高等教育资源严重不足的矛盾。

再次,高考制度打破了在政治挂帅年代"唯政治化"的人才选拔机制与相应观念,这样的机制和观念最生动地体现在电影《决裂》中,共大校长龙国正举起青年铁匠江大年的满是厚茧的手宣布:"这就是(上大学的)资格!"教育部在招生意见中大胆提出了新的政审标准:政治审查,要全面贯彻党的阶级路线,要注意成分,但不唯成分论,重在政治表现。在保证"工农及其子女有享受教育的优先权"的前提下,注意适当招收确实表现好的剥削阶级家庭出身的子女和"可以教育好的子女"。但当时主导教育改革的邓小平仍然不满意,认为太繁琐,他亲自修改的政审标准是:"政治历史清楚,拥护中国共产党,热爱社会主义,热爱劳动,遵守革命纪律,决心为革命学习。"将原本通用的"政治历史清白"表述为"清楚",后面跟着的是思想认识方面的"软性条件",使得几乎所有没有罪行的考生都能够过原来视为畏途的政审关,这就保证了高校招生以考试成绩为主要依据的录取原则。这样的举措看起来不过是对招生工作中一个操作环节的规定作了调整,但实际上是调整了整个社会对青年人才政治"标准"的认识,革除了原先对人才政治要求的僵化观念。随着高考政治审查标准的改革与调整,整个社会的政治环境和人才把握标准迅速拓宽,为改革开放的社会主义人才观的建设奠定了基础。

邓小平关于教育的专门指示"教育要面向现代化、面向世界,面向未来",在教育政策、措施中全面体现出来。为实现"面向世界"的目标,适应新的高考政策、高等教育形式,1977年至1979年底,各高校工作基本恢复正常,教育部组织各学科专家、学者编写全国通用的中小学各科教学大纲和教科书,改变了建国初期学习苏联,或"文革"期间被语录体全面冲击的教材状况，从英国、美国、西德、法国、日本等多国引进教材作为参考，充分了解世界教育的基本状况，调整整个国家的教材。

与教材重写相呼应的是整个出版界的开放，各类书籍的丰富实际是对人们自学渴望的满足。"文化大革命"一结束，思想文化界介绍、翻译外国各个历史时期的理论著作、文艺作品就形成一浪接一浪的热潮，开始时是翻印1950年代、1960年代出版的外国文学名著，将曾经被视为"毒草"的一系列名著重新出版，商务印书馆和上海人民出版社在1960年代出版的"汉译世界学术名著丛书"等书，以及作家出版社1960年代前期出版的"供批判"的外国文学作品也进行重印，《在路上》《麦田里的守望者》等让青年人趋之若鹜的作品都在这时候重新出现在书店。1980年代各主要文艺出版社都出版了一批西方20世纪文学名著中译本，如北京的外国文学出版社和上海译文出版社等联合出版的有"20世纪外国文学丛书"、"诺贝尔文学奖获奖作家作品"等，包括莎士比亚、巴尔扎克、托尔斯泰、海明威、福克纳、马尔克斯、萨特等等在内的一大批作家，还有各种流派的翻译研究都进入文化界。思想文化的解放是教育文化的重要组成部分，除了文学作品，西方哲学、美学、文化学、心理学等著作也被大量引进，方法论的介绍也受到热情关注。萨特的"异化"理论相关书籍等引发人们在书店门口排队等候，一上架就抢购一空。这种学术理论的更新，对于世界的重新认识，极大地激发着整个社会的学习热情，"学习"不再是特殊年代里的机械运动，而是一种人的自我要求，社会的全面更新，社会的教育文化从根本上发生变化，在每个人身上发酵膨胀。

除了引入外来文化，对外开放留学教育则是邓小平"教育面向世界"的重要举措之一，正是在他的直接干预下，1978年当年，派遣留学生名额从300人增加至3 000人以上，并且每年从高校教师、科研机构和企业的科技人员、管理干部中选拔出国进修生，1981年允许自费出国留学，大大增加了青年出国学习的渠道。

"文革"结束，国务院下发《关于普及小学教育若干问题的决定》到1986年《中华人民共和国义务教育法》颁布实施，确立"在国务院领导下，实行地方负责、分级管理"的义务教育体制建立[1],普及基础教育的目标稳步实现。另一方面,由于长时间的教育停滞,国家全民复兴急需大量的技术人才,于是积极发展职业技术教育。职业教育在高中教育所占比例,由1978年的7.8%调整到1985年的35.9%,1990年代到45.7%,大致形成普通高中与职业高中各占一半的局面,在1980年代的复兴建设中,缩短了教育年限,有所匹配地为社会贡献技术性人才。此外,各种职业性、业余性的高等教育得到发展,这其中包括职工大学、函授大学、夜大学、广播电视大学和高等教育自学考试等,它们迅速成为中国高等教育的补充力量,可以在更大范围内满足整个社会重视教育的民众需求。虽然在1977年恢复了高考,但高考升学率一直很低,1980年代一方面面临大量知识青年返城之后对知识文化的渴求,另一方面,许多家庭也无法负担、承受夫妻二人都去上大学,或者一家三口全部脱产读书的局面,因此,各种非正规高等教育在1980年代成为满足人们知识文化需求的重要补充。这些教育形式不仅满足了人们学习的需求,也在影响着整个社会的学习氛围,教育文化的重要性不仅仅是挂在每个教室后方,或者刷在墙面上的方针政策,而是切实影响了每个普通人的生活与境遇。

1981年,《中华人民共和国学位条例》正式施行标志着教育走向完备的现代体制。这个条例从起草到批准只花了十一个月的时间,是在邓小平的亲自推动下完成的。学位制度适应中国现实国情,与教育制度紧密联系,学位与文凭互相补充,规定了高等教育各个阶段所要达到的不同学术水平。这是中国教育尤其是中国高等教育和科学事业的第一个国家立法,也是新中国教育历史上的开先河之作,它标志着新中国学位制度从此诞生,也标志着新中国教育开始走向法治化轨道[2]。1983年5月7日,国务院学位委员会和北京市人民政府在人民大会堂联合召开博士学位和硕士学

〔1〕　教育部法制办公室:《教育法律法规规章汇编》,第38页,北京:教育科学出版社,2004年。
〔2〕　改革开放以来的教育发展历史性成就和基本经验研究课题组撰写:《改革开放30年中国教育重大历史事件》,第45页,北京:教育科学出版社,2008年。

位授予大会,来自中国科学院、北京大学、复旦大学等单位的马中骐、谢惠民等18人被授予博士学位,戴上了博士帽,从此,中国有了自己培养的博士生,中国教育也开始正式走进完备的现代体制。回首1898年,京师大学堂创立,中国现代教育从晚清蹒跚起步,经历革命、战火、斗争的洗礼,终于迎来完备的教育体制,从此教育文化走进新的时代。

三、教育文化冲突造成的特殊现象

1980年代,一方面是经过"文革"禁锢之后人们对教育的井喷式需求,一方面是国家从根本上提高对教育的重视,教育文化日益发展,成为人们政治生活、社会生活的重中之重,日益增长的教育需求与教育资源准备不足形成了矛盾。国家教育经费严重不足,导致基础教育尤其是农村教育薄弱,知识尊严失落,教师待遇低下,"拿手术刀的不如拿剃头刀的,搞导弹的不如卖茶叶蛋的"就是这一时期的时代调侃。以教育投资情况为例,表面上看,1987年的教育投资比1977年增长了3.7倍,年均增长16.8%,然而具体分析,1987年教育投资占国民收入和财政支出的比例分别为3.29%和12.4%,其实低于1983年,也就是说在实际发展中,1980年代的教育经费在下降。教育经费不足,必然导致教育质量的下降,更为严重的则是文化贬值、知识尊严失落的混乱现象,这一时代特有的教育现象还有千军万马过独木桥的高考现象,以及全民追逐重点学校现象等。

1987年,国家统计局对国民经济12个行业进行统计,教育文化艺术和广播电视事业职工平均工资为113.5元,比12个行业的职工平均工资低10.2元,居倒数第二位。1988年的七届政协会议上,一位委员发言说,目前大陆小学教师的待遇仅相当于香港的1%,大学教师相当于香港的50%,无论大中小学教师的工资,按实际购买力都不到抗战前旧中国教师的1/10[1]。知识分子贫苦化,生活负担重,住房困难等造成中年知识分子

[1]《人民日报》(1988年3月31日)。

生活窘困，健康不良，甚至英年早逝，教育渐渐走向困境。当时的许多文艺作品也开始关注知识分子的窘困状态，谌容的中篇小说《人到中年》，尤其是1983年改编的同名电影上映后，在全国引发热议，中年知识分子在家庭、工作、社会地位、人格尊严等各方面的困境终于得到重视，并且有了改善知识分子政策的提法。但是，速度缓慢、程度不高的改善政策并未能避免1980年代末教育走向困境。农村代课老师的处境更是一直处于困窘的状态，1993年的电影《凤凰琴》就是描写民办教师、乡村代课老师[1]在极为困难的处境中为保障山区孩子上学，默默努力奉献牺牲的故事。但是，代课老师的问题并未引起足够重视，新世纪之后代课老师问题成为基础教育中的痛处。

---

〔1〕　1985年开始，教育部为提高基础教育的师资质量，在全国一刀切，不允许再出现民办教师。但不少偏远贫困山区因财政困难而招不到公办老师或公办老师不愿去，这些空缺仍需临时教师来填补，他们转而被称为"代课教师"。

1977 年开始的高考,形成了"千军万马过独木桥"的文化景观。联系中国传统的"金榜题名",高考成为中国人生活中最重要的学习现象。直到1987 年,已经恢复十年的高考最终的录取率也只有 13%。比如,湖南省大概有 20 多万人参加高考,可最终考上的却寥寥无几,有些普通高中甚至是全军覆没。与此同时,高等教育与分配工作相联系,是否考上大学成为大多数人人生的"分水岭"。有人回忆说 1980 年班上近 50 个人就 1 个人考上大学,全校近 200 人也就 3 个人考上。"考上的 3 个人,当年乡里没有人不知道。这么多年来,他们一直都是乡里的名人,现在他们都在当官,发展得都很好。"考上大学的人和没考上的人,从此走上了截然不同的人生道路[1]。这进一步带来了人们对高考的重视,对挤过独木桥的执着,在路遥的小说《人生》《平凡的世界》中,农村子弟如果没有考上大学,回到乡村该如何面对城乡差距,如何奋斗进步成为二三十年来所有农村子弟的心病。千军万马过独木桥,挤过去了,就不仅仅是一纸大学文凭,还包括整个人生的前景,全国人孜孜向往的大学,与并不丰富的大学资源形成了特殊的社会现象。

在恢复与重建教育的过程中,重点高等学校也同时恢复与发展起来,1981 年,全国共有中等学校 98 所,此后在各地逐年发展。但是重点高等学校本身是明显的精英主义教育,强调效率优先,集中优势资源培养优秀人才。在发展过程中由于资源分配不均,导致青少年儿童平等受教育的权利受到了损害,形成了"升学"竞争。基础教育片面追求升学率,学生学业负担过重,整个社会追逐重点学校,从孩子到家长到教师都深陷其中。

据 2003 年至 2004 年调查显示:上层阶层子女有 60% 就读重点中学,底层子女 60% 就读非重点中学引发对于教育不公的质疑。政府于是调整政策,明确县级教育行政部门要在上级教育行政部门指导统筹下,根据适龄学生人数、学校分布、所在学区、学校规模、交通状况等因素,按照就近入学原则依街道、路段、门牌号、村组等,为每一所初中合理划定对口小学。

---

[1] 《京江晚报》(2013 年 6 月 7 日)。

这看似堵住了"递条子"、"送票子",却衍生出更加疯狂的"拼房子",尽管多地房屋成交量下降,但各地学区房市场迅速升温。很多重点小学、重点中学周边区域的学区房价格持续上涨,没有最贵,只有更贵;300 万元买一个不足 10 平方米的"蜗居",买了不为住,只为名校学位。2013 年 4 个月,北京学区房竟然每个月上涨 1 500 元左右。像这种现象并非北京市所独有,在南京,学区房价格比一般房屋贵出三倍还多。为了孩子能上一个好小学,家长们不惜自己作出牺牲,要么放弃大房子选择小房子,放弃新房子选择旧房子;要么宁可自己上班绕远路,也要孩子上学方便。但是,即使上百万的付出,家长们可能最后也难以如愿以偿地把孩子送进希望中的学校。

百万买房子看似是新世纪以后的事情,其根源却依然要回到 1980 年代教育文化的矛盾中,近二十年来"学区房"概念越炒越热,就是因为各中小学办学质量存在严重差异。重点学校的存在有其历史原因,1962 年教育部明文规定,要求各地选定一批重点中小学,这些学校的数量、规模与高一级学校的招生保持适当比例。由于重点经费投入、办学条件、师资队伍、学生来源等方面占有绝对优势,催生择校热。譬如,重点学校要从现有体制取得经费,渠道之一就是"共建费"。政府、企业或机构资助一笔不菲的费用,学校提供学额作为交换。此举将权势部门子女的择校费转化为公款,不需要家长自行出资,对学校也十分安全。

以上提到的这些社会现象表面看是病态的,实际却有其出现的合理性。1989 年 3 月 23 日,中央军委主席邓小平在人民大会堂会见应邀来访的乌干达共和国总统约韦里·卡古塔·穆塞韦尼时说:"我们在 10 年中最大的失误是在教育方面发展不够。"应该说是准确地给 1980 年代的中国教育把了脉,1980 年代教育文化本体论的提升,一系列教育方针政策的调整带来了人们普遍对教育的认识调整,全民对教育的热衷、对教育的重视、对教育的热情被唤醒,社会却并没有提供足够的教育资源,这种教育文化的矛盾、缺失造成了 1980 年代末社会一系列问题的发生。

1978 年后的十来年时间,中国社会整体处于转型期。国家的工作重心由阶级斗争为纲转化到以经济建设为中心,社会由计划经济向商品经济转变,以农业社会为主的传统社会结构向以工业社会为主的现代社会结构转变。工作重心的转移,体现了执政党"以人为本"的执政理念,为满足人民群众日益增长的物质文化的需求提供了政治保证。教育文化在这一时期得到了前所未有的本体论意义的提升,四个现代化的实现需要教育的保证,三个面向的目标则是教育文化中极有时代感的新文化理念。在宏观部署下,教育开始被置于国民经济和社会发展的基础地位,全国学校步入正常教学的轨道,社会呼唤对教师和知识分子的尊重,对知识文化水平的重视,对中小学教育的普及等等。然而,教育文化的要求上去了,国家的资金投入却并没有到位,1980 年代知识贬值、教师岗位人才流失严重;千军万马过独木桥,于是从小学升中学开始全民追逐重点学校,中国学生的身心压力举世罕见。但即使有这些现象出现,1980 年代依然是改革开放的年代,是新文化走向新时代的重要转型时期,赋予了教育文化全新的价值理念。

第四十八章
大众传媒文化及广告设计

1978 年以后，随着我国实行"改革开放"政策，媒体的性质、内容都发生了很大变化。传统的报业和广播依然具有重要力量，但以电视为代表的新兴大众传媒在国家政治和民众社会生活中的作用越来越明显，大众传媒的多元化时代来临了。

一、服务于改革开放的大众传媒

在改革开放时代里，大众媒体在政治和社会变革中的作用是显而易见的，早在 1976 年 4 月 5 日，青年学生就在天安门广场聚集，用诗文、大字报等媒介形式悼念刚刚去世的周恩来，表达对周恩来和邓小平的支持。1978 年 5 月 11 日《光明日报》所发表的《实践是检验真理的唯一标准》引发了热烈反响，很好地体现了大众传媒在社会改革方面的造势能力。这篇文章是在胡耀邦的支持下首先在《理论动态》上发表，然后经过胡福明、孙长江和杨西光等人反复修改后刊登在《光明日报》上：

> 《理论动态》在 1978 年 5 月 10 日出了第 60 期简报，标题是《实践是检验真理的唯一标准》。该文已经酝酿了数月，是由南京大学哲学系青年教师胡福明、中央党校理论教研室的孙长江和

《光明日报》总编杨西光——他是中央党校 1977 年秋季入学的学员——数易其稿而完成的。杨西光在 1978 年初担任了《光明日报》总编,他一向注重为读者提供新思想,在 5 月 11 日的《光明日报》上转载了这篇文章,为安全起见,文章的署名是"特约评论员"。5 月 12 日《人民日报》和军队报纸《解放军报》也转载了这篇文章,随即又被许多地方报纸转载。[1]

《实践是检验真理的唯一标准》发表后在政治和思想乃至社会领域所产生的影响是巨大的,为推动改革开放提供了"舆论支持"。在"改革开放"过程中,以报纸、广播为代表的大众传媒全程参与了这一进程,报道改革开放的文章在《人民日报》、《光明日报》这些重要媒体上随处可见。例如国家最重要的舆论报纸《人民日报》就有大量的篇幅报道农村改革之后的新气象、新局面。1981 年 1 月 8 日的《人民日报》开辟了一个专版《一年来在农村发生了什么变化》,这个专版描绘了农村出现的各种令人振奋的消息,一篇报道将农民外出旅游的原因归纳为两点:一是生产搞得好,二是社员收入多,生活水平较高。同年 1 月 22 日和 23 日的《人民日报》更是发表了新华社记者吴象、李中峰、张广友的连续报道《历史性的转折——皖、豫、鲁农村见闻之一》、《巨大的吸引力——皖、豫、鲁农村见闻之二》等文章,赞美十一届三中全会制定的政策给农村尤其是革命老区所带来的"新局面":

> 生产责任制给广大农民带来了摆脱贫困的希望,被压抑多年的积极性迸发出来了。贫困落后的地区长期停滞,濒临破产的农村经济有了转机,迅速出现了一个新局面,这是一个历史性的转折。[2]

---

[1] [美]傅高义:《邓小平时代》,冯克利译,第 214 页,北京:生活·读书·新知三联书店,2013 年。

[2] 吴象、李中峰:《历史性的转折》,《人民日报》(1981 年 1 月 8 日)。

这样的报道在《光明日报》、《工人日报》和《解放日报》等主流媒体上也比比皆是，"改革开放"、"现代化"成为报纸、广播和电影的最主要议题。

在改革开放的时代，报纸、广播等大众传媒本身的性质也开始发生巨大变化，学术界开始讨论传媒的基本属性，特别是传媒与商业的关系得到了重新认识。新闻学家李良荣认为中国的新闻观念在改革开放之后经历了四次比较大的变革，第一阶段是从 1979 年到 1982 年，这个阶段的特点是"高扬新闻规律的旗帜"，这个阶段摈弃了报刊媒体是"阶级斗争的工具"等说法，回复了新闻本位的媒体报道原则。第二阶段是"引进信息概念"（1982—1988）。第三阶段则是"重新认定新闻事业性质"（1992—1996），"从 1992 年以后的新闻改革，重点不再放在媒介的功能以及媒介的传播内容，而是转移至媒介的外围即经营管理上"。第四阶段是从单一走向多元（1996 年—　　）[1]。经过这些改革，媒体不再仅仅是政治"传声筒"。早在 1978 年，国家就规定报社等媒体是"事业单位"，可以实行"企业管理"。在报纸、广播和电台上刊登广告不再是违法的事情，民营和私人机构也被允许进入出版、电影等传媒领域。

出版、广播电台和电影等领域也同样实行了改革。在这样的背景之下，一大批民营性质的媒体涌现。随着媒体性质的变化，媒体的内容也发生了显著变化，政治不再是媒体唯一关注的内容，社会经济和流行文化是媒体与大众更为关心的话题。1984 年创刊的《南方周末》逐渐由一个地方性的报纸变成了一份全国性的报纸，其所以产生巨大影响正在于这份报纸对于人们所关注的各种社会事件的"深度报道"，这些报道引起了人们对于社会问题的思考和关注，甚至有不少人借助于媒体对政府和企业"追责"。在 1980 年代初期，关心娱乐文化的人们还偷偷聆听港台歌曲，以至出现了"凡有井水处，都听邓丽君"的媒介文化现象，"邓丽君的流行歌曲被海员、海外工作的工程技术人员等带回国内，有条件的人可以不眼巴巴期待着'敌台'的播送，能自己反复享受了。最初是听上海录音器材厂生产的大录

---

〔1〕　李良荣：《新闻学概论》，第 365—369 页，上海：复旦大学出版社，2012 年。

音机盘式磁带,而非盒式磁带,搬进搬出,录音时间有两三个小时;后来盒式录音机出现了,有了盒式磁带,人们就开始转录,用两个录音机对在一起转录邓丽君的事,很多人都干过或见过"[1]。那时候,开放调动起青年人的胃口,科技满足了青年人的好奇心,最时尚的作派竟然是青年男子穿着喇叭裤,留着长头发,戴着太阳镜,提着双卡收录机,播放着柔绵的邓丽君歌曲,在公园跳舞,在水边聚会,甚至就这样招摇过市。人们有许多机会发现,他们所穿的洋装的袖口,依然留着醒目的商标,所戴的太阳镜上也常常有大大的商标贴在镜面的某个并不逼仄的角落,这些商标之所以留着,居然是因为上面全是字母,尽管那些穿戴的主人并不真正认识这些字母。这种荒唐的作为不仅真实地反映了那个时代的文化时尚的真实境况,而且也直接反映了那个时代时髦青年的真切心态。对于这样的心态,苛责者自然可以斥之为崇洋媚外,但从另一方面看,这不正体现了穷怕了的、被关(闭关自守)怕了的中国人对于开放的一种欣喜心理?

随着"改革开放",国外一些传媒机构和文化资本也迫不及待地想进入中国的媒介市场。在电影领域里,中国政府在1995年就答应每年进口十部好莱坞大片,而到2005年则增加到50部,"外资获许在中国建造和拥有电影院"[2]。电信、电脑和印刷等行业也逐步向外国资本开放。当然,媒体领域的开放也引起了不少人的忧虑。

"改革开放"之后,媒体领域里所发生的最重要的两个现象应该说一个是电视的影响力越来越大,另外一个则是互联网在中国的出现。虽然早在1958年,我国便有了北京电视台,但是电视产生巨大影响还是在"改革开放"之后,"改革开放"之后电视机进入了千家万户,成为人们了解时政、社会新闻和文化娱乐的最重要的大众媒介,1980—1990年代可以说是一个"电视时代"。人们通过《新闻联播》了解国家大事,通过电视广告了解企业

---

[1] 谢轶群:《流光如梦——大众文化热潮三十年》,第25页,桂林:广西师范大学出版社,2008年。

[2] 李金铨:《超越西方霸权——传媒与"文化中国"的现代性》,第304页,牛津大学出版社,2004年。

产品,通过综艺节目和电视了解
社会文化,"1980 年全国的电视
机社会拥有量为 900 万台,到
1986 年已增至 9 200 万台;1980
年全国电视剧总产量 177 集/
部,1986 年产量已达 2 636 集/
部"[1]。电视节目已开始对大
众产生一定的影响,据报告文学

作家陈祖芬的回忆,在 1984 年的 6 月 23 日的晚间发生了一件很特别的
"电视事件","电视台的有关人士在电视台的黄金时间里向观众作着解释。
因为电视节目不准时播放,激起了众怒"[2]。而 1993 之后中央电视台大
刀阔斧进行改革,出现了《东方时空》、《焦点访谈》、《新闻调查》和《实话实
说》等节目,电视在社会中影响更大了。这些节目对政府、企业和社会各个
层面都起到"监督作用",节目的言论直接左右了"社会舆论",不仅民众,政
府和企业也都十分留心这些节目。例如据孙玉胜的回顾,《焦点访谈》栏目
创办后,所披露的事件大多数引起了中央和省部委领导的重视,"不少陈案
积案疑难案常见案等等,都在中央的直接重视下得到解决"[3]。

二、城市化与市民媒体文化

1978 年以来的"改革开放",不仅改变了乡村面貌,传统乡村走上了现
代化道路,而且"改革开放"迅速渗透到城市本身,"改革开放"的第二步便
是进行城市改革。1984 年中国共产党十二届三中全会在北京举行,会议通
过了《中共中央关于经济体制改革的决定》,"决定"提出"进一步贯彻执行

〔1〕 吴秋雅:《纪录与建构——中国电视剧 1978—2008 年发展综述》,《当代电影》,2008 年
　　 第 10 期。
〔2〕 陈祖芬:《八十年代看过来》,第 92 页,北京:作家出版社,2008 年。
〔3〕 孙玉胜:《十年——从改变电视的语态开始》,第 97 页,北京:人民文学出版社,2012 年。

对内搞活经济、对外实行开放的方针,加快以城市为重点的整个经济体制改革的步伐",邓小平在《建设有中国特色的社会主义》一文中也强调"改革要从农村转到城市"[1]。城市发展开始受到重视。其实在现代化的宏大叙事中,"城市化"本身就是社会学家金耀基所说的现代化要素之一,城市改革迅速改变了城市面貌。

首先,城市的物理和空间结构发生了变化,城区面积不断扩张,上海、北京、广州、南京等城市面积都迅速扩张,传统的城市建筑被大量拆除,高楼、街道、百货商店等新的城市景观不断涌现。早在 1985 年,《广州文艺》就有一部作品这样描写广州城市的发展:"刹那间,简易美观的钢结构商场、理发店、饮食店、家具店、建筑材料店如雨后春笋般冒了出来。"[2]许多城市的区域面积都数倍于改革开放之前,例如在 1980 年代,苏州古城区的面积只有 22.63 平方公里,但到 2020 年,苏州中心城区的面积估计将增加到 599.2 平方公里,城市面积整整扩大了好几十倍[3]。尤其是 2000 年之后,全国都出现了狂热的"造城运动",例如《南方周末》的"城市"报道了一个中国小县城的"再造新城"计划,仅用了三年时间,城市面积就由"6 平方公里扩到了现在的 10 平方公里"[4]。北京、上海和广州更是在这一"造城运动"中成为人口超千万的三个"超级大都会"。

其次,改革开放不仅使城市和乡村产生了激烈的冲突,城市内部的社会阶层也产生了严重分化。在改革开放之前,城市内部实行的是"平均主义"原则,绝大部分城市居民隶属同一个阶层,尽管个体与个体之间还有一些细微差别,但总的来说,在改革开放之前并没有发生严重的分化现象,他们都享受着国家所提供的各种福利待遇,关于这一点社会学家郑杭生等人早已指出:

---

[1] 邓小平:《建设有中国特色的社会主义》,转引自《保持共产党员先进性教育读本》,第137 页,北京:党建读物出版社,2005 年。

[2] 黎珍宇:《星星和它的轨迹》,《广州文艺》,1985 年第 9 期。

[3] 根据《苏州市城市总体规划(2007—2020)》所提供的数据。

[4] 《国家级贫困县:地产广告入田间》,《南方周末》(2010 年 2 月 25 日)。

改革前,我国的社会福利和保障制度可以说是城镇居民的福利和保障制度。相对于广大农村人口而言,城镇人口所享受的社会福利和保障覆盖了人们生活的主要领域,可以说"从摇篮到坟墓"都有充分体现。城镇居民不仅吃"商品粮",享受平价口粮和多种副食价格补贴,还享有诸如住房、交通、就业、公费医疗、退休养老等多种福利和保障。特别是城镇全民所有制职工,享受国家福利和保障更多。[1]

但随着城市改革的深入,这种整齐划一的社会结构和分配制度被打破,城市阶层在改革中分化和重组,居民之间有了阶层差别和利益冲突,原先在城市社会中占有较高地位的国有企业和事业单位职工,许多人成为"失业者",媒体将这些人称为"下岗工人",统一的社会结构瓦解,取而代之的是松散、分裂和冲突的社会阶层。每个阶层由于在城市中经济、文化和社会地位的差异,他们对于日新月异的城市感受千差万别,有人热烈欢迎城市的巨变,因为城市的变化带来他们想要的东西;而有人对城市的变化忧心忡忡,因为城市的变化剥夺了他们所拥有的一切,每个社会阶层都将按照自己的经验和认识重新构造城市图像。在不同的视界里,城市被赋予了不同的涵义。在有些人眼里,城市是"邪恶的地狱",是火坑,一旦跳进去就完了;但在有些人眼里,城市是"自由的天堂",是幸福,拥有物质、财富和文化的文明场所。

再次,城市面积的增加、新楼宇的建造和超级商店的出现改变了人们对城市的心理与文化感受,像西美尔所说的,大都市总是与精神生活密切相关,城市的变化与人们的心理、精神结构的变化密切关联,每一次变化都会引起巨大的心理震动。许多新的思想和文化观念正是建立在城市化过程中,城市尤其是大城市,为人类提供了多种生活情境,也提供了多样化的

---

〔1〕 郑杭生、李强等著:《当代中国社会结构和社会关系研究》,第 137 页,北京:首都师范大学出版社,1997 年。

生活感受,费瑟斯通说:"百货商场、商业广场、有轨电车、火车、街道、林立的建筑群及所有陈列的商品,还有那些穿梭于这些空间中的熙攘人群,都唤起了人们如今半数已被遗忘的梦想,有如来往人群的好奇与记忆,经常受到来自与背景分离的,变化的景象所刺激,并通过解读那些物品外表所散化的气息,产生出了某些神秘的联想。"[1]随着快速"城市化",不仅北京、上海和广州这样的大都会拥有各种各样的百货商店、商业广场、大型超市和停车场,而且这些城市景观还深入到许多中小城市,包括偏远乡村,迅速地改变着人们的物质、心理和精神感受。

迅速发展的城市化也给报纸、杂志和图书的发展提供了物质基础。以报纸为例,从1980年代中后期,随着城市发展,为了适应市民的阅读需求,都市类的晚报、晨报、日报和周报如雨后春笋一般地涌现出来。

社会阅读与文化消遣类的晚报大量出版,促使媒体文化市场发生了巨大变化。在传统的文化运作和媒体运作格局中,个人掏钱买报纸的现象较为罕见,报纸的发行主要通过公款"书报费"或者是公家单位订阅。晚报媒体的大规模涌现,直接培养了自费购买、自己阅读的新闻文化消费市场和消费方式。大众传播媒体的变化引发了全社会文化消费模式的改变,同时也造就了新时代的市民化的媒体文化。

市民媒体文化最重要的体现者当然是电视。中国由于经济和科技发展的滞后,电视传媒的普及同样相对滞后。但到了改革开放的时代,城市家庭的电视机已经基本普及,1985年前后,电视机也逐步走入了农村家庭。由此形成的电视媒体文化成为那个时代最深刻的文化记忆。

三、电视文化记忆

电视普及之初,甚至在电视机尚未普及之时,电视台和电视频道的拥

---

[1] [英]费瑟斯通:《消费文化与后现代主义》,刘精明译,第34页,南京:译林出版社,2000年。

有量相对有限,普通电视机所能够接受的频道数也相当有限,而与此相联系,城乡居民的文化生活还比较单调,这本来都是不利于电视文化和传媒文化发展的因素,然而它们也恰恰构成了电视文化热门化的"负性背景",即从反面促成了电视文化的兴盛,其所造成的一个结果是,全国数以亿计的观众往往很容易聚焦于有限的电视节目,使得那时候的电视节目拥有后来的节目无与伦比的收视率与追捧现象。

改革开放以后最初最强烈的电视文化记忆,应该是从电视市场向世界开放开始。对外开放的时代精神使得那时候的引进电视剧成为热门文化现象,在我们自己的电视艺术工作者还没有意识到拍摄电视连续剧的重要性的情形下,国外和境外电视连续剧的引进就成了亿万观众从开放时代所直接受到的最重要的惠益。

1981 年,甚至小尺寸的黑白电视机在中国还远未普及,但一部日本的电视连续剧《姿三四郎》便在简陋的电视屏幕上按时播出。有电视机的人家在晚上准点会传出富有浓厚日本演歌味道的主题曲,没有电视机的人家往往搬着板凳到隔壁人家蹭看,一家电视机播放可能在门外涌着十几个人甚至几十个人,心照不宣地观看着。这样受欢迎的电视连续剧几乎一部接着一部,如来自日本的《血疑》《排球女将》,来自美国的《大西洋底来的客人》《加里森敢死队》,来自香港的《上海滩》《霍元甲》,等等,可以说都有万人空巷的收视效果,而且连同剧情、人物以及演员、演员生平等等,都成了人们业余时间讨论的热门话题。

这个聚焦电视的文化时代,使得任何电视上展演的任何内容都可能成为人们文化生活中的重要记忆。在中国的电视节目中,至今仍然新鲜的最重要的文化记忆乃是对于春节联欢晚会的长期关注,它同样成了一种文化,一种无法遗忘甚至无法舍弃的"春晚文化"。

中央电视台首次采用现场直播的形式,于 1983 年除夕推出了面向全国观众的春节联欢晚会,以歌舞和说唱类为主,形式新颖,赏心悦目,让观众如此近切地观看心仪已久的演艺明星的风采,如此近切地聆听耳熟能详的流行歌曲的声韵。这一独创性的节目一经播出,便好评如潮,引起巨大

中央电视台第一次春节联欢晚会

轰动,更像完成了当时中国大众文艺和主流文化的一种交汇的灿烂仪式。从此,每年的农历除夕,为全国观众期盼已久的春节联欢晚会都会在中央电视台隆重播出,广大中国观众也从此养成了与吃年夜饭同等重要的观赏"春晚"的文化习惯,因而春晚也被人们称为是中国观众精神上的年夜饭,同样不可或缺。构成这种"春晚文化"的还不仅仅是除夕当晚的演出、直播和收看,更有提前半年即开始讨论的春晚主创人员的构成与变动,主打节目的预测,以及演播方式的新变等等,春晚过后则是热烈的讨论与评价,天量的来信与电话,陆陆续续,也有数月的热闹。这就是富有中国特色的大众娱乐形式的一种,体现出的是一种依然存续至今的"春晚文化"。

对于电视传媒而言,那是一个伟大的黄金时代。广大观众对电视的聚焦甚至会汇集于电视节目的附属品——电视广告上。人们最初对有限的电视节目保持浓厚的兴趣,往往对插播的电视广告"爱屋及乌"式地采取包容甚至欣赏的态度。其实,当时人们并不了解电视广告的意义,狭隘地认为电视广告就是为了叫卖商家自己的产品,于是看广告的人慨叹,其实这些东西我们想买根本买不到(那时候占主导地位的还是计划经济),他兀自在这里大做广告!那时候的广告也能够给人一种新鲜感,拍摄的画面较为丰满、生动,关键是所配的音乐也较为精致,因而一时之间,电视广告也成了观众电视文化记忆的一个重要内容。其中特别鲜亮的记忆是江苏省盐城市生产的

"燕舞"牌收录机的广告：一个戴眼镜的小男生打开机器，载歌载舞："燕舞，燕舞，一曲歌来一片情!"声音优美而强劲，几乎给那时的每一个观众都留下深刻的印象。一个杀虫剂的广告唱着的"我们是害虫，我们是害虫，正义的来夫零，正义的来夫零，杀死，杀死!"居然成为那时候孩子们游戏的自我伴奏。有些广告充满的诗意也能深深吸引人们的眼球：一个干渴的人走在沙漠里，忽然远方出现了幻觉，是海市蜃楼? 不，是一部冰箱，男人跑到冰箱那里，拿出一瓶冰水浇在头上，镜头一转，男人走出了沙漠。广告词随之出现："每当我看到天边的绿洲，就会想起东方——齐洛瓦……"日本东芝电器的广告是用日语唱的"多西吧(Toshiba)，多西吧，新时代的东芝!"有中国当代作家诙谐地将它转述在自己的小说中，谐音为："偷吃吧，偷吃吧……"

当无用也无聊的电视广告都能够成为人们欣赏的对象甚至成为文化记忆的基本符码，可见那时候人们的文化生活特别是通过电视所体验的文化生活是如何的单调、贫乏。幸好，随着人们经济生活的改善，随着多元化传媒的发展，人们的文化生活日趋丰富，文艺欣赏也同样走向丰富、多元而精致。

四、从广告到设计

进入到改革开放的年代，中国又一次开始与世界全面接触，当西方国家的产品设计进入到中国市场时，人们看到了中国设计与世界先进设计的巨大差异。不过这一次与晚清民初时期不同的是，这种差异不是表现在东西方两种造物风格方式的不同上，而是表现于众多曾经引进的西方产品，几十年来它的外观设计未有丝毫改进上。有研究者做过这样的分析："中国大地上奔驰的上亿辆自行车，皆是 1905 年英国工程师莱利·赛克的设计翻版；在成千上万个家庭中转动的缝纫机，没有跳出 1873 年美国'胜家'牌缝纫机雏形；国产拨号式电话机，仿造的是 1931 年英国设计师琼·海伯格设计，'西门子公司'生产的产品；国产名牌 135 单镜反光照相机'海鸥 DF'，仿造的是德国'康泰克思'公司 1948 年的产品；国产名牌'英雄'金笔，基本上是 1939 年美国'派克'钢笔的造型⋯⋯几乎所有产品的外形设计，均停留在我国引进并生产该产品的起点上。"[1]于是人们又开始意识到产品设计的重要性了，热切希望中国设计赶上世界先进水平的改革动力与以谦和包容的胸怀向世界先进设计虚心学习的开放心态，成为这一阶段中国设计文化的突出特征。

中国设计事业的再度起步从教育先行开始，这是改革动力与开放心态的第一反映。这一时期我国派遣留学生赴西方先进国家学习现代设计，并邀请外国专家来华讲学，各种"现代设计"、"工业设计"的研讨会、学习班、讲座在国内各地举办，相关的专业学科如工业设计、服装设计、广告设计、环境设计等也相继建立，一些专门的设计杂志、设计理论书籍以及电视专题节目也对现代设计进行宣传介绍。以工业设计教育为例，各地高校纷纷成立了工业设计系：1985 年中央工艺美术学院（现清华大学美术学院）建立了工业设计系，无锡轻工业学院（现属江南大学）则在造型美术系下设了工业设计教研室。另外还有北京理工大学、湖南大学、哈尔滨科技大学、鲁迅艺术学院、广州美术学院共八所高校设立了工业设计系，开始正规化培训工业设计专业人才。随着设计教育的大力发展，对社会趋向还起到了引导作用，其中平面广告设计和服装设计发展最为迅速。以平面广告设计为例，1979 年全国专业的广告公司不到 10 家，以经营户外广告为主，而到了1989 年，全国广告经营单位有 11 142 家，从业人员达 13 万人，广告营业额近 20 亿元。与此同时，中国的传统设计也在同步发展，工艺美术教育会议、工艺美术评奖、工艺美术杂志、工艺美术学会等，均表现出活跃的态势。相关行业协会也建立起来，如 1987 年成立了"中国工业设计协会"，标志着国人真正意识到工业设计的范畴、观念，这不仅是一个协会名称的确立，更重要的是它重新构建起一个设计艺术的世界。

改革动力与开放心态的设计文化特征，重点表现在建筑设计领域。新中国成立后，由于强大的政治因素影响，使得中国的建筑设计不可避免地

---

[1] 广州美术学院设计研究室：《中国的工业设计怎么办》，《装饰》，1988 年第 2 期。

受到它的制约，像北京的建国十周年"国庆工程"、四川的毛泽东思想胜利万岁展览馆、"援蒙工程"中的乌兰巴托百货商店、古巴的吉隆滩胜利纪念碑等著名建筑，均呈现出一种英雄主义、理想主义的美学设计构思。改革开放之前的知名建筑设计，存在较为单一的倾向和模式，除了中国建筑设计师设计的作品，就是大量前苏联建筑设计风格的产物，只有少数为西方的现代设计创作，如"一五"期间建设的"北京华北无线电联合器材厂"（现为北京"798艺术区"），由前东德（民主德国）援建，是典型的包豪斯风格，体现了实用和简洁的完美结合。改革开放后，西方建筑设计公司和建筑师的作品再次登陆中国，如美国建筑师贝聿铭设计的北京香山饭店、美国贝克特设计公司设计的北京长城饭店等，这些建筑设计作品给中国建筑设计业既带来了挑战，也带来了机遇。一方面，中国的建筑设计师以锐意的改革精神和包容的开放心态，接受、学习、吸收、研究西方的建筑设计；另一方面，开始了对建筑设计的中国特色的再探索，他们开创新风、追踪时代、守护传统，逐步开拓出了技术与艺术相结合、时代精神与乡土人情相结合、世界潮流与地域文化相结合、业主要求与山水人文环境相结合的建筑设计新思路。像曲阜阙里宾舍、锦州辽沈战役纪念馆、徐州博物馆、北京炎黄艺术馆、中国驻波恩大使馆、广州白天鹅宾馆、深圳南海酒店等建筑，均为这一时期中国建筑设计的精品之作。神州大地上的建筑式样，再也不像从前那样单一了，这是改革动力与开放心态所结出的美丽果实。

广州白天鹅宾馆

不过应当正视一个事实,就是总体而言这一时期的中国设计文化并不十分发达,重产品而轻设计的固有观念依然浓厚,而且各个设计领域发展极不平衡,由于受到大量西方产品和技术输入的冲击,有些现代设计领域还只处于模仿和起步的阶段,无法与国外先进的现代设计相抗衡。有这样一个例子:当报纸报道国外一设计集团接受北京一家最大的饭店所提出的一揽子订货,包括一千个房间的室内陈设、家具、照明器材时,一位国内专家看到这条消息,不禁愕然,接着感到耻辱[1]。现实毕竟无法回避,好在这一时期的现代设计教育在各个高校恢复起来,传统设计依然保持着顽强的活力,这都为下一阶段中国设计文化的繁荣打下了坚实的基础。

---

〔1〕 李立新:《中国设计艺术史论》,第174页,北京:人民出版社,2011年。

第四十九章
思想启蒙与戏剧文化的变革

1980 年代的思想启蒙是继五四时期的思想启蒙以后的第二次启蒙。"五四"被称为中国的启蒙运动。"启蒙代表着光明,启蒙时代是一个光明时代的来临,因为启蒙背后有理性,理性是人自身的光明,它可以克服宗教与传统带来的愚昧。"[1]

新时期戏剧是思想解放运动中的"二度西潮",可以说是五四新文化运动的再生。"二度西潮"的概念是台湾学者马森提出来的,大陆董健对此提出了关于二度西潮的同与异。董健认为,中国文化经历了两次西方文化的冲击和挑战,中国戏剧也经历了"两度西潮",这使中国戏剧冲出了原有的美学圈子,戏剧观念和艺术价值体系发生了根本变化,从而真正开始了中国戏剧现代化的历史进程[2]。

在西方现代戏剧的冲击下,中国戏剧出现了戏剧观念大讨论。戏剧观大讨论,有一个西方戏剧文化的语境,也就是"文化的移译"(cultural translation)的问题。在戏剧创作上,在经历了社会问题剧阶段以后,就进入了探索戏剧阶段。探索戏剧,不是在内容上,而是在形式上探索,导致内容和形式的分化。在这里,原有的现实主义和新引进的现代主义戏剧发生了文

---

[1] 许纪霖:《启蒙何以起死回生?》,第 353 页,北京:北京大学出版社,2011 年。
[2] 董健:《论中国现代戏剧两度西潮的同与异》,《戏剧与时代》,第 25 页,北京:人民文学出版社,2004 年。

化碰撞,但也出现了现代主义戏剧和现实主义戏剧的文化融合。

一、戏剧的观念变革

从 1981 年到 1986 年前后持续五六年,戏剧界展开了戏剧观大讨论,这是继五四新旧剧之争、1940 年代民族形式讨论之后的一个新的焦点,是 1980 年代的一道文化景观。

黄佐临在 1962 年提出写意戏剧观。文化部和中国戏剧家协会于 1962 年 3 月在广州召开话剧、歌剧、儿童剧创作会议。黄佐临在这次会议上提出了他著名的"写意戏剧观",引起与会作家、艺术家的重视,可以说这是当时"演员的矛盾"讨论的深入。但是,由于当时的国内政治环境,黄佐临的这篇题为《漫谈"戏剧观"》的发言并没有引起足够的重视,直到粉碎"四人帮"之后的 1980 年代初,文章的重要价值才被充分肯定,并随之在剧坛上引发了一次规模不小的关于"戏剧观"问题的讨论。

黄佐临针对建国以后"斯坦尼"体系一统舞台的情况,"打开我们目前话剧创作只认定一种戏剧观的狭隘局面",提出了他的"写意戏剧观":斯坦尼、梅兰芳、布莱希特三种戏剧体系的根本区别在"第四堵墙";布莱希特则想方设法要推翻"第四堵墙";可对梅兰芳来说,这堵墙根本不存在,用不着确立或推翻。因为中国的戏曲传统从来就是程式化的,不主张在观众面前造成生活的幻觉。

在 1980 年代的戏剧观念的讨论,已经不局限在三大体系的比较上了,也不仅仅是"写实"和"写意"的争论上了,而是针对"第四堵墙"而提出的假定性等戏剧的本质问题上。

但这种观念在当时并未引起重视。直到 1982 年前后的戏剧观争鸣时,人们才充分理解到其中的美学价值。如陈恭敏在《戏剧观念问题》一文中就指出："佐临提出的问题触及到话剧的根本,是切中要害的。"[1]应该说,布莱希特的"叙事剧"还不是现代派意义上的,虽然布氏的"叙事剧"受到表现主义的影响[2]。高行健在黄佐临的基础上,又阐述了西方现代派戏剧的演变过程。他追溯到 1920 年代,以韦特金为代表的德国的表现主义戏剧,1950 年代—1960 年代阿尔托的超现实主义戏剧以及 1960 年代之后的格洛托夫斯基的质朴戏剧。他指出,二次世界大战之后,西方荒诞派剧作的出现和传播,正是同戏剧的这些现代流派密切联系在一起的。在他看来,易卜生的社会道德剧属于一种观念的戏剧,然而,他的这些剧作距今已经一个世纪了。"我们不必把相当于同治、光绪年间的一位外国剧作家的戏剧观,当作不可逾越的剧作法典来束缚自己的手脚。"[3]因此他提倡戏剧观的变革,即在戏剧观上,既不必受易卜生式的剧作结构的约束,又可以广开思路,在艺术上作一些新的探索与尝试[4]。除此之外,丁扬忠、童道明、徐晓钟、胡伟民等人都提出了借鉴西方现代派戏剧,进行戏剧观变革的问题。丁扬忠指出:"本世纪的欧洲戏剧处在一个实验时期,象征主义、表现主义、史诗(叙事)剧、存在主义戏剧、荒诞戏剧、贫困戏剧,都从不同角度对戏剧表现当代生活进行实验,从戏剧观、戏剧形式到演剧方法进行多方面的探讨。"[5]而在童道明看来,"20 世纪之后,非幻觉性戏剧现在欧洲逐渐抬头,究其原因,不外乎这样三条:现代派文艺思潮的影响,无产阶级革命形势的激荡和包括东方戏剧在内的古老戏剧传统的吸引"。在这里,他将"现代派文艺思潮的影响"放在首位[6]。他们在探讨了西方现代派戏剧在戏剧观上的革新后,提出中国话剧必须进行戏剧观的革新。徐晓钟指出:"话剧导演艺术的发展和创新,

---

[1]　陈恭敏:《戏剧观念问题》,《剧本》,1981 年第 5 期。
[2]　参见[英]J. L. 斯泰恩:《现代戏剧的理论与实践》(3),象禺、武文译,第 5 页,北京:中国戏剧出版社,1989 年。
[3]　高行健:《论戏剧观》,《戏剧界》,1982 年第 1 期。
[4]　高行健:《论戏剧观》,《戏剧界》,1982 年第 1 期。
[5]　丁扬忠:《谈对戏剧观的突破》,《戏剧报》,1982 年第 3 期。
[6]　童道明:《也谈戏剧观》,《戏剧界》,1983 年第 3 期。

已经是不可抗拒的潮流。"[1]胡伟民在导演中"想突破主要依赖写实的手法,力图在舞台上创造幻觉的束缚,倚重写意手法,到达非幻觉主义艺术的彼岸"[2]。

戏剧观的大讨论,在戏剧观念上直接影响到了 1980 年代的戏剧创作,于是新时期戏剧进入了"探索戏剧"的阶段。

二、戏剧的艺术探索

1980 年代的思想启蒙,在戏剧创作中,主要体现为对人的个体存在价值意义的探讨。"新启蒙运动与五四一样,讴歌人的理性,高扬人的解放,激烈地批判传统,拥抱西方的现代性。"[3]如《未来在召唤》、《权与法》、《救救她》,尤其是《救救她》中的对于个体道德堕落的关注。

1980 年代,戏剧舞台上也出现了一股"寻根热",从《狗儿爷涅槃》到《桑树坪纪事》,就表明了这样一种趋向。剧作家试图找到赖以生存的家园,自己的生命的栖息之地。尽管这种"寻根"不像小说的"寻根派",是对传统文化(道家的生命哲学)的认同,而带有强烈的批判意识,但是在这些剧作中带有强烈的生命意识,荒诞意识消解了,重新还原为对生命的执著追求。狗儿爷对土地的依恋,一方面表明了农民的狭隘,另一方面却象征着人是离不开他所栖息的大地的。而在桑树坪生活的人们,尽管生命力遭到了扭曲,给人以强烈的震撼,同时也使人感受到剧作家对自由生命的呼唤。这些剧作在戏剧界引起了强烈的反响,其实就是一种生命意识的还原效应。我们希望戏剧的探索者们在这个令人困惑的世界中,执着地表现自己的生命意识。

在 1980 年代中期的戏剧界,首先值得注意的是,以倡导探索著称的北京人艺导演林兆华一改以往的风格,导演了一部反映农民题材的戏剧《红

---

[1] 徐晓钟:《在自己的形式中赋予自己的观念》,《戏剧报》,1982 年第 6 期。
[2] 胡伟民:《话剧艺术革新浪潮的实质》,《戏剧报》,1982 年第 7 期。
[3] 许纪霖:《启蒙何以起死回生?》,第 353 页,北京:北京大学出版社,2011 年。

白喜事》。此剧描写河北保定的一座普通农家大院里的婚丧嫁娶的"红白喜事"。林克欢在评论此剧时写道："在《红白喜事》中,写实与象征,外部真实与内部真实,平凡的生活场景与深蕴的诗意概括并行不悖,许多酷似生活外貌的日常场景,被导演提高到本体象征的高度。"[1]在这个剧中,特别引人注目的是主人公郑奶奶是一个老革命,同时也是一个老家长、老封建。怎样在舞台上表现这么一个多重性的形象? 导演设置了一把破旧的太师椅,把郑奶奶和这张太师椅奇妙地联系在一起。于是乎,这张太师椅就有了某种象征的意味。

《桑树坪纪事》剧照

《桑树坪纪事》的上演引起了戏剧界的轰动。导演徐晓钟一直希望通过一个现代戏的创作和排演,"比较全面地表达他对戏剧发展的反思与追求,继承与发展现实主义戏剧美学,在更高的层次上学习我国传统艺术的美学原则,有分析地吸收现代戏剧(包括现代派戏剧)的一切有价值的成果"[2]。而《桑树坪纪事》正好满足了他的要求。这个剧表现了黄土高原农民的命运,一方面写出了中华民族在自然经济落后的环境中的生存能力,一方面揭示了在这片黄土地中封建愚昧达到了骇人听闻的程度。编导

---

〔1〕　林克欢:《舞台的倾斜》,第 178 页,广州:花城出版社,1987 年。

〔2〕　徐晓钟:《反思·兼容·综合——话剧〈桑树坪纪事〉的探索》,《剧本》,1988 年 4 月。

通过"麦客榆娃与小寡妇影芳之恋"、"福林和他的婆姨"、"杀人嫌疑犯王志科的遭遇"、"耕牛豁子之死"等场景,将写实与写意、情与理、再现与表现等交融在一起,使观众不仅对人物命运的悲欢离合产生共鸣,同时引发出对戏剧意蕴的理性思索。首都戏剧界在座谈这个剧作时,叶廷芳认为它"是一部在现代意义上的现实主义杰作,也是现代意义上的非现实主义的杰作。这个戏证明了我们这些年在戏剧方面的探索是卓有成效的"[1]。

锦云编剧,刁光覃、林兆华导演的《狗儿爷涅槃》叙述了"狗儿爷"对土地的执著追求的故事。狗儿爷不仅仅是一个普通的农民,而是中国农民的象征;狗儿爷对土地的执著追求,是几千年中国农民的缩影。编导在现实层面的基础上追求象征的层面,达到了超越现实之上的象征境界。根据张承志同名小说改编的《黑骏马》,分为30多场,采用小段落连接,在时空流转上非常自如。这个剧向观众展示了草原上的白云、鲜花、牧草、美酒和奔驰的骏马,通过宝力格的心理流程来表现对生活、对爱情、对友谊的情感体验。剧作以民歌的旋律来贯穿,从富有哲理的"一捧水"、神秘的"数字"和转瞬即逝的"声音",尤其是老奶奶额吉的死和其其格的降生体现了一种深沉的生命意识。王贵在评论这个戏时说:"这个戏总体构思的特点是,戏入诗格,把生活浓缩,把生活提高到诗格上来。"并且认为这部剧作"象征主义、表现主义手法在舞台上用得很自由,但仍不失为现实主义的作品"[2]。

新时期的探索戏剧家们,则主要以西方现代戏剧如布莱希特的"叙事剧",包括西方现代派戏剧为参照物,来重新认识中国传统的戏曲,并以此建立新的戏剧观念。那些率先模仿西方现代派的戏剧,一开始就是在舞台上进行演出的,如1979年在上海上演的谢民的独幕悲剧《我为什么死了》,马中骏、贾鸿源、瞿新华的哲理短剧《屋外有热流》,1982年在北京人艺小排练厅上演的高行健、刘会远编剧,林兆华导演的无场次话剧《绝对信号》等

---

〔1〕《首都戏剧界座谈〈桑树坪纪事〉》,《戏剧》,1988年第2期。
〔2〕《首都戏剧界谈〈黑骏马〉》,《戏剧艺术》,1987年第1期。

都是如此。如果以我们一贯倡导的现实主义戏剧原则来全面否定西方现代派戏剧对新时期话剧的影响,显然会失之偏颇;如果以 1930 年代以来西方现代派戏剧影响的衰微的事实,来简单断定新时期的探索剧所受西方现代派戏剧的影响必将没落,也是不太明智的。我们须对其作出实事求是的分析。那么西方现代派戏剧究竟在哪些方面影响了新时期的探索戏剧?

在新时期的探索戏剧中,马中骏、贾鸿源、瞿新华的哲理短剧《屋外有热

《绝对信号》剧照

流》,率先突破再现现实世界的传统话剧的艺术规范,采用近似荒诞的"热"与"冷"的对比,使剧中人物赵长庚的公而忘私和弟弟妹妹的贪婪自私具有了象征和直喻的意味。剧作将现实场景和回忆梦幻交错,使"幽灵"与活人同时登台,从这里不难看出此剧借鉴了西方象征主义、表现主义和荒诞派的戏剧技巧。作者说:"我们吸取了我国传统的写意手法,对外国意识流小说和荒诞派剧等表现手法,也采取'拿来主义'的态度。"[1]此剧虽然未摆脱当时流行的说教,但对借鉴西方现代派戏剧方面具有开创性的意义。像《屋外有热流》一样,高行健、刘会远编写,林兆华导演的《绝对信号》,一方面吸取了中国传统戏曲的写意手法,一方面也借鉴了西方现代派戏剧的象征手法。舞台布景是一个带铁扶栏杆的小平台,椅子的靠背和座椅被人拆除了,只剩下个铁架,它既是行进中的列车,又可以是黑子与蜜蜂幽会的河边、小号家中。从现实转入回忆完全是通过假定性,这就破除了四堵墙的限制,使舞台时空变得更为自由。

高行健编剧、林兆华导演的另一出戏《车站》,则可以明显地看出荒诞

---

〔1〕 贾鸿源、马中骏:《写〈屋外有热流〉的探索与思考》,《剧本》,1980 年 6 月。

派戏剧的影响。有人说这个剧套用了贝克特《等待戈多》的模式,但实际上还是有剧作家自己独特的追求的。剧作家力求在戏中做到几种结合:其一,是现实和荒诞的结合。荒诞通常隐藏在现实之中,不是上帝故意和人们开玩笑,恰恰是人们赖以生存的那种现实的环境和人的自身在和自己开玩笑。其二,这个戏还将抒情与荒诞结合在一起。当人们在现实生活中落进抒情的陷阱里去的时候,旁观者看来又往往是荒诞的。再就是将喜剧与悲剧结合在一起。这种无止境的荒诞的等待确实又是悲剧。这些可笑的人物,同时又是可怜悯的[1]。这个剧在北京人艺上演的时候是和鲁迅的《过客》一起演出的,但依然引起了激烈的争鸣。唐因、杜高、郑伯农在《戏剧报》1984年第3期发表了《〈车站〉三人谈》,严厉批评《车站》在借鉴西方荒诞派戏剧时的思想失误。而吴祖光则在《高行建戏剧集·序》中为高行健辩护,他说:"有人讥刺高行健学习西方现代派。我说不清楚他是怎么学的,学了多少,但是既然整个话剧都是从西方移植过来的,学学西方的这个派那个派又有什么不可以呢?现代派的大师萨特、贝克特都是用法语写作的,高行健占有法国语言的优势,自然易于接受西方文学和戏剧的影响。"[2]

探索戏剧并没有因为有某些人的指责而停止探索,相反却更加投入了。高行健在《车站》之后又创作了《野人》,刘树纲创作了《十五桩离婚案的调查剖析》、《一个死者对生者的访问》,贾鸿源、马中骏创作了《街上流行红裙子》,陶骏等人创作了《魔方》……这些在借鉴西方现代派戏剧的形式上更为大胆。如高行健的《野人》是在《车站》的多声部戏剧的试验上作了进一步探索。在《野人》中,多声部不只是语言的和声,它是语言、说唱、音乐、形体造型的多重组合,在同一空间同时展现——现实的、心理的,还有

---

〔1〕 参见高行健:《〈车站〉意文译本序》,《对一种现代戏剧的追求》,第127—129页,北京:中国戏剧出版社,1988年。

〔2〕 吴祖光:《高行健戏剧集·序》,北京:群众出版社,1985年。

远古的不同的空间层次[1]。刘树纲的《十五桩离婚案的调查剖析》采用开放式结构,舞台空间可以自由流转,角色心理可以在现实与往事中流动自如。同时还设置了男女两个叙述者贯穿全剧,导演在导戏过程中尽可能地多发挥舞台假定性的魔力[2]。而在《一个死者对生者的访问》中,采用荒诞戏剧的形式,来表现主人公叶肖肖的幽灵回到人间游荡、查访,死者与生者会面、对话,并亲自参加自己的追悼会。在剧中,编导大胆运用面具和象征手法进行表演,力图"以最简洁单纯的形式,负载意蕴丰富的内容"[3]。而陶骏等人的《魔方》则将九个互不相关的片断连缀成一个无限变化的魔幻世界。编导说:"魔方在任何一本编剧法上都找不到它的归属,那么就给它命名吧,'马戏晚会式'。"[4]此外王晓鹰导演的《挂在墙上的老B》(孙惠柱编剧)、王贵导演的《WM(我们)》(王培公编剧)、胡伟民导演的《红房间·白房间·黑房间》(马中骏、秦培春编剧)等都在艺术手法上大胆采用了西方现代派戏剧的手法。应该说,新时期的探索戏剧,在借鉴西方现代派戏剧方面,《野人》和《魔方》走得最远。

在1980年代,探索戏剧的出现是耐人寻味的。因为,"探索"是在1980年代的意识形态范围内被认为是允许的。

林克欢指出,剧作家、导演艺术家、舞美设计家,普遍出现了骚动与不安。新的追求,新的探索,改变了旧有的戏剧的重心,原来四平八稳的舞台开始晃动起来并导致了舞台的倾斜。舞台的倾斜一方面是对"一个问题、两方人物、三一律、四堵墙"的传统模式的背离,另一方面是对写实主义的再现形式与审美形态的反叛。舞台逐渐摆脱了复制生活的负累与拘役,从

---

[1]　参见林兆华:《〈野人〉导演提纲》,《探索戏剧集》,第362页,上海:上海文艺出版社,1986年。

[2]　耿震:《充分发挥戏剧假定性的魔力》,《探索戏剧集》,第204页,上海:上海文艺出版社,1986年。

[3]　田成仁、吴晓江:《〈一个死者对生者的访问〉导演阐述》,《探索戏剧集》,第453页,上海:上海文艺出版社,1986年。

[4]　陶骏、陈亮:《我们的解法——〈魔方〉编导原则的几点诠释》,《上海戏剧》,1985年第4期。

注重对现实的纯粹再现到注重对现实的表现,使戏剧获得了前所未有的多样化与多义性。舞台从再现向表现的倾斜,用当代的美学语言来表述,也可以说是一种"非亚里斯多德化"的历史过程[1]。

值得指出的是,在戏剧观大讨论影响下,也出现了一系列传统戏剧革新的剧目和"探索戏曲"的剧目,如陈亚先的京剧《曹操与杨修》,魏明伦的川剧《巴山秀才》《潘金莲》,徐棻的川剧《田姐与庄周》(与胡成德合作)、《欲海狂潮》,盛和煜的湘剧《山鬼》,郭启宏的昆曲《南唐遗事》等。

三、戏剧的文化交融

从比较文学的角度看,一个民族的文学受另一个民族文学的影响,肯定要受到本民族文化背景的制约。高行健的《车站》和《等待戈多》之所以有上述差别,并不是他不理解贝克特所表现出来的西方人的荒诞感,而是他感受到中国人的观念和西方人有着很大的距离,当西方人对人与其生存的环境脱节而感到形而上的痛苦时,中国人在潜意识中还保存着"天人合一"的观念,他们只是对政治和伦理的问题具有特别敏感性,惟有如此,我们才能理解《一个死者对生者的访问》、《魔方》、《挂在墙上的老B》等剧,在近似荒诞的形式中所表现出的对政治和伦理问题的探索。如《一个死者对生者的访问》,从题目上看确实有些近乎荒诞,导演一接受这个剧本,就被说成是要排演一台"荒诞派"戏剧了。这出戏让一个在和歹徒搏斗中死去的人在"太平间"复活,在歌声中魂归现实社会,在尘世中作了一次精神漫游。从剧情看,确实有些竭尽"荒诞"之能事。其实,编导的目的只是想通过死而复"活"的英雄,去探寻和他同坐一车的乘客的心灵,深刻地剖析人世间的爱和憎、生与死的价值。主人公叶肖肖的行动并不是没有意义、荒诞、无用,而是他的伦理观与价值观的体现。

这几年的探索戏剧,和小说界的"反思文学"、"寻根文学"相对应,大致

---

〔1〕 林克欢:《舞台的倾斜》,第14页,广州:花城出版社,1987年。

是沿着两个方向去探索戏剧的哲理化，一是趋向于内心，一是趋向于自然。前者可以马中骏、秦培春的《红房间、白房间、黑房间》为例，后者则以高行健的《野人》为代表。在《红房间、白房间、黑房间》中，剧作者表现了一群修路的青年工人和一个被欺骗、玩弄但尚未察觉自己的处境的农村少妇之间的关系。青年工人们不忍心将真情告诉这个少妇，有意编造了一个骗局，而且富有戏剧性地筹划了一场没有新郎的婚礼。在这一个近似寓言的故事中，剧作者试图探寻一种人类精神的内在真实，使得整个剧显得非常富有哲理性。而在《野人》中，剧作者通过一个生态学家寻找野人的过程，表现了非常丰富的内涵：从迷迷茫茫的"神农架之谜"，到唱着"黑暗颂"的吟诵诗人，从带有原始气息的媒婆、巫师到细毛关于野人的诉说……在众多声部的交错中，揭示了人与自然的关系，使观众得到了丰富的哲理启示。如果说前一个剧是寓言化的话，那么后一个剧则是神话化了。

如果我们将 1979 年到 1984 年看作是探索戏剧接受西方现代派戏剧的第一阶段，那么，1985 年至 1989 年可以视为第二阶段。在 1980 年代中期，中国出现了一股"文化热"，学术界和文艺界围绕着中国传统文化的再估计、中国文化与西方文化的相互关系等问题，展开了热烈的争鸣。在这种文化背景下，戏剧界对前一阶段的探索戏剧在突破陈旧的戏剧观念和借鉴西方现代派戏剧手法方面的成败得失进行了新的反思。

丁罗男指出："经过几年的探索，不少新形式，如冲破第四堵墙以增强演出与观众的交流，充分利用假定性造成灵活自由的舞台时空，写意的舞台布景和虚实结合的表演方法等等，现在已经逐渐变为多数艺术家与观众能够理解和接受的新的话剧语汇了。……当然，这阶段的探索实践不是没有缺陷的，一些作品的形式创新与其内容的单薄形成了刺眼的反差，在吸收借鉴外来形式时确有某种'消化不良'的症状。"[1]这种形式与内容的脱节，加上各种其他的文化因素，致使观众大量流失；到 1984 年年底，全国话

---

〔1〕 丁罗男：《在反思和探索中前进——试论新时期话剧十年》，《戏剧艺术》，1987 年第 1 期。

剧演出场次降到新时期以来的最低点。

值得指出的是,新时期探索戏剧实际上处于一种尴尬的境地中。中国话剧本身是一种"舶来品",它是在否定旧戏曲的前提下发展起来的,而且形成了一种现实主义的传统。这种现实主义的传统,经历了艰难的选择和探索,到 1930 年代开始成为主流。从美学倾向上看,"中国剧场在由象征的变而为写实的,西方剧场在由写实的变而为象征的"[1]。虽然后来曾进行话剧民族形式的讨论,甚至以为回到传统戏曲就是"民族化",但因为对西方现代戏剧,包括现代派戏剧的隔膜和疏离而缺少必要的参照,而变成了一个防御性的口号。直到新时期探索戏剧家把眼光重新投向西方现代派戏剧时,他们才真正发现中国传统戏曲的美学价值。在探索非幻觉戏剧观念来看,西方现代派戏剧和中国传统戏曲有着异曲同工之妙。令人感到啼笑皆非的是,当一些探索戏剧家采用一些传统戏曲中的假定性、虚拟性的手法时,也会被说成是盲目地吸收西方现代派戏剧的手法而遭非议,就像陈恭敏所说的,"我们有的同志却误以为新手法都是舶来品,甚至不惜给我国古代诗人贴上外国商标,这就未免把事情搞颠倒了"[2]。面对这种尴尬的处境,最好的办法就是进行新的融合,即不仅仅以内容和形式脱离的方法去借鉴西方现代派戏剧或继承中国传统戏曲,玩一通手法,而是以现实主义为基础,充分吸收西方现代戏剧,包括现代派戏剧和中国传统戏曲的美学精华,进行新的创造,力图使观众重新回到剧院中来。1985 年前后确实出现了这种现象。如果说这就是一种现实主义的回归,那么这种现实主义,已经不同于以往僵化、封闭的现实主义了。

我们以往总习惯于一种单向的线性思维,好像一个戏剧家,不是现实主义就是非现实主义。其实在实际创作中情况要复杂得多。美国戏剧理论家 J. L. 斯泰恩指出:"在实践中,要找到一出纯粹属于现实主义或象征主义的戏是不可能的,而最优秀的作家也总是手法多种多样的:易卜生是个

---

[1] 转引自余上沅:《中国戏剧的途径》,《戏剧与文艺》第 1 卷 1 期(1929 年 5 月)。
[2] 陈恭敏:《戏剧观念问题》,《剧本》,1961 年 5 月号。

现实主义者，同时又是个象征主义者；斯特林堡集自然主义与表现主义于一身；皮兰德娄在创作一出象征主义戏剧时，却无意中变成了荒诞派的先驱；而魏斯则把阿尔托式的残酷安排在布莱希特的叙事剧的框架里，诸如此类，不一而足。"[1]确实，当1985年前后，徐晓钟导演的易卜生《培尔·金特》公演后，人们惊呼又发现了一个易卜生；曹禺的《原野》由中央戏剧学院和中国青年艺术剧院重新公演后，对曹禺的这部剧作又引起了新的争议。而高行健的《野人》更是使人不知所措，导演林兆华说："《野人》算是什么样的戏剧，似乎讲不清楚，以前没见过，当然也没排练过这样的戏，按传统分类，它是写实的？写意的？荒诞的？象征的？……《野人》属哪类？想来想去它像是十二属相以外的新玩意儿。"[2]我们且不论这些剧作究竟属于什么派别，而着重探讨一下这些剧作对于追溯一个民族的历史文化意蕴、挖掘人的深层心理所具有的承上启下的作用，这对于探索戏剧与现实主义戏剧的重新融合无疑是有意义的。

当文学界出现了一批文化寻根小说，如莫言的《红高粱》、郑义的《老井》、阿城的《棋王》等，并且很快改编成电影时，戏剧界也出现了一批剧作家创作的具有历史文化意蕴的剧作，如魏敏等人创作的《红白喜事》、锦云创作的《狗儿爷涅槃》、李龙云创作的《洒满月光的荒原》、罗剑凡根据张承志的同名小说改编的《黑骏马》、以及陈子度等人根据朱

莫言

晓平桑树坪系列小说改编的《桑树坪纪事》。如果说文化寻根小说是受到拉美魔幻现实主义的影响，那么这些剧作是在现实主义的基础上受到西方

〔1〕　参见［英］J. L. 斯泰恩：《现代戏剧的理论与实践》(3)，象禺、武文译，第3页，北京：中国戏剧出版社，1989年。

〔2〕　林兆华：《〈野人〉导演阐述》，《探索戏剧集》，第356页，上海：上海文艺出版社，1986年。

现代派戏剧的诸多启示，或者可以理解为现实主义由封闭走向开放，是现实主义开拓和深化的结果。

孙惠柱、费春放编剧的《中国梦》，在创造"中国式的史诗剧"上又作了进一步的探索。这个剧所表现的空间，从美国的饭店跳到了中国的山区，对话从西方的生活谈到中国的庄子。编导表现了当代中国青年人在追寻西方梦的时候，而西方的青年则在追寻中国梦，这使中国青年人感到寻根的必要。它反映的是中国人在美国的现实问题，采用的都是布莱希特史诗剧和中国传统戏曲中的写意手法。中西方生活和中西方艺术（包括哲学）在这里进行了交融。但在这些剧中，浪漫主义式的诗情毕竟过于浓重了。

魏明伦编剧的川剧《潘金莲》在 1980 年代掀起了轩然大波，剧作家采用荒诞的方式，打破时空界限，将托尔斯泰《安娜·卡列尼娜》中安娜卧轨自杀、曹雪芹《红楼梦》中的宝玉和大唐女皇武则天以及女记者、女法官和阿飞，同台表演，给观众以一种魔幻现实的感觉。这种探索就引起了戏剧界的反思和批评。

应该指出的是，戏剧的危机，在 1985 年之后就出现了，到了 1989 年之后，戏剧的危机更为突出了，同时，戏剧也开始分化了，一方面精神探索出现了萎缩，另一方面主流、实验和商业戏剧也开始分化。

第五十章
高潮迭起的音乐文化

一个时代最好的声音,也常常是这个时代最深刻的声音记忆,往往是由难忘的歌词与优美的旋律所组合而成的歌曲。改革开放时代,大批传统的流行歌曲得以解放,大批来自港台和海外的歌曲得以引进(虽然有时候是被动的甚至是"非法"的引进),思想解放带来的歌曲创作的自由度,都为这个时代音乐文化的高潮迭起提供了有价值的资源。

一、开放的流行音乐文化

1970 年代末到 1980 年代初,对中国文学艺术来说,是一个非常特殊的时期,而对歌曲来说,基本上是共和国初期"十七年"的螺旋上升。虽然由付林作词、王锡仁作曲的《太阳最红,毛主席最亲》,被誉为是颂歌时代的最后一首挽歌,然而,颂歌的意图并没有改变。只是后来颂歌的"对象距离"渐渐开始拉开。

真正冲破坚冰的动力,来自大众。大众需要完全不同的歌曲,他们选取了一个出乎所有人意外的突破点,那就是台湾邓丽君演唱的旧娱乐歌曲。这些歌曲二十世纪上半期在上海流行,十七年期间流传到香港、台湾继续发展,这时又返回到大陆反复转录,在寻常巷陌百姓人家中的盒式录音机播放,《何日君再来》、《美酒加咖啡》,甚至《桃花江》都很风靡。

这些曾一度被认为是"郑声"的靡靡之音，一反三十多年来"高、响、硬、亮"的风格，从内容和风格上都表现出轻柔婉约。对《何日君再来》一歌的批判和争议，竟迎来了这首歌的考源热[1]。这些歌尽管遭到很多人士的反对，但它们的流行却无可阻挡。

曾经的时尚：喇叭裤、蛤蟆镜、双卡收录机

1970 年代末，港台流行歌曲盒带悄悄进入到中国的广东沿海，并从广东向整个大陆迅速流传。可以说是港台的流行歌曲创作直接唤醒了中国大陆娱乐文化的复苏，唤起了人们对于流行音乐文化的内在需求。1980 年代初，随着改革开放的深入，音乐茶座、歌舞厅等商业化的娱乐休闲方式逐步兴起，音乐消费观念和市场也开始逐步形成，但当时中国大陆还没有真正意义上的流行歌曲创作。此时，中国大陆的娱乐文化生活主要以追捧港台流行文化为主。在大陆，当时所谓的流行音乐还停留在对港台流行音乐进行"扒带"复制的阶段。卡式录音机在当时成为了追求时尚与新潮的重要象征，也是当时传播港台流行音乐的重要传媒与工具。

1979 年，中国成立了第一家以出版流行音乐音像制品为主的出版单位——太平洋影音公司。其所灌制的港台流行歌曲翻唱曲目数量在当时曾达到过百万张。可以说，在民间追捧港台流行音乐已经成为当时社会生

---

〔1〕 1980 年 7 月 28 日《北京晚报》上刘孟洪的文章指出：被说成是汉奸歌曲受到指责的1930 年代歌曲《何日君再来》，实际上是进步电影《孤岛天堂》的插曲，是抗日青年上前线的惜别歌曲。《人民音乐》杂志 1980 年 9 月号上刊登了几篇文章，对《何日君再来》一歌作了考证，其中有南咏的长文《还历史本来面目》，此文认为《何日君再来》不是汉奸歌曲，但它是一首富有商业气息的调情的"黄色歌曲"。

活的一种文化时尚。港台流行音乐也因此在中国大陆引发了一系列的生活时尚与潮流，其中还包括穿喇叭裤、戴蛤蟆镜、提收录机、跳迪斯科等等。当时的《大众生活报》曾记录了上世纪 1980 年代由港台流行歌曲所引发的人们生活方式的重大改变："时髦青年，头发留着大鬓角，嘴唇蓄着小黑胡，上身花衬衫，下身穿着喇叭裤，足踏黑皮鞋，手提放着邓丽君甜蜜蜜情歌的双喇叭收录机，招摇过市。"[1]

同时，这些内转的娱乐歌曲也促成了大陆娱乐歌曲的复活，虽然这更是一个艰难的过程。引起第一次大讨论的是，1979 年纪录片《长江之恋》中的主题歌《乡恋》。歌曲本身只是抒发乡情，但是"你"这一人称有一种语意朦胧，几如情话，曲调又是近似舞曲的情歌，而李谷一的演唱用类似当年周璇的方法，即贴近话筒用近似耳语的气息来渲染情感的缠绵，更是遭到了各种批判[2]。在强大的压力下，《乡恋》曾一度悄悄地从电视广播中消失。但后来在天津的一个演唱会上，歌众对《乡恋》的强烈呼唤，却不是哪个组织机构和个人能够控制的。

虽然这仅仅是一首歌，它激起的火药味极浓的狂热争论，实际上是当年娱乐歌曲与市民俚曲在中国复活的先声。

1980 年代，香港和台湾的流行音乐已经完全进入商业化运作的时代。明星包装和偶像打造已经成为流行乐坛极为平常的现象。同时推动歌曲流行的还有 1980 年代中期的新载体——电视的普及。电视的影像与声音并进，造成歌曲流行方法巨大变易，演唱歌手的形象被观众直接感知，因此过去几千年无名无形象的歌手，突然成为歌曲的肉身面目。这对歌曲的流行是个重大转折，其影响怎么估价也不为过。

谭咏麟、张国荣、梅艳芳、Beyond 乐队、陈百强和张学友等歌手不仅成为一代巨星，还将香港粤语流行歌曲推向了一个全盛的时代。与此同时，台湾也迎来了国语流行歌曲的繁荣时代。费玉清的《梦驼铃》，罗大佑的

---

[1]　转引自张闳：《欲望号街车：流行文化符号批判》，第 128 页，北京：中国人民大学出版社，2012 年。

[2]　《人民音乐》，1980 年 2 月号。

《家》，齐秦的《狼》、《大约在冬季》，周华健的《心的方向》，王杰的《一场游戏一场梦》和小虎队的《逍遥游》都在流行歌坛引起了巨大的反响。

之后，随着春节联欢晚会和港台电视剧的播出，《我的中国心》、《故乡的云》、《万里长城永不倒》、《酒干倘卖无》等歌曲也迅速为大陆听众所喜爱。"以邓丽君为代表的港台流行歌曲以排山倒海之势进入中国大陆，并对大陆通俗音乐的起步产生了巨大的启蒙作用。"[1]港台流行音乐"随风潜入夜，润物细无声"的传播，震动了整个中国社会，也深深地影响了1970年代末、1980年代初中国大陆的原创歌曲。《乡恋》、《大海啊，故乡》、《军港之夜》和《思念》等作品的产生，代表了中国大陆流行音乐创作的复苏。但这些作品无论是在创作上，还是在演唱方式上都存在着对港台流行歌曲的模仿。当时，很多在大陆走红的歌星也都与港台流行歌曲有着剪不断的联系。如朱明瑛就是以翻唱邓丽君的歌曲《回娘家》和拉美歌曲《伊呀呀奥雷奥》而迅速在大陆走红，成为家喻户晓的歌星。又如，以一首《小螺号》轰动歌坛的十三岁小歌手程琳，在当时就是公开用邓丽君的唱法进行演唱的[2]。

1980年代中期，中国大陆再一次掀起了港台流行音乐的热浪。凤飞飞、龙飘飘、刘文正、费翔、苏芮、费玉清、谭咏麟、张明敏、梅艳芳、张国荣等港台歌星的歌曲纷纷被大陆歌手翻唱和模仿。为了抵制港台流行歌曲的传播与发展，也为了打击中国大陆的流行音乐创作，极左的文化思潮通过强调歌曲的革命性，以"官选歌曲"、音乐艺术批评和舆论批判等方式对刚刚复苏的流行音乐进行打压。

二、中国风的音乐时尚

上世纪1980年代是中国改革开放的重要历史阶段，也是思想文化和

---

〔1〕 梁茂春、明言编著：《中国近现代音乐史（1949—2000）》，第49页，北京：人民音乐出版社，2008年。

〔2〕 付林编著：《中国流行音乐20年》，第15页，北京：中国文联出版社，2003年。

价值观念发生转变的重要时代。1986 年的"全国歌曲创作研讨会"和 1987 年的"全国通俗音乐研讨会",备受争议的流行音乐的艺术价值与社会价值得到了肯定,也在一定程度上扭转了以往政治对流行音乐的抵制和批判,为中国大陆流行音乐创作的合法化提供了重要的保证。1980 年代,中国大陆还多次举办了中国流行音乐大赛,这些比赛不仅直接孕育了中国改革开放后的第一批歌星,还培养和锻炼了一批年轻的词曲创作人。看着大陆歌手在"唱别人的口水歌",他们感到莫大的耻辱。于是,"唱自己的歌,走自己的路"成为那个年代音乐人的共识和奋发的动力[1]。因此,他们的流行歌曲创作风格注定要具有反港台流行音乐审美的特质。1980 年代中后期,中国大陆的流行歌曲创作终以"西北风"系列作品形成了第一次本土流行音乐文化风潮。

1980 年代初,中国大陆出现了最早的流行乐队"七合板"和"不倒翁",其中成员主要有崔健、刘元、文博、臧天朔、王勇、严钢、李力、秦齐、王迪和孙国庆等人。他们被看作是流行乐队发展的先河[2],为中国摇滚乐的诞生储备了人才。1986 年,崔健

崔健

以一曲《一无所有》在"百名歌星演唱会"上宣布了中国摇滚乐的诞生。之后刘志文、侯德健作词,解志强作曲的《信天游》,也获得了很大的成功。"应该说《一无所有》和《信天游》是'西北风'的源头。"[3]《一无所有》、《信天游》、《黄土高坡》和《我热恋的故乡》等"西北风"系列歌曲创作,以"乡土精神"拉开了中国大陆本土流行音乐重生的序幕。这些歌曲曲调高亢,节奏鲜明,语言直白淳朴,无论是在曲风,还是在歌词创作上都对当时在中国

〔1〕 杨湛:《〈音乐作曲人〉写自己的歌,走自己的路》,《南方都市报》(2006 年 2 月 4 日)。
〔2〕 付林编著:《中国流行音乐 20 年》,第 15 页,北京:中国文联出版社,2003 年。
〔3〕 付林编著:《中国流行音乐 20 年》,第 34 页,北京:中国文联出版社,2003 年。

大陆广泛传播的港台流行音乐文化形成了一定的冲击。特别是在歌曲创作方面,"西北风"以北方乡土文化为创作核心,在借鉴中国传统民歌创作手法的基础上,重视对土地和生命的关照,从而凸显了作者的民族情结与作品的历史意义。无论是"我低头,向山沟,追逐流逝的岁月"的苍凉词句,还是"不管是西北风,还是东南风,都是我的歌"的粗犷表达,与港台的流行音乐文化相比,"西北风"创作少了流行文化惯用的"儿女柔情",却多了都市人久违的、原始的乡土豪情。

与豪迈的曲风相比,"西北风"系列作品的歌词语言极为质朴,格局大气,主题也更加深刻,不但具有苍劲与粗犷的文化格调,还展现出了一种历史的纵向感。尽管"西北风"作品一般只书写中国北方的地域风貌,但却唤起了整个中国的民族认同感。人们对《黄土高坡》等流行歌曲的喜爱,不仅直接呼应了对中国大陆原创流行音乐的支持,还在中国大陆形成了以"西北风"为核心的多种娱乐文化形态。"西北风"风潮也因此对当时在中国大陆传播的港台流行音乐、港台影视剧形成了一定的文化冲击。所以,可以说"'西北风'的盛行和兴起不是一种偶然现象,它是中国内地流行音乐发展到一定时期后,本土文化和外来文化的一次良好结合,同时它也是中国本土文化受到流行音乐影响后的一种自然爆发,是一种凝聚已久的传统文化在流行音乐中的自然流露"[1]。

总的来说,1980 年代的"西北风"是逆港台娱乐文化而为的一种流行音乐创作尝试。这种具有反港台流行音乐审美特质的音乐创作,不但出人预料地在中国大陆唤起了民族意识、乡土意识的觉醒,还让流行音乐创作在中国大陆实现了重生。之后,代表不同类型和不同地区风格的流行音乐相继出现,但却未形成"西北风"的流行影响力。只有以入狱明星迟志强为热点,策划推出的《铁窗泪》、《愁啊愁》和《钞票》等"囚歌"系列歌曲有过短暂的流行。"囚歌"以演唱劳改犯的心声为核心,歌曲一般抒发了囚犯对亲人的思念,传达出了一种惆怅与失意的情感。"'囚歌'的风行虽然在一定的

---

〔1〕 徐元勇编著:《中外流行音乐基础知识》,第 125 页,南京:东南大学出版社,2011 年。

时间内掀起了一阵狂潮，但是它那俚俗的亚文化属性决定了它的命运，它不可能长时间地成为流行音乐的主流。"[1]

1980 年代末，与"西北风"一同诞生的大陆摇滚乐延续着"西北风"的光辉，成为大陆流行乐坛的"一支生力军"[2]，在 1980 年代末、1990 年代初延续了中国原创流行音乐的发展势头。1987 年，中国最早的摇滚乐队"黑豹"诞生。1988 年，具有重金属风格的"唐朝"乐队成立。1980 年代末，崔健推出第一张个人专辑《新长征路上的摇滚》。之后，"黑豹"乐队的《黑豹》、"唐朝"乐队的《唐朝》也陆续面世，成为中国摇滚历史上的经典作品。除了北京，1990 年上海也陆续出现了"电熨斗"、"重点工程"、"太极光"、"学士"和"特混"等摇滚乐队。中国摇滚乐的队伍开始不断壮大发展。同年，"ADO"、"状态"、"呼吸"、"女子"、"唐朝"和"1989"六支乐队在北京首都体育馆举办了被称为中国首届摇滚音乐节的"1990 现代音乐演唱会"，获得巨大成功。种种迹象表明：中国大陆的摇滚乐创作不仅引领了 1980 年代大陆流行音乐发展的重要潮流，还将在 1990 年代迎来其创作和表演的一个高峰。

上世纪 1980 年代，流行音乐在中国大陆得到了复苏与重生，但这并不意味着以政治文化为导向的歌曲创作因此没落终结。《妈妈教我一支歌》、《难忘今宵》和《绿叶对根的情意》等歌曲的出现，亦证明了主旋律歌曲创作在新时期的存在与变革。没有了口号化和标语化的弊病，增加了歌曲的艺术构思与抒情。可以看到，这一时期的主旋律歌曲努力建构个体"小我"与祖国之间密不可分的关系。但"小我"的价值要通过"大我"才能够实现，创作手法仍未脱离社会公众情感的表达。与流行音乐尊重"小我"、提升"小我"价值的创作理念相比，主旋律歌曲创作仍明显地带有政治化的标签。在政治氛围相对宽松的 1980 年代，主旋律歌曲依然存在，而流行音乐在民间的生命力正如星星之火，已有燎原之势。

---

〔1〕　徐元勇编著：《中外流行音乐基础知识》，第 126 页，南京：东南大学出版社，2011 年。
〔2〕　居其宏、乔邦利：《改革开放与新时期音乐思潮》，第 132 页，北京：中央音乐学院出版社，2008 年。

三、新潮音乐的崛起

如果说流行音乐进入中国大陆,对普通人的音乐文化生活激起了千层涟漪;那么新潮音乐在中国的崛起,对中国音乐界而言,则是一阵响雷。1980年代初,随着改革开放的深入,西方乐坛的各种现代主义流派迅速进入中国大陆。在短短几年的时间里深刻地影响着中国音乐家的创作理念与创作实践。这股以西方音乐流派为创作主导的音乐思潮就是"新潮音乐"。它"以其激进的音乐观念、离经叛道的姿态和怪异艰涩的音响在中国乐坛崛起"[1]。

新潮音乐的出现是中国音乐文化发展的一种历史必然。改革开放使得西方音乐家有机会到中国的高等音乐学府讲学,而经历了"文革"时代的中国年轻音乐人,必然会对中国以往的音乐创作展开深入的反思,对西方的现代派、先锋派音乐产生浓厚的兴趣。于是,在中国的高等音乐学府,一批年轻的作曲系学生最早开始了对西方的现代主义音乐进行学习和模仿,如中央音乐学院作曲系的谭盾、瞿小松、郭文景和周龙,上海音乐学院作曲系的许舒亚和徐纪星,四川音乐学院作曲系的何训田,武汉音乐学院作曲系的彭志敏等等。他们通过各种西方现代音乐技法,在实验和创作中探寻非常规音色和非乐音音响的艺术表现力,从而实现了对传统音乐创作的反叛。而他们的作品也"透视出一种无法无天的艺术叛逆性格和强烈的反传统色彩"[2]。如周龙的笛、管子、筝与打击乐四重奏《空鼓流水》、谭盾的弦乐四重奏《风·雅·颂》、郭文景的《川崖悬葬——为两架钢琴和交响乐队而作》、叶小刚的《第一小提琴协奏曲》等作品,都具有一定的先锋性质。

这些作品使得"以往人们耳熟能详、习闻常见的调式调性、如歌旋律、功能和声等一整套传统作曲规范已被彻底瓦解,传统的对称、协和、优美之

〔1〕 居其宏、乔邦利:《改革开放与新时期音乐思潮》,第29页,北京:中央音乐学院出版社,2008年。

〔2〕 居其宏:《新中国音乐史(1949—2000)》,第135页,长沙:湖南美术出版社,2002年。

类审美范畴就此荡然无存,甚至对传统的声音观念和关于'音乐'的经典定义都造成了根本性的摇撼"[1]。而年青一代作曲家的这种急功近利的作曲实验与创作突破也必然引起部分保守派的不满和争论。如学者钱仁康、音乐家贺绿汀、音乐批评家吕骥等都曾撰文表达过对新潮音乐的反对意见。但老一代的作曲家也并不是都反对新潮音乐。一批中老年作曲家在1980年代也抵挡不住新潮音乐思潮的影响,开始尝试运用西方现代音乐手法进行音乐创作。值得注意的是,与年轻的新潮作曲家的激进状态不同,中老年作曲家们的创作显得更加温和、沉稳,如朱践耳的交响音画《黔岭素描》、王西麟的交响组曲《太行山印象》、杨立青的交响叙事诗《乌江恨》等。这些作品往往是有选择性地使用现代派的作曲技法,力求内容、形式与创作技法能够达到完美的统一。

1980年代中期,从事新潮音乐创作的年轻一代已经走出高校,成为新一代活跃在音乐界的青年音乐家。对于新潮音乐的讨论和老一代作曲家的稳步探索,都使得音乐界开始反思新潮音乐的发展。作曲家们开始意识到:只有激进的创作观念和前卫的创作技法很难真正实现中国音乐创作的飞跃。新潮音乐的自我反思与当时文艺界的"寻根热"不谋而合,于是"回归传统"成为新潮音乐继续发展的内核。

"'回归传统'口号的提出及其'寻根'实践,是'新潮音乐'对其早期'反传统'的积极扬弃,是一次哲学认识论上的升华,使一度因失去依托而处于'失重'状态的'新潮音乐'重返大地,将自己的立足点深深扎根在中华文化'元传统'的肥沃土壤之中。"[2]因此,1985年之后,几乎所有新潮音乐作品的题材都与本民族元素和中国传统文化息息相关,其音乐元素也离不开民族曲调的滋养,如谭盾的《戏韵——为小提琴与乐队而作》、郭文景的交响乐《蜀道难——为李白诗谱曲》等。这些作品通过现代作曲技法来传达和表现中国传统文化,同时也以中国传统的文学、哲学、文化以及民间文艺素

---

〔1〕 居其宏:《新中国音乐史(1949—2000)》,第135页,长沙:湖南美术出版社,2002年。
〔2〕 居其宏:《新中国音乐史(1949—2000)》,第137页,长沙:湖南美术出版社,2002年。

材建构音乐作品的精神与灵魂。因此,新潮音乐"在一个较高层次上达到了内容与形式的统一,主题与技法的统一,以及西方现代技法与我国传统文化的有机结合"[1],从而实现了对早期新潮音乐创作理念的超越。

新潮音乐的出现与崛起,在1980年代的音乐界形成了一道引人注目的音乐文化景观,其对于中国当代音乐文化的发展也同样具有极其重要的意义。尽管作为一股音乐文化潮流,其所展现的音乐创作现象有许多不尽如人意之处,但正是通过这些问题与缺陷,中国当代音乐文化才能不断地在反思中成熟、进步。因此,我们应该包容中国当代音乐文化在发展过程中的幼稚与不足,正确认识新潮音乐对于中国当代音乐文化的积极影响。新潮音乐不仅实现了中国当代音乐创作实践和创作理念的革新,让中国当代的音乐家们拥有了展望世界音乐舞台的胸怀与气度,还抓住了中国当代音乐文化与世界乐坛同步发展的重要机遇,更为中国当代音乐创作在世界音乐舞台上实现崛起奠定了重要的基础。

---

〔1〕 居其宏:《新中国音乐史(1949—2000)》,第137页,长沙:湖南美术出版社,2002年。

第五十一章
思想解放与美术新潮

诉诸"汗青"的文化记载需要时代的"丹青",美术文化的发展与一定时代的文化记忆紧密相连。改革开放给文艺百业带来了无限生机,也给被压抑太久的美术文化带来了生机。思想解放运动给各行各界带来创造性的鼓励,一切创作文化和艺术都在这样的鼓励中跃跃欲试,美术文化也不例外。

一、新时期美术文化的生机

1978 年 5 月 11 日,《光明日报》刊登题为《实践是检验真理的唯一标准》的特约评论员文章。文章指出,任何理论都要接受实践的考验。马克思主义的理论并不是一堆僵死不变的教条,它要在实践中不断增加新的内容。这篇文章引发了一场关于真理标准的讨论,为十一届三中全会的召开准备了思想条件,实际上就是为改革开放运动作舆论准备。

1978 年 12 月 18 日至 22 日,中国共产党第十一届三中全会在北京举行。会上批评了华国锋提出的"两个凡是",高度评价了关于真理标准问题的讨论,并停止使用"以阶级斗争为纲"的口号,否定了"文化大革命"中的在"无产阶级专政下继续革命",以及"文化大革命"今后还要进行多次等观点。邓小平同志所倡导的解放思想、实事求是路线唤醒了人们的主体意识,激发了人们的创造精神,标志着中国大地终于从"文革"的梦魇中苏醒过来。

这时期的美术带着过渡阶段的特点。首先,因为"文革"中养成的思维的惯性力量,艺术家在创作时依然没有摆脱政治的束缚,没有突破"文革"的创作模式,但是,在主题正确,圣化神话依旧存在的情况下,画面上也在悄然发生着变化。那就是"高大全、红光亮"的形象逐渐被具有生活气息的细节和人情味所代替。这一时期的代表性作品有彭彬和靳尚谊的《你办事,我放心》,这时候除了毛主席,其他革命领袖的形象也开始出现在画面上,如张祖英的《创业艰难百战多》,肖峰、宋韧的《拂晓》对陈毅、粟裕的刻画,何孔德、高虹创作的《人民的好总理》和戈跃创作的《普通一兵》中周恩来的形象质朴动人,以及闻立鹏以其父亲闻一多为表现主题的具有形式美感的《红烛颂》等。

1979 年,是美术界思想解放的新纪元,美术院校开始招生。中央美院主办的专业美术刊物《世界美术》第一期发表了美术史家邵大箴的文章《西方现代诸流派简介》,这是 1949 年以来国内第一次较为全面地介绍西方现代艺术发展的文章。1980 年,由中国美术学院学报编辑部编辑的《美术译丛》创刊。该刊重点翻译介绍西方艺术史和艺术理论研究中的重要流派和名家名篇,如沃尔夫林的《艺术史的基本概念》,潘诺夫斯基的《图像学研究》,贡布里希的《艺术与错觉》,均首见于该刊。此外,大量外国画展在中国举行,如 1978 年举办的《法国十九世纪农村风景画展》,1981 年举办的《波士顿博物馆美国名画原作展》,1982 年举办的《英国水彩画展》、《德意志联邦共和国表现主义油画展》、《毕加索油画原作展》和《法国二百五十年绘画展览》,1983 年举办的《意大利文艺复兴时期的艺术与文明》、《法国当代画展》和《挪威蒙克绘画展》等,这些展览让中国的观众特别是艺术家见识到了西方艺术的发展成果,极大地拓展了艺术家的视野。对外开放政策和西方文化艺术的冲击彻底改变了后"文革"时期的美术形态,中国美术出现了历史性的转折。

被视为中国现代艺术开山之作的"星星美展"是由当时来自民间的年

青的艺术爱好者发动组织起来的。他们是黄锐、马德升、钟阿城、曲磊磊、王克平、严力、李永存（薄云）、李爽、毛栗子和杨益平。1970 年代末，这些年轻人常常和当时的地下诗歌期刊《今天》杂志的成员如北岛、芒克等聚在北京东四 14 条 76 号聚会。这个聚会可称得上是 1949 年以来这个城市第一个地下文化沙龙。1979 年 5 月，几个喜欢画画的年轻人正式决定举办"星星美展"。

1979 年 9 月 27 日，在中国美术馆前出现了奇怪一幕。馆内正在展出《建国三十周年全国美展》，而在离美术馆不远的公园的铁栅栏上，却起起伏伏地挂满了奇怪的油画、水墨画、木刻和木雕。《今天》杂志的一些诗人也将他们的诗挂在艺术作品的边上（后来他们将自己的诗歌印在了"星星美展"的宣传单上），"四月影会"的成员们在现场拍摄开幕式。这些"怪东西"吸引了不少路过或本来打算进馆看《建国三十周年全国美展》的观众，这就是"星星美展"的第一次展览。

这个由年轻人自发组织的在野画展，在当时的观者心里引起了巨大的震动。事实上，从技法来讲，他们是不成熟的。参加展览的人很多都不是艺术家出身。严力是个诗人，参加画展的时候，他刚跟女朋友李爽学了两个月的画。但是，让人惊骇的是他们幼稚的艺术中表达出的强烈的社会批判性。如一直被视为"星星美展"标志性作品的王克平的木雕《沉默》。作品以粗犷简洁的手法塑造了一个极度痛苦和不能自主的形象，他的一只眼睛被一枚铜钱遮住，而嘴巴则被木棍类的东西紧紧堵住。可以想象，站在这样的作品前面，对于此前看惯了"文革"绘画的观众来说，感受到如何的冲击就可想而知了。

展览到了第三天，1979 年 9 月 29 日，"星星美展"即被官方取缔。这激起了"星星美展"成员们的愤怒，他们决定游行示威。10 月 1 日国庆节早上 9 点，示威者们在西单民主墙前集合。由黄锐朗读了他们的示威宣言，身患残疾拄双拐的艺术家马德升对前来助阵的人做了激情四溢的演讲。示威群体举着正面为"维护宪法游行"的横幅沿着长安街游行，而横幅的反面写着更具煽动性的口号"要民主权利，要艺术自由"，同时国外记者和驻华外交人员一路随行。

同年 11 月 23 日，"星星美展"再次在北海公园的画舫斋举行，展览又一次引起强烈的反响。

1980 年 8 月，"星星美展"得以正式进入中国美术馆展厅开展。展览破了中国美术馆参观人数的纪录，超过 10 万人，平均每天有 6 000 人之多。当时美术馆前排队购票队伍就有几百米之长。

"星星美展"是 1949 年以来第一次正面向民众展示了以美术作品表现和揭示社会问题的力量，所以艺术界大部分人把 1949 年后中国现代艺术开端定位为"星星美展"。

除了"星星美展"，这一时期值得一提的展览还有 1979 年 2 月 1 日在北京中山公园举办的"新春画会展"。"新春画会展"由 37 位油画家自行组织，展览征集了刘海粟、吴作人和吴冠中等老一辈艺术家的作品，还有袁运生、肖慧祥和冯国栋等人在形式上走得较远的作品。如冯国栋的《自画像》，用具有装饰风的超现实主义塑造了一个在卑微的处境中依旧坚持自我追求的艺术家形象。2 月份"十二人画展"也在上海举行，参展作品是具有现代艺术风格的绘画，与稍晚的在北京举办的"星星美展"南北呼应。参展艺术家有韩柏友、徐思基、沈天万、郭闰林、黄阿忠和陈巨源等。在前言中，艺术们以诗意的语言写出了自己的艺术宣言：

严酷的封冰正在消融

艺术之春开始降临大地

战胜了死亡的威胁

百花终于齐放……

每一个艺术家有权选择

艺术创作的表现形式

有权表现

自己深深眷恋的题材内容

把灵魂溶化进去

使艺术之树常青

此次画展展出了沈天万的受野兽派影响的花卉题材的油画《静物》,韩柏友富有装饰趣味的《秦琼卖马》,陈巨源的风格温馨明快的水彩画《花房》以及陈巨洪的立体主义、野兽派画风合二为一的《鱼》。1979 年 6 月,以赵文量和杨雨澍为代表的无名画展在北京举行,展出了"文革"期间他们坚持地下绘画和纯粹艺术探索的成果。9 月 20 日,现代主义艺术大师林风眠的画展在法国巴黎举行。1980 年 1 月 11 日,"野草画展"在重庆沙坪坝公园举行。代表性的作品有罗中立的《十年》组画,冯星平的女性人体水粉画《魂》,罗群的油画《欲》,李德虹的雕塑《思想犯》,程丛林的《胡话》,杨谦的《野火烧不尽》,张奇开的《晚期癌症病人》等。"野草画展"显示了在重塑艺术自身所具有的批判功能方面的重要意义。

二、"伤痕风"与历史控诉的激情

"伤痕风"作为一种文艺潮流,首先是来自于文学领域。1977 年,《人民文学》11 月号"短篇小说特辑"的头条位置发表了刘心武的小说《班主任》,此为伤痕文学的开山之作;1978 年 8 月 11 日,《文汇报》在"笔会"副刊又公开发表了卢新华的小说《伤痕》,控诉十年动乱带给人们心灵的伤害。不料这篇尚显幼稚的作品却成为一个突破口,控诉的欲望一旦爆发便迅速汇成一股汹涌的潮流,也冲击了美术领域。

1979年,李斌、刘宇廉和陈宜明根据作家郑义的同名小说改编的连环画《枫》,描绘了"文革"期间造反派互相残杀的事件。纯真的情感和美丽的生命断送于以革命为名的相互屠杀中,是"伤痕美术"早期具有代表性的作品。

"伤痕美术"的作者大多在"文革"期间当过红卫兵和知青,时过境迁,他们回过神来,青春在纷乱的争斗中流逝了,总有一种受到欺骗的感觉。因此,"伤痕美术"的最主要的特点在于它对于历史真实的揭露和控诉。"不须反思,回味,只要直观就足以动人以情。其根本是作者先由一种不可遏制的激情,促使他们要将这一代青年在当时的纯洁、真诚、可爱和可悲,用形象和色彩,用赤裸裸的现实,把我们这一代最美好的东西撕破给人们看。"[1]表现在艺术上,"伤痕美术"体现出美术在经过了"文革"美术乃至更久的艺术的虚饰之后,对于绘画真实性的渴望和复归。就像栗宪庭评价"伤痕美术"时所说:"'伤痕美术'的主要画家们大多是经过上山下乡的知识青年。因为他们在经历了'文革',上山下乡之后,在门户开放中,他们强烈地感受到'文革艺术'在真诚和反映现实两层含义上,都远离了自己心目中最崇高的关于艺术的观念。"[2]

"伤痕美术"的代表作有四川画家高小华的《为什么》,程丛林的《1968年某月某日·雪》,王玄的《春》,王川的《再见吧,小路》,闻立鹏的《大地的女儿——献给张志新烈士》,邵增虎的《农机专家之死》,何多苓的《我们曾经唱过这支歌》,朱毅勇的《父与子》和陈宜明的《我们这代人》等。以上作品都表现出"文革"带给人们,特别是年轻人和知识分子的命运悲剧。但是,"伤痕美术"的悲剧因素更多地还停留在浅层次的文学叙事上,感情表现也多是不加节制的抒情和煽情,有悲剧色彩,但还没有达到深刻的悲剧意识。

〔1〕 高名潞:《近代油画发展中的流派》,《美术》,1985年第7期,转引自刘淳:《中国油画史》,第236页,北京:中国青年出版社,2005年。

〔2〕 栗宪庭:《重要的不是艺术》,江苏美术出版社,2000年,转引自刘淳:《中国油画史》,第238页,北京:中国青年出版社,2005年。

何多苓的《春风已经苏醒》和罗中立的
《父亲》以往都被放入"乡土绘画"范畴中去叙
述,其实将两者放在"伤痕美术"的范畴中其
艺术价值更能够得到说明。《春风已经苏醒》
弥散着一种抒情意味的感伤,然而就是这种
优美的抒情意味,使作品具有了一种高贵的
甚或理性的品质,显示人性能够穿越伤害获
得重生的希望。罗中立的《父亲》的力量就在
于其"写真实"的力量。和其他伤痕绘画不同
的是,《父亲》的揭示和批判不是通过叙事性

《父亲》

情节的描绘,而是通过艺术形象自身的力量。那个处在最卑微的地位,被
苦难淹没看似无任何救赎希望的老人,唤醒了每一个站在他面前的人的良
知和反思——对于人性、对于命运和对于我们这个民族和国土上曾经发生
过的真实的劫难。

如果说"伤痕美术"表达的是对于"文革"伤害一切人性美好的揭露和
控诉,那么之后的"乡土绘画"则是对于孕育美好人性人情之文化生命力量
的寻找与呼唤。因此,在接下来的乡土绘画的创作之中,艺术家的感情相
对于"伤痕美术"时期的外露和宣泄,情感更为内在,也更为真挚和淳朴。
正如画家朱毅勇所说的:"1980 年我创作了《父与子》,那是在宣传法制的形
势下'寻找'出来的题材,在创作过程中,很大精力是用在主题的推敲和情
节的安排上……如果说我从《父与子》到《山村小店》有了一些进步的话,那
就是创作的情感更真挚些……那种通常人们所谓的土气,使我产生了一种
朴实,纯洁的美感。"[1]

陈丹青创作的《西藏组画》系列是乡土绘画的代表之作。

《西藏组画》是由《母与子》、《牧羊人》、《朝圣》、《进城》、《进程之二》、

―――――――――――

[1]　朱毅勇:《从〈山村小店〉到〈父与子〉》,《美术》,1982 年第 4 期,转引自刘淳:《中国油画
史》,第 239 页,北京:中国青年出版社,2005 年。

《洗头》和《康巴汉子》等七幅作品组成。从任何方面来讲,这组绘画相对于"文革"美术来讲,都具有颠覆性的意义。首先,从题材上来讲,《西藏组画》描绘了少数民族的具有独特民俗特点的日常生活,表现了高原人民充满勃勃生机的、野性粗犷而又宽厚淳朴的民族性格,略带诗意的现实主义描述使《西藏组画》达到了"文革"美术从未有过的表现生命形态的深度。并且,《西藏组画》是通过特点的强化和细节的经营来展现人物外形上的特点,可以说完全破除了"文革"美术塑造工农兵形象的假大虚空现象。并且,从形式语言上来讲,《西藏组画》构图上显示出一种偶然性的趣味、色彩和光线,笔触的运用都显现出一种形式美。

其他有代表性的乡土绘画还有周春芽的《藏族新一代》,张晓刚的《天上的云》,尚扬的《黄河船夫》、《黄土高原母亲》,朱毅勇的《山村小店》以及王沂东的《古老的山村》等。

新时期以来,随着对于"文革"美术的不断反思和"伤痕美术"、乡土美术等美术风格的涌现,艺术创作中对于形式美的呼唤也越来越迫切和清晰。其中最具有代表性的人物就是吴冠中。"文革"时期,吴冠中被放逐到美坛的边缘,他依旧坚持当年从杭州艺专跟随林风眠校长学习艺术时获得的对于艺术的理解。当别人的画面被一片"红光亮"所笼罩,吴冠中的绘画却以现代主义的形式构成,黑白灰的主调描绘着梦中的江南水乡。1979年,吴冠中于《美术》杂志上发表了《绘画的形式美》一文。在这篇文章里,吴冠中写道:"我认为形式美是美术教学的主要内容,描绘对象的能力只是绘画手法之一,它始终是辅助捕捉对象美感的手段,居于从属地位。而如何认识,理解对象的美感,分析并掌握构成其美感的形式因素,应是美术教学的一个环节,美术院校学生的主食!"并且,在这篇文章里,吴冠中通过儿童画的例子,说明形式的凸显和个人感受的密切关系。其实,吴冠中呼唤形式美,更是呼唤重建艺术和生命的关联,而不应该像以前那样将艺术紧紧绑架到政治的战车上!翌年10月,《美术》又发表了吴冠中的《关于抽象美》一文。这场肇始于1979年的关于形式美的争论,一直延续到1983年。《美术》1983年第1期发表了栗宪庭和何新合写的《试论中国古典绘画的抽象审美意识——对于中国古代绘画史的几点新探讨》一文来支持吴冠中。新时期伊始,也出现了不少开始凸显形式美的绘画。除了吴冠中始终如一地坚持和探索之外,像苏高礼的《女儿像》,刘秉江的《维吾尔族女大学生古丽娜》,闻立鹏的《大地的女儿——献给张志新烈士》等都注重对形式美感的追求。

三、"85 美术运动"

经过一系列的创作和理论上的准备,特别是在西方现代主义哲学和艺术的持续冲击下,到了 1985 年左右,美术新潮运动席卷全国,这就是"85 美术运动"。事实上,这个美术热潮持续到了 1980 年代末。在"85 美术运动"中,出现了上百个现代艺术群体以及大批具有现代意识的作品,艺术家强调个性意识和现代意识,作品观念性和形式探索的因素凸显。在"85 美术运动"中,下面这些美术文化运作以及创作现象具有代表性,特别值得回顾。

首先是"前进中的中国青年美术作品展"。

1985 年 5 月,"前进中的中国青年美术作品展"在北京举行。这个展览是"85 美术运动"的开山之作。在这个展览上,艺术家们的作品超越原来的规定主题"发展、参与、和平",注重对于人的存在和民族命运的思考,作品呈现出哲学气质和理性精神;在表现形式上冲破了"再现"的创作观念,放弃了情绪化、叙事化的表达,更多受到观念的支配。

张群、孟禄丁的《在新时代——亚当夏娃的启示》是一副用超现实主义创作方法创作出来的作品。群山大海之边,一个男青年坐在桌前,前面是一个空盘子。天际走过来一个托着苹果盘的女孩。在画面的两侧,分别站立着裸体的一男一女,女人的手里拿着一个红苹果。从题目《在新时代——亚当夏娃的启示》来看,这副画表达的意思是,年轻人不再接受权威的安排,不再盲从盲信,而要像亚当夏娃那样,敢于接受未知命运的挑战,体现出了那个时代的特有的乐观和信心。

袁庆一的油画《春天来了》主题比较暧昧,引发了人们多重的解读。虽然题目是"春天来了",从画面来看,的确也有春风吹进室内的感觉,但是,整个画面还有一种迟疑,甚至悲怆的气息,似是受过大创伤之后的心灵的感受,深刻体现了当时的时代氛围。应该说,该作品因情绪更为内在和丰富,在艺术性上胜《在新时代——亚当夏娃的启示》一筹。从表现手法来看,《春天来了》表面上似是运用了"写实主义"风格,但还有一些超级写实主义的影子,这使作品有了一些观念的元素。而李贵君的《140 画室》,表达的是一种冷漠的情绪。画面上的每个人都沉浸在自己的世界中,但从这种冷漠中我们却能够体会到一种对于"对话"的渴望。1980 年代中期,在中国掀起了一股西方现代哲学热,尼采、叔本华和萨特的哲学影响最大,在《140 画室》这件作品中,我们能够看到萨特哲学思想的影响。

但是整个展览的基调还是乐观的、积极的,反映出那个时代的特有情绪。其实,即使是《春天来了》和《140 画室》这样的作品,底色也都是暖色的,都有一种温情的渴望在后面。而这种乐观、自信也更多地和对于整个民族和国家的前途和命运的信心联系在一起。此次画展,值得一提的作品还有张骏的《1976 年 4 月 5 日》,刘谦的《小巷》,周春芽的《若尔盖的春天》,俞晓夫的《孩子们安慰毕加索的鸽子》,以及王向明和金莉莉的契合展览主题的《渴望和平》等。

其次是一些具有代表性的艺术群体、艺术家以及团体展览。

在"85 美术运动"中,艺术家进行美术活动有一个特点,那就是喜欢结团进行活动。据统计,从 1982 年到 1986 年,全国一共成立了 79 个青年艺术群体,分布于中国版图的 23 个省、直辖市和自治区,举办了 97 次艺术活动。评论家吕澎这样评价这种现象:"艺术家们走到一起,往往并不是为了寻找共性,恰好相反,是为了表达个性。"[1]有些艺术家会因为展览的成功而被特别凸显出来。

以王广义和舒群为代表的"北方艺术群体"成立于 1984 年 9 月。这个

---

[1] 吕澎:《中国当代美术史·美术卷》,第 213 页,北京:中国美术学院出版社,2013 年。

群体从一开始就重视在作品中传递理念而非追求绘画性。就像北方艺术群体的宣言书中所倡言的那样："我们的绘画并不是'艺术'！它仅仅是传达我们思想的一种手段，它必须也只能是我们全部思想中的一个局部。我们坚决反对那种所谓纯洁绘画的语言，使其按自律性发挥材料特殊性的陈词滥调。因此我们判断一组绘画有无价值，其首要的原则便是看它能否见出真诚的理念，那就是说看它是否显示了人类理智的力量，是否显现了人类的高贵品质和崇高理想。"[1]

北方艺术群体的年轻艺术家野心勃勃，他们怀着对于民族家国的使命感，提出了"寒带—后文化"和"北方文明"等概念，他们通过对西方哲学的学习，试图建立自己的文化观念。北方艺术群体将一种具有宗教意味的"崇高"境界作为精神和艺术的追求。王广义在《对三个问题的回答》一文中对于"崇高精神是什么"做了这样的回答："崇高精神就是人对于自己在宇宙中的位置所怀有的特殊信念，这是一种使得文化整体的复兴动力……这种精神的全部意义和价值在于它显示了生命具有高于生命本身的目的与可能性，而人的意义和使命正是建立在此之上的。"[2]"我们需要的是这样一种艺术，即：生命欲望面对生命坠落的本能而产生的旺盛生命的最高生命肯定的方式——崇高的悲剧艺术。"[3]

王广义的《凝固的北方极地》系列和《后古典》系列是北方艺术群体的代表性作品。肃穆、冷凝、古典、崇高是他的这些作品共有的美学特征。在《凝固的北方极地》系列作品中，在一片散发着寒意的蓝色调子的笼罩下，那一个个背对观者的抽象的、沉默的、似乎蕴藏着无限内在坚韧的、朝着天际那若有若无的光亮趋近的人形，喻示着为信仰而追求的勇气和坚持。《后古典》系列则是通过对于耶稣和圣母子等宗教故事，以及对于大卫的

---

[1]　舒群：《"北方艺术群体"的精神》，《中国美术报》，1985 年第 18 期。转引自刘淳：《中国油画史》，第 297—298 页，北京：中国青年出版社，2005 年。

[2]　王广义：《对三个问题的回答》，《美术杂志》，1988 年第 3 期。

[3]　王广义：《艺术——作为人类的一种行为》，《美术思潮》，1987 年第 1 期。转引自刘淳：《中国油画史》，第 291 页，北京：中国青年出版社，2005 年。

《马拉之死》等古典作品的重新阐释,表达了对于崇高牺牲精神的礼赞。虽然,北方艺术群体的艺术观念显示出和西方哲学宗教的关联,但是,过度张扬个体的使命感与牺牲精神,还是显示出与传统家国思想的关联。《凝固的北方极地》中,那一个个背对着观众的沉默的人形既喻示着信仰的超越追求,却又让人联想起北方农民的形象以及"忍辱负重"等中国传统的精神文化资源。

舒群的《绝对原则》系列中那些观念性的建筑,是他借以表达永恒和理性的形象,展示了一种无限感和永恒感,有着浓郁的宗教色彩。1987年到1988年,舒群完成了"涉向彼岸"系列,依旧是以教堂或带崇高、神秘意味的建筑作为画面形象。1989年舒群展出了他的《最后的理性·绝对原则消解》系列,表明艺术家的艺术观念的转变。而王广义后来也对他的1980年代的作品进行了反思:"所谓信仰的崇高……不过是一种无聊的假设,是一种人文热情恶性无序发展所导致的。"

另一个值得注意的是新具象画展与西南艺术群体。

1985年6月,新具象画展在上海举行,当时成员有毛旭辉、张晓刚、潘德海和张隆等。画展的成功激发了年轻艺术家的信心,他们回到云南后成立了西南艺术群体。"新具象"一共举行了四届画展。

1988年10月,"1988年西南现代艺术展"在成都举行,参展的艺术家有张晓刚、叶永青、何多苓、牟恒、杨述、沈晓彤、顾雄、毛旭辉、潘德海、马云和陈桓等。

新具象不像北方艺术群体理性绘画的艺术家那样去穷究本质,它关注的是生命的体验,表达的是对于人和自然关系的思考。如毛旭辉创作于1980年代中期具有表现主义气质的《红色人体》、《私人空间·水泥房间里的人体》等作品,以及1980年代末期的《家长》系列,表现的是个体受到的生存、文化迫压的痛楚的生命体验;叶永青的作品则以田园牧歌和不安因素的糅合表现出自我世界和现代文明世界的对立,如《躺着等云飘过来的女孩》和《城市是一个处理人类排泄物的机器》等;潘德海的《苞谷》系列始创于1987年,他将一种自然形态的形象转换成具有抽象意味的个人符号。

地方性的美术文化团体展值得注意的是"江苏青年艺术周·大型现代艺术展"。

1985 年 10 月，"江苏青年艺术周·大型现代艺术展"在南京江苏省美术馆举办。参展的艺术家有丁方、沈勤、杨志麟、柴小刚、杨迎生、徐一晖和管束等。这个展览中的许多作品都流露出一种普遍的怀疑和悲观的情绪。艺术家们感觉到一个新时代的到来，但并不能确定未来是什么。艺术家们多半选择了超现实主义的创作方法来表达自己的这种情绪，如杨迎生的《被背景遮住的白鸽子与正在飘逝的魔方》，像《在新时代——亚当与夏娃的启示》一样，蓝天大海的背景之前，一对青年

《未竟之渡》

男女并肩站立眺望天际。而在画面的左上角，一个巨大的似乎正在融化的魔方向远方飘逝。正在融化的魔方又是代表着什么呢？希望还是破灭？在任戎的《圆寂的召唤》里的无垠的沙漠中，长途的跋涉，佛祖的指引成为旅人前行的力量和方向。沈勤的《师徒对话》通过对于传统文化符号的运用和超现实主义的表现手段，呈现出一种观念图解，表达对于传统和未来的思考。而柴小刚的《未竟之渡》描绘了一个忧伤的尼姑裸体立于河流的旋涡之中，画面上有一种挥之不去的文化求索上的穷途末路的悲戚感。

展览过后的第二年，丁方、沈勤、杨志麟、曹晓冬、徐累、柴小刚、杨迎生、徐一晖和管束等组成了超现实主义团体，定名位"红色·旅"。1987 到 1988 年他们连续推出第一驿和第二驿画展。其中丁方的作品似乎有着北方艺术群体的理性绘画的影子，但却有着比前者更为阔大的文化视野和更明确坚定的宗教诉求，代表作《抗旱》、《走出城堡》以及《悲剧的力量》系列等。

1985 年 12 月，"'85'新空间"画展在杭州举行。主要参展艺术家张培力、耿建翌、宋陵、王强和包剑斐等，大都是浙江美术学院的学生。在"85 美术运动"时期，艺术家们大都追求内在表现和热情的宣泄，而"新空间"的独特之处在于他们不仅把目光转向了都市和工业化，而且还极力表现出一种克制、含蓄和冷漠的态度。宋陵的《人·管道》，以超现实主义的手法，将模式化了的人的形象安置在一根管道的口径内，外面则是深色的、漂浮着僵硬云块的空间。新空间还有两件引人注目的雕塑，是王强的《业余画家》和他的《第 5 交响乐第 2 乐章开头的柔板》，两件作品的观念性都非常强，而且都是用综合材料制成的。

四、艺术展所活跃的美术文化气氛

1986 年 5 月，张培力、耿建翌和宋陵等人发起成立了"池社"。"池社"表达了他们要创作综合艺术的主张："我们力图打破语言间的界限，而倡导一种模糊的形式，一种激动人心的'艺术活动'。在这里，绘画，表演，摄影，以及环境（这类形式是我们观念中的形式）等等都将以视觉语言的特征，建立起有机的整体联系。"[1] "池社"成立后，共进行了四次艺术活动：(1) 作品 1 号——杨氏太极系列；(2) 作品 2 号——绿色空间中的行者；(3) 作品 3 号——国王与王后（带有自虐意味的包扎活动）；(4) 作品 4 号——受洗 001。1987 年后，"池社"解散。

在新空间艺术展参展的艺术家以及"池社"成员中，张培力和耿建翌是两个代表性人物。生命感的消失或凝固感一直是张培力作品要表现的感受，这体现在《请你欣赏爵士乐》中人物面目的面无表情上，《今晚没有爵士乐》中萨克斯管的金属性的冷峻上，《X?》系列中乳胶手套散发出的药水、疼痛和死亡的冰冷气息上。张培力如此解释自己的乳胶手套系列的作品：

---

[1]《美术思潮》，1987 年第 1 期，转引自吕澎：《中国当代美术史·美术卷》，第 244 页，北京：中国美术学院出版社，2013 年。

"乳胶手套这一特殊的符号进入作品并反复出现意味着攻击,这种攻击性是艺术获得新生所必需的。选择乳胶手套的另一层含义是它介于物和生命之间的属性有关,这种属性是生命受到遏制却又渴望保护的含混象征。"[1]"我所制造的图式首先拒绝一般人对于艺术的'愉悦'和观赏的要求……它应当如同长鞭和棍棒,不断抽打着性情,从而使人更为直接地正视自身的不足之处。"[2]

耿建翌1987年写了一篇《"池社"的近期绘画》。他用"节约原则"、"直接性"、"不加评论"以及"重复功能"来说明他们的艺术观念。《灯光下的两个人》(1985)是耿建翌于浙江美院的毕业作。作品呈现出简约到极致的造型,符码化的人物,几乎完全没有表情的一男一女,色彩和光线的象征性的处理,作者有意压抑任何叙事和抒情的冲动,画面显示出决然的冷漠。另一幅作品《理发3号—1985年夏季的又一个光头》将一个生活中最为普通的,并且在一般情况下将会引发人们放松情绪的场景处理得极为抽象扁平,没有一丝的情感意味,从而形成一种情绪上的强烈反差。还有《第二状态》组画中的人,虽然具有了表情,但是这放肆大笑的表情却是如此空洞。耿建翌的这些作品被认为是后现代艺术的最早尝试。

"厦门达达现代艺术展"于1986年9月28至10月5日在厦门举办,参展艺术家有黄永砯、蔡立雄、刘一菱、林春和焦耀明等。从他们为这次展览所取的名字就很容易看出,他们的创作是要跟随西方达达主义的艺术观念。参展的作品形式有架上绘画、实物和装置等。而在所有的参展作品中最具有达达精神的则是:在展览结束后的1986年11月的某一天,艺术家们焚烧了所有的参展作品,在这些即将化为灰烬的作品旁边树立着一个纸写立幅,上书:达达展在此结束。这是对于达达主义的反叛、否定和毁灭精神的献礼。

---

〔1〕 张培力、程晓丰:《艺术问答》,《浙江画报》,1989年第2期,转引自吕澎:《中国当代美术史·美术卷》,第247—248页,北京:中国美术学院出版社,2013年。

〔2〕 高名潞:《中国当代美术史1985—1986》,上海:上海人民出版社,1991年,转引自刘淳:《中国油画史》,第293页,北京:中国青年出版社,2005年。

1986年12月,黄永砯等艺术家又在福州举办了一个展览。艺术家们直接将建筑材料和废弃物品搬进展厅,并将一些预先拍摄好的照片和诸如"我用五年就学会了从事艺术,我要用十年才能学会放弃艺术"的文字一同展出。但是,由于太多逆经叛道,展览在开始两个小时后就被关闭了。

除了上述展览之外,"85美术运动"期间出现的值得一提的展览还有1983年9月在上海复旦大学举办的"83阶段·绘画实验展览",参展艺术家有李山、张健君、俞晓夫和戴恒扬等;1986年1月于衡水市举办的"米羊画室作品展";1986年1月于深圳举办的"零展";1986年4月举办的"全国油画艺术讨论会",就是在这次会议上,高名潞作了题为"85美术运动"的学术报告;1986年5月由徐州的"星期天画会"举办的"徐州现代艺术展";1986年6月在成都举办的"四川青年'红黄蓝'现代绘画展";1986年8月,由《中国美术报》和珠海画院联合主办的"八五青年美术思潮大型幻灯展暨学术研讨会",在广东珠海市举行,史称"珠海会议";9月在广州中山大学举办的"南方艺术家沙龙第一回实验展";11月在山西太原举办的"现代艺术展";同月在北京中国美术馆举办的"湖南青年美术家集群展"和"湖北青年美术节"等。

1989年2月5日9时,"中国现代艺术展"于中国美术馆开幕,至此,现代主义艺术终于走进了体制之内的最高展台。这个展览让人印象最深刻的是"行为艺术"《对话》所引发的"枪击事件"。展览开幕当天上午,年轻女艺术家肖鲁与其男友、艺术家唐宋,朝自己的作品《对话》开枪,以完成预先设计的作品。《对话》实际上是装置艺术,两个铝合金制作的电话亭,里面分别有一男一女在打电话的和真人一样大小的照片。电话亭之间是一玻璃镜,两枪均中玻璃,但都没有留下作者想要的长条裂纹效果,仅仅留下两个不大的弹洞。"枪击事件"惊动了公安局,肖鲁和唐宋被警察带走,展览被通知暂停,直到2月10日重新开幕。但是一波未平,一波又起。2月14日《北京晚报》、北京市公安局和中国美术馆分别收到用报纸上的铅字拼剪而成的匿名信,内容是马上关闭"中国现代艺术展",否则在美术馆三处放置引爆炸弹。虽然不排除有艺术家又在进行"艺术创作"的可能,但为了安全起见,中国美术馆全馆关闭两天,2月17日展览再次恢复,《中国美术报》也于当天报道了肖鲁和唐宋的声明。在《声明》中艺术家写道:"作为(枪击事件的)当事者,我们认为这是一次纯艺术事件。"

《对话》与枪击

　　来自浙江的艺术家吴山专在这次展览上的行为艺术名为《大生意》。以表达对于即将到来的商业大潮对于艺术冲击的担忧。他使用的物品有1块小黑板、2个木板箱,1条长板凳和400斤对虾。他要将这些虾卖给前来观展的观众,因此,艺术家本人,购买对虾的顾客以及买卖的过程就是作品本身。吴山专还为此打出了销售广告:亲爱的顾客们,在全国上下庆迎蛇年的时候,我为了丰富首都人民的精神生活和物质生活,从我的家乡舟山带来了特级出口对虾(转内销)。展销地点:中国美术馆;价格:每斤9.5元,欲购从速。但是,堂堂美术殿堂成了做小买卖的市场必然又招来了警察。警察要没收吴山专的对虾,但吴山专掏出了单位的介绍信,证明对虾是用于展览的艺术品,他所做的一切都是艺术,但最后吴山专还是被依法罚款20元,并要求停止售虾。吴山专便将单位介绍信和罚款单往黑板上一贴,用粉笔写上"今日盘货,暂停营业",这也必将成为他的行为艺术的一部分。

　　其他的行为艺术作品还有张念的《孵蛋》,李山的《洗脚》和王德仁的《抛撒避孕套》等。但是,中国现代艺术展中的行为艺术在引起关注的同时却也引起了广泛非议。当时艺术家面临的社会问题、人生问题太多了,而无论是从社会批判的角度还是在艺术创作上,他们又都存在着急于求成的急躁心理,导致他们的作品有时会采用哗众取宠的方式。这次艺术大展,从组织者的角度上去考虑,他们本来希望更多的观众以及官方能够接受行为艺术,结果却由于艺术家们的急于求成而事与愿违,使得理想之梦破灭。

新古典主义的出现体现着中国艺术家对于地道欧洲式的油画语言的希企和愿望。1987 年 10 月,《美术》杂志发表了孙为民的硕士论文《新古典主义及其启示》,其中写到:"谁也无法摆脱传统,哪怕发誓要与传统决裂的人。"12 月份,《美术》发表了何建成的文章《绘画的语言与观念》,写到:"今天画坛似乎有一种不妙的现象,有些艺术家从脱离绘画语言的所谓纯观念出发,把对绘画本身的研究变成文字上的演绎,从而引发很多深奥的思想……在他们看来,所谓'观念更新'就等于观念战争,在这场战争中,谁的观念最新谁就赢。至于绘画作品,已离开了绘画本身,有些相信已经成为千年不解甚至连作者本人也不能破译的'艺术密码'。我认为这种情形并不表现为是对绘画语言的创造,而是对绘画艺术的误解。"

新古典主义的代表人物有靳尚谊、郭润文和杨飞云等。代表性的作品有靳尚谊的《塔吉克新娘》和《青年歌手》,杨飞云的《大植物》和郭润文的《落叶的春天》等,不过郭润文的作品融入了更多的观念的色彩。1987 年岁末,"首届中国油画展"在上海举行,靳尚谊、李慧昂、徐芒耀、徐唯新和董启瑜等均参加了这次展览,显示出一种带有古典风范的油画创作群体在中国形成。

第五十二章
"灵性"文化的追索

　　改革开放至 1990 年代初,随着政府对宗教信仰自由政策的逐步落实,社会层面对宗教的政治警觉意识明显减弱,人们的宗教活动逐步从地下转入正常,宗教信仰在已成为社会基础意识的无神论语境中自发蔓生,"文革"期间反复扫荡的中国传统信仰的核心——儒学、佛教、道教,以及各种民间信仰为"寻根热"所聚焦,带来了重建中华民族文化之根的种种讨论。由动乱带来的民众精神信仰真空,在很大程度上也由"宗教热"开始填补,宗教文化重新高扬,适时地参与社会文化改革开放的大浪潮。宗教研究开始拓荒,除了各教自己的研究机构,社会上新成立许多宗教研究机构和学术团体,编译出版大量宗教典籍和工具书。学术界一方面整理 1950 年代以来"宗教鸦片论"的左倾思想,产生了为期十年的宗教哲学论争,在讨论中,打破了原先极权宗教模式,而走向了人文宗教,实体宗教逐渐转化为宗教文化,信仰逐渐演变为兴趣,知识分子、作家把宗教修行逐步转化为生活体验,把终极境界转化为寻找"灵"的艺术境界。

一、宗教哲学论争:宗教鸦片论的"南北战争"

　　在建国后至"文革"期间,历次"左倾"的思想政治批评运动,均以阶级斗争为纲,以"国家信仰权"斗宗教,并反复以断章取义得来的马克思列宁主义的"宗教鸦片基石论"反复扫荡中国传统信仰的核心——儒学、佛教、道教以及各种民间宗教信仰,也更以高压的方式斗争基督教,"宗教鸦片论"就是这段时期颠扑不破的至理。当拨乱反正思潮一开始,宗教文化界作为观念文化的核心质地,开始发声质疑。

在五六十年代,由于对马克思列宁主义中关于宗教的相关论断的摘取,"宗教鸦片论"成为当时的统战指挥棒,这当然有着中国自身政治与文化语境的特殊原因,是一种教条主义和本本主义。不过,在拨乱反正的最早时期,少数从事宗教研究的权威,仍然抱着马克思的"宗教是鸦片"这一就阶级社会而言的断语,作为"放之四海而皆准"的永恒不变的真理,把宗教研究工作简化为"批判宗教神学"。这种从概念到概念,只知书本不知宗教实际的"空对空"的闭门造车式的研究工作,无视各国文化的不同,无视宗教所处时代所起作用的不同,尤其在新的形势下,仍然有把持评论的统摄力,这使得宗教哲学界开始质疑,并爆发了一场为期近十年、影响深广的论争,一场被称为在1840—1842年和1856—1860年的第一、二次鸦片战争之后的第三次鸦片战争——关于"宗教鸦片论"的"南北战争"。论争导火索起自1979年2月,中国首次成立了中国宗教学会,并陆续召开了一系列地区性规划会议,就宗教学科建设作出规划,提出并确定一批有代表性的重大研究课题。时任全国宗教学规划小组副组长罗竹风与中华圣公会主教郑建业(1919—1991)在昆明参加全国首次宗教学研究规划会议后,深感有必要破除宗教研究、宗教哲学中的本本主义与教条主义,重新理解和阐释马克思"宗教是人民的鸦片"的语意。随后,1980年4月郑建业主教在《宗教》杂志上发表《从宗教与鸦片谈起》,在上海宗教哲学界和宗教学界中引发了广泛争鸣。进而,1981年,《世界宗教研究》发表了张继安(时为中国社会科学院世界宗教研究所马克思主义宗教学原理研究室副主任)的《对"宗教是人民的鸦片"这个论断的初步理解》(载《世界宗教研究》1981年第2期)和吕大吉(时任中国社会科学院世界宗教研究所马克思主义宗教学原理研究室主任)的《正确认识宗教问题的科学指南:重读马克思〈黑格尔法哲学批判〉导言》予以回应,从此展开了所谓的"南北战争"。罗竹风、尹大贻、罗伟虹、赵复三和丁光训等学者加入了论战中,延续到1989年6月,丁光训与汪维藩联名发表的《近几年宗教研究上的若干突破》做了基本的总结,这场延时10年的论争告一段落。总的来看,双方观点鲜明、言辞激烈,这一场论争代表着两个不同的阵营观点,一方完全坚守"宗教鸦片说"是马克思对宗教的定义,是指出了宗教的本质,是马克思的创见,是马克思主义宗教观的核心或精髓,并且是不同时代、不同区域都可以适用的理论;另一方则同样回到马克思文本中,但更为整体地看待论断产生的原因与适用范围,强调要实事求是和具体问题具体分析的方法论原则,要从我国社会主义社会的实际出发,重新认识宗教的本质等。作为中国基督教三自爱国运动委员会主席、中国基督教协会会长的丁光训指出:"我们不要把今天社会科学的宗教研究仍旧看成铁板一块。正由于思想活跃,出现了健康的多层次的分化。譬如说,在宗教研究人员中,很明显地存在着两种不同的方法论。一种只愿意看到一切宗教现象的共性,总只是在宗教与非宗教之间划界限,认为宗教就是宗教,是一整块铁板,是单一的,与非宗教没有或绝少共同语言。这一种不想细加区别的作法颇有胡须眉毛一把抓的味道,讲到末了就搬出'一切宗教总是鸦片'之类的话来定调子,这就难免令人有讨论深不下去的感觉。另一种则发现,对宗教现象不能一概而论,它们尽管都是宗教现象,其所起的历史作用、政治作用竟大不相同。这一种不热衷于或不急于为宗教找到一个总的定义,它深感对具体的宗教现象作具体分析的必要。有的作者无视各国文化的不同,无视所处时代的不同,无视有关宗教的特点,泛泛地、抽象地谈论宗教,好像他们的论点可以放在任何时代、任何国家、任何宗教而皆准似的。"[1]算是对这场论争的结束语。

　　事实上,从这场论争的展开来看,举全国宗教学界和哲学界的著名学者,耗时10年左右,围绕着马克思的一句在1950年代便已家喻户晓的语录展开论争,最后归结,不过是就教条主义、本本主义与实事求是、具体问题具体分析的争论,这本身是我国宗教研究和哲学研究政治化和意识形态

---

〔1〕 丁光训:《丁光训文集》,第407页,南京:译林出版社,1998年。

化的标志和产物。然而,这对于前三十年完全处于政治统战之下的宗教文化界而言,却又是一件开辟新时代的学术事件! 自此以后,我国宗教研究和宗教哲学研究正是在与政治意识形态的藩篱的对抗中跳出了其根本约束,从而开辟了百年宗教文化史上新的学术化发展道路。这次的论争有着明显的宗教哲学意味,也使得宗教文化的发展首次在神性、政治性的历程后,走向本体论的哲学思考。因此,文化界逐步意识到了学术研究进一步去政治化和意识形态化的必要性,逐步"面向事物本身",面向宗教的本质本身,并初步确立了从文化层面,而不是像过去那样仅仅从政治和意识形态层面去思考宗教本质的学术理路。

二、宗教文化论

正是在关于"宗教鸦片论"的南北论争中所形成的不断褪去宗教历史、政治等外衣而转轨定向直面宗教本身的哲思,提出了宗教的本质是什么的问题,使 1980 年代末以来我国的宗教研究工作出现崭新局面。有重大突破的,首当其冲便是"宗教文化论"的提出。许多学者在参与"宗教鸦片论"的讨论中,相继提出"宗教是文化"、"宗教是一种社会文化现象"、"宗教是一种社会文化形式"和"宗教是一种社会文化体系"等观点[1]。这并非又是一次排他性的定义定质,而是在特定语境下针对以往人们忽略宗教的文化属性而强调宗教的文化内涵和功能。"宗教文化论"意欲展示宗教的立

---

[1] 参阅赵朴初:《佛教和中国文化》,《法音》,1985 年第 3 期;林金满:《宗教文化与建设社会主义精神文明》,《中州学刊》,1987 年第 10 期;方立天:《中国佛教与传统文化》之"序",上海:上海人民出版社,1988 年;吕大吉:《宗教学通论》之"导言",北京:中国社会科学出版社,1989 年;刘锡淦:《论宗教与宗教文化》,《新疆大学学报》,1990 年第 5 期;张志刚:《在宗教与文化的交汇点上》,《中国社会科学》,1991 年第 5 期;赵朴初:《发掘、继承宗教文化的精华促进社会主义精神文明建设》,《中国天主教》,1993 年第 12 期;卓新平:《宗教文化与精神文明建设》,《中国社会科学》,1994 年第 5 期;吕大吉:《为什么说宗教是一种"社会文化体系"? 宗教又如何作用于各种文化形式?》,《浙江社会科学》,2002 年第 4 期;吕大吉、张世辉:《宗教是一种文化形式》,《科技文萃》,2005 年第 9 期。

体结构和多重功能,描摹出其更接近生活中的真实状态。因为现实的宗教不仅仅用教义教理打动信众,还通过各种文化形式和渠道影响整个社会,既与世俗文化对立,也互相吸收、渗透,从而推动社会文化的发展。所以"宗教文化,本质上是人们以宗教为表现形态的精神劳动成果,连同宗教本身也是人类历史文化的产物,是人类感情、理想、审美的一种寄托与特殊表达方式。"[1]

赵朴初在 1985 年《法音》上发表《佛教和中国文化》,强调宗教的文化性,开辟了宗教与文化之间关系的研究范畴。在 1986 年第 5 期《文史知识》上,集中以"佛学论坛"发表了当时顶尖学者赵朴初的《佛教与中国文化的关系》、任继愈的《佛教与儒教》、季羡林的《我和佛教研究》、杜继文的《怎样认识佛教徒的人生观和道德观》、方立天的《略论中国佛教的特质》和袁行霈的《诗与禅》等,这些文章首次从佛学入手,讨论佛教与文化、意识形态诸种层面的关

赵朴初

系,开启了"宗教文化论"的先声。之后吕大吉、卓新平、牟钟鉴、楼宇烈、葛兆光、葛荣晋、杜金满、赵复三、张志刚、刘锡淦等,从不同角度阐释宗教的社会文化功能,并认为宗教发展理应提高文化品位,他们先后编辑出版了一系列具有相当理论深度、影响较大的宗教文化方面的论著。"宗教文化论"一时成为影响深广的宗教新观念,刷新了之前的"教义宗教"的研究模式。在 2010 年出版的《宗教学通论新编》中,就一改 1989 年《宗教学通论》的第三编"宗教与其他社会意识形态"为"宗教与文化",提出:"一切宗教都是宗教观念、宗教体验、宗教行为和宗教体制等四要素结构而成的社会文

---

[1] 牟钟鉴:《宗教文化论:为宗教正名》,《中国民族报》(2010 年 12 月 31 日)。

化体系。"〔1〕显示了学术观念的重要改变。这既是我国宗教学界和宗教哲学界思想解放的成果,也是我国宗教学界和宗教哲学界思想解放的标志。也许这样的总结是中肯的:

> 改革开放之后,迎来了思想的解放。……宗教学术界越来越清楚地认识到,过去那种专从政治角度看待传统宗教,把宗教定性为政治性意识形态的主张有很大的片面性。……近年来,宗教学术界逐渐形成一种共识,认为:宗教是文化。从过去的"宗教是政治意识形态"到"宗教是文化",这是宗教学术观念上的一次飞跃性的突破和更新。它启发宗教学者自觉地摆脱了长期束缚宗教学术思想的教条主义和政治上的极左思潮,从文化学角度对传统宗教和现实宗教问题进行全方位、多层次的思考,迎来了宗教学术研究的繁荣,也为宗教本身的发展开拓了提高其文化内涵的新的方向和道路。〔2〕

从"宗教救国新人"的社会伦理、政治功用观,到"宗教鸦片论"的意识形态化,到"宗教是文化",这种对宗教本质的新认定,或者说新的宗教观念,意味着至少将对宗教学术研究、宗教管理实践和宗教自身的建设与发展,产生重要的影响。首先,启发并推动宗教学术界自觉摆脱昔日长期束缚宗教学术思想的教条主义,以及把宗教等同于政治的"左"的思潮,改而从文化学角度对传统宗教和现实宗教的问题进行全方位、多层次的思考,因而在考虑中华文化本土信仰与外来宗教时,当以文化性来沟通,其中心不在政治、经济,而在社会文化,便可以倡导多元共生、互相扶持而达致中华民族多元共生的合理生态。其次,对于宗教行政管理部门,认识到宗教是一种文化形式而不仅是政治意识形态,就可能更慎重、全面地对待宗教

〔1〕 吕大吉:《宗教学通论新编》,北京:中国社会科学出版社,2010年。
〔2〕 吕大吉:《为什么说宗教是一种"社会文化体系"? 宗教又如何作用于各种文化形式? ——关于宗教与文化关系的若干思考(之三)》,《浙江社会科学》,2002年第4期。

问题,不至于行政化简单化处理,尤其在出发点上去区分何种是政治意义上的宗教事件,何种只是一般文化意义上的宗教问题。第三,对于宗教界人士和教会组织而言,有助于引导他们按照文化的性质与要求去思考如何建设与发展自己宗教的途径问题,思考各教在当下社会发展的本土化、融合度和合适度等问题。在宗教文化论的推动下,结合1980年代的"文化热",宗教研究尝试与其他学科连贯起来,在文史哲、宗教人类学、社会学、民俗学、政治学、伦理学等方面共同推动宗教文化研究,为1990年代后的多元共生的文化生态定下了坚实的基石。

当然,"宗教文化论"的提出,除了宗教哲学论争的思想作用外,还在于1980年代中国学术界对"文化"的高度关注和重新理解。当1980年代中,文化界从对"四人帮"的拨乱反正到对"文革"的反思,进而由于外来文化的蜂拥而至(而政治改革已然错过了高峰),文化,尤其是本土文化、传统文化、民族文化等等一系列的问题,极大地刺激着知识分子的神经。在"文化热"学术潮流中,宗教研究同样被放在了显著的位置上,如赵朴初所说的是"热门中的兴奋点"[1],因为人们普遍认为,造成中国文化及中国国民性的主要因素就是作为意识形态的儒教和中国宗教。因此,这种感情与当时西方迅速传入的各种方法论如人类学、社会学、心理学和历史学等结合,拧成一股绳,形成了以"文化—心理"的探讨为中心的宗教史研究。这与当时"寻根文学"的探寻思维是一致的,就是往国家、民族的前生去探索,追寻国家、民族的本性和民间性。在宗教哲学论争和"宗教文化论"的确认中,中国新时期的宗教文化样态由此展开。宗教研究越过了传统研究"教义宗教"的狭小范围,而进入更为广阔的文化世界,将宗教实体转化为宗教文化,从极权宗教走向人文宗教。

因此,在很大程度上又可以说,"宗教文化论"一方面是宗教学者向宗教内看,通过哲学的探寻,挖掘出宗教的文化本质;另一方面,又是凭借着文化寻根热,通过探寻宗教的文化、文化的宗教,从而为当下信仰缺失的中

---

〔1〕 赵朴初:《佛教与中国文化的关系》,《中国宗教》,1995年第1期。

国社会重新寻找一剂合适的良药。这样,"宗教文化论"又与1980年代的"文化寻根"思潮互为映带,共同引导出中国文化与中国民族寻根的文化新生态。

三、寻根与探灵:宗教文学的灵性探求

整个"十七年"到"文革"期间,几乎没有文学作品在宗教题材方面有稍微涉及,尽管如上章所述,政治信仰的红色思维显示着类似宗教般的迷狂气质,而民间信仰又潜伏在社会的底层,形成一种暗涌式的思维痕迹,但是对于严格意义上的基督教和佛教文化,则是完全不在文化和文学的视野中。而在新时期以来,1980年代的文化热,正是学者们急切寻找新的精神信仰和文化认同来取代当时知识分子出现的三种信仰真空危机,即"对马克思主义信仰的危机、对社会主义信心的危机、对共产党信任的危机"[1],于是,几十年间那曾经围绕着伟大的领袖、淹没在群众的海洋中的"自我"现在出现了。宗教文化题材,再次以汹涌的样式,进入作家的视野,他们在文本中越来越按捺不住那种追寻"灵"的迫切需要。陈平原曾在1983年就借着评论苏曼殊和许地山的小说的宗教色彩时指出:"佛、上帝已经由目的变为手段。信仰的最终目的不是通过神秘的宗教体验,获得与佛、上帝同在的最高幸福,解脱不幸和苦难,而是借用宗教净化感情、增强勇气,以自己的力量同不幸和苦难作斗争。"[2]

分明可以看到,新时期宗教文学写作与"寻根文学"有着同源、同构和同质的特点,那些孜孜不倦探寻在中国传统文化断裂之后,民族文化、民族文学、社会个体的"自我",与顺着宗教的路途寻找在苍白贫困无可寄托的生活背后的人生意义、生活价值以致永生不朽,他们殊途同归,而达致"灵"的求索。

---

〔1〕 转引自范丽珠等:《中国与宗教的文化社会学》,第92页,北京:时事出版社,2012年。

〔2〕 陈平原:《论苏曼殊许地山小说的宗教色彩》,《陈平原小说史论集》(上),第32页,石家庄:河北人民出版社,1997年。

新时期最早出现在公众视野的宗教题材作品是礼平发表于《十月》1981年第1期的《晚霞消失的时候》。小说主要讲述少年时代的李淮平和南珊相识相爱,但在"文革"中,出身国民党家庭的南珊受到批斗,而站在批斗场上的正是李淮平。内心情感与政治角色的强烈冲突致使他们形同陌路,当20年后作为海军舰艇军官的李淮平在泰山山顶再次遇到南珊时,南珊也成长为一名成熟的翻译,在不同的世界观、宗教观和人生观面前,两人爱恨无从承续,留下伤感喟叹。当然,小说不仅是一个伤感的爱情故事,更是一部现代中国思想解放的激动人心的文献,其中对于科学与宗教、文明与野蛮、情感与理智、爱与恨、真善美等关系的探讨令人深思。小说发表后,引发了很大的反响和争鸣,引得党内理论权威胡乔木、王若水等,宗教领袖赵朴初等,文艺理论家冯牧等的关切。《青年文学》编辑部在1982年3月专门召开座谈会进行讨论,在1983年"清除精神污染"思想运动中,被列入清污范围遭受批评,直至1985年争论才有所平息。众多的评论中,王若水在《文汇报》发表的《南珊的哲学》(1983年9月27—28日连载)影响最大,也最具代表性。他的核心观点就是站在马克思主义立场上批评小说所宣扬的宗教思想。小说中所塑造的男女主人公,不仅来自于不同的政党阶层身份,也信奉着不一样的信仰,尤其是南珊,在宗教问题上颠三倒四、前后矛盾,被视为是一种消极的观念,要求被马克思唯物主义、无神论等检阅。王若水站在马克思主义无神论立场批判该小说宣扬宗教,他不满小说中的共产党员对一位老和尚佩服得五体投地,他认为书中女主人公产生宗教情绪而宽恕施暴者比做坏事的人要好,"然而同马克思主义的观点相比却是很低的",他号召青年抛弃宗教,认真学习马克思主义,"他们将能从这里找到关于社会和人生问题的正确答案"。礼平则在1985年作文《谈谈南珊》予以回应,重申并没有刻意宣扬宗教精神。

小说《晚霞消失的时候》所引发的争论,其实依然是马克思主义的无神论与宗教之间的对抗,这与同时期的"宗教鸦片论"的论争线索是一致的,这体现着新时期以来思想解放的曲折。关于小说的争鸣,不再像十七年或"文革"时期那样遭受政治意识形态的封杀,而是显示了相当的学术自由和

宽松。通过争鸣,打破了宗教禁区,尤其是许多论者都站在哲学基础上来探讨宗教与文学在人的本质、处境和宗教信仰对人的灵魂拯救上的共同点,通过探讨宗教与文学这种与生俱来的"精神结缘",从而将原先钳制宗教的政治外衣褪去,而还以文化、伦理、精神和文学等更为相关的属性。因此争鸣在很大程度上,引领着关注者从宗教层面深入到人的精神领域。结合着 1980 年代的宗教热,开始了对宗教活动的复兴和对宗教

当代意义的持续探索,从而肯定了宗教的精神救赎价值,肯定了宗教人格的确立对于当时虚空的文化场域的意义,宗教为文化、文学提供精神资源的现象得到了认可。因此,从这个角度而言,对"寻根文学"中大量关于宗教"灵"的探寻的写作现象,也就可以顺理成章地理解了。

随着中国宗教的变迁与发展,宗教生活与文学生活越加靠近,宗教与传统民族大众化心理成为寻根作家的笔下题材,在一段时间内成为寻根文学主要表现的两种文化意识,即民间真实和宗教精神的两种形态结合。作为新时期第一个公开皈依宗教的作家,张承志虔诚地投入到西北黄土地中,写下了以《金牧场》和《心灵史》为代表的宗教题材作品,他将自己对宗教的理解全然浸淫在文学之中;而史铁生从个人生命体验出发步入宗教疆域,高举信仰之旗,用哲学思索或宗教精神来抗拒世俗的平庸和堕落;王安忆的《小鲍庄》的仁义故事折射出了道家哲学,《长恨歌》则蕴含着些许佛理和老庄思想;阿城的《棋王》中王一生不为他求、只为棋痴狂的人生之道,正是老庄道家哲学的精魂所在;李杭育的《最后一个渔佬儿》塑造了柴福奎这个憨厚淳朴的人物形象,他潇洒不羁、不落俗套的个性凸显出道家主张清静无为、道法自然的思想价值观;郑义的《老井》中,农村青年孙旺泉不屈服命运的倔强品格,体现了儒家的坚韧不屈、自强不息的奋斗精神。扎西达

娃的《西藏，系在皮绳扣上的魂》中活佛的故事和《西藏，隐秘的岁月》中出现了代表生死轮回的图腾，扎西达娃把充满神秘色彩的西藏宗教文化、神话传奇带入魔幻现实主义的意象境地，荒诞而奇妙。事实上，寻根文学所寻之"根"，恰恰便是由宗教（在外来宗教文化参照之下的本土宗教和民间信仰）所凝练的文化之根，他们寻找的不是真实的家乡故土，而是寻找内在于民族中的"灵魂家园"，这种内在的追求向度，就是一种对"灵"的探寻。可以说，寻根文学中所体现的宗教样态，正是因为外来宗教与本土宗教在交锋碰撞中产生的思考。从宗教文化的角度看，寻根作家们意欲在中西方宗教文学的发展轨迹交点处，实现寻根文学的延续，从而拓展出一条崭新的发展道路。

第六卷

多元与和谐

1992 年 1 月 18 日到 2 月 21 日,邓小平进行"南巡",沿路发表一系列有关坚持改革开放的重要谈话,呼吁经济改革,呼吁反左。这实际上是为中国发出了重新改革开放的动员令。

1993 年 11 月 14 日,中国共产党十四届三中全会通过《中共中央关于建立社会主义市场经济体制若干问题的决定》,标志着中国正式开始向全面市场经济转型。

1997 年 7 月 1 日——英国将香港主权移交给中华人民共和国,成立香港特别行政区。

1999 年 12 月 20 日——葡萄牙将澳门政权移交给中华人民共和国,澳门特别行政区成立。

2000 年 1 月 1 日——所谓"千年虫"问题没有发作,即没有造成预言中的全球电脑系统大规模瘫痪的现象。

2001 年 7 月 1 日——江泽民在中国共产党成立八十周年大会上提出"三个代表"重要思想。

2001 年 12 月 11 日——中国正式加入世界贸易组织。

2006 年 3 月 4 日,胡锦涛在参加全国政协十届四次会议民盟、民进联组讨论时发表讲话,强调要引导广大干部群众特别是青少年树立以"八荣八耻"为主要内容的社会主义荣辱观。5 月 19 日,中央精神文明建设指导委员会发出《关于深入学习实践社会主义荣辱观,大力加强思想道德建设的意见》。

2006 年 10 月 8 日—11 日,中共中央十六届六中全会举行。全会审议通过《中共中央关于构建社会主义和谐社会若干重大问题的决定》。

2008 年 8 月 8 日—24 日,北京成功举办第二十九届奥运会。

2008年12月18日,纪念党的十一届三中全会召开30周年大会举行。胡锦涛发表讲话,全面回顾和总结改革开放30年的伟大历程和辉煌成就,高度评价党的十一届三中全会的重要意义和历史功绩,系统阐述了改革开放"十个结合"的宝贵经验,明确指出继续推进改革开放伟大事业的前进方向。

2010年5月1日至10月31日期间,世界博览会在中国上海市举行。

2012年10月11日,莫言因为其"以幻觉现实主义融合了民间故事、历史与当代"而获得诺贝尔文学奖,成为首位获得该奖的中华人民共和国籍作家。

2014年12月13日,中国确定南京大屠杀国家公祭日,中共中央总书记习近平参加公祭并发表重要讲话。

2015年9月3日,中华人民共和国举行纪念中国人民抗日战争暨世界反法西斯战争胜利70周年阅兵式。此次阅兵是中国首次选择在非国庆期间举行阅兵仪式,同时是中华人民共和国第一次以阅兵方式纪念抗日战争暨二战胜利。

这是历史跨度相当大的一个时期,这一时期的文化呈现出较为平稳、和谐的发展态势。文化的平稳反映着政治的平稳,文化的和谐体现着社会的和谐。当代简史开列的"大事记"竟然是如此简单、明晰,再也没有前几个时代的那种反复、回旋以及相应的紧张、酷烈。这是一个在主流意识形态指导下倡导多元文化的时代,是一个以科学的发展取代无谓的争斗的时代。这才是一个真正充满希望和梦想的文化时代,那梦想便是"中国梦"的投影,唤起的是整整一个世纪的民族振兴之梦。

第五十三章
多元媒体时代的文化景观

　　经过"改革开放",适逢信息革命,大众媒体种类、性质和内容都发生了很大变化。传统的报业和广播依然具有重要力量,但以电视和互联网为代表的新兴传媒在国家政治和民众社会生活中的作用越来越明显,大众传媒的多元化时代来临了。媒体多元化给中国人的文化生活方式带来了巨大变化,同时也造就了这个时代特有的文化。

一、从改革开放到多元媒体时代

　　在改革开放的时代,报纸、广播等大众传媒本身的性质也开始发生巨大变化,学术界开始讨论传媒的基本属性,特别是传媒与商业的关系得到了重新认识。新闻学家李良荣认为中国的新闻观念在改革开放之后经历了四次比较大的变革:第一阶段是从 1979 年到 1982 年,这个阶段的特点是"高扬新闻规律的旗帜",这个阶段摈弃了报刊媒体是"阶级斗争的工具"等说法,回复了新闻本位的媒体报道原则。第二阶段是"引进信息概念"(1982—1988)。第三阶段则是"重新认定新闻事业性质"(1992—1996),"从 1992 年以后的新闻改革,重点不再放在媒介的功能以及媒介的传播内容,而是转移至媒介的外围即经营管理上"。第四阶段是从单一走向多元

(1996—)〔1〕。经过这些改革,媒体不再仅仅是政治的"传声筒"。早在1978 年,国家就规定报社等媒体是"事业单位",可以实行"企业管理"。在报纸、广播和电台上刊登广告不再是违法的事情,民营和私人机构也被允许进入出版、电影等传媒领域。1992 年之后,媒体改革的步伐明显加快,国家提出"新闻出版单位的改革,要以分类管理原则,将现有单位按照事业性质和企业性质两类进行划分。改革后除极少数党和国家重要的新闻媒体、出版机构以及公益性的新闻出版单位成为事业性质外,其他绝大多数单位都要向企业转制"〔2〕。以报刊为例,到了 2000 年之后,媒体的管理部门提出,除了保留少部分中央和省里的重要报纸杂志,其他的一些杂志都要实行转轨和改制,推向市场,由市场决定媒体的未来:

> 按照分类管理的原则,将极少数党和国家重要的新闻媒体,如中央的《人民日报》、《求是》杂志;各省的党报、一份党刊;市(地、州、盟)的一份党报等这些确属喉舌性质的党报、党刊,由于承担特殊的任务,不宜和不能进入市场的,仍按事业性质进行改革。主要是深化内部三项制度改革,搞活机制,实现宣传与经营两分开。要抓好宣传,搞活经营。其广告、印刷、发行与经营两分开。要抓好宣传,搞活经营。其广告、印刷、发行、仓储、运输等经营性部门要剥离出来,组成集团或报刊控股的经营性公司,进行企业改制。在市场中做大做强,更好地支持事业发展。这类新闻媒体要始终把新闻宣传的领导权、决策权牢牢掌握在党的手里。
>
> 以党报为龙头组建的属于喉舌性质的报业集团,要进一步理顺领导体制,实行党委领导下的社委会(管委会、编委会)负责制,实现人事、财务、资源管理"三统一"。在确保党的领导、确保宏观调控力和正确导向的前提下,深化改革,转换机制,加强管理,整

---

〔1〕 李良荣:《新闻学概论》,第 365—369 页,上海:复旦大学出版社,2012 年。
〔2〕 全国新闻出版系统调研工作协调小组办公室编:《解放思想,实事求是——新闻出版总署 2003 年调研报告汇编》,第 117 页,北京:高等教育出版社,2003 年。

合资源,降低成本,进一步增强活力、壮大实力、提高竞争力。其中可面向市场的经营部分,剥离出来作为企业进行改制,探索企业化运作的路子。

其他绝大多数不属于党和国家重要的新闻媒体,逐步实行转制。第一阶段,对计算机、汽车、竞技体育、美容服饰时尚等报刊社,首先实现由事业性质向企业性质转制;第二阶段,要将其他所有的新闻媒体都要按照现代企业制度的要求进行企业转制。转制为企业的,要完成国有资产授权经营,建立法人治理结构,实现自主经营,进入市场竞争。[1]

出版、广播电台和电影等领域也同样实行了改革。在这样的背景之下,一大批民营性质的媒体涌现。随着媒体性质的变化,媒体的内容也发生了显著变化,政治不再是媒体唯一关注的内容,社会经济和流行文化是媒体与大众更为关心的话题。1984年创刊的《南方周末》逐渐由一个地方性的报纸变成了一个全国性的报纸,其所以产生巨大影响正在于这份报纸对于人们所关注的各种社会事件的"深度报道",这些报道引起了人们对于社会问题的思考和关注,甚至有不少人借助于媒体对政府和企业"追责"。在20世纪80年代初期,关心娱乐文化的人们还偷偷聆听港台歌曲。著名作家阿城就对此有过回忆:"七十年代听境外广播,当时叫敌台,我不知道在全国知青中普遍不普遍。云南知青中相当普遍。云南是一个得天独厚的地方,中央人民广播电台,听不太清楚,报纸也要多少天后才运到山里……听敌台,并非只是关心政治消息,而主要是娱乐。我记得澳洲台播台湾的广播连续剧《小城故事》,因为短波会飘移,所以大家几台收音机凑在一起,将飘移范围占满,于是总有一台声音饱满的。围在草房里的男男

---

〔1〕 全国新闻出版系统调研工作协调小组办公室编:《解放思想,实事求是——新闻出版总署2003年调研报告汇编》,第118—119页,北京:高等教育出版社,2003年。

女女,哭得呀。尤其是邓丽君的歌声一起,杀人的心都有。"[1]随着"改革开放",国外一些传媒机构和文化资本也迫不及待地想进入中国的媒介市场。在电影领域里,中国政府在1995年就答应每年进口10部好莱坞大片,而到2005年则增加到50部,"外资获许在中国建造和拥有电影院"[2]。电信、电脑和印刷等行业也逐步向外国资本开放。当然,媒体领域的开放也引起了不少人的忧虑。

邓丽君作品盒式磁带

"改革开放"之后,媒体领域里所发生的最重要两个现象,应该说一个是电视的影响力越来越大,另外一个则是互联网在中国的出现。虽然早在1958年,我国便有了北京电视台,但是电视产生巨大影响的还是在"改革开放"之后。"改革开放"之后电视机进入了千家万户,成为人们了解时政、社会新闻和文化娱乐的最重要的大众媒介。在中国,20世纪80—90年代可以说是一个"电视时代"。人们通过《新闻联播》了解国家大事,通过电视广告了解企业产品,通过综艺节目和电视了解社会文化,对于电视的需求导致了电视机数量在全国各地的激增:"1980年全国的电视机社会拥有量为900万台,到1986年已增至9 200万台;1980年全国电视剧总产量177集/部,1986年产量已达2 636集/部。"[3]电视不仅让大众了解到国家政治、社会新闻和大众娱乐,而且开始还容易引发社会舆论。据报告文学作家陈祖芬的回忆,在1984年的6月23日的晚间发生了一件很特别的"电视事件":"电视台的有关人士在电视台的黄金时间里向观众

〔1〕 阿城:《听敌台》,北岛、李陀主编:《七十年代》,第151页,生活·读书·新知三联书店,2009年版。

〔2〕 李金铨:《超越西方霸权——传媒与"文化中国"的现代性》,第304页,英国:牛津大学出版社,2004年。

〔3〕 吴秋雅:《纪录与建构——中国电视剧1978—2008年发展综述》,《当代电影》,2008年第10期。

作着解释。因为电视节目不准时播放,激起了众怒。"〔1〕电视的威力可见一斑。1993 年之后,中央电视台大刀阔斧进行了改革,出现了《东方时空》、《焦点访谈》《新闻调查》和《实话实说》等节目,电视在社会中影响更大了。这些节目对政府、企业和社会各个层面都起到"监督作用",节目的言论直接左右了"社会舆论",不仅社会大众,政府和企业也都十分留心这些节目。例如,《焦点访谈》栏目创办后,所披露的事件大多数引起了中央和省部委领导的重视,舆论甚至有时直接成为法庭,记者变成了真正的无冕之王:

> 2002 年,国务院办公室正式开始了《焦点访谈》督察情况反馈机制,就中央领导同志每一次对《焦点访谈》做出的批示以及批示后的督察情况进行跟踪反馈,以国务院的名义,运用行政的力量向有关职能部门行文,组织各职能部门组成督察小组,对被监督事件与人员进行正式的行政范围的调查和查处,而后视调查情况将一些涉及法律问题的案件移交司法部门处理。2002 年当年,《焦点访谈》报道的事件中,有 41 起被纳入国务院督察反馈机制。调查进入得迅速而深入,查处力度大。〔2〕

综艺节目和电视剧也成为人们茶余饭后最好的文化娱乐,明星们必须在电视亮相才会被大众所熟知,电视等大众媒介当然也制造了无数明星。当然,由于电视的影响越来越大,像其他国家一样,电视也被指责为是社会上各种犯罪现象的罪魁祸首。

二、传统媒体的发展机遇

报纸作为传统媒体,在多元发展的时代文化建设中依然发挥着重要作

---

〔1〕 陈祖芬:《八十年代看过来》,第 92 页,北京:作家出版社,2008 年。
〔2〕 孙玉胜:《十年——从改变电视的语态开始》,第 97 页,北京:人民文学出版社,2012 年。

用,并有着很深厚的文化积累。这其中,都市报纸(即主要供市民阅读的消费型文化生活类的报纸,最典型的形态便是各地的晚报之类)是非常活跃的媒体,到 1990 年代末期,几乎每个城市都有一张或几张属于自己城市的"都市报纸",《扬子晚报》、《羊城晚报》、《新民晚报》、《北京晚报》和《南方周末》成为其中最著名的品牌。随着城市人口增加,读者群的增多,不少报纸发行量迅速增长,例如 1993 年创刊的《淮海晚报》创刊时是 4 开 4 版,发行量是 1 万份,但到 2010 年,已经是 32 版,发行量达到了 5 万份,广告收入也从 20 万元增加到 3 000 万元[1]。《扬子晚报》、《南方周末》和《新京报》等报纸的年发行量更是动辄达百万份。这些报纸除在总体上是以报道各种各样的城市新闻为主,很多报纸还专门开辟了"城市"一栏,讨论日益受到关注的"城市话题",例如下面所例举的时我国部分报纸的栏目设置:

编号	报纸	城市	栏目
1	《北京晨报》	北京	都市新闻
2	《新京报》	北京	北京新闻
3	《京华时报》	北京	北京
4	《京华时报》	北京	文娱·胡同
5	《青年时讯》	北京	双城
6	《申江服务导报》	上海	发现上海
7	《新民晚报》	上海	上海人家
8	《新民晚报》	上海	夜光杯·市井故事
9	《社会科学报》	上海	文化上海
10	《东方早报》	上海	大都会
11	《南方都市报》	广州	珠三角、佛山读本
12	《南方周末》	广州	城市
13	《钱江晚报》	杭州	杭州新闻
14	《扬子晚报》	南京	南京城事

---

[1] 《晚报,永远在路上》,《淮海晚报》(2010 年 2 月 13 日)。

（续表）

编号	报纸	城市	栏目
15	《金陵晚报》	南京	都市新闻
16	《南京晨报》	南京	南京新闻
17	《现代快报》	南京	城事
18	《都市晨报》	徐州	徐州·社区
19	《江南晚报》	无锡	城事
20	《姑苏晚报》	苏州	都市新闻
21	《姑苏晚报》	苏州	城市印象
22	《苏州日报》	苏州	城市笔记
23	《苏州日报》	苏州	老苏州
24	《城市商报》	苏州	城事
25	《淮海晚报》	淮安	都市周末
26	《城市晚报》	长春	城事
27	《齐鲁晚报》	济南	城事
28	《大河报》	河南	都市新闻
29	《大河报》	河南	古城
30	《华西都市报》	成都	都市

栏目设置反映了"城市"日益受到媒介关注,这些栏目基本是登载关于"城市"的新闻、图片,描绘城市的日常生活和社会变迁,展现城市的建筑、风景、人物和文化,记载各种各样的新闻事件,讨论各种各样的"城市话题"。当然,不少都市晚报为了吸引读者,经常刊登一些稀奇古怪和耸人听闻的"城市故事",这些故事让读者对于现实城市产生了一种不信任感受,因为在这些耸人听闻的故事中,"城市"扮演了一个不光彩的角色,它总是犯罪分子的温床。但更多的都市报纸关注的是城市日常生活和公共空间,例如江苏淮安地区的一份报纸《淮海晚报》(1993 年创刊)就特别强调自己的"市民身份":

　　报纸定位逐步明晰,市民报、生活报特色逐步彰显;新闻稿件
　　组织调度有力,版面可读性、服务性明显提高,报纸版式大气而不

失清新、视觉效果良好,成了淮安市民心中一个不可替代的阅读品牌,已成为深受市民喜爱并获社会公认的一份城市主流报纸。[1]

工作、菜价、天气、就业、失业、医疗、住房、教育、城市卫生和公共文明等市民关心的话题成为城市报纸最关注的内容,而通过对城市日常生活和公共空间的关注,都市报纸在建构城市公共空间、塑造现代城市形象、培养现代市民方面起了重要作用。

都市报纸不仅为市民提供消遣娱乐的新闻,而且还通过文字、图片和新闻有意识地建构城市"公共性",培养市民的城市意识和公共意识。例如世博会就被赋予了启蒙公众和市民城市意识的一次重要活动:"更值得期许的应是那些千万的中国观众,他们分散各地,是城市的真正主人,如果说过去城市化进程中,他们作为沉默的大多数,是源于对城市精髓的懵懂,对于现状的惯性,那么世博会无疑将是一次市民集体的城市意识的启蒙。"这个启蒙是什么呢,也就是"原来城市也可以鸟语花香,也可以闲庭信步,还可以零碳……"[2]。赞美现代文明的城市行为,批判不合理的城市现象成为许多都市晚报的重要主题,乱扔垃圾、随地吐痰和上车不排队等现象被媒体指责和批判,相反,遵守交通、卫生等公共秩序的行为受到表扬。许多报纸还主动设置一些议题来培养和唤醒市民的现代城市文明意识,例如《北京晨报》的一则图文搭配的"都市新闻"特别有意思,图片展现大雪天中一位女子下车推面包车,而在图片下面,记者加了这样的注释:"一辆面包车在原地打滑,女乘客下车帮助司机推车。同心协力,这个词代表了北京人应对大雪的共同态度。"[3]尽管从照片里根本无法确定推车的女性是否为"女乘客",但媒体却将其推车行为看做是一种市民应该具有的公共道德,个体行为与城市公共性就这样经过媒介舆论有机组合在一起,为其他市民提供了"榜样"和"参照"。而针对城市中出现的一些现象,不少报纸还

---

〔1〕《晚报,永远在路上》,《淮海晚报》(2010年2月13日)。
〔2〕朱红军:《民意之变,成就城市之变》,《南方周末》(2010年5月6日)。
〔3〕《北京晨报》(2009年1月11日)。

开设了专门的"批评栏目",呼吁建构符合现代城市文明的"公共空间"。《苏州日报》有一个栏目"新苏时评"就大量地开展对城市文明问题的讨论,2008年12月9日发表的一篇文章《拓展苏州城市公共生活空间》,认为苏州城市化的发展,已经让市民进入了"公共生活领域",所以市民要转化"私德理念",增强"公共良知"和"参与意识":

> 改革开放以来,苏州抓住机遇,在经济、社会各项事业获得大发展中,拓展了城市公共生活空间,已经为市民打开了前所未有的广阔视野。社会发展拓展了市民的生存环境,市民由此进入公共生活领域,这使市民在日常生活中都能关注公共道德准则,转化私德理念,为参与公共服务,为城市的有序和个体的健康成长发展作贡献。从一定意义上唤起了公共良知和参与意识,培植了关心公共命运和公共道德关怀的社会群体,有利于和谐城市的发展。[1]

报纸报道了各种各样维护和建构城市公共性的"美德",还通过市民的现身说法,告诉读者帮助别人、维护公共空间不仅符合所有市民利益,同时也会让"自身愉悦"。《苏州日报》2007年10月3日的新闻《我带邻居观光游》,报道了一群由私家车组成的志愿者车队带领苏州湖东社区的40多名老人游览参观阳澄湖重元寺活动时,特别突出了志愿者雷笛对记者所说的话:"他笑着说,帮助别人自己也是快乐的。"[2]正是通过大众媒介,维护城市公共文明与市民的自我价值认同有了内在联系。2010年"世博会"在上海召开,《解放日报》、《文汇报》等大众媒介也不失时机地向公众灌输文明理念,倡导公民尊重公共道德规范。《解放日报》上的《文明要从小事做起》一文通过古今对比和中外参照,一方面称赞伴随着中国发展和世博会的举行,上海的公共文明大有进步;另一方面,却也通过作者在日本的旅居经历

---

〔1〕 韩承敏:《拓展苏州城市公共生活空间》,《苏州日报》(2008年12月9日)。

〔2〕 宗文雯:《我带邻居观光游——湖东社区志愿者活动出新意》,《苏州日报》(2007年10月3日)。

指出,上海城市公共文明与日本这些发达国家还有差距的事实[1]。有些报纸还通过发起"公共讨论",让公众直接参与到城市形象和城市公共空间的建构中。例如《苏州日报》开辟的"新闻沙龙"栏目就发表了《色彩渲染魅力苏州》,针对苏州市的城市色彩规划,邀请专家、学者和市民,组成了"沙龙",从不同角度讨论城市色彩定位。哈贝马斯在《公共领域的结构性转型》中指出,各种各样的文化沙龙在建构公共领域中的重要性,通过"沙龙"、媒介、专家和市民都参与到了城市的建构中,市民的城市公共意识得到了大大增强。譬如《苏州日报》的这次"沙龙"使得许多市民意识到城市色彩对于一个城市的重要性,有些市民还将城市色彩与城市个性联系在一起:

> 我的一位同学生活在南京,偶尔来苏州出差,经过齐门路、养育巷这样传统风貌的街区时总会说:"这才是苏州啊。"如果抹去任何可识别的文字符号,把你置身在当今中国不同城市的钢筋混凝土森林之中,你能识别你身在哪个城市吗?所以,我固守我的观点:苏州的主色调也是一种文化遗产,应该予以继承,如果改变,失去的将不仅仅是城市的个性。[2]

《文汇报》的"上海市纪念改革开放 30 周年成就展"通过图文展现了改革开放 30 年上海的"城市巨变",报道还特别记录了市民的"参观感受",这些体验无非是赞美上海城市的巨大变化,"公共取水井旁洗衣、'老虎灶'、泡热水、90 年代街头流行的'化学烫发'……展览中一幅幅老照片,勾起了许多参观者当年那段难忘的回忆"[3]。同《文汇报》、《苏州日报》等媒介一样,许多报纸积极配合政府打造现代化城市的需要,通过开展大规模的新闻报道和公共讨论,不断加强市民对现代城市的认同感,并唤醒市民参与城市公共空间的建构,共同建构符合现代文明的"城市形象"。还有些报纸

---

[1] 李小年:《文明要从小事做起》,《解放日报》(2010 年 5 月 13 日)。
[2] 《色彩渲染魅力苏州》,《苏州日报》(2008 年 4 月 22 日)。
[3] 刘栋:《活力使申城更显精彩》,《文汇报》(2008 年 12 月 18 日)。

直接把政府的公共文明测评结果公布在报纸上,譬如上海市为迎接"世博会",为提高申城的文明指数,特地展开了"迎世博 600 天行动",并从环境、秩序和服务等三方面对城市的文明进行测评,结果第一个 100 天的测评结果是环境文明指数得分为 77.64,秩序文明指数测评得分是 78.75,服务文明指数测评得分是80.69,总的文明指数测评得分 78.95[1]。这些结果被公布在报纸媒体上,以引起市民对于城市公共文明的关注。《苏州日报》也将苏州的公共文明测评指数公布在了报纸上,譬如 2010 年 5 月份的行业测评指数如下:[2]

2010 年 5 月公共文明指数行业测评结果

测评项目	测评指数	达标率	得分
公共交通运行	公交汽车 出租汽车	98.00% 98.00%	98.00
公共服务	服务窗口 物业管理 旅游景点 社区环境	100% 97.4% 85.00% 95.05%	96.64
公共文化场所	网吧 游戏机经营场所 社区文化场所 文化市场 校园周边文化	94.64% 78.57% 97.02% 97.62% 97.86%	95.64
公共特定场所	商业零售 影剧院 车站 无障碍设施 公共设施	90.71% 100% 90.00% 95.24% 96.19%	92.86
公共市容	垃圾中转站 主次干道 公益广告	92.86% 90.86% 89.29%	90.71

[1] 张晓鸣、刘力源:《迎世博六百天文明指数首次公布——申城文明指数测评得分78.95》,《文汇报》(2008 年 12 月 18 日)。

[2] 《我市"公共文明"指数第二次测评结果揭晓——五大项目得分超 90》,《苏州日报》(2010 年 7 月 14 日)。

（续表）

测评项目	测评指数	达标率	得分
公共交通秩序	交通违章处置 警容警纪 交通监督	70.44％ 100％ 100％	85.52
公共卫生	医疗 经营性公共场所卫生 食品安全	86.07％ 80.71％ 85.71％	84.36

报纸还公布了公共文明指数市民行为测评结果和公共文明指数城区测评结果。这些公共文明测评结果的公布，意在建构符合现代城市公共文明的城市空间，按照这样的公共文明指数，每个公民和机构的行为都被纳入到一个文明的等级秩序中。

总之，正是伴随着现代化、城市化的开展，《南方周末》、《新民晚报》和《文汇报》等大众报纸也迅速参与到了"城市化运动"中，与政府、市民一起公同建构符合现代城市公共空间的新的生活方式、新的文明理念和新的道德风尚，《南方周末》的一期主题就是"城市新生"，即通过不断提高城市文明的水平，让城市获得新生。

三、媒体与地方精神文化建设

都市报纸不仅致力于建构"城市公共空间"，培养符合现代城市文明的市民，而且伴随着对城市认识的深入，发现、寻找和确立深层的"城市精神"成为许多报纸的"更高目标"。因为每个城市不仅包含各种各样的建筑、街道、商店、市民、马路、公园和车辆这些外部景观，而且还被认为像人一样具有一种内在的精神、思想和气质，而这种内在的精神气质又与城市形象以及市民大众息息相关。《苏州日报》的"大众论坛"就曾经发表了《我们需要真实的城市形象》一文，这篇文章针对无锡城管部门以整顿城市环境为由，大规模地拆除遍布城区的1 000多个报刊亭、便民亭现象进行了尖锐的批评，文章认为："只有耀眼的现代化设施，而缺乏人文精神和法治精神的底

蕴,这样的城市形象是残缺的。"〔1〕好的城市被认为必须拥有自己的"城市精神",北京一家报纸就颇自信地这样介绍"北京":

> 看一座城市的精气神儿,就能知道它是不是养人的,像北京这样的城市,绝对是磁石一般的地方,从古至今无数名流大家再次流连驻足,也孕育了出了北京城的深厚文化底蕴。如果不信,你就来历数中国,哪还能有另外一座城市,像北京这样遍布着众多名人故居。〔2〕

上海社科院主办的《社会科学报》发表的赵平之文章《城市精神与理性》,更是站在我国"改革开放"的大背景下,把"城市精神"与中国现代化进程联系起来:"勃始于上世纪70年代的改革开放,使我国社会由自然经济演进到商品经济。这一社会形态的演进,对社会的震动和影响是巨大的、深远的、深刻的,它要在此社会形态基础上构筑一整套与之适应的上层建筑和意识形态。伴随改革开放进程出现的思想解放、观念更新,其价值也正在于此。而城市精神命题的提出,正是这一思想历史进程的产物。城市精神命题提出的深刻性在于:在中国近现代历史的本质进程中,它在思想文化领域树起了一面引领这一进程的大旗,为这一进程盖上了历史的印章,指引着中国社会演进的方向。"〔3〕2002年的《南方周末》也推出了自己的"城市"栏目,2003年这个栏目发表了一篇《纸上的城市》,特别阐述了《南方周末》所需要的"城市精神":

> 《南方周末》的城市观显然并非特别时尚的那一种,如果说更多的媒体愿意把自己打扮成城市中金碧辉煌的商场,那么,《南方周末》在十九年中,慢慢建构起的则是一座开放的广场,广场虽空无一物,

---

〔1〕 肖舞夕:《我们需要真实的城市形象》,《苏州日报·大众论坛》(2009年3月4日)。
〔2〕 颖子:《私藏北京:名流故居里的如云往事》,《青年时讯·双城》(2009年11月6日)。
〔3〕 赵平之:《城市精神与理性》,《社会科学报》(2005年2月24日)。

却可集纳各色人物、百种思想，积淀起一座城市的精神。[1]

面向全国的《南方周末》同样把"城市精神"与中国现代化进程联系起来，"城市精神"被看作是一种言论自由的现代中国精神，城市在这里成了"一座开放的广场"，可以容纳各种思想、言论和人物。但对于大多数报纸而言，"城市精神"不仅与整个中国的现代化进程相关联，而且与特定的城市和其市民密切相关。

那么，每个城市的气质是何样？这些气质又是从哪里来呢？对于更多媒体而言，"城市精神"并不是一个抽象的概念，一个城市的精神气质被认为积淀在历史中的建筑、人物、遗迹和文化之中，媒体的责任在于从这些建筑、遗迹和历史文化中"发现"属于自己城市的"精神气质"，甚至许多报纸联合学者、政府和市民大众，有意识地建构一种"城市精神"，重视已有的物质和非物质的城市文化成果被认为是维护城市精神的重要方面。早在1995年上海曾经发生了一件事情，《文汇读书周报》发表了一位"读者来信"，"来信"对上海市徐汇区的新华书店命运表示担忧，因为在新的城市化改造过程中，徐汇区的这家新华书店多次遭遇搬迁，最终被安排在一个市民不大注意的角落里。这封读者来信对此表示不解和愤慨，来信以"上海市民一分子的呼声"宣称，新华书店搬迁不是某些机构的事，因为它属于全上海市民，它的搬迁会影响着上海形象，关系着"上海市的文化建设和精神文明建设，也关系着上海的面貌"：

我想提出三个问题：

……

---

[1]《纸上的城市》，《南方周末》（2003年4月10日）。

　　第三,由此想到,像这样的事如何使之不再发生,单靠良好的愿望也是不够的,必须要有政策、法规的制约与监督。市民也要有知情权、发言权与监督权,不能让一些部门、机构和单位只顾一己的利益,为所欲为,有损上海市的整体形象。

　　徐汇区新华书店的迁移,似乎只是一个地区性小问题,却关系着上海市的文化建设和精神文明建设,也关系着上海的面貌,不可等闲视之![1]

　　徐汇区新华书店的搬迁在上海引起了社会广泛关注,电视台和其他的报纸也纷纷报道,书店和城市的形象以及城市精神紧密联系在一起。当然,媒体在建构城市精神中发挥了重要作用,反过来,"城市精神"与媒体发展也息息相关。《姑苏晚报》的"人文版"创刊时,就借历史学家易中天的祝福发表了"如下观点":

　　有什么样的城市就有什么样的报纸,这是报纸发展竞争,从粗放开始进入个性化发展的趋势。千篇一律的报纸,已经越来越难以适应读者的要求。《姑苏晚报》从去年开始就已经逐步尝试着增加人文的元素,文化苏州和口述苏州两个副刊栏目的推出,得到了读者的广泛认可。在这个基础上,晚报决定在报纸对吴文化报道的优势下,扩大人文新闻的报道面,在充分挖掘吴文化内涵的同时,注重以吴文化为背景的苏州在文化领域的新生活,也就是通常所说的精神。[2]

　　不同的城市被认为有着不同的精神气质,上海媒介在讨论"上海"时,总突出上海的现代、摩登、多元性和世界性的"精神特质",而临近上海的苏

─────────

〔1〕　钱伯城:《请给书店一席之地》,《文汇读书周报》(1995 年 12 月 16 日)。
〔2〕　《易中天的祝福——写在人文版创刊之际》,《姑苏晚报》(2006 年 8 月 28 日)。

州,则更注重从历史和文化传统中,挖掘属于自己城市的精神气质。

四、新兴媒体的文化参与

互联网的出现是中国改革开放之后,特别是进入 21 世纪之后的一个重大媒介现象。互联网以其传播速度快、互动性强和内容丰富,迅速对报纸、广播和电视等传统媒体产生了强大冲击:"从 20 世纪 90 年代后期到 21世纪最初的几年,互联网凭借其强大的信息传播优势成为大众传播媒介,'第四媒介'的地位得以确立。"[1]"孙志刚事件"、"江西宜黄拆迁事件"等一系列社会事件已经显示了网络在社会生活中的巨大威力,因为这些事件都是首先由网络曝光,进而引起人们的广泛关注,网络上报道的新闻事件深刻影响了政府方方面面的政策。在互联网时代,新浪、搜狐、腾讯等网站都成为家喻户晓的门户网站。

报纸杂志、广播电视、电影以及互联网在不同时期各领风骚,传媒进入了一个多元化的时代。为了争取更多受众,不同媒体之间的竞争也异常激烈,特别是互联网出现之后,报纸、广播和电视等媒体行业受到了巨大冲击,为了应对冲击,报纸、广播和电视等行业也被迫开始转型升级,借鉴互联网技术,而国家也开始考虑和鼓励不同媒体之间的融合:"从 2005 年开始,其他新兴的传播媒介进入到信息传播的领域,最突出的代表就是手机媒体的出现和大规模普及;而随着网络技术由 Web1.0 的人机对话时代进入 Web2.0 的人人对话时代,以及基于三网融合背景下的媒介融合正成为21 世纪第一个十年结束时媒介传播的又一巨大浪潮和趋势。"[2]《电子信息产业调整和振兴计划》、《国际互联网新闻宣传事业发展纲要》、《互联网站从事刊登新闻业务管理暂行规定》等一系列政策和文件出台,鼓励不同媒体进行融合,同时也加强对媒体领域的管理和控制。

---

〔1〕 李良荣:《新闻学概论》,第 95 页,上海:复旦大学出版社,2012 年。
〔2〕 李良荣:《新闻学概论》,第 95 页,上海:复旦大学出版社,2012 年。

在互联网时代,以互联网为代表的传媒面临的问题是如何处理好媒体与政府、媒体与市场,以及媒体与社会大众之间的关系。在 2013 年 11 月 12 日通过的《中共中央关于全面深化改革若干重大问题的决定》中,针对互联网强调:"健全坚持正确舆论导向的机制。健全基础管理、内容管理、行业管理以及网络违法犯罪防范和打击等工作联动机制,健全网络突发事件处置机制,形成正面引导和依法管理相结合的网络舆论工作格局。整合新闻媒体资源,推动传统媒体和新兴媒体融合发展。推动新闻发布制度化。严格新闻工作者职业资格制度,重视新型媒介运用和管理,规范传播秩序。"[1]

在传媒日趋多元化的时代,广播、杂志、电影虽然受到冲击,但依然得到了发展,特别是广播和电影,在分众化的时代依旧赢得了部分受众的喜爱。

上个世纪 90 年代以来,在中国有一个特别新颖的现象,那就是手机在中国的普及,而且从新世纪开始,手机已经不单单限于个人通讯功能,而是被赋予了自媒体的性质,中国社会随之进入了自媒体时代。虽然中国的自媒体时代并没有真正出现"主流媒体"的声音逐渐变弱的现象,但中国特有的自媒体研发和使用仍然使得我们的社会文化发生了很大改观。

一般认为,自媒体有别于由专业媒体机构主导的信息传播,它是由普通大众主导的信息传播活动,由传统的"点到面"的传播,转化为"点到点"的一种新传播模式。同时,它也是指为个体提供信息生产、积累、共享、传播内容兼具私密性和公开性的信息传播方式。

中国的自媒体发展经过了论坛、博客、微博、微信以及新兴的视频网站等几个阶段,这些载体已经远远超越了一般意义上的通讯功能,而成为个人在一定范围内发表见解甚至传载作品的媒体。如果说博客时代还有名人博客和一般人博客之分,其所传载的言论与作品影响力、点击率有明显

---

〔1〕 中国(海南)改革发展研究院编:《中共中央关于全面深化改革若干重大问题的决定》,《全面深化改革若干重大问题》,第 231 页,北京:国家行政学院出版社,2013 年。

差异,那么,在微信时代,特别是微信群的规模限制等等措施实行以后,微信作为自媒体的平民化特征更为明显。自媒体的传播主体来自社会底层,自媒体的传播者因此被定义为"草根阶层"。这些业余的新闻爱好者相对于传统媒体的从业人员来说体现出更强烈的无功利性,他们的参与带有更少的预设立场和偏见,他们对新闻事件的判断往往更客观、公正。在这样的意义上,微信这样的自媒体的出现以至发达,实际上是使新闻传媒的民主文化得到了技术性的落实。

微信 logo

以微信作为典型形态的自媒体,还具有传播迅捷、上载方便的特性。一般来说,微信可以实现对于言论、事件作"现场直播"的技术要求。尽管在实际使用上微信常常用于鸡毛蒜皮的信息传递,那种即时性常常只是为了显现传播主体的生存状态,但有时候它也能弥补主流媒体需要编辑准备和时机发布的缺陷,使得传播的时间距离以及由此产生的信任效应减弱的情形得以消减。

第五十四章
网络文化与网络时代的围观文化

在当代科技迅猛发展的带动下,网络虚拟空间的膨胀已经带领新世纪人类彻底进入网络时代,深刻影响了人们的思维模式与行为方式。数量庞大的网民及由此而诞生的网络围观文化,对各大领域——包括文学界——的传统模式都产生了巨大冲击。网络文学是文学的一分子,但其受围观文化的深刻影响,更是商业文化中的一员。网络文学这一文化现象能否摆脱传统文学的束缚,或反之冲击文学本身,既需时间验证,也需要全新的多元文学理论出炉。

一、网络传媒的文化效应

我国第一份《互联网络发展状况统计报告》[1]发布于 1997 年 10 月,该报告显示当时上网用户数为 62 万,年龄分布于 21—35 岁区间的青年人占78.5%,站点数约 1 500 个;第三十五份《互联网络发展状况统计报告》[2]发布于 2015 年 1 月,该报告显示,"截至 2014 年 12 月,我国网民规模达

---

[1] 《中国互联网络发展状况统计报告(1997 年 10 月》,CNNIC 中国信息网络平台,https://www.cnnic.net.cn。
[2] 《中国互联网络发展状况统计报告(2015 年 1 月)》,CNNIC 中国信息网络平台,https://www.cnnic.net.cn。

6.49 亿","网民以 10—39 岁年龄段为主要群体,比例合计达到 78.1%",
"中国网站数量为 335 万个","中国网页数量为 1 899 亿个"。

短短 18 年时间,网络时代从兴起到发展,意味着网络在全民社会中
的普及与流行,意味着其对人们——尤其对年轻人而言——日常生活的
全方位渗透,意味着人们在私人领域里思维模式、行为方式的深刻改变,
以及在公共领域里参与公共事务的方式的深刻变革。当人们已经习惯性
随时随地地使用计算机、手机等各式数码设备记录自己生活,用它工作、学
习、娱乐,搜索、围观社会各个角落正在发生的事情,快速回馈自己的观点
与态度时,网络这一虚拟的新公共空间已经和社会的实体公共空间并肩
而立。

拥有如此庞大网民数目的中国互联网,亦有另一组资料证明其活跃程
度:据第三十五份《互联网络发展状况统计报告》调查显示,2014 年,中国网
民的人均周上网时长达 26.1 小时,60.0% 的网民对于在互联网上分享行
为持积极态度,10—29 岁的年轻人相对于其他群体更乐于在互联网上分
享,对于网络空间这一"新公共领域",有 43.8% 的网民表示喜欢在互联网
上发表评论,"青少年群体的网络舆论表达意愿更强烈"。以上数据充分表
明,网络世界中网民的参与程度是非常活跃的,"围观文化"由此而来。"在
日新月异的网络环境中,现实世界与网络社会之间的互动日益频繁,网民
通过形式各异的网络管道关注、转发、评论相关事件,进而引起成千上万网
民的关注,使得这一事件迅速成为网络世界的舆论焦点,形成强大的舆论
压力,有的甚至会拓展至现实世界,转化为具体的公共事件,对整个事件的
发展进程造成实质性的影响。网民将此种现象称之为'网络围观'。"[1]严
格意义上来讲,网络围观文化并不是单纯拘于某一领域的特殊现象,而是
以网络为平台、以网民为主体的普遍现象。随着网络技术的发展,网络围
观已经逐渐深入到社会、经济、政治、文化等各个角落,成为引人注目的公

---

[1] 文宏:《从自发到工具——当前网络围观现象的行为逻辑分析》,《公共管理学报》,2013
年第 3 期。

共事件。由网民围观引发的舆论风潮往往会对被围观的对象或事件起到非同小可的刺激作用——或正面的促进，或负面的恶化。由于围观主体的异常活跃性，网络围观通常与现实社会紧密相连，类似于"人肉搜索"之类从网络围观延伸到现实的围观，此类事件层出不穷。正是由于网络围观力量已经成为现实社会中不容忽视、难以控制的影响变量因子，才使得以往对网络虚拟空间活动惯有的忽视态度不得不转变，逐渐从接受到正视，也因此使得各领域传统权威陷入全新的焦虑之中。例如，对网络围观文化的关注，目前特别典型的属于公共管理领域里的政府部门，围观文化造成的舆论声势导致的一系列冲突升级事件成为政府部门解决社会矛盾时的新焦点问题。国家曾多次成立专项社科基金项目研究网络围观在社会问题上的作用与影响，以便从网络围观视角来分析社会各股力量的博弈，寻求解决现实世界中社会矛盾的新思路。

传统文学领域亦受到同样的冲击，网络时代的围观文化一手缔造了庞大的网络文学"帝国"。数量庞大并不断膨胀的网络文学写手，雨后春笋般涌出的网络文学作品，便利快捷的网络平台与移动网络设备吸引的阅读"军团"，造就了一部高人气网络作品的读者数量（或作品浏览量）动辄千万甚至上亿的奇观。和传统文学——尤其是当代传统文学自 1990 年代起逐渐被边缘化的窘境相比照，这一境况是颇具讽刺意味的，也是非常具有启发性的。

二、网络传媒对文学文化的介入

1991 年被公认为最早的海外中文媒体《华夏文摘》上发表了三篇作品：张郎郎的散文《太阳纵队传说》，马奇的小说《奋斗与平等》和诗歌《祝愿——致友人》，被学界称为最早的中文原创网络散文、小说和诗歌。网络小说在读者群体中掀起热潮的则当属 1998 年痞子蔡的《第一次亲密接触》，很多读者第一次接触网络小说即始于此，并成为很多 80 后的青春记忆。2006 年长沙市作协吸收 18 名网络作家成为正式作协成员；2008 年举办第一届"中国网络文学作家风云榜"；2009 年中国作协参与"网络文学十年盘点"活动；同年"网络·网络文学·公共空间"全国学术研讨会在湘西古城凤凰召开；2010 年文学网站与中国作家协会和鲁迅文学院举办网络作家培训班，并获得人民网、新华网等国家主流媒体的专题报道；各大文学网站大量签约传统文化作家（如易中天、余秋雨等）与网络文学知名写手（如烟雨江南、酒徒、安妮宝贝、今何在等）。

至 2010 年左右，网络写作与传统写作正式进入融合期，很多成名的网络写手亦有较之前更多的机会登陆平面媒体，将电子作品转化为纸质印刷图书出版发行，如安妮宝贝等属于典型的从网络写手转型成为传统纸质作家的例子。至此，网络文学已经营造出了一个初具规模的网络阅读环境，吸引越来越多的网民加入阅读大军，作品的点击率与阅读量也随之飙升，网络时代的围观文化便开始了对文学的渗透影响，文学网站的注册用户与付费阅读用户数量激增。

时至今日，除了少数学者认可以网络为传播途径的文学并将其写进新的中国文学史中，大部分传统作家、学者与学术机构只能说是因为其浩大的声势而不得不接受这一新鲜事物，远远谈不到认可这一步。在正统文学界的观念里，犯着各种幼稚病的网络文学不过是因为聚集了超高人气的围观而无法被忽略时才被注意的。虽然网络文学出现过度娱乐化现象，导致文学本身丰富的优秀传统成为"被遗忘的存在"，但这并不能就此证明网络文学是完全异于传统文学的存在，更不能以时间为逻辑关系推导出由于正统权威的学术界对网络文学的接受（并深怀悲天悯人的改造情怀）网络文学才在中国文学界占有一席之地。因为网络文学从一开始就是文学领域里的一分子，不应该因为其身份特殊而受到质疑。

学者们往往会忽略一个事实，即使在以网络为平台的围观现象出现之前，号称文学正统之道的平面印刷品也并不是本本都如《白鹿原》、《平凡的世界》般优秀；同时，大量定位于"青春"的期刊在1990年代已纷纷出现面向青少年征集文学作品。随后《萌芽》举办的新概念作文大赛，更是八九十年代青少年的关注焦点，已经形成了"围观"的习惯，培养了大批的"围观者"。所以后来在网络上80后一代成为网络文学的主力军，与之前在全国范围内兴起的"围观"热潮密切相关，当八十年代的青少年们逐渐成长并且技艺纯熟地在网上冲浪之后，先前已初具规模的围观模式就成功转战网络平台。因为网络快捷、实时性强等特点，围观规模以几何级数倍增并不是一个奇怪的突然的现象。

围观文化从诞生到产生深远影响，积极的传播作用自不用赘述，带来的焦虑亦是不可低估的。大体而言，会对三方造成冲击：

一、网络文学的作者群体，或被单纯定义为在网上写作的群体，也被认为是一群无法获得传统出版机会而优先选择在网络写作的群体。网络作者不仅要为满足赢利最大化而面对读者这一巨大市场的时刻围观，通过不断的高产量（通常日敲五千字）甚至低俗趣味来满足读者的需求，还要面对传统文学的不认可或选择性认可而不断与传统文学对抗与博弈。在后一点上，由于网络公司直属的图书策划出版公司的出现，点击率高的网络文学作品已经有通往纸质出版的出口，这一层面的焦虑会相应缓解。但其在文学界的地位与身份问题，仍是难题。

二、围观读者群体。网络小说通常被诟病为类型化严重，喜欢拼贴各类流行元素吸引读者眼球。对于初读网络小说的读者群体会产生阅读快感，但对于已有过相当网络小说阅读量的读者而言，大多数网络小说沦为流水线生产作业，人物模型与性格、故事情节往往千篇一律，产生读一百本仍像在读同一本,不过是换了人名与场景这样的错觉,从而产生阅读焦虑。读者群体一方面追求阅读时不需要太多脑力思考的休闲愉悦,一方面对此类小说不断产生审美疲劳,不断产生对网络小说的新要求与新标准,这对网络作者来说也是一个新考验。

三、传统文学界群体。自网络文学以迅猛之势发展以来,传统文学界的作家与学者以文学权威的姿势从左顾右盼地旁观,再到以主动招安的姿态试图融入这一平台,本身已经说明了传统文学界的焦虑心态。中国传统文学与网络世界对文学的评判标准是无法完全统一的,这不仅导致双方产生重大的文化分歧,也导致众多无法在平面纸媒上获得刊登机会的写作者,以及在网络平台激烈竞争中难以为继的新媒体纷纷将传统文学权威视作假想敌——以佐证自身存在的合法性。例如2015年3月,一款名为《果仁小说》的APP,宣称"受够了小说的好坏只能由那个文学圈说了算……向陈旧竖中指",以此吸引大批网民前来围观关注,以求继续维持APP的运营。对正在积极寻求多元批评理论来适应网络文学的正统文学学术圈而言,这样的指责恐怕是其所料不及的。

三、网络阅读与网络文学运作

虽然单纯认定"网络文学的走向是由网民读者的兴趣主导"过于绝对,但不可否认的是,网络文学的生产过程确实深受网民喜好的影响,而文学网站对文学创作的主要评审标准则是商业价值——读者是否会为该小说创作买单。仅此两点,网络读者的围观效应对网络创作的影响就非同小可。以盛大旗下的起点中文网为例,该网站属于一个免费的发布平台,网络写手分为公众作者、签约作者、上架作者三大类,而前两类是明确表示没有稿费收入的,仅有的收入是"读者打赏";后一类"上架作者"可获得稿酬,但作品能否上架完全取决于读者的投票数量。这样的评分系统主旨只有一个,即"读者就是上帝"。以读者为完全主导的市场化文学作品生产系统就像一个庞大的生产流水线,所有的文学产品必将经过消费者的筛选才有

"存活"的几率。网络文学的消费者,也就是网络文学的围观者,他们订阅数量的多少直接体现在网络写手稿酬的升降上。与此同时,追文的读者会在作者每次更新后于评论区里提出自己的观感以及对情节走向的期待,作者亦会根据读者的回馈更改自己的写作大纲和人物设定。就这一层面而言,对于每一部网络小说,围观的读者同样也是隐形的作者。

网络文学的尴尬处境就在于,它的发展几乎完全受控于它的传播方式。如果没有数目庞大的网民围观冲高点击率,一部网络小说会面临着立马下架的危险。迎合围观网民的趣味,网络小说的发展态势早已身不由己。游戏性、娱乐至上、休闲读物、厕所读物、"汤姆苏",都是网络文学的典型卷标,网民围观文化氛围下形成的网络文学主要特点就是要"读起来很有趣",其地位更像是看电影时的爆米花与可乐,对感官愉悦的追求,远远超过正统文学追求文本意义所带有的思辨性与阐释的可能性。更不用说现如今为了迎合影视剧,大批量都市情感小说、宫斗小说等已经严重类型化,只等围观网民们产生审美疲劳才作后计,无疑是对网民审美能力的伤害。

从各大文学网站的文学分类来看,基本以"都市言情、玄幻武侠、青春校园、历史军事、科幻悬疑、耽美同人"等为主。对于网文市场而言,一部好的网络小说最重要的是故事情节,而后才会是人物性格,传统文学中最讲究要精雕细琢的文字一项,永远是排在最后一位的。为了达成这样的预先设定,网文网站会提供类似于《网络商业写作新手指南》、《网络文学新人指南》这一类网文写作指导。这样的商业化预先设定提供给了网络写手们高速更新小说章节的可能性,同时,给网络文学带来的诟病也是显而易见的。网络小说通常被认为是"良莠不齐、鱼龙混杂"的,"即使是在运作网络小说的实体出版时,对作品质量的要求稍微高些,编辑们也几乎不干预小说的内容。作者爱怎么写就怎么写,只要市场卖得动就成[1]"。在语言表达方式上,由于网络读者追求冰可乐式的"爽"的阅读体验,绝大多数网络文学

---

[1] 任晓娟:《从文学视角探察网络小说的现状》,《飞天》,2009 年第 4 期。

的写作者惯以奇幻刺激的情节为主打,常常出现不顾人物性格的发展与故事结构的逻辑性而生拼硬凑,不仅造成穿越剧、玛丽苏、霸道总裁文一类的作品泛滥,同样造成网络文学语言简单直白、缺乏艺术审美的弊病,平庸化、商业化的趋势风头日渐强劲。

"榕树下"文学网站创建于 1997 年,是国内最早也最负盛名的纯文学网站,凝聚了慕容雪村、安妮宝贝等众多知名作家,毫不勉强地说,如果网络文学确实吸引了传统文学界的注意,亦当是从"榕树下"现象开始的。在1990 年代网络文学还尚未达到当今如此娱乐化程度之前,大批网络文学爱好者的作品是有着浓厚的艺术气息的,和《萌芽》杂志举办的"新概念作文大赛"一样,"榕树下"多次举办网络文学比赛,并吸引很多专业作家与学者前来担任评委,在一这层面上,网络文学的初期是有着向正统文学靠拢的姿态的。但是自从 2009 年"榕树下"被主打商业文化的盛大控股之后,更加注重文化市场的推广,致力于将网络文学作品包装成一个个五光十色的文化产品来展销。如盛大这样占据网络文学市场大半份额的文化企业,通常也拥有实体的图书策划出版公司,使得越来越多的网络文学创作屈服于该文化生产线的市场威力。网络文学的商业化,既出自于网络围观的威力,也进一步形成"倒逼效应",对网络围观起到推波助澜的作用。这些因素的汇合,对网络文学的发展态势起着决定性作用。

网络文学的全新运作方式,带给传统文学的冲击是巨大的。欧阳友权教授认为,网络出现加速形成"三分天下"的文学格局:一是以文学期刊为主阵地的传统文学,二是以出版营销为依托的图书市场文学,第三便是由互联网媒体引发的网络文学或者叫做新媒体文学。网络文学在艺术场、艺术链、艺术媒介、知识谱系、艺术消费等方面，带来了整个文艺学表征域的转型[1]。但是，我们不能简单地认为网络围观现象对文学发展造成的影响是史无前例的，哪怕是往前推100年，在中国现当代文学史里——没有网络这一平台出现时——"围观"这一动作对文学造成的影响也是巨大的。上世纪七八十年代的各种"内部读物"或"地下文学"，和"革命文学"一样，同样赚取了人们的围观心态，使之趋之若鹜。如果说围观这一动作在不同的媒介平台上有所不同，网络时代的围观优势在于读者的规模与回馈上，网络无疑具有无比巨大的优势，只要稍作舆论引导，网民的围观便会蜂拥而至。

围观对文学的影响，除了生产系统的变更，也显现在对文本的后续开发上。以前印刷品的平面文学传播方式，将文本的交流只局限于读者与文本之间，1960年代有"读者来信"这种传统，可以被看作是围观的前师，但实际上很多读者来信也并非是真正的读者来信，而是作者群体内部或者政治集团内部的信息回馈和风向导航。因此，在这一层面上讲，文学的流通是单向的，平面的，孤立的。自从有了网络之后，这种情况就大为改观。首先文本不再只是作为孤体存在，它的末端形式也不再只是一本印刷品而已，一部文本成为电视剧、电影的剧本，在影视传媒中广泛流传——例如顾漫的《何以笙箫默》、饶雪漫的《左耳》，网络小说已经成为影视改编的生力军。以目前的趋势，这一热度只增不减：一部分文本被制作成计算机游戏、手游，或者动漫——例如萧鼎的《诛仙》、我吃西红柿的《星辰变》，在游戏爱好者中流传。除此之外，一部被广泛围观的好文本有更大的机会做周边产品，比如手办、抱枕、海报等。在各类传播方式的汇合下，这一文本是多向的、立体的、交互的，全方位融入到读者的生活中去，这种"轰炸"模式带来的传播收益是传统文学难以望其项背的。

网络文学立体式传播的膨胀速度带给网络文学一种奇怪的胜利感。

---

〔1〕 欧阳友权、禹建湘整理：《"网络・网络文学・公共空间"全国学术研讨会综述》，《文学评论》，2009年第5期。

不管是影视媒介还是网络平台,常常会看见这些媒体联合起来打造新的产品,轰炸式广告推介,用网络词汇来讲,就是"刷屏",从而吸引更多的网民围观,拼出高人气。但是,很少有人将获得高收视率或拥有高人气游戏玩家的成功与网络文学分割开来,在网民的眼里,它们通常是一体的。影视与游戏的胜利,则是网络文学的胜利,在各大视频网站不断飙升的播放次数成为网络文学胜利的徽章。大多网友在争辩网络文学的地位之时,会情不自禁地要用网络小说转型影视后的收视率来作证,甚至传统文学与网络文学相争时,传统文学阵营的学者面对网文的惊人点击率也是震惊与哑然的。

但是,认为文学作品被搬上荧屏是对其终极认定与褒奖,这种观点是很偏颇的。文学界,或者说传统文学界,对作品的价值判断是来自于文本的文学性与艺术性,是来自于其对生命终极意义的追问与对社会责任的担当,是来自作者在小说文本中蕴藏的宇宙的无限可能性,而无需任何跨领域的佐证。很难想象一部如同《百年孤独》这样的世界文学名著在当今的网络围观环境下获得数以亿次的点击率和浏览量,但是这丝毫不能动摇其作为世界经典名著的地位;以此反证,任何一部网络小说如果失去高票的点击率和浏览量,其留存于世的概率会无限地逼近于零,更不用奢望"流芳百世"这样常用于经典文学作品身上的赞誉之词。这一认知上的差异,使得传统文学界在积极寻求网络文学中优秀作品的行动中,无法与数量庞大的网民达成共识。而无法达成共识的后果已初步呈现——网络文学的发展越来越向影视剧本方向靠拢,脱离文学本身的意义,使更多有潜质的网络写手由一个可能的优秀作家转化为一个可能的优秀编剧。这就已经不是一个单纯的文学命题,如果按照这样的发展轨迹走下去,网络文学就可能从现在的文学领域里的亚文化状况转变为影视界或娱乐界的新主流,网络文学离"一个时代的(文学)经典位列殿堂"之路越行越远。

在网络文学深受围观文化影响进而使得商业化生产模式不断壮大的同时,网络文学盼望传统文学"招安"的愿望却日益明显。2015 年 3 月 10 日,新浪微博、天涯论坛、搜狐小区、网易论坛、百度贴吧等几大主流网络媒体平台同时发布一篇名为《我因网络文学而被文化歧视的 16 年》的帖子,各平台的发帖人 ID 各异,且各大网站并未标明"转载"二字,使得这篇号称"网文版'穹顶之下'"的漫画帖更像是网络文学对正统文学的合谋声讨。在该帖中,网络文学的读者声称受到了"文化歧视",因为网络小说被父母认为是"乱七八糟的东西",因为传统观念里"书,是传统出版纸质书",因为在别人眼里"看网络文学就是 LOW 到没逼格",而作者力证网络小说的价值却是出于"深深烙印的是《鬼吹灯》要被电影改编,还是杜琪峰监制的震撼"的影视作品。指责网络文学受到了"不公平待遇",列出的条条"罪状"却清楚表明了网络文学遭遇的尴尬处境。有趣的是,作者也承认"也许还无法论及文学艺术造诣"。该漫画帖的末尾号召大家为网络文学发声的理由是:"能得到千百万粉丝认同的优秀网络文学作品,哪一部不是三观正,正能量,还符合主流社会价值观? 这些网络文学传递的故事和传递的精神,与经典名著并无二致。"这一辩白更像是期待主流文学招安的姿态。

传统文学权威陷于争议漩涡的中心,纷争的中心无外乎绕着"(打倒)权威",或"谁才是经典"这样的话题。何为经典? 要清楚地看到,传统文学界与网络文学界的判断标准是不一样的,用各自的标准去衡量对方是否达标,是永远也无法调解矛盾的。

对传统文学界而言,经典是"这样一些书,它们对读过并喜爱它们的人构成一种宝贵的经验","一本每次重读都像初读那样带来发现的书","一本即使我们初读也好像是在重温的书","它们带着先前解释的气息走向我们,背后拖着它们经过文化或多种文化(或只是多种语言和风俗)时留下的足迹","一部经典作品的特别之处,也许仅仅是我们从一部在文化延续中有自己的位置的、不管是古代还是现代的作品那里所感到的某种共鸣"[1]。"小说的精神是持续性的精神:每一部作品都是对前面的作品的回答,每个作品都包含着小说以往的全部经验。"[2]一言以蔽之,文学是一

---

〔1〕 [意]伊塔洛·卡尔维诺:《为什么读经典》,黄灿然、李桂蜜译,第 2—7 页,南京:译林出版社,2006 年。
〔2〕 [捷]米兰·昆德拉:《小说的艺术》,孟湄译,第 18 页,北京:生活·读书·新知三联书店,1995 年。

本时间的书。它要呈现的不仅是世界的意义,更有作品自身蕴藏的力量,它的存在不能只是昙花一现,更该是一个经过时间洗炼与沉淀的容器,承继着过去的文化传统,记载着今日的文化创造,彰显着未来的文化新声。

而在网络文学里,是否为经典的标准却可以称得上是简单直接——点击率。点击率即意味着阅读量,在快餐式阅读环境下,阅读量几乎可以等同于读者数目——这种传播奇观与网络围观的从众心理是不可分割的。

因此,人们常常产生疑惑,为何拥有如此庞大读者群的作品不能称之为经典?那些已经被称为经典的传统文学作品又有多少读者?要想回答这样的质疑,只能承认是因为由围观文化催产而生的网络文学与千年陈酿的传统文学相较,确实是同中有殊的。在承认网络文学是文学中的新生一员的同时,更需要强调的是:网络文学的商业文化特质、诱人的商业赢利与淳厚的文学传统在目前的发展模式里显然是无法鱼与熊掌兼得的。

网络文学一直存在"身份焦虑",这份焦虑来自于他们心心念念的"权威"——传统文学圈的作家与学者们——对网络文学的定位。挟裹着网络文学一路呼啸穿行的商业文化市场,决定了网络文学本身是无法用与传统文学完全相同的衡量标准来评判的,它本身是文化生产中的一环,处于并始终处于商业化文化产业体系之中,它的本质属性便是商品。学者陈晓明在接受记者采访时曾说过:"80 年"的文学"首先是一种文化现象,随后又是一种市场商业行为,留给文学史的意义并不多,也就是说他们并没有给这个时代的文学完成自我突破做出多少艺术上的贡献"[1]。更有人认为网络文学就是"粉丝"文学[2],并认为其"值得正视和研究,但大部分是没有什么文学史意义的,可能也不需要一定要给予文学史意义"。

当学术批评家与网络文学自身都能坦然面对网络文学既是文学成员又是文化商业体系中一员的双重身份时,才有可能真正地探索出最合适于网络文学的发展之道。网络形成的围观文化,是塑造网络文学特质的决定

---

〔1〕 刘功虎:《文学评论家陈晓明:韩寒郭敬明的文学史意义不多》,中国新闻网 2014 年 8 月 5 日。

〔2〕 刘敏:《"粉丝"文学》,《长江日报》(2014 年 8 月 5 日)。

性因素之一,网民读者的审美趋势与网络文学的审美态度是一个互生互长的过程,如何从这一过程中挖掘出更多文学可能性,使网络文学更具开放性,将会赋予文学发展更多的活力。传统文学界的学者们主动寻求适合网络文学的批评理论与途径,也是对文学新成员的积极接纳之态。只不过对于有着千年传统的文学而言,仅有十余载发展历史的网络文学太稚嫩了,而围观文化的流动性带来更多的变量因子,任何于现在做出的判断都为时尚早,对一个新生事物而言需要更多的时间去观察与探索。

四、设计文化的多元接驳

1992 年邓小平南方谈话之后,中国经济迎来了高速发展的新的历史时期,强劲的经济引擎带动了中国设计产业的快速发展。上一阶段耕耘积累的基础终于在这一阶段结出了累累硕果,中国的各个设计领域均有不俗的表现,设计文化空前繁荣,可以将其特征概括为多元风格和互动发展两个方面。

中国设计文化多元风格特征的显现。首先,是因为到了这个时期,西方现代设计的各种艺术运动与设计风格已经传播至中国并被接受;其次,西方现代设计的精细分工也渐渐影响到中国设计产业的发展,使得中国设计公司的专业化程度大幅度提高;再次,科学技术尤其是信息技术、材料技术的迅速进步,直接促进了中国设计产业的加快发展。在工业设计领域,出现了突显产品技术特性的"高技派"风格,还有以"人机工学"为设计思路的工业产品。从"中国制造"到"中国创造",中国的工业产品不仅以其价廉物美享誉世界,更因为其设计的多元风格而受到市场的欢迎。例如,和浙江得力集团保持长期战略合作的上海新博路工业设计有限公司张展所设计的卷笔刀,创造了单品销售 70 万件的纪录,成为全球之冠。在建筑设计领域,中国建筑设计师的创作水准丝毫不逊于国际先进水平,他们的设计既结合中国国情,又与国际接轨,同样体现了这一时期中国设计文化所具有的多元风格特征。例如,1999 年建成的由建筑师马国馨主持设计的北京机场 3 号航站楼,其屋盖的钢管结构、站内登机牌办理处等设施以及点式连接的玻璃栏杆等,无论是流线组织、结构的运用,还是在细部构造的精到表达上,已经看不出与国外优秀建筑师的技术差距了。在这座洋溢着典雅型技术美的建筑中,人们可以感受到一种自然天成、从容不迫的风度,这恰是中西方设计文化对撞所幻化出的多元美学的体现,是一种西方技术与中国文化相融合的典范设计。此外,平面设计、视觉设计、服饰设计等领域均朝向多元风格迈进,这本身即是符合世界设计潮流的趋向。因为随着人们欣赏水平的提高,人们已经不再满足于单一的、缺少创意的设计,多元风格的设计文化适应了人们对于设计产品的多样化需求,并且适应了日益强烈的功能化和差异化的需求。

中国设计文化的互动发展特征,其一是指随着开放程度的提高,中国设计界与周边地区和外国设计界的互动影响越来越明显;其二指在新观念与新制度的背景下,在全球化、市场化的趋势下,中国设计界融入世界、相互协作而生的新兴设计文化,如人性化设计、人文特色设计、民族风格设计、个性化设计、绿色设计、低碳设计等新设计理念。中外设计文化互动发展的特征,最突出的一个设计现象就是"中华文化元素"广泛进入世界设计领域,世界设计文化中的"中国味道"愈加明显。例如,中国的"青花瓷"等文化元素,很早就被国际一线名牌服装设计所运用;"熊猫"和"花木兰"的动漫形象设计因好莱坞影片《功夫熊猫》和《花木兰》而风靡全球;"太极"、"篆刻"、"中国结"、"祥云"、"五行福娃"、"岁寒三友"、"孙悟空"等一系列中国文化符号随着中国设计的发展走向世界,并被世界设计界所接受、认可、采用。中外设计文化的互动发展特征,表明中国的设计文化历来都不是封闭保守的,而是可以被其他民族认同并喜爱的,甚至是可以影响世界设计文化的重要力量。例如,中国设计师杨明洁为"绝对伏特加"设计的双瓶包装,获得了全球最著名的工业设计大奖"IF"奖。他还不间断地推出"环保产品设计计划",将废弃物重新设计,重新发现价值,再度诠释了中国传统文化"天人合一"的设计思想。设计师王杨为施华洛世奇所作的"水晶魔方"设计大获成功;同时由她设计的一系列"新中国元素"风格的产品同样风行市场。侯正光于 2005 年创办的木马家具设计和行业咨询机构,不仅与世界顶级设计团队以及世界知名设计学院保持密切的合作关系,而且一直致力于促成国际设计资源与中国制造商之间的结合,其麾下签约的设计师多次举办从规模到水准都处于领先地位的原创家具设计展,其中设计师吕永中设计的系列产品因独具中国文化风味而受到特别关注。

多元风格与互动发展铸就了中国设计事业的繁荣,体现了中国设计文化生生不息的持续创新活力,象征着中华民族所拥有的卓越设计智慧。随着"神州号"翱翔天空、"蛟龙号"潜腾大海,由"中国制造"走向"中国创造"的中国设计产业,必将取得更大的成就;随着"一带一路"建议的实施和中华民族伟大复兴目标的确立,中国设计文化必将迎来昌盛的明天。

中国结

第五十五章
多元文化格局中的文学文化

1990 年代以后,中国文学的整个格局运作方式、内部结构都发生了很大变化。20 多年来,呈现在当代文学史上的文学作品样态,体现在当代文化史上的文学运作模态,浮现在当代读者和观众眼中的文学艺术形态,总的来说,就是出现在当代社会景观中的文学文化姿态,与以前已经完全不一样了。自从新一轮改革开放重新启动,市场经济的建设在中国全面展开,文学已由一种意识形态和艺术形态转化为文化形态。

一、文学的文化读解成为时代趋势

历史将会记住"九二之春",时间锁定在 1992 年 1 月 18 日至 2 月 21 日之间,一个不平凡的政治老人到祖国南部各地发表了一系列讲话[1],在国内外政治形势复杂,经济形势也相当严峻的关头,重申了坚定不移地坚持改革开放大方向的大政方针,批判了党内以反对和平演变为中心的一些糊涂认识,表明了以经济建设为中心的价值立场,并对遇到什么事情就问"姓社姓资"的现象进行了严厉批判。此举有力地阻遏了"左倾"思想抬头迹

---

[1] 当时曾郑重其事地概括为"南巡讲话",但宣传部门似乎不愿意如此庄重地称呼这一事件,低调处理为"南方谈话"。这四个字如何演化的,乃是一个学术课题,不过背后掩藏着的舆论调整却非学术问题所能涵盖。

象。这一重大历史事件既捍卫了党的改革开放成果及相关路线,又开启了进一步深化改革、进一步扩大开放的新时代航程。这是一个伟大的历史转折点,也是当代文化进入多元发展时代的历史契机。

贾平凹的长篇小说《废都》作为文学文化这一多元发展时代的重要标志,该作品的运作和命运值得赋予足够的历史关注与学术关注。有评论家事后这样评价这部作品:"《废都》的销量如此之大,影响如此之广,引发的争论如此之剧,这可能是上个世纪末最大的文学事件。"[1]此一判断如果不是夸张,则表明进入上个世纪末的其他文学文化现象都显得乏善可陈。也许,这不是一个适合于奢言文学的时代,这是一个将文学从社会关注的焦点挪移到一般文化的边缘或是个人生活的暗昧之处的特殊时代。这个时代,文学不仅确实失去了"轰动效应",而且对失去"轰动效应"的表达惊异和不平也显得有些夸张。

正是在这样的时代开端,贾平凹的《废都》安然走进了历史的庭院。它就像一个不速之客闯进了本来就寂寞得有些风声鹤唳的文坛,而且这个不速之客还似乎赤裸着有些性感的身子。于是,以那时文坛为核心的整个文化界对这个作品产生了剧烈的反应。不过这反应不再是像历史上曾有过的那样,一味地批判声讨,而是呈现出难得的多元化的文化反应。这种反应的多元化,在贾平凹自己的表述中便很清楚:《废都》"它带给我个人的灾难是最多的,也因为它,扩大了我的读者群。比起畅销书作家,我更希望成为长销书作家,喜欢我作品的人说好得不得了,不喜欢的人骂得一塌糊涂"[2]。

这部小说应该是贾平凹本人,也是当代小说界和文学界试图脱离意识

---

〔1〕　陈晓明:《本土、文化与阉割美学——评从〈废都〉到〈秦腔〉的贾平凹》,《当代作家评论》,2006 年第 3 期。

〔2〕　刘玮、贾平凹:《贾平凹:〈废都〉带给我灾难和读者》,《新京报》(2008 年 12 月 12 日)。

形态的缠绕、束缚,把小说写得真正像"小说"的大胆尝试的成果。从新文学诞生以来,我们的小说一直被赋予表现和承载意识形态的意义,即便是早期的"为人生"的创作,也仍然要有这一类承担,这样的承担赢得了历史的充分认可以及后人的跨时代敬意,由此形成了一个巨大的传统,形成了一定文化的定势。1980 年代末到 1990 年代初,时代环境和政治气氛的转换造成了一定的文化空间,让文学家有可能疏离于表现某种意识形态甚至是承受人生道义,让自己的创作进入有些纯粹的小说写作活动之中。贾平凹这样做了,贡献出了那个注定不可能美轮美奂的《废都》。这部小说刻画了文人庄之蝶与一群女人的情性交往,穿插着文化界与商界、官场之间的苟且交接,在一种颓放、庸碌、慵懒的气氛中展现了当代都市生活的细腻与繁杂,在将人情还给故事,将复杂的人物关系还给小说方面,确实回归了纯粹小说的写作道路。如果这样的创作得到鼓励,则当代文坛会兴起某种值得珍视的小说文化:疏离了时代,疏离了教化与批判,疏离了意识形态的纯然的市井情趣展露。也正是在这样的历史语境和文化可能性中,王蒙敏锐地勘破了王朔的小说文化和文学深心:"躲避崇高!"将一切启蒙、教化,当然包括意识形态搁置一边,让文学写作者带着他的所有作品回到市井,这市井不仅仅是作为作品展现的场景,更重要的是作为作家活动的地缘,作家心态的寄寓之地。王蒙敏锐地意识到这不仅仅是王朔一个人的行藏与倾向,更是他说话的那个时代,也便是《废都》出笼的这个时代的"非常当代的现象":"承认不承认,高兴不高兴,出镜不出镜,表态不表态,这已经是文学,是前所未有的文学选择,是前所未有的文学现象与作家类属,谁也无法视而不见。不知道这是不是与西方的什么'派'什么'一代'有关,但我宁愿意认为这是非常中国非常当代的现象。"[1]

王蒙不愧是文坛盟主,他敏锐地觉察到那个时代"非常中国非常当代"的小说文化,虽然他没有彻底说破,但他清晰地意识到了,那个时代的小说文化便是对于纯粹小说倾向的善睐甚至向往。小说可以在超越时空的市

---

〔1〕 王蒙:《躲避崇高》,《读书》,1993 年第 1 期。

井生活中自由地穿梭,可以管更可以不管它的时代背景或地域背景,就像《红楼梦》有意打乱明朝与清朝的时代界限,有意混淆金陵与北京的地域分别一样;小说可以沉寂在街谈巷议的事件和故事之中,可以无论所叙说的内容是否具有意识形态或启蒙教化的意义,就像《金瓶梅》那样,连一般小说免不了的惩恶扬善之类的精神表达都显得没精打采,缺乏兴致;小说可以在趣味中展示性情、心灵、欲望或者就是性,可以进行道德的包装,也可以不作任何情绪的美化,就像《恰泰莱夫人的情人》等作品所显示的那样。这时候小说就是小说,至少这样的小说也是小说。在那个时代的有限空间,这样的文学探索最有可能,虽然并不见得最为安全。贾平凹超越了王朔,他的《废都》是那个短暂的政治时代罅隙中体现着"非常中国非常当代",甚至在小说文化方面最中国最当代的气宇与素质。

许多人包括一些杰出的批评家,即便是在十几年后《废都》解禁的时候,也并不能了解这种小说文化的时代诉求,因而对这部小说的分析非常皮毛:说是这部作品抓住了那个时代的"历史情绪",生动地描画了那个时代知识分子的心态,甚至是通过文人性情的描写深奥地展现了儒道交织的深厚文化底蕴等等。望文生义的解析,故作深刻的浅显,很可能迎合作家的某种掩饰心理,但却暌违了那一番"非常中国非常当代"的小说文化和文学文化心志。又说这个作品有意模仿了《红楼梦》、《金瓶梅》等中国传统小说,同时又借助于某种审美正义的理论鼓励向劳伦斯的小说、纳博科夫的小说甚至米兰昆德拉的小说方向发动了中国式的冲刺。这些都是无须深察的联想,都是显而易见的联系,这样的观察以及相应的议论同样缺乏深度而且缺少深化的理论可能性,这种理论可能性的缺乏造成了这样的学术事实:尽管研究和评论《废都》的文章夸张一些说可谓汗牛充栋,但对此作展开的任何比较文学研究或古今对比研究都流于浅显和俗常。这样的研究除了故弄玄虚而外,无法还原这样的一个其实非常简单的文化事实:《废都》与这些醒目的中外作品的联系并不是那些刺眼的描写和生硬的仿拟,如此处删去多少字云云,而是在小说文化定位上的一种契合,一种趋近,作者就是想把小说还原为小说,他就是想要通过自己的写作实践体尝古代小说家和外国小说家意识之间对于小说的那种玩味的意趣。尽管,可以从比较文化的角度分析出,贾平凹通过庄之蝶与几个女性的关系所表现的中国式的男权理念,与《恰泰莱夫人的情人》、《洛丽塔》、《生命中不能忍受之轻》所表现的西方男性话语之间存在着某种本质的差异性,尤其是在对女性的态度上。庄之蝶毕竟是 20 世纪"废都"中的西门大官人与怡红公子的混合体。

于是,《废都》的"意义"就在于在小说文化和文学文化意义上典型地、彻底地体现了"非常中国非常当代"的品味与精神,或者对于某些创作者和评论家来说甚至是奥秘与三昧。这种"意义"需要将《废都》当作纯粹的小说来对待,从"小说"应有的姿态、形态和状态去进行外在的把握,进行文化的把握,进行非文学的把握。当时以及后来所有关于《废都》的指责与批判都不可能抵达这样一种文化把握的境界。有人从"文学性"的深奥处审视这个作品,发现"《废都》并不是一部多么差的文学作品",认定它"与那段历史紧紧地粘附在一起",而且这才是他的全部"意义",正好误解了小说的真正"意义"。

但即便是带着这样的误解与歧见,包括从非常简单粗暴的意义上被北京市新闻出版局图书出版管理处根据国家新闻出版署的意见,将其定义为"格调低下,夹杂色情描写"并予以查禁[1],对于这部作品的批评仍然出现了走向多元文化时代的某种态势与迹象。相当长一段时间内,赞赏《废都》的评论固然难以公开披露,批判这个作品的文章也同样不获刊载的机会。管理者学会了冷藏争议,在客观的文化效应上未尝不可以视为是一种对于难以容忍作品的某种容忍。

很少人从文学的角度去评论和言说《废都》之类的作品,即便是再悖时的批评家也不会对庄之蝶的典型性,他与木兰等女性人物之间关系的真实性,还有他们性格刻画的成功性以及他们在"废都"中生活环境的诗性与否等等提出质疑与论辩。人们可以从中发现儒、道哲学的当代演绎,或者从

---

〔1〕《老编辑披露〈废都〉遭禁内幕:一夜间天堂变地狱》,《青年周末》(2009 年 8 月 7 日)。

中体谅作者在特定时代的情绪苦闷与心灵激愤的曲意呈现,即那是一个偏偏就是让人们忘了小说、忘了文学,不再耐心或忍心从文学和美学上加以计较的时代,是一个文学有条件而且也相当必然性地选择文化的时代。当人们完全忽略了对《废都》这样的作品作文学性的分析和批评的时候,所有人哪怕是对贾平凹和这部小说怀有真诚和敬意的人都已无可挽回地偏离了作者想要调谐并抵达的那个文学和小说的频道。在他所有的小说中,这是贾平凹满心满意想要写成小说,写成文学的作品,这小说的理想状态就是拒绝附加在小说文体和故事、人物及其关系上的任何外在的思想情绪,就是市井生活的琐碎与庸凡,就是庸凡生活中的故事与传奇,就是传奇格局中的茶余饭后,街谈巷议,鸡毛蒜皮。

这是一个令人难堪的悖论:追寻文学化之路和纯小说之效的《废都》偏偏让哪怕是爱之切者都理解为是一种文化的文本,而且还非常"大度"地原谅了它作为文学的缺陷,认为"并不是一部多么差的文学作品"。那个时代确实有拼命背离文学、疏离小说的小说作品,并且形成了一种风气,这种风气被王干别出心裁地称之为"枪毙小说"现象[1],然而这不应包括贾平凹,尤其不能指涉《废都》。贾平凹在某种痛苦甚至绝望的文学之路上踽踽前行的时候,他还是想用自己的方法为文学,为小说探索一条可以回家的路,尽管那个家依然幽暗、压抑甚至淫乱。

但这似乎又是《废都》必须付出的代价:被人们误解、误读、误批,而且毫无还手之能,因为所有的误解、误读和误批都有成片成立着的道理。小说文化和文学文化的视角,包括哲学的、宗教的、心理的、社会的视角,都外在地救赎了作家以及作品过分依恋于小说文体原型的"原罪",并且帮作者赢回了许多读者的同情,当然其中起作用的也有皇帝新衣式的效应。文化的解读可以赦免有关文学的一切粗糙和粗暴,使得小说在一种莫名其妙却大有深意的反讽中获得某种意义的提升甚至是超越。

在这样的意义上,贾平凹拥有着那个时代的孤独,甚至只有他的《废

---

[1]　王干:《枪毙小说——鲁羊存在的可能》,《钟山》,1993 年第 4 期。

都》独自承受着这样的孤独,因为即便是贾平凹后来的作品,如被他强行列为自己三部曲中的《秦腔》,其实都缴械了小说的主要装备,而心甘情愿地行走在文化的轨道上。他同时代的朋友都不可能因为这种过于固执和过于单纯的小说坚守和文学情怀而遭致同样强度和烈度的误解、误读与误批,例如差不多前后出版《白鹿原》的陈忠实,出版《酒国》与《丰乳肥臀》的莫言,后两位的意义承当甚为明显,文化韵味的追索溢于言表,而且对小说文体和小说构思的创新型设计充满着文化的深心甚至社会学、心理学意义上的精心。他们与贾平凹不同,非常适合也非常需要时代文学的文化读解。

二、文学文化时代的多元背景

无论是读者还是作者,无论是社会还是文学界,人们已经比以往任何时候更习惯于将文学当作多元文化中的一员,而且不是特殊的一员:人们已经习惯于不去太多地计较文学家的创作所体现的文学素质,更不用说文学之外的思想素质和人生救赎的功能,便是连文学创作的一般文学性,如刻画了什么形象,表达了怎样的审美理想,如何进行了文学开拓等等,都不再去详加推究,倍加关注。与这些文学因素相比较,人们可能更多地关注创作背后的文化运作情形,包括媒体和出版人在其中如何进行宣传推动,网络媒体等等如何提高对作品的点击率等等,其实也包括文学的阅读行为。温儒敏之所以倡导以"文学生活"来取代或者丰富一般的文学阅读,实际上就是考虑到了这样一种现实:文学的行为已经更多地体现为一种文化行为:"从'文学生活'的调查研究入手,把作品的生产、传播,特别是把普通读者的反应纳入研究范围,让文学研究更完整、全面,也更有活力。这样的研究做好了,可以为文化政策的实施提供参照,又为学科建设拓展了新生面。"[1]这样的现象表明,当代文学更多地显现为文化素质而不是文学素质。

---

[1] 鲁大智:《"文学生活"将成为文学研究新的生长点》,《中华读书报》(2015 年 11 月 4 日)。

从文学接受、文学影响这一环节而言,学术界不再像以前那样简单地关注文学阅读,而是多角度、全方位地关注立体的、鲜活的"文学生活";即便对于文学家个体,也不再满足于关注他们的创作情形和创作过程,而更多地关注于他们的"文学存在":"所谓文学存在,是指这样一种对象的历史性和现实性的肯定:他属于文学行为的独特主体,经常同时也是文学创作的突出主体,不过这一文学主体早已超越文学作品甚至文学写作,他成为一种无法绕过的社会现象,也就是说,作为一个综合性的社会存在,为文学内外的世界所关注、所讨论,由此甚至延展为一种有价值的文化现象。"[1]关注文学的文化品性和文化素质,而不再以文学作品的艺术性、审美性等等要求文学,恰好是当代文化走向多元,并且社会和读书界能够以大文化的心态包容这种多元性的结果。

文学已经到了文化的时代,应该说我们现在所处的时代是文学的现象最适合进行文化研究的时候。1980 年代中期中国土地上兴起了文化热,从学理上养成了把文学视为文化形态的习惯。这样的认知习惯、欣赏习惯和评论习惯使得人们对文学作品的把握首先从文化价值和文化意义切入,任何产生卓越影响的作品其实首先都不是因为它文学水平高、审美价值高,而是因为它承载了某种文化的意义,或焕发出某种文化的力量。这样的一种习惯及其所形成的文化趣尚,纵容、鼓励了王朔式的"痞子文学"和王小波式的狂想小说。人们再也想不到从文学性和审美性的角度审视作品,似乎只要有了文化的内涵,文化的分量,无论是在建构意义上还是在解构意义上,就可以承认它的影响力,就可以论定它的地位。

这种只看文化不计文学的接受与批评形态,反映了特定历史时期中国文化充满突破欲望的时代风尚。王朔的作品以他特有的痞类痞型,痞腔痞调,从文化上彻底颠覆了沿用几十年的革命话语,以"一点正经没有"的样态打碎了"假正经"的人生和"革命"气十足的社会话语和"文革"话语,这在那个时代无疑建立了伟大批判的功绩,这样的文化功绩可以让人们忘却了

---

〔1〕 朱寿桐:《论王蒙的文学存在》,第 2 页,南京:南京大学出版社,2015 年。

他的小说应该提供和应该建构的小说意味,于是,他的作品可以非常轻松地进入电影的摄制,因为他的小说文体感本来就不强。贾平凹《废都》这样的小说则由于文体感太强,就不容易拍成电影。小说文体感太强,也就是文学意味太浓的作品,都不容易进行其他文体乃至载体的转换,包括电影。为了文化的呈现,为了文化批判,王朔仅仅贡献出了类似于小说的东西,最后呈现出来的是小说的书本还是电影的胶片,其实他并不在乎。王小波的小说创作如《黄金时代》《白银时代》《青铜时代》等,也都是对"革命"话语实施了成功的颠覆,不过他比王朔走得更远,王朔躲避崇高,他却在挑战神圣,他以性话语,流里流气、流腔流调地挑战包括"文革"时期在内的革命时代一切显得神圣的价值观。他甚至想将这种亵渎式的构思用于古代人物身上,由此他开创了那个时代既有所忌惮又无可奈何的渎圣文化。

这个时代不仅容忍王朔那种躲避崇高的文化,也一定程度上隐忍了王小波式的亵渎神圣的文化,而对于以下在文化倾向上并不显示冲击力和颠覆力的文化态度,反而并不加以鼓励,如对于贾平凹《废都》所表明的文化态度:躲避了本该躲避的对象,亵渎了本该亵渎的东西;再如对于王蒙那时候的创作所显示的文化态度:陌生地审视自己所坚守的崇高,幽默地调侃自己永不会放弃的神圣。这样的文化态势预示着我们的中国将审慎地走向文化价值多元的局面,将以越来越宽阔的胸襟走入多元发展的文化季节。

中国文化的多元化取向是重新改革开放以后与经济建设为中心的社会发展方向相一致的价值理念的体现,是与市场经济建设与健全的历史运作相吻合的一种文化势态,一定意义上来说也是政治改革受挫以后的一种社会补偿机制作用的结果。

曾几何时,改革开放在政治领域和经济领域同时启动,那一番气势让整个社会振奋,让人民看到了无穷的希望。但政治改革的步伐与激进的社会心理之间所造成的落差,酿成了一系列政治风波,逼使政治改革进一步放缓,作为这种政治改革放缓的社会补偿甚至是价值替代,文化多元便得到了新时代的鼓励。

　　国际形势的影响也是文化多元开放的重要条件。一方面,苏联的解体,东欧的剧变,使得中国必须选择进一步改革开放的道路,政治改革的压力进一步增大,须通过文化多元局面的鼓励加以缓释。另一方面,以美国为中心的资本主义市场实践的强势影响,构成了中国市场化的外在条件,同时也构成了社会主义管理模式、行政模式和法制模式的某种改革压力,这样的压力也同样可以通过文化多元局面的建构予以缓解。

　　当然,文化多元局面更多地与当代技术科学发展的硬性要求密切相连。历史进入当代发展时期,随着电子工业的高速、迅猛的发展,随着信息化时代的快速来临,科学技术作为第一生产力的威力正以前所未有的势头迅猛呈现,并已成为阻挡不了的历史潮流。但在重新改革开放的推进过程中,我们必须承认,在当代社会发展极为重要的信息化、电子化方面我们并不占据优势,只能采取合适的能够适应世界化的社会运行模式、经济运行模式与国际经济和科技秩序相接轨。来自科学技术与社会管理的前沿模式势必被逐渐接受,于是社会主义经济模式在不断碰撞、探索和尝试中得以改革并重新建立,文化的多元化以及相互间的协调关系在这样的接轨运作中就显得特别重要。

　　改革与文学的关系相当复杂,但有了开放的文化多元和和谐发展的局面,改革及其与文学关系得到了肯定。改革为文学的发展和创作提供了足够的思想资源、社会资源和生活资源,同时,也为文学创作和文学运作提供了相对宽松的环境和条件。但是,文学创作是一项高度个人化的写作行为,它的发展繁荣与改革形势有一定的联系但又不是非常刻板的联系,也就是说,改革的形势,宽松的氛围未必一定催生优秀的文学,文学的文化、艺术的文化所需要的自由度并不直接与政治自由挂钩。上个世纪改革开放的初启阶段曾经创造了无比优越的创作自由环境,以致一种“歌德”派的论调及其对于“缺德”现象的无端指责,竟然遭致来自党的喉舌媒体的主动批判和质疑:《人民日报》、《红旗》杂志和《光明日报》都积极发表文章,批判和指责文艺“春天里的一股冷风”。此后很难出现如此主动放松、如此开明开放的政治环境,但文学创作的步伐并没有就此停顿,文学的发展繁荣并没有因此逊色。原因就是，党的文艺政策对于文化的多元化实施了鼓励，多元文化和谐的局面为文学的发展和文学文化的繁荣创造了优越的条件。

文学文化的多元局面还体现在莫言获奖的新闻效应方面。2012 年，莫言以其卓越而富有特色的小说创作获得诺贝尔文学奖，中国文学界，确切地说，应该是包含中国大陆文学、台港澳文学及世界华文文学在内的汉语文学界，长期以来都存有诺贝尔文学奖的某种心结。一定意义上说，诺贝尔奖在不同的历史阶段都成了中国文学文化的一种聚焦方式。2000 年，旅法汉语文学家高行健荣获此奖，但由于其特殊的政治背景，这件好事给汉语文学界带来的是尴尬多于兴奋，争议多于欢庆。时隔 12 年之后，莫言以独特、丰富且卓有影响力的汉语文学创作又获诺贝尔文学奖，虽然免不了同样会有争议，同样会传出不同的声音，但无疑给整个汉语文学世界带来了一种活性，一种助力，一种兴奋剂，一种定心丸。如果说荣登诺贝尔文学奖授奖殿堂意味着多少年来汉语文学界的"中国梦"，则真正将这个美梦付诸实现的文化英雄是莫言，正是他，实现了几辈中国人的光荣与梦想。莫言因此非常自然地成为中国文学文化历史关注与时代关注的焦点。

莫言从瑞典国王手中接过"诺贝尔文学奖"获奖证书

但多元文学观使得人们对这一文化事件应对得相当冷静。相对而言，莫言获奖没有给汉语文化世界带来巨大的冲击性的震动，没有在汉语文学以外的世界形成一般想象中的持久轰动效应。虽然莫言作品的社会影响力和国际影响力得到了巨大的释放，莫言以他巨大的成功带给汉语文学世界的种种正能量具有长时间的效能。对此,莫言的冷静和理性的态度更加鲜明。2013 年 4 月,莫言在澳洲的中澳文学论坛上表示:"再过六个月,新的诺贝尔文学奖得主就会出炉,到那个时候,估计就没人理我了。我期待着。"当然甚至几个"六个月"过去后,莫言仍然是汉语文学世界和汉语文化圈中的热门话题,但莫言如此淡定和理性的态度,显然与这个时代文学文化的多元参照有很大关系。

三、多元文化激励下的文学个人化

多元文化的时代格局鼓励了文学文化,使得文学文化在个人化创作与运作的意义上取得了相对的自由。文学早已不再是万众聚焦的对象,而是社会多元文化的一种形态;人们的社会思考、文化思考,都不再指望通过文学创作和运作的权威模式加以实现,文学作为一种文化形态在社会生活中面临着迅速边缘化的命运,造成了文学创作和文学运作高度个人化的文化格局,同时也造成了今天我们所能理解和熟悉的文学生存状态和发展模态。

当文学的接受度主要由文化市场决定,这样的社会运行模式体现了市场经济的基本规律,同时,这样的市场规律也就必然刺激起文学个人化的热情。市场文化对于文学文化起着关键的作用,个人化的文学写作和文学运作成为文学文化的主要形态和主导因素,乃是文学文化和社会文化多元格局的一种保证。重新改革开放以来,我们的文学基本上离开了社会集约化、意识形态化的运行模式,当然也就完全离开了所谓"轰动效应",甚至离开了社会集体接受效应,呈现出个人化的多元和谐的健康发展局面。文学文化的多元化是这个时代最鲜明的特性,也是最有优势最能体现社会文化发展规律的时代特性。

这是一个各种文体、各种载体、各种媒体都能够在文学层面取得和谐发展的多元共生的文化时代。传统的文学文体已经很自然地完成了相互间的共融与通联,小说、戏剧与电影、电视之间的文体关联与共融已经成为一种文学发展的常态,各种文体之间的自由交合,或者各种文体与不同载体、媒体的混合,产生了许多新的文体,新的载体和媒体文学,直令人目不暇接。新人文主义时期所强调的文学的纯粹,反对型类的混杂的理论,在这种多元文化的态势下被彻底毁弃。电视散文、电影小说、散文诗、纪实小说、诗小说、行为艺术戏剧、小说剧等等型类混杂的艺术形式层出不穷。在当代的文化条件下,一个有影响的小说作品即便是不被改编成电视剧或电影,也有机会在电视和电影的某种媒体形势中呈现出另外的艺术样态。网络文学、手机文学、微信文学等媒体文学的发展都给文坛的面目带来了巨大变化。其中网络写作的迅速发展,网络文学队伍的迅速壮大已经成为这个时代最为引人注目的文学文化现象。所有这些文坛现象的出现都具备两个重要条件:一是市场的响应,除了文学市场的积极响应与吁求而外,还有媒介市场、艺术市场的要求与敦促,这使得这些新鲜的文学文化现象有了强有力的市场支持和经济支持。其次是文学运作的个人化效应。一般来说,文学的这种嫁接式运作不应该也不可能走集约化的道路,不可能批量生产,每个作品每个载体形式都需要单独设计,单独制作,每个作品的市场号召力和社会影响力都体现在它的独特的创造性方面。包括再巨大的市场承认也需要通过一个一个的独立接受者自身的选择行为来实现,点击率的来源便是各个阅读个体个人行为的集合。

在市场文化的笼罩下,各种"主义"的文学倾向越来越显得淡薄,互相之间呈现和谐包容的态势,再也不会重演各流派之间相互倾轧、相互排斥的现象。当文化的评判笼罩在文学的美学的批评之上,无论是读者还是评论者,不再纠缠于判断文学性的是与非、正确与错误,文学的影响力简单地由作品的销量和点击率来评判,这虽然有些粗俗,有些世俗功利化,但它毕竟让文学评价跳脱了那种以"主义"、倾向定是否和好坏的怪圈,这是文学返回到自身,返回到个人化、个性化的文化前提。于是,如果说改革开放之初人们还对荒诞派戏剧写作、意识流小说写作、象征派和现代派诗歌写作提出种种质疑甚至发出喊打喊杀的声音,则到了重新改革开放的历史时期,人们已经能够大致放弃这种是非判断、好坏判断的思维模式,对于哪怕是庸俗无聊的下半身写作、后现代写作等等，都能够投以宽厚的胸襟，能够显现包容的心态，而较为放心地让市场去选择，让人们的文化良心去判别。在网络文学的载体形式中，显得情感粗糙、水平低下的文学作品满目都是，诸如"梨花体"和"羊羔体"等等层出不穷；看上去较为低俗的写作现象时时可见，余秀华的网络诗作《穿越大半个中国去睡你》便是典型代表。还有那种抒发消极、慵懒的情绪的诗作也很容易走红，如李元甚的《我想和你虚度时光》在网络上受到热捧。但现在文坛管理者以及文学接受者对这样的现象表现出令人难以置信的耐心、忍耐力和宽容性，不仅从未对这样的现象采用任何简单的封杀手段，而且还让其中的有些作品进入文学奖励的序列。这是对于文学市场的一种高度信任，是对网民和文学接受者个体的极大信任，也是对网络时代的文学文化秩序的一种尊重和维护。

网络时代，人们用各种方式在探索文学的市场价值，但终究不会减弱经典文学的魅力。诉诸人们消费时会心一笑的口水诗，可能会走红一时，但它们有个共同的致命的特点，就是经不起模仿，也难以自我重复。它一出现就会变成滥俗的形态，滥俗的东西则会拒绝持续的追捧。接受者可以借此在谈笑间做一次文化洗胃的运作，洗胃过后便会产生自然的饥饿感，这种饥饿，对文学的饥饿，将回到对经典文学的渴求之中。文化市场带有不可否认的麻木性，但不会最终颠覆人们向往美、追求美，回归经典的价值取向。

文学和文化的多元使得在传统意义上彼此不相容的文学因素，将变得相互共融，不再相互排斥。文学文化的宽容互涵使得以往的一切文学界限都呈现出柔性的变异。以往的文学史研究和文学理论总是将通俗文学与精英文学作壁垒森严的

金庸

区分，然而到了重新改革开放的时代，文化上的多元格局的建立使得精英

文学无论在史学意义还是在理论意义上都逐渐接纳了通俗文学，其标志是金庸昂然走进了包括北京大学在内的中文系课堂，并被请进浙江大学担任并非名义上的文学院院长。张恨水、琼瑶等人的文学创作也顺理成章地走进了文学史的学术叙述。原来层级分明的雅俗文学和小说被处理成彼此互涵的二元和谐。许多习惯上被视为精英文学的创作早已经放下架子，从通俗文学吸收养分。莫言的作品，从一定程度上看也大多走着通俗文学的路子，它们当中既有老舍式的路子，利用民间艺术形式穿插在小说的叙述之中，同时也有莫言自己的路子，那就是纯粹借用通俗小说的人物设计法和故事构成法，在某种荒诞性的猎奇叙事中展示引人入胜的情节和不可思议的突转，正像《生死疲劳》等作品所展示的。

在传统的政治文化处于支配地位的形势下，文学被人为地分层级、分等次，被分为正宗和非正宗，分为纯文学与通俗文学。但市场化兴起以后，文学的这种层级之分就显得不再理直气壮。各种文学作品都可以如此平等地站在同一个载体平台上接受市场的选择，所有的文学形态都可以在同一个平面上面对市场文化，不仅通俗文学与精英文学的分别显得越来越有些无聊，先锋派的文学和守旧派的文学之间的鸿沟也显得并不重要。旧体诗文在这一时代的格外流行和格外繁盛，其实与这种多元化、市场化的文化观念有关。

市场文化占主导地位，使得不同的文学之元呈现出相互融合与和谐发展的态势。这还包括官方文学与民间文学的互相补充。民间文学或一般的文学写作不再被强行赋予历史责任感和社会使命感的重任，而可以完全进入个人化的写作状态，与此相对的官方文学，则以各种"工程"的形式承担起党和政府的宣传性写作。从中央到地方各级党的宣传部门执行的"五个一工程"便负责生产这种典型的官方文学。这一工程实施了许多年，尽管从阅读和接受的角度来看似乎并没有营造出非常醒目的文学标志，但它对于文学文化多元化的激励和扶持作用相当明显，影响也必定深远。党组织的"文学工程"的存在，无异于给民间的、个我的、个性化写作留下了巨大的空间，它明确承认了民间写作自由、个人写作空间的合理性。这种文学文化体制将官方文学与一般文学作了分类对待,实际上应该被视为是对多元文学和多元文化的承认与激励。

当前文学多元、文化多元的最显著的标志,又是对新文化以来个性主义写作的鼓励与维护。在新文学发动之初,民主主义、个性主义的各种元素都各各具备。但由于革命和斗争的时代主题迅速占据支配地位,政治文化笼罩着文学领域,个性主义、个人主义便在没有得到充分发展的前提下遭遇到被反思与批判的命运。当代社会的发展以市场文化、经济文化为主导,个性主义重新得到鼓励,个人主义得到了充分、有力的倡导与发展。这同样吁求文学的反应。贾平凹应该说是这方面的先知先觉者,他的《废都》的意义就在于,疏离时代疏离政治疏离历史责任等等,走向个人以及个人对文学对小说的理解。莫言从《红高粱》《天堂蒜薹之歌》写作的价值承担和民族集体正义宣泄中也慢慢走出,将个人的有风格化的理解转化为价值观的表述,通过《酒国》《丰乳肥臀》等作品实现了写作向个人化的回归。连王蒙这位正统的共产党体制内的作家领袖,也通过"季节"化的抒写,通过《这边风景》,特别是通过《闷与狂》的发泄,走向了个我的心理和情感体验,个性的张扬和自我的发泄,以此激发了耄耋之年写作兴奋点,实施了政治文化的突围。这时他的小说的价值就在于对社会历史的个我化的透视,他的文字最鲜活的存在就是在社会的穿越中显示自我的角色与心理深层发现的快感,并且在诉说社会、历史故事的过程中显示出潇洒与自由。

这样的个我化写作是保证这个时代的文学呈现出文化多元格局的关键。所有的民族化写作、地域化写作、性别书写等等,都应该呈现这种个我化写作的文化特性,任何风格意义和构思方略上的趋同化都会为当代文学文化的多元格局带来损害。民族写作的有价值的部分,不是具有民族共性的民族风情展示,而是对这种民族文化充分个我化的体现和透视。少数民族作家把自己对这个民族文化体验的快感展现出来,就可能构成成功的个人化写作。民族作家的个我体现和个我写作应该得到充分的鼓励,于是不能鼓励后一个藏族作家成为另一个风格意义上的阿来。

　　个性化写作还关涉地域文化历史的个我化的体验。一个作家的地域性写作绝不是写出这个地方的风情，甚至也不是写出它的文化，而是要写出自己对这种风情和文化的个人体验，正像莫言从一个莫须有的"高密东北乡"得到的生命体验和个性狂欢那样。任何别的作家都不可能从当地文化中品咂出然后玩味出莫言的风情与文化。同是河南的作家，阎连科与刘震云的差异甚至需要同时使用黄河与长江两个水系才能将其分割开来。

　　个性化写作也以这样的姿态进入了敏感的性别书写。"身体写作"概括使得陈染、林白、卫慧们从一开始就在极其私密、极其个人化的意义上打开自己的书页，她们永远不可能写一种被称作女性的群体，而是热衷于写作这一个身体被自己打开以后的体验与快感。从这样的意义上说，称其为身体写作要比称之为女性写作更为靠谱。

　　从世纪末到世纪初，中国文学在多元文化的格局中充分显示了个人化和个性化的写作经验以及由此构成的个我狂欢。世纪末和世纪初的文学家常常都以单个的形象出现在文学谱系之中，而不是像改革开放时期他们往往以一个个组合的形象群体出现在文坛上。这样的出场和存在方式也鲜明地呈现出两个时代文学文化的殊异之处。

第五十六章

走向多元发展的教育文化

改革开放的年代,同时也是教育文化本体论提升的年代,是中国教育面临新困境的年代。这一时代的教育文化的主题词是恢复,基本体制是努力恢复到苏联的教育模式,同时又恢复民国时期已经普遍采用的西方教育模式。不过这些教育模式已经不适应1992年以后重新改革开放的新形势。关于教育文化的世纪反思推动了整个教育体制的全面检讨与变革,教育文化向着多元化的方向发展与推进,高等教育也在大众化发展趋势中全面走向多元发展,21世纪的中国教育文化显示出时代性的新品质:包容、开放、多元。

一、教育文化多元化发展

21世纪是科学技术突飞猛进的时代,经济全球化空前发展,综合国力竞争日趋激烈。"综合国力,主要是经济实力、技术实力,这种物质力量是基础,但也离不开民族精神、民族凝聚力,精神力量也是综合国力的重要组成部分。""一个民族、一个国家,如果没有自己的精神支柱,就等于没有灵魂,就会丧失凝聚力和生命力。"[1]毋庸置疑,21世纪的国力竞争取决于劳

---

〔1〕 江泽民:《在全国抗洪抢险总结表彰大会上的讲话》(1998年9月28日),《十五大以来重要文献汇编》,第549页,北京:人民出版社,2000年。

动者的素质,取决于知识分子的数量和质量,人才资源是国家发展的重要战略资源,这就是知识经济时代的命脉。

江泽民在1998年的全国教育工作会议上指出,改革开放20年来,国家的经济建设和经济进步都取得了巨大成就,但是经济增长方式并没有根本转变,沉重的人口负担也没有转化为人才资源的优势。经济增长方式转变之所以困难,人口负担之所以没有转化为人才资源,其根本原因是高等教育不发达,劳动者受教育程度低,素质低。据统计,1995年,美国、加拿大、澳大利亚、英国、法国、德国、日本、韩国每十万居民中大学生人数分别为5 395、6 894、5 401、3 126、2 649、3 139、4 955、2 096人,而中国仅为478人[1]。2000年,我国劳动力人均教育年限为8年,而发达国家已经达到12年以上。我国就业人口中受到大专以上教育者仅占3.8%,每万名劳动者只有研发科学家和工程师11人,而发达国家这一数字接近或超过100人[2]。

改革开放之初,教育被列为"四个现代化"之一,中国社会对教育的认识从工具论上升到了本体论的高度,在政治生活、社会生活中教育都无可置疑地成为一个核心内容,因此人民群众对于受教育的热情在不断提升,到20世纪末,中国人对受高等教育的需求成为许多中国家庭的重中之重,望子成龙、望女成凤,中考、高考数状元成为中国教育文化的特有现象。这一方面与中国人深受儒家传统文化影响,"万般皆下品,唯有读书高"有关,另一方面也与整个社会高等教育发展缓慢,无法跟上民众需求有关。2002年,中国人民银行储户问卷调查,在各项储蓄目的中,教育储蓄占第一位,高达19.8%,甚至比养老储蓄还高出6.2%。在经济发达地区,比如上海,家长对子女受高等教育的要求更高,据上海市教育科学研究院1998年调查,上海居民家庭希望子女接受大专教育的为13.8%,接受本科教育的为47.6%,接收研究生教育的为28.4%,在居民消费排序中教

---

〔1〕《世界教育报告1998——教师和变革世界中的教学工作》,第149页,北京:中国对外翻译出版公司、联合国教科文组织,1998年。
〔2〕张望军等:《中国如何面对全球人才争夺》,《中国教育报》(2001年8月29日)。

育排在第一位、第二位高达 68.6%[1]。综合以上国际、国内以及社会发展
的诸多因素，迈入新世纪门槛的中国首要任务是调整教育、发展教育，进而
带来了中国高等教育大众化发展趋势，成为中国教育文化多元发展的重要
表现。

1990 年代，许多新的重要教育理念进入了中国，比如全民教育、终身教
育、创造教育、全人教育的理想、生态保护和可持续发展教育、国际理解教
育等等，都通过各种途径进入中国，且渐次发展开来，立体而又多层面地影
响着中国新世纪的教育发展。

1995 年，《中华人民共和国教育法》(下简称《教育法》)作为新中国的教
育基本法，对中国教育基本制度作出全面系统的规定，国家实行学校教育
制度、九年制义务教育制度、职业教育和成人教育制度、国家教育考试制
度、学业证书制度、学位制度、教育督导制度和学校及其他教育机构教育评
估制度，从此，依法治教发展成为全社会共识。《教育法》历经 10 年，12 易
稿修改方出台，最终确立了教育是立国之本、国家保障教育优先发展的原
则，对关乎我国教育的全局性的重大问题作出了法律上的规定。李岚清
说："《教育法》的制定和颁布，标志着我国的教育事业进一步走上全面依法
治教的轨道，对于确保教育在国民经济和社会发展中的战略地位，落实国
家有关发展教育的重大决策，促进教育的改革与发展，实现建立社会主义
市场经济体制和社会主义现代化建设的宏伟目标，具有重大的现实意义和
深远的历史意义。"[2]以《教育法》为核心，《义务教育法》、《教师法》、《职业
教育法》等一系列法规建立起我国的现代教育法律体系，使教育工作有了
法律的依据和保障，这是教育文化发生的根本变化之一。中国社会从晚清
追求现代教育，其根本目标就在于要建立一个现代国家，而现代教育是其
中至为关键、举足轻重的一环，《教育法》作为一个现代国家的基础法律，由

---

[1]　中国教育与人力资源问题报告课题组：《从人口大国迈向人力资源强国》，第 78 页，北
　　京：高等教育出版社，2003 年。
[2]　国家教委政策法规司：《中华人民共和国教育法释义》，第 167 页，北京：科学教育出版
　　社，2004 年。

此建立起的教育法律体系,不仅仅是教育在法规方面的保障,也不仅仅是现代国家教育理念完善的标志,更多地传达出一个国家在教育文化方面的成熟,依法治教,有法可依,将成为整个教育体系的根本保障,教育文化有了走向成熟的地基与标志。

二、高等教育多元化发展活跃

1990年代之后,中国社会整体转型,市场经济迅速建立,脱离了政治文化主导的社会,大踏步走进了市场经济主导的社会形态中。在市场经济主导前提下,教育文化亦不可避免地要面对多元化的发展局势,从办学模式的单一到多元,高等院校对"大、综、升"的狂热追求,无一不体现出这种市场经济影响下的文化多元发展。

从中国高等教育的发展来看,近代高等教育始于1898年设立的京师大学堂,主要由两部分组成:一部分是中央政府或者地方政府举办的公办大学;一部分是外国传教士与国人自己创办的私立大学,后者如燕京大学(传教士创办)、南开大学(张伯苓创办),多元主体办学是我国高等教育发展初始的状态。

新中国建立之后,经济上私有经济被公有制经济取代;教育上,国民党统治时期不同办学主体举办的高等学校也分别被接管、接办和接收,形成了政府一元办学的格局。经历大跃进、"文革"之后的中国走向恢复发展的阶段,改革开放早期的中国教育在恢复了的1950年代的理想主义基础上发展。然而,1950年代国家新生,在内外形势紧张,缺乏社会主义建设经验的基础上以苏联为老大哥,学习、借鉴苏联。当时的苏联模式在一定程度上促进了中国高等教育的发展,集中力量举办了国家经济建设急需的专业,培养了大批专业人才。但是一来当时的学习比较僵硬,与我国实际情况结合不够;二来在改革开放20年后,这种一元办学格局在市场经济环境下显示出弊端与局限性。一元格局的教育模式由于其自身"单一性"、"计划性"、"依赖性"、"封闭性"等局限性,必然带来许多弊端:首先是从1980

年代持续出现的教育投入不足问题此时依然明显；其次，一元办学信息封闭，交流缺乏，面对市场反应慢，回音迟钝，使得教育资源无法优化配置、资源浪费、闲置现象比较严重，不利于教育质量和水平的提高。在市场经济主导的社会中，人们的需求变得越来越多样化，近 20 年来，学科专业的发展尤其是新行业促成的新专业的需求数不胜数，但囿于一元格局的办学局面，高校自主性差，无法具有前瞻性地设置专业，只能使专业建设跟在市场后面跑，极为被动。而且，历年来过于狭窄的专业教育，培养的专业人才基础薄弱，知识结构偏狭，难以适应现代社会知识技术迅速更新、职业变化和职业流动加速的现实。整体而言，整个高等教育系统创新乏力，学科综合交叉而产生的科学、文化的活力和创造力不足，无法适应市场经济主导的社会环境，种种弊端显示高等教育无法适应社会发展的需要，因此，包容、多元模式的教育模式的涌现是必然结果，以调整一元模式带来的不足[1]。这一时期，全国大面积引入欧美教育模式，综合性大学以美国、英国老牌院校为学习模板，职业教育则以德国为学习目标，调整了以苏联模式为基础的单一办学理念。

正是由于调整了对苏联模式的学习，转而向美国的综合性大学、英国的老牌院校学习，一种新的衡量大学的标准出现了，打破了刚建国时校系两级建设，专科学校专业培养的模式，全国大学同时表现出急切转型为综合性大学的诉求。从普遍的单科模式走向综合化，为了在时间上缩短进程，各地出现大学合并风，教学规模一再扩大，这是希望克服单科化的必然结果，也可以看出特定时期人们的急切心态。但是，某些发展结果并不符合教育发展规律，大学合并风也是人们对于综合性大学的一种片面追求，不管学校条件如何、师资状况如何，都希望自己从博士、硕士、本科到专科每个办学层次都有，从文科覆盖到理工科，时下热门专业全部开课。另一方面，各级各类大学不分层次与办学目的都希望"升格"：即一般本科院校热衷于争硕士点、博士点；专科院校热衷于升本科，拔高人才培养层次，扩

〔1〕 张兴：《高等教育办学主体多元化研究》，第 42 页，上海：上海教育出版社，2003 年。

大研究生培养规模成为集体目标。在这样的环境下,国内许多学校仅仅是盲目实现了大学合并或者升格,整体素质没有得到很好的重视与发展,甚至定位模糊。一个社会的成熟完整的高等教育模式应该是研究型大学、教学型大学与技术型大学都需要的,不同层次的大学的定位与功能也有所区别。这就需要国家在评价标准、资金投入等各方面给予指导、匹配、调整。

1995年、1998年,国家分别推出"211工程"以及"985工程",全面推动高等教育改革与发展,表现了希望建设一批世界一流大学的目标与愿望,此后,中国高等学校的整体水平与国际竞争力都有了显著提升。从全国高等教育来看,学科建设、高等学位点的设置呈现极活跃的多元建设的局面,到2011年,全国共有授予学位门类13个,学科110个;2011年,全国有346家博士培养单位,博士学位授权一级学科2 765个,其中高校占259家,74.9%;全国有695家硕士培养单位,硕士学位授权一级学科点5 706个,高校481家,占69.2%,多渠道、多系统培养研究生成为中国高等教育的发展趋势。此外,为适应现代教育发展,提倡多学科交融,提倡发展交叉学科、边缘学科,以促进创新思维,各种边缘学科、交叉学科不再是冷门,成为专业申报、专业发展中的优势方向。

中国高等学校的学位制度从改革开放时代正式建立,到了世纪之交的多元发展时代,滋生出了一些教育文化热点。第一是各地各高校为了争取更多更高的学位点,不惜采取各种公关措施,并且牵动了各个方面的社会

力量,甚至产生了一个新词叫作"跑点"——为了使得学位点能够通过评审,各高校使出浑身解数,向具有评审权利的机构和相关专家介绍自己的学科,进行对口公关。这样的现象持续了 20 年之久,这种现象暴露了教育管理部门对于教育和学位资源的掌控出现的种种问题。不过,从积极的方面可以看出国家学位制度经过十几年的实践所取得的巨大成功,学位制度赢得了高等学校和社会的普遍尊重。第二是所谓博士生导师读博士的现象。2001 年,中国社会科学院文学所研究员、所长,研究生院博士生导师,著名学者杨义教授将在职取得武汉大学文学博士学位,立即引起社会的关注和学术界的热议。不少人都表示难以理解,有的人甚至将此现象与社会上普遍存在的功利主义联系起来。其实在教育界和学术界这种现象绝非个别,只不过杨义的影响力和学术地位使得这样的现象得到了新闻性的凸显。报载,"更多的人对此持肯定态度,北京大学校党委副书记、博士生导师王登峰认为,博导读博说明学术追求是无止境的,就连博导也需要不断地学习和提高"[1]。这其实远没有说到关键处,一个成熟的学者不去读博也照样可以"不断地学习和提高",关键是,这样的现象反映了学术界特别是高等级学者对于我国学位制度的尊重。这是我国学位制度实施以来所取得的重大成功的标志。

整个社会从这一时期都普遍形成了尊重中国学位的风气,这样的风气并没有受到市场化的冲击而有所减弱。当然,教育界同时也强调与国际接轨的教育策略,对于"海龟"的学位获得者予以更多的重视。这充分说明这一时代教育文化及其社会心态的多元化倾向。

三、教育文化大众化发展趋势

高等教育大众化是指一个国家的高等教育从培养少数精英、为少数人

---

[1] 丁肇文:《中国社科院博士生导师杨义读博士引发学术界争议》,《北京晚报》(2001 年 4 月 13 日)。

服务逐步向培养各行各业的专业人才、为大多数人服务转变的发展过程[1]。

1990 年代教育不断深化改革,多元发展思维日益打开,到了 2000 年之后,教育的多元发展开始向大众化深入,高等教育扩招、民办教育与成人教育的发展、各种培训机构的繁荣、联合办学的便捷等等都是教育文化走向大众化的趋势,都是中国教育文化的新发展,是新文化在 21 世纪具备时代性的新理念。

1991 年 1 月,国务院批转的教育部《面向 21 世纪教育振兴行动计划》明确提出,高等教育规模要有较大的发展,到 2010 年高等教育毛入学率要达到 15%。这一计划在 2001 年调整为 2005 年实现 15% 的毛入学率,标志着我国高等教育发展战略的重大转变。

表　1998—2001 年高等学校本、专科在校生规模发展情况

(单位:万人)

	1998 年	1999 年	2000 年	2001 年
在校生人数	623.1	718.91	909.73	1 175.05
其中:普通高校在校生人数	340.88	413.42	556.09	719.07
成人高校在校生人数	282.22	305.49	353.64	455.98

2001 年,教育部取消了高考 25 周岁以下的年龄限制,促进和建设与学习化社会相适应的终身教育体系。2002 年,全国普通高等学校招生 320.5 万人。高等学校毛入学率约 15%,从此,我国高等教育进入大众化发展阶段[2]。为了配合扩招,高等教育资源也必须跟上步伐。2006 年全日制招生 540 万人,达到 1998 年全日制招生的 5 倍。我国全面启动高校后勤社会化改革,按照市场原则为高校提供后勤服务以及设施建设,1999 年至 2002 年,全国新建大学生公寓 3 300 万平方米,改造 1 000 万平方米,新建学生食堂 400 万平方米,改建学生食堂 130 万平方米,3 年新建的学生公寓和食

---

〔1〕 张兴:《高等教育办学主体多元化研究》,第 1 页,上海:上海教育出版社,2003 年。

〔2〕 美国学者马丁·特罗认为,高等教育发展过程可分为精英、大众、普及等几个阶段,18—22 岁年龄段的整个人口中,超过 15% 的人接受不同层次和形式的高等教育,高等教育发展便进入了大众化阶段。

堂超过建国 50 年建设面积的总和。建设新校园、发展新校区、城市修建大学城的热潮正是由此而来。然而,教育发展并不仅仅靠教育设施、硬件教育资源的配合,软件才是教育发展的命脉。发展到 2010 年之后,高等教育超过 80％的高录取率终于使考生和家长心态越来越淡定,有人说高考立交桥代替了独木桥,甚至有越来越多的人"不高考":一是已经被海外高校录取;二是平时表现优异,保送到各级高校;三是职高毕业生高中毕业直接去就业。高等教育扩招,全面进入大众化时代是对国家整体人民素质提升的保证,从"文革"后恢复高考的"千军万马过独木桥",到现在遍地都是"象牙塔学子",高等教育的这种变化最能体现教育文化在 21 世纪的新时代理念,大众、开放、多元,中国的教育文化以最大的包容性迎来了高等教育大众化阶段,也迎来了民办教育、社会培训的全面兴起。

中国高等教育的发展战略从过去的适度发展、稳步发展转变为积极发展,是一次重大转变,是世纪末的深刻反思与教育文化自我调整的必然结果。加快高等教育发展步伐,扩大高校招生规模,引入多主体多元办学形式,不断满足人民群众日益增长的高等教育需求,对增强综合国力、提高国民素质、促进经济发展和社会进步具有深远的意义。教育模式就办学主体而言出现了多种模式,仅仅高等教育就有至少八种主要模式:民有民办、民办公助、公民联办、股份合作办学、公办民助、公立高校转制、国有民办二级学院、中外合作办学等[1],"从必要补充到组成部分,从拾遗补缺到共同发展,从业余培训到学历教育……"[2],民办教育成为中国教育的重要组成部分。

实际上,除了高等教育民办模式的出现,整体教育格局中,民办教育都成为不可或缺的一部分,从幼儿园、小学到中学,民办教育成为填补教育资源不足、教育丰富性需求的重要补充力量。近些年来,国际幼儿园、双语小学、特色小学、特色初中、国际中学,包括在大城市出现的外来工幼儿园、流

---

〔1〕 张兴:《高等教育办学主体多元化研究》,第 88 页,上海:上海教育出版社,2003 年。
〔2〕 田慧生:《民办教育的明天会更加美好》,腾讯网(2008 年 5 月 29 日)。

动人口子女学校、打工者学校、下岗工人转岗培训机构等,都是对一元办学模式下教学资源不足、教育理念较为单一的补充与调整,有一些还具备公益性色彩。

1993 年,《中国教育改革和发展纲要》中提出了对民办教育的十六字方针:"积极鼓励,大力支持,正确引导,加强管理。"1997 年国务院颁发了《社会力量办学条例》,以行政法规的形式对民办教育的政策、方针进行集中、系统、全面阐释。直到 2002 年,《民办教育促进法》终于正式出台,对于民办教育的地位和作用,政府对民办教育应该采取的鼓励、支持政策,民办学校的管理问题,民办学校的资产归属问题,以及民办教育机构的举办者、办学者及学生合法权益的保障问题等等,从国家立法的角度给予了明确规定。《民办教育促进法》一方面是对民办教育发展的认可与官方推进,另一方面也代表着民办教育大范围全方位发展之后,必然要被纳入社会制度文化的规制,这是不可逃脱的教育文化规律。建国初期被取消的民办教育在新世纪全面回归,且纳入正式法规保障的教育机制。但是,从根本上审视多元发展的教育文化,民办教育在发展中还面临许多问题,但是其灵活性、创新性以及对市场天然的适应性却是教育文化中宝贵的新品质。

除了民办教育的补充,社会上的职业培训更好地彰显出新世纪教育文化的新质。根据教育部《2012 年全国教育事业发展统计公报》的数据显示,2012 年,全国有职业技术培训机构 12.38 万所,此外,还有民办培训机构 20 155 所。又据北京民科院的行业统计数据显示,截至 2013 年 5 月 31 日,中国的教育培训机构的总量为 14.11 万家,这其中包括职业技能培训机构和各种非学历的短期培训机构,如中小学课外辅导机构等。据我国教育培训行业市场统计数据显示,各类教育培训如语言(英语,其他语种)、才艺、会计、职业资证、管理、就业技能、IT(电脑)、学历教育等培训市场均以 20% 左右的速度快速增长。据中国报告大厅发布的教育培训市场分析报告统计数据显示,随着新技术的发展,2014 年中国在线教育市场规模预计将达到 1 026 亿元,较 2013 年同比增长 23.6%。从某种意义上说,任何一个普通人,只要需要进入市场,就必须接受教育,接受培训。进入培训机构学习有很强的目的性，也需要很好的自律性，是人们在市场环境中的自我要求。培训机构的全面兴起，正显示出"受教育"已不仅仅局限于从小学到中学到大学的升学机制，也不仅仅局限于一纸文凭，教育成为人们生活中的重要部分。

步入 21 世纪的中国，实际处于农业文明、工业文明和后工业文明三种不同文明的冲突挤压中。中国幅员辽阔，许多地区仍然生活在传统的农业经济和乡村社会中，教育体制、教育制度和教育模式带着深深的工业时代的苏联模式烙印，可是生存环境、文化背景却已经进入了视听的、大众媒体的后工业文明时代。教育改革是新世纪最重要的教育文化，从小学分区择校到中考、高考，甚至研究生招生，整个教育体制都在改革中前进，"教育改革要通过体制的多样化，恢复学校的自主性和办学活力，从而增加教育的可选择性、丰富性，提高教育公共服务的品质和效率"[1]。教育文化朝着多元、开放的方向发展，是在一步步突破规制的消极因素的制约，是对消极因素的化解。

作为一项尚未完成一直在发展的系统工程，从晚清开始酝酿的新文化运作实际是以完成中国的整体现代化为目标的，建立现代化的国家，建设现代化的文明与文化，这样的社会变革必须是整体的、全方位的工程，社会、政治、经济、文化、科学技术等所有领域，包括从"五四"提出的人的发现，寻求和完善个人自由、幸福生存等等问题皆处于此框架之内。现代化的根本问题其实就是文化问题，新文化运作的本质问题就是文化问题，从物质到制度到精神的全面现代化，教育文化是制度文化中与社会前景、未来蓝图最息息相关的工程。因此，在新文化发动之初，就同时伴随着对现代教育文化的追求。

在百年新文化运作的发展过程中，教育文化由最初的萌发，得到社会各界重视，于启蒙运动中呈现民主教育的发展，扛起科学教育、教育科学的

---

[1]　改革开放以来的教育发展历史性成就和基本经验研究课题组：《改革开放 30 年中国教育重大历史事件》，第 138 页，北京：教育科学出版社，2008 年。

大纛，直至 1930 年代，在相对自由环境中，全面发展的教育开始被纳入社会制度的规制中。把握教育是把握一个社会最重要的知识文化阵地，是把握一个社会未来的方向，因此教育文化必然要作为制度文化被规制。在规制中会出现对文化对思想的限制，会引来知识分子的不满与抨击，但是教育的特殊性质也使得部分知识分子认可教育需一定程度的秩序。国家兴亡之际，教育救国成为全国不分朝野、不分党派的最强音，1945 年之后，在新民主主义教育理想中，教育又走向了往政治层面的提升。1949 年后，中国百废待兴，被理想燃烧的激情渐渐变成了斗争的火焰，在激情中对现实产生了冲击与破坏，在斗争中对理想难免有疏远与背离。1980 年代调整之后的教育文化虽然在本体论上得到了前所未有的重视，但是在时代发展中，国家投入与人民需要的不匹配又带来了种种新问题。教育文化在专业的发展过程中一次又一次地进行自我调整，进行外在调配，以获得新鲜的血液，推动教育文化的进展，最终在新文化百年之际，以多元、包容展示了一种新文化的成熟，这就是教育文化的发展规律。一个新的世纪已经走过十几年，中国教育以多元的姿态向前发展，虽然在多元的因素中也有劣质因素的存在，但是中国教育文化已经有了足够包容的胸襟去容纳且克服不利因素，教育文化在 100 年之后渐渐展示出成熟的风貌。展望前程，中国教育还将形成惠及全民的公平教育系统，为人民提供更加丰富的优质教育资源，构建一个体系完备的终身教育系统，健全充满活力的教育体制，中国教育走向全面现代化的目标就在眼前。

从本质上说，人们重视教育，是因为"教育能使社会进步"，教育能保证社会朝着现代化的目标稳步前进，这才是最根本的逻辑，才是教育的本质，不管是在何等恶劣的社会环境中，教育总会挣扎着想要往文明、先进的方向发展，并最终对社会文化产生重要影响。

第五十七章
多元化和复调性思想学术的展开

与改革开放时代相比，走向重新改革开放的多元发展年代，常常受到批评和诟病。特别是在思想界和学术界，由于缺少1970年代末以及1980年代初的思想解放运作，也更少给人们留下太过深刻的印象以及太多的激动与欣喜；另一方面，随着市场化带来社会、政治、经济和文化的"转型"，造成了一定程度的物质化、欲望化等现象；再加上思想多元化之后产生的精神迷茫和困惑，这些都成为人们诟病这一时代的主要理由。其实，即使从思想文化方面而言，这可能也是历史上最好的时期之一。

一、思想解放的新状态

1992年，邓小平的"南方谈话"以及随后召开的中共十四大，打破了改革停滞不前的僵局，"使1978年以来一直在中国大地上寻罅抵隙、曲折绕行的改革开放潮流，荡通壅塞，冲决堵截，形成大河辽阔、急流澎湃的市场经济大潮"[1]。市场经济与计划经济的藩篱得以破除，社会主义市场经济体制由此确立。因此，马立诚、凌志军在《交锋——当代中国三次思想解放

---

[1] 杨凤城：《20世纪的中国——走向现代化的历程（1949—2000）》，第417页，北京：人民出版社。2010年。

实录》中,把 1992 年破除"姓'社'姓'资'"、1997 年冲破"姓'公'姓'私'"与 1978 年战胜"两个凡是",看作中国当代史上的三次思想解放[1]。

"转型"以及"多元化",构成了 20 世纪 90 年代以来中国社会的两个主要的关键词。改革开放以来,中国社会处在由单一、固化的传统社会,向复合的、立体的、动态的现代社会快速转型的过程之中。这是一个艰难、痛苦而又伟大的进程。包括经济转型、政治转型、文化转型等在内的中国社会大转型,以及政治、经济、文化的多元化趋向,使得 1990 年以来的中国社会成为一个庞大而纷纭的大舞台。"如果说,用一句话来概括或描述 1990 年代的总体时代特征,那将是十分困难的。这是一个特殊的年代,这是一个世纪的结束语,也是一个新时代的开篇。这是一个多元化和全球化的时代,是一本多声部的乐章;这也是一个社会发生剧烈变革和重大转型的年代。一方面激流喷涌,一方面残冰未化;一方面充满了革命性的变化和变数,一方面又弥漫着保守和反动的迷雾。它充满着喧哗与骚动,痛苦与迷惘,选择与无奈,坚守与放弃,旧死与新生,批判与继承,保守与激进,革命与反动,变化与恒常。"[2]

由于政治和经济上"不争论"原则的确立,1990 年代以来,官方主流意识形态很少直接介入和干涉各种思想论争,这带来了思想、文化上更大的活跃和解放。在这个时期,各种思想流派基本能充分表达自己的主张,发动相关争鸣,主流意识形态常取宽容和沉默的态度,只要不触犯最后的"底线"。一个思想多元化的时代到来了。从某种程度上来说,这是中国思想史上包括春秋战国、民国前期在内,最好三个时期之一。

如果说,五四新文化运动在启蒙与革命、"全盘西化"与中国文化本位主义、革命的左翼与右翼之间呈现出某种思想上的"复调"性的话,那么,重新改革开放以来的中国思想文化界则呈现了"多元化"的趋向。当然,这种

---

[1] 马立诚、凌志军:《交锋——当代中国三次思想解放实录》,北京:今日中国出版社,1998年。

[2] 海马:《激流与残冰——启蒙视域中的 1990 年代中国大陆戏剧》,第 3 页,南京:南京大学出版社,2012 年。

"多元化"仍然是在"复调"的基础之上展开的，只是这种展开是"多重性"的，呈现了一种更为复杂的立体态势。这就是说，与五四新文化运动的思想光谱相对单纯和简单相比，1992 年以来的中国思想文化呈现出了更为复杂的光谱和色调，可谓是光怪陆离，色彩斑斓。

这种多元化、多重性的思想"复调"包括：马克思主义"改革派"（又名"反思派"或"右"派）与马克思主义传统"左"派（又名"老左派"或"毛派"）、自由主义与"新左派"、新权威主义与新保守主义、自由主义与现代新儒学、激进主义与保守主义、现代主义与后现代主义、世界主义与民族主义（后殖民主义）、世俗化启蒙与新理性主义，等等。它们在改革开放、市场经济、全球化、民族主义等问题上，均有不同的表达和思考，并发生着不同形式的思想抵牾和争鸣。因此，在这个特殊历史年代，其思想谱系之复杂、多元、立体，以及彼此之间交叉和互生、融合与对立，不一而足。

二、马克思主义与多元思想文化的碰撞

从"五四"时期以来，马克思主义即是新思想文化的一个重要组成部分。特别是以马克思主义作为意识形态选择的中国共产党成为执政党之后，它的影响力、地位和作用更是举足轻重，直接关系到国家的前途、民族的未来和人民的命运。

马克思主义"改革派"又名"反思派"，主张"以市场为取向、以经济建设为中心、以'三个有利于'为判断标准"进行改革开放和现代化建设；而与之相对应的则是在否定旧的"两个凡是"基础上诞生的新的"凡是"派，他们"对毛泽东晚年思想多有维护，对'文革'前的'左'倾错误不愿做过多批判，对计划经济体制肯定过多，遇到挑战性的问题总是习惯于到马列经典中找依据，习惯于运用阶级斗争、政治和意识形态斗争的方式解决问题"[1]。

---

〔1〕　杨凤城：《20 世纪的中国——走向现代化的历程(1949—2000)》，第 422 页，北京：人民出版社，2010 年。

这两个派别自 1978 年以来,即是如影随形,在许多关键的问题上形成不同的观点,初步形成了在马克思主义认知方面的多元思想现象。1990 年 2 月,一篇题为《关于反对资产阶级自由化》的文章向社会和思想界提出了这样一个敏感性的问题:"是推行资本主义化的改革,还是推行社会主义改革?"[1]这便是典型的姓社姓资论的出笼。1991 年 12 月,一篇集各种"左"倾思想之大成的文章《关于树立社会主义改革观的七个问题》发表,从改革的目的、标准、任务、方向等方面对改革开放的总设计师邓小平的改革方略提出质疑,这充分反映了我国理论界的混乱局面。这些质疑在邓小平"南方谈话"的一系列阐述中得到了有力的回应。这种种传统"左派"言论应当被理解为是中国马克思主义的一个重要分支的言论,他们在改革的路径、方式等方面与"改革派"形成的不同观点和见解,仍然属于马克思主义思想内部的分歧和差异。传统"左派"更多强调对马克思主义的继承和坚持,"改革派"则更多强调因时而变,对马克思主义进行创造性的发展。他们之间有相互补充的作用,从而确保马克思主义和中国的改革开放事业沿着更为正确的方向推进。同时,彼此共同形成了体制内思想的某种多元性和"复调"性。

这一时期,新自由主义与马克思主义"改革派"理论之间也形成了一定的碰撞与交锋。

新自由主义思想家常常以启蒙的姿态出现,"在新启蒙主义阵营中,自由主义的尊奉者占据着多数。他们内心最向往的是西方特别是美国的'自由、民主和市场经济模式'。但是,面对中国的具体国情和改革开放过程中复杂的'中国问题',他们又基本认同官方意识形态的改革选择"。由此,"他们在理论和学术资源上为官方主导的改革意识形态提供理论和政策支持,成为官方主导的改革意识形态——'学习资本主义、建设社会主义'的实际上的主要同盟,成为当今中国的主流话语体系之一"。"它的主流话语地位在 1992 年前后还经历了一个从'没有合法性'到'被赋予合法性'的转

---

〔1〕 王忍之:《关于反对资产阶级自由化》,《新华月报》,1990 年第 2 期。

变"，而不是此前，"不时被当做'资产阶级自由化'加以反对"〔1〕。这说明了中国自由主义意识形态合法性地位得到确立和认同。

当然，这是一种总体上的描述。中国自由主义的"极右翼"则在追求西方民主和自由思想方面走得更远，对马克思主义、四项基本原则、共产党领导等均存有"异见"，从而与马克思主义"改革派"以及主流意识形态形成某种错位和疏离。

中国自由主义与马克思主义传统"左"派的关系显得更为紧张。新自由主义者与马克思主义"改革派"在改革的目标和方向上基本取同一方向，一定意义上可以形成同盟关系；而马克思主义传统"左"派，与马克思主义"改革派"虽然同属中国马克思主义，但在改革的路径和方向上却大相径庭。如此，中国自由主义与马克思主义传统"左"派的关系自然也就处于某种矛盾和对立状态。

但新自由主义思想派别与所谓"新左派"之间的关系则呈现更为复杂和纠缠的状态。"在利益分化和社会断裂的 90 年代，对改革之正当性的质疑、对中国问题的不同诊断，以及重建中国知识批判传统的不同路向，导致了新启蒙知识分子的思想分裂。坚持新启蒙立场的自由派从西方自由主义中寻求市场化和民主化的思想资源，继续深入地批判极'左'意识形态和权力结构，敦促推进中国宪政民主的政治体制改革。而从新启蒙阵营中分化出来的新左派则从西方左翼批判理论汲取灵感，尝试重新建构反对资本主义的新左翼批判传统。"〔2〕这段话标明了"新左派"的思想谱系，它与自由主义属于同一阵营，仅是属于"新启蒙"内部的某种思想路径的分化而已。"中国'新启蒙主义'思想不是一个统一的整体，就思想的体系性而言，它远不如马克思主义那样完整。事实上，中国'新启蒙主义'是一种广泛而庞杂的社会思潮，是由众多的各不相同的思想因素构成的。这些各不相同

〔1〕 杨凤城：《20 世纪的中国——走向现代化的历程（1949—2000）》，第 465—466 页，北京：人民出版社，2010 年。

〔2〕 许纪霖、罗岗等：《启蒙的自我瓦解：1990 年代以来中国思想文化界重大论争研究》，第 195 页，长春：吉林出版集团有限责任公司，2007 年。

的思想因素只是在批判传统的社会主义和寻求作为目标的'改革'过程中才结为同盟。"[1]而"新左派"也即是"新启蒙主义"阵营里的一支,只是开出了与众不同的一份中国改革方案而已。

"新左派"与自由主义本来同属于新启蒙主义的同一阵营,却在1990年代之后发生了严重分化,并发生了论争。论争大概分为两个重要阶段:一是1990年代前期,以香港《二十一世纪》杂志为主要载体展开,主要是围绕海外学者崔之元、甘阳等人文章和观点进行论争;二是1990年代后,以海南的《天涯》杂志为平台展开,主要是围绕汪晖等人的文章和观点进行论争。其论争的主题涉及转型期中国社会的性质、市场经济与社会公正、自由与民主、宪政民主与激进民主、现代性批判与现代性呼求以及中国的现代化道路等重大社会改革问题。

"'新左派'和自由主义派的观点都含有一定的合理因素甚至深刻洞明之见,同时也有各自的不足。""更进一步讲,由'新左派'、自由派联系到同样在90年代形成的新保守主义思潮及其公开言说,确实为中国在21世纪的发展提供了广阔的思维空间和深刻启示,并且使我们能从中体会到中国确实正处一个思想上空前解放和生动活泼的历史时期。"[2]这一段评价应该说是比较公允和客观的。

因此,"新左派"和自由主义对于当代新思想文化的不同观点,均是统一在改革开放和现代化这个大背景之下的。它们之间的关系,也无疑属于当代新思想文化话语内部某种多元或称"复调"式的言说。

三、自由主义思想与现代新儒学

现代新儒学可以追溯到清末"戊戌变法"运动中康有为等人的"托古改

---

〔1〕 汪晖:《当代中国的思想状况与现代性问题》,公羊主编:《思潮:中国"新左派"及其影响》,第17页,北京:中国社会科学出版社,2003年。
〔2〕 杨凤城:《20世纪的中国——走向现代化的历程(1949—2000)》,第510页、511页,北京:人民出版社,2010年。

制"，为了引进西方先进的政治、经济和文化，其对中国传统儒家思想进行新的或者说现代性的诠释。在五四新文化运动期间，梁漱溟以《东西文化及其哲学》等文章，成为现代新儒学的主要代表人物之一。在 1930—1940年代全民抗战时期，现代新儒学在民族主义勃兴的社会大背景之下，再度获得振兴，涌现出了像冯友兰、熊十力、金岳霖等一批新儒学的大师级人物。在建国后直到"文革"，现代新儒学作为封建主义的思想意识处在被批判和排斥的状态；而在思想解放运动发生后，占据主流的仍是自由主义思想，现代新儒学仍然处于被打压和贬抑的状态。1990 年代以来，由于思想多元化以及全球化、民族化问题再度提到全社会的面前，现代新儒学特别是海外现代新儒学受到人们的关注，其代表人物唐君毅、牟宗三、徐复观、余英时、刘述先、成中英、杜维明等的思想观点，开始呈现广泛流行之势。

在官方意识形态的默许甚至是导引之下，现代新儒学得到一定程度的提倡以及一部分人的拥戴。如 21 世纪初的新儒学宣言、中小学生的"读经运动"、天安门孔子雕塑事件等，这些拓展以及拓展之中的某些犹疑和迟缓，正是一种曾经被视为异类的思想逐渐向中心和主流靠拢时的必然现象。这同时也表明以马克思主义"改革派"为核心的官方意识形态，出于更为深远的目的，比如中国民族文化的建设以及如何在"全球化"的大背景下确立自己的文化依托和文化自信问题，对现代新儒学采取了更为积极的容纳和吸收的态度。

而自由主义与现代新儒学的关系，则显得更为复杂。五四新文化运动是以反对"孔孟之道"作为反封建的主要任务的，"全盘西化"是其主要的文化口号或现代化目标。然而，自由主义在本质上并不全盘否定包括儒学在内的中国传统文化，这从胡适等人提倡"整理国故"即可见一斑。应该说，在融汇中西以创建中国文化这个目标上，中国自由主义与现代新儒学在大的目标上也是一致的，至少取同一向度的。而事实上，现代新儒学也并不反对向西方文化学习这些现代化目标，只是更多强调以儒家文化为主的"中国文化本位主义"的重要性和必要性，提出更多吸纳中国传统文化的精髓部分并以此救助或弥补西方现代文化之不足的主张。因此，在自由主义与现代新儒学之间,虽然也存在某种文化上的紧张关系,但在建设民族文化的大目标上是没有分歧和差异的。

1992年以后,中国步入了多元文化发展的局面,以"文化本位主义"为特征的现代新儒学的再度兴起,预示着新文化思想的另一组多元关系也由此回归。现代新儒学汇入了新思想文化建设的奏鸣曲之中。

如果说,马克思主义"改革派"作为一种强势和主导的思想存在,因与主导性的官方意识形态形成同一姿势和步调,从而形成了不容置疑的某种强势地位和显性的思想"主调"的话,那么,重新改革开放以后,另一个隐形的思想"主调"或"主题",则不仅同样不容忽视,而且更应该获得强化和关注。这就是勃兴于欧洲文艺复兴时期的"世俗化"启蒙理念及其运动。

"世俗化启蒙是启蒙的一个重要组成部分。在民主、科学、个人解放(或名'个性解放')等'五四'启蒙的诸多问题中,世俗化启蒙应该归入个人解放的范畴。物质和身体的解放是个人解放的基础和条件,也是重要组成部分。对于个人来说,先有了肉体和生存欲望的满足,然后才有了自我、自由等更高层面上的理念和要求。一个在物质和身体上均得不到满足、没有自由的人,也是无法获得真正意义上的精神自由和个性解放的。""欧洲中世纪神学、中国的封建主义、'左倾'主义,它们反启蒙的本质,首先即在于,他们压抑、否定或蔑视人的肉身的食色需求,进而取消人的精神自由。因为,取消了生物意义上的人,才能从根本上取消人的基础;从而使人变成'非人',成为所谓的'神',成为'圣贤',成为'社会主义的新人',等等。一句话,把人变成了宗教神学、封建理学或者'左'倾主义的奴隶,而不是真正意义上的'人'。"[1]这是较早关于中国"世俗化"启蒙问题的论述之一,并得到了肯定性的评价。

1992年邓小平"南方谈话"的发表,成为一个新的时间节点。此后,沿着1980年代的改革开放路径,1990年代的市场化进程得以迅速推进。

---

[1] 海马:《激流与残冰——启蒙视域中的1990年代中国大陆戏剧》,第9—10页,南京:南京大学出版社,2012年。

1990 年代启蒙呈现了新的形态，即以人在物质和身体方面的世俗化解放为主要特征。在 1990 年代，人的身体因素、物质性因素受到特别关注。人们对物质和财富的欲求、对身体解放的欲求空前高涨，甚至在某种程度上出现了为人们所诟病的"人欲横流"的社会现象。这一点，与欧洲文艺复兴时期的情形，有着非常惊人的相似之处。这也正是在 1990 年代，随着社会主义市场经济的兴起而得以勃兴的"世俗化启蒙"。

然而，对于这个"世俗化"启蒙时代的到来，我们理论界却缺少应有的认识。1993 年的"人文精神"大讨论，其主要话题即与"世俗化"启蒙有关。在这场大讨论中，许多学者忧心忡忡，认为"人文精神"已经失落，殊不知这恰恰是欧洲文艺复兴时期的"人文主义"的精髓所在。除王蒙等人外，张颐武等人站在后现代主义的立场上为"世俗化"进行了辩护。然而，"1990 年代人的欲望化、身体化和世俗化并不是后现代主义的特有内容，它恰恰是启蒙的题中应有之意，欧洲在文艺复兴时期就基本完成了的任务。把这一切误认为是后现代主义，是一种典型的'时空倒错'。而张颐武等人站在后现代主义的立场上，为人的欲望化和世俗化作了一场前现代的辩护，显得既滑稽，又庄严。这是启蒙'内部冲突'的某种体现，张颐武等人所指称的所谓'后现代主义'，在很大程度上，是蒙上了后现代主义面纱的文艺复兴时期的启蒙主义。"[1]

在此基础上，则有了"新理性主义"的产生，其目标即为了拯救失落的理性精神，消解"世俗化"启蒙所带来的物化现象。其中的主要代表人物有钱中文等人，他所撰写的《新理性精神文学论》一书，其立论依据即是："对物的无尽的追求的内在规律是，造成了对人的挤压，物的阴影遮蔽了人。物欲的发展不断转化为对金钱权力的追逐，使自身成为了一种异化力量，使人变为物的奴隶。""人有肉体生存的需要，要有安居的住所……还有精神的需要，还要在其物质家园中营造精神安居的家园，还要有精神文化的

---

〔1〕　海马：《激流与残冰——启蒙视域中的 1990 年代中国大陆戏剧》，第 12 页，南京：南京大学出版社，2012 年。

建构与提高。"这样的担忧和吁求,应该说是具有合理性和预见性。这就像一辆汽车一样,既要有充足的动力系统,要有油门,还要有完整、有效的制动系统,有刹车。因为,欧洲文艺复兴时期的"世俗化"启蒙,有传统宗教成为其制约和缓冲因素,因而不至于走向物化和异化的某种极端状态;而中国是一个没有完整宗教背景的国家,再加上长期以来对人的物质和身体欲望的压抑,作为"世俗化"启蒙的直接结果,极易走向"人欲横流"和"道德沦丧"的道路。钱中文们的担忧并非没有依据,更不是多余。

但是,在"世俗化"启蒙与新理性主义这组思想"复调"中,新理性主义的力量尚嫌薄弱。如果借鉴和融汇现代新儒学甚至是宗教思想文化中的某些积极因素,再加上马克思主义思想教育体系的中坚力量,不仅会收到更好的效果,而现代启蒙的大业也才会沿着正确的方向和道路不断前进和发展。

1992 年以后,除了以上思想"复调"、多元之外,还有现代主义与后现代主义、新权威主义与新保守主义、激进主义与保守主义、世界主义与后殖民主义(民族主义)等更加多元的思想系统存在。例如,世界主义是马克思主义的重要思想内容之一,但民族主义、后殖民主义等思想则无疑对"世界主义"怀有深刻的戒备和怀疑。从某种程度上来说,"世界主义"往往被民族主义者和后殖民主义者理解为政治、经济和文化上的被侵略以及主权的丧失。

四、新启蒙的思想意义与学术含量

从多元文化发展时期中国新思想文化总体上的思想脉络和发展路径来说,1992 年以后到了 21 世纪,中国当代新思想文化基本上是以"复调"为基础,并以"多元化"和"多重性"的方式存在。现代新思想文化,尤其是包含着理性精神和科学态度的思想系统,从来就不应该是有我无他的一种存在物。多元性并存的思想文化所体现的这种包容性、互动性,无疑属于一种现代品格。"复调"、多元基础之上形成的以马克思主义为基础的多元思想格局,无疑是当代文化景观中一幅美好的图景。启蒙没有死,现代启蒙主义在新的时代呈现出了生命的蓬勃之势;启蒙也没有"崩溃"或"瓦解",相反,在这个历史时期,现代启蒙主义恰恰在真正意义上崛起和深入,并有了充分的展开。正如《启蒙的自我瓦解:1990 年代以来中国思想文化界重大论争研究》一书所说:"启蒙死了,启蒙万岁。死去的是启蒙传统中各种绝对主义的元话语,而永恒的将是启蒙思想中的交往理性和批评精神。"[1]

　　早在改革开放时代,新启蒙就已经酝酿成思想界、学术界的热点。李泽厚在鼓吹新启蒙思想方面显示出足够的学术理性和思想潜质。到了多元文化发展时代,李泽厚在《启蒙与救亡的双重变奏》一书中阐明了新启蒙与五四新文化启蒙的关系:

　　　　今天流行的"人道主义"、"思想解放"和启蒙运动是历史的再一次重复吗? 使人惊异的是,……陈独秀 70 年前《新青年》中的那些主张,如提倡人的自主、勇敢进取、反对锁国、主张功利主义、要真正民主,不要为民做主的清官,等等,却可以在今天好些政治、学术论著和好些青年的思想、主张中看到。五四时期鲁迅的"不读中国书",钱玄同的"废除汉字"等等激烈的彻底的反传统、批儒家的要求,在今天许多青年的思想和论著中,也是"似曾相识燕归来"。……这确乎令人惊叹,但又完全可以理解。

　　　　不过,重复五四那种激烈的批判和全盘西化就能解决问题吗? 我们今天的确要继承五四,但不能重复五四或停留在五四的水平上。对待传统的态度也如此。不是像五四那样,扔弃传统,而是要使传统作某种转换性的创造。[2]

　　此后,在政治改革的停滞与急速的经济增长之间,知识分子营垒发生

〔1〕　许纪霖、罗岗等:《启蒙的自我瓦解:1990 年代以来中国思想文化界重大论争研究》,第 42 页,长春:吉林出版集团有限责任公司,2007 年。

〔2〕　李泽厚:《启蒙与救亡的双重变奏》,《李泽厚十年集·中国现代思想史论》,第 45 页,合肥:安徽文艺出版社,1994 年。

了历史性的分化：所谓"新左派"和自由主义派构成了某种思想对垒的格局。仅仅在学术领域，这种分化和对立也极大地影响了1992年以来中国学术和思想史的进程。学术和政治的瓜葛，思想进展的懈怠与学术文化的浮沫化互为表里，在文、史、哲诸方面，本体论建构的缺失终酿成一场世纪性的文化之殇。

而另一方面，有些人的政治保守化也带来了学术和思想文化不同程度的保守化趋向。仿佛从"新启蒙"中反思五四和温和的反传统诉求中脱颖而出的，是传统思想和文化借助于保守型政治势力的庇护粉墨登场，种种打着"国学"旗号的历史沉渣浮泛开来，在低俗和肤浅的利益诉求中吸引着大众的眼球。

李泽厚曾说："九十年代学术风尚特征之一是'思想家淡出，学问家凸显'，鲁迅、胡适、陈独秀等退居二线，王国维、陈寅恪、吴宓等则被抬上了天。而从一些刊物的自我标榜看，仿佛有些人硬想回到乾、嘉时代去。这是一个有趣的现象，具有思想史的意义，值得分析研究。"[1]这样的观点1990年代中期则遭遇到反拨。

1992年以后，由于社会政治形势骤变，"西潮"难以为继，文化保守派独占鳌头，启蒙派中也多有转而为保守者，"文化热"的主流由"中潮"取而代之，以维护政治现状为目的张扬传统文化，包括对"文革"的反思也骤然停止。

显而易见，1990年代传统文化热的出现不是偶然的，它是以1980年代"新启蒙"的失利中辍为前提的，也以此为代价。一方面，它在文化价值观上支撑着政治保守主义，另一方面，它在文化功能上则一定程度地唤醒了人们的传统记忆，对五四以降的文化激进主义及其历史流弊产生有规避的意识。从学术上看，1990年代以来的传统文化热使人们一定程度上把学术关注的重点移向所谓"国学"领域，过去少为人知的一些与此有关的专业学者及其学术功绩重新被人提起，引起关注，从而也一定程度地推动了当代学术文化的传统化转向。如陈寅恪的广为人知，吴宓等学衡派大师的被推

---

〔1〕 李泽厚：《与陈明对谈》，《世纪新梦》，第329页，合肥：安徽文艺出版社，1998年。

崇,钱钟书、季羡林等先后被尊封为"国学大师"等,即李泽厚所谓"思想家淡出,学问家凸显"。同时,由于当代传统文化热("国学热")有其特定的历史渊源和政治文化背景,其兴也骤,其衰也急。时至今日,所谓"国学"领域呈现出一派乱象。一方面,"国学"本身作为一个学术定义是需要确切限定的,传统的"国学"真正意义上只是"经学",其他都是附属。经过了五四以来的文化和社会历史变迁,传统意义上的"国学"不可能继续存在(刘师培可谓最后一个"国学家",不宜纳入现代学术体系来认识),在一个日益开放的、国际化和世界化的学术环境中,一切学术都是现代性的。犹如当年傅斯年所说:"我们所去研究的材料多半是在中国的,这并不是由于我们专要研究'国'的东西,乃是因为在中国的材料到我们的手中方便些。……世界上无论那一种历史学或那一种语言学,要想做科学的研究,只得用同一的方法,所以这学问断不以国别成逻辑的分别,不过是因地域的方便成分工。"[1]在这个意义上,五四以降,刘师培之后,便无所谓"国学"了,又何来什么"国学大师"? 而王富仁等企图以"新国学"之名将现代意义上的中国学术及其生成体系包容无遗,不仅是不现实的,也是不应该的。这无异于固步自封,夜郎自大,终将陷于学术文化上的"闭关自守"。现代学术文化除了立足于开放性、世界化的立场,走科学化、国际化之路,其他则无助于中华民族重新立于世界文化之林。另一方面,海内外那些以当代"新儒家"自称的传统文化学者,多半都是梁漱溟、熊十力、钱穆等的学生或传人,无论其对儒学抱持什么态度,其研究方法和思想也多半富有现代性。至于于丹等的大众化学者,其实是拿儒学作噱头,为社会政治和文化的保守主义提供意识形态调料,赚取官方认可的大名和大众认可的利益。他们对儒学的涉猎离真正的学术研究尚有遥不可及的距离。

　　1994 年前后的"人文精神"讨论本质上是 1980 年代"人道主义和异化问题"论争的继续,但由于少了意识形态话语的干预,使之具有了较为广泛

---

〔1〕　傅斯年:《历史语言研究所工作之旨趣》,《傅斯年全集》(3),第 9 页,长沙:湖南教育出版社,2003 年。

的学术论争的性质。这场论争首先围绕着文学问题展开。因为自 1990 年代初始,原先文学中的批判精神和理想主义渐次式微,新历史主义、新写实主义等以解构主义和自然主义的观点观照历史和解释现实,使得一部分具有严肃旨趣和理想主义情怀的知识分子视之为"人文精神"缺失的表现。正是在这个意义上,所谓"人文精神"便首先被理解为一种现实或终极关怀。围绕着这个问题,论争和探讨多在"形而下"的现实介入与"形而上"的精神关怀及其相互关系问题上展开。论争的内容包罗万象,观点莫衷一是。由于意识形态话语的"等闲视之",论争得以在学术秩序及其"游戏规则"允许的范围内进行。以此为开端,一种自主探讨、自由表达,较为常态化的学术研究新局面得以形成,历史上政治意识形态左右文学批评和学术论争的现象不复存在。

因此,一方面,1992 年以降,学术与政治出现了两相分离的转折点,另一方面,由此进入 21 世纪,也造成了学术史脱离思想史的一个新的转折点。如果说从 1980 年代到 1990 年代,学术史与思想史的合一及分离表现了当代学术文化与思想文化的同一性,及其异质性的呈现——学术在一个政治消极化的时代必成为知识分子规避现实的遁逃薮,思想建构则必要求对政治的积极性诉求,那么,学术与思想史的分离则表现了某种意义上存在的学术本体论还原——回到具体和考据,或以超越性立场谋求形而上生存,及思想史建构中所必需的知识性准备和理性储备阶段。就中国的历史和现实而言,学术和思想的终极化分离是难以想象的,但二者的浑然不分也未必就是常态。"人文精神"讨论难以深入,还是本体论建构缺失使然;而"国学热"的出现则有取代本体论地位和价值的意义。本体论建构的缺失必导致各种学术论争的浮泛和肤浅。儒学不过是一种陈旧的意识形态。现代中国社会需要现代化的政治、经济,也需要现代化的思想和学术,"国学热"带来的儒学的借尸还魂,犹如保守主义政治所造成的固步自封一样,毕竟是暂时的。

新文化终究是新时代的思想文化主流,无论它是否打起"启蒙"的旗号。

第五十八章
多元文化与中国戏剧文化的复苏

中国的文化在进入重新改革开放的 1990 年代以及新世纪以后,变得越来越多元,中国戏剧,在这种多元文化的语境中,向着多元化方向发展。李泽厚在《中国现代思想史论》中的《二十世纪中国文艺一瞥》中就认为 1980 年代的中国文艺出现了"多元取向"[1],那其实是一种夸张。1992 年以后中国的多元文化,并不是"西方的文化多元主义(multicultrualism)",而是"已经改写成中国语言和文化范围内的另一种文化多元主义,它类似西方社会的另一个关键词——cultural pluralism"[2]。许纪霖指出,当 1980 年代的启蒙获得话语领导权之后,也是其走向分化的开始,以普遍理性为核心的启蒙阵营到 1990 年代中期发生了重大的分裂:自由主义与激进左翼、人文精神与市场世俗主义、世界主义与民族主义……这些本来同处一个阵营的对立双方,纷纷从启蒙的旗帜下破茧而出,自立门户,形成 1990 年代激烈的思想论战[3]。

这种多元文化,是在 1980 年代改革开放和"文化移译"的基础上,从表层到深层,到现象到结构,逐步地建立起的一种和社会结构相适应的文化

---

〔1〕 李泽厚:《中国现代思想史论》,第 255—264 页,北京:东方出版社,1987 年。
〔2〕 宋伟杰:《地方性还是全球性的? ——多元文化语境中的文化认同问题》,乐黛云、张辉主编:《文化传递与文学形象》,第 363 页,北京:北京大学出版社,1999 年。
〔3〕 许纪霖:《启蒙如何起死回生》,第 368 页,北京:北京大学出版社,2011 年。

结构。就戏剧而言,如从文化类型上说,可以分为主流戏剧、先锋戏剧、商业戏剧(这种形态类型,可以和柯林伍德的巫术、艺术和娱乐的分法相媲美),最终艺术家可以走向文化批判,这是一个"从分化到多元化再到批判性乃至反文化"的过程。

一、多元文化:戏剧的文化类型

1990 年代以后,有人认为是进入了新新时期,或者后新时期,而在世纪末之后,又有一个新世纪,朱寿桐认为,1990 年代是富有戏剧色彩的,因为这里边包含着一种世纪末情结。同时他又指出,事实上,这个时代里许多极富戏剧性的东西,常常总是留待下一个世纪具有更大腕力的人们去做更大手笔文章的[1]。世纪末情绪是伴随着新世纪的嘉年华而相生相灭的。

在文学界,1990 年代初,王晓明提出"人文精神的衰落",而在戏剧界,1990 年代以来进入了更进一步的危机,如朱寿桐认为,1990 年代"至少从中国话剧创作领域观察,不能不说这是一个贫困与荒歉的年头"[2]。这是一种文化的危机。

但是,戏剧作为一种人类的艺术样式,是不会消亡。首先,作为控制意识形态的宣传部门和戏剧主管的文化部门,不会真正轻易放弃戏剧;其次,作为先锋探索者也会找到一条适合于他们发展的道路;而最终精明的商人也会从中嗅到戏剧作为文化投资的气息。确实,到了 1990 年代末,戏剧从文化的绝境中逢生,出现了复苏和回暖。蔺海波认为,应该说,1990 年代的中国戏剧就是在这样不同的追求里行进着的。在这样的行进中,形成

---

〔1〕 朱寿桐:《世纪末的文化影像——略论 90 年代中国话剧文学创作》,《朱寿桐论戏剧》,第 221 页,南昌:江西高校出版社,2002 年。

〔2〕 朱寿桐:《世纪末的文化影像——略论 90 年代中国话剧文学创作》,《朱寿桐论戏剧》,第 221—222 页,南昌:江西高校出版社,2002 年。

了戏剧创作主体多样化的创作追求,以及对追求目标的逐步定位[1]。从1990年代初,一直到新世纪,中国的戏剧文化开始向多元文化的方向发展。多样化和多元化(多元文化),似乎是"异曲同工",实际上是不"同工",而且"异曲"。这一时期,主流戏剧、先锋戏剧、商业戏剧多元并存。

1. 主流戏剧

进入1990年代以来,国家主流意识形态提出主旋律的观念,主旋律的主题词是:"弘扬主旋律,发展多样化。"也就是说在弘扬主旋律的同时,还要发展多样化。主流戏剧是在主旋律之下的多样化。

主流戏剧,是在戏剧进入低谷之后,由国家主管部门所控制的戏剧及活动,由国家性质的剧院和团体所承担。如从1987年开始的中国艺术节和1988年开始的中国戏剧节等国家性的节日,每两三年一次,中国艺术节迄今已经有十届,中国戏剧节迄今已经有十三届。从1991年起又开始设立每年一度的文华奖,从2004年第七届中国艺术节起,文化部将"文华奖"的评选与中国艺术节两奖合一。2002年开始,国家又设立国家舞台精品工程。但是这些艺术节和戏剧节所上演的剧目和获奖的剧目太多太泛。

评判一部剧是否优秀,入选艺术节或者戏剧节,并且评上奖是一种方式,入选由民间学会组织的剧作选或者学会奖,也是一种方式。

根据中国话剧艺术研究会编,刘厚生、胡可、徐晓钟主编的《中国话剧百年剧作选》(17、18、19卷的分卷主编是黄维钧),选中的1990年代以来的剧目有:《留守女士》、《情结》、《死水微澜》、《李白》、《没毛的狗》、《陈小虎》、《潇洒女孩》、《同船过渡》、《辛亥潮》、《虎踞钟山》、《地质师》、《商鞅》、《棋人》、《雪童》、《"厄尔尼诺"报告》、《北京大爷》、《女兵连来了个男家属》、《春

---

[1]　蔺海波:《90年代中国戏剧研究》,第7页,北京:北京广播学院出版社,2002年。蔺海波还认为,1990年代的戏剧,很难用一个比较精当的词汇来概括其特征,因为1990年代经历了"定向戏"、"主旋律戏剧"、"小剧场戏剧"、"商业戏剧"、"先锋戏剧"、"独立戏剧制作人"戏剧、戏剧小品和音乐剧等等,很难像以往的戏剧那样"命名"。蔺海波:《90年代中国戏剧研究》,第8页,北京:北京广播学院出版社,2002年。1990年代的中国戏剧,可以说是处于一种与上述年代戏剧发展的"共名"状态相对立的"无名"状态。

话剧《李白》演出广告

雨沙沙》、《炮震》、《蛐蛐四爷》、《西太后》、《沧海争流》、《父亲》、《WWW. COM》、《宝贝儿》、《兰州人家》、《母亲》、《凌河影人》、《我在天堂等你》、《柠檬王的味道》、《立秋》、《黄土谣》、《天籁》、《有一种毒药》等。

以上的剧目,有被评上"五个一"工程奖的,有被评上文华奖的,也有获得国家舞台精品工程的。

现实主义戏剧的延续,比如杨利民的《地质师》、过士行的《棋人》、中杰英的《北京大爷》、沈虹光的《同船过渡》、杨宝琛的《父亲》、孟冰的《黄土谣》、万方的《有一种毒药》等,则可以看做是新现实主义戏剧。杨利民在1980年代创作出一系列"石油剧"之后,在1990年代又创作出《地质师》,这个剧依然表现的是"石油"题材的,但是,却把背景放在北京火车站这样一个具有象征意义的地点。过士行的《棋人》则是他"闲人三部曲"中《鸟人》、《鱼人》的第三部,采用了悖谬的方式来表现城市中的"闲人"。中杰英的《北京大爷》表现了北京人在商业大潮面前的一种文化态度。沈虹光的《同船过渡》涉及了老人的黄昏恋。杨宝琛的《父亲》则是表现的下岗工人的再创业。孟冰的《黄土谣》表现了军人如何回乡重建家乡。万方的《有一种毒药》表现了在当今时代的一种人生的偏执狂,具有一种寓言的意味。

历史题材的戏剧(包括民国题材),如郭启宏的《李白》,姚远的《商鞅》,查丽芳的《死水微澜》、《立秋》等(《中国话剧百年剧作选》没有选入田沁鑫的《生死场》,李龙云的《正红旗下》和赵耀明根据王安忆同名小说改编的《长恨歌》等),也具有主流价值。其中,陈薪尹导演,姚远编剧的《商鞅》,可以说表现的是法家的国家主义。这种国家主义,是1990年代后"中国崛起"的一种历史解释。《蛐蛐四爷》将天津的一种地方文化展现出来了。先由陈颙、后由查明哲导演的《立秋》,则表现了晋商的创业和守业,体现出一种文化缅怀。

根据 1987 年成立的中国戏曲学会颁发的学会奖统计,至 2015 年,学会只评出了 32 个剧目,京剧的《曹操与杨修》、《廉吏于成龙》、《骆驼祥子》、《膏药章》、《北风紧》、《成败萧何》,昆曲的《公孙子都》、《班昭》、《张协状元》、《长生殿》、《红楼梦》、《景阳钟》,越剧的《西厢记》、新版《梁祝》、《九斤姑娘》、《李慧娘》、《狸猫换太子》、《一缕麻》,评剧《我那呼兰河》,沪剧《挑山女人》,滑稽戏《顾家姆妈》,川剧《金子》、《欲海狂潮》,婺剧《梦断婺江》,甬剧《典妻》,闽剧《红豆缘》,歌仔戏《邵江海》,晋剧《傅山进京》,豫剧《程婴救孤》,秦腔《花儿声声》,上党梆子《千秋长平》,吕剧《回家》等。

这些剧目和上述话剧一样,也有获"五个一"工程奖、文华奖、国家舞台精品工程奖,但从艺术性或者学术性上讲,具有了民间的独立判断。在这些剧目中除了《曹操与杨修》等属于 1980 年代外,基本是进入 1990 年代以来的新编戏剧。有些是继承 1980 年代对于历史反思的剧目,如京剧《廉吏于成龙》、《成败萧何》,昆曲《公孙子都》、《班昭》,上党梆子《千秋长平》等;更多的是对于传统经典的还原和改编,如昆曲《张协状元》、《长生殿》、《红楼梦》,越剧《西厢记》、《梁祝》、《李慧娘》、《一缕麻》,豫剧《程婴救孤》等;有一些是根据现代文学和戏剧名著改编的,如京剧《骆驼祥子》、评剧《我那呼兰河》、川剧《金子》、甬剧《典妻》等;还有一些是现代戏,如沪剧《挑山女人》、滑稽戏《顾家姆妈》、秦腔《花儿声声》、吕剧《回家》等。

2. 先锋戏剧

在经过 1980 年代的探索戏剧之后,进入 1990 年代,牟森、孟京辉等人开始倡导先锋戏剧,或者称实验戏剧。有人认为。探索戏剧也是先锋戏剧,或者称实验戏剧。

富有意味的是,1920 年代的中国话剧受到了新浪漫主义戏剧和现代主义戏剧的影响,1980 年代的探索戏剧受到了荒诞派戏剧的影响,而 1990 年代的先锋戏剧则更多地受到阿尔托、格洛托夫斯基、彼得·布鲁克等的影响。应该说,中国新时期的先锋戏剧是从 1990 年代真正开始的。从这个意义上说,中国大陆的先锋戏剧应该有一种狭义的理解,那就是 1990 年代出现在戏剧中的文化现象。在 1990 年代的中国大陆,先锋戏剧往往只是在北京和上海这些大都市出现的现象,他们以实验的姿态进入戏剧,可以被视为是"城市的炼金术"。先锋戏剧又往往是一种族群的形象,出现了牟森的"蛙"实验剧团、孟京辉的"穿帮"剧团以及林兆华戏剧工作室等团体,他们的演出是一种城市的仪式,一种"部落化的节日"。从总体上说,我们可以将 1990 年代中国的先锋戏剧称之为一种戏剧族群的"生命仪式"。

牟森导演了《关于〈彼岸〉一次汉语语法讨论》、《零档案》、《与艾滋有关》、《红鲱鱼》等一系列先锋剧,其中《关于〈彼岸〉一次汉语语法讨论》似乎就是这种心灵的体现。他将来自全国各地的北京电影学院表演班的学员聚集在一起,排练了这出高行健的《彼岸》和于坚的诗的结合剧,表现了一种对彼岸的宗教般的执着追求(蒋樾还据这出戏的排练前后的跟踪记录拍摄了一部纪录片《彼岸》)。

但是,真正打出先锋戏剧旗号的是孟京辉。在孟京辉的戏剧中,也有很强的反叛性。他的戏剧是从《思凡》开始,然后导演了《等待戈多》、《我爱×××》、《恋爱的犀牛》、《一个无政府主义者的意外死亡》等等。就像蔺海波所指出的那样:"《思凡》显示出审视人生和世界的新眼光和聪明智慧,标志着 90 年代个人性的、反叛式的话剧创作的开端。"[1]《等待戈多》中的演员在演出中现场将玻璃打破的场面,也给人以一种反叛的感觉。《我爱×××》、《恋爱的犀牛》等剧作更是如此。

林兆华是从探索戏剧转换或者说自然过渡到先锋戏剧的。1990 年代以后林兆华导演的戏剧,基本上是先锋性的,如和过士行合作的《鸟人》、《鱼人》、《棋人》。除此之外,他导演的《哈姆雷特》、《罗慕路斯大帝》、《浮士德》、《理查三世》、《三姊妹·等待戈多》、《故事新编》、《风月无边》、《阮玲玉》、《北京人》、《茶馆》、《古玩》、《赵氏孤儿》等剧都是先锋性的。他导演的作品不是对经典的颠覆,就是对名作的解构,如他导演莎士比亚的《哈姆雷特》是想表现"人人都是哈姆雷特"的意图,在"生存还是死亡"的独白段落

---

〔1〕 蔺海波:《90 年代中国戏剧研究》,第 191 页,北京:北京广播学院出版社,2002 年。

中,哈姆雷特、克劳迪斯、波格涅斯三人面对面,既是角色,也是演员,都去思索那段话的意思。在《茶馆》中,林兆华将原来非常写实的裕泰茶馆的房子变成了一间"东倒西歪屋",这是一种对现实主义布景的解构。在他的导演下,以复仇为主题的《赵氏孤儿》中的赵氏孤儿最后不复仇了。

《茶馆》剧照

　　张广天导演了话剧《切·格瓦拉》、《鲁迅先生》、《红星美女》。他说:"公众化的诗是一种仪式。一个真正的公众仪式需要集体参与。"张广天的《圣人孔子》,对中国20世纪的历史进行了一种嘲弄式的自虐。这个剧将五四时期的打倒孔家店和"文革"时期的批林批孔联系起来,将林彪摔死在蒙古温都尔汗和美国"9·11"事件拼贴在一起,产生了后现代的荒谬感。

　　值得指出的是,1990年代的先锋戏剧,可以分为两个方向,一部分继续先锋,如张广天等;一部分开始转向商业,如孟京辉等。

　　哈贝马斯曾表述过一个审美现代性的矛盾:艺术在面对实用价值压力条件下据守自身的自律性,一方面有可能成为反文化或者否定文化,另一方面又面临商业化的大众艺术的威胁[1]。这就是为什么先锋戏剧很容易转化为商业戏剧的原因,用比格尔的话说,先锋戏剧和商业戏剧,这层窗户纸很容易被捅破。

---

〔1〕　〔德〕哈贝马斯:《合法性的危机》,刘城北、曹卫东译,第109—110页,上海:上海人民出版社,2000年。

3. 商业戏剧

葛兰西指出，"商业文学"是人民—民族文学的一个分支，其"商业性"根源于这样的事实：它的"有趣的"成分不是"真挚的"、"内在的"，无法同艺术观和谐地融合，它是呆板地从外界搜寻得来，作为保证"一鸣惊人"的成分，用巧妙的方法炮制而成。然而，这至少意味着，在任何情况下，即便是商业文学，在文化史上也不应该被忽视：正是在这个意义上说，它甚至具有极大的价值，因为一部商业性文学作品的成就，表明了（有时是唯一的标志）"时代哲学"是怎样的哲学，即在"沉默的"群众中间什么样的感情和世界观现在占据主导地位[1]。如果站在精英主义的立场，往往会对商业戏剧嗤之以鼻，但是从文化史的角度来看，商业戏剧"不应该被忽视"。

戏剧在进入危机和低谷时期，通过商业演出，会增加观众的兴趣，吸引观众回到剧院，因此，商业戏剧是"消费文化"的产物。中国的戏剧，在文明戏和后来的职业戏剧中，都曾经体现过消费文化的特征。但是随着戏剧的政治化和体制化，戏剧越来越成为意识形态教育的工具。到了 1980 年代后期，尤其是进入 1990 年代以后，戏剧则又重新回到了消费文化。

1988 年，辽宁人艺演出的，王延松导演的"体育馆戏"《搭错车》，作了商业演出的尝试。

商业戏剧的操作并不是艺术家所能完成的，于是独立制作人应运而生，这意味着戏剧从原来国家体制中分化出来的可能性，戏剧艺术家可以不必直接面对国家政府，同时，也不必直接面对市场。制作人需要寻找投资方，撰写具有可行性的策划书，与商业界广泛接洽，因为舞台演出需要重金。王昶指出，文化策划人和文化制作人于剧团和资方之间斡旋、协调、联系，其角色在不断变换。这种工作自 1993 年后在中国北方才开始正式出现，至今已成为文化活动，尤其是文化演出的重要一环，策划人、资方、演出

---

〔1〕［意］安东尼奥·葛兰西（Antonio Gramsci）：《葛兰西论文学》，吕同六译，北京：人民文学出版社，1983 年，转引自王昶：《先锋的终结：比较文化研究》，第 3 页，北京：北京大学出版社，2012 年。

方的三方合作可以说是当代中国城市文化演出的"常规"制作模式。策划人往往是兼职,他们一般具有主流艺术机构或政府文化部门工作人员的身份,在两种文化管理机制之间寻求一种微妙的平衡和落差是对文化策划人的最大挑战之一[1]。

1996 年出现了一些商业戏剧,如《冰糖葫芦》、《别为你的相貌发愁》等。1997 年又出现了《谁都不赖》、《女人漂亮》等。

但是,商业戏剧也可能出现类似哈贝马斯所说的"重新封建化"的可能。哈贝马斯认为,进入后市场体制,文学公共领域被消费文化的"伪公共领域或伪私人领域所取代。一方面私人领域和公共领域之间的界限消解了",公众的批判意识成为再次封建化的牺牲品;另一方面,此前公共领域中形成的文化批判的公众,转变成消费社会中的消费公众。"市场规律控制着商品流通和社会劳动领域,如果它渗透到作为公众的私人所操纵的领域,那么,批判意识就会逐渐转化为消费观念。"[2]

1990 年代后的中国,不像西方已经完成了公共领域而走向衰落,而是在公共领域还没建立起来就因为消费文化而导致"重新封建化"。或者说,从人走向了物的过程。

主流戏剧、先锋戏剧和商业戏剧,并不是壁垒森严的。在主流戏剧中可以渗入先锋实验戏剧的手法,先锋戏剧也可以在一夜之间转化为商业戏剧。

如王晓鹰、查明哲导演的戏剧。王晓鹰早期作品可以说是一种先锋戏剧,但是他后来转向了主流戏剧。王晓鹰在导演了像《死亡与少女》、《萨勒姆的女巫》、《哥本哈根》之外,又导演了黄梅戏《半个月亮》等;查明哲也是如此,在导演了《死无葬身之地》、《纪念碑》、《这里的黎明静悄悄》和《青春残酷游戏》之后,接过了陈颙导演的《立秋》之后,他就基本以创作主流戏剧

---

[1] 王昶:《先锋的终结:比较文化研究》,第 10 页,北京:北京大学出版社,2012 年。

[2] [德]哈贝马斯:《公共领域的结构转型》,曹卫东等译,第 185 页,188 页,上海:上海译文出版社,1999 年。转引自周宪:《审美现代性批判》,第 93 页,北京:商务印书馆,2005年。

为主了,如秦腔《西京故事》、评剧《我那呼兰河》等。

田沁鑫、孟京辉早期的戏剧也带有先锋性,后来转向了商业戏剧。田沁鑫的《断腕》《生死场》是具有先锋性质的话剧,后来就开始导演商业性很强的《青蛇》等。孟京辉更是如此,他早年标榜先锋,如《思凡》《我爱×××》,从《恋爱的犀牛》开始就转向了商业,如《琥珀》《柔软》等。

林兆华在现实主义和先锋戏剧之间徘徊不定,一方面和过士行合作过《鸟人》《鱼人》《棋人》,导演《北京人》《茶馆》《古玩》等之外,他又导演了《哈姆雷特》《罗慕路斯大帝》《浮士德》《理查三世》《三姊妹·等待戈多》《大建筑师》《故事新编》《风月无边》《阮玲玉》《赵氏孤儿》等。

二、发展蓝图:戏剧的文化批评

值得指出的是,无论是"主旋律"戏剧,还是"五个一工程",抑或是国家舞台精品工程,都是一种"国家意识形态"的体现。因此,在倡导"主旋律"的时候,也要有多元化;在推出"五个一工程"和国家舞台精品工程的同时,也要有社会团体和个人的戏剧行动。菲利克斯·格罗斯指出,国家的职能是有限的,全部社会关系领域相应地被分为公共领域和私人领域,前者属于国家,后者属于市民社会。"关键的问题是在公共事务和私人事务之间、在社会和国家之间、在政府与个人及自由社团之间要有适当的平衡。"[1]当一种主流的意识压倒一切的时候,戏剧一方面变成一种国家的仪式,但同时也变成国家的工具。一个戏的上演不是为了观众,而是为了晋京演出,获得奖项。一个戏一旦晋京演出获了奖,也就寿终正寝了。而戏剧不能仅仅靠这些国家的行为,真正走出低谷,还要有社会团体和个人的行动,才能使戏剧进入市民社会和民间社会。因此,在国家行为的同时,无论是政党和政府以及社会团体的这些"工程",都是现代性的工程,但是,存在着

---

[1] [美]菲利克斯·格罗斯:《公民与国家——民族、部族和族属身份》,王建娥、魏强译,第4页、176页,北京:新华出版社,2003年。

两种现代性,马泰·卡林内斯库指出,作为西方文明史一个阶段的现代性同作为美学概念的现代性之间发生了无法弥合的分裂。他解释说,作为文明史阶段的现代性是"科学技术进步、工业革命和资本主义带来的全面经济社会变化的产物";相反,另一种现代性,是"导致先锋派产生的现代性"[1]。也就是说,既要有现实主义戏剧,也要有先锋戏剧;既要有"国家仪式",也要有"生命仪式"。

进入新世纪,在戏剧的多元文化和多重空间的基础上,我们可以对戏剧进行文化批判。丁罗男指出,戏剧文化和文化大系统的关系,虽是局部与整体的关系,但戏剧能够完整地代表文化,它与文化同形,即具有类似的结构。他引用苏联当代美学家 M. C. 卡冈的话说:"艺术能够起到'文化自我意识'的重要作用,它像一面镜子,文化从中见到自己,认识自己,并且只有在认识自己的同时,才能认识它所反映的世界。"[2]

一般认为,戏剧文化在发展中存在的问题是:

1. 精神萎缩

田本相、董健提出中国当下戏剧创作的精神萎缩问题。田本相认为,中国话剧的危机,是戏剧文化的危机,说到底是戏剧思想的危机,是思想的危机[3]。董健指出,中国当代戏剧的总体状态与 1980 年代相比是呈下滑与衰退趋势的。尽管也偶有较好的作品问世,有时候也显得颇为"热闹",有些地方甚全还叫人看到某种"繁荣"景象,但 1990 年代以来当代戏剧不可回避的总体特征是:虚假的繁荣掩盖着真实的衰微,表面的热闹粉饰着

---

[1]　[美]马泰·卡林内斯库:《现代性的五副面孔》,顾爱彬、李瑞华译,第 48 页,北京:商务印书馆,2002 年。

[2]　[苏]卡冈:《文化系统中的艺术》,《马克思主义文艺理论研究》编辑部选编:《美学文艺学方法论》(下),第 359 页,北京:文化艺术出版社,1985 年。丁罗男解释说,卡冈这里所说的艺术指的是整体的艺术,戏剧乃是一门高层位的综合性艺术,情况更当有代表性。(丁罗男:《关于戏剧文化的几点思考》,《二十世纪中国戏剧整体观》,第 380—381 页,上海:文汇出版社,1999 年。陈坚、盘剑合著的《20 世纪中国话剧的文化阐释》一书中就采用卡冈的观点进行阐释。)

[3]　田本相:《还百年话剧史以综合性艺术本体的面貌——〈中国话剧艺术史〉(九卷本)序》,《美育学刊》,2014 年第 1 期。

实质性的贫乏,其根本原因是戏剧精神萎缩,或曰戏剧失魂[1]。在这里,现代文化与传统文化,革命文化和封建文化发生交融和冲突,甚至发生了文化的错位。

1980年代的戏剧创作,有《曹操与杨修》、《巴山秀才》等这样的思想性和艺术性兼有的剧作,1990年代以后,尤其是进入新世纪,戏剧创作鲜有深刻的剧作。

1990年代以后,人文精神失落,导致戏剧创作的精神萎缩。这种精神萎缩表现在封建文化的"借尸还魂"。陈薪尹在导演了话剧《商鞅》之后,又导演了京剧《贞观盛世》,在首届国家精品工程剧目中赫然在列。同时,表现盛世的《大唐贞观》这一类戏,在主旋律戏剧中重复出现。另外陈薪尹又导演了像《徽州女人》等这样为封建统治和文化歌功颂德的主流戏剧。如果说《商鞅》、《贞观盛世》获得国家舞台精品工程奖尚可理解,那么《徽州女人》获得中宣部的"五个一工程"奖,就有点匪夷所思。

罗怀臻在创作了淮剧《金龙与蜉蝣》、甬剧《典妻》等优秀剧目之后,也创作了瓯剧《橘子红了》这样的倡导老夫少妻主题的劣作。相比之下,台湾新剧团根据魏明伦编剧的川剧移植的京剧《巴山秀才》、根据郭启宏编剧的话剧移植的京剧《知己》等剧目,倒和大陆1980年代的启蒙和批判精神合拍。

2. 创作失衡

国家设置了过多的戏剧奖,于是一度导致一些人创作戏剧的目的是评奖,而不是为了观众,为了艺术。这样造成许多剧目一旦评了奖,就寿终正寝。国家设置了精品工程,成为预设的目的,似乎只要进入了精品工程,这个戏就一定是精品,这样的扶持其实有明显的误导作用。

在这种文化语境中,戏剧创作出现了"一流的舞美,二流的导演,三流的剧本"的说法。如京剧《赤壁》就是如此。同时,由于戏剧从以剧本为中心,向以导演为中心发展,戏剧,尤其是戏曲出现了同质化的倾向。话剧导

---

[1] 董健:《中国当代戏剧精神的萎缩》,《中国戏剧》(2005年4月30日)。

演（或者一种剧种的导演来导演任何另一种剧种）来导演戏曲，将戏曲的剧种特色同质化了。几乎所有的著名的话剧导演都曾经导演过戏曲，如林兆华、王晓鹰、查明哲、田沁鑫等。

3. 批评异化

中国戏剧的批评，本来就是"残缺的翅膀"[1]。由于评奖的需要，戏剧批评沦落为奴婢。

戏剧批评除了主流批评和学院批评之外，还有媒介批评和自发批评。主流批评是意识形态性的，它通过戏剧的主管和职能部门，组织所谓的专家来进行。学院批评，如前所述往往是专业学院和研究机构的学者、教授、研究员在学术期刊上发表的批评。媒介批评，则是娱记们在媒介上发表的批评，这种批评更多的关心的是剧目的卖点，和演员的趣闻轶事。自发批评，则是观众的业余批评，原来这类批评的特点是以随意性和情绪性为主，而如今随着新媒体的产生，如微博、微信所形成的批评，成为新的批评，"沉默的大多数"开始发言了。

媒介批评面对的是大众传媒生产、传递的信息。涉及的范围要比社会批评庞杂，比文学、电影和其他艺术广泛[2]。针对戏剧批评，更多的是通过"娱记"来批评。因此，主流批评和学院批评必须逐步介入到媒介批评中，以改变和影响媒介批评的生态。戏剧批评家也要参与到媒体如微博和微信的批评中去，成为新媒体的"意见领袖"。（上海的押沙龙在1966和北京的北小京，是否可以说是戏剧批评的意见领袖呢？）"意见领袖"是传播学的二级传播的概念，意为传播不会直接到达大众，而是要通过二级传播的"意见领袖"才会有效到达。而不同的意见领袖会形成新的圈子，或者说"部落"。

纵观1990年代以后的戏剧，尤其是到了新世纪，戏剧出现了复苏和回

---

[1] 宋宝珍：《残缺的戏剧翅膀——中国现代戏剧理论批评史稿》，北京：北京广播学院出版社，2002年。

[2] 吴迪：《媒介批评：特性与职责》，《现代传播》，1995年第5期，参见胡志毅：《现代传播艺术——一种日常生活的仪式》，第14页，杭州：浙江大学出版社，1997年。

暖之后，我们对于戏剧的发展应该充满信心，董健呼唤道：重建启蒙主义——Enlightenment，照亮之谓也，戏剧舞台之光应该照亮人类的心灵；召回戏剧文学——戏剧舞台除了种种物质的表现手段还必须靠文学负载其精神；整合创作方法——20世纪兴盛过的三大流派（现实主义、浪漫主义、现代主义）各有其优长和局限，对它们应该兼容并包，择善而从，形成多元化的新格局[1]。但是，对于我们来说，也许还需要超越启蒙，进入到新的百年戏剧文化。

三、戏剧的媒体文化效应

现代媒体效应其实早已对戏剧的载体效应进行了解构。在传统戏剧中，演艺人员的演唱是至关重要的功夫，梅兰芳、周信芳等一代戏剧大师的卓越影响主要体现在他们的唱功方面。但自从麦克风等电声设备引入舞台和剧场以后，演艺家的这类足以体现戏剧关键魅力的功夫便受到了极大的抑制，难以得到畅快淋漓的发挥。同时，伴随着电子甚至镭射声光系统的介入，现代电子技术手段以一种先声夺人甚至是喧宾夺主的势头使传统演艺家的各种功夫显得相形失色。以表演和各种功夫作为基本载体的戏剧，在现代技术手段的冲击下风光不再，加之电影、电视、网络等传播媒介高视阔步地占领人们的文化生活，戏剧的表演载体功能正日甚一日地遭到人们的忽略。从电视中常常播出的戏剧"音配像"节目即可看出，现代科技手段和传播媒介对于戏剧载体的改造和更新以经达到了如何随心所欲的地步。戏剧已经完成了对表演载体的依赖，甚至已经失去了对表演载体的尊重，戏剧对媒体的倚重越来越得到凸显，戏剧文化的媒体效应正在全面地改造、冲击和覆盖其原有的表演载体效应。

戏剧媒体效应同样导致现当代戏剧文体效应的解构。在媒体并不发达的时代，人们的文化生活和精神交流主要通过阅读书刊报纸，稍微鲜活

---

〔1〕 董健：《中国戏剧现代化的艰难历程》，《戏剧与时代》，第222页，人民文学出版社，2004年。

一点的鉴赏活动便是看戏、看电影。长期以来,人们习惯于从戏剧和电影中寻找到或者体味出丰富的甚至富有震撼力的精神营养,自此获得某种思想理念和情感方式方面的启导功效。而到了多媒体时代,文学阅读和文化阅读主要在网络等电子媒体上展开,传统的纸质媒介受到了限制。自然,传统的戏剧表演也相形失色,戏剧在失去了其载体优势以后,便从观众和读者聚焦的文化生活中心退隐了。在这样的情形下,戏剧的文体效应也相应弱化:很少有人再试图通过疏离了文化生活中心的戏剧形态酿造精神的热点和思想的范型,文化阅读和文学欣赏的关注点就此疏离了戏剧类型。这实际上就是戏剧作为社会关注的精神创造文体正在走向时代性萎缩的现实依据。当然,戏剧仍然会作为独特的艺术类型共存于多媒体的时代。

媒体效应在戏剧运作中所起的这种颠覆或者弱化文体效应的作用,从社会文化发展的逻辑层面看相当具有历史的积极性。文学学者伊格尔顿指出:戏剧文体效应下的启导文化必然面临这样的困境:"这种文化一旦被锁定为具有教化的意义,它自然就将事物区分为优等与劣等,其天性、意志力与欲望之间,其理性和激情之间,都出现了二元选择的可能性,但它随即又会提出克服这种二元性的方法。"[1]特别是后现代主义文化观念的不断涌现,有力地冲击着人们的这种二元对立的价值观,多元价值观得到前所未有的鼓励,于是启导文化必然面临着重蹈早已失落的教化文化之覆辙的命运。多媒体时代将多元文化精神和理念牢固地黏附于所有意识形式之上,戏剧文体效应的启导文化在多元价值的映照下便呈现出远离生动的灰暗色调。在这样的意义上,媒体效应就成了戏剧克服二元对立价值思维的不二门钥。

在戏剧回归于艺术,褪脱了文学文体效应的同时,又最大限度地弱化了表演载体效应,所呈现出来的就是文化媒体效应。戏剧仍然在演出,但早已离不开多媒体的渲染与包装,在这种渲染和包装下有时候可能还相当

---

〔1〕 Eagleton, Terry: *The Idea of Culture*, P. 5, UK Oxford: Blackwell Publishing Ltd. 2002.

火爆,但人们在争相观赏的同时已经失去了狂欢的热忱,虽然高雅而有秩序的仪式感仍然存在。人们仍然会推出新的戏剧作品,但仍然必须伴随着媒体的炒作与改妆,在这种炒作与改妆下,作品中的思想力量和感动力会自觉地逃离人们关注的焦点,虽然不少作品也许依然焕发出某种精神的力量甚至思想的光芒,但人们在媒体的眩惑之中只是对之采取某种围观的态度。

在戏剧运作方面的确如此,这是一个媒体效应空前迸发的时代,是一切创造力都可能被媒体效应绑架的时代。戏剧的媒体效应会严重地干扰戏剧载体效应中的有秩序的狂欢,也会大规模地削弱戏剧文体效应中的思想和精神的启导,它招徕并鼓励人们群起而围观:既远离欣赏的激动,又搁置理解的快感,抑制心灵的震撼,同时也掩藏自身的情感投入的愿望,对于其所观赏的戏剧粗看是兴致勃勃,其实并不触动自己的内心,只体现一种立在"槛外"作无心观望的姿态和热情,一如拿着鼠标孜孜不倦地浏览网页即便毫无所得也在所不惜的网民。这便是媒体效应下必然大成气候的围观文化的写照。

在新媒体时代,无论是鼠标族还是拇指族,都普遍地带有围观文化心态。对媒体上的一切都充满好奇,但大都作无心的观赏,所以貌似关注的那些对象是否正确,是否精彩,是否经典,是否经得起逻辑的推敲或常理的衡量,甚至是否可以懂得以及是否真正懂得,这一切都无关宏旨。戏剧被媒体装扮或炒作之后,人们会依旧给予相当的关注,但带有浓厚媒体效应的戏剧,其演出的品质已经没有多少人关心,而剧作中表现的精神和思想,情感和心态,也早已远离了人们文化关怀的兴奋点,因为大多数欣赏者其实已经蜕变为围观者,同道路旁、广场上各种有趣与无聊事件的众多围观者一样。只有在这样的围观者漠不关心的接收状态下,才会出现对于人们并不真正懂得的戏剧却也热衷观看的奇怪情形。

对于不了解、不理解和不懂得的对象投诸观赏的热忱,是典型而深刻的围观者心态的体现。这样的围观者心态诉诸戏剧鉴赏,已经有了一定的历史。从各种现代主义戏剧特别是后现代主义戏剧兴起以后,这样的围观者心态常有显现的机会。许多观众都会对他们其实并不真正懂得（事实上，有些剧作家自己也都不真正懂得他们的作品）的现代主义或后现代主义戏剧表现出趋之若鹜的兴趣，他们不在乎从中领悟到什么或接收到什么，所要的只是围观的姿态以及相应的热情，当然还有面对皇帝的新衣所表现出来的那种宁可自欺欺人也不能丢掉面子的心理机制。台湾戏剧界在1986年到1987年间兴起的小剧场运动，就是新媒体来临之际消解文体戏剧的预演，那种现代主义意象剧"以反叙事结构的意象剧场语言来取代了话剧或实验剧的文学剧场传统"[1]，宣告了戏剧由文体效应时代进入了媒体效应时代，可除了真正懂得并热心创作现代主义戏剧的马森而外，很少人发出看不懂的抱怨。只有像马森这样不想围观的观众和读者，而且有足够的勇气与底气，才会发出看不懂之类的慨叹。

这种看不懂却热心围观的情形还体现在对外语戏剧的热捧上。林克欢总结过这样的情形，那是2003年，"外国演出公司纷纷抢滩北京演出市场"，居然出现了"每场观众近万人至数万人的大型演出"，那些演出团体分别来自于奥地利、德国、俄国、意大利、保加利亚等等[2]。不仅不是中文戏剧，甚至也不是国人相对比较熟悉的外语——英语演出，而且据说还是原汁原味的演出。外国剧团用绝大多数人都不懂的外语演出外国戏剧，竟然

---

〔1〕　马森:《台湾戏剧:从现代到后现代》,第126页,台湾:佛光人文社会学院,2002年。
〔2〕　林克欢:《分崩离析的戏剧时代》,第15页,香港:国际演艺评论家协会,2010年。

引起那样的一种群体追捧,难道那些观众真的都懂这样的语言和这样的戏剧? 或许人们从"跨文化剧场"现象中可以找到解释:外国戏剧的外语演出其实不懂也没关系:"剧场文化的传播是基于一定的程序模式。首先是原汁原味的展演,外国来的剧团来到本国演出,即使语言不通,依然吸引观众。"[1]为什么"原汁原味"的展演即使语言不通也"依然吸引观众",专家还是未能说清。其实这就是媒体时代极为普遍也极为时髦的围观文化的体现——围观的对象本来就不需要去理解它,懂得它,因为人们只是去围观,并不是为了接受它。石光生认为这是"剧场文化",其实从围观的角度来说,这应该是广场文化。

媒体时代的许多追求媒体效应的戏剧,都逐渐丧失了剧场文化的特性,而基本上获得了广场文化的属性。广场文化就是供人们围观的类型。这些年有不少戏剧在媒体的包装和照拂下火爆过,曾拥有过可观的演出场次或者可观的观众人数,可能现在还依然延续这样的盛况,以后相当一段时间也都会存在这样的现象,但人们没有足够的理由因此就断言,媒体使得戏剧获得了巨大的发展空间和卓越的发展前景。媒体效应作用下的戏剧观众难以逃脱围观文化的诅咒,上述戏剧现象不过是一个个围观场景的呈现。

---

〔1〕 石光生:《跨文化剧场:传播与阐释》,第12—13页,台北:书林出版有限公司,2008年。

第五十九章
多元发展与多维发展的音乐文化

进入重新改革开放的多元文化发展时期,也就是通常所说的1990年代及新世纪,音乐文化继续浓重地装点着我们的生活,深深地影响着我们的生活。多来源、多渠道、多风格的音乐产品和多媒体的音乐制作,使得这个时代的音乐文化呈现出多元发展的良好局面。

一、汉语流行音乐文化圈整合与建构

1980年代,无论是关注普通大众的流行音乐,还是引起音乐界震动的新潮音乐,都为其后的音乐文化开启了多样性的发展模式。1990年代及其后的音乐文化已经远离了政治的禁锢与束缚,在经历了转型期的复苏与阵痛后,必然朝着更为多元的路线前进。2000年后,中国人民的物质生活水平得到了极大的提高,音乐文化需求在不断增长,娱乐文化市场也在不断趋于完善、成熟。由于语言和文化原因,华语地区,尤其是大陆和港台地区实际上形成了一个相当合一的流行歌曲受众圈,这三个区域的社会文化进程也日益相近,三地的歌曲交流相当密集,且彼此竞争。20世纪80年代初期台湾校园歌曲引领潮流,1990年代香港粤语歌超前,但20世纪90年代后期开始,歌曲的流行几乎混合,形成一个强大的华语乐坛。媒体化的流行音乐文化将海峡两岸暨香港圈成了一个不可分割的整体,从而以流行音乐为主体,实现了华语音乐文化圈的整合与建构。

也是从这一时期开始,流行音乐文化逐渐发展为歌曲创作的主流。香港的"四大天王"(刘德华、郭富城、黎明、张学友)以强大的商业包装和媒体的偶像塑造,成为海峡两岸暨香港的焦点。歌手王菲、林忆莲、叶倩文、苏永康,词人林夕等人也开始在华语音乐界崭露头角。与此同时。台湾乐坛也涌现出了一批专职创作人和歌手,如李宗盛、张雨生、张宇、黄品源、王杰、庾澄庆、王力宏等。

1990年代初期,港台流行音乐已经可以光明正大地进入中国大陆,并且是伴随着电影、电视剧、唱片发行、演唱会、晚会、音乐广播、KTV、报纸杂志等多种媒体形式全面地进入了中国大陆的流行音乐市场。1989年,齐秦的《狼Ⅰ》和苏芮的《跟着感觉走》是中国大陆最早引进的海外歌手唱片。而在此之前,许多港台流行歌曲早已以盗版磁带的形式在大陆有了较为广泛的传播。进入1990年代以后,童安格《其实你不懂我的心》、陈淑桦的《梦醒时分》、潘越云的《我是不是你最疼爱的人》、庾澄庆的《让我一次爱个够》、王杰的《孤星》、姜育恒的《再回首》等唱片受到了大陆听众的喜爱与追捧,唱片在大陆的发行量十分惊人。1990年,台湾歌手齐秦参加了1991年元旦晚会。其哀伤的嗓音和极具个性的造型,通过电视传播对大陆的流行乐坛产生了深远的影响。同年,在北京和广州举办的《亚运前夜》大型演唱会首次大规模引入童安格、赵传、庾澄庆、潘美辰、李克勤等港台歌手进入中国大陆参加公益演出[1]。之后,港台歌星黎明、张学友、齐秦、赵传等纷纷到大陆举办个人巡回演唱会。

1990年代,中国大陆的歌曲创作更为丰富和多元。其中异军突起的是中国流行音乐。在流行音乐强大的发展攻势下,以政治文化为主导的主旋律歌曲创作也发生了重要的转向,由歌颂祖国逐渐转为歌颂时代与民族。其创作语言愈加疏离政治话语,语言风格也更加趋于平和与温情。这种亲民的创作路线,显然与流行音乐的强势不无关系。如《春天的故事》、《青藏

---

〔1〕 付林编著:《中国流行音乐20年》,第48页,北京:中国文联出版社,2003年。

高原》《好日子》《走进新时代》《西部放歌》《天路》《红旗飘飘》等作品都已不再是简单的政治颂歌创作模式。这些歌词的语言和歌曲的旋律变得"柔软"而"深情",基本摆脱了政治话语的束缚,情感表达也逐步向人性靠拢。这一现象也足以证明:流行音乐文化在中国大陆已经崛起。

中国大陆流行音乐的崛起离不开媒体的支持。电视剧歌曲就是当时流行音乐的一个重要组成部分,如当时比较流行的《篱笆·女人·狗》《辘轳·女人·井》《我不想说》《过把瘾》《千万次地问》等歌曲主要是通过电视剧的热播而在听众中引起了强烈的反响。专业的音乐纸质传媒也是宣传和推介流行歌曲的一个重要阵地。如《音乐生活报》《歌迷大世界》《当代歌坛》《百老汇》《演艺圈》等刊物就曾对当时的大众音乐市场起到了传播和导向作用。而音乐排行榜、MTV、卡拉 OK 在中国大陆的推广则直接加速了大陆流行音乐的传播与发展。如 1993 年由北京电视台创办的"中国歌曲排行榜"就曾成功推出许巍、韩红、孙楠、羽泉、朴树等知名的流行歌手,推广了《笑脸》《最美》《蓝莲花》《白桦树》等许多脍炙人口的流行音乐作品。也是在 1993 年,《中国音乐电视》栏目开播,原创的流行音乐作品可以通过 MTV 的形式在电视上进行更为广泛的传播。唱片公司通过充分利用媒体化的手段,对歌手和流行音乐作品进行全面的商业包装与运作。1990 年代,李玲玉、井冈山、艾敬、杨钰莹、毛宁、林依轮等歌手的成功推出,都与媒体化的商业运作密不可分。

20 世纪 90 年代以前,内地歌手翻唱海外流行音乐作品是一种极为普遍的现象。这一现象背后的根本原因是中国大陆缺少原创流行音乐作品。1990 年代,随着新兴音像产业在大陆的迅猛发展,中国大陆的流行歌曲产业也逐步形成了自己的创作机制,并且初步实现了流行音乐创作在中国大陆的复兴。其中一个重要的标志就是中国大陆的流行音乐创作已经开始逐步摆脱依附港台流行文化的局面,并开始逐步对港台流行音乐产生影响。如陈哲 1987 年创作的《血染的风采》在中国大陆成功传唱后,在 1990 年代被香港歌星梅艳芳、甄妮及 Beyond 乐队陆续在香港翻唱。1989 年,在第 12 届香港中文十大金曲评奖中,中国大陆的《血染的风采》和《一无所有》荣获优秀国语歌曲奖。同年,崔健在台湾推出了自己的音乐专辑,成为第一位在台湾发行唱片的大陆歌手,《一无所有》因台湾听众的喜爱而迅速走红。上世纪90年代初期,香港歌星吕方也曾在香港翻唱大陆流行歌曲《弯弯的月亮》,并成为其职业生涯中发行量最大的唱片。1991年,黑豹乐队的同名专辑在香港上市,引起了整个华语乐坛的强烈反响。1994年12月,人称魔岩三杰的窦唯、何勇、张楚在香港红馆首次登台便震惊整个香港乐坛。这些现象都表明:1990年代中国大陆的流行音乐创作已经开始对港台流行音乐产生影响。在这个过程中,中国大陆流行音乐的原创性和先锋性追求无疑起到了重要的作用。尽管在2000年之前,这种影响还不足以扭转中国大陆流行音乐在华语乐坛的微弱局面,但至少在词曲创作方面,中国大陆的流行音乐已经逐渐走上了一条相对独立的发展道路。

对中国大陆而言,上世纪90年代是一个经济澎湃发展的时代,在精神上却是一个敏感而焦虑的时代,也是娱乐文化重新崛起的时代。人们在疯狂地追求经济利益的同时,精神上的空虚与浮躁愈显突出,对音乐文化的需求也日渐增大。一方面,在利益至上的信条下,人们的精神无所皈依;另一方面,娱乐文化市场又的确需要注入新的元素,刺激娱乐文化消费,带动娱乐文化产业发展。对于中国大陆的流行音乐创作而言,在豪放的"西北风"过后,为了规避审美疲劳,增加新鲜感,必然向细腻、婉约的创作风格转变。因此,当时中国大陆的流行乐坛出现了一批与"西北风"风格迥异的流行歌曲作品。如《你的柔情我永远不懂》、《伤心是一种说不出的痛》、《弯弯的月亮》、《中华民谣》、《梦里水乡》、《祝你平安》、《小芳》、《晚秋》、《真的好想你》、《月亮船》、《长大后我就成了你》、《阿姐鼓》、《好大一棵树》、《千古绝唱》、《回到拉萨》、《寂寞让我如此美丽》、《我的1997》、《一封家书》、《钟鼓楼》、《天堂》、《同桌的你》、《睡在我上铺的兄弟》、《流浪歌手的情人》等等。与之前的"西北风"相比,这一时期的流行音乐创作更加细腻、隽永、清秀。如果说"西北风"代表着一种豪放的乡土文化,传递出了中国北方乡土文化厚重的历史感与旺盛的生命力,那么,1990年代中国大陆的流行音乐创作则代表了中国传统文化所特有的一种温婉柔情,并且展现了中国大陆流行音乐创作者朴素的人文情怀。就流行音乐的创作风格而言则体现为一种集体的怀旧与感伤。

中国大陆的流行音乐创作为上世纪 90 年代的音乐文化生活缔造了一个独特的怀旧时代。在《梦里水乡》、《弯弯的月亮》、《小芳》、《涛声依旧》等众多"怀旧"经典作品的推动下,中国大陆形成了一股罕见的集体怀旧风潮。《同桌的你》、《睡在我上铺的兄弟》、《青春》、《故事里的书》、《等人就像在喝酒》、《那天》等校园民谣歌曲创作的出现也为当时的音乐文化增添了一股清新、浪漫的怀旧风。以高晓松、老狼等为代表的校园民谣创作者,把短暂、快乐而美好的青春片段当作故事讲述,为人们留下了青春的证明与印迹。

1990 年代,尽管中国大陆的流行音乐市场已经初步形成,流行音乐创作也开始初步崭露头角,但总体而言深受港台流行音乐创作的影响。上世纪 90 年代,由于现代资讯的出现与发展,无论是中国大陆,还是港澳地区的音乐作品都不可避免地媒体化。通过"年度十大金曲榜"、"音乐排行榜"、"MTV"等现代音乐资讯,不但让港台流行音乐迅速地进入、占领中国大陆、日本、新加坡、马来西亚等大中华音乐文化圈的市场,还最为直接地影响了中国大陆的流行音乐的创作和包装。1990 年代的中国大陆,尽管已经出现了《小芳》、《同桌的你》、《我的 1997》、《涛声依旧》、《寂寞让我如此美丽》等许多优秀的流行音乐作品,但这些作品之所以能够迅速走红,不但在词曲的创作风格上深受港台地区流行音乐的影响,其在包装和推广方面也学习了港台流行音乐的制作模式。特别是"音乐排行榜"和"MTV"的出现,更直接加速了中国大陆流行音乐的发展进程。但在向港台流行音乐学习的过程中,大陆的流行音乐不可避免地出现了文化逆差。"双向资讯发展极度不平衡,传播媒介充当了海外商业音乐的'推销员'、'代言人',所有报纸杂志都为了赢得市场,取悦歌迷,而连篇累牍,义务宣传港台歌星消息、照片,而国内歌手却得不到传媒平等的扶植。报纸杂志传媒对于港台歌星与内地歌星在选曲、表演、待遇等方面没有一视同仁。"[1]

---

〔1〕 付林编著:《中国流行音乐 20 年》,第 49 页,北京:中国文联出版社,2003 年。

　　两岸传媒的一面倒现象,直接导致了 1990 年代末中国大陆流行音乐市场的大部分份额,被港台及其他海外流行音乐所抢占。台湾歌手陶喆把闽南语老歌"望春风"经过重新编曲,以经典怀旧的 R&B 曲风赢得了大陆听众的青睐,此后 R&B 的怀旧曲风便开始迅速流行。其首张专辑中的《沙滩》、《爱很简单》、《飞机场的十点半》等作品也在媒体的推广下,成为海峡两岸暨香港脍炙人口的经典情歌。与此同时,香港歌手谢霆锋的《谢谢你的爱 1999》,陈奕迅的《幸福》、《天佑爱人》、《新生活》,马来西亚歌手光良、品冠的《掌心》,阿牛的《对面的女孩看过来》、《大肚腩》亦通过媒体运作在华语音乐圈产生了很大的影响。之后,蔡依林、孙燕姿、S. H. E、王力宏、容祖儿、阿杜等海外歌手也以其极具个性的音乐作品陆续登陆华语流行音乐界,抢占中国大陆的音乐市场。而这些都预示着:2000 年后华语流行音乐圈将进行全面的整合,华语流行音乐的创作与发展将充满竞争与角逐。多元化将成为未来大中华音乐文化圈建构的关键词,而商业化、娱乐化、个性化将成为华语流行乐坛多元化发展的核心与支撑。

　　1990 年代末,各大国际唱片公司开始纷纷在大陆建立分支机构,这成为中国大陆流行歌曲创作走向世界的重要桥梁。此后,中国大陆的歌曲创作必然成为整个华语音乐创作的重要组成部分。中国大陆的歌曲创作也将不满足于紧跟港台流行音乐文化的脚步,与港台流行音乐并肩发展将不再是一种野心与期待。此时,港台地区的音乐市场出现饱和状态,更多的制作人和艺人选择把中国大陆当作发展的重要平台。因此,实现整个华语乐坛的大融合是音乐文化发展的大势所趋。

二、新世纪歌坛及当代文化

　　2000 年,中国流行歌曲创作迈入了一个新纪元。这一年,"中国原创音乐流行榜"设立。这是中国大陆文化部唯一认可的海峡两岸暨香港原创歌曲流行榜,由中国大陆 30 多家电台合办,是中国极具代表性的音乐颁奖礼。这个颁奖礼的设立标志着中国流行歌曲创作在 50 年后首次出现了历史性的整合,真正实现了把中国大陆的流行音乐创作纳入到了整个华语乐坛之中,为中国大陆与港台流行音乐创作的交流和竞争提供了一个更为有效的平台。除了"中国原创音乐流行榜",被称为"内地最具有指标性的颁奖典礼"的"音乐风云榜"在 2011 年也取消了地域性单独评奖的规则,将大中华地区的原创流行音乐放在统一的背景下进行评选。由于创作机制和评奖机制的统一,港台和大陆流行音乐的创作风格差异相对越来越小。中国大陆成为海外歌星的重要发展基地,而大陆歌手也将成为华语音乐制作的重要一员。

但就华语乐坛的组成实力而言,海外歌手则显示出了更强的竞争力,同时他们也为大中华音乐文化圈的建构作出了更大的贡献。2000 年以来,活跃在华语乐坛并且在华语乐坛产生重大影响的歌手很多都来自海外。如一出道就受到青少年喜爱和追捧的台湾歌手陶喆、周杰伦,华裔美籍歌手李玟,新加坡歌手孙燕姿、许美静、林俊杰、阿杜,被称为"情歌天后"的马来西亚歌手梁静茹,被称为"情歌王子"的马来西亚组合无印良品,以偶像形象占据音乐市场的台湾歌手蔡依林、S. H. E、王力宏,香港歌手谢霆锋、陈奕迅、容祖儿等等。他们的流行音乐作品制作精良、表演多元,歌声和足迹已遍及港台、大陆、日本、美国、澳洲及东南亚各地。他们的发展也更加全面,不仅仅是歌手,除推出音乐专辑,还参与电影、广告拍摄,不仅有能力举办世界巡回演唱会,还受到了海外重要媒体的长期关注。如香港歌手王菲,台湾歌手张惠妹、周杰伦都曾登上美国的《时代》杂志。

面对广阔的华语流行音乐市场和纷繁的网络流行音乐时代,中国大陆的流行音乐创作要想立于不败之地,也必然向多元化的方向发展,以满足不同地区、不同人群的欣赏需要。因此,2000 年后中国大陆的流行音乐创作必然出现纷繁、多元、复杂的创作境遇。歌手可能凭借一首歌曲成名,甚至还可以在短时间内发展出很多相关的亚文化。传媒载体的扩大化,音乐节目、娱乐栏目的增加,各种晚会、盛大的颁奖礼、制作精良的 MTV、层出不穷的选秀活动也都使得华语流行音乐市场不得不朝着多元化的方向发展。在这个充满喧嚣的娱乐文化时代,多元的音乐创作只能加速运作出更多的娱乐文化,却很难积淀出经典作品,也很难形成持久的文化影响力。

2000 年后,与港台的 R&B、Hip-Hop 风相比,中国大陆的很多歌手虽然仍然保持着以往都市化的流行曲风,但依然可以在大陆的流行乐坛产生一定的影响。如那英的《心酸的浪漫》、羽泉的《深呼吸》、田震的《月牙泉》、沙宝亮的《暗香》、陈琳的《不想骗自己》、许巍的《时光》、杨坤的《无所谓》、老狼的《晴朗》、水木年华的《爱火烧》等。此外,各种歌唱选秀节目也为中国大陆的流行乐坛挖掘出了很多新歌手。如 2006 年湖南卫视主办的"超级女生"就成功推出了李宇春、周笔畅、张靓颖、何洁、叶一茜、尚雯婕、谭维维、刘惜君等女歌手。2007 年的"快乐男生"成功推出了苏醒、张杰、俞灏明、陈楚生、魏晨、王铮亮等男歌手。2013 年的"快乐男生"又推出了华晨宇、欧豪、白举纲等人。随着时间的沉淀,李宇春、张杰、华晨宇逐渐成为华语乐坛令人瞩目的歌手,是海峡两岸暨香港各种音乐排行榜及颁奖礼上耀眼的明星。特别是李宇春,她不仅在"超级女生"的比赛中就引起了广泛关注,曾登上美国《时代周刊》亚洲版封面,还在之后的华语乐坛产生了深远的影响。她的形象和歌声深受青年人的喜爱,个人品牌演唱会、全国演唱会及世界巡演都受到了广大歌迷的热烈欢迎,并获得了多个亚洲及世界音乐大奖。她的音乐专辑销量在中国大陆也一直处于第一的位置。可以说,李宇春已经成为华语乐坛极为重要的歌手。

与流行音乐阵地的火热境况相比,中国大陆的民谣创作则显得异常冷清。民谣作者与世隔绝的生存状态,孤傲清淡的创作态度,都使得民谣创作游离于华语乐坛的边缘。但他们对音乐的执着,对艺术的追求,却让人肃然起敬。在中国大陆,民谣的创作者们如郁冬、王磊、黄金刚、杨一、朴树、尹吾、钟立风、胡吗个、周云蓬、万晓利、小河、苏阳、李志等人,他们虽然不是华语流行音乐中的重要歌手,但无论是在传媒界还是在音乐界,他们都获得了至高的艺术大师头衔。他们把歌词当作诗歌进行创作和吟诵,在歌词创作和歌曲吟唱中实现"诗乐合一"的艺术追求与"天人合一"的人生境界,同时也以"兴、观、群、怨"的传统践行着自己对社会的责任。可以说,他们就是现代的李白与杜甫,并把传统士大夫精神与当代精英意识进行了完美的融合。其中最为典型的代表是周云蓬,他的《中国孩子》既具有悲悯的传统情怀,又具有现代尖刻的讽刺精神。

和周云蓬一样,大多数的大陆民谣歌词都取材于民间,如川子的《幸福里》《我要结婚》,杨一的《烤白薯》《粤北小镇》,郁冬的《露天电影院》,钟立风的《在路旁》,胡吗个的《婚前协议》,宋冬野的《董小姐》《悲了伤的老王》《佛祖在一号线》等等。但这些作品却难以在民间形成广泛的影响,这是精英文化在当代中国商业社会不可避免的尴尬。大陆民谣的歌词创作从民间获得灵感和源泉,为民间发声和宣言,但其传达出来的东西却是一种不同于民间的思考和判断,也是一种非民间的对社会和世界的叩问与反思。从这个角度来看,中国大陆的民谣创作要比流行音乐更加深刻,但也很难为大多数人所接受和喜爱,更难以广为传唱,甚至也很难形成一定的音乐文化影响。尽管他们的创作描写了民间淳朴的感情、倾诉了民间的苦难与不平,但它的受众却远不如摇滚乐和流行音乐多。中国大陆的民谣创作与流行音乐的商业化运作相距甚远。这种音乐创作更多地被理解为一种人生态度,一种生活方式。他们不会迎合主流听众而改变自己的音乐取向与价值判断,更不会盲目地崇拜主流音乐文化。因此,中国大陆的民谣创作虽然是民间立场,却绝不迎合"民间",只做自己喜欢的音乐作品。这也是他们很难被主流音乐文化接受,被大众广泛关注的一个重要原因。

20世纪,多元化的市场需求让华语流行乐坛变得更加新鲜、丰富。"周杰伦现象"、"李宇春热"、"中国风效应"、"神曲"效应等都是大中华音乐文化圈内的焦点,同时也对大中华音乐文化圈的建构起到了重要的作用。这些音乐文化现象不仅仅是中西方音乐元素的交融,也不仅仅是中西方文化的相互发掘与碰撞,而是大中华音乐文化的重塑与锻造。如王力宏创作的chinked out(华人嘻哈)曲风,不仅是西方音乐形式与中国文化精神的结合,也是华语流行音乐的一种重要探索。再如,方文山的"中国风"歌词创作被称为是素颜韵脚诗。这种歌词创作已经不再是简单地对中国传统诗歌进行仿写,《青花瓷》《千里之外》《七里香》《烟花易冷》等歌词中的精致的画面和强烈的情感表达也具有明显的"现代"元素。可以说,中国风的歌曲创作虽然内容具有中国传统文化内涵,但在演唱和表达视角上却并未舍弃现代元素。这种含蓄、轻快、优雅,又带有明显怀旧情绪的歌曲创作显然是一种全新的中国音乐特质。正如学者徐元勇所指出的:"从'中国风'的流行,可以看到中国流行音乐的自我觉醒,众多音乐人开始认识到中国本土音乐元素的精髓,意识到只有通过中西结合,才能走出中国流行音乐自己的道路。"[1]而这些创作尝试与创作探索都是华语音乐文化的重要代表,也是华语音乐文化圈共同打造的音乐成果。

此外,流行摇滚亦是 2000 年以后流行音乐发展的一种重要风格。台湾的 F.I.R、信乐团、五月天以及大陆的摇滚歌手许巍、汪峰、龙宽九段乐队、花儿乐队等也是 20 世纪华语流行乐坛不可忽视的重要组成。尽管"他们的思想深度和 1990 年代中期相比,显得相对逊色,少了一些尖锐的锋芒;内容方面,社会题材较少,主要以个人情感题材居多"[2],但他们的作品却能够适时地紧跟社会和音乐潮流,没有淹没在多如潮水的流行音乐作品中。如汪峰的《春天里》《飞得更高》,信乐团的《死了都要爱》《海阔天空》等作品都曾在歌迷中引起强烈的反响。

"多元化"不仅仅意味着丰富化和新鲜化,同时也意味着"商业化"的运作和潜在"媚俗"的特质。随着互联网技术的广泛应用,通过互联网宣传歌手,创作和传播音乐作品也变得极为平常。网络不仅成为音乐文化的全新载体,也催生了追求个性和娱乐大众的网络音乐。2001 年,"雪村音乐评书"的出现正是一个重要的信号。雪村的《东北人都是活雷锋》不仅在当年受到年轻人的热捧,还成功闯进第八届全球华语榜。之后,杨臣刚的《老鼠爱大米》、庞龙的《两只蝴蝶》、郝雨的《大学生自习曲》、老罗的《忐忑》、老猫的《思密达》、五色南十叶的《杀马特遇到洗剪吹》,再到 2014 年庞麦郎的《滑板鞋》、筷子兄弟的《小苹果》、萧小 M 的《小鸡哔哔》都曾获得巨大的成功,受到了热烈的追捧。这些歌曲的成功在于词曲创作和歌手演唱都突破

---

〔1〕 徐元勇:《中外流行音乐基础知识》,第 126 页,南京:东南大学出版社,2011 年。
〔2〕 尤静波编著:《流行音乐历史与风格》,第 544 页,长沙:湖南文艺出版社,2007 年。

了大众的日常审美。一种求新、求奇的娱乐心态将歌曲创作推向了一种极端的个性化追求。这种创作现象在大中华音乐文化圈内虽然并未形成固定的创作模式，却已形成了一种极端求异的创作趋势。

这种求异趋势首先表现在把歌词的语义置换为节奏化和情绪化的声音符号。这种超语义的歌词创作探索是一种大胆的音乐创作尝试，一出现便在整个华语音乐圈形成了巨大的影响，受到大众的追捧与喜爱，同时也受到了华语音乐界的高度关注。如 2006 年，由老罗创作的歌曲《忐忑》，全篇没有一个实词，只有几个不同的拟声词组成。整首歌曲只能通过题目和旋律传达出歌曲所要表达的情绪，听众也只能在仅有的几个拟声词中感受歌曲所传达出的意义。《忐忑》以其歌词和表演的特殊性，被网友封为神曲，并以《神曲》之名在大中华的音乐文化圈引发了热潮，不仅有王菲、水木年华、梁静茹、杜汶泽等歌星的众多翻唱版本，还有普通网友的各种模仿与恶搞。显然，《忐忑》已经由歌曲创新演变成为了一种重要的音乐文化现象。

2013 年，由老罗作词的《金箍棒》同样延续了这种超语义的创作特色，整首歌曲仍以拟声词的节奏变化作为歌曲表达感情的主体。《金箍棒》虽然没有延续《忐忑》的娱乐文化热潮，但也受到了很多媒体和年轻人的关注。然而无论是《忐忑》，还是

演唱《忐忑》

《金箍棒》无疑都冲击了人们对歌曲惯有的审美习惯，但它的反常却成全了其在艺术圈和娱乐圈的成功。《忐忑》不仅仅受到了平民娱乐文化的欢迎与热捧，在世界舞台也同样获得了认可与成功。2010 年，《忐忑》获得了欧洲"聆听世界音乐"的最佳演唱大奖，还曾连续三周蝉联美国"格莱美最佳音乐奖"。《忐忑》的成功证明了歌词创作不仅可以超越一种具体语言，超越语言所传达的具体语义，甚至还可以不需要文字诠释和语言翻译就可以

被全世界的人们所理解和接受。

如果说老罗的超语义歌词在某些方面还需依赖中国传统文化作为重要依托，如《忐忑》中的拟声词多为传统戏剧的音乐节奏，《金箍棒》还牵扯着中国经典文学《西游记》中孙悟空的文学形象，那么萨顶顶的自语歌词创作则把超语义歌词创作推向了一个更高的阶段——超越民族文化的范畴。2007年，萨顶顶发行了音乐专辑《万物生》，其中《锡林河边的老人》是她怀念外婆的一首歌曲，整首歌没有一句具有实际意义的歌词，而是以不具有实际意义的声音符号组合而成。这些不具有实际意义的声音符号却是发自作者内心的一种真实情绪，被萨顶顶称为自语。尽管，《锡林河边的老人》只是由一段段没有实际意义的语音拼凑而成的歌曲，但这种超语义的歌词文本却并不影响听者对歌曲的理解。挣脱了语言和语义的束缚，超语义歌词文本的情感表达显得更加纯粹，情绪流淌得也更加自然。据说萨顶顶在欧洲演唱《锡林河边的老人》时，一位英国听众说他从这首歌里听到了：爱、思念、童年、远方、故乡。而这些正是萨顶顶在歌词中所要传达的内容。显然，超语义歌词创作是可以被不同国籍、不同文化背景的听众所接受和理解的，因为超语义歌词创作的基础是用音乐和节奏描写人类内心的一种普遍情感。超语义歌词创作虽然看似在某种程度上削弱了歌词的传义功能，强化了歌曲的传情功能，事实上正因为超语义歌词传情的细致与到位，也一定程度上丰富和深化了歌曲的传义表达。但这种创作和演唱趋势也容易陷入娱乐大众和哗众取宠的误区。如2013年，华晨宇在"快乐男生"的舞台上以自己发明的"火星语"演唱原创歌曲《无字歌》就曾遇到很大的争议。

第二种求异的歌曲创作可以称之为"一句歌词"现象，以许嵩的《等到烟火清凉》和华晨宇的《Why nobody fights》为代表。《等到烟火清凉》是2014年许嵩第五张专辑《不如吃茶去》中的一首歌曲。这首歌曲在进入高潮时，只反复唱了一句歌词："天干物燥，小心火烛。"尽管有"充满震撼力，八字唱词寓意深远"的正面解读，但其被网友评选为2014年网络十大神曲之一的命运，也昭示着一味求新求异的创作思路让听众感到迷茫和困惑，明显带有娱乐和炒作的嫌疑。《Why nobody fights》是华晨宇专辑《卡西莫多的礼物》的第一首主打歌,词曲都由华晨宇亲自创作完成。其特别之处是整首歌曲只有一句歌词:Why nobody fights。这句歌词被华晨宇以声音的强弱变化来带动和诠释歌唱情绪的起伏。这种演唱形式受到了年轻歌迷的欢迎和喜爱的同时,其标新立异的音乐创作风格也带有一定的争议。

第三种求异的歌曲创作以模拟动物的声音为主要内容,以大陆歌手王蓉的《小鸡小鸡》和台湾歌手萧小 M 的《小鸡哔哔》为代表。《小鸡小鸡》由歌手王蓉作词谱曲。这首歌曲的歌词除了小鸡、母鸡、公鸡三个词外,其他都是对小鸡、母鸡、公鸡的叫声模仿。可以说整首歌曲从词曲到演唱都有别于一般意义上的歌曲创作。其喧哗的曲风、怪异的歌词和荒诞的表演一下子就引起了极为广泛的关注,不仅为大陆观众热议和追捧,还受到了中国台湾、俄国、韩国、美国、英国等地媒体的报道与热播,被网友称为 2014 年洗脑曲。就连王蓉自己也承认自己"渴望借神曲时代的热潮将自己捧红",同时也坦言:"这首歌已经不单纯是一首音乐作品,更是一项娱乐产品,《小鸡小鸡》娱乐了大众生活。"[1]其实以模拟动物的声音进行演唱并不是王蓉的独创。2013 年,挪威的喜剧演员伊尔维萨克兄弟演唱的歌曲《The fox》,就曾以模拟各种动物的声音为歌曲的主要内容。2014年网络歌手萧小 M 也翻唱了意大利的歌曲《ElPollitoPio》(《小鸡哔哔》)。这首歌曲同样也以模拟动物的声音进行演唱而爆红网络。尽管这些模拟动物叫声的歌曲全世界的人都可以听得懂,但其走红的背后依然是一种博人眼球的娱乐炒作。

2000 年后,伴随着多媒体时代到来,中国当代社会中的音乐文化现象必然演绎出新世纪的魅力与多彩。尽管"多元化"的背后也存在着尴尬与无奈,但这个时代人们的眼光和胸襟早已超越了个人狭隘的局限。2000 年以来的中国华语音乐文化生态圈,尽管界域宽广,景象纷繁复杂,作品多

---

〔1〕 高爽:《最新神曲〈小鸡小鸡〉夺人眼球,接受采访回应质疑——王蓉走上"神曲不归路"》,《今晚报》(2014 年 11 月 15 日)。

元,水平良莠不齐,但多元化的发展趋势却能够让所有的音乐人井然有序地在各自的领域繁衍生息。

三、走向世界舞台的中国当代音乐

1990 年代,中国的市场经济逐步完善,与之相适应的音乐文化也随着社会经济的繁荣,步入了一个展翅高飞的重要阶段。各种音乐形式在统一市场平台共存、竞争。尽管市场经济让传统音乐和严肃音乐面临前着前所未有的挑战,但同时也迎来了巨大的发展机遇。在政府的支持下,全国各大城市相继展开了普及高雅音乐的活动,培养了众多欣赏高雅音乐的听众。因此,器乐、声乐、歌剧等多种音乐形式在 1990 年代以来,形成了前所未有的共荣景象,从而也使得中国音乐成为世界音乐舞台不可忽视的重要组成部分。

尽管新潮音乐在这一时期已渐渐落下帷幕,但其所奠定的以音乐创作进行哲理性思考的创作传统,却对 1990 年代和新世纪的音乐创作产生了深远影响。1990 年代,一批具有深厚艺术功底和较高艺术才华的音乐家创作出了众多的音乐精品,并开始与西方音乐界展开深入的交流,并取得了许多令人瞩目的成就。如作曲家朱践耳创作的唢呐协奏曲《天乐》在 1990 年的瑞士玛丽·何塞皇后国际作曲比赛中获大奖;周龙创作的室内音乐作品《定:为单簧管、打击乐和低音琴而作》获得了 1990 年德国国际室内乐作曲比赛首奖;1994 年,荷兰艺术节的主题确定为“中国”,演出了众多中国作曲家的交响乐作品和歌曲作品;1996 年,在巴黎国际音乐节上,高为杰的民族室内乐《韵Ⅱ》、陈其钢的《三笑》、朱践耳的《和》受到了国际乐坛的关注;同年,旅美作曲家谭盾荣获第四届“格伦·古尔德国际音乐”大奖;1997 年,中央音乐学院学生邹航以作品《十八罗汉》获得荷兰格地姆斯国际作曲比赛大奖;同年,法国巴黎国际音乐节,同样以“中国”为主题,演出了 15 位中国作曲家的 17 部作品。

除了参加国际比赛,各种国际音乐节的举办也为中国演奏家与世界音乐界搭建了重要平台。如北京国际音乐节、哈尔滨之夏音乐会、沈阳国际音乐节、上海国际音乐节等等。很多演奏家也开始频繁走出国门，参加世界各地的音乐节和比赛，在世界音乐舞台展现了中国音乐家的演奏水平。如旅美青年钢琴演奏家孔祥东参加了第二届悉尼国际钢琴大赛（1993），并荣获首奖；19岁的居觐在罗马尼亚国际青少年音乐比赛（1996）中获得青年组第一名；2000年，18岁的青年演奏家李云迪在第十四届波兰肖邦国际钢琴大赛获得首奖。这是中国人首次在世界顶级钢琴比赛中夺冠，在国内外都产生了轰动的影响。另外，1990年代华人钢琴演奏家马友友、郎朗开始在世界音乐舞台崭露头角。多年来，他们以华人的身份在世界音乐舞台上获得了多个顶级大奖，并在2000年后成为享誉世界的华人钢琴演奏家。2000年后，吴纯成为中国唯一获得国际三博士学位的青年钢琴演奏家。他曾先后荣获了16项国际大奖。2003年3月，吴纯应邀成为李赫特国际钢琴比赛最年轻的国际比赛评委，其令人瞩目的音乐成绩被欧洲媒体誉为"闪耀在欧洲的中国钢琴之星"。

除了西洋音乐创作，民乐演奏、中国歌剧、声乐表演也在1990年代开始纷纷走出国门。其中影响较大的出访活动，如1994年中央民族乐团应邀赴韩国、日本参加"亚洲民族乐团"演出；2000年前后，中国的民族乐团三次获邀在维也纳金色大厅演出。1992年，美国华盛顿歌剧院在美国肯尼迪表演艺术中心演出中国歌剧《原野》。2000年后，以宋祖英为代表的中国民族声乐表演也开始走向世界的舞台。2006年，宋祖英在肯尼迪中心举办了"好一朵美丽的茉莉花"音乐会。同年，10月12日被命名为哥伦比亚特区"宋祖英日"，宋祖英也因该音乐会的演唱荣获了"肯尼迪艺术金奖"。2012年6月5日，"跨越巅峰——三大巨星音乐会"在伦敦皇家艾尔伯特音乐厅举办。歌唱家宋祖英与华人钢琴演奏家郎朗以及意大利盲人男高音歌唱家波切利联袂表演了多首中西名曲。2014年2月1日，纽约爱乐乐团又盛情邀请宋祖英参加在纽约林肯中心举办的中国春节庆典音乐会。

这些频繁的音乐文化交往，足以说明中国当代音乐的发展早已成为世界音乐体系中的重要一员。面对中国音乐作品在世界舞台所取得的令人

走向世界舞台的中国音乐

瞩目的成绩,面对世界音乐发展格局的多元化趋势,中国的音乐创作要继续保持健康、良好的发展势头,就必须实现大中华音乐文化资源的科学整合,立足本民族,放眼全世界,形成合理有序的创作制度,树立开放、多元的创作观念,建构自由、和谐的创作环境。借助凝聚大中华音乐文化的力量,以中国音乐文化在世界的传播和影响,实现中国当代音乐文化的自我建设与自我超越。

中国百年音乐文化,经历了一个非常复杂的历史过程。在这段历史的长河里,音乐作品清晰地反映出不同时代的中国文化,音乐表面上看是娱乐和鼓动,但背后却能够集中地反映出社会的进步和时代的变化。在不同的历史时期,"中国新音乐"这一概念不断被修正,被发展。这看似一味求"新"的发展之路,实际上背后交织着中国文化对传统、民间及外来音乐影响之间复杂的整合。音乐是一种特殊的文化记忆,这条历史记忆的长河,尽管时而平缓,时而湍急,但它却总是朝着更为宽广的方向奔流,这便是音乐的力量。

第六十章
当代美术文化的多元发展

　　1992 年,邓小平发表南方谈话,要求停止意识形态内的纷争,将精力集中到经济建设中去,从此,商业大潮开始席卷中国,并且深刻影响到艺术的发展。1991 年,湖南美术出版社主办的《艺术市场》创刊。在创刊词中写到:"当代社会中的艺术面临一个区别于其他时代的情况,即它的价值不得不通过价格才能真正全面体现出来。"市场对于艺术的介入,使艺术家们看到了艺术发展的新的可能,一直被政治束缚的中国艺术,是不是可以在市场这个空间获得相对独立的存在? 在《艺术市场》第 6 期,批评家黄专发表了《谁来赞助历史》的文章,就表达了上述意思:"对政治气候的依赖已表明了现代艺术的不成熟和脆弱。显然,对于我们来说最紧迫的课题是:我们是否应该改变一下我们书写历史的方式,摆脱亢奋的运动状态,用一种更为现实的方式去重新营造我们的历史。"[1]1992 年 10 月,广州"首届 90 年代艺术双年展(油画部分)"在广州中央酒店国际会议厅举行,展出了 350 名艺术家的 600 件作品。而这次展览的重要特征之一是投资来自企业而不是政府的赞助,是批评家而非官方机构控制着学术和展览操作的权力;但在同时,它也或多或少地受到投资赞助者的经济目的的影响。

---

〔1〕 转引自吕澎:《中国当代美术史・美术卷》,北京:中国美术学院出版社,2013 年。

尽管是市场介入了艺术,尽管艺术因为商业发生了改变,但是情况依旧是复杂的,因为旧的束缚并未完全消除,拜金主义又开始流行于社会,甚至伤害到真正的艺术创作。然而对于艺术家而言,1980年代知识分子曾经拥有过的精英立场尽失。在这个迷茫与希望、控制与突围交织的年代,1990年代的艺术开始了它令人眼花缭乱的表演。

一、当代绘画艺术的多元文化并存格局

1. 新生代和"玩世现实主义"

1990年代绘画开始发生转向的信息最初来自新生代画展。1991年7月,新生代艺术展于中国历史博物馆举行,参展画家为王浩、王华祥、王玉平、王友身、王虎、刘庆和、周吉荣、王劲松、宋永红、朱加、庞磊、喻红、韦蓉、申玲、陈淑霞和展望等。和活跃于85'美术运动时期的艺术家相比,新生代的艺术家大都是1960年代出生的人。新生代的作品,告别了85'美术运动的宏大叙事的主题,严肃的社会批判性,开始关注个体的生活和情绪,并且是用一种调侃式的表现语言。如王劲松的《天安门前留个影》和《舞台小品——表演唱》,宋永红的《被命运左右的一个男人和一个女人》、《清静环境》、《年轻人》和《公共汽车》等。这些作品描绘的都是日常场景,但仔细品味,表现的却又是心灵空间,并且是一个压抑和空气紧张的空间。如在宋永红的《公共汽车》中,画面上的女人情绪怪异,一只手紧紧地压住她的皮包,似乎有什么事件导致了她不安的情绪。

也许我们可以将毛焰的肖像画创作归之于新生代。尽管毛焰的肖像画有着古典艺术的氛围,但从精神气质而言,却和学院派拉开了距离。他突出人物形象的精神性,但不是安宁和谐的精神状态,而是沉重的、困惑的和迷茫的,如《小山的肖像》一画中所传达出来的那样。忻海洲的作品,如《游戏规则》等,也是表现人的无聊的情绪或者说做作的状态。曾浩的"家庭"系列,以新的透视来观照日常生活中的家具用品。将家具画得极小,在空旷的画面上,家具之间的距离显得非常遥远。曾浩以一种有悖于常

态的家庭场景，向我们揭示出向来被认为是传递爱和温情的家的另外一面。

《违章》

刘小东是新生代中影响最大的画家。他以讽刺、戏谑的笔法，描绘了众多"小人物"的生活和精神状态，特别是他们人生的无奈、局限，甚至无聊、委琐的一面，同时在其中寄托自我被放逐的痛苦。《违章》画的是一群农民工正挤在一辆运送煤气罐的农用三轮车上，生存的艰辛和卑微可想而知。但是在画面上我们没有看到罗中立《父亲》中的悲悯，反而作者用了一种夸张戏谑的手法营造出一副欢愉场景。这群胖瘦不一，赤身裸体，身上有汗污和油污的人，笑得那样没心没肺的。他们的笑让人想到即将被宰杀而不自知的猪羊，因此这欢娱的场景中又包含点辛酸的意味。然而，看着这画中人的笑，会让观者感觉到这笑着的人同时也在笑自己，大家是互相嘲笑着，为同处在这人生的逼仄和无奈之中。使我们不禁自问：和他们比，我们又好到哪里去呢？于是，一种同病相怜之感在"我"和"他们"之间产生了。

到了1990年代，随着社会条件的变化，知识分子不再拥有1980年代曾有过的精英立场，失落感使他们对于社会和人性的批判更为深刻，但是，在尖锐的讽刺和批判的同时，一种具有商业社会特征的小市民的自娱自乐的情致（当然也掺杂着传统知识分子"穷则独善其身"的精神传统）开始渗透进来，而后者正在成为他们的精神避难所，这也注定了后生代的艺术家们创作格局难以向更阔大的方向拓展。

一般来说,"玩世现实主义"是新生代的发展,在精神气质上——戏谑的批判,两者是一脉相通的。只不过新生代的批判一般是借助更为具体的生活化的场景来实现,而"玩世现实主义"的艺术形象观念意味更加浓厚一些。"玩世现实主义"的代表艺术家为岳敏君、方力钧和刘炜等。栗宪庭在《1989 年后中国艺坛的后现代主义倾向》一文从文化背景分析了"玩世现实主义"形成的原因:"玩世写实主义的主体是 60 年代出生,80 年代末大学毕业的第三代艺术家群。因此在他们成长的社会和艺术的背景上,与前两代艺术家发生了很大的差异。'文化大革命'的结束是知青一代艺术家成熟的背景,西方现代思潮的涌进培育了 85'新潮艺术家,造成了前两代艺术家的拯救中国文化的理想主义色彩。然而这一代艺术家自 70 年代中期接受小学教育始,就被抛到一个观念不断变化的社会里,又在前两代艺术拯救中国文化的口号中开始了他们的学艺生涯。1989 年他们相继走上社会,眼见'中国现代艺术展'在几乎穷尽西方现代艺术的各种途径之后,拯救中国文化的梦想却随之化为乌有,无论社会还是艺术,留给这一代艺术家的只剩下来去匆匆的偶然的碎片。这使他们不再相信建构新的价值体系以拯救社会或文化的虚幻努力,而只能真实地面对自身的无可奈何以拯救自我。因此,无聊感不但是他们对自身生存状态最真实的感觉,也是他们用以自我拯救的最好途径。"

这种无聊感使"玩世现实主义"的艺术家们放弃前两代艺术家的精英立场和居高临下的人文关怀,用一种嘲讽的也是自嘲的方式来描绘生存的无聊感。比如刘炜,在他的让人印象深刻的作品中,他将自己的军人职业的父亲进行了丑陋化的处理,如《革命家庭》和《游园惊梦——看电视的父亲》。显然,在艺术家眼中,父辈一代人引以为豪的社会身份和光荣感其实是没有意义的,无聊的,也许是可悲的。同样将警察形象进行更为明显的戏谑化处理的是杨少斌,他的代表性的作品是《警民一家》、《万宝路》和《群殴图》等。

岳敏君的"玩世现实主义"作品的艺术符号则是:历史和政治的背景,

人物夸张的头部造型和空洞的大笑的表情。岳敏君是这样解释他作品中人物的"笑"的含义的："笑就是拒绝思考,就是头脑对某些事物感到无从思考,或者难以思考,需要摆脱它。"[1]在现实的生活中,没有地位和没有希望的人们在无法进行独立的思考、判断和行动的时候,只能以"笑"这种表情来维持表面的做人的尊严。而当艺术家将这种笑和人们熟知的社会历史背景联系起来的时候,一种社会历史批判的向度就昭然若揭了。岳敏君1990年代初"玩世现实主义"的代表作有《大团结》、《处决》和《自由引导人民》等。

方力钧是"玩世现实主义"创作最有代表性和影响力的艺术家。他于1988年画了最早的光头作品,而他画于1990—1991年间的系列组画,才使他正式踏上了"玩世现实主义"的旅程。方力钧和岳敏君作品的艺术形象有相似的地方,都是造型夸张的光头。但是,方力钧的作品人物表情更为丰富,但也更有一种沉醉飘忽的感觉,这可能和他淡化作品的政治现实背景,只突出主体形象有关,但这样做的结果却使得他的作品的观念性更为强烈,批判性似乎也就更为内在深刻。1992年方力钧创作了《第二组》系列油画。1993年之后,他开始将水和花朵的元素放置进画面中,而那些绚烂漂浮的花朵却为作品带来了更多的伤感飘逝的意味。

除了上述艺术家的作品,曾梵志作于1990年代初的《协和医院》系列,无论医生,还是病人,都有着同样的充满恐惧感的圆睁的眼睛;郭氏兄弟的作品中,郭晋的僵婴形象,郭伟则通过陌生化人的存在境遇来揭示人的真实的存在,都可以归类于"玩世现实主义"。而钟彪的作品则是波普艺术和"玩世现实主义"的结合。

2. 政治波普

关于政治波普,为其命名的批评家栗宪庭在《1989年后中国艺坛的后现代主义倾向》一文中是这样说的："1989年以后,85'新潮的艺术家放弃严肃的形而上姿态,高举解构主义的旗帜,纷纷转向政治化的波普风格。他

---

[1]　吕澎:《中国当代美术史·美术卷》,北京:中国美术学院出版社,2013年。

们借调侃、幽默的方式去表现毛泽东及其他政治题材作品的热流,我称其为'政治波普'。"事实上,波普艺术的产生与消费社会的商业文化现象有关。波普的意思就是流行的、通俗的,而波普艺术就是借助消费社会流行的现成的商业文化形象来创作自己的作品。而在中国,率先兴起的却是政治波普,这也说明了当代艺术家的一种心灵的状况:纠缠在消费社会的诱惑和难以释怀的政治情节之间。在这些政治波普艺术中,社会历史的图像和消费社会的标签、图案并置,不言而喻的是对于曾经视为神圣崇高的一种讽刺与揶揄。

《大批判》

政治波普代表性的艺术家和作品首推王广义和他的《大批判》系列。在《大批判》系列中,艺术家将政治图像和消费社会的符号并置,如将"文革"时期充满阶级怒火的工农兵形象——对于大部分中国人而言,这是太熟悉的难以抹去的历史记忆,和可口可乐的商标形象并置在一起,这样的艺术形象唤起观众的心理感受是五味杂陈的。

李山的《胭脂》系列是 1990 年代政治波普的重要作品之一,作品的成功来自性的暗示和政治形象的联系。而余友涵的政治波普作品将民间印花布的图案和领袖形象做了结合,在视觉上产生出独特的趣味。其他可以归类于政治波普的还有上海画家刘大鸿,他的作品将政治批判的元素和世俗风情画结合在一起,而艺术家薛松则将烧过的陶瓷片组成艺术形象。

1993 年 1 月—2 月,由香港汉雅轩总监张颂仁和大陆批评家栗宪庭共同策划的"后八九中国新艺术"展在香港艺术中心和香港大会堂举行。展览了由 50 多位艺术家参展的 200 多件绘画、雕塑和装置作品。参展艺术家有王广义、余友涵、李山、邱志杰、方力钧、刘炜、张晓刚、周春芽、毛旭辉、张培力、曾梵志、谷文达、徐冰、尚扬、丁乙和隋建国等艺术家。1993 年,张颂仁又策展了"中国大陆政治波普展"。张晓刚的《黄色肖像》、《红色肖像》和《血缘:母子》,特别是《大家族》系列也有波普艺术的因素在其中,那就是中国人记忆中的老照片和摆在街头的炭精素描画像,这也是曾经的流行的图像。张晓刚却将这些材料和意外的光斑,不真实的人物塑造,缺乏自然逻辑的物象进行组合,从而使得我们能够有距离地去体验我们深重的历史。王兴伟则是将著名历史图像元素消融在新的绘画之中,如借用"文革"时期著名的油画《毛主席去安源》进行再创作的作品《东方之路:下安源》,也应该归类于政治波普艺术的范畴。

3. 艳俗艺术

在精神方面,艳俗艺术应该说和"玩世现实主义"是一脉相承的,它将"玩世现实主义"的戏谑、嘲讽推向一个极致。但和"玩世现实主义"不同的是,它几乎完全避免正面的政治元素,而专注于夸大、突出、强调现实生活中的低俗和平庸。而在表现形式方面,艳俗艺术又吸收了波普艺术的元素。它从民间和流行文化中寻找形象资源,追求一种矫饰的妩媚,这也是艳俗二字的来源。代表作品有俸正杰的《浪漫旅程》系列,祁志龙的《中国女孩》系列等。1999 年,"跨世纪彩虹——艳俗艺术"在天津泰达艺术博物馆举行。艳俗艺术家包括杨卫、徐一晖、胡向东、俸正杰、常徐功、祁志龙、孙平、刘力国、罗氏三兄弟(罗卫东、罗卫国、罗卫兵)、王庆松和刘峥等。此外,以广州艺术家黄一瀚等人为主的卡通一代,也被认为是艳俗艺术家的组成部分。

4. 影像绘画

影像绘画指的是这样一种绘画形式:它放弃了对于绘画性和笔墨趣味的追求,直接模仿现成图片,特别是照片的效果,作为自己创作的主要内容。当然,复制在画布上的图片已经带上了艺术家的特殊的情绪意味。

影像绘画的代表艺术家和作品有:赵能智的《表情系列》,通过对于照片的模仿来寻找要表现的表情;何森钟情于表现照片错误的效果,如他的《躺在沙发上的女孩》,就是一次随意的闪光。图片的光鲜部分和突兀的效果并置,给人的感觉很是惊悚;谢南星的《令人讨厌的寓言图像》绘画系列,也是对一些照片效果的模仿。但是这些照片中的情境在现实中又大都不会存在,是虚拟性的场景,所以一旦用绘画将其描述成照片的真实效果时,就显得特别触目惊心。如他描绘一个男人,裸露着生殖器坐在马桶盖上,而他左边的男人则是志得意满的社会中坚的形象,右边则是端庄高贵的女性官员的形象,三个形象的并置,形成了一种特别难以言说的效果。尹朝阳也是影像绘画的代表画家。他在 2002 年之后完成了《乌托邦系列》,以及《看见毛主席的那天电闪雷鸣,风雨激荡》等作品。2004 年,中国影像绘画展览在北京季节画廊举行。

石冲的作品意味更加复杂。他所用的是精确的照相写实主义的画法,但是所画之物却是虚拟的,像是装置艺术,或者行为艺术,或者是一种超现实的境界。如《欣慰中的年轻人》的图中是一浑身涂满白色石膏的年轻人,手里撕扯着一只血淋淋的鸽子,脸上则浮现出一种神经质的笑意。

李松松则是希望保留绘画性的影像画家,不过在创作的时候艺术家却注意抑制自己的表现性情感,如此才能够将绘画性和观念性在对历史图像的复制再现中得到统一;李大方创造了一种"绘画影像小说",代表作是《牛皮书包》;李路明则选择一些让人感怀的历史照片作为创作母体,绘制出一幅幅让人产生特定时代回忆的黑白照片式的绘画,如《云上的日子:学唱戏》。

除了上述一些绘画倾向外,谷文达从上世纪 1980 年代早期开始,就探索着将错位、肢解的书法文字做成水墨画,借此挑战正统体制;而曾梵志的"线条实验"试图使绘画性和观念性在作品中得到统一;周春芽则使中国传统山水画中寄托文人闲情逸致的石头流露出暴力和色情的意味;而何森、杨冕、曹敬平、杨勋等,都是用油画形式来试图给传统国画经典和意境赋予新的意义。

二、影像、行为和摄影艺术

1. 影像艺术

一般来说,张培力在 1988 年制作的《30×30》被视为中国影像艺术的早期作品。艺术家用自己的双手在镜头前反复揉碎、黏合、再揉碎一片玻璃。内容毫无变化,固定的机位和拍摄角度,整个过程只有两次变焦。1991 年,张培力在上海"车库展"展出作品《(卫)字三号》,内容是艺术家在脸盆中用肥皂和清水不断地搓洗一只母鸡的过程。1992 年,他又创作了《水——〈辞海〉标准版》。录像中,播音员用标准音一直在朗诵《辞海》中关于"水"的条目。

有意思的是,早期因为拍摄设备简陋、技术匮乏而造成的这种不经过后期处理,冗长而令人难以忍受的沉闷风格,却被视为"标准的录像艺术",受到艺术家的推崇。代表艺术家和作品有邱志杰的《作品一号:重复书写千遍〈兰亭序〉》《舔色》,朱加《刻意的重复》,徐震的《喊》。颜磊称自己对"长镜头有一种偏爱",而当长镜头被运用到影像艺术中去的时候,无疑增加了作品的客观、冷漠的效果,如颜磊的《化解》《清除》《1 500 cm》与《北京红果》中所表现的那样。

陈劭雄的《视力矫正器》颇有意思,是一件录像装置作品。它通过技术手段使人陷入观看的左右为难的境地。借此提醒人们要调适自己以提高适应不断变化、日益复杂的社会环境的能力。王功新的《布鲁克林的天空》,是装置和影像的结合。艺术家在自己家的院子里挖了一口旱井,将一部电视机放进去,电视里正在播放的是纽约布鲁克林区天空的录像。局促的现实世界,和影像里的遥远国度的自由天空,很容易让人产生一些对比和联想。显然,对于影像艺术而言,技术是影像艺术质量的非常重要的元素。但是对于中国的影像艺术来讲,他们目前最严重的问题还不是技术和艺术性的问题,而是表现问题的深度、力度和视角问题。中国的影像艺术一般表现的是一个经过设计的、非常私我的场景,而非将镜头对准更为阔大丰富的现实社会,因此产生的社会影响也相对较小,他们的作品一般是在狭小的艺术圈子里进行传播。

1996 年 4 月,邱志杰和吴美纯在杭州举办了"现象·摄影"展。共展出了 15 位艺术家的 16 件作品。有朱加的《永远》,李永斌的《脸》,佟飚的《8 月 30 日下午》,颜磊的《绝对安全》,张培力的《不确切的快感》和《焦距》,陈少平的《完全生命检测》,钱喂康的《呼吸/呼吸》,王功新的《牛奶》,陈劭雄的《视力矫正器》,邱志杰的《现在进行时》,耿建翌的《完整的世界》,高士明、高世强和陆磊的《可见与不可见的生活》,以及杨振忠的《我不是鱼》等影像装置作品。

此时,艺术家的兴趣也从早年制作内容沉闷冗长的"标准"录像转移到叙事性上来。90 年代有代表性的叙事性录像作品有王功新的《婴语》,朱冬《抚摸父亲》,崔岫闻《洗手间》,以及非线性叙事录像作品如林一林作品《安全渡过林和路》,曾御钦《我痛恨假设》等。随着技术的革新,新媒体和动画等也更多地融入录像艺术中,如陈劭雄《墨水城市》,周依的 3D 动画录像作品《伟大》等。

2. 行为艺术

行为艺术在"85'美术运动"期间就已经出现。1986 年 6 月,由耿建翌、宋陵、张培力、王强实施的《作品一号——杨氏太极系列》,在原浙江美术学院附近实施。年轻的艺术家们用废报纸拼成 12 个 3 米高的太极拳人形圈,上面写有太极拳术语,于凌晨张贴在美院附近一堵长 60 米、高 4 米的青砖墙上。这些张贴的纸人两天后逐渐损坏,而后消失;12 月份,由盛奇、郑玉珂、奚建军、康木、赵建海组织的"观念 21·行为活动"在北京大学校园内举行,在表演时他们各自脱掉衣服,用亚麻布把身体裹起来,然后用混合色涂在彼此的布上,有的骑上自行车,有的爬到屋顶呼喊,并打出写着"长江"、"长城"和"珠穆朗玛峰"等标语。

在 1989 年的全国艺术大展上,以"枪击事件"为代表的行为艺术更是出尽了风头,也惹来了很多的非议。

1991 年在广州的"大尾象工作组"成员之一陈劭雄在《七天的沉寂》这

个作品中,用了七天的时间每天涂黑一定数量的塑料薄膜,通过人的身体和物质变化的关联传达人对于时间和存在的感受。

1992 年 8 月份,宋永平等一部分艺术家展开"乡村计划"的综合性的系列行为活动方案。他们这次行为艺术针对的是 1990 年代的商业大潮所导致的社会的普遍的拜金主义,希望能在文化的源头寻找到民族精神复苏的真正的力量之源。艺术家们在山西吕梁地区的黄河沿岸进行考察,最后作品是以艺术家们在这次艺术考察活动中收获的绘画、摄影、电视片乃至报告文学集的方式呈现的。1992 年 10 月,孙平在全国数百位前卫艺术家参加的"广州双年展"的同时,在广州美术学院发行"中国孙平艺术股份有限公司发行人民币股票(A 股)",模拟了股市的场面,同样体现出对于商业社会的关注。同年 12 月份,宋永平、王亚中和李建伟等又在太原利用自行车进行了一次名为"CHINA 山西太原 1992·12·3"的行为艺术,"在作品现场,洋溢的是一种破坏的快感"[1]。

1992 年年底,甘肃兰州出现了一个自称"兰州军团"的艺术家群体,12 月 12 日,兰州军团的艺术家们实施了名为"葬"的行为艺术。在这个行为艺术中,他们继续表达着对于物质主义、拜金主义侵蚀纯粹艺术的担忧和反感。在这个行为艺术中,高潮是艺术家们将庸俗艺术家的代表,长期勾结批评家、画商、报刊编辑制造人事关系,疯狂销售作品的艺术家"钟现代"泼上汽油,而后"火葬"。

1993 年出现的行为艺术有汪建伟的《种植——循环》,在这个行为中,汪建伟花费了一年的时间种植一亩小麦,来证明生命的交流和循环。10 月份,耿建翌在杭州莫干山中学邀请 20 位观众在教室里填写《婚姻法》知识表格。同年,艺术家黄岩在沈阳实施邮寄艺术《毛泽东像章》,并且开始了他的建筑拓印的工作,他把这个预计 10 年时间完成的行为命名为《收藏系列·拆迁建筑》。

行为艺术的兴盛是在 1994 年之后。在众多的行为艺术中,有这样几

---

〔1〕 吕澎:《中国当代美术史·美术卷》,第 366 页,北京:中国美术学院出版社,2013 年。

个方面的主题：一是对于文化的思考。曾经作过著名的装置作品《析世鉴》的徐冰在1995年做了一个行为艺术《文化动物》。在这个作品中，他将拉丁文和中文分别印在一头公猪和一头母猪的身上，通过公猪和母猪之间的交流，来对"东西文化的交流"进行讽刺。邱志杰的行为艺术《作品一号：重复书写一千遍〈兰亭序〉》则创作于1992年。在这个作品中，邱志杰通过对于《兰亭序》的反复书写，直到所有的内容淹没在书写的黑色磨痕中，说明了历史文化符号将在反复的书写、阐释的过程中消失。尹秀珍则用一袋袋中国生产的水泥覆盖了老东德大使馆签证处的座椅，对于"签证的文化权力"提出了自己的质疑。而王友身则开始有计划地将"营养土"运到国外，又将异国的"营养土"运至国内，藉此思考文化和环境的问题。

对于城市文化的关注也是行为艺术家们感兴趣的主题之一。黄岩在实施他的《收藏系列·拆迁建筑》的同时，1994年又实施了名为"黄岩新闻——垃圾新闻"的行为艺术。1994年10月1号，黄岩在长春市斯大林大街沿途捡拾垃圾1000种，行为的过程和部分垃圾复印件被制成"黄岩新闻——垃圾新闻"被寄往全国各地。而张大力的名为"18K"的行为艺术，则是在城市拆迁废墟上，依据废墟形成的不同的自然纹理画成人脸的形状，或者就是房屋主人的肖像，表达对于城市变迁和现代化进程的复杂情感。以城市拆迁废墟作为主题的行为艺术，还有隋建国、展望和于凡在位于北京王府井正值拆迁的中央美院的废墟上实施的行为艺术"新王府广场"，他们分别利用废墟上的废旧课桌椅，贴在教室里的标语等物件创作了《开发计划·废墟》(隋建国)、《课堂作业》(展望)和《美景》(于凡)等作品。他们要借这些作品表达一个意思：物质的改善未必能够带来精神和艺术追求上的同等提高，文化根基的破坏和急功近利、追求浮华的社会风气才是艺术之根苗遭到摧残的根本原因。1995年，广州的艺术家林一林实施了他的行为艺术《安全度过林和路》，在一条交通要道(广州林和路)上，艺术家把一堵墙的砖头从一端挪到另一端，使墙体慢慢朝马路移近。

1999年的最后一天，宋冬在观众的围观下公开书写看不见的日记(用水写在石头上)，这是对于个体和社会关系的一种思考角度。

　　生态自然环境也开始成为行为艺术的表现主题。如戴光郁的《搁置已久的水指标》，尹秀珍的《酥油鞋》和《活水》等。

　　通过身体来实施行为的则有：自虐型的行为艺术家张洹，他的代表性的作品是《12 平方米》和《65 公斤》。在这些作品中，艺术家让自己置身于一个无法忍受的现实环境中，以观众的感同身受使其深刻体会到对于生活的一种"忍受"的存在体验。另一位用生命来做艺术的行为艺术家是何云昌，他的成名之作是化用庄子寓言的《抱柱之信》。将自己的一只胳膊浇铸在水泥中 24 小时。他的另一件使人惊骇的作品是《一米民主》，通过人们对于他即将在自己身体上划下一米长的伤口的态度思考民主的内涵。马六明的代表性的行为艺术作品是《芬·马六明》。在这个作品中，艺术家不仅男扮女装，而且还给自己取了一个女性的名字"芬"，让观众在男女莫辨中体会一种表达一种身份的分裂感。朱东发的作品更明确直接地表达对于自我身份和自我存在价值、意义以及实现途径的思考，他的代表作是《寻人启事》、《此人出售，价格面议》和《身份证》等。

　　1995 年，几位来自北京"东村"艺术区的自由艺术家们——王世华、苍鑫、高炀、左小祖咒、马宗垠、张洹、马六明、张彬彬、朱冥和段英梅，联袂创作了《为无名山增高一米》的行为艺术。在一座无名小山上，艺术家们裸体

《为无名山增高一米》

垒叠在一起,表达了对于人和自然、人和同类之间关系的思考和探索。1999年,《为无名山增高一米》参加了第48届威尼斯国际双年展,引起轰动。

中国的艺术家不可谓不充满创作的热情,但行为艺术依然处于一种尴尬的境地。和影像艺术一样,他们最大的问题也是缺乏对于社会问题的更为直接性的关注和介入,因此产生的社会影响微乎其微。既然无法在社会问题上施加真正的影响,艺术家们就只能局限于自己狭小的范围之内,因此,如果他们做出一些只有他们自己理解,或者哗众取宠的行为也就容易理解了。

3. 观念摄影

1979年成立的"四月影会"的纪实摄影对于中国的摄影艺术来讲是一个转折性的事件。纪实摄影不再追求画面的细腻光鲜等一般意义上的美,而将镜头对准了真实的社会和日常的生活,这是一种艺术态度的转变。因此,我们所看到的纪实摄影,虽然构图不完美,色彩不光鲜,但其真实性则更为打动人。如吕楠的以精神病院为素材的《精神病院》;韩磊的有着怀旧气息的、以小人物的艰辛生存为表现主题的作品,如他拍于1986年的《开封》,描绘了草台班子的演员坐拖拉机进城唱戏的情景,现实世界的粗陋和他们脸上的浓妆形成强烈的对比,给人以特别的悲戚之感,这一点在那个发呆的"美猴王"的身上体现得最为明显。

2003年,广东美术馆举办了《中国人本——纪实在当代》展览,是迄今为止中国最大型的纪实摄影展览,共展出250名摄影师的600余幅代表作。展览的主题是"人性化中国,个性化中国"。这些作品从不同的个人视角记录了50多年来中国社会生活朝向人性化与个性化嬗变的进程。

刘铮的摄影有着明显的人为设计的痕迹。他的作品中是对于历史与神话故事的再改编,如他的《三打白骨精》。照片上是京剧舞台的场景,场面华丽繁琐。饰演白骨精的演员妆容精美,但是却是裸女的形象,因此整个作品有种色情荒诞的意味。安宏的作品意境和刘铮有相似之处。只是他的作品中的形象是佛教形象和病态的异装癖的形象,表达了对于宗教和性的态度。

庄辉的代表作是给"单位"拍摄的集体照。这些集体照照片人数众多，场面宏大，显示出集体对于个体的不容置疑的权威和消解力量。邱志杰的摄影作品《好》系列，以三个穿着制服的青年男女为主体人物，他们脸上的表情让我们联想到"朝气蓬勃"和"必胜信心"之类的口号，而他们的肢体语言也让人联想到曾经的一代人的记忆，这算是政治波普元素在摄影中的运用。

海波的作品表现的主题是时间造成的生命的流逝。当他将某一张旧照片上的人再集合起来，按照原来的位置重新照一张照片的时候，有的位置空缺了，有的人笑容的意味不一样了，两张照片形成的对比令人感慨。

在观念摄影艺术家中，洪磊是利用传统中国文化元素的艺术家。他的代表作是《苏州园林》系列。在这个作品中，他将死亡的恐惧气息和精美的园林风景结合起来，比如园林中的池水呈现出血样的红色，通过这样的处理表达了他对于传统文化的感受和反思的态度。

1997年的9月，施岸笛与亚历山大·托奈在柏林的新柏林艺术中心策划了"中国新摄影家"的展览，这是关于中国观念摄影的第一个展览。参展的艺术家有郑国谷、颜磊、杨振中、刘铮、荣荣、邱志杰、耿建翌、庄辉、顾德新和赵亮等。此次展览第一次集中地展示了中国上个世纪90年代以来的观念摄影。

2004年6月10号，巫鸿在纽约国际摄影中心策划了"过去和将来之间：中国新摄影，新录像艺术展"，有60多位中国当代艺术家，130多件作品参加了展览。这也是中国摄影、录像艺术在纽约第一次的完整亮相。

第六十一章
宗教文化的多元呈现

对于宗教的身份设定,从"五四"时期的启蒙救国塑新人的功用,到抗战时期世俗化、本色化的短暂回归,到 1960 年代"文革"时期的"鸦片"政治身份,到改革开放初期对"宗教是文化"、是精神之根的文化身份认定,而 1990 年代后在面向市场经济和超越面向等多层面的共生共存,出现一种泛宗教文化身份。也由于全球化中西文化的对话,中国关于"儒教是否宗教"的讨论戳中海内外知识分子的讨论靶心,从而在一个多元而驳杂的时代,迎来了中国传统文化回归和宗教复兴的强烈吁求,在中国传统文化的宗教性复苏中,宗教文化走向多元的境地,也在宗教文学中独树"宗教话语",建构一种"后理论"时代的"宗教转向"诗学。

一、宗教文化热:"文化基督徒"与禅文化热现象

1990 年代初以来,随着改革开放的深入,宗教政策的落实,从知识界到政府、民众,逐步重识宗教,由于社会政治层面对宗教的警觉意识慢慢削弱,学术研究从封闭状态逐渐开放,在文化知识界出现了浓烈的宗教意向和对宗教信仰的兴趣。这一精神意识在文学、艺术、哲学和人文科学领域中有明显的增长姿势。而在社会中,也显示出浓厚的宗教文化热,宗教有益于社会主义精神文明建设,佛教、道教作为中国传统文化的重要组成部

分,更应继承发扬其精华,成为很多社会人士对宗教的基本认识。各宗教都在稳步恢复发展中,基督教、佛教发展速度尤快,反映出国人对宗教的需求在不断增长。基督新教发展迅猛,"信徒以每年 100 万的速度在增长"〔1〕,目前中国基督新教信徒有 1 600 万人,而实际人数可能在三五千万以上,成为中国第一教,以至于某些基督教会权威人士声称,基督教将在教会之外得到更大的发展。教会权威人士将这些采纳了某种基督神学思想立场的知识分子称为"文化基督徒",这样的称法暗示着这些人并非真正的基督徒,只是把基督教作为一种文化思想来接受并为之辩护,或者只是从事一种基督教文化研究而已。"汉语基督神学之历史尚浅,近十年出现的'文化基督徒'现象的意义在于,基督认信由外传转变为自发寻求,这将是汉语神学发展史上的一个转捩点。"〔2〕为何会称为转折点? 其实在 1990 年代之前,对于作为外传他教的基督教在中国本土一直都被纠结于与中国文化(宗教)的思想观念之争上,并且在很大程度上是从民族文化论的立场和角度来引发论争和斗争的,但是 1990 年代之后,由于多元文化形态的初呈,对基督教的讨论,更多是在"生存本体论"上展开,也就是说,很多时候,已经将两者对峙的视角从中西文化对话关系上拉下来,转换为更为私人的、本体的视角。

而 1990 年代以来的"禅学热"现象也打破了原来的荒漠和禁区,在众多学者和信众的涌入后,形成了一种热闹嘈杂的景象。首先在理论上,以"法相唯识学"的探讨为主,以后随着敦煌禅籍的发现,学术界对禅宗的研究逐渐重视起来。胡适、吕澂等国际知名学者投入禅学研究,海外流行的各类禅学如台湾的"现代禅"、"安祥禅",大陆净慧法师倡导的"生活禅",法国一行禅师的"行禅",被引入到大陆的视野中;而来自日本的铃木大拙结合现代西方非理性主义对禅学所作的发挥性解释,对中国大陆"禅学热"起到直接的促进作用。"禅学热"的主要表现是,一方面在学术界中出版了大量的与禅有关的著作,范围广及文字、史学、哲学、心理学、伦理学、宗教学、

〔1〕 李平晔:《信仰与现实之间》,第 52 页,北京:华文出版社,2004 年。

〔2〕 刘小枫:《"文化"基督徒现象的社会学评注》,《这一代人的怕与爱》,第 172 页,北京:华夏出版社,2007 年。

语言学和气功学等各学科；另一方面在市场化浪潮中，出现了佛教文化与世俗文化接洽的"越界"的现象，中国社会在近年来大肆兴建的寺庙和佛教旅游地、禅学活动如雨后春笋一般。此外，与中国传统文化相结合，形成"气功热"、《周易》热和少林功夫热等。如"气功热"在1980年代中期以后出现全国性热潮，而且这股热潮此起彼伏，持续不衰，延续至今。1990年代，大大小小的气功团体已有300个以上，各种功法有2 000多种，有关气功的研究会、讲习班、训练班、杂志、书刊层出不穷，气功现象成为人们茶余饭后持久性的热门话题，"气功热可以说是改革开放以来各种自发性热潮中涵盖面最广、持续时间最长的一种"[1]。甚至土洋迷信借民俗、科学、文化之名得以冒头。皇历、"推背图"、"骨相学"等竞相出版；算命、面相、星相和解梦等打着科学研究的旗帜，甚至与电子科技结合在一起；早就流变为民间习俗的原始信仰借搞活经济之名重获提倡，神汉、巫婆活动也有所抬头；一些会道门也打着佛道教旗号进行活动，这种"禅学热"在一定程度上到了"热中有乱"的地步。

养生功群练

事实上，综合而言，近20年的宗教文化热体现出这样几个问题：

第一，物质泥沼中"追求不朽"。中国人在经历了信仰真空之后，在进

---

[1] 邢东风：《当前"禅学热"现象形成原因初探》，《世界宗教文化》，2003年第1期。

入改革开放的经济浪潮后,又深陷于经济市场商品经济的泥沼中不能自拔,从而转向寻求内心的求索。中国进入改革开放中期,商品经济中权欲物欲的膨胀,带来了一系列的社会伦理道德问题,醉生梦死、贪图享受、实惠至上、弱肉强食等等的价值观,逐渐受到淡泊名利、追求内心世界的终极关怀、怡然自得、自在解脱、"舍得"、"放下"等精神解脱的宗教观念所冲击。人们在物质文明畸形发展中,日益感受到社会生活的不确定性与偶然性,越发感受到个体命运的不可预测和难以自控。当人们感到精神生活的苍白贫困或无可寄托时,便将眼光投向了"追求不朽"的宗教身上。宗教所描绘的伊甸园或极乐世界,引发了人们脱离物质而追求向下的生活,进入到对灵界的探寻。

第二,从极权宗教走向人文宗教。宗教文化热的出现,并不意味着与传统宗教、原始宗教人对神、上帝的极权的信仰一样,极权宗教是承认外在有一种不可见的力量主宰着世界,人类在这种力量的控制中,必须对它顺从、敬畏与崇拜。在这种宗教信仰中,顺从是最高的德性,不信是最大的罪过;神被视为全知全能,人确是卑微而无意义的。但1990年代以来的"宗教文化热"并没有催生许多虔诚的信徒,知识分子、民众更多地是以"善男信女"的文化人形象出现。如果把他们称为"人文宗教徒"或许更为恰切。这样的人文宗教以人和他自身的力量为中心,人通过发展理性能力去了解自己与他人之间的关系,以及在宇宙中的地位。在这种宗教信仰中,人的目的是要发挥他最高的力量,而不是强调人的无能与无助。在这种宗教样式中,所显示出来的,与其说是对神的献身,不如说是一种自我个性的张扬,是一种自我力量的确证。因此,宗教文化热现象无疑与1980年代中期那场关于"主体性"的思潮和论争有着密切的精神扭结。宗教文化热,也就是人们在重新确证人的价值、人的自觉、人的主体性的过程中所依托的一个境地。

第三,"泛宗教"。宗教文化热却并没有迎来宗教的真正复兴或者重建,而是停留在宗教文化的渲染。因为鉴于中国文化的特质,人们并不愿意像基督教、伊斯兰教,甚至佛教一样进入一种与身体、生命、践行相匹配的宗教徒生活。由于对神的虔诚、膜拜、献身、皈依,种种宗教都指陈人世的痛苦,抨击肉身的罪恶,主张献身于神获得精神的净化、超越和不朽,从而解决人生的惶惑、痛苦和恐惧。正因如此,宗教徒必须通过清修苦修甚至虐待肉身来获得神的宽宥,实现精神升华。诸如"瑜伽、咒语、顿悟、施虐、受虐、自虐到灵魂拷问等等仪式、活动、心态中,或癫狂或恬静,或狂热或冷寂,大喜大悲,极动极静,灵肉对抗,身心冲突,在所谓'自圣'和'自失'(马丁·布伯认为,'自圣'指神进入主体,'自失'为主体投入神)中,精神充满震荡,心理产生幻觉,进入迷醉状态,形成神秘体验,从而获得宗教的敬畏、欢悦和解脱"[1]。但中国文化传统并没有这样的接受前提与践行习惯。中国人的精神解脱往往很少以肉体苦痛来获取,精神欢悦的宗教体验似乎靠的是一种"禅机"的顿悟。正如藏传佛教和汉传佛教,在苦修和禅思的对照中,禅宗讲求的是"酒肉穿肠过,佛祖心中留"的纯"灵性"顿悟,然而这种向内心转的"灵性"探求,并不是芸芸众生所容易获致的境界,中国人的精神解脱往往来自于对现世的关注后的隐逸和自我解脱。因此,西方纯粹的宗教精神对于中国人而言始终是陌生的、隔阂的,所以在宗教文化热中所体现出来的,并不是宗教纯粹信仰的"复兴",而是一种文化因素的弥漫和渲染。这一点上,可以从当前雨后春笋般兴建的宗教场所和宗教活动上得到证明。著名华裔宗教社会学家杨庆堃在《中国社会中的宗教》中,指出"在历史的绝大多数时期里,在中国社会制度框架体系下缺乏一个结构显著的、正式的、组织化的宗教",但同时宗教的信仰和实践却充溢于中国社会生活,"在中国广袤的土地上,几乎每个角落都有寺院、祠堂、神坛和拜神的地方。寺院、神坛散落于各处,举目皆是,表明宗教在中国社会强大的、无所不在的影响力,它们是一个社会现实的象征"[2]。因此,他提出了有别于西方"制度性"的宗教存在,以"弥漫性"宗教作为中国的主导特征。如果往好的方面讲,宗教文化热中的"宗教"对人的约束越来越小,已经难

---

〔1〕 李泽厚:《人类学历史本体论》,第 4 页,天津:天津社会科学院出版社,2008 年。

〔2〕 〔美〕杨庆堃:《中国社会中的宗教:宗教的现代社会功能与其历史因素之研究》,范丽珠译,第 24 页,上海:上海人民出版社,2007 年。

再形成一种强制性的力量来维护自己的世俗信仰者的信仰，只是靠思想与情趣的魅力来吸引信仰者的感情。那么，在信众那里，宗教实体和宗教践行便慢慢变成了一种思想、文化观念，信仰逐渐演变为兴趣，文人把宗教修行转化为生活体验，把终极境界转化为艺术境界。这对于文化艺术而言，是一种灵的填充。然而从另一个方面讲，这种没有经过苦修苦练，与自己切身践行和生活合二为一的"宗教"，再多也只是一种水中观月、镜中看花的"宗教情绪"，它很难真正生根为一个人最为内里的精神核心和特质，于是很容易便流为浮泛的文化想象和躁动的文化生态。

二、跨文化对话：宗教生态论

近年来，由于基督新教在我国迅猛发展，"文化基督徒"对基督教文化大量的正面阐扬，使得基督教在民众中的形象改观了，博得了更多的好感。更兼基督新教摈弃了天主教繁琐的礼仪、严格的教阶制度，使教会分散化、小型化，从而传教更灵活、简单，更易于在民间基层分布，所以基督徒众猛增。"改革开放 30 年间，基督教在中国大陆获得爆炸性增长，由 1985 年的 300 万人飙升至目前约 1 600 万人，还有人估计现在中国内地约有 5 000 万—7 000 万基督

基督教堂

徒。"[1]甚至有些学者按照目前的基数以及基督教中"人人皆可传道"的传

---

〔1〕　转引自马虎成：《基督教在当今中国大陆快速发展的原因辨析》，张晓刚、唐晓峰主编：《基督教中国化研究》，第 147 页，北京：宗教文化出版社，2013 年。

统,估计20年后可能有2亿、3亿基督徒[1]。尤其值得关注的,是基督教在农村中发展尤为蓬勃。香港建道神学院院长梁家麟就曾撰文指出,由于中国曾不遗余力地铲除民间宗教,将基督教在基层社会的农村中传播的最大障碍除去,为基督教发展提供了广阔的发展空间,农民将宗教感情转而投向基督教,成为原有宗教的替代品[2]。这种情况下,许多中国本土知识分子,逐步自觉地认识到在这种有着西方国家对我国实行基督教化的战略背景的现象,有可能形成"过度"发展、"一教独大",会带来一系列后果,如助长境外敌对势力和平演变中国的野心,破坏中华民族文化的主体性和民族性等问题。于是,中国宗教学者从中国的历史与实际出发,引入"生态学"视野,用宗教生态学的眼光,考察中国宗教适应社会的多层次和动态适应的复杂多变,以便更好地推动宗教关系的和谐,充实中国特色社会主义宗教理论。牟钟鉴的《宗教文化生态的中国模式》[3]和《中国宗教文化的多元通和模式》[4],陈晓毅的《中国式宗教生态——青岩宗教多样性个案研究》[5],段琦的《浅论宗教生态失衡与中国基督教的发展》[6],李向平的《"宗教生态",还是"权力生态"》[7]等,都旨在面对因宗教生态失衡现象而提出的思考。2008年8月,中国统一战线理论研究会民族宗教理论甘肃研究室基地在甘肃省嘉峪关市举办了以"全球化背景下的中国宗教问题"为主题的"2008民族宗教问题高层论坛",期间引发了吕大吉、牟钟鉴、段琦、马虎成等的讨论。因为它关涉到文化建设的战略思考和社会的长治久安,宗教生态论的探讨引起政界学界越来越大的关注。

---

[1] 吕大吉:《关于继承和重构传统的民族宗教文化的一些思考》,转引自马虎成:《基督教在当今中国大陆快速发展的原因辨析》,张晓刚、唐晓峰主编:《基督教中国化研究》,第158页,北京:宗教文化出版社,2013年。

[2] 梁家麟:《改革开放以来的中国农村教会》,香港:香港建道神学院,1999年。

[3] 《中国民族报》(2006年5月16日)。

[4] 《民族宗教学导论》,北京:宗教文化出版社,2009年。

[5] 《中国式宗教生态——青岩宗教多样性个案研究》,北京:社会科学文献出版社,2008年。

[6] 《当代中国民族宗教问题研究》(4),兰州:甘肃民族出版社,2009年。

[7] 《上海大学学报》,2011年第1期。

"所谓'宗教生态',就是指社会中各种宗教的存在状况……在正常情况下,它们彼此间应该是相互制约达到一个平衡状态,即各类宗教各得其所,都有它们的市场,满足不同人群的需要。但如果人为地不适当干预,就会破坏它们的平衡,造成有的宗教发展极其迅速,有些则凋零了。"[1] "宗教生态论"提出了当代中国宗教与中国国家权力、西方文化传入与社会安全、文明建设等的诸多关系。它与之前宗教研究中的宗教个案研究、宗教历史与现状研究不同,它的重心不在阐明各种宗教自身的状况与发展,它侧重在宗教关系及其态势的考察上。它也不停留在一般的本质、要素、功能结构等的基本理论论证上,而是关注生活中宗教系统的生成与变化,宗教系统与环境的关系,文化共同体生存的总体态势。把现实生活中独立的社群共同体范围内的宗教文化与世俗文化,看做是一种社会生命系统,去考虑其中的各种宗教样式的调和与矛盾、冲突与对话。说到底,就是站在中国本土文化的立场上,延续外来文化与本土文化之争的"五四"式思考,其本质上的焦虑,就是关于中国自身本土传统文化未能真正复兴,成长为支柱性宗教的焦虑。因此,"宗教生态论"论者,难免带着一定程度的民族保守主义心理。

"宗教生态论"实际上与当前中国宗教界的许多论说有着相同的理路:如基督教中国化与汉语神学、中国传统宗教文化复兴问题,如超越东西方的"跨文化"宗教对话问题,以及宗教兼容论、宗教实践论、中国宗教关系积极引导论、宗教市场论等。一种主流价值体系为中国人提供最核心的精神支柱的时代已经结束了,面临着外来宗教的蓬勃和中国本土传统宗教的羸弱,中国宗教文化界的种种探索和思考都显示着一种可贵的民族文化自觉性。当然更难的是在中国新文化走过了百年的历程后,虽然国家和平崛起,但是文化现代化上却还在重新构建之中。正如中国社会科学院世界宗教研究所所长卓新平所说:"靠扶持、支撑某一文化或宗教体系来抵制、排

---

[1] 段琦:《宗教生态失衡是当今中国基督教发展快的主要原因》,《2008 民族宗教问题高层论坛交流材料》,2008 年。

斥另一文化或宗教体系能获得某种表层或短时效应,但从根本上而言是不能持久的……在今天如何对待西方文化、如何处理与其精神支柱基督教的关系,是对中国文化智慧的挑战和考验。我们可以清醒地看到,基督教与中国文化的第三次对话已经开局,而且有比以往历史更开阔的视域,更广泛的议题,这种对话吸取历史上的经验教训而既重开耶儒对话之局,也对耶佛对话、耶道沟通有了全新的关照和积极态度。"[1]

三、文化焦虑中的宗教学术

从世界范围的时空区域来看,早在16—19世纪明末清初天主教来华以及稍后的中国礼仪之争,更及清末民初康有为、陈焕章立"孔教"救国,"儒家是否宗教"的争论就开始滥觞;20世纪后半叶以来,港台及海外华裔学者就儒学宗教性问题引发讨论,并在海外兴起"新儒学";及至近20年来"儒教是否宗教"的论争,以及近年东亚儒教文化圈的国家如日本、韩国等国家对儒教问题的讨论,"儒教是否宗教"的论争已然走过了几个世纪。尽管直至当前,此一问题仍未、也不可能得到一致的答案,但是作为中国本土文化极为核心的问题,它应该被视为一个"宗教话题"进行研究。

新时期以来,关于"儒教"的讨论,又陆续经过了三次论争,1978年底任继愈在南京召开的中国无神论学会成立大会上首次提出"儒教是宗教"的论断,由此引发激烈争论,但当时反对声众而响应者几无一人,许多资深学者专家如冯友兰、张岱年、崔大华等皆提出有理有据的批评。第二次论争是1980年代中期至2001年间,当"儒教是教"与当时"中国文化宗教论"相互呼应,学术界越来越关注,1985年文化热中一个最大的问题是儒学复兴论,1998年《文史哲》编辑部组织了"儒教是否是宗教"的笔谈,得到了包括张岱年、季羡林、蔡尚思、郭齐勇、张立文、李申等知名学者的参与,并形成

---

〔1〕 卓新平:《基督教与中国文化处境》,第109页,北京:宗教文化出版社,2013年。

了大陆、台湾、海外层层波动的局面。第三次，则是在 2001 年末至 2002 年间，由于李申《中国儒教史》的出版，有关各方就儒教史问题在"新世纪孔子2000 网站"上展开辩论，将 20 多年来的争论推向了最高潮，深深震动了中国学术界。2003 年后，开始出现一些关于儒教争鸣的反思和总结性论著，在探讨儒教对周边国家、地区文化发生影响的学术会议召开之后，似乎重建儒教的呼声也渐有回响，这意味着，"儒学是否宗教"已经在一定程度上完成了争论。2005 年 6 月 14 日，作为国家最高的宗教研究机构和宗教管理机构的中国社会科学院世界宗教研究所，宣布"儒教研究中心"挂牌成立，时任中国国家宗教事务局局长的叶小文出席揭牌仪式，中心名誉主任、来自香港孔教学院的院长汤恩佳在成立大会上做了《儒教对中国的伟大贡献》的学术报告，这在很大程度上宣告了"儒教是否是宗教"问题的解决。2009 年，《宗教蓝皮书：中国宗教报告》正式把儒教作为中国最重要的传统宗教加以研究和介绍，对儒教问题的探讨进入了一个新的阶段。

　　新时期以来的论争，是在面对西方文化与我国本土文化的参照对话中形成的，从一开始关于"儒学是宗教"和"儒学不是宗教"的二元对立的观点推进，"儒学的宗教性"成为一个新的关注点，许多论者于是提出了新的提法，如"准宗教"、"传统宗法性宗教"、"非学非教、亦学亦教"、"原生宗教"、"政治宗教"等，并由此衍生出"儒教是否严格意义上的宗教"、"是不是西方意义上的制度化的宗教"的争论。在对儒教是否是宗教有了基本的态度之后，儒教的复兴、儒家文化的重新体制化、儒教的重建开始被一些学者所提及，随之而来的"当代中国是否需要重建儒教"及"儒教应以何种形态重现"等儒教建设问题得到相当深入而全面的讨论。

　　"儒学是否宗教"论争历时 20 多年，三次论争各有重点而又陆续推进，不仅在中国儒学发展上有重要意义，对于中国的宗教文化研究也有重要的启迪作用。它在讨论一个中国宗教文化最为生命攸关的问题上显现了知识分子的文化自觉性和民族意识。尽管争论伊始双方意见似乎水火不容，但最后绝大多数学者均认为儒学具有宗教性、中国历史上存在宗教等，这很大程度上打破了原先认为宗教是鸦片是迷信或负面价值的定见，呈现出宗教文化的一种较为本真的真实样貌。更为重要的是经过论争,大多数学者既反对了西方文化中心论或西方宗教观念标准论,又反对了中国文化中心论或儒教观念标准论,区别了制度性宗教与精神性宗教、有神论宗教与无神论宗教等重要问题。可以说,学者是抱着一种强烈的文化焦虑感来进入"儒学是否宗教"的论争的,甚至带着一定的文化保守主义,而经过论争,却能将中国文化中圆融、吸纳、致和的能力展现出来,意欲建构一种"多元通和"、有机共构的文化体系,以开放、开明之大气度来面对自我传统在今天海纳百川、兼收并蓄的重建。在面向自身的同时,也面向了"世界诸宗教本身",从而使得中国宗教文化有望对世界诸宗教开始严格意义上的"哲学研究",有望构建"宗教学研究"或"宗教哲学研究"的"中国学派"[1]。

在宗教文化热中,文学为宗教洞开了一扇新的大门。许多文学期刊专辟栏目刊登大量宗教文学作品,如《天风》、《花城》、《芙蓉》、《十月》、《青年文学》、《山西文学》、《小说月报》、《钟山》、《清明》、《收获》、《上海文学》、《厦门文学》、《福建文学》、《萌芽》、《人民文学》、《山花》、《芳草》、《长城》、《绿风》、《诗神》、《诗选刊》、《诗刊》和《星星诗刊》等;而宗教文学自身的传播途径也各式各样,尤其在近年网络的勃兴中,更是打破以前教会内部传诵、报纸杂志出版等传统方式,进入无纸化电子网络传媒,如基督教文学在三个比较大型权威的基督教网站"狂野呼声"、"信仰之门"和"福音传播联盟",佛教文学在"显密文库"、"佛教在线"、"中国佛教文化网"和"中华佛光文化网"等网站中的传播。相对于1980—1990年代,现在宗教题材在文学创作中更为勃兴,宗教不仅以引言、意象、语汇、思想火花等文化资源形式进入文学创作,成为文学中色彩独特的一支,与文学形成巨大的互补性张力;也逐步承载着作家从国家群体而来的精神信仰和思想诉求,从之前依附在革命话语、启蒙话语、诗性话语中独立出来的"宗教话语",在众声喧哗的文学话语场中,独辟一条精神救赎的"天路"。

---

[1] 方立天、何光沪、赵敦华、卓新平:《中国宗教学研究的现状与未来——宗教学研究四人谈》,《中国人民大学学报》,2002年第4期。

四、文学文化中的宗教

1990年代，从寻根文学中走来的许多先锋作家，在民间传统文化之根上溯源而来，在这个时期都提出了以宗教作为个人魂灵救赎的答案。许多作家也在佛教、道教、儒教的信仰指引中，构建自己的宗教话语与宗教想象。

原罪与赎罪是一个基本的文学主题，从"苦难"到"救赎"是原罪与赎罪文学主题的基本模式，这样的文学主题着重对人原罪的揭示，否定了人类的自我救赎，而要获得拯救，必须皈依上帝的意志，精神才能得到解放，灾难也会慢慢消失。但在先锋文学中所体现的原罪与赎罪主题却与传统原罪与赎罪主题不尽相同。首先，先锋文学中的原罪与赎罪主题含有大量的流血与暴力场景，并伴随着死亡的气息。其次，先锋文学作家把苦难罪恶融进个人兴衰史和家族兴衰史当中，旨在唤醒人们消沉的内心与内在的罪性，引领他们走向赎罪的道路。最后，部分先锋作家并没有明确表明其宗教信仰，只有少数作家明确表明自己的宗教立场（如北村），但透过作品，能感受到他们作品中的宗教意识，部分文学作品也带有原罪与赎罪主题。由此，先锋文学中出现的原罪与赎罪主题具有独特性，相同地，原罪与赎罪主题出现在先锋文学中也是具有特殊性的，是一个引人注目的文学现象。

二十世纪八九十年代是一个特殊的年代，"文革"结束，政治、经济体制改革，中国社会处于一个转型时期，在转型时期中国社会出现了某些道德沉沦、社会风气败坏等消极的现象。因此文学中出现了一种引人注目的现象，部分小说作家开始皈依基督教，在小说作品中体现了宗教意识，关注人的生存状态，寻找人的宗教信仰，构建人的精神支柱，从而寻找精神救赎之路。先锋文学作为1990年代重要的文学流派，一方面，先锋作家试图打破旧的传统文学模式，不断地推陈革新，创作新的文学风格与样式；另一方面，一部分先锋作家意识到当代社会某些道德沉沦的现象，从而加强了人性的描写,作品中揭示人的生存状态,关注人的命运,在某种程度上把人性的罪恶归结为原罪,使得中国人对原罪与赎罪的认识加深了一步。先锋文学的作品中形成了这样的一个基本叙事模式:把家族兴衰史和个人兴衰史作为叙事题材,并把社会、家族或个人的兴衰原因归结为"原罪",打造了一个充满罪恶、灾难的混乱世界,进而揭示了人类本性的丑陋;在彻底描写人性的罪恶后,深沉地叩问苦难和罪恶的根源,试图通过死、暴力和残忍的方式唤起人类的忏悔意识,帮助人类认清内在的罪性,为人类寻找精神信仰。

先锋小说通过对苦难、死亡和赎罪主题的认识和叙述,并对产生苦难、死亡的原因进行深入探究,把苦难原因归结于人的"原罪"意识,试图追溯人的原罪意识的本质,从而为人性中的苦难进行赎罪,获得心灵的解放。先锋小说作家在作品中运用了大量的笔触描写人们苦难的人生,而这些苦难的人生中夹杂大量血腥、暴力的元素,先锋作家通过描写这些血腥暴力的场景,论证了这些苦难的源泉便是人的"原罪",要获得解放就需要赎罪。在血腥、暴力和死亡背后,不仅仅是表达了世间的冷酷无情,更是反映了这一部分先锋小说的宗教主题。

《圣经》中道:"因为活物的生命是在血中,我把这血赐给你们,可以在坛上为你们的生命赎罪;因为血中有生命,所以能赎罪,因此我对以色列人说:你们都不可吃血,寄居在你们中的外人也不可吃血。"[1]所以神告诉他的门徒,血中是带有生命的,因而能为人们赎罪。而作为神的儿子耶稣是在十字架上流血死亡的,流血代表了赎罪。先锋文学也在描写苦难、死亡主题中插入了大量血腥的场景,一部分是描写这些血腥场景展示了人类深处残忍的本性;另一部分,即通过对血腥场景的描写,体现了宗教观念中的赎罪。

在先锋作品中,余华的作品出现了最多血腥、暴力和死亡的场景,阅读

---

[1]《利末记》17:11,《圣经简体字和合本》,中国基督教三自爱国运动委员会·中国基督教协会,2000 年。

余华的小说,仿佛走进了一座充满血腥味的荒城,在小说中似乎看不到人性中善良的曙光,人性中的罪恶已充满了整座荒城。如《现实一种》,小说讲述的是山岗的儿子皮皮在一次玩耍中把山峰的儿子弄死了,而山峰知道后十分愤怒,为了泄愤,要皮皮把地上的血都舔干净,皮皮和皮皮的母亲便把地上的血舔干净了,但是山峰依旧心中怀恨。后来活活地把山岗吊死在树上,而山岗的尸体便捐给了大学生做解剖实验,故事在凄惨的气氛中结束。《鲜血梅花》讲述的是古代书生与古代贵族小姐的爱情故事,但由于名誉地位的差异,书生与小姐是无法结缘的。在分别后的第一次重逢中,书生看到当初貌美如花的小姐竟沦落为菜人,书生看见小姐被活生生地砍下了血淋淋的大腿。余华小说中的故事都有种冷酷的氛围,而这种氛围正是由这种种血腥暴力的画面组成的,从血腥场景的描写中,我们可以看到人性的罪恶,这种人性的罪恶不断地腐蚀了人类的灵魂,从而使人变得残酷。在这种苦难的场景中我们看到人性中的罪恶,这种罪恶从何而来,文学评论家把它归结为人的原罪,人的原罪致使人类失去了善,走向恶的极端,从而在现实生活中把它转化为凶残的手段去发泄内心的罪恶。有了罪恶,才会有赎罪,才需要有一道曙光,把这种人性中的罪恶引向救赎的道路。

北村作品中对血腥场景的描写虽然不及余华作品中的那么残忍和暴力,但其作品中所描写血的意象则带有失望和无奈的感情色彩,也更具有赎罪的宗教色彩。在《周渔的呐喊》、《玛卓的爱情》、《伤逝》和《强暴》中我们都可以发现主人公最后的命运都是悲惨的,甚至走向了死亡。像玛卓、超尘,她们的选择是以结束自己的生命来获得自己灵魂的解放,我们可以看到她们都是在血腥的场景中获得解放。死亡使得她们远离了现实世界,但通过血来结束生命,使她们与上帝接触,希望获得上帝的拯救,从而为自己赎罪。

耶稣:"这一代是邪恶的一代。"先锋文学通过对现实生活中人性残忍、暴力和邪恶的描写,道出了人类潜意识中罪恶的一面,用血腥和暴力的语言文字对人类的无情进行了深刻的揭露,并把这种罪恶归于人的原罪,认可基督教对人的本质的看法。在北村《施洗的河》中,刘浪是暴力与残忍的代表,在樟坂,他继承了父亲蛇帮帮主的地位,他无恶不作,残忍暴力地杀人,制造他人的苦难;而作为儿子,他可以两次做出弑父的行为,罪恶在他身上展现无遗。刘浪这种残酷暴力的行为体现了他对人的厌恶,对生活的恐慌,以至于跌入罪恶的深渊。《施洗的河》中,原罪和赎罪观体现得尤为突出,书中北村对原罪进行定义:"你有一个罪,它缠累你使你不得释放,叫你的灵魂死亡,叫你的心思背叛,叫你的身体犯罪,罪在你必死的身上做主,使你们顺从身体的私欲,你作恶不算什么,世人都犯了罪,是罪性,不是罪行,只要有机会,人都会犯罪。"这段话肯定了人的原罪使人陷入了无边的罪恶中,这种罪恶把人逼向了痛苦和绝望,甚至死亡。当人处于失去理性的状态中,人无法通过自身获得拯救,所以人是有限的存在,需要通过救赎获得解放。

贾平凹的商州系列包括:《商州初录》、《小月前本》、《黑氏》、《鸡窝洼人家》、《浮躁》、《远山野情》、《腊月·正月》、《天狗》、《古堡》、《商州》和《火纸》。这些作品在对民间农民生活的细致描绘中,在人物的情感纠葛与社会的风起云涌中,重现了农村人民的起居饮食、婚嫁习俗、祭祀礼节、五行八卦的丰富文化,其中常常穿插了测字看相、阴阳八卦、祭文民谣及佛道思想等,浓郁地展现着本土传统的人文意趣和佛道思想。贾平凹正是在还原与重塑中,捕捉传统的草根宗教思想和文化,进一步考量民族传统文化的精华与糟粕,重新塑造中华民族的宗教品质。尤其是在《废都》中,佛教、道教、种种民间信仰活动似乎成为一种新的主体,人物在其中穿针引线,政治腐败、生活堕落、家庭破裂、女人风骚、尼姑堕胎,真正串起了民间文化的真假美丑与矛盾纠葛,而这毋宁说是中国儒释道与民间信仰交织的一个文化场。还有许多作家如复活儒教想象的张炜、陈忠实,在《马桥词典》中大谈

人类生存中科学主义与信仰主义的悖论，直言不讳呼吁技术时代中的人类
为信仰主义留下一块地盘的韩少功，以及创造出"禅剧"的高行健，演绎着
当下佛教精义的虹影……中国作为一个多宗教的国家，当前也形成了多种
宗教文化交融对话、多种宗教话语共存的生态，在文学场域中呈现着多元
共生的现象。

百年历史的文化记忆与学术传述

得到国家"十二五"重点出版项目和澳门大学学术基金的列项支持,得到温儒敏教授等学界大德的学术支持,我们组编了《中国新文化百年史初稿》(几经探讨,现正式题为"中国新文化百年通史"),后续还将编集系列丛书,主要参加者有胡志毅、杨剑龙、栾梅健、陆正兰、周仁政、王勇、曾一果、张学谦等著名学者,以及在现代美术文化、音乐文化、教育文化、电影文化、设计文化、宗教文化等方面颇有建树的新锐学者。学界关于文化史的研究,聚焦于中国古代者甚众,而关于中国现代文化历史的专书,实属罕见。同仁等不揣谫陋,愿以筚路蓝缕,以启山林的精神相互激勉,历经三年努力,始得编校完成。今付梓在即,虽觉粗陋之处正多,忐忑之心正悬,但毕竟是在全无依傍的前提下完成了一种学术拓展,深深地舒一口气的感觉还是有的。

"中国新文化百年史"课题之难,一在关于文化的理论厘定,二在关于新文化的分支理析。作为学术准备,已经将相关理解和设想表述于前,权充绪论。而尚有令人放心不下的一个问题是,我们对于刚刚过去的这一百年,试图用文化记忆的方式进行叙述、辨析,我们的文化历史叙述明显偏重于学术性,有时学术辨析甚于史实陈述,这样的学术记忆以及关于文化史的文化记忆,是否能够与一般意义上的社会、历史记忆具有同等的价值?关于这个问题的思考,滞后于本书的编撰,因而展述于此,又兼跋语。

一、社会记忆与文化记忆

如果以《青年杂志》的创刊为标志,中国新文化拥有一百年的发展历史。而此前,在发生学意义上的新文化运作,可以追溯到1840年鸦片战争爆发,中华帝国被迫打开大门与西方世界进行政治、军事和文化对话,陈积着差不多八十年的被动的新文化思想观念碎片。面对新文化发生、发展的历史,中国人不会有陌生感,也就是说,我们拥有着或清晰或模糊的记忆。

然而,关于新文化的这种记忆其真实程度、真切程度都是值得研究的问题。一般来说,作为人生经历或切身体验的结果,个人记忆常常具有相对的真实性和可靠的真切性,而社会记忆(在这里,避开了心理主义色彩相对浓烈的"集体记忆"这一概念)消除了个人化的经验感、体验性的痛切感,往往呈现出两方面的记忆特性。第一是习惯的认知性记忆:凭借着宣传媒介、教科书和历史故事的多载体演绎而产生并形成强烈思维定式和价值倾向的社会记忆;第二是学理范式的总结性记忆:凭借着某些文献资料、统计数据以及各种历史陈述而综合或演绎形成的体现着浓厚的学术认知和逻辑阐释特性的社会记忆。显然,这两种社会记忆都疏离了人们个我的生命体验和人生经历,有时候甚至还以某种怀疑的态度和不信任的眼光对待这种有血有肉的生命记忆,质疑生命记忆的学理性和客观性。因而,这样的社会记忆都同时存在着这样的现象:习惯性认知的某种惯性会大于某种历史事实及具体内涵的确认,对于历史运行范式的提炼与表述,以及包容在这种提炼与表述中的某种观念,会强于某种历史本真及具体呈现形态的追寻。又由于上述社会记忆都呈现出习惯性大于历史的真切性,或者范式提炼强于历史的真实性的特性,因此这类社会记忆都不过是一种文化记忆。

文化记忆是支配着一个族群、种群甚至整个社会的一种深刻的记忆。这样的文化记忆所显示的"一切历史都是当代史"的思想文化特征最为显著,通常也是最为普遍的社会记忆。在对中国新文化史的许多问题的解读,许多事件的判断,许多人物的评价等等方面,即便疏离了人们习惯的意识形态,可特定的意识形态所形成的认知影响已经深入到一定社会人们的思维范式之中,成为集体记忆的一种习惯或者固定范式,这样的社会记忆就只能是文化记忆。近期的现代历史研究以及相关的政治、军事史研究已经揭示出国民党军队在抗日战争中担负正面战场的角色与作用,但对这种正面战场角色与作用的民族记忆却是那样的单薄,以至于一时之间很难冲击人们已经习惯性认知的抗战游击场面的相关记忆。即便在学术上拥有相当厚重的评估数据足以让人们改变某种习惯性的认知,但人们对于"抗战范式"的提炼和表述,却仍然难以摆脱、修正长期以来宣传媒体强化记忆所造成的种种既定的历史印象。当历史记忆成为疏离了生命体验和人生本真的历史印象的时候,这种记忆就成了地地道道的文化记忆。

关于新文化兴起以后的派别性判断,由于我们的历史印象来自于教科书或被整理过及被规范化了的学术表述,类似的记忆就只能是经过逻辑化处理的、范式化的、文化的记忆。一位作家曾经感叹:"人们对历史和知识的记忆,往往只是对于正统典籍的记忆,没有人在乎也很少有人注意养活了历史和知识的工具。"[1]这样的感叹非常有道理,人们在正统记忆的时候往往忘却了最不该忘却的造成这种历史的方式与工具,其实就是这个历史所蕴含的文化。真正的文化记忆必须从正统逻辑化、范式化的记忆中离析出来,返回到文化原态的复杂性和文化展开方式的多向度。绝大多数人心目中的五四文坛都被划分为新旧两派阵营,旧派阵营如国故派、甲寅派、学衡派之类为旧文学和旧文化辩护,而新派阵营,当然是以《新青年》和《新潮》为中心,则是批判旧文学和旧文化的急先锋,是倡导新文学和新文化的生力军;新派与旧派之间壁垒森严,不可调和。至于有论者将这两个阵营比附于历史上的"今文派"、"古文派",分别将胡适称为"今文派领袖",将章士钊称为"古文派的代表",显然并不合适,但反映出这种习惯性认知和范式化理解的共同结果[2]。于是,当胡适与章士钊坐在一个板凳上照相,赠言"同是曾开风气人,愿长相亲不相鄙",后来的人就觉得颇为不堪,因为这与记忆中的新旧两派始终剑拔弩张不想调和的印象很不相符,人们在文化"逻辑"上很难通得过。其实,这种不堪来自于文化记忆的某种习惯和固定范式,而不是来自于历史自身。新旧两派其实并不像范式化了的新文化史表述得那样水火不容,始终敌对,一些所谓复古势力的干将,如与胡适坐在一起的章士钊,其实当初就是白话文的勇敢实践者,只是后来觉得写白话文比写文言文更难,转而反对白话文而捍卫文言文。类似的情形至少还有刘师培。胡适因此将章士钊引为与他自己"同是曾开风气人"。章士钊也没有那么干脆地放弃白话文,且看他在这次合影后对胡适的戏谑表白:"你

---

〔1〕　李锐:《前言》,《太平风物》,第5页,北京:生活·读书·新知三联书店,2006年。
〔2〕　白吉庵:《略论章士钊与胡适》,《社会科学战线》,1996年第2期。

姓胡,我姓章,你讲什么新文学,我开口还是我的老腔。你不攻来我不驳,双口并座,各有各的心肠。将来三五十年后,这个相片好作文学纪念看。哈哈,我写白话歪词送把你,总算是老章投了降。"正像胡适、鲁迅等在倡导白话文、实践白话文的同时还免不了用文言文写信,写日记,甚至有时还用文言文写文章一样,章士钊等人在倡导文言文、捍卫文言文的同时,也还会用白话文进行某种必要的写作。白话与文言,新派与旧派,实际上构成了你中有我我中有你的融合格局。这种复杂的格局恰恰是规范化了、范式化了的文化记忆所难以接受的事实。

习惯性的历史认知其实最习惯于范式化甚至是概念化的历史把握,因为这样的历史把握线索较为单纯,层次较为清晰,逻辑较为简单,有利于时过境迁之后人们对于历史作条分缕析的揭示,更有利于在一般社会阅读层面和接受层面普及这种历史记忆和历史揭示的结果。正像一般的电影、故事在走向大众之际需要对其中的人物进行壁垒分明的好人与坏人、正派与反派的设定,都是为了人们在阅读之中或阅读之后能够迅速地分析出人物关系与矛盾节点,为了一般的社会阅读层面和接受层面能够很自然地进入作品并进行判断与记忆。同样面对新文化与旧文化的历史对垒,我们习惯于将两个阵营从观念到平台再到人员都进行清晰的划分并作始终对立的想象,这实际上就是文化记忆中的习惯性与范式化的结果。其实,学衡派的成员大多是留学美国的新派人士,不过他们对白话文运动乃至对新文化的主流倾向保持批判的态度,从美国新人文主义大师白璧德的学说出发,鼓吹一个民族一个社会继承传统、崇尚理性的重要性,因此他们尊崇儒学,尊崇文言文,尊崇中国古代的圣贤;与此同时,他们又同其他所有新派人士一样强调文化开放的重要性,强调对西方文明、文化和文学的接受与借鉴。将这样的对象划分为新派或者旧派人士,其实都有相当大的问题。然而在习惯性的历史认知或范式化的历史记忆中,学衡派就是站立在新文化对立面的旧派人士。

这就是习惯性认知和范式化记忆所形成的社会记忆经常出现的失误,至少是简单化导致的偏差。一个社会的共同记忆中,形成某种习惯认知的观性,或者构成某种范式化的模态,总是与某种定性的观念和相对简单化的概念有密切关系,而这样的历史记忆、历史认知和历史描述,所呈现的与其说是历史自身,倒不如说是有关历史的共识,是历史的社会普泛性文化记忆。一个社会关于一定历史普泛化的文化记忆往往就不可能是历史自身的呈现,而是这个社会能够接受的,符合这个社会认知规律和秩序要求的现实文化的一种呈现。这同样能说明,一个社会一定程度或一定范围共同的或流行的历史记忆,往往是习惯性认知的结果或人为范式化提炼的结果,它不可能是真正的历史呈现,而只是一种文化记忆。

什么是文化记忆? 它并不像德国学者阿斯曼所说的那么神秘,尤其不应该与集体无意识(所谓集体灵魂的价值观念体系)相联系。如果说文化是关于人们认知和人生的一种自然的习惯性概括,或者一种有意识的范式的提炼,那么一切的社会记忆其实都是文化记忆,因为几乎所有的社会记忆不过是一种关于历史认知、历史评价的习惯性的体现,或者是一种关于历史认知和历史评价的范式的提炼。从这个意义上说,离开了自身体验和人生经历的所有记忆行为都可以是文化记忆。只有离开了自身体验和人生经历的记忆行为,能够有效地接受宣传载体或艺术载体的影响,才能有效地接受各种政治表述或学术表述的影响,才可能认同一般的甚至流行的历史观而融入社会记忆之中,这样的社会记忆便是文化记忆。几乎一切的社会记忆都是文化记忆:文化记忆面临着习惯性的认同,面临着历史认知范式的调整。

一个很容易设问却很难回答的问题是:什么是社会记忆? 社会记忆当然是存在的,对于重要历史时期的各种故事,对于重要的社会运作,对于重要的社会人物和社会事件,都会分别拥有着或浅显或深刻的社会记忆。如果不是通过一定的文学形态或艺术文本进行传达,这样的社会记忆都会被某种政治宣传载体,被一定的社会传播媒体,被一种学术陈述所制约,所规范,并且慢慢地形成一种历史认知和历史表述的习惯,成为人们不得不接受的共同记忆。无疑,这种经过种种范式化处理的社会记忆早已经离开了当事人体验的那种生动、本真、鲜活和复杂。西方学者注意到"个人回忆的社会形式"这一现象,殊不知离开了文学或艺术性以及相应的学术性表述的"个人回忆",都不可能是真正的个人回忆,而只能是社会共同回忆的某一部分,是一种文化记忆的部分。作为这种文化记忆的社会共同记忆不可能传达历史事实的生动、本真、鲜活与复杂,它只能属于"构建过去"的那一类,面对的是构建的过去,是一种文化认知的结果[1]。

既然一切社会记忆都是文化记忆,那么真正的中国现代历史表述都可以归结为中国现代文化史的表述。以文化记忆的方式传达中国现当代历史的社会记忆,也许是能符合历史记忆本身,最能克服社会记忆的碎片性、习惯性和范式化(其实很自然地会通向公式化)的弱质。

二、文化记忆与文学艺术记忆

作为文化记忆的另一种形态,文学和艺术的记忆将凸显出自身的优势。

既然非个我体验和人生实历的记忆都属于文化记忆,则文学艺术记忆在文化记忆中享有特殊的地位、品质与分量。

当然,具有社会历史记忆功能的文学、艺术,或者说称得上文学艺术记忆文本的那些文艺成果,一定不是仅凭想象、虚构或者仅仅用于戏说、演义的作品,而是严肃地面对历史进行文学性或艺术性讲述、承载,并在讲述、承载中个性化、自然化地呈现历史的生动、本真、鲜活与复杂。这样的文艺作品可以是历史题材的表现,更多的则是现实题材的深度展示。伟大的文学家之所以被称为历史的镜子,例如托尔斯泰之于俄国革命,例如王蒙之于中国的社会主义建设,例如莫言之于中国近代以来社会底层生活的播弄,并不是因为他们正面描写了或者客观展现了其所对应的历史,其所对应的历史事件和历史人物,而是因为他们的作品或从背景与场景的刻画,

---

[1] 参见[德]哈拉尔德·韦尔策主编:《社会记忆:历史、回忆、传承》,白锡堃译,北京:北京大学出版社,2007年。

或从历史与现实的关联揭示，或从人物命运及其相互关系的阐解，以深厚的历史、生命、生活和人情内容，展示了相应时代相应历史相应人生的生动、本真、鲜活与复杂，这些艺术展示较之于规范的历史文件、历史教科书甚至历史回忆录的书写，更能还原历史事件的生动场景，更能准确揭示历史人物本真的心理状态，更能深入到细节层次复现历史的内涵与滋味，更能从一种类似于可能的混沌中将历史的全部复杂性、丰富性呈现出来。

文学和艺术在文化记忆的意义上可以将历史场景的种种生动性以一种更加详实更加饱满更加立体的方式加以呈现。李劼人的《死水微澜》、《暴风雨前》《大波》等系列小说不仅强化了中国现代所谓"大河小说"的阵容，而且也以斑斓的笔墨展现了成都、四川别的地区近代以来特别是 20 世纪初年社会动荡、波澜起伏的壮阔的历史场景，完成了中国近代史诗般的艺术呈现。作品不仅是历史的演绎与重写，不仅是像郭沫若评论的那样是"近代的《华阳国志》"，不仅是"小说的近代史"[1]，而是有关近代中国西南地区社会生活、社会状况，特别是以保路运动为核心的社会动荡及相应风潮的最生动、最丰富、最全面和立体的艺术展现。这种展现的生活深度、时代脉搏的准确度和历史的巨大含量，毫无疑问将超过任何一种历史学术陈述或历史文献、历史数据的承载。从这个意义上说，将李劼人的这一系列小说比喻为《华阳国志》之类的历史资料书籍，类比为"小说的近代史"，不仅不是过誉，而且相当不充分。这系列小说的历史及场景呈现不仅以具体生动的人生境况、丰富厚重的社会生活背景，将历史事件和历史故事凸显得特别生动、鲜活，而且以活灵活现的人物行动，情节复杂的生活故事，线索纷纭的社会矛盾构架，将历史的厚重，将意识到的和尚未意识到的全部历史内容，艺术地然而又十分真切地展现出来。这种文学和艺术的展现还不会像历史数据和历史文献那样单调、死板（用学术的表述则为集中、严谨），小说还包含着上流社会的堕落与下流社会的不幸，交织着上流社会的精英文化思维与下流社会的种种污秽与不堪，包含着庙堂之上的运作与民

---

〔1〕 郭沫若：《中国左拉之待望》，《中国文艺》第 1 卷第 2 期（1937 年 6 月 15 日）。

俗民间的时态,包含着政治、军事文化的喧嚣杂乱与宗教尘俗文化的杂糅。从这个意义上说,郭沫若将李劼人期许为"中国的左拉",负载着中国产生"伟大的作品"历史待望[1],同样不是过誉。从中国现代文化的历史展示而言,这样的小说作品相对于相应的历史文献,包括相应的历史研究成果,其真切性毫不逊色,而其生动性则无与伦比。

文学艺术作品,特别是文学描写,能够通过具体而微的社会心态和个人心理的刻画,将历史的厚重感、层次感和真切生动性表现得淋漓尽致,这样的文化记忆其本真意义或许会超过任何教条的历史文献或僵死的数据统计。人们从历史的论述和革命史的逻辑推证中,很容易理解民族资产阶级的如下属性:

民族资产阶级的两重性

革命性	妥协性
反对外国资本主义与本国封建统治者的双重压迫,具有革命性。	生产发展依赖于外国资本主义与本国封建统治者,具有妥协性。
生长于半殖民半封建社会,希望改变为适合资本主义发展的社会。	自身资金少、规模小、技术力量薄弱,既不敢也无力推动社会变革。

当然,论者早就意识到,中国民族资产阶级的这种两面性还在随着时代的推进而发展变异[2]。但始终是"两面性"的论定与记忆其实就带着明显的习惯性认知和范式化解读的痕迹。所有这些关于民族资产阶级的两面性属性的论述都是概念化的记忆,是"理解记忆"结果,它的真实性需要经过逻辑的推证和理论的阐析,而不能直接诉诸感性认知。离开了感性认知的"理解记忆"常常很容易游离历史史实的本真状态,真正的历史本真状态的记忆应该是感性的,具体的,真切的,形象的。在这样的意义上,文学记忆就显露出它固有的优势。伟大的现实主义小说家茅盾通过不朽名作《子夜》及其所塑造的吴荪甫,非常真切地,有血有肉地刻画了民族资产阶

---

[1] 郭沫若:《中国左拉之待望》,《中国文艺》第 1 卷第 2 期(1937 年 6 月 15 日)。
[2] 陈建章:《论中国民族资产阶级两面性的发展变化》,《湖南师范学院学报》,1982 年第 4 期。

级的两重属性,以及由于其妥协性而显露的软弱性。吴荪甫与买办资产阶级代表人物赵伯韬构成了不调和的矛盾,但只要条件许可,特别是在故事一开始,他们之间的联合也并非难事。吴荪甫对于工人阶级的防范和瓦解,甚至在某种意义上的敌对情绪,其实与赵伯韬如出一辙。吴荪甫与赵伯韬之间的斗争和较量是那样地跌宕起伏,那样地曲折回环,所体现出的患得患失、又恨又惧,乃至孤注一掷、背水一战的心理状态,活灵活现,非常真切地展示了那个时代特定人物的社会处境和人格心理,不仅对于人们认知那个时代那一类特定人群有着直接的感性帮助,便是对于若干年以后的人们认知那样的历史环境和历史人物也有切实的、鲜活的、生动的参考价值。美国作家爱默生曾这样评价莎士比亚及其文学作品对社会心理和社会历史生动性的文化记忆:"他写出了近代生活的教科书,风俗教科书……他洞察男男女女的心,了解他们的诚实,他们进一步的考虑和诡计。"[1]总之,文学和戏剧的记忆能够还原历史的本真与鲜活,能够立体地呈现历史的生动与丰富。

其实,从陈寅恪的治史经验已足以得出这样的结论:文学作品所包含的全息化的文化记忆,其优越程度、真切程度明显地超过历史文献,于是他习惯于采用以诗证史的研究方法,并且取得了辉煌的成就。陈寅恪以诗证史或诗史互证的学术方法成功地运用于《元白诗笺证稿》和《柳如是别传》等著作,这样的学术方法强调将诗文或文学当作史料对待,已达到诗史互证的局面。这种学术方法,以及相应的学术观念,并不是自陈寅恪始有,明人黄宗羲借助于杜甫的诗史之说加以发挥,暗昧地提出了以诗证史、诗史互证的学术理念:"今之称杜诗者以为诗史,亦信然矣。然注杜诗者,但见以史证诗,未闻以诗证史之阙。虽曰诗史,史固无藉乎诗也。"[2]无论是黄宗羲还是陈寅恪,感觉到了方法论上以诗证史、诗史互证的可能性,但他们并不能确知,何以文学——诗文之于历史记忆和历史陈述具有特别的真切

---

[1]　《爱默生集:论文与讲演录》,赵一凡等译,第796页,北京:生活·读书·新知三联书店,1993年。

[2]　黄宗羲:《南雷文定·前集》(1)。

性、本真性,其关键乃在于文学包括诗歌具有历史人物心理保鲜和历史情节全息还原的特别功能,这样的功能远远超过历史的逻辑推论或基本数据的说明。

历史记忆的鲜活度,除了要求丰富的心理含量,生动的事件与情节性,还需要保留相当多的历史细节,保留丰富的个性化细节记忆。在这方面,任何历史文献都不能取代文学作品,当然也无法超过文学作品的相应功效。关于大革命期间社会运动和社会革命的记忆,历史资料和教科书等都提到了"痞子运动"之争论,各种政治力量从各自的政治立场论证"痞子运动"的有无,莫衷一是。茅盾的《蚀》三部曲虽然艺术价值不及《子夜》,但小说通过孙舞阳等一定区域时尚人物和风云人物的生动而激烈的言论,刻画出相当精彩的历史细节,包括"拥护野男人,打倒封建老公"、"多者分其妻"等反映妇女斗争痕迹的"奇葩"口号,包括成立"打倒夫权会"之类的历史细节,将那段历史表述常常语焉不详的时代风云描述得惟妙惟肖,活色生香。这部小说中的《动摇》所表现的是农村和小县城的革命运动,它颇具历史说服力地证明,大革命在相当一段时间和在相当的区域范围内,存在着"进步的乡村,落后的城市",以及"激进的女性,保守的男性"等异常的历史现象。这是小说解释的历史细节和时代环节,而它显然不符合一般的历史逻辑。不过如果承认茅盾所刻画的"异常"的历史情形具有相当具体、真切的历史记忆性质,那么这样的历史才具有鲜明的时代特征,也才具有超越于一般历史叙述的鲜活与真切。

历史是复杂的,而即便是亲身经历相关历史阶段的人士,他的记忆正如他的观察一样往往都可能是片面的,片段的,碎片化的,历史文献虽然可能全面,但往往是僵硬的统计或者抽象化逻辑化的表述,唯有文学在其作为历史记忆材料的时候,有可能从较为宏观的视角,甚至是全知视角审视和呈现记忆中的历史,更有可能从人性的复杂性和社会的深层次理解和表现这种记忆中的历史。文献资料或统计数据等无论多详密,所演示的图表、曲线等可能看上去会非常复杂,但它们还无法还原甚至也无法准确地呈现历史的立体交汇关系和社会的多层次、多元格局,只有原汁原味的文学描写,保持着人生和社会的原生态混沌状态记忆的文学表现,成功地避免了学理的提炼,数据的处理,逻辑的抽象,才可能对一定的历史丰富性、原生态进行文学形象的保鲜,进而也在相应的历史记忆中维护生活的丰富性、鲜活性和复杂性。例如对1940年代后期知识分子生活状况的记忆,再详密的统计数据,再有说服力的文献材料,甚至包括朱自清这样的大知识分子宁可饿死不领美国的救济粮之类的故事,都不能让人们立体地、全面地、有深度地认知那样的人生,那样的社会境况。但人们通过电影如《万家灯火》,通过小说如《寒夜》,就能身历其境般地体验到那种人生的困顿、绝望、悲凉、凄恻,特别是,正如电影《万家灯火》中所展示的,知识分子作为弱势群体其人生的苦况甚至连劳工大众还不及,只有到了民众之中,他们似乎才可能有生活下去的希望与能力。其实这样的情形在《一江春水向东流》、《乌鸦与麻雀》等电影作品中都有不同程度的展现。这样的历史情形在历史的逻辑推论中是不可想象的,是无法成立的,但在特定的战时条件下,在民生凋敝、百业荒芜、就业艰难的情势下,民不聊生的首当其冲者是靠就业为生的知识分子,相比之下,普通劳工的日子较之于以前的生活倒也没有多大的落差,这就造成了知识分子的生活比一般劳工更凄惨的复杂的历史情形。只有文学艺术作品有可能呈示、表现出这种复杂的社会现象。这可是在社会的复杂性上超越于一般的逻辑推论和一般的社会经济状况统计数据的一种特殊的历史记忆。

三、文化艺术记忆对于社会记忆的可能矫正

当文学艺术记忆作为历史文化记忆的主要承载物发挥作用的时候,它们的文化功能和文化意义之大常常超出人们的想象。只要文学艺术记忆完全是从历史的本真与鲜活出发,而不是从一般正统的历史记忆所必然包含的逻辑化和范式化出发,那么,不仅能够以更加鲜活更加丰富的态势还原被记忆的历史与生活,而且还能够带着较大的思想穿透力和历史洞察力,矫正历史认知的某种歧误与迷误,让历史文化在文艺的记忆中变得更

加真实,更具有历史的合理性。

当然,并非一旦进入文学艺术的记忆便一定体现历史的丰富与本真。如果文学艺术的记忆不是从生活的混沌和原态出发,而是从某种正统记忆的逻辑性和范式化出发,那么同样会出现对生活本真的背叛现象。在这个意义上可以列举到农民与土地关系的复杂性和真实性问题。农民确实与土地应有很深的感情,因为他们祖祖辈辈与土地建立了紧密的命运联系。但经过种种革命和社会运作,土地之于农民具有更其复杂的意义,有时候它是生命的依靠,生活的源泉,有时候有可能是灾难的渊薮,生活的累赘,这从余华的著名小说《活着》可有较深入的领略:在特定的历史环境下,拥有土地意味着拥有杀身之祸,失去土地意味着失去灾难。这种经济和社会文化现象是那样真实地呈现在历史面前,但许多文学家在表现现代历史的时候,依然死抱着传统社会农民与土地关系的逻辑不放,将农民对土地的热爱、深入骨髓的执着通过许多明显带有编造痕迹的作品呈现出来,如《狗儿爷涅槃》等有影响的戏剧作品就是如此。其实经历过多次革命和斗争的农民,对土地的感情早已变得非常复杂甚至非常尴尬,离开土地,追求新的世界早已是现代农民的意志行为和文化重心。李锐作为一个对农村和农民有着深入了解的作家,明确指出了农民疏离土地这种文化记忆的必然性,并从现代文化意识的角度为这样的现代农民辩护:"所谓历史的诗意,田园的风光,早已经淹没在现实的血污、挣扎和冷酷当中……无论是以田园的名义,还是以革命的名义,把亿万人世世绑在土地上,是这个世界最不人道、最为残忍的一件事。"[1]诚哉斯言!当代文学记忆中的农民与土地的关系常常远离了现代历史的真实,远离了现代农民文化心理的真实;许多农民不再是那么刻骨铭心、呕心沥血地珍爱土地,而是那么撕心裂肺、痛心疾首地憎恨土地,那么急不可耐、迫不及待地离开土地。

这就是说,关于历史和文化的文学艺术记忆,只有离开了历史正统记忆的逻辑化、范式化,才有可能以较大的精神穿透力和思想深度矫正历史

---

〔1〕 李锐:《前言》,《太平风物》,第6页,北京:生活·读书·新知三联书店,2006年。

认知的种种偏颇与迷误。

　　台湾小说家舒畅善于表现过去了的战争场面,他的作品当然就有了关于战争记忆的所有文化因素。然而他的主旨不是简单地正面地描写战争以及战争中的人,而是战争未来之际或者战争既来之际的人物心理,那样一种恐惧,等待的恐惧:"我们一般人在日常生活里,最恼人的莫过于'等待',等公车,等电话,等约会中的人……对军人来说,最残忍的不是战争本身,或者死亡,而是在'等待战争'的那种莫名的煎熬。"[1]或许有人认为这是特定的人群,例如临战之际的国民党军人的心理,因为在许多表现别的战斗群体的文学作品中,面临战争的人们总被描写得那么热血沸腾,斗志昂扬,前赴后继献身沙场的意志覆盖了所有的恐惧与煎熬。他们盼望战斗的到来犹如盼望一场激烈的狂欢与丰美的盛宴,如果意识到此次战斗与自己无关,他们一定痛苦不堪,焦虑异常。这种充满着英雄主义和牺牲精神的惯性心理的表现充斥着我们的文学,同样也充满着我们的文学记忆,几乎形成了一种战争定式,心理定式。然而,这样的定式都可能包含着某种关于战争与人的逻辑化、范式化处理的痕迹,都可能忽略了舒畅这种致力于表现的文学记忆更加贴近人性的本真,更加贴近于战争与人关系的心理常态,更能真切地反映战争机器对于社会和人的文化影响。按照一般历史逻辑和范式的文学表现可能比一般的历史记忆更容易扭曲历史的真相,更容易背离真实的社会心理和人物心理,不过也同样是文学表现以及由此形成的文学记忆,有可能矫正历史记忆中的偏差,还原真实的心理记忆和文化记忆。

　　无论是文学的还是非文学的文化记忆,只有脱离了一般先验的认知习惯,远离历史认知的固有逻辑或既成范式,才可能真正回到历史的本真,才可能保持文化记忆的清晰可靠。我们对中国现代文化史甚至政治历史的许多记忆都可能是逻辑性的,范式化的,有时候是想当然的,要回到历史的真实,借助于文学记忆是一种重要途径,当然也可以借助历史资料和记忆

---

〔1〕　舒畅:《那年在特约茶室》,第3页,台北:九歌出版社,2008年。

材料的重新梳理。例如关于左联的记忆,人们一般印象中,按照一般的历史逻辑和观念范式推断,左翼作家联盟的成立及其机关刊物的出版,都是将太阳社和后期创造社推动的革命文学运动整合为更加布尔什维克化的左翼阵营,而真实的情形是,左联的成立恰好是为了扩大革命力量的范畴,团结更广大的知识分子和文化人,克服原来在革命文学倡导中的宗派主义,诚如茅盾后来所总结的,左联的成立部分地是因为创造社和太阳社"不能吸引一些对于现实不满的既成的中间作家到左翼革命文学阵营,却反而取了敌视的态度,他们当时的左倾幼稚病实在很严重。"左联对此要做必要的矫正[1]。夏衍甚至直接概括说:左联不过是革命文学和文化阵营中"反对教条主义和宗派主义的具体行动"[2]。这样来认知革命文学运动与左翼文学运动的关系才可能较为符合历史的本真,但却挑战了人们关于这段历史的一般逻辑性记忆。

如果从历史记忆的角度来分析,文学艺术由于其自身必然带有的虚构性、想象性特性,通常被视为最不可靠、最富水分的一种文化记忆。但实际上它可能因为其丰富、真切、具体、全息特性而使得相关的文化记忆表现得更为生动、本真、鲜活与复杂。由此可见,文学艺术记忆有其自身的优势,它的更其生动、本真、鲜活与复杂的特性不仅使得那种以诗文证史的学术研究和学术记忆成为可能并显示优势,而且也为人类的社会记忆准备了最为真切甚至最具全息品性的活性材料。

中国新文化百年的历史记忆,也只有通过文学艺术作品才能获取如此真切甚至具有全息品性的活性材料。于是,我们的整个选题偏重于文学艺术的专题性文化记忆。

不过,伴随着宣传教化类或学术文化类的社会记忆总是面临着必然的片面化和抽象的概念化、僵硬的数据化,文学艺术类的文化记忆也存在着一些天然的缺陷,而且它最有特点最具优势的方面往往也正是它在文化记

---

〔1〕 茅盾:《关于左联》,《左联回忆录》(上),第150页,北京:中国社会科学出版社,1982年。

〔2〕 夏衍:《左联杂忆》,薛绥之主编《鲁迅生平史料汇编》(5),天津:天津人民出版社,1981年。

忆中最劣势的所在。例如文艺当中允许和鼓励的偶然性巧合因素,如果在文化记忆的意义上转化为某种必然因素,那就对文化记忆造成了伤害。因此,将文学艺术当作文化记忆活性材料的同时,必须以学术的审察作为基本判断的手段,以学术的把握作为文化表述的基础。这就意味着首先要通过文学艺术研究者而不是通过文学艺术家研究和重述文化记忆中的文学艺术记忆。同样,这也为我们的新文化百年史研究提出了超越于文学艺术史研究的学术要求。

带着这样的理解,我们在整个新文化百年史的研究中从未发生过文化、学术信念的动摇现象。除了学术理念的明晰,除了编委会专家的积极鼓励和撰写组同仁的热情支持,出版界、新闻界和其他各界朋友们的热切关注

和无私襄助,同样是本书能够顺利完成的保证。《文艺争鸣》杂志社曾特辟专栏推介我们的研究专辑,中国新闻社作为官方通讯机构,对我们课题组参与主办的"中国新文化百年纪念学术研讨会"会讯及所发表的关于重释并新倡新文化的"澳门共识",发了全球通稿,从而成为新文化百年之末的一个具有某种标志性的文化事件。轰轰烈烈的中国新文化,应该有相应的文化事件作为它的百年之祭,并对它百年的辉煌壮丽,百年的曲折发展,致以深深的敬意。我们这本书的出版,也应该加入向新文化百年致敬的文化事件之中,尽管它还是"初稿",不免绵薄,不免粗糙。

附录:本书作者著作权责任记录

第二十一章　栾梅健　刘茉琳

第二十二章　杨剑龙　许燕转

第三卷

第二十三章　朱寿桐　刘继林

第二十四章　朱寿桐

第二十五章　曾一果

第二十六章　陆正兰　张明明

第二十七章　韩　靖(第四节:杨青泉)

第二十八章　栾梅健　刘茉琳

第二十九章　王　勇

第三十章　周仁政

第三十一章　胡志毅

第三十二章　李冰雁

第三十三章　杨剑龙　许燕转

第四卷

第三十四章　朱寿桐

第三十五章　王　勇

第三十六章　栾梅健　刘茉琳

第三十七章　张学谦

第三十八章　胡志毅

第三十九章　李冰雁　朱寿桐

第四十章　周仁政

第四十一章　陆正兰　张明明

第四十二章　韩　靖(第四节:杨青泉)

第四十三章　曾一果　朱寿桐

第五卷

第四十四章　王　勇　周仁政

第四十五章　郑宁人

第四十六章　朱寿桐

第四十七章　刘茉琳　朱寿桐

第四十八章　曾一果(第三节:朱寿桐　第四节:杨青泉)

第四十九章　胡志毅

第五十章　陆正兰　张明明

第五十一章　韩　靖

第五十二章　杨剑龙　许燕转

第六卷

第五十三章　曾一果

第五十四章　郑宁人(第五节:杨青泉)

第五十五章　朱寿桐

第五十六章　栾梅健　刘茉琳

第五十七章　王　勇　周仁政

第五十八章　胡志毅(第三节:朱寿桐)

第五十九章　陆正兰　张明明

第六十章　韩　靖

第六十一章　杨剑龙　许燕转

跋　　语　朱寿桐